KLASSIKER-BIBLIOTHEK

PHAIDON

E.T.A. HOFFMANN

WERKE UND SCHRIFTEN

ERSTER BAND
MÄRCHEN

Herausgegeben und
erläutert von
Rainer Schönhaar

PHAIDON

Satz: Typobauer Filmsatz GmbH, Ostfildern
Konzeption: SVS, Stuttgart
Gesamtherstellung: Mohndruck
Graphische Betriebe GmbH, Gütersloh
ISBN 3-88851-095-3

Inhalt

Der goldne Topf.

Ein Märchen aus der neuen Zeit.

Erste Vigilie.

Die Unglücksfälle des Studenten Anselmus. – Des Konrektors Paulmann Sanitätsknaster und die goldgrünen Schlangen.

Am Himmelfahrtstage, nachmittags um drei Uhr, rannte ein junger Mensch in Dresden durchs Schwarze Tor, und geradezu in einen Korb mit Äpfeln und Kuchen hinein, die ein altes häßliches Weib feilbot, so, daß alles, was der Quetschung glücklich entgangen, hinausgeschleudert wurde, und die Straßenjungen sich lustig in die Beute teilten, die ihnen der hastige Herr zugeworfen. Auf das Zetergeschrei, das die Alte erhob, verließen die Gevatterinnen ihre Kuchen- und Branntweintische, umringten den jungen Menschen und schimpften mit pöbelhaftem Ungestüm auf ihn hinein, so daß er, vor Ärger und Scham verstummend, nur seinen kleinen nicht eben besonders gefüllten Geldbeutel hinhielt, den die Alte begierig ergriff und schnell einsteckte. Nun öffnete sich der festgeschlossene Kreis, aber indem der junge Mensch hinausschoß, rief ihm die Alte nach: „Ja renne – renne nur zu, Satanskind – ins Kristall bald dein Fall – ins Kristall!" – Die gellende, krächzende Stimme des Weibes hatte etwas Entsetzliches, so daß die Spaziergänger verwundert stillstanden, und das Lachen, das sich erst verbreitet, mit einem Mal verstummte. – Der Student Anselmus (niemand anders war der junge Mensch) fühlte sich, unerachtet er des Weibes sonderbare Worte durchaus nicht verstand, von einem unwillkürlichen Grausen ergriffen, und er beflügelte noch mehr seine Schritte, um sich den auf ihn gerichteten Blicken der neugierigen Menge zu entziehen. Wie er sich nun durch das Gewühl geputzter Menschen durcharbeitete, hörte er überall murmeln: „Der arme junge Mann – Ei! – über das verdammte Weib!" – Auf ganz sonderbare Weise hatten die geheimnisvollen Worte der Alten dem lächerlichen Abenteuer eine gewisse tragische Wendung gegeben, so daß man dem vorhin ganz Unbemerkten jetzt teilnehmend nachsah. Die Frauenzimmer verziehen dem wohlgebildeten Gesichte, dessen Ausdruck die Glut des innern Grimms noch erhöhte, sowie dem kräftigen Wuchse des Jünglings alles Ungeschick, sowie den ganz aus dem Gebiete aller Mode liegenden Anzug. Sein hechtgrauer Frack war nämlich so zugeschnitten, als habe der Schneider, der ihn gearbeitet, die moderne Form nur von Hörensagen gekannt, und das schwarzatlasne wohlgeschonte Unterkleid gab dem Ganzen einen gewissen magistermäßigen Stil, dem sich nun wieder Gang und Stellung durchaus nicht fügen wollte. – Als der Student schon beinahe das Ende der Allee erreicht, die nach dem Linkischen Bade führt, wollte ihm beinahe der Atem ausgehen. Er war genötigt, langsamer zu wandeln; aber kaum wagte er den Blick in die Höhe zu richten, denn noch immer sah er die Äpfel und Kuchen um sich tanzen, und jeder freundliche Blick dieses oder jenes Mädchens war ihm nur der Reflex des schadenfrohen Gelächters am Schwarzen Tor. So war er bis an den Eingang des Linkischen Bades gekommen; eine Reihe festlich gekleideter Menschen nach der andern zog herein. Musik von Blasinstrumenten ertönte von innen, und immer lauter und lauter wurde das Gewühl der lustigen Gäste. Die Tränen wären dem armen Studenten Anselmus beinahe in die Augen getreten, denn auch er hatte, da der Himmelfahrtstag immer ein besonderes Familienfest für ihn gewesen, an der Glückseligkeit des Linkischen Paradieses teilnehmen, ja er hatte es bis zu einer halben Portion Kaffee mit Rum und einer Bouteille Doppelbier treiben wollen, und um so recht schlampampen zu können, mehr Geld eingesteckt, als eigentlich erlaubt und tunlich war. Und nun hatte ihn der fatale Tritt in den Äpfelkorb um alles gebracht, was er bei sich getragen. An Kaffee, an Doppelbier, an Musik, an den Anblick der geputzten Mädchen – kurz! – an alle geträumten Genüsse war nicht zu denken; er schlich langsam vorbei und schlug endlich den Weg an der Elbe ein, der gerade ganz einsam war. Unter einem Holunderbaume, der aus der Mauer hervorgesprossen, fand er ein freundliches Rasenplätzchen; da setzte er sich hin und stopfte eine Pfeife von dem Sanitätsknaster, den ihm sein Freund, der Konrektor Paulmann geschenkt. – Dicht vor ihm plätscherten und rauschten die goldgelben Wellen des schönen Elbstroms, hinter demselben streckte das herrliche Dresden kühn und stolz seine lichten Türme empor in den duftigen Himmelsgrund, der sich hinabsenkte auf die blumigen Wiesen und frisch grünenden Wälder, und aus tiefer Dämmerung gaben die zackichten Gebirge

Kunde vom fernen Böhmerlande. Aber finster vor sich hinblickend, blies der Student Anselmus die Dampfwolken in die Luft, und sein Unmut wurde endlich laut, indem er sprach: „Wahr ist es doch, ich bin zu allem möglichen Kreuz und Elend geboren! – Daß ich niemals Bohnenkönig geworden, daß ich im Paar oder Unpaar immer falsch geraten, daß mein Butterbrot immer auf die fette Seite gefallen, von all diesem Jammer will ich gar nicht reden; aber, ist es nicht ein schreckliches Verhängnis, daß ich, als ich denn doch nun dem Satan zum Trotz Student geworden war, ein Kümmeltürke sein und bleiben mußte? – Ziehe ich wohl je einen neuen Rock an, ohne gleich das erste Mal einen Talgfleck hineinzubringen, oder mir an einem übel eingeschlagenen Nagel ein verwünschtes Loch hineinzureißen? Grüße ich wohl je einen Herrn Hofrat oder eine Dame, ohne den Hut weit von mir zu schleudern, oder gar auf dem glatten Boden auszugleiten und schändlich umzustülpen? Hatte ich nicht schon in Halle jeden Markttag eine bestimmte Ausgabe von drei bis vier Groschen für zertretene Töpfe, weil mir der Teufel in den Kopf setzt, meinen Gang geradeaus zu nehmen, wie die Laminge? Bin ich denn ein einziges Mal ins Kollegium, oder wo man mich sonst hinbeschieden, zu rechter Zeit gekommen? Was half es, daß ich eine halbe Stunde vorher ausging, und mich vor die Tür hinstellte, den Drücker in der Hand, denn sowie ich mit dem Glockenschlage aufdrücken wollte, goß mir der Satan ein Waschbecken über den Kopf, oder ließ mich mit einem Heraustretenden zusammenrennen, daß ich in tausend Händel verwickelt wurde, und darüber alles versäumte. – Ach! ach! wo seid ihr hin, ihr seligen Träume künftigen Glücks, wie ich stolz wähnte, ich könne es wohl hier noch bis zum Geheimen Sekretär bringen! Aber hat mir mein Unstern nicht die besten Gönner verfeindet? – Ich weiß, daß der Geheime Rat, an den ich empfohlen bin, verschnittenes Haar nicht leiden mag; mit Mühe befestigt der Friseur einen kleinen Zopf an meinem Hinterhaupt, aber bei der ersten Verbeugung springt die unglückselige Schnur, und ein munterer Mops, der mich umschnüffelt, apportiert im Jubel das Zöpfchen dem Geheimen Rate. Ich springe erschrocken nach, und stürze über den Tisch, an dem er frühstückend gearbeitet hat, so daß Tassen, Teller, Tintenfaß – Sandbüchse klirrend herabstürzen, und der Strom von Schokolade und Tinte sich über die eben geschriebene Relation ergießt. ‚Herr, sind Sie des Teufels!' brüllt der erzürnte Geheime Rat, und schiebt mich zur Tür hinaus. – Was hilft es, daß mir der Konrektor Paulmann Hoffnung zu einem Schreiberdienste gemacht hat, wird es denn mein Unstern zulassen, der mich überall verfolgt! – Nur noch heute! – Ich wollte den lieben Himmelfahrtstag recht in der Gemütlichkeit feiern, ich wollte ordentlich was daraufgehen lassen. Ich hätte ebensogut wie jeder andere Gast in Linkes Bade stolz rufen können: ‚Marqueur – eine Flasche Doppelbier – aber vom besten bitte ich!' – Ich hätte bis spät abends sitzen können, und noch dazu ganz nahe bei dieser oder jener Gesellschaft herrlich geputzter schöner Mädchen. Ich weiß es schon, der Mut wäre mir gekommen, ich wäre ein ganz anderer Mensch geworden; ja, ich hätte es so weit gebracht, daß wenn diese oder jene gefragt: ‚Wie spät mag es wohl jetzt sein?' oder: ‚Was ist denn das, was sie spielen?' da wäre ich mit leichtem Anstande aufgesprungen, ohne mein Glas umzuwerfen oder über die Bank zu stolpern; mich in gebeugter Stellung anderthalb Schritte vorwärts bewegend, hätte ich gesagt: ‚Erlauben Sie, Mademoiselle, Ihnen zu dienen, es ist die Ouvertüre aus dem Donauweibchen', oder: ‚Es wird gleich sechs Uhr schlagen.' – Hätte mir das ein Mensch in der Welt übel deuten können? – Nein! sage ich, die Mädchen hätten sich so schalkhaft lächelnd angesehen, wie es wohl zu geschehen pflegt, wenn ich mich ermutige zu zeigen, daß ich mich auch wohl auf den leichten Weltton verstehe und mit Damen umzugehen weiß. Aber da führt mich der Satan in den verwünschten Äpfelkorb, und nun muß ich in der Einsamkeit meinen Sanitätsknaster –" Hier wurde der Student Anselmus in seinem Selbstgespräche durch ein sonderbares Rieseln und Rascheln unterbrochen, das sich dicht neben ihm im Grase erhob, bald aber in die Zweige und Blätter des Holunderbaums hinaufglitt, der sich über seinem Haupte wölbte. Bald war es, als schüttle der Abendwind die Blätter, bald, als kos'ten Vögelein in den Zweigen, die kleinen Fittiche im mutwilligen Hin- und Herflattern rührend. – Da fing es an zu flüstern und zu lispeln, und es war, als ertönten die Blüten wie aufgehangene Kristallglöckchen. Anselmus horchte und horchte. Da wurde, er wußte selbst nicht wie, das Gelispel und Geflüster und Geklingel zu leisen halbverwehten Worten:

„Zwischen durch – zwischen ein – zwischen Zweigen, zwischen schwellenden Blüten, schwingen, schlängeln, schlingen wir uns – Schwesterlein – Schwesterlein, schwinge dich im Schimmer – schnell, schnell herauf – herab – Abendsonne schießt Strahlen, zischelt der Abendwind – raschelt der Tau – Blüten singen – rühren wir Zünglein, singen wir mit Blüten und Zweigen – Sterne bald glänzen – müssen herab – zwischen durch, zwischen ein schlängeln, schlingen, schwingen wir uns Schwesterlein." –

So ging es fort in Sinne verwirrender Rede. Der Student Anselmus dachte: Das ist denn doch nur der Abendwind, der heute mit ordentlich verständlichen Worten flüstert. – Aber in dem Augenblick ertönte es über seinem Haupte, wie ein Dreiklang heller Kristallglokken; er schaute hinauf und erblickte drei in grünem Gold erglänzende Schlänglein, die sich um die Zweige gewickelt hatten, und die Köpfchen der Abendsonne entgegenstreckten. Da flüsterte und lispelte es von neuem in jenen Worten, und die Schlänglein schlüpften und kos'ten auf und nieder durch die Blätter und Zweige, und wie sie sich so schnell rührten, da war es, als streue der Holunderbusch tausend funkelnde Smaragde durch seine dunklen Blätter. „Das ist die Abendsonne, die so in dem Holunderbusch spielt", dachte der Student Anselmus, aber da ertönten die Glocken wieder, und Anselmus sah, wie eine Schlange ihr Köpfchen nach ihm herabstreckte. Durch alle Glieder fuhr es ihm wie ein elektrischer Schlag, er erbebte im Innersten – er starrte hinauf, und ein Parr herrliche dunkelblaue Augen blickten ihn an mit unaussprechlicher Sehnsucht, so daß ein nie gekanntes Gefühl der höchsten Seligkeit und des tiefsten Schmerzes seine Brust zersprengen wollte. Und wie er voll heißen Verlangens immer in die holdseligen Augen schaute, da ertönten stärker in lieblichen Akkorden die Kristallglocken, und die funkelnden Smaragde fielen auf ihn herab und umspannen ihn, in tausend Flämmchen um ihn herflackernd und spielend mit schimmernden Goldfaden. Der Holunderbusch rührte sich und sprach: „Du lagst in meinem Schatten, mein Duft umfloß dich, aber du verstandest mich nicht. Der Duft ist meine Sprache, wenn ihn die Liebe entzündet." Der Abendwind strich vorüber und sprach: „Ich umspielte deine Schläfe, aber du verstandest mich nicht, der Hauch ist meine Sprache, wenn ihn die Liebe entzündet." Die Sonnenstrahlen brachen durch das Gewölk, und der Schein brannte wie in Worten: „Ich umgoß dich mit glühendem Gold, aber du verstandest mich nicht; Glut ist meine Sprache, wenn sie die Liebe entzündet."

Und immer inniger und inniger versunken in den Blick des herrlichen Augenpaars, wurde heißer die Sehnsucht, glühender das Verlangen. Da regte und bewegte sich alles, wie zum frohen Leben erwacht. Blumen und Blüten dufteten um ihn her, und ihr Duft war wie herrlicher Gesang von tausend Flötenstimmen und was sie gesungen, trugen im Widerhall die goldenen vorüberfliehenden Abendwolken in ferne Lande. Aber als der letzte Strahl der Sonne schnell hinter den Bergen verschwand, und nun die Dämmerung ihren Flor über die Gegend warf, da rief, wie aus weiter Ferne, eine rauhe tiefe Stimme:

„Hei, hei, was ist das für ein Gemunkel und Geflüster da drüben? – Hei, hei, wer sucht mir doch den Strahl hinter den Bergen! – genug gesonnt, genug gesungen – Hei, hei, durch Busch und Gras – durch Gras und Strom! – Hei – hei – Her u – u – u nter – Her u – u – unter! –“

So verschwand die Stimme wie im Murmeln eines fernen Donners, aber die Kristallglocken zerbrachen im schneidenden Mißton. Alles war verstummt, und Anselmus sah, wie die drei Schlangen schimmernd und blinkend durch das Gras nach dem Strome schlüpften; rischelnd und raschelnd stürzten sie sich in die Elbe, und über den Wogen, wo sie verschwunden, knisterte ein grünes Feuer empor, das in schiefer Richtung nach der Stadt zu leuchtend verdampfte.

Zweite Vigilie.

Wie der Student Anselmus für betrunken und wahnwitzig gehalten wurde. – Die Fahrt über die Elbe – Die Bravour-Arie des Kapellmeisters Graun – Conradis Magen-Liqueur und das bronzierte Äpfelweib.

„Der Herr ist wohl nicht recht bei Troste!“ sagte eine ehrbare Bürgersfrau, die vom Spaziergange mit der Familie heimkehrend, still stand, und mit übereinandergeschlagenen Armen dem tollen Treiben des Studenten Anselmus zusah. *Der* hatte nämlich den Stamm des Holunderbaumes umfaßt und rief unaufhörlich in die Zweige und Blätter hinein: „O nur noch einmal blinket und leuchtet, ihr lieblichen goldnen Schlänglein, nur noch einmal laßt eure Glockenstimmchen hören! Nur noch einmal blicket mich an, ihr holdseligen blauen Augen, nur noch einmal, ich muß ja sonst vergehen in Schmerz und heißer Sehnsucht!“ Und dabei seufzte und ächzte er aus der tiefsten Brust recht kläglich, und schüttelte vor Verlangen und Ungeduld den

Holunderbaum, der aber statt aller Antwort nur ganz dumpf und unvernehmlich mit den Blättern rauschte und so den Schmerz des Studenten Anselmus ordentlich zu verhöhnen schien. – „Der Herr ist wohl nicht recht bei Troste", sagte die Bürgersfrau, und dem Anselmus war es so, als würde er aus einem tiefen Traum gerüttelt oder gar mit eiskaltem Wasser begossen, um ja recht jähling zu erwachen. Nun sah er erst wieder deutlich, wo er war, und besann sich, wie ein sonderbarer Spuk ihn geneckt und gar dazu getrieben habe, ganz allein für sich selbst in laute Worte auszubrechen. Bestürzt blickte er die Bürgersfrau an, und griff endlich nach dem Hute, der zur Erde gefallen, um davonzueilen. Der Familienvater war unterdessen auch herangekommen und hatte, nachdem er das Kleine, das er auf dem Arm getragen, ins Gras gesetzt, auf seinen Stock sich stützend mit Verwunderung dem Studenten zugehört und zugeschaut. Er hob jetzt Pfeife und Tabaksbeutel auf, die der Student fallen lassen, und sprach, beides ihm hinreichend: „Lamentier der Herr nicht so schrecklich in der Finsternis, und vexier Er nicht die Leute, wenn Ihm sonst nichts fehlt, als daß Er zu viel ins Gläschen geguckt – geh Er fein ordentlich zu Hause und leg Er sich aufs Ohr!" Der Student Anselmus schämte sich sehr, er stieß ein weinerliches „Ach!" aus. „Nun, nun", fuhr der Bürgersmann fort, „laß es der Herr nur gut sein, so was geschieht den Besten, und am lieben Himmelfahrtstage kann man wohl in der Freude seines Herzens ein Schlückchen über den Durst tun. Das passiert auch wohl einem Mann Gottes – der Herr ist ja doch wohl ein Kandidat. – Aber wenn es der Herr erlaubt, stopf ich mir ein Pfeifchen von seinem Tabak, meiner ist mir da droben ausgegangen." Dies sagte der Bürger, als der Student Anselmus schon Pfeife und Beutel einstecken wollte, und nun reinigte der Bürger langsam und bedächtig seine Pfeife, und fing ebenso langsam an zu stopfen. Mehrere Bürgermädchen waren dazugetreten, die sprachen heimlich mit der Frau und kicherten miteinander, indem sie den Anselmus ansahen. *Dem* war es, als stände er auf lauter spitzigen Dornen und glühenden Nadeln. Sowie er nur Pfeife und Tabaksbeutel erhalten, rannte er spronstreichs davon. Alles was er Wunderbares gesehen, war ihm rein aus dem Gedächtnis geschwunden, und er besann sich nur, daß er unter dem Holunderbaum allerlei tolles Zeug ganz laut geschwatzt, was ihm denn um so entsetzlicher war, als er von jeher einen innerlichen Abscheu gegen alle Selbstredner gehegt. „Der Satan schwatzt aus ihnen", sagte sein Rektor, und daran glaubte er auch in der Tat. Für einen am Himmelfahrtstage betrunkenen Candidatus theologiae gehalten zu werden, der Gedanke war ihm unerträglich. Schon wollte er in die Pappelallee bei dem Koselschen Garten einbiegen, als eine Stimme hinter ihm herrief: „Hr. Anselmus! Hr. Anselmus! wo rennen Sie denn um tausend Himmels willen hin in solcher Hast!" Der Student blieb wie in den Boden gewurzelt stehen, denn er war überzeugt, daß nun gleich ein neues Unglück auf ihn einbrechen werde. Die Stimme ließ sich wieder hören: „Hr. Anselmus, so kommen Sie doch zurück, wir warten hier am Wasser!" – Nun vernahm der Student erst, daß es sein Freund der Konrektor Paulmann war, der ihn rief; er ging zurück an die Elbe, und fand den Konrektor mit seinen beiden Töchtern, sowie den Registrator Heerbrand, wie sie eben im Begriff waren in eine Gondel zu steigen. Der Konrektor Paulmann lud den Studenten ein, mit ihm über die Elbe zu fahren, und dann in seiner, auf der Pirnaer Vorstadt gelegenen Wohnung abends über bei ihm zu bleiben. Der Student Anselmus nahm das recht gern an, weil er denn doch so dem bösen Verhängnis, das heute über ihm walte, zu entrinnen glaubte. Als sie nun über den Strom fuhren, begab es sich, daß auf dem jenseitigen Ufer bei dem Antonschen Garten ein Feuerwerk abgebrannt wurde. Prasselnd und zischend fuhren die Raketen in die Höhe und die leuchtenden Sterne zersprangen in den Lüften, tausend knisternde Strahlen und Flammen um sich sprühend. Der Student Anselmus saß in sich gekehrt bei dem rudernden Schiffer, als er nun aber im Wasser den Widerschein der in der Luft herumsprühenden und knisternden Funken und Flammen erblickte: da war es ihm, als zögen die goldnen Schlänglein durch die Flut. Alles was er unter dem Holunderbaum Seltsames geschaut, trat wieder lebendig in Sinn und Gedanken, und aufs neue ergriff ihn die unaussprechliche Sehnsucht, das glühende Verlangen, welches dort seine Brust in krampfhaft schmerzvollem Entzücken erschüttert. „Ach, seid ihr es denn wieder, ihr goldenen Schlänglein, singt nur, singt! In eurem Gesange erscheinen ja wieder die holden lieblichen dunkelblauen Augen – ach, seid ihr denn unter den Fluten!" – So rief der Student Anselmus und machte dabei eine heftige Bewegung, als wolle er sich gleich aus der Gondel in die Flut stürzen. „Ist der Herr des Teufels?" rief der Schiffer, und erwischte ihn beim Rockschoß. Die Mädchen, welche bei ihm gesessen, schrieen im Schreck auf und flüchteten auf die andere Seite der Gondel; der Registrator Heerbrand sagte dem Konrektor Paulmann etwas ins

Ohr, worauf dieser mehreres antwortete, wovon der Student Anselmus aber nur die Worte verstand: „Dergleichen Anfälle – noch nicht bemerkt?" – Gleich nachher stand auch der Konrektor Paulmann auf und setzte sich mit einer gewissen ernsten gravitätischen Amtsmiene zu dem Studenten Anselmus, seine Hand nehmend und sprechend: „Wie ist Ihnen, Herr Anselmus?" Dem Studenten Anselmus vergingen beinahe die Sinne, denn in seinem Innern erhob sich ein toller Zwiespalt, den er vergebens beschwichtigen wollte. Er sah nun wohl deutlich, daß das, was er für das Leuchten der goldenen Schlänglein gehalten, nur der Widerschein des Feuerwerks bei Antons Garten war; aber ein nie gekanntes Gefühl, er wußte selbst nicht, ob Wonne, ob Schmerz, zog krampfhaft seine Brust zusammen, und wenn der Schiffer nun so mit dem Ruder ins Wasser hineinschlug, daß es wie im Zorn sich emporkräuselnd plätscherte und rauschte, da vernahm er in dem Getöse ein heimliches Lispeln und Flüstern: „Anselmus! Anselmus! Siehst du nicht, wie wir stets vor dir herziehen? – Schwesterlein blickt dich wohl wieder an – glaube – glaube – glaube an uns." – Und es war ihm, als säh er im Widerschein drei grünglühende Streife. Aber als er dann recht wehmütig ins Wasser hineinblickte, ob nun nicht die holdseligen Augen aus der Flut herausschauen würden, da gewahrte er wohl, daß der Schein nur von den erleuchteten Fenstern der nahen Häuser herrührte. Schweigend saß er da und im Innern mit sich kämpfend; aber der Konrektor Paulmann sprach noch heftiger: „Wie ist Ihnen, Hr. Anselmus?" Ganz kleinmütig antwortete der Student: „Ach, lieber Herr Konrektor, wenn Sie wüßten, was ich eben unter einem Holunderbaum bei der Linkeschen Gartenmauer ganz wachend mit offnen Augen für ganz besondere Dinge geträumt habe, ach, Sie würden mir es gar nicht verdenken, daß ich so gleichsam abwesend." – „Ei, ei, Herr Anselmus", fiel der Konrektor Paulmann ein, „ich habe Sie immer für einen soliden jungen Mann gehalten, aber träumen – mit hellen offenen Augen träumen, und dann mit einem Mal ins Wasser springen wollen, das – verzeihen Sie mir, können nur Wahnwitzige oder Narren!" – Der Student Anselmus wurde ganz betrübt über seines Freundes harte Rede, da sagte Paulmanns älteste Tochter Veronika, ein recht hübsches blühendes Mädchen von sechzehn Jahren: „Aber, lieber Vater! es muß dem Hrn. Anselmus doch was Besonderes begegnet sein, und er glaubt vielleicht nur, daß er gewacht habe, unerachtet er unter dem Holunderbaum wirklich geschlafen und ihm allerlei närrisches Zeug vorgekommen, was ihm noch in Gedanken liegt." – „Und, teuerste Mademoiselle, werter Konrektor!" nahm der Registrator Heerbrand das Wort, „sollte man denn nicht auch wachend in einen gewissen träumerischen Zustand versinken können? So ist mir in der Tat selbst einmal nachmittags beim Kaffee in einem solchen Hinbrüten, dem eigentlichen Moment körperlicher und geistiger Verdauung, die Lage eines verlornen Aktenstücks wie durch Inspiration eingefallen, und nur noch gestern tanzte auf gleiche Weise eine herrliche große lateinische Frakturschrift vor meinen hellen offenen Augen umher." – „Ach, geehrtester Registrator", erwiderte der Konrektor Paulmann, „Sie haben immer so einen Hang zu den Poeticis gehabt, und da verfällt man leicht in das Fantastische und Romanhafte." Aber dem Studenten Anselmus tat es wohl, daß man sich seiner in der höchst betrübten Lage, für betrunken oder wahnwitzig gehalten zu werden, annahm, und unerachtet es ziemlich finster geworden, glaubte er doch zum ersten Male zu bemerken, wie Veronika recht schöne dunkelblaue Augen habe, ohne daß ihm jedoch jenes wunderbare Augenpaar, das er in dem Holunderbaum geschaut, in Gedanken kam. Überhaupt war dem Studenten Anselmus mit einem Mal nun wieder das Abenteuer unter dem Holunderbaum ganz verschwunden, er fühlte sich so leicht und froh, ja er trieb es wie im lustigen Übermute so weit, daß er bei dem Heraussteigen aus der Gondel seiner Schutzrednerin Veronika die hülfreiche Hand bot, und ohne weiteres, als sie ihren Arm in den seinigen hing, sie mit so vieler Geschicklichkeit und so vielem Glück zu Hause führte, daß er nur ein einziges Mal ausglitt, und da es gerade der einzige schmutzige Fleck auf dem ganzen Wege war, Veronikas weißes Kleid nur ganz wenig bespritzte. Dem Konrektor Paulmann entging die glückliche Änderung des Studenten Anselmus nicht, er gewann ihn wieder lieb, und bat ihn der harten Worte wegen, die er vorhin gegen ihn fallen lassen, um Verzeihung. „Ja!" fügte er hinzu, „man hat wohl Beispiele, daß oft gewisse Fantasmata dem Menschen vorkommen und ihn ordentlich ängstigen und quälen können, das ist aber körperliche Krankheit, und es helfen Blutigel, die man, salva venia, dem Hintern appliziert, wie ein berühmter bereits verstorbener Gelehrter bewiesen." Der Student Anselmus wußte nun in der Tat selbst nicht, ob er betrunken, wahnwitzig oder krank gewesen, auf jeden Fall schienen ihm aber die Blutigel ganz unnütz, da die etwanigen Fantasmata gänzlich verschwunden und er sich immer heiterer fühlte, je mehr es ihm gelang, sich in allerlei Artigkeiten um die hübsche Veronika zu bemühen. Es wurde wie gewöhnlich nach der frugalen Mahlzeit Musik gemacht; der Student Anselmus mußte sich ans Klavier setzen und Veronika ließ ihre helle klare Stimme hören. – „Werte Mademoiselle“, sagte der Registrator Heerbrand, „Sie haben eine Stimme, wie eine Kristallglocke!“ – „Das nun wohl nicht!“ fuhr es dem Studenten Anselmus heraus, er wußte selbst nicht wie, und alle sahen ihn verwundert und betroffen an. „Kristallglocken tönen in Holunderbäumen wunderbar! wunderbar!“ fuhr der Student Anselmus halbleise murmelnd fort. Da legte Veronika ihre Hand auf seine Schulter und sagte: „Was sprechen Sie denn da, Herr Anselmus?“ Gleich wurde der Student wieder ganz munter und fing an zu spielen. Der Konrektor Paulmann sah ihn finster an, aber der Registrator Heerbrand legte ein Notenblatt auf den Pult und sang zum Entzücken eine Bravour-Arie vom Kapellmeister Graun. Der Student Anselmus akkompagnierte noch manches, und ein fugiertes Duett, das er mit Veronika vortrug, und das der Konrektor Paulmann selbst komponiert, setzte alles in die fröhlichste Stimmung. Es war ziemlich spät worden und der Registrator Heerbrand griff nach Hut und Stock, da trat der Konrektor Paulmann geheimnisvoll zu ihm hin und sprach: „Ei, wollten Sie nicht, geehrter Registrator, dem guten Hrn. Anselmus selbst – nun! wovon wir vorhin sprachen“ – „Mit tausend Freuden“, erwiderte der Registrator Heerbrand, und begann, nachdem sie sich im Kreise gesetzt, ohne weiteres in folgender Art: „Es ist hier am Orte ein alter wunderlicher merkwürdiger Mann, man sagt, er treibe allerlei geheime Wissenschaften, da es nun aber dergleichen eigentlich nicht gibt, so halte ich ihn eher für einen forschenden Antiquar, auch wohl nebenher für einen experimentierenden Chemiker. Ich meine niemand andern als unsern Geheimen Archivarius Lindhorst. Er lebt, wie Sie wissen, einsam in seinem entlegenen alten Hause, und wenn ihn der Dienst nicht beschäftigt, findet man ihn in seiner Bibliothek oder in seinem chemischen Laboratorio, wo er aber niemanden hineinläßt. Er besitzt außer vielen seltenen Büchern eine Anzahl zum Teil arabischer, koptischer, und gar in sonderbaren Zeichen, die keiner bekannten Sprache angehören, geschriebener Manuskripte. Diese will er auf geschickte Weise kopieren lassen, und es bedarf dazu eines Mannes, der sich darauf versteht mit der Feder zu zeichnen, um mit der höchsten Genauigkeit und Treue alle Zeichen auf Pergament, und zwar mit Tusche, übertragen zu können. Er läßt in einem besondern Zimmer seines Hauses unter seiner Aufsicht arbeiten, bezahlt außer dem freien Tisch während der Arbeit jeden Tag einen Speziestaler, und verspricht noch ein ansehnliches Geschenk, wenn die Abschriften glücklich beendet. Die Zeit der Arbeit ist täglich von zwölf bis sechs Uhr. Von drei bis vier Uhr wird geruht und gegessen. Da er schon mit ein paar jungen Leuten vergeblich den Versuch gemacht hat, jene Manuskripte kopieren zu lassen, so hat er sich endlich an mich gewendet, ihm einen geschickten Zeichner zuzuweisen; da habe ich an Sie gedacht, lieber Hr. Anselmus, denn ich weiß, daß Sie sowohl sehr sauber schreiben, als auch mit der Feder zierlich und rein zeichnen. Wollen Sie daher in dieser schlechten Zeit und bis zu Ihrer etwanigen Anstellung den Speziestaler täglich verdienen und das Geschenk obendrein, so bemühen Sie sich morgen Punkt zwölf Uhr zu dem Hrn. Archivarius, dessen Wohnung Ihnen bekannt sein wird. – Aber hüten Sie sich ja vor jedem Tinteflecken; fällt er auf die Abschrift, so müssen Sie ohne Gnade von vorn anfangen, fällt er auf das Original, so ist der Herr Archivarius imstande, Sie zum Fenster hinauszuwerfen, denn es ist ein zorniger Mann." – Der Student Anselmus war voll inniger Freude über den Antrag des Registrators Heerbrand; denn nicht allein, daß er sauber schrieb und mit der Feder zeichnete, so war es auch seine wahre Passion, mit mühsamem kalligraphischen Aufwande abzuschreiben; er dankte daher seinen Gönnern in den verbindlichsten Ausdrücken, und versprach die morgende Mittagsstunde nicht zu versäumen. In der Nacht sah der Student Anselmus nichts als blanke Speziestaler und hörte ihren lieblichen Klang. – Wer mag das dem Armen verargen, der um so manche Hoffnung durch ein launisches Mißgeschick betrogen, jeden Heller zu Rate halten und manchem Genuß, den jugendliche Lebenslust forderte, entsagen mußte. Schon am frühen Morgen suchte er seine Bleistifte, seine Rabenfedern, seine chinesische Tusche zusammen; denn besser, dachte er, kann der Archivarius keine Materialien erfinden. Vor allen Dingen musterte und ordnete er seine kalligraphischen Meisterwerke und seine Zeichnungen, um sie dem Archivarius, zum Beweis seiner Fähigkeit das Verlangte zu erfüllen, aufzuweisen. Alles ging glücklich von statten, ein besonderer Glücksstern schien über ihn zu walten, die Halsbinde saß gleich beim ersten Umknüpfen wie sie sollte, keine Naht platzte, keine Masche zerriß in den schwarzseidenen Strümpfen, der Hut fiel nicht noch einmal in den Staub, als er schon sauber abgebürstet. – Kurz! – Punkt halb zwölf Uhr stand der Student

Anselmus in seinem hechtgrauen Frack und seinen schwarzatlasnen Unterkleidern, eine Rolle Schönschriften und Federzeichnungen in der Tasche, schon auf der Schloßgasse in Conradis Laden und trank – eins – zwei Gläschen des besten Magenliqueurs, denn hier, dachte er, indem er auf die annoch leere Tasche schlug, werden bald Speziestaler erklingen. Unerachtet des weiten Weges bis in die einsame Straße, in der sich das uralte Haus des Archivarius Lindhorst befand, war der Student Anselmus doch vor zwölf Uhr an der Haustür. Da stand er und schaute den großen schönen bronzenen Türklopfer an; aber als er nun auf den letzten die Luft mit mächtigem Klange durchbebenden Schlag der Turmuhr an der Kreuzkirche den Türklopfer ergreifen wollte, da verzog sich das metallene Gesicht im ekelhaften Spiel blauglühender Lichtblicke zum grinsenden Lächeln. Ach! es war ja das Äpfelweib vom Schwarzen Tor! Die spitzigen Zähne klappten in dem schlaffen Maule zusammen, und in dem Klappern schnarrte es: „Du Narre – Narre – Narre – warte, warte! warum warst hinausgerannt! Narre!" – Entsetzt taumelte der Student Anselmus zurück, er wollte den Türpfosten ergreifen, aber seine Hand erfaßte die Klingelschnur und zog sie an, da läutete es stärker und stärker in gellenden Mißtönen, und durch das ganze öde Haus rief und spottete der Widerhall: „Bald dein Fall ins Kristall!" – Den Studenten Anselmus ergriff ein Grausen, das im krampfhaften Fieberfrost durch alle Glieder bebte. Die Klingelschnur senkte sich hinab und wurde zur weißen durchsichtigen Riesenschlange, die umwand und drückte ihn, fester und fester ihr Gewinde schnürend, zusammen, daß die mürben zermalmten Glieder knackend zerbröckelten und sein Blut aus den Adern spritzte, eindringend in den durchsichtigen Leib der Schlange und ihn rot färbend. – „Töte mich, töte mich!" wollte er schreien in der entsetzlichen Angst, aber sein Geschrei war nur ein dumpfes Röcheln. – Die Schlange erhob ihr Haupt und legte die lange spitzige Zunge von glühendem Erz auf die Brust des Anselmus, da zerriß ein schneidender Schmerz jähling die Pulsader des Lebens und es vergingen ihm die Gedanken. – Als er wieder zu sich selbst kam, lag er auf seinem dürftigen Bettlein, vor ihm stand aber der Konrektor Paulmann und sprach: „Was treiben Sie denn um des Himmels willen für tolles Zeug, lieber Herr Anselmus!"

Dritte Vigilie.

Nachrichten von der Familie des Archivarius Lindhorst. – Veronikas blaue Augen. – Der Registrator Heerbrand.

„Der Geist schaute auf das Wasser, da bewegte es sich und brauste in schäumenden Wogen, und stürzte sich donnernd in die Abgründe, die ihre schwarzen Rachen aufsperrten, es gierig zu verschlingen. Wie triumphierende Sieger hoben die Granitfelsen ihre zackicht gekrönten Häupter empor, das Tal schützend, bis es die Sonne in ihren mütterlichen Schoß nahm und es umfassend mit ihren Strahlen wie mit glühenden Armen pflegte und wärmte. Da erwachten tausend Keime, die unter dem öden Sande geschlummert, aus dem tiefen Schlafe, und streckten ihre grünen Blättlein und Halme zum Angesicht der Mutter hinauf, und wie lächelnde Kinder in grüner Wiege, ruhten in den Blüten und Knospen Blümlein, bis auch sie von der Mutter geweckt erwachten und sich schmückten mit den Lichtern, die die Mutter ihnen zur Freude auf tausendfache Weise bunt gefärbt. Aber in der Mitte des Tals war ein schwarzer Hügel, der hob sich auf und nieder wie die Brust des Menschen, wenn glühende Sehnsucht sie schwellt. – Aus den Abgründen rollen die Dünste empor, und sich zusammenballend in gewaltige Massen, strebten sie das Angesicht der Mutter feindlich zu verhüllen; die rief aber den Sturm herbei, der fuhr zerstäubend unter sie, und als der reine Strahl wieder den schwarzen Hügel berührte, da brach im Übermaß des Entzückens eine herrliche Feuerlilie hervor, die schönen Blätter wie holdselige Lippen öffnend, der Mutter süße Küsse zu empfangen. – Nun schritt ein glänzendes Leuchten in das Tal; es war der Jüngling Phosphorus, den sah die Feuerlilie und flehte, von heißer sehnsüchtiger Liebe befangen: ‚Sei doch mein ewiglich, du schöner Jüngling! denn ich liebe dich und muß vergehen, wenn du mich verlässest.‘ Da sprach der Jüngling Phosphorus: ‚Ich will dein sein, du schöne Blume, aber dann wirst du, wie ein entartet Kind, Vater und Mutter verlassen, du wirst deine Gespielen nicht mehr kennen, du wirst größer und mächtiger sein wollen als alles, was sich jetzt als deinesgleichen mit dir freut. Die Sehnsucht, die jetzt dein ganzes Wesen wohltätig erwärmt, wird in hundert Strahlen zerspaltet, dich quälen und martern, denn der Sinn wird die Sinne gebären, und die höchste Wonne, die der Funke entzündet, den ich in dich hineinwerfe, ist der hoffnungslose

Schmerz, in dem du untergehst, um aufs neue fremdartig emporzukeimen. – Dieser Funke ist der Gedanke!' – ‚Ach!' klagte die Lilie, ‚kann ich denn nicht in der Glut, wie sie jetzt in mir brennt, dein sein? Kann ich dich denn mehr lieben als jetzt, und kann ich dich denn schauen wie jetzt, wenn du mich vernichtest?' Da küßte sie der Jüngling Phosphorus, und wie vom Lichte durchstrahlt loderte sie auf in Flammen, aus denen ein fremdes Wesen hervorbrach, das schnell dem Tale entfliehend im unendlichen Raume herumschwärmte, sich nicht kümmernd um die Gespielen der Jugend und um den geliebten Jüngling. *Der* klagte um die verlorne Geliebte, denn auch ihn brachte ja nur die unendliche Liebe zu der schönen Lilie in das einsame Tal, und die Granitfelsen neigten ihre Häupter teilnehmend vor dem Jammer des Jünglings. Aber einer öffnete seinen Schoß, und es kam ein schwarzer geflügelter Drache rauschend herausgeflattert und sprach: ‚Meine Brüder, die Metalle, schlafen da drinnen, aber ich bin stets munter und wach und will dir helfen.' Sich auf- und niederschwingend erhaschte endlich der Drache das Wesen, das der Lilie entsprossen, trug es auf den Hügel und umschloß es mit seinem Fittich; da war es wieder die Lilie, aber der bleibende Gedanke zerriß ihr Innerstes, und die Liebe zu dem Jüngling Phosphorus war ein schneidender Jammer, vor dem, von giftigen Dünsten angehaucht, die Blümlein, die sonst sich ihres Blicks gefreut, verwelkten und starben. Der Jüngling Phosphorus legte eine glänzende Rüstung an, die in tausendfarbigen Strahlen spielte, und kämpfte mit dem Drachen, der mit seinem schwarzen Fittich an den Panzer schlug, daß er hell erklang; und von dem mächtigen Klange lebten die Blümlein wieder auf und umflatterten wie bunte Vögel den Drachen, dessen Kräfte schwanden und der besiegt sich in der Tiefe der Erde verbarg. Die Lilie war befreit, der Jüngling Phosphorus umschlang sie voll glühenden Verlangens himmlischer Liebe, und im hochjubelnden Hymnus huldigten ihr die Blumen, die Vögel, ja selbst die hohen Granitfelsen als Königin des Tals." – „Erlauben Sie, das ist orientalischer Schwulst, werter Herr Archivarius!" sagte der Registrator Heerbrand, „und wir baten denn doch, Sie sollten, wie Sie sonst wohl zu tun pflegen, uns etwas aus Ihrem höchst merkwürdigen Leben, etwa von Ihren Reise-Abenteuern, und zwar etwas Wahrhaftiges erzählen." – „Nun was denn", erwiderte der Archivarius Lindhorst: „das, was ich soeben erzählt, ist das Wahrhaftigste, was ich euch auftischen kann, ihr Leute, und gehört in gewisser Art auch zu meinem Leben. Denn ich stamme eben aus jenem Tale her, und die Feuerlilie, die zuletzt als Königin herrschte, ist meine Ur – ur – ur – ur-Großmutter, weshalb ich denn auch eigentlich ein Prinz bin." – Alle brachen in ein schallendes Gelächter aus. – „Ja, lacht nur recht herzlich", fuhr der Archivarius Lindhorst fort, „euch mag wohl das, was ich freilich nur in ganz dürftigen Zügen erzählt habe, unsinnig und toll vorkommen, aber es ist dessen unerachtet nichts weniger als ungereimt oder auch nur allegorisch gemeint, sondern buchstäblich wahr. Hätte ich aber gewußt, daß euch die herrliche Liebesgeschichte, der auch ich meine Entstehung zu verdanken habe, so wenig gefallen würde, so hätte ich lieber manches Neue mitgeteilt, das mir mein Bruder beim gestrigen Besuch mitbrachte." – „Ei, wie das? Haben Sie denn einen Bruder, Hr. Archivarius? – wo ist er denn – wo lebt er denn? Auch in königlichen Diensten, oder vielleicht ein privatisierender Gelehrter?" – so fragte man von allen Seiten. – „Nein!" erwiderte der Archivarius, ganz kalt und gelassen eine Prise nehmend, „er hat sich auf die schlechte Seite gelegt und ist unter die Drachen gegangen." – „Wie beliebten Sie doch zu sagen, wertester Archivarius", nahm der Registrator Heerbrand das Wort: „unter die Drachen?" – „Unter die Drachen?" hallte es von allen Seiten wie ein Echo nach. – „Ja, unter die Drachen", fuhr der Archivarius Lindhorst fort; „eigentlich war es Desperation. Sie wissen, meine Herren, daß mein Vater vor ganz kurzer Zeit starb, es sind nur höchstens dreihundertundfünfundachtzig Jahre her, weshalb ich auch noch Trauer trage, der hatte mir, dem Liebling, einen prächtigen Onyx vermacht, den durchaus mein Bruder haben wollte. Wir zankten uns bei der Leiche des Vaters darüber auf eine ungebührliche Weise, bis der Selige, der die Geduld verlor, aufsprang und den bösen Bruder die Treppe hinunterwarf. Das wurmte meinen Bruder und er ging stehenden Fußes unter die Drachen. Jetzt hält er sich in einem Zypressenwalde dicht bei Tunis auf, dort hat er einen berühmten mystischen Karfunkel zu bewachen, dem ein Teufelskerl von Nekromant, der ein Sommerlogis in Lappland bezogen, nachstellt, weshalb er denn nur auf ein Viertelstündchen, wenn gerade der Nekromant im Garten seine Salamanderbeete besorgt, abkommen kann, um mir in der Geschwindigkeit zu erzählen, was es gutes Neues an den Quellen des Nils gibt." – Zum zweiten Male brachen die Anwesenden in ein schallendes Gelächter aus, aber dem Studenten Anselmus wurde ganz unheimlich zumute, und er konnte dem Archivarius Lindhorst kaum in die starren ernsten Augen sehen, ohne innerlich auf eine ihm selbst unbegreifliche Weise zu erbeben. Zumal hatte die rauhe, aber sonderbar metallartig tönende Stimme des Archivarius Lindhorst für ihn etwas geheimnisvoll Eindringendes, daß er Mark und Bein erzittern fühlte. Der eigentliche Zweck, weshalb ihn der Registrator Heerbrand mit in das Kaffeehaus genommen hatte, schien heute nicht erreichbar zu sein. Nach jenem Vorfall vor dem Hause des Archivarius Lindhorst war nämlich der Student Anselmus nicht dahin zu vermögen gewesen, den Besuch zum zweiten Male zu wagen; denn nach seiner innigsten Überzeugung hatte nur der Zufall ihn, wo nicht vom Tode, doch von der Gefahr wahnwitzig zu werden, befreit. Der Konrektor Paulmann war eben durch die Straße gegangen, als er ganz von Sinnen vor der Haustür lag, und ein altes Weib, die ihren Kuchen- und Äpfelkorb beiseite gesetzt, um ihn beschäftigt war. Der Konrektor Paulmann hatte sogleich eine Portechaise herbeigerufen und ihn so nach Hause transportiert. „Man mag von mir denken, was man will", sagte der Student Anselmus, „man mag mich für einen Narren halten oder nicht – genug! – an dem Türklopfer grinste mir das vermaledeite Gesicht der Hexe vom Schwarzen Tor entgegen; was nachher geschah, davon will ich lieber gar nicht reden, aber wäre ich aus meiner Ohnmacht erwacht und hätte das verwünschte Äpfelweib vor mir gesehen (denn niemand anders war doch das alte um mich beschäftigte Weib), mich hätte augenblicklich der Schlag gerührt, oder ich wäre wahnsinnig geworden." Alles Zureden, alle vernünftige Vorstellungen des Konrektors Paulmann und des Registrators Heerbrand fruchteten gar nichts, und selbst die blauäugige Veronika vermochte nicht ihn aus einem gewissen tiefsinnigen Zustande zu reißen, in den er versunken. Man hielt ihn nun in der Tat für seelenkrank und sann auf Mittel, ihn zu zerstreuen, worauf der Registrator Heerbrand meinte, daß nichts dazu dienlicher sein könne, als die Beschäftigung bei dem Archivarius Lindhorst, nämlich das Nachmalen der Manuskripte. Es kam nur darauf an, den Studenten Anselmus auf gute Art dem Archivarius Lindhorst bekannt zu machen, und da der Registrator Heerbrand wußte, daß dieser beinahe jeden Abend ein gewisses bekanntes Kaffeehaus besuchte, so lud er den Studenten Anselmus ein, jeden Abend so lange auf seine, des Registrators Kosten in jenem Kaffeehause ein Glas Bier zu trinken und eine Pfeife zu rauchen, bis er auf diese oder jene Art dem Archivarius bekannt und mit ihm über das Geschäft des Abschreibens der Manuskripte einig worden, welches der Student Anselmus dankbarlichst annahm. „Sie verdienen Gottes Lohn, werter Registrator! wenn Sie den jungen Menschen zur Raison bringen", sagte der Konrektor Paulmann. „Gottes Lohn!" wiederholte Veronika, indem sie die Augen fromm zum Himmel erhob und lebhaft daran dachte, wie der Student Anselmus schon jetzt ein recht artiger junger Mann sei, auch ohne Raison! – Als der Archivarius Lindhorst eben mit Hut und Stock zur Tür hinausschreiten wollte, da ergriff der Registrator Heerbrand den Studenten Anselmus rasch bei der Hand, und mit ihm dem Archivarius den Weg vertretend, sprach er: „Geschätztester Hr. Geheimer Archivarius, hier ist der Student Anselmus, der ungemein geschickt im Schönschreiben und Zeichnen, Ihre seltenen Manuskripte kopieren will." – „Das ist mir ganz ungemein lieb", erwiderte der Archivarius Lindhorst rasch, warf den dreieckigen soldatischen Hut auf den Kopf und eilte, den Registrator Heerbrand und den Studenten Anselmus beiseite schiebend, mit vielem Geräusch die Treppe hinab, so daß beide ganz verblüfft dastanden und die Stubentür anguckten, die er dicht vor ihnen zugeschlagen, daß die Angeln klirrten. „Das ist ja ein ganz wunderlicher alter Mann", sagte der Registrator Heerbrand. – „Wunderlicher alter Mann", stotterte der Student Anselmus nach, fühlend, wie ein Eisstrom ihm durch alle Adern fröstelte, daß er beinahe zur starren Bildsäule worden. Aber alle Gäste lachten und sagten: „Der Archivarius war heute einmal wieder in seiner besonderen Laune, morgen ist er gewiß sanftmütig und spricht kein Wort, sondern sieht in die Dampfwirbel seiner Pfeife oder liest Zeitungen, man muß sich daran gar nicht kehren." – „Das ist auch wahr", dachte der Student Anselmus, „wer wird sich an so etwas kehren! Hat der Archivarius nicht gesagt, es sei ihm ganz ungemein lieb, daß ich seine Manuskripte kopieren wolle? – und warum vertrat ihm auch der Registrator Heerbrand den Weg, als er gerade nach Hause gehen wollte? – Nein, nein, es ist ein lieber Mann im Grunde genommen, der Hr. Geheime Archivarius Lindhorst, und liberal erstaunlich – nur kurios in absonderlichen Redensarten – Allein was schadet das mir? – Morgen gehe ich hin Punkt zwölf Uhr, und setzten sich hundert bronzierte Äpfelweiber dagegen."

Vierte Vigilie.

Melancholie des Studenten Anselmus. – Der smaragdene Spiegel. – Wie der Archivarius Lindhorst als Stoßgeier davonflog und der Student Anselmus niemandem begegnete.

Wohl darf ich geradezu dich selbst, günstiger Leser! fragen, ob du in deinem Leben nicht Stunden, ja Tage und Wochen hattest, in denen dir all dein gewöhnliches Tun und Treiben ein recht quälendes Mißbehagen erregte, und in denen dir alles, was dir sonst recht wichtig und wert in Sinn und Gedanken zu tragen vorkam, nun läppisch und nichtswürdig erschien? Du wußtest dann selbst nicht, was du tun und wohin du dich wenden solltest; ein dunkles Gefühl, es müsse irgendwo und zu irgendeiner Zeit ein hoher, den Kreis alles irdischen Genusses überschreitender Wunsch erfüllt werden, den der Geist, wie ein strenggehaltenes furchtsames Kind, gar nicht auszusprechen wage, erhob deine Brust, und in dieser Sehnsucht nach dem unbekannten Etwas, das dich überall, wo du gingst und standest, wie ein duftiger Traum mit durchsichtigen, vor dem schärferen Blick zerfließenden Gestalten, umschwebte, verstummtest Du für alles, was dich hier umgab. Du schlichst mit trübem Blick umher wie ein hoffnungslos Liebender, und alles, was du die Menschen auf allerlei Weise im bunten Gewühl durcheinander treiben sahst, erregte dir keinen Schmerz und keine Freude, als gehörtest du nicht mehr dieser Welt an. Ist dir, günstiger Leser, jemals so zumute gewesen, so kennst du selbst aus eigner Erfahrung den Zustand, in dem sich der Student Anselmus befand. Überhaupt wünschte ich, es wäre mir schon jetzt gelungen, dir, geneigter Leser! den Studenten Anselmus recht lebhaft vor Augen zu bringen. Denn in der Tat, ich habe in den Nachtwachen, die ich dazu verwende, seine höchst sonderbare Geschichte aufzuschreiben, noch so viel Wunderliches, das wie eine spukhafte Erscheinung das alltägliche Leben ganz gewöhnlicher Menschen ins Blaue hinausrückte, zu erzählen, daß mir bange ist, du werdest am Ende weder an den Studenten Anselmus, noch an den Archivarius Lindhorst glauben, ja wohl gar einige ungerechte Zweifel gegen den Konrektor Paulmann und den Registrator Heerbrand hegen, unerachtet wenigstens die letztgenannten achtbaren Männer noch jetzt in Dresden umherwandeln. Versuche es, geneigter Leser! in dem feenhaften Reiche voll herrlicher Wunder, die die höchste Wonne sowie das tiefste Entsetzen in gewaltigen Schlägen hervorrufen, ja, wo die ernste Göttin ihren Schleier lüftet, daß wir ihr Antlitz zu schauen wähnen – aber ein Lächeln schimmert oft aus dem ernsten Blick, und das ist der neckhafte Scherz, der in allerlei verwirrendem Zauber mit uns spielt, so wie die Mutter oft mit ihren liebsten Kindern tändelt – ja! in diesem Reiche, das uns der Geist so oft, wenigstens im Traume aufschließt, versuche es, geneigter Leser! die bekannten Gestalten, wie sie täglich, wie man zu sagen pflegt: im gemeinen Leben, um dich herwandeln, wiederzuerkennen. Du wirst dann glauben, daß dir jenes herrliche Reich viel näher liege, als du sonst wohl meintest, welches ich nun eben recht herzlich wünsche, und dir in der seltsamen Geschichte des Studenten Anselmus anzudeuten strebe. – Also, wie gesagt, der Student Anselmus geriet seit jenem Abende, als er den Archivarius Lindhorst gesehen, in ein träumerisches Hinbrüten, das ihn für jede äußere Berührung des gewöhnlichen Lebens unempfindlich machte. Er fühlte, wie ein unbekanntes Etwas in seinem Innersten sich regte und ihm jenen wonnevollen Schmerz verursachte, der eben die Sehnsucht ist, welche dem Menschen ein anderes höheres Sein verheißt. Am liebsten war es ihm, wenn er allein durch Wiesen und Wälder schweifen und wie losgelöst von allem, was ihn an sein dürftiges Leben fesselte, nur im Anschauen der mannigfachen Bilder, die aus seinem Innern stiegen, sich gleichsam selbst wiederfinden konnte. So kam es denn, daß er einst, von einem weiten Spaziergange heimkehrend, bei jenem merkwürdigen Holunderbusch vorüberschritt, unter dem er damals wie von Feerei befangen, so viel Seltsames sah; er fühlte sich wunderbarlich von dem grünen heimatlichen Rasenfleck angezogen, aber kaum hatte er sich daselbst niedergelassen, als alles, was er damals wie in einer himmlischen Verzükkung geschaut, und das wie von einer fremden Gewalt aus seiner Seele verdrängt worden, ihm wieder in den lebhaftesten Farben vorschwebte, als sähe er es zum zweitenmal. Ja, noch deutlicher als damals war es ihm, daß die holdseligen blauen Augen der goldgrünen Schlange angehörten, die in der Mitte des Holunderbaums sich emporwand, und daß in den Windungen des schlanken Leibes all die herrlichen Kristall-Glockentöne hervorblitzen mußten, die ihn mit Wonne und Entzücken erfüllten. So wie damals am Himmelfahrtstage, umfaßte er den Holunderbaum und rief in die Zweige und Blätter hinein: „Ach, nur noch einmal schlängle und schlinge und winde dich, du holdes grünes Schlänglein, in den Zweigen, daß ich dich schauen mag. – Nur noch einmal blicke mich an mit deinen holdseligen Augen! Ach, ich liebe dich ja und muß in Trauer und Schmerz vergehen, wenn du nicht wiederkehrst!" Alles blieb jedoch stumm und still, und wie damals rauschte der Holunderbaum nur ganz unvernehmlich mit seinen Zweigen und Blättern. Aber dem Studenten Anselmus war es, als wisse er nun, was sich in seinem Innern so rege und bewege, ja was seine Brust so im Schmerz einer unendlichen Sehnsucht zerreiße. „Ist es denn etwas anderes", sprach er, „als daß ich dich so ganz mit voller Seele bis zum Tode liebe, du herrliches goldenes Schlänglein, ja daß ich ohne dich nicht zu leben vermag und vergehen muß in hoffnungsloser Not, wenn ich dich nicht wiedersehe, dich nicht habe wie die Geliebte meines Herzens – aber ich weiß es, du wirst mein, und dann alles, was herrliche Träume aus einer andern höhern Welt mir verheißen, erfüllt sein." – Nun ging der Student Anselmus jeden Abend, wenn die Sonne nur noch in die Spitzen der Bäume ihr funkelndes Gold streute, unter den Holunderbaum, und rief aus tiefer Brust mit ganz kläglichen Tönen in die Blätter und Zweige hinein nach der holden Geliebten, dem goldgrünen Schlänglein. Als er dieses wieder einmal nach gewönlicher Weise trieb, stand plötzlich ein langer hagerer Mann in einen weiten lichtgrauen Überrock gehüllt, vor ihm und rief, indem er ihn mit seinen großen feurigen Augen anblitzte: „Hei hei – was klagt und winselt denn da? – Hei hei, das ist ja Hr. Anselmus, der meine Manuskripte kopieren will." Der Student Anselmus erschrak nicht wenig vor der gewaltigen Stimme, denn es war ja dieselbe, die damals am Himmelfahrtstage gerufen: „Hei hei! was ist das für ein Gemunkel und Geflüster etc." Er konnte vor Staunen und Schreck kein Wort herausbringen. – „Nun was ist Ihnen denn, Hr. Anselmus", fuhr der Archivarius Lindhorst fort (niemand anders war der Mann im weißgrauen Überrock), „was wollen Sie von dem Holunderbaum, und warum sind Sie denn nicht zu mir gekommen, um Ihre Arbeit anzufangen?" – Wirklich hatte der Student Anselmus es noch nicht über sich vermocht, den Archivarius Lindhost wieder in seinem Hause aufzusuchen, unerachtet er sich jenen Abend ganz dazu ermutigt, in diesem Augenblick aber, als er seine schönen Träume, und noch dazu durch dieselbe feindselige Stimme, die schon damals ihm die Geliebte geraubt, zerrissen sah, erfaßte ihn eine Art Verzweiflung, und er brach ungestüm los: „Sie mögen mich nun für wahnsinnig halten oder nicht, Hr. Archivarius! das gilt mir ganz gleich, aber hier auf diesem

Baume erblickte ich am Himmelfahrtstage die goldgrüne Schlange – ach! die ewig Geliebte meiner Seele, und sie sprach zu mir in herrlichen Kristalltönen, aber Sie – Sie! Herr Archivarius, schrieen und riefen so erschrecklich übers Wasser her." – „Wie das, mein Gönner!" unterbrach ihn der Archivarius Lindhorst, indem er ganz sonderbar lächelnd eine Prise nahm. – Der Student Anselmus fühlte, wie seine Brust sich erleichterte, als es ihm nur gelungen, von jenem wunderbaren Abenteuer anzufangen, und es war ihm, als sei es schon ganz recht, daß er den Archivarius geradezu beschuldigt: *er* sei es gewesen, der so aus der Ferne gedonnert. Er nahm sich zusammen, sprechend: „Nun, so will ich denn alles erzählen, was mir an dem Himmelfahrtsabende Verhängnisvolles begegnet, und dann mögen Sie reden und tun und überhaupt denken über mich was Sie wollen." – Er erzählte nun wirklich die ganze wunderliche Begebenheit von dem unglücklichen Tritt in den Äpfelkorb an, bis zum Entfliehen der drei goldgrünen Schlangen übers Wasser, und wie ihn nun die Menschen für betrunken oder wahnsinnig gehalten: „Das alles", schloß der Student Anselmus, „habe ich wirklich gesehen, und tief in der Brust ertönen noch im hellen Nachklang die lieblichen Stimmen, die zu mir sprachen; es war keineswegs ein Traum, und soll ich nicht vor Liebe und Sehnsucht sterben, so muß ich an die goldgrünen Schlangen glauben, unerachtet ich an Ihrem Lächeln, werter Herr Archivarius, wahrnehme, daß Sie eben diese Schlangen nur für ein Erzeugnis meiner erhitzten, überspannten Einbildungskraft halten." – „Mit nichten", erwiderte der Archivarius in der größten Ruhe und Gelassenheit, „die goldgrünen Schlangen, die Sie, Hr. Anselmus, in dem Holunderbusch gesehen, waren nun eben meine drei Töchter, und daß Sie sich in die blauen Augen der jüngsten, Serpentina genannt, gar sehr verliebt, das ist nun wohl klar. Ich wußte es übrigens schon am Himmelfahrtstage, und da mir zu Hause, am Arbeitstisch sitzend, des Gemunkels und Geklingels zu viel wurde, rief ich den losen Dirnen zu, daß es Zeit sei nach Hause zu eilen, denn die Sonne ging schon unter, und sie hatten sich genug mit Singen und Strahlentrinken erlustigt." – Dem Studenten Anselmus war es, als würde ihm nur etwas mit deutlichen Worten gesagt, was er längst geahnet, und ob er gleich zu bemerken glaubte, daß sich Holunderbusch, Mauer und Rasenboden und alle Gegenstände rings umher leise zu drehen anfingen, so raffte er sich doch zusammen und wollte etwas reden, aber der Archivarius ließ ihn nicht zu Worte kommen, sondern zog schnell den Handschuh von der linken Hand herunter, und indem er den in wunderbaren Funken und Flammen blitzenden Stein eines Ringes dem Studenten vor die Augen hielt, sprach er: „Schauen Sie her, werter Hr. Anselmus, Sie können darüber, was Sie erblicken, eine Freude haben." Der Student Anselmus schaute hin, und, o Wunder! der Stein warf wie aus einem brennenden Fokus Strahlen ringsherum, und die Strahlen verspannen sich zum hellen leuchtenden Kristallspiegel, in dem in mancherlei Windungen, bald einander fliehend, bald sich ineinander schlingend, die drei goldgrünen Schlänglein tanzten und hüpften. Und wenn die schlanken in tausend Funken blitzenden Leiber sich berührten, da erklangen herrliche Akkorde wie Kristallglocken, und die mittelste streckte wie voll Sehnsucht und Verlangen das Köpfchen zum Spiegel heraus, und die dunkelblauen Augen sprachen: „Kennst du mich denn – glaubst du denn an mich, Anselmus? – nur in dem Glauben ist die Liebe – kannst du denn lieben?" – „O Serpentina, Serpentina!" schrie der Student Anselmus in wahnsinnigem Entzücken, aber der Archivarius Lindhorst hauchte schnell auf den Spiegel, da fuhren in elektrischem Geknister die Strahlen in den Fokus zurück, und an der Hand blitzte nur wieder ein kleiner Smaragd, über den der Archivarius den Handschuh zog. „Haben Sie die goldnen Schlänglein gesehen, Hr. Anselmus?" fragte der Archivarius Lindhorst. „Ach Gott, ja!" erwiderte der Student, „und die holde liebliche Serpentina." – „Still", fuhr der Archivarius Lindhorst fort, „genug für heute, übrigens können Sie ja, wenn Sie sich entschließen wollen bei mir zu arbeiten, meine Töchter oft genug sehen, oder vielmehr, ich will Ihnen dies wahrhaftige Vergnügen verschaffen, wenn Sie sich bei der Arbeit recht brav halten, das heißt: mit der größten Genauigkeit und Reinheit jedes Zeichen kopieren. Aber Sie kommen ja gar nicht zu mir, unerachtet mir der Registrator Heerbrand versicherte, Sie würden sich nächstens einfinden, und ich deshalb mehrere Tage vergebens gewartet." – Sowie der Archivarius Lindhorst den Namen Heerbrand nannte, war es dem Studenten Anselmus erst wieder, als stehe er wirklich mit beiden Füßen auf der Erde und er wäre wirklich der Student Anselmus, und der vor ihm stehende Mann der Archivarius Lindhorst. Der gleichgültige Ton, in dem dieser sprach, hatte im grellen Kontrast mit den wunderbaren Erscheinungen, die er wie ein wahrhaftiger Nekromant hervorrief, etwas Grauenhaftes, das durch den stechenden Blick der funkelnden Augen, die aus den knöchernen Höhlen des magern, runzlichten Gesichts wie aus einem Gehäuse hervorstrahlten, noch erhöht wurde, und den Studenten ergriff mit Macht dasselbe unheimliche Gefühl, welches sich seiner schon auf dem Kaffeehause bemeisterte, als der Archivarius so viel Abenteuerliches erzählte. Nur mit Mühe faßte er sich, und als der Archivarius nochmals fragte: „Nun, warum sind Sie denn nicht zu mir gekommen?" da erhielt er es über sich, alles zu erzählen, was ihm an der Haustür begegnet. „Lieber Hr. Anselmus", sagte der Archivarius, als der Student seine Erzählung geendet, „lieber Hr. Anselmus, ich kenne wohl das Äpfelweib, von der Sie zu sprechen belieben; es ist eine fatale Kreatur, die mir allerhand Possen spielt, und daß sie sich hat bronzieren lassen, um als Türklopfer die mir angenehmen Besuche zu verscheuchen, das ist in der Tat sehr arg und nicht zu leiden. Wollten Sie doch, werter Hr. Anselmus, wenn Sie morgen um zwölf Uhr zu mir kommen und wieder etwas von dem Angrinsen und Anschnarren vermerken, ihr gefälligst was Weniges von diesem Liquor auf die Nase tröpfeln, dann wird sich sogleich alles geben. Und nun Adieu! lieber Hr. Anselmus, ich gehe etwas rasch, deshalb will ich Ihnen nicht zumuten, mit mir nach der Stadt zurückzukehren. – Adieu! auf Wiedersehn, morgen um zwölf Uhr." – Der Archivarius hatte dem Studenten Anselmus ein kleines Fläschchen mit einem goldgelben Liquor gegeben, und nun schritt er rasch von dannen, so, daß er in der tiefen Dämmerung, die unterdessen eingebrochen, mehr in das Tal hinabzuschweben als zu gehen schien. Schon war er in der Nähe des Koselschen Gartens, da setzte sich der Wind in den weiten Überrock und trieb die Schöße auseinander, daß sie wie ein Paar große Flügel in den Lüften flatterten, und es dem Studenten Anselmus, der verwunderungsvoll dem Archivarius nachsah, vorkam, als breite ein großer Vogel die Fittiche aus zum raschen Fluge. – Wie der Student nun so in die Dämmerung hineinstarrte, da erhob sich mit krächzendem Geschrei ein weißgrauer Geier hoch in die Lüfte, und er merkte nun wohl, daß das weiße Geflatter, was er noch immer für den davonschreitenden Archivarius gehalten, schon eben der Geier gewesen sein müsse, unerachtet er nicht begreifen konnte, wo denn der Archivarius mit einem Mal hingeschwunden. „Er kann aber auch selbst in Person davongeflogen sein der Hr. Archivarius Lindhorst", sprach der Student Anselmus zu sich selbst, „denn ich sehe und fühle nun wohl, daß alle die fremden Gestalten aus einer fernen wundervollen Welt, die ich sonst nur in ganz besondern merkwürdigen Träumen schaute, jetzt in mein waches reges Leben geschritten sind und ihr

Spiel mit mir treiben. – Dem sei aber wie ihm wolle! Du lebst und glühst in meiner Brust, holde, liebliche Serpentina, nur du kannst die unendliche Sehnsucht stillen, die mein Innerstes zerreißt. – Ach, wann werde ich in dein holdseliges Auge blicken – liebe, liebe Serpentina!" – – So rief der Student Anselmus ganz laut. – „Das ist ein schnöder unchristlicher Name", murmelte eine Baßstimme neben ihm, die einem heimkehrenden Spaziergänger gehörte. Der Student Anselmus, zu rechter Zeit erinnert, wo er war, eilte raschen Schrittes von dannen, indem er bei sich selbst dachte: Wäre es nicht ein rechtes Unglück, wenn mir jetzt der Konrektor Paulmann oder der Registrator Heerbrand begegnete? – Aber er begegnete keinem von beiden.

Fünfte Vigilie.

Die Frau Hofrätin Anselmus. – Cicero de officiis. – Meerkatzen und anderes Gesindel. – Die alte Liese. – Das Aequinoctium.

„Mit dem Anselmus ist nun einmal in der Welt nichts anzufangen", sagte der Konrektor Paulmann; „alle meine guten Lehren, alle meine Ermahnungen sind furchtlos, er will sich ja zu gar nichts applizieren, unerachtet er die besten Schulstudia besitzt, die denn doch die Grundlage von allem sind." Aber der Registrator Heerbrand erwiderte schlau und geheimnisvoll lächelnd: „Lassen Sie dem Anselmus doch nur Raum und Zeit, wertester Konrektor! das ist ein kurioses Subjekt, aber es steckt viel in ihm, und wenn ich sage: viel, so heißt das: ein Geheimer Sekretär, oder wohl gar ein Hofrat." – „Hof–", fing der Konrektor im größten Erstaunen an, das Wort blieb ihm stecken. „Still, still", fuhr der Registrator Heerbrand fort, „ich weiß, was ich weiß! – Schon seit zwei Tagen sitzt er bei dem Archivarius Lindhorst und kopiert, und der Archivarius sagte gestern Abend auf dem Kaffeehause zu mir: ‚Sie haben mir einen wackern Mann empfohlen, Verehrter! – aus dem wird was', und nun bedenken Sie des Archivarii Konnexionen – still – still – sprechen wir uns übers Jahr!" – Mit diesen Worten ging der Registrator im fortwährenden schlauen Lächeln zur Tür hinaus und ließ den vor Erstaunen und Neugierde verstummten Konrektor im Stuhle festgebannt sitzen. Aber auf Veronika hatte das Gespräch einen ganz eignen Eindruck gemacht. „Habe ich's denn nicht schon immer gewußt", dachte sie, „daß der Herr Anselmus ein recht gescheuter, liebenswürdiger junger Mann ist, aus dem noch was Großes wird? Wenn ich nur wüßte, ob er mir wirklich gut ist? – Aber hat er mir nicht jenen Abend, als wir über die Elbe fuhren, zweimal die Hand gedrückt? hat er mich nicht im Duett angesehen mit solchen ganz sonderbaren Blicken, die bis ins Herz drangen? Ja, ja! er ist mir wirklich gut – und ich –" Veronika überließ sich ganz, wie junge Mädchen wohl pflegen, den süßen Träumen von einer heitern Zukunft. Sie war Frau Hofrätin, bewohnte ein schönes Logis in der Schloßgasse, oder auf dem Neumarkt, oder auf der Moritzstraße – der moderne Hut, der neue türkische Shawl stand ihr vortrefflich – sie frühstückte im eleganten Negligé im Erker, der Köchin die nötigen Befehle für den Tag erteilend. „Aber daß Sie mir die Schüssel nicht verdirbt, es ist des Herrn Hofrats Leibessen!" – Vorübergehende Elegants schielen herauf, sie hört deutlich: „Es ist doch eine göttliche Frau, die Hofrätin, wie ihr das Spitzenhäubchen so allerliebst steht!" – Die Geheime Rätin Ypsilon schickt den Bedienten und läßt fragen, ob es der Frau Hofrätin gefällig wäre, heute ins Linkische Bad zu fahren? – „Viel Empfehlungen, es täte mir unendlich leid, ich sei schon engagiert zum Tee bei der Präsidentin Tz." – Da kommt der Hofrat Anselmus, der schon früh in Geschäften ausgegangen, zurück; er ist nach der letzten Mode gekleidet; „wahrhaftig schon zehn", ruft er, indem er die goldene Uhr repetieren läßt und der jungen Frau einen Kuß gibt. „Wie geht's, liebes Weibchen, weißt du auch, was ich für dich habe?" fährt er schäkernd fort und zieht ein Paar herrliche nach der neuestens Art gefaßte Ohrringe aus der Westentasche, die er ihr statt der sonst getragenen gewöhnlichen einhängt. „Ach, die schönen niedlichen Ohrringe", ruft Veronika ganz laut, und springt, die Arbeit wegwerfend, vom Stuhl auf, um in dem Spiegel die Ohrringe wirklich zu beschauen. „Nun was soll denn das sein", sagte der Konrektor Paulmann, der eben in *Cicero de Officiis* vertieft, beinahe das Buch fallen lassen, „man hat ja Anfälle wie der Anselmus." Aber da trat der Student Anselmus, der wider seine Gewohnheit sich mehrere Tage nicht sehen lassen, ins Zimmer, zu Veronikas Schreck und Erstaunen, denn in der Tat war er in seinem ganzen Wesen verändert. Mit einer gewissen Bestimmtheit, die ihm sonst gar nicht eigen, sprach er von ganz andern Tendenzen seines Lebens, die ihm klar worden, von den herrlichen Aussichten, die sich ihm geöffnet, die mancher aber gar nicht zu schauen vermöchte. Der Konrektor Paulmann wurde, der geheimnisvollen Rede des Registrator Heerbrand gedenkend, noch mehr betroffen, und konnte kaum eine Silbe hervorbringen, als der Student Anselmus, nachdem er einige Worte von dringender Arbeit bei dem Archivarius Lindhorst fallen lassen und der Veronika mit eleganter Gewandtheit die Hand geküßt, schon die Treppe hinunter, auf und von dannen war. „Das war ja schon der Hofrat", murmelte Veronika in sich hinein, „und er hat mir die Hand geküßt, ohne dabei auszugleiten oder mir auf den Fuß zu treten, wie sonst! – er hat mir einen recht zärtlichen Blick zugeworfen – er ist mir wohl in der Tat gut." – Veronika überließ sich aufs neue jener Träumerei, indessen war es, als träte immer eine feindselige Gestalt unter die lieblichen Erscheinungen, wie sie aus dem künftigen häuslichen Leben als Frau Hofrätin hervorgingen, und die Gestalt lachte recht höhnisch und sprach: „Das ist ja alles recht dummes ordinäres Zeug und noch dazu erlogen, denn der Anselmus wird nimmermehr Hofrat und dein Mann; er liebt dich ja nicht, unerachtet du blaue Augen hast und einen schlanken Wuchs und eine feine Hand." – Da goß sich ein Eisstrom durch Veronikas Innres, und ein tiefes Entsetzen vernichtete die Behaglichkeit, mit der sie sich nur noch erst im Spitzenhäubchen und den eleganten Ohrringen gesehen. – Die Tränen wären ihr beinahe aus den Augen gestürzt, und sie sprach laut: „Ach, es ist ja wahr, er liebt mich nicht, und ich werde nimmermehr Frau Hofrätin!" – „Romanenstreiche, Romanenstreiche", schrie der Konrektor Paulmann, nahm Hut und Stock und eilte zornig von dannen! – „Das fehlte noch", seufzte Veronika, und ärgerte sich recht über die zwölfjährige Schwester, welche teilnehmungslos an ihrem Rahmen sitzend fortgestickt hatte. Unterdessen war es beinahe drei Uhr geworden, und nun gerade Zeit das Zimmer aufzuräumen und den Kaffeetisch zu ordnen; denn die Mademoiselles Osters hatten sich bei der Freundin ansagen lassen. Aber hinter jedem Schränkchen, das Veronika wegrückte, hinter den Notenbüchern, die sie vom Klavier, hinter jeder Tasse, hinter der Kaffeekanne, die sie aus dem Schrank nahm, sprang jene Gestalt wie ein Alräunchen hervor und lachte höhnisch und schlug mit den kleinen Spinnenfingern Schnippchen und schrie: „Er wird doch nicht dein Mann, er wird doch nicht dein Mann!" Und dann, wenn sie alles stehn und liegen ließ und in die Mitte des Zimmers flüchtete, sah es mit langer Nase riesengroß hinter dem Ofen hervor und knurrte und schnurrte: „Er wird doch nicht dein Mann!" – „Hörst du denn nichts, siehst du denn nichts, Schwester?" rief Veronika, die vor Furcht und Zittern gar nichts mehr anrühren mochte. Fränzchen stand ganz ernsthaft und ruhig von ihrem Stickrahmen auf und sagte: „Was ist dir denn heute, Schwester? Du wirfst ja alles durcheinander, daß es klippert und klappert, ich muß dir nur helfen." Aber da traten schon die muntern Mädchen in vollem Lachen herein, und in dem Augenblick wurde nun auch Veronika gewahr, daß sie den Ofenaufsatz für eine Gestalt und das Knarren der übel verschlossenen Ofentür für die feindseligen Worte gehalten hatte. Von einem innern Entsetzen gewaltsam ergriffen, konnte sie sich aber nicht so schnell erholen, daß die Freundinnen nicht ihre ungewöhnliche Spannung, die selbst ihre Blässe, ihr verstörtes Gesicht verriet, hätten bemerken sollen. Als sie schnell abbrechend von all dem Lustigen, das sie eben erzählen wollten, in die Freundin drangen, was ihr denn um des Himmelswillen widerfahren, mußte Veronika eingestehen, wie sie sich ganz besonderen Gedanken hingegeben, und plötzlich am hellen Tage von einer sonderbaren Gespensterfurcht, die ihr sonst gar nicht eigen, übermannt worden. Nun erzählte sie so lebhaft, wie aus allen Winkeln des Zimmers ein kleines graues Männchen sie geneckt und gehöhnt habe, daß die Mad. Osters sich schüchtern nach allen Seiten umsahen, und ihnen bald gar unheimlich und grausig zumute wurde. Da trat Fränzchen mit dem dampfenden Kaffee herein, und alle drei sich schnell besinnend, lachten über ihre eigne Albernheit. Angelika, so hieß die älteste Oster, war mit einem Offizier versprochen, der bei der Armee stand, und von dem die Nachrichten so lange ausgeblieben, daß man an seinem Tode, oder wenigstens an seiner schweren Verwundung kaum zweifeln konnte. Dies hatte Angelika in die tiefste Betrübnis gestürzt, aber heute war sie fröhlich bis zur Ausgelassenheit, worüber Veronika sich nicht wenig wunderte und es ihr unverhohlen äußerte. „Liebes Mädchen", sagte Angelika, „glaubst du denn nicht, daß ich meinen Viktor immerdar im Herzen, in Sinn und Gedanken trage? aber eben deshalb bin ich so heiter! – ach Gott – so glücklich, so selig in meinem ganzen Gemüte! denn mein Viktor ist wohl, und ich sehe ihn in weniger Zeit als Rittmeister, geschmückt mit den Ehrenzeichen, die ihm seine unbegrenzte Tapferkeit erworben, wieder. Eine starke, aber durchaus nicht gefährliche Verwundung des rechten Arms, und zwar durch den Säbelhieb eines feindlichen Husaren, verhindert ihn zu schreiben, und der schnelle Wechsel seines Aufenthalts, da er durchaus sein Regiment nicht verlassen will, macht es auch noch immer unmöglich, mir Nachricht zu geben, aber heute abend erhält er die bestimmte Weisung, sich erst ganz heilen zu lassen. Er reiset morgen ab um herzukommen, und indem er in den Wagen steigen will, erfährt er seine Ernennung zum Rittmeister." – „Aber, liebe Angelika", fiel Veronika ein, „das weißt du jetzt schon alles?" – „Lache mich nicht aus, liebe Freundin", fuhr Angelika fort, „aber du wirst es nicht, denn könnte nicht dir zur Strafe gleich das kleine graue Männchen dort hinter dem Spiegel hervorgucken? – Genug, ich kann mich von dem Glauben an gewisse geheimnisvolle Dinge nicht losmachen, weil sie oft genug ganz sichtbarlich und handgreiflich, möcht ich sagen, in mein Leben getreten. Vorzüglich kommt es mir denn nun gar nicht einmal so wunderbar und unglaublich vor, als manchen andern, daß es Leute geben kann, denen eine gewisse Sehergabe eigen, die sie durch ihnen bekannte untrügliche Mittel in Bewegung zu setzen wissen. Es ist hier am Orte eine alte Frau, die diese Gabe ganz besonders besitzt. Nicht so, wie andere ihres Gelichters, prophezeit sie aus Karten, gegossenem Blei oder aus dem Kaffeesatze, sondern nach gewissen Vorbereitungen, an denen die fragende Person teilnimmt, erscheint in einem hellpolierten Metallspiegel ein wunderliches Gemisch von allerlei Figuren und Gestalten, welche die Alte deutet, und aus ihnen die Antwort auf die Frage schöpft. Ich war gestern abend bei ihr und erhielt jene Nachrichten von meinem Viktor, an deren Wahrheit ich nicht einen Augenblick zweifle." – Angelikas Erzählung warf einen Funken in Veronikas Gemüt, der schnell den Gedanken entzündete, die Alte über den Anselmus und über ihre Hoffnungen zu befragen. Sie erfuhr, daß die Alte Frau Rauerin hieße, in einer entlegenen Straße vor dem Seetor wohne, durchaus nur dienstags, mittwochs und freitags von sieben Uhr abends, dann aber die ganze Nacht hindurch bis zum Sonnenaufgang zu treffen sei, und es gern sähe, wenn man allein komme. – Es war eben Mittwoch, und Veronika beschloß, unter dem Vorwande, die Osters nach Hause zu begleiten, die Alte aufzusuchen, welches sie denn auch in der Tat ausführte. Kaum hatte sie nämlich von den Freundinnen, die in der Neustadt wohnten, vor der Elbbrücke Abschied genommen, als sie geflügelten Schrittes vor das Seetor eilte, und sich in der beschriebenen abgelegenen engen Straße befand, an deren Ende sie das kleine rote Häuschen erblickte, in welchem die Frau Rauerin wohnen sollte. Sie konnte sich eines gewissen unheimlichen Gefühls, ja eines innern Erbebens nicht erwehren, als sie vor der Haustür stand. Endlich raffte sie sich, des innern Widerstrebens unerachtet, zusammen, und zog an der Klingel, worauf sich die Tür öffnete und sie durch den finstern Gang nach der Treppe tappte, die zum obern Stock führte, wie es Angelika beschrieben. „Wohnt hier nicht die Frau Rauerin?“ rief sie in den öden Hausflur hinein, als sich niemand zeigte; da erscholl statt der Antwort ein langes klares Miau, und ein großer schwarzer Kater schritt mit hochgekrümmtem Rükken, den Schweif in Wellenringeln hin und her drehend, gravitätisch vor ihr her bis an die Stubentür, die auf ein zweites Miau geöffnet wurde. „Ach, sie da, Töchterchen, bist schon hier? komm herein – herein!“ So rief die heraustretende Gestalt, deren Anblick Veronika an den Boden festbannte. Ein langes, hagres, in schwarze Lumpen gehülltes Weib! – indem sie sprach, wackelte das hervorragende spitze Kinn, verzog sich das zahnlose Maul, von der knöchernen Habichtsnase beschattet, zum grinsenden Lächeln, und leuchtende Katzenaugen flackerten Funken werfend durch die große Brille. Aus dem bunten um den Kopf gewickelten Tuche starrten schwarze borstige Haare hervor, aber zum Gräßlichen erhoben das ekle Antlitz zwei große Brandflecke, die sich von der linken Backe über die Nase wegzogen. – Veronikas Atem stockte, und der Schrei, der der gepreßten Brust Luft machen sollte, wurde zum tiefen Seufzer, als der Hexe Knochenhand sie ergriff und in das Zimmer hineinzog. Drinnen regte und bewegte sich alles, es war ein Sinne verwirrendes Quieken und Miauen und Gekrächze und Gepiepe durcheinander. Die Alte schlug mit der Faust auf den Tisch und schrie: „Still da, ihr Gesindel!“ Und die Meerkatzen kletterten winselnd auf das hohe Himmelbett, und die Meerschweinchen liefen unter den Ofen, und der Rabe flatterte auf den runden Spiegel; nur der schwarze Kater, als gingen ihn die Scheltworte nichts an, blieb ruhig auf dem großen Polsterstuhle, auf den er gleich nach dem Eintritt gesprungen. – Sowie es still wurde, ermutigte sich Veronika; es war ihr nicht so unheimlich als draußen auf dem Flur, ja selbst das Weib schien ihr nicht mehr so scheußlich. Jetzt erst blickte sie im Zimmer umher! – Allerhand häßliche ausgestopfte Tiere hingen von der Decke herab, unbekanntes, seltsames Geräte lag durcheinander auf dem Boden und in dem Kamin brannte ein blaues sparsames Feuer, das nur dann und wann in gelben Funken emporknisterte; aber dann rauschte es von oben herab, und ekelhafte Fledermäuse wie mit verzerrten lachenden Menschengesichtern schwangen sich hin und her, und zuweilen leckte die Flamme herauf an der rußigen Mauer, und dann erklangen schneidende, heulende Jammertöne, daß Veronika von Angst und Grausen ergriffen wurde. „Mit Verlaub, Mamsellchen", sagte die Alte schmunzelnd, erfaßte einen großen Wedel und besprengte, nachdem sie ihn in einen kupfernen Kessel getaucht, den Kamin. Da erlosch das Feuer, und wie von dickem Rauch erfüllt, wurde es stockfinster in der Stube; aber bald trat die Alte, die in ein Kämmerchen gegangen, mit einem angezündeten Lichte wieder herein, und Veronika erblickte nichts mehr von den Tieren, von den Gerätschaften, es war eine gewöhnliche ärmlich ausstaffierte Stube. Die Alte trat ihr näher und sagte mit schnarrender Stimme: „Ich weiß wohl, was du bei mir willst, mein Töchterchen; was gilt es, du möchtest erfahren, ob du den Anselmus heiraten wirst, wenn er Hofrat worden." – Veronika erstarrte vor Staunen und Schreck, aber die Alte fuhr fort: „Du hast mir ja schon alles gesagt zu Hause beim Papa, als die Kaffeekanne vor dir stand, *ich* war ja die Kaffeekanne, hast du mich denn nicht gekannt? Töchterchen, höre! Laß ab, laß ab von dem Anselmus, das ist ein garstiger Mensch, der hat meinen Söhnlein ins Gesicht getreten, meinen lieben Söhnlein, den Äpfelchen mit den roten Backen, die, wenn sie die Leute gekauft haben, ihnen wieder aus den Taschen in meinen Korb zurückrollen. Er hält's mit dem Alten, er hat mir vorgestern den verdammten Auripigment ins Gesicht gegossen, daß ich beinahe darüber erblindet, du kannst noch die Brandflecken sehen, Töchterchen! Laß ab von ihm, laß ab! – Er liebt dich nicht, denn er liebt die goldgrüne Schlange, er wird niemals Hofrat werden, weil er sich bei den Salamandern anstellen lassen, und er will die grüne Schlange heiraten, laß ab von ihm, laß ab!" – Veronika, die eigentlich ein festes standhaftes Gemüt hatte und mädchenhaften Schreck bald zu überwinden wußte, trat einen Schritt zurück, und sprach mit ernsthaftem Ton: „Alte! ich habe von Eurer Gabe in die Zukunft zu blicken gehört, und wollte darum, vielleicht zu neugierig und voreilig, von Euch wissen, ob wohl Anselmus, den ich liebe und hochschätze, jemals mein werden würde. Wollt Ihr mich daher, statt meinen Wunsch zu erfüllen, mit Eurem tollen unsinnigen Geschwätze necken, so tut Ihr unrecht, denn ich habe nur gewollt, was Ihr andern, wie ich weiß, gewährtet. Da Ihr, wie es scheint, meine innigsten Gedanken wisset, so wäre es Euch vielleicht ein Leichtes gewesen, mir manches zu enthüllen, was mich jetzt quält und ängstigt, aber nach

Euern albernen Verleumdungen des guten Anselmus mag ich von Euch weiter nichts erfahren. Gute Nacht!" – Veronika wollte davoneilen, da fiel die Alte weinend und jammernd auf die Knie nieder und rief, das Mädchen am Kleide festhaltend: „Veronikchen, kennst du denn die alte Liese nicht mehr, die dich so oft auf den Armen getragen und gepflegt und gehätschelt?" Veronika traute kaum ihren Augen; denn sie erkannte ihre, freilich nur durch hohes Alter und vorzüglich durch die Brandflecke entstellte ehemalige Wärterin, die vor mehreren Jahren aus des Konrektor Paulmanns Hause verschwand. Die Alte sah auch nun ganz anders aus, sie hatte statt des häßlichen buntgefleckten Tuchs eine ehrbare Haube, und statt der schwarzen Lumpen eine großblumichte Jacke an, wie sie sonst wohl gekleidet gegangen. Sie stand vom Boden auf und fuhr, Veronika in ihre Arme nehmend, fort: „Es mag dir alles, was ich dir gesagt, wohl recht toll vorkommen, aber es ist leider dem so. Der Anselmus hat mir viel zu leide getan, doch wider seinen Willen; er ist dem Archivarius Lindhorst in die Hände gefallen, und der will ihn mit seiner Tochter verheiraten. Der Archivarius ist mein größter Feind, und ich könnte dir allerlei Dinge von ihm sagen, die würdest du aber nicht verstehen, oder dich doch sehr entsetzen. Er ist der weise Mann, aber ich bin die weise Frau – es mag darum sein! – Ich merke nun wohl, daß du den Anselmus recht lieb hast, und ich will dir mit allen Kräften beistehen, daß du recht glücklich werden und fein ins Ehebette kommen sollst, wie du es wünschest." – „Aber sage Sie mir um des Himmels willen, Liese!" fiel Veronika ein – „Still, Kind – still!" unterbrach sie die Alte, „ich weiß, was du sagen willst, ich bin das worden, was ich bin, weil ich es werden mußte, ich konnte nicht anders. Nun also! – ich kenne das Mittel, das den Anselmus von der törichten Liebe zur grünen Schlange heilt und ihn als den liebenswürdigsten Hofrat in deine Arme führt; aber du mußt helfen." – „Sage es nur gerade heraus, Liese! ich will ja alles tun, denn ich liebe den Anselmus sehr!" lispelte Veronika kaum hörbar. – „Ich kenne dich", fuhr die Alte fort, „als ein beherztes Kind, vergebens habe ich dich mit dem Wauwau zum Schlaf treiben wollen, denn gerade alsdann öffnetest du die Augen, um den Wauwau zu sehen; du gingst ohne Licht in die hinterste Stube und erschrecktest oft in des Vaters Pudermantel des Nachbars Kinder. Nun also! – ist's dir Ernst, durch meine Kunst den Archivarius Lindhorst und die grüne Schlange zu überwinden, ist's dir Ernst, den Anselmus als Hofrat deinen Mann zu nennen, so schleiche dich in der künftigen Tag- und Nachtgleiche nachts um eilf Uhr aus des Vaters Hause und komme zu mir; ich werde dann mit dir auf den Kreuzweg gehen, der unfern das Feld durchschneidet, wir bereiten das Nötige und alles Wunderliche, was du vielleicht erblikken wirst, soll dich nicht anfechten. Und nun Töchterchen, gute Nacht, der Papa wartet schon mit der Suppe." – Veronika eilte von dannen, fest stand bei ihr der Entschluß, die Nacht des Äquinoktiums nicht zu versäumen, denn, dachte sie, die Liese hat recht, der Anselmus ist verstrickt in wunderliche Bande, aber ich erlöse ihn daraus und nenne ihn mein immerdar und ewiglich, mein ist und bleibt er, der Hofrat Anselmus.

Sechste Vigilie.

Der Garten des Archivarius Lindhorst nebst einigen Spottvögeln. – Der goldne Topf. – Die englische Kursivschrift. – Schnöde Hahnenfüße. – Der Geisterfürst.

„Es kann aber auch sein", sprach der Student Anselmus zu sich selbst, „daß der superfeine starke Magenliqueur, den ich bei dem Monsieur Conradi etwas begierig genossen, alle die tollen Fantasmata geschaffen, die mich vor der Haustür des Archivarius Lindhorst ängsteten. Deshalb bleibe ich heute ganz nüchtern, und will nun wohl allem weitern Ungemach, das mir begegnen könnte, Trotz bieten." – So wie damals, als er sich zum ersten Besuch bei dem Archivarius Lindhorst rüstete, steckte er seine Federzeichnungen und kalligraphischen Kunstwerke, seine Tuschstangen, seine wohlgespitzten Rabenfedern ein, und schon wollte er zur Tür hinausschreiten, als ihm das Fläschchen mit dem gelben Liquor in die Augen fiel, das er von dem Archivarius Lindhorst erhalten. Da gingen ihm wieder all die seltsamen Abenteuer, welche er erlebt, mit glühenden Farben durch den Sinn, und ein namenloses Gefühl von Wonne und Schmerz durchschnitt seine Brust. Unwillkürlich rief er mit recht kläglicher Stimme aus: „Ach, gehe ich denn nicht zum Archivarius, nur um dich zu sehen, du holde liebliche Serpentina?" – Es war ihm in dem Augenblick so, als könne Serpentinas Liebe der Preis einer mühevollen gefährlichen Arbeit sein, die er unternehmen müßte, und diese Arbeit sei keine andere, als das Kopieren der Lindhorstischen Manuskripte. – Daß ihm schon bei dem Eintritt ins Haus, oder noch vor demselben allerlei Wunderliches begegnen könne, wie neulich, davon war er überzeugt. Er dachte nicht mehr an Conradis Magenwasser, sondern steckte schnell den Liquor in die Westentasche, um ganz nach des Archivarius Vorschrift zu verfahren, wenn das bronzierte Äpfelweib sich unterstehen sollte, ihn anzugrinsen. – Erhob sich denn nicht auch wirklich gleich die spitze Nase, funkelten nicht die Katzenaugen aus dem Türdrücker, als er ihn auf den Schlag zwölf Uhr ergreifen wollte? – Da spritzte er, ohne sich weiter zu bedenken, den Liquor in das fatale Gesicht hinein, und es glättete und plättete sich augenblicklich aus zum glänzenden kugelrunden Türklopfer. – Die Tür ging auf, die Glocken läuteten gar lieblich durch das ganze Haus: klingling – Jüngling – flink – flink – spring – spring – klingling. – Er stieg getrost die schöne breite Treppe hinauf und weidete sich an dem Duft des seltenen Räucherwerks, der durch das Haus floß. Ungewiß blieb er auf dem Flur stehen, denn er wußte nicht, an welche der vielen schönen Türen er wohl pochen sollte; da trat der Archivarius Lindhorst in einem weiten damastnen Schlafrock heraus und rief: „Nun, es freut mich, Hr. Anselmus, daß Sie endlich Wort halten, kommen Sie mir nur nach, denn ich muß Sie ja wohl doch gleich ins Laboratorium führen." Damit schritt er schnell den langen Flur hinauf und öffnete eine kleine Seitentür, die in einen Korridor führte. Anselmus schritt getrost hinter dem Archivarius her; sie kamen aus dem Korridor in einen Saal oder vielmehr in ein herrliches Gewächshaus, denn von beiden Seiten bis an die Decke hinauf standen allerlei seltsame wunderbare Blumen, ja große Bäume mit sonderbar gestalteten Blättern und Blüten. Ein magisches blendendes Licht verbreitete sich überall, ohne daß man bemerken konnte, wo es herkam, da durchaus kein Fenster zu sehen war. Sowie der Student Anselmus in die Büsche und Bäume hineinblickte, schienen lange Gänge sich in weiter Ferne auszudehnen. – Im tiefen Dunkel dicker Zypressenstauden schimmerten Marmorbecken, aus denen sich wunderliche Figuren erhoben, Kristallenstrahlen hervorspritzend, die plätschernd niederfielen in leuchtende Lilienkelche; seltsame Stimmen rauschten und säuselten durch den Wald der wunderbaren Gewächse, und herrliche Düfte strömten auf und nieder. Der Archivarius war verschwunden, und Anselmus erblickte nur einen riesenhaften Busch glühender Feuerlilien vor sich.

Von dem Anblick, von den süßen Düften des Feengartens berauscht, blieb Anselmus festgezaubert stehen. Da fing es überall an zu kichern und zu lachen, und feine Stimmchen neckten und höhnten: „Hr. Studiosus, Hr. Studiosus! wo kommen Sie denn her? warum haben Sie sich denn so schön geputzt, Hr. Anselmus? – Wollen Sie eins mit uns plappern, wie die Großmutter das Ei mit dem Steiß zerdrückte, und der Junker einen Klecks auf die Sonntagsweste bekam? Können Sie die neue Arie schon auswendig, die Sie vom Papa Starmatz gelernt, Herr Anselmus? – Sie sehen recht possierlich aus in der gläsernen Perücke und den postpapiernen Stülpstiefeln!" – So rief und kicherte und neckte es aus allen Winkeln hervor – ja dicht neben dem Studenten, der nun erst wahrnahm, wie allerlei bunte Vögel ihn umflatterten und ihn so in vollem Gelächter aushöhnten. – In dem Augenblick schritt der Feuerlilienbusch auf ihn zu, und er sah, daß es der Archivarius Lindhorst war, dessen blumichter in Gelb und Rot glänzender Schlafrock ihn nur getäuscht hatte. „Verzeihen Sie, werter Herr Anselmus", sagte der Archivarius, „daß ich Sie stehen ließ, aber vorübergehend sah ich nur nach meinem schönen *Cactus*, der diese Nacht seine Blüten aufschließen wird – aber wie gefällt Ihnen denn mein kleiner Hausgarten?" – „Ach Gott, über alle Maßen schön ist es hier, geschätztester Herr Archivarius", erwiderte der Student, „aber die bunten Vögel mokieren sich über meine Wenigkeit gar sehr!" – „Was ist denn das für ein Gewäsche?" rief der Archivarius zornig in die Büsche hinein. Da flatterte ein großer grauer Papagei hervor, und sich neben dem Archivarius auf einen Myrtenast setzend und ihn ungemein ernsthaft und gravitätisch durch eine Brille, die auf dem krummen Schnabel saß, anblickend, schnarrte er: „Nehmen Sie es nicht übel, Hr. Archivarius, meine mutwilligen Buben sind einmal wieder recht ausgelassen, aber der Hr. Studiosus sind selbst daran schuld, denn" – „Still da, still da!" unterbrach der Archivarius den Alten, „ich kenne die Schelme, aber Er sollte sie besser in Zucht halten, mein Freund! – gehen wir weiter, Hr. Anselmus!" – Noch durch manches fremdartig aufgeputzte Gemach schritt der Archivarius, so, daß der Student ihm kaum folgen und einen Blick auf all die glänzenden sonderbar geformten Mobilien und andere unbekannte Sachen werfen konnte, womit alles überfüllt war. Endlich traten sie in ein großes Gemach, in dem der Archivarius, den Blick in die Höhe gerichtet, stehen blieb, und Anselmus Zeit gewann, sich an dem herrlichen Anblick, den der einfache Schmuck dieses Saals gewährte, zu weiden. Aus den azurblauen Wänden traten die goldbronzenen Stämme hoher Palmbäume hervor, welche ihre kolossalen, wie funkelnde Smaragden glänzenden Blätter oben zur Decke wölbten; in der Mitte des Zimmers ruhte auf drei aus dunkler Bronze gegossenen ägyptischen Löwen eine Porphyrplatte, auf welcher ein einfacher goldener Topf stand, von dem, als er ihn erblickte, Anselmus nun gar nicht mehr die Augen wegwenden konnte. Es war als spielten in tausend schimmernden Reflexen allerlei Gestalten auf dem strahlend polierten Golde – manchmal sah er sich selbst mit sehnsüchtig ausgebreiteten Armen – ach! neben dem Holunderbusch – Serpentina schlängelte sich auf und nieder ihn anblickend mit den holdseligen Augen. Anselmus war außer sich vor wahnsinnigem Entzücken. „Serpentina – Serpentina!" schrie er laut auf, da wandte sich der Archivarius Lindhorst schnell um und sprach: „Was meinen Sie, werter Hr. Anselmus? – Ich glaube, Sie belieben meine Tochter zu rufen, die ist aber ganz auf der andern Seite meines Hauses in ihrem Zimmer, und hat soeben Klavierstunde, kommen Sie nur weiter." Anselmus folgte beinahe besinnungslos dem davonschreitenden Archivarius, er sah und hörte nichts mehr, bis ihn der Archivarius heftig bei der Hand ergriff und sprach: „Nun sind wir an Ort und Stelle!" Anselmus erwachte wie aus einem Traum, und bemerkte nun, daß er sich in einem hohen rings mit Bücherschränken umstellten Zimmer befand, welches sich in keiner Art von gewöhnlichen Bibliothek- und Studierzimmern unterschied. In der Mitte stand ein großer Arbeitstisch und ein gepolsterter Lehnstuhl vor demselben. „Dieses", sagte der Archivarius Lindhorst, „ist vorderhand Ihr Arbeitszimmer, ob Sie künftig auch in dem andern blauen Bibliotheksaal, in dem Sie so plötzlich meiner Tochter Namen riefen, arbeiten werden, weiß ich noch nicht; – aber nun wünschte ich mich erst von Ihrer Fähigkeit, die Ihnen zugedachte Arbeit wirklich meinem Wunsch und Bedürfnis gemäß auszuführen, zu überzeugen." Der Student Anselmus ermutigte sich nun ganz und gar, und zog nicht ohne innere Selbstzufriedenheit und in der Überzeugung, den Archivarius durch sein ungewöhnliches Talent höchlich zu erfreuen, seine Zeichnungen und Schreibereien aus der Tasche. Der Archivarius hatte kaum das erste Blatt, eine Handschrift in der elegantesten englischen Schreibmanier, erblickt, als er recht sonderbar lächelte und mit dem Kopfe schüttelte. Das wiederholte er bei jedem folgenden Blatte, so daß dem Studenten Anselmus das Blut in den Kopf stieg, und er, als das Lächeln zuletzt recht höhnisch und verächtlich wurde, in vollem Unmute losbrach: „Der Hr. Archivarius scheinen mit meinen geringen Talenten nicht ganz zufrieden?“ – „Lieber Hr. Anselmus“, sagte der Archivarius Lindhorst, „Sie haben für die Kunst des Schönschreibens wirklich treffliche Anlagen, aber vorderhand, sehe ich wohl, muß ich mehr auf Ihren Fleiß, auf Ihren guten Willen rechnen, als auf Ihre Fertigkeit. Es mag auch wohl an den schlechten Materialien liegen, die Sie verwandt.“ – Der Student Anselmus sprach viel von seiner sonst anerkannten Kunstfertigkeit, von chinesischer Tusche und ganz auserlesenen Rabenfedern. Da reichte ihm der Archivarius Lindhorst das englische Blatt hin und sprach: „Urteilen Sie selbst!“ – Anselmus wurde wie vom Blitz getroffen, als ihm seine Handschrift so höchst miserabel vorkam. Da war keine Ründe in den Zügen, kein Druck richtig, kein Verhältnis der großen und kleinen Buchstaben, ja! schülermäßige, schnöde Hahnenfüße verdarben oft die sonst ziemlich geratene Zeile. „Und dann“, fuhr der Archivarius Lindhorst fort, „ist Ihre Tusche auch nicht haltbar.“ Er tunkte den Finger in ein mit Wasser gefülltes Glas, und indem er nur leicht auf die Buchstaben tupfte, war alles spurlos verschwunden. Dem Studenten Anselmus war es, als schnüre ein Ungetüm ihm die Kehle zusammen – er konnte kein Wort herausbringen. So stand er da, das unglückliche Blatt in der Hand, aber der Archivarius Lindhorst lachte laut auf und sagte: „Lassen Sie sich das nicht anfechten, wertester Hr. Anselmus; was Sie bisher nicht vollbringen konnten, wird hier bei mir vielleicht besser sich fügen; ohnedies finden Sie ein besseres Material, als Ihnen sonst wohl zu Gebote stand! – Fangen Sie nur getrost an!“ – Der Archivarius Lindhorst holte erst eine flüssige schwarze Masse, die einen ganz eigentümlichen Geruch verbreitete, sonderbar gefärbte scharf zugespitzte Federn und ein Blatt von besonderer Weiße und Glätte, dann aber ein arabisches Manuskript aus einem verschlossenen Schranke herbei, und sowie Anselmus sich zur Arbeit gesetzt, verließ er das Zimmer. Der Student Anselmus hatte schon öfters arabische Schrift kopiert, die erste Aufgabe schien ihm daher nicht so schwer zu lösen. „Wie die Hahnenfüße in meine schöne englische Kursivschrift gekommen, mag Gott und der Archivarius Lindhorst wissen“, sprach er, „aber daß sie nicht von *meiner* Hand sind, darauf will ich sterben.“ – Mit jedem Worte, das nun wohlgelungen auf dem Pergamente stand, wuchs sein Mut und mit ihm seine Geschicklichkeit. In der Tat schrieb es sich mit den Federn auch ganz herrlich, und die geheimnisvolle Tinte floß rabenschwarz und gefügig auf das blendend weiße Pergament. Als er nun so emsig und mit angestrengter Aufmerksamkeit arbeitete, wurde es ihm immer heimlicher in dem einsamen Zimmer, und er hatte sich schon ganz in das Geschäft, welches er glücklich zu vollenden hoffte, geschickt, als auf den Schlag drei Uhr ihn der Archivarius in das Nebenzimmer zu dem wohlbereiteten Mittagsmahl rief. Bei Tische war der Archivarius Lindhorst bei ganz besonderer heiterer Laune; er erkundigte sich nach des Studenten Anselmus Freunden, dem Konrektor Paulmann und dem Registrator Heerbrand, und wußte vorzüglich von dem letzteren recht viel Ergötzliches zu erzählen. Der gute alte Rheinwein schmeckte dem Anselmus gar sehr und machte ihn gesprächiger als er wohl sonst zu sein pflegte. Auf den Schlag vier Uhr stand er auf, um an seine Arbeit zu gehen, und diese Pünktlichkeit schien dem Archivarius Lindhorst wohl zu gefallen. War ihm schon vor dem Essen das Kopieren der arabischen Zeichen geglückt, so ging die Arbeit jetzt noch viel besser vonstatten, ja er konnte selbst die Schnelle und Leichtigkeit nicht begreifen, womit er die krausen Züge der fremden Schrift nachzumalen vermochte. – Aber es war, als flüstre aus dem innersten Gemüte eine Stimme in vernehmlichen Worten: „Ach! könntest du denn das vollbringen, wenn du *Sie* nicht in Sinn und Gedanken trügest, wenn du nicht an *Sie*, an ihre Liebe glaubtest?“ – Da wehte es wie in leisen, leisen, lispelnden Kristallklängen durch das Zimmer: „Ich bin dir nahe – nahe – nahe! – ich helfe dir – sei mutig – sei standhaft, lieber Anselmus! – ich mühe mich mit dir, damit du mein werdest!“ Und sowie er voll innern Entzückens die Töne vernahm, wurden ihm immer verständlicher die unbekannten Zeichen – er durfte kaum mehr hineinblicken in das Original – ja es war, als stünden schon wie in blasser Schrift die Zeichen auf dem Pergament, und er dürfe sie nur mit geübter Hand schwarz überziehen. So arbeitete er fort von lieblichen tröstenden Klängen, wie vom süßen zarten Hauch umflossen, bis die Glocke sechs Uhr schlug und der Archivarius Lindhorst in das Zimmer trat. Er ging sonderbar lächelnd an den Tisch, Anselmus stand schweigend auf, der Archivarius sah ihn noch immer so wie in höhnendem Spott lächelnd an, kaum hatte er aber in die Abschrift geblickt, als das Lächeln in dem tiefen feierlichen Ernst unterging, zu dem sich alle Muskeln des Gesichts verzogen. – Bald schien er nicht mehr derselbe. Die Augen, welche sonst funkelndes Feuer strahlten, blickten jetzt mit unbeschreiblicher Milde den Anselmus an, eine sanfte Röte färbte die bleichen Wangen, und statt der Ironie, die sonst den Mund zusammenpreßte, schienen die weichgeformten anmutigen Lippen sich zu öffnen zur weisheitsvollen ins Gemüt dringenden Rede. – Die ganze Gestalt war höher, würdevoller; der weite Schlafrock legte sich wie ein Königsmantel in breiten Falten um Brust und Schultern, und durch die weißen Löckchen, welche an der hohen offenen Stirn lagen, schlang sich ein schmaler goldner Reif. „Junger Mensch", fing der Archivarius an im feierlichen Ton, „junger Mensch, ich habe, noch ehe du es ahntest, all die geheimen Beziehungen erkannt, die dich an mein Liebstes, Heiligstes fesseln! – Serpentina liebt dich, und ein seltsames Geschick, dessen verhängnisvollen Faden feindliche Mächte spannen, ist erfüllt, wenn sie dein wird, und wenn du als notwendige Mitgift den goldnen Topf erhältst, der ihr Eigentum ist. Aber nur dem Kampfe entsprießt dein Glück im höheren Leben. Feindliche Prinzipe fallen dich an, und nur die innere Kraft, mit der du den Anfechtungen widerstehst, kann dich retten von Schmach und Verderben. Indem du hier arbeitest, überstehst du deine Lehrzeit; Glauben und Erkenntnis führen dich zum nahen Ziele, wenn du festhältst an dem, was du beginnen mußtest. Trage *Sie* recht getreulich im Gemüte, *Sie*, die dich liebt, und du wirst die herrlichen Wunder des goldnen Topfs schauen und glücklich sein immerdar. – Gehab dich wohl! der Archivarius Lindhorst erwartet dich morgen um zwölf Uhr in deinem Kabinett! – Gehab dich wohl!" – Der Archivarius schob den Studenten Anselmus sanft zur Tür hinaus, die er dann verschloß, und er befand sich in dem Zimmer, in welchem er gespeiset, dessen einzige Tür auf den Flur führte. Ganz betäubt von den wunderbaren Erscheinungen blieb er vor der Haustür stehen, da wurde über ihm ein Fenster geöffnet, er schaute hinauf, es war der Archivarius Lindhorst; ganz der Alte im weißgrauen Rocke, wie er ihn sonst gesehen. – Er rief ihm zu: „Ei, werter Hr. Anselmus, worüber sinnen Sie denn so, was gilt's, das Arabische geht Ihnen nicht aus dem Kopf? Grüßen Sie doch den Herrn Konrektor Paulmann, wenn Sie etwa zu ihm gehen, und kommen Sie morgen Punkt zwölf Uhr wieder. Das Honorar für heute steckt bereits in Ihrer rechten Westentasche." – Der Student Anselmus fand wirklich den blanken Speziestaler in der bezeichneten Tasche, aber er freute sich gar nicht darüber. – „Was aus dem allen werden wird, weiß ich nicht", sprach er zu sich selbst – „umfängt mich aber auch nur ein toller Wahn und Spuk, so lebt und webt doch in meinem Innern die liebliche Serpentina, und ich will, ehe ich von ihr lasse, lieber untergehen ganz und gar, denn ich weiß doch, daß der Gedanke in mir ewig ist, und kein feindliches Prinzip kann ihn vernichten; aber ist der Gedanke denn was anders, als Serpentinas Liebe?"

Siebente Vigilie.

Wie der Konrektor Paulmann die Pfeife ausklopfte und zu Bette ging. – Rembrandt und Höllenbreughel. – Der Zauberspiegel und des Doktors Eckstein Rezept gegen eine unbekannte Krankheit.

Endlich klopfte der Konrektor Paulmann die Pfeife aus, sprechend: „Nun ist es doch wohl Zeit, sich zur Ruhe zu begeben." – „Jawohl", erwiderte die durch des Vaters längeres Aufbleiben beängstete Veronika: denn es schlug längst zehn Uhr. Kaum war nun der Konrektor in sein Studier- und Schlafzimmer gegangen, kaum hatten Fränzchens schwerere Atemzüge kund getan, daß sie wirklich fest eingeschlafen, als Veronika, die sich zum Schein auch ins Bett gelegt, leise, leise wieder aufstand, sich anzog, den Mantel umwarf und zum Hause hinausschlüpfte. – Seit dem Augenblick, als Veronika die alte Liese verlassen, stand ihr unaufhörlich der Anselmus vor Augen, und sie wußte selbst nicht, welch eine fremde Stimme im Innern ihr immer und ewig wiederholte, daß sein Widerstreben von einer ihr feindlichen Person herrühre, die ihn in Banden halte, welche Veronika durch geheimnisvolle Mittel der magischen Kunst zerreißen könne. Ihr Vertrauen auf die alte Liese wuchs mit jedem Tage, und selbst der Eindruck des Unheimlichen, Grausigen stumpfte sich ab, so daß alles Wunderliche, Seltsame ihres Verhältnisses mit der Alten ihr nur im Schimmer des Ungewöhnlichen, Romanhaften erschien, wovon sie eben recht angezogen wurde. Deshalb stand auch der Vorsatz bei ihr fest, selbst mit Gefahr vermißt zu werden und in tausend Unannehmlichkeiten zu geraten, das Abenteuer der Tag- und Nachtgleiche zu bestehen. Endlich war nun die verhängnisvolle Nacht des Äquinoktiums, in der ihr die alte Liese Hülfe und Trost verheißen, eingetreten, und Veronika, mit dem Gedanken der nächtlichen Wanderung längst vertraut geworden, fühlte sich ganz ermutigt. Pfeilschnell flog sie durch die einsamen Straßen, des Sturms nicht achtend, der durch die Lüfte brauste und ihr die dicken Regentropfen ins Gesicht warf. – Mit dumpfem dröhnenden Klange schlug die Glocke des Kreuzturms eilf Uhr, als Veronika ganz durchnäßt vor dem Hause der Alten stand. „Ei Liebchen, Liebchen, schon da! – nun, warte, warte!" – rief es von oben herab – und gleich darauf stand auch die Alte, mit einem Korbe beladen und von ihrem Kater begleitet, vor der Tür. „So wollen wir denn gehen und tun und treiben, was ziemlich ist und gedeiht in der Nacht, die dem Werke günstig", dies sprechend, ergriff die Alte mit kalter Hand die zitternde Veronika, welcher sie den schweren Korb zu tragen gab, während sie selbst einen Kessel, Dreifuß und Spaten aufpackte. Als sie ins Freie kamen, regnete es nicht mehr, aber der Sturm war stärker geworden; tausendstimmig heulte es in den Lüften. Ein entsetzlicher herzzerschneidender Jammer tönte herab aus den schwarzen Wolken, die sich in schneller Flucht zusammenballten und alles einhüllten in dicke Finsternis. Aber die Alte schritt rasch fort, mit gellender Stimme rufend: „Leuchte – leuchte mein Junge!" Da schlängelten und kreuzten sich blaue Blitze vor ihnen her, und Veronika wurde inne, daß der Kater knisternde Funken sprühend und leuchtend vor ihnen herumsprang, und dessen ängstliches grausiges Zetergeschrei sie vernahm, wenn der Sturm nur einen Augenblick schwieg. – Ihr wollte der Atem vergehen, es war als griffen eiskalte Krallen in ihr Inneres, aber gewaltsam raffte sie sich zusammen, und sich fester an die Alte klammernd sprach sie: „Nun muß alles vollbracht werden, und es mag geschehen, was da will!" – „Recht so, mein Töchterchen!" erwiderte die Alte, „bleibe fein standhaft, und ich schenke dir was Schönes und den Anselmus obendrein!" Endlich stand die Alte still, und sprach: „Nun sind wir an Ort und Stelle!" Sie grub ein Loch in die Erde, schüttete Kohlen hinein und stellte den Dreifuß darüber, auf den sie den Kessel setzte. Alles dieses begleitete sie mit seltsamen Gebärden, während der Kater sie umkreiste. Aus seinem Schweif sprühten Funken, die einen Feuerreif bildeten. Bald fingen die Kohlen an zu glühen, und endlich schlugen blaue Flammen unter dem Dreifuß hervor. Veronika mußte Mantel und Schleier ablegen und sich bei der Alten niederkauern, die ihre Hände ergriff und fest drückte, mit den funkelnden Augen das Mädchen anstarrend. Nun fingen die sonderbaren Massen – waren es Blumen – Metalle – Kräuter – Tiere, man konnte es nicht unterscheiden – die die Alte aus dem Korbe genommen und in den Kessel geworfen, an zu sieden und zu brausen. Die Alte ließ Veronika los, sie ergriff einen eisernen Löffel, mit dem sie in die glühende Masse hineinfuhr und darin rührte, während Veronika auf ihr Geheiß festen Blickes in den Kessel hineinschauen und ihre Gedanken auf den Anselmus richten mußte. Nun warf die Alte aufs neue blinkende Metalle und auch eine Haarlocke, die sich Veronika vom Kopfwirbel geschnitten, sowie einen kleinen Ring, den sie lange getragen, in den Kessel, indem sie unverständliche, durch die Nacht grausig gellende Töne ausstieß, und der Kater im unaufhörlichen Rennen winselte und ächzte. – – Ich wollte, daß du, günstiger Leser! am dreiundzwanzigsten September auf der Reise nach Dresden begriffen gewesen wärest; vergebens suchte man, als der späte Abend hereinbrach, dich auf der letzten Station aufzuhalten; der freundliche Wirt stellte dir vor, es stürme und regne doch gar zu sehr, und überhaupt sei es auch nicht geheuer in der Äquinoktialnacht so ins Dunkle hineinzufahren, aber du achtetest dessen nicht, indem du ganz richtig annahmst: ich zahle dem Postillon einen ganzen Taler Trinkgeld und bin spätestens um ein Uhr in Dresden, wo mich im Goldnen Engel oder im Helm oder in der Stadt Naumburg ein gut zugerichtetes Abendessen und ein weiches Bett erwartet. Wie du nun so in der Finsternis daherfährst, siehst du plötzlich in der Ferne ein ganz seltsames flackerndes Leuchten. Näher gekommen erblickst du einen Feuerreif, in dessen Mitte bei einem Kessel, aus dem dicker Qualm und blitzende rote Strahlen und Funken emporschießen, zwei Gestalten sitzen. Gerade durch das Feuer geht der Weg, aber die Pferde prusten und stampfen und bäumen sich – der Postillon flucht und betet – und peitscht auf die Pferde hinein – sie gehen nicht von der Stelle. – Unwillkürlich springst du aus dem Wagen und rennst einige Schritte vorwärts. Nun siehst du deutlich das schlanke holde Mädchen, die im weißen dünnen Nachtgewande bei dem Kessel kniet. Der Sturm hat die Flechten aufgelöst und das lange kastanienfarbene Haar flattert frei in den Lüften. Ganz im blendenden Feuer der unter dem Dreifuß emporflackernden Flammen steht das engelschöne Gesicht, aber in dem Entsetzen, das seinen Eisstrom darüber goß, ist es erstarrt zur Totenbleiche, und in dem stieren Blick, in den hinaufgezogenen Augenbrauen, in dem Munde, der sich vergebens dem Schrei der Todesangst öffnet, welcher sich nicht entwinden kann der von namenloser Folter gepreßten Brust, siehst du ihr Grausen, ihr Entsetzen; die kleinen Händchen hält sie krampfhaft zusammengefaltet in die Höhe, als riefe sie betend die Schutzengel herbei, sie zu schirmen vor den Ungetümen der Hölle, die dem mächtigen Zauber gehorchend nun gleich erscheinen werden! – So kniet sie da unbeweglich wie ein Marmorbild. Ihr gegenüber sitzt auf dem Boden niedergekauert ein langes, hageres, kupfergelbes Weib mit spitzer Habichtsnase und funkelnden Katzenaugen; aus dem schwarzen Mantel, den sie umgeworfen, starren die nackten knöchernen Arme hervor, und rührend in dem Höllensud lacht und ruft sie mit krächzender Stimme durch den brausenden tosenden Sturm. – Ich glaube wohl, daß dir, günstiger Leser! kenntest du auch sonst keine Furcht und Scheu, sich doch bei dem Anblick dieses Rembrandtschen oder Höllenbreughelschen Gemäldes, das nun ins Leben getreten, vor Grausen die Haare auf dem Kopfe gesträubt hätten. Aber dein Blick konnte nicht loskommen von dem im höllischen Treiben befangenen Mädchen, und der elektrische Schlag, der durch alle deine Fibern und Nerven zitterte, entzündete mit der Schnelligkeit des Blitzes in dir den mutigen Gedanken, Trotz zu bieten den geheimnisvollen Mächten des Feuerkreises; in ihm ging dein Grausen unter, ja der Gedanke selbst keimte auf in diesem Grausen und Entsetzen als dessen Erzeugnis. Es war dir, als seist du selbst der Schutzengel einer, zu denen das zum Tode geängstigte Mädchen flehte, ja als müßtest du nur gleich dein Taschenpistol hervorziehen, und die Alte ohne weiteres totschießen! Aber, indem du das lebhaft dachtest, schriest du laut auf: „Heda!" oder: „Was gibt es dorten", oder: „Was treibt ihr da!" – Der Postillon stieß schmetternd in sein Horn, die Alte kugelte um in ihren Sud hinein, und alles war mit einem Mal verschwunden in dickem Qualm. – Ob du das Mädchen, das du nun mit recht innigem Verlangen in der Finsternis suchtest, gefunden hättest, mag ich nicht behaupten, aber den Spuk des alten Weibes hattest du zerstört, und den Bann des magischen Kreises, in den sich Veronika leichtsinnig begeben, gelöset. – Weder du, günstiger Leser! noch sonst jemand, fuhr oder ging aber am dreiundzwanzigsten September in der stürmischen, den Hexenkünsten günstigen Nacht des Weges, und Veronika mußte ausharren am Kessel in tödlicher Angst, bis das Werk der Vollendung nahe. – Sie vernahm wohl, wie es um sie her heulte und brauste, wie allerlei widrige Stimmen durcheinander blökten und schnatterten, aber sie schlug die Augen nicht auf, denn sie fühlte, wie der Anblick des Gräßlichen, des Entsetzlichen, von dem sie umgeben, sie in unheilbaren zerstörenden Wahnsinn stürzen könne. Die Alte hatte aufgehört im Kessel zu rühren, immer schwächer und schwächer wurde der Qualm, und zuletzt brannte nur eine leichte Spiritusflamme im Boden des Kessels. Da rief die Alte: „Veronika, mein Kind! mein Liebchen! schau hinein in den Grund! – was siehst du denn – was siehst du denn?“ – Aber Veronika vermochte nicht zu antworten, unerachtet es ihr schien, als drehten sich allerlei verworrene Figuren im Kessel durcheinander; immer deutlicher und deutlicher gingen Gestalten hervor, und mit einem Mal trat, sie freundlich anblickend und die Hand ihr reichend, der Student Anselmus aus der Tiefe des Kessels. Da rief sie laut: „Ach, der Anselmus! – der Anselmus!“ – Rasch öffnete die Alte den am Kessel befindlichen Hahn, und glühendes Metall strömte zischend und prasselnd in eine kleine Form, die sie danebengestellt. Nun sprang das Weib auf und kreischte, mit wilder gräßlicher Gebärde sich herumschwingend: „Vollendet ist das Werk – Dank dir, mein Junge! – hast Wache gehalten – Hui – Hui – er kommt! – beiß ihn tot – beiß ihn tot!“ Aber da brauste es mächtig durch die Lüfte, es war, als rausche ein ungeheurer Adler herab, mit den Fittichen um sich schlagend, und es rief mit entsetzlicher Stimme: „Hei, hei! – ihr Gesindel! nun ist's aus – nun ist's aus – fort zu Haus!“ Die Alte stürzte heulend nieder, aber der Veronika vergingen Sinn und Gedanken. – Als sie wieder zu sich selbst kam, war es heller Tag geworden, sie lag in ihrem Bette und Fränzchen stand mit einer Tasse dampfenden Tees vor ihr, sprechend: „Aber sage mir nur, Schwester, was dir ist, da stehe ich nun schon eine Stunde oder länger vor dir, und du liegst wie in der Fieberhitze besinnungslos da und stöhnst und ächzest, daß uns angst und bange wird. Der Vater ist deinetwegen heute nicht in die Klasse gegangen und wird gleich mit dem Herrn Doktor hereinkommen.“ – Veronika nahm schweigend den Tee; indem sie ihn hinunterschlürfte, traten ihr die gräßlichen Bilder der Nacht lebhaft vor Augen. „So war denn wohl alles nur ein ängstlicher Traum, der mich gequält hat? – Aber ich bin doch gestern abend wirklich zur Alten gegangen, es war ja der dreiundzwanzigste September? – Doch bin ich wohl schon gestern recht krank geworden und habe mir das alles nur eingebildet, und nichts hat mich krank gemacht, als das ewige Denken an den Anselmus und an die wunderliche alte Frau, die sich für die Liese ausgab und mich wohl nur damit geneckt hat.“ – Fränzchen, die hinausgegangen, trat wieder herein mit Veronikas ganz durchnäßtem Mantel in der Hand. „Sieh nur, Schwester!“ sagte sie, „wie es deinem Mantel ergangen ist; da hat der

Sturm in der Nacht das Fenster aufgerissen und den Stuhl, auf dem der Mantel lag, umgeworfen; da hat es nun wohl hineingeregnet, denn der Mantel ist ganz naß." – Das fiel der Veronika schwer aufs Herz, denn sie merkte nun wohl, daß nicht ein Traum sie gequält, sondern daß sie wirklich bei der Alten gewesen. Da ergriff sie Angst und Grausen, und ein Fieberfrost zitterte durch alle Glieder. Im krampfhaften Erbeben zog sie die Bettdecke fest über sich; aber da fühlte sie, daß etwas Hartes ihre Brust drückte, und als sie mit der Hand danach faßte, schien es ein Medaillon zu sein; sie zog es hervor, als Fränzchen mit dem Mantel fortgegangen, und es war ein kleiner runder hellpolierter Metallspiegel. „Das ist ein Geschenk der Alten", rief sie lebhaft, und es war, als schössen feurige Strahlen aus dem Spiegel, die in ihr Innerstes drangen und es wohltuend erwärmten. Der Fieberfrost war vorüber und es durchströmte sie ein unbeschreibliches Gefühl von Behaglichkeit und Wohlsein. – An den Anselmus mußte sie denken, und als sie immer fester und fester den Gedanken auf ihn richtete, da lächelte er ihr freundlich aus dem Spiegel entgegen wie ein lebhaftes Miniatur-Porträt. Aber bald war es ihr, als sähe sie nicht mehr das Bild – nein! – sondern den Studenten Anselmus selbst leibhaftig. Er saß in einem hohen seltsam ausstaffierten Zimmer und schrieb emsig. Veronika wollte zu ihm hintreten, ihn auf die Schulter klopfen und sprechen: „Herr Anselmus, schauen Sie doch um sich, ich bin ja da!" Aber das ging durchaus nicht an, denn es war, als umgäbe ihn ein leuchtender Feuerstrom, und wenn Veronika recht genau hinsah, waren es doch nur große Bücher mit vergoldetem Schnitt. Aber endlich gelang es der Veronika, den Anselmus ins Auge zu fassen, da war es, als müsse er im Anschauen sich erst auf sie besinnen, doch endlich lächelte er und sprach: „Ach! – sind Sie es, liebe Mademoiselle Paulmann? Aber warum blieben Sie sich denn zuweilen als ein Schlänglein zu gebärden?" Veronika mußte über diese seltsamen Worte laut auflachen; darüber erwachte sie aus einem tiefen Traume, und sie verbarg schnell den kleinen Spiegel, als die Tür aufging und der Konrektor Paulmann mit dem Doktor Eckstein ins Zimmer kam. Der Doktor Eckstein ging sogleich ans Bett, faßte, lange in tiefem Nachdenken versunken, Veronikas Puls und sagte dann: „Ei! – Ei!" Hierauf schrieb er ein Rezept, faßte noch einmal den Puls, sagte wiederum: „Ei! Ei!" und verließ die Patientin. Aus diesen Äußerungen des Doktors Eckstein konnte aber der Konrektor Paulmann nicht recht deutlich entnehmen, was der Veronika denn wohl eigentlich fehlen möge.

Achte Vigilie.

Die Bibliothek der Palmbäume. – Schicksale eines unglücklichen Salamanders. – Wie die schwarze Feder eine Runkelrübe liebkosete und der Registrator Heerbrand sich sehr betrank.

Der Student Anselmus hatte nun schon mehrere Tage bei dem Archivarius Lindhorst gearbeitet: diese Arbeitsstunden waren für ihn die glücklichsten seines Lebens, denn immer von lieblichen Klängen, von Serpentinas tröstenden Worten umflossen, ja oft von einem vorübergleitenden Hauche leise berührt, durchströmte ihn eine nie gefühlte Behaglichkeit, die oft bis zur höchsten Wonne stieg. Jede Not, jede kleinliche Sorge seiner dürftigen Existenz war ihm aus Sinn und Gedanken entschwunden, und in dem neuen Leben, das ihm wie im hellen Sonnenglanze aufgegangen, begriff er alle Wunder einer höheren Welt, die ihn sonst mit Staunen, ja mit Grausen erfüllt hatten. Mit dem Abschreiben ging es sehr schnell, indem es ihn immer mehr dünkte, er schreibe nur längst gekannte Züge auf das Pergament hin und dürfe kaum nach dem Original sehen, um alles mit der größten Genauigkeit nachzumalen. – Außer der Tischzeit ließ sich der Archivarius Lindhorst nur dann und wann sehen, aber jedesmal erschien er genau in dem Augenblick, wenn Anselmus eben die letzten Zeichen einer Handschrift vollendet hatte, und gab ihm dann eine andere, verließ ihn aber gleich wieder schweigend, nachdem er nur mit einem schwarzen Stäbchen die Tinte umgerührt und die gebrauchten Federn mit neuen schärfer gespitzten vertauscht hatte. Eines Tages, als Anselmus mit dem Glockenschlag Zwölf bereits die Treppe hinaufgestiegen, fand er die Tür, durch die er gewöhnlich hineingegangen, verschlossen, und der Archivarius Lindhorst erschien in seinem wunderlichen wie mit glänzenden Blumen bestreuten Schlafrock von der andern Seite. Er rief laut: „Heute kommen Sie nur hier herein, werter Anselmus, denn wir müssen in das Zimmer, wo Bhogovotgitas Meister unsrer warten.“ Er schritt durch den Korridor und führte Anselmus durch dieselben Gemächer und Säle, wie das erste Mal. – Der Student Anselmus erstaunte aufs neue über die wunderbare Herrlichkeit des Gartens, aber er sah nun deutlich, daß manche seltsame Blüten, die an den dunklen Büschen hingen, eigentlich in glänzenden Farben prunkende Insekten waren, die mit den Flügeln auf und nieder schlugen und durcheinander tanzend und wirbelnd sich mit ihren

Saugrüsseln zu liebkosen schienen. Dagegen waren wieder die rosenfarbenen und himmelblauen Vögel duftende Blumen, und der Geruch, den sie verbreiteten, stieg aus ihren Kelchen empor in leisen lieblichen Tönen, die sich mit dem Geplätscher der fernen Brunnen, mit dem Säuseln der hohen Stauden und Bäume zu geheimnisvollen Akkorden einer tiefklagenden Sehnsucht vermischten. Die Spottvögel, die ihn das erste Mal so geneckt und gehöhnt, flatterten ihm wieder um den Kopf und schrieen mit ihren feinen Stimmchen unaufhörlich: „Herr Studiosus, Herr Studiosus, eilen Sie nicht so – gucken Sie nicht so in die Wolken – Sie könnten auf die Nase fallen. – He, he! Herr Studiosus – nehmen Sie den Pudermantel um – Gevatter Schuhu soll Ihnen den Toupet frisieren." – So ging es fort in allerlei dummem Geschwätz, bis Anselmus den Garten verlassen. Der Archivarius Lindhorst trat endlich in das azurblaue Zimmer; der Porphyr mit dem goldnen Topf war verschwunden, statt dessen stand ein mit violettem Samt behangener Tisch, auf dem die dem Anselmus bekannten Schreibmaterialien befindlich, in der Mitte des Zimmers, und ein ebenso beschlagener Lehnstuhl stand vor demselben. „Lieber Hr. Anselmus", sagte der Archivarius Lindhorst, „Sie haben nun schon manches Manuskript schnell und richtig zu meiner großen Zufriedenheit kopiert; Sie haben sich mein Zutrauen erworben; das Wichtigste bleibt aber noch zu tun übrig, und das ist das Abschreiben oder vielmehr Nachmalen gewisser in besonderen Zeichen geschriebener Werke, die ich hier in diesem Zimmer aufbewahre und die nur an Ort und Stelle kopiert werden können. – Sie werden daher künftig hier arbeiten, aber ich muß Ihnen die größte Vorsicht und Aufmerksamkeit empfehlen; ein falscher Strich, oder was der Himmel verhüten möge, ein Tintenfleck auf das Original gespritzt, stürzt Sie ins Unglück." – Anselmus bemerkte, daß aus den goldnen Stämmen der Palmbäume kleine smaragdgrüne Blätter herausragten; eins dieser Blätter erfaßte der Archivarius, und Anselmus wurde gewahr, daß das Blatt eigentlich in einer Pergamentrolle bestand, die der Archivarius aufwickelte und vor ihm auf den Tisch breitete. Anselmus wunderte sich nicht wenig über die seltsam verschlungenen Zeichen, und bei dem Anblick der vielen Pünktchen, Striche und Züge und Schnörkel, die bald Pflanzen, bald Moose, bald Tiergestalten darzustellen schienen, wollte ihm beinahe der Mut sinken, alles so genau nachmalen zu können. Er geriet darüber in tiefe Gedanken. „Mut gefaßt, junger Mensch!" rief der Archivarius, „hast du bewährten Glauben und wahre Liebe, so hilft dir Serpentina!" Seine Stimme tönte wie klingendes Metall, und als Anselmus in jähem Schreck aufblickte, stand der Archivarius Lindhorst in der königlichen Gestalt vor ihm, wie er ihm bei dem ersten Besuch im Bibliothek-Zimmer erschienen. Es war dem Anselmus, als müsse er von Ehrfurcht durchdrungen auf die Knie sinken, aber da stieg der Archivarius Lindhorst an dem Stamm eines Palmbaums in die Höhe und verschwand in den smaragdenen Blättern. – Der Student Anselmus begriff, daß der Geisterfürst mit ihm gesprochen und nun in sein Studierzimmer hinaufgestiegen, um vielleicht mit den Strahlen, die einige Planeten als Gesandte zu ihm geschickt, Rücksprache zu halten, was nun mit ihm und der holden Serpentina geschehen solle. – Auch kann es sein, dachte er ferner, daß ihn Neues von den Quellen des Nils erwartet, oder daß ein Magus aus Lappland ihn besucht – mir geziemt es nun, emsig an die Arbeit zu gehen. – Und damit fing er an die fremden Zeichen der Pergamentrolle zu studieren. – Die wunderbare Musik des Gartens tönte zu ihm herüber und umgab ihn mit süßen lieblichen Düften, auch hörte er wohl die Spottvögel kichern, doch verstand er ihre Worte nicht, was ihm auch recht lieb war. Zuweilen war es auch, als rauschten die smaragdenen Blätter der Palmbäume, und als strahlten dann die holden Kristallklänge, welche Anselmus an jenem verhängnisvollen Himmelfahrtstage unter dem Holunderbusch hörte, durch das Zimmer. Der Student Anselmus, wunderbar gestärkt durch dies Tönen und Leuchten, richtete immer fester und fester Sinn und Gedanken auf die Überschrift der Pergamentrolle, und bald fühlte er wie aus dem Innersten heraus, daß die Zeichen nichts anders bedeuten könnten, als die Worte: Von der Vermählung des Salamanders mit der grünen Schlange. – Da ertönte ein starker Dreiklang heller Kristallglocken – „Anselmus, lieber Anselmus", wehte es ihm zu aus den Blättern, und o Wunder! an dem Stamm des Palmbaums schlängelte sich die grüne Schlange herab. – „Serpentina! holde Serpentina!" rief Anselmus wie im Wahnsinn des höchsten Entzückens, denn sowie er schärfer hinblickte, da war es ja ein liebliches herrliches Mädchen, die mit den dunkelblauen Augen, wie sie in seinem Innern lebten, voll unaussprechlicher Sehnsucht ihn anschauend, ihm entgegenschwebte. Die Blätter schienen sich herabzulassen und auszudehnen, überall sproßten Stacheln aus den Stämmen, aber Serpentina wand und schlängelte sich geschickt durch, indem sie ihr flatterndes, wie in schillernden Farben glänzendes Gewand nach sich zog, so daß es sich dem schlanken Körper anschmiegend nirgends hängen blieb an den hervorragenden Spitzen und Stacheln der Palmbäume. Sie setzte sich neben den Anselmus auf denselben Stuhl, ihn mit dem Arm umschlingend und an sich drückend, so daß er den Hauch, der von ihren Lippen strömte, die elektrische Wärme ihres Körpers fühlte. „Lieber Anselmus!" fing Serpentina an, „nun bist du bald ganz mein, durch deinen Glauben, durch deine Liebe erringst du mich, und ich bringe dir den goldnen Topf, der uns beide beglückt immerdar." – „O du holde liebe Serpentina", sagte Anselmus, „wenn ich nur dich habe, was kümmert mich sonst alles übrige; wenn du nur mein bist, so will ich gern untergehen in all dem Wunderbaren und Seltsamen, was mich befängt seit dem Augenblick, als ich dich sah." – „Ich weiß wohl", fuhr Serpentina fort, „daß das Unbekannte und Wunderbare, womit mein Vater oft nur zum Spiel seiner Laune dich umfangen, Grausen und Entsetzen in dir erregt hat, aber jetzt soll es, wie ich hoffe, nicht wieder geschehen, denn ich bin in diesem Augenblick nur da, um dir, mein lieber Anselmus, alles und jedes aus tiefem Gemüte, aus tiefer Seele haarklein zu erzählen, was dir zu wissen nötig, um meinen Vater ganz zu kennen, und überhaupt recht deutlich einzusehen, was es mit ihm und mit mir für eine Bewandtnis hat." – Dem Anselmus war es, als sei er von der holden lieblichen Gestalt so ganz und gar umschlungen und umwunden, daß er sich nur mit ihr regen und bewegen könne, und als sei es nur der Schlag ihres Pulses, der durch seine Fibern und Nerven zittere; er horchte auf jedes ihrer Worte, das bis in sein Innerstes hinein erklang, und wie ein leuchtender Strahl die Wonne des Himmels in ihm entzündete. Er hatte den Arm um ihren schlanker als schlanken Leib gelegt, aber der schillernde glänzende Stoff ihres Gewandes war so glatt, so schlüpfrig, daß es ihm schien, als könne sie, sich ihm schnell entwindend, unaufhaltsam entschlüpfen, und er erbebte bei dem Gedanken. „Ach, verlaß mich nicht, holde Serpentina", rief er unwillkürlich aus, „nur du bist mein Leben!" – „Nicht eher heute", sagte Serpentina, „als bis ich alles erzählt habe, was du in deiner Liebe zu mir begreifen kannst. – Wisse also, Geliebter! daß mein Vater aus dem wunderbaren Geschlecht der Salamander abstammt, und daß ich mein Dasein seiner Liebe zur grünen Schlange verdanke. In uralter Zeit herrschte in dem Wunderlande Atlantis der mächtige Geisterfürst Phosphorus, dem die Elementargeister dienten. Einst ging der Salamander, den er vor allen liebte (es war mein Vater), in dem prächtigen Garten, den des

Phosphorus Mutter mit ihren schönsten Gaben auf das herrlichste geschmückt hatte, umher, und hörte, wie eine hohe Lilie in leisen Tönen sang: ‚Drücke fest die Äuglein zu, bis mein Geliebter, der Morgenwind, dich weckt.' Er trat hinzu; von seinem glühenden Hauch berührt, erschloß die Lilie ihre Blätter, und er erblickte der Lilie Tochter, die grüne Schlange, welche in dem Kelch schlummerte. Da wurde der Salamander von heißer Liebe zu der schönen Schlange ergriffen, und er raubte sie der Lilie, deren Düfte in namenloser Klage vergebens im ganzen Garten nach der geliebten Tochter riefen. Denn der Salamander hatte sie in das Schloß des Phosphorus getragen, und bat ihn: ‚Vermähle mich mit der Geliebten, denn sie soll mein eigen sein immerdar.' – ‚Törichter, was verlangst du!' sprach der Geisterfürst, ‚wisse, daß einst die Lilie meine Geliebte war und mit mir herrschte, aber der Funke, den ich in sie warf, drohte sie zu vernichten, und nur der Sieg über den schwarzen Drachen, den jetzt die Erdgeister in Ketten gebunden halten, erhielt die Lilie, daß ihre Blätter stark genug blieben, den Funken in sich zu schließen und zu bewahren. Aber, wenn du die grüne Schlange umarmst, wird deine Glut den Körper verzehren und ein neues Wesen schnell emporkeimend sich dir entgegenschwingen.' Der Salamander achtete der Warnung des Geisterfürsten nicht; voll glühenden Verlangens schloß er die grüne Schlange in seine Arme, sie zerfiel in Asche und ein geflügeltes Wesen aus der Asche geboren rauschte fort durch die Lüfte. Da ergriff den Salamander der Wahnsinn der Verzweiflung, und er rannte Feuer und Flammen sprühend durch den Garten, und verheerte ihn in wilder Wut, daß die schönsten Blumen und Blüten verbrannt niedersanken und ihr Jammer die Luft erfüllte. Der hocherzürnte Geisterfürst erfaßte im Grimm den Salamander und sprach: ‚Ausgeraset hat dein Feuer – erloschen sind deine Flammen, erblindet deine Strahlen – sinke hinab zu den Erdgeistern, die mögen dich necken und höhnen und gefangen halten, bis der Feuerstoff sich wieder entzündet und mit dir als einem neuen Wesen aus der Erde emporstrahlt.' Der arme Salamander sank erloschen hinab, aber da trat der alte mürrische Erdgeist, der des Phosphorus Gärtner war, hinzu und sprach: ‚Herr! wer sollte mehr über den Salamander klagen, als ich! – Habe ich nicht all die schönen Blumen, die er verbrannt, mit meinen schönsten Metallen geputzt, habe ich nicht ihre Keime wacker gehegt und gepflegt und an ihnen manche schöne Farbe verschwendet? – und doch nehme ich mich des armen Salamanders an, den nur die Liebe, von der du selbst schon oft, o Herr! befangen, zur Verzweiflung getrieben, in der er den Garten verwüstet. – Erlasse ihm die zu harte Strafe!' – ‚Sein Feuer ist für jetzt erloschen', sprach der Geisterfürst, ‚in der unglücklichen Zeit, wenn die Sprache der Natur dem entarteten Geschlecht der Menschen nicht mehr verständlich sein, wenn die Elementargeister in ihre Regionen gebannt nur aus weiter Ferne in dumpfen Anklängen zu den Menschen sprechen werden, wenn dem harmonischen Kreise entrückt, nur ein unendliches Sehnen ihm die dunkle Kunde von dem wundervollen Reiche geben wird, das er sonst bewohnen durfte, als noch Glaube und Liebe in seinem Gemüte wohnten – in dieser unglücklichen Zeit entzündet sich der Feuerstoff des Salamanders aufs neue, doch nur zum Menschen keimt er empor und muß, ganz eingehend in das dürftige Leben, dessen Bedrängnisse ertragen. Aber nicht allein die Erinnerung an seinen Urzustand soll ihm bleiben, sondern er lebt auch wieder auf in der heiligen Harmonie mit der ganzen Natur, er versteht ihre Wunder und die Macht der verbrüderten Geister steht ihm zu Gebote. In einem Lilienbusch findet er dann die grüne Schlange wieder, und die Frucht seiner Vermählung mit ihr sind drei Töchter, die den Menschen in der Gestalt der Mutter erscheinen. Zur Frühlingszeit sollen sie sich in den dunklen Holunderbusch hängen und ihre lieblichen Kristallstimmen ertönen lassen. Findet sich dann in der dürftigen armseligen Zeit der innern Verstocktheit ein Jüngling, der ihren Gesang vernimmt, ja, blickt ihn eine der Schänglein mit ihren holdseligen Augen an, entzündet der Blick in ihm die Ahnung des fernen wundervollen Landes, zu dem er sich mutig emporschwingen kann, wenn er die Bürde des Gemeinen abgeworfen, keimt mit der Liebe zur Schlange in ihm der Glaube an die Wunder der Natur, ja an seine eigne Existenz in diesen Wundern glutvoll und lebendig auf, so wird die Schlange sein. Aber nicht eher, bis drei Jünglinge dieser Art erfunden und mit den drei Töchtern vermählt werden, darf der Salamander seine lästige Bürde abwerfen und zu seinen Brüdern gehen.' – ‚Erlaube Herr', sagte der Erdgeist, ‚daß ich diesen drei Töchtern ein Geschenk mache, das ihr Leben mit dem gefundenen Gemahl verherrlicht. Jede erhält von mir einen Topf vom schönsten Metall, das ich besitze, den poliere ich mit Strahlen, die ich dem Diamant entnommen; in seinem Glanze soll sich unser wundervolles Reich, wie es jetzt im Einklang mit der ganzen Natur besteht, in blendendem herrlichem Widerschein abspiegeln, aus seinem Innern aber in dem Augenblick der Vermählung eine Feuerlilie entsprießen, deren ewige Blüte den bewährt befundenen Jüngling süß duftend umfängt. Bald wird er dann ihre Sprache, die Wunder unseres Reichs verstehen und selbst mit der Geliebten in Atlantis wohnen.' – Du weißt nun wohl, lieber Anselmus! daß mein Vater eben der Salamander ist, von dem ich dir erzählt. Er mußte seiner höheren Natur unerachtet sich den kleinlichsten Bedrängnissen des gemeinen Lebens unterwerfen, und daher kommt wohl oft die schadenfrohe Laune, mit der er manche neckt. Er hat mir oft gesagt, daß für die innere Geistesbeschaffenheit, wie sie der Geisterfürst Phosphorus damals als Bedingnis der Vermählung mit mir und meinen Schwestern aufgestellt, man jetzt einen Ausdruck habe, der aber nur zu oft unschicklicherweise gemißbraucht werde; man nenne das nämlich ein kindliches poetisches Gemüt. – Oft finde man dieses Gemüt bei Jünglingen, die der hohen Einfachheit ihrer Sitten wegen, und weil es ihnen ganz an der sogenannten Weltbildung fehle, von dem Pöbel verspottet würden. Ach, lieber Anselmus! – Du verstandest ja unter dem Holunderbusch meinen Gesang – meinen Blick – du liebst die grüne Schlange, du glaubst an mich und willst mein sein immerdar! – Die schöne Lilie wird emporblühen aus dem goldnen Topf und wir werden vereint glücklich und selig in Atlantis wohnen! – Aber nicht verhehlen kann ich dir, daß im gräßlichen Kampf mit den Salamandern und Erdgeistern sich der schwarze Drache loswand und durch die Lüfte davonbrauste. Phosphorus hält ihn zwar wieder in Banden, aber aus den schwarzen Federn, die im Kampfe auf die Erde stäubten, keimten feindliche Geister empor, die überall den Salamandern und Erdgeistern widerstreben. Jenes Weib, das dir so feindlich ist, lieber Anselmus! und die, wie mein Vater recht gut weiß, nach dem Besitz des goldnen Topfes strebt, hat ihr Dasein der Liebe einer solchen aus dem Fittich des Drachen herabgestäubten Feder zu einer Runkelrübe zu verdanken. Sie erkennt ihren Ursprung und ihre Gewalt, denn in dem Stöhnen, in den Zuckungen des gefangenen Drachen werden ihr die Geheimnisse mancher wundervollen Konstellation offenbar, und sie bietet alle Mittel auf, von außen hinein ins Innere zu wirken, wogegen sie mein Vater mit den Blitzen, die aus dem Innern des Salamanders hervorschießen, bekämpft. Alle die feindlichen Prinzipe, die in schädlichen Kräutern und giftigen Tieren wohnen, sammelt sie und erregt, sie mischend in günstiger Konstellation, manchen bösen Spuk, der des Menschen Sinne mit Grauen und Entsetzen befängt und ihn der Macht jener Dämonen, die der Drache im Kampfe unterliegend erzeugte, unterwirft. Nimm dich vor der Alten in acht, lieber Anselmus, sie ist dir feind, weil dein kindlich frommes Gemüt schon manchen ihrer bösen Zauber vernichtet. – Halte treu – treu – an mir, bald bist du am Ziel!" – „O meine – meine Serpentina!" – rief der Student Anselmus, „wie sollte ich denn nur von dir lassen können, wie sollte ich dich nicht lieben ewiglich!" – Ein Kuß brannte auf seinem Munde, er erwachte wie aus einem tiefen Traume. Serpentina war verschwunden, es schlug sechs Uhr, da fiel es ihm schwer aufs Herz, daß er nicht das mindeste kopiert habe; er blickte voll Besorgnis, was der Archivarius wohl sagen werde, auf das Blatt, und o Wunder! die Kopie des geheimnisvollen Manuskripts war glücklich beendigt, und er glaubte, schärfer die Züge betrachtend, Serpentinas Erzählung von ihrem Vater, dem Liebling des Geisterfürsten Phosphorus im Wunderlande Atlantis, abgeschrieben zu haben. Jetzt trat der Archivarius Lindhorst in seinem weißgrauen Überrock, den Hut auf dem Kopfe, den Stock in der Hand, herein; er sah in das von dem Anselmus beschriebene Pergament, nahm eine große Prise und sagte lächelnd: „Das dacht ich wohl! – Nun! hier ist der Speziestaler, Hr. Anselmus, jetzt wollen wir noch nach dem Linkeschen Bade gehen – nur mir nach!" – Der Archivarius schritt rasch durch den Garten, in dem ein solcher Lärm von Singen, Pfeifen, Sprechen durcheinander war, daß der Student Anselmus ganz betäubt wurde und dem Himmel dankte, als er sich auf der Straße befand. Kaum waren sie einige Schritte gegangen, als sie dem Registrator Heerbrand begegneten, der freundlich sich anschloß. Vor dem Tore stopften sie die mitgenommenen Pfeifen; der Registrator Heerbrand beklagte kein Feuerzeug bei sich zu tragen, da rief der Archivarius Lindhorst ganz unwillig: „Was Feuerzeug! – hier ist Feuer, soviel Sie wollen!" Und damit schnippte er mit den Fingern, aus denen große Funken strömten, die die Pfeifen schnell anzündeten. „Sehen Sie das chemische Kunststückchen", sagte der Registrator Heerbrand, aber der Student Anselmus dachte nicht ohne inneres Erbeben an den Salamander. – Im Linkeschen Bade trank der Registrator Heerbrand so viel starkes Doppelbier, daß er, sonst ein gutmütiger stiller Mann, anfing in einem quäkenden Tenor Burschenlieder zu singen, jeden hitzig fragte: ob er sein Freund sei oder nicht, und endlich von dem Studenten Anselmus zu Hause gebracht werden mußte, als der Archivarius Lindhorst schon längst auf und davon war.

Neunte Vigilie.

Wie der Student Anselmus zu einiger Vernunft gelangte. – Die Punschgesellschaft. – Wie der Student Anselmus den Konrektor Paulmann für einen Schuhu hielt, und dieser sich darob sehr erzürnte. – Der Tintenklecks und seine Folgen.

Alles das Seltsame und Wundervolle, welches dem Studenten Anselmus täglich begegnet war, hatte ihn ganz dem gewöhnlichen Leben entrückt. Er sah keinen seiner Freunde mehr und harrte jeden Morgen mit Ungeduld auf die zwölfte Stunde, die ihm sein Paradies aufschloß. Und doch, indem sein ganzes Gemüt der holden Serpentina und den Wundern des Feenreichs bei dem Archivarius Lindhorst zugewandt war, mußte er zuweilen unwillkürlich an Veronika denken, ja manchmal schien es ihm, als träte sie zu ihm hin und gestehe errötend, wie herzlich sie ihn liebe und wie sie danach trachte, ihn den Phantomen, von denen er nur geneckt und verhöhnt werde, zu entreißen. Zuweilen war es, als risse eine fremde plötzlich auf ihn einbrechende Macht ihn unwiderstehlich hin zur vergessenen Veronika, und er müsse ihr folgen, wohin sie nur wolle, als sei er festgekettet an das Mädchen. Gerade in der Nacht darauf, als er Serpentina zum ersten Mal in der Gestalt einer wunderbar holdseligen Jungfrau geschaut, als ihm das wunderbare Geheimnis der Vermählung des Salamanders mit der grünen Schlange offenbar worden, trat ihm Veronika lebhafter vor Augen, als jemals. – Ja! – erst als er erwachte, wurde er deutlich gewahr, daß er nur geträumt habe, da er überzeugt gewesen, Veronika sei wirklich bei ihm und klage mit dem Ausdruck eines tiefen Schmerzes, der sein Innerstes durchdrang, daß er ihre innige Liebe den fantastischen Erscheinungen, die nur seine innere Zerrüttung hervorrufe, aufopfern und noch darüber in Unglück und Verderben geraten werde. Veronika war liebenswürdiger, als er sie je gesehen; er konnte sie kaum aus den Gedanken bringen, und dieser Zustand verursachte ihm eine Qual, der er bei einem Morgenspaziergang zu entrinnen hoffte. Eine geheime magische Gewalt zog ihn vor das Pirnaer Tor, und eben wollte er in eine Nebenstraße einbiegen, als der Konrektor Paulmann hinter ihm her kommend laut rief: „Ei, ei! – wertester Hr. Anselmus! – Amice! – Amice! wo um des Himmels willen stecken Sie denn, Sie lassen sich ja gar nicht sehen – wissen Sie wohl, daß sich Veronika recht sehnt wieder einmal eins mit Ihnen zu singen? – Nun kommen Sie nur, Sie wollten ja doch zu mir!“ Der

Student Anselmus ging notgedrungen mit dem Konrektor. Als sie in das Haus traten, kam ihnen Veronika sehr sauber und sorgfältig gekleidet entgegen, so daß der Konrektor Paulmann voll Erstaunen fragte: „Nun, warum so geputzt, hat man denn Besuch erwartet? – aber hier bringe ich den Hrn. Anselmus!" – Als der Student Anselmus sittig und artig der Veronika die Hand küßte, fühlte er einen leisen Druck, der wie ein Glutstrom durch alle Fibern und Nerven zuckte. Veronika war die Heiterkeit, die Anmut selbst, und als Paulmann nach seinem Studierzimmer gegangen, wußte sie durch allerhand Neckerei und Schalkheit den Anselmus so hinaufzuschrauben, daß er alle Blödigkeit vergaß und sich zuletzt mit dem ausgelassenen Mädchen im Zimmer herumjagte. Da kam ihm aber wieder einmal der Dämon des Ungeschicks über den Hals, er stieß an den Tisch und Veronikas niedliches Nähkästchen fiel herab. Anselmus hob es auf, der Deckel war aufgesprungen und es blinkte ihm ein kleiner runder Metallspiegel entgegen, in den er mit ganz eigner Lust hineinschaute. Veronika schlich sich leise hinter ihn, legte die Hand auf seinen Arm und schaute sich fest an ihn schmiegend ihm über die Schulter auch in den Spiegel. Da war es dem Anselmus, als beginne ein Kampf in seinem Innern – Gedanken – Bilder – blitzten hervor und vergingen wieder – der Archivarius Lindhorst – Serpentina – die grüne Schlange – endlich wurde es ruhiger und alles Verworrene fügte und gestaltete sich zum deutlichen Bewußtsein. Ihm wurde es nun klar, daß er nur beständig an Veronika gedacht, ja daß die Gestalt, welche ihm gestern in dem blauen Zimmer erschienen, auch eben Veronika gewesen, und daß die fantastische Sage von der Vermählung des Salamanders mit der grünen Schlange ja nur von ihm geschrieben, keineswegs ihm aber erzählt worden sei. Er wunderte sich selbst über seine Träumereien und schrieb sie lediglich seinem durch die Liebe zu Veronika exaltierten Seelenzustande, sowie der Arbeit bei dem Archivarius Lindhorst zu, in dessen Zimmern es noch überdem so sonderbar betäubend dufte. Er mußte herzlich über die tolle Einbildung lachen, in eine kleine Schlange verliebt zu sein und einen wohlbestallten Geheimen Archivarius für einen Salamander zu halten. „Ja, ja! – es ist Veronika!" rief er laut, aber indem er den Kopf umwandte, schaute er gerade in Veronikas blaue Augen hinein, in denen Liebe und Sehnsucht strahlten. Ein dumpfes „Ach!" entfloh ihren Lippen, die in dem Augenblick auf den seinigen brannten. „O ich Glücklicher", seufzte der entzückte Student, „was ich gestern nur träumte, wird mir heute wirklich und in der Tat zuteil." – „Und willst du mich denn wirklich heiraten, wenn du Hofrat worden?" fragte Veronika. „Allerdings!" antwortete der Student Anselmus; indem knarrte die Tür, und der Konrektor Paulmann trat mit den Worten herein: „Nun, wertester Hr. Anselmus, lasse ich Sie heute nicht fort, Sie nehmen vorlieb bei mir mit einer Suppe, und nachher bereitet uns Veronika einen köstlichen Kaffee, den wir mit dem Registrator Heerbrand, welcher herzukommen versprochen, genießen." – „Ach, bester Hr. Konrektor", erwiderte der Student Anselmus, „wissen Sie denn nicht, daß ich zum Archivarius Lindhorst muß, des Abschreibens wegen?" – „Schauen Sie, Amice!" sagte der Konrektor Paulmann, indem er ihm die Taschenuhr hinhielt, welche auf halb eins wies. Der Student Anselmus sah nun wohl ein, daß es viel zu spät sei zu dem Archivarius Lindhorst zu wandern, und fügte sich den Wünschen des Konrektors um so lieber, als er nun die Veronika den ganzen Tag über schauen und wohl manchen verstohlnen Blick, manchen zärtlichen Händedruck zu erhalten, ja wohl gar einen Kuß zu erobern hoffte. So hoch verstiegen sich jetzt die Wünsche des Studenten Anselmus, und es wurde ihm immer behaglicher zu Mute, je mehr er sich überzeugte, daß er bald von all den fantastischen Einbildungen befreit sein werde, die ihn wirklich ganz und gar zum wahnwitzigen Narren hätten machen können. Der Registrator Heerbrand fand sich wirklich nach Tische ein, und als der Kaffee genossen und die Dämmerung bereits eingebrochen, gab er schmunzelnd und fröhlich die Hände reibend zu verstehen; er trage etwas mit sich, was durch Veronikas schöne Hände gemischt und in gehörige Form gebracht, gleichsam foliiert und rubriziert, ihnen allen an dem kühlen Oktober-Abende erfreulich sein werde. „So rücken Sie denn nur heraus mit dem geheimnisvollen Wesen, das Sie bei sich tragen, geschätztester Registrator", rief der Konrektor Paulmann; aber der Registrator Heerbrand griff in die tiefe Tasche seines Matins und brachte in drei Reprisen eine Flasche Arrak, Zitronen und Zucker zum Vorschein. Kaum war eine halbe Stunde vergangen, so dampfte ein köstlicher Punsch auf Paulmanns Tische. Veronika kredenzte das Getränk, und es gab allerlei gemütliche muntre Gespräche unter den Freunden. Aber sowie dem Studenten Anselmus der Geist des Getränks zu Kopfe stieg, kamen auch alle Bilder des Wunderbaren, Seltsamen, was er in kurzer Zeit erlebt, wieder zurück. – Er sah den Archivarius Lindhorst in seinem damastnen Schlafrock, der wie Phosphor erglänzte – er sah das azurblaue

Zimmer, die goldnen Palmbäume, ja, es wurde ihm wieder so zumute, als müsse er doch an die Serpentina glauben – es brauste, es gärte in seinem Innern. Veronika reichte ihm ein Glas Punsch, und indem er es faßte, berührte er leise ihre Hand. – „Serpentina, Veronika!" – seufzte er in sich hinein. Er versank in tiefe Träume, aber der Registrator Heerbrand rief ganz laut: „Ein wunderlicher alter Mann, aus dem niemand klug wird, bleibt er doch, der Archivarius Lindhorst. – Nun er soll leben! stoßen Sie an, Hr. Anselmus!" – Da fuhr der Student Anselmus auf aus seinen Träumen und sagte, indem er mit dem Registrator Heerbrand anstieß: „Das kommt daher, verehrungswürdiger Hr. Registrator, weil der Hr. Archivarius Lindhorst eigentlich ein Salamander ist, der den Garten des Geisterfürsten Phosphorus im Zorn verwüstete, weil ihm die grüne Schlange davongeflogen." – „Wie – was?" fragte der Konrektor Paulmann. „Ja", fuhr der Student Anselmus fort, „deshalb muß er nun königlicher Archivarius sein und hier in Dresden mit seinen drei Töchtern wirtschaften, die aber weiter nichts sind, als kleine goldgrüne Schlänglein, die sich in Holunderbüschen sonnen, verführerisch singen und die jungen Leute verlocken, wie die Sirenen." – „Herr Anselmus – Herr Anselmus", rief der Konrektor Paulmann, „rappelt's Ihnen im Kopfe? – was um des Himmels willen schwatzen Sie für ungewaschenes Zeug?" – „Er hat recht", fiel der Registrator Heerbrand ein, „der Kerl, der Archivarius, ist ein verfluchter Salamander, der mit den Fingern feurige Schnippchen schlägt, die einem Löcher in den Überrock brennen wie glühender Schwamm. – Ja, ja, du hast recht, Brüderchen Anselmus, und wer es nicht glaubt, ist mein Feind!" Und damit schlug der Registrator Heerbrand mit der Faust auf den Tisch, daß die Gläser klirrten. „Registrator! – sind Sie rasend?" schrie der erboste Konrektor. – „Hr. Studiosus – Hr. Studiosus, was richten Sie denn nun wieder an?" – „Ach!" sagte der Student, „Sie sind auch weiter nichts als ein Vogel – ein Schuhu, der die Toupets frisiert, Hr. Konrektor!" – „Was? – ich ein Vogel – ein Schuhu – ein Friseur?" schrie der Konrektor voller Zorn – „Herr, Sie sind toll – toll!" – „Aber die Alte kommt ihm über den Hals", rief der Registrator Heerbrand. „Ja, die Alte ist mächtig", fiel der Student Anselmus ein, „unerachtet sie nur von niederer Herkunft, denn ihr Papa ist nichts als ein lumpichter Flederwisch und ihre Mama eine schnöde Runkelrübe, aber ihre meiste Kraft verdankt sie allerlei feindlichen Kreaturen – giftigen Kanaillen, von denen sie umgeben." – „Das ist eine abscheuliche Verleumdung", rief Veronika mit zornglühenden Augen, „die alte Liese ist eine weise Frau und der schwarze Kater keine feindliche Kreatur, sondern ein gebildeter junger Mann von feinen Sitten und ihr Cousin germain." „Kann *der* Salamander fressen, ohne sich den Bart zu versengen und elendiglich daraufzugehen?" sagte der Registrator Heerbrand. „Nein, nein!" schrie der Student Anselmus, „nun und nimmermehr wird er das können; und die grüne Schlange liebt mich, denn ich bin ein kindliches Gemüt und habe Serpentinas Augen geschaut." – „Die wird der Kater auskratzen", rief Veronika. „Salamander – Salamander bezwingt sie alle – alle", brüllte der Konrektor Paulmann in höchster Wut; – „aber bin ich in einem Tollhause? bin ich selbst toll? – was schwatze ich denn für wahnwitziges Zeug? – ja ich bin auch toll – auch toll!" – Damit sprang der Konrektor Paulmann auf, riß sich die Perücke vom Kopfe und schleuderte sie gegen die Stubendecke, daß die gequetschten Locken ächzten und im gänzlichen Verderben aufgelöst den Puder weit umherstäubten. Da ergriffen der Student Anselmus und der Registrator Heerbrand die Punschterrine, die Gläser, und warfen sie jubelnd und jauchzend an die Stubendecke, daß die Scherben klirrend und klingend umhersprangen. „Vivat, Salamander – pereat – pereat die Alte – zerbrecht den Metallspiegel, hackt dem Kater die Augen aus! – Vöglein – Vöglein aus den Lüften – Eheu – Eheu – Evoe – Salamander!" – So schrieen und brüllten die drei wie Besessene durcheinander. Laut weinend sprang Fränzchen davon, aber Veronika lag winselnd vor Jammer und Schmerz auf dem Sofa. Da ging die Tür auf, alles war plötzlich still und es trat ein kleiner Mann in einem grauen Mäntelchen herein. Sein Gesicht hatte etwas seltsam Gravitätisches, und vorzüglich zeichnete sich die krummgebogene Nase, auf der eine große Brille saß, vor allem jemals gesehenen aus. Auch trug er solch eine besondere Perücke, daß sie eher eine Federmütze zu sein schien. „Ei, schönen guten Abend", schnarrte das possierliche Männlein, „hier finde ich ja wohl den Studiosum Hrn. Anselmus? Gehorsamste Empfehlung vom Hrn. Archivarius Lindhorst, und er habe heute vergebens auf den Hrn. Anselmus gewartet, aber morgen lasse er schönstens bitten, ja nicht die gewohnte Stunde zu versäumen." Damit schritt er wieder zur Tür hinaus, und alle sahen nun wohl, daß das gravitätische Männlein eigentlich ein grauer Papagei war. Der Konrektor Paulmann und der Registrator Heerbrand schlugen eine Lache auf, die durch das Zimmer dröhnte, und dazwischen winselte und ächzte Veronika wie von namenlosem Jammer zerrissen, aber den Studenten Anselmus durchzuckte der Wahnsinn des innern Entsetzens und er rannte bewußtlos zur Tür hinaus durch die Straßen. Mechanisch fand er seine Wohnung, sein Stübchen. Bald darauf trat Veronika friedlich und freundlich zu ihm und fragte: warum er sie denn im Rausch so geängstigt habe, und er möge sich nur vor neuen Einbildungen hüten, wenn er bei dem Archivarius Lindhorst arbeite. „Gute Nacht, gute Nacht, mein lieber Freund", lispelte leise Veronika und hauchte einen Kuß auf seine Lippen. Er wollte sie mit seinen Armen umfangen, aber die Traumgestalt war verschwunden und er erwachte heiter und gestärkt. Nun mußte er selbst recht herzlich über die Wirkungen des Punsches lachen, aber indem er an Veronika dachte, fühlte er sich recht von einem behaglichen Gefühl durchdrungen. „Ihr allein", sprach er zu sich selbst, „habe ich es zu verdanken, daß ich von meinen albernen Grillen zurückgekommen bin. – Wahrhaftig, mir ging es nicht besser als jenem, welcher glaubte, er sei von Glas, oder dem, der die Stube nicht verließ, aus Furcht von den Hühnern gefressen zu werden, weil er sich einbildete ein Gerstenkorn zu sein. Aber sowie ich Hofrat worden, heirate ich ohne weiteres die Mademoiselle Paulmann und bin glücklich. – Als er nun mittags durch den Garten des Archivarius Lindhorst ging, konnte er sich nicht genug wundern, wie ihm das alles sonst so seltsam wundervoll habe vorkommen können. Er sah nichts als gewöhnliche Scherbenpflanzen, allerlei Geranien, Myrtenstöcke u. dergl. Statt der glänzenden bunten Vögel, die ihn sonst geneckt, flatterten nur einige Sperlinge hin und her, die ein unverständliches unangenehmes Geschrei erhoben, als sie den Anselmus gewahr wurden. Das blaue Zimmer kam ihm auch ganz anders vor, und er begriff nicht, wie ihm das grelle Blau und die unnatürlichen goldnen Stämme der Palmbäume mit den unförmlichen blinkenden Blättern nur einen Augenblick hatten gefallen können. – Der Archivarius sah ihn mit einem ganz eignen ironischen Lächeln an und fragte: „Nun, wie hat Ihnen gestern der Punsch geschmeckt, werter Anselmus?" – „Ach, gewiß hat Ihnen der Papagei", erwiderte der Student Anselmus ganz beschämt, aber er stockte, denn er dachte nun wieder daran, daß auch die Erscheinung des Papageis wohl nur Blendwerk der befangenen Sinne gewesen. „Ei, ich war ja selbst in der Gesellschaft", fiel der Archivarius Lindhorst ein, „haben Sie mich denn nicht gesehen? Aber bei dem tollen Unwesen, das ihr triebt, wäre ich beinahe hart beschädigt worden; denn ich saß eben in dem Augenblick noch in der

Terrine, als der Registrator danach griff, um sie gegen die Decke zu schleudern, und mußte mich schnell in des Konrektors Pfeifenkopf retirieren. Nun adieu, Hr. Anselmus! – seien Sie fleißig, auch für den gestrigen versäumten Tag zahle ich den Speziestaler, da Sie bisher so wacker gearbeitet." – „Wie kann der Archivarius nur solch tolles Zeug faseln", sagte der Student Anselmus zu sich selbst und setzte sich an den Tisch, um die Kopie des Manuskripts zu beginnen, das der Archivarius wie gewöhnlich vor ihm ausgebreitet. Aber er sah auf der Pergamentrolle so viele sonderbare krause Züge und Schnörkel durcheinander, die, ohne dem Auge einen einzigen Ruhepunkt zu geben, den Blick verwirrten, daß es ihm beinahe unmöglich schien, das alles genau nachzumalen. Ja, bei dem Überblick des Ganzen schien das Pergament nur ein bunt geaderter Marmor oder ein mit Moosen durchsprenkelter Stein. – Er wollte dessen unerachtet das Mögliche versuchen und tunkte getrost die Feder ein, aber die Tinte wollte durchaus nicht fließen, er spritzte die Feder ungeduldig aus, und – o Himmel! ein großer Klecks fiel auf das ausgebreitete Original. Zischend und brausend fuhr ein blauer Blitz aus dem Fleck und schlängelte sich krachend durch das Zimmer bis zur Decke hinauf. Da quoll ein dicker Dampf aus den Wänden, die Blätter fingen an zu rauschen wie vom Sturme geschüttelt, und aus ihnen schossen blinkende Basilisken im flackernden Feuer herab, den Dampf entzündend, daß die Flammenmassen prasselnd sich um den Anselmus wälzten. Die goldnen Stämme der Palmbäume wurden zu Riesenschlangen, die ihre gräßlichen Häupter in schneidendem Metallklange zusammenstießen und mit den geschuppten Leibern den Anselmus umwanden. „Wahnsinniger! erleide nun die Strafe dafür, was du im frechen Frevel tatest!" – So rief die fürchterliche Stimme des gekrönten Salamanders, der über den Schlangen wie ein blendender Strahl in den Flammen erschien, und nun sprühten ihre aufgesperrten Rachen Feuer-Katarakte auf den Anselmus, und es war als verdichteten sich die Feuerströme um seinen Körper und würden zur festen eiskalten Masse. Aber indem des Anselmus Glieder enger und enger sich zusammenziehend erstarrten, vergingen ihm die Gedanken. Als er wieder zu sich selbst kam, konnte er sich nicht regen und bewegen, er war wie von einem glänzenden Schein umgeben, an dem er sich, wollte er nur die Hand erheben oder sonst rühren, stieß. – Ach! er saß in einer wohlverstopften Kristallflasche auf einem Repositorium im Bibliothek-Zimmer des Archivarius Lindhorst.

Zehnte Vigilie.

Die Leiden des Studenten Anselmus in der gläsernen Flasche. – Glückliches Leben der Kreuzschüler und Praktikanten. – Die Schlacht im Bibliothek-Zimmer des Archivarius Lindhorst. – Sieg des Salamanders und Befreiung des Studenten Anselmus.

Mit Recht darf ich zweifeln, daß du, günstiger Leser! jemals in einer gläsernen Flasche verschlossen gewesen sein solltest, es sei denn, daß ein lebendiger neckhafter Traum dich einmal mit solchem feeischen Unwesen befangen hätte. War das der Fall, so wirst du das Elend des armen Studenten Anselmus recht lebhaft fühlen; hast du aber auch dergleichen nie geträumt, so schließt dich deine rege Fantasie mir und dem Anselmus zu Gefallen wohl auf einige Augenblicke in das Kristall ein. – Du bist von blendendem Glanze dicht umflossen, alle Gegenstände rings umher erscheinen dir von strahlenden Regenbogenfarben erleuchtet und umgeben – alles zittert und wankt und dröhnt im Schimmer – du schwimmst regungs- und bewegungslos wie in einem festgefrornen Äther, der dich einpreßt, so daß der Geist vergebens dem toten Körper gebietet. Immer gewichtiger und gewichtiger drückt die zentnerschwere Last deine Brust – immer mehr und mehr zehrt jeder Atemzug die Lüftchen weg, die im engen Raum noch auf und niederwallten – deine Pulsadern schwellen auf, und von gräßlicher Angst durchschnitten zuckt jeder Nerv im Todeskampfe blutend. – Habe Mitleid, günstiger Leser! mit dem Studenten Anselmus, den diese namenlose Marter in seinem gläsernen Gefängnisse ergriff; aber er fühlte wohl, daß der Tod ihn nicht erlösen könne, denn erwachte er nicht aus der tiefen Ohnmacht, in die er im Übermaß seiner Qual versunken, als die Morgensonne in das Zimmer hell und freundlich hineinschien, und fing seine Marter nicht von neuem an? – Er konnte kein Glied regen, aber seine Gedanken schlugen an das Glas, ihn im mißtönenden Klange betäubend, und er vernahm statt der Worte, die der Geist sonst aus dem Innern gesprochen, nur das dumpfe Brausen des Wahnsinns. – Da schrie er auf in Verzweiflung: „O Serpentina – Serpentina, rette mich von dieser Höllenqual!“ Und es war als umwehten ihn leise Seufzer, die legten sich um die Flasche wie grüne durchsichtige Holunderblätter, das Tönen hörte auf, der blendende verwirrende Schein war verschwunden und er atmete freier. „Bin ich denn nicht an meinem Elende lediglich selbst schuld, ach! habe ich nicht gegen dich selbst, holde, geliebte Serpentina! gefrevelt? – habe ich nicht schnöde Zweifel gegen dich gehegt?

habe ich nicht den Glauben verloren und mit ihm alles, alles was mich hoch beglücken sollte? – Ach, du wirst nun wohl nimmer mein werden, für mich ist der goldne Topf verloren, ich darf seine Wunder nimmermehr schauen. Ach, nur ein einziges Mal möcht ich dich sehen, deine holde süße Stimme hören, liebliche Serpentina!" – So klagte der Student Anselmus von tiefem schneidendem Schmerz ergriffen, da sagte jemand dicht neben ihm: „Ich weiß gar nicht was Sie wollen, Hr. Studiosus, warum lamentieren Sie so über alle Maßen?" – Der Student Anselmus wurde gewahr, daß neben ihm auf demselben Repositorium noch fünf Flaschen standen, in welchen er drei Kreuzschüler und zwei Praktikanten erblickte. – „Ach, meine Herren und Gefährten im Unglück", rief er aus, „wie ist es Ihnen denn möglich, so gelassen, ja so vergnügt zu sein, wie ich es an Ihren heitern Mienen bemerke? – Sie sitzen ja doch ebensogut eingesperrt in gläsernen Flaschen als ich, und können sich nicht regen und bewegen, ja nicht einmal was Vernünftiges denken, ohne daß ein Mordlärm entsteht mit Klingen und Schallen, und ohne daß es Ihnen im Kopfe ganz schrecklich saust und braust. Aber Sie glauben gewiß nicht an den Salamander und an die grüne Schlange." – „Sie faseln wohl, mein Hr. Studiosus", erwiderte ein Kreuzschüler, „nie haben wir uns besser befunden, als jetzt, denn die Speziestaler, welche wir von dem tollen Archivarius erhalten für allerlei konfuse Abschriften, tun uns wohl; wir dürfen jetzt keine italienischen Chöre mehr auswendig lernen, wir gehen jetzt alle Tage zu Josephs oder sonst in andere Kneipen, lassen uns das Doppelbier wohl schmecken, sehen auch wohl einem hübschen Mädchen in die Augen, singen wie wirkliche Studenten: *gaudeamus igitur* und sind seelenvergnügt."– „Die Herren haben ganz recht", fiel ein Praktikant ein, „auch ich bin mit Speziestalern reichlich versehen, wie hier mein teurer Kollege nebenan, und spaziere fleißig auf den Weinberg, statt bei der leidigen Aktenschreiberei zwischen vier Wänden zu sitzen." – „Aber meine besten wertesten Herren!" sagte der Student Anselmus, „spüren Sie es denn nicht, daß Sie alle samt und sonders in gläsernen Flaschen sitzen und sich nicht regen und bewegen, viel weniger umherspazieren können?" – Da schlugen die Kreuzschüler und die Praktikanten eine helle Lache auf und schrieen: „der Studiosus ist toll, er bildet sich ein in einer gläsernen Flasche zu sitzen, und steht auf der Elbbrücke und sieht gerade hinein ins Wasser. Gehen wir nur weiter!" – „Ach", seufzte der Student, „die schauten niemals die holde Serpentina, sie wissen nicht was Freiheit und Leben in Glauben und Liebe ist, deshalb spüren sie nicht den Druck des Gefängnisses, in das sie der Salamander bannte, ihrer Torheit, ihres gemeinen Sinnes wegen, aber ich Unglücklicher werde vergehen in Schmach und Elend, wenn *Sie*, die ich so unaussprechlich liebe, mich nicht rettet." – Da wehte und säuselte Serpentinas Stimme durch das Zimmer: „Anselmus! – glaube, liebe, hoffe!" – Und jeder Laut strahlte in das Gefängnis des Anselmus hinein, und das Kristall mußte seiner Gewalt weichen und sich ausdehnen, daß die Brust des Gefangenen sich regen und erheben konnte! – Immer mehr verringerte sich die Qual seines Zustandes, und er merkte wohl, daß ihn Serpentina noch liebe, und daß nur *Sie* es sei, die ihm den Aufenthalt in dem Kristall erträglich mache. Er bekümmerte sich nicht mehr um seine leichtsinnigen Unglücksgefährten, sondern richtete Sinn und Gedanken nur auf die holde Serpentina. – Aber plötzlich entstand von der andern Seite her ein dumpfes widriges Gemurmel. Er konnte bald deutlich bemerken, daß dies Gemurmel von einer alten Kaffeekanne mit halbzerbrochenem Deckel herrührte, die ihm gegenüber auf einen kleinen Schrank hingestellt war. Sowie er schärfer hinschaute, entwickelten sich immer mehr die garstigen Züge eines alten verschrumpften Weibergesichts, und bald stand das Äpfelweib vom Schwarzen Tor vor dem Repositorium. Die grinsete und lachte ihn an und rief mit gellender Stimme: „Ei, ei, Kindchen! – mußt du nun ausharren? – Ins Kristall nun dein Fall! – hab ich dir's nicht längst vorausgesagt?" – „Höhne und spotte nur, du verdammtes Hexenweib", sagte der Student Anselmus, „du bist schuld an allem, aber der Salamander wird dich treffen, du schnöde Runkelrübe!" – „Ho, ho!" erwiderte die Alte, „nur nicht so stolz! Du hast meinem Söhnlein ins Gesicht getreten, du hast mir die Nase verbrannt, aber doch bin ich dir gut, du Schelm, weil du sonst ein artiger Mensch warst, und mein Töchterchen ist dir auch gut. Aus dem Kristall kommst du aber nun einmal nicht, wenn ich dir nicht helfe; hinauflangen zu dir kann ich nicht, aber meine Frau Gevatterin, die Ratte, welche gleich über dir auf dem Boden wohnt, die soll das Brett entzweinagen, auf dem du stehst, dann purzelst du hinunter und ich fange dich auf in der Schürze, damit du dir die Nase nicht zerschlägst, sondern fein dein glattes Gesichtlein erhältst, und ich trage dich flugs zur Mamsell Veronika, die mußt du heiraten, wenn du Hofrat worden." – „Laß ab von mir, Satansgeburt", schrie der Student Anselmus voller Grimm, „nur deine höllischen Künste haben mich zu dem Frevel gereizt, den ich nun abbüßen muß. – Aber geduldig ertrage ich alles, denn nur hier kann ich sein, wo die holde Serpentina mich mit Liebe und Trost umfängt! – Hör es, Alte und verzweifle! Trotz biete ich deiner Macht, ich liebe ewiglich nur Serpentina – ich will nie Hofrat werden – nie die Veronika schauen, die mich durch dich zum Bösen verlockt! – Kann die grüne Schlange nicht mein werden, so will ich untergehen in Sehnsucht und Schmerz! – Hebe dich weg – hebe dich weg – du schnöder Wechselbalg!“ – Da lachte die Alte auf, daß es im Zimmer gellte, und rief: „So sitze denn und verderbe, aber nun ist's Zeit ans Werk zu gehen, denn mein Geschäft hier ist noch von anderer Art.“ – Sie warf den schwarzen Mantel ab und stand da in ekelhafter Nacktheit, dann fuhr sie in Kreisen umher, und große Folianten stürzten herab, aus denen riß sie Pergamentblätter, und diese im künstlichen Gefüge schnell zusammenheftend und auf den Leib ziehend, war sie bald wie in einen seltsamen bunten Schuppenharnisch gekleidet. Feuersprühend sprang der schwarze Kater aus dem Tintenfasse, das auf dem Schreibtische stand, und heulte der Alten entgegen, die laut aufjubelte und mit ihm durch die Tür verschwand. Anselmus merkte, daß sie nach dem blauen Zimmer gegangen, und bald hörte er es in der Ferne zischen und brausen, die Vögel im Garten schrieen, der Papagei schnarrte: „Rette – rette – Raub – Raub!“ – In dem Augenblick kam die Alte ins Zimmer zurückgesprungen, den goldnen Topf auf dem Arm tragend und mit gräßlicher Gebärde wild durch die Lüfte schreiend: „Glück auf! – Glück auf! – Söhnlein – töte die grüne Schlange! auf, Söhnlein, auf!“ – Es war dem Anselmus, als höre er ein tiefes Stöhnen, als höre er Serpentinas Stimme. Da ergriff ihn Entsetzen und Verzweiflung. – Er raffte alle seine Kraft zusammen, er stieß mit Gewalt, als sollten Nerven und Adern zerspringen, gegen das Kristall – ein schneidender Klang fuhr durch das Zimmer und der Archivarius stand in der Tür in seinem glänzenden damastnen Schlafrock: „Hei, hei! Gesindel, toller Spuk – Hexenwerk – hieher – heisa!“ So schrie er. Da richteten sich die schwarzen Haare der Alten wie Borsten empor, ihre glutroten Augen erglänzten von höllischem Feuer, und die spitzigen Zähne des weiten Rachens zusammenbeißend zischte sie: „Frisch – frisch raus – zisch aus, zisch aus“, und lachte und meckerte höhnend und spottend, und drückte den goldnen Topf fest an sich und warf daraus Fäuste voll glänzender Erde auf den Archivarius, aber sowie die Erde den Schlafrock berührte, wurden Blumen daraus, die herabfielen. Da flackerten und flammten die Lilien des Schlafrocks empor, und der Archivarius schleuderte die in knisterndem Feuer brennenden Lilien auf die Hexe, die vor Schmerz heulte; aber indem sie in die Höhe sprang und den pergamentnen Harnisch schüttelte, verlöschten die Lilien und zerfielen in Asche. „Frisch darauf, mein Junge!" kreischte die Alte, da fuhr der Kater auf in die Luft und brauste fort nach der Tür über den Archivarius, aber der graue Papagei flatterte ihm entgegen und faßte ihn mit dem krummen Schnabel im Genick, daß rotes feuriges Blut ihm aus dem Halse stürzte, und Serpentinas Stimme rief: „Gerettet! – gerettet!" – Die Alte sprang voller Wut und Verzweiflung auf den Archivarius los, sie warf den Topf hinter sich und wollte die langen Finger der dürren Fäuste emporspreizend den Archivarius umkrallen, aber dieser riß schnell den Schlafrock herunter und schleuderte ihn der Alten entgegen. Da zischten und sprühten und brausten blaue knisternde Flammen aus den Pergamentblättern, und die Alte wälzte sich im heulenden Jammer und trachtete immer mehr Erde aus dem Topfe zu greifen, immer mehr Pergamentblätter aus den Büchern zu erhaschen, um die lodernden Flammen zu ersticken, und wenn es ihr gelang, Erde oder Pergamentblätter auf sich zu stürzen, verlöschte das Feuer. Aber nun fuhren wie aus dem Innern des Archivarius flakkernde zischende Strahlen auf die Alte. „Hei, hei! drauf und dran – Sieg dem Salamander!" dröhnte die Stimme des Archivarius durch das Zimmer, und hundert Blitze schlängelten sich in feurigen Kreisen um die kreischende Alte. Sausend und brausend fuhren in wütendem Kampfe Kater und Papagei umher, aber endlich schlug der Papagei mit den starken Fittichen den Kater zu Boden, und mit den Krallen ihn durchspießend und festhaltend, daß er in der Todesnot gräßlich heulte und ächzte, hackte er ihm mit dem scharfen Schnabel die glühenden Augen aus, daß der brennende Gischt herausspritzte. – Dicker Qualm strömte da empor, wo die Alte zur Erde niedergestürzt unter dem Schlafrock gelegen, ihr Geheul, ihr entsetzliches schneidendes Jammergeschrei verhallte in weiter Ferne. Der Rauch, der sich mit durchdringendem Gestank verbreitete, verdampfte, der Archivarius hob den Schlafrock auf und unter demselben lag eine garstige Runkelrübe. „Verehrter Hr. Archivarius, hier bringe ich den überwundenen Feind", sprach der Papagei, indem er dem Archivarius Lindhorst ein schwarzes Haar im Schnabel darreichte. „Sehr gut, mein Lieber", antwortete der Archivarius, „hier liegt auch meine überwundene Feindin, besorgen Sie gütigst nunmehr das übrige; noch heute erhalten Sie als ein kleines Douceur sechs Kokusnüsse und eine neue Brille, da, wie ich sehe, der Kater Ihnen die Gläser schändlich zerbrochen." – „Lebenslang der Ihrige, verehrungswürdiger Freund und Gönner!" versetzte der Papagei sehr vergnügt, nahm die Runkelrübe in den Schnabel und flatterte damit zum Fenster hinaus, das ihm der Archivarius Lindhorst geöffnet. Dieser ergriff den goldnen Topf und rief stark: „Serpentina, Serpentina!" – Aber wie nun der Student Anselmus hoch erfreut über den Untergang des schnöden Weibes, das ihn ins Verderben gestürzt, den Archivarius anblickte, da war es wieder die hohe majestätische Getalt des Geisterfürsten, die mit unbeschreiblicher Anmut und Würde zu ihm hinaufschaute. – „Anselmus", sprach der Geisterfürst, „nicht du, sondern nur ein feindliches Prinzip, das zerstörend in dein Inneres zu dringen und dich mit dir selbst zu entzweien trachtete, war schuld an deinem Unglauben. – Du hast deine Treue bewährt, sei frei und glücklich." Ein Blitz zuckte durch das Innere des Anselmus, der herrliche Dreiklang der Kristallglocken ertönte stärker und mächtiger, als er ihn je vernommen – seine Fibern und Nerven erbebten – aber immer mehr anschwellend dröhnte der Akkord durch das Zimmer, das Glas, welches den Anselmus umschlossen, zersprang und er stürzte in die Arme der holden Serpentina.

Eilfte Vigilie.

Des Konrektors Paulmann Unwille über die in seiner Familie ausgebrochene Tollheit. – Wie der Registrator Heerbrand Hofrat worden, und im stärksten Froste in Schuhen und seidenen Strümpfen einherging. – Veronikas Geständnisse. – Verlobung bei der dampfenden Suppenschüssel.

„Aber sagen Sie mir nur, wertester Registrator! wie uns gestern der vermaledeite Punsch so in den Kopf steigen und zu allerlei Allotriis treiben konnte?" – Dies sprach der Konrektor Paulmann, indem er am andern Morgen in das Zimmer trat, das noch voll zerbrochener Scherben lag, und in dessen Mitte die unglückliche Perücke in ihre ursprünglichen Bestandteile aufgelöset im Punsche umherschwamm. Als der Student Anselmus zur Tür hinausgerannt war, kreuzten und wackelten der Konrektor Paulmann und der Registrator Heerbrand durch das Zimmer, schreiend wie Besessene und mit den Köpfen aneinander rennend, bis Fränzchen den schwindlichten Papa mit vieler Mühe ins Bett brachte und der Registrator in höchster Ermattung aufs Sofa sank, welches Veronika, ins Schlafzimmer flüchtend, verlassen. Der Registrator Heerbrand hatte sein blaues Schnupftuch um den Kopf gewickelt, sah ganz blaß und melancholisch aus und stöhnte: „Ach, werter Konrektor, nicht der Punsch, den Mamsell Veronika köstlich bereitet – nein! – sondern lediglich der verdammte Student ist an all dem Unwesen schuld. Merken Sie denn nicht, daß er schon längst *mente captus* ist? Aber wissen Sie denn nicht auch, daß der Wahnsinn ansteckt? – Ein Narr macht viele; verzeihen Sie, das ist ein altes Sprichwort; vorzüglich, wenn man ein Gläschen getrunken, da gerät man leicht in die Tollheit und manövriert unwillkürlich nach und bricht aus in die Exerzitia, die der verrückte Flügelmann vormacht. Glauben Sie denn, Konrektor! daß mir noch ganz schwindlicht ist, wenn ich an den grauen Papagei denke?“ – „Ach was“, fiel der Konrektor ein, „Possen! – es war ja der alte kleine Famulus des Archivarii, der einen grauen Mantel umgenommen und den Studenten Anselmus suchte.“ – „Es kann sein“, versetzte der Registrator Heerbrand, „aber ich muß gestehen, daß mir ganz miserabel zumute ist; die ganze Nacht über hat es so wunderlich georgelt und gepfiffen.“ – „Das war ich“, erwiderte der Konrektor; „denn ich schnarche stark.“ – „Nun, mag das sein“, fuhr der Registrator fort – „aber Konrektor, Konrektor! – nicht ohne Ursache hatte ich gestern dafür gesorgt uns einige Fröhlichkeit zu bereiten – aber der Anselmus hat mir alles verdorben. – Sie wissen nicht – o Konrektor, Konrektor!“ – Der Registrator Heerbrand sprang auf, riß das Tuch vom Kopfe, umarmte den Konrektor, drückte ihm feurig die Hand, rief noch einmal ganz herzbrechend: „o Konrektor, Konrektor!“ und rannte, Hut und Stock ergreifend, schnell von dannen. „Der Anselmus soll mir nicht mehr über die Schwelle“, sprach der Konrektor Paulmann zu sich selbst, „denn ich sehe nun wohl, daß er mit seinem verstockten innern Wahnsinn die besten Leute um ihr bißchen Vernunft bringt; der Registrator ist nun auch geliefert – ich habe mich bisher noch gehalten, aber der Teufel, der gestern im Rausch stark anklopfte, könnte doch wohl am Ende einbrechen und sein Spiel treiben. – Also *apage Satanas*! – fort mit dem Anselmus!“ – Veronika war ganz tiefsinnig geworden, sie sprach kein Wort, lächelte nur zuweilen ganz seltsam und war am liebsten allein. „Die hat der Anselmus auch auf der Seele“, sagte der Konrektor voller Bosheit, „aber es ist gut, daß er sich gar nicht sehen läßt, ich weiß, daß er sich vor mir fürchtet – der Anselmus, deshalb kommt er gar nicht her.“ Das Letzte sprach der Konrektor Paulmann ganz laut, da stürzten der Veronika, die eben gegenwärtig, die Tränen aus den Augen und sie seufzte: „Ach, kann denn der Anselmus herkommen? der ist ja schon längst in die gläserne Flasche eingesperrt.“ – „Wie – Was?“ rief der Konrektor Paulmann. „Ach Gott – ach Gott, auch sie faselt schon wie der Registrator, es wird bald zum Ausbruch kommen. – Ach du verdammter, abscheulicher Anselmus!“ – Er rannte gleich fort zum Doktor Eckstein, der lächelte und sagte wieder: „Ei, ei!“ – Er verschrieb aber nichts, sondern setzte dem Wenigen, was er geäußert, noch weggehend hinzu: „Nervenzufälle! – wird sich geben von selbst – in die Luft führen – spazieren fahren – sich zerstreuen – Theater – Sonntagskind – Schwestern von Prag – wird sich geben!“ – „So beredt war der Doktor selten“, dachte der Konrektor Paulmann, „ordentlich geschwätzig.“ – Mehrere Tage und Wochen und Monate waren vergangen, der Anselmus war verschwunden, aber auch der Registrator Heerbrand ließ sich nicht sehen, bis am vierten Februar, da trat er in einem neuen modernen Kleide vom besten Tuch, in Schuhen und seidenen Strümpfen, des starken Frostes unerachtet, einen großen Strauß lebendiger Blumen in der Hand, mittags Punkt zwölf Uhr in das Zimmer des Konrektors Paulmann, der nicht wenig über seinen geputzten Freund erstaunte. Feierlich schritt der Registrator Heerbrand auf den Konrektor Paulmann los, umarmte ihn mit feinem Anstande und sprach dann: „Heute an dem Namenstage Ihrer lieben verehrten Mamsell Tochter Veronika, will ich denn nun alles gerade heraussagen, was mir längst auf dem Herzen gelegen! Damals, an dem unglücklichen Abend, als ich die Ingredienzien zu dem verderblichen Punsch in der Tasche meines Matins herbeitrug, hatte ich es im Sinn, eine freudige Nachricht Ihnen mitzuteilen und den glückseligen Tag in Fröhlichkeit zu feiern, schon damals hatte ich es erfahren, daß ich Hofrat worden, über welche Standeserhöhung ich jetzt das Patent *cum nomine et sigillo principis* erhalten und in der Tasche trage.“ – „Ach, ach! Herr Registr – Herr Hofrat Heerbrand, wollte ich sagen“, stammelte der Konrektor. – „Aber Sie, verehrter Konrektor“, fuhr der nunmehrige Hofrat Heerbrand fort, „Sie können erst mein Glück vollenden. Schon längst habe ich die Mamsell Veronika im stillen geliebt und kann mich manches freundlichen Blickes rühmen, den sie mir zugeworfen, und der mir deutlich gezeigt, daß sie mir wohl nicht abhold sein dürfte. Kurz, verehrter Konrektor! – ich, der Hofrat Heerbrand, bitte um die Hand Ihrer liebenswürdigen Demoiselle Tochter Veronika, die ich, haben Sie nichts dagegen, in kurzer Zeit heimzuführen gedenke.“ – Der Konrektor Paulmann schlug voller Verwunderung die Hände zusammen und rief: „Ei – Ei – Ei – Herr Registr – Herr Hofrat, wollte ich sagen, wer hätte das gedacht! – Nun, wenn Veronika Sie in der Tat liebt, ich meinesteils habe nichts dagegen; vielleicht ist auch ihre jetzige Schwermut nur eine versteckte Verliebtheit in Sie, verehrter Hofrat! man kennt ja die Possen.“ – In dem Augenblick trat die Veronika herein, blaß und verstört, wie sie jetzt gewöhnlich war. Da schritt der Hofrat Heerbrand auf sie zu, erwöhnte in wohlgesetzter Rede ihres Namenstages und überreichte ihr den duftenden Blumenstrauß nebst einem kleinen Päckchen, aus dem ihr, als sie es öffnete, ein Paar glänzende Ohrgehänge entgegenstrahlten. Eine schnelle fliegende Röte färbte ihre Wangen, die Augen blitzten lebhafter und sie rief: „Ei, mein Gott! das sind ja dieselben Ohrgehänge, die ich schon vor mehreren Wochen trug und mich daran ergötzte!“ – „Wie ist denn das möglich“, fiel der Hofrat Heerbrand etwas bestürzt und empfindlich ein, „da ich dieses Geschmeide erst seit einer Stunde in der Schloßgasse für schmähliches Geld erkauft?“ – Aber die Veronika hörte nicht darauf, sondern stand schon vor dem Spiegel, um die Wirkung des Geschmeides, das sie bereits in die kleinen Öhrchen gehängt, zu erforschen. Der Konrektor Paulmann eröffnete ihr mit gravitätischer Miene und mit ernstem Ton die Standeserhöhung Freund Heerbrands und seinen Antrag. Veronika schaute den Hofrat mit durchdringendem Blick an und sprach: „Das wußte ich längst, daß Sie mich heiraten wollen. – Nun es sei! – ich verspreche Ihnen Herz und Hand, aber ich muß Ihnen nur gleich – Ihnen beiden nämlich, dem Vater und dem Bräutigam, manches entdecken, was mir recht schwer in Sinn und Gedanken liegt – jetzt gleich, und sollte darüber die Suppe kalt werden, die, wie ich sehe, Fränzchen soeben auf den Tisch setzt.“ Ohne des Konrektors und des Hofrats Antwort abzuwarten, unerachtet ihnen sichtlich die Worte auf den Lippen schwebten, fuhr Veronika fort: „Sie können es mir glauben, bester Vater! daß ich den Anselmus recht von Herzen liebte, und als der Registrator Heerbrand, der nunmehr selbst Hofrat worden, versicherte, der Anselmus könne es wohl zu so etwas bringen, beschloß ich, *er* und kein anderer solle mein Mann werden. Da schien es aber, als wenn fremde feindliche Wesen ihn mir entreißen wollten, und ich nahm meine Zuflucht zu der alten Liese, die ehemals meine Wärterin war, und jetzt eine weise Frau, eine große Zauberin ist. *Die* versprach mir, zu helfen und den Anselmus mir ganz in die Hände zu liefern. Wir gingen mitternachts in der Tag- und Nachtgleiche auf den Kreuzweg, sie beschwor die höllischen Geister, und mit Hülfe des schwarzen Katers brachten wir einen kleinen Metallspiegel zustande, in den ich, meine Gedanken auf den Anselmus richtend, nur blicken durfte, um ihn ganz in Sinn und Gedanken zu beherrschen. – Aber ich bereue jetzt herzlich, das alles getan zu haben, ich schwöre allen Satanskünsten ab. Der Salamander hat über die Alte gesiegt, ich hörte ihr Jammergeschrei, aber es war keine Hülfe möglich; sowie sie als Runkelrübe vom Papagei verzehrt worden, zerbrach mit schneidendem Klange mein Metallspiegel." Veronika holte die beiden Stücke des zerbrochenen Spiegels und eine Locke aus dem Nähkästchen, und beides dem Hofrat Heerbrand hinreichend, fuhr sie fort: „Hier nehmen Sie, geliebter Hofrat, die Stücke des Spiegels, werfen Sie sie heute Nacht um zwölf Uhr von der Elbbrücke, und zwar von da, wo das Kreuz steht, hinab in den Strom, der dort nicht zugefroren, die Locke aber bewahren Sie auf treuer Brust. Ich schwöre nochmals allen Satanskünsten ab und gönne dem Anselmus herzlich sein Glück, da er nunmehr mit der grünen Schlange verbunden, die viel schöner und reicher ist, als ich. Ich will Sie, geliebter Hofrat, als eine rechtschaffene Frau lieben und verehren!" – „Ach Gott! – ach Gott", rief der Konrektor Paulmann voller Schmerz, „sie ist wahnsinnig, sie ist wahnsinnig – sie kann nimmermehr Frau Hofrätin werden – sie ist wahnsinnig!" – „Mit nichten", fiel der Hofrat Heerbrand ein, „ich weiß wohl, daß Mamsell Veronika einige Neigung für den vertrakten Anselmus gehegt, und es mag sein, daß sie vielleicht in einer gewissen Überspannung sich an die weise Frau gewendet, die, wie ich merke, wohl niemand anders sein kann als die Kartenlegerin und Kaffeegießerin vor dem Seetor – kurz, die alte Rauerin. Nun ist auch nicht zu leugnen, daß es wirklich wohl geheime Künste gibt, die auf den Menschen nur gar zu sehr ihren Einfluß äußern, man lieset schon davon in den Alten, was aber Mamsell Veronika von dem Sieg des Salamanders und von der Verbindung des Anselmus mit der grünen Schlange gesprochen, ist wohl nur eine poetische Allegorie – gleichsam ein Gedicht, worin sie den gänzlichen Abschied von dem Studenten besungen." – „Halten Sie das wofür Sie wollen, bester Hofrat!"

fiel Veronika ein, „vielleicht für einen recht albernen Traum."– „Keineswegs tue ich das", versetzte der Hofrat Heerbrand, „denn ich weiß ja wohl, daß der Anselmus auch von geheimen Mächten befangen, die ihn zu allen möglichen tollen Streichen necken und treiben." Länger konnte der Konrektor Paulmann nicht an sich halten, er brach los: „Halt, um Gottes willen, halt! haben wir uns denn etwa wieder übernommen im verdammten Punsch, oder wirkt des Anselmi Wahnsinn auf uns? Herr Hofrat, was sprechen Sie denn auch wieder für Zeug? – ich will indessen glauben, daß es die Liebe ist, die Euch in dem Gehirn spukt, das gibt sich aber bald in der Ehe, sonst wäre mir bange, daß auch *Sie* in einigen Wahnsinn verfallen, verehrungswürdiger Hofrat, und würde dann Sorge tragen wegen der Deszendenz, die das Malum der Eltern vererben könnte. – Nun, ich gebe meinen väterlichen Segen zu der fröhlichen Verbindung und erlaube, daß ihr euch als Braut und Bräutigam küsset." Dies geschah sofort, und es war, noch ehe die aufgetragene Suppe kalt worden, die förmliche Verlobung geschlossen. Wenige Wochen nachher saß die Frau Hofrätin Heerbrand wirklich, wie sie sich schon früher im Geiste erblickt, in dem Erker eines schönen Hauses auf dem Neumarkt und schaute lächelnd auf die Elegants hinab, die vorübergehend und hinauflorgnettierend sprachen: „Es ist doch eine göttliche Frau die Hofrätin Heerbrand!"

Zwölfte Vigilie.

Nachricht von dem Rittergut, das der Anselmus als des Archivarius Lindhorst Schwiegersohn bezogen, und wie er dort mit der Serpentina lebt. – Beschluß.

Wie fühlte ich recht in der Tiefe des Gemüts die hohe Seligkeit des Studenten Anselmus, der mit der holden Serpentina innigst verbunden, nun nach dem geheimnisvollen wunderbaren Reiche gezogen war, das er für die Heimat erkannte, nach der sich seine von seltsamen Ahnungen erfüllte Brust schon so lange gesehnt. Aber vergebens blieb alles Streben, dir, günstiger Leser, all die Herrlichkeiten, von denen der Anselmus umgeben, auch nur einigermaßen in Worten anzudeuten. Mit Widerwillen gewahrte ich die Mattigkeit jedes Ausdrucks. Ich fühlte mich befangen in den Armseligkeiten des kleinlichen Alltagslebens, ich erkrankte in quälendem Mißbehagen, ich schlich umher wie ein Träumender, kurz, ich geriet in jenen Zustand des Studenten Anselmus, den ich dir, günstiger Leser! in der vierten Vigilie beschrieben. Ich härmte mich recht ab, wenn ich die eilf Vigilien, die ich glücklich zu stande gebracht, durchlief, und nun dachte, daß es mir wohl niemals vergönnt sein werde, die zwölfte als Schlußstein hinzuzufügen, denn so oft ich mich zur Nachtzeit hinsetzte, um das Werk zu vollenden, war es, als hielten mir recht tückische Geister (es mochten wohl Verwandte – vielleicht Cousins germains der getöteten Hexe sein) ein glänzend poliertes Metall vor, in dem ich mein Ich erblickte, blaß, übernächtig und melancholisch, wie der Registrator Heerbrand nach dem Punsch-Rausch. – Da warf ich denn die Feder hin und eilte ins Bett, um wenigstens von dem glücklichen Anselmus und der holden Serpentina zu träumen. So hatte das schon mehrere Tage und Nächte gedauert, als ich endlich ganz unerwartet von dem Archivarius Lindhorst ein Billet erhielt, worin er mir folgendes schrieb:

Ew. Wohlgeboren, haben, wie mir bekannt worden, die seltsamen Schicksale meines guten Schwiegersohnes, des vormaligen Studenten, jetzigen Dichters Anselmus, in eilf Vigilien beschrieben, und quälen sich jetzt sehr ab, in der zwölften und letzten Vigilie einiges von seinem glücklichen Leben in Atlantis zu sagen, wohin er mit meiner Tochter auf das hübsche Rittergut, welches ich dort besitze, gezogen. Unerachtet ich nun nicht eben gern sehe, daß Sie mein eigentliches Wesen der Lesewelt kund getan, da es mich vielleicht in meinem Dienst als Geh. Archivarius tausend Unannehmlichkeiten aussetzen, ja wohl gar im Collegio die zu ventilierende Frage veranlassen wird: inwiefern wohl ein Salamander sich rechtlich und mit verbindenden Folgen als Staatsdiener eidlich verpflichten könne, und inwiefern ihm überhaupt solide Geschäfte anzuvertrauen, da nach Gabalis und Swedenborg den Elementargeistern durchaus nicht zu trauen – unerachtet nun meine besten Freunde meine Umarmung scheuen werden, aus Furcht, ich könnte in plötzlichem Übermut was weniges blitzen und ihnen Frisur und Sonntagsfrack verderben – unerachtet alles dessen, sage ich, will ich Ew. Wohlgeboren doch in der Vollendung des Werks behülflich sein, da darin viel Gutes von mir und von meiner lieben verheirateten Tochter (ich wollte, ich wäre die beiden übrigen auch schon los) enthalten. Wollen Sie daher die zwölfte Vigilie schreiben, so steigen Sie Ihre verdammten fünf Treppen hinunter, verlassen Sie Ihr Stübchen und kommen Sie zu mir. Im blauen Palmbaumzimmer, das Ihnen schon bekannt, finden Sie die gehörigen Schreibmaterialien, und Sie können dann mit wenigen Worten den Lesern kund tun, was Sie geschaut, das wird Ihnen besser sein, als eine weitläufige Beschreibung eines Lebens, das Sie ja doch nur von Hörensagen kennen. Mit Achtung

Ew. Wohlgeboren ergebenster
der Salamander Lindhorst
p.t. Königl. Geh. Archivarius.

Dies freilich etwas rauhe, aber doch freundschaftliche Billet des Archivarius Lindhorst war mir höchst angenehm. Zwar schien es gewiß, daß der wunderliche Alte von der seltsamen Art, wie mir die Schicksale seines Schwiegersohnes bekannt worden, die ich, zum Geheimnis verpflichtet, dir selbst, günstiger Leser! verschweigen mußte, wohl unterrichtet sei, aber er hatte das nicht so übel vermerkt, als ich wohl befürchten konnte. Er bot ja selbst hülfreiche Hand, mein Werk zu vollenden, und daraus konnte ich mit Recht schließen, wie er im Grunde genommen damit einverstanden sei, daß seine wunderliche Existenz in der Geisterwelt durch den Druck bekannt werde. Es kann sein, dachte ich, daß er selbst die Hoffnung daraus schöpft, desto eher seine beiden noch übrigen Töchter an den Mann zu bringen, denn vielleicht fällt doch ein Funke in dieses oder jenes Jünglings Brust, der die Sehnsucht nach der grünen Schlange entzündet, welche er dann in dem Holunderbusch am Himmelfahrtstage sucht und findet. Aus dem Unglück, das den Anselmus betroffen, als er in die gläserne Flasche gebannt wurde, wird er die Warnung entnehmen, sich vor jedem Zweifel, vor jedem Unglauben recht ernstlich zu hüten. Punkt eilf Uhr löschte ich meine Studierlampe aus und schlich zum Archivarius Lindhorst, der mich schon auf dem Flur erwartete. „Sind Sie da – Hochverehrter! – nun das ist mir lieb, daß Sie meine guten Absichten nicht verkennen – kommen Sie nur!“ – Und damit führte er mich durch den von blendendem Glanze erfüllten Garten in das azurblaue Zimmer, in welchem ich den violetten Schreibtisch erblickte, an welchem der Anselmus gearbeitet. – Der Archivarius Lindhorst verschwand, erschien aber gleich wieder mit einem schönen goldnen Pokal in der Hand, aus dem eine blaue Flamme hoch emporknisterte.

„Hier", sprach er, „bringe ich Ihnen das Lieblingsgetränk Ihres Freundes des Kapellmeisters Johannes Kreisler. – Es ist angezündeter Arrak, in den ich einigen Zucker geworfen. Nippen Sie was weniges davon, ich will gleich meinen Schlafrock abwerfen und zu meiner Lust, und um, während Sie sitzen und schauen und schreiben, Ihrer werten Gesellschaft zu genießen, in dem Pokale auf- und niedersteigen."– „Wie es Ihnen gefällig ist, verehrter Herr Archivarius", versetzte ich, „aber wenn ich nun von dem Getränk genießen will, werden Sie nicht" – „Tragen Sie keine Sorge, mein Bester", rief der Archivarius, warf den Schlafrock schnell ab, stieg zu meinem nicht geringen Erstaunen in den Pokal und verschwand in den Flammen. – Ohne Scheu kostete ich, die Flamme leise weghauchend, von dem Getränk, es war köstlich!

Rühren sich nicht in sanftem Säuseln und Rauschen die smaragdenen Blätter der Palmbäume, wie vom Hauch des Morgenwindes geliebkost? – Erwacht aus dem Schlafe heben und regen sie sich und flüstern geheimnisvoll von den Wundern, die wie aus weiter Ferne holdselige Harfentöne verkünden! – Das Azur löst sich von den Wänden und wallt wie duftiger Nebel auf und nieder, aber blendende Strahlen schießen durch den Duft, der sich wie in jauchzender kindischer Lust wirbelt und dreht und aufsteigt bis zur unermeßlichen Höhe, die sich über den Palmbäumen wölbt. – Aber immer blendender häuft sich Strahl auf Strahl, bis in hellem Sonnenglanze sich der unabsehbare Hain aufschließt, in dem ich den Anselmus erblicke. – Glühende Hyazinthen und Tulipanen und Rosen erheben ihre schönen Häupter und ihre Düfte rufen in gar lieblichen Lauten dem Glücklichen zu: Wandle, wandle unter uns, Geliebter, der du uns verstehst – unser Duft ist die Sehnsucht der Liebe – wir lieben dich und sind dein immerdar! – Die goldnen Strahlen brennen in glühenden Tönen: wir sind Feuer von der Liebe entzündet. – Der Duft ist die Sehnsucht, aber Feuer das Verlangen, und wohnen wir nicht in deiner Brust? wir sind ja dein eigen! Es rischeln und rauschen die dunklen Büsche – die hohen Bäume: Komme zu uns! – Glücklicher – Geliebter! – Feuer ist das Verlangen, aber Hoffnung unser kühler Schatten! wir umsäuseln liebend dein Haupt, denn du verstehst uns, weil die Liebe in deiner Brust wohnet. Die Quellen und Bäche plätschern und sprudeln: Geliebter, wandle nicht so schnell vorüber, schaue in unser Kristall – dein Bild wohnt in uns, das wir liebend bewahren, denn du hast uns verstanden! – Im Jubelchor zwitschern und singen bunte Vögelein: Höre uns, höre uns, wir sind die Freude, die Wonne, das Entzücken der Liebe! – Aber sehnsuchtsvoll schaut Anselmus nach dem herrlichen Tempel, der sich in weiter Ferne erhebt. Die künstlichen Säulen scheinen Bäume und die Kapitäle und Gesimse Akanthusblätter, die in wundervollen Gewinden und Figuren herrliche Verzierungen bilden. Anselmus schreitet dem Tempel zu, er betrachtet mit innerer Wonne den bunten Marmor, die wunderbar bemoosten Stufen. „Ach nein", ruft er wie im Übermaß des Entzückens, „sie ist nicht mehr fern!" Da tritt in hoher Schönheit und Anmut Serpentina aus dem Innern des Tempels, die trägt den goldnen Topf, aus dem eine herrliche Lilie entsprossen. Die namenlose Wonne der unendlichen Sehnsucht glüht in den holdseligen Augen, so blickt sie den Anselmus an, sprechend: „Ach, Geliebter! Die Lilie hat ihren Kelch erschlossen – das Höchste ist erfüllt, gibt es denn eine Seligkeit, die der unsrigen gleicht?" Anselmus umschlingt sie mit der Inbrunst des glühendsten Verlangens – die Lilie brennt in flammenden Strahlen über seinem Haupte. Und lauter regen sich die Bäume und die Büsche, und heller und freudiger jauchzen die Quellen – die Vögel – allerlei bunte Insekten tanzen in den Luftwirbeln – ein frohes, freudiges, jubelndes Getümmel in der Luft – in den Wässern – auf der Erde feiert das Fest der Liebe! – Da zucken Blitze überall leuchtend durch die Büsche – Diamanten blicken wie funkelnde Augen aus der Erde! – hohe Springbäche strahlen aus den Quellen – seltsame Düfte wehen mit rauschendem Flügelschlag daher – es sind die Elementargeister, die der Lilie huldigen und des Anselmus Glück verkünden. – Da erhebt Anselmus das Haupt wie vom Strahlenglanz der Verklärung umflossen. – Sind es Blicke? – sind es Worte? – ist es Gesang? – Vernehmlich klingt es: „Serpentina! – der Glaube an dich, die Liebe hat mir das Innerste der Natur erschlossen! – Du brachtest mir die Lilie, die aus dem Golde, aus der Urkraft der Erde, noch ehe Phosphorus den Gedanken entzündete, entsproß – sie ist die Erkenntnis des heiligen Einklangs aller Wesen, und in dieser Erkenntnis lebe ich in höchster Seligkeit immerdar. – Ja, ich Hochbeglückter habe das Höchste erkannt – ich muß dich lieben ewiglich, o Serpentina; – nimmer verbleichen die goldnen Strahlen der Lilie, denn wie Glaube und Liebe ist ewig die Erkenntnis."

Die Vision, in der ich nun den Anselmus leibhaftig auf seinem Rittergute in Atlantis gesehen, verdankte ich wohl den Künsten des Salamanders, und herrlich war es, daß ich sie, als alles wie im Nebel verloschen, auf dem Papier, das auf dem violetten Tische lag, recht sauber und augenscheinlich von mir selbst aufgeschrieben fand. – Aber nun fühlte ich mich von jähem Schmerz durchbohrt und zerrissen. „Ach, glücklicher Anselmus, der du die Bürde des alltäglichen Lebens abgeworfen, der du in der Liebe zu der holden Serpentina die Schwingen rüstig rührtest und nun lebst in Wonne und Freude auf deinem Rittergut in Atlantis! – Aber ich Armer! – bald – ja in wenigen Minuten bin ich selbst aus diesem schönen Saal, der noch lange kein Rittergut in Atlantis ist, versetzt in mein Dachstübchen, und die Armseligkeiten des bedürftigen Lebens befangen meinen Sinn und mein Blick ist von tausend Unheil wie von dickem Nebel umhüllt, daß ich wohl niemals die Lilie schauen werde." – Da klopfte mir der Archivarius Lindhorst leise auf die Achsel und sprach: „Still, still, Verehrter! klagen Sie nicht so! – Waren Sie nicht soeben selbst in Atlantis, und haben Sie denn nicht auch dort wenigstens einen artigen Meierhof als poetisches Besitztum Ihres innern Sinns? – Ist denn überhaupt des Anselmus Seligkeit etwas anderes als das Leben in der Poesie, der sich der heilige Einklang aller Wesen als tiefstes Geheimnis der Natur offenbaret?"

Ende des Märchens.

Nussknacker und Mausekönig.

Der Weihnachtsabend.

Am vierundzwanzigsten Dezember durften die Kinder des Medizinalrats Stahlbaum den ganzen Tag über durchaus nicht in die Mittelstube hinein, viel weniger in das daranstoßende Prunkzimmer. In einem Winkel des Hinterstübchens zusammengekauert, saßen Fritz und Marie, die tiefe Abenddämmerung war eingebrochen und es wurde ihnen recht schaurig zumute, als man, wie es gewöhnlich an dem Tage geschah, kein Licht hereinbrachte. Fritz entdeckte ganz insgeheim wispernd der jüngern Schwester (sie war eben erst sieben Jahr alt worden) wie er schon seit frühmorgens es habe in den verschlossenen Stuben rauschen und rasseln, und leise pochen hören. Auch sei nicht längst ein kleiner dunkler Mann mit einem großen Kasten unter dem Arm über den Flur geschlichen, er wisse aber wohl, daß es niemand anders gewesen als Pate Droßelmeier. Da schlug Marie die kleinen Händchen vor Freude zusammen und rief: „Ach, was wird nur Pate Droßelmeier für uns Schönes gemacht haben." Der Obergerichtsrat Droßelmeier war gar kein hübscher Mann, nur klein und mager, hatte viele Runzeln im Gesicht, statt des rechten Auges ein großes schwarzes Pflaster und auch gar keine Haare, weshalb er eine sehr schöne weiße Perücke trug, die war aber von Glas und ein künstliches Stück Arbeit. Überhaupt war der Pate selbst auch ein sehr künstlicher Mann, der sich sogar auf Uhren verstand und selbst welche machen konnte. Wenn daher eine von den schönen Uhren in Stahlbaums Hause krank war und nicht singen konnte, dann kam Pate Droßelmeier, nahm die Glasperücke ab, zog sein gelbes Röckchen aus, band eine blaue Schürze um und stach mit spitzigen Instrumenten in die Uhr hinein, so daß es der kleinen Marie ordentliche wehe tat, aber es verursachte der Uhr gar keinen Schaden, sondern sie wurde vielmehr wieder lebendig und fing gleich an recht lustig zu schnurren, zu schlagen und zu singen, worüber denn alles große Freude hatte. Immer trug er, wenn er kam, was Hübsches für die Kinder in der Tasche, bald ein Männlein, das die Augen verdrehte und Komplimente machte, welches komisch anzusehen war, bald eine Dose, aus der ein Vögelchen heraushüpfte, bald was anderes. Aber zu Weihnachten, da hatte er immer ein schönes künstliches

Werk verfertigt, das ihm viel Mühe gekostet, weshalb es auch, nachdem es einbeschert worden, sehr sorglich von den Eltern aufbewahrt wurde. – „Ach, was wird nur Pate Droßelmeier für uns Schönes gemacht haben", rief nun Marie; Fritz meinte aber, es könne wohl diesmal nichts anders sein, als eine Festung, in der allerlei sehr hübsche Soldaten auf und ab marschierten und exerzierten und dann müßten andere Soldaten kommen, die in die Festung hineinwollten, aber nun schössen die Soldaten von innen tapfer heraus mit Kanonen, daß es tüchtig brauste und knallte. „Nein, nein", unterbrach Marie den Fritz: „Pate Droßelmeier hat mir von einem schönen Garten erzählt, darin ist ein großer See, auf dem schwimmen sehr herrliche Schwäne mit goldnen Halsbändern herum und singen die hübschesten Lieder. Dann kommt ein kleines Mädchen aus dem Garten an den See und lockt die Schwäne heran, und füttert sie mit süßem Marzipan." – „Schwäne fressen keinen Marzipan", fiel Fritz etwas rauh ein, „und einen ganzen Garten kann Pate Droßelmeier auch nicht machen. Eigentlich haben wir wenig von seinen Spielsachen; es wird uns ja alles gleich wieder weggenommen, da ist mir denn doch das viel lieber, was uns Papa und Mama einbescheren, wir behalten es fein und können damit machen, was wir wollen." Nun rieten die Kinder hin und her, was es wohl diesmal wieder geben könne. Marie meinte, daß Mamsell Trutchen (ihre große Puppe) sich sehr verändere, denn ungeschickter als jemals fiele sie jeden Augenblick auf den Fußboden, welches ohne garstige Zeichen im Gesicht nicht abginge, und dann sei an Reinlichkeit in der Kleidung gar nicht mehr zu denken. Alles tüchtige Ausschelten helfe nichts. Auch habe Mama gelächelt, als sie sich über Gretchens kleinen Sonnenschirm so gefreut. Fritz versicherte dagegen, ein tüchtiger Fuchs fehle seinem Marstall durchaus, sowie seinen Truppen gänzlich an Kavallerie, das sei dem Papa recht gut bekannt. – So wußten die Kinder wohl, daß die Eltern ihnen allerlei schöne Gaben eingekauft hatten, die sie nun aufstellten, es war ihnen aber auch gewiß, daß dabei der liebe heilige Christ mit gar freundlichen frommen Kindesaugen hineinleuchte und daß wie von segensreicher Hand berührt, jede Weihnachtsgabe herrliche Lust bereite wie keine andere. Daran erinnerte die Kinder, die immerfort von den zu erwartenden Geschenken wisperten, ihre ältere Schwester Luise, hinzufügend, daß es nun aber auch der heilige Christ sei, der durch die Hand der lieben Eltern den Kindern immer das beschere, was ihnen wahre Freude und Lust bereiten könne, das

wisse er viel besser als die Kinder selbst, die müßten daher nicht allerlei wünschen und hoffen, sondern still und fromm erwarten, was ihnen beschert worden. Die kleine Marie wurde ganz nachdenklich, aber Fritz murmelte vor sich hin: „Einen Fuchs und Husaren hätt' ich nun einmal gern."
Es war ganz finster geworden. Fritz und Marie fest aneinander gerückt, wagten kein Wort mehr zu reden, es war ihnen als rausche es mit linden Flügeln um sie her und als ließe sich eine ganz ferne, aber sehr herrliche Musik vernehmen. Ein heller Schein streifte an der Wand hin, da wußten die Kinder, daß nun das Christkind auf glänzenden Wolken fortgeflogen zu andern glücklichen Kindern. In dem Augenblick ging es mit silberhellem Ton: Klingling, klingling, die Türen sprangen auf, und solch ein Glanz strahlte aus dem großen Zimmer hinein, daß die Kinder mit lautem Ausruf: „Ach! – Ach!" wie erstarrt auf der Schwelle stehen blieben. Aber Papa und Mama traten in die Türe, faßten die Kinder bei der Hand und sprachen: „Kommt doch nur, kommt doch nur, ihr lieben Kinder und seht, was euch der heilige Christ beschert hat."

Die Gaben.

Ich wende mich an dich selbst, sehr geneigter Leser oder Zuhörer Fritz – Theodor – Ernst – oder wie du sonst heißen magst und bitte dich, daß du dir deinen letzten mit schönen bunten Gaben reich geschmückten Weihnachtstisch recht lebhaft vor Augen bringen mögest, dann wirst du es dir wohl auch denken können, wie die Kinder mit glänzenden Augen ganz verstummt stehen blieben, wie erst nach einer Weile Marie mit einem tiefen Seufzer rief: „Ach wie schön – ach wie schön", und Fritz einige Luftsprünge versuchte, die ihm überaus wohl gerieten. Aber die Kinder mußten auch das ganze Jahr über besonders artig und fromm gewesen sein, denn nie war ihnen so viel Schönes, Herrliches einbeschert worden als dieses Mal. Der große Tannenbaum in der Mitte trug viele goldne und silberne Äpfel, und wie Knospen und Blüten keimten Zuckermandeln und bunte Bonbons und was es sonst noch für schönes Naschwerk gibt, aus allen

Ästen. Als das Schönste an dem Wunderbaum mußte aber wohl gerühmt werden, daß in seinen Zweigen hundert kleine Lichter wie Sternlein funkelten und er selbst in sich hinein und heraus leuchtend die Kinder freundlich einlud seine Blüten und Früchte zu pflücken. Um den Baum umher glänzte alles sehr bunt und herrlich – was es da alles für schöne Sachen gab – ja, wer das zu beschreiben vermöchte! Marie erblickte die zierlichsten Puppen, allerlei saubere kleine Gerätschaften und was vor allem schön anzusehen war, ein seidenes Kleidchen mit bunten Bändern zierlich geschmückt, hing an einem Gestell so der kleinen Marie vor Augen, daß sie es von allen Seiten betrachten konnte und das tat sie denn auch, indem sie ein Mal über das andere ausrief: „Ach das schöne, ach das liebe – liebe Kleidchen: und das werde ich – ganz gewiß – das werde ich wirklich anziehen dürfen!" – Fritz hatte indessen schon drei oder viermal um den Tisch herumgaloppierend und -trabend den neuen Fuchs versucht, den er in der Tat am Tische angezäumt gefunden. Wieder absteigend, meinte er: es sei eine wilde Bestie, das täte aber nichts, er wolle ihn schon kriegen, und musterte die neue Schwadron Husaren, die sehr prächtig in Rot und Gold gekleidet waren, lauter silberne Waffen trugen und auf solchen weißglänzenden Pferden ritten, daß man beinahe hätte glauben sollen, auch diese seien von purem Silber. Eben wollten die Kinder, etwas ruhiger geworden, über die Bilderbücher her, die aufgeschlagen waren, daß man allerlei sehr schöne Blumen und bunte Menschen, ja auch allerliebste spielende Kinder, so natürlich gemalt als lebten und sprächen sie wirklich, gleich anschauen konnte. – Ja! eben wollten die Kinder über diese wunderbaren Bücher her, als nochmals geklingelt wurde. Sie wußten, daß nun der Pate Droßelmeier einbescheren würde, und liefen nach dem an der Wand stehenden Tisch. Schnell wurde der Schirm, hinter dem er so lange versteckt gewesen, weggenommen. Was erblickten da die Kinder! – Auf einem grünen mit bunten Blumen geschmückten Rasenplatz stand ein sehr herrliches Schloß mit vielen Spiegelfenstern und goldnen Türmen. Ein Glokkenspiel ließ sich hören, Türen und Fenster gingen auf, und man sah, wie sehr kleine aber zierliche Herren und Damen mit Federhüten und langen Schleppkleidern in den Sälen herumspazierten. In dem Mittelsaal, der ganz in Feuer zu stehen schien – so viel Lichterchen brannten an silbernen Kronleuchtern – tanzten Kinder in kurzen Wämschen und Röckchen nach dem Glockenspiel. Ein Herr in einem smaragdenen Mantel sah oft durch ein Fenster, winkte heraus und verschwand wieder, so wie auch Pate Droßelmeier selbst, aber kaum viel höher als Papas Daumen zuweilen unten an der Tür des Schlosses stand und wieder hineinging. Fritz hatte mit auf den Tisch gestemmten Armen das schöne Schloß und die tanzenden und spazierenden Figürchen angesehen, dann sprach er: „Pate Droßelmeier! Laß mich mal hineingehen in dein Schloß!" – Der Obergerichtsrat bedeutete ihn, daß das nun ganz und gar nicht anginge. Er hatte auch recht, denn es war töricht von Fritzen, daß er in ein Schloß gehen wollte, welches überhaupt mitsamt seinen goldnen Türmen nicht so hoch war, als er selbst. Fritz sah das auch ein. Nach einer Weile, als immerfort auf dieselbe Weise die Herren und Damen hin und her spazierten, die Kinder tanzten, der smaragdne Mann zu demselben Fenster heraussah, Pate Droßelmeier vor die Türe trat, da rief Fritz ungeduldig: „Pate Droßelmeier, nun komm mal zu der andern Tür da drüben heraus." – „Das geht nicht, liebes Fritzchen", erwiderte der Obergerichtsrat. „Nun so laß mal", sprach Fritz weiter, „laß mal den grünen Mann, der so oft herausguckt, mit den andern herumspazieren." – „Das geht auch nicht", erwiderte der Obergerichtsrat aufs neue. „So sollen die Kinder herunterkommen", rief Fritz, „ich will sie näher besehen." – „Ei das geht alles nicht", sprach der Obergerichtsrat verdrießlich, „wie die Mechanik nun einmal gemacht ist, muß sie bleiben." – „So-o?" fragte Fritz mit gedehntem Ton, „das geht alles nicht? Hör mal Pate Droßelmeier, wenn deine kleinen geputzten Dinger in dem Schlosse nichts mehr können als immer dasselbe, da taugen sie nicht viel, und ich frage nicht sonderlich nach ihnen. – Nein, da lob ich mir meine Husaren, die müssen manövrieren vorwärts, rückwärts, wie ich's haben will und sind in kein Haus gesperrt." Und damit sprang er fort an den Weihnachtstisch und ließ seine Eskadron auf den silbernen Pferden hin und her trottieren und schwenken und einhauen und feuern nach Herzenslust. Auch Marie hatte sich sachte fortgeschlichen, denn auch sie wurde des Herumgehens und Tanzens der Püppchen im Schlosse bald überdrüssig, und mochte es, da sie sehr artig und gut war, nur nicht so merken lassen, wie Bruder Fritz. Der Obergerichtsrat Droßelmeier sprach ziemlich verdrießlich zu den Eltern: „Für unverständige Kinder ist solch künstliches Werk nicht, ich will nur mein Schloß wieder einpacken"; doch die Mutter trat hinzu, und ließ sich den innern Bau und das wunderbare, sehr künstliche Räderwerk zeigen, wodurch die kleinen Püppchen in Bewegung gesetzt wurden. Der Rat nahm alles auseinander, und setzte es wieder zusammen. Dabei war er wieder ganz heiter geworden, und schenkte den Kindern noch einige schöne braune Männer und Frauen mit goldnen Gesichtern, Händen und Beinen. Sie waren sämtlich aus Thorn, und rochen so süß und angenehm wie Pfefferkuchen, worüber Fritz und Marie sich sehr erfreuten. Schwester Luise hatte, wie es die Mutter gewollt, das schöne Kleid angezogen, welches ihr einbeschert worden, und sah wunderhübsch aus, aber Marie meinte, als sie auch ihr Kleid anziehen sollte, sie möchte es lieber noch ein bißchen so ansehen. Man erlaubte ihr das gern.

Der Schützling.

Eigentlich mochte Marie sich deshalb gar nicht von dem Weihnachtstisch trennen, weil sie eben etwas noch nicht Bemerktes entdeckt hatte. Durch das Ausrücken von Fritzens Husaren, die dicht an dem Baum in Parade gehalten, war nämlich ein sehr vortrefflicher kleiner Mann sichtbar geworden, der still und bescheiden dastand, als erwarte er ruhig, wenn die Reihe an ihn kommen werde. Gegen seinen Wuchs wäre freilich vieles einzuwenden gewesen, denn abgesehen davon, daß der etwas lange, starke Oberleib nicht recht zu den kleinen dünnen Beinchen passen wollte, so schien auch der Kopf bei weitem zu groß. Vieles machte die propre Kleidung gut, welche auf einen Mann von Geschmack und Bildung schließen ließ. Er trug nämlich ein sehr schönes violettglänzendes Husarenjäckchen mit vielen weißen Schnüren und Knöpfchen, ebensolche Beinkleider und die schönsten Stiefelchen, die jemals an die Füße eines Studenten, ja wohl gar eines Offiziers gekommen sind. Sie saßen an den zierlichen Beinchen so knapp angegossen, als wären sie darauf gemalt. Komisch war es zwar, daß er zu dieser Kleidung sich hinten einen schmalen unbeholfenen Mantel, der recht aussah wie von Holz, angehängt, und ein Bergmannsmützchen aufgesetzt hatte, indessen dachte Marie daran, daß Pate Droßelmeier ja auch einen sehr schlechten Matin umhänge, und eine fatale Mütze aufsetze, dabei aber doch ein gar lieber Pate sei. Auch stellte Marie die Betrachtung an, daß Pate Droßelmeier, trüge er sich auch übrigens so zierlich wie der Kleine, doch nicht einmal so hübsch als er aussehen werde. Indem Marie den netten Mann, den sie auf den ersten Blick lieb gewonnen, immer mehr und mehr ansah, da wurde sie erst recht inne, welche Gutmütigkeit auf seinem Gesichte lag. Aus den hellgrünen, etwas zu großen hervorstehenden Augen sprach nichts als Freundschaft und Wohlwollen. Es stand dem Manne gut, daß sich um sein Kinn ein wohlfrisierter Bart von weißer Baumwolle legte, denn um so mehr konnte man das süße Lächeln des hochroten Mundes bemerken. „Ach!“ rief Marie endlich aus: „ach, lieber Vater, wem gehört denn der allerliebste kleine Mann dort am Baum?“ – „Der“, antwortete der Vater, „der, liebes Kind! soll für euch alle tüchtig arbeiten, er soll euch fein die harten Nüsse aufbeißen, und er gehört Luisen ebensogut, als dir und dem Fritz.“ Damit nahm ihn der Vater behutsam vom Tische, und indem er den hölzernen Mantel in die Höhe hob, sperrte das Männlein den Mund weit, weit auf, und zeigte zwei Reihen sehr weißer spitzer Zähnchen. Marie schob auf des Vaters Geheiß eine Nuß hinein, und – knack – hatte sie der Mann zerbissen, daß die Schalen abfielen, und Marie den süßen Kern in die Hand bekam. Nun mußte wohl jeder und auch Marie wissen, daß der zierliche kleine Mann aus dem Geschlecht der Nußknacker abstammte, und die Profession seiner Vorfahren trieb. Sie jauchzte auf vor Freude, da sprach der Vater: „Da dir, liebe Marie, Freund Nußknacker so sehr gefällt, so sollst du ihn auch besonders hüten und schützen, unerachtet, wie ich gesagt, Luise und Fritz ihn mit ebenso vielem Recht brauchen können als du!“ – Marie nahm ihn sogleich in den Arm, und ließ ihn Nüsse aufknacken, doch suchte sie die kleinsten aus, damit das Männlein nicht so weit den Mund aufsperren durfte, welches ihm doch im Grunde nicht gut stand. Luise gesellte sich zu ihr, und auch für sie mußte Freund Nußknacker seine Dienste verrichten, welches er gern zu tun schien, da er immerfort sehr freundlich lächelte. Fritz war unterdessen vom vielen Exerzieren und Reiten müde geworden, und da er so lustig Nüsse knacken hörte, sprang er hin zu den Schwestern, und lachte recht von Herzen über den kleinen drolligen Mann, der nun, da Fritz auch Nüsse essen wollte, von Hand zu Hand ging, und gar nicht aufhören konnte mit Auf- und Zuschnappen. Fritz schob immer die größten und härtesten Nüsse hinein, aber mit einem Male ging es – krack – krack – und drei Zähnchen fielen aus des Nußknackers Munde, und sein ganzes Unterkinn war lose und wacklicht. – „Ach, mein armer lieber Nußknacker!“ schrie Marie laut, und nahm ihn dem Fritz aus den Händen. „Das ist ein einfältiger dummer Bursche“, sprach Fritz. „Will Nußknacker sein, und hat kein ordentliches Gebiß – mag wohl auch sein Handwerk gar nicht verstehn. – Gib ihn nur her, Marie! Er soll mir Nüsse zerbeißen, verliert er auch noch die übrigen Zähne, ja das ganze Kinn obendrein, was ist an dem Taugenichts gelegen.“ – „Nein, nein“, rief Marie weinend, „du bekommst ihn nicht, meinen lieben Nußknacker, sieh nur her, wie er mich so wehmütig anschaut, und mir sein wundes Mündchen zeigt! – Aber du bist ein hartherziger Mensch – Du schlägst deine Pferde, und läßt wohl gar einen Soldaten totschießen.“ – „Das muß so sein, das verstehst du nicht“, rief Fritz; „aber der Nußknacker gehört ebensogut mir, als dir, gib ihn nur her.“ – Marie fing an heftig zu weinen, und wickelte den kranken Nußknacker schnell in ihr kleines Taschentuch ein. Die Eltern kamen mit dem Paten Droßelmeier herbei. Dieser nahm zu Mariens Leidwesen Fritzens Partie. Der Vater sagte aber: „Ich habe den Nußknacker ausdrücklich unter Mariens Schutz gestellt, und da, wie ich sehe, er dessen eben jetzt bedarf, so hat sie volle Macht über ihn, ohne daß jemand dreinzureden hat. Übrigens wundert es mich sehr von Fritzen, daß er von einem im Dienst Erkrankten noch fernere Dienste verlangt. Als guter Militär sollte er doch wohl wissen, daß man Verwundete niemals in Reihe und Glied stellt?“ – Fritz war sehr beschämt, und schlich, ohne sich weiter um Nüsse und Nußknacker zu bekümmern, fort an die andere Seite des Tisches, wo seine Husaren, nachdem sie gehörige Vorposten ausgestellt hatten, ins Nachtquartier gezogen waren. Marie suchte Nußknackers verlorne Zähnchen zusammen, um das kranke Kinn hatte sie ein hübsches weißes Band, das sie von ihrem Kleidchen abgelöst, gebunden, und dann den armen Kleinen, der sehr blaß und erschrocken aussah, noch sorgfältiger als vorher in ihr Tuch eingewikkelt. So hielt sie ihn wie ein kleines Kind wiegend in den Armen, und besah die schönen Bilder des neuen Bilderbuchs, das heute unter den andern vielen Gaben lag. Sie wurde, wie es sonst gar nicht ihre Art war, recht böse, als Pate Droßelmeier so sehr lachte, und immerfort fragte: wie sie denn mit solch einem grundhäßlichen, kleinen Kerl so schöntun könne? – Jener sonderbare Vergleich mit Droßelmeier, den sie anstellte, als der Kleine ihr zuerst in die Augen fiel, kam ihr wieder in den Sinn, und sie sprach sehr ernst: „Wer weiß, lieber Pate, ob du denn, putztest du dich auch so heraus wie mein lieber Nußknacker, und hättest du auch solche schöne blanke Stiefelchen an, wer weiß, ob du denn doch so hübsch aussehen würdest, als er!" – Marie wußte gar nicht, warum denn die Eltern so laut auflachten, und warum der Obergerichtsrat solch eine rote Nase bekam, und gar nicht so hell mitlachte, wie zuvor. Es mochte wohl seine besondere Ursache haben.

Wunderdinge.

Bei Medizinalrats in der Wohnstube, wenn man zur Türe hineintritt, gleich links an der breiten Wand, steht ein hoher Glasschrank, in welchem die Kinder all die schönen Sachen, die ihnen jedes Jahr einbeschert worden, aufbewahren. Die Luise war noch ganz klein, als der Vater den Schrank von einem sehr geschickten Tischler machen ließ, der so himmelhelle Scheiben einsetzte, und überhaupt das Ganze so geschickt einzurichten wußte, daß alles drinnen sich beinahe blanker und hübscher ausnahm, als wenn man es in Händen hatte. Im obersten Fache, für Marien und Fritzen unerreichbar, standen des Paten Droßelmeier Kunstwerke, gleich darunter war das Fach für die Bilderbücher, die beiden untersten Fächer durften Marie und Fritz anfüllen, wie sie wollten, jedoch geschah es immer, daß Marie das unterste Fach ihren Puppen zur Wohnung einräumte, Fritz dagegen in dem Fache drüber seine Truppen Kantonierungsquartiere beziehen ließ. So war es auch heute gekommen, denn, indem Fritz seine Husaren oben aufgestellt, hatte Marie unten Mamsell Trutchen beiseite gelegt, die neue schön geputzte Puppe in das sehr gut möblierte Zimmer hineingesetzt, und sich auf Zuckerwerk bei ihr eingeladen. Sehr gut möbliert war das Zimmer, habe ich gesagt, und das ist auch wahr, denn ich weiß nicht, ob du, meine aufmerksame Zuhörerin Marie! ebenso wie die kleine Stahlbaum (es ist dir schon bekannt worden, daß sie auch Marie heißt), ja! – ich meine, ob du ebenso wie diese, ein kleines schöngeblümtes Sofa, mehrere allerliebste Stühlchen, einen niedlichen Teetisch, vor allen Dingen aber ein sehr nettes blankes Bettchen besitzest, worin die schönsten Puppen ausruhen? Alles dieses stand in der Ecke des Schranks, dessen Wände hier sogar mit bunten Bilderchen tapeziert waren, und du kannst dir wohl denken, daß in *diesem* Zimmer die neue Puppe, welche, wie Marie noch denselben Abend erfuhr, Mamsell Clärchen hieß, sich sehr wohl befinden mußte.

Es war später Abend geworden, ja Mitternacht im Anzuge, und Pate Droßelmeier längst fortgegangen, als die Kinder noch gar nicht wegkommen konnten von dem Glasschrank, so sehr auch die Mutter mahnte, daß sie doch endlich nun zu Bette gehen möchten. „Es ist wahr", rief endlich Fritz, „die armen Kerls" (seine Husaren meinend) „wollen auch nun Ruhe haben, und solange ich da bin, wagt's keiner, ein bißchen zu nicken, das weiß ich schon!" Damit ging er ab; Marie aber bat gar sehr: „Nur noch ein Weilchen, ein einziges kleines Weilchen laß mich hier, liebe Mutter, hab ich ja doch noch manches zu besorgen, und ist das geschehen, so will ich ja gleich zu Bette gehen!" Marie war gar ein frommes vernünftiges Kind, und so konnte die gute Mutter wohl ohne Sorgen sie noch bei den Spielsachen allein lassen. Damit aber Marie nicht etwa gar zu sehr verlockt werde von der neuen Puppe und den Spielsachen überhaupt, so aber die Lichter vergäße, die rings um den Wandschrank brannten, löschte die Mutter sie sämtlich aus, so daß nur die Lampe, die in der Mitte des Zimmers von der Decke herabhing, ein sanftes anmutiges Licht verbreitete. „Komm bald hinein, liebe Marie! sonst kannst du ja morgen nicht zu rechter Zeit aufstehen", rief die Mutter, indem sie sich in das Schlafzimmer entfernte. Sobald sich Marie allein befand, schritt sie schnell dazu, was ihr zu tun recht auf dem Herzen lag, und was sie doch nicht, selbst wußte sie nicht warum, der Mutter zu entdecken vermochte. Noch immer hatte sie den kranken Nußknacker eingewickelt in ihr Taschentuch auf dem Arm getragen. Jetzt legte sie ihn behutsam auf den Tisch, wickelte leise, leise das Tuch ab, und sah nach den Wunden. Nußknacker war sehr bleich, aber dabei lächelte er so sehr wehmütig freundlich, daß es Marien recht durch das Herz ging. „Ach, Nußknackerchen", sprach sie sehr leise, „sei nur nicht böse, daß Bruder Fritz dir so wehe getan hat, er hat es auch nicht so schlimm gemeint, er ist nur ein bißchen hartherzig geworden durch das wilde Soldatenwesen, aber sonst ein recht guter Junge, das kann ich dich versichern. Nun will ich dich aber auch recht sorglich so lange pflegen, bis du wieder ganz gesund und fröhlich geworden; dir deine Zähnchen recht fest einsetzen, dir die Schultern einrenken, das soll Pate Droßelmeier, der sich auf solche Dinge versteht." – Aber nicht ausreden konnte Marie, denn indem sie den Namen Droßelmeier

nannte, machte Freund Nußknacker ein ganz verdammt schiefes Maul, und aus seinen Augen fuhr es heraus, wie grünfunkelnde Stacheln. In dem Augenblick aber, daß Marie sich recht entsetzen wollte, war es ja wieder des ehrlichen Nußknackers wehmütig lächelndes Gesicht, welches sie anblickte, und sie wußte nun wohl, daß der von der Zugluft berührte, schnell auflodernde Strahl der Lampe im Zimmer Nußknackers Gesicht so entstellt hatte. „Bin ich nicht ein töricht Mädchen, daß ich so leicht erschrecke, so daß ich sogar glaube, das Holzpüppchen da könne mir Gesichter schneiden! Aber lieb ist mir doch Nußknacker gar zu sehr, weil er so komisch ist, und doch so gutmütig, und darum muß er gepflegt werden, wie sich's gehört!" Damit nahm Marie den Freund Nußknacker in den Arm, näherte sich dem Glasschrank, kauerte vor demselben, und sprach also zur neuen Puppe: „Ich bitte dich recht sehr, Mamsell Clärchen, tritt dein Bettchen dem kranken wunden Nußknacker ab, und behelfe dich, so gut wie es geht, mit dem Sofa. Bedenke, daß du sehr gesund, und recht bei Kräften bist, denn sonst würdest du nicht solche dicke, dunkelrote Backen haben, und daß sehr wenige der allerschönsten Puppen solche weiche Sofas besitzen."
Mamsell Clärchen sah in vollem glänzenden Weihnachtsputz sehr vornehm und verdrießlich aus, und sagte nicht „Muck!" – „Was mache ich aber auch für Umstände", sprach Marie, nahm das Bette hervor, legte sehr leise und sanft Nußknackerchen hinein, wickelte noch ein gar schönes Bändchen, das sie sonst um den Leib getragen, um die wunden Schultern, und bedeckte ihn bis unter die Nase. „Bei der unartigen Cläre darf er aber nicht bleiben", sprach sie weiter, und hob das Bettchen samt dem darinne liegenden Nußknacker heraus in das obere Fach, so daß es dicht neben dem schönen Dorf zu stehen kam, wo Fritzens Husaren kantonierten. Sie verschloß den Schrank und wollte ins Schlafzimmer, da – horcht auf Kinder! – da fing es an leise – leise zu wispern und zu flüstern und zu rascheln ringsherum, hinter dem Ofen, hinter den Stühlen, hinter den Schränken. – Die Wanduhr schnurrte dazwischen lauter und lauter, aber sie konnte nicht schlagen. Marie blickte hin, da hatte die große vergoldete Eule, die darauf saß, ihre Flügel herabgesenkt, so daß sie die ganze Uhr überdeckten und den häßlichen Katzenkopf mit krummem Schnabel weit vorgestreckt. Und stärker schnurrte es mit vernehmlichen Worten: „Uhr, Uhre, Uhre, Uhren, müßt alle nur leise schnurren, leise schnurren. – Mausekönig hat ja wohl ein feines Ohr – purrpurr –

pum pum singt nur, singt ihm altes Liedlein vor – purr purr – pum pum schlag an Glöcklein, schlag an, bald ist es um ihn getan!" Und pum pum ging es ganz dumpf und heiser zwölfmal! – Marien fing an sehr zu grauen, und entsetzt wär sie beinahe davongelaufen, als sie Pate Droßelmeier erblickte, der statt der Eule auf der Wanduhr saß und seine gelben Rockschöße von beiden Seiten wie Flügel herabgehängt hatte, aber sie ermannte sich und rief laut und weinerlich: „Pate Droßelmeier, Pate Droßelmeier, was willst du da oben? Komm herunter zu mir und erschrecke mich nicht so, du böser Pate Droßelmeier!" – Aber da ging ein tolles Kichern und Gepfeife los rund umher, und bald trottierte und lief es hinter den Wänden wie mit tausend kleinen Füßchen und tausend kleine Lichterchen blickten aus den Ritzen der Dielen. Aber nicht Lichterchen waren es, nein! kleine funkelnde Augen, und Marie wurde gewahr, daß überall Mäuse hervorguckten und sich hervorarbeiteten. Bald ging es trott – trott – hopp hopp in der Stube umher – immer lichtere und dichtere Haufen Mäuse galoppierten hin und her, und stellten sich endlich in Reihe und Glied, so wie Fritz seine Soldaten zu stellen pflegte, wenn es zur Schlacht gehen sollte. Das kam nun Marien sehr possierlich vor, und da sie nicht, wie manche andere Kinder, einen natürlichen Abscheu gegen Mäuse hatte, wollte ihr eben alles Grauen vergehen, als es mit einem Mal so entsetzlich und so schneidend zu pfeifen begann, daß es ihr eiskalt über den Rücken lief! – Ach, was erblickte sie jetzt! – Nein, wahrhaftig, geehrter Leser Fritz, ich weiß, daß ebensogut wie dem weisen und mutigen Feldherrn Fritz Stahlbaum dir das Herz auf dem rechten Flecke sitzt, aber, hättest du *das* gesehen, was Marien jetzt vor Augen kam, wahrhaftig, du wärst davongelaufen, ich glaube sogar, du wärst schnell ins Bette gesprungen und hättest die Decke viel weiter über die Ohren gezogen als gerade nötig. – Ach! – das konnte die arme Marie ja nicht einmal tun, denn hört nur Kinder! – dicht dicht vor ihren Füßen sprühte es wie von unterirdischer Gewalt getrieben, Sand und Kalk und zerbröckelte Mauersteine hervor und sieben Mäuseköpfe mit sieben hellfunkelnden Kronen erhoben sich recht gräßlich zischend und pfeifend aus dem Boden. Bald arbeitete sich auch der Mäusekörper, an dessen Hals die sieben Köpfe angewachsen waren, vollends hervor und der großen mit sieben Diademen geschmückten Maus jauchzte in vollem Chorus dreimal laut aufquiekend das ganze Heer entgegen, das sich nun auf einmal in Bewegung setzte und hott, hott – trott – trott ging es – ach geradezu auf den Schrank – geradezu auf Marien los, die noch dicht an der Glastüre des Schrankes stand. Vor Angst und Grauen hatte Marien das Herz schon so gepocht, daß sie glaubte, es müsse nun gleich aus der Brust herausspringen und dann müßte sie sterben; aber nun war es ihr, als stehe ihr das Blut in den Adern still. Halb ohnmächtig wankte sie zurück, da ging es klirr – klirr – prr und in Scherben fiel die Glasscheibe des Schrankes herab, die sie mit dem Ellbogen eingestoßen. Sie fühlte wohl in dem Augenblick einen recht stechenden Schmerz am linken Arm, aber es war ihr auch plötzlich viel leichter ums Herz, sie hörte kein Quieken und Pfeifen mehr, es war alles ganz still geworden, und, obschon sie nicht hinblicken mochte, glaubte sie doch, die Mäuse wären von dem Klirren der Scheibe erschreckt wieder abgezogen in ihre Löcher. – Aber was war denn das wieder? – Dicht hinter Marien fing es an im Schrank auf seltsame Weise zu rumoren und ganz feine Stimmchen fingen an: „Aufgewacht – aufgewacht – wolln zur Schlacht – noch diese Nacht – aufgewacht – auf zur Schlacht." – Und dabei klingelte es mit harmonischen Glöcklein gar hübsch und anmutig! „Ach das ist ja mein kleines Glockenspiel", rief Marie freudig, und sprang schnell zur Seite. Da sah sie wie es im Schrank ganz sonderbar leuchtete und herumwirtschaftete und hantierte. Es waren mehrere Puppen, die durcheinander liefen und mit den kleinen Armen herumfochten. Mit einemmal erhob sich jetzt Nußknacker, warf die Decke weit von sich und sprang mit beiden Füßen zugleich aus dem Bette, indem er laut rief: „Knack – knack – knack – dummes Mausepack – dummer toller Schnack – Mausepack – Knack – Knack – Mausepack – Krick und Krack – wahrer Schnack." Und damit zog er sein kleines Schwert und schwang es in den Lüften und rief: „Ihr meine lieben Vasallen, Freunde und Brüder, wollt ihr mir beistehen im harten Kampf?" – Sogleich schrien heftig drei Skaramuzze, ein Pantalon, vier Schornsteinfeger, zwei Zitherspielmänner und ein Tambour: „Ja Herr – wir hängen Euch an in standhafter Treue – mit Euch ziehen wir in Tod, Sieg und Kampf!" und stürzten sich nach dem begeisterten Nußknacker, der den gefährlichen Sprung wagte, vom obern Fach herab. Ja! jene hatten gut sich herabstürzen, denn nicht allein, daß sie reiche Kleider von Tuch und Seide trugen, so war inwendig im Leibe auch nicht viel anders als Baumwolle und Häcksel, daher plumpten sie auch herab wie Wollsäckchen. Aber der arme Nußknacker, der hätte gewiß Arme und Beine gebrochen, denn, denkt euch, es war beinahe zwei Fuß hoch vom Fache, wo er stand, bis zum untersten, und sein

Körper war so spröde, als sei er geradezu aus Lindenholz geschnitzt. Ja, Nußknacker hätte gewiß Arm und Beine gebrochen, wäre, im Augenblick als er sprang, nicht auch Mamsell Clärchen schnell vom Sofa aufgesprungen und hätte den Helden mit dem gezogenen Schwert in ihren weichen Armen aufgefangen. „Ach, du liebes gutes Clärchen!" schluchzte Marie, „wie habe ich dich verkannt, gewiß gabst du Freund Nußknackern dein Bettchen recht gerne her!" Doch Mamsell Clärchen sprach jetzt, indem sie den jungen Helden sanft an ihre seidene Brust drückte: „Wollet Euch, o Herr! krank und wund wie Ihr seid, doch nicht in Kampf und Gefahr begeben, seht wie Eure tapferen Vasallen kampflustig und des Sieges gewiß sich sammeln. Skaramuz, Pantalon, Schornsteinfeger, Zitherspielmann und Tambour sind schon unten und die Devisen-Figuren in meinem Fache rühren und regen sich merklich! Wollet, o Herr! in meinen Armen ausruhen, oder von meinem Federhut herab Euern Sieg anschaun!" So sprach Clärchen, doch Nußknacker tat ganz ungebärdig und strampelte so sehr mit den Beinen, daß Clärchen ihn schnell herab auf den Boden setzen mußte. In dem Augenblick ließ er sich aber sehr artig auf ein Knie nieder und lispelte: „O Dame! stets werd ich Eurer mir bewiesenen Gnade und Huld gedenken in Kampf und Streit!" Da bückte sich Clärchen so tief herab, daß sie ihn beim Ärmchen ergreifen konnte, hob ihn sanft auf, löste schnell ihren mit vielen Flittern gezierten Leibgürtel los und wollte ihn dem Kleinen umhängen, doch der wich zwei Schritte zurück, legte die Hand auf die Brust, und sprach sehr feierlich: „Nicht so wollet, o Dame, Eure Gunst an mir verschwenden, denn – " er stockte, seufzte tief auf, riß dann schnell das Bändchen, womit ihn Marie verbunden hatte, von den Schultern, drückte es an die Lippen, hing es wie eine Feldbinde um, und sprang, das blank gezogene Schwertlein mutig schwenkend, schnell und behende wie ein Vögelchen über die Leiste des Schranks auf den Fußboden. – Ihr merkt wohl höchst geneigte und sehr vortreffliche Zuhörer, daß Nußknacker schon früher als er wirklich lebendig worden, alles Liebe und Gute, was ihm Marie erzeigte, recht deutlich fühlte, und daß er nur deshalb, weil er Marien so gar gut worden, auch nicht einmal ein Band von Mamsell Clärchen annehmen und tragen wollte, unerachtet es sehr glänzte und sehr hübsch aussah. Der treue gute Nußknacker putzte sich lieber mit Mariens schlichtem Bändchen. – Aber wie wird es nun weiter werden? – Sowie Nußknacker herabspringt, geht auch das Quieken und Piepen wieder los. Ach! unter dem großen Tische halten ja die fatalen Rotten unzähliger Mäuse und über alle ragt die abscheuliche Maus mit den sieben Köpfen hervor! – Wie wird das nun werden! –

Die Schlacht.

„Schlagt den Generalmarsch, getreuer Vasalle Tambour!" schrie Nußknacker sehr laut und sogleich fing der Tambour an, auf die künstlichste Weise zu wirbeln, daß die Fenster des Glasschranks zitterten und dröhnten. Nun krackte und klapperte es drinnen und Marie wurde gewahr, daß die Deckel sämtlicher Schachteln worin Fritzens Armee einquartiert war mit Gewalt auf- und die Soldaten heraus und herab ins unterste Fach sprangen, dort sich aber in blanken Rotten sammelten. Nußknacker lief auf und nieder begeisterte Worte zu den Truppen sprechend: „Kein Hund von Trompeter regt und rührt sich", schrie Nußknacker erbost, wandte sich aber dann schnell zum Pantalon, der etwas blaß geworden, mit dem langen Kinn sehr wackelte, und sprach feierlich: „General, ich kenne Ihren Mut und Ihre Erfahrung, hier gilt's schnellen Überblick und Benutzung des Moments – ich vertraue Ihnen das Kommando sämtlicher Kavallerie und Artillerie an – ein Pferd brauchen Sie nicht, Sie haben sehr lange Beine und galoppieren damit leidlich. – Tun Sie jetzt, was Ihres Berufs ist." Sogleich drückte Pantalon die dürren langen Fingerchen an den Mund und krähte so durchdringend, daß es klang als würden hundert helle Trompetlein lustig geblasen. Da ging es im Schrank an ein Wiehern und Stampfen, und siehe, Fritzens Kürassiere und Dragoner, vor allen Dingen aber die neuen glänzenden Husaren rückten aus, und hielten bald unten auf dem Fußboden. Nun defilierte Regiment auf Regiment mit fliegenden Fahnen und klingendem Spiel bei Nußknacker vorüber und stellte sich in breiter Reihe quer über den Boden des Zimmers. Aber vor ihnen her fuhren rasselnd Fritzens Kanonen auf, von den Kanonieren umgeben, und bald ging es bum – bum und Marie sah wie die Zuckererbsen einschlugen in den dicken Haufen der Mäuse, die davon ganz weiß überpudert wurden und sich sehr schämten. Vorzüglich tat ihnen aber eine schwere Batterie viel

Schaden, die auf Mamas Fußbank aufgefahren war und Pum – Pum – Pum, immer hintereinander fort Pfeffernüsse unter die Mäuse schoß, wovon sie umfielen. Die Mäuse kamen aber doch immer näher und überrannten sogar einige Kanonen, aber da ging es Prr – Prr, Prr, und vor Rauch und Staub konnte Marie kaum sehen, was nun geschah. Doch so viel war gewiß, daß jedes Korps sich mit der höchsten Erbitterung schlug, und der Sieg lange hin und her schwankte. Die Mäuse entwickelten immer mehr und mehr Massen, und ihre kleinen silbernen Pillen, die sie sehr geschickt zu schleudern wußten, schlugen schon bis in den Glasschrank hinein. Verzweiflungsvoll liefen Clärchen und Trutchen umher, und rangen sich die Händchen wund. „Soll ich in meiner blühendsten Jugend sterben! – ich die schönste der Puppen!" schrie Clärchen. „Hab ich darum mich so gut konserviert, um hier in meinen vier Wänden umzukommen?" rief Trutchen. Dann fielen sie sich um den Hals, und heulten so sehr, daß man es trotz des tollen Lärms doch hören konnte. Denn von dem Spektakel, der nun losging, habt ihr kaum einen Begriff, werte Zuhörer. – Das ging – Prr – Prr – Puff, Piff – Schnetterdeng – Schnetterdeng – Bum, Burum, Bum – Burum – Bum – durcheinander und dabei quiekten und schrien Mauskönig und Mäuse, und dann hörte man wieder des Nußknackers gewaltige Stimme, wie er nützliche Befehle austeilte und sah ihn, wie er über die im Feuer stehenden Bataillone hinwegschritt! – Pantalon hatte einige sehr glänzende Kavallerieangriffe gemacht und sich mit Ruhm bedeckt, aber Fritzens Husaren wurden von der Mäuseartillerie mit häßlichen, übelriechenden Kugeln beworfen, die ganz fatale Flecke in ihren roten Wämsern machten, weshalb sie nicht recht vor wollten. Pantalon ließ sie links abschwenken und in der Begeisterung des Kommandierens machte er es ebenso und seine Kürassiere und Dragoner auch, das heißt, sie schwenkten alle links ab, und gingen nach Hause. Dadurch geriet die auf der Fußbank postierte Batterie in Gefahr, und es dauerte auch gar nicht lange, so kam ein dicker Haufe sehr häßlicher Mäuse und rannte so stark an, daß die ganze Fußbank mitsamt den Kanonieren und Kanonen umfiel. Nußknacker schien sehr bestürzt, und befahl, daß der rechte Flügel eine rückgängige Bewegung machen solle. Du weißt, o mein kriegserfahrner Zuhörer Fritz! daß eine solche Bewegung machen, beinahe so viel heißt als davonlaufen und betrauerst mit mir schon jetzt das Unglück, was über die Armee des kleinen von Marie geliebten Nußknackers kommen sollte! – Wende jedoch dein Auge von diesem Unheil ab, und beschaue den linken Flügel der Nußknackerischen Armee, wo alles noch sehr gut steht und für Feldherrn und Armee viel zu hoffen ist. Während des hitzigsten Gefechts waren leise Mäuse-Kavalleriemassen unter der Kommode herausdebouchiert, und hatten sich unter lautem gräßlichen Gequiek mit Wut auf den linken Flügel der Nußknackerischen Armee geworfen, aber welchen Widerstand fanden sie da! – Langsam, wie es die Schwierigkeit des Terrains nur erlaubte, da die Leiste des Schranks zu passieren, war das Devisen-Korps unter der Anführung zweier chinesischer Kaiser vorgerückt, und hatte sich *en quarré plain* formiert. – Diese wackern, sehr bunten und herrlichen Truppen, die aus vielen Gärtnern, Tirolern, Tungusen, Friseurs, Harlekins, Kupidos, Löwen, Tigern, Meerkatzen und Affen bestanden, fochten mit Fassung, Mut und Ausdauer. Mit spartanischer Tapferkeit hätte dies Bataillon von Eliten dem Feinde den Sieg entrissen, wenn nicht ein verwegener feindlicher Rittmeister tollkühn vordringend einem der chinesischen Kaiser den Kopf abgebissen und dieser im Fallen zwei Tungusen und eine Meerkatze erschlagen hätte. Dadurch entstand eine Lücke, durch die der Feind eindrang und bald war das ganze Bataillon zerbissen. Doch wenig Vorteil hatte der Feind von dieser Untat. Sowie ein Mäusekavallerist mordlustig einen der tapfern Gegner mittendurch zerbiß, bekam er einen kleinen gedruckten Zettel in den Hals, wovon er augenblicklich starb. – Half dies aber wohl auch der Nußknackerischen Armee, die, einmal rückgängig geworden, immer rückgängiger wurde und immer mehr Leute verlor, so daß der unglückliche Nußknacker nur mit einem gar kleinen Häufchen dicht vor dem Glasschranke hielt? „Die Reserve soll heran! – Pantalon – Skaramuz – Tambour – wo seid ihr?“ – So schrie Nußknacker, der noch auf neue Truppen hoffte, die sich aus dem Glasschrank entwickeln sollten. Es kamen auch einige braune Männer und Frauen aus Thorn mit goldenen Gesichtern, Hüten und Helmen heran, die fochten aber so ungeschickt um sich herum, daß sie keinen der Feinde trafen und bald ihrem Feldherrn Nußknacker selbst die Mütze vom Kopfe heruntergefochten hätten. Die feindlichen Chasseurs bissen ihnen auch bald die Beine ab, so daß sie umstülpten und noch dazu einige von Nußknackers Waffenbrüdern erschlugen. Nun war Nußknacker vom Feinde dicht umringt, in der höchsten Angst und Not. Er wollte über die Leiste des Schranks springen, aber die Beine waren zu kurz, Clärchen und Trutchen lagen in Ohnmacht, sie konnten ihm nicht helfen – Husaren – Dragoner sprangen lustig bei ihm vorbei und hinein, da schrie er auf in heller Verzweiflung: „Ein Pferd – ein Pferd – ein Königreich für ein Pferd!" – In dem Augenblick packten ihn zwei feindliche Tirailleurs bei dem hölzernen Mantel und im Triumph aus sieben Kehlen aufquiekend, sprengte Mausekönig heran. Marie wußte sich nicht mehr zu fassen, „o mein armer Nußknacker – mein armer Nußknacker!" so rief sie schluchzend, faßte, ohne sich deutlich ihres Tuns bewußt zu sein, nach ihrem linken Schuh, und warf ihn mit Gewalt in den dicksten Haufen der Mäuse hinein auf ihren König. In dem Augenblick schien alles verstoben und verflogen, aber Marie empfand am linken Arm einen noch stechendern Schmerz als vorher und sank ohnmächtig zur Erde nieder.

Die Krankheit.

Als Marie wie aus tiefem Todesschlaf erwachte, lag sie in ihrem Bettchen und die Sonne schien hell und funkelnd durch die mit Eis belegten Fenster in das Zimmer hinein. Dicht neben ihr saß ein fremder Mann, den sie aber bald für den Chirurgus Wendelstern erkannte. Der sprach leise: „Nun ist sie aufgewacht!" Da kam die Mutter herbei und sah sie mit recht ängstlich forschenden Blicken an. „Ach liebe Mutter", lispelte die kleine Marie: „sind denn nun die häßlichen Mäuse alle fort, und ist denn der gute Nußknacker gerettet?" – „Sprich nicht solch albernes Zeug, liebe Marie", erwiderte die Mutter, „was haben die Mäuse mit dem Nußknacker zu tun. Aber du böses Kind, hast uns allen recht viel Angst und Sorge gemacht. Das kommt davon her, wenn die Kinder eigenwillig sind und den Eltern nicht folgen. Du spieltest gestern bis in die tiefe Nacht hinein mit deinen Puppen. Du wurdest schläfrig, und mag es sein, daß ein hervorspringendes Mäuschen, deren es doch sonst hier nicht gibt, dich erschreckt hat; genug du stießest mit dem Arm eine Glasscheibe des Schranks ein und schnittest dich so sehr in den Arm, daß Herr Wendelstern, der dir eben die noch in den Wunden steckenden Glasscherbchen herausgenommen hat, meint, du hättest, zerschnitt das Glas eine Ader, einen steifen Arm behalten, oder dich gar verbluten können. Gott sei gedankt, daß ich um Mitternacht erwachend, und dich noch so spät vermissend, aufstand, und in die Wohnstube ging. Da lagst du dicht neben dem Glasschrank ohnmächtig auf der Erde und blutetest sehr. Bald wär ich vor Schreck auch ohnmächtig geworden. Da lagst du nun, und um dich her zerstreut erblickte ich viele von Fritzens bleiernen Soldaten und andere Puppen, zerbrochene Devisen, Pfefferkuchmänner; Nußknacker lag aber auf deinem blutenden Arme und nicht weit von dir dein linker Schuh." – „Ach Mütterchen, Mütterchen", fiel Marie ein: „sehen Sie wohl, das waren ja noch die Spuren von der großen Schlacht zwischen den Puppen und Mäusen, und nur darüber bin ich so sehr erschrocken, als die Mäuse den armen Nußknacker, der die Puppenarmee kommandierte, gefangennehmen wollten. Da warf ich meinen Schuh unter die Mäuse und dann weiß ich weiter nicht was vorgegangen." Der Chirurgus Wendelstern winkte der Mutter mit den Augen und diese sprach sehr sanft zu Marien: „Laß es nur gut sein, mein liebes Kind! – beruhige dich, die Mäuse sind alle fort und Nußknackerchen steht gesund und lustig im Glasschrank." Nun trat der Medizinalrat ins Zimmer und sprach lange mit dem Chirurgus Wendelstern; dann fühlte er Mariens Puls und sie hörte wohl, daß von einem Wundfieber die Rede war. Sie mußte im Bette bleiben und Arzenei nehmen und so dauerte es einige Tage, wiewohl sie außer einigem Schmerz am Arm sich eben nicht krank und unbehaglich fühlte. Sie wußte, daß Nußknackerchen gesund aus der Schlacht sich gerettet hatte, und es kam ihr manchmal wie im Traume vor, daß er ganz vernehmlich, wiewohl mit sehr wehmütiger Stimme sprach: „Marie, teuerste Dame, Ihnen verdanke ich viel, doch noch mehr können Sie für mich tun!" Marie dachte vergebens darüber nach, was das wohl sein könnte, es fiel ihr durchaus nicht ein. – Spielen konnte Marie gar nicht recht, wegen des wunden Arms, und wollte sie lesen oder in den Bilderbüchern blättern, so flimmerte es ihr seltsam vor den Augen, und sie mußte davon ablassen. So mußte ihr nun wohl die Zeit recht herzlich lang werden, und sie konnte kaum die Dämmerung erwarten, weil dann die Mutter sich an ihr Bett setzte, und ihr sehr viel Schönes vorlas und erzählte. Eben hatte die Mutter die vorzügliche Geschichte vom Prinzen Fakardin vollendet, als die Türe aufging, und der Pate Droßelmeier mit den Worten hineintrat: „Nun muß ich doch wirklich einmal selbst sehen, wie es mit der kranken und wunden Marie zusteht." Sowie Marie den Paten Droßelmeier in seinem gelben Röckchen erblickte, kam ihr das Bild jener Nacht, als Nußknacker die Schlacht wider die Mäuse verlor, gar lebendig vor Augen, und unwillkürlich rief sie laut dem Obergerichtsrat entgegen: „O Pate Droßelmeier, du bist recht häßlich gewesen, ich habe dich wohl gesehen, wie du auf der Uhr saßest, und sie mit deinen Flügeln bedecktest, daß sie nicht laut schlagen sollte, weil sonst die Mäuse verscheucht worden wären – ich habe es wohl gehört, wie du dem Mausekönig riefest! – warum kamst du dem Nußknacker, warum kamst du mir nicht zu Hülfe, du häßlicher Pate Droßelmeier, bist du denn nicht allein schuld, daß ich verwundet und krank im Bette liegen muß?" – Die Mutter fragte ganz erschrocken: „Was ist dir denn, liebe Marie?" Aber der Pate Droßelmeier schnitt sehr seltsame Gesichter, und sprach mit schnarrender eintöniger Stimme: „Perpendikel mußte schnurren – picken – wollte sich nicht schicken – Uhren – Uhren – Uhrenperpendikel müssen schnurren – leise schnurren – schlagen Glocken laut kling klang – Hink und Honk, und Honk und Hank – Puppenmädel sei nicht bang! – schlagen Glöcklein, ist geschlagen, Mausekönig fortzujagen, kommt die Eul in schnellem Flug – Pak und Pik, und Pik und Puk – Glöcklein bim bim – Uhren – schnurr schnurr – Perpendikel müssen schnurren – picken wollte sich nicht schicken – Schnarr und schnurr, und pirr und purr!" – Marie sah den Paten Droßelmeier starr mit großen Augen an, weil er ganz anders, und noch viel häßlicher aussah, als sonst, und mit dem rechten Arm hin und her schlug, als würd er gleich einer Drahtpuppe gezogen. Es hätte ihr ordentlich grauen können vor dem Paten, wenn die Mutter nicht zugegen gewesen wäre, und wenn nicht endlich Fritz, der sich unterdessen hineingeschlichen, ihn mit lautem Gelächter unterbrochen hätte. „Ei, Pate Droßelmeier", rief Fritz, „du bist heute wieder auch gar zu possierlich, du gebärdest dich ja wie mein Hampelmann, den ich längst hinter den Ofen geworfen." Die Mutter blieb sehr ernsthaft und sprach: „Lieber Herr Obergerichtsrat, das ist ja ein recht seltsamer Spaß, was meinen Sie denn eigentlich?" – „Mein Himmel!" erwiderte Droßelmeier lachend, „kennen Sie denn nicht mehr mein hübsches Uhrmacherliedchen? Das pfleg ich immer zu singen bei solchen Patienten wie Marie." Damit setzte er sich schnell dicht an Mariens Bette, und sprach: „Sei nur nicht böse, daß ich nicht gleich dem Mausekönig alle vierzehn Augen ausgehackt, aber es konnte nicht sein, ich will dir auch statt dessen eine rechte Freude machen." Der Obergerichtsrat langte mit diesen Worten in die Tasche, und was er nun leise, leise hervorzog, war – der Nußknacker, dem er sehr geschickt die verlornen Zähnchen fest eingesetzt, und den lahmen Kinnbacken eingerenkt hatte. Marie jauchzte laut auf vor Freude, aber die Mutter sagte lächelnd: „Siehst du nun wohl, wie gut es Pate Droßelmeier mit deinem Nußknacker meint?" – „Du mußt es aber doch eingestehen, Marie", unterbrach der Obergerichtsrat die Medizinalrätin, „du mußt es aber doch eingestehen, daß Nußknacker nicht eben zum besten gewachsen, und sein Gesicht nicht eben schön zu nennen ist. Wie sotane Häßlichkeit in seine Familie gekommen und vererbt worden ist, das will ich dir wohl erzählen, wenn du es anhören willst. Oder weißt du vielleicht schon die Geschichte von der Prinzessin Pirlipat, der Hexe Mauserinks und dem künstlichen Uhrmacher?" – „Hör mal", fiel hier Fritz unversehens ein, „hör mal, Pate Droßelmeier, die Zähne hast du dem Nußknacker richtig eingesetzt, und der Kinnbakken ist auch nicht mehr so wackelig, aber warum fehlt ihm das Schwert, warum hast du ihm kein Schwert umgehängt?" – „Ei", erwiderte der Obergerichtsrat ganz unwillig, „du mußt an allem mäkeln und tadeln, Junge! – Was geht mich Nußknackers Schwert an, ich habe ihn am Leibe kuriert, mag er sich nun selbst ein Schwert schaffen, wie er will." – „Das ist wahr", rief Fritz, „ist's ein tüchtiger Kerl, so wird er schon Waffen zu finden wissen!" – „Also Marie", fuhr der Obergerichtsrat fort, „sage mir, ob du die Geschichte weißt von der Prinzessin Pirlipat?" – „Ach nein", erwiderte Marie, „erzähle, lieber Pate Droßelmeier, erzähle!" – „Ich hoffe", sprach die Medizinalrätin, „ich hoffe, lieber Herr Obergerichtsrat, daß Ihre Geschichte nicht so graulich sein wird, wie gewöhnlch alles ist, was Sie erzählen?" – „Mit nichten, teuerste Frau Medizinalrätin", erwiderte Droßelmeier, „im Gegenteil ist das gar spaßhaft, was ich vorzutragen die Ehre haben werde." – „Erzähle, o erzähle, lieber Pate", so riefen die Kinder, und der Obergerichtsrat fing also an:

Das Märchen von der harten Nuß.

Pirlipats Mutter war die Frau eines Königs, mithin eine Königin, und Pirlipat selbst in demselben Augenblick, als sie geboren wurde, eine geborne Prinzessin. Der König war außer sich vor Freude über das schöne Töchterchen, das in der Wiege lag, er jubelte laut auf, er tanzte und schwenkte sich auf einem Beine, und schrie ein Mal über das Handere: „Heisa! – hat man was Schöneres jemals gesehen, als mein Pirlipatchen?" – Aber alle Minister, Generale und Präsidenten und Stabsoffiziere sprangen, wie der Landesvater, auf einem Beine herum, und schrien sehr: „Nein, niemals!" Zu leugnen war es aber auch in der Tat gar nicht, daß wohl, solange die Welt steht, kein schöneres Kind geboren wurde, als eben Prinzessin Pirlipat. Ihr Gesichtchen war wie von zarten lilienweißen und rosenroten Seidenflocken gewebt, die Äuglein lebendige funkelnde Azure, und es stand hübsch, daß die Löckchen sich in lauter glänzenden Goldfaden kräuselten. Dazu hatte Pirlipatchen zwei Reihen kleiner Perlzähnchen auf die Welt gebracht, womit sie zwei Stunden nach der Geburt dem Reichskanzler in den Finger biß, als er die Lineamente näher untersuchen wollte, so daß er laut aufschrie: „O Jemine!" – Andere behaupten, er habe: „Au weh!" geschrieen, die Stimmen sind noch heutzutage darüber sehr geteilt. – Kurz, Pirlipatchen biß wirklich dem Reichskanzler in den Finger, und das entzückte Land wußte nun, daß auch Geist, Gemüt und Verstand in Pirlipats kleinem engelschönen Körperchen wohne. – Wie gesagt, alles war vergnügt, nur die Königin war sehr ängstlich und unruhig, niemand wußte warum? Vorzüglich fiel es auf, daß sie Pirlipats Wiege so sorglich bewachen ließ. Außerdem, daß die Türen von Trabanten besetzt waren, mußten, die beiden Wärterinnen dicht an der Wiege abgerechnet, noch sechs andere, Nacht für Nacht ringsumher in der Stube sitzen. Was aber ganz närrisch schien, und was niemand begreifen konnte, jede dieser sechs Wärterinnen mußte einen Kater auf den Schoß nehmen, und ihn die ganze Nacht streicheln, daß er immerfort zu spinnen genötigt wurde. Es ist unmöglich, daß ihr, lieben Kinder, erraten könnt, warum Pirlipats Mutter all diese Anstalten machte, ich weiß es aber, und will es euch gleich sagen. – Es begab sich, daß einmal an dem Hofe von Pirlipats Mutter viele vortreffliche Könige und sehr angenehme Prinzen versammelt waren, weshalb es denn sehr glänzend herging, und viele Ritterspiele, Komödien und Hofbälle gegeben wurden. Der König, um recht zu zeigen, daß es ihm an Gold und Silber gar nicht mangle, wollte nun einmal einen recht tüchtigen Griff in den Kronschatz tun, und was Ordentliches daraufgehen lassen. Er ordnete daher, zumal er von dem Oberhofküchenmeister insgeheim erfahren, daß der Hofastronom die Zeit des Einschlachtens angekündigt, einen großen Wurstschmaus an, warf sich in den Wagen, und lud selbst sämtliche Könige und Prinzen – nur auf einen Löffel Suppe ein, um sich der Überraschung mit dem Köstlichen zu erfreuen. Nun sprach er sehr freundlich zur Frau Königin: „Dir ist ja schon bekannt, Liebchen! wie ich die Würste gern habe!" – Die Königin wußte schon, was er damit sagen wollte, es hieß nämlich nichts anders, als sie selbst sollte sich, wie sie auch sonst schon getan, dem sehr nützlichen Geschäft des Wurstmachens unterziehen. Der Oberschatzmeister mußte sogleich den großen goldnen Wurstkessel und die silbernen Kasserollen zur Küche abliefern; es wurde ein großes Feuer von Sandelholz angemacht, die Königin band ihre damastene Kürchenschürze um, und bald dampften aus dem Kessel die süßen Wohlgerüche der Wurstsuppe. Bis in den Staatsrat drang der anmutige Geruch: der König, von innerem Entzücken erfaßt, konnte sich nicht halten. „Mit Erlaubnis, meine Herren!" rief er, sprang schnell nach der Küche, umarmte die Königin, rührte etwas mit dem goldnen Szepter in dem Kessel, und kehrte dann beruhigt in den Staatsrat zurück. Eben nun war der wichtige Punkt gekommen, daß der Speck in Würfel geschnitten, und auf silbernen Rosten geröstet werden sollte. Die Hofdamen traten ab, weil die Königin dies Geschäft aus treuer Anhänglichkeit und Ehrfurcht vor dem königlichen Gemahl allein unternehmen wollte. Allein sowie der Speck zu braten anfing, ließ sich ein ganz feines wisperndes Stimmchen vernehmen: „Von dem Brätlein gib mir auch Schwester! – will auch schmausen, bin ja auch Königin – gib mir von dem Brätlein!" – Die Königin wußte wohl, daß es Frau Mauserinks war, die also sprach. Frau Mauserinks wohnte schon seit vielen Jahren in des Königs Palast. Sie behauptete, mit der königlichen Familie verwandt und selbst Königin in dem Reiche Mausolien zu sein, deshalb hatte sie auch eine große Hofhaltung unter dem Herde. Die Königin war eine gute, mildtätige Frau, wollte sie daher auch sonst Frau Mauserinks nicht gerade als Königin und als ihre Schwester anerkennen, so gönnte sie ihr doch von Herzen an dem festlichen Tage die Schmauserei, und rief: „Kommt nur hervor, Frau Mauserinks, Ihr möget immerhin von meinem Speck genießen." Da kam auch Frau Mauserinks sehr schnell und lustig hervorgehüpft, sprang auf den Herd, und ergriff mit den zierlichen kleinen Pfötchen ein Stückchen Speck nach dem andern, das ihr die Königin hinlangte. Aber nun kamen alle Gevattern und Muhmen der Frau Mauserinks hervorgesprungen, und auch sogar ihre sieben Söhne, recht unartige Schlingel, die machten sich über den Speck her, und nicht wehren konnte ihnen die erschrockene Königin. Zum Glück kam die Oberhofmeisterin dazu, und verjagte die zudringlichen Gäste, so daß noch etwas Speck übrig blieb, welcher, nach Anweisung des herbeigerufenen Hofmathematikers sehr künstlich auf alle Würste verteilt wurde. – Pauken und Trompeten erschallten, alle anwesenden Potentaten und Prinzen zogen in glänzenden Feierkleidern zum Teil auf weißen Zeltern, zum Teil in kristallnen Kutschen zum Wurstschmause. Der König empfing sie mit herzlicher Freundlichkeit und Huld, und setzte sich dann, als Landesherr mit Kron und Szepter angetan, an die Spitze des Tisches. Schon in der Station der Leberwürste sah man, wie der König immer mehr und mehr erblaßte, wie er die Augen gen Himmel hob – leise Seufzer entflohen seiner Brust – ein gewaltiger Schmerz schien in seinem Innern zu wühlen! Doch in der Station der Blutwürste sank er laut schluchzend und ächzend, in den Lehnsessel zurück, er hielt beide Hände vors Gesicht, er jammerte und stöhnte. – Alles sprang auf von der Tafel, der Leibarzt bemühte sich vergebens des unglücklichen Königs Puls zu erfassen, ein tiefer, namenloser Jammer schien ihn zu zerreißen. Endlich, endlich, nach vielem Zureden, nach Anwendung starker Mittel, als da sind, gebrannte Federposen und dergleichen, schien der König etwas zu sich selbst zu kommen, er stammelte kaum hörbar die Worte: „Zu wenig Speck." Da warf sich die Königin trostlos ihm zu Füßen und schluchzte: „O mein armer unglücklicher königlicher Gemahl! – o welchen Schmerz mußten Sie dulden! – Aber sehen Sie hier die Schuldige zu Ihren Füßen – strafen, strafen Sie sie hart! – Ach – Frau Mauserinks mit ihren sieben Söhnen, Gevattern und Muhmen hat den Speck aufgefressen und –" damit fiel die Königin rücklings über in Ohnmacht. Aber der König sprang voller Zorn auf und rief laut: „Oberhofmeisterin, wie ging das zu?" Die Oberhofmeisterin erzählte, soviel sie wußte, und der König beschloß Rache zu nehmen an der Frau Mauserinks und ihrer Familie, die ihm den Speck aus der Wurst weggefressen hatten. Der Geheime Staatsrat wurde berufen, man beschloß, der Frau Mauserinks den Prozeß zu machen, und ihre sämtliche Güter einzuziehen; da aber der König meinte, daß sie unterdessen ihm doch noch immer den Speck wegfressen könnte, so wurde die ganze Sache dem Hofuhrmacher und Arkanisten übertragen. Dieser Mann, der ebenso hieß, als ich, nämlich Christian Elias Droßelmeier, versprach durch eine ganz besonders staatskluge Operation die Frau Mauserinks mit ihrer Familie auf ewige Zeiten aus dem Palast zu vertreiben. Er erfand auch wirklich kleine, sehr künstliche Maschinen, in die an einem Fädchen gebratener Speck getan wurde, und die Droßelmeier rings um die Wohnung der Frau Speckfresserin aufstellte. Frau Mauserinks war viel zu weise, um nicht Droßelmeiers List einzusehen, aber alle ihre Warnungen, alle ihre Vorstellungen halfen nichts, von dem süßen Geruch des gebratenen Specks verlockt, gingen alle sieben Söhne und viele, viele Gevattern und Muhmen der Frau Mauserinks in Droßelmeiers Maschinen hinein, und wurden, als sie eben den Speck wegnaschen wollten, durch ein plötzlich vorfallendes Gitter gefangen, dann aber in der Küche selbst schmachvoll hingerichtet. Frau Mauserinks verließ mit ihrem kleinen Häufchen den Ort des Schreckens. Gram, Verzweiflung, Rache erfüllte ihre Brust. Der Hof jubelte sehr, aber die Königin war besorgt, weil sie die Gemütsart der Frau Mauserinks kannte, und wohl wußte, daß sie den Tod ihrer Söhne und Verwandten nicht ungerächt hingehen lassen würde. In der Tat erschien auch Frau Mauserinks, als die Königin eben für den königlichen Gemahl einen Lungenmus bereitete, den er sehr gern aß, und sprach: „Meine Söhne – meine Gevattern und Muhmen sind erschlagen, gib wohl acht, Frau Königin, daß Mausekönigin dir nicht dein Prinzeßchen entzweibeißt – gib wohl acht.“ Darauf verschwand sie wieder, und ließ sich nicht mehr sehen, aber die Königin war so erschrocken, daß sie den Lungenmus ins Feuer fallen ließ, und zum zweitenmal verdarb Frau Mauserinks dem Könige eine Lieblingsspeise, worüber er sehr zornig war. – Nun ist's aber genug für heute abend, künftig das übrige. –

So sehr auch Marie, die bei der Geschichte ihre ganz eignen Gedanken hatte, den Pate Droßelmeier bat, doch nur ja weiterzuerzählen, so ließ er sich doch nicht erbitten, sondern sprang auf, sprechend: „Zu viel auf einmal ist ungesund, morgen das übrige.“ Eben als der Obergerichtsrat im Begriff stand, zur Tür hinauszuschreiten, fragte Fritz: „Aber sag mal, Pate Droßelmeier, ist's denn wirklich wahr, daß du die Mausefallen erfunden hast?“ – „Wie kann man nur so albern fragen“, rief die Mutter, aber der Obergerichtsrat lächelte sehr seltsam, und sprach leise: „Bin ich denn nicht ein künstlicher Uhrmacher, und sollt nicht einmal Mausefallen erfinden können."

Fortsetzung des Märchens von der harten Nuß.

Nun wißt ihr wohl, Kinder, so fuhr der Obergerichtsrat Droßelmeier am nächsten Abende fort, nun wißt ihr wohl Kinder, warum die Königin das wunderschöne Prinzeßchen Pirlipat so sorglich bewachen ließ. Mußte sie nicht fürchten, daß Frau Mauserinks ihre Drohung erfüllen, wiederkommen, und das Prinzeßchen totbeißen würde? Droßelmeiers Maschinen halfen gegen die kluge und gewitzigte Frau Mauserinks ganz und gar nichts, und nur der Astronom des Hofes, der zugleich Geheimer Oberzeichen- und Sterndeuter war, wollte wissen, daß die Familie des Katers Schnurr imstande sein werde, die Frau Mauserinks von der Wiege abzuhalten; demnach geschah es also, daß jede der Wärterinnen einen der Söhne jener Familie, die übrigens bei Hofe als Geheime Legationsräte angestellt waren, auf dem Schoße halten, und durch schickliches Krauen ihm den beschwerlichen Staatsdienst zu versüßen suchen mußte. Es war einmal schon Mitternacht, als die eine der beiden geheimen Oberwärterinnen, die dicht an der Wiege saßen, wie aus tiefem Schlafe auffuhr. – Alles rundumher lag vom Schlafe befangen – kein Schnurren – tiefe Totenstille, in der man das Picken des Holzwurms vernahm! – doch wie ward der Geheimen Oberwärterin, als sie dicht vor sich eine große, sehr häßliche Maus erblickte, die auf den Hinterfüßen aufgerichtet stand, und den fatalen Kopf auf das Gesicht der Prinzessin gelegt hatte. Mit einem Schrei des Entsetzens sprang sie auf, alles erwachte, aber in dem Augenblick rannte Frau Mauserinks (niemand anders war die große Maus an Pirlipats Wiege) schnell nach der Ecke des Zimmers. Die Legationsräte stürzten ihr nach, aber zu spät – durch eine Ritze in dem Fußboden des Zimmers war sie verschwunden. Pirlipatchen erwachte von dem Rumor, und weinte sehr kläglich. „Dank dem Himmel", riefen die Wärterinnen, „sie lebt!" Doch wie groß war ihr Schrecken, als sie hinblickten nach Pirlipatchen, und wahrnahmen, was aus dem schönen zarten Kinde geworden. Statt des weiß und roten goldgelockten Engelsköpfchens saß ein unförmlicher dicker Kopf auf einem winzig kleinen zusammengekrümmten Leibe, die azurblauen Äuglein hatten sich verwandelt in grüne hervorstehende starrblickende Augen, und das Mündchen hatte sich verzogen von einem Ohr zum andern. Die Königin wollte vergehen in Wehklagen und Jammer, und des Königs Studierzimmer mußte mit wattierten Tapeten ausgeschlagen werden, weil er ein Mal über das andere mit dem Kopf gegen die Wand rannte, und dabei mit sehr jämmerlicher Stimme rief: „O ich unglückseliger Monarch!" – Er konnte zwar nun einsehen, daß es besser gewesen wäre, die Würste ohne Speck zu essen, und die Frau Mauserinks mit ihrer Sippschaft unter dem Herde in Ruhe zu lassen, daran dachte aber Pirlipats königlicher Vater nicht, sondern er schob einmal alle Schuld auf den Hofuhrmacher und Arkanisten Christian Elias Droßelmeier aus Nürnberg. Deshalb erließ er den weisen Befehl: Droßelmeier habe binnen vier Wochen die Prinzessin Pirlipat in den vorigen Zustand herzustellen, oder wenigstens ein bestimmtes untrügliches Mittel anzugeben, wie dies zu bewerkstelligen sei, widrigenfalls er dem schmachvollen Tode unter dem Beil des Henkers verfallen sein solle. – Droßelmeier erschrak nicht wenig, indessen vertraute er bald seiner Kunst und seinem Glück und schritt sogleich zu der ersten Operation, die ihm nützlich schien. Er nahm Prinzeßchen Pirlipat sehr geschickt auseinander, schrob ihre Händchen und Füßchen ab, und besah sogleich die innere Struktur, aber da fand er leider, daß die Prinzessin, je größer, desto unförmlicher werden würde, und wußte sich nicht zu raten und zu helfen. Er setzte die Prinzessin behutsam wieder zusammen, und versank an ihrer Wiege, die er nie verlassen durfte, in Schwermut. Schon war die vierte Woche angegangen – ja bereits Mittwoch, als der König mit zornfunkelnden Augen hineinblickte, und mit dem Szepter drohend rief: „Christian Elias Droßelmeier kuriere die Prinzessin, oder du mußt sterben!" Droßelmeier fing an bitterlich zu weinen, aber Prinzeßchen Pirlipat knackte vergnügt Nüsse. Zum erstenmal fiel dem Arkanisten Pirlipats ungewöhnlicher Appetit nach Nüssen, und der Umstand auf, daß sie mit Zähnchen zur Welt gekommen. In der Tat hatte sie gleich nach der Verwandlung so lange geschrieen, bis ihr zufällig eine Nuß vorkam, die sie sogleich aufknackte, den Kern aß, und dann ruhig wurde. Seit der Zeit konnten die Wärterinnen nicht aufhören, ihr Nüsse zu bringen. „O heiliger Instinkt der Natur,

ewig unerforschliche Sympathie aller Wesen“, rief Christian Elias Droßelmeier aus: „Du zeigst mir die Pforte zum Geheimnis, ich will anklopfen, und sie wird sich öffnen!“ Er bat sogleich um die Erlaubnis, mit dem Hofastronom sprechen zu können, und wurde mit starker Wache hingeführt. Beide Herren umarmten sich unter vielen Tränen, da sie zärtliche Freunde waren, zogen sich dann in ein geheimes Kabinett zurück, und schlugen viele Bücher nach, die von dem Instinkt, von den Sympathien und Antipathien und andern geheimnisvollen Dingen handelten. Die Nacht brach herein, der Hofastronom sah nach den Sternen, und stellte mit Hülfe des auch hierin sehr geschickten Droßelmeiers das Horoskop der Prinzessin Pirlipat. Das war eine große Mühe, denn die Linien verwirrten sich immer mehr und mehr, endlich aber – welche Freude, endlich lag es klar vor ihnen, daß die Prinzessin Pirlipat, um den Zauber, der sie verhäßlicht, zu lösen, und um wieder so schön zu werden, als vorher, nichts zu tun hätte, als den süßen Kern der Nuß Krakatuk zu genießen.
Die Nuß Krakatuk hatte eine solche harte Schale, daß eine achtundvierzigpfündige Kanone darüber wegfahren konnte, ohne sie zu zerbrechen. Diese harte Nuß mußte aber von einem Manne, der noch nie rasiert worden und der niemals Stiefeln getragen, vor der Prinzessin aufgebissen und ihr von ihm mit geschlossenen Augen der Kern dargereicht werden. Erst nachdem er sieben Schritte rückwärts gegangen, ohne zu stolpern, durfte der junge Mann wieder die Augen erschließen. Drei Tage und drei Nächte hatte Droßelmeier mit dem Astronomen ununterbrochen gearbeitet und es saß gerade des Sonnabends der König bei dem Mittagstisch, als Droßelmeier, der Sonntags in aller Frühe geköpft werden sollte, voller Freude und Jubel hineinstürzte, und das gefundene Mittel, der Prinzessin Pirlipat die verlorene Schönheit wiederzugeben, verkündete. Der König umarmte ihn mit heftigem Wohlwollen, versprach ihm einen diamantenen Degen, vier Orden und zwei neue Sonntagsröcke. „Gleich nach Tische“, setzte er freundlich hinzu, „soll es ans Werk gehen, sorgen Sie, teurer Arkanist, daß der junge unrasierte Mann in Schuhen mit der Nuß Krakatuk gehörig bei der Hand sei, und lassen Sie ihn vorher keinen Wein trinken, damit er nicht stolpert, wenn er sieben Schritte rückwärts geht wie ein Krebs, nachher kann er erklecklich saufen!“
Droßelmeier wurde über die Rede des Königs sehr bestürzt, und nicht ohne Zittern und Zagen brachte er es stammelnd heraus, daß das Mittel zwar gefunden wäre, beides, die Nuß Krakatuk und der

junge Mann zum Aufbeißen derselben aber erst gesucht werden müßten, wobei es obendrein zweifelhaft bliebe, ob Nuß und Nußknacker jemals gefunden werden dürften. Hocherzürnt schwang der König den Szepter über das gekrönte Haupt, und schrie mit einer Löwenstimme: „So bleibt es bei dem Köpfen." Ein Glück war es für den in Angst und Not versetzten Droßelmeier, daß dem Könige das Essen gerade den Tag sehr wohl geschmeckt hatte, er mithin in der guten Laune war, vernünftigen Vorstellungen Gehör zu geben, an denen es die großmütige und von Droßelmeiers Schicksal gerührte Königin nicht mangeln ließ. Droßelmeier faßte Mut und stellte zuletzt vor, daß er doch eigentlich die Aufgabe, das Mittel, wodurch die Prinzessin geheilt werden könne, zu nennen, gelöst, und sein Leben gewonnen habe. Der König nannte das dumme Ausreden und einfältigen Schnickschnack, beschloß aber endlich, nachdem er ein Gläschen Magenwasser zu sich genommen, daß beide, der Uhrmacher und der Astronom, sich auf die Beine machen und nicht anders als mit der Nuß Krakatuk in der Tasche wiederkehren sollten. Der Mann zum Aufbeißen derselben sollte, wie es die Königin vermittelte, durch mehrmaliges Einrücken einer Aufforderung in einheimische und auswärtige Zeitungen und Intelligenz-Blätter herbeigeschafft werden. – Der Obergerichtsrat brach hier wieder ab, und versprach den andern Abend das übrige zu erzählen.

Beschluß des Märchens von der harten Nuß.

Am andern Abende, sowie kaum die Lichter angesteckt worden, fand sich Pate Droßelmeier wirklich wieder ein, und erzählte also weiter: Droßelmeier und der Hofastronom waren schon funfzehn Jahre unterwegs, ohne der Nuß Krakatuk auf die Spur gekommen zu sein. Wo sie überall waren, welche sonderbare seltsame Dinge ihnen widerfuhren, davon könnt ich euch, ihr Kinder, vier Wochen lang erzählen, ich will es aber nicht tun, sondern nur gleich sagen, daß Droßelmeier in seiner tiefen Betrübnis zuletzt eine sehr große Sehnsucht nach seiner lieben Vaterstadt Nürnberg empfand. Ganz besonders überfiel ihn diese Sehnscuht, als er gerade einmal mit seinem

Freunde mitten in einem großen Walde in Asien ein Pfeifchen Knaster rauchte. „O schöne – schöne Vaterstadt Nürnberg – schöne Stadt, wer dich nicht gesehen hat, mag er auch viel gereist sein nach London, Paris und Peterwardein, ist ihm das Herz doch nicht aufgegangen, muß er doch stets nach dir verlangen – nach dir, o Nürnberg, schöne Stadt, die schöne Häuser und Fenstern hat." – Als Droßelmeier so sehr wehmütig klagte, wurde der Astronom von tiefem Mitleiden ergriffen und fing so jämmerlich zu heulen an, daß man es weit und breit in Asien hören konnte. Doch faßte er sich wieder, wischte sich die Tränen aus den Augen und fragte: „Aber wertgeschätzter Kollege, warum sitzen wir hier und heulen? warum gehen wir nicht nach Nürnberg, ist's denn nicht gänzlich egal, wo und wie wir die fatale Nuß Krakatuk suchen?" – „Das ist auch wahr", erwiderte Droßelmeier getröstet. Beide standen alsbald auf, klopften die Pfeifen aus, und gingen schnurgerade in einem Strich fort, aus dem Walde mitten in Asien, nach Nürnberg. Kaum waren sie dort angekommen, so lief Droßelmeier schnell zu seinem Vetter, dem Puppendrechsler, Lackierer und Vergolder Christoph Zacharias Droßelmeier, den er in vielen vielen Jahren nicht mehr gesehen. *Dem* erzählte nun der Uhrmacher die ganze Geschichte von der Prinzessin Pirlipat, der Frau Mauserinks und der Nuß Krakatuk, so daß der ein Mal über das andere die Hände zusammenschlug und voll Erstaunen ausrief: „Ei Vetter, Vetter, was sind das für wunderbare Dinge!" Droßelmeier erzählte weiter von den Abenteuern seiner weiten Reise, wie er zwei Jahre bei dem Dattelkönig zugebracht, wie er vom Mandelfürsten schnöde abgewiesen, wie er bei der naturforschenden Gesellschaft in Eichhornshausen vergebens angefragt, kurz wie es ihm überall mißlungen sei, auch nur eine Spur von der Nuß Krakatuk zu erhalten. Während dieser Erzählung hatte Christoph Zacharias oftmals mit den Fingern geschnippt – sich auf einem Fuße herumgedreht – mit der Zunge geschnalzt – dann gerufen – „Hm hm – I – Ei – O – das wäre der Teufel!" – Endlich warf er Mütze und Perücke in die Höhe, umhalste den Vetter mit Heftigkeit und rief: „Vetter – Vetter! Ihr seid geborgen, geborgen seid Ihr, sag ich, denn alles müßte mich trügen, oder ich besitze selbst die Nuß Krakatuk." Er holte alsbald eine Schachtel hervor, aus der er eine vergoldete Nuß von mittelmäßiger Größe hervorzog. „Seht", sprach er, indem er die Nuß dem Vetter zeigte, „seht mit dieser Nuß hat es folgende Bewandtnis: Vor vielen Jahren kam einst zur Weihnachtszeit ein fremder Mann mit einem

Sack voll Nüssen hieher, die er feilbot. Gerade vor meiner Puppenbude geriet er in Streit, und setzte den Sack ab, um sich besser gegen den hiesigen Nußverkäufer, der nicht leiden wollte, daß der Fremde Nüsse verkaufe, und ihn deshalb angriff, zu wehren. In dem Augenblick fuhr ein schwer beladener Lastwagen über den Sack, alle Nüsse wurden zerbrochen bis auf eine, die mir der fremde Mann, seltsam lächelnd, für einen blanken Zwanziger vom Jahre 1720 feilbot. Mir schien das wunderbar, ich fand gerade einen solchen Zwanziger in meiner Tasche, wie ihn der Mann haben wollte, kaufte die Nuß und vergoldete sie, selbst nicht recht wissend, warum ich die Nuß so teuer bezahlte und dann so werthielt." Jeder Zweifel, daß des Vetters Nuß wirklich die gesuchte Nuß Krakatuk war, wurde augenblicklich gehoben, als der herbeigerufene Hofastronom das Gold sauber abschabte, und in der Rinde der Nuß das Wort Krakatuk mit chinesischen Charakteren eingegraben fand. Die Freude der Reisenden war groß, und der Vetter der glücklichste Mensch unter der Sonne, als Droßelmeier ihm versicherte, daß sein Glück gemacht sei, da er außer einer ansehnlichen Pension hinfüro alles Gold zum Vergolden umsonst erhalten werde. Beide, der Arkanist und der Astronom, hatten schon die Schlafmützen aufgesetzt und wollten zu Bette gehen, als letzterer, nämlich der Astronom, also anhob: „Bester Herr Kollege ein Glück kommt nie allein – Glauben Sie, nicht nur die Nuß Krakatuk, sondern auch den jungen Mann, der sie aufbeißt und den Schönheitskern der Prinzessin darreicht, haben wir gefunden! – Ich meine niemanden anders, als den Sohn Ihres Herrn Vetters! – Nein, nicht schlafen will ich", fuhr er begeistert fort, „sondern noch in dieser Nacht des Jünglings Horoskop stellen!" – Damit riß er die Nachtmütze vom Kopf und fing gleich an zu observieren. – Des Vetters Sohn war in der Tat ein netter wohlgewachsener Junge, der noch nie rasiert worden und niemals Stiefel getragen. In früher Jugend war er zwar ein paar Weihnachten hindurch ein Hampelmann gewesen, das merkte man ihm aber nicht im mindesten an, so war er durch des Vaters Bemühungen ausgebildet worden. An den Weihnachtstagen trug er einen schönen roten Rock mit Gold, einen Degen, den Hut unter dem Arm und eine vorzügliche Frisur mit einem Haarbeutel. So stand er sehr glänzend in seines Vaters Bude und knackte aus angeborner Galanterie den jungen Mädchen die Nüsse auf, weshalb sie ihn auch schön Nußknackerchen nannten. – Den andern Morgen fiel der Astronom dem Arkanisten entzückt um den Hals und rief: „Er ist es, wir haben ihn, er ist

gefunden; nur zwei Dinge, liebster Kollege, dürfen wir nicht außer acht lassen. Fürs erste müssen Sie Ihrem vortrefflichen Neffen einen robusten hölzernen Zopf flechten, der mit dem untern Kinnbacken so in Verbindung steht, daß dieser dadurch stark angezogen werden kann; dann müssen wir aber, kommen wir nach der Residenz, auch sorgfältig verschweigen, daß wir den jungen Mann, der die Nuß Krakatuk aufbeißt, gleich mitgebracht haben; er muß sich vielmehr lange nach uns einfinden. Ich lese in dem Horoskop, daß der König, zerbeißen sich erst einige die Zähne ohne weitern Erfolg, dem, der die Nuß aufbeißt und der Prinzessin die verlorene Schönheit wiedergibt, Prinzessin und Nachfolge im Reich zum Lohn versprechen wird." Der Vetter Puppendrechsler war gar höchlich damit zufrieden, daß sein Söhnchen die Prinzessin Pirlipat heiraten und Prinz und König werden sollte, und überließ ihn daher den Gesandten gänzlich. Der Zopf, den Droßelmeier dem jungen hoffnungsvollen Neffen ansetzte, geriet überaus wohl, so daß er mit dem Aufbeißen der härtesten Pfirsichkerne die glänzendsten Versuche anstellte.
Da Droßelmeier und der Astronom das Auffinden der Nuß Krakatuk sogleich nach der Residenz berichtet, so waren dort auch auf der Stelle die nötigen Aufforderungen erlassen worden, und als die Reisenden mit dem Schönheitsmittel ankamen, hatten sich schon viele hübsche Leute, unter denen es sogar Prinzen gab, eingefunden, die ihrem gesunden Gebiß vertrauend, die Entzauberung der Prinzessin versuchen wollten. Die Gesandten erschraken nicht wenig, als sie die Prinzessin wiedersahen. Der kleine Körper mit den winzigen Händchen und Füßchen konnte kaum den unförmlichen Kopf tragen. Die Häßlichkeit des Gesichts wurde noch durch einen weißen baumwollenen Bart vermehrt, der sich um Mund und Kinn gelegt hatte. Es kam alles so, wie es der Hofastronom im Horoskop gelesen. Ein Milchbart in Schuhen nach dem andern biß sich an der Nuß Krakatuk Zähne und Kinnbacken wund, ohne der Prinzessin im mindesten zu helfen, und wenn er dann von den dazu bestellten Zahnärzten halb ohnmächtig weggetragen wurde, seufzte er: „Das war eine harte Nuß!" – Als nun der König in der Angst seines Herzens dem, der die Entzauberung vollenden werde, Tochter und Reich versprochen, meldete sich der artige sanfte Jüngling Droßelmeier und bat auch den Versuch beginnen zu dürfen. Keiner als der junge Droßelmeier hatte so sehr der Prinzessin Pirlipat gefallen; sie legte die kleinen Händchen auf das Herz, und seufzte recht innig; „Ach wenn es doch *der* wäre,

der die Nuß Krakatuk wirklich aufbeißt und mein Mann wird." Nachdem der junge Droßelmeier den König und die Königin, dann aber die Prinzessin Pirlipat, sehr höflich gegrüßt, empfing er aus den Händen des Oberzeremonienmeisters die Nuß Krakatuk, nahm sie ohne weiteres zwischen die Zähne, zog stark den Zopf an, und Krak – Krak zerbröckelte die Schale in viele Stücke. Geschickt reinigte er den Kern von den noch daran hängenden Fasern und überreichte ihn mit einem untertänigen Kratzfuß der Prinzessin, worauf er die Augen verschloß und rückwärts zu schreiten begann. Die Prinzessin verschluckte alsbald den Kern und o Wunder! – verschwunden war die Mißgestalt, und statt ihrer stand ein engelschönes Frauenbild da, das Gesicht wie von lilienweißen und rosaroten Seidenflocken gewebt, die Augen wie glänzende Azure, die vollen Locken wie von Goldfaden gekräuselt. Trompeten und Pauken mischten sich in den lauten Jubel des Volks. Der König, sein ganzer Hof, tanzte wie bei Pirlipats Geburt auf einem Beine, und die Königin mußte mit *Eau de Cologne* bedient werden, weil sie in Ohnmacht gefallen vor Freude und Entzücken. Der große Tumult brachte den jungen Droßelmeier, der noch seine sieben Schritte zu vollenden hatte, nicht wenig aus der Fassung, doch hielt er sich und streckte eben den rechten Fuß aus zum siebenten Schritt, da erhob sich, häßlich piepend und quiekend, Frau Mauserinks aus dem Fußboden, so daß Droßelmeier, als er den Fuß niedersetzen wollte, auf sie trat und dermaßen stolperte, daß er beinahe gefallen wäre. – O Mißgeschick! – urplötzlich war der Jüngling ebenso mißgestaltet, als es vorher Prinzessin Pirlipat gewesen. Der Körper war zusammengeschrumpft und konnte kaum den dicken ungestalteten Kopf mit großen hervorstechenden Augen und dem breiten entsetzlich aufgähnenden Maule tragen. Statt des Zopfes hing ihm hinten ein schmaler hölzerner Mantel herab, mit dem er den untern Kinnbacken regierte. – Uhrmacher und Astronom waren außer sich vor Schreck und Entsetzen, sie sahen aber wie Frau Mauserinks sich blutend auf dem Boden wälzte. Ihre Bosheit war nicht ungerächt geblieben, denn der junge Droßelmeier hatte sie mit dem spitzen Absatz seines Schuhes so derb in den Hals getroffen, daß sie sterben mußte. Aber indem Frau Mauserinks von der Todesnot erfaßt wurde, da piepte und quiekte sie ganz erbärmlich: „O Krakatuk, harte Nuß – an der ich nun sterben muß – hi hi – pipi fein Nußknakkerlein wirst auch bald des Todes sein – Söhnlein mit den sieben Kronen, wird's dem Nußknacker lohnen, wird die Mutter rächen fein, an dir du klein Nußknackerlein – o Leben so frisch und rot, von dir scheid ich, o Todesnot! – Quiek" – Mit diesem Schrei starb Frau Mauserinks und wurde von dem königlichen Ofenheizer fortgebracht. – Um den jungen Droßelmeier hatte sich niemand bekümmert, die Prinzessin erinnerte aber den König an sein Versprechen, und sogleich befahl er, daß man den jungen Helden herbeischaffe. Als nun aber der Unglückliche in seiner Mißgestalt hervortrat, da hielt die Prinzessin beide Hände vors Gesicht und schrie: „Fort, fort mit dem abscheulichen Nußknacker!" Alsbald ergriff ihn auch der Hofmarschall bei den kleinen Schultern und warf ihn zur Tür heraus. Der König war voller Wut, daß man ihm habe einen Nußknacker als Eidam aufdringen wollen, schob alles auf das Ungeschick des Uhrmachers und des Astronomen, und verwies beide auf ewige Zeiten aus der Residenz. Das hatte nun nicht in dem Horoskop gestanden, welches der Astronom in Nürnberg gestellt, er ließ sich aber nicht abhalten, aufs neue zu observieren und da wollte er in den Sternen lesen, daß der junge Droßelmeier sich in seinem neuen Stande so gut nehmen werde, daß er trotz seiner Ungestalt Prinz und König werden würde. Seine Mißgestalt könne aber nur dann verschwinden, wenn der Sohn der Frau Mauserinks, den sie nach dem Tode ihrer sieben Söhne mit sieben Köpfen geboren, und welcher Mausekönig geworden, von seiner Hand gefallen sei, und eine Dame ihn, trotz seiner Mißgestalt, lieb gewinnen werde. Man soll denn auch wirklich den jungen Droßelmeier in Nürnberg zur Weihnachtszeit in seines Vaters Bude, zwar als Nußknacker, aber doch als Prinzen gesehen haben! – Das ist, ihr Kinder! das Märchen von der harten Nuß, und ihr wißt nun, warum die Leute so oft sagen: „Das war eine harte Nuß!" und wie es kommt, daß die Nußknacker so häßlich sind. –

So schloß der Obergerichtsrat seine Erzählung. Marie meinte, daß die Prinzessin Pirlipat doch eigentlich ein garstiges undankbares Ding sei; Fritz versicherte dagegen, daß, wenn Nußknacker nur sonst ein braver Kerl sein wolle, er mit dem Mausekönig nicht viel Federlesen machen, und seine vorige hübsche Gestalt bald wieder erlangen werde.

Onkel und Neffe.

Hat jemand von meinen hochverehrtesten Lesern oder Zuhörern jemals den Zufall erlebt, sich mit Glas zu schneiden, so wird er selbst wissen, wie wehe es tut, und welch schlimmes Ding es überhaupt ist, da es so langsam heilt. Hatte doch Marie beinahe eine ganze Woche im Bett zubringen müssen, weil es ihr immer ganz schwindlicht zumute wurde, sobald sie aufstand. Endlich aber wurde sie ganz gesund, und konnte lustig, wie sonst, in der Stube umherspringen. Im Glasschrank sah es ganz hübsch aus, denn neu und blank standen da, Bäume und Blumen und Häuser, und schöne glänzende Puppen. Vor allen Dingen fand Marie ihren lieben Nußknacker wieder, der, in dem zweiten Fache stehend, mit ganz gesunden Zähnchen sie anlächelte. Als sie nun den Liebling so recht mit Herzenslust anblickte, da fiel es ihr mit einemmal sehr bänglich aufs Herz, daß alles, was Pate Droßelmeier erzählt habe, ja nur die Geschichte des Nußknackers und seines Zwistes mit der Frau Mauserinks und ihrem Sohne gewesen. Nun wußte sie, daß ihr Nußknacker kein anderer sein könne, als der junge Droßelmeier aus Nürnberg, des Pate Droßelmeiers angenehmer, aber leider von der Frau Mauserinks verhexter Neffe. Denn daß der künstliche Uhrmacher am Hofe von Pirlipats Vater niemand anders gewesen, als der Obergerichtsrat Droßelmeier selbst, daran hatte Marie schon bei der Erzählung nicht einen Augenblick gezweifelt. „Aber warum half dir der Onkel denn nicht, warum half er dir nicht", so klagte Marie, als sich es immer lebendiger und lebendiger in ihr gestaltete, daß es in jener Schlacht, die sie mit ansah, Nußknackers Reich und Krone galt. Waren denn nicht alle übrigen Puppen ihm untertan, und war es denn nicht gewiß, daß die Prophezeiung des Hofastronomen eingetroffen, und der junge Droßelmeier König des Puppenreichs geworden? Indem die kluge Marie das alles so recht im Sinn erwägte, glaubte sie auch, daß Nußknacker und seine Vasallen in dem Augenblick, daß sie ihnen Leben und Bewegung zutraute, auch wirklich leben und sich bewegen müßten. Dem war aber nicht so, alles im Schranke blieb vielmehr starr und regungslos, und Marie weit entfernt, ihre innere Überzeugung aufzugeben, schob das nur auf die fortwirkende Verhexung der Frau Mauserinks und ihres siebenköpfigen Sohnes. „Doch", sprach sie laut zum Nußknacker: „wenn Sie auch nicht imstande sind, sich zu bewegen, oder ein Wörtchen mit mir zu sprechen, lieber Herr Droßelmeier! so weiß ich doch, daß Sie mich verstehen, und es wissen, wie gut ich es mit Ihnen meine; rechnen Sie auf meinen Beistand, wenn Sie dessen bedürfen. – Wenigstens will ich den Onkel bitten, daß er Ihnen mit seiner Geschicklichkeit beispringe, wo es nötig ist." Nußknacker blieb still und ruhig, aber Marien war es so, als atme ein leiser Seufzer durch den Glasschrank, wovon die Glasscheiben kaum hörbar, aber wunderlieblich ertönten, und es war, als sänge ein kleines Glockenstimmchen: „Maria klein – Schutzenglein mein – Dein werd ich sein – Maria mein." Marie fühlte in den eiskalten Schauern, die sie überliefen, doch ein seltsames Wohlbehagen. Die Dämmerung war eingebrochen, der Medizinalrat trat mit dem Paten Droßelmeier hinein, und nicht lange dauerte es, so hatte Luise den Teetisch geordnet, und die Familie saß ringsumher, allerlei Lustiges miteinander sprechend. Marie hatte ganz still ihr kleines Lehnstühlchen herbeigeholt, und sich zu den Füßen des Paten Droßelmeier gesetzt. Als nun gerade einmal alle schwiegen, da sah Marie mit ihren großen blauen Augen dem Obergerichtsrat starr ins Gesicht und sprach: „Ich weiß jetzt, lieber Pate Droßelmeier, daß mein Nußknacker dein Neffe, der junge Droßelmeier aus Nürnberg ist; Prinz, oder vielmehr König ist er geworden, das ist richtig eingetroffen, wie es dein Begleiter, der Astronom, vorausgesagt hat; aber du weißt es ja, daß er mit dem Sohne der Frau Mauserinks, mit dem häßlichen Mausekönig, in offnem Kriege steht. Warum hilfst du ihm nicht?" Marie erzählte nun nochmals den ganzen Verlauf der Schlacht, wie sie es angesehen, und wurde oft durch das laute Gelächter der Mutter und Luisens unterbrochen. Nur Fritz und Droßelmeier blieben ernsthaft. „Aber wo kriegt das Mädchen all das tolle Zeug in den Kopf", sagte der Medizinalrat. „Ei nun", erwiderte die Mutter, „hat sie doch eine lebhafte Fantasie – eigentlich sind es nur Träume, die das heftige Wundfieber erzeugte." – „Es ist alles nicht wahr", sprach Fritz, „solche poltrons sind meine roten Husaren nicht, Potz Bassa Manelka, wie würd ich sonst darunterfahren." Seltsam lächelnd nahm aber Pate Droßelmeier die kleine Marie auf den Schoß, und sprach sanfter als je: „Ei, dir liebe Marie ist ja mehr gegeben, als mir und uns allen; du bist, wie Pirlipat, eine geborne Prinzessin, denn du regierst in einem schönen blanken Reich.– Aber viel hast du zu leiden, wenn du dich des armen mißgestalteten Nußknackers annehmen willst, da ihn der Mausekönig auf allen Wegen und Stegen verfolgt. – Doch nicht ich – du, du allein kannst ihn retten, sei standhaft und treu." Weder Marie noch irgend jemand wußte, was Droßelmeier mit diesen Worten sagen wollte, vielmehr kam es dem Medizinalrat so sonderbar vor, daß er dem Obergerichtsrat an den Puls fühlte und sagte: „Sie haben, wertester Freund, starke Kongestionen nach dem Kopfe, ich will Ihnen etwas aufschreiben." Nur die Medizinalrätin schüttelte bedächtig den Kopf, und sprach leise: „Ich ahne wohl, was der Obergerichtsrat meint, doch mit deutlichen Worten sagen kann ich's nicht."

Der Sieg.

Nicht lange dauerte es, als Marie in der mondhellen Nacht durch ein seltsames Poltern geweckt wurde, das aus einer Ecke des Zimmers zu kommen schien. Es war, als würden kleine Steine hin und her geworfen und gerollt, und recht widrig pfiff und quiekte es dazwischen. „Ach die Mäuse, die Mäuse kommen wieder", rief Marie erschrocken, und wollte die Mutter wecken, aber jeder Laut stockte, ja sie vermochte kein Glied zu regen, als sie sah, wie der Mausekönig sich durch ein Loch der Mauer hervorarbeitete, und endlich mit funkelnden Augen und Kronen im Zimmer herum, dann aber mit einem gewaltigen Satz auf den kleinen Tisch, der dicht neben Mariens Bette stand, heraufsprang. „Hi – hi – hi – mußt mir deine Zuckererbsen – deinen Marzipan geben, klein Ding – sonst zerbeiß ich deinen Nußknacker – deinen Nußknacker!" So pfiff Mausekönig, knapperte und knirschte dabei sehr häßlich mit den Zähnen, und sprang dann schnell wieder fort durch das Mauerloch. Marie war so geängstet von der graulichen Erscheinung, daß sie den andern Morgen ganz blaß aussah, und im Innersten aufgeregt, kaum ein Wort zu reden vermochte. Hundertmal wollte sie der Mutter oder der Luise, oder wenigstens dem Fritz klagen, was ihr geschehen, aber sie dachte: „Glaubt's mir denn einer, und werd ich nicht obendrein tüchtig ausgelacht?" – Das war ihr denn aber wohl klar, daß sie um den Nußknacker zu retten, Zuckererbsen und Marzipan hergeben müsse. So viel sie davon besaß, legte sie daher den andern Abend hin vor der Leiste des Schranks. Am Morgen sagte die Medizinalrätin: „Ich weiß nicht, woher die Mäuse mit einemmal in unser Wohnzimmer kommen, sieh nur, arme Marie! sie haben dir all dein Zuckerwerk aufgefressen." Wirklich war es so. Den gefüllten Marzipan hatte der gefräßige Mausekönig nicht nach seinem Geschmack gefunden, aber mit scharfen Zähnen benagt, so daß er weggeworfen werden mußte. Marie machte sich gar nichts mehr aus dem Zuckerwerk, sondern war vielmehr im Innersten erfreut, da sie ihren Nußknacker gerettet glaubte. Doch wie ward ihr, als in der folgenden Nacht es dicht an ihren Ohren pfiff und quiekte. Ach der Mausekönig war wieder da, und noch abscheulicher, wie in der vorvorigen Nacht, funkelten seine Augen, und noch widriger pfiff er zwischen den Zähnen. „Mußt mir deine Zucker-, deine Dragantpuppen geben, klein Ding, sonst zerbeiß ich deinen Nußknacker, deinen Nußknacker", und damit sprang der grauliche Mausekönig fort! – Marie war sehr betrübt, sie ging den andern Morgen an den Schrank, und sah mit den wehmütigsten Blicken ihre Zucker- und Dragantpüppchen an. Aber ihr Schmerz war auch gerecht, denn nicht glauben magst du's, meine aufmerksame Zuhörerin Marie! was für allerliebste Figürchen aus Zucker oder Dragant geformt die kleine Marie Stahlbaum besaß. Nächstdem, daß ein sehr hübscher Schäfer mit seiner Schäferin eine ganze Herde milchweißer Schäflein weidete, und dabei sein muntres Hündchen herumsprang, so traten auch zwei Briefträger mit Briefen in der Hand einher, und vier sehr hübsche Paare, sauber gekleidete Jünglinge mit überaus herrlich geputzten Mädchen schaukelten sich in einer russischen Schaukel. Hinter einigen Tänzern stand noch der Pachter Feldkümmel mit der Jungfrau von Orleans, aus denen sich Marie nicht viel machte, aber ganz im Winkelchen stand ein rotbäckiges Kindlein, Mariens Liebling, die Tränen stürzten der kleinen Marie aus den Augen. „Ach", rief sie, sich zu dem Nußknacker wendend, „lieber Herr Droßelmeier, was will ich nicht alles tun, um Sie zu retten; aber es ist doch sehr hart!" – Nußknacker sah indessen so weinerlich aus, daß Marie, da es überdem ihr war, als sähe sie Mausekönigs sieben Rachen geöffnet, den unglücklichen Jüngling zu verschlingen, alles aufzuopfern beschloß. Alle Zuckerpüppchen setzte sie daher abends, wie zuvor das Zuckerwerk, an die Leiste des Schranks. Sie küßte den Schäfer, die Schäferin, die Lämmerchen, und holte auch zuletzt ihren Liebling, das kleine rotbäckige Kindlein von Dragant aus dem Winkel, welches sie jedoch ganz hinterwärts stellte. Pachter Feldkümmel und die Jungfrau von Orleans mußten in die erste Reihe. „Nein das ist zu arg“, rief die Medizinalrätin am andern Morgen. „Es muß durchaus eine große garstige Maus in dem Glasschrank hausen, denn alle schönen Zuckerpüppchen der armen Marie sind zernagt und zerbissen.“ Marie konnte sich zwar der Tränen nicht enthalten, sie lächelte aber doch bald wieder, denn sie dachte: „Was tut’s, ist doch Nußknacker gerettet.“ Der Medizinalrat sagte am Abend, als die Mutter dem Obergerichtsrat von dem Unfug erzählte, den eine Maus im Glasschrank der Kinder treibe: „Es ist doch aber abscheulich, daß wir die fatale Maus nicht vertilgen können, die im Glasschrank so ihr Wesen treibt, und der armen Marie alles Zuckerwerk wegfrißt.“ – „Ei,“, fiel Fritz ganz lustig ein: „Der Bäcker unten hat einen ganz vortrefflichen grauen Legationsrat, den will ich heraufholen. Er wird dem Dinge bald ein Ende machen, und der Maus den Kopf abbeißen, ist sie auch die Frau Mauserinks selbst, oder ihr Sohn, der Mausekönig.“ – „Und“, fuhr die Medizinalrätin lachend fort, „auf Stühle und Tische herumspringen, und Gläser und Tassen herabwerfen und tausend andern Schaden anrichten.“ – „Ach nein doch“, erwiderte Fritz, „Bäckers Legationsrat ist ein geschickter Mann, ich möchte nur so zierlich auf dem spitzen Dach gehen können, wie er.“ – „Nur keinen Kater zur Nachtzeit“, bat Luise, die keine Katzen leiden konnte. „Eigentlich“, sprach der Medizinalrat, „eigentlich hat Fritz recht, indessen können wir ja auch eine Falle aufstellen; haben wir denn keine?“ – „Die kann uns Pate Droßelmeier am besten machen, der hat sie ja erfunden“, rief Fritz. Alle lachten, und auf die Versicherung der Medizinalrätin, daß keine Falle im Hause sei, verkündete der Obergerichtsrat, daß er mehrere dergleichen besitze, und ließ wirklich zur Stunde eine ganz vortreffliche Mausefalle von Hause herbeiholen. Dem Fritz und der Marie ging nun des Paten Märchen von der harten Nuß ganz lebendig auf. Als die Köchin den Speck röstete, zitterte und bebte Marie, und sprach ganz erfüllt von dem Märchen und den Wunderdingen darin, zur wohlbekannten Dore: „Ach Frau Königin, hüten Sie sich doch nur vor der Frau Mauserinks und ihrer Familie.“ Fritz hatte aber seinen Säbel gezogen, und sprach: „Ja die sollten nur kommen, denen wollt ich eins auswischen.“ Es blieb aber alles unter und auf dem Herde ruhig. Als nun der Obergerichtsrat den Speck an ein feines Fädchen band, und leise, leise die Falle an den Glasschrank setzte, da rief Fritz: „Nimm dich in acht, Pate Uhrmacher, daß dir Mausekönig keinen Possen spielt.“ – Ach wie ging es der armen Marie in der folgenden Nacht! Eiskalt tupfte es auf ihrem Arm hin und her, und rauh und ekelhaft legte es sich an ihre Wange, und piepte und quiekte ihr ins Ohr. – Der abscheuliche Mausekönig saß auf ihrer Schulter, und blutrot geiferte er aus den sieben geöffneten Rachen, und mit den Zähnen knatternd und knirschend, zischte er der vor Grauen und Schreck erstarrten Marie ins Ohr: „Zisch aus – zisch aus, geh nicht ins Haus – geh nicht zum Schmaus – werd nicht gefangen – zisch aus – gib heraus, gib heraus, deine Bilderbücher all, dein Kleidchen dazu, sonst hast keine Ruh – magst's nur wissen, Nußknackerlein wirst sonst missen, der wird zerbissen – hi hi – pi pi – quiek quiek!" – Nun war Marie voll Jammer und Betrübnis – sie sah ganz blaß und verstört aus, als die Mutter am andern Morgen sagte: „Die böse Maus hat sich noch nicht gefangen", so daß die Mutter in dem Glauben, daß Marie um ihr Zuckerwerk traure, und sich überdem vor der Maus fürchte, hinzufügte: „Aber sei nur ruhig, liebes Kind, die böse Maus wollen wir schon vertreiben. Helfen die Fallen nichts, so soll Fritz seinen grauen Legationsrat herbeibringen." Kaum befand sich Marie im Wohnzimmer allein, als sie vor den Glasschrank trat, und schluchzend also zum Nußknacker sprach: „Ach mein lieber guter Herr Droßelmeier, was kann ich armes unglückliches Mädchen für Sie tun? – Gäb ich nun auch alle meine Bilderbücher, ja selbst mein schönes, neues Kleidchen, das mir der heilige Christ einbeschert hat, dem abscheulichen Mausekönig zum Zerbeißen her, wird er denn nicht doch noch immer mehr verlangen, so daß ich zuletzt nichts mehr haben werde, und er gar mich selbst statt Ihrer zerbeißen wollen wird? – O ich armes Kind, was soll ich denn nun tun – was soll ich denn nun tun?" – Als die kleine Marie so jammerte und klagte, bemerkte sie, daß dem Nußknacker von jener Nacht her ein großer Blutfleck am Halse sitzen geblieben war. Seit der Zeit, daß Marie wußte, wie ihr Nußknacker eigentlich der junge Droßelmeier, des Obergerichtsrats Neffe sei, trug sie ihn nicht mehr auf dem Arm, und herzte und küßte ihn nicht mehr, ja sie mochte ihn aus einer gewissen Scheu gar nicht einmal viel anrühren; jetzt nahm sie ihn aber sehr behutsam aus dem Fache, und fing an, den Blutfleck am Halse mit ihrem Schnupftuch abzureiben. Aber wie ward ihr, als sie plötzlich fühlte, daß Nußknackerlein in ihrer Hand erwarmte und sich zu regen begann. Schnell setzte sie ihn wieder ins Fach, da wakkelte das Mündchen hin und her, und mühsam lispelte Nußknackerlein: „Ach, werteste Demoiselle Stahlbaum – vortreffliche Freundin, was verdanke ich Ihnen alles – Nein, kein Bilderbuch, kein Christkleidchen sollen Sie für mich opfern – schaffen Sie nur ein Schwert – ein Schwert, für das übrige will ich sorgen, mag er –“ Hier ging dem Nußknacker die Sprache aus, und seine erst zum Ausdruck der innigsten Wehmut beseelten Augen wurden wieder starr und leblos. Marie empfand gar kein Grauen, vielmehr hüpfte sie vor Freuden, da sie nun ein Mittel wußte, den Nußknacker ohne weitere schmerzhafte Aufopferung zu retten. Aber wo nun ein Schwert für den Kleinen hernehmen? – Marie beschloß, Fritzen zu Rate zu ziehen, und erzählte ihm abends, als sie, da die Eltern ausgegangen, einsam in der Wohnstube am Glasschrank saßen, alles, was ihr mit dem Nußknacker und dem Mausekönig widerfahren, und worauf es nun ankomme, den Nußknacker zu retten. Über nichts wurde Fritz nachdenklicher, als darüber, daß sich, nach Mariens Bericht, seine Husaren in der Schlacht so schlecht genommen haben sollten. Er frug noch einmal sehr ernst, ob es sich wirklich so verhalte, und nachdem es Marie auf ihr Wort versichert, so ging Fritz schnell nach dem Glasschrank, hielt seinen Husaren eine pathetische Rede, und schnitt dann, zur Strafe ihrer Selbstsucht und Feigheit, einem nach dem andern das Feldzeichen von der Mütze, und untersagte ihnen auch, binnen einem Jahr den Gardehusarenmarsch zu blasen. Nachdem er sein Strafamt vollendet, wandte er sich wieder zu Marien, sprechend: „Was den Säbel betrifft, so kann ich dem Nußknacker helfen, da ich einen alten Obristen von den Kürassiers gestern mit Pension in Ruhestand versetzt habe, der folglich seinen schönen scharfen Säbel nicht mehr braucht.“ Besagter Obrister verzehrte die ihm von Fritzen angewiesene Pension in der hintersten Ecke des dritten Faches. Dort wurde er hervorgeholt, ihm der in der Tat schmucke silberne Säbel abgenommen, und dem Nußknacker umgehängt.

Vor bangem Grauen konnte Marie in der folgenden Nacht nicht einschlafen, es war ihr um Mitternacht so, als höre sie im Wohnzimmer ein seltsames Rumoren, Klirren und Rauschen. – Mit einemmal ging es: „Quiek!“ – „Der Mausekönig! der Mausekönig!“ rief Marie, und sprang voll Entsetzen aus dem Bette. Alles blieb still; aber bald klopfte es leise, leise an die Türe, und ein feines Stimmchen ließ sich vernehmen: „Allerbeste Demoiselle Stahlbaum, machen Sie nur getrost auf – gute fröhliche Botschaft!“ Marie erkannte die Stimme des jungen Droßelmeier, warf ihr Röckchen über, und öffnete flugs die Türe. Nußknackerlein stand draußen, das blutige Schwert in der rechten, ein Wachslichtchen in der linken Hand. Sowie er Marien erblickte, ließ er sich auf ein Knie nieder, und sprach also: „Ihr, o Dame! seid es allein, die mich mit Rittermut stählte, und meinem Arme Kraft gab, den Übermütigen zu bekämpfen, der es wagte, Euch zu höhnen. Überwunden liegt der verräterische Mausekönig und wälzt sich in seinem Blute! – Wollet, o Dame, die Zeichen des Sieges aus der Hand Eures Euch bis in den Tod ergebenen Ritters anzunehmen nicht verschmähen!“ Damit streifte Nußknackerchen die sieben goldenen Kronen des Mausekönigs, die er auf den linken Arm heraufgestreift hatte, sehr geschickt herunter, und überreichte sie Marien, welche sie voller Freude annahm. Nußknacker stand auf, und fuhr also fort: „Ach meine allerbeste Demoiselle Stahlbaum, was könnte ich in diesem Augenblicke, da ich meinen Feind überwunden, Sie für herrliche Dinge schauen lassen, wenn Sie die Gewogenheit hätten, mir nun ein paar Schrittchen zu folgen! – O tun Sie es – tun Sie es, beste Demoiselle!“

Das Puppenreich.

Ich glaube, keins von euch, ihr Kinder, hätte auch nur einen Augenblick angestanden, dem ehrlichen gutmütigen Nußknacker, der nie Böses im Sinn haben konnte, zu folgen. Marie tat dies um so mehr, da sie wohl wußte, wie sehr sie auf Nußknackers Dankbarkeit Anspruch machen könne, und überzeugt war, daß er Wort halten, und viel Herrliches ihr zeigen werde. Sie sprach daher: „Ich gehe mit Ihnen, Herr Droßelmeier, doch muß es nicht weit sein und nicht lange dauern, da ich ja noch gar nicht ausgeschlafen habe.“ – „Ich wähle deshalb“, erwiderte Nußknacker, „den nächsten, wiewohl etwas beschwerlichen Weg.“ Er schritt voran, Marie ihm nach, bis er vor dem alten mächtigen Kleiderschrank auf dem Hausflur stehenblieb. Marie wurde zu ihrem Erstaunen gewahr, daß die Türen dieses sonst wohl verschlossenen Schranks offenstanden, so daß sie deutlich des Vaters Reisefuchspelz erblickte, der ganz vorne hing. Nußknacker kletterte sehr geschickt an den Leisten und Verzierungen herauf, daß er die große Troddel, die an einer dicken Schnur befestigt, auf dem Rückteile des Pelzes hing, erfassen konnte. Sowie Nußknacker diese Troddel stark anzog, ließ sich schnell eine sehr zierliche Treppe von Zedernholz durch den Pelzärmel herab. „Steigen Sie nur gefälligst aufwärts, teuerste Demoiselle“, rief Nußknacker. Marie tat es, aber kaum war sie durch den Ärmel gestiegen, kaum sah sie zum Kragen heraus, als ein blendendes Licht ihr entgegenstrahlte, und sie mit einemmal auf einer herrlich duftenden Wiese stand, von der Millionen Funken, wie blinkende Edelsteine emporstrahlten. „Wir befinden uns auf der Kandiswiese“, sprach Nußknacker, „wollen aber alsbald jenes Tor passieren.“ Nun wurde Marie, indem sie aufblickte, erst das schöne Tor gewahr, welches sich nur wenige Schritte vorwärts auf der Wiese erhob. Es schien ganz von weiß, braun und rosinfarben gesprenkeltem Marmor erbaut zu sein, aber als Marie näher kam, sah sie wohl, daß die ganze Masse aus zusammengebackenen Zuckermandeln und Rosinen bestand, weshalb denn auch, wie Nußknacker versicherte, das Tor, durch welches sie nun durchgingen, das Mandeln- und Rosinentor hieß. Gemeine Leute hießen es sehr unziemlich: die Studentenfutterpforte. Auf einer herausgebauten Galerie dieses Tores, augenscheinlich aus Gerstenzucker, machten sechs in rote Wämserchen gekleidete Äffchen die allerschönste Janitscharenmusik, die man hören konnte, so daß Marie kaum bemerkte, wie sie immer weiter, weiter auf bunten Marmorfliesen, die aber nichts anders waren, als schön gearbeitete Morschellen, fortschritt. Bald umwehten sie die süßesten Gerüche, die aus einem wunderbaren Wäldchen strömten, das sich von beiden Seiten auftat. In dem dunkeln Laube glänzte und funkelte es so hell hervor, daß man deutlich sehen konnte, wie goldene und silberne Früchte an buntgefärbten Stengeln herabhingen, und Stamm und Äste sich mit Bändern und Blumensträußen geschmückt hatten, gleich fröhlichen Brautleuten und lustigen Hochzeitsgästen. Und wenn die Orangendüfte sich wie wallende Zephire rührten, da sauste es in den Zweigen und Blättern, und das Rauschgold knitterte und knatterte, daß es klang wie jubelnde Musik, nach der die funkelnden Lichterchen hüpfen und tanzen müßten. „Ach, wie schön ist es hier“, rief Marie ganz selig und entzückt. „Wir sind im Weihnachtswalde, beste Demoiselle“, sprach Nußknakkerlein. „Ach“, fuhr Marie fort, „dürft ich hier nur etwas verweilen, o es ist ja hier gar zu schön.“ Nußknacker klatschte in die kleinen Händchen und sogleich kamen einige kleine Schäfer und Schäferinnen, Jäger und Jägerinnen herbei, die so zart und weiß waren, daß man hätte glauben sollen, sie wären von purem Zucker und die

Marie, unerachtet sie im Walde umherspazierten, noch nicht bemerkt hatte. Sie brachten einen allerliebsten ganz goldenen Lehnsessel herbei, legten ein weißes Kissen von Reglisse darauf, und luden Marien sehr höflich ein, sich darauf niederzulassen. Kaum hatte sie es getan, als Schäfer und Schäferinnen ein sehr artiges Ballett tanzten, wozu die Jäger ganz manierlich bliesen, dann verschwanden sie aber alle in dem Gebüsche. „Verzeihen Sie", sprach Nußknacker, „verzeihen Sie, werteste Demoiselle Stahlbaum, daß der Tanz so miserabel ausfiel, aber die Leute waren alle von unserem Drahtballett, die können nichts anders machen als immer und ewig dasselbe; und daß die Jäger so schläfrig und flau dazu bliesen, das hat auch seine Ursachen. Der Zuckerkorb hängt zwar über ihrer Nase in den Weihnachtsbäumen, aber etwas hoch! – Doch wollen wir nicht was weniges weiter spazieren?" – „Ach es war doch alles recht hübsch und mir hat es sehr wohl gefallen!" so sprach Marie, indem sie aufstand und dem voranschreitenden Nußknacker folgte. Sie gingen entlang eines süß rauschenden, flüsternden Baches, aus dem nun eben all die herrlichen Wohlgerüche zu duften schienen, die den ganzen Wald erfüllten. „Es ist der Orangenbach", sprach Nußknacker auf Befragen, „doch seinen schönen Duft ausgenommen, gleicht er nicht an Größe und Schönheit dem Limonadenstrom, der sich gleich ihm in den Mandelmilchsee ergießt." In der Tat vernahm Marie bald ein stärkeres Plätschern und Rauschen und erblickte den breiten Limonadenstrom, der sich in stolzen isabellfarbenen Wellen zwischen gleich grün glühenden Karfunkeln leuchtendem Gesträuch fortkräuselte. Eine ausnehmend frische, Brust und Herz stärkende Kühlung wogte aus dem herrlichen Wasser. Nicht weit davon schleppte sich mühsam ein dunkelgelbes Wasser fort, das aber ungemein süße Düfte verbreitete und an dessen Ufer allerlei sehr hübsche Kinderchen saßen, welche kleine dicke Fische angelten und sie alsbald verzehrten. Näher gekommen bemerkte Marie, daß diese Fische aussahen wie Lampertsnüsse. In einiger Entfernung lag ein sehr nettes Dörfchen an diesem Strome, Häuser, Kirche, Pfarrhaus, Scheuern, alles war dunkelbraun, jedoch mit goldenen Dächern geschmückt, auch waren viele Mauern so bunt gemalt, als seien Zitronat und Mandelkerne daraufgeklebt. „Das ist Pfefferkuchenheim", sagte Nußknacker, „welches am Honigstrome liegt, es wohnen ganz hübsche Leute darin, aber sie sind meistens verdrießlich, weil sie sehr an Zahnschmerzen leiden, wir wollen daher nicht erst hineingehen." In dem Augenblick bemerkte Marie ein

Städtchen, das aus lauter bunten durchsichtigen Häusern bestand, und sehr hübsch anzusehen war. Nußknacker ging geradezu darauf los, und nun hörte Marie ein tolles lustiges Getöse und sah wie tausend niedlich kleine Leutchen viele hoch bepackte Wagen, die auf dem Markte hielten, untersuchten und abzupacken im Begriff standen. Was sie aber hervorbrachten, war anzusehen wie buntes gefärbtes Papier und wie Schokoladetafeln. „Wir sind in Bonbonshausen", sagte Nußknacker, „eben ist eine Sendung aus dem Papierlande und vom Schokoladenkönige angekommen. Die armen Bonbonshäuser wurden neulich von der Armee des Mückenadmirals hart bedroht, deshalb überziehen sie ihre Häuser mit den Gaben des Papierlandes und führen Schanzen auf, von den tüchtigen Werkstücken, die ihnen der Schokoladenkönig sandte. Aber beste Demoiselle Stahlbaum, nicht alle kleinen Städte und Dörfer dieses Landes wollen wir besuchen – zur Hauptstadt – zur Hauptstadt!" – Rasch eilte Nußknacker vorwärts, und Marie voller Neugierde ihm nach. Nicht lange dauerte es, so stieg ein herrlicher Rosenduft auf und alles war wie von einem sanften hinhauchenden Rosenschimmer umflossen. Marie bemerkte, daß dies der Widerschein eines rosenrot glänzenden Wassers war, das in kleinen rosasilbernen Wellchen vor ihnen her wie in wunderlieblichen Tönen und Melodien plätscherte und rauschte. Auf diesem anmutigen Gewässer, das sich immer mehr und mehr wie ein großer See ausbreitete, schwammen sehr herrliche silberweiße Schwäne mit goldnen Halsbändern, und sangen miteinander um die Wette die hübschesten Lieder, wozu diamantne Fischlein aus den Rosenfluten auf- und niedertauchten wie im lustigen Tanze. „Ach", rief Marie ganz begeistert aus, „ach das ist der See, wie ihn Pate Droßelmeier mir einst machen wollte, wirklich, und ich selbst bin das Mädchen, das mit den lieben Schwänchen kosen wird." Nußknackerlein lächelte so spöttisch, wie es Marie noch niemals an ihm bemerkt hatte, und sprach dann: „So etwas kann denn doch wohl der Onkel niemals zustande bringen; Sie selbst viel eher, liebe Demoiselle Stahlbaum, doch lassen Sie uns darüber nicht grübeln, sondern vielmehr über den Rosensee hinüber nach der Hauptstadt schiffen."

Die Hauptstadt.

Nußknackerlein klatschte abermals in die kleinen Händchen, da fing der Rosensee an stärker zu rauschen, die Wellen plätscherten höher auf, und Marie nahm wahr, wie aus der Ferne ein aus lauter bunten, sonnenhell funkelnden Eselsteinen geformter Muschelwagen, von zwei goldschuppigen Delphinen gezogen, sich nahte. Zwölf kleine allerliebste Mohren mit Mützchen und Schürzchen, aus glänzenden Kolibrifedern gewebt, sprangen ans Ufer und trugen erst Marien, dann Nußknackern, sanft über die Wellen gleitend, in den Wagen, der sich alsbald durch den See fortbewegte. Ei wie war das so schön, als Marie im Muschelwagen, von Rosenduft umhaucht, von Rosenwellen umflossen, dahinfuhr. Die beiden goldschuppigen Delphine erhoben ihre Nüstern und spritzten kristallene Strahlen hoch in die Höhe, und wie die in flimmernden und funkelnden Bogen niederfielen, da war es, als sängen zwei holde feine Silberstimmchen: „Wer schwimmt auf rosigem See? – die Fee! Mücklein! bim bim Fischlein, sim sim – Schwäne! Schwa schwa, Goldvogel! trarah, Wellenströme – rührt euch, klinget, singet, wehet, spähet – Feelein, Feelein kommt gezogen; Rosenwagen, wühlet, kühlet, spület – spült hinan – hinan!" – Aber die zwölf kleinen Mohren, die hinten auf den Muschelwagen aufgesprungen waren, schienen das Gesinge der Wasserstrahlen ordentlich übel zu nehmen, denn sie schüttelten ihre Sonnenschirme so sehr, daß die Dattelblätter, aus denen sie geformt waren, durcheinander knitterten und knatterten, und dabei stampften sie mit den Füßen einen ganz seltsamen Takt, und sangen: „Klapp und klipp und klipp und klapp, auf und ab – Mohrenreigen darf nicht schweigen; rührt euch Fische – rührt euch Schwäne, dröhne Muschelwagen, dröhne, klapp und klipp und klipp und klapp und auf und ab!" – „Mohren sind gar lustige Leute", sprach Nußknacker etwas betreten, „aber sie werden mir den ganzen See rebellisch machen." In der Tat ging auch bald ein sinnverwirrendes Getöse wunderbarer Stimmen los, die in See und Luft zu schwimmen schienen, doch Marie achtete dessen nicht, sondern sah in die duftenden Rosenwellen, aus deren jeder ihr ein holdes anmutiges Mädchenantlitz entgegenlächelte. „Ach", rief sie freudig, indem sie die kleinen Händchen zusammenschlug: „Ach schauen Sie nur, lieber Herr Droßelmeier! Da unten ist die Prinzessin Pirlipat, die lächelt mich an so wunderhold. – Ach schauen Sie doch nur, lieber Herr Droßelmeier!" – Nußknacker seufzte aber fast kläglich und sagte: „O beste Demoiselle Stahlbaum, das ist nicht die Prinzessin Pirlipat, das sind Sie und immer nur Sie selbst, immer nur Ihr eignes holdes Antlitz, das so lieb aus jeder Rosenwelle lächelt." Da fuhr Marie schnell mit dem Kopf zurück, schloß die Augen fest zu und schämte sich sehr. In demselben Augenblick wurde sie auch von den zwölf Mohren aus dem Muschelwagen gehoben und an das Land getragen. Sie befand sich in einem kleinen Gebüsch, das beinahe noch schöner war als der Weihnachtswald, so glänzte und funkelte alles darin, vorzüglich waren aber die seltsamen Früchte zu bewundern, die an allen Bäumen hingen, und nicht allein seltsam gefärbt waren, sondern auch ganz wunderbar dufteten. „Wir sind im Konfitürenhain", sprach Nußknacker, „aber dort ist die Hauptstadt." Was erblickte Marie nun! Wie werd ich es denn anfangen, euch, ihr Kinder, die Schönheit und Herrlichkeit der Stadt zu beschreiben, die sich jetzt breit über einen reichen Blumenanger hin vor Mariens Augen auftat. Nicht allein daß Mauern und Türme in den herrlichsten Farben prangten, so war auch wohl, was die Form der Gebäude anlangt, gar nichts Ähnliches auf Erden zu finden. Denn statt der Dächer hatten die Häuser zierlich geflochtene Kronen aufgesetzt, und die Türme sich mit dem zierlichsten buntesten Laubwerk bekränzt, das man nur sehen kann. Als sie durch das Tor, welches so aussah, als sei es von lauter Makronen und überzuckerten Früchten erbaut, gingen, präsentierten silberne Soldaten das Gewehr und ein Männlein in einem brokatnen Schlafrock warf sich dem Nußknacker an den Hals mit den Worten: „Willkommen, bester Prinz, willkommen in Konfektburg!" Marie wunderte sich nicht wenig, als sie merkte, daß der junge Droßelmeier von einem sehr vornehmen Mann als Prinz anerkannt wurde. Nun hörte sie aber so viel feine Stimmchen durcheinandertoben, solch ein Gejuchze und Gelächter, solch ein Spielen und Singen, daß sie an nichts anders denken konnte, sondern nur gleich Nußknackerchen fragte, was denn das zu bedeuten habe? „O beste Demoiselle Stahlbaum", erwiderte Nußknacker: „das ist nichts Besonderes, Konfektburg ist eine volkreiche lustige Stadt, da geht's alle Tage so her, kommen Sie aber nur gefälligst weiter." Kaum waren sie einige Schritte gegangen, als sie auf den großen Marktplatz kamen, der den herrlichsten Anblick gewährte. Alle Häuser ringsumher waren von durchbrochener Zuckerarbeit, Galerie über Galerie getürmt, in der Mitte stand ein hoher überzuckerter Baumkuchen als

Obelisk und um ihn her spritzten vier sehr künstliche Fontänen, Orsade, Limonade und andere herrliche süße Getränke in die Lüfte; und in dem Becken sammelte sich lauter Creme, den man gleich hätte auslöffeln mögen. Aber hübscher als alles das, waren die allerliebsten kleinen Leutchen, die sich zu Tausenden Kopf an Kopf durcheinanderdrängten und juchzten und lachten und scherzten und sangen, kurz jenes lustige Getöse erhoben, das Marie schon in der Ferne gehört hatte. Da gab es schöngekleidete Herren und Damen, Armenier und Griechen, Juden und Tiroler, Offiziere und Soldaten, und Prediger und Schäfer und Hanswürste, kurz alle nur mögliche Leute, wie sie in der Welt zu finden sind. An der einen Ecke wurde größer der Tumult, das Volk strömte auseinander, denn eben ließ sich der Großmogul auf einem Palankin vorübertragen, begleitet von dreiundneunzig Großen des Reichs und siebenhundert Sklaven. Es begab sich aber, daß an der andern Ecke die Fischerzunft, an fünfhundert Köpfe stark, ihren Festzug hielt und übel war es auch, daß der türkische Großherr gerade den Einfall hatte, mit dreitausend Janitscharen über den Markt spazierenzureiten, wozu noch der große Zug aus dem unterbrochenen Opferfeste kam, der mit klingendem Spiel und dem Gesange: „Auf danket der mächtigen Sonne", gerade auf den Baumkuchen zuwallte. Das war ein Drängen und Stoßen und Treiben und Gequieke! – Bald gab es auch viel Jammergeschrei, denn ein Fischer hatte im Gedränge einem Brahmin den Kopf abgestoßen und der Großmogul wäre beinahe von einem Hanswurst überrannt worden. Toller und toller wurde der Lärm und man fing bereits an sich zu stoßen und zu prügeln, als der Mann im brokatnen Schlafrock, der am Tor den Nußknacker als Prinz begrüßt hatte, auf den Baumkuchen kletterte, und nachdem eine sehr hell klingende Glocke dreimal angezogen worden, dreimal laut rief: „Konditor! Konditor! – Konditor!" – Sogleich legte sich der Tumult, ein jeder suchte sich zu behelfen, wie er konnte, und nachdem die verwickelten Züge sich entwikkelt hatten, der besudelte Großmogul abgebürstet, und dem Brahmin der Kopf wieder aufgesetzt worden, ging das vorige lustige Getöse aufs neue los. „Was bedeutet das mit dem Konditor, guter Herr Droßelmeier", fragte Marie. „Ach beste Demoiselle Stahlbaum", erwiderte Nußknacker, „Konditor wird hier eine unbekannte, aber sehr grauliche Macht genannt, von der man glaubt, daß sie aus dem Menschen machen könne, was sie wolle; es ist das Verhängnis, welches über dies kleine lustige Volk regiert, und sie fürchten dieses so sehr, daß durch die bloße Nennung des Namens der größte Tumult gestillt werden kann, wie es eben der Herr Bürgermeister bewiesen hat. Ein jeder denkt dann nicht mehr an Irdisches, an Rippenstöße und Kopfbeulen, sondern geht in sich und spricht: Was ist der Mensch und was kann aus ihm werden?" – Eines lauten Rufs der Verwunderung, ja des höchsten Erstaunens konnte sich Marie nicht enthalten, als sie jetzt mit einemmal vor einem in rosenrotem Schimmer hell leuchtenden Schlosse mit hundert luftigen Türmen stand. Nur hin und wieder waren reiche Bouquets von Veilchen, Narzissen, Tulpen, Levkojen auf die Mauern gestreut, deren dunkelbrennende Farben nur die blendende, ins Rosa spielende Weiße des Grundes erhöhten. Die große Kuppel des Mittelgebäudes, sowie die pyramidenförmigen Dächer der Türme waren mit tausend golden und silbern funkelnden Sternlein besäet. „Nun sind wir vor dem Marzipanschloß", sprach Nußknacker. Marie war ganz verloren in dem Anblick des Zauberpalastes, doch entging es ihr nicht, daß das Dach eines großen Turmes gänzlich fehlte, welches kleine Männerchen, die auf einem von Zimmetstangen erbauten Gerüste standen, wiederherstellen zu wollen schienen. Noch ehe sie den Nußknacker darum befragte, fuhr dieser fort. „Vor kurzer Zeit drohte diesem schönen Schloß arge Verwüstung, wo nicht gänzlicher Untergang. Der Riese Leckermaul kam des Weges gegangen, biß schnell das Dach jenes Turmes herunter und nagte schon an der großen Kuppel, die Konfektbürger brachten ihm aber ein ganzes Stadtviertel, sowie einen ansehnlichen Teil des Konfitürenhains als Tribut, womit er sich abspeisen ließ und weiterging." In dem Augenblick ließ sich eine sehr angenehme sanfte Musik hören, die Tore des Schlosses öffneten sich und es traten zwölf kleine Pagen heraus mit angezündeten Gewürznelkstengeln, die sie wie Fakkeln in den kleinen Händchen trugen. Ihre Köpfe bestanden aus einer Perle, die Leiber aus Rubinen und Smaragden und dazu gingen sie auf sehr schön aus purem Gold gearbeiteten Füßchen einher. Ihnen folgten vier Damen, beinahe so groß als Mariens Clärchen, aber so über die Maßen herrlich und glänzend geputzt, daß Marie nicht einen Augenblick in ihnen die geborenen Prinzessinnen verkannte. Sie umarmten den Nußknacker auf das zärtlichste und riefen dabei wehmütig freudig: „O mein Prinz! – mein bester Prinz! – o mein Bruder!" Nußknacker schien sehr gerührt, er wischte sich die sehr häufigen Tränen aus den Augen, ergriff dann Marien bei der Hand und sprach pathetisch: „Dies ist die Demoiselle Marie Stahlbaum, die Tochter eines sehr achtungswerten Medizinalrates, und die Retterin meines Lebens! Warf sie nicht den Pantoffel zur rechten Zeit, verschaffte sie mir nicht den Säbel des pensionierten Obristen, so läg ich, zerbissen von dem fluchwürdigen Mausekönig, im Grabe. – O! dieser Demoiselle Stahlbaum! gleicht ihr wohl Pirlipat, obschon sie eine geborne Prinzessin ist, an Schönheit, Güte und Tugend? – Nein, sag ich, nein!" Alle Damen riefen: „Nein!" und fielen der Marie um den Hals und riefen schluchzend: „O Sie edle Retterin des geliebten prinzlichen Bruders – vortreffliche Demoiselle Stahlbaum!" – Nun geleiteten die Damen Marien und den Nußknacker in das Innere des Schlosses, und zwar in einen Saal, dessen Wände aus lauter farbig funkelnden Kristallen bestanden. Was aber vor allem übrigen der Marie so wohlgefiel, waren die allerliebsten kleinen Stühle, Tische, Kommoden, Sekretärs u.s.w., die ringsherum standen, und die alle von Zedern- oder Brasilienholz mit daraufgestreuten goldnen Blumen verfertigt waren. Die Prinzessinnen nötigten Marien und den Nußknacker zum Sitzen, und sagten, daß sie sogleich selbst ein Mahl bereiten wollten. Nun holten sie eine Menge kleiner Töpfchen und Schüsselchen von dem feinsten japanischen Porzellan, Löffel, Messer und Gabel, Reibeisen, Kasserollen und andere Küchenbedürfnisse von Gold und Silber herbei. Dann brachten sie die schönsten Früchte und Zuckerwerk, wie es Marie noch niemals gesehen hatte, und fingen an, auf das zierlichste mit den kleinen schneeweißen Händchen die Früchte auszupressen, das Gewürz zu stoßen, die Zuckermandeln zu reiben, kurz so zu wirtschaften, daß Marie wohl einsehen konnte, wie gut sich die Prinzessinnen auf das Küchenwesen verstanden, und was das für ein köstliches Mahl geben würde. Im lebhaften Gefühl, sich auf dergleichen Dinge ebenfalls recht gut zu verstehen, wünschte sie heimlich, bei dem Geschäft der Prinzessinnen selbst tätig sein zu können. Die schönste von Nußknackers Schwestern, als ob sie Mariens geheimen Wunsch erraten hätte, reichte ihr einen kleinen goldnen Mörser mit den Worten hin: „O süße Freundin, teure Retterin meines Bruders, stoße eine Wenigkeit von diesem Zuckerkandel!" Als Marie nun so wohlgemut in den Mörser stieß, daß er gar anmutig und lieblich, wie ein hübsches Liedlein ertönte, fing Nußknacker an sehr weitläufig zu erzählen, wie es bei der grausenvollen Schlacht zwischen seinem und des Mausekönigs Heer ergangen, wie er der Feigheit seiner Truppen halber geschlagen worden, wie dann der abscheuliche Mausekönig ihn durchaus zerbeißen wollen, und Marie deshalb mehrere seiner

Untertanen, die in ihre Dienste gegangen, aufopfern müssen u.s.w. Marien war es bei dieser Erzählung, als klängen seine Worte, ja selbst ihre Mörserstöße, immer ferner und unvernehmlicher, bald sah sie silberne Flöre wie dünne Nebelwolken aufsteigen, in denen die Prinzessinnen – die Pagen, der Nußknacker, ja sie selbst schwammen – ein seltsames Singen und Schwirren und Summen ließ sich vernehmen, das wie in die Weite hin verrauschte, nun hob sich Marie wie auf steigenden Wellen immer höher und höher – höher und höher – höher und höher –

Beschluß.

Prr – Puff ging es! – Marie fiel herab aus unermeßlicher Höhe. – *Das* war ein Ruck! – Aber gleich schlug sie auch die Augen auf, da lag sie in ihrem Bettchen, es war heller Tag, und die Mutter stand vor ihr, sprechend: „Aber wie kann man auch so lange schlafen, längst ist das Frühstück da!" Du merkst es wohl, versammeltes, höchst geehrtes Publikum, daß Marie ganz betäubt von all den Wunderdingen, die sie gesehen, endlich im Saal des Marzipanschlosses eingeschlafen war, und daß die Mohren, oder die Pagen oder gar die Prinzessinnen selbst, sie zu Hause getragen und ins Bett gelegt hatten. „O Mutter, liebe Mutter, wo hat mich der junge Herr Droßelmeier diese Nacht überall hingeführt, was habe ich alles Schönes gesehen!" Nun erzählte sie alles beinahe so genau, wie ich es soeben erzählt habe, und die Mutter sah sie ganz verwundert an. Als Marie geendet, sagte die Mutter: „Du hast einen langen, sehr schönen Traum gehabt, liebe Marie, aber schlag dir das alles nur aus dem Sinn." Marie bestand hartnäckig darauf, daß sie nicht geträumt, sondern alles wirklich gesehen habe, da führte die Mutter sie an den Glasschrank, nahm den Nußknacker, der, wie gewöhnlich, im dritten Fache stand, heraus und sprach: „Wie kannst du, du albernes Mädchen, nur glauben, daß diese Nürnberger Holzpuppe Leben und Bewegung haben kann." – „Aber, liebe Mutter", fiel Marie ein, „ich weiß es ja wohl, daß der kleine Nußknacker der junge Herr Droßelmeier aus Nürnberg, Pate Droßelmeiers Neffe ist." Da brachen beide, der Medizinalrat und die Medizinalrätin in ein schallendes Gelächter aus. „Ach", fuhr Marie beinahe weinend fort, „nun lachst du gar meinen Nußknacker aus, lieber Vater! und er hat doch von dir sehr gut gesprochen, denn als wir im Marzipanschloß ankamen, und er mich seinen Schwestern, den Prinzessinnen, vorstellte, sagte er, du seist ein sehr achtungswerter Medizinalrat!" – Noch stärker wurde das Gelächter, in das auch Luise, ja sogar Fritz einstimmte. Da lief Marie ins andere Zimmer, holte schnell aus ihrem kleinen Kästchen die sieben Kronen des Mausekönigs herbei, und überreichte sie der Mutter mit den Worten: „Da sieh nur, liebe Mutter, das sind die sieben Kronen des Mausekönigs, die mir in voriger Nacht der junge Herr Droßelmeier zum Zeichen seines Sieges überreichte." Voll Erstaunen betrachtete die Medizinalrätin die kleinen Krönchen, die von einem ganz unbekannten aber sehr funkelnden Metall so sauber gearbeitet waren, als hätten Menschenhände das unmöglich vollbringen können. Auch der Medizinalrat konnte sich nicht satt sehen an den Krönchen, und beide, Vater und Mutter, drangen sehr ernst in Marien, zu gestehen, wo sie die Krönchen her habe? Sie konnte ja aber nur bei dem, was sie gesagt, stehen bleiben, und als sie nun der Vater hart anließ, und sie sogar eine kleine Lügnerin schalt, da fing sie an heftig zu weinen, und klagte: „Ach ich armes Kind, ich armes Kind! was soll ich denn nun sagen!" In dem Augenblick ging die Tür auf. Der Obergerichtsrat trat hinein, und rief: „Was ist da – was ist da? mein Patchen Marie weint und schluchzt? – Was ist da – was ist da?" Der Medizinalrat unterrichtete ihn von allem, was geschehen, indem er ihm die Krönchen zeigte. Kaum hatte der Obergerichtsrat aber diese angesehen, als er lachte, und rief: „Toller Schnack, toller Schnack, das sind ja die Krönchen, die ich vor Jahren an meiner Uhrkette trug, und die ich der kleinen Marie an ihrem Geburtstage, als sie zwei Jahre alt worden, schenkte. Wißt ihr's denn nicht mehr?" Weder der Medizinalrat noch die Medizinalrätin konnten sich dessen erinnern, als aber Marie wahrnahm, daß die Gesichter der Eltern wieder freundlich geworden, da sprang sie los auf Pate Droßelmeier und rief: „Ach, du weißt ja alles, Pate Droßelmeier, sag es doch nur selbst, daß mein Nußknacker dein Neffe, der junge Herr Droßelmeier aus Nürnberg ist, und daß er mir die Krönchen geschenkt hat?" – Der Obergerichtsrat machte aber ein sehr finsteres Gesicht und murmelte: „Dummer, einfältiger Schnack." Darauf nahm der Medizinalrat die kleine Marie vor sich und sprach sehr ernsthaft: „Hör mal, Marie, laß nun einmal die Einbildungen und Possen, und wenn du noch einmal sprichst, daß der einfältige mißgestaltete Nußknacker der Neffe des Herrn Obergerichtsrats sei, so werf ich nicht allein den Nußknacker, sondern auch alle deine übrigen Puppen, Mamsell Clärchen nicht ausgenommen, durchs Fenster." – Nun durfte freilich die arme Marie gar nicht mehr davon sprechen, wovon denn doch ihr ganzes Gemüt erfüllt war, denn ihr möget es euch wohl denken, daß man solch Herrliches und Schönes, wie es Marien widerfahren, gar nicht vergessen kann. Selbst – sehr geehrter Leser oder Zuhörer Fritz – selbst dein Kamerad Fritz Stahlbaum drehte der Schwester sogleich den Rücken, wenn sie ihm von dem Wunderreiche, in dem sie so glücklich war, erzählen wollte. Er soll sogar manchmal zwischen den Zähnen gemurmelt haben: „Einfältige Gans!" doch das kann ich seiner sonst erprobten guten Gemütsart halber nicht glauben, so viel ist aber gewiß, daß, da er nun an nichts mehr, was ihm Marie erzählte, glaubte, er seinen Husaren bei öffentlicher Parade das ihnen geschehene Unrecht förmlich abbat, ihnen statt der verlornen Feldzeichen viel höhere, schönere Büsche von Gänsekielen anheftete, und ihnen auch wieder erlaubte, den Gardehusarenmarsch zu blasen. Nun! – wir wissen am besten, wie es mit dem Mut der Husaren aussah, als sie von den häßlichen Kugeln Flecke auf die roten Wämser kriegten! –

Sprechen durfte nun Marie nicht mehr von ihrem Abenteuer, aber die Bilder jenes wunderbaren Feenreiches umgaukelten sie in süßwogendem Rauschen und in holden lieblichen Klängen; sie sah alles noch einmal, sowie sie nur ihren Sinn fest darauf richtete, und so kam es, daß sie, statt zu spielen, wie sonst, starr und still, tief in sich gekehrt, dasitzen konnte, weshalb sie von allen eine kleine Träumerin gescholten wurde. Es begab sich, daß der Obergerichtsrat einmal eine Uhr in dem Hause des Medizinalrats reparierte, Marie saß am Glasschrank, und schaute, in ihre Träume vertieft, den Nußknacker an, da fuhr es ihr wie unwillkürlich heraus: „Ach, lieber Herr Droßelmeier, wenn Sie doch nur wirklich lebten, ich würd's nicht so machen, wie Prinzessin Pirlipat, und Sie verschmähen, weil Sie, um meinetwillen, aufgehört haben, ein hübscher junger Mann zu sein!" In dem Augenblick schrie der Obergerichtsrat: „Hei, hei – toller Schnack." – Aber in dem Augenblick geschah auch ein solcher Knall und Ruck, daß Marie ohnmächtig vom Stuhle sank. Als sie wieder erwachte, war die Mutter um sie beschäftigt, und sprach: „Aber wie kannst du nur vom Stuhle fallen, ein so großes Mädchen! – Hier ist der Neffe des Herrn

Obergerichtsrat aus Nürnberg angekommen – sei hübsch artig!" – Sie blickte auf, der Obergerichtsrat hatte wieder seine Glasperücke aufgesetzt, seinen gelben Rock angezogen, und lächelte sehr zufrieden, aber an seiner Hand hielt er einen zwar kleinen, aber sehr wohlgewachsenen jungen Mann. Wie Milch und Blut war sein Gesichtchen, er trug einen herrlichen roten Rock mit Gold, weißseidene Strümpfe und Schuhe, hatte im Jabot ein allerliebstes Blumenbouquet, war sehr zierlich frisiert und gepudert, und hinten über den Rücken hing ihm ein ganz vortrefflicher Zopf herab. Der kleine Degen an seiner Seite schien von lauter Juwelen, so blitzte er, und das Hütlein unterm Arm von Seidenflocken gewebt. Welche angenehme Sitten der junge Mann besaß, bewies er gleich dadurch, daß er Marien eine Menge herrlicher Spielsachen, vorzüglich aber den schönsten Marzipan und dieselben Figuren, welche der Mausekönig zerbissen, dem Fritz aber einen wunderschönen Säbel mitgebracht hatte. Bei Tische knackte der Artige für die ganze Gesellschaft Nüsse auf, die härtesten widerstanden ihm nicht, mit der rechten Hand steckte er sie in den Mund, mit der linken zog er den Zopf an – Krak – zerfiel die Nuß in Stücke! – Marie war glutrot geworden, als sie den jungen artigen Mann erblickte, und noch röter wurde sie, als nach Tische der junge Droßelmeier sie einlud, mit ihm in das Wohnzimmer an den Glasschrank zu gehen. „Spielt nur hübsch miteinander, ihr Kinder, ich habe nun, da alle meine Uhren richtig gehen, nichts dagegen", rief der Obergerichtsrat. Kaum war aber der junge Droßelmeier mit Marien allein, als er sich auf ein Knie niederließ, und also sprach: „O meine allervortrefflichste Demoiselle Stahlbaum sehn Sie hier zu Ihren Füßen den beglückten Droßelmeier, dem Sie an dieser Stelle das Leben retteten! – Sie sprachen es gütigst aus, daß Sie mich nicht wie die garstige Prinzessin Pirlipat verschmähen wollten, wenn ich Ihretwillen häßlich geworden! – sogleich hörte ich auf ein schnöder Nußknacker zu sein, und erhielt meine vorige nicht unangenehme Gestalt wieder. O vortreffliche Demoiselle, beglücken Sie mich mit Ihrer werten Hand, teilen Sie mit mir Reich und Krone, herrschen Sie mit mir auf Marzipanschloß, denn dort bin ich jetzt König!" – Marie hob den Jüngling auf, und sprach leise: „Lieber Herr Droßelmeier! Sie sind ein sanftmütiger guter Mensch, und da Sie dazu noch ein anmutiges Land mit sehr hübschen lustigen Leuten regieren, so nehme ich Sie zum Bräutigam an!" – Hierauf wurde Marie sogleich Droßelmeiers Braut. Nach Jahresfrist hat er sie, wie man sagt, auf einem goldnen von silbernen Pferden gezogenen Wagen abgeholt. Auf der Hochzeit tanzten zweiundzwanzigtausend der glänzendsten mit Perlen und Diamanten geschmückten Figuren, und Marie soll noch zur Stunde Königin eines Landes sein, in dem man überall funkelnde Weihnachtswälder, durchsichtige Marzipanschlösser, kurz, die allerherrlichsten, wunderbarsten Dinge erblicken kann, wenn man nur darnach Augen hat.

Das war das Märchen vom Nußknacker und Mausekönig.

Das fremde Kind.

Der Herr von Brakel auf Brakelheim.

Es war einmal ein Edelmann, der hieß Herr Thaddäus von Brakel und wohnte in dem kleinen Dörfchen Brakelheim, das er von seinem verstorbenen Vater dem alten Herrn von Brakel geerbt hatte, und das mithin sein Eigentum war. Die vier Bauern, die außer ihm noch in dem Dörfchen wohnten, nannten ihn den gnädigen Herrn, unerachtet er wie sie, mit schlicht ausgekämmten Haaren einherging und nur sonntags, wenn er mit seiner Frau und seinen beiden Kindern Felix und Christlieb geheißen, nach dem benachbarten großen Dorfe zur Kirche fuhr, statt der groben Tuchjacke, die er sonst trug, ein feines grünes Kleid und eine rote Weste mit goldnen Tressen anlegte, welches ihm recht gut stand. Eben dieselben Bauern pflegten auch, fragte man sie: „Wo komme ich denn hin zum Herrn von Brakel?“ jedesmal zu antworten: „Nur immer vorwärts durch das Dorf den Hügel herauf wo die Birken stehen, da ist des gnädigen Herrn sein Schloß!“ Nun weiß doch aber jedermann, daß ein Schloß ein großes hohes Gebäude sein muß mit vielen Fenstern und Türen, ja wohl gar mit Türmen und funkelnden Windfahnen, von dem allen war aber auf dem Hügel mit den Birken gar nichts zu spüren, vielmehr stand da nur ein niedriges Häuschen mit wenigen kleinen Fenstern, das man kaum früher als dicht davor angekommen, erblicken konnte. Geschieht es aber wohl, daß man vor dem hohen Tor eines großen Schlosses plötzlich stillsteht und, angehaucht von der herausströmenden eiskalten Luft, angestarrt von den toten Augen der seltsamen Steinbilder die wie grauliche Wächter sich an die Mauer lehnen, alle Lust verliert hineinzugehen, sondern lieber umkehrt, so war das bei dem kleinen Hause des Herrn Thaddäus von Brakel ganz und gar nicht der Fall. Hatten nämlich schon im Wäldchen die schönen schlanken Birken mit ihren belaubten Ästen, wie mit zum Gruß ausgestreckten Armen uns freundlich zugewinkt, hatten sie im frohen Rauschen und Säuseln uns zugewispert: „Willkommen, willkommen unter uns!“ so war es denn nun vollends bei dem Hause, als riefen holde Stimmen aus den spiegelhellen Fenstern, ja überall aus dem dunklen dicken Weinlaube, das die Mauern bis zum Dach herauf bekleidete, süßtönend heraus: „Komm doch nur herein, komm doch nur herein, du lieber müder Wanderer, hier ist es gar hübsch und gastlich!“ Das bestätigten denn auch die Nest hinein Nest hinaus lustig zwitschernden Schwalben und der alte stattliche Storch schaute ernst und klug vom Rauchfange herab und sprach: „Ich wohne nun schon manches liebe Jahr hindurch zur Sommerszeit hier, aber ein besseres Logement finde ich nicht auf Erden, und könnte ich nur die mir angeborne Reiselust bezwingen, wär's nur nicht zur Winterszeit hier so kalt und das Holz so teuer, niemals rührt ich mich von der Stelle.“ – So anmutig und hübsch, wenn auch gleich gar kein Schloß, war das Haus der Herrn von Brakel.

Der vornehme Besuch.

Die Frau von Brakel stand eines Morgens sehr früh auf und buk einen Kuchen, zu dem sie viel mehr Mandeln und Rosinen verbrauchte als selbst zum Osterkuchen, weshalb er auch viel herrlicher geriet als dieser. Währenddessen klopfte und bürstete der Herr von Brakel seinen grünen Rock und seine rote Weste aus und Felix und Christlieb wurden mit den besten Kleidern angetan, die sie nur besaßen. „Ihr dürft“, so sprach dann der Herr von Brakel zu den Kindern, „ihr dürft heute nicht herauslaufen in den Wald wie sonst, sondern müßt in der Stube ruhig sitzen bleiben, damit ihr sauber und hübsch ausseht, wenn der gnädige Herr Onkel kommt!“ – Die Sonne war hell und freundlich aufgetaucht aus dem Nebel und strahlte golden hinein in die Fenster, im Wäldchen sauste der Morgenwind und Fink und Zeisig und Nachtigall jubilierten durcheinander und schmetterten die lustigsten Liedchen. Christlieb saß still und in sich gekehrt am Tische: bald zupfte sie die roten Bandschleifen an ihrem Kleidchen zurecht, bald versuchte sie emsig fortzustricken, welches heute nicht recht gehen wollte. Felix, dem der Papa ein schönes Bilderbuch in die Hände gegeben, schaute über die Bilder hinweg nach dem schönen Birkenwäldchen in dem er sonst jeden Morgen ein paar Stunden nach Herzenslust herumspringen durfte. „Ach draußen ist's so schön“, seufzte er in sich hinein, doch als nun vollends der große Hofhund, Sultan geheißen, klaffend und knurrend vor dem Fenster herumsprang, eine Strecke nach dem Walde hinlief, wieder umkehrte und aufs neue knurrte und bellte als wolle er dem kleinen Felix zurufen: „Kommst du denn nicht heraus in den Wald? was machst du denn in der dumpfigen Stube?“ da konnte sich Felix nicht lassen vor Ungeduld. „Ach liebe Mama laß mich doch nur ein paar Schritte hinausgehen!“ so rief er laut, aber die Frau von Brakel erwiderte: „Nein nein, bleibe nur fein in der Stube. Ich weiß schon wie es geht, sowie du hinausläufst muß Christlieb hinterdrein und dann husch husch durch Busch und Dorn, hinauf auf die Bäume! Und dann kommt ihr zurück erhitzt und beschmutzt und der Onkel sagt: Was sind das für häßliche Bauernkinder, so dürfen keine Brakels aussehen, weder große noch kleine.“ Felix klappte voll Ungeduld das Bilderbuch zu, und sprach, indem ihm die Tränen in die Augen traten, kleinlaut: „Wenn der gnädige Herr Onkel von häßlichen Bauernkindern redet, so hat er wohl nicht Vollrads Peter oder Hentschels Annliese oder alle unsere Kinder hier im Dorfe gesehen, denn ich wüßte doch nicht, wie es hübschere Kinder geben sollte als diese.“ – „Jawohl“, rief Christlieb, wie plötzlich aus einem Traume erwacht, „und ist nicht auch des Schulzen Grete ein hübsches Kind, wiewohl sie lange nicht solche schöne rote Bandschleifen hat als ich?“ „Sprecht nicht solch dummes Zeug“, rief die Mutter halb erzürnt, „ihr versteht das nicht wie es der gnädige Onkel meint.“ – Alle weitere Vorstellungen, wie es gerade heut so herrlich im Wäldchen sei, halfen nichts, Felix und Christlieb mußten in der Stube bleiben, und das war um so peinlicher, als der Gastkuchen, der auf dem Tische stand, die süßesten Gerüche verbreitete und doch nicht früher angeschnitten werden durfte bis der Onkel angekommen. „Ach wenn er doch nur käme, wenn er doch nur endlich käme!“ so riefen beide Kinder und weinten beinahe vor Ungeduld. Endlich ließ sich ein starkes Pferdegetrappel vernehmen, und eine Kutsche fuhr vor, die so blank und mit goldenen Zieraten reich geschmückt war, daß die Kinder in das größte Erstaunen gerieten, denn sie hatten dergleichen noch gar nicht gesehen. Ein großer hagerer Mann glitt an den Armen des Jägers, der den Kutschenschlag geöffnet, heraus in die Arme des Herrn von Brakel, an dessen Wange er zweimal sanft die seinige legte und leise lispelte: „*Bon jour* mein lieber Vetter, nur gar keine Umstände, bitte ich.“ Unterdessen hatte der Jäger noch eine kleine dicke Dame mit sehr roten Backen und zwei Kinder, einen Knaben und ein Mädchen aus der Kutsche zur Erde hinabgleiten lassen, welches er sehr geschickt zu machen wußte, so daß jeder auf die Füße zu stehen kam. Als sie nun alle standen, traten, wie es ihnen von Vater und Mutter eingeschärft worden, Felix und Christlieb hinzu, faßten jeder eine Hand des langen hagern Mannes und sprachen dieselbe küssend: „Sein Sie uns recht schön willkommen, lieber gnädiger Herr Onkel!" dann machten sie es mit den Händen der kleinen dicken Dame ebenso und sprachen: „Sein Sie uns recht schön willkommen, liebe gnädige Frau Tante!" dann traten sie zu den Kindern, blieben aber ganz verblüfft stehen, denn solche Kinder hatten sie noch niemals gesehen. Der Knabe trug lange Pumphosen und ein Jäckchen von scharlachrotem Tuch über und über mit goldenen Schnüren und Tressen besetzt und einen kleinen blanken Säbel an der Seite, auf dem Kopf aber eine seltsame rote Mütze mit einer weißen Feder unter der er mit seinem blaßgelben Gesichtchen und den trüben schläfrigen Augen blöd und scheu hervorkuckte. Das Mädchen hatte zwar ein weißes Kleidchen an wie Christlieb, aber mit erschrecklich viel Bändern und Spitzen, auch waren ihre Haare ganz seltsam in Zöpfe geflochten und spitz in die Höhe heraufgewunden, oben funkelte aber ein blaues Krönchen. Christlieb faßte sich ein Herz und wollte die Kleine bei der Hand nehmen, die zog aber die Hand schnell zurück und zog solch ein verdrüßliches weinerliches Gesicht, daß Christlieb ordentlich davor erschrak und von ihr abließ. Felix wollte auch nur des Knaben schönen Säbel ein bißchen näher besehen und faßte darnach, aber der Junge fing an zu schreien: „Mein Säbel, mein Säbel, er will mir den Säbel nehmen", und lief zum hagern Mann, hinter den er sich versteckte. Felix wurde darüber rot im Gesicht und sprach ganz erzürnt: „Ich will dir ja deinen Säbel nicht nehmen – dummer Junge!" Die letzten Worte murmelte er nur so zwischen den Zähnen, aber der Herr von Brakel hatte wohl alles gehört und schien sehr verlegen darüber zu sein, denn er knöpfelte an der Weste hin und her und rief: „Ei Felix!" Die dicke Dame sprach: „Adelgundchen, Herrmann, die Kinder tun euch ja nichts, seid doch nicht so blöde"; der hagere Herr lispelte aber: „Sie werden schon Bekanntschaft machen", ergriff die Frau von Brakel bei der Hand und führte sie ins Haus, ihr folgte Herr von Brakel mit der dicken Dame an deren Schleppkleid sich Adelgundchen und Herrmann hingen. Christlieb und Felix gingen hinterdrein. „Jetzt wird der Kuchen angeschnitten", flüsterte Felix der Schwester ins Ohr. „Ach ja, ach ja", erwiderte die voll Freude; „und dann laufen wir auf und davon in den Wald", fuhr Felix fort, „und bekümmern uns um die fremden blöden Dinger nicht", setzte Christlieb hinzu. Felix machte einen Luftsprung, so kamen sie in die Stube. Adelgunde und Herrmann durften keinen Kuchen essen, weil sie, wie die Eltern sagten, das nicht vertragen könnten, sie erhielten dafür jeder einen kleinen Zwieback, den der Jäger aus einer mitgebrachten Schachtel herausnehmen mußte. Felix und Christlieb bissen tapfer in das derbe Stück Kuchen, das die gute Mutter jedem gereicht und waren guter Dinge.

Wie es weiter bei dem vornehmen Besuche herging.

Der hagere Mann, Cyprianus von Brakel geheißen, war zwar der leibliche Vetter des Herrn Thaddäus von Brakel, indessen weit vornehmer als dieser. Denn außerdem daß er den Grafentitel führte trug er auch auf jedem Rock, ja sogar auf dem Pudermantel, einen großen silbernen Stern. Deshalb hatte, als er schon ein Jahr früher, jedoch ganz allein ohne die dicke Dame, die seine Frau war und ohne die Kinder, bei dem Herrn Thaddäus von Brakel seinem Vetter auf eine Stunde einsprach, Felix ihn auch gefragt: „Hör mal gnädiger Herr Onkel, du bist wohl König geworden?" Felix hatte nämlich in seinem Bilderbuche einen abgemalten König, der einen dergleichen Stern auf der Brust trug, und so mußte er wohl glauben, daß der Onkel nun auch König geworden sei, weil er das Zeichen trug. Der Onkel hatte damals sehr über die Frage gelacht und geantwortet: „Nein mein Söhnchen, König bin ich nicht, aber des Königs treuster Diener und Minister, der über viele Leute regiert. Gehörtest du zu der Gräflich von Brakelschen Linie, so könntest du vielleicht auch künftig einen solchen Stern tragen wie ich, aber so bist du freilich nur ein simpler Von, aus dem nicht viel Rechtes werden wird." Felix hatte den Onkel gar nicht verstanden und Herr Thaddäus von Brakel meinte, das sei auch gar nicht vonnöten. – Jetzt erzählte der Onkel seiner dicken Frau, wie ihn Felix für den König gehalten, da rief sie: „O süße liebe rührende Unschuld!" Und nun mußten beide Felix und Christlieb hervor aus dem Winkel wo sie unter Kichern und Lachen den Kuchen verzehrt hatten. Die Mutter säuberte beiden sogleich den Mund von manchen Kuchenkrumen und Rosinenresten und übergab sie so dem gnädigen Onkel und der gnädigen Tante die sie unter lauten Ausrufungen: „O süße liebe Natur, o ländliche Unschuld!" küßten und ihnen große Tüten in die Hände drückten. Dem Herrn Thaddäus von Brakel und seiner Frau standen die Tränen in den Augen über die Güte der vornehmen Verwandten. Felix hatte indessen die Tüte geöffnet und Bonbons darin gefunden auf die er tapfer zubiß, welches im Christlieb sogleich nachmachte. „Söhnchen, mein Söhnchen", rief der gnädige Onkel, „so geht das nicht, du verdirbst dir ja die Zähne, du mußt fein so lange an dem Zuckerwerke lutschen, bis es im Munde zergeht." Da lachte aber Felix beinahe laut auf und sprach: „Ei lieber gnädiger Onkel, glaubst du denn, daß ich ein kleines Wickelkind bin und lutschen muß weil ich noch keine tüchtige Zähne habe zum Beißen?" Und damit steckte er ein neues Bonbon in den Mund und biß so gewaltig zu, daß knitterte und knatterte. „O liebliche Naivität", rief die dicke Dame, der Onkel stimmte ein, aber dem Herrn Thaddäus standen die Schweißtropfen auf der Stirne; er war über Felixens Unart ganz beschämt und die Mutter raunte ihm ins Ohr: „Knirsche nicht so mit den Zähnen unartiger Junge!" Das machte dem armen Felix, der nichts Übles zu tun glaubte, ganz bestürzt, er nahm das noch nicht ganz verzehrte Bonbon langsam aus dem Munde, legte es in die Tüte und reichte diese dem Onkel hin, indem er sprach: „Nimm nur deinen Zucker wieder mit, wenn ich ihn nicht essen soll!" Christlieb, gewohnt in allem Felixens Beispiel zu folgen, tat mit ihrer Tüte dasselbe. Das war dem Herrn Thaddäus zu arg, er brach los: „Ach mein geehrtester gnädiger Herr Vetter, halten Sie nur dem einfältigen Jungen die Tölpelei zugute, aber freilich auf dem Lande und in so beschränkten Verhältnissen – Ach wer nur solche gesittete Kinder erziehen könnte wie Sie!" – Der Graf Cyprianus lächelte selbstgefällig und vornehm indem er auf Herrmann und Adelgunden hinblickte. Die hatten längst ihren Zwieback verzehrt und saßen nun stumm und still auf ihren Stühlen ohne eine Miene zu verziehen, ohne sich zu rühren und zu regen. Die dicke Dame lächelte ebenfalls, indem sie lispelte: „Ja lieber Herr Vetter, die Erziehung unserer lieben Kinder liegt uns mehr als alles am Herzen." Sie gab dem Grafen Cyprianus einen Wink, der sich alsbald an Herrmann und Adelgunden wandte und allerlei Fragen an sie richtete, die sie mit der größten Schnelligkeit beantworteten: Da war von vielen Städten,

Flüssen und Bergen die Rede, die viele tausend Meilen ins Land hinein liegen sollten und die seltsamsten Namen trugen. Ebenso wußten beide ganz genau zu beschreiben, wie die Tiere aussähen, die in wilden Gegenden der entferntesten Himmelsstriche wohnen sollten. Dann sprachen sie von fremden Gebüschen, Bäumen und Früchten, als ob sie sie selbst gesehn, ja wohl die Früchte selbst gekostet hätten. Herrmann beschrieb ganz genau wie es vor dreihundert Jahren in einer großen Schlacht zugegangen und wußte alle Generale die dabei zugegen gewesen mit Namen zu nennen. Zuletzt sprach Adelgunde sogar von den Sternen und behauptete, am Himmel säßen allerlei seltsame Tiere und andere Figuren. Dem Felix wurde dabei ganz Angst und bange, er näherte sich der Frau von Brakel und fragte leise ins Ohr: „Ach Mama! liebe Mama! was ist denn das alles was die dort schwatzen und plappern?“ – „Halt's Maul dummer Junge“, raunte ihm die Mutter zu, „das sind die Wissenschaften.“ Felix verstummte. „Das ist erstaunlich, das ist unerhört! in dem zarten Alter!“ so rief der Herr von Brakel ein Mal über das andere, die Frau von Brakel aber seufzete: „O mein Herr Jemine! o was sind das für Engel! o was soll denn aus unsern Kleinen werden, hier auf dem öden Lande.“ Als nun der Herr von Brakel in die Klagen der Mutter mit einstimmte, tröstete beide der Graf Cyprianus, indem er versprach, binnen einiger Zeit ihnen einen gelehrten Mann zuzuschicken, der ganz umsonst den Unterricht der Kinder übernehmen werde. Unterdessen war die schöne Kutsche wieder vorgefahren. Der Jäger trat mit zwei großen Schachteln hinein, die nahmen Adelgunde und Herrmann und überreichten sie der Christlieb und dem Felix. „Lieben Sie Spielsachen *mon cher*? hier habe ich Ihnen welche mitgebracht von der feinsten Sorte“, so sprach Herrmann sich zierlich verbeugend. Felix hatte die Ohren hängen lassen, er ward traurig, selbst wußte er nicht warum. Er hielt die Schachtel gedankenlos in den Händen und murmelte: „Ich heiße nicht Mon schär sondern Felix und auch nicht *Sie* sondern *du.*“ – Der Christlieb war auch das Weinen näher als das Lachen unerachtet aus der Schachtel, die sie von Adelgunden erhalten, die süßesten Düfte strömten wie von allerlei schönen Näschereien. An der Türe sprang und bellte nach seiner Gewohnheit Sultan, Felixens getreuer Freund und Liebling, Herrmann entsetzte sich aber so sehr vor dem Hunde, daß er schnell in die Stube zurücklief und laut zu weinen anfing. „Er tut dir ja nichts“, sprach Felix, „er tut dir ja nichts, warum heulst und schreist du so? es ist ja nur ein

Hund, und du hast ja schon die schrecklichsten Tiere gesehen? Und wenn er auch auf dich zufahren wollte, du hast ja einen Säbel!" Felixens Zureden half gar nichts, Herrmann schrie immerfort, bis ihn der Jäger auf den Arm nehmen und in die Kutsche tragen mußte. Adelgunde plötzlich von dem Schmerz des Bruders ergriffen oder Gott weiß aus welcher andern Ursache, fing ebenfalls an heftig zu heulen, welches die arme Christlieb so anregte, daß sie auch zu schluchzen und zu weinen begann. Unter diesem Geschrei und Gejammer der drei Kinder fuhr der Graf Cyprianus von Brakel ab von Brakelheim, und so endete der vornehme Besuch.

Die neuen Spielsachen.

Sowie die Kutsche mit dem Grafen Cyprianus von Brakel und seiner Familie den Hügel herabgerollt war, warf der Herr Thaddäus schnell den grünen Rock und die rote Weste ab, und als er ebenso schnell die weite Tuchjacke angezogen und zwei- bis dreimal mit dem breiten Kamm die Haare durchfahren hatte, da holte er tief Atem, dehnte sich und rief: „Gott sei gedankt!" Auch die Kinder zogen schnell ihre Sonntagsröckchen aus und fühlten sich froh und leicht. „In den Wald, in den Wald!" rief Felix, indem er seine höchsten Luftsprünge versuchte. „Wollt ihr denn nicht erst sehen was euch Herrmann und Adelgunde mitgebracht haben?" So sprach die Mutter und Christlieb, die schon während des Ausziehens die Schachteln mit neugierigen Augen betrachtet hatte, meinte, daß das wohl erst geschehen könne, nachher sei es ja wohl noch Zeit genug in den Wald zu laufen. Felix war sehr schwer zu überreden. Er sprach: „Was kann uns denn der alberne pumphosichte Junge mitsamt seiner bebänderten Schwester Großes mitgebracht haben? Was die Wissenschaften betrifft, i nun die plappert er gut genug weg, aber erst schwatzt er von Löw und Bär und weiß wie man die Elefanten fängt und dann fürchtet er sich vor meinem Sultan, hat einen Säbel an der Seite und heult und schreit und kriecht unter den Tisch. Das mag mir ein schöner Jäger sein!" „Ach lieber guter Felix, laß uns doch nur ein ganz kleines bißchen die Schachteln öffnen!" So bat Christlieb, und da ihr Felix alles nur mögliche zu Gefallen tat, so gab er das in den Wald Laufen vor der Hand auf und setzte sich mit Christlieb geduldig an den Tisch auf dem die Schachteln standen. Sie wurden von der Mutter geöffnet, aber da – Nun, o meine vielgeliebten Leser! Euch allen ist es gewiß schon so gut geworden zur Zeit des fröhlichen Jahrmarkts oder doch gewiß zu Weihnachten von den Eltern oder andern lieben Freunden mit allerlei schmucken Sachen reichlich beschenkt zu werden. Denkt euch, wie ihr vor Freude jauchztet, als blanke Soldaten, Männchen mit Drehorgeln, schön geputzte Puppen, zierliche Gerätschaften, herrliche bunte Bilderbücher u.a.m. um euch lagen und standen! Solche große Freude wie ihr damals, hatten jetzt Felix und Christlieb, denn eine ganz reiche Bescherung der niedlichsten glänzendsten Sachen ging aus den Schachteln hervor, und dabei gab es noch allerlei Naschwerk, so daß die Kinder ein Mal über das andere die Hände zusammenschlugen und ausriefen: „Ei wie schön ist das!" Nur eine Tüte mit Bonbons legte Felix mit Verachtung beiseite, und als Christlieb bat den gläsernen Zucker doch wenigstens nicht zum Fenster herauszuwerfen, wie er es eben tun wollte, ließ er zwar davon ab, öffnete aber die Tüte und warf einige Bonbons dem Sultan hin, der indessen hineingeschwänzelt war. Sultan roch daran und wandte dann unmutig die Schnauze weg. „Siehst du wohl, Christlieb", rief Felix nun triumphierend, „siehst du wohl, nicht einmal Sultan mag das garstige Zeug fressen." Übrigens machte dem Felix von den Spielsachen nichts mehr Freude als ein stattlicher Jägersmann, der, wenn man ein kleines Fädchen, das hinten unter seiner Jacke hervorragte, anzog, die Büchse anlegte und in ein Ziel schoß, das drei Spannen weit vor ihm angebracht war. Nächstdem schenkte er seine Liebe einem kleinen Männchen, das Komplimente zu machen verstand und auf einer Harfe quinkelierte wenn man an einer Schraube drehte; vor allen Dingen gefiel ihm aber eine Flinte und ein Hirschfänger, beides von Holz und übersilbert, sowie eine stattliche Husarenmütze und eine Patrontasche. Christlieb hatte große Freude an einer sehr schön geputzten Puppe und einem saubern vollständigen Hausrat. Die Kinder vergaßen Wald und Flur und ergötzten sich an den Spielsachen bis in den späten Abend hinein. Dann gingen sie zu Bette.

Was sich mit den neuen Spielsachen im Walde zutrug.

Tages darauf fingen die Kindes es wieder da an, wo sie es abends vorher gelassen hatten: das heißt, sie holten die Schachteln herbei, kramten ihre Spielsachen aus und ergötzten sich daran auf mancherlei Weise. Ebenso wie gestern schien die Sonne hell und freundlich in die Fenster hinein, wisperten und lispelten die vom sausenden Morgenwind begrüßten Birken, jubilierten Zeisig, Fink und Nachtigall in den schönsten lustigsten Liedlein. Da wurd es dem Felix bei seinem Jäger, seinem kleinen Männchen, seiner Flinte und Patrontasche ganz enge und wehmütig ums Herz. „Ach", rief er auf einmal, „ach draußen ist's doch schöner, komm Christlieb! laß uns in den Wald laufen!" Christlieb hatte eben die große Puppe ausgezogen und war im Begriff sie wieder anzukleiden, welches ihr viel Vergnügen machte, deshalb wollte sie nicht heraus, sondern bat: „Lieber Felix, wollen wir denn nicht noch hier ein bißchen spielen?" – „Weiß du was, Christlieb", sprach Felix, „wir nehmen das beste von unsern Spielsachen mit hinaus. Ich schnalle meinen Hirschfänger um, und hänge das Gewehr über die Schulter, da seh ich aus wie ein Jäger. Der kleine Jäger und das Harfenmännlein können mich begleiten, du Christlieb kannst deine große Puppe und das beste von deinen Gerätschaften mitnehmen. Komm nur, komm!" Christlieb zog hurtig die Puppe vollends an und nun liefen beide Kinder mit ihren Spielsachen hinaus in den Wald, wo sie sich auf einem schönen grünen Plätzchen lagerten. Sie hatten eine Weile gespielt und Felix ließ eben das Harfenmännlein sein Stückchen orgeln, als Christlieb anfing: „Weißt du wohl, lieber Felix, daß dein Harfenmann gar nicht hübsch spielt? Hör nur, wie das hier im Walde häßlich klingt, das ewige Ting-Ting-Ping-Ping, die Vögel kucken so neugierig aus den Büschen, ich glaube, sie halten sich ordentlich auf über den albernen Musikanten, der hier zu ihrem Gesange spielen will." Felix drehte stärker und stärker an der Schraube und rief endlich: „Du hast recht, Christlieb! es klingt abscheulich, was der kleine Kerl spielt, was können mir seine Dienerchen helfen – ich schäme mich ordentlich vor dem Finken dort drüben, der mich mit solch schlauen Augen anblinzelt. – Aber der Kerl soll besser spielen – soll besser spielen!" – Und damit drehte Felix so stark an der Schraube, daß Krack-krack – der ganze Kasten in tausend Stücke zerbrach auf dem das Harfenmännlein stand und seine Arme zerbröckelt herabfielen. „Oh – oh!“ rief Felix; „ach das Harfenmännlein!“ rief Christlieb. Felix beschaute einen Augenblick das zerbrochene Spielwerk, sprach dann: „Es war ein dummer alberner Kerl, der schlechtes Zeug aufspielte und Gesichter und Diener machte, wie Vetter Pumphose“, und warf den Harfenmann weit fort in das tiefste Gebüsch. „Da lob ich mir meinen Jägersmann“, sprach er weiter, „der schießt ein Mal über das andere ins Ziel.“ Nun ließ Felix den kleinen Jäger tüchtig exerzieren. Als das eine Weile gedauert, fing Felix an: „Dumm ist's doch, daß der kleine Kerl immer nur nach dem Ziele schießt, welches, wie Papa sagt, gar keine Sache für einen Jägersmann ist. Der muß im Walde schießen nach Hirschen – Rehen – Hasen – und sie treffen im vollen Lauf. – Der Kerl *soll* nicht mehr nach dem Ziele schießen.“ Damit brach Felix die Zielscheibe los, die vor dem Jäger angebracht war. „Nun schieß ins Freie“, rief er, aber er mochte an dem Fädchen ziehn, soviel als er wollte, schlaff hingen die Arme des kleinen Jägers herab. Er legte nicht mehr die Büchse an, er schoß nicht mehr los. „Ha ha“, rief Felix, „nach dem Ziel, in der Stube, da konntest du schießen, aber im Walde, wo des Jägers Heimat ist, da geht's nicht. Fürchtest dich auch wohl vor Hunden und würdest, wenn einer käme, davonlaufen mitsamt deiner Büchse, wie Vetter Pumphose mit seinem Säbel! – Ei du einfältiger nichtsnutziger Bursche“, damit schleuderte Felix den Jäger dem Harfenmännlein nach ins tiefe Gebüsch. „Komm! laß uns ein wenig laufen“, sprach er dann zu Christlieb. „Ach ja lieber Felix“, erwiderte diese, „meine hübsche Puppe soll mitlaufen, das wird ein Spaß sein.“ Nun faßte jeder, Felix und Christlieb, die Puppe an einem Arm, und so ging's fort in vollem Lauf durchs Gebüsch den Hügel herab, und fort und fort bis an den mit hohem Schilf umkränzten Teich, der noch zu dem Besitztum des Herrn Thaddäus von Brakel gehörte und wo er zuweilen wilde Enten zu schießen pflegte. Hier standen die Kinder still und Felix sprach: „Laß uns ein wenig passen, ich habe ja nun eine Flinte, wer weiß ob ich nicht im Röhricht eine Ente schießen kann, so gut wie der Vater.“ In dem Augenblick schrie aber Christlieb laut auf: „Ach meine Puppe, was ist aus meiner Puppe geworden!“ Freilich sah das arme Ding ganz miserabel aus. Weder Christlieb noch Felix hatten im Laufen die Puppe beachtet und so war es gekommen, daß sie sich an dem Gestrüpp die Kleider ganz und gar zerrissen, ja beide Beinchen gebrochen hatte. Von dem hübschen Wachsgesichtchen war auch beinahe keine Spur, so zerfetzt und häßlich sah es aus. „Ach meine Puppe, meine schöne Puppe!“ klagte Christlieb. „Da siehst du nun“, sprach Felix, „was für dumme Dinger uns die fremden Kinder mitgebracht haben. Das ist ja eine ungeschickte einfältige Trine, deine Puppe, die nicht einmal mit uns laufen kann, ohne sich gleich alles zu zerreißen und zu zerfetzen – gib sie nur her.“ Christlieb reichte die verunstaltete Puppe traurig dem Bruder hin und konnte sich eines lauten Schreies: „Ach Ach!“ nicht enthalten, als er sie ohne weiteres fortschleuderte in den Teich. „Gräme dich nur nicht“, tröstete Felix die Schwester, „gräme dich nur ja nicht um das alberne Ding, schieße ich eine Ente, so sollst du die schönsten Federn bekommen die sich nur in den bunten Flügeln finden wollen.“ Es rauschte im Röhricht, da legte stracks Felix seine hölzerne Flinte an, setzte sie aber in demselben Augenblick wieder ab, und schaute nachdenklich vor sich hin. „Bin ich nicht auch *selbst* ein törichter Junge“, fing er dann leise an, „gehört denn nicht zum Schießen Pulver und Blei und habe ich denn beides? – Kann ich denn auch wohl Pulver in eine hölzerne Flinte laden? – Wozu ist überhaupt das dumme hölzerne Ding? – Und der Hirschfänger? – Auch von Holz! – der schneidet und sticht nicht – des Vetters Säbel war gewiß auch von Holz, deshalb mochte er ihn nicht ausziehn als er sich vor dem Sultan fürchtete. Ich merke schon, Vetter Pumphose hat mich nur zum besten gehabt mit seinen Spielsachen die was vorstellen wollen und nichtsnützziges Zeug sind.“ Damit schleuderte Felix Flinte, Hirschfänger und zuletzt noch die Patrontasche in den Teich. Christlieb war doch betrübt über den Verlust der Puppe, und auch Felix konnte sich des Unmuts nicht erwehren. So schlichen sie nach Hause, und als die Mutter frug: „Kinder wo habt ihr eure Spielsachen“, erzählte Felix ganz treuherzig, wie schlimm er mit dem Jäger, mit dem Harfenmännlein, mit Flinte, Hirschfänger und Patrontasche, wie schlimm Christlieb mit der Puppe angeführt worden. „Ach“, rief die Frau von Brakel halb erzürnt, „ihr einfältigen Kinder, ihr wißt nur nicht mit den schönen zierlichen Sachen umzugehen.“ Der Herr Thaddäus von Brakel, der Felixens Erzählung mit sichtbarem Wohlgefallen angehört hatte, sprach aber: „Lasse die Kinder nur gewähren, im Grunde genommen ist's mir recht lieb, daß sie die fremdartigen Spielsachen die sie nur verwirrten und beängsteten, los sind.“ Weder die Frau von Brakel noch die Kinder wußten, was der Herr von Brakel mit diesen Worten eigentlich sagen wollte.

Das fremde Kind.

Felix und Christlieb waren in aller Frühe nach dem Walde gelaufen. Die Mutter hatte es ihnen eingeschärft ja recht bald wiederzukommen, weil sie nun viel mehr in der Stube sitzen, und viel mehr schreiben und lesen müßten als sonst, damit sie sich nicht gar zu sehr zu schämen brauchten vor dem Hofmeister der nun nächstens kommen werde, deshalb sprach Felix: „Laß uns nun das Stündchen über, das wir draußen bleiben dürfen, recht tüchtig springen und laufen!" Sie begannen auch gleich sich als Hund und Häschen herumzujagen, aber so wie dieses Spiel, erregten auch alle übrigen Spiele die sie anfingen nach wenigen Sekunden ihnen nur Überdruß und Langeweile. Sie wußten selbst gar nicht wie es denn nur kam, daß ihnen gerade heute tausend ärgerliches Zeug geschehen mußte. Bald flatterte Felixens Mütze vom Winde getrieben ins Gebüsch, bald strauchelte er und fiel auf die Nase im besten Rennen, bald blieb Christlieb mit den Kleidern hängen am Dornstrauch oder stieß sich den Fuß am spitzen Stein, daß sie laut aufschreien mußte. Sie gaben bald alles Spielen auf, und schlichen mißmütig durch den Wald. „Wir wollen nur in die Stube kriechen", sprach Felix, warf sich aber, statt weiterzugehen, in den Schatten eines schönen Baums. Christlieb folgte seinem Beispiel. Da saßen die Kinder nun voller Unmut und starrten stumm in den Boden hinein. „Ach", seufzete Christlieb endlich leise, „ach hätten wir doch noch die schönen Spielsachen!" – „Die würden", murrte Felix, „die würden uns gar nichts nützen, wir müßten sie doch nur wieder zerbrechen und verderben. Höre Christlieb! – die Mutter hat doch wohl recht – die Spielsachen waren gut, aber wir wußten nur nicht damit umzugehen, und das kommt daher weil uns die Wissenschaften fehlen." – „Ach lieber Felix", rief Christlieb, „du hast recht, könnten wir die Wissenschaften so hübsch auswendig, wie der blanke Vetter und die geputzte Muhme, ach da hättest du noch deinen Jäger, dein Harfenmännlein, da läg meine schöne Puppe nicht im Ententeich! – wir ungeschickten Dinger – ach wir haben keine Wissenschaften!" und damit fing Christlieb an jämmerlich zu schluchzen und zu weinen und Felix stimmte mit ein und beide Kinder heulten und jammerten, daß es im Walde wiedertönte: „Wir armen Kinder wir haben keine Wissenschaften!" Doch plötzlich hielten sie inne und fragten voll Erstaunen: „Siehst du's Christlieb?" –

„Hörst du's Felix?" – Aus dem tiefsten Schatten des dunkeln Gebüsches, das den Kindern gegenüber lag, blickte ein wundersamer Schein, der wie sanfter Mondesstrahl über die vor Wonne zitternden Blätter gaukelte und durch das Säuseln des Waldes ging ein süßes Getön, wie wenn der Wind über Harfen hinstreift und im Liebkosen die schlummernden Akkorde weckt. Den Kindern wurde ganz seltsam zumute, aller Gram war von ihnen gewichen, aber die Tränen standen ihnen in den Augen vor süßem nie gekanntem Weh. So wie lichter und lichter der Schein durch das Gebüsch strahlte, so wie lauter und lauter die wundervollen Töne erklangen, klopfte den Kindern höher das Herz, sie starrten hinein in den Glanz und ach! sie gewahrten daß es das von der Sohne hell erleuchtete holde Antlitz des lieblichsten Kindes war, welches ihnen aus dem Gebüsch zulächelte und zuwinkte. „O komm doch nur zu uns – komm doch nur zu uns, du liebes Kind!" so riefen beide, Christlieb unf Felix, indem sie aufsprangen und voll unbeschreiblicher Sehnsucht die Hände nach der holden Gestalt ausstreckten. „Ich komme – ich komme", rief es mit süßer Stimme aus dem Gebüsch und leicht wie vom säuselnden Morgenwinde getragen schwebte das fremde Kind herüber zu Felix und Christlieb.

Wie das fremde Kind mit Felix und Christlieb spielte.

„Ich hab euch wohl aus der Ferne weinen und klagen gehört", sprach das fremde Kind, „und da hat es mir recht leid um euch getan, was fehlt euch denn liebe Kinder?" – „Ach wir wußten es selbst nicht recht", erwiderte Felix, „aber nun ist es mir so, als wenn nur du uns gefehlt hättest." – „Das ist wahr", fiel Christlieb ein, „nun du bei uns bist, sind wir wieder froh! warum bist du aber auch so lange ausgeblieben?" – Beiden Kindern war es in der Tat so, als ob sie schon lange das fremde Kind gekannt und mit ihm gespielt hätten, und als ob ihr Unmut nur daher gerührt hätte, daß der liebe Spielkamerad sich nicht mehr blicken lassen. „Spielsachen", sprach Felix weiter, „haben wir nun freilich gar nicht, denn ich einfältiger Junge habe gestern die schönsten, die Vetter Pumphose mir geschenkt hatte, schändlich verdorben und weggeschmissen, aber spielen wollen wir doch wohl." – „Ei Felix", sprach das fremde Kind, indem es laut auflachte, „ei wie magst du nur so sprechen. Das Zeug das du weggeworfen hast, das hat gewiß nicht viel getaugt, du so wie Christlieb, ihr seid ja beide ganz umgeben von dem herrlichsten Spielzeuge, das man nur sehen kann." – „Wo denn? – Wo denn?" – riefen Christlieb und Felix – „Schaut doch um euch", sprach das fremde Kind. – Und Felix und Christlieb gewahrten, wie aus dem dicken Grase, aus dem wolligen Moose allerlei herrliche Blumen wie mit glänzenden Augen hervorguckten, und dazwischen funkelten bunte Steine und kristallne Muscheln, und goldene Käferchen tanzten auf und nieder, und summten leise Liedchen. – „Nun wollen wir einen Palast bauen, helft mir hübsch die Steine zusammentragen!" so rief das fremde Kind indem es zur Erde gebückt bunte Steine aufzulesen begann. Christlieb und Felix halfen, und das fremde Kind wußte so geschickt die Steine zu fügen, daß sich bald hohe Säulen erhoben, die in der Sonne funkelten wie poliertes Metall, und darüber wölbte sich ein luftiges goldenes Dach. – Nun küßte das fremde Kind die Blumen die aus dem Boden hervorguckten, da rankten sie mit süßen Gelispel in die Höhe und sich in holder Liebe verschlingend bildeten sie duftende Bogengänge in denen die Kinder voll Wonne und Entzücken umhersprangen. Das fremde Kind klatschte in die Hände, da sumste das goldene Dach des Palastes – Goldkäferchen hatten es mit ihren Flügeldecken gewölbt – auseinander und die Säulen zerflossen zum rieselnden Silberbach, an dessen Ufer sich die bunten Blumen lagerten und bald neugierig in seine Wellen guckten, bald ihre Häupter hin und her wiegend auf sein kindisches Plaudern horchten. Nun pflückte das fremde Kind Grashalme, und brach kleine Ästchen von den Bäumen die es hinstreute vor Felix und Christlieb. Aber aus den Grashalmen wurden bald die schönsten Puppen, die man nur sehen konnte und aus den Ästchen kleine allerliebste Jäger. Die Puppen tanzten um Christlieb herum und ließen sich von ihr auf den Schoß nehmen und lispelten mit feinen Stimmchen: „Sei uns gut, sei uns gut, liebe Christlieb." Die Jäger tummelten sich und klirrten mit den Büchsen und bliesen auf ihren Hörnern und riefen: „Hallo! – Hallo! zur Jagd zur Jagd!" – Da sprangen Häschen aus den Büschen und Hunde ihnen nach, und die Jäger knallten hinterdrein! – Das war eine Lust – Alles verlor sich wieder, Christlieb und Felix riefen: „Wo sind die Puppen, wo sind die Jäger." Das fremde Kind sprach: „Oh! die stehen euch alle zu Gebote, die sind jeden Augenblick bei euch wenn ihr nur wollt, aber möchtet ihr nicht lieber jetzt ein bißchen durch den Wald laufen?" – „Ach ja, ach ja!" riefen beide, Felix und Christlieb. Da faßte das fremde Kind sie bei den Händen und rief: „Kommt, kommt!" und damit ging es fort. Aber das war ja gar kein Laufen zu nennen! – Nein! Die Kinder schwebten im leichten Fluge durch Wald und Flur und die bunten Vögel flatterten laut singend und jubilierend um sie her. Mit einemmal ging es hoch – hoch in die Lüfte. „Guten Morgen Kinder! Guten Morgen Gevatter Felix!" rief der Storch im Vorbeistreifen! „Tut mir nichts, tut mir nichts – ich freß euer Täublein nicht!" kreischte der Geier, sich in banger Scheu vor den Kindern durch die Lüfte schwingend – Felix jauchzte laut, aber der Christlieb wurde bange. „Mir vergeht der Atem – ach ich falle wohl!" so rief sie und in demselben Augenblick ließ sich das fremde Kind mit den Gespielen nieder, und sprach: „Nun singe ich euch das Waldlied zum Abschiede für heute, morgen komm ich wieder." Nun nahm das Kind ein kleines Waldhorn hervor, dessen goldne Windungen beinahe anzusehen waren, wie leuchtende Blumenkränze und begann darauf so herrlich zu blasen, daß der ganze Wald wundersam von den lieblichen Tönen widerhallte, und dazu sangen die Nachtigallen, die wie auf des Waldhorns Ruf herbeiflatterten und sich dicht neben dem Kinde in die Zweige setzten, ihre herrlichsten Lieder. Aber plötzlich verhallten die Töne mehr und mehr und nur ein leises Säuseln quoll aus den Gebüschen, in die das fremde Kind hingeschwunden. „Morgen – morgen kehr ich wieder!" so rief es aus weiter Ferne den Kindern zu, die nicht wußten wie ihnen geschehen, denn solch innere Lust hatten sie nie empfunden. „Ach wenn es doch nur schon wieder *morgen* wäre", so sprachen beide, Felix und Christlieb, indem sie voller Hast zu Hause liefen um den Eltern zu erzählen, was sich im Walde begeben.

Was der Herr von Brakel und die Frau von Brakel zu dem fremden Kinde sagten, und was sich weiter mit demselben begab.

„Beinahe möchte ich glauben, daß den Kindern das alles nur geträumt hat!" So sprach der Herr Thaddäus von Brakel zu seiner Gemahlin, als Felix und Christlieb ganz erfüllt von dem fremden Kinde nicht aufhören konnten, sein holdes Wesen, seinen anmutigen Gesang, seine wunderbaren Spiele zu preisen. „Denk ich aber wieder daran", fuhr Herr von Brakel fort, „daß beide doch nicht auf einmal und auf gleiche Weise geträumt haben können, so weiß ich am Ende selbst nicht, was ich von dem allen denken soll." – „Zerbrich dir den Kopf nicht, o mein Gemahl!" erwiderte die Frau von Brakel, „ich wette, das fremde Kind ist niemand anders als Schulmeisters Gottlieb aus dem benachbarten Dorfe. Der ist herübergelaufen und hat den Kindern allerlei tolles Zeug in den Kopf gesetzt, aber das soll er künftig bleiben lassen." Herr von Brakel war gar nicht der Meinung seiner Gemahlin, um indessen mehr hinter die eigentliche Bewandtnis der Sache zu kommen, wurden Felix und Christlieb herbeigerufen und aufgefordert genau anzugeben, wie das Kind ausgesehen habe und wie es gekleidet gewesen sei. Rücksichts des Aussehens stimmten beide überein, daß das Kind ein lilienweißes Gesicht, rosenrote Wangen, kirschrote Lippen, blauglänzende Augen und goldgelocktes Haar habe, und so schön sei, wie sie es gar nicht aussprechen könnten; in Ansehung der Kleider wußten sie aber nur so viel, daß das Kind ganz gewiß nicht eine blaugestreifte Jacke, ebensolche Hosen oder eine schwarzlederne Mütze trage, wie Schulmeisters Gottlieb. Dagegen klang alles, was sie über den Anzug des Kindes ungefähr zu sagen vermochten, ganz fabelhaft und unklug. Christlieb behauptete nämlich, das Kind trage ein wunderschönes leichtes glänzendes Kleidchen von Rosenblättern; Felix meinte dagegen, das Kleid des Kindes funkle in hellem goldenem Grün wie Frühlingslaub im Sonnenschein. Daß das Kind, fuhr Felix weiter fort, irgend einem Schulmeister angehören könne, daran sei gar nicht zu denken, denn zu gut verstehe sich der Knabe auf die Jägerei, stamme gewiß aus der Heimat aller Wald- und Jagdlust und werde der tüchtigste Jägersmann werden, den es wohl gebe. „Ei Felix", unterbrach ihn Christlieb, „wie kannst du nur sagen, daß das kleine Mädchen ein Jägersmann werden soll. Auf das Jagen mag sie sich auch wohl verstehen, aber gewiß noch viel besser auf die Wirtschaft im Hause, sonst hätte sie mir nicht so hübsch die Puppen angekleidet und so schöne Schüsseln bereitet!" So hielt Felix das fremde Kind für einen Knaben, Christlieb behauptete dagegen es sei ein Mädchen und beide konnten darüber nicht einig werden. – Die Frau von Brakel sagte: „Es lohnt gar nicht, daß man sich mit den Kindern auf solche Narrheiten einläßt", der Herr von Brakel meinte dagegen: „Ich dürfte ja nur den Kindern nachgehen in den Wald und erlauschen, was denn das für ein seltsames Wunderkind ist, das mit ihnen spielt, aber es ist mir so, als könnte ich den Kindern dadurch eine große Freude verderben und deshalb will ich es nicht tun." Andern Tages, als Felix und Christlieb zu gewöhnlicher Zeit in den Wald liefen, wartete das fremde Kind schon auf sie, und wußte es gestern herrliche Spiele zu beginnen, so schuf es vollends heute die anmutigsten Wunder, so daß Felix und Christlieb ein Mal über das andere vor Freude und Entzücken laut aufjauchzten. Lustig und sehr hübsch zugleich war es, daß das fremde Kind während des Spielens so zierlich und gescheut mit den Bäumen, Gebüschen, Blumen, mit dem Waldbach zu sprechen wußte. Alle antworteten auch so vernehmlich, daß Felix und Christlieb alles verstanden. Das fremde Kind rief ins Erlengebüsch hinein: „Ihr schwatzhaftes Volk, was flüstert und wispert ihr wieder untereinander?" Da schüttelten stärker sich die Zweige und lachten und lispelten: „Ha – ha ha – wir freuen uns über die artigen Dinge, die uns Freund Morgenwind heute zugeraunt hat, als er von den blauen Bergen vor den Sonnenstrahlen daherrauschte. Er brachte uns tausend Grüße und Küsse von der goldnen Königin und einige tüchtige Flügelschläge voll der süßesten Düfte." – „O schweigt doch", so unterbrachen die Blumen das Geschwätz der Büsche, „o schweigt doch von dem Flatterhaften der mit den Düften prahlt, die seine falschen Liebkosungen uns entlocken. Laßt die Gebüsche lispeln und säuseln, ihr Kinder, aber schaut uns an, horcht auf uns, wir lieben euch gar zu sehr und putzen uns heraus, mit den schönsten glänzendsten Farben Tag für Tag nur damit wir euch recht gefallen." – „Und lieben wir euch denn nicht auch, ihr holden Blumen?" So sprach das fremde Kind, aber Christlieb kniete zur Erde nieder und streckte beide Arme weit aus, als wollte sie all die herrlichen Blumen, die um sie her sproßten, umarmen, indem sie rief: „Ach ich lieb euch ja allzumal!" – Felix sprach: „Auch mir gefallt ihr wohl, in euren glänzenden Kleidern, ihr Blumen, aber doch halt ich es mit dem Grün, mit den Büschen, mit den Bäumen, mit dem Walde, er muß euch doch schützen und schirmen, ihr kleinen bunten Kindlein!“ Da sauste es in den hohen schwarzen Tannen: „Das ist ein wahres Wort, du tüchtiger Junge, und du mußt dich nicht vor uns fürchten, wenn der Gevatter Sturm dahergezogen kommt und wir ein bißchen ungestüm mit dem groben Kerl zanken.“ – „Ei“, rief Felix, „knarrt und stöhnt und sauset nur recht wacker, ihr grünen Riesen, dann geht ja dem tüchtigen Jägersmann erst das Herz recht auf.“ – „Da hast du ganz recht“, so rauschte und plätscherte der Waldbach, „da hast du ganz recht, aber wozu immer jagen, immer rennen im Sturm und im wilden Gebraus! – Kommt! setzt euch fein ins Moos und hört mir zu. Von fernen fernen Landen aus tiefem Schacht komm ich her – ich will euch schöne Märchen erzählen und immer was Neues, Well auf Welle und immerfort und fort. Und die schönsten Bilder zeig ich euch, schaut mir nur recht ins blanke Spiegelantlitz – duftiges Himmelsblau – goldenes Gewölk – Busch und Blum und Wald – euch selbst, ihr holden Kinder zieh ich liebend hinein tief in meinen Busen!“ – „Felix, Christlieb“, so sprach das fremde Kind, indem es mit wundersamer Holdseligkeit um sich blickte, „Felix, Christlieb, o hört doch nur, wie alles uns liebt. Aber schon steigt das Abendrot auf hinter den Bergen und Nachtigall ruft mich nach Hause.“– „O laß uns noch ein bißchen fliegen“, bat Felix. „Aber nur nicht so sehr hoch, da schwindelt’s mir gar zu sehr“, sprach Christlieb. Da faßte wie gestern das fremde Kind beide, Felix und Christlieb, bei den Händen und nun schwebten sie auf im goldenen Purpur des Abendrots und das lustige Volk der bunten Vögel schwärmte und lärmte um sie her – das war ein Jauchzen und Jubeln! – In den glänzenden Wolken, wie in wogenden Flammen erblickte Felix die herrlichsten Schlösser von lauter Rubinen und andern funkelnden Edelsteinen: „Schau o schau doch Christlieb“, rief er voll Entzücken, „das sind prächtige, prächtige Häuser, nur tapfer laß uns fliegen, wir kommen gewiß hin.“ Christlieb gewahrte auch die Schlösser und vergaß alle Furcht, indem sie nicht mehr hinab, sondern unverwandt in die Ferne blickte. „Das sind meine lieben Luftschlösser“, sprach das fremde Kind, „aber hin kommen wir heute wohl nicht mehr!“ – Felix und Christlieb waren wie im Traume und wußten selbst nicht wie es geschah, daß sie unversehens sich zu Hause bei Vater und Mutter befanden.

Von der Heimat des fremden Kindes.

Das fremde Kind hatte auf dem anmutigsten Platz im Walde zwischen säuselndem Gebüsch, dem Bach unfern, ein überaus herrliches Gezelt von hohen schlanken Lilien, glühenden Rosen und bunten Tulipanen erbaut. Unter diesem Gezelt saßen mit dem fremden Kinde Felix und Christlieb und horchten darauf, was der Waldbach allerlei seltsames Zeug durcheinander plauderte. „Recht verstehe ich doch nicht", fing Felix an, „was der dort unten erzählt und es ist mir so, als wenn du selbst, mein lieber lieber Junge alles, was er nur so unverständlich murmelt, recht hübsch mir sagen könntest. Überhaupt möcht ich dich doch wohl fragen, wo du denn herkommst und wo du immer so schnell hinverschwindest, daß wir selbst niemals wissen wie das geschieht?" – „Weißt du wohl, liebes Mädchen", fiel Christlieb ein, „daß Mutter glaubt, du seist Schulmeisters Gottlieb?" – „Schweig doch nur dummes Ding", rief Fleix, „Mutter hat den lieben Knaben niemals gesehen, sonst würde sie gar nicht von Schulmeisters Gottlieb gesprochen haben. – Aber nun sage mir geschwind, du lieber Junge, wo du wohnst, damit wir zu dir ins Haus kommen können, zur Winterszeit, wenn es stürmt und schneit und im Walde nicht Steg nicht Weg zu finden ist." – „Ach ja!" sprach Christlieb, „nun mußt du uns fein sagen, wo du zu Hause bist, wer deine Eltern sind und hauptsächlich wie du denn eigentlich heißest." Das fremde Kind sah sehr ernst, beinahe traurig vor sich hin und seufzte recht aus tiefer Brust. Dann, nachdem es einige Augenblicke geschwiegen, fing es an: „Ach lieben Kinder, warum fragt ihr nach meiner Heimat? Ist es denn nicht genug, daß ich tagtäglich zu euch komme und mit euch spiele? – Ich könnte euch sagen, daß ich dort hinter den blauen Bergen, die wie krauses, zackiges Nebelgewölk anzusehen sind, zu Hause bin, aber wenn ihr tagelang und immer fort und fort laufen wolltet, bis ihr auf den Bergen stündet, so würdet ihr wieder ebenso fern ein neues Gebirge schauen, hinter dem ihr meine Heimat suchen müßtet, und wenn ihr auch dieses Gebirge erreicht hättet, würdet ihr wiederum ein neues erblicken, und so würde es euch immer fort und fort gehen und ihr würdet niemals meine Heimat erreichen." – „Ach", rief Christlieb weinerlich aus, „ach so wohnst du wohl viele hundert hundert Meilen von uns und bist nur zum Besuch in unserer Gegend?" – „Sieh nur, liebe Christlieb!" fuhr das fremde Kind fort,

„wenn du dich recht herzlich nach mir sehnst, so bin ich gleich bei dir und bringe dir alle Spiele, alle Wunder aus meiner Heimat mit, und ist denn das nicht ebenso gut als ob wir in meiner Heimat selbst zusammensäßen und miteinander spielten?" – „Das nun wohl eben nicht", sprach Felix, „denn ich glaube, daß deine Heimat ein gar herrlicher Ort sein muß, ganz voll von den herrlichen Dingen, die du uns mitbringst. Du magst mir nun die Reise dahin so schwierig vorstellen wie du willst, sowie ich es nur vermag, mache ich mich doch auf den Weg. So durch Wälder streichen und auf ganz wilden verwachsenen Pfaden, Gebirge erklettern, durch Bäche waten, über schroffes Gestein und dornicht Gestrüpp, das ist so recht Waidmanns Sache – ich werd's schon durchführen." – „Das wirst du auch", rief das fremde Kind, indem es freudig lachte, „und wenn du es dir so recht fest vornimmst, dann ist es so gut als hättest du es schon wirklich ausgeführt. Das Land, in dem ich wohne ist in der Tat so schön und herrlich, wie ich es gar nicht zu beschreiben vermag. Meine Mutter ist es, die als Königin über dieses Reich voller Glanz und Pracht herrscht." – „So bist du ja ein Prinz – So bist du ja eine Prinzessin" – riefen zu gleicher Zeit verwundert, ja beinahe erschrokken, Felix und Christlieb. „Allerdings", sprach das fremde Kind. „So wohnst du wohl in einem schönen Palast!" fragte Felix weiter. „Jawohl", erwiderte das fremde Kind, „noch viel schöner ist der Palast meiner Mutter als die glänzenden Schlösser, die du in den Wolken geschaut hast, denn seine schlanken Säulen aus purem Kristall erheben sich hoch – hoch hinein in das Himmelsblau, das auf ihnen ruht wie ein weites Gewölbe. Unter dem segelt glänzendes Gewölk mit goldnen Schwingen hin und her und das purpurne Morgen- und Abendrot steigt auf und nieder und in klingenden Kreisen tanzen die funkelnden Sterne. – Ihr habt, meine lieben Gespielen, ja wohl schon von Feen gehört, die, wie es sonst kein Mensch vermag, die herrlichsten Wunder hervorrufen können, und ihr werdet es auch wohl schon gemerkt haben, daß meine Mutter nichts anders ist, als eine Fee. Ja! das ist sie wirklich und zwar die mächtigste, die es gibt. Alles, was auf der Erde webt und lebt, hält sie mit treuer Liebe umfangen, doch zu ihrem innigen Schmerz wollen viele Menschen gar nichts von ihr wissen. Vor allen liebt meine Mutter aber die Kinder und daher kommt es, daß die Feste, die sie in ihrem Reiche den Kindern bereitet, die schönsten und herrlichsten sind. Da geschieht es denn wohl, daß schmucke Geister aus dem Hofstaate meiner Mutter keck sich durch die Wolken schwingen und von einem Ende des Palastes bis zum andern einen in den schönsten Farben schimmernden Regenbogen spannen. Unter dem bauen sie den Thron meiner Mutter aus lauter Diamanten, die aber so anzusehen sind und so herrlich duften wie Lilien, Nelken und Rosen. Sowie meine Mutter den Thron besteigt, rühren die Geister ihre goldnen Harfen, ihre kristallenen Zimbeln und dazu singen die Kammersänger meiner Mutter mit solch wunderbaren Stimmen, daß man vergehen möchte vor süßer Lust. Diese Sänger sind aber schöne Vögel, größer noch als Adler, mit ganz purpurnem Gefieder, wie ihr sie wohl noch nie gesehen habt. Aber sowie die Musik losgegangen, wird alles im Palast, im Walde, im Garten laut und lebendig. Viele tausend blank geputzte Kinder tummeln sich im Jauchzen und Jubeln umher. Bald jagen sie sich durchs Gebüsch und werfen sich neckend mit Blumen, bald klettern sie auf schlanke Bäumchen und lassen sich vom Winde hin und her schaukeln, bald pflücken sie goldglänzende Früchte, die so süß und herrlich schmecken wie sonst nichts auf der Erde, bald spielen sie mit zahmen Rehen – mit andern schmucken Tieren, die ihnen aus dem Gebüsch entgegenspringen; bald rennen sie keck den Regenbogen auf und nieder oder besteigen gar als kühne Reiter die schönen Goldfasanen, die sich mit ihnen durch die glänzenden Wolken schwingen." – „Ach das muß herrlich sein, ach nimm uns mit in deine Heimat, wir wollen immer dort bleiben!" – So riefen Felix und Christlieb voll Entzücken, das fremde Kind sprach aber: „Mitnehmen nach meiner Heimat kann ich euch in der Tat nicht, es ist zu weit, ihr müßtet so gut und unermüdlich fliegen können wie ich selbst." Felix und Christlieb wurden ganz traurig und blickten schweigend zur Erde nieder.

Von dem bösen Minister am Hofe der Feenkönigin.

„Überhaupt", fuhr das fremde Kind fort, „überhaupt möchtet ihr euch in meiner Heimat vielleicht gar nicht so gut befinden, als ihr es euch nach meiner Erzählung vorstellt. Ja der Aufenthalt könnte euch sogar verderblich sein. Manche Kinder vermögen nicht den Gesang der purpurroten Vögel, so herrlich er auch ist, zu ertragen, so daß er ihnen das Herz zerreißt, und sie augenblicklich sterben müssen. Andere, die gar zu keck auf den Regenbogen rennen, gleiten aus und stürzen herab, und manche sind sogar albern genug im besten Fliegen dem Goldfasan, der sie trägt, weh zu tun. Das nimmt denn der sonst friedliche Vogel dem dummen Kinde übel und reißt ihm mit seinem scharfen Schnabel die Brust auf, so daß es blutend aus den Wolken herabfällt. Meine Mutter härmt sich gar sehr ab, wenn Kinder auf solche Weise, freilich durch ihre eigne Schuld, verunglücken. Gar zu gern wollte sie, daß alle Kinder auf der ganzen Welt die Lust ihres Reichs genießen möchten, aber wenn viele auch tüchtig fliegen können, so sind sie nachher doch entweder zu keck oder zu furchtsam und verursachen ihr nur Sorge und Angst. Eben deshalb erlaubt sie mir, daß ich hinausfliegen aus meiner Heimat und tüchtigen Kindern allerlei schöne Spielsachen daraus mitbringen darf, wie ich es denn auch mit euch gemacht habe." – „Ach", rief Christlieb, „ich könnte gewiß keinem schönen Vogel Leides tun, aber auf dem Regenbogen rennen möchte ich doch nicht." – „Das wäre", – fiel ihr Felix ins Wort – „das wäre nun gerade meine Sache und eben deshalb möchte ich zu deiner Mutter Königin. Kannst du nicht einmal den Regenbogen mitbringen?" – „Nein", erwiderte das fremde Kind, „das geht nicht an, und ich muß dir überhaupt sagen, daß ich mich nur ganz heimlich zu euch stehlen darf. Sonst war ich überall sicher als sei ich bei meiner Mutter, und es war überhaupt so, als sei überall ihr schönes Reich ausgebreitet, seit der Zeit aber, daß ein arger Feind meiner Mutter, den sie aus ihrem Reiche verbannt hat, wild umherschwärmt, bin ich vor arger Nachstellung nicht geschützt." – „Nun", rief Felix, indem er aufsprang und den Dornstock, den er sich geschnitzt, in der Luft schwenkte, „nun den wollt ich denn doch sehen, der dir hier Leides zufügen sollte. Fürs erste hätt er es mit mir zu tun und dann rief ich Papa zu Hülfe, der ließe den Kerl einfangen und in den Turm sperren." – „Ach", erwiderte das fremde Kind, „so wenig der arge Feind in meiner Heimat mir etwas antun kann, so gefährlich ist er mir außerhalb derselben, er ist gar mächtig und wider ihn hilft nicht Stock nicht Turm.“ – „Was ist denn das für ein garstig Ding, das dich so bange machen kann?“ fragte Christlieb. „Ich habe euch gesagt“, fing das fremde Kind an, „daß meine Mutter eine mächtige Königin ist, und ihr wißt, daß Königinnen sowie Könige einen Hofstaat und Minister um sich haben.“ – „Jawohl“, sprach Felix, „der Onkel Graf ist selbst solch ein Minister, und trägt einen Stern auf der Brust. Deiner Mutter Minister tragen auch wohl recht funkelnde Sterne?“ – „Nein“, erwiderte das fremde Kind, „nein, das eben nicht, denn die mehrsten sind selbst ganz und gar funkelnde Sterne und andere tragen gar keine Röcke, worauf sich so etwas anbringen ließe. Daß ich's nur sage, alle Minister meiner Mutter sind mächtige Geister, die teils in der Luft schweben, teils in Feuerflammen, teils in den Gewässern wohnen, und überall das ausführen, was meine Mutter ihnen gebietet. Es fand sich vor langer Zeit ein fremder Geist bei uns ein, der nannte sich Pepasilio und behauptete, er sei ein großer Gelehrter, er wisse mehr und würde größere Dinge bewirken als alle übrigen. Meine Mutter nahm ihn in die Reihe ihrer Minister auf, aber bald entwickelte sich immer mehr seine innere Tücke. Außerdem daß er alles, was die übrigen Minister taten, zu vernichten strebte, so hatte er es vorzüglich darauf abgesehen, die frohen Feste der Kinder recht hämisch zu verderben. Er hatte der Königin vorgespiegelt, daß er die Kinder erst recht lustig und gescheut machen wollte, statt dessen hing er sich zentnerschwer an den Schweif der Fasanen, so daß sie sich nicht aufschwingen konnten, zog er die Kinder, wenn sie auf Rosenbüschen hinaufgeklettert, bei den Beinen herab, daß sie sich die Nasen blutig schlugen, zwang er die, welche lustig laufen und springen wollten, auf allen vieren mit zur Erde gebeugtem Haupte herumzukriechen. Den Sängern stopfte er allerlei schädliches Zeug in die Schnäbel, damit sie nur nicht singen sollten, denn Gesang konnte er nicht ausstehen und die armen zahmen Tierchen wollte er statt mit ihnen zu spielen auffressen, denn nur dazu, meinte er, wären sie da. Das Abscheulichste war aber wohl, daß er mit Hülfe seiner Gesellen die schönen funkelnden Edelsteine des Palastes, die bunt schimmernden Blumen, die Rosen und Lilienbüsche, ja selbst den glänzenden Regenbogen mit einem ekelhaften schwarzen Saft zu überziehen wußte, so daß alle Pracht verschwunden und alles tot und traurig anzusehen war. Und wie er dies vollbracht, erhob er ein schallendes

Gelächter und schrie, nun sei erst alles so wie es sein solle, denn er habe es beschrieben. Als er nun vollends erklärte, daß er meine Mutter nicht als Königin anerkenne, sondern daß ihm allein die Herrschaft gebühre, und sich in der Gestalt einer ungeheuren Fliege mit blitzenden Augen und vorgestrecktem scharfen Rüssel emporschwang in abscheulichem Summen und Brausen auf den Thron meiner Mutter, da erkannte sie sowie alle, daß der hämische Minister, der sich unter dem schönen Namen Pepasilio eingeschlichen, niemand anders war, als der finstere mürrische Gnomenkönig Pepser. Der Törichte hatte aber die Kraft sowie die Tapferkeit seiner Gesellen viel zu hoch in Anschlag gebracht. Die Minister des Luftdepartements umgaben die Königin und fächelten ihr süße Düfte zu, indem die Minister des Feuerdepartements in Flammenwogen auf und nieder rauschten und die Sänger, deren Schnäbel gereinigt, die volltönendsten Gesänge anstimmten, so, daß die Königin den häßlichen Pepser weder sah noch hörte noch seinen vergifteten übelriechenden Atem spürte. In dem Augenblick auch faßte der Fasanenfürst den bösen Pepser mit dem leuchtenden Schnabel und drückte ihn so gewaltig zusammen, daß er vor Wut und Schmerz laut aufkreischte, dann ließ er ihn aus der Höhe von dreitausend Ellen zur Erde niederfallen. Er konnte sich nicht regen und bewegen, bis auf sein wildes Geschrei seine Muhme, die große blaue Kröte herbeikroch, ihn auf den Rücken nahm und nach Hause schleppte. Fünfhundert lustige kecke Kinder erhielten tüchtige Fliegenklatschen, mit denen sie Pepsers häßliche Gesellen, die noch umherschwärmten und die schönen Blumen verderben wollten, totschlugen. Sowie nun Pepser fort war, zerfloß der schwarze Saft, womit er alles überzogen, von selbst und bald blühete und glänzte und strahlte alles so herrlich und schön wie zuvor. Ihr könnt denken, daß der garstige Pepser nun in meiner Mutter Reich nichts mehr vermag, aber er weiß, daß ich mich oft hinauswage und verfolgt mich rastlos unter allerlei Gestalten, so daß ich ärmstes Kind oft auf der Flucht nicht weiß, wo ich mich hin verbergen soll, und darum, ihr lieben Gespielen, entfliehe ich oft so schnell, daß ihr nicht spürt, wo ich hingekommen. Dabei muß es denn auch bleiben und wohl kann ich euch sagen, daß, sollte ich es auch unternehmen, mich mit euch in meine Heimat zu schwingen, Pepser uns gewiß aufpassen und uns totmachen würde.“ Christlieb weinte bitterlich über die Gefahr, in der das fremde Kind immer schweben mußte. Felix meinte aber: „Ist der garstige Pepser weiter nichts als eine große Fliege, so will ich ihm mit Papas großer Fliegenklatsche schon zu Leibe gehn, und habe ich ihm eins tüchtig auf die Nase versetzt, so mag Muhme Kröte zusehen wie sie ihn nach Hause schleppt."

Wie der Hofmeister angekommen war und die Kinder sich vor ihm fürchteten.

In vollem Sprunge eilten Felix und Christlieb nach Hause, indem sie unaufhörlich riefen: „Ach das fremde Kind ist ein schöner Prinz! – Ach das fremde Kind ist eine schöne Prinzessin!" Sie wollten das jauchzend den Eltern verkünden, aber wie zur Bildsäule erstarrt blieben sie in der Haustüre stehen, als ihnen Herr Thaddäus von Brakel entgegentrat und an seiner Seite einen fremden verwunderlichen Mann hatte, der halb vernehmlich in sich hineinbrummte: „Das sind mir saubere Rangen!" – „Das ist der Herr Hofmeister", sprach Herr von Brakel, indem er den Mann bei der Hand ergriff, „das ist der Herr Hofmeister, den euch der gnädige Onkel geschickt hat. Grüßt ihn fein artig!" – Aber die Kinder sahen den Mann von der Seite an und konnten sich nicht regen und bewegen. Das kam daher, weil sie solch eine wunderliche Gestalt noch niemals geschaut. Der Mann mochte kaum mehr als einen halben Kopf höher sein als Felix, dabei war er aber untersetzt; nur stachen gegen den sehr starken breiten Leib die kleinen ganz dünnen Spinnenbeinchen seltsam ab. Der unförmliche Kopf war beinahe viereckig zu nennen, und das Gesicht fast gar zu häßlich, denn außerdem, daß zu den dicken braunroten Backen und dem breiten Maule die viel zu lange spitze Nase gar nicht passen wollte, so glänzten auch die kleinen hervorstehenden Glasaugen so graulich, daß man ihn gar nicht gern ansehen mochte. Übrigens hatte der Mann eine pechschwarze Perücke auf den viereckigen Kopf gestülpt, war auch von Kopf bis zu Fuß pechschwarz gekleidet und hieß: Magister Tinte. Als nun die Kinder sich nicht rückten und rührten, wurde die Frau von Brakel böse und rief: „Potztausend ihr Kinder, was ist denn das? der Herr Magister wird euch für ganz ungeschliffene Bauernkinder halten müssen. – Fort! gebt dem Herrn Magister fein die Hand!" Die Kinder ermannten sich und taten, was die Mutter befohlen, sprangen aber, als der Magister ihre Hände faßte, mit dem lauten Schrei: „O weh o weh!" zurück. Der Magister lachte hell auf und zeigte eine heimlich in der Hand versteckte Nadel vor, womit er die Kinder, als sie ihm die Hand reichten, gestochen. Christlieb weinte, Felix aber grollte den Magister von der Seite an: „Versuche das nur noch ein Mal kleiner Dickbauch." – „Warum taten Sie das lieber Herr Magister Tinte", fragte etwas mißmutig der Herr von Brakel. Der Magister erwiderte: „Das ist nun einmal so meine Art, ich kann davon gar nicht lassen." Und dabei stemmte er beide Hände in die Seite und lachte immerfort, welches aber zuletzt so widerlich klang wie der Ton einer verdorbenen Schnarre. „Sie scheinen ein spaßhafter Mann zu sein, lieber Herr Magister Tinte", sprach der Herr von Brakel, aber ihm sowohl als der Frau von Brakel, vorzüglich den Kindern, wurde ganz unheimlich zumute. „Nun, nun", rief der Magister, „wie steht's denn mit den kleinen Krabben, schon tüchtig in den Wissenschaften vorgerückt? – Wollen doch gleich sehen." – Damit fing er an, den Felix und die Christlieb so zu fragen, wie es der Onkel Graf mit seinen Kindern getan. Als nun aber beide versicherten, daß sie die Wissenschaften noch gar nicht auswendig wüßten, da schlug der Magister Tinte die Hände über den Kopf zusammen, daß es klatschte, und schrie wie besessen: „Das ist was schönes! – keine Wissenschaften. – Das wird Arbeit geben! Wollens aber schon kriegen!" Felix, sowie Christlieb, beide schrieben eine saubere Handschrift, und wußten aus manchen alten Büchern die ihnen der Herr von Brakel in die Hände gab und die sie emsig lasen, manche schöne Geschichte zu erzählen, das achtete aber der Magister Tinte für gar nichts, sondern meinte, das alles wäre nur dummes Zeug. – Ach! nun war an kein in den Wald Laufen mehr zu denken! – Statt dessen mußten die Kinder beinahe den ganzen Tag zwischen den vier Wänden sitzen und dem Magister Tinte Dinge nachplappern die sie nicht verstanden. Es war ein wahres Herzeleid! – Mit welchen sehnsuchtsvollen Blicken schauten sie nach dem Walde! Oft war es ihnen, als hörten sie mitten unter den lustigen Liedern der Vögel, im Rauschen der Bäume, des fremden Kindes süße Stimme rufen: „Wo seid ihr denn, Felix – Christlieb – ihr lieben Kinder! wo seid ihr denn! wollt ihr nicht mehr mit mir spielen! – Kommt doch nur! – ich habe euch einen schönen Blumenpalast gebaut – da setzen wir uns hinein und ich schenk euch die herrlichsten buntesten Steine – und dann schwingen wir uns auf in die Wolken und bauen selbst funkelnde Luftschlösser! – Kommt doch! Kommt doch nur!“ Darüber wurden die Kinder mit allen ihren Gedanken ganz hingezogen nach dem Walde, und sahen und hörten nicht mehr auf den Magister. Der wurde aber dann ganz zornig und schlug mit beiden Fäusten auf den Tisch und brummte und summte und schnarrte und knarrte: „Pim – Sim – Prr – Srrr – Knurrr – Krrr – Was ist das! aufgepaßt!“ Felix hielt das aber nicht lange aus, er sprang auf und rief: „Laß mich los mit deinem dummen Zeuge, Herr Magister Tinte, fort will ich in den Wald – such dir den Vetter Pumphose, das ist was für den! – Komm Christlieb, das fremde Kind wartet schon auf uns.“ – Damit ging es fort, aber der Magister Tinte sprang mit ungemeiner Behendigkeit hinterher und erfaßte die Kinder dicht vor der Haustür. Felix wehrte sich tapfer und der Magister Tinte war im Begriff zu unterliegen, da dem Felix der treue Sultan zu Hülfe geeilt war. Sultan, sonst ein frommer gesitteter Hund, hatte gleich vom ersten Augenblick an einen entschiedenen Abscheu gegen den Magister Tinte bewiesen. Sowie dieser ihm nur nahe kam, knurrte er, und schlug mit dem Schweif so heftig um sich, daß er den Magister, den er geschickt an die dünnen Beinchen zu treffen wußte, beinahe umgeschmissen hätte. Sultan sprang hinzu und packte den Magister, der Felix bei beiden Schultern hielt, ohne Umstände beim Rockkragen. Der Magister Tinte erhob ein klägliches Geschrei, auf das Herr Thaddäus von Brakel schnell hinzueilte. Der Magister ließ ab von Felix, Sultan von dem Magister. „Ach wir sollen nicht mehr in den Wald“, klagte Christlieb, indem sie bitterlich weinte. So sehr auch der Herr von Brakel den Felix ausschalt, taten ihm doch die Kinder leid, die nicht mehr in Flur und Hain herumschwärmen sollten. Der Magister Tinte mußte sich dazu verstehen, täglich mit den Kindern den Wald zu besuchen. Es ging ihm schwer ein. „Hätten Sie nur, Herr von Brakel“, sprach er, „einen vernünftigen Garten mit Buchsbaum und Staketen am Hause, so könnte man in der Mittagsstunde mit den Kindern spazierengehen, was in aller Welt sollen wir aber in dem wilden Walde?“ – Die Kinder waren auch ganz unzufrieden und sprachen nun wieder: „Was soll uns der Magister in unserm lieben Walde?“

Wie die Kinder mit dem Herrn Magister Tinte im Walde spazierengingen und was sich dabei zutrug.

„Nun? – gefällt es dir nicht in unserm Walde Herr Magister?“ So fragte Felix den Magister Tinte, als sie daherzogen durch das rauschende Gebüsch. Der Magister Tinte zog aber ein saures Gesicht und rief: „Dummes Zeug, hier ist kein ordentlicher Steg und Weg, man zerreißt sich nur die Strümpfe und kann vor dem häßlichen Gekreisch der dummen Vögel gar kein vernünftiges Wort sprechen.“ – „Haha, Herr Magister“, sprach Felix, „ich merk es schon, du verstehst dich nicht auf den Gesang und hörst es auch wohl gar nicht einmal, wenn der Morgenwind mit den Büschen plaudert und der alte Waldbach schöne Märchen erzählt.“ – „Und“, fiel Christlieb dem Felix ins Wort, „sag es nur Herr Magister, du liebst auch wohl nicht die Blumen?“ Da wurde der Magister noch kirschbrauner im Antlitz als er schon von Natur war, er schlug mit den Händen um sich und schrie ganz erbost: „Was sprecht ihr da für tolles albernes Zeug? – wer hat euch die Narrheiten in den Kopf gesetzt? das fehlte noch, daß Wälder und Bäche dreist genug wären sich in vernünftige Gespräche zu mischen und mit dem Gesange der Vögel ist es auch nichts; Blumen lieb ich wohl, wenn sie fein in Töpfe gesteckt sind und in der Stube stehen, dann duften sie und man erspart das Räucherwerk. Doch im Walde wachsen ja gar keine Blumen.“ – „Aber Herr Magister“, rief Christlieb, „siehst du denn nicht die lieben Maiblümchen, die dich recht mit hellen freundlichen Augen angucken?“ – „Was was“, schrie der Magister – „Blumen? Augen? – ha ha ha – schöne Augen – schöne Augen! Die nichtsnutzigen Dinger riechen nicht einmal!“ – Und damit bückte sich der Magister Tinte zur Erde nieder, riß einen ganzen Strauß Maiblümchen samt den Wurzeln heraus, und warf ihn fort ins Gebüsch. Den Kindern war es, als ginge in dem Augenblick ein wehmütiger Klagelaut durch den Wald; Christlieb mußte bitterlich weinen, Felix biß unmutig die Zähne zusammen. Da geschah es, daß ein kleiner Zeisig dem Magister Tinte dicht bei der Nase vorbeiflatterte, sich dann auf einen Zweig setzte und ein lustiges Liedchen anstimmte. „Ich glaube gar“, sprach der Magister, „ich glaube gar das ist ein Spottvogel?“ Und damit nahm er einen Stein von der Erde auf, warf ihn nach dem Zeisig und traf den armen Vogel, daß er zum Tode verstummt von dem grünen Zweige herabfiel. Nun konnte Felix sich gar nicht mehr halten. „Ei du abscheulicher Herr Magister Tinte", rief er ganz erbost, „was hat dir der arme Vogel getan, daß du ihn totschmeißest? – O wo bist du denn, du holdes fremes Kind, o komm doch nur, laß uns weit weit fortfliegen, ich mag nicht mehr bei dem garstigen Menschen sein; ich will fort nach deiner Heimat!" – Und mit vollem Schluchzen und Weinen stimmte Christlieb ein: „O du liebes holdes Kind, komm doch nur, komm doch nur zu uns, Ach! Ach! – rette uns – rette uns, der Herr Magister Tinte macht uns ja tot wie die Blumen und Vögel!" – „Was ist das mit dem fremden Kinde", rief der Magister. Aber in dem Augenblick säuselte es stärker im Gebüsch und in dem Säuseln erklangen wehmütige herzzerschneidende Töne, wie von dumpfen in weiter Ferne angeschlagenen Glocken. – In einem leuchtenden Gewölk, das sich herabließ, wurde das holde Antlitz des fremden Kindes sichtbar – dann schwebte es ganz hervor, aber es rang die kleinen Händchen, und Tränen rannen wie glänzende Perlen aus den holden Augen über die rosichten Wangen. „Ach", jammerte das fremde Kind, „ach ihr lieben Gespielen, ich kann nicht mehr zu euch kommen – ihr werdet mich nicht wiedersehen – lebt wohl! lebt wohl! – Der Gnome Pepser hat sich eurer bemächtigt, o ihr armen Kinder, lebt wohl – lebt wohl!" – Und damit schwang sich das fremde Kind hoch in die Lüfte. Aber hinter den Kindern brummte und summte und knarrte und schnarrte es auf entsetzlich grausige Weise. Der Magister Tinte hatte sich umgestaltet in eine große scheußliche Fliege, und recht abscheulich war es, daß er dabei doch noch ein menschliches Gesicht, und sogar auch einige Kleidungsstücke behalten. Er schwebte langsam und schwerfällig auf, offenbar um das fremde Kind zu verfolgen. Von Entsetzen und Graus erfaßt rannten Felix und Christlieb fort aus dem Walde. Erst auf der Wiese wagten sie emporzuschauen. Sie wurden einen glänzenden Punkt in den Wolken gewahr, der wie ein Stern funkelte und herabzuschweben schien. „Das ist das fremde Kind", rief Christlieb. Immer größer wurde der Stern und dabei hörten sie ein Klingen wie von schmetternden Trompeten. Bald konnten sie nun erkennen, daß der Stern ein schöner in gleißendem Goldgefieder prangender Vogel war, der, die mächtigen Flügel schüttelnd und laut singend, sich auf den Wald herabsenkte. „Ha", schrie Felix, „das ist der Fasanenfürst, der beißt den Herrn Magister Tinte tot – ha ha, das fremde Kind ist geborgen und wir sind es auch! – Komm Christlieb – schnell laß uns nach Hause laufen und dem Papa erzählen was sich zugetragen."

Wie der Herr von Brakel den Magister Tinte fortjagte.

Der Herr von Brakel und die Frau von Brakel beide saßen vor der Türe ihres kleinen Hauses, und schauten in das Abendrot, das schon hinter den blauen Bergen in goldenen Strahlen aufzuschimmern begann. Vor ihnen stand auf einem kleinen Tisch das Abendessen aufgetragen, das aus nichts anderem als einem tüchtigen Napf voll herrlicher Milch und einer Schüssel mit Butterbröten bestand. „Ich weiß nicht", fing Herr von Brakel an, „ich weiß nicht, wo der Herr Magister Tinte solange mit den Kindern ausbleibt. Erst hat er sich gesperrt und durchaus nicht in den Wald gehen wollen, und jetzt kommt er gar nicht wieder heraus. Überhaupt ist das ein ganz wunderlicher Mann der Herr Magister Tinte und es ist mir beinahe so, als sei es besser gewesen, er wäre ganz davon geblieben. Daß er gleich anfangs die Kinder so heimtückisch stach, das hat mir gar nicht gefallen, und mit seinen Wissenschaften mag es auch nicht weit her sein, denn allerlei seltsame Wörter und unverständliches Zeug plappert er her und weiß was der Großmogul für Kamaschen trägt; kommt er aber heraus, so vermag er nicht die Linde vom Kastanienbaum zu unterscheiden und hat sich überhaupt ganz albern und abgeschmackt. Die Kinder können unmöglich Respekt vor ihm haben." – „Mir geht es", erwiderte die Frau von Brakel, „mir geht es ganz wie dir lieber Mann! So sehr es mich freute, daß der Herr Vetter sich unserer Kinder annehmen wollte, so sehr bin ich jetzt davon überzeugt, daß das auf andere und bessere Weise hätte geschehen können, als daß er uns den Herrn Magister Tinte über den Hals schickte. Wie es mit seinen Wissenschaften stehen mag, das weiß ich nicht, aber so viel ist gewiß, daß das kleine schwarze dicke Männlein mit den kleinen dünnen Beinchen mir immer mehr und mehr zuwider wird. Vorzüglich ist es garstig, daß der Magister so entsetzlich naschaftig ist. Keine Neige Bier oder Milch kann er stehen sehen, ohne sich darüber herzumachen, merkt er nun vollends den geöffneten Zuckerkasten, so ist er gleich bei der Hand und schnuppert und nascht so lange an dem

Zucker, bis ich ihm den Deckel vor der Nase zuschlage; dann ist er auf und davon, und ärgert sich und brummt und summt ganz seltsam und fatal." Der Herr von Brakel wollte fortfahren im Gespräch, als Felix und Christlieb in vollem Rennen durch die Birken kamen. „Heisa! – heisa!" – schrie Felix unaufhörlich, „heisa heisa! der Fasanenfürst hat den Herrn Magister Tinte totgebissen!" – „Ach – Ach, Mama", rief Christlieb atemlos, „ach! – der Herr Magister Tinte ist kein Herr Magister, das ist der Gnomenkönig Pepser, eigentlich aber eine abscheuliche große Fliege die eine Perücke trägt, und Schuhe und Strümpfe." Die Eltern staunten die Kinder an, die nun ganz aufgeregt und erhitzt durcheinander von dem fremden Kinde, von seiner Mutter der Feenkönigin, von dem Gnomenkönig Pepser und von dem Kampf des Fasanenfürsten mit ihm erzählten. „Wer hat euch denn die tollen Dinge in den Kopf gesetzt, habt ihr geträumt oder was geschah sonst mit euch?" So fragte Herr von Brakel ein Mal über das andere; aber die Kinder blieben dabei, daß sich alles so zugetragen wie sie es erzählten, und daß der häßliche Pepser, der sich für den Herrn Magister Tinte fälschlich ausgegeben, tot im Walde liegen müsse. Die Frau von Brakel schlug die Hände über den Kopf zusammen und rief ganz traurig: „Ach Kinder, Kinder, was soll aus euch werden, wenn euch solche entsetzliche Dinge in den Sinn kommen und ihr euch davon nichts ausreden lassen wollt!" – Aber der Herr von Brakel wurde sehr nachdenklich und ernsthaft. „Felix du bist nun schon ein ganz verständiger Junge, und ich kann es dir wohl sagen, daß auch mir der Herr Magister Tinte von Anfang an ganz seltsam und verwunderlich vorgekommen ist. Ja es schien mir oft, als habe es mit ihm eine besondere Bewandtnis und er sei gar nicht so wie andere Magister. Noch mehr! – ich sowohl als die Mutter, beide sind wir mit dem Herrn Magister Tinte nicht ganz zufrieden, die Mutter vorzüglich, weil er ein Naschmaul ist, alle Süßigkeiten beschnuppert und dabei so häßlich brummt und summt, er wird daher auch wohl nicht lange bei uns bleiben können. Aber nun, lieber Junge, besinne dich einmal, gesetzt auch, es gebe solche garstige Dinger, wie Gnomen sein sollen, wirklich in der Welt, besinne dich einmal ob ein Herr Magister wohl eine Fliege sein kann?" – Felix schaute dem Herrn von Brakel mit seinen blauen klaren Augen ernsthaft ins Gesicht. Der Herr von Brakel wiederholte die Frage: „Sag mein Junge! kann wohl ein Herr Magister eine Fliege sein?" Da sprach Felix: „Ich habe sonst nie daran gedacht, und hätte es wohl auch nicht geglaubt, wenn mir es nicht das fremde Kind gesagt, und ich es mit eigenen Augen gesehen hätte, daß Pepser eine garstige Fliege ist und sich nur für den Magister Tinte ausgegeben hat. – Und Vater", fuhr Felix weiter fort, als Herr von Brakel wie einer, der vor Verwunderung gar nicht weiß was er sagen soll, stillschweigend den Kopf schüttelte, „und Vater, sage, hat dir der Herr Magister Tinte selbst nicht einmal entdeckt, daß er eine Fliege sei? – habe ich's denn nicht selbst gehört, daß er dir hier vor der Türe sagte, er sei auf der Schule eine muntre Fliege gewesen? Nun was man einmal ist, das muß man, denk ich, auch bleiben. Und daß der Herr Magister, wie die Mutter zugesteht so ein Naschmaul ist und an allem Süßen schnuppert, nun Vater! wie machen's denn die Fliegen anders? und das häßliche Summen und Brummen." – „Schweig", rief der Herr von Brakel ganz erzürnt, „mag der Herr Magister Tinte sein, was er will, aber so viel ist gewiß, daß der Fasanenfürst ihn nicht totgebissen hat, denn dort kommt er eben aus dem Walde!" Auf dieses Wort schrien die Kinder laut auf und flüchteten ins Haus hinein. In der Tat kam der Magister Tinte den Birkengang herauf, aber ganz verwildert mit funkelnden Augen, zerzauster Perücke, im abscheulichen Sumsen und Brummen sprang er von einer Seite zur anderen hoch auf und prallte mit dem Kopf gegen die Bäume an, daß man es krachen hörte. So herangekommen, stürzte er sich sofort in den Napf, daß die Milch überströmte, die er einschlürfte mit widrigem Rauschen. „Aber um tausend Gotteswillen, Herr Magister Tinte, was treiben Sie?" rief die Frau von Brakel. „Sind Sie toll geworden, Herr Magister, plagt Sie der böse Feind?" schrie der Herr von Brakel. Aber alles nicht achtend schwang sich der Magister aus dem Milchnapf, setzte sich auf die Butterbröte hin, schüttelte die Rockschöße und wußte mit den dünnen Beinchen geschickt darüber hinzufahren und sie glattzustreichen und zu fälteln. Dann stärker summend schwang er sich gegen die Türe, aber er konnte sich nicht hineinfinden ins Haus, sondern schwankte wie betrunken hin und her und schlug gegen die Fenster an, daß es klirrte und schwirrte. „Ha Patron", rief der Herr von Brakel, „das sind dumme unnütze Streiche, wart das soll dir übel bekommen." Er suchte den Magister bei dem Rockschoß zu haschen, der wußte ihm aber geschickt zu entgehen. Da sprang Felix aus dem Hause mit der großen Fliegenklatsche in der Hand, die er dem Vater gab. „Nimm Vater, nimm", rief er, „schlag ihn tot den häßlichen Pepser." Der Herr von Brakel ergriff auch wirklich die Fliegenklatsche, und nun ging es her hinter dem Herrn Magister.

Felix, Christlieb, die Frau von Brakel hatten die Servietten vom Tische genommen und schwangen sie, den Magister hin und her treibend, in den Lüften, während Herr von Brakel unaufhörlich Schläge gegen ihn führte die leider nicht trafen, weil der Magister sich hütete auch nur einen Augenblick zu ruhen. Und wilder und wilder wurde die tolle Jagd – Summ – Summ – Simm – Simm – Trrr – Trrr – stürmte der Magister auf und nieder – und Klipp – Klapp fielen hageldichter des Herrn von Brakels Schläge und huß – huß – hetzten Felix, Christlieb und die Frau von Brakel den Feind. Endlich gelang es dem Herrn von Brakel den Magister am Rockschoß zu treffen. Ächzend stürzte er zu Boden; aber in dem Augenblick, daß der Herr von Brakel ihn mit einem zweiten Schlage treffen wollte, schwang er sich mit erneuter doppelter Kraft in die Höhe, stürmte sausend und brausend nach den Birken hin und ließ sich nicht wieder sehen. „Gut daß wir den fatalen Herrn Magister Tinte los sind", sprach der Herr von Brakel, „über meine Schwelle soll er nicht wieder kommen." – „Nein das soll er nicht", fiel die Frau von Brakel ein, „Hofmeister mit solchen abscheulichen Sitten können nur Unheil stiften, da wo sie Gutes wirken sollen. – Prahlt mit den Wissenschaften und springt in den Milchnapf! Das nenne ich mir einen schönen Magister!" – Aber die Kinder jauchzten und jubelten und riefen: „Heisa – Papa hat dem Herrn Magister Tinte mit der Fliegenklatsche eins auf die Nase versetzt und da hat er Reißaus genommen! – Heisa – Heisa!"

Was sich weiter im Walde begab, nachdem der Magister Tinte fortgejagt worden.

Felix und Christlieb atmeten frei auf, als sei ihnen eine schwere drückende Last vom Herzen genommen. Vor allem dachten sie aber daran, daß nun, da der häßliche Pepser von dannen geflohen, das fremde Kind gewiß wiederkehren und so wie sonst mit ihnen spielen würde. Ganz erfüllt von freudiger Hoffnung gingen sie in den Wald; aber es war alles still und wie verödet darin, kein lustiges Lied von Fink und Zeisig ließ sich hören und statt des fröhlichen Rauschens der Gebüsche, statt des frohen tönenden Wogens der Waldbäche wehten angstvolle Seufzer durch die Lüfte. Nur bleiche Strahlen warf die Sonne durch den dunstigen Himmel. Bald türmte sich ein schwarzes Gewölk auf, der Sturm heulte, der Donner begann in der Ferne zürnend zu murmeln, die hohen Tannen dröhnten und krachten. Christlieb schloß sich zitternd und zagend an Felix an; der sprach aber: „Was fürchtest du dich so, Christlieb, es zieht ein Wetter auf, wir müssen machen, daß wir nach Hause kommen." Sie fingen an zu laufen, doch wußten sie selbst nicht, wie es geschah, daß sie statt aus dem Walde herauszukommen immer tiefer hineingerieten. Es wurde finsterer und finsterer, dicke Regentropfen fielen herab und Blitze fuhren zischend hin und her! – Die Kinder standen an einem dicken dichten Gestrüpp. „Christlieb", sprach Felix, „laß uns hier ein bißchen unterducken, nicht lange kann das Wetter dauern." Christlieb weinte vor Angst, tat aber doch, was Felix geheißen. Aber kaum hatten sie sich hingesetzt in das dicke Gebüsch, als es dicht hinter ihnen mit häßlich knarrenden Stimmen sprach: „Dumme Dinger! – einfältig Volk – habt uns verachtet – habt nicht gewußt, was ihr mit uns anfangen sollt, nun könnt ihr sitzen ohne Spielsachen, ihr einfältigen Dinger!" Felix schaute sich um und es wurde ihm ganz unheimlich zumute, wie er den Jäger und den Harfenmann erblickte, die sich aus dem Gestrüpp, wo er sie hineingeworfen, erhoben, ihn mit toten Augen anstarrten und mit den kleinen Händchen herumfochten und hantierten. Dazu griff der Harfenmann in die Saiten, daß es widrig zwitscherte und klirrte, und der Jägersmann legte gar die kleine Flinte auf Felix an. Dazu krächzten beide: „Wart – Wart du Junge, du Mädel, wir sind die gehorsamen Zöglinge des Herrn Magister Tinte, gleich wird er hier sein und da wollen wir euch euern Trotz schon eintränken!" – Entsetzt, des Regens der nun herabströmte, der krachenden Donnerschläge, des Sturms der mit dumpfem Brausen durch die Tannen fuhr, nicht achtend, rannten die Kinder von dannen und gerieten an das Ufer des großen Teichs der den Wald begrenzte. Aber kaum waren sie hier, als sich aus dem Schilf Christliebs große Puppe, die Felix hineingeworfen, erhob und mit häßlicher Stimme quäkte: „Dumme Dinger, einfältig Volk – habt mich verachtet – habt nicht gewußt, was ihr mit mir anfangen soll, nun könnt ihr sitzen ohne Spielsachen, ihr einfältigen Dinger! Wart wart du Junge, du Mädel, ich bin der gehorsame Zögling des Herrn Magister Tinte, gleich wird er hier sein und da werden wir euch euren Trotz schon eintränken." – Und dann spritzte die häßliche Puppe den armen Kindern, die schon vom Regen ganz durchnäßt waren, ganze Ströme Wasser ins Gesicht. Felix konnte diesen entsetzlichen Spuk nicht vertragen, die arme Christlieb war halbtot, aufs neue rannten sie davon, aber bald mitten im Walde sanken sie vor Angst und Erschöpfung nieder. Da summte und brauste es hinter ihnen. „Der Magister Tinte kommt“, schrie Felix, aber in dem Augenblick vergingen ihm auch so wie der armen Christlieb die Sinne. Als sie wieder aus tiefem Schlafe erwachten, befanden sie sich auf einem weichen Moossitz. Das Wetter war vorüber, die Sonne schien hell und freundlich und die Regentropfen hingen wie funkelnde Edelsteine an den glänzenden Büschen und Bäumen. Hoch verwunderten sich die Kinder darüber, daß ihre Kleider ganz trocken waren und sie gar nichts von der Kälte und Nässe spürten. „Ach“, rief Felix indem er beide Arme hoch in die Lüfte emporstreckte: „Ach das fremde Kind hat uns beschützt!“ Und nun riefen beide, Felix und Christlieb, laut, daß es im Walde wiedertönte: „Ach du liebes Kind, komme doch nur wieder zu uns, wir sehnen uns ja so herzlich nach dir, wir können ja ohne dich gar nicht leben!“ – Es schien auch, als wenn ein heller Strahl durch die Gebüsche funkelte von dem berührt die Blumen ihre Häupter erhoben; aber riefen auch wehmütiger und wehmütiger die Kinder nach dem holden Gespielen, nichts ließ sich weiter sehen. Traurig schlichen sie nach Hause, wo die Eltern, nicht wenig wegen des Ungewitters um sie bekümmert, sie mit voller Freude empfingen. Der Herr von Brakel sprach: „Es ist nur gut, daß ihr da seid, ich muß gestehen, daß ich fürchtete, der Herr Magister Tinte schwärme noch im Walde umher, und sei euch auf der Spur.“ Felix erzählte alles, was sich im Walde begeben. „Das sind tolle Einbildungen“, rief die Frau von Brakel, „wenn euch draußen im Walde solch verrücktes Zeug träumt sollt ihr gar nicht mehr hingehen, sondern im Hause bleiben.“ Das geschah denn nun freilich nicht, denn wenn die Kinder baten: „Liebe Mutter laß uns ein bißchen in den Wald laufen“, so sprach die Frau von Brakel: „Geht nur, geht und kommt hübsch verständig zurück.“ Es geschah aber, daß die Kinder in kurzer Zeit selbst gar nicht mehr in den Wald gehen mochten. Ach! – das fremde Kind ließ sich nicht sehen und sowie Felix und Christlieb sich nur tiefer ins Gebüsch wagten oder sich dem Ententeich nahten, so wurden sie von dem Jäger, dem Harfenmännlein, der Puppe ausgehöhnt: „Dumme Dinger, einfältig Volk, nun könnt ihr sitzen ohne Spielzeug – habt nichts mit uns artigen gebildeten Leuten anzufangen gewußt – dumme Dinger, einfältig Volk!" – Das war gar nicht auszuhalten, die Kinder blieben lieber im Hause.

Beschluß.

„Ich weiß nicht", sprach der Herr Thaddäus von Brakel eines Tages zu der Frau von Brakel, „ich weiß nicht, wie mir seit einigen Tagen so seltsam und wunderlich zumute ist. Beinahe möchte ich glauben, daß der böse Magister Tinte mir es angetan hat, denn seit dem Augenblick, als ich ihm eins mit der Fliegenklatsche versetzte und ihn forttrieb, liegt es mir in allen Gliedern wie Blei." In der Tat wurde auch der Herr von Brakel mit jedem Tage matter und blässer. Er durchstrich nicht mehr wie sonst die Flur, er polterte und wirtschaftete nicht mehr im Hause umher, sondern saß stundenlang in tiefe Gedanken versenkt und dann ließ er sich von Felix und Christlieb erzählen wie es sich mit dem fremden Kinde begeben. Sprachen sie denn nun recht mit vollem Eifer von den herrlichen Wundern des fremden Kindes, von dem prächtigen glänzenden Reiche, wo es zu Hause, dann lächelte er wehmütig und die Tränen traten ihm in die Augen. Darüber konnten sich Felix und Christlich aber gar nicht zufriedengeben, daß das fremde Kind nun davonbleibe und sie der Quälerei der häßlichen Puppen im Gebüsch und im Ententeiche bloßstelle, weshalb sie gar nicht mehr sich in den Wald wagen möchten. „Kommt, meine Kinder, wir wollen zusammen in den Wald gehen, die bösen Zöglinge des Magisters Tinte sollen euch keinen Schaden tun!" So sprach an einem schönen hellen Morgen der Herr von Brakel zu Felix und Christlieb, nahm sie bei der Hand und ging mit ihnen in den Wald, der heute mehr als jemals voller Glanz, Wohlgeruch und Gesang war. Als sie sich ins weiche Gras unter duftenden Blumen gelagert hatten, fing der Herr von Brakel in folgender Art an: „Ihr lieben Kinder, es liegt mir recht am Herzen und ich kann es nun gar nicht mehr aufschieben euch zu sagen, daß ich ebensogut wie ihr das holde fremde Kind, das euch hier im Walde so viel Herrliches schauen ließ, kannte. Als ich so alt war wie ihr, hat es mich so wie euch besucht und die wunderbarsten Spiele gespielt. Wie es mich dann verlassen hat, darauf kann ich mich gar nicht besinnen und es ist mir ganz unerklärlich, wie ich das holde Kind so ganz und gar vergessen konnte, daß ich, als ihr mir von seiner Erscheinung erzähltet, gar nicht daran glaubte; wiewohl ich oftmals die Wahrheit davon leise ahnte. Seit einigen Tagen gedenke ich aber so lebhaft meiner schönen Jugendzeit wie ich es seit vielen Jahren gar nicht vermochte. Da ist denn auch das holde Zauberkind so glänzend und herrlich, wie ihr es geschaut habt, mir in den Sinn gekommen und dieselbe Sehnsucht von der ihr ergriffen, erfüllt meine Brust, aber sie wird mir das Herz zerreißen! – Ich fühl es, daß ich zum letztenmal hier unter diesen schönen Bäumen und Büschen sitze, ich werde euch bald verlassen ihr Kinder! – Haltet, wenn ich tot bin, nur recht fest an dem holden Kinde!" – Felix und Christlieb waren außer sich vor Schmerz, sie weinten und jammerten und riefen laut: „Nein Vater – nein Vater, du wirst nicht sterben, du wirst nicht sterben, du wirst noch lange lange bei uns bleiben und so wie wir mit dem fremden Kinde spielen!" – Aber Tages darauf lag der Herr von Brakel schon krank im Bette. Es erschien ein langer hagerer Mann, der dem Herrn von Brakel an den Puls fühlte und darauf sprach: „Das wird sich geben!" Es gab sich aber nicht, sondern der Herr von Brakel war am dritten Tage tot. Ach wie jammerte die Frau von Brakel, wie rangen die Kinder die Hände, wie schrien sie laut: „Ach unser Vater – unser lieber Vater!" – Bald darauf als die vier Bauern von Brakelheim ihren Herrn zu Grabe getragen hatten, erschienen ein paar häßliche Männer im Hause, die beinahe aussahen wie der Magister Tinte. Die erklärten der Frau von Brakel, daß sie das ganze Gütchen und alles im Hause in Beschlag nehmen müßten, weil der verstorbene Herr Thaddäus von Brakel das alles und noch vielmehr dem Herrn Grafen Cyprianus von Brakel schuldig geworden sei, der nun das Seinige zurückverlange. So war denn nun die Frau von Brakel bettelarm geworden und mußte das schöne Dörfchen Brakelheim verlassen. Sie wollte zu einem Verwandten hin, der nicht fern wohnte, und schnürte daher ein kleines Bündelchen mit der wenigen Wäsche und den geringen Kleidungsstücken, die man ihr gelassen, Felix und Christlieb mußten ein gleiches tun, und so zogen sie unter vielen Tränen fort aus dem Hause. Schon hörten sie das ungestüme Rauschen des Waldstroms über dessen Brücke sie wollten, als die Frau von Brakel vor bitterm Schmerz ohnmächtig zu Boden sank. Da fielen Felix und Christlieb auf die Knie nieder und schluchzten und jammerten: „O wir armen unglücklichen Kinder! nimmt sich denn keiner, keiner unsers Elends an?" In dem Augenblick war es, als werde das ferne Rauschen des Waldstroms zu lieblicher Musik, das Gebüsch rührte sich in ahnungsvollem Säuseln – und bald strahlte der ganze Wald in wunderbarem funkelnden Feuer. Das fremde Kind trat aus dem süßduftenden Laube hervor, aber von solchem blendenden Glanz umflossen, daß Felix und Christlieb die Augen schließen mußten. Da fühlten sie sich sanft berührt und des fremden Kindes holde Stimme sprach: „O klagt nicht so, ihr meine lieben Gespielen! Lieb ich euch denn nicht mehr? Kann ich euch denn wohl verlassen? Nein! – seht ihr mich auch nicht mit leiblichen Augen, so umschwebe ich euch doch beständig und helfe euch mit meiner Macht, daß ihr froh und glücklich werden sollet immerdar. Behaltet mich nur treu im Herzen, wie ihr es bis jetzt getan, dann vermag der böse Pepser und kein anderer Widersacher etwas über euch! – liebt mich nur stets recht treulich!" – „O das wollen wir, das wollen wir!" riefen Felix und Christlieb, „wir lieben dich ja mit ganzer Seele." Als sie die Augen wieder aufzuschlagen vermochten, war das fremde Kind verschwunden, aber aller Schmerz war von ihnen gewichen und sie empfanden die Wonne des Himmels, die in ihrem Innersten aufgegangen. Die Frau von Brakel richtete sich nun auch langsam empor und sprach: „Kinder! ich habe euch im Traum gesehen, wie ihr wie in lauter funkelndem Golde standet und dieser Anblick hat mich auf wunderbare Weise erfreut und getröstet." Das Entzücken strahlte in der Kinder Augen, glänzte auf ihren hochroten Wangen. Sie erzählten wie eben das fremde Kind bei ihnen gewesen sei und sie getröstet habe; da sprach die Mutter: „Ich weiß nicht, warum ich heute an euer Märchen glauben muß, und warum dabei so aller Schmerz, alle Sorgen von mir weichen. Laßt uns nun getrost weitergehen." Sie wurden von dem Verwandten freundlich aufgenommen, dann kam es wie das fremde Kind es verheißen. Alles, was Felix und Christlieb unternahmen, geriet so überaus wohl, daß sie samt ihrer Mutter froh und glücklich wurden und noch in später Zeit spielten sie in süßen Träumen mit dem fremden Kinde, das nicht aufhörte, ihnen die lieblichsten Wunder seiner Heimat mitzubringen.

Die Königsbraut

Ein nach der Natur entworfenes Märchen

Erstes Kapitel,

in dem von verschiedenen Personen und ihren Verhältnissen Nachricht gegeben, und alles Erstaunliche und höchst Wunderbare, das die folgenden Kapitel enthalten sollen, vorbereitet wird auf angenehme Weise.

Es war ein gesegnetes Jahr. Auf den Feldern grünte und blühte gar herrlich Korn und Weizen und Gerste und Hafer, die Bauerjungen gingen in die Schoten, und das liebe Vieh in den Klee; die Bäume hingen so voller Kirschen, daß das ganze Heer der Sperlinge trotz dem besten Willen, alles kahl zu picken, die Hälfte übrig lassen mußte zu sonstiger Verspeisung. Alles schmauste sich satt tagtäglich an der großen offnen Gasttafel der Natur. – Vor allen Dingen stand aber in dem Küchengarten des Herrn Dapsul von Zabelthau das Gemüse so über die Maßen schön, daß es kein Wunder zu nennen, wenn Fräulein Ännchen vor Freude darüber ganz außer sich geriet. –

Nötig scheint es gleich zu sagen, wer beide waren, Herr Dapsul von Zabelthau und Ännchen.

Es ist möglich, daß du, geliebter Leser, auf irgend einer Reise begriffen, einmal in den schönen Grund kamst, den der freundliche Main durchströmt. Laue Morgenwinde hauchen ihren duftigen Atem hin über die Flur, die in dem Goldglanz schimmert der emporgestiegenen Sonne. Du vermagst es nicht auszuharren in dem engen Wagen, du steigst aus und wandelst durch das Wäldchen, hinter dem du erst, als du hinabfuhrst in das Tal, ein kleines Dorf erblicktest. Plötzlich kommt dir aber in diesem Wäldchen ein langer hagerer Mann entgegen, dessen seltsamer Aufzug dich festbannt. Er trägt einen kleinen grauen Filzhut, aufgestülpt auf eine pechschwarze Perücke, eine durchaus graue Kleidung, Rock, Weste und Hose, graue Strümpfe und Schuhe, ja selbst der sehr hohe Stock ist grau lackiert. So kommt der Mann mit weit ausgespreizten Schritten auf dich los, und indem er dich mit großen tiefliegenden Augen anstarrt, scheint er dich doch gar nicht zu bemerken. „Guten Morgen, mein Herr!" rufst du ihm entgegen, als er dich beinahe umrennt. Da fährt er zusammen, als würde er plötzlich geweckt aus tiefem Traum, rückt dann sein Mützchen und spricht mit hohler weinerlicher Stimme: „Guten Morgen? O mein Herr! wie froh können wir sein, daß wir einen guten Morgen haben – die armen Bewohner von Santa Cruz – soeben zwei Erdstöße, und nun gießt der Regen in Strömen herab!" – Du weißt, geliebter Leser, nicht recht, was du dem seltsamen Manne antworten sollst, aber indem du darüber sinnest, hat er schon mit einem: „Mit Verlaub, mein Herr!" deine Stirn sanft berührt und in deinen Handteller gekuckt. „Der Himmel segne Sie, mein Herr, Sie haben eine gute Konstellation", spricht er nun ebenso hohl und weinerlich als zuvor, und schreitet weiter fort. – Dieser absonderliche Mann war eben niemand anders als der Herr Dapsul von Zabelthau, dessen einziges ererbtes ärmliches Besitztum das kleine Dorf Dapsulheim ist, das in der anmutigsten lachendsten Gegend vor dir liegt und in das du soeben eintrittst. Du willst frühstücken, aber in der Schenke sieht es traurig aus. In der Kirchweih ist aller Vorrat aufgezehrt und da du dich nicht mit bloßer Milch begnügen willst, so weist man dich nach dem Herrenhause, wo das gnädige Fräulein Anna dir gastfreundlich darbieten werde, was eben vorrätig. Du nimmst keinen Anstand, dich dorthin zu begeben. – Von diesem Herrenhause ist nun eben nichts mehr zu sagen, als daß es wirklich Fenster und Türen hat, wie weiland das Schloß des Herrn Baron von Tondertonktonk in Westfalen. Doch prangt über der Haustür das mit neuseeländischer Kunst in Holz geschnittene Wappen der Familie von Zabelthau. Ein seltsames Ansehn gewinnt aber dieses Haus dadurch, daß seine Nordseite sich an die Ringmauer einer alten verfallenen Burg lehnt, so daß die Hintertüre die ehemalige Burgpforte ist, durch die man unmittelbar in den Burghof tritt, in dessen Mitte der hohe runde Wachturm noch ganz unversehrt dasteht. Aus jener Haustür mit dem Familienwappen tritt dir ein junges rotwangichtes Mädchen entgegen, die mit ihren klaren blauen Augen und blondem Haar ganz hübsch zu nennen und deren Bau vielleicht nur ein wenig zu rundlich derb geraten. Die Freundlichkeit selbst, nötigt sie dich ins Haus, und bald, sowie sie nur dein Bedürfnis merkt, bewirtet sie dich mit der trefflichsten Milch, einem tüchtigen Butterbrot, und dann mit rohem Schinken, der dir in Bayonne bereitet scheint und einem Gläschen aus Runkelrüben gezogenen Branntweins. Dabei spricht das Mädchen, die nun eben keine andre ist als das Fräulein Anna von Zabelthau, ganz munter und frei von allem, was die Landwirtschaft betrifft und zeigt dabei gar keine unebene Kenntnisse. Doch plötzlich erschallt wie aus den Lüften eine starke, fürchterliche Stimme: „Anna – Anna! Anna!" – Du erschrickst, aber Fräulein Anna spricht ganz freundlich: „Papa ist zurückgekommen von seinem Spaziergange und ruft aus seiner Studierstube nach dem Frühstück!" – „Ruft – aus seiner Studierstube", frägst du erstaunt. „Ja", erwidert Fräulein Anna oder Fräulein Ännchen, wie sie die Leute nennen, „ja Papas Studierstube ist dort oben auf dem Turm, und er ruft durch das Rohr!" – Und du siehst, geliebter Leser! wie nun Ännchen des Turmes enge Pforte öffnet und mit demselben Gabelfrühstück, wie du es soeben genossen, nämlich mit einer tüchtigen Portion Schinken und Brot nebst dem Runkelrübengeist hinaufspringt. Ebenso schnell ist sie aber wieder bei dir, und dich durch den schönen Küchengarten geleitend, spricht sie so viel von bunter Plümage, Rapuntika, englischem Turneps, kleinem Grünkopf, Montrue, großem Mogul, gelbem Prinzenkopf u.s.f., daß du in das größeste Erstaunen geraten mußt, zumal, wenn du nicht weißt, daß mit jenen vornehmen Namen nichts anders gemeint ist, als Kohl und Salat. –

Ich meine, daß der kurze Besuch, den du, geliebter Leser, in Dapsulheim abgestattet, hinreichen wird, dich die Verhältnisse des Hauses, von dem allerlei seltsames, kaum glaubliches Zeug ich dir zu erzählen im Begriff stehe, ganz erraten zu lassen. Der Herr Dapsul von Zabelthau war in seiner Jugend nicht viel aus dem Schlosse seiner Eltern gekommen, die ansehnliche Güter besaßen. Sein Hofmeister, ein alter, wunderlicher Mann, nährte, nächstdem daß er ihn in fremden, vorzüglich orientalischen Sprachen unterrichtete seinen Hang zur Mystik, oder vielmehr besser gesagt, zur Geheimniskrämerei. Der Hofmeister starb und hinterließ dem jungen Dapsul eine ganze Bibliothek der geheimen Wissenschaften, in die er sich vertiefte. Die Eltern starben auch, und nun begab sich der junge Dapsul auf weite Reisen, und zwar wie es der Hofmeister ihm in die Seele gelegt, nach Ägypten und Indien. Als er endlich nach vielen Jahren zurückkehrte, hatte ein Vetter unterdessen sein Vermögen mit so großem Eifer verwaltet, daß ihm nichts übrig geblieben als das kleine Dörfchen Dapsulheim. Herr Dapsul von Zabelthau strebte zu sehr nach dem sonnegebornen Golde einer höhern Welt, als daß er sich hätte aus irdischem viel machen sollen, er dankte vielmehr dem Vetter mit gerührtem Herzen dafür, daß er ihm das freundliche Dapsulheim erhalten mit dem schönen hohen Wartturm, der zu astrologischen Operationen erbaut schien und in dessen höchster Höhe Herr Dapsul von Zabelthau auch sofort sein Studierzimmer einrichten ließ. Der sorgsame Vetter bewies nun auch, daß Herr Dapsul von Zabelthau heiraten müsse. Dapsul sah die Notwendigkeit ein und heiratete sofort das Fräulein, das der Vetter für ihn erwählt. Die Frau kam ebenso schnell ins Haus als sie es wieder verließ. Sie starb, nachdem sie ihm eine Tochter geboren. Der Vetter besorgte Hochzeit, Taufe und Begräbnis, so daß Dapsul auf seinem Turm von allem dem nicht sonderlich viel merkte, zumal die Zeit über gerade ein sehr merkwürdiger Schwanzstern am Himmel stand, in dessen Konstellation sich der melancholische, immer Unheil ahnende Dapsul verflochten glaubte. Das Töchterlein entwickelte unter der Zucht einer alten Großtante, zu deren großen Freude einen entschiedenen Hang zur Landwirtschaft. Fräulein Ännchen mußte, wie man zu sagen pflegt, von der Pike an dienen. Erst als Gänsemädchen, dann als Magd, Großmagd, Haushälterin, bis zur Hauswirtin herauf, so daß die Theorie erläutert und festgestellt wurde durch eine wohltätige Praxis. Sie liebte Gänse und Enten, und Hühner und Tauben, Rindvieh und Schafe ganz ungemein, ja selbst die zarte Zucht wohlgestalteter Schweinlein war ihr keinesweges gleichgültig, wiewohl sie nicht wie einmal ein Fräulein in irgendeinem Lande ein kleines weißes Ferkelchen mit Band und Schelle versehen und erkieset hatte zum Schoßtierchen. Über alles und auch weit über den Obstbau ging ihr aber der Gemüsegarten. Durch der Großtante landwirtschaftliche Gelehrsamkeit hatte Fräulein Ännchen, wie der geneigte Leser in dem Gespräch mit ihr bemerkt haben wird, in der Tat ganz hübsche theoretische Kenntnisse vom Gemüsebau erhalten, beim Umgraben des Ackers, beim Einstreuen des Samens, Einlegung der Pflanzen stand Fräulein Ännchen nicht allein der ganzen Arbeit vor, sondern leistete auch selbst tätige Hülfe. Fräulein Ännchen führte einen tüchtigen Spaten, das mußte ihr der hämische Neid lassen. Während nun Herr Dapsul von Zabelthau sich in seine astrologischen Beobachtungen und in andere mystische Dinge vertiefte, führte Fräulein Ännchen, da die alte Großtante gestorben, die Wirtschaft auf das beste, so daß wenn Dapsul dem Himmlischen nachtrachtete, Ännchen mit Fleiß und Geschick das Irdische besorgte.

Wie gesagt, kein Wunder war es zu nennen, wenn Ännchen vor

Freude über den diesjährigen ganz vorzüglichen Flor des Küchengartens beinahe außer sich geriet. An üppiger Fülle des Wachstums übertraf aber alles andere ein Mohrrübenfeld, das eine ganz ungewöhnliche Ausbeute versprach.

„Ei, meine schönen lieben Mohrrüben!“ so rief Fräulein Ännchen ein Mal über das andere, klatschte in die Hände, sprang, tanzte umher, gebärdete sich wie ein zum heiligen Christ reich beschenktes Kind. Es war auch wirklich, als wenn die Möhrenkinder sich in der Erde über Ännchens Lust mitfreuten, denn das feine Gelächter, das sich vernehmen ließ, stieg offenbar aus dem Acker empor. Ännchen achtete nicht sonderlich darauf, sondern sprang dem Knecht entgegen, der, einen Brief hoch emporhaltend, ihr zurief: „An Sie, Fräulein Ännchen, Gottlieb hat ihn mitgebracht aus der Stadt.“ Ännchen erkannte gleich an der Aufschrift, daß der Brief von niemanden anders war als von dem jungen Herrn Amandus von Nebelstern, dem einzigen Sohn eines benachbarten Gutsbesitzers, der sich auf der Universität befand. Amandus hatte sich, als er noch auf dem Dorfe des Vaters hauste und täglich hinüberlief nach Dapsulheim, überzeugt, daß er in seinem ganzen Leben keine andere lieben könne als Fräulein Ännchen. Ebenso wußte Fräulein Ännchen ganz genau, daß es ihr ganz unmöglich sein werde, jemals einem andern, als nur dem braunlockichten Amandus auch nur was weniges gut zu sein. Beide, Ännchen und Amandus, waren daher übereingekommen sich je eher, desto lieber zu heiraten und das glücklichste Ehepaar zu werden auf der ganzen weiten Erde. – Amandus war sonst ein heiterer unbefangner Jüngling, auf der Universität geriet er aber, Gott weiß wem in die Hände, der ihm nicht nur einbildete, er sei ein ungeheures poetisches Genie, sondern ihn auch verleitete, sich auf die Überschwenglichkeit zu legen. Das gelang ihm auch so gut, daß er sich in kurzer Zeit hinweggeschwungen hatte über alles, was schnöde Prosaiker Verstand und Vernunft nennen, und noch dazu irrigerweise behaupten, daß beides mit der regsten Fantasie sehr wohl bestehen könne. – Also von dem jungen Herrn Amandus von Nebelstern war der Brief, den Fräulein Ännchen voller Freude öffnete und also las:

„Himmlische Maid!

Siehest du – empfindest du – ahnest du deinen Amandus, wie er selbst Blum und Blüte vom Orangenblüthauch des duftigen Abends umflossen, im Grase auf dem Rücken liegt und hinaufschaut mit Augen voll frommer Liebe und sehnender Andacht! – Thymian und Lavendel, Rosen und Nelken, wie auch gelbäugichte Narzissen und schamhafte Veilchen flicht er zum Kranz. Und die Blumen sind Liebesgedanken, Gedanken an dich, o Anna! – Doch geziemt begeisterten Lippen die nüchterne Prose? – Hör, o höre, wie ich nur sonettisch zu lieben, von meiner Liebe zu sprechen vermag.

Flammt Liebe auf in tausend durstgen Sonnen,
Buhlt Lust um Lust im Herzen ach so gerne.
Hinab aus dunklem Himmel strahlen Sterne
Und spiegeln sich im Liebestränenbronnen.

Entzücken, ach! zermalmen starke Wonnen
Die süße Frucht entsprossen bittrem Kerne,
Und Sehnsucht winkt aus violetter Ferne,
In Liebesschmerz mein Wesen ist zerronnen.

In Feuerwellen tost die stürmsche Brandung,
Dem kühnen Schwimmer will es keck gemuten
Im jähen mächtgen Sturz hinabzupurzeln.

Es blüht die Hyazinth der nahen Landung;
Das treue Herz keimt auf, will es verbluten,
Und Herzensblut ist selbst die schönst der Wurzeln!

Möchte o Anna, dich, wenn du dieses Sonett aller Sonette liesest, all das himmlische Entzücken durchströmen, in das mein ganzes Wesen sich auflöste, als ich es niederschrieb und nachher mit göttlicher Begeisterung vorlas, gleichgestimmten des Lebens Höchstes ahnenden Gemütern. Denke, o denke, süßeste Maid, an deinen getreuen, höchst entzückten Amandus von Nebelstern.
N. S. Vergiß nicht, o hohe Jungfrau, wenn du mir antwortest, einige Pfund von dem Virginischen Tabak beizupacken, den du selbst ziehest. Er brennt gut, und schmeckt besser als der Portoriko, den hier die Bursche dampfen, wenn sie kneipen gehn."
Fräulein Ännchen drückte den Brief an die Lippen und sprach dann:

„Ach wie lieb, wie schön! – Und die allerliebsten Verschen, alles so hübsch gereimt. Ach wenn ich nur so klug wäre, alles zu verstehen, aber das kann wohl nur ein Student. – Was das nur zu bedeuten haben mag mit den Wurzeln. Ach gewiß meint er die langen roten englischen Karotten, oder am Ende gar die Rapuntika, der liebe Mensch!“

Noch denselben Tag ließ es sich Fräulein Ännchen angelegen sein, den Tabak einzupacken und dem Schulmeister zwölf der schönsten Gänsefedern einzuhändigen, damit er sie sorglich schneide. Fräulein Ännchen wollte sich noch heute hinsetzen, um die Antwort auf den köstlichen Brief zu beginnen. – Übrigens lachte es dem Fräulein Ännchen, als sie aus dem Küchengarten lief, wieder sehr vernehmlich nach, und wäre Ännchen nur was weniges achtsam gewesen, sie hätte durchaus das feine Stimmchen hören müssen, welches rief: „Zieh mich heraus, zieh mich heraus – ich bin reif – reif – reif!“ Aber wie gesagt, sie achtete nicht darauf.

Zweites Kapitel,

welches das erste wunderbare Ereignis und andere lesenswerte Dinge enthält, ohne die das versprochene Märchen nicht bestehen kann.

Der Herr Dapsul von Zabelthau stieg gewöhnlich mittags hinab von seinem astronomischen Turm, um mit der Tochter ein frugales Mahl einzunehmen, das sehr kurz zu dauern und wobei es sehr still herzugehen pflegte, da Dapsul das Sprechen gar nicht liebte. Ännchen fiel ihm auch gar nicht mit vielem Reden beschwerlich, und das um so weniger, da sie wohl wußte, daß, kam der Papa wirklich zum Sprechen, er allerlei seltsames unverständliches Zeug vorbrachte, wovon ihr der Kopf schwindelte. Heute war ihr ganzer Sinn aber so aufgeregt durch den Flor des Küchengartens und durch den Brief des geliebten Amandus, daß sie von beiden durcheinander sprach ohne Aufhören. Messer und Gabel ließ endlich Herr Dapsul von Zabelthau fallen, hielt sich beide Ohren zu und rief: „O des leeren, wüsten, verwirrten Geschwätzes!“ Als nun aber Fräulein Ännchen ganz erschrocken schwieg, sprach er mit dem gedehnten weinerlichen Tone, der ihm eigen: „Was das Gemüse betrifft, meine liebe Tochter, so weiß ich längst, daß die diesjährige Zusammenwirkung der Gestirne solchen Früchten besonders günstig ist und der irdische Mensch wird Kohl und Radiese und Kopfsalat genießen, damit der Erdstoff sich mehre und er das Feuer des Weltgeistes aushalte wie ein gut gekneteter Topf. Das gnomische Prinzip wird widerstehen dem ankämpfenden Salamander, und ich freue mich darauf Pastinak zu essen, den du vorzüglich bereitest. Anlangend den jungen Herrn Amandus von Nebelstern, so habe ich nicht das mindeste dagegen, daß du ihn heiratest, sobald er von der Universität zurückgekehret. Laß es mir nur durch Gottlieb hinaufsagen, wenn du zur Trauung gehest mit deinem Bräutigam, damit ich euch geleite nach der Kirche." – Herr Dapsul schwieg einige Augenblicke und fuhr dann ohne Ännchen, deren Gesicht vor Freude glühte über und über, anzublicken, lächelnd und mit der Gabel an sein Glas schlagend – beides pflegte er stets zu verbinden, es kam aber gar selten vor – also fort: „Dein Amandus ist einer, der da soll und muß, ich meine ein Gerundium, und ich will es dir nur gestehen, mein liebes Ännchen! daß ich diesem Gerundio schon sehr früh das Horoskop gestellt habe. Die Konstellationen sind sonst alle ziemlich günstig. Er hat den Jupiter im aufsteigenden Knoten, den die Venus im Gesechstschein ansiehet. Nur schneidet die Bahn des Sirius durch und gerade auf dem Durchschneidungspunkt steht eine große Gefahr, aus der er seine Braut rettet. Die Gefahr selbst ist unergründlich, da ein fremdartiges Wesen dazwischen tritt, das jeder astrologischen Wissenschaft Trotz zu bieten scheint. Gewiß ist es übrigens, daß nur der absonderliche psychische Zustand, den die Menschen Narrheit oder Verrücktheit zu nennen pflegen, dem Amandus jene Rettung möglich machen wird. O meine Tochter", (hier fiel Herr Dapsul wieder in seinen gewöhnlichen weinerlichen Ton), „o meine Tochter, daß doch keine unheimliche Macht, die sich hämisch verbirgt vor meinen Seheraugen, dir plötzlich in den Weg treten, daß der junge Herr Amandus von Nebelstern doch nicht nötig haben möge, dich aus einer andern Gefahr zu retten als aus der, eine alte Jungfer zu werden!" – Herr Dapsul seufzte einigemal hintereinander tief auf, dann fuhr er fort: „Plötzlich bricht aber nach dieser Gefahr die Bahn des Sirus ab und Venus und Jupiter, sonst getrennt, treten versöhnt wieder zusammen."

So viel als heute, sprach Herr Dapsul von Zabelthau schon seit Jahren nicht. Ganz erschöpft stand er auf und bestieg wieder seinen Turm.

Ännchen wurde andern Tages ganz frühe mit der Antwort an den Herrn von Nebelstern fertig. Sie lautete also:

„Mein herzlieber Amandus!

Du glaubst gar nicht, was dein Brief mir wieder Freude gemacht hat. Ich habe dem Papa davon gesagt und der hat mir versprochen, uns in die Kirche zur Trauung zu geleiten. Mache nur, daß du bald zurückkehrst von der Universität. Ach, wenn ich nur deine allerliebsten Verschen, die sich so hübsch reimen, ganz verstünde! – Wenn ich sie so mir selbst laut vorlese, dann klingt mir alles so wunderbar und ich glaube dabei, daß ich alles verstehe und dann ist alles wieder aus und verstoben und verflogen und mich dünkt's, als hätt ich bloß Worte gelesen, die gar nicht zusammengehörten. Der Schulmeister meint, das müsse so sein, das sei eben die neue vornehme Sprache, aber ich – ach! – ich bin ein dummes einfältiges Ding! – Schreibe mir doch, ob ich nicht vielleicht Student werden kann auf einige Zeit, ohne meine Wirtschaft zu vernachlässigen? Das wird wohl nicht gehen? Nun, sind wir nur erst Mann und Frau, da kriege ich wohl was ab von deiner Gelehrsamkeit und von der neuen vornehmen Sprache. Den virginischen Tabak schicke ich dir, mein herziges Amandchen. Ich habe meine Hutschachtel ganz vollgestopft, soviel hineingehen wollte und den neuen Strohhut derweile Karl dem Großen aufgesetzt, der in unserer Gaststube steht, wiewohl ohne Füße, denn es ist, wie du weißt, nur ein Brustbild. – Lache mich nicht aus, Amandchen, ich habe auch Verschen gemacht und sie reimen sich gut. Schreib mir doch, wie das kommt, daß man so gut weiß, was sich reimt, ohne gelehrt zu sein. Nun höre einmal:

Ich lieb dich, bist du mir auch ferne
Und wäre gern recht bald deine Frau.
Der heitre Himmel ist ganz blau,
Und abends sind golden alle Sterne.
Drum mußt du mich stets lieben
und mich auch niemals betrüben.
Ich schick dir den Virginischen Tabak
Und wünsche, daß er dir recht wohl schmecken mag!

Nimm vorlieb mit dem guten Willen, wenn ich die vornehme Sprache verstehen werde, will ich's schon besser machen. – Der gelbe Steinkopf ist dieses Jahr über alle Maßen schön geraten und die Krupbohnen lassen sich herrlich an, aber mein Dachshündchen, den kleinen Feldmann, hat gestern der große Gänserich garstig ins Bein gebissen. Nun – es kann nicht alles vollkommen sein auf dieser Welt – hundert Küsse in Gedanken, mein liebster Amandus, deine treueste Brau, Anna von Zabelthau.

N. S. Ich habe in gar großer Eil geschrieben, deswegen sind die Buchstaben hin und wieder etwas krumm geraten.

N. S. Du mußt mir das aber beileibe nicht übelnehmen, ich bin dennoch, schreibe ich auch etwas krumm, geraden Sinnes und stets deine getreue Anna. –

N. S. Der Tausend, das hätte ich doch bald vergessen, ich vergeßliches Ding. Der Papa läßt dich schönstens grüßen und dir sagen, du seist einer, der da soll und muß, und würdest mich einst aus einer großen Gefahr retten. Nun darauf freue ich mich recht und bin nochmals deine dich liebendste, allergetreueste Anna von Zabelthau."

Dem Fräulein Ännchen war eine schwere Last entnommen, als sie diesen Brief fertig hatte, der ihr nicht wenig sauer geworden. Ganz leicht und froh wurde ihr aber zumute, als sie auch das Kuvert zustandegebracht, es gesiegelt ohne das Papier oder die Finger zu verbrennen und den Brief nebst der Tabaksschachtel, auf die sie ein ziemlich deutliches *A. v. N.* gepinselt, dem Gottlieb eingehändigt, um beides nach der Stadt auf die Post zu tragen. – Nachdem das Federvieh auf dem Hofe gehörig besorgt, lief Fräulein Ännchen geschwind nach ihrem Lieblingsplatz, dem Küchengarten. Als sie nach dem Mohrrübenacker kam, dachte sie daran, daß es nun offenbar an der Zeit sei, für die Leckermäuler in der Stadt zu sorgen und die ersten Mohrrüben auszuziehen. Die Magd wurde herbeigerufen, um bei der Arbeit zu helfen. Fräulein Ännchen schritt behutsam bis in die Mitte des Ackers, faßte einen stattlichen Krautbusch. Doch sowie sie zog, ließ sich ein seltsamer Ton vernehmen. – Man denke ja nicht an die Alraunwurzel und an das entsetzliche Gewinsel und Geheul, das, wenn man sie herauszieht aus der Erde, das menschliche Herz durchschneidet. Nein, der Ton, der aus der Erde zu kommen schien, glich einem feinen, freudigen Lachen. Doch aber ließ Fräulein Ännchen den Krautbusch wieder fahren und rief etwas erschreckt„I! – wer lacht denn da mich aus?" Als sich aber weiter nichts vernehmen ließ, faßte sie noch einmal den Krautbusch, der höher und stattlicher emporgeschossen schien als alle andere, und zog beherzt, das Gelächter, das sich wieder hören ließ, gar nicht achtend die schönste, die zarteste der Mohrrüben aus der Erde. Doch sowie Fräulein Ännchen die Mohrrübe betrachtete, schrie sie laut auf vor freudigem Schreck, so daß die Magd herbeisprang und ebenso wie Fräulein Ännchen laut aufschrie über das hübsche Wunder, das sie gewahrte. Fest der Mohrrübe angestreift saß nämlich ein herrlicher goldner Ring mit einem feuerfunkelnden Topas. „Ei", rief die Magd, „der ist für Sie bestimmt. Fräulein Ännchen, das ist Ihr Hochzeitsring, den müssen Sie nur gleich anstecken!" – „Was sprichst du für dummes Zeug", erwiderte Fräulein Ännchen, „den Trauring, den muß ich ja von dem Herrn Amandus von Nebelstern empfangen, aber nicht von einer Mohrrübe!" – Je länger Fräulein Ännchen den Ring betrachtete, desto mehr gefiel er ihr. Der Ring war aber auch wirklich von so feiner zierlicher Arbeit, daß er alles zu übertreffen schien, was jemals menschliche Kunst zustandegebracht. Den Reif bildeten hundert und hundert winzig kleine Figürchen in den mannigfaltigsten Gruppen verschlungen, die man auf den ersten Blick kaum mit dem bloßen Auge zu unterscheiden vermochte, die aber, sahe man den Ring länger und schärfer an, ordentlich zu wachsen, lebendig zu werden, in anmutigen Reihen zu tanzen schienen. Dann aber war das Feuer des Edelsteins von solch ganz besonderer Art, daß selbst unter den Topasen im grünen Gewölbe zu Dresden schwerlich ein solcher aufgefunden werden möchte. „Wer weiß", sprach die Magd, „wie lange der schöne Ring tief in der Erde gelegen haben mag, und da ist er denn heraufgespatelt worden und die Mohrrübe ist durchgewachsen." Fräulein Ännchen zog nun den Ring von der Mohrrübe ab und seltsam genug war es, daß diese ihr zwischen den Fingern durchglitschte und in dem Erdboden verschwand. Beide, die Magd und Fräulein Ännchen achteten aber nicht sonderlich darauf, sie waren zu sehr versunken in den Anblick des prächtigen Ringes, den Fräulein Ännchen nun ohne weiteres ansteckte an den kleinen Finger der rechten Hand. Sowie sie dies tat, empfand sie von der Grundwurzel des Fingers bis in die Spitze hinein einen stechenden Schmerz, der aber in demselben Augenblick wieder nachließ als sie ihn fühlte.

Natürlicherweise erzählte sie mittags dem Herrn Dapsul von Zabelthau, was ihr Seltsames auf dem Mohrrübenfelde begegnet, und zeigte ihm den schönen Ring, den die Mohrrübe aufgesteckt gehabt.

Sie wollte den Ring, damit ihn der Papa besser betrachten könne, vom Finger herabziehn. Aber einen stechenden Schmerz empfand sie, wie damals, als sie den Ring aufsteckte, und dieser Schmerz hielt an, solange sie am Ringe zog, bis er zuletzt so unerträglich wurde, daß sie davon abstehen mußte. Herr Dapsul betrachtete den Ring an Ännchens Finger mit der gespanntesten Aufmerksamkeit, ließ Ännchen mit dem ausgestreckten Finger allerlei Kreise nach allen Weltgegenden beschreiben, versank dann in tiefes Nachdenken und bestieg, ohne nur ein einziges Wort weiter zu sprechen, den Turm. Fräulein Ännchen vernahm wie der Papa im Hinaufsteigen beträchtlich seufzte und stöhnte.

Andern Morgens, als Fräulein Ännchen sich gerade auf dem Hofe mit dem großen Hahn herumjagte, der allerlei Unfug trieb, und hauptsächlich mit den Täubern krakelte, weinte der Herr Dapsul von Zabelthau so erschrecklich durch das Sprachrohr herab, daß Ännchen ganz bewegt wurde und durch die hohle Hand hinaufrief: „Warum heulen Sie denn so unbarmherzig, bester Papa, das Federvieh wird ja ganz wild!“ – Da schrie der Herr Dapsul durch das Sprachrohr herab: „Anna, meine Tochter Anna, steige sogleich zu mir herauf.“ Fräulein Ännchen verwunderte sich höchlich über dieses Gebot, denn noch nie hatte sie der Papa auf den Turm beschieden, vielmehr dessen Pforte sorgfältig verschlossen gehalten. Es überfiel sie ordentlich eine gewisse Bangigkeit, als sie die schmale Wendeltreppe hinaufstieg und die schwere Tür öffnete, die in das einzige Gemach des Turmes führte. Herr Dapsul von Zabelthau saß von allerlei wunderlichen Instrumenten und bestaubten Büchern umgeben, auf einem großen Lehnstuhl von seltsamer Form. Vor ihm stand ein Gestell, das ein in einen Rahmen gespanntes Papier trug, auf dem verschiedene Linien gezeichnet. Er hatte eine hohe, spitze, graue Mütze auf dem Kopfe, trug einen weiten Mantel von grauem Kalmank und hatte einen langen weißen Bart am Kinn, so daß er wirklich aussah wie ein Zauberer. Eben wegen des falschen Bartes kannte Fräulein Ännchen den Papa anfangs gar nicht und blickte ängstlich umher, ob er etwa in einer Ecke des Gemachs vorhanden; nachher, als sie aber gewahrte, daß der Mann mit dem Barte wirklich Papachen sei, lachte Fräulein Ännchen recht herzlich und fragte: ob's denn schon Weihnachten sei und ob Papachen den Knecht Ruprecht spielen wolle?

Ohne auf Ännchens Rede zu achten, nahm Herr Dapsul von Zabelthau ein kleines Eisen zur Hand, berührte damit Ännchens Stirne und bestrich dann einigemal ihren rechten Arm von der Achsel bis in die Spitze des kleinen Ringefingers herab. Hierauf mußte sie sich auf den Lehnstuhl setzen, den Herr Dapsul verlassen und den kleinen beringten Finger auf das in den Rahmen gespannte Papier in der Art stellen, daß der Topas den Zentralpunkt, in den alle Linien zusammenliefen, berührte. Alsbald schossen aus dem Edelstein gelbe Strahlen ringsumher, bis das ganze Papier dunkelgelb gefärbt war. Nun knisterten die Linien auf und nieder, und es war, als sprängen die kleinen Männlein aus des Ringes Reif lustig umher auf dem ganzen Blatt. Der Herr Dapsul, den Blick von dem Papier nicht wegwendend, hatte indessen eine dünne Metallplatte ergriffen, hielt sie mit beiden Händen hoch in die Höhe und wollte sie niederdrücken auf das Papier, doch in demselben Augenblick glitschte er auf dem glatten Steinboden aus und fiel sehr unsanft auf den Hintern, während die Metallplatte, die er instinktmäßig losgelassen, um womöglich den Fall zu brechen und das Steißbein zu konservieren, klirrend zur Erde fiel. Fräulein Ännchen erwachte mit einem leisen „Ach!“ aus dem seltsamen träumerischen Zustande, in den sie versunken. Herr Dapsul richtete sich mühsam in die Höhe, setzte den grauen Zuckerhut wieder auf, der ihm entfallen, brachte den falschen Bart in Ordnung und setzte sich dem Fräulein Ännchen gegenüber auf einige Folianten, die übereinandergetürmt. „Meine Tochter“, sprach er dann, „meine Tochter Anna, wie war dir soeben zumute? was dachtest, was empfandest du? welche Gestaltungen erblicktest du mit den Augen des Geistes in deinem Innern?“

„Ach“, erwiderte Fräulein Ännchen, „mir war so wohl zumute, so wohl, wie mir noch niemals gewesen. Dann dachte ich an den Herrn Amandus von Nebelstern. Ich sah ihn ordentlich vor Augen, aber er war noch viel hübscher als sonst und rauchte eine Pfeife von den virginischen Blättern, die ich ihm geschickt, welches ihm ungemein wohl stand. Dann bekam ich plötzlich einen ungemeinen Appetit nach jungen Mohrrüben und Bratwürstlein und war ganz entzückt, als das Gericht vor mir stand. Eben wollte ich zulangen, als ich wie mit einem jähen schmerzhaften Ruck aus dem Traum erwachte.“

„– Amandus von Nebelstern – Virginischer Kanaster – Mohrrüben – Bratwürste! –“ So sprach Herr Dapsul von Zabelthau sehr nachdenklich, und winkte der Tochter, die sich entfernen wollte, zu bleiben.

„Glückliches unbefangenes Kind“, begann er dann mit einem Ton, der noch viel weinerlicher war, als sonst jemals, „das du nicht eingeweiht bist in die tiefen Mysterien des Weltalls, die bedrohlichen Gefahren nicht kennst, die dich umgeben. Du weißt nichts von jener überirdischen Wissenschaft der heiligen Kabbala. Zwar wirst du auch deshalb niemals der himmlischen Lust der Weisen teilhaftig werden die zur höchsten Stufe gelangt, weder essen noch trinken dürfen als nur zur Lust, und denen niemals Menschliches begegnet, du stehst aber auch dafür nicht die Angst des Ersteigens jener Stufe aus, wie dein unglücklicher Vater, den noch viel zu sehr menschlicher Schwindel anwandelt, und dem das, was er mühsam erforscht, nur Grauen und Entsetzen erregt und der noch immer aus purem irdischen Bedürfnis essen und trinken und – überhaupt Menschliches tun muß. – Erfahre mein holdes mit Unwissenheit beglücktes Kind, daß die tiefe Erde, die Luft, das Wasser, das Feuer erfüllt ist mit geistigen Wesen höherer und doch wieder beschränkterer Natur als die Menschen. Es scheint unnötig, dir, mein Dümmchen, die besondere Natur der Gnomen, Salamander, Sylphen und Undinen zu erklären, du würdest es nicht fassen können. Um dir die Gefahr anzudeuten, in der du vielleicht schwebst, ist es genug, dir zu sagen, daß diese Geister nach der Verbindung mit den Menschen trachten, und da sie wohl wissen, daß die Menschen in der Regel solch eine Verbindung sehr scheuen, so bedienen sich die erwähnten Geister allerlei listiger Mittel, um den Menschen, dem sie ihre Gunst geschenkt, zu verlocken. Bald ist es ein Zweig, eine Blume, ein Glas Wasser, ein Feuerstrahl oder sonst etwas ganz geringfügig Scheinendes, was sie zum Mittel brauchen, um ihren Zweck zu erreichen. Richtig ist es, daß eine solche Verbindung oft sehr erspießlich ausschlägt, wie denn einst zwei Priester, von denen der Fürst von Mirandola erzählt, vierzig Jahre hindurch mit einem solchen Geist in der glücklichsten Ehe lebten. Richtig ist es ferner, daß die größten Weisen einer solchen Verbindung eines Menschen mit einem Elementargeist entsprossen. So war der große Zoroaster ein Sohn des Salamanders Oromasis, so waren der große Apollonius, der weise Merlin, der tapfre Graf von Cleve, der große Kabbalist Bensyra herrliche Früchte solcher Ehen, und auch die schöne Melusine war, nach dem Ausspruch des Paracelsus, nichts anders, als eine Sylphide. Doch demunerachtet ist die Gefahr einer solchen Verbindung nur zu groß, denn abgesehen davon, daß die Elementargeister von dem, dem sie ihre Gunst geschenkt, verlangen, daß ihm das hellste Licht der profundesten Weisheit aufgehe, so sind sie auch äußerst empfindlich, und rächen jede Beleidigung sehr schwer. So geschah es einmal, daß eine Sylphide, die mit einem Philosophen verbunden, als er mit seinen Freunden von einem schönen Frauenzimmer sprach, und sich vielleicht dabei zu sehr erhitzte, sofort in der Luft ihr schneeweißes schön geformtes Bein sehen ließ, gleichsam um die Freunde von ihrer Schönheit zu überzeugen, und dann den armen Philosophen auf der Stelle tötete. Doch ach – was spreche ich von anderen? warum spreche ich nicht von mir selbst? – Ich weiß, daß schon seit zwölf Jahren mich eine Sylphide liebt, aber ist sie scheu und schüchtern, so quält mich der Gedanke an die Gefahr, durch kabbalistische Mittel sie zu fesseln, da ich noch immer viel zu sehr an irdischen Bedürfnissen hänge, und daher der gehörigen Weisheit ermangle. Jeden Morgen nehme ich mir vor zu fasten, lasse auch das Frühstück glücklich vorübergehen, aber wenn dann der Mittag kommt – O Anna, meine Tochter Anna – du weißt es ja – ich fresse erschrecklich!" – Diese letzten Worte sprach der Herr Dapsul von Zabelthau mit beinahe heulendem Ton, indem ihm die bittersten Tränen über die hagern eingefallenen Backen liefen; dann fuhr er beruhigter fort: „Doch bemühe ich mich gegen den mir gewogenen Elementargeist des feinsten Betragens, der ausgesuchtesten Galanterie. Niemals wage ich es eine Pfeife Tabak ohne die gehörigen kabbalistischen Vorsichtsmaßregeln zu rauchen, denn ich weiß ja nicht, ob mein zarter Luftgeist die Sorte liebet und nicht empfindlich werden könnte über die Verunreinigung seines Elements, weshalb denn auch alle diejenigen, die Jagdknaster rauchen, oder: Es blühe Sachsen niemals weise und der Liebe einer Sylphide teilhaft werden können. Ebenso verfahre ich, wenn ich mir einen Haselstock schneide, eine Blume pflücke, eine Frucht esse oder Feuer anschlage, da all mein Trachten dahin geht, es durchaus mit keinem Elementargeist zu verderben. Und doch – siehst du wohl jene Nußschale, über die ich ausglitschte und rücklings umstülpend das ganze Experiment verdarb, das mir das Geheimnis des Ringes ganz erschlossen haben würde? Ich erinnere mich nicht, jemals in diesem nur der Wissenschaft geweihten Gemach (du weißt nun, weshalb ich auf der Treppe frühstücke) Nüsse genossen zu haben, und um so klarer ist es, daß in diesen Schalen ein kleiner Gnome versteckt war, vielleicht um bei mir zu hospitieren und meinen Experimenten zuzulauschen. Denn die Elementargeister lieben die menschlichen Wissenschaften, vorzüglich solche, die das uneingeweihte Volk wo nicht albern und aberwitzig, so doch die Kraft des menschlichen Geistes übersteigend, und eben deshalb gefährlich nennt. Deshalb finden sie sich auch häufig ein bei den göttlichen magnetischen Operationen. Vorzüglich sind es aber die Gnomen, die ihre Fopperei nicht lassen können, und dem Magnetiseur, der noch nicht zu der Stufe der Weisheit gelangt ist, die ich erst beschrieben, und zu sehr hängt an irdischem Bedürfnis, ein verliebtes Erdenkind unterschieben in dem Augenblick, da er glaubte in völlig reiner abgeklärter Lust eine Sylphide zu umarmen. – Als ich nun dem kleinen Studenten auf den Kopf trat, wurde er böse und warf mich um. Aber einen tiefern Grund hatte wohl der Gnome, mir die Entzifferung des Geheimnisses mit dem Ringe zu verderben. – Anna! – meine Tochter Anna! – vernimm es – herausgebracht hatte ich, daß ein Gnome dir seine Gunst zugewandt, der, nach der Beschaffenheit des Ringes zu urteilen, ein reicher, vornehmer, und dabei vorzüglich feingebildeter Mann sein muß. Aber, meine teure Anna, mein vielgeliebtes herziges Dümmchen, wie willst du es anfangen, dich ohne die entsetzlichste Gefahr mit einem solchen Elementargeist in irgendeine Verbindung einzulassen? Hättest du den Cassiodorus Remus gelesen, so könntest du mir zwar entgegnen, daß nach dessen wahrhaftigem Bericht die berühmte Magdalena de la Croix, Äbtissin eines Klosters zu Cordua in Spanien dreißig Jahre mit einem kleinen Gnomen in vergnügter Ehe lebte, daß ein gleiches sich mit einem Sylphen und der jungen Gertrud, die Nonne war im Kloster Nazareth bei Köln, zutrug, aber denke an die gelehrten Beschäftigungen jener geistlichen Damen und an die deinigen. Welch ein Unterschied! statt in weisen Büchern zu lesen, fütterst du sehr oft Hühner, Gänse, Enten und andere jeden Kabbalisten molestierende Tiere; statt den Himmel, den Lauf der Gestirne zu beobachten, gräbst du in der Erde; statt in künstlichen horoskopischen Entwürfen die Spur der Zukunft zu verfolgen, stampfest du Milch zu Butter und machest Sauerkraut ein, zu schnödem winterlichen Bedürfnis, wiewohl ich selbst dergleichen Speisung ungern vermisse. Sage! kann das alles einem feinfühlenden philosophischen Elementargeist auf die Länge gefallen? – Denn, o Anna! durch dich blüht Dapsulheim, und diesem irdischen Beruf mag und kann dein Geist sich nimmer entziehen. Und doch empfandest du über den Ring, selbst da er dir jähen bösen Schmerz erregte, eine ausgelassene unbesonnene Freude! – Zu deinem Heil wollt ich durch jene Operation die Kraft des Ringes brechen, dich ganz von dem Gnomen befreien, der dir nachstellt. Sie mißlang durch die Tücke des kleinen Studenten in der Nußschale. Und doch! – mir kommt ein

Mut, den Elementargeist zu bekämpfen, wie ich ihn noch nie gespürt! – Du bist mein Kind – das ich zwar nicht mit einer Sylphide, Salamandrin oder sonst einem Elementargeist erzeugt, sondern mit jenem armen Landfräulein aus der besten Familie, die die gottvergessenen Nachbarn mit dem Spottnamen: Ziegenfräulein, verhöhnten, ihre idyllischen Natur halber, die sie vermochte, jeden Tages eine kleine Herde weißer schmucker Ziegen selbst zu weiden auf grünen Hügeln, wozu ich, damals ein verliebter Narr, auf meinem Turm die Schalmei blies. – Doch du bist und bleibst mein Kind, mein Blut! – Ich rette dich, hier diese mystische Feile soll dich befreien von dem verderblichen Ringe!"

Damit nahm Herr Dapsul von Zabelthau eine kleine Feile zur Hand, und begann an dem Ringe zu feilen. Kaum hatte er aber einigemal hin und her gestrichen, als Fräulein Ännchen vor Schmerz laut aufschrie: „Papa – Papa, Sie feilen mir ja den Finger ab!" So rief sie, und wirklich quoll dunkles dickes Blut unter dem Ringe hervor. Da ließ Herr Dapsul die Feile aus der Hand fallen, sank halb ohnmächtig in den Lehnstuhl und rief in aller Verzweiflung: „O! – o! – o! – es ist um mich geschehn! Vielleicht noch in dieser Stunde kommt der erzürnte Gnome und beißt mir die Kehle ab, wenn mich die Sylphide nicht rettet! – O Anna – Anna – geh – flieh!" –

Fräulein Ännchen, die sich bei des Papas wunderlichen Reden schon längst weit weg gewünscht hatte, sprang hinab mit der Schnelle des Windes.

Drittes Kapitel.

Es wird von der Ankunft eines merkwürdigen Mannes in Dapsulheim berichtet und erzählt, was sich dann ferner begeben.

Der Herr Dapsul von Zabelthau hatte eben seine Tochter unter vielen Tränen umarmt und wollte den Turm besteigen, wo er jeden Augenblick den bedrohlichen Besuch des erzürnten Gnomen befürchtete. Da ließ sich heller lustiger Hörnerklang vernehmen, und hinein in den Hof sprengte ein kleiner Reiter von ziemlich sonderbarem possierlichen Ansehen. Das gelbe Pferd war gar nicht groß und von feinem zierlichen Bau, deshalb nahm sich auch der Kleine trotz seines unförmlich dicken Kopfs gar nicht so zwergartig aus, sondern ragte hoch genug über den Kopf des Pferdes empor. Das war aber bloß dem langen Leibe zuzuschreiben, denn was an Beinen und Füßen über den Sattel hing, war so wenig, daß es kaum zu rechnen. Übrigens trug der Kleine einen sehr angenehmen Habit von goldgelbem Atlas, eine ebensolche hohe Mütze mit einem tüchtigen grasgrünen Federbusch und Reitstiefel von schön poliertem Mahagoniholz. Mit einem durchdringenden Prrrrrr! hielt der Reiter dicht vor dem Herrn von Zabelthau. Er schien absteigen zu wollen, plötzlich fuhr er aber mit der Schnelligkeit des Blitzes unter dem Bauch des Pferdes hinweg, schleuderte sich auf der andern Seite zwei-, dreimal hintereinander zwölf Ellen hoch in die Lüfte, so daß er sich auf jeder Elle sechsmal überschlug, bis er mit dem Kopf auf dem Sattelknopf zu stehen kam. So galoppierte er, indem die Füßchen in den Lüften Trochäen, Phyrrhichien, Daktylen u.s.w. spielten, vorwärts, rückwärts, seitwärts in allerlei wunderlichen Wendungen und Krümmungen. Als der zierliche Gymnastiker und Reitkünstler endlich stillstand und höflich grüßte, erblickte man auf dem Boden des Hofes die Worte: „Sein Sie mir schönstens gegrüßt samt Ihrem Fräulein Tochter, mein hochverehrtester Herr Dapsul von Zabelthau!“ Er hatte diese Worte mit schönen römischen Unzialbuchstaben in das Erdreich geritten. Hierauf sprang der Kleine vom Pferde, schlug dreimal Rad und sagte dann, daß er ein schönes Kompliment auszurichten habe an den Herrn Dapsul von Zabelthau, von seinem gnädigen Herrn, dem Herrn Baron Porphyrio von Ockerodastes, genannt Corduanspitz, und wenn es dem Herrn Dapsul von Zabelthau nicht unangenehm

wäre, so wolle der Herr Baron auf einige Tage freundlich bei ihm einsprechen, da er künftig sein nächster Nachbar zu werden hoffe.
Herr Dapsul von Zabelthau glich mehr einem Toten als einem Lebendigen, so bleich und starr stand er da an seine Tochter gelehnt. Kaum war ein: „Wird – mir – sehr – erfreulich sein", mühsam seinen bebenden Lippen entflohen, als der kleine Reiter sich mit denselben Zeremonien wie er gekommen, blitzschnell entfernte.
„Ach meine Tochter", rief nun Herr Dapsul von Zabelthau heulend und schluchzend, „ach meine Tochter, meine arme unglückselige Tochter, es ist nur zu gewiß, es ist der Gnome, welcher kommt dich zu entführen und mir den Hals umzudrehen! – Doch wir wollen den letzten Mut aufbieten, den wir etwa noch besitzen möchten! Vielleicht ist es möglich, den erzürnten Elementargeist zu versöhnen, wir müssen uns nur so schicklich gegen ihn benehmen als es irgend in unserer Macht steht. – Sogleich werde ich dir, mein teures Kind, einige Kapitel aus dem Laktanz oder aus dem Thomas Aquinas vorlesen über den Umgang mit Elementargeistern, damit du keinen garstigen Schnitzer machst –" Noch ehe aber der Herr Dapsul von Zabelthau den Laktanz, den Thomas Aquinas oder einen andern elementarischen Knigge herbeischaffen konnte, hörte man schon ganz in der Nähe eine Musik erschallen, die beinahe der zu vergleichen, die hinlänglich musikalische Kinder zum lieben Weihnachten aufzuführen pflegen. Ein schöner langer Zug kam die Straße herauf. Voran ritten wohl an sechzig, siebzig kleine Reiter auf kleinen gelben Pferden, sämtlich gekleidet wie der Abgesandte in gelben Habiten, spitzen Mützen und Stiefeln von poliertem Mahagoni. Ihnen folgte eine mit acht gelben Pferden bespannte Kutsche von dem reinsten Kristall, der noch ungefähr vierzig andere minder prächtige, teils mit sechs, teils mit vier Pferden bespannte Kutschen folgten. Noch eine Menge Pagen, Läufer und andere Diener schwärmten nebenher auf und nieder in glänzenden Kleidern angetan, so daß das Ganze einen ebenso lustigen als seltsamen Anblick gewährte. Herr Dapsul von Zabelthau blieb versunken in trübes Staunen. Fräulein Ännchen, die bisher nicht geahnt, daß es auf der ganzen Erde solch niedliche schmucke Dinger geben könne, als diese Pferdchen und Leutchen, geriet ganz außer sich und vergaß alles, sogar den Mund, den sie zum freudigen Ausruf weit genug geöffnet, wieder zuzumachen.
Die achtspännige Kutsche hielt dicht vor dem Herrn Dapsul von Zabelthau. Reiter sprangen von den Pferden, Pagen, Diener eilten

herbei, der Kutschenschlag wurde geöffnet, und wer nun aus den Armen der Dienerschaft herausschwebte aus der Kutsche, war niemand anders, als der Herr Baron Porphyrio von Ockerodastes, genannt Corduanspitz. – Was seinen Wuchs betraf, so war der Herr Baron bei weitem nicht dem Apollo von Belverdere, ja nicht einmal dem sterbenden Fechter zu vergleichen. Denn außerdem, daß er keine volle drei Fuß maß, so bestand auch der dritte Teil dieses kleinen Körpers aus dem offenbar zu großen dicken Kopfe, dem übrigens eine tüchtige lang gebogene Nase, sowie ein Paar große kugelrund hervorquellende Augen keine üble Zierde waren. Da der Leib auch etwas lang, so blieben für die Füßchen nur etwa vier Zoll übrig. Dieser kleine Spielraum war aber gut genutzt, denn an und vor sich selbst waren die freiherrlichen Füßchen die zierlichsten, die man nur sehen konnte. Freilich schienen sie aber zu schwach, das würdige Haupt zu tragen; der Baron hatte einen schwankenden Gang, stülpte auch wohl manchmal um, stand aber gleich wieder wie ein Stehaufmännchen auf den Füßen, so daß jenes Umstülpen mehr der angenehme Schnörkel eines Tanzes schien. Der Baron trug einen enge anschließenden Habit von gleißendem Goldstoff und ein Mützchen, das beinahe einer Krone zu vergleichen mit einem ungeheuren Busch von vielen krautgrünen Federn. Sowie der Baron nun auf der Erde stand, stürzte er auf den Herrn Dapsul von Zabelthau los, faßte ihn bei beiden Händen, schwang sich empor bis an seinen Hals, hing sich an diesen, und rief mit einer Stimme, die viel stärker dröhnte als man es hätte der kleinen Statur zutrauen sollen: „O mein Dapsul von Zabelthau – mein teurer, innigstgeliebter Vater!" Darauf schwang der Baron sich ebenso behende und geschickt wieder herab von des Herrn von Dapsuls Halse, sprang oder schleuderte sich vielmehr auf Fräulein Ännchen los, faßte die Hand mit dem beringten Finger, bedeckte sie mit laut schmatzenden Küssen und rief ebenso dröhnend als zuvor: „O mein allerschönstes Fräulein Anna von Zabelthau, meine geliebteste Braut!" Darauf klatschte der Baron in die Händchen und alsbald ging die gellende lärmende Kindermusik los, und über hundert kleine Herrlein, die den Kutschen und den Pferden entstiegen, tanzten wie erst der Kurier zum Teil auf den Köpfen, dann wieder auf den Füßen, in den zierlichsten Trochäen, Spondäen, Jamben, Pyrrhichien, Anapästen, Tribrachen, Bachien, Antibachien, Choriamben und Daktylen, daß es eine Lust war. Während dieser Lust erholte sich aber Fräulein Ännchen von dem großen Schreck, den ihr des kleinen Barons Anrede verursacht und geriet in allerlei wohlgegründete ökonomische Bedenken. „Wie", dachte sie, „ist es möglich, daß das kleine Volk Platz hat in diesem kleinen Hause? – Wäre es auch mit der Not entschuldigt, wenn ich wenigstens die Dienerschaft in die große Scheune bettete, hätten sie auch da wohl Platz? Und was fange ich mit den Edelleuten an, die in den Kutschen gekommen und gewiß gewohnt sind, in schönen Zimmern sanft und weich gebettet zu schlafen? – Sollten auch die beiden Ackerpferde heraus aus dem Stall, ja wäre ich unbarmherzig genug, auch den alten lahmen Fuchs herauszujagen ins Gras, ist dennoch wohl Platz genug für alle diese kleinen Bestien von Pferden, die der häßliche Baron mitgebracht? Und ebenso geht es ja mit den einundvierzig Kutschen! – Aber nun noch das Ärgste! – Ach du lieber Gott, reicht denn der ganze Jahresvorrat wohl hin, all diese kleinen Kreaturen auch nur zwei Tage hindurch zu sättigen?" Dies letzte Bedenken war nun wohl das allerschlimmste. Fräulein Ännchen sah schon alles aufgezehrt, alles neue Gemüse, die Hammelherde, das Federvieh, das eingesalzene Fleisch, ja selbst den Runkelrübenspiritus und das trieb ihr die hellen Tränen in die Augen. Es kam ihr vor, als schnitte ihr eben der Baron Corduanspitz ein rechtes freches, schadenfrohes Gesicht und das gab ihr den Mut, ihm, als seine Leute noch im besten Tanzen begriffen waren, in dürren Worten zu erklären, daß, so lieb dem Vater auch sein Besuch sein möge, an einen längern als zweistündigen Aufenthalt in Dapsulheim doch gar nicht zu denken, da es an Raum und an allen übrigen Dingen, die zur Aufnahme und zur standesmäßigen Bewirtung eines solchen vornehmen reichen Herrn nebst seiner zahlreichen Dienerschaft nötig, gänzlich mangle. Da sah aber der kleine Corduanspitz plötzlich so ungemein süß und zart aus wie ein Marzipanbrötchen und versicherte, indem er mit zugedrückten Augen Fräulein Ännchens etwas rauhe und nicht zu weiße Hand an die Lippen drückte, daß er weit entfernt sei, dem lieben Papa und der schönsten Tochter auch nur die mindeste Ungelegenheit zu verursachen. Er führe alles mit sich, was Küche und Keller zu leisten habe, was aber die Wohnung betreffe, so verlange er nichts als ein Stückchen Erde und den freien Himmel darüber, damit seine Leute den gewöhnliche Reisepalast bauen könnten, in dem er mitsamt seiner ganzen Dienerschaft und was derselben noch an Vieh anhängig, hausen werde.

Über diese Worte des Baron Porphyrio von Ockerodastes wurde

Fräulein Ännchen so vergnügt, daß sie, um zu zeigen, es käme ihr auch eben nicht darauf an, ihre Leckerbissen preiszugeben, im Begriff stand, dem Kleinen Krapfkuchen, den sie von der letzten Kirchweih aufgehoben und ein Gläschen Runkelrübengeist anzubieten, wenn er nicht doppelten Bitter vorziehe, den die Großmagd aus der Stadt mitgebracht und als magenstärkend empfohlen. Doch in dem Augenblick setzte Corduanspitz hinzu, daß er zum Aufbau des Palastes den Gemüsegarten erkoren, und hin war Ännchens Freude! – Während aber die Dienerschaft um des Herrn Ankunft auf Dapsulheim zu feiern, ihre olympischen Spiele fortsetzte, indem sie bald mit den dicken Köpfen sich in die spitzen Bäuche rannten und rückwärts überschlugen, bald sich in die Lüfte schleuderten, bald unter sich kegelten, selbst Kegel, Kugel und Kegler vorstellend u.s.w., vertiefte sich der kleine Baron Porphyrio von Ockerodastes mit dem Herrn Dapsul von Zabelthau in ein Gespräch, das immer wichtiger zu werden schien, bis beide Hand in Hand sich fortbegaben und den astronomischen Turm bestiegen.

Voller Angst und Schreck lief nun Fräulein Ännchen eiligst nach dem Gemüsegarten, um zu retten, was noch zu retten möglich. Die Großmagd stand schon auf dem Felde und starrte mit offnem Munde vor sich her, regungslos, als sei sie verwandelt in eine Salzsäule wie Lots Weib. Fräulein Ännchen neben ihr erstarrte gleichermaßen. Endlich schrien aber beide, daß es weit in den Lüften umherschallte: „Ach mein Herr Jemine, was ist dann das für ein Unglück!" – Den ganzen schönen Gemüsegarten fanden sie verwandelt in eine Wüstenei. Da grünte kein Kraut, blühte keine Staude; es schien ein ödes verwüstetes Feld. „Nein", schrie die Magd ganz erbost, „es ist nicht anders möglich, das haben die verfluchten kleinen Kreaturen getan, die soeben angekommen sind – in Kutschen sind sie gefahren? wollen wohl vornehme Leute vorstellen? – Ha ha! – Kobolde sind es, glauben Sie mir, Fräulein Ännchen, nichts als unchristliche Hexenkerls, und hätt ich nur ein Stückchen Kreuzwurzel bei der Hand, so sollten Sie ihre Wunder sehen. – Doch sie sollen nur kommen, die kleinen Bestien, mit diesem Spaten schlage ich sie tot!" Damit schwang die Großmagd ihre bedrohliche Waffe in den Lüften, indem Fräulein Ännchen laut weinte.

Es nahten sich indessen jetzt vier Herren aus Corduanspitzes Gefolge mit solchen angenehmen zierlichen Mienen und höflichen Verbeugungen, sahen auch dabei so höchst wunderbar aus, daß die Groß-

magd statt wie sie gewollt, gleich zuzuschlagen, den Spaten langsam sinken ließ, und Fräulein Ännchen einhielt mit Weinen.
Die Herren kündigten sich als die den Herrn Baron Porphyrio von Ockerodastes, genannt Corduanspitz, zunächst umgebende Freunde an, waren, wie es auch ihre Kleidung wenigstens symbolisch andeutete, von vier verschiedenen Nationen und nannten sich: Pan Kapustowicz aus Polen, Herr von Schwarzrettig aus Pommern, Signor di Broccoli aus Italien, Monsieur de Roccambolle aus Frankreich. Sie versicherten in sehr wohlklingenden Redensarten, daß sogleich die Bauleute kommen und dem allerschönsten Fräulein das hohe Vergnügen bereiten würden, in möglichster Schnelle einen hübschen Palast aus lauter Seide aufbauen zu sehen.
„Was kann mir der Palast aus Seide helfen", rief Fräulein Ännchen laut weinend im tiefsten Schmerz, „was geht mich überhaupt euer Baron Corduanspitz an, da ihr mich um alles schöne Gemüse gebracht habt, ihr schlechten Leute, und alle meine Freude dahin ist." Die höflichen Leute trösteten aber Fräulein Ännchen und versicherten, daß sie durchaus gar nicht schuld wären an der Verwüstung des Gemüsegartens, daß derselbe im Gegenteil bald wieder in einem solchen Flor grünen und blühen werde, wie ihn Fräulein Ännchen noch niemals und überhaupt noch keinen in der Welt gesehen.
Die kleinen Bauleute kamen auch wirklich und nun ging ein solches tolles wirres Durcheinandertreiben auf dem Acker los, daß Fräulein Ännchen sowohl als die Großmagd ganz erschrocken davonrannten bis an die Ecke eines Busches, wo sie stehenblieben und zuschauen wollten, wie sich dann alles begeben würde.
Ohne daß sie aber auch nur im mindesten begriffen, wie das mit rechten Dingen zugehen konnte, formte sich vor ihren Augen in wenigen Minuten ein hohes prächtiges Gezelt aus goldgelbem Stoff mit bunten Kränzen und Federn geschmückt, das den ganzen Raum des großen Gemüsegartens einnahm, so daß die Zeltschnüre über das Dorf weg bis in den nahgelegenen Wald gingen und dort an starken Bäumen befestigt waren.
Kaum war das Gezelt fertig, als der Baron Porphyrio von Ockerodastes mit dem Herrn Dapsul von Zabelthau hinabkam von dem astronomischen Turm, nach mehreren Umarmungen in die achtspännige Kutsche stieg, und nebst seinem Gefolge in derselben Ordnung wie er nach Dapsulheim gekommen, hineinzog in den seidenen Palast, der sich hinter dem letzten Mann zuschloß.

Nie hatte Fräulein Ännchen den Papa so gesehen. Auch die leiseste Spur der Betrübnis, von der er sonst stets heimgesucht, war weggetilgt von seinem Antlitz, es war beinahe als wenn er lächelte und dabei hatte sein Blick in der Tat etwas Verklärtes, das denn wohl auf ein großes Glück zu deuten pflegt, das jemandem ganz unvermutet über den Hals gekommen. – Schweigend nahm Herr Dapsul von Zabelthau Fräulein Ännchens Hand, führte sie hinein in das Haus, umarmte sie dreimal hintereinander und brach dann endlich los: „Glückliche Anna – überglückliches Kind! – glücklicher Vater! – O Tochter, alle Besorgnis, aller Gram, alles Herzeleid ist nun vorüber! – Dich trifft ein Los, wie es nicht so leicht einer Sterblichen vergönnt ist! Wisse, dieser Baron Porphyrio von Ockerodastes, genannt Corduanspitz, ist keineswegs ein feindseliger Gnome, wiewohl er von einem dieser Elementargeister abstammt, dem es aber gelang, seine höhere Natur durch den Unterricht des Salamanders Oromasis zu reinigen. Aus dem geläuterten Feuer ging aber die Liebe zu einer Sterblichen hervor, mit der er sich verband und Ahnherr der illüstersten Familie wurde, durch deren Namen jemals ein Pergament geziert wurde. – Ich glaube dir, geliebte Tochter Anna, schon gesagt zu haben, daß der Schüler des großen Salamanders Oromasis, der edle Gnome Tsilmenech – ein chaldäischer Name, der in echtem reinen Deutsch so viel heißt, als Grützkopf – sich in die berühmte Magdalena de la Croix, Äbtissin eines Klosters zu Cordua in Spanien, verliebte, und wohl an die dreißig Jahre mit ihr in einer glücklichen vergnügten Ehe lebte. Ein Sprößling der sublimen Familie höherer Naturen, die aus dieser Verbindung sich fortpflanzte, ist nun der liebe Baron Porphyrio von Ockerodastes, der den Zunamen Corduanspitz angenommen, zur Bezeichnung seiner Abstammung aus Cordua in Spanien, und um sich von einer mehr stolzen, im Grunde aber weniger würdigen Seitenlinie zu unterscheiden, die den Beinamen *Saffian* trägt. Daß dem Corduan ein Spitz zugesetzt worden, muß seine besonderen elementarisch-astrologischen Ursachen haben; ich dachte noch nicht darüber nach. Dem Beispiel seines großen Ahnherrn folgend, des Gnomen Tsilmenech, der die Magdalena de la Croix auch schon seit ihrem zwölften Jahre liebte, hat dir auch der vortreffliche Ockerodastes seine Liebe zugewandt, als du erst zwölf Jahre zähltest. Er war so glücklich von dir einen kleinen Goldreif zu erhalten, und nun hast du auch seinen Ring angesteckt, so daß du unwiderruflich seine Braut geworden!" – „Wie", rief Fräulein Ännchen voll Schreck und Bestürzung, „wie? – seine Braut? – den abscheulichen kleinen Kobold soll ich heiraten? Bin ich denn nicht längst die Braut des Herrn Amandus von Nebelstern? – Nein! – nimmermehr nehme ich den häßlichen Hexenmeister zum Mann, und mag er tausendmal aus Corduan sein oder aus Saffian!" – „Da", erwiderte Herr Dapsul von Zabelthau ernster werdend, „da sehe ich denn zu meinem Leidwesen, wie wenig die himmlische Weisheit deinen verstockten irdischen Sinn zu durchdringen vermag! Häßlich, abscheulich nennst du den edlen elementarischen Porphyrio von Ockerodastes, vielleicht weil er nur drei Fuß hoch ist, und außer dem Kopf an Leib, Arm und Bein und anderen Nebensachen nichts Erkleckliches mit sich trägt, statt daß ein solcher irdischer Geck, wie du ihn dir wohl denken magst, die Beine nicht lang genug haben kann, der Rockschöße wegen? O meine Tochter, in welchem heillosen Irrtum bist du befangen! – Alle Schönheit liegt in der Weisheit, alle Weisheit in dem Gedanken, und das physische Symbol des Gedankens ist der Kopf! – Je mehr Kopf, desto mehr Schönheit und Weisheit, und könnte der Mensch alle übrigen Glieder als schädliche Luxusartikel, die vom Übel, wegwerfen, er stände da als höchstes Ideal! Woraus entsteht alle Beschwerde, alles Ungemach, alle Zwietracht, aller Hader, kurz alles Verderben des Irdischen, als aus der verdammten Üppigkeit der Glieder? – O welcher Friede, welche Ruhe, welche Seligkeit auf Erden, wenn die Menschheit existierte ohne Leib, Steiß, Arm und Bein! – wenn sie aus lauter Büsten bestünde! – Glücklich ist daher der Gedanke der Künstler, wenn sie große Staatsmänner oder große Gelehrte als Büste darstellen, um symbolisch die höhere Natur anzudeuten, die ihnen inwohnen muß vermöge ihrer Charge oder ihrer Bücher! – Also! meine Tochter Anna, nichts von Häßlichkeit, Abscheulichkeit oder sonstigem Tadel des edelsten der Geister, des herrlichen Porphyrio von Ockerodastes, dessen Braut du bist und bleibst! – Wisse, daß durch ihn auch dein Vater in kurzem die höchste Stufe des Glücks, dem er so lange vergebens nachgetrachtet, ersteigen wird. Porphyrio von Ockerodastes ist davon unterrichtet, daß mich die Sylphide Nehahilah (syrisch, soviel als Spitznase) liebt, und will mir mit allen Kräften beistehen, daß ich der Verbindung mit dieser höheren geistigen Natur ganz würdig werde. – Du wirst, mein liebes Kind, mit deiner künftigen Stiefmutter wohl zufrieden sein. – Möge ein günstiges Verhängnis es so fügen, daß unsere beiden Hochzeiten zu einer und derselben glücklichen Stunde gefeiert werden könnten!" –

Damit verließ der Herr Dapsul von Zabelthau, indem er der Tochter noch einen bedeutenden Blick zugeworfen, pathetisch das Zimmer.

Dem Fräulein Ännchen fiel es schwer aufs Herz, als sie sich erinnerte, daß ihr wirklich vor langer Zeit, da sie noch ein Kind, ein kleiner Goldreif vom Finger weg abhanden gekommen auf unbegreifliche Weise. Nun war es ihr gewiß, daß der kleine abscheuliche Hexenmeister sie wirklich in sein Garn verlockt, so daß sie kaum mehr entrinnen könne, und darüber geriet sie in die alleräußerste Betrübnis. Sie mußte ihrem gepreßten Herzen Luft machen und das geschah mittelst eines Gänsekiels, den sie ergriff und flugs an den Herrn Amandus von Nebelstern schrieb in folgender Weise:

„Mein herzliebster Amandus!

Es ist alles rein aus, ich bin die unglücklichste Person auf der ganzen Erde und schluchze und heule vor lauter Betrübnis so sehr, daß das liebe Vieh sogar Mitleid und Erbarmen mit mir hat, viel mehr wirst du davon gerührt werden; eigentlich geht das Unglück auch dich ebensogut an als mich, und du wirst dich ebenso betrüben müssen! Du weißt doch, daß wir uns so herzlich lieben als nur irgendein Liebespaar sich lieben kann, und daß ich deine Braut bin und daß uns der Papa zur Kirche geleiten wollte? – Nun! da kommt plötzlich ein kleiner garstiger gelber Mensch in einer achtspännigen Kutsche, von vielen Herren und Dienern begleitet, angezogen und behauptet, ich hätte mit ihm Ringe gewechselt und wir wären Braut und Bräutigam! – Und denke einmal wie schrecklich! der Papa sagt auch, daß ich den kleinen Unhold heiraten müsse, weil er aus einer sehr vornehmen Familie sei. Das mag sein, nach dem Gefolge zu urteilen und den glänzenden Kleidern die sie tragen, aber einen solchen greulichen Namen hat der Mensch, daß ich schon deshalb niemals seine Frau werden mag. Ich kann die unchristlichen Wörter, aus denen der Namen besteht, gar nicht einmal nachsprechen. Übrigens heißt er aber auch Corduanspitz und das ist eben der Familienname. Schreib mir doch, ob die Curduanspitze wirklich so erlaucht und vornehm sind, man wird das wohl in der Stadt wissen. Ich kann gar nicht begreifen, was dem Papa einfällt in seinen alten Tagen, er will auch noch heiraten und der häßliche Corduanspitz soll ihn verkuppeln an eine Frau die in den Lüften schwebt. – Gott schütze uns! – Die

Großmagd zuckt die Achseln und meint, von solchen gnädigen Frauen, die in der Luft flögen und auf dem Wasser schwämmen, halte sie nicht viel, sie würde gleich aus dem Dienst gehen und wünsche meinetwegen, daß die Stiefmama wo möglich den Hals brechen möge bei dem ersten Lustritt zu St. Walpurgis. – Das sind schöne Dinge! – Aber auf dich steht meine ganze Hoffnung! – Ich weiß ja, daß du derjenige bist, der da soll und muß, und mich retten wirst aus großer Gefahr. Die Gefahr ist da, komm, eile, rette

deine bis in den Tod betrübte aber

getreueste Braut

Anna von Zabelthau.

N. S. Könntest du den kleinen gelben Corduanspitz nicht herausfordern? Du wirst gewiß gewinnen, denn er ist etwas schwach auf den Beinen.

N. S. Ich bitte dich nochmals, ziehe dich nur gleich an und eile zu deiner unglückseligsten, so wie oben aber getreuesten Braut, Anna von Zabelthau."

Viertes Kapitel,

in welchem die Hofhaltung eines mächtigen Königs beschrieben, nächstdem aber von einem blutigen Zweikampf und andern seltsamen Vorfällen Nachricht gegeben wird.

Fräulein Ännchen fühlte sich vor lauter Betrübnis wie gelähmt an allen Gliedern. Am Fenster saß sie mit übereinandergeschlagenen Armen und starrte hinaus ohne des Gackerns, Krähens, Mauzens und Piepens des Federviehs zu achten, das, da es zu dämmern begann, wie gewöhnlich von ihr zur Ruhe gebracht werden wollte. Ja, sie ließ es mit der größten Gleichgültigkeit geschehen, daß die Magd dies Geschäft besorgte und dem Haushahn, der sich in die Ordnung der Dinge nicht fügen, ja sich gegen die Stellvertreterin auflehnen wollte, mit der Peitsche einen ziemlich derben Schlag versetzte. Der eigne Liebesschmerz, der ihre Brust zerriß, raubte ihr alles Gefühl für das Leid des liebsten Zöglings ihrer süßesten Stunden, die sie der Erziehung gewidmet ohne den Chesterfield oder den Knigge zu lesen, ja ohne die Frau von Genlis oder andere seelenkennerische Damen zu Rate zu ziehen, die auf ein Haar wissen, wie junge Gemüter in die rechte Form zu kneten. – Man hätte ihr das als Leichtsinn anrechnen können.

Den ganzen Tag hatte sich Corduanspitz nicht sehen lassen, sondern war bei dem Herrn Dapsul von Zabelthau auf dem Turm geblieben, wo sehr wahrscheinlich wichtige Operationen vorgenommen sein mußten. Jetzt aber bemerkte Fräulein Ännchen den Kleinen, wie er im glühenden Schein der Abendsonne über den Hof wankte. Er kam ihr in seinem hochgelben Habit garstiger vor als jemals und die possierliche Art, wie er hin und her hüpfte, jeden Augenblick umzustülpen schien, sich wieder emporschleuderte, worüber ein anderer sich krank gelacht haben würde, verursachte ihr nur noch mehr Gram. Ja sie hielt endlich beide Hände vors Gesicht, um den widerwärtigen Popanz nur nicht ferner zu schauen. Da fühlte sie plötzlich, daß jemand sie an der Schürze zupfe. „Kusch, Feldmann!" rief sie, meinend es sei der Hund, der sie zupfe. Es war aber nicht der Hund, vielmehr erblickte Fräulein Ännchen, als sie die Hände vom Gesicht nahm, den Herrn Baron Porphyrio von Ockerodastes, der sich mit einer beispiellosen Behendigkeit auf ihren Schoß schwang und sie mit beiden Armen umklammerte. Vor Schreck und Abscheu schrie Fräulein Ännchen laut auf und fuhr von dem Stuhl in die Höhe. Corduanspitz blieb aber an ihrem Halse hängen und wurde in dem Augenblick so fürchterlich schwer, daß er mit einem Gewicht von wenigstens zwanzig Zentnern das arme Ännchen pfeilschnell wieder herabzog auf den Stuhl, wo sie gesessen. Jetzt rutschte Corduanspitz aber auch sogleich herab von Ännchens Schoß, ließ sich so zierlich und manierlich, als es bei einigem Mangel an Gleichgewicht nur in seinen Kräften stand, nieder auf sein rechtes kleines Knie und sprach dann mit einem klaren etwas besonders aber nicht eben widerlich klingenden Ton: „Angebetetes Fräulein Anna von Zabelthau, vortrefflichste Dame, auserwählteste Braut, nur keinen Zorn, ich bitte, ich flehe! – nur keinen Zorn, keinen Zorn! – Ich weiß, Sie glauben, meine Leute hätten Ihren schönen Gemüsegarten verwüstet, um meinen Palast zu bauen? O Mächte des Alls! – Könnten Sie doch nur hineinschauen in meinen geringen Leib und mein in lauter Liebe und Edelmut hüpfendes Herz erblicken! – Könnten Sie doch nur alle Kardinaltugenden entdecken, die unter diesem gelben Atlas in meiner Brust versammelt sind! – O wie weit bin ich von jener schmachvollen Grausamkeit entfernt, die Sie mir zutrauen! – Wie wär es möglich, daß ein milder Fürst seine eignen Unterta – doch halt! – halt! – Was sind Worte, Redensarten! – Schauen müssen Sie selbst, o Braut! ja schauen selbst die Herrlichkeiten, die Ihrer warten! Sie müssen mit mir gehen, ja mit mir gehen auf der Stelle, ich führe Sie in meinen Palast, wo ein freudiges Volk lauert auf die angebetete Geliebte des Herrn!"

Man kann denken, wie Fräulein Ännchen sich vor Corduanspitzes Zumutung entsetzte, wie sie sich sträubte dem bedrohlichen Popanz auch nur einen Schritt zu folgen. Corduanspitz ließ aber nicht nach, ihr die außerordentliche Schönheit, den grenzenlosen Reichtum des Gemüsegartens, der eigentlich sein Palast sei, mit solchen eindringlichen Worten zu beschreiben, daß sie endlich sich entschloß, wenigstens etwas hineinzukucken in das Gezelt, welches ihr denn doch ganz und gar nicht schaden könne. – Der Kleine schlug vor lauter Freude und Entzücken wenigstens zwölfmal hintereinander Rad, faßte dann aber sehr zierlich Fräulein Ännchens Hand und führte sie durch den Garten nach dem seidnen Palast.

Mit einem lauten: „Ach!" blieb Fräulein Ännchen wie in den Boden gewurzelt stehen, als die Vorhänge des Einganges aufrollten und sich ihr die Aussicht eines unabsehbaren Gemüsegartens erschloß von solcher Herrlichkeit, wie sie auch in den schönsten Träumen von blühendem Kohl und Kraut, keinen jemals erblickt. Da grünte und blühte alles, was nur Kraut und Kohl und Rübe und Salat und Erbse und Bohne heißen mag, in funkelndem Schimmer und solcher Pracht, daß es gar nicht zu sagen. – Die Musik und Pfeifen und Trommeln und Zimbeln ertönte stärker und die vier artigen Herrn, die Fräulein Ännchen schon kennen gelernt, nämlich der Herr von Schwarzrettig, der Monsieur de Roccambolle, der Signor di Broccoli und der Pan Kapustowicz, nahten sich unter vielen zeremoniösen Bücklingen.

„Meine Kammerherrn", sprach Porphyrio von Ockerodastes lächelnd, und führte, indem die genannten Kammernherrn voranschritten, Fräulein Ännchen durch die Doppeltreihe, welche die rote englische Karottengarde bildete, bis in die Mitte des Feldes, wo sich ein hoher prächtiger Thron erhob. Um diesen Thron waren die Großen des Reichs versammelt, die Salatprinzen mit den Bohnenprinzessinnen, die Gurkenherzoge mit dem Melonenfürsten an ihrer Spitze, die Kohlkopfminister, die Zwiebel- und Rübengeneralität, die Federkohldamen etc. alle in den glänzendsten Kleidern ihres Ranges und Standes. Und dazwischen liefen wohl an hundert allerliebste Lavendel- und Fenchelpagen umher und verbreiteten süße Gerüche. Als Ockerodastes mit Fräulein Ännchen den Thron bestiegen, winkte der Oberhofmarschall Turneps mit seinem langen Stabe und sogleich schwieg die Musik und alles horchte in stiller Ehrfurcht. Da erhob Ockerodastes seine Stimme und sprach sehr feierlich: „Meine getreuen und sehr lieben Untertanen! Seht hier an meiner Seite das edle Fräulein Anna von Zabelthau, das ich zu meiner Gemahlin erkoren. Reich an Schönheit und Tugend, hat sie euch schon lange mit mütterlich-liebenden Augen betrachtet, ja euch weiche, fette Lager bereitet und gehegt und gepflegt. Sie wird euch stets eine treue würdige Landesmutter sein und bleiben. Bezeigt jetzt den ehrerbietigen Beifall, sowie ordnungsgemäßen Jubel über die Wohltat, die ich im Begriff stehe euch huldvoll zufließen zu lassen!" Auf ein zweites Zeichen des Oberhofmarschalls Turneps ging nun ein tausendstimmiger Jubel los, die Bollenartillerie feuerte ihr Geschütz ab und die Musiker der Karottengarde spielten das bekannte Festlied: Salat-Salat und grüne Petersilie! – Es war ein großer erhabener Moment, der den Großen des Reichs, vorzüglich aber den Federkohldamen Tränen der Wonne entlockte. Fräulein Ännchen hätte beinahe auch alle Fassung verloren, als sie gewahrte, daß der Kleine eine von Diamanten funkelnde Krone auf dem Haupte, in der Hand aber ein goldnes Szepter trug. „Ei", sprach sie, indem sie voll Erstaunen die Hände zusammenschlug, „ei du mein Herr Jemine! Sie sind ja wohl viel mehr als Sie scheinen, mein lieber Herr von Corduanspitz?" – „Angebetete Anna", erwiderte Ockerodastes sehr sanft, „die Gestirne zwangen mich, bei Ihrem Herrn Vater unter einem erborgten Namen zu erscheinen. Erfahren Sie, bestes Kind, daß ich einer der mächtigsten Könige bin und ein Reich beherrsche, dessen Grenzen gar nicht zu entdecken sind, da sie auf der Karte zu illuminieren vergessen worden. Es ist der Gemüsekönig Daucus Carota der Erste, der Ihnen, o süßeste Anna, seine Hand und seine Krone darreicht. Alle Gemüsefürsten sind meine Vasallen und nur einen einzuigen Tag im Jahre regiert, nach einem uralten Herkommen, der Bohnenkönig." – „Also", rief Fräulein Ännchen freudig, „also eine Königin soll ich werden und diesen herrlichen prächtigen Gemüsegarten besitzen?" König Daucus Carota versicherte nochmals, daß dies allerdings der Fall sei und fügte hinzu, daß seiner und ihrer Herrschaft alles Gemüse unterworfen sein werde, das nur emporkeime aus der Erde. So was hatte nun Fräulein Ännchen wohl gar nicht erwartet und sie fand, daß der kleine Corduanspitz seit dem Augenblick, als er sich in den König Daucus Carota den Ersten umgesetzt, gar nicht mehr so häßlich war als vorher und daß ihm Krone und Szepter sowie der Königsmantel ganz ungemein artig standen. Rechnete noch Fräulein Ännchen sein artiges Benehmen und die Reichtümer hinzu, die ihr durch diese Verbindung zuteil wurden, so mußte sie wohl überzeugt sein, daß kein Landfräulein hienieden eine bessere Partie zu machen imstande als eben sie, die im Umsehen eine Königsbraut geworden. Fräulein Ännchen war deshalb auch über alle Maßen vergnügt und fragte den königlichen Bräutigam, ob sie nicht gleich in dem schönen Palast bleiben, und ob nicht morgenden Tages die Hochzeit gefeiert werden könne. König Daucus erwiderte indessen, daß, sosehr ihn die Sehnsucht der angebeteten Braut entzücke, er doch gewisser Konstellationen halber sein Glück noch verschieben müsse. Der Herr Dapsul von Zabelthau dürfe nämlich für jetzt den königlichen Stand seines Eidams durchaus nicht erfahren, da sonst die Operationen, die die gewünschte Verbindung mit der Sylphide Nehahilah bewirken sollten, gestört werden könnten. Überdem habe er auch dem Herrn Dapsul von Zabelthau versprochen, daß beide Vermählungen an einem Tage gefeiert werden sollten. Fräulein Ännchen mußte feierlich geloben, dem Herrn Dapsul von Zabelthau auch nicht eine Silbe davon zu verraten, was sich mit ihr begeben, sie verließ dann den seidnen Palast unter dem lauten lärmenden Jubel des durch ihre Schönheit, durch ihr leutseliges herablassendes Betragen ganz in Wonne berauschten Volks.

Im Traume sah sie das Reich des allerliebsten Königs Daucus Carota noch einmal und schwamm in lauter Seligkeit. –

Der Brief, den sie dem Herrn Amandus von Nebelstern gesendet, hatte auf den armen Jüngling eine fürchterliche Wirkung gemacht. Nicht lange dauerte es, so erhielt Fräulein Ännchen folgende Antwort:

„Abgott meines Herzens, himmlische Anna!

Dolche, spitze, glühende, giftige, tötende Dolche waren mir die Worte deines Briefes, die meine Brust durchbohrten. O Anna! du sollst mir entrissen werden? Welch ein Gedanke! Ich kann es noch gar nicht begreifen, daß ich nicht auf der Stelle unsinnig geworden bin und irgendeinen fürchterlichen grausamen Spektakel gemacht habe! – Doch floh ich ergrimmt über mein todbringendes Verhängnis die Menschen, und lief gleich nach Tische ohne wie sonst Billard zu spielen, hinaus in den Wald, wo ich die Hände rang und tausendmal deinen Namen rief! – Es fing gewaltig an zu regnen und ich hatte gerade eine ganz neue Mütze von rotem Samt mit einer prächtigen goldnen Troddel aufgesetzt. Die Leute sagen, daß noch keine Mütze so mir zu Gesicht gestanden, als diese. – Der Regen konnte das Prachtstück des Geschmacks verderben, doch was frägt die Verzweiflung der Liebe nach Mützen, nach Samt und Gold! – So lange lief ich umher, bis ich ganz durchnäßt und durchkältet war und ein entsetzliches Bauchgrimmen fühlte. Das trieb mich in das nahgelegene Wirtshaus, wo ich mir exzellenten Glühwein machen ließ und dazu eine Pfeife deines himmlischen Virginiers rauchte. – Bald fühlte ich mich von einer göttlichen Begeisterung erhoben, ich riß meine Brieftasche hervor, warf in aller Schnelle ein Dutzend herrliche Gedichte hin und, o wunderbare Gabe der Dichtkunst! – beides war verschwunden, Liebesverzweiflung und Bauchgrimmen. – Nur das letzte dieser Gedichte will ich dir mitteilen und auch dich, o Zierde der Jungfrauen, wird, wie mich, freudige Hoffnung erfüllen!

Winde mich in Schmerzen,
Ausgelöscht im Herzen
Sind die Liebeskerzen,
Mag nie wieder scherzen!
Doch der Geist, er neigt sich,
Wort und Reim erzeugt sich,
Schreibe Verslein nieder.
Froh bin ich gleich wieder,
Tröstend in dem Herzen
Flammen Liebeskerzen,
Weg sind alle Schmerzen,
Mag auch freundlich scherzen.

Ja, meine süße Anna! – bald eile ich, ein schützender Ritter herbei, und entreiße dich dem Bösewicht, der dich mir rauben will! – Damit du indessen bis dahin nicht verzweifelst, schreibe ich dir einige göttliche trostreiche Kernsprüche aus meines herrlichen Meisters Schatzkästlein her; du magst dich daran erlaben.

Die Brust wird weit, dem Geiste wachsen Flügel?
Sei Herz, Gemüt, doch lustger Eulenspiegel!

Liebe kann die Liebe hassen,
Zeit auch wohl die Zeit verpassen.

Die Lieb ist Blumenduft, ein Sein ohn Unterlaß,
O Jüngling, wasch den Pelz, doch mach ihn ja nicht naß!

Sagst du, im Winter weht frostiger Wind?
Warm sind doch Mäntel, wie Mäntel nun sind!

Welche göttliche, erhabene, überschwengliche Maximen. – Und wie einfach, wie anspruchslos, wie körnicht ausgedrückt! – Nochmals also, meine süßeste Maid! Sei getrost, trage mich im Herzen wie sonst. Es kommt, es rettet dich, es drückt dich an seine im Liebessturm wogende Brust

dein getreuester

Amandus von Nebelstern.

N. S. Herausfordern kann ich den Herrn von Corduanspitz auf keinen Fall. Denn, o Anna! jeden Tropfen Bluts, der deinem Amandus entquillen könnte bei dem feindlichen Angriff eines verwogenen Gegners, ist herrliches Dichterblut, der Ichor der Götter, der nicht verspritzt werden darf. Die Welt hat den gerechten Anspruch, daß ein Geist wie ich sich für sie schone, auf alle mögliche Weise konserviere. – Des Dichters Schwert ist das Wort, der Gesang. Ich will meinem Nebenbuhler auf den Leib fahren mit tyrtäischen Schlachtliedern, ihn niederstoßen mit spitzen Epigrammen, ihn niederhauen mit Dithyramben voll Liebeswut – das sind die Waffen des echten wahren Dichters, die immerdar siegreich ihn sicherstellen gegen jeden Angriff, und so gewaffnet und gewappnet werde ich erscheinen und mir deine Hand erkämpfen o Anna!

Lebe wohl, nochmals drücke ich dich an meine Brust! – Hoffe alles von meiner Liebe und vorzüglich von meinem Heldenmut, der keine Gefahr scheuen wird, dich zu befreien aus den schändlichen Netzen, in die dich allem Anschein nach ein dämonischer Unhold verlockt hat!"

Fräulein Ännchen erhielt diesen Brief, als sie gerade mit dem bräutigamlichen König Daucus Carota dem Ersten auf der Wiese hinter dem Garten Haschemännchen spielte und große Freude hatte, wenn sie sich in vollem Lauf schnell niederduckte und der kleine König über sie wegschoß. Aber nicht wie sonst, steckte sie das Schreiben des Geliebten ohne es zu lesen in die Tasche und wir werden gleich sehen, daß es zu spät gekommen.

Gar nicht begreifen konnte Herr Dapsul von Zabelthau, wie Fräulein Ännchen ihren Sinn so plötzlich geändert und den Herrn Porphyrio von Ockerodastes, den sie erst so abscheulich gefunden, liebgewonnen hatte. Er befragte darüber die Gestirne, da diese ihm aber auch keine befriedigende Antwort gaben, so mußte er dafürhalten, daß des Menschen Sinn unerforschlicher sei als alle Geheimnisse des Weltalls und sich durch keine Konstellation erfassen lasse. – Daß nämlich bloß die höhere Natur des Bräutigams auf Ännchen zur Liebe gewirkt haben solle, konnte er, da es dem Kleinen an Liebesschönheit gänzlich mangelte, nicht annehmen. War, wie der geneigte Leser schon vernommen, der Begriff von Schönheit, wie ihn Herr Dapsul von Zabelthau statuierte, auch himmelweit von dem Begriff verschieden, wie ihn junge Mädchen in sich tragen, so hatte er doch wenigstens so viel irdische Erfahrung, um zu wissen, daß besagte Mädchen meinen, Verstand, Witz, Geist, Gemüt, seien gute Mietsleute in einem schönen Hause, und daß ein Mann, dem ein modischer Frack nicht zum besten steht, und sollte er sonst ein Shakespeare, ein Goethe, ein Tieck, ein Friedrich Richter sein, Gefahr läuft, von jedem hinlänglich angenehm gebauten Husarenleutnant in der Staatsuniform gänzlich aus dem Felde geschlagen zu werden, sobald es ihm einfällt, einem jungen Mädchen entgegenzurücken. – Bei Fräulein Ännchen hatte sich nun zwar das ganz anders zugetragen und es handelte sich weder um Schönheit noch um Verstand, indessen trifft es sich wohl selten, daß ein armes Landfräulein plötzlich Königin werden soll und konnte daher von dem Herrn Dapsul von Zabelthau nicht wohl vermutet werden, zumal ihn auch hier die Gestirne im Stich ließen.

Man kann denken, daß die drei Leute, Herr Porphyrio von Ockerodastes, Herr Dapsul von Zabelthau und Fräulein Ännchen ein Herz und eine Seele waren. Es ging so weit, daß Herr Dapsul von Zabelthau öfter als sonst jemals geschehn, den Turm verließ, um mit dem geschätzten Eidam über allerlei vergnügliche Dinge zu plaudern und vorzüglich pflegte er nun sein Frühstück jedesmal unten im Hause einzunehmen. Um diese Zeit kam denn auch Herr Porphyrio von Ockerodastes aus seinem seidenen Palast hervor, und ließ sich von Fräulein Ännchen mit Butterbrot füttern: „Ach ach“, kicherte Fräulein Ännchen ihm oft ins Ohr, „ach ach, wenn Papa wüßte, daß Sie eigentlich ein König sind, bester Corduanspitz.“ – „Halt dich Herz“, erwiderte Daucus Carota der Erste, „halt dich, Herz, und vergeh nicht in Wonne. – Nah, nah ist dein Freudentag!“ –

Es begab sich, daß der Schulmeister dem Fräulein Ännchen einige Bund der herrlichsten Radiese aus seinem Garten verehrt hatte. Dem Fräulein Ännchen war das über alle Maßen lieb, da Herr Dapsul von Zabelthau sehr gern Radiese aß, Ännchen aber aus dem Gemüsegarten, über den der Palast erbaut war, nichts entnehmen konnte. Überdem fiel ihr aber auch jetzt erst ein, daß sie unter den mannigfaltigsten Kräutern und Wurzeln im Palast, nur allein Radiese nicht gewahrt hatte.

Fräulein Ännchen putzte die geschenkten Radiese schnell ab, und trug sie dem Vater auf zum Frühstück. Schon hatte Herr Dapsul von Zabelthau mehreren unbarmherzig die Blätterkrone weggeschnitten, sie ins Salzfaß gestippt und vergnüglich verzehrt, als Corduanspitz hereintrat. „O mein Ockerodastes, genießen Sie Radiese!“ so rief ihm Herr Dapsul von Zabelthau entgegen. Es lag noch ein großer, vorzüglich schöner Radies auf dem Teller. Kaum erblickte Corduanspitz aber diesen, als seine Augen grimmig zu funkeln begannen und er mit fürchterlich dröhnender Stimme rief: „Was, unwürdiger Herzog, Ihr wagt es noch, vor meinen Augen zu erscheinen, ja Euch mit verruchter Unverschämtheit einzudrängen, in ein Haus, das beschirmt ist von meiner Macht? Habe ich Euch, der mir den rechtmäßigen Thron streitig machen wollte, nicht verbannt auf ewige Zeiten? – Fort, fort mit Euch, verräterischer Vasall!“ Dem Radies waren plötzlich zwei Beinchen unter dem dicken Kopf gewachsen, mit denen er schnell aus dem Teller hinabsprang, dann stellte er sich dicht hin vor Corduanspitz und ließ sich also vernehmen: „Grausamer Daucus Carota der Erste, der du vergebens trachtest, meinen Stamm zu vernichten! Hat je einer deines Geschlechts einen solchen großen Kopf gehabt als ich und meine Verwandten? – Verstand, Weisheit, Scharfsinn, Courtoisie, mit allem dem sind wir begabt, und während ihr euch herumtreibt in Küchen und in Ställen und nur in hoher Jugend etwas geltet, so daß recht eigentlich der *diable de la jeunesse* nur euer schnell vorüberfliehendes Glück macht, so genießen wir des Umgangs hoher Personen und mit Jubel werden wir begrüßt, sowie wir nur unsere grünen Häupter erheben! – Aber ich trotze dir, o Daucus Carota, bist du auch gleich ein ungeschlachter Schlingel wie alle deinesgleichen! – Laß sehen, wer hier der Stärkste ist!" – Damit schwang der Radiesherzog eine lange Peitsche und ging ohne weiteres dem König Daucus Carota dem Ersten zu Leibe. Dieser zog aber schnell seinen kleinen Degen und verteidigte sich auf die tapferste Weise. In den seltsamsten tollsten Sprüngen balgten sich nun die beiden Kleinen im Zimmer umher, bis Daucus Carota den Radiesherzog so in die Enge trieb, daß er genötigt wurde, mit einem kühnen Sprung durchs offne Fenster das Weite zu suchen. König Daucus Carota, dessen ganz ungemeine Behendigkeit dem geneigten Leser schon bekannt ist, schwang sich aber nach und verfolgte den Radiesherzog über den Acker. – Herr Dapsul von Zabelthau hatte dem schrecklichen Zweikampf zugeschaut in dumpfer lautloser Erstarrung. Nun brach er aber heulend und schreiend los: „O Tochter Anna! – o meine arme unglückselige Tochter Anna! – verloren – ich – du – beide sind wir verloren, verloren." – Und damit lief er aus der Stube und bestieg so schnell als er es nur vermochte den astronomischen Turm. –

Fräulein Ännchen konnte gar nicht begreifen, gar nicht vermuten, was in aller Welt den Vater auf einmal in solch grenzenlose Betrübnis versetzt. Ihr hatte der ganze Auftritt ungemeines Vergnügen verursacht und sie war noch in ihrem Herzen froh, bemerkt zu haben, daß der Bräutigam nicht allein Stand und Reichtum sondern auch Tapferkeit besaß, wie es denn wohl nicht leicht ein Mädchen auf Erden geben mag, die einen Feigling zu lieben imstande. Nun sie eben von der Tapferkeit des Königs Daucus Carota des Ersten überzeugt worden, fiel es ihr erst recht empfindlich auf, daß Herr Amandus von Nebelstern sich nicht mit ihm schlagen wollen.

Hätte sie noch geschwankt den Herrn Amandus dem Könige Daucus dem Ersten aufzuopfern, sie würde sich jetzt dazu entschlossen haben, da ihr die ganze Herrlichkeit ihres neuen Brautstandes einleuchtete. Sie setzte sich flugs hin und schrieb folgenden Brief:

„Mein lieber Amandus!

‚Alles in der Welt kann sich ändern, alles ist vergänglich', sagt der Herr Schulmeister und er hat vollkommen recht. Auch du, mein lieber Amandus, bist ein viel zu weiser und gelehrter Student, als daß du dem Herrn Schulmeister nicht beipflichten und dich nur im mindesten verwundern solltest, wenn ich dir sage, daß auch in meinem Sinn und Herzen sich eine kleine Veränderung zugetragen hat – du kannst es mir glauben, ich bin dir noch recht sehr gut und kann es mir recht vorstellen, wie hübsch du aussehen mußt in der roten Samtmütze mit Gold, aber was das Heiraten betrifft – sieh lieber Amandus, so gescheut du auch bist und so hübsche Verslein du auch zu machen verstehst, König wirst du doch nun und nimmermehr werden, und – erschrick nicht, Liebster – der kleine Herr von Corduanspitz ist nicht der Herr von Corduanspitz, sondern ein mächtiger König, namens Daucus Carota der Erste, der da herrscht über das ganze große Gemüsreich und mich erkoren hat zu seiner Königin! – Seit der Zeit, daß mein lieber kleiner König das Inkognito abgeworfen, ist er auch viel hübscher geworden und ich sehe jetzt erst recht ein, daß der Papa recht hatte, wenn er behauptete, daß der Kopf die Zierde des Mannes sei und daher nicht groß genug sein könne. Dabei hat aber Daucus Carota der Erste – du siehst, wie gut ich den schönen Namen behalten und nachschreiben kann, da er mir ganz bekannt vorkommt – ja, ich wollte sagen, dabei hat mein kleiner königlicher Bräutigam ein so angenehmes allerliebstes Betragen, daß es gar nicht auszusprechen. Und welch einen Mut, welche Tapferkeit besitzt der Mann! Vor meinen Augen hat er den Radiesherzog, der ein unartiger, aufsässiger Mensch zu sein scheint, in die Flucht geschlagen und hei! wie er ihm nachsprang durchs Fenster! du hättest das nur sehen sollen! – Ich glaube auch nicht, daß mein Daucus Carota sich aus deinen Waffen etwas machen wird, er scheint ein fester Mann, dem Verse, sind sie auch noch so fein und spitzig, nicht viel anhaben können. – Nun also, lieber Amandus, füge dich in dein Schicksal wie ein frommer Mensch und nimm es nicht übel, daß ich nicht deine Frau, sondern vielmehr Königin werde. Sei aber getrost, ich werde immer deine wohlaffektionierte Freundin bleiben und willst du künftig bei der Karottengarde, oder da du nicht sowohl die Waffen als die Wissenschaften liebst, bei der Pastinakakademie oder bei dem Kürbisministerium angestellt sein, so kostet dich's nur ein Wort und dein

Glück ist gemacht. Lebe wohl und sei nicht böse auf deine

sonstige Braut, jetzt aber wohlmeinende
Freundin und künftige Königin
Anna von Zabelthau
(bald aber nicht mehr von Zabelthau, sondern bloß Anna).

N. S. Auch mit den schönsten virginischen Blättern sollst du gehörig versorgt werden, du kannst dich darauf festiglich verlassen. So wie ich beinahe vermuten muß, wird zwar an meinem Hofe gar nicht geraucht werden, deshalb sollen aber doch sogleich nicht weit vom Thron unter meiner besondern Aufsicht einige Beete mit virginischem Tabak angepflanzt werden. Das erfordert die Kultur und die Moral und mein Daucuschen soll darüber ein besonderes Gesetz schreiben lassen."

Fünftes Kapitel,

in welchem von einer fürchterlichen Katastrophe Nachricht gegeben und mit dem weitern Verlauf der Dinge fortgefahren wird.

Fräulein Ännchen hatte gerade ihr Schreiben an den Herrn Amandus von Nebelstern fortgesendet, als Herr Dapsul von Zabelthau hereintrat und mit dem weinerlichsten Ton des tiefsten Schmerzes begann: „O meine Tochter Anna! auf welche schändliche Weise sind wir beide betrogen! Dieser Verruchte, der dich in seine Schlingen verlockte, der mir weismachte, er sei der Baron Porphyrio Ockerodastes, genannt Corduanspitz, Sprößling jenes illüstren Stammes, den der überherrliche Gnome Tsilmenech im Bündnis schuf mit der edlen corduanischen Äbtissin, dieser Verruchte – erfahr es und sinke ohnmächtig nieder! – er ist selbst ein Gnome, aber jenes niedrigsten Geschlechts, das die Gemüse bereitet! – Jener Gnome Tsilmenech war von dem edelsten Geschlecht, nämlich von dem, dem die Pflege der Diamanten anvertraut ist. Dann kommt das Geschlecht derer, die im Reich des Metallkönigs die Metalle bereiten, dann folgen die Blumisten, die deshalb nicht so vornehm sind, weil sie von den Sylphen abhängen. Die schlechtesten und unedelsten sind aber die Gemüsegnomen, und

nicht allein daß der betrügerische Corduanspitz ein solcher Gnome ist, nein er ist Konig dieses Geschlechts und heißt Daucus Carota!" – Fräulein Ännchen sank keinesweges in Ohnmacht, erschrak auch nicht im allermindesten, sondern lächelte den lamentierenden Papa ganz freundlich an; der geneigte Leser weiß schon warum! – Als nun aber der Herr Dapsul von Zabelthau sich darüber höchlich verwunderte und immer mehr in Fräulein Ännchen drang, doch nur um des Himmels willen ihr fürchterliches Geschick einzusehen und sich zu grämen, da glaubte Fräulein Ännchen nicht länger das ihr anvertraute Geheimnis bewahren zu dürfen. Sie erzählte dem Herrn Dapsul von Zabelthau, wie der sogenannte Herr Baron von Corduanspitz ihr längst selbst seinen eigentlichen Stand entdeckt und seit der Zeit ihr so liebenswürdig vorgekommen sei, daß sie durchaus gar keinen andern Gemahl wünsche. Sie beschrieb dann ferner all die wunderbaren Schönheiten des Gemüsreichs, in das sie König Daucus Carota der Erste eingeführt, und vergaß nicht die seltsame Anmut der mannigfachen Bewohner dieses Reichs gehörig zu rühmen.
Herr Dapsul von Zabelthau schlug ein Mal über das andere die Hände zusammen und weinte sehr über die tückische Bosheit des Gnomenkönigs, der die künstlichsten, ja für ihn selbst gefährlichsten Mittel angewandt, die unglückselige Anna hinabzuziehen in sein finstres dämonisches Reich.
So herrlich, erklärte jetzt Herr Dapsul von Zabelthau der aufhorchenden Tochter, so herrlich, so ersprießlich die Verbindung irgendeines Elementargeistes mit einem menschlichen Prinzip sein könne, so sehr die Ehe des Gnomen Tsilmenech mit der Magdalena de la Croix davon ein Beispiel gebe, weshalb denn auch der verräterische Daucus Carota ein Sprößling dieses Stammes zu sein behauptet, so ganz anders verhalte es sich doch mit den Königen und Fürsten dieser Geistervölkerschaften. Wären die Salamanderkönige bloß zornig, die Sylphenkönige bloß hoffärtig, die Undinenköniginnen bloß sehr verliebt und eifersüchtig, so wären dagegen die Gnomenkönige tükkisch, boshaft und grausam; bloß um sich an den Erdenkindern zu rächen, die ihnen Vasallen entführt, trachteten sie darnach irgendeines zu verlocken, das dann die menschliche Natur ganz ablege und ebenso mißgestaltet wie die Gnomen selbst, hinunter müsse in die Erde und nie wieder zum Vorschein komme.
Fräulein Ännchen schien all das Nachteilige, dessen Herr Dapsul von Zabelthau ihren lieben Daucus beschuldigte, gar nicht recht glauben

zu wollen, vielmehr begann sie noch einmal von den Wundern des schönen Gemüsreichs zu sprechen, über das sie nun bald zu herrschen gedenke.

„Verblendetes", rief aber nun Herr Dapsul von Zabelthau voller Zorn, „verblendetes törichtes Kind! – Trauest du deinem Vater nicht so viel kabbalistische Weisheit zu, daß er nicht wissen sollte, wie alles, was der verruchte Daucus Carota dir vorgegaukelt hat, nichts ist, als Lug und Trug? – Doch du glaubst mir nicht, um dich mein einziges Kind zu retten, muß ich dich überzeugen, diese Überzeugung verschaffe ich dir aber durch die verzweifeltsten Mittel. – Komm mit mir!"

Zum zweitenmal mußte nun Fräulein Ännchen mit dem Papa den astronomischen Turm besteigen. Aus einer großen Schachtel holte Herr Dapsul von Zabelthau eine Menge gelbes, rotes, weißes und grünes Band hervor, und umwickelte damit unter seltsamen Zeremonien Fräulein Ännchen von Kopf bis zu Fuß. Mit sich selbst tat er ein gleiches und nun nahten beide, Fräulein Ännchen und der Herr Dapsul von Zabelthau sich behutsam dem seidnen Palast des Königs Daucus Carota des Ersten. Fräulein Ännchen mußte auf Geheiß des Papas mit der mitgebrachten feinen Schere eine Naht auftrennen und durch die Öffnung hineinkucken.

Hilf Himmel! was erblickte sie statt des schönen Gemüsegartens, statt der Karottengarde, der Plümagedamen, der Lavendelpagen, der Salatprinzen und alles dessen, was ihr so wunderbar herrlich erschienen war? – In einen tiefen Pfuhl sah sie hinab, der mit einem farblosen ekelhaften Schlamm gefüllt schien. Und in diesem Schlamm regte und bewegte sich allerlei häßliches Volk aus dem Schoß der Erde. Dicke Regenwürmer ringelten sich langsam durcheinander, während käferartige Tiere ihre kurzen Beine ausstreckend schwerfällig fortkrochen. Auf ihrem Rücken trugen sie große Zwiebeln, die hatten aber häßliche menschliche Gesichter und grinsten und schielten sich an mit trüben gelben Augen und suchten sich mit den kleinen Krallen, die ihnen dicht an die Ohren gewachsen waren, bei den langen krummen Nasen zu packen und hinunterzuziehen in den Schlamm, während lange nackte Schnecken in ekelhafter Trägheit sich durcheinander wälzten und ihre langen Hörner emporstreckten aus der Tiefe. – Fräulein Ännchen wäre bei dem scheußlichen Anblick vor Grauen bald in Ohnmacht gesunken. Sie hielt beide Hände vors Gesicht und rannte schnell davon.

„Siehst du nun wohl“, sprach darauf der Herr Dapsul von Zabelthau zu ihr, „siehst du nun wohl, wie schändlich dich der abscheuliche Daucus Carota betrogen hat, da er dir eine Herrlichkeit zeigte, die nur ganz kurze Zeit dauert? – O! Festkleider ließ er seine Vasallen anziehen und Staatsuniformen seine Garden, um dich zu verlocken mit blendender Pracht! Aber nun hast du das Reich im Negligé geschaut, das du beherrschen wirst und bist du nun einmal die Gemahlin des entsetzlichen Daucus Carota, so mußt du in dem unterirdischen Reiche bleiben und kommst nie mehr auf die Oberfläche der Erde! – Und wenn – ach – ach! was muß ich erblicken, ich unglückseligster der Väter!“

Der Herr Dapsul von Zabelthau geriet nun plötzlich so außer sich, daß Fräulein Ännchen wohl erraten konnte, es müsse noch ein neues Unglück im Augenblick hereingebrochen sein. Sie fragte ängstlich, worüber denn der Papa so entsetzlich lamentiere; der konnte aber vor lauter Schluchzen nichts als stammeln: „– O – o – To-ch-ter – wie – si-ehst – d-u – a-u-s!“ Fräulein Ännchen rannte ins Zimmer, sah in den Spiegel und fuhr zurück von jähem Todesschreck erfaßt. –

Sie hatte Ursache dazu, die Sache war diese: eben als Herr Dapsul von Zabelthau der Braut des Königs Daucus Carota die Augen öffnen wollte über die Gefahr, in der sie schwebe nach und nach ihr Ansehen, ihre Gestalt zu verlieren und sich allmählich umzuwandeln in das wahrhafte Bild einer Gnomenkönigin, da gewahrte er, was schon Entsetzliches geschehen. Viel dicker war Ännchens Kopf geworden und safrangelb ihre Haut, so daß sie jetzt schon hinlänglich garstig erschien. War nun auch Fräulein Ännchen nicht gar besonders eitel, so fühlte sie sich doch Mädchen genug, um einzusehen, daß Häßlichwerden das allergrößeste entsetzlichste Unglück sei, das einen hienieden treffen könne. Wie oft hatte sie an die Herrlichkeit gedacht, wenn sie künftig als Königin mit der Krone auf dem Haupte in atlassenen Kleidern, mit diamantnen und goldnen Ketten und Ringen geschmückt in der achtspännigen Karosse an der Seite des königlichen Gemahls sonntags nach der Kirche fahren und alle Weiber, des Schulmeisters Frau nicht ausgenommen, in Erstaunen setzen, ja auch wohl der stolzen Gutsherrschaft des Dorfs, zu dessen Kirchsprengel Dapsulheim gehörte, Respekt einflößen werde; ja! – wie oft hatte sie sich in solchen und andern exzentrischen Träumen gewiegt! – Fräulein Ännchen zerfloß in Tränen!

„Anna – meine Tochter Anna, komme sogleich zu mir herauf!“ So rief Herr Dapsul von Zabelthau durch das Sprachrohr herab.

Fräulein Ännchen fand den Papa angetan in einer Art von Bergmannstracht. Er sprach mit Fassung: „Gerade wenn die Not am größten, ist die Hilfe oft am nächsten. Daucus Carota wird, wie ich soeben ermittelt, heute, ja wohl bis morgen mittag nicht seinen Palast verlassen. Er hat die Prinzen des Hauses, die Minister und andere Große des Reichs versammelt, um Rat zu halten über den künftigen Winterkohl. Die Sitzung ist wichtig und wird vielleicht so lange dauern, daß wir dieses Jahr gar keinen Winterkohl bekommen werden. Diese Zeit, wenn Daucus Carota in seine Regierungsarbeit vertieft auf mich und meine Arbeit nicht zu merken vermag, will ich benutzen, um eine Waffe zu bereiten, mit der ich vielleicht den schändlichen Gnomen bekämpfe und besiege, so daß er entweichen und dir die Freiheit lassen muß. Blicke, während ich hier arbeite, unverwandt durch jenen Tubus nach dem Gezelt und meld es mir ungesäumt, wenn du bemerkst, daß jemand hinausschaut oder gar hinausschreitet." – Fräulein Ännchen tat wie ihr geboten, das Gezelt blieb aber verschlossen; nur vernahm sie, unerachtet Herr Dapsul von Zabelthau wenige Schritte hinter ihr stark auf Metallplatten hämmerte, oft ein wildes verwirrtes Geschrei, das aus dem Gezelt zu kommen schien und dann helle klatschende Töne, gerade als würden Ohrfeigen ausgeteilt. Sie sagte das dem Herrn Dapsul von Zabelthau, der war damit sehr zufrieden und meinte, je toller sie sich dort drinnen untereinander zankten, desto weniger könnten sie bemerken, was draußen geschmiedet würde zu ihrem Verderben.

Nicht wenig verwunderte sich Fräulein Ännchen, als sie gewahrte, daß der Herr Dapsul von Zabelthau ein paar ganz allerliebste Kochtöpfe und ebensolche Schmorpfannen aus Kupfer gehämmert hatte. Als Kennerin überzeugte sie sich, daß die Verzinnung außerordentlich gut geraten, daß der Papa daher die den Kupferschmieden durch die Gesetze auferlegte Pflicht gehörig beobachtet habe und fragte, ob sie das feine Geschirr nicht mitnehmen könne zum Gebrauch in der Küche? Da lächelte aber Herr Dapsul von Zabelthau geheimnisvoll und erwiderte weiter nichts, als: „Zur Zeit, zur Zeit, meine Tochter Anna, gehe jetzt herab, mein geliebtes Kind! und erwarte ruhig, was sich morgen weiteres in unserm Hause begeben wird." –

Herr Dapsul von Zabelthau hatte gelächelt und *das* war es, was dem unglückseligen Ännchen Hoffnung einflößte und Vertrauen.

Andern Tages, als die Mittagszeit nahte, kam Herr Dapsul von Zabelthau herab mit seinen Kochtöpfen und Schmorpfannen, begab sich in die Küche und gebot dem Fräulein Ännchen nebst der Magd hinauszugehen, da er allein heute das Mittagsmahl bereiten wolle. Dem Fräulein Ännchen legte er es besonders ans Herz, gegen den Corduanspitz, der sich wohl bald einstellen werde, so artig und liebevoll zu sein als nur möglich.

Corduanspitz oder vielmehr König Daucus Carota der Erste kam auch wirklich bald und hatte er sonst schon verliebt genug getan, so schien er heute ganz Entzücken und Wonne. Zu ihrem Entsetzen bemerkte Fräulein Ännchen, wie sie schon so klein geworden, daß Daucus sich ohne große Mühe auf ihren Schoß schwingen und sie herzen und küssen konnte, welches die Unglückliche dulden mußte trotz ihres tiefen Abscheus gegen den kleinen abscheulichen Unhold.

Endlich trat Herr Dapsul von Zabelthau ins Zimmer und sprach: „O mein vortrefflichster Porphyrio von Ockerodastes, möchten Sie sich nicht mit mir und meiner Tochter in die Küche begeben, um zu beobachten, wie schön und wirtlich Ihre künftige Gemahlin alles darin eingerichtet hat?"

Noch niemals hatte Fräulein Ännchen in des Papas Antlitz den hämischen schadenfrohen Blick bemerkt, mit dem er den kleinen Daucus beim Arm faßte und beinahe mit Gewalt hinauszog aus der Stube in die Küche. Fräulein Ännchen folgte auf den Wink des Vaters.

Das Herz kochte dem Fräulein Ännchen im Leibe, als sie das herrlich knisternde Feuer, die glühenden Kohlen, die schmucken kupfernen Kochtöpfe und Schmorpfannen auf dem Herde bemerkte. Sowie der Herr Dapsul von Zabelthau den Corduanspitz dicht heranführte an den Herd, da begann es stärker und stärker in den Töpfen und Pfannen zu zischen und zu brodeln und das Zischen und Brodeln wurde zu ängstlichem Winseln und Stöhnen. Und aus einem Kochtopfe heulte es heraus: „O Daucus Carota! o mein König, rette deine getreuen Vasallen, rette uns arme Mohrrüben! – Zerschnitten, in schnödes Wasser geworfen, mit Butter und Salz gefüttert zu unserer Qual schmachten wir in unnennbarem Leid, das edle Petersilienjünglinge mit uns teilen!" Und aus der Schmorpfanne klagte es: „O Daucus Carota! o mein König! rette deine getreuen Vasallen, rette uns arme Mohrrüben! – in der Hölle braten wir und so wenig Wasser gab man uns, daß der fürchterliche Durst uns zwingt unser eignes Herzblut zu trinken." Und aus einem andern Kochtopf wimmerte es wieder: „O Daucus Carota! o mein König! rette deine getreuen

Vasallen, rette uns arme Mohrrüben! – Ausgehöhlt hat uns ein grausamer Koch, unser Innerstes zerhackt und es mit allerlei fremdartigem Zeug von Eiern, Sahne und Butter wieder hineingestopft, so daß alle unsere Gesinnungen und sonstige Verstandeskräfte in Konfusion geraten und wir selbst nicht mehr wissen, was wir denken!" Und nun heulte und schrie es aus allen Kochtöpfen und Schmorpfannen durcheinander: „O Daucus Carota, mächtiger König, rette o rette deine getreue Vasallen, rette uns arme Mohrrüben!" Da kreischte Corduanspitz laut auf: „Verfluchtes dummes Narrenspiel!" schwang sich mit seiner gewöhnlichen Behendigkeit auf den Herd, schaute in einen der Kochtöpfe und plumpte plötzlich hinein. Rasch sprang Herr Dapsul von Zabelthau hinzu und wollte den Deckel des Topfs schließen, indem er aufjauchzte: „Gefangen!" Doch mit der Schnellkraft einer Spiralfeder fuhr Corduanspitz aus dem Topfe in die Höhe und gab dem Herrn Dapsul von Zabelthau ein paar Maulschellen daß es krachte, indem er rief: „Einfältiger naseweiser Kabbalist, dafür sollst du büßen! – Heraus, heraus ihr Jungen allzumal!"

Und da brauste es aus allen Töpfen, Tiegeln und Pfannen heraus wie das wilde Heer und hundert und hundert kleine fingerlange garstige Kerlchen hakten sich fest an dem ganzen Leibe des Herrn Dapsul von Zabelthau und warfen ihn rücklings nieder in eine große Schüssel und richteten ihn an, indem sie aus allen Geschirren die Brühen über ihn ausgossen und ihn mit gehackten Eiern, Muskatenblüten und geriebener Semmel bestreuten. Dann schwang sich Daucus Carota zum Fenster hinaus und seine Vasallen taten ein gleiches.

Entsetzt sank Fräulein Ännchen bei der Schüssel nieder, auf der der arme Papa angerichtet lag; sie hielt ihn für tot, da er durchaus nicht das mindeste Lebenszeichen von sich gab. Sie begann zu klagen: „Ach mein armer Papa – ach nun bist du tot, und nichts rettet mich mehr vom höllischen Daucus!" Da schlug aber Herr Dapsul von Zabelthau die Augen auf, sprang mit verjüngter Kraft aus der Schüssel und schrie mit einer entsetzlichen Stimme, wie sie Fräulein Ännchen noch niemals von ihm vernommen: „Ha verruchter Daucus Carota, noch sind meine Kräfte nicht erschöpft! – Bald sollst du fühlen, was der einfältige naseweise Kabbalist vermag!" – Schnell mußte Fräulein Ännchen ihm mit dem Küchenbesen die gehackten Eier, die Muskatenblüten, die geriebene Semmel abkehren, dann ergriff er einen kupfernen Kochtopf, stülpte ihn wie einen Helm auf den Kopf, nahm eine Schmorpfanne in die linke, in die rechte Hand aber einen großen

eisernen Küchenlöffel und sprang so gewaffnet und gewappnet hinaus ins Freie. Fräulein Ännchen gewahrte, wie Herr Dapsul von Zabelthau im gestrecktesten Lauf nach Corduanspitzes Gezelt rannte und doch nicht von der Stelle kam. Darüber vergingen ihr die Sinne.
Als sie sich erholte, war Herr Dapsul von Zabelthau verschwunden und sie geriet in entsetzliche Angst als er den Abend, die Nacht, ja den andern Morgen nicht wiederkehrte. Sie mußte den noch schlimmern Ausgang eines neuen Unternehmens vermuten.

Sechstes Kapitel,

welches das letzte und zugleich das erbaulichste ist von allen.

In tiefes Leid versenkt saß Fräulein Ännchen einsam in ihrem Zimmer als die Türe aufging und niemand anders hineintrat, als der Herr Amandus von Nebelstern. Ganz Reue und Scham vergoß Fräulein Ännchen einen Tränenstrom und bat in den kläglichsten Tönen: „O mein herzlieber Amandus, verzeihe doch nur, was ich dir in meiner Verblendung geschrieben! Aber ich war ja verhext und bin es wohl noch. Rette mich, rette mich mein Amandus! – Gelb seh ich aus und garstig, das ist Gott zu klagen, aber mein treues Herz habe ich bewahrt und will keine Königsbraut sein!"
„Ich weiß nicht", erwiderte Amandus von Nebelstern, „ich weiß nicht, worüber Sie so klagen, mein bestes Fräulein, da Ihnen das schönste, herrlichste Los beschieden." – „O spotte nicht", rief Fräulein Ännchen, „ich bin für meinen einfältigen Stolz, eine Königin werden zu wollen, hart genug bestraft!"
„In der Tat", sprach Herr Amandus von Nebelstern weiter, „ich verstehe Sie nicht, mein teures Fräulein. – Soll ich aufrichtig sein, so muß ich bekennen, daß ich über Ihren letzten Brief in Wut geriet und Verzweiflung. Ich prügelte den Burschen, dann den Pudel, zerschmiß einige Gläser – und Sie wissen, mit einem racheschnaubenden Studenten treibt man keinen Spaß! Nachdem ich mich aber ausgetobt, beschloß ich hierherzueilen, um mit eignen Augen zu sehen, wie, warum und an wen ich die geliebte Braut verloren. – Die Liebe kennt

nicht Stand nicht Rang, ich wollte selbst den König Daucus Carota zur Rede stellen und ihn fragen, ob das Tusch sein solle oder nicht, wenn er meine Braut heirate. – Alles gestaltete sich hier indessen anders. Als ich nämlich bei dem schönen Gezelt vorüberging, das draußen aufgeschlagen, trat König Daucus Carota aus demselben heraus und bald gewahrte ich, daß ich den liebenswürdigsten Fürsten vor mir hatte, den es geben mag, wiewohl mir bis jetzt noch eben keiner vorgekommen: denn denken Sie sich, mein Fräulein, er spürte gleich in mir den sublimen Poeten, rühmte meine Gedichte, die er noch nicht gelesen, über alle Maßen und machte mir den Antrag als Hofpoet in seine Dienste zu gehen. Ein solches Unterkommen war seit langer Zeit meiner feurigsten Wünsche schönstes Ziel, mit tausend Freuden nahm ich daher den Vorschlag an. O mein teures Fräulein! mit welcher Begeisterung werde ich Sie besingen! Ein Dichter kann verliebt sein in Königinnen und Fürstinnen, oder vielmehr es gehört zu seinen Pflichten, eine solche hohe Person zur Dame seines Herzens zu erkiesen und verfällt er darüber in einigen Aberwitz, so ergibt sich eben daraus das göttliche Delirium, ohne das keine Poesie bestehen mag und niemand darf sich über die vielleicht etwas seltsamen Gebärden des Dichters wundern, sondern vielmehr an den großen Tasso denken, der auch etwas am gemeinen Menschenverstande gelitten haben soll, da er sich verliebt hatte in die Prinzessin Leonore d'Este. – Ja, mein teures Fräulein, sind Sie auch bald eine Königin, da sollen Sie doch die Dame meines Herzens bleiben, die ich bis zu den hohen Sternen erheben werde in den sublimsten göttlichsten Versen!"

„Wie, du hast ihn gesehen, den hämischen Kobold und er hat –" so brach Fräulein Ännchen los im tiefsten Erstaunen, doch in dem Augenblick trat er selbst, der kleine gnomische König hinein, und sprach mit dem zärtlichsten Ton: „O meine süße liebe Braut, Abgott meines Herzens, fürchten Sie sich ja nicht, daß ich der kleinen Unschicklichkeit halber, die Herr Dapsul von Zabelthau begangen, zürne. Nein! – schon deshalb nicht, weil eben dadurch mein Glück befördert worden, so daß, wie ich gar nicht gehofft, schon morgen meine feierliche Vermählung mit Ihnen, Holdeste! erfolgen wird. Gern werden Sie es sehen, daß ich den Herrn Amandus von Nebelstern zu unserm Hofpoeten erkoren und ich wünsche, daß er gleich eine Probe seines Talentes ablegen und uns eins vorsingen möge. Wir wollen aber in die Laube gehen, denn ich liebe die freie Natur, ich werde mich auf

Ihren Schoß setzen und Sie können mich, geliebteste Braut, während des Gesanges etwas im Kopfe krauen, welches ich gern habe bei solcher Gelegenheit!"

Fräulein Ännchen ließ erstarrt vor Angst und Entsetzen alles geschehen. Daucus Carota setzte sich draußen in der Laube auf ihren Schoß, sie kratzte ihn im Kopfe und Herr Amandus von Nebelstern begann, sich auf der Gitarre begleitend, das erste der zwölf Dutzend Lieder, die er sämtlich selbst gedichtet und komponiert und in ein dickes Buch zusammengeschrieben hatte.

Schade ist es, daß in der Chronik von Dapsulheim, aus der diese ganze Geschichte geschöpft, diese Lieder nicht aufgeschrieben, sondern nur bemerkt worden, daß vorübergehende Bauern stehengeblieben und neugierig gefragt, was für ein Mensch denn in der Laube des Herrn Dapsul von Zabelthau solche Qualen litte, daß er solch entsetzliche Schmerzenslaute von sich geben müsse.

Daucus Carota wand und krümmte sich auf Fräulein Ännchens Schoß und stöhnte und winselte immer jämmerlicher, als litte er an fürchterlichem Bauchgrimmen. Auch glaubte Fräulein Ännchen zu ihrem nicht geringen Erstaunen zu bemerken, daß Corduanspitz während des Gesanges immer kleiner und kleiner wurde. Endlich sang Herr Amandus von Nebelstern (das einzige Lied steht wirklich in der Chronik) folgende sublime Verse:

„Ha! wie singt der Sänger froh!
Blütendüfte, blanke Träume,
Ziehn durch rosge Himmelsräume,
Selig, himmlisch Irgendwo!
Ja du goldnes Irgendwo,
Schwebst im holden Regenbogen,
Hausest dort auf Blumenwogen,
Bist ein kindliches so so!
Hell Gemüt, ein Herz so so,
Mag nur lieben, mag nur glauben,
Tändeln, girren mit den Tauben,
Und das singt der Sänger froh.
Selgem fernem Irgendwo
Zieht er nach durch goldne Räume,
Ihn umschweben süße Träume

Und er wird ein ewges So!
Geht ihm auf der Sehnsucht Wo,
Lodern bald die Liebesflammen,
Gruß und Kuß, ein traut Zusammen
Und die Blüten, Düfte, Träume,
Lebens, Liebens, Hoffens Keime
Und –"

Laut kreischte Daucus Carota auf, schlüpfte zum kleinen, kleinen Mohrrübchen geworden, herab von Ännchens Schoß und in die Erde hinein, so daß er in einem Moment spurlos verschwunden. Da stieg auch der graue Pilz, der dicht neben der Rasenbank in der Nacht gewachsen schien, in die Höhe, der Pilz war aber nichts anders als die graue Filzmütze des Herrn Dapsul von Zabelthau und er selbst steckte darunter und fiel dem Herrn Amandus von Nebelstern stürmisch an die Brust und rief in der höchsten Ekstase: „O mein teuerster, bester, geliebtester Herr Amandus von Nebelstern! Sie haben mit Ihrem kräftigen Beschwörungsgedicht meine ganze kabbalistische Weisheit zu Boden geschlagen. Was ist die tiefste magische Kunst, was der kühnste Mut des verzweifelnden Philosophen nicht vermochte, das gelang Ihren Versen, die wie das stärkste Gift dem verräterischen Daucus Carota in den Leib fuhren, so daß er trotz seiner gnomischen Natur vor Bauchgrimmen elendiglich umkommen müssen, wenn er sich nicht schnell gerettet hätte in sein Reich! Befreit ist meine Tochter Anna, befreit bin ich von dem schrecklichen Zauber der mich hier gebannt hielt, so daß ich ein schnöder Pilz scheinen und Gefahr laufen mußte, von den Händen meiner eignen Tochter geschlachtet zu werden! – Denn die Gute vertilgt schonungslos mit scharfem Spaten alle Pilze in Garten und Feld, wenn sie nicht gleich ihren edlen Charakter an den Tag legen wie die Champignons. Dank, meinen innigsten heißesten Dank und – nichtwahr mein verehrtester Herr von Nebelstern, es bleibt alles beim alten rücksichts meiner Tochter? – Zwar ist sie, dem Himmel sei es geklagt, um ihr hübsches Ansehn durch die Schelmerei des feindseligen Gnomen betrogen worden, Sie sind indessen viel zu sehr Philosoph um –" – „O Papa, mein bester Papa", jauchzte Fräulein Ännchen, „schauen Sie doch nur hin, schauen Sie doch nur hin, der seidne Palast ist ja verschwunden.

Er ist fort, der häßliche Unhold mitsamt seinem Gefolge von Salatprinzen und Kürbisministern und was weiß ich sonst alles!" – Und damit sprang Fräulein Ännchen fort nach dem Gemüsegarten. Herr Dapsul von Zabelthau lief der Tochter nach so schnell es gehen wollte und Herr Amandus von Nebelstern folgte, indem er für sich in den Bart hineinbrummte: „Ich weiß gar nicht, was ich von dem allem denken soll, aber so viel will ich fest behaupten, daß der kleine garstige Mohrrübenkerl ein unverschämter prosaischer Schlingel ist, aber kein dichterischer König, denn sonst würde er bei meinem sublimsten Liede nicht Bauchgrimmen bekommen und sich in die Erde verkrochen haben."

Fräulein Ännchen fühlte, als sie in dem Gemüsegarten stand, wo keine Spur eines grünenden Hälmchens zu finden, einen entsetzlichen Schmerz in dem Finger, der den verhängnisvollen Ring trug. Zu gleicher Zeit ließ sich ein herzzerschneidender Klagelaut aus der Tiefe vernehmen und es kuckte die Spitze einer Mohrrübe hervor. Schnell streifte Fräulein Ännchen, von ihrer Ahnung richtig geleitet, den Ring, den sie sonst nicht vom Finger bringen können, mit Leichtigkeit ab, steckte ihn der Mohrrübe an, diese verschwand und der Klagelaut schwieg. Aber o Wunder! sogleich war auch Fräulein Ännchen hübsch wie vorher, wohlproportioniert und so weiß, als man es nur von einem wirtlichen Landfräulein verlangen kann. Beide, Fräulein Ännchen und Herr Dapsul von Zabelthau jauchzten sehr, während Herr Amandus von Nebelstern ganz verdutzt dastand, und immer noch nicht wußte, was er von allem denken sollte. –

Fräulein Ännchen nahm der herbeigelaufenen Großmagd den Spaten aus der Hand und schwang ihn mit dem jauchzenden Ausruf: „Nun laß uns arbeiten!" in den Lüften, aber so unglücklich, daß sie den Herrn Amandus von Nebelstern hart vor den Kopf (gerade da, wo das *Sensorium commune* sitzen soll) traf, so daß er wie tot niederfiel. Fräulein Ännchen schleuderte das Mordinstrument weit weg, warf sich neben dem Geliebten nieder und brach aus in verzweifelnden Schmerzeslauten, während die Großmagd eine ganze Gießkanne voll Wasser über ihn ausgoß und Herr Dapsul von Zabelthau schnell den astronomischen Turm bestieg, um in aller Eil die Gestirne zu befragen, ob Herr Amandus von Nebelstern wirklich tot sei. Nicht lange dauerte es indessen, als Herr Amandus von Nebelstern die Augen wieder aufschlug, aufsprang, so durchnäßt wie er war, Fräulein Ännchen in seine Arme schloß und mit allem Entzücken der Liebe rief:

„O mein bestes teuerstes Ännchen! nun haben wir uns ja wieder!“ –

Die sehr merkwürdige, kaum glaubliche Wirkung dieses Vorfalls auf das Liebespaar zeigte sich sehr bald. Beider Sinn war auf eine seltsame Weise geändert.

Fräulein Ännchen hatte einen Abscheu gegen das Handhaben des Spatens bekommen und herrschte wirklich wie eine echte Königin über das Gemüsreich, da sie dafür mit Liebe sorgte, daß ihre Vasallen gehörig gehegt und gepflegt wurden, ohne dabei selbst Hand anzulegen, welches sie treuen Mägden überließ. Dem Herrn Amandus von Nebelstern kam dagegen alles, was er gedichtet, sein ganzes poetisches Streben, höchst albern und aberwitzig vor, und vertiefte er sich in die Werke der großen, wahren Dichter der ältern und neuern Zeit, so erfüllte wohltuende Begeisterung so sein Inneres ganz und gar, daß kein Platz übrigblieb für einen Gedanken an sein eignes Ich. Er gelangte zu der Überzeugung, daß ein Gedicht etwas anderes sein müsse, als der verwirrte Wortkram, den ein nüchternes Delirium zu Tage fördert, und wurde, nachdem er alle Dichtereien, mit denen er sonst sich selbst belächelnd und verehrend, vornehm getan, ins Feuer geworfen, wieder ein besonnener, in Herz und Gemüt klarer Jüngling, wie er vorher gewesen. –

Eines Morgens stieg Herr Dapsul von Zabelthau wirklich von seinem astronomischen Turm herab, um Fräulein Ännchen und Herrn Amandus von Nebelstern nach der Kirche zur Trauung zu geleiten.

Sie führten nächstdem eine glückliche vergnügte Ehe, ob aber später aus Herrn Dapsuls ehelicher Verbindung mit der Sylphide Nehahilah noch wirklich etwas geworden, darüber schweigt die Chronik von Dapsulheim.

Klein Zaches genannt Zinnober

Ein Märchen
herausgegeben von E. T. A. Hoffmann.

Erstes Kapitel

Der kleine Wechselbalg. – Dringende Gefahr einer Pfarrersnase. – Wie Fürst Paphnutius in seinem Lande die Aufklärung einführte und die Fee Rosabelverde in ein Fräuleinstift kam.

Unfern eines anmutigen Dorfes, hart am Wege, lag auf dem von der Sonnenglut erhitzten Boden hingestreckt ein armes zerlumptes Bauerweib. Vom Hunger gequält, vor Durst lechzend, ganz verschmachtet, war die Unglückliche unter der Last des im Korbe hoch aufgetürmten dürren Holzes, das sie im Walde unter den Bäumen und Sträuchern mühsam aufgelesen, niedergesunken, und da sie kaum zu atmen vermochte, glaubte sie nicht anders, als daß sie nun wohl sterben, so sich aber ihr trostloses Elend auf einmal enden werde. Doch gewann sie bald so viel Kraft, die Stricke, womit sie den Holzkorb auf ihrem Rücken befestigt, loszunesteln und sich langsam heraufzuschieben auf einen Grasfleck, der gerade in der Nähe stand. Da brach sie nun aus in laute Klagen: „Muß“, jammerte sie, „muß mich und meinen armen Mann allein denn alle Not und alles Elend treffen? Sind wir denn nicht im ganzen Dorfe die einzigen, die aller Arbeit, alles sauer vergossenen Schweißes ungeachtet in steter Armut bleiben und kaum so viel erwerben, um unsern Hunger zu stillen? – Vor drei Jahren, als mein Mann beim Umgraben unseres Gartens die Goldstücke in der Erde fand, ja da glaubten wir, das Glück sei endlich eingekehrt bei uns und nun kämen die guten Tage; aber was geschah! – Diebe stahlen das Geld, Haus und Scheune brannten uns über dem Kopfe weg, das Getreide auf dem Acker zerschlug der Hagel, und um das Maß unseres Herzeleids voll zu machen bis über den Rand, strafte uns der Himmel noch mit diesem kleinen Wechselbalg, den ich zu Schand und Spott des ganzen Dorfes gebar. – Zu St. Laurenztag ist nun der Junge drittehalb Jahre gewesen, und kann auf seinen Spinnenbeinchen nicht stehen, nicht gehen, und knurrt und miaut, statt zu reden, wie eine Katze. Und dabei frißt die unselige Mißgeburt wie der stärkste Knabe von wenigstens acht Jahren, ohne daß es ihm im mindesten was anschlägt. Gott erbarme sich über ihn und über uns, daß wir den Jungen großfüttern müssen uns selbst zur Qual und größeren Not; denn essen und trinken immer mehr und mehr wird der kleine Däumling wohl, aber arbeiten sein Lebetage nicht! – Nein nein, das ist mehr als ein Mensch aushalten kann auf dieser Erde! – Ach könnt ich nur sterben – nur sterben!" – Und damit fing die Arme an zu weinen und zu schluchzen, bis sie endlich vom Schmerz übermannt, ganz entkräftet, einschlief. –

Mit Recht konnte das Weib über den abscheulichen Wechselbalg klagen, den sie vor drittehalb Jahren geboren. Das, was man auf den ersten Blick sehr gut für ein seltsam verknorpeltes Stückchen Holz hätte ansehen können, war nämlich ein kaum zwei Spannen hoher, mißgestalteter Junge, der von dem Korbe, wo er querüber gelegen, heruntergekrochen, sich jetzt knurrend im Grase wälzte. Der Kopf stak dem Dinge tief zwischen den Schultern, die Stelle des Rückens vertrat ein kürbisähnlicher Auswuchs, und gleich unter der Brust hingen die haselgertdünnen Beinchen herab, so daß der Junge aussah wie ein gespaltener Rettich. Vom Gesicht konnte ein stumpfes Auge nicht viel entdecken, schärfer hinblickend wurde man aber wohl die lange spitze Nase, die aus schwarzen struppigen Haaren hervorstarrte, und ein paar schwarz funkelnde Äuglein gewahr, die, zumal bei den übrigens ganz alten eingefurchten Zügen des Gesichts, ein klein Alräunchen kundzutun schienen. –

Als nun, wie gesagt, das Weib über ihren Gram in tiefen Schlaf gesunken war und ihr Söhnlein sich dicht an sie herangewälzt hatte, begab es sich, daß das Fräulein von Rosenschön, Dame des nahe gelegenen Stifts, von einem Spaziergange heimkehrend des Weges daherwandelte. Sie blieb stehen, und wurde, da sie von Natur fromm und mitleidig, bei dem Anblick des Elends, der sich ihr darbot, sehr gerührt. „O du gerechter Himmel", fing sie an, „wie viel Jammer und Not gibt es doch auf dieser Erde! – Das arme unglückliche Weib! – Ich weiß, daß sie kaum das liebe Leben hat, da arbeitet sie über ihre Kräfte und ist vor Hunger und Kummer hingesunken! – Wie fühle ich jetzt erst recht empfindlich meine Armut und Ohnmacht! – Ach könnt ich doch nur helfen wie ich wollte! – Doch das, was mir noch übrigblieb, die wenigen Gaben, die das feindselige Verhängnis mir nicht zu rauben, nicht zu zerstören vermochte, die mir noch zu Gebote stehen, die will ich kräftig und getreu nützen, um dem Leidwesen zu steuern. Geld, hätte ich auch darüber zu gebieten, würde dir gar nichts helfen, arme Frau, sondern deinen Zustand vielleicht noch gar verschlimmern. Dir und deinem Mann, euch beiden ist nun einmal Reichtum nicht beschert, und wem Reichtum nicht beschert ist, dem verschwinden die Goldstücke aus der Tasche, er weiß selbst nicht wie, er hat davon nichts als großen Verdruß, und wird, je mehr Geld ihm zuströmt, nur desto ärmer. Aber ich weiß es, mehr als alle Armut, als alle Not, nagt an deinem Herzen, daß du jenes kleine Untierchen gebarst, das sich wie eine böse unheimliche Last an dich hängt, die du durch das Leben tragen mußt. – Groß – schön – stark – verständig, ja das alles kann der Junge nun einmal nicht werden, aber es ist ihm vielleicht noch auf andere Weise zu helfen." – Damit setzte sich das Fräulein nieder ins Gras und nahm den Kleinen auf den Schoß. Das böse Alräunchen sträubte und spreizte sich, knurrte und wollte das Fräulein in den Finger beißen, *die* sprach aber: „Ruhig ruhig, kleiner Maikäfer!" und strich leise und linde mit der flachen Hand ihm über den Kopf von der Stirn herüber bis in den Nacken. Allmählich glättete sich während des Streichels das struppige Haar des Kleinen aus, bis es gescheitelt, an der Stirne fest anliegend in hübschen weichen Locken hinabwallte auf die hohen Schultern und den Kürbisrücken. Der Kleine war immer ruhiger geworden und endlich fest eingeschlafen. Da legte ihn das Fräulein Rosenschön behutsam dicht neben der Mutter hin ins Gras, besprengte diese mit einem geistigen Wasser aus dem Riechfläschchen, das sie aus der Tasche gezogen, und entfernte sich dann schnellen Schrittes.

Als die Frau bald darauf erwachte, fühlte sie sich auf wunderbare Weise erquickt und gestärkt. Es war ihr, als habe sie eine tüchtige Mahlzeit gehalten und einen guten Schluck Wein getrunken. „Ei", rief sie, „wie ist mir doch in dem bißchen Schlaf so viel Trost, so viel Munterkeit gekommen! – Aber die Sonne ist schon bald herab hinter den Bergen, nun fort nach Hause!" – Damit wollte sie den Korb aufpacken, vermißte aber, als sie hineinsah, den Kleinen, der in demselben Augenblick sich aus dem Grase aufrichtete und weinerlich quäkte. Als nun die Mutter sich nach ihm umschaute, schlug sie vor Erstaunen die Hände zusammen und rief: „Zaches – Klein Zaches, wer hat dir denn unterdessen die Haare so schön gekämmt! – Zaches

– Klein Zaches, wie hübsch würden dir die Locken kleiden, wenn du nicht solch ein abscheulich garstiger Junge wärst! – Nun, komm nur, komm! – Hinein in den Korb!" Sie wollte ihn fassen und quer über das Holz legen, da strampelte aber Klein Zaches mit den Beinen, grinste die Mutter an und miaute sehr vernehmlich: „Ich mag nicht!" – „Zaches! – Klein Zaches", schrie die Frau ganz außer sich, „wer hat dich denn unterdessen reden gelehrt? Nun! wenn du solch schön gekämmte Haare hast, wenn du so artig redest, so wirst du auch wohl laufen können." Die Frau huckte den Korb auf den Rücken, Klein Zaches hing sich an ihre Schürze, und so ging es fort nach dem Dorfe.

Sie mußten bei dem Pfarrhause vorüber, da begab es sich, daß der Pfarrer mit seinem jüngsten Knaben, einem bildschönen goldlockigen Jungen von drei Jahren, in seiner Haustür stand. Als *der* nun die Frau mit dem schweren Holzkorbe und mit Klein Zaches, der an ihrer Schürze baumelte, daherkommen sah, rief er ihr entgegen: „Guten Abend, Frau Liese, wie geht es Euch – Ihr habt ja eine gar zu schwere Bürde geladen, Ihr könnt ja kaum mehr fort, kommt her, ruht Euch ein wenig aus auf dieser Bank vor meiner Türe, meine Magd soll Euch einen frischen Trunk reichen!" – Frau Liese ließ sich das nicht zweimal sagen, sie setzte ihren Korb ab, und wollte eben den Mund öffnen, um dem ehrwürdigen Herrn all ihren Jammer, ihre Not zu klagen, als Klein Zaches bei der raschen Wendung der Mutter das Gleichgewicht verlor und dem Pfarrer vor die Füße flog. Der bückte sich rasch nieder und hob den Kleinen auf, indem er sprach: „Ei Frau Liese, Frau Liese, was habt Ihr da für einen bildschönen allerliebsten Knaben! Das ist ja ein wahrer Segen des Himmels, ein solch wunderbar schönes Kind zu besitzen." Und damit nahm er den Kleinen in die Arme und liebkoste ihn, und schien es gar nicht zu bemerken, daß der unartige Däumling gar häßlich knurrte und mauzte und den ehrwürdigen Herrn sogar in die Nase beißen wollte. Aber Frau Liese stand ganz verblüfft vor dem Geistlichen und schaute ihn an mit aufgerissenen starren Augen, und wußte gar nicht was sie denken sollte. „Ach lieber Herr Pfarrer", begann sie endlich mit weinerlicher Stimme, „ein Mann Gottes, wie Sie, treibt doch wohl nicht seinen Spott mit einem armen unglücklichen Weibe, das der Himmel, mag er selbst wissen warum, mit diesem abscheulichen Wechselbalge gestraft hat!" – „Was spricht", erwiderte der Geistliche sehr ernst, „was spricht Sie da für tolles Zeug, liebe Frau! von Spott – Wechselbalg – Strafe des Himmels – ich verstehe Sie gar nicht, und weiß nur, daß Sie ganz verblendet sein muß, wenn Sie Ihren hübschen Knaben nicht recht herzlich liebt. – Küsse mich, artiger kleiner Mann!" – Der Pfarrer herzte den Kleinen, aber Zaches knurrte: „Ich mag nicht!" und schnappte aufs neue nach des Geistlichen Nase. – „Seht die arge Bestie!" rief Liese erschrocken; aber in dem Augenblick sprach der Knabe des Pfarrers: „Ach lieber Vater, du bist so gut, du tust so schön mit den Kindern, die müssen wohl alle dich recht herzlich lieb haben!" – „O hört doch nur", rief der Pfarrer, indem ihm die Augen vor Freude glänzten, „o hört doch nur, Frau Liese, den hübschen verständigen Knaben, Euren lieben Zaches, dem Ihr so übel wollt. Ich merk es schon, Ihr werdet Euch nimmermehr was aus dem Knaben machen, sei er auch noch so hübsch und verständig. Hört, Frau Liese, überlaßt mir Euer hoffnungsvolles Kind zur Pflege und Erziehung. Bei Eurer drückenden Armut ist Euch der Knabe nur eine Last, und mir macht es Freude ihn zu erziehen wie meinen eignen Sohn!"

Liese konnte vor Erstaunen gar nicht zu sich selbst kommen, ein Mal über das andere rief sie: „Aber, lieber Herr Pfarrer – lieber Herr Pfarrer, ist denn das wirklich Ihr Ernst, daß Sie die kleine Ungestalt zu sich nehmen und erziehen und mich von der Not befreien wollen, die ich mit dem Wechselbalg habe?" – Doch, je mehr die Frau die abscheuliche Häßlichkeit ihres Alräunchens dem Pfarrer vorhielt, desto eifriger behauptete dieser, daß sie in ihrer tollen Verblendung gar nicht verdiene, vom Himmel mit dem herrlichen Geschenk eines solchen Wunderknaben gesegnet zu sein, bis er zuletzt ganz zornig mit Klein Zaches auf dem Arm hineinlief in das Haus und die Tür von innen verriegelte.

Da stand nun Frau Liese wie versteinert vor des Pfarrers Haustüre und wußte gar nicht was sie von dem allen denken sollte. „Was um aller Welt willen", sprach sie zu sich selbst, „ist denn mit unserm würdigen Herrn Pfarrer geschehen, daß er in meinen Klein Zaches so ganz und gar vernarrt ist, und den einfältigen Knirps für einen hübschen verständigen Knaben hält? – Nun! helfe Gott dem lieben Herrn, er hat mir die Last von den Schultern genommen und sie sich selbst aufgeladen, mag er nun zusehen, wie er sie trägt! – Hei! wie leicht geworden ist nun der Holzkorb, da Klein Zaches nicht mehr darauf sitzt und mit ihm die schwerste Sorge!" –

Damit schritt Frau Liese, den Holzkorb auf dem Rücken, lustig und guter Dinge fort ihres Weges! – –

Wollte ich auch zur Zeit noch gänzlich darüber schweigen, du würdest, günstiger Leser, dennoch wohl ahnen, daß es mit dem Stiftsfräulein von Rosenschön, oder wie sie sich sonst nannte, Rosengrünschön, eine ganz besondere Bewandtnis haben müsse. Denn nichts anders war es wohl, als die geheimnisvolle Wirkung ihres Kopfstreichelns und Haarausglättens, daß Klein Zaches von dem gutmütigen Pfarrer für ein schönes und kluges Kind angesehen und gleich wie sein eignes aufgenommen wurde. Du könntest, lieber Leser, aber doch, trotz deines vortrefflichen Scharfsinns, in falsche Vermutungen geraten oder gar zum großen Nachteil der Geschichte viele Blätter überschlagen, um nur gleich mehr von dem mystischen Stiftsfräulein zu erfahren; besser ist es daher wohl, ich erzähle dir gleich alles, was ich selbst von der würdigen Dame weiß.

Fräulein von Rosenschön war von großer Gestalt, edlem majestätischen Wuchs, und etwas stolzem, gebietendem Wesen. Ihr Gesicht, mußte man es gleich vollendet schön nennen, machte zumal wenn sie wie gewöhnlich in starrem Ernst vor sich hinschaute, einen seltsamen, beinahe unheimlichen Einruck, was vorzüglich einem ganz besondern fremden Zuge zwischen den Augenbrauen zuzuschreiben, von dem man durchaus nicht recht wußte, ob ein Stiftsfräulein dergleichen wirklich auf der Stirne tragen könne. Dabei lag aber auch oft, vorzüglich zur Rosenzeit bei heiterm schönen Wetter, so viel Huld und Anmut in ihrem Blick, daß jeder sich von süßem unwiderstehlichen Zauber befangen fühlte. Als ich die Gnädige zum ersten und letzten Mal zu schauen das Vergnügen hatte, war sie dem Ansehen nach eine Frau in der höchsten vollendetsten Blüte ihrer Jahre, auf der höchsten Spitze des Wendepunktes, und ich meinte, daß mir großes Glück beschieden, die Dame noch eben auf dieser Spitze zu erblicken und über ihre wunderbare Schönheit gewissermaßen zu erschrecken, welches sich dann sehr bald nicht mehr würde zutragen können. Ich war im Irrtum. Die ältesten Leute im Dorfe versicherten, daß sie das gnädige Fräulein gekannt hätten schon so lange als sie dächten, und daß die Dame niemals anders ausgesehen habe, nicht älter, nicht jünger, nicht häßlicher, nicht hübscher, als eben jetzt. Die Zeit schien also keine Macht zu haben über sie, und schon dieses konnte manchem verwunderlich vorkommen. Aber noch manches andere trat hinzu, worüber sich jeder, überlegte er es recht ernstlich, ebensosehr wundern, ja zuletzt aus der Verwunderung, in die er verstrickt, gar nicht herauskommen mußte. Fürs erste offenbarte sich ganz deutlich bei dem Fräulein die Verwandtschaft mit den Blumen, deren Namen sie trug. Denn nicht allein, daß kein Mensch auf Erden solche herrliche tausendblättrige Rosen zu ziehen vermochte, als sie, so sprießten auch aus dem schlechtesten dürresten Dorn, den sie in die Erde steckte, jene Blumen in der höchsten Fülle und Pracht hervor. Dann war es gewiß, daß sie auf einsamen Spaziergängen im Walde laute Gespräche führte mit wunderbaren Stimmen, die aus den Bäumen, aus den Büschen, aus den Quellen und Bächen zu tönen schienen. Ja ein junger Jägersmann hatte sie belauscht, wie sie einmal mitten im dicksten Gehölz stand und seltsame Vögel mit buntem glänzenden Gefieder, die gar nicht im Lande heimisch, sie umflatterten und liebkosten, und in lustigem Singen und Zwitschern ihr allerlei fröhliche Dinge zu erzählen schienen, worüber sie lachte und sich freute. Daher kam es denn auch, daß Fräulein von Rosenschön zu jener Zeit, als sie in das Stift gekommen, bald die Aufmerksamkeit aller Leute in der Gegend anregte. Ihre Aufnahme in das Fräuleinstift hatte der Fürst befohlen; der Baron Prätextatus von Mondschein, Besitzer des Gutes, in dessen Nähe jenes Stift lag, dem er als Verweser vorstand, konnte daher nichts dagegen einwenden, ungeachtet ihn die entsetzlichsten Zweifel quälten. Vergebens war nämlich sein Mühen geblieben, in Rixners Turnierbuch und andern Chroniken die Familie Rosengrünschön aufzufinden. Mit Recht zweifelte er aus diesem Grunde an der Stiftsfähigkeit des Fräuleins, die keinen Stammbaum mit zweiunddreißig Ahnen aufzuweisen hatte, und bat sie zuletzt ganz zerknirscht, die hellen Tränen in den Augen, doch sich um des Himmels willen wenigstens nicht Rosengrünschön, sondern Rosenschön zu nennen, denn in diesem Namen sei doch noch einiger Verstand und ein Ahnherr möglich. – Sie tat ihm das zu Gefallen. – Vielleicht äußerte sich des gekränkten Prätextatus Groll gegen das ahnenlose Fräulein auf diese – jene Weise und gab zuerst Anlaß zu der bösen Nachrede, die sich immer mehr und mehr im Dorfe verbreitete. Zu jenen zauberhaften Unterhaltungen im Walde, die indessen sonst nichts auf sich hatten, kamen nämlich allerlei bedenkliche Umstände, die von Mund zu Mund gingen und des Fräuleins eigentümliches Wesen in gar zweideutiges Licht stellten. Mutter Anne, des Schulzen Frau, behauptete keck, daß, wenn das Fräulein stark zum Fenster heraus niese, allemal die Milch im ganzen Dorf sauer würde. Kaum hatte sich dies aber bestätigt, als sich das Schreckliche begab. Schulmeisters Michel hatte in der Stiftsküche gebratene Kartoffeln genascht und war von dem Fräulein darüber betroffen worden, die ihm lächelnd mit dem Finger drohte. Da war dem Jungen das Maul offen stehen geblieben, gerade als hätt er eine gebratene brennende Kartoffel darin sitzen immerdar, und er mußte fortan einen Hut mit vorstehender breiter Krempe tragen, weil es sonst dem Armen ins Maul geregnet hätte. Bald schien es gewiß zu sein, daß das Fräulein sich darauf verstand, Feuer und Wasser zu besprechen, Sturm und Hagelwolken zusammenzutreiben, Weichselzöpfe zu flechten etc., und niemand zweifelte an der Aussage des Schafhirten, der zur Mitternachtsstunde mit Schauer und Entsetzen gesehen haben wollte, wie das Fräulein auf einem Besen brausend durch die Lüfte fuhr, vor ihr her ein ungeheurer Hirschkäfer, zwischen dessen Hörnern blaue Flammen hoch aufleuchteten! – Nun kam alles in Aufruhr, man wollte der Hexe zu Leibe und die Dorfgerichte beschlossen nichts Geringeres, als das Fräulein aus dem Stift zu holen und sie ins Wasser zu werfen, damit sie die gewöhnliche Hexenprobe bestehe. Der Baron Prätextatus ließ alles geschehen und sprach lächelnd zu sich selbst: „So geht es simplen Leuten ohne Ahnen, die nicht von solch altem guten Herkommen sind, wie der Mondschein." Das Fräulein, unterrichtet von dem bedrohlichen Unwesen, flüchtete nach der Residenz, und bald darauf erhielt der Baron Prätextatus einen Kabinettsbefehl vom Fürsten des Landes, mittelst dessen ihm bekannt gemacht, daß es keine Hexen gäbe, und befohlen wurde, die Dorfgerichte für die naseweise Gier, Schwimmkünste eines Stiftsfräuleins zu schauen, in den Turm werfen, den übrigen Bauern und ihren Weibern aber andeuten zu lassen, bei empfindlicher Leibesstrafe von dem Fräulein Rosenschön nicht schlecht zu denken. Sie gingen in sich, fürchteten sich vor der angedrohten Strafe und dachten fortan gut von dem Fräulein, welches für beide, für das Dorf und für die Dame Rosenschön die ersprießlichsten Folgen hatte.

In dem Kabinett des Fürsten wußte man recht gut, daß das Fräulein von Rosenschön niemand anders war, als die sonst berühmte weltbekannte Fee Rosabelverde. Es hatte mit der Sache folgende Bewandtnis:

Auf der ganzen weiten Erde war wohl sonst kaum ein anmutigeres Land zu finden, als das kleine Fürstentum, worin das Gut des Baron Prätextatus von Mondschein lag, worin das Fräulein von Rosenschön hauste, kurz, worin sich das alles begab, was ich dir, geliebter Leser! des breiteren zu erzählen eben im Begriff stehe.

Von einem hohen Gebirge umschlossen, glich das Ländchen mit seinen grünen, duftenden Wäldern, mit seinen blumigen Auen, mit seinen rauschenden Strömen, und lustig plätschernden Springquellen, zumal da es gar keine Städte, sondern nur freundliche Dörfer und hin und wieder einzeln stehende Paläste darin gab, einem wunderbar herrlichen Garten, in dem die Bewohner wie zu ihrer Lust wandelten, frei von jeder Bürde des Lebens. Jeder wußte, daß Fürst Demetrius das Land beherrschte; niemand merkte indessen das mindeste von der Regierung, und alle waren damit gar wohl zufrieden. Personen, die die volle Freiheit in all ihrem Beginnen, eine schöne Gegend, ein mildes Klima liebten, konnten ihren Aufenthalt gar nicht besser wählen, als in dem Fürstentum, und so geschah es denn, daß unter anderen auch verschiedene vortreffliche Feen von der guten Art, denen Wärme und Freiheit bekanntlich über alles geht, sich dort angesiedelt hatten. Ihnen mocht es zuzuschreiben sein, daß sich beinahe in jedem Dorfe, vorzüglich aber in den Wäldern, sehr oft die angenehmsten Wunder begaben und daß jeder, von dem Entzücken, von der Wonne dieser Wunder ganz umflossen, völlig an das Wunderbare glaubte, und ohne es selbst zu wissen, eben deshalb ein froher, mithin guter Staatsbürger blieb. Die guten Feen, die sich in freier Willkür ganz dschinnistanisch eingerichtet, hätten dem vortrefflichen Demetrius gern ein ewiges Leben bereitet. Das stand indessen nicht in ihrer Macht. Demetrius starb und ihm folgte der junge Paphnutius in der Regierung. Paphnutius hatte schon zu Lebzeiten seines Herrn Vaters einen stillen innerlichen Gram darüber genährt, daß Volk und Staat nach seiner Meinung auf die heilloseste Weise vernachlässigt, verwahrlost wurde. Er beschloß zu regieren, und ernannte sofort seinen Kammerdiener Andres, der ihm einmal, als er im Wirtshause hinter den Bergen seine Börse liegen lassen, sechs Dukaten geborgt und ihn dadurch aus großer Not gerissen hatte, zum ersten Minister des Reichs. „Ich will regieren, mein Guter!" rief ihm Paphnutius zu. Andres las in den Blicken seines Herrn, was in ihm vorging, warf sich ihm zu Füßen und sprach feierlich: „Sire! die große Stunde hat geschlagen! – durch Sie steigt schimmernd ein Reich aus nächtigem Chaos empor! – Sire! hier fleht der treueste Vasall, tausend Stimmen des armen unglücklichen Volks in Brust und Kehle! – Sire! – führen Sie die Aufklärung ein!" – Paphnutius fühlte sich durch und durch erschüttert von dem erhabenen Gedanken seines Ministers. Er hob ihn auf, riß ihn stürmisch an seine Brust und sprach schluchzend: „Minister – Andres – ich bin dir sechs Dukaten schuldig – noch mehr – mein Glück – mein Reich – o treuer, gescheuter Diener!“ –

Paphnutius wollte sofort ein Edikt mit großen Buchstaben drucken und an allen Ecken anschlagen lassen, daß von Stund an die Aufklärung eingeführt sei und ein jeder sich darnach zu achten habe. „Bester Sire!“ rief indessen Andres, „bester Sire! so geht es nicht!“ – „Wie geht es denn, mein Guter?“ sprach Paphnutius, nahm seinen Minister beim Knopfloch und zog ihn hinein in das Kabinett, dessen Türe er abschloß.

„Sehen Sie“, begann Andres, als er seinem Fürsten gegenüber auf einem kleinen Taburett Platz genommen, „sehen Sie gnädigster Herr – die Wirkung Ihres fürstlichen Edikts wegen der Aufklärung würde vielleicht verstört werden auf häßliche Weise, wenn wir nicht damit eine Maßregel verbinden, die zwar hart scheint, die indessen die Klugheit gebietet. – Ehe wir mit der Aufklärung vorschreiten, d. h. ehe wir die Wälder umhauen, den Strom schiffbar machen, Kartoffeln anbauen, die Dorfschulen verbessern, Akazien und Pappeln anpflanzen, die Jugend ihr Morgen- und Abendlied zweistimmig absingen, Chausseen anlegen und die Kuhpocken einimpfen lassen, ist es nötig, alle Leute von gefährlichen Gesinnungen, die keiner Vernunft Gehör geben und das Volk durch lauter Albernheiten verführen, aus dem Staate zu verbannen. – Sie haben Tausendundeine Nacht gelesen, bester Fürst! denn ich weiß, daß Ihr durchlauchtig seliger Herr Papa, dem der Himmel eine sanfte Ruhe im Grabe schenken möge, dergleichen fatale Bücher liebte und Ihnen, als Sie sich noch der Steckenpferde bedienten und vergoldete Pfefferkuchen verzehrten, in die Hände gab. Nun also! – Aus jenem völlig konfusen Buche werden Sie, gnädigster Herr, wohl die sogenannten Feen kennen, gewiß aber nicht ahnen, daß sich verschiedene von diesen gefährlichen Personen in Ihrem eigenen lieben Lande hier ganz in der Nähe Ihres Palastes angesiedelt haben und allerlei Unfug treiben.“ – „Wie? – was sagt Er? – Andres! Minister! – Feen! – hier in meinem Lande?“ – So rief der Fürst, indem er ganz erblaßt in die Stuhllehne zurücksank. – „Ruhig, mein gnädigster Herr!“ fuhr Andres fort, „ruhig können wir bleiben, sobald wir mit Klugheit gegen jene Feinde der Aufklärung zu Felde ziehen. Ja! – Feinde der Aufklärung nenne ich sie, denn nur sie sind, die Güte Ihres seligen Herrn Papas mißbrauchend, daran schuld, daß der liebe Staat noch in gänzlicher Finsternis darniederliegt. Sie treiben ein gefährliches Gewerbe mit dem Wunderbaren und scheuen sich nicht, unter dem Namen Poesie, ein heimliches Gift zu verbreiten, das die Leute ganz unfähig macht zum Dienste in der Aufklärung. Dann haben sie solche unleidliche polizeiwidrigen Gewohnheiten, daß sie schon deshalb in keinem kultivierten Staate geduldet werden dürften. So z.B. entblöden sich die Frechen nicht, so wie es ihnen einfällt, in den Lüften spazieren zu fahren mit vorgespannten Tauben, Schwänen, ja sogar geflügelten Pferden. Nun frage ich aber, gnädigster Herr! verlohnt es sich der Mühe, einen gescheuten Akzisetarif zu entwerfen und einzuführen, wenn es Leute im Staate gibt, die imstande sind, jedem leichtsinnigen Bürger unversteuerte Waren in den Schornstein zu werfen, wie sie nur wollen? – Darum, gnädigster Herr! – sowie die Aufklärung angekündigt wird, fort mit den Feen! – Ihre Paläste werden umzingelt von der Polizei, man nimmt ihnen ihre gefährliche Habe und schafft sie als Vagabonden fort nach ihrem Vaterlande, welches, wie Sie, gnädigster Herr, aus Tausendundeine Nacht wissen werden, das Ländchen Dschinnistan ist." – „Gehen Posten nach diesem Lande, Andres?" so fragte der Fürst. „Zur Zeit nicht", erwiderte Andres, „aber vielleicht läßt sich nach eingeführter Aufklärung eine Journaliere dorthin mit Nutzen einrichten." – „Aber Andres", fuhr der Fürst fort, „wird man unser Verfahren gegen die Feen nicht hart finden? – Wird das verwöhnte Volk nicht murren?" – „Auch dafür", sprach Andres, „auch dafür weiß ich ein Mittel. Nicht alle Feen, gnädigster Herr! wollen wir fortschicken nach Dschinnistan, sondern einige im Lande behalten, sie aber nicht allein aller Mittel berauben, der Aufklärung schädlich zu werden, sondern auch zweckdienliche Mittel anwenden, sie zu nützlichen Mitgliedern des aufgeklärten Staats umzuschaffen. Wollen sie sich nicht auf solide Heiraten einlassen, so mögen sie unter strenger Aufsicht irgend ein nützliches Geschäft treiben, Socken stricken für die Armee, wenn es Krieg gibt, oder sonst. Geben Sie acht, gnädigster Herr, die Leute werden sehr bald an die Feen, wenn sie unter ihnen wandeln, gar nicht mehr glauben, und das ist das Beste. So gibt sich alles etwanige Murren von selbst. – Was übrigens die Utensilien der Fee betrifft, so fallen sie der fürstlichen Schatzkammer heim, die Tauben und Schwäne werden als köstliche Braten in die fürstliche Küche geliefert, mit den geflügelten Pferden kann man aber auch Versuche machen, sie zu kultivieren und zu bilden zu nützlichen Bestien, indem man ihnen die Flügel abschneidet und sie zur Stallfütterung gibt, die wir doch hoffentlich zugleich mit der Aufklärung einführen werden." –

Paphnutius war mit allen Vorschlägen seines Ministers auf das höchste zufrieden, und schon andern Tages wurde ausgeführt, was beschlossen war.

An allen Ecken prangte das Edikt wegen der eingeführten Aufklärung, und zu gleicher Zeit brach die Polizei in die Paläste der Feen, nahm ihr ganzes Eigentum in Beschlag und führte sie gefangen fort.

Mag der Himmel wissen, wie es sich begab, daß die Fee Rosabelverde die einzige von allen war, die wenige Stunden vorher, ehe die Aufklärung hereinbrach, Wind davon bekam und die Zeit nutzte, ihre Schwäne in Freiheit zu setzen, ihre magischen Rosenstöcke und andere Kostbarkeiten beiseite zu schaffen. Sie wußte nämlich auch, daß sie dazu erkoren war, im Lande zu bleiben, worin sie sich, wiewohl mit großem Widerwillen, fügte.

Überhaupt konnten es weder Paphnutius noch Andres begreifen, warum die Feen, die nach Dschinnistan transportiert wurden, eine solche übertriebene Freude äußerten und ein Mal über das andere versicherten, daß ihnen an aller Habe, die sie zurücklassen müssen, nicht das mindeste gelegen. „Am Ende", sprach Paphnutius entrüstet, „am Ende ist Dschinnistan ein viel hübscherer Staat wie der meinige, und sie lachen mich aus mitsamt meinem Edikt und meiner Aufklärung, die jetzt erst recht gedeihen soll?" –

Der Geograph sollte mit dem Historiker des Reichs über das Land umständlich berichten.

Beide stimmten darin überein, daß Dschinnistan ein erbärmliches Land sei, ohne Kultur, Aufklärung, Gelehrsamkeit, Akazien und Kuhpocken, eigentlich auch gar nicht existiere. Schlimmeres könne aber einem Menschen oder einem ganzen Lande wohl nicht begegnen, als gar nicht zu existieren.

Paphnutius fühlte sich beruhigt.

Als der schöne blumige Hain, in dem der verlassene Palast der Fee Rosabelverde lag, umgehauen wurde, und beispielshalber Paphnutius selbst sämtlichen Bauerlümmeln im nächsten Dorfe die Kuhpocken eingeimpft hatte, paßte die Fee dem Fürsten in dem Walde auf, durch den er mit dem Minister Andres nach seinem Schloß zurückkehren wollte. Da trieb sie ihn mit allerlei Redensarten, vorzüglich aber mit einigen unheimlichen Kunststückchen, die sie vor der Polizei verborgen, dermaßen in die Enge, daß er sie um des Himmels willen bat, doch mit einer Stelle des einzigen und daher besten Fräuleinstifts im

ganzen Lande vorliebzunehmen, wo sie, ohne sich an das Aufklärungs-Edikt zu kehren, schalten und walten könne nach Belieben.
Die Fee Rosabelverde nahm den Vorschlag an, und kam auf diese Weise in das Fräuleinstift, wo sie sich, wie schon erzählt worden, das Fräulein von Rosengrünschön, dann aber, auf dringendes Bitten des Baron Prätextatus von Mondschein, das Fräulein von Rosenschön nannte.

Zweites Kapitel.

Von der unbekannten Völkerschaft, die der Gelehrte Ptolomäus Philadelphus auf seinen Reisen entdeckte. – Die Universität Kerepes. – Wie dem Studenten Fabian ein Paar Reitstiefel um den Kopf flogen und der Professor Mosch Terpin den Studenten Balthasar zum Tee einlud.

In den vertrauten Briefen, die der weltberühmte Gelehrte Ptolomäus Philadelphus an seinen Freund Rufin schrieb, als er sich auf weiten Reisen befand, ist folgende merkwürdige Stelle enthalten:
„Du weißt, mein lieber Rufin, daß ich nichts in der Welt so fürchte und scheue, als die brennenden Sonnenstrahlen des Tages, welche die Kräfte meines Körpers aufzehren und meinen Geist dermaßen abspannen und ermatten, daß alle Gedanken in ein verworrenes Bild zusammenfließen und ich vergebens darnach ringe, auch nur irgendeine deutliche Gestaltung in meiner Seele zu erfassen. Ich pflege daher in dieser heißen Jahreszeit des Tages zu ruhen, nachts aber meine Reise fortzusetzen, und so befand ich mich denn auch in voriger Nacht auf der Reise. Mein Fuhrmann hatte sich in der dicken Finsternis vom rechten, bequemen Wege verirrt und war unversehens auf die Chaussee geraten. Ungeachtet ich aber durch die harten Stöße, die es hier gab, in dem Wagen hin und her geschleudert wurde, so daß mein Kopf voller Beulen einem mit Walnüssen gefüllten Sack nicht unähnlich war, erwachte ich doch aus dem tiefen Schlafe, in den ich versunken, nicht eher, bis ich mit einem entsetzlichen Ruck aus dem Wagen heraus auf den harten Boden stürzte. Die Sonne schien mir hell ins Gesicht, und durch den Schlagbaum, der dicht vor mir stand, gewahrte ich die hohen Türme einer ansehnlichen Stadt. Der

Fuhrmann lamentierte sehr, da nicht allein die Deichsel, sondern auch ein Hinterrad des Wagens an dem großen Stein, der mitten auf der Chaussee lag, gebrochen, und schien sich wenig oder gar nicht um mich zu kümmern. Ich hielt, wie es dem Weisen ziemt, meinen Zorn zurück und rief dem Kerl bloß sanftmütig zu, er sei ein verfluchter Schlingel, er möge bedenken, daß Ptolomäus Philadelphus, der berühmteste Gelehrte seiner Zeit, auf dem St– säße, und Deichsel Deichsel und Rad Rad sein lassen. Du kennst, mein lieber Rufin, die Gewalt, die ich über das menschliche Herz übe und so geschah es denn auch, daß der Fuhrmann augenblicklich aufhörte zu lamentieren und mir mit Hülfe des Chaussee-Einnehmers, vor dessen Häuslein sich der Unfall begeben, auf die Beine half. Ich hatte zum Glück keinen sonderlichen Schaden gelitten und war imstande langsam auf der Straße fortzuwandeln, während der Fuhrmann den zerbrochenen Wagen mühsam nachschleppte. Unfern des Tors der Stadt, die ich in blauer Ferne gesehen, begegneten mir nun aber viele Leute von solch wunderlichem Wesen und solch seltsamer Kleidung, daß ich mir die Augen rieb, um zu erforschen, ob ich wirklich wache oder ob nicht vielleicht ein toller neckhafter Traum mich eben in ein fremdes fabelhaftes Land versetze. – Diese Leute, die ich mit Recht für Bewohner der Stadt, aus deren Tor ich sie kommen sah, halten durfte, trugen lange, sehr weite Hosen nach der Art der Japaneser zugeschnitten, von köstlichem Zeuge, Samt, Manchester, feinem Tuch oder auch wohl von bunt durchwirkter Leinwand mit Tressen oder hübschen Bändern und Schnüren reichlich besetzt, dazu kleine Kinderröcklein, kaum den Unterleib bedeckend, meistens von sonnenheller Farbe, nur wenige gingen schwarz. Die Haare hingen ungekämmt in natürlicher Wildheit auf Schultern und Rücken herab und auf dem Kopf saß ein kleines seltsames Mützchen. Manche hatten den Hals ganz entblößt nach der Weise der Türken und Neugriechen, andere dagegen trugen um Hals und Brust ein Stückchen weiße Leinwand, beinahe einem Hemdekragen ähnlich, wie Du geliebter Rufin! sie auf den Bildern unserer Vorfahren gesehen haben wirst. Ungeachtet diese Leute sämtlich sehr jung zu sein schienen, war doch ihre Sprache tief und rauh, jede ihrer Bewegungen ungelenk und mancher hatte einen schmalen Schatten unter der Nase, als sitze dort ein Stutzbärtchen. Aus den Hinterteilen der kleinen Röcke mancher ragte ein langes Rohr hervor, an dem große seidene Quasten baumelten. Andere hatten diese Röhre hervorgezogen, und kleine – größere – manchmal auch sehr große wunderlich geformte Köpfe unten daran befestigt, aus denen sie, oben durch ein ganz spitz zulaufendes Röhrchen hineinblasend, auf geschickte Weise künstliche Dampfwolken aufsteigen zu lassen wußten. Andere trugen breite blitzende Schwerter in den Händen, als wollten sie dem Feinde entgegenziehen; noch andere hatten kleine Behältnisse von Leder oder Blech umgehängt oder über den Rücken geschnallt. Du kannst denken, lieber Rufin! daß ich, der ich durch sorgliches Betrachten jeder mir neuen Erscheinung mein Wissen zu bereichern suche, still stand und meine Augen fest auf die seltsamen Leute heftete. Da versammelten sie sich um mich her, schrien ganz gewaltig: ‚Philister – Philister!' – und schlugen eine entsetzliche Lache auf. – Das verdroß mich. Denn, geliebter Rufin! gibt es für einen großen Gelehrten etwas Kränkenderes, als für einen von dem Volke gehalten zu werden, das vor vielen tausend Jahren mittelst eines Eselkinnbackens erschlagen wurde? – Ich nahm mich zusammen in der mir angebornen Würde, und sprach laut zu dem sonderbaren Volk um mich her, daß ich hoffe, mich in einem zivilisierten Staat zu befinden, und daß ich mich an Polizei und Gerichtshöfe wenden würde, um die mir zugefügte Unbill zu rächen. Da brummten sie alle; auch die, die bisher noch nicht gedampft, zogen die dazu bestimmten Maschinen aus der Tasche und alle bliesen mir die dicken Dampfwolken ins Gesicht, welche, wie ich nun erst merkte, ganz unerträglich stanken und meine Sinne betäubten. Dann sprachen sie eine Art Fluch über mich aus, dessen Worte ich ihrer Gräßlichkeit halber Dir, geliebter Rufin! gar nicht wiederholen mag. Nur mit tiefem Grausen kann ich selbst daran denken. Endlich verließen sie mich unter lautem Hohngelächter, und mir war's, als wenn das Wort: Hetzpeitsche, in den Lüften verhalle! – Mein Fuhrmann, der alles mit angehört, mit angesehen, rang die Hände und sprach: ‚Ach mein lieber Herr! nun das geschehen ist was geschah, so gehen Sie beileibe nicht in jene Stadt hinein! Kein Hund, wie man zu sagen pflegt, würde ein Stück Brot von Ihnen nehmen und stete Gefahr Sie bedrohen, geprü –' Ich ließ den Wackern nicht ausreden, sondern wandte meine Schritte so schnell als es nur gehen mochte, nach dem nächsten Dorfe. In dem einsamen Kämmerlein des einzigen Wirtshauses dieses Dorfs sitze ich, und schreibe Dir, mein geliebter Rufin! dieses alles. – Soviel es möglich ist, werde ich Nachrichten einziehen von dem fremden barbarischen Volk, das in jener Stadt hauset. Von ihren Sitten – Gebräuchen – von ihrer Sprache usw. habe ich mir schon manches höchst Seltsame erzählen lassen und werde Dir getreulich alles mitteilen etc. etc.“ –

Du gewahrst, o mein geliebter Leser, daß man ein großer Gelehrter und doch mit sehr gewöhnlichen Erscheinungen im Leben unbekannt sein, und doch über Weltbekanntes in die wunderlichsten Träume geraten kann. Ptolomäus Philadelphus hatte studiert und kannte nicht einmal Studenten, und wußte nicht einmal, daß er in dem Dorfe Hoch-Jakobsheim saß, das bekanntlich dicht bei der berühmten Universität Kerepes liegt, als er seinem Freunde von einer Begebenheit schrieb, die sich in seinem Kopfe zum seltsamsten Abenteuerum geformt hatte. Der gute Ptolomäus erschrak, als er Studenten begegnete, die fröhlich und guter Dinge über Land zogen zu ihrer Lust. Welche Angst hätte ihn überfallen, wäre er eine Stunde früher in Kerepes angekommen, und hätte ihn der Zufall vor das Haus des Professors der Naturkunde Mosch Terpin geführt! – Hunderte von Studenten hätten aus dem Hause herausströmend ihn umringt, lärmend disputierend etc., und noch wunderlichere Träume wären ihm in den Kopf gekommen über diesem Gewirr, über diesem Getreibe.

Die Kollegia Mosch Terpins wurden nämlich in ganz Kerepes am häufigsten besucht. Er war, wie gesagt, Professor der Naturkunde, er erklärte, wie es regnet, donnert, blitzt, warum die Sonne scheint bei Tage und der Mond des Nachts, wie und warum das Gras wächst etc., so daß jedes Kind es begreifen mußte. Er hatte die ganze Natur in ein kleines niedliches Kompendium zusammengefaßt, so daß er sie bequem nach Gefallen handhaben und daraus für jede Frage die Antwort wie aus einem Schubkasten herausziehen konnte. Seinen Ruf begründete er zuerst dadurch, als er es nach vielen physikalischen Versuchen glücklich herausgebracht hatte, daß die Finsternis hauptsächlich von Mangel an Licht herrühre. Dies, so wie, daß er eben jene physikalischen Versuche mit vieler Gewandtheit in nette Kunststückchen umzusetzen wußte und gar ergötzlichen Hokuspokus trieb, verschafften ihm den unglaublichen Zulauf. – Erlaube, mein günstiger Leser, daß, da du viel besser, wie der berühmte Gelehrte Ptolomäus Philadelphus Studenten kennst, da du nichts von seiner träumerischen Furchtsamkeit weißt, ich dich nun nach Kerepes führe vor das Haus des Professors Mosch Terpin, als er eben sein Kollegium beendet. Einer unter den herausströmenden Studenten fesselt sogleich deine Aufmerksamkeit. Du gewahrst einen wohlgestalteten Jüngling von drei- bis vierundzwanzig Jahren, aus dessen dunkel leuchtenden Augen ein innerer reger, herrlicher Geist mit beredten Worten spricht. Beinahe keck würde sein Blick zu nennen sein, wenn nicht die schwärmerische Trauer, wie sie auf dem ganzen blassen Antlitz liegt, einem Schleier gleich die brennenden Strahlen verhüllte. Sein Rock von schwarzem feinen Tuch mit gerissenem Samt besetzt ist beinahe nach altdeutscher Art zugeschnitten, wozu der zierliche blendendweiße Spitzenkragen, sowie das Samtbarett, das auf den schönen kastanienbraunen Locken sitzt, ganz gut paßt. Gar hübsch steht ihm diese Tracht deshalb, weil er seinem ganzen Wesen, seinem Anstande in Gang und Stellung, seiner bedeutungsvollen Gesichtsbildung nach wirklich einer schönen frommen Vorzeit anzugehören scheint und man daher nicht eben an die Ziererei denken mag, wie sie in kleinlichem Nachäffen mißverstandener Vorbilder in ebenso mißverstandenen Ansprüchen der Gegenwart oft an der Tagesordnung ist. Dieser junge Mann, der dir, geliebter Leser, auf den ersten Blick so wohlgefällt, ist niemand anders, als der Student Balthasar, anständiger, vermögender Leute Kind, fromm – verständig – fleißig – von dem ich dir, o mein Leser! in der merkwürdigen Geschichte, die ich aufzuschreiben unternommen, gar vieles zu erzählen gedenke. –

Ernst, in Gedanken vertieft, wie es seine Art war, wandelte Balthasar aus dem Kollegium des Professors Mosch Terpin dem Tore zu, um sich, statt auf den Fechtboden, in das anmutige Wäldchen zu begeben, das kaum ein paar hundert Schritte von Kerepes liegt. Sein Freund Fabian, ein hübscher Bursche von muntrem Ansehen und ebensolcher Gesinnung, rannte ihm nach und ereilte ihn dicht vor dem Tore.

„Balthasar!" – rief nun Fabian laut, „Balthasar, nun willst du wieder heraus in den Wald und wie ein melancholischer Philister einsam umherirren, während tüchtige Bursche sich wacker üben in der edlen Fechtkunst! – Ich bitte dich, Balthasar, laß doch endlich ab von deinem närrischen, unheimlichen Treiben, und sei wieder recht munter und froh, wie du es sonst wohl warst. Komm! – wir wollen uns in ein paar Gängen versuchen, und willst du denn noch hinaus, so lauf ich wohl mit dir."

„Du meinst es gut", erwiderte Balthasar, „du meinst es gut, Fabian, und deswegen will ich nicht mit dir grollen, daß du mir manchmal auf Steg und Weg nachläufst wie ein Besessener und mich um manche Lust bringst, von der du keinen Begriff hast. Du gehörst nun einmal zu den seltsamen Leuten die jeden, den sie einsam wandeln sehn, für einen melancholischen Narren halten und ihn auf ihre Weise handhaben und kurieren wollen, wie jener Hofschranz den würdigen Prinzen Hamlet, der dem Männlein dann, als er versicherte sich nicht auf das Flötenblasen zu verstehen, eine tüchtige Lehre gab. Damit will ich dich, lieber Fabian, nun zwar verschonen, übrigens dich aber recht herzlich bitten, daß du dir zu deiner edlen Fechterei mit Rapier und Hieber einen andern Kumpan suchen und mich ruhig meinen Weg fortwandeln lassen mögest." – „Nein nein", rief Fabian lachend, „so entkommst du mir nicht, mein teurer Freund! – Willst du mit mir nicht auf den Fechtboden, so gehe ich mit dir hinaus in das Wäldchen. Es ist die Pflicht des treuen Freundes, dich in deinem Trübsinn aufzuheitern. Komm nur, lieber Balthasar, komm nur, wenn du es denn nicht anders haben willst." Damit faßte er den Freund unter den Arm, und schritt rüstig mit ihm von dannen. Balthasar biß in stillem Ingrimm die Zähne zusammen und beharrte in finsterm Schweigen, während Fabian in einem Zuge Lustiges und Lustiges erzählte. Es lief viel Albernes mit unter, welches immer zu geschehen pflegt beim lustigen Erzählen in einem Zuge.

Als sie nun endlich in die kühlen Schatten des duftenden Waldes traten, als die Büsche wie in sehnsüchtigen Seufzern flüsterten, als die wunderbaren Melodien der rauschenden Bäche, die Lieder des Waldgeflügels fernhin tönten und den Widerhall weckten, der ihnen aus den Bergen antwortete, da stand Balthasar plötzlich still und rief, indem er die Arme weit ausbreitete, als woll er Baum und Gebüsch liebend umfangen: „O nun ist mir wieder wohl! – unbeschreiblich wohl!" – Fabian schaute den Freund etwas verblüfft an, wie einer, der nicht klug werden kann aus des andern Rede, der gar nicht weiß, was er damit anfangen soll. Da faßte Balthasar seine Hand und rief voll Entzücken: „Nicht wahr, Bruder, nun geht dir auch das Herz auf, nun begreifst du auch das selige Geheimnis der Waldeinsamkeit?" – „Ich verstehe dich nicht ganz, lieber Bruder", erwiderte Fabian, „aber wenn du meinst, daß dir ein Spaziergang hier im Walde wohl tut, so bin ich völlig deiner Meinung. Gehe ich nicht auch gern spazieren, zumal in guter Gesellschaft, in der man ein vernünftiges lehrreiches Gespräch führen kann? – Z.B. ist es wohl eine wahre Lust mit unserm Professor Mosch Terpin über Land zu gehen. Der kennt jedes Pflänzchen, jedes Gräschen, und weiß wie es heißt mit Namen und in welche Klasse es gehört, und versteht sich auf Wind und Wetter" –

„Halt ein", rief Balthasar, „ich bitte dich, halt ein! – Du berührst etwas, das mich toll machen könnte, gäb es sonst keinen Trost dafür. Die Art, wie der Professor über die Natur spricht, zerreißt mein Inneres. Oder vielmehr mich faßt dabei ein unheimliches Grauen, als säh ich den Wahnsinnigen, der in geckenhafter Narrheit König und Herrscher ein selbst gedrehtes Strohpüppchen liebkost, wähnend, die königliche Braut zu umhalsen! Seine sogenannten Experimente kommen mir vor wie eine abscheuliche Verhöhnung des göttlichen Wesens, dessen Atem uns in der Natur anweht und in unserm innersten Gemüt die tiefsten heiligsten Ahnungen aufregt. Oft gerat ich in Versuchung, ihm seine Gläser, seine Phiolen, seinen ganzen Kram zu zerschmeißen, dächt ich nicht daran, daß der Affe ja nicht abläßt mit dem Feuer zu spielen, bis er sich die Pfoten verbrennt. – Sieh, Fabian, diese Gefühle ängstigen mich, pressen mir das Herz zusammen in Mosch Terpins Vorlesungen, und wohl mag ich euch dann tiefsinniger und menschenscheuer vorkommen als jemals. Mir ist dann zumute, als wollten die Häuser über meinem Kopf zusammenstürzen, eine unbeschreibliche Angst treibt mich heraus aus der Stadt. Aber hier, hier erfüllt bald mein Gemüt eine süße Ruhe. Auf dem blumigen Rasen gelagert, schaue ich hinauf in das weite Blau des Himmels, und über mir, über den jubelnden Wald hinweg ziehen die goldnen Wolken wie herrliche Träume aus einer fernen Welt voll seliger Freuden! – O mein Fabian, dann erhebt sich aus meiner eignen Brust ein wunderbarer Geist, und ich vernehm es, wie er in geheimnisvollen Worten spricht mit den Büschen – mit den Bäumen, mit den Wogen des Waldbachs und nicht vermag ich die Wonne zu nennen, die dann in süßem wehmütigen Bangen mein ganzes Wesen durchströmt!" – „Ei", rief Fabian, „ei das ist nun wieder das alte ewige Lied von Wehmut und Wonne und sprechenden Bäumen und Waldbächen. Alle deine Verse strotzen von diesen artigen Dingen, die ganz passabel ins Ohr fallen und mit Nutzen verbraucht werden, sobald man nichts weiter dahinter sucht. – Aber sage mir, mein vortrefflichster Melancholikus, wenn dich Mosch Terpins Vorlesungen in der Tat so entsetzlich kränken und ärgern, sage mir nur, warum in aller Welt du in jede hineinläufst, warum du keine einzige versäumst, und dann freilich jedesmal stumm und starr mit geschlossenen Augen dasitzest wie ein Träumender?" – „Frage mich", erwiderte Balthasar, indem er die Augen niederschlug, „frage mich darum nicht, lieber Freund! – Eine unbekannte Gewalt zieht mich jeden Morgen hinein in Mosch

Terpins Haus. Ich fühle im voraus meine Qualen und doch kann ich nicht widerstehen, ein dunkles Verhängnis reißt mich fort!" – „Ha – ha –" lachte Fabian hell auf, „ha ha ha – wie fein – wie poetisch, wie mystisch! Die unbekannte Gewalt, die dich hineinzieht in Mosch Terpins Haus, liegt in den dunkelblauen Augen der schönen Candida! – Daß du bis über die Ohren verliebt bist in des Professors niedliches Töchterlein, das wissen wir alle längst, und darum halten wir dir deine Fantasterei, dein närrisches Wesen zugute. Mit Verliebten ist es nun nicht anders. Du befindest dich im ersten Stadium der Liebeskrankheit und mußt in späten Jünglingsjahren dich zu all den seltsamen Possen bequemen, die wir, ich und viele andere, dem Himmel sei es gedankt! ohne ein großes zuschauendes Publikum auf der Schule durchmachten. Aber glaube mir, mein süßes Herz –"

Fabian hatte indessen seinen Freund Balthasar wieder beim Arme gefaßt und war mit ihm rasch weitergeschritten. Eben jetzt traten sie heraus aus dem Dickicht auf den breiten Weg, der mitten durch den Wald führte. Da gewahrte Fabian, wie aus der Ferne ein Pferd ohne Reiter in eine Staubwolke gehüllt herantrabte. – „Hei hei!" – rief er, sich in seiner Rede unterbrechend, „hei, hei, da ist eine verfluchte Schindmähre durchgegangen und hat den Reiter abgesetzt – *die* müssen wir fangen und nachher den Reiter suchen im Walde." Damit stellte er sich mitten in den Weg.

Näher und näher kam das Pferd, da war es, als wenn von beiden Seiten ein paar Reitstiefel in der Luft auf und nieder baumelten und auf dem Sattel etwas Schwarzes sich rege und bewege. Dicht vor Fabian erschallte ein langes gellendes Prrr – Prrr – und in demselben Augenblick flogen ihm auch ein paar Reitstiefel um den Kopf und ein kleines seltsames schwarzes Ding kugelte hin, ihm zwischen die Beine. Mauerstill stand das große Pferd und beschnüffelte mit lang vorgestrecktem Halse sein winziges Herrlein, das sich im Sande wälzte und endlich mühsam auf die Beine richtete. Dem kleinen Knirps steckte der Kopf tief zwischen den hohen Schultern, er war mit seinem Auswuchs auf Brust und Rücken, mit seinem kurzen Leibe und seinen hohen Spinnenbeinchen anzusehen wie ein auf eine Gabel gespießter Apfel, dem man ein Fratzengesicht eingeschnitten. Als nun Fabian dies seltsame kleine Ungetüm vor sich stehen sah, brach er in ein lautes Gelächter aus. Aber der Kleine drückte sich das Barettlein, das er vom Boden aufgerafft, trotzig in die Augen und fragte, indem er Fabian mit wilden Blicken durchbohrte, in rauhem tief heiserem Ton: „Ist dies der rechte Weg nach Kerepes?" – „Ja, mein Herr!" antwortete Balthasar mild und ernst, und reichte dem Kleinen die Stiefel hin, die er zusammengesucht hatte. Alles Mühen des Kleinen, die Stiefel anzuziehen, blieb vergebens, er stülpte einmal übers andere um und wälzte sich stöhnend im Sande. Balthasar stellte beide Stiefel aufrecht zusammen, hob den Kleinen sanft in die Höhe, und steckte, ihn ebenso niederlassend, beide Füßchen in die zu schweren und weiten Futterale. Mit stolzem Wesen, die eine Hand in die Seite gestemmt, die andere ans Barett gelegt, rief der Kleine: „*Gratias*, mein Herr!" und schritt nach dem Pferde hin, dessen Zügel er faßte. Alle Versuche, den Steigbügel zu erreichen oder hinaufzuklimmen auf das große Tier, blieben indessen vergebens. Balthasar, immer ernst und mild, trat hinzu und hob den Kleinen in den Steigbügel. Er mochte sich wohl einen zu starken Schwung gegeben haben, denn in demselben Augenblick, als er oben saß, lag er auf der andern Seite auch wieder unten. „Nicht so hitzig, allerliebster Mosje!" rief Fabian, indem er aufs neue in ein schallendes Gelächter ausbrach. „Der Teufel ist Ihr allerliebster Mosje", schrie der Kleine ganz erbost, indem er sich den Sand von den Kleidern klopfte, „ich bin Studiosus, und wenn Sie desgleichen sind, so ist es Tusch, daß Sie mir wie ein Hasenfuß ins Gesicht lachen, und Sie müssen sich morgen in Kerepes mit mir schlagen!" – „Donner", rief Fabian immerfort lachend, „Donner, das ist mal ein tüchtiger Bursche, ein Allerweltskerl, was Courage betrifft und echten Komment." Und damit hob er den Kleinen, alles Zappelns und Sträubens ungeachtet, in die Höhe und setzte ihn aufs Pferd, das sofort mit seinem Herrlein lustig wiehernd davontrabte. – Fabian hielt sich beide Seiten, er wollte vor Lachen ersticken. – „Es ist grausam", sprach Balthasar, „einen Menschen auszulachen, den die Natur auf solche entsetzliche Weise verwahrlost hat, wie den kleinen Reiter dort. Ist er wirklich Student, so mußt du dich mit ihm schlagen, und zwar, läuft's auch sonst gegen alle akademische Sitte, auf Pistolen, da er weder Rapier noch Hieber zu führen vermag." – „Wie ernst", sprach Fabian, „wie ernst, wie trübselig du das alles wieder nimmst, mein lieber Freund Balthasar. Nie ist's mir eingefallen, eine Mißgeburt auszulachen. Aber sage mir, darf solch ein knorpliger Däumling sich auf ein Pferd setzen, über dessen Hals er nicht wegzuschauen vermag? Darf er die Füßlein in solch verrucht weite Stiefel stecken? darf er eine knapp anschließende Kurtka mit tausend Schnüren und Troddeln und Quasten, darf er solch ein verwunderliches Samtbarett tragen? darf er solch ein hochmütiges, trotziges Wesen annehmen? darf er sich solche barbarische heisere Laute abzwingen? – Darf er das alles, frage ich, ohne mit Recht als eingefleischter Hasenfuß ausgelacht zu werden? – Aber ich muß hinein, ich muß den Rumor mit anschauen, den es geben wird, wenn der ritterliche Studiosus entzieht auf seinem stolzen Rosse! – Mit dir ist doch heute einmal nichts anzufangen! – Gehab dich wohl!“ – Spornstreichs rannte Fabian durch den Wald nach der Stadt zurück. –

Balthasar verließ den offenen Weg und verlor sich in das dichteste Gebüsch, da sank er hin auf einen Moossitz, erfaßt, ja überwältigt von den bittersten Gefühlen. Wohl mocht es sein, daß er die holde Candida wirklich liebte, aber er hatte diese Liebe wie ein tiefes, zartes Geheimnis in dem Innersten seiner Seele vor allen Menschen, ja vor sich selbst verschlossen. Als nun Fabian so ohne Hehl, so leichtsinnig darüber sprach, war es ihm, als rissen rohe Hände in frechem Übermut die Schleier von dem Heiligenbilde herab, die zu berühren er nicht gewagt, als müsse nun die Heilige auf *ihn* selbst ewig zürnen. Ja Fabians Worte schienen ihm eine abscheuliche Verhöhnung seines ganzen Wesens, seiner süßesten Träume.

„Also“, rief er im Übermaß seines Unmuts aus, „also für einen verliebten Gecken hältst du mich, Fabian! – für einen Narren, der in Mosch Terpins Vorlesungen läuft, um wenigstens eine Stunde hindurch mit der schönen Candida unter einem Dache zu sein, der in dem Walde einsam umherstreift, um auf elende Verse zu sinnen an die Geliebte und sie noch erbärmlicher aufzuschreiben, der die Bäume verdirbt, alberne Namenszüge in ihre glatten Rinden einschneidend, der in Gegenwart des Mädchens kein gescheutes Wort zu Markte bringt, sondern nur seufzt und ächzt und weinerliche Gesichter schneidet, als litt er an Krämpfen, der verwelkte Blumen, die sie am Busen trug, oder gar den Handschuh, den sie verlor, auf der bloßen Brust trägt – kurz, der tausend kindische Torheiten begeht! – Und darum, Fabian, neckst du mich, und darum lachen mich wohl alle Bursche aus, und darum bin ich samt der innern Welt, die mir aufgegangen, vielleicht ein Gegenstand der Verspottung. – Und die holde – liebliche – herrliche Candida –“

Als er diesen Namen aussprach, fuhr es ihm durchs Herz, wie ein glühender Dolchstoß! – Ach! – eine innere Stimme flüsterte ihm in dem Augenblick sehr vernehmlich zu, daß er ja nur eben Candidas wegen in Mosch Terpins Haus gehe, daß er Verse mache an die Geliebte, daß er ihre Namen einschneide in das Laubholz, daß er in ihrer Gegenwart verstumme, seufze, ächze, daß er verwelkte Blumen, die sie verlor, auf der Brust trage, daß er mithin ja wirklich in alle Torheiten verfalle, wie sie ihm Fabian nur vorrücken könne. – Erst jetzt fühlte er es recht, wie unaussprechlich er die schöne Candida liebe, aber auch zugleich, daß seltsam genug sich die reinste innigste Liebe im äußern Leben etwas geckenhaft gestalte, welches wohl der tiefen Ironie zuzurechnen, die die Natur in alles menschliche Treiben gelegt. Er mochte recht haben, ganz unrecht war es indessen, daß er sich darüber sehr zu ärgern begann. Träume, die ihn sonst umfingen, waren verloren, die Stimmen des Waldes klangen ihm wie Hohn und Spott, er rannte zurück nach Kerepes.

„Herr Balthasar – mon cher Balthasar" – rief es ihn an. Er schlug den Blick auf und blieb festgezaubert stehen, denn ihm entgegen kam der Professor Mosch Terpin, der seine Tochter Candida am Arme führte. Candida begrüßte den zur Bildsäule Erstarrten mit der heitern freundlichen Unbefangenheit, die ihr eigen. „Balthasar, mon cher Balthasar", rief der Professor, „Sie sind in der Tat der fleißigste, mir der liebste von meinen Zuhörern! – O mein Bester, ich merk es Ihnen an, Sie lieben die Natur mit all ihren Wundern, wie ich, der ich einen wahren Narren daran gefressen! – Gewiß wieder botanisiert in unserm Wäldchen! – Was Ersprießliches gefunden? – Nun! – lassen Sie uns nähere Bekanntschaft machen. – Besuchen Sie mich – jederzeit willkommen. – Können zusammen experimentieren. – Haben Sie schon meine Luftpumpe gesehen? – Nun! – mon cher – morgen abend versammelt sich ein freundschaftlicher Zirkel in meinem Hause, welcher Tee mit Butterbrot konsumieren und sich in angenehmen Gesprächen erlustigen wird, vermehren Sie ihn durch Ihre werte Person – Sie werden einen sehr anziehenden jungen Mann kennenlernen, der mir ganz besonders empfohlen – bon soir, mon cher – Guten Abend, Vortrefflicher – au revoir – Aufwiedersehen! – Sie kommen doch morgen in die Vorlesung? – Nun – mon cher – Adieu!" – Ohne Balthasars Antwort abzuwarten, schritt der Professor Mosch Terpin mit seiner Tochter von dannen.

Balthasar hatte in seiner Bestürzung nicht gewagt, die Augen aufzuschlagen, aber Candidas Blicke brannten hinein in seine Brust, er fühlte den Hauch ihres Atems und süße Schauer durchbebten sein innerstes Wesen.

Entnommen war ihm aller Unmut, er schaute voll Entzücken der holden Candida nach, bis sie in den Laubgängen verschwand. Dann kehrte er langsam in den Wald zurück, um herrlicher zu träumen als jemals.

Drittes Kapitel.

Wie Fabian nicht wußte was er sagen sollte. – Candida und Jungfrauen, die nicht Fische essen dürfen. – Mosch Terpins literarischer Tee. – Der junge Prinz.

Fabian gedachte, als er den Richtsteig quer durch den Wald lief, dem kleinen wunderlichen Knirps, der vor ihm davongetrabt, doch wohl noch zuvorzukommen. Er hatte sich geirrt, denn aus dem Gebüsch heraustretend, gewahrte er ganz in der Ferne, wie noch ein anderer stattlicher Reiter sich zu dem Kleinen gesellte und wie nun beide in das Tor von Kerepes hineinritten. – „Hm!" – sprach Fabian zu sich selbst, „ist der Nußknacker auf seinem großen Pferde auch schon vor mir angelangt, so komme ich doch noch zeitig genug zu dem Spektakel, den es geben wird bei seiner Ankunft. Ist das seltsame Ding wirklich ein Studiosus, so weiset man ihn nach dem geflügelten Roß, und hält er dort an mit seinem gellenden Prr – Prr! – und wirft die Reitstiefel voran und sich selbst nach, und tut, wenn die Bursche lachen, wild und trotzig – nun! – dann ist das tolle Possenspiel fertig! –"

Als Fabian nun die Stadt erreicht, glaubte er in den Straßen, auf dem Wege nach dem geflügelten Roß, lauter lachenden Gesichtern zu begegnen. Dem war aber nicht so. Alle Leute gingen ruhig und ernst vorüber. Ebenso ernsthaft spazierten auf dem Platz vor dem geflügelten Roß mehrere Akademiker, die sich dort versammelt, miteinander sprechend auf und nieder. Fabian war überzeugt, daß der Kleine wenigstens hier nicht angekommen sein müsse, da gewahrte er, einen Blick ins Tor des Gasthauses werfend, daß soeben das sehr kennbare Pferd des Kleinen nach dem Stalle geführt wurde. Auf den ersten besten seiner Bekannten sprang er nun los und fragte, ob denn nicht ein ganz seltsamer wunderlicher Knirps herangetrabt sei? – Der, den Fabian fragte, wußte ebensowenig etwas davon als die übrigen, denen

Fabian nun erzählte, was sich mit ihm und dem Däumling, der ein Student sein wollen, begeben. Alle lachten sehr, versicherten indessen, daß ein solches Ding, wie das, was er beschreibe, keineswegs angelangt. Wohl wären aber vor kaum zehn Minuten zwei sehr stattliche Reiter auf schönen Pferden im Gasthause zum geflügelten Roß abgestiegen. „Saß der eine von ihnen auf dem Pferde, das eben nach dem Stall geführt wurde?" So fragte Fabian. „Allerdings", erwiderte einer, „allerdings. Der, der auf jenem Pferde saß, war von etwas kleiner Statur, aber von zierlichem Körperbau, angenehmen Gesichtszügen und hatte die schönsten Lockenhaare, die man sehen kann. Dabei zeigte er sich als den vortrefflichsten Reiter, denn er schwang sich mit einer Behendigkeit, mit einem Anstande vom Pferde herab, wie der erste Stallmeister unseres Fürsten." – „Und", rief Fabian, „und verlor nicht die Reitstiefel und kugelte euch nicht vor die Füße?" – „Gott behüte", erwiderten alle einstimmig, „Gott behüte! – Was denkst du Bruder! solch ein tüchtiger Reiter wie der Kleine!" – Fabian wußte gar nicht was er sagen sollte. Da kam Balthasar die Straße herab. Auf den stürzte Fabian los, zog ihn herab und erzählte, wie der kleine Knirps, der ihnen vor dem Tor begegnet und vom Pferde herabgefallen, hier eben angekommen sei und von allen für einen schönen Mann von zierlichem Gliederbau und für den vortrefflichsten Reiter gehalten werde. „Du siehst", erwiderte Balthasar ernst und gelassen, „du siehst, lieber Bruder Fabian, daß nicht alle so wie du über unglückliche von der Natur verwahrloste Menschen lieblos spottend herfallen." – „Aber du mein Himmel", fiel ihm Fabian ins Wort, „hier ist ja gar nicht von Spott und Lieblosigkeit die Rede, sondern nur davon, ob ein drei Fuß hohes Kerlein, der einem Rettich gar nicht unähnlich, ein schöner zierlicher Mann zu nennen?" – Balthasar mußte, was Wuchs und Ansehen des kleinen Studenten betraf, Fabians Aussage bestätigen. Die andern versicherten, daß der kleine Reiter ein hübscher zierlicher Mann sei, wogegen Fabian und Balthasar fortwährend behaupteten, sie hätten nie einen scheußlicheren Däumling erblickt. Dabei blieb es, und alle gingen voll Verwunderung auseinander.

Der späte Abend brach ein, die beiden Freunde begaben sich zusammen nach ihrer Wohnung. Da fuhr es dem Balthasar, selbst wußte er nicht wie, heraus, daß er dem Professor Mosch Terpin begegnet, der ihn auf den folgenden Abend zu sich geladen. „Ei du glücklicher", rief Fabian, „ei du überglücklicher Mensch, da wirst du dein Liebchen, die hübsche Mamsell Candida sehen, hören, sprechen!" – Balthasar, aufs neue tief verletzt, riß sich los von Fabian und wollte fort. Doch besann er sich, blieb stehen und sprach, seinen Verdruß mit Gewalt niederkämpfend: „Du magst recht haben, lieber Bruder, daß du mich für einen albernen verliebten Gecken hältst, ich bin es vielleicht wirklich. Aber diese Albernheit ist eine tiefe schmerzhafte Wunde, die meinem Gemüt geschlagen, und die, auf unvorsichtige Weise berührt, im heftigeren Weh mich zu allerlei Tollheit aufreizen könnte. Darum Bruder! wenn du mich wirklich lieb hast, so nenne mir nicht mehr den Namen Candida!" – „Du nimmst", erwiderte Fabian, „du nimmst, mein lieber Freund Balthasar, die Sache wieder entsetzlich tragisch und anders läßt sich das auch in deinem Zustande nicht erwarten. Aber um mit dir nicht in allerlei häßlichen Zwiespalt zu geraten, verspreche ich, daß der Name Candida nicht eher über meine Lippen kommen soll, bis du selbst mir Gelegenheit dazu gibst. Nur so viel erlaube mir heute noch zu sagen, daß ich allerlei Verdruß voraussehe, in den dich dein Verliebtsein stürzen wird. Candida ist ein gar hübsches herrliches Mägdlein, aber zu deiner melancholischen, schwärmerischen Gemütsart paßt sie ganz und gar nicht. Wirst du näher mit ihr bekannt, so wird ihr unbefangenes heitres Wesen dir Mangel an Poesie, die du überall vermissest, scheinen. Du wirst in allerlei wunderliche Träumereien geraten und das Ganze wird mit entsetzlichem eingebildetem Weh und genügender Verzweiflung tumultuarisch enden. – Übrigens bin ich ebenso wie du auf morgen zu unserm Professor eingeladen, der uns mit sehr schönen Experimenten unterhalten wird! – Nun gute Nacht, fabelhafter Träumer! Schlafe, wenn du schlafen kannst vor solch wichtigem Tage, wie der morgende!" –

Damit verließ Fabian den Freund, der in tiefes Nachdenken versunken. – Fabian mochte nicht ohne Grund allerlei pathetische Unglücksmomente voraussehen, die sich mit Candida und Balthasar wohl zutragen konnten; denn beider Wesen und Gemütsart schien in der Tat Anlaß genug zu geben.

Candida war, jeder mußte das eingestehen, ein bildhübsches Mädchen, mit recht ins Herz hinein strahlenden Augen und etwas aufgeworfenen Rosenlippen. Ob ihre übrigens schönen Haare, die sie in wunderlichen Flechten gar fantastisch aufzunesteln wußte, mehr blond oder mehr braun zu nennen, habe ich vergessen, nur erinnere ich mich sehr gut der seltsamen Eigenschaft, daß sie immer dunkler und dunkler wurden, je länger man sie anschaute. Von schlankem hohen Wuchs, leichter Bewegung, war das Mädchen, zumal in lebenslustiger Umgebung, die Huld, die Anmut selbst und man übersah es bei so vielem körperlichen Reiz sehr gern, daß Hand und Fuß vielleicht kleiner und zierlicher hätten gebaut sein können. Dabei hatte Candida Goethes Wilhelm Meister, Schillers Gedichte und Fouqués Zauberring gelesen, und beinahe alles, was darin enthalten, wieder vergessen; spielte ganz passabel das Pianoforte, sang sogar zuweilen dazu; tanzte die neuesten Françoisen und Gavotten, und schrieb die Waschzettel mit einer feinen leserlichen Hand. Wollte man durchaus an dem lieben Mädchen etwas aussetzen, so war es vielleicht, daß sie etwas zu tief sprach, sich zu fest einschnürte, sich zu lange über einen neuen Hut freute und zuviel Kuchen zum Tee verzehrte. Überschwenglichen Dichtern war freilich noch vieles andere an der hübschen Candida nicht recht, aber was verlangen die auch alles. Fürs erste wollen sie, daß das Fräulein über alles, was sie von sich verlauten lassen, in ein somnambüles Entzücken gerate, tief seufze, die Augen verdrehe, gelegentlich auch wohl was weniges ohnmächtle oder gar zur Zeit erblinde als höchste Stufe der weiblichsten Weiblichkeit. Dann muß besagtes Fräulein des Dichters Lieder singen nach der Melodie, die ihm (dem Fräulein) selbst aus dem Herzen geströmt, augenblicklich aber davon krank werden, und selbst auch wohl Verse machen, sich aber sehr schämen wenn es herauskommt, ungeachtet die Dame dem Dichter ihre Verse auf sehr feinem wohlriechenden Papier mit zarten Buchstaben geschrieben selbst in die Hände spielte, der dann auch seinerseits vor Entzücken darüber erkrankt, welches ihm auch gar nicht zu verdenken ist. Es gibt poetische Asketiker, die noch weiter gehen und es aller weiblichen Zartheit entgegen finden, daß ein Mädchen lachen, essen und trinken und sich zierlich nach der Mode kleiden sollte. Sie gleichen beinahe dem heiligen Hieronymus, der den Jungfrauen verbietet Ohrgehänge zu tragen und Fische zu essen. Sie sollen, so gebietet der Heilige, nur etwas zubereitetes Gras genießen, beständig hungrig sein, ohne es zu fühlen, sich in grobe schlecht genähte Kleider hüllen, die ihren Wuchs verbergen, vorzüglich aber eine Person zur Gefährtin wählen, die ernsthaft, bleich, traurig und etwas schmutzig ist! –

Candida war durch und durch ein heitres unbefangenes Wesen, deshalb ging ihr nichts über ein Gespräch, das sich auf den leichten lustigen Schwingen des unverfänglichen Humors bewegte. Sie lachte recht herzlich über alles Drollige; sie seufzte nie, als wenn Regenwetter ihr den gehofften Spaziergang verdarb, oder aller Vorsicht ungeachtet, der neue Shawl einen Fleck bekommen hatte. Dabei blickte, gab es wirklichen Anlaß dazu, ein tiefes inniges Gefühl hindurch, das nie in schale Empfindelei ausarten durfte, und so mochte mir und dir, geliebter Leser! die wir nicht zu den Überschwenglichen gehören, das Mädchen eben ganz recht sein. Sehr leicht konnte es mit Balthasar sich anders verhalten! – Doch bald mußte es sich ja wohl zeigen, inwiefern der prosaische Fabian richtig prophezeit hatte oder nicht! –

Daß Balthasar vor lauter Unruhe, vor unbeschreiblichem süßen Bangen die ganze Nacht hindurch nicht schlafen konnte: was war natürlicher als das. Ganz erfüllt von dem Bilde der Geliebten, setzte er sich hin an den Tisch und schrieb eine ziemliche Anzahl artiger wohlklingender Verse nieder, die in einer mystischen Erzählung von der Liebe der Nachtigall zur Purpurrose seinen Zustand schilderten. Die wollt er mitnehmen in Mosch Terpins literarischen Tee und damit losfahren auf Candidas unbewahrtes Herz, wenn und wie es nur möglich.

Fabian lächelte ein wenig, als er der Verabredung gemäß zur bestimmten Stunde kam, um seinen Freund Balthasar abzuholen, und ihn zierlicher geputzt fand, als er ihn jemals gesehen. Er hatte einen gezackten Kragen von den feinsten Brüßler Kanten umgetan, sein kurzes Kleid mit geschlitzten Ärmeln war von gerissenem Samt. Und dazu trug er französische Stiefel mit hohen spitzen Absätzen und silbernen Fransen, einen englischen Hut vom feinsten Kastor, und dänische Handschuhe. So war er ganz deutsch gekleidet, und der Anzug stand ihm über alle Maßen gut, zumal er sein Haar schön kräuseln lassen und das kleine Stutzbärtchen wohl aufgekämmt hatte.

Das Herz bebte dem Balthasar vor Entzücken, als in Mosch Terpins Hause Candida ihm entgegentrat, ganz in der Tracht der altdeutschen Jungfrau, freundlich, anmutig in Blick und Wort, im ganzen Wesen, wie man sie immer zu sehen gewohnt. „Mein holdseligstes Fräulein!" seufzte Balthasar aus dem Innersten auf, als Candida, die süße Candida selbst, eine Tasse dampfenden Tee ihm darbot. Candida schaute ihn aber an mit leuchtenden Augen und sprach: „Hier ist Rum und Maraschino, Zwieback und Pumpernickel, lieber Herr Balthasar! greifen Sie doch nur gefälligst zu nach Ihrem Belieben!" Statt aber auf Rum und Maraschino, Zwieback und Pumpernickel zu schauen oder gar zuzugreifen, konnte der begeisterte Balthasar den Blick voll schmerzlicher Wehmut der innigsten Liebe nicht abwenden von der holden Jungfrau, und rang nach Worten, die aus tiefster Seele aussprechen sollten, was er eben empfand. Da faßte ihn aber der Professor der Ästhetik, ein großer baumstarker Mann, mit gewaltiger Faust von hinten, drehte ihn herum, daß er mehr Teewasser auf den Boden verschüttete, als eben schicklich, und rief mit donnender Stimme: „Bester Lukas Kranach, saufen Sie nicht das schnöde Wasser, Sie verderben sich den deutschen Magen total – dort im andern Zimmer hat unser tapfere Mosch eine Batterie der schönsten Flaschen mit edlem Rheinwein aufgepflanzt, die wollen wir sofort spielen lassen!" – Er schleppte den unglücklichen Jüngling fort.

Doch aus dem Nebenzimmer trat ihnen der Professor Mosch Terpin entgegen, ein kleines sehr seltsames Männlein an der Hand führend und laut rufend: „Hier, meine Damen und Herren, stelle ich Ihnen einen mit den seltensten Eigenschaften hochbegabten Jüngling vor, dem es nicht schwer fallen wird, sich Ihr Wohlwollen, Ihre Achtung zu erwerben. Es ist der junge Herr Zinnober, der erst gestern auf unsere Universität gekommen, und die Rechte zu studieren gedenkt!" – Fabian und Balthasar erkannten auf den ersten Blick den kleinen wunderlichen Knirps, der vor dem Tore ihnen entgegengesprengt und vom Pferde gestürzt war.

„Soll ich", sprach Fabian leise zu Balthasar, „soll ich denn noch das Alräunchen herausfordern auf Blasrohr oder Schusterpfriem? Anderer Waffen kann ich mich doch nicht bedienen wider diesen furchtbaren Gegner."

„Schäme dich", erwiderte Balthasar, „schäme dich, daß du den verwahrlosten Mann verspottest, der wie du hörst, die seltensten Eigenschaften besitzt, und *so* durch geistigen Wert das ersetzt, was die Natur ihm an körperlichen Vorzügen versagte." Dann wandte er sich zum Kleinen und sprach: „Ich hoffe nicht, bester Herr Zinnober, daß Ihr gestriger Fall vom Pferde etwa schlimme Folgen gehabt haben wird?" Zinnober hob sich aber, indem er einen kleinen Stock, den er in der Hand trug, hinten unterstemmte, auf den Fußspitzen in die Höhe, so daß er dem Balthasar beinahe bis an den Gürtel reichte, warf den Kopf in den Nacken, schaute mit wildfunkelnden Augen herauf und sprach in seltsam schnarrendem Baßton: „Ich weiß nicht, was Sie wollen, wovon Sie sprechen, mein Herr! – Vom Pferde gefallen? – *ich* vom Pferde gefallen? – Sie wissen wahrscheinlich nicht, daß

ich der beste Reiter bin, den es geben kann, daß ich niemals vom Pferde falle, daß ich als Freiwilliger unter den Kürassieren den Feldzug mitgemacht und Offizieren und Gemeinen Unterricht gab im Reiten auf der Manège! – hm hm – vom Pferde fallen – ich vom Pferde fallen!" – Damit wollte er sich rasch umwenden, der Stock, auf den er sich stützte, glitt aber aus, und der Kleine torkelte um und um, dem Balthasar vor die Füße. Balthasar griff hinab nach dem Kleinen, ihm aufzuhelfen, und berührte dabei unversehens sein Haupt. Da stieß der Kleine einen gellenden Schrei aus, daß es im ganzen Saale widerhallte und die Gäste erschrocken auffuhren von ihren Sitzen. Man umringte den Balthasar und fragte durcheinander, warum er denn um des Himmels willen so entsetzlich geschrieen. „Nehmen Sie es nicht übel, bester Herr Balthasar", sprach der Professor Mosch Terpin, „aber das war ein etwas wunderlicher Spaß. Denn wahrscheinlich wollten Sie uns doch glauben machen, es trete hier jemand einer Katze auf den Schwanz!" – „Katze – Katze – weg mit der Katze!" rief eine nervenschwache Dame und fiel sofort in Ohnmacht, und mit dem Geschrei: „Katze – Katze –" rannten ein paar alte Herren, die an derselben Idiosynkrasie litten, zur Türe hinaus.
Candida, die ihr ganzes Riechfläschchen auf die ohnmächtige Dame ausgegossen, sprach leise zu Balthasar: „Aber was richten Sie auch für Unheil an mit Ihrem häßlichen gellenden Miau, lieber Herr Balthasar!" Dieser wußte gar nicht, wie ihm geschah. Glutrot im ganzen Gesicht vor Unwillen und Scham, vermochte er kein Wort herauszubringen, nicht zu sagen, daß es ja der kleine Herr Zinnober und nicht *er* gewesen, der so entsetzlich gemauzt.
Der Professor Mosch Terpin sah des Jünglings schlimme Verlegenheit. Er nahte sich ihm freundlich und sprach: „Nun, nun, lieber Herr Balthasar, seien Sie doch nur ruhig. Ich habe wohl alles bemerkt. Sich zur Erde bückend, auf allen vieren hüpfend, ahmten Sie den gemißhandelten grimmigen Kater herrlich nach. Ich liebe sonst sehr dergleichen, naturhistorische Spiele, doch hier im literarischen Tee" –„Aber", platzte Balthasar heraus, „aber vortrefflichster Herr Professor, ich war es ja nicht" – „Schon gut – schon gut", fiel ihm der Professor in die Rede. Candida trat zu ihnen. „Tröste mir", sprach der Professor zu dieser, „tröste mir doch den guten Balthasar, der ganz betreten ist über alles Unheil, was geschehen,"
Der gutmütigen Candida tat der arme Balthasar, der ganz verwirrt mit niedergesenktem Blick vor ihr stand, herzlich leid. Sie reichte ihm

die Hand und lispelte mit anmutigem Lächeln: „Es sind aber auch recht komische Leute, die sich so entsetzlich vor Katzen fürchten."
Balthasar drückte Candidas Hand mit Inbrunst an die Lippen. Candida ließ den seelenvollen Blick ihrer Himmelsaugen auf ihm ruhen. Er war verzückt in dem höchsten Himmel und dachte nicht mehr an Zinnober und Katzengeschrei. – Der Tumult war vorüber, die Ruhe wiederhergestellt. Am Teetisch saß die nervenschwache Dame und genoß mehreren Zwieback, den sie in Rum tunkte, versichernd, an dergleichen erlabe sich das von feindlicher Macht bedrohte Gemüt, und dem jähen Schreck folge sehnsüchtig Hoffen! –
Auch die beiden alten Herren, denen draußen wirklich ein flüchtiger Kater zwischen die Beien gelaufen, kehrten beruhigt zurück, und suchten, wie mehrere andere, den Spieltisch.
Balthasar, Fabian, der Professor der Ästhetik, mehrere junge Leute setzten sich zu den Frauen. Herr Zinnober hatte sich indessen eine Fußbank herangerückt und war mittelst derselben auf den Sofa gestiegen, wo er nun in der Mitte zwischen zwei Frauen saß und stolze funkelnde Blicke um sich warf. Balthasar glaubte, daß der rechte Augenblick gekommen, mit seinem Gedicht von der Liebe der Nachtigall zur Purpurrose hervorzurücken. Er äußerte daher mit der gehörigen Verschämtheit, wie sie bei jungen Dichtern im Brauch ist, daß er, dürfe er auf gütige Nachsicht der verehrten Versammlung hoffen, es wagen wolle, ein Gedicht, das jüngste Erzeugnis seiner Muse, vorzulesen.
Da die Frauen schon hinlänglich über alles verhandelt, was sich Neues in der Stadt zugetragen, da die Mädchen den letzten Ball bei dem Präsidenten gehörig durchgesprochen und sogar über die Normalform der neuesten Hüte einig worden, da die Männer unter zwei Stunden nicht auf weitere Speis- und Tränkung rechnen durften: so wurde Balthasar einstimmig aufgefordert, der Gesellschaft ja den herrlichen Genuß nicht vorzuenthalten.
Balthasar zog das sauber geschriebene Manuskript hervor und las.
Sein eignes Werk, das in der Tat aus wahrhaftem Dichtergemüt mit voller Kraft, mit regem Leben hervorgeströmt, begeisterte ihn mehr und mehr. Sein Vortrag, immer leidenschaftlicher steigend, verriet die innere Glut des liebenden Herzens. Er bebte vor Entzücken, als leise Seufzer – manches leise Ach – der Frauen, mancher Ausfruf der Männer: „Herrlich – vortrefflich – göttlich!" ihn überzeugten, daß sein Gedicht alle hinriß.

Endlich hatte er geendet. Da riefen alle: „Welch ein Gedicht! – welche Gedanken – welche Fantasie – was für schöne Verse – welcher Wohlklang – Dank – Dank Ihnen, bester Herr Zinnober für den göttlichen Genuß –"
„Was? wie?" rief Balthasar; aber niemand achtete auf ihn, sondern alle stürzten auf Zinnober zu, der sich auf dem Sofa blähte wie ein kleiner Puter und mit widriger Stimme schnarrte: „Bitte recht sehr – bitte recht sehr – müssen so vorlieb nehmen! – ist eine Kleinigkeit, die ich erst vorige Nacht aufschrieb in aller Eil!" – Aber der Professor der Ästhetik schrie: „Vortrefflicher – göttlicher Zinnober! – Herzensfreund, außer mir bist du der erste Dichter, den es jetzt gibt auf Erden! – Komm an meine Brust, schöne Seele!" – Damit riß er den Kleinen vom Sofa auf in die Höhe und herzte und küßte ihn. Zinnober betrug sich dabei sehr ungebärdig. Er arbeitete mit den kleinen Beinchen auf des Professors dickem Bauch herum und quäkte: „Laß mich los – laß mich los – es tut mir weh – weh – ich kratz dir die Augen aus – ich beiß dir die Nase entzwei!" – „Nein", rief der Professor, indem er den Kleinen niedersetzte auf den Sofa, „nein, holder Freund, keine zu weit getriebene Bescheidenheit!" – Mosch Terpin war nun auch vom Spieltisch herangetreten, der nahm Zinnobers Händchen, drückte es und sprach sehr ernst: „Vortrefflich junger Mann! – nicht zuviel, nein, nicht genug sprach man mir von dem hohen Genius, der Sie beseelt" – „Wer ist's", rief nun wieder der Professor der Ästhetik in voller Begeisterung aus, „wer ist's von euch Jungfrauen, der dem herrlichen Zinnober sein Gedicht, das das innigste Gefühl der reinsten Liebe ausspricht, lohnt durch einen Kuß?" Da stand Candida auf, nahete sich, volle Glut auf den Wangen, dem Kleinen, kniete nieder und küßte ihn auf den garstigen Mund mit blauen Lippen. „Ja", schrie nun Balthasar wie vom Wahnsinn plötzlich erfaßt, „ja Zinnober – göttlicher Zinnober, du hast das tiefsinnige Gedicht gemacht von der Nachtigall und der Purpurrose, dir gebührt der herrliche Lohn, den du erhalten!" –
Und damit riß er den Fabian ins Nebenzimmer hinein und sprach: „Tu mir den Gefallen und schaue mich recht fest an und dann sage mir offen und ehrlich, ob ich der Student Balthasar bin oder nicht, ob du wirklich Fabian bist, ob wir in Mosch Terpins Haus sind, ob wir im Traume liegen – ob wir närrisch sind – zupfe mich an der Nase oder rüttle mich zusammen, damit ich nur erwache aus diesem verfluchten Spuk!" – „Wie magst", erwiderte Fabian, „wie magst du dich denn nur so toll gebärden, aus purer heller Eifersucht, weil Candida den Kleinen küßte.

Gestehen mußt du doch selbst, daß das Gedicht, welches der Kleine vorlas, in der Tat vortrefflich war." – „Fabian", rief Balthasar mit dem Ausdruck des tiefsten Erstaunens, „was sprichst du denn!" – „Nun ja", fuhr Fabian fort, „nun ja, das Gedicht des Kleinen war vortrefflich und gegönnt hab ich ihm Candidas Kuß. – Überhaupt scheint hinter dem seltsamen Männlein allerlei zu stecken, das mehr wert ist als eine schöne Gestalt. Aber was auch selbst seine Figur betrifft, so kommt er mir jetzt nichts weniger als so abscheulich vor wie anfangs. Beim Ablesen des Gedichts verschönerte die innere Begeisterung seine Gesichtszüge, so daß er mir oft ein anmutiger wohlgewachsener Jüngling zu sein schien, ungeachtet er doch kaum über den Tisch hervorragte. Gib deine unnütze Eifersucht auf, befreunde dich als Dichter mit dem Dichter!"

„Was", schrie Balthasar voll Zorn, „was? – noch befreunden mit dem verfluchten Wechselbalge, den ich erwürgen möchte mit diesen Fäusten?"

„So", sprach Fabian, „so verschließt du dich denn aller Vernunft. Doch laß uns in den Saal zurückkehren, wo sich etwas Neues begeben muß, da ich laute Beifallsrufe vernehme."

Mechanisch folgte Balthasar dem Freunde in den Saal.

Als sie eintraten, stand der Professor Mosch Terpin allein in der Mitte, die Instrumente noch in der Hand, womit er irgend ein physikalisches Experiment gemacht, starres Staunen im Gesicht. Die ganze Gesellschaft hatte sich um den kleinen Zinnober gesammelt, der, den Stock untergestemmt, auf den Fußspitzen dastand und mit stolzem Blick den Beifall annahm, der ihm von allen Seiten zuströmte. Man wandte sich wieder zum Professor, der ein anderes sehr artiges Kunststückchen machte. Kaum war er fertig, als wiederum alle den Kleinen umringend riefen: „Herrlich – vortrefflich, lieber Herr Zinnober!" – Endlich sprang auch Mosch Terpin zu dem Kleinen hin und rief zehnmal stärker als die übrigen : „Herrlich – vortrefflich, lieber Herr Zinnober!"

Es befand sich in der Gesellschaft der junge Fürst Gregor, der auf der Universität studierte. Der Fürst war von der anmutigsten Gestalt, die man nur sehen konnte, und dabei war sein Betragen so edel und ungezwungen, daß sich die hohe Abkunft, die Gewohnheit, sich in den vornehmsten Kreisen zu bewegen, darin deutlich aussprach.

Fürst Gregor war es nun, der gar nicht von Zinnober wich und ihn als den herrlichsten Dichter, den geschicktesten Physiker über alle Maßen lobte.

Seltsam war die Gruppe, die beide zusammenstehend bildeten. Gegen den herrlich gestalteten Gregor stach gar wunderlich das winzige Männlein ab, das mit hoch emporgereckter Nase sich kaum auf den dünnen Beinchen zu erhalten vermochte. Alle Blicke der Frauen waren hingerichtet, aber nicht auf den Fürsten, sondern auf den Kleinen, der sich auf den Fußspitzen hebend immer wieder hinabsank und so hinauf und hinunter wankte wie ein Cartesianisches Teufelchen.
Der Professor Mosch Terpin trat zu Balthasar und sprach: „Was sagen Sie zu meinem Schützling, zu meinem lieben Zinnober? Viel steckt hinter dem Mann und nun ich ihn so recht anschaue, ahne ich wohl die eigentliche Bewandtnis, die es mit ihm haben mag. Der Prediger, der ihn erzogen und mir empfohlen hat, drückt sich über seine Abkunft sehr geheimnisvoll aus. Betrachten Sie aber nur den edlen Anstand, sein vornehmes ungezwungenes Betragen. Er ist gewiß von fürstlichem Geblüt, vielleicht gar ein Königssohn!" – In dem Augenblick wurde gemeldet, das Mahl sei angerichtet. Zinnober torkelte ungeschickt hin zur Candida, ergriff täppisch ihre Hand und führte sie nach dem Speisesaal.
In voller Wut rannte der unglückliche Balthasar durch die finstre Nacht, durch Sturmwind und Regen fort nach Hause.

Viertes Kapitel.

Wie der italienische Geiger Sbiocca den Herrn Zinnober in den Kontrabaß zu werfen drohte, und der Referendarius Pulcher nicht zu auswärtigen Angelegenheiten gelangen konnte. – Von Maut-Offizianten und zurückbehaltenen Wundern fürs Haus. – Balthasars Bezauberung durch einen Stockknopf.

Auf einem hervorragenden bemoosten Gestein im einsamsten Walde saß Balthasar und schaute gedankenvoll hinab in die Tiefe, in der ein Bach schäumend fortbrauste zwischen Felsstücken und dicht verwachsenem Gestrüpp. Dunkle Wolken zogen daher und tauchten nieder hinter den Bergen; das Rauschen der Bäume, der Gewässer ertönte wie ein dumpfes Winseln, und dazwischen kreischten Raubvögel, die aus dem finstern Dickicht aufstiegen in den weiten Himmelsraum und sich nachschwangen dem fliehenden Gewölk. –

Dem Balthasar war, als vernehme er in den wunderbaren Stimmen des Waldes die trostlose Klage der Natur, als müsse er selbst untergehen in dieser Klage, als sei sein ganzes Sein nur das Gefühl des tiefsten unverwindlichsten Schmerzes. Das Herz wollte ihm springen vor Wehmut und indem häufige Tränen aus seinen Augen tröpfelten, war es, als blickten die Geister des Waldstroms zu ihm herauf und streckten schneeweiße Arme empor aus den Wellen, ihn hinabzuziehen in den kühlen Grund.

Da schwebte aus weiter Ferne durch die Lüfte daher heller fröhlicher Hörnerklang und legte sich tröstend an seine Brust, und die Sehnsucht erwachte in ihm und mit ihr süßes Hoffen. Er sah umher, und indem die Hörner forttönten, dünkten ihm die grünen Schatten des Waldes nicht mehr so traurig, nicht mehr so klagend das Rauschen des Windes, das Flüstern der Gebüsche. Er kam zu Worten.

„Nein", rief er aus, indem er aufsprang von seinem Sitz und mit leuchtendem Blick in die Ferne schaute, „nein, noch verschwand nicht alle Hoffnung! – Nur zu gewiß ist es, daß irgendein düstres Geheimnis, irgendein böser Zauber verstörend in mein Leben getreten ist, aber ich breche diesen Zauber, und sollt ich darüber untergehen! – Als ich endlich hingerissen, übermannt von dem Gefühl, das meine Brust zersprengen wollte, der holden, süßen Candida meine Liebe gestand, las ich denn nicht in ihren Blicken, fühlte ich nicht an dem Druck ihrer Hand meine Seligkeit? – Aber sowie das verdammte kleine Ungetüm sich sehen läßt, ist *ihm* alle Liebe zugewandt. An ihr, der vermaledeiten Mißgeburt hängen Candidas Augen, und sehnsüchtige Seufzer entfliehen ihrer Brust, wenn der täppische Junge sich ihr nähert, oder gar ihre Hand berührt. – Es muß mit ihm irgendeine geheimnisvolle Bewandtnis haben, und sollt ich an alberne Ammenmärchen glauben, ich würde behaupten, der Junge sei verhext und könne es, wie man zu sagen pflegt, den Leuten antun. Ist es nicht toll, daß alle über das mißgestaltete, durch und durch verwahrloste Männlein spotten und lachen, und dann wieder, tritt der Kleine dazwischen, ihn als den verständigsten, gelehrtesten, ja wohlgestaltetsten Herrn Studiosum ausschreien, der sich eben unter uns befindet? – Was sage ich! geht es mir nicht beinahe selbst so, kommt es mir nicht auch oft vor, als sei Zinnober gescheit und hübsch? – Nur in Candidas Gegenwart hat der Zauber keine Macht über mich, da ist und bleibt Herr Zinnober ein dummes, abscheuliches Alräunchen. – Doch! – ich stemme mich entgegen der feindlichen Macht, eine dunkle Ahnung

ruht tief in meinem Innern, irgend etwas Unerwartetes werde mir die Waffe in die Hand geben wider den bösen Unhold!" –
Balthasar suchte den Rückweg nach Kerepes. In einem Baumgange fortwandernd bemerkte er auf der Landstraße einen kleinen bepackten Reisewagen, aus dem ihm jemand mit einem weißen Tuch freundlich zuwinkte. Er trat heran und erkannte Herrn Vincenzo Sbiocca, weltberühmten Virtuosen auf der Geige, den er wegen seines vortrefflichen ausdrucksvollen Spiels über alle Maßen hochschätzte und bei dem er schon seit zwei Jahren Unterricht genommen.
„Gut", rief Sbiocca, indem er aus dem Wagen sprang, „gut, mein lieber Herr Balthasar, mein teurer Freund und Schüler, gut, daß ich Sie noch hier treffe, um von Ihnen herzlichen Abschied nehmen zu können."
„Wie", sprach Balthasar, „wie Herr Sbiocca, Sie verlassen doch nicht Kerepes, wo alles Sie ehrt und achtet, wo keiner Sie missen mag?"
„Ja", erwiderte Sbiocca, indem ihm alle Glut des innern Zorns ins Gesicht trat, „ja Herr Balthasar, ich verlasse einen Ort, in dem die Leute sämtlich närrisch sind, der einem großen Irrenhause gleicht. – Sie waren gestern nicht in meinem Konzert, da Sie über Land gegangen, sonst hätten Sie mir beistehen können gegen das rasende Volk, dem ich unterlegen!"
„Was ist geschehen, um tausend Himmels willen, was ist geschehen?" rief Balthasar.
„Ich spiele", fuhr Sbiocca fort, „das schwierigste Konzert von Viotti. Es ist mein Stolz, meine Freude. Sie haben es von mir gehört, es hat Sie nie unbegeistert gelassen. Gestern war ich, wohl mag ich es sagen, ganz vorzüglich bei guter Laune – *anima* mein ich, heitren Geistes – *spirito alato* mein ich. Kein Violinspieler auf der ganzen weiten Erde, Viotti selbst hätte mir nicht nachgespielt. Als ich geendet, bricht der Beifall mit aller Wut los – *furore* mein ich, wie ich erwartet. Geige unter dem Arm trete ich vor, mich höflichst zu bedanken. – Aber! was muß ich sehen, was muß ich hören! – Alles, ohne mich nur im mindesten zu beachten, drängt sich nach einer Ecke des Saales und schreit: ‚*Bravo – bravissimo*, göttlicher Zinnober! – welch ein Spiel – welche Haltung, welcher Ausdruck, welche Fertigkeit!' – Ich renne hin, dränge mich durch! – da steht ein drei Spannen hoher verwachsener Kerl und schnarrt mit widriger Stimme: „Bitte, bitte recht sehr, habe gespielt wie es in meinen Kräften stand, bin freilich nunmehr der stärkste Violinist in Europa und den übrigen bekannten Welttei-

len.' – ‚Tausend Teufel', schrie ich, ‚wer hat denn gespielt, ich oder der Erdwurm da!' – Und als der Kleine immer fortschnarrt: ‚Bitte, bitte ergebenst', will ich auf ihn los und ihn fassen, in die ganze Applikatur greifend. Aber da stürzen sie auf mich los, und reden wahnsinniges Zeug von Neid, Eifersucht und Mißgunst. Unterdessen ruft einer: ‚Und welche Komposition!' und alle einstimmig rufen hinterdrein: ‚Und welche Komposition – göttlicher Zinnober! – sublimer Komponist!' Noch ärger als zuvor schrie ich: ‚Ist denn alles rasend – besessen? das Konzert war von Viotti, und ich – ich – der weltberühmte Vincenzo Sbiocca hat es gespielt!' Aber nun packen sie mich fest, sprechen von italienischer Tollheit – *rabbia* mein ich, von seltsamen Zufällen, bringen mich mit Gewalt in ein Nebenzimmer, behandeln mich wie einen Kranken, wie einen Wahnsinnigen. Nicht lange dauert es, so stürzt Signora Bragazzi herein und fällt ohnmächtig nieder. Ihr war es ergangen wie mir. Sowie sie ihre Arie geendet, erdröhnte der Saal von dem: ‚*Brava – bravissima* – Zinnober', und alle schrien, keine solche Sängerin gäb es mehr auf Erden als Zinnober, und der schnarrte wieder sein verfluchtes: ‚Bitte – bitte' – Signora Bragazzi liegt im Fieber und wird baldigst verscheiden; ich meinesteils rette mich durch die Flucht vor dem wahnsinnigen Volke. Leben Sie wohl, bester Herr Balthasar! – Sehn Sie etwa den Signorino Zinnober, so sagen Sie ihm gefälligst, er möge sich nicht irgendwo in einem Konzert blicken lassen, in dem ich zugegen. Unfehlbar würd ich ihn sonst bei seinen Käferbeinchen packen und durchs F-Loch in den Kontrabaß schmeißen, da könne er denn zeit seines Lebens Konzert spielen und Arien singen, wie er nur Lust hätte. Leben Sie wohl, mein geliebter Balthasar, und legen Sie die Violine nicht beiseite!" – Damit umarmte Herr Vincenzo Sbiocca den vor Staunen erstarrten Balthasar und stieg in den Wagen, der schnell davonrollte.

„Hab ich denn nicht recht", sprach Balthasar zu sich selbst, „hab ich denn nicht recht, das unheimliche Ding, der Zinnober, ist verhext und tut es den Leuten an." – In dem Augenblick rannte ein junger Mensch vorüber, bleich – verstört, Wahnsinn und Verzweiflung im Antlitz. Dem Balthasar fiel es schwer aufs Herz. Er glaubte in dem Jünglinge einen seiner Freunde erkannt zu haben und sprang ihm daher schnell nach in den Wald.

Kaum zwanzig – dreißig Schritte gelaufen, wurde er den Referendarius Pulcher gewahr, der unter einem großen Baume stehen geblieben und mit himmelwärts gerichtetem Blick also sprach: „Nein! – nicht länger dulden diese Schmach! – Alle Hoffnung des Lebens ist dahin! – jede Aussicht nur ins Grab gerichtet – Fahre wohl – Leben – Welt – Hoffnung – Geliebte –"

Und damit riß der verzweiflungsvolle Referendarius eine Pistole aus dem Busen und drückte sie sich an die Stirne.

Balthasar stürzte mit Blitzesschnelle auf ihn zu, schleuderte ihm die Pistole weit weg aus der Hand und rief: „Pulcher! um Gottes willen, was ist dir, was tust du!"

Der Referendarius konnte einige Minuten hindurch nicht zu sich selbst kommen. Er war halb ohnmächtig niedergesunken auf den Rasen; Balthasar hatte sich zu ihm gesetzt und sprach tröstende Worte, wie er es nur vermochte, ohne die Ursache von Pulchers Verzweiflung zu wissen.

Hundertmal hatte Balthasar gefragt, was dem Referendarius denn Schreckliches geschehen, das den schwarzen Gedanken des Selbstmordes in ihm rege gemacht. Da seufzte Pulcher endlich tief auf und begann: „Du kennst, lieber Freund Balthasar, meine bedrängte Lage, du weißt, wie ich all meine Hoffnung auf die Stelle des geheimen Expedienten gesetzt, die bei dem Minister der auswärtigen Angelegenheiten offen; du weißt, mit welchem Eifer, mit welchem Fleiß ich mich darauf vorbereitet. Ich hatte meine Ausarbeitungen eingereicht, die, wie ich zu meiner Freude erfuhr, den vollsten Beifall des Ministers erhalten. Mit welcher Zuversicht stellte ich mich heute vormittag zur mündlichen Prüfung! – Ich fand im Zimmer einen kleinen, mißgeschaffenen Kerl, den du wohl unter dem Namen des Herrn Zinnober kennen wirst. Der Legationsrat, dem die Prüfung übertragen, trat mir freundlich entgegen und sagte mir, zu derselben Stelle, die ich zu erhalten wünsche, habe sich auch Herr Zinnober gemeldet, er werde uns *beide* daher prüfen. Dann raunte er mir leise ins Ohr: ‚Sie haben von Ihrem Mitbewerber nichts zu befürchten, bester Referendarius, die Arbeiten, die der kleine Zinnober eingereicht, sind erbärmlich!' – Die Prüfung begann, keine Frage des Rats ließ ich unbeantwortet. Zinnober wußte nichts, gar nichts; statt zu antworten, schnarrte und quäkte er unvernehmliches Zeug, das niemand verstand, fiel auch, indem er ungebärdig mit den Beinchen strampelte, ein paarmal vom hohen Stuhl herab, so daß ich ihn wieder hinaufheben mußte. Mir bebte das Herz vor Vergnügen; die freundlichen Blicke, die der Rat dem Kleinen zuwarf, hielt ich für die bitterste Ironie. – Die Prüfung war beendigt. Wer schildert meinen Schreck, mir war es, als wenn ein jäher Blitz mich klaftertief hineinschlüge in den Boden, als der Rat den Kleinen umarmte, zu ihm sprach: ‚Herrlicher Mensch! – welche Kenntnis – welcher Verstand – welcher Scharfsinn!‘ – dann zu mir: ‚Sie haben mich sehr getäuscht, Herr Referendarius Pulcher – Sie wissen ja gar nichts! – Und – nehmen Sie mir es nicht übel, die Art, wie Sie sich zur Prüfung ermutigt haben mögen, läuft gegen alle Sitte, gegen allen Anstand! – Sie konnten sich ja gar nicht auf dem Stuhl erhalten, Sie fielen ja herab, und Herr Zinnober mußte Sie aufrichten. Diplomatische Personen müssen fein nüchtern sein und besonnen. – Adieu, Herr Referendarius!‘ – Noch hielt ich alles für ein tolles Gaukelspiel. Ich wagte es, ich ging hin zum Minister. Er ließ mir heraussagen, wie ich mich unterstehen könne, ihn noch mit meinem Besuch zu behelligen, nach der Art, wie ich mich in der Prüfung bewiesen – er wisse schon alles! Der Posten, zu dem ich mich gedrängt, sei schon vergeben an Herrn Zinnober! – So hat mir irgendeine höllische Macht alle Hoffnung geraubt und ich will ein Leben freiwillig opfern, das dem dunklen Verhängnis anheimgefallen! – Verlaß mich!“ –

„Nimmermehr“, rief Balthasar, „erst höre mich an!“

Er erzählte nun alles, was er von Zinnober wußte seit seiner ersten Erscheinung vor dem Tor von Kerepes; wie es ihm mit dem Kleinen ergangen in Mosch Terpins Hause; was er eben jetzt von Vincenzo Sbiocca vernommen. „Es ist nur zu gewiß“, sprach er dann, „daß allem Beginnen der unseligen Mißgeburt irgend etwas Geheimnisvolles zum Grunde liegt, und glaube mir, Freund Pulcher! – ist irgendein höllischer Zauber im Spiele, so kommt es nur darauf an, ihm mit festem Sinn entgegenzutreten, der Sieg ist gewiß, wenn nur der Mut vorhanden. – Darum nicht verzagt, kein zu rascher Entschluß. Laß uns vereint dem kleinen Hexenkerl zu Leibe gehen!“ –

„Hexenkerl!“ rief der Referendarius mit Begeisterung, „ja Hexenkerl, ein ganz verfluchter Hexenkerl ist der Kleine, das ist gewiß! – Doch Bruder Balthasar, was ist uns denn, liegen wir im Traume? – Hexenwesen – Zaubereien – ist es denn damit nicht vorbei seit langer Zeit? Hat denn nicht vor vielen Jahren Fürst Paphnutius der Große die Aufklärung eingeführt, und alles tolle Unwesen, alles Unbegreifliche aus dem Lande verbannt, und doch soll noch dergleichen verwünschte Contrebande sich eingeschlichen haben? – Wetter! das müßte man ja gleich der Polizei anzeigen und den Mautoffizianten! – Aber nein, nein – nur der Wahnsinn der Leute oder, wie ich beinahe fürchte, ungeheure Bestechung ist schuld an unserm Unglück. – Der verwünschte Zinnober soll unermeßlich reich sein. Er stand neulich vor der Münze und da zeigten die Leute mit Fingern nach ihm und riefen: ‚Seht den kleinen hübschen Papa! – dem gehört alles blanke Gold, was da drinnen geprägt wird!' –"

„Still", erwiderte Balthasar, „still Freund Referendarius, mit dem Golde zwingt es der Unhold nicht, es ist etwas anderes dahinter! – Wahr, daß Fürst Paphnutius die Aufklärung einführte zu Nutz und Frommen seines Volkes, seiner Nachkommenschaft, aber manches Wunderbare, Unbegreifliche ist doch noch zurückgeblieben. Ich meine, man hat noch so fürs Haus einige hübsche Wunder zurückbehalten. Z.B. noch immer wachsen aus lumpichten Samenkörnern die höchsten, herrlichsten Bäume, ja sogar die mannigfaltigsten Früchte und Getreidearten, womit wir uns den Leib stopfen. Erlaubt man ja wohl noch gar den bunten Blumen, den Insekten auf ihren Blättern und Flügeln die glänzendsten Farben, selbst die allerverwunderlichsten Schriftzüge zu tragen, von denen kein Mensch weiß, ob es Öl ist, Gouache oder Aquarell-Manier, und kein Teufel von Schreibmeister kann die schmucke Kurrentschrift lesen, geschweige denn nachschreiben! – Hoho! Referendarius, ich sage dir, es geht in meinem Innern zuweilen Absonderliches vor! – Ich lege die Pfeife weg und schreite im Zimmer auf und ab, und eine seltsame Stimme flüstert, ich sei selbst ein Wunder, der Zauberer Mikrokosmus hantiere in mir und treibe mich an zu allerlei tollen Streichen! – Aber Referendarius, dann laufe ich fort und schaue hinein in die Natur, und verstehe alles, was die Blumen, die Gewässer zu mir sprechen, und mich umfängt selige Himmelslust." –

„Du sprichst im Fieber", rief Pulcher; aber Balthasar, ohne auf ihn zu achten, streckte die Arme aus wie von inbrünstiger Sehnsucht erfaßt nach der Ferne. „Horche doch nur", rief Balthasar, „horche doch nur, o Referendarius! welche himmlische Musik im Rauschen des Abendwindes durch den Wald ertönt – Hörst du wohl, wie die Quellen stärker erheben ihren Gesang? wie die Büsche, die Blumen einfallen mit lieblichen Stimmen?" –

Der Referendarius hielt das Ohr hin, um die Musik zu erhorchen, von der Balthasar sprach. „In der Tat", fing er dann an, „in der Tat, es wehen Töne durch den Wald, die die anmutigsten, herrlichsten sind, welche ich in meinem Leben gehört und die mir tief in die Seele dringen. Doch ist es nicht der Abendwind, nicht die Büsche, nicht die

Blumen sind es, die so singen, vielmehr deucht es mir, als wenn jemand in der Ferne die tiefsten Glocken einer Harmonika anstriche."

Pulcher hatte recht. Wirklich glichen die vollen, immer stärker und stärker anschwellenden Akkorde, die immer näher hallten, den Tönen einer Harmonika, deren Größe und Stärke aber unerhört sein mußte. Als nun die Freunde weiter vorschritten, bot sich ihnen ein Schauspiel dar, so zauberhaft, daß sie vor Erstaunen erstarrt – festgewurzelt – stehen blieben. In geringer Entfernung fuhr ein Mann langsam durch den Wald, beinahe chinesisch gekleidet, nur trug er ein weitbauschiges Barett mit schönen Schwungfedern auf dem Haupte. Der Wagen glich einer offenen Muschel von funkelndem Kristall, die beiden hohen Räder schienen von gleicher Masse. Sowie sie sich drehten, erklangen die herrlichen Harmonikatöne, die die Freunde schon aus der Ferne gehört. Zwei schneeweiße Einhörner mit goldenem Geschirr zogen den Wagen, auf dem statt des Fuhrmanns ein Silberfasan saß, die goldnen Leinen im Schnabel haltend. Hintenauf saß ein großer Goldkäfer, der mit den flimmernden Flügeln flatternd dem wunderbaren Mann in der Muschel Kühlung zuzuwehen schien. Sowie er bei den Freunden vorüberkam, nickte er ihnen freundlich zu. In dem Augenblick fiel aus dem funkelnden Knopf des langen Rohrs, das der Mann in der Hand trug, ein Strahl auf Balthasar, so daß er einen brennenden Stich tief in der Brust fühlte und mit einem dumpfen Ach! zusammenfuhr. –

Der Mann blickte ihn an und lächelte und winkte noch freundlicher als zuvor. Sowie das zauberische Fuhrwerk im dichten Gebüsch verschwand, noch im sanften Nachhallen der Harmonikatöne, fiel Balthasar ganz außer sich vor Wonne und Entzücken dem Freunde um den Hals und rief: „Referendarius! wir sind gerettet! – jener ist's, der Zinnobers verruchten Zauber bricht!"

„Ich weiß nicht", sprach Pulcher, „ich weiß nicht, wie mir in diesem Augenblick zumute, ob ich wache, ob ich träume; aber so viel ist gewiß, daß ein unbekanntes Wonnegefühl mich durchdringt und daß Trost und Hoffnung in meine Seele wiederkehrt."

Fünftes Kapitel.

Wie Fürst Barsanuph Leipziger Lerchen und Danziger Goldwasser frühstückte, einen Butterfleck auf die Kasimirhose bekam und den Geheimen Sekretär Zinnober zum Geheimen Spezialrat erhob. – Die Bilderbücher des Doktors Prosper Alpanus. – Wie ein Portier den Studenten Fabian in den Finger biß, dieser ein Schleppkleid trug und deshalb verhöhnt wurde. – Balthasars Flucht.

Es ist nicht länger zu verhehlen, daß der Minister der auswärtigen Angelegenheiten, bei dem Herr Zinnober als Geheimer Expedient angenommen, ein Abkömmling jenes Barons Prätextatus von Mondschein war, der den Stammbaum der Fee Rosabelverde in den Turnierbüchern und Chroniken vergebens suchte. Er hieß, wie sein Ahnherr, Prätextatus von Mondschein, war von der feinsten Bildung, den angenehmsten Sitten, verwechselte niemals das Mich und Mir, das Ihnen und Sie, schrieb seinen Namen mit französischen Lettern, sowie überhaupt eine leserliche Hand, und arbeitete sogar zuweilen *selbst*, vorzüglich wenn das Wetter schlecht war. Fürst Barsanuph, ein Nachfolger des großen Paphnutz, liebte ihn zärtlich, denn er hatte auf jede Frage eine Antwort, spielte in den Erholungsstunden mit dem Fürsten Kegel, verstand sich herrlich aufs Geld-Negoz, und suchte in der Gavotte seinesgleichen.

Es begab sich, daß der Baron Prätextatus von Mondschein den Fürsten eingeladen hatte zum Frühstück auf Leipziger Lerchen und ein Gläschen Danziger Goldwasser. Als er nun hinkam in Mondscheins Haus, fand er im Vorsaal unter mehreren angenehmen diplomatischen Herren den kleinen Zinnober, der auf seinen Stock gestemmt ihn mit seinen Äuglein anfunkelte und ohne sich weiter an ihn zu kehren, eine gebratene Lerche ins Maul steckte, die er soeben vom Tische gemaust. Sowie der Fürst den Kleinen erblickte, lächelte er ihn gnädig an und sprach zum Minister: „Mondschein! was haben Sie da für einen kleinen, hübschen verständigen Mann in Ihrem Hause? – Es ist gewiß derselbe, der die wohl stilisierten und schön geschriebenen Berichte verfertigt, die ich seit einiger Zeit von Ihnen erhalte?“ – „Allerdings, gnädigster Herr“, erwiderte Mondschein, „mir hat das Geschick ihn zugeführt als den geistreichsten, geschicktesten Arbeiter in meinem Bureau. Er nennt sich Zinnober, und ich empfehle den jungen herrlichen Mann ganz vorzüglich Ihrer Huld und Gnade, mein bester Fürst! – Erst seit wenigen Tagen ist er bei mir.“ – „Und eben deshalb“, sprach ein junger hübscher Mann, der sich indessen genähert, „und eben deshalb hat, wie Ew. Exzellenz zu bemerken erlauben werden, mein junger kleiner Kollege noch gar nichts expediert. Die Berichte, die das Glück hatten, von Ihnen, mein durchlauchtester Fürst, mit Wohlgefallen bemerkt zu werden, sind von mir verfaßt.“ – „Was wollen Sie!“ fuhr der Fürst ihn zornig an. – Zinnober hatte sich dicht an den Fürsten geschoben und schmatzte, die Lerche verzehrend, vor Gier und Appetit. – Der junge Mensch war es wirklich, der jene Berichte verfaßt, aber: „Was wollen Sie“, rief der Fürst, „Sie haben ja noch gar nicht die Feder angerührt? – Und daß Sie dicht bei mir gebratene Lerchen verzehren, so daß, wie ich zu meinem großen Ärger bemerken muß, meine neue Kasimirhose bereits einen Butterfleck bekommen, daß Sie dabei so unbillig schmatzen, ja! – alles das beweiset hinlänglich Ihre Untauglichkeit zu jeder diplomatischen Laufbahn! – Gehen Sie fein nach Hause und lassen Sie sich nicht wieder vor mir sehen, es sei denn, sie brächten mir eine nützliche Fleckkugel für meine Kasimirhose. – Vielleicht wird mir dann wieder gnädig zumute!“ Dann zum Zinnober: „Solche Jünglinge, wie Sie, werter Zinnober, sind eine Zierde des Staats und verdienen ehrenvoll ausgezeichnet zu werden! – Sie sind Geheimer Spezialrat, mein Bester!“ – „Danke schönstens“, schnarrte Zinnober, indem er den letzten Bissen hinunterschluckte, und sich das Maul wischte mit beiden Händchen, „danke schönstens, ich werd das Ding schon machen, wie es mir zukommt.“

„Wackres Selbstvertrauen“, sprach der Fürst mit erhobener Stimme, „wackres Selbstvertrauen zeugt von der innern Kraft, die dem würdigen Staatsmann inwohnen muß!“ – Und auf diesen Spruch nahm der Fürst ein Schnäpschen Goldwasser, welches der Minister selbst ihm darreichte und das ihm sehr wohl bekam. – Der neue Rat mußte Platz nehmen zwischen dem Fürsten und Minister. Er verzehrte unglaublich viel Lerchen und trank Malaga und Goldwasser durcheinander und schnarrte und brummte zwischen den Zähnen, und hantierte, da er kaum mit der spitzen Nase über den Tisch reichen konnte, gewaltig mit den Händchen und Beinchen.

Als das Frühstück beendigt, riefen beide, der Fürst und Minister: „Es ist ein englischer Mensch, dieser Geheime Spezialrat!“ –

„Du siehst“, sprach Fabian zu seinem Freunde Balthasar, „du siehst so fröhlich aus, deine Blicke leuchten in besonderm Feuer. – Du fühlst dich glücklich? – Ach, Balthasar, du träumst vielleicht einen schönen Traum, aber ich muß dich daraus erwecken, es ist Freundes Pflicht!“

„Was hast du, was ist geschehen?“ fragte Balthasar bestürzt.

„Ja“, fuhr Fabian fort, „ja! – ich muß es dir sagen! Fasse dich nur, mein Freund! – Bedenke, daß vielleicht kein Unfall in der Welt schmerzlicher trifft und doch leichter zu verwinden ist, als eben dieser! – Candida –“

„Um Gott“, schrie Balthasar entsetzt, „Candida! – was ist mit Candida? – ist sie hin – ist sie tot?“

„Ruhig“, sprach Fabian weiter, „ruhig mein Freund! – nicht tot ist Candida, aber so gut als tot für dich! – Wisse, daß der kleine Zinnober Geheimer Spezialrat geworden und so gut als versprochen ist mit der schönen Candida, die, Gott weiß wie, in ihn ganz vernarrt sein soll.“

Fabian glaubte, daß Balthasar nun losbrechen würde in ungestüme, verzweiflungsvolle Klagen und Verwünschungen. Statt dessen sprach er mit ruhigem Lächeln: „Ist es nichts weiter als das, so gibt es keinen Unfall, der mich betrüben könnte.“

„Du liebst Candida nicht mehr?“ fragte Fabian voll Erstaunen.

„Ich liebe“, erwiderte Balthasar, „ich liebe das Himmelskind, das herrliche Mädchen mit aller Inbrunst, mit aller Schwärmerei, die nur in eines Jünglings Brust sich entzünden kann! Und ich weiß – ach ich weiß es, daß Candida mich wiederliebt, daß nur ein verruchter Zauber sie umstrickt hält, aber bald löse ich die Bande dieses Hexenwesens, bald vernichte ich den Unhold, der die Arme betört.“ –

Balthasar erzählte nun dem Freunde ausführlich von dem wunderbaren Mann, dem er in dem seltsamsten Fuhrwerk im Walde begegnet. Er schloß damit, daß, sowie aus dem Stockknopf des zauberischen Wesens ein Strahl in seine Brust gefunkelt, der feste Gedanke in ihm aufgegangen, daß Zinnober nichts sei als ein Hexenmännlein, dessen Macht jener Mann vernichten werde.

„Aber“, rief Fabian, als der Freund geendet, „aber Balthasar, wie kannst du nur auf solches tolles, wunderliches Zeug verfallen? – Der Mann, den du für einen Zauberer hältst, ist niemand anders, als der Doktor Prosper Alpanus, der unfern der Stadt auf seinem Landhause wohnt. Wahr ist es, daß die wunderlichsten Gerüchte von ihm verbreitet werden, so daß man ihn beinahe für einen zweiten Cagliostro halten möchte, aber daran ist er selbst schuld. Er liebt es, sich in ein mystisches Dunkel zu hüllen, den Schein eines mit den tiefsten Geheimnissen der Natur vertrauten Mannes anzunehmen, der unbekannten Kräften gebietet, und dabei hat er die bizarrsten Einfälle. So ist zum Beispiel sein Fuhrwerk so seltsam beschaffen, daß ein Mensch, der von lebhafter feuriger Fantasie ist, wie du mein Freund, wohl dahin gebracht werden kann, alles für eine Erscheinung aus irgendeinem tollen Märchen zu halten. Höre also! – Sein Kabriolett hat die Form einer Muschel und ist über und über versilbert, zwischen den Rädern ist eine Drehorgel angebracht, welche, sowie der Wagen fährt, von selbst spielt. Das, was du für einen Silberfasan hieltest, war gewiß sein kleiner weißgekleideter Jockey, so wie du gewiß die Blätter des ausgebreiteten Sonnenschirms für die Flügeldecken eines Goldkäfers hieltest. Seinen beiden weißen Pferdchen läßt er große Hörner anschrauben, damit es nur recht fabelhaft aussehen soll. Übrigens ist es richtig, daß der Doktor Alpanus ein schönes spanisches Rohr trägt mit einem herrlich funkelnden Kristall, der oben darauf sitzt als Knopf und von dessen wunderlicher Wirkung man viel Fabelhaftes erzählt oder vielmehr lügt. Den Strahl dieses Kristalls soll nämlich kaum ein Auge ertragen. Verhüllt ihn der Doktor mit einem dünnen Schleier und richtet man nun den festen Blick darauf, so soll das Bild der Person, das man in dem innersten Gedanken trägt, außerhalb wie in einem Hohlspiegel erscheinen."

„In der Tat", fiel Balthasar dem Freunde ins Wort, „in der Tat? Erzählt man das? – Was spricht man denn wohl noch weiter von dem Herrn Prosper Alpanus?"

„Ach", erwiderte Fabian, „verlange doch nur nicht, daß ich von den tollen Fratzen und Possen viel reden soll. Du weißt ja, daß es noch bis jetzt abenteuerliche Leute gibt, die der gesunden Vernunft entgegen an alle sogenannte Wunder alberner Ammenmärchen glauben."

„Ich will dir gestehen", fuhr Balthasar fort, „daß ich genötigt bin, mich selbst zu der Partei dieser abenteuerlichen Leute ohne gesunde Vernunft zu schlagen. Versilbertes Holz ist kein glänzendes durchsichtiges Kristall, eine Drehorgel tönt nicht wie eine Harmonika, ein Silberfasan ist kein Jockey und ein Sonnenschirm kein Goldkäfer. Entweder war der wunderbare Mann, dem ich begegnete, nicht der Doktor Prosper Alpanus, von dem du sprichst, oder der Doktor herrscht wirklich über die außerordentlichsten Geheimnisse."

„Um“, sprach Fabian, „um dich ganz von deinen seltsamen Träumereien zu heilen, ist es am besten, daß ich dich geradezu hinführe zu dem Doktor Prosper Alpanus. Dann wirst du es selbst verspüren, daß der Doktor ein ganz gewöhnlicher Arzt ist, und keinesweges spazierenfährt mit Einhörnern, Silberfasanen und Goldkäfern.“

„Du sprichst“, erwiderte Balthasar, indem ihm die Augen hell auffunkelten, „du sprichst, mein Freund, den innigsten Wunsch meiner Seele aus. – Wir wollen uns nur gleich auf den Weg machen.“

Bald standen sie vor dem verschlossenen Gartentor des Parks, in dessen Mitte das Landhaus des Doktors Alpanus lag. „Wie kommen wir nun hinein“, sprach Fabian. „Ich denke, wir klopfen“, erwiderte Balthasar und faßte den metallenen Klöpfel, der dicht beim Schlosse angebracht war.

Sowie er den Klöpfel aufhob, begann ein unterirdisches Murmeln wie ein ferner Donner und schien zu verhallen in der tiefsten Tiefe. Das Gattertor drehte sich langsam auf, sie traten ein, und wanderten fort durch einen langen, breiten Baumgang, durch den sie das Landhaus erblickten. „Spürst du“, sprach Fabian, „hier etwas Außerordentliches, Zauberisches?“ – „Ich dächte“, erwiderte Balthasar, „die Art, wie sich das Gattertor öffnete, wäre doch nicht so ganz gewöhnlich gewesen, und dann weiß ich nicht, wie mich hier alles so wunderbar, so magisch anspricht. – Gibt es wohl auf weit und breit solche herrliche Bäume, als eben hier in diesem Park? – Ja mancher Baum, manches Gebüsch scheint mit seinen glänzenden Stämmen und smaragdenen Blättern einem fremden unbekannten Lande anzugehören.“

Fabian bemerkte zwei Frösche von ungewöhnlicher Größe, die schon von dem Gattertor an zu beiden Seiten der Wandelnden mitgehüpft waren. „Schöner Park“, rief Fabian, „in dem es solch Ungeziefer gibt!“ und bückte sich nieder, um einen kleinen Stein aufzuheben, mit dem er nach den lustigen Fröschen zu werfen gedachte. Beide sprangen ins Gebüsch und guckten ihn mit glänzenden menschlichen Augen an. „Wartet, wartet!“ rief Fabian, zielte nach dem einen und warf. In dem Augenblick quäkte aber ein kleines häßliches Weib, das am Wege saß: „Grobian! schmeiß Er nicht ehrliche Leute, die hier im Garten mit saurer Arbeit ihr bißchen Brot verdienen müssen.“ – „Komm nur, komm“, murmelte Balthasar entsetzt, denn er merkte wohl, daß der Frosch sich gestaltet zum alten Weibe. Ein Blick ins Gebüsch überzeugte ihn, daß der andere Frosch, jetzt ein kleines Männlein geworden, sich mit Ausjäten des Unkrauts beschäftigte. –

Vor dem Landhause befand sich ein großer schöner Rasenplatz, auf dem die beiden Einhörner weideten, während die herrlichsten Akkorde in den Lüften erklangen.
„Siehst du wohl, hörst du wohl?“ sprach Balthasar.
„Ich sehe nichts weiter“, erwiderte Fabian, „als zwei kleine Schimmel, die Gras fressen und was so in den Lüften tönt, sind wahrscheinlich aufgehängte Äolsharfen.“
Die herrliche einfache Architektur des mäßig großen, einstöckigen Landhauses entzückte den Balthasar. Er zog an der Klingelschnur, sogleich ging die Tür auf, und ein großer straußartiger, ganz goldgelb gleißender Vogel stand als Portier vor den Freunden.
„Nun seh“, sprach Fabian zu Balthasar, „nun seh einmal einer die tolle Livree! – Will man auch nachher dem Kerl ein Trinkgeld geben, hat er wohl eine Hand, es in die Westentasche zu schieben?“
Umd damit wandte er sich zu dem Strauß, packte ihn bei den glänzenden Flaumfedern, die unter dem Schnabel an der Kehle wie ein reiches Jabot sich aufplusterten, und sprach: „Meld Er uns bei dem Herrn Doktor, mein scharmanter Freund!“ – Der Strauß sagte aber nichts als: „Quirrrr“ – und biß den Fabian in den Finger. „Tausend Sapperment“, schrie Fabian, „der Kerl ist doch wohl am Ende ein verfluchter Vogel!“
In demselben Augenblick ging eine innere Tür auf, und der Doktor selbst trat den Freunden entgegen. – Ein kleiner dünner blasser Mann! – Er trug ein kleines samtenes Mützchen auf dem Haupte, unter dem schönes Haar in langen Locken hervorströmte, ein langes erdgelbes, indisches Gewand und kleine rote Schnürstiefelchen, ob mit buntem Pelz oder dem glänzenden Federbalg eines Vogels besetzt, war nicht zu unterscheiden. Auf seinem Antlitz lag die Ruhe, die Gemütlichkeit selbst, nur schien es seltsam, daß, wenn man ihn recht nahe, recht scharf anblickte, es war, als schaue aus dem Gesicht noch ein kleineres Gesichtchen wie aus einem gläsernen Gehäuse heraus.
„Ich erblickte“, sprach nun leise und etwas gedehnt mit anmutigem Lächeln Prosper Alpanus, „ich erblickte Sie, meine Herren! aus dem Fenster, ich wußte auch wohl schon früher, wenigstens was Sie betrifft, lieber Herr Balthasar, daß Sie zu mir kommen würden. – Folgen Sie mir gefälligst!“ –
Prosper Alpanus führte sie in ein hohes Zimmer, ringsumher mit himmelblauen Gardinen behängt. Das Licht fiel durch ein oben in der

Kuppel angebrachtes Fenster herab und warf seine Strahlen auf den glänzenden Marmortisch, der mitten im Zimmer stand. Sonst war durchaus nichts Außerordentliches in dem Gemach zu bemerken.
„Worin kann ich Ihnen dienen?“ fragte Prosper Alpanus.
Da faßte sich Balthasar zusammen, erzählte, was sich mit dem kleinen Zinnober begeben von seinem ersten Erscheinen in Kerepes an, und schloß mit der Versicherung, wie in ihm der feste Gedanke aufgegangen, daß er, Prosper Alpanus, der wohltätige Magus sei, der Zinnobers verworfenem, abscheulichem Zauberwerk Einhalt tun werde.
Prosper Alpanus blieb schweigend in tiefen Gedanken stehen. Endlich, nachdem wohl ein paar Minuten vergangen, begann er mit ernster Miene und tiefem Ton: „Nach allem, was Sie mir erzählt, Balthasar! unterliegt es keinem Zweifel, daß es mit dem kleinen Zinnober eine besondere geheimnisvolle Bewandtnis hat. – Aber man muß fürs erste den Feind kennen, den man bekämpfen, die Ursache wissen, deren Wirkung man zerstören will. – Es steht zu vermuten, daß der kleine Zinnober nichts anders ist, als ein Wurzelmännlein. Wir wollen doch gleich nachsehen.“
Damit zog Prosper Alpanus an einer von den seidenen Schnüren, die rundumher an der Decke des Zimmers herabhingen. Eine Gardine rauschte auseinander, große Folianten in ganz vergoldeten Einbänden wurden sichtbar und eine zierliche luftig leichte Treppe von Zedernholz rollte herab. Prosper Alpanus stieg diese Treppe hinan und holte aus der obersten Reihe einen Folianten, den er auf den Marmortisch legte, nachdem er ihn mit einem großen Büschel blinkender Pfauenfedern sorgfältig abgestäubt. „Dies Werk“, sprach er dann, „handelt von Wurzelmännern, die sämtlich darin abgebildet; vielleicht finden Sie Ihren feindlichen Zinnober darunter, und dann ist er in unsere Hände geliefert.“
Als Prosper Alpanus das Buch aufschlug, erblickten die Freunde eine Menge sauber illuminierter Kupfertafeln, die die allerverwunderlichsten mißgestalteten Männlein mit den tollsten Fratzengesichtern darstellten, die man nur sehen konnte. Aber sowie Prosper eins dieser Männlein auf dem Blatt berührte, wurd es lebendig, sprang heraus und gaukelte und hüpfte auf dem Marmortisch gar possierlich umher, und schnippte mit den Fingerchen und machte mit den krummen Beinchen die allerschönsten Pirouetten und Entrechats, und sang dazu: „Quirr, Quapp, Pirr, Papp“, bis es Prosper bei dem Kopfe

ergriff und wieder ins Buch legte, wo es sich alsbald ausglättete und ausplättete zum bunten Bilde.
Auf dieselbe Weise wurden alle Bilder des Buchs durchgesehen, aber so oft schon Balthasar rufen wollte: „Dies ist er, dies ist Zinnober!" so mußte er doch, genauer hinblickend, zu seinem Leidwesen wahrnehmen, daß das Männlein keineswegs Zinnober war.
„Das ist doch wunderlich genug", sprach Prosper Alpanus, als das Buch zu Ende. – „Doch", fuhr er fort, „mag Zinnober vielleicht gar ein Erdgeist sein. Sehen wir nach."
Damit hüpfte er mit seltener Behendigkeit abermals die Zederntreppe hinauf, holte einen andern Folianten, stäubte ihn säuberlich ab, legte ihn auf den Marmortisch und schlug ihn auf, sprechend: „Dies Werk handelt von den Erdgeistern, vielleicht haschen wir den Zinnober in diesem Buche." Die Freunde erblickten wiederum eine Menge sauber illuminierter Kupfertafeln, die abscheulich häßliche braungelbe Unholde darstellten. Und wie sie Prosper Alpanus berührte, erhoben sie weinerlich quäkende Klagen, und krochen endlich schwerfällig heraus und wälzten sich knurrend und ächzend auf dem Marmotische herum, bis der Doktor sie wieder hineindrückte ins Buch.
Auch unter diesen hatte Balthasar den Zinnober nicht gefunden.
„Wunderlich, höchst wunderlich", sprach der Doktor und versank in stummes Nachdenken.
„Der Käferkönig", fuhr er dann fort, „der Käferkönig kann es nicht sein, denn der ist, wie ich gewiß weiß, eben jetzt anderswo beschäftigt; Spinnenmarschall auch nicht, denn Spinnenmarschall ist zwar häßlich, aber verständig und geschickt, lebt auch von seiner Hände Arbeit, ohne sich andrer Taten anzumaßen. – Wunderlich – sehr wunderlich –"
Er schwieg wieder einige Minuten, so daß man allerlei wunderbare Stimmen, die bald in einzelnen Lauten, bald in vollen anschwellenden Akkorden ringsumher ertönten, deutlich vernahm. „Sie haben überall und immerfort recht artige Musik, lieber Herr Doktor", sprach Fabian. Prosper Alpanus schien gar nicht auf Fabian zu achten, er faßte nur den Balthasar ins Auge, indem er erst beide Arme nach ihm ausstreckte, und dann die Fingerspitzen gegen ihn hin bewegte, als besprenge er ihn mit unsichtbaren Tropfen.
Endlich faßte der Doktor Balthasars beide Hände und sprach mit freundlichem Ernst: „Nur die reinste Konsonanz des psychischen

Prinzips im Gesetz des Dualismus begünstigt die Operation, die ich jetzt unternehmen werde. Folgen Sie mir!" –
Die Freunde folgten dem Doktor durch mehrere Zimmer, die außer einigen seltsamen Tieren, die sich mit Lesen – Schreiben – Malen – Tanzen beschäftigten, eben nichts Merkwürdiges enthielten, bis sich zwei Flügeltüren öffneten, und die Freunde vor einen dichten Vorhang traten, hinter den Prosper Alpanus verschwand, und sie in dicker Finsternis ließ. Der Vorhang rauschte auseinander, und die Freunde befanden sich in einem, wie es schien, eirunden Saal, in dem ein magisches Helldunkel verbreitet. Es war, betrachtete man die Wände, als verlöre sich der Blick in unabsehbare grüne Haine und Blumenauen mit plätschernden Quellen und Bächen. Der geheimnisvolle Duft eines unbekannten Aroma wallte auf und nieder und schien die süßen Töne der Harmonika hin und her zu tragen. Prosper Alpanus erschien ganz weißgekleidet wie ein Brahmin und stellte in die Mitte des Saals einen großen runden Kristallspiegel, über den er einen Flor warf.
„Treten Sie", sprach er dumpf und feierlich, „treten Sie vor diesen Spiegel, Balthasar, richten Sie Ihre festen Gedanken auf Candida – *wollen* Sie mit ganzer Seele, daß sie sich Ihnen zeige in dem Moment, der jetzt existiert in Raum und Zeit –"
Balthasar tat, wie ihm geheißen, indem Prosper Alpanus sich hinter ihn stellte und mit beiden Händen Kreise um ihn beschrieb.
Wenige Sekunden hatte es gedauert, als ein bläulicher Duft aus dem Spiegel wallte. Candida, die holde Candida erschien in ihrer lieblichen Gestalt mit aller Fülle des Lebens! Aber neben ihr, dicht neben ihr saß der abscheuliche Zinnober und drückte ihr die Hände, küßte sie – Und Candida hielt den Unhold mit einem Arm umschlungen und liebkoste ihn! – Balthasar wollte lauf aufschreien, aber Prosper Alpanus faßte ihn bei beiden Schultern hart an, und der Schrei erstickte in der Brust. „Ruhig", sprach Prosper leise, „ruhig Balthasar! – Nehmen Sie dies Rohr und führen Sie Streiche gegen den Kleinen, doch ohne sich von der Stelle zu rühren." Balthasar tat es, und gewahrte zu seiner Lust, wie der Kleine sich krümmte, umstülpte, sich an der Erde wälzte! – In der Wut sprang er vorwärts, da zerrann das Bild in Dunst und Nebel, und Prosper Alpanus riß den tollen Balthasar mit Gewalt zurück, laut rufend: „Halten Sie ein! – zerschlagen Sie den magischen Spiegel, so sind wir alle verloren! – Wir wollen in das Helle zurück."
– Die Freunde verließen auf des Doktors Geheiß den Saal und traten in ein anstoßendes helles Zimmer.

„Dem Himmel", rief Fabian, tief Atem schöpfend, „dem Himmel sei gedankt, daß wir aus dem verwünschten Saal heraus sind. Die schwüle Luft hat mir beinahe das Herz abgedrückt, und dann die albernen Taschenspielereien dazu, die mir in tiefer Seele zuwider sind." –

Balthasar wollte antworten, als Prosper Alpanus eintrat.

„Es ist", sprach er, „nunmehr gewiß, daß der mißgestaltete Zinnober weder ein Wurzelmann noch ein Erdgeist ist, sondern ein gewöhnlicher Mensch. Aber es ist eine geheime zauberische Macht im Spiele, die zu erkennen mir bis jetzt noch nicht gelungen, und eben deshalb kann ich auch noch nicht helfen. – Besuchen Sie mich bald wieder, Balthasar, wir wollen dann sehen, was weiter zu beginnen. Auf Wiedersehen!" –

„Also", sprach Fabian dicht an den Doktor herantretend, „also ein Zauberer sind Sie, Herr Doktor, und können mit all Ihrer Zauberkunst nicht einmal dem kleinen erbärmlichen Zinnober zu Leibe? – Wissen Sie wohl, daß ich Sie mitsamt Ihren bunten Bildern, Püppchen, magischen Spiegeln, mit all Ihrem fratzenhaften Kram für einen rechten ausgemachten Scharlatan halte? – Der Balthasar, der ist verliebt und macht Verse, dem können Sie allerlei Zeug einreden, aber bei mir kommen Sie schlecht an! – Ich bin ein aufgeklärter Mensch und statuiere durchaus keine Wunder!"

„Halten Sie", erwiderte Prosper Alpanus, indem er stärker und herzlicher lachte, als man es ihm nach seinem ganzen Wesen wohl zutrauen konnte, „halten Sie das wie Sie wollen. Aber – bin ich gleich nicht eben ein Zauberer, so gebiete ich doch über hübsche Kunststückchen" –

„Aus Wieglebs Magie wohl oder sonst!" – rief Fabian. „Nun da finden Sie an unserm Professor Mosch Terpin Ihren Meister und dürfen sich mit ihm nicht vergleichen, denn der ehrliche Mann zeigt uns immer, daß alles natürlich zugeht und umgibt sich gar nicht mit solcher geheimnisvoller Wirtschaft, als Sie, mein Herr Doktor. – Nun, ich empfehle mich Ihnen gehorsamst!"

„Ei", sprach der Doktor, „Sie werden doch nicht so im Zorn von mir scheiden?"

Und damit strich er dem Fabian an beiden Armen einigemal leise herab von der Schulter bis zum Handgelenk, daß diesem ganz besonders zumute wurde und er beklommen rief: „Was machen Sie denn, Herr Doktor!" – „Gehen Sie, meine Herren", sprach der Doktor, „Sie

Herr Balthasar hoffe ich recht bald wiederzusehen. – Bald wird die Hülfe gefunden sein!"

„Er bekommt *doch* kein Trinkgeld, mein Freund", rief Fabian im Herausgehen dem goldgelben Portier zu, und faßte ihm nach dem Jabot. Der Portier sagter aber wieder nichts, als: „Quirrr", und biß abermals den Fabian in den Finger.

„Bestie!" rief Fabian und rannte von dannen.

Die beiden Frösche ermangelten nicht, die beiden Freunde höflich zu geleiten bis ans Gattertor, das sich mit einem dumpfen Donner öffnete und schloß. – „Ich weiß", sprach Balthasar, als er auf der Landstraße hinter dem Fabian herwandelte, „ich weiß gar nicht Bruder, was du heute für einen seltsamen Rock angezogen hast mit solch entsetzlich langen Schößen und solch kurzen Ärmeln."

Fabian gewahrte zu seinem Erstaunen, daß sein kurzes Röckchen hinterwärts bis zur Erde herabgewachsen, daß dagegen die sonst über die Gnüge langen Ärmel hinaufgeschrumpft waren bis an den Ellbogen.

„Tausend Donner, was ist das!" rief er, und zog und zupfte an den Ärmeln und rückte die Schultern. Das schien auch zu helfen, aber wie sie nun durchs Stadttor gingen, so schrumpften die Ärmel herauf, so wuchsen die Rockschöße, daß alles Ziehens und Zupfens und Rükkens ungeachtet die Ärmel bald hoch oben an der Schulter saßen, Fabians nackte Arme preisgebend, daß bald sich ihm eine Schleppe nachwälzte, länger und länger sich dehnend. Alle Leute standen still und lachten aus vollem Halse, die Straßenbuben rannten dutzendweise jubelnd und jauchzend über den langen Talar und rissen Fabian um, und wie er sich wieder aufraffte, fehlte kein Stückchen von der Schleppe, nein! – sie war noch länger geworden. Und immer toller und toller wurde Gelächter, Jubel und Geschrei, bis sich endlich Fabian halb wahnsinnig in ein offnes Haus stürzte. – Sogleich war auch die Schleppe verschwunden.

Balthasar hatte gar nicht Zeit, sich über Fabians seltsame Verzauberung viel zu verwundern; denn der Referendarius Pulcher faßte ihn, riß ihn fort in eine abgelegene Straße und sprach: „Wie ist es möglich, daß du nicht schon fort bist, daß du dich hier noch sehen lassen kannst, da der Pedell mit dem Verhaftsbefehl dich schon verfolgt." – „Was ist das, wovon sprichst du?" fragte Balthasar voll Erstaunen. „So weit", fuhr der Referendarius fort, „so weit riß dich der Wahnsinn der Eifersucht hin, daß du das Hausrecht verletztest, feindlich einbrechend in Mosch Terpins Haus, daß du den Zinnober überfielst bei seiner Braut, daß du den mißgestalteten Däumling halb tot prügeltest!" – „Ich bitte dich", schrie Balthasar, „den ganzen Tag war ich ja nicht in Kerepes, schändliche Lügen." – „O still still", fiel ihm Pulcher ins Wort, „Fabians toller unsinniger Einfall, ein Schleppkleid anzuziehen, rettet dich. Niemand achtet jetzt deiner! – Entziehe dich nur der schimpflichen Verhaftung, das übrige wollen wir denn schon ausfechten. Du darfst nicht mehr in deine Wohnung! – Gib mir die Schlüssel, ich schicke dir alles nach. – Fort nach Hoch-Jakobsheim!"

Und damit riß der Referendarius den Balthasar fort durch entlegene Gassen, durchs Tor hin nach dem Dorfe Hoch-Jakobsheim, wo der berühmte Gelehrte Ptolomäus Philadelphus sein merkwürdiges Buch über die unbekannte Völkerschaft der Studenten schrieb.

Sechstes Kapitel.

Wie der Geheime Spezialrat Zinnober in seinem Garten frisiert wurde und im Grase ein Taubad nahm. – Der Orden des grüngefleckten Tigers. – Glücklicher Einfall eines Theaterschneiders. – Wie das Fräulein von Rosenschön sich mit Kaffee begoß und Prosper Alpanus ihr seine Freundschaft versicherte.

Der Professor Mosch Terpin schwamm in lauter Wonne. „Konnte", sprach er zu sich selbst, „konnte mir denn etwas Glücklicheres begegnen, als daß der vortreffliche Geheime Spezialrat in mein Haus kam als Studiosus? – Er heiratet meine Tochter – er wird mein Schwiegersohn, durch ihn erlange ich die Gunst des vortrefflichen Fürsten Barsanuph und steige nach auf der Leiter, die mein herrliches Zinnoberchen hinaufklimmt. – Wahr ist es, daß es mir oft selbst unbegreiflich vorkommt, wie das Mädchen, die Candida, so ganz und gar vernarrt sein kann in den Kleinen. Sonst sieht das Frauenzimmer wohl mehr auf ein hübsches Äußere, als auf besondere Geistesgaben, und schaue ich denn nun zuweilen das Spezialmännlein an, so ist es mir, als ob er nicht ganz hübsch zu nennen – sogar – *bossu* – still – St – St – die Wände haben Ohren – Er ist des Fürsten Liebling, wird immer höher steigen – höher hinauf, und ist mein Schwiegersohn!" –

Mosch Terpin hatte recht, Candida äußerte die entschiedenste Neigung für den Kleinen, und sprach, gab hie und da einer, den Zinnobers seltsamer Spuk nicht berückt hatte, zu verstehen, daß der Geheime Spezialrat doch eigentlich ein fatales mißgestaltetes Ding sei, sogleich von den wunderschönen Haaren, womit ihn die Natur begabt.

Niemand lächelte aber, wenn Candida also sprach, hämischer, als der Referendarius Pulcher.

Dieser stellte dem Zinnober nach auf Schritten und Tritten, und hierin stand ihm getreulich der Geheime Sekretär Adrian bei, eben derselbe junge Mensch, den Zinnobers Zauber beinahe aus dem Bureau des Ministers verdrängt hätte, und der des Fürsten Gunst nur durch die vortreffliche Fleckkugel wiedergewann, die er ihm überreichte.

Der Geheime Spezialrat Zinnober bewohnte ein schönes Haus mit einem noch schöneren Garten, in dessen Mitte sich ein mit dichtem Gebüsch umgebener Platz befand, auf dem die herrlichsten Rosen blühten. Man hatte bemerkt, daß allemal den neunten Tag Zinnober bei Tagesanbruch leise aufstand, sich, so sauer es ihm werden mochte, ohne alle Hülfe des Bedienten ankleidete, in den Garten hinabstieg und in den Gebüschen verschwand, die jenen Platz umgaben.

Pulcher und Adrian, irgend ein Geheimnis ahnend, wagten es in einer Nacht, als Zinnober, wie sie von seinem Kammerdiener erfahren, vor neun Tagen jenen Platz besucht hatte, die Gartenmauer zu übersteigen und sich in den Gebüschen zu verbergen.

Kaum war der Morgen angebrochen, als sie den Kleinen daherwandeln sahen, schnupfend und prustend, weil ihm, da er mitten durch ein Blumenbeet ging, die tauichten Halme und Stauden um die Nase schlugen.

Als er auf dem Rasenplatz bei den Rosen angekommen, ging ein süßtönendes Wehen durch die Büsche und durchdringender wurde der Rosenduft. Eine schöne verschleierte Frau mit Flügeln an den Schultern schwebte herab, setzte sich auf den zierlichen Stuhl, der mitten unter den Rosenbüschen stand, nahm mit den leisen Worten: „Komm mein liebes Kind", den kleinen Zinnober und kämmte ihm mit einem goldnen Kamm sein langes Haar, das den Rücken hinabwallte. Das schien dem Kleinen sehr wohlzutun, denn er blinzelte mit den Äugelein und streckte die Beinchen lang aus, und knurrte und murrte beinahe wie ein Kater. Das hatte wohl fünf Minuten gedauert, da strich noch einmal die zauberische Frau mit einem Finger dem Kleinen die Scheitel entlang, und Pulcher und Adrian gewahrten einen schmalen feuerfarb glänzenden Streif auf dem Haupte Zinnobers. Nun sprach die Frau: „Lebe wohl, mein süßes Kind! – Sei klug, sei klug, so wie du kannst!" Der Kleine sprach: „Adieu Mütterchen, klug bin ich genug, du brauchst mir das gar nicht so oft zu wiederholen."

Die Frau erhob sich langsam und verschwand in den Lüften. –

Pulcher und Adrian waren starr vor Erstaunen. Als nun aber Zinnober davonschreiten wollte, sprang der Referendarius hervor und rief laut: „Guten Morgen, Herr Geheimer Spezialrat! ei, wie schön haben Sie sich frisieren lassen!" Zinnober schaute sich um, und wollte, als er den Referendarius erblickte, schnell davonrennen. Ungeschickt und schwächlich auf den Beinchen, wie er nun aber war, stolperte er und fiel in das hohe Gras, das die Halme über ihn zusammenschlug und er lag im Taubade. Pulcher sprang hinzu und half ihm auf die Beine, aber Zinnober schnarrte ihn an: „Herr, wie kommen Sie hier in meinen Garten! scheren Sie sich zum Teufel!" Und damit hüpfte und rannte er, so rasch er nur vermochte, hinein ins Haus.

Pulcher schrieb dem Balthasar diese wunderbare Begebenheit und versprach seine Aufmerksamkeit auf das kleine zauberische Ungetüm zu verdoppeln. Zinnober schien über das, was ihm widerfahren, trostlos. Er ließ sich zu Bette bringen und stöhnte und ächzte so, daß die Kunde, wie er plötzlich erkrankt, bald zum Minister Mondschein, zum Fürsten Barsanuph gelangte.

Fürst Barsanuph schickte sogleich seinen Leibarzt zu dem kleinen Liebling.

„Mein vortrefflichster Geheimer Spezialrat", sprach der Leibarzt, als er den Puls gefühlt, „Sie opfern sich auf für den Staat. Angestrengte Arbeit hat Sie aufs Krankenbett geworfen, anhaltendes Denken Ihnen das unsägliche Leiden verursacht, das Sie empfinden müssen. Sie sehen im Antlitz sehr blaß und eingefallen aus, aber Ihr wertes Haupt glüht schrecklich! – Ei, ei! – doch keine Gehirnentzündung? Sollte das Wohl des Staates dergleichen hervorgebracht haben? Kaum möglich! – Erlauben Sie doch!" –

Der Leibarzt mochte wohl denselben roten Streif auf Zinnobers Haupte gewahren, den Pulcher und Adrian entdeckt hatten. Er wollte, nachdem er einige magnetische Striche aus der Ferne versucht, den Kranken auch verschiedentlich angehaucht, worüber dieser merklich mauzte und quinkelierte, nun mit der Hand hinfahren über das Haupt, und berührte dasselbe unversehens. Da sprang Zinnober schäumend vor Wut in die Höhe und gab mit seinem kleinen Knochenhändchen dem Leibarzt, der sich gerade ganz über ihn hingebeugt, eine solche derbe Ohrfeige, daß es im ganzen Zimmer widerhallte.

„Was wollen Sie", schrie Zinnober, „was wollen Sie von mir, was krabbeln Sie mir herum auf meinem Kopfe! Ich bin gar nicht krank, ich bin gesund, ganz gesund, werde gleich aufstehen und zum Minister fahren in die Konferenz; scheren Sie sich fort!" –

Der Leibarzt eilte ganz erschrocken von dannen. Als er aber dem Fürsten Barsanuph erzählte, wie es ihm ergangen, rief dieser entzückt aus: „Was für ein Eifer für den Dienst des Staats! – welche Würde, welche Hoheit im Betragen! – welch ein Mensch, dieser Zinnober!" –

„Mein bester Geheimer Spezialrat", sprach der Minister Prätextatus von Mondschein zu dem kleinen Zinnober, „wie herrlich ist es, daß Sie Ihrer Krankheit nicht achtend in die Konferenz kommen. Ich habe in der wichtigen Angelegenheit mit dem Kakatukker Hofe ein Memoire entworfen – *selbst* entworfen, und bitte, daß *Sie* es dem Fürsten vortragen, denn Ihr geistreicher Vortrag hebt das Ganze, für dessen Verfasser mich dann der Fürst anerkennen soll." – Das Memoire, womit Prätextatus glänzen wollte, hatte aber niemand anders verfaßt, als Adrian.

Der Minister begab sich mit dem Kleinen zum Fürsten. – Zinnober zog das Memoire, das ihm der Minister gegeben, aus der Tasche, und fing an zu lesen. Da es damit aber nun gar nicht recht gehen wollte und er nur lauter unverständliches Zeug murrte und schnurrte, nahm ihm der Minister das Papier aus den Händen und las selbst.

Der Fürst schien ganz entzückt, er gab seinen Beifall zu erkennen, ein Mal über das andere rufend: „Schön – gut gesagt – herrlich – treffend!" –

Sowie der Minister geendet, schritt der Fürst geradezu los auf den kleinen Zinnober, hob ihn in die Höhe, drückte ihn an seine Brust, gerade dahin, wo ihm (dem Fürsten) der große Stern des grüngefleckten Tigers saß, und stammelte und schluchzte, während ihm häufige Tränen aus den Augen flossen: „Nein! – solch ein Mann – solch ein Talent! – solcher Eifer – solche Liebe – es ist zu viel – zu viel!" – Dann gefaßter: „Zinnober! – ich erhebe Sie hiermit zu meinem Minister! – Bleiben Sie dem Vaterlande hold und treu, bleiben Sie ein wackrer Diener der Barsanuphe, von denen Sie geehrt – geliebt werden." Und nun sich mit verdrüßlichem Blick zum Minister wendend: „Ich bemerke, lieber Baron von Mondschein, daß seit einiger Zeit Ihre Kräfte nachlassen. Ruhe auf Ihren Gütern wird Ihnen heilbringend sein! – Leben Sie wohl!" –

Der Minister von Mondschein entfernte sich, unverständliche Worte zwischen den Zähnen murmelnd und funkelnde Blicke werfend auf Zinnober, der sich nach seiner Art sein Stöckchen in den Rücken gestemmt, auf den Fußspitzen hoch in die Höhe hob und stolz und keck umherblickte.

„Ich muß", sprach nun der Fürst, „ich muß Sie, mein lieber Zinnober, gleich Ihrem hohen Verdienst gemäß auszeichnen; empfangen Sie daher aus meinen Händen den Orden des grüngefleckten Tigers!"

Der Fürst wollte ihm nun das Ordensband, das er sich in der Schnelligkeit von dem Kammerdiener reichen lassen, umhängen; aber Zinnobers mißgestalteter Körperbau bewirkte, daß das Band durchaus nicht normalmäßig sitzen wollte, indem es sich bald ungebührlich heraufschrob, bald ebenso hinabschlotterte.

Der Fürst war in dieser so wie in jeder andern solchen Sache, die das eigentlichste Wohl des Staats betraf, sehr genau. Zwischen dem Hüftknochen und dem Steißbein, in schräger Richtung drei Sechzehnteil Zoll aufwärts vom letztern, mußte das am Bande befindliche Ordenszeichen des grüngefleckten Tigers sitzen. Das war nicht herauszubringen. Der Kammerdiener, drei Pagen, der Fürst legten Hand an, alles Mühen blieb vergebens. Das verräterische Band rutschte hin und her, und Zinnober begann unmutig zu quäken: „Was hantieren Sie doch so schrecklich an meinem Leibe herum, lassen Sie doch das dumme Ding hängen wie es will, Minister bin ich doch nun einmal und bleib es!" –

„Wofür", sprach nun der Fürst zornig, „wofür habe ich denn Ordensräte, wenn rücksichts der Bänder solche tolle Einrichtungen existieren, die ganz meinem Willen entgegenlaufen? – Geduld, mein lieber Minister Zinnober! bald soll das anders werden!"

Auf Befehl des Fürsten mußte sich nun der Ordensrat versammeln, dem noch zwei Philosophen, sowie ein Naturforscher, der eben vom Nordpol kommend durchreiste, beigestellt wurden, um über die Frage, wie auf die geschickteste Weise dem Minister Zinnober das

Band des grüngefleckten Tigers anzubringen, beratschlagen sollten. Um für diese wichtige Beratung gehörige Kräfte zu sammeln, wurde sämtlichen Mitgliedern aufgegeben, acht Tage vorher nicht zu denken; um dies besser ausführen zu können, und doch tätig zu bleiben im Dienste des Staats, aber sich indessen mit dem Rechnungswesen zu beschäftigen. Die Straßen vor dem Palast, wo die Ordensräte, Philosophen und Naturforscher ihre Sitzung halten sollten, wurden mit dickem Stroh belegt, damit das Gerassel der Wagen die weisen Männer nicht störe, und ebendaher durfte auch nicht getrommelt, Musik gemacht, ja nicht einmal laut gesprochen werden in der Nähe des Palastes. Im Palast selbst tappte alles auf dicken Filzschuhen umher und man verständigte sich durch Zeichen.

Sieben Tage hindurch vom frühesten Morgen bis in den späten Abend hatten die Sitzungen gedauert, und noch war an keinen Beschluß zu denken.

Der Fürst, ganz ungeduldig, schickte ein Mal über das andere hin und ließ ihnen sagen, es solle in des Teufels Namen ihnen doch endlich etwas Gescheites einfallen. Das half aber ganz und gar nichts.

Der Naturforscher hatte soviel möglich Zinnobers Natur erforscht, Höhe und Breite seines Rückenauswuchses genommen und die genaueste Berechnung darüber dem Ordensrat eingereicht. Er war es auch, der endlich vorschlug, ob man nicht den Theaterschneider bei der Beratung zuziehen wolle.

So seltsam dieser Vorschlag erscheinen mochte, wurde er doch in der Angst und Not, in der sich alle befanden, einstimmig angenommen.

Der Theaterschneider Herr Kees war ein überaus gewandter, pfiffiger Mann. Sowie ihm der schwierige Fall vorgetragen worden, sowie er die Berechnungen des Naturforschers durchgesehen, war er mit dem herrlichsten Mittel, wie das Ordensband zum normalmäßigen Sitzen gebracht werden könne, bei der Hand.

An Brust und Rücken sollten nämlich eine gewisse Anzahl Knöpfe angebracht und das Ordensband darangeknöpft werden. Der Versuch gelang über die Maßen wohl.

Der Fürst war entzückt, und billigte den Vorschlag des Ordensrates, den Orden des grüngefleckten Tigers nunmehro in verschiedene Klassen zu teilen, nach der Anzahl der Knöpfe, womit er gegeben wurde. Z.B. Orden des grüngefleckten Tigers mit zwei Knöpfen – mit drei Köpfen etc. Der Minister Zinnober erhielt als ganz beson-

dere Auszeichnung, die sonst kein anderer erlangen könne, den Orden mit zwanzig brillantierten Knöpfen, denn gerade zwanzig Knöpfe erforderte die wunderliche Form seines Körpers.
Der Schneider Kees erhielt den Orden des grüngefleckten Tigers mit zwei goldnen Knöpfen, und wurde, da der Fürst ihn seines glücklichen Einfalls ungeachtet für einen schlechten Schneider hielt und sich daher nicht von ihm kleiden lassen wollte, zum Wirklichen Geheimen Groß-Kostümierer des Fürsten ernannt. –

Aus dem Fenster seines Landhauses sah der Doktor Prosper Alpanus gedankenvoll herab in seinen Park. Er hatte die ganze Nacht hindurch sich damit beschäftigt, Balthasars Horoskop zu stellen und manches dabei herausgebracht, was sich auf den kleinen Zinnober bezog. Am wichtigsten war ihm aber das, was sich mit dem Kleinen im Garten begeben, als er von Adrian und Pulcher belauscht wurde. Eben wollte Prosper Alpanus seinen Einhörnern zurufen, daß sie die Muschel herbeiführen möchten, weil er fort wolle nach Hoch-Jakobsheim, als ein Wagen daherrasselte und vor dem Gattertor des Parks stillhielt. Es hieß, das Stiftsfräulein von Rosenschön wünsche den Herrn Doktor zu sprechen. „Sehr willkommen“, sprach Prosper Alpanus, und die Dame trat hinein. Sie trug ein langes schwarzes Kleid und war in Schleier gehüllt wie eine Matrone. Prosper Alpanus, von einer seltsamen Ahnung ergriffen, nahm sein Rohr und ließ die funkelnden Strahlen des Knopfs auf die Dame fallen. Da war es, als zuckten rauschend Blitze um sie her, und sie stand da im weißen durchsichtigen Gewande, glänzende Libellenflügel an den Schultern, weiße und rote Rosen durch das Haar geflochten. – „Ei ei“, lispelte Prosper, nahm das Rohr unter seinen Schlafrock, und sogleich stand die Dame wieder im vorigen Kostüm da.
Prosper Alpanus lud sie freundlich ein, sich niederzulassen. Fräulein von Rosenschön sagte nun, wie es längst ihre Absicht gewesen, den Herrn Doktor in seinem Landhause aufzusuchen, um die Bekanntschaft eines Mannes zu machen, den die ganze Gegend als einen hochbegabten, wohltätigen Weisen rühme. Gewiß werde er ihre Bitte gewähren, sich des nahe gelegenen Fräuleinstifts ärztlich anzunehmen, da die alten Damen darin oft kränkelten und ohne Hilfe blieben. Prosper Alpanus erwiderte höflich, daß er zwar schon längst die

Praxis aufgegeben, aber doch ausnahmsweise die Stiftsdamen besuchen wolle, wenn es not täte, und fragte dann, ob sie selbst, das Fräulein von Rosenschön, vielleicht an irgendeinem Übel leide? Das Fräulein versicherte, daß sie nur dann und wann ein rheumatisches Zucken in den Gliedern fühle, wenn sie sich in der Morgenluft erkältet, jetzt aber ganz gesund sei; und begann irgendein gleichgültiges Gespräch. Prosper fragte, ob sie, da es noch früher Morgen, vielleicht eine Tasse Kaffee nehmen wolle; die Rosenschön meinte, daß Stiftsfräuleins dergleichen niemals verschmähten. Der Kaffee wurde gebracht, aber sosehr sich auch Prosper mühen mochte, einzuschenken, die Tassen blieben leer, ungeachtet der Kaffee aus der Kanne strömte. „Ei ei –" lächelte Prosper Alpanus, „das ist böser Kaffee! – Wollten Sie, mein bestes Fräulein, doch nur lieber selbst den Kaffee eingießen."

„Mit Vergnügen", erwiderte das Fräulein, und ergriff die Kanne. Aber ungeachtet kein Tropfen aus der Kanne quoll, wurde doch die Tasse voller und voller, und der Kaffee strömte über auf den Tisch, auf das Kleid des Stiftsfräuleins. – Sie setzte schnell die Kanne hin, sogleich war der Kaffee spurlos verschwunden. Beide, Prosper Alpanus und das Stiftsfräulein, schauten sich nun eine Weile schweigend an mit seltsamen Blicken.

„Sie waren", begann nun die Dame, „Sie waren, mein Herr Doktor, gewiß mit einem sehr anziehenden Buche beschäftigt, als ich eintrat."

„In der Tat", erwiderte der Doktor, „enthält dieses Buch gar merkwürdige Dinge."

Damit wollte er das kleine Buch in vergoldetem Einbande, das vor ihm auf dem Tische lag, aufschlagen. Doch das blieb ein ganz vergebliches Mühen, denn mit einem lauten Klipp Klapp schlug das Buch sich immer wieder zusammen. „Ei ei", sprach Prosper Alpanus, „versuchen *Sie* sich doch mit dem eigensinnigen Dinge hier, mein wertes Fräulein!"

Er reichte der Dame das Buch hin, das, sowie sie es nur berührte, sich von selbst aufschlug. Aber alle Blätter lösten sich los und dehnten sich aus zum Riesenfolio und rauschten umher im Zimmer.

Erschrocken fuhr das Fräulein zurück. Nun schlug der Doktor das Buch zu mit Gewalt und alle Blätter verschwanden.

„Aber", sprach nun Prosper Alpanus mit sanftem Lächeln, indem er sich von seinem Sitze erhob, „aber mein bestes gnädiges Fräulein, was

verderben wir die Zeit mit solchen schnöden Tafelkünsten; denn anderes als ordinäre Tafelkunststücke sind es doch nicht, die wir bis jetzt getrieben, schreiten wir doch lieber zu höheren Dingen."
„Ich will fort!" rief das Fräulein, und erhob sich vom Sitze.
„Ei", sprach Prosper Alpanus, „das möchte doch wohl nicht recht gut angehen ohne meinen Willen; denn meine Gnädige, ich muß es Ihnen nur sagen, Sie sind jetzt ganz und gar in meiner Gewalt."
„In Ihrer Gewalt", rief das Fräulein zornig, „in Ihrer Gewalt, Herr Doktor? – Törichte Einbildung!"
Und damit breitete sich ihr seidenes Kleid aus und sie schwebte als der schönste Trauermantel auf zur Decke des Zimmers. Doch sogleich sauste und brauste auch Prosper Alpanus ihr nach als tüchtiger Hirschkäfer. Ganz ermattet flatterte der Trauermantel herab und rannte als kleines Mäuschen auf dem Boden umher. Aber der Hirschkäfer sprang miauend und prustend ihm nach als grauer Kater. Das Mäuschen erhob sich wieder als glänzender Kolibri, da erhoben sich allerlei seltsame Stimmen rings um das Landhaus und allerlei wunderbare Insekten sumseten herbei, mit ihnen seltsames Waldgeflügel, und ein goldnes Netz spann sich um die Fenster. Da stand mit einemmal die Fee Rosabelverde in aller Pracht und Hoheit strahlend im glänzenden weißen Gewande, den funkelnden Diamantgürtel umgetan, weiße und rote Rosen durch die dunkeln Locken geflochten, mitten im Zimmer. Vor ihr der Magus im goldgestickten Talar, eine glänzende Krone auf dem Haupt, das Rohr mit dem feuerstrahlenden Knopf in der Hand.
Rosabelverde schritt zu auf den Magus, da entfiel ihrem Haar ein goldner Kamm und zerbrach, als sei er von Glas, auf dem Marmorboden.
„Weh mir! – weh mir!" rief die Fee.
Plötzlich saß wieder das Stiftsfräulein von Rosenschön im schwarzen langen Kleide am Kaffeetisch, und ihr gegenüber der Doktor Prosper Alpanus.
„Ich dächte", sprach Prosper Alpanus sehr ruhig, indem er in die chinesischen Tassen den herrlichsten dampfenden Kaffee von Mokka ohne Hindernis einschenkte, „ich dächte, mein bestes gnädiges Fräulein, wir wüßten beide nun hinlänglich, wie wir miteinander daran sind. – Sehr leid tut es mir, daß Ihr schöner Haarkamm zerbrach auf meinem harten Fußboden."
„Nur meine Ungeschicklichkeit", erwiderte das Fräulein, mit Behagen

den Kaffee einschlürfend, „ist schuld daran. Auf *diesen* Boden muß man sich hüten etwas fallen zu lassen, denn irr ich nicht, so sind diese Steine mit den wunderbarsten Hieroglyphen beschrieben, welche manchem nur gewöhnliche Marmoradern bedünken möchten."

„Abgenutzte Talismane, meine Gnädige", sprach Prosper, „abgenutzte Talismane sind diese Steine, nichts weiter."

„Aber bester Doktor", rief das Fräulein, „wie ist es möglich, daß wir uns nicht kennenlernten seit der frühesten Zeit, daß wir nicht ein einziges Mal zusammentrafen auf unseren Wegen?"

„Diverse Erziehung, beste Dame", erwiderte Prosper Alpanus, „diverse Erziehung ist lediglich daran schuld! Während Sie als das hoffnungsvollste Mädchen in Dschinnistan sich ganz Ihrer reichen Natur, Ihrem glücklichen Genie überlassen konnten, war ich, ein trübseliger Student, in den Pyramiden eingeschlossen und hörte Kollegia bei dem Professor Zoroaster, einem alten Knasterbart, der aber verdammt viel wußte. Unter der Regierung des würdigen Fürsten Demetrius nahm ich meinen Wohnsitz in diesem kleinen anmutigen Ländchen."

„Wie", sprach das Fräulein, „und wurden nicht verwiesen, als Fürst Paphnutius die Aufklärung einführte?"

„Keinesweges", antwortete Prosper, „es gelang mir vielmehr, mein eignes Ich ganz zu verhüllen, indem ich mich mühte, Aufklärungssachen betreffend, ganz besondere Kenntnisse zu beweisen in allerlei Schriften, die ich verbreitete. Ich bewies, daß ohne des Fürsten Willen es niemals donnern und blitzen müsse, und daß wir schönes Wetter und eine gute Ernte einzig und allein seinen und seiner Noblesse Bemühungen zu verdanken, die in den innern Gemächern darüber sehr weise beratschlagt, während das gemeine Volk draußen auf dem Acker gepflügt und gesäet. Fürst Paphnutius erhob mich damals zum Geheimen Oberaufklärungspräsidenten, eine Stelle, die ich mit meiner Hülle wie eine lästige Bürde abwarf, als der Sturm vorüber. – Insgeheim war ich nützlich wie ich konnte. Das heißt, was *wir*, ich und Sie, meine Gnädige, wahrhaft nützlich nennen. – Wissen Sie wohl, bestes Fräulein, daß *ich* es war, der Sie warnte vor dem Einbrechen der Aufklärungspolizei? – daß *ich* es bin, dem Sie noch das Besitztum der artigen Sächelchen verdanken, die Sie mir vorhin gezeigt? – O mein Gott! liebe Stiftsdame, schauen Sie doch nur aus diesen Fenstern! – Erkennen Sie denn nicht mehr diesen Park, in dem Sie so oft lustwandelten und mit den freundlichen Geistern sprachen, die in den Büschen – Blumen – Quellen wohnen? – Diesen Park hab ich gerettet durch meine Wissenschaft. Er steht noch da wie zur Zeit des alten Demetrius. Fürst Barsanuph bekümmert sich, dem Himmel sei es gedankt, nicht viel um das Zauberwesen, er ist ein leutseliger Herr und läßt jeden gewähren, jeden zaubern soviel er Lust hat, sobald er es sich nur nicht merken läßt und die Abgaben richtig zahlt. So leb ich hier, wie Sie, liebe Dame in Ihrem Stift, glücklich und sorgenfrei!"

„Doktor", rief das Fräulein, indem ihr die Tränen aus den Augen stürzten, „Doktor, was sagen Sie! – welche Aufklärungen! – Ja ich erkenne diesen Hain, wo ich die seligsten Freuden genoß! – Doktor! – edelster Mann, dem ich so viel zu verdanken! – Und Sie können meinen kleinen Schützling so hart verfolgen?"

„Sie haben", erwiderte der Doktor, „Sie haben, mein bestes Fräulein, von Ihrer angebornen Gutmütigkeit hingerissen, Ihre Gaben an einen Unwürdigen verschleudert. Zinnober ist und bleibt, Ihrer gütigen Hilfe ungeachtet, ein kleiner mißgestalteter Schlingel, der nun, da der goldne Kamm zerbrochen, ganz in meine Hand gegeben ist."

„Haben Sie Mitleiden, o Doktor!" flehte das Fräulein.

„Aber schauen Sie doch nur gefälligst her", sprach Prosper, indem er dem Fräulein Balthasars Horoskop, das er gestellt hatte, vorhielt.

Das Fräulein blickte hinein und rief dann voll Schmerz: „Ja! – wenn es so beschaffen ist, so muß ich wohl weichen der höheren Macht. – Armer Zinnober!"

„Gestehen Sie, bestes Fräulein". sprach der Doktor lächelnd, „gestehen Sie, daß die Damen oft sich in dem Bizarrsten sehr wohl gefallen, den Einfall, den der Augenblick gebar, rastlos und rücksichtslos verfolgend und jedes schmerzliche Berühren anderer Verhältnisse nicht achtend! – Zinnober muß sein Schicksal verbüßen, aber *dann* soll er noch zu unverdienter Ehre gelangen. Damit huldige ich Ihrer Macht, Ihrer Güte, Ihrer Tugend, mein sehr wertes gnädigstes Fräulein!"

„Herrlicher, vortrefflicher Mann", rief das Fräulein, „bleiben Sie mein Freund!" –

„Immerdar", erwiderte der Doktor, „meine Freundschaft, meine innige Zuneigung zu Ihnen, holde Fee, wird nie aufhören. Wenden Sie sich getrost an mich in allen bedenklichen Fällen des Lebens und – o trinken Sie Kaffee bei mir, sooft es Ihnen zu Sinne kommt."

„Leben Sie wohl, mein würdigster Magus, nie werd ich Ihre Huld, nie diesen Kaffee vergessen!" So sprach das Fräulein und erhob sich, von innerer Rührung ergriffen, zum Scheiden.

Prosper Alpanus begleitete sie ans Gattertor, während alle wunderbaren Stimmen des Waldes auf die lieblichste Weise erklangen.
Vor dem Tor stand, statt des Fräuleins Wagen, die mit den Einhörnern bespannte Kristallmuschel des Doktors, hinter der der Goldkäfer seine glänzenden Flügel ausbreitete. Auf dem Bock saß der Silberfasan und kuckte, die goldnen Zügel im Schnabel haltend, das Fräulein mit klugen Augen an.
In die seligste Zeit ihres herrlichsten Feenlebens fühlte sich die Stiftsdame versetzt, als der Wagen herrlich tönend durch den duftenden Wald rauschte.

Siebentes Kapitel.

Wie der Professor Mosch Terpin im fürstlichen Weinkeller die Natur erforschte. – Mycetes Belzebub. – Verzweiflung des Studenten Balthasar. – Vorteilhafter Einfluß eines wohleingerichteten Landhauses auf das häusliche Glück. – Wie Prosper Alpanus dem Balthasar eine schildkrötene Dose überreichte und davonritt.

Balthasar, der sich in dem Dorfe Hoch-Jakobsheim versteckt hielt, bekam von dem Referendarius Pulcher aus Kerepes einen Brief des Inhalts: „Unsere Angelegenheiten, bester Freund Balthasar! gehen immer schlechter und schlechter. Unser Feind, der abscheuliche Zinnober, ist Minister der auswärtigen Angelegenheiten geworden und hat den großen Orden des grüngefleckten Tigers mit zwanzig Knöpfen erhalten. Er hat sich aufgeschwungen zum Liebling des Fürsten und setzt alles durch, was er will. Professor Mosch Terpin ist ganz außer sich, er bläht sich auf im dummen Stolz. Durch seines künftigen Schwiegersohns Vermittlung hat er die Stelle des Generaldirektors sämtlicher natürlicher Angelegenheiten im Staate erhalten, eine Stelle, die ihm viel Geld und eine Menge anderer Emolumente einbringt. Als benannter Generaldirektor zensiert und revidiert er die Sonnen- und Mondfinsternisse sowie die Wetterprophezeiungen in den im Staate erlaubten Kalendern, und erforscht insbesondere die Natur in der Residenz und deren Bereich. Dieser Beschäftigung halber bekommt er aus den fürstlichen Waldungen das seltenste Geflügel, die

raresten Tiere, die er, um eben ihre Natur zu erforschen, braten läßt und auffrißt. Ebenso schreibt er jetzt (wenigstens gibt er es vor) eine Abhandlung darüber, warum der Wein anders schmeckt als Wasser und auch andere Wirkungen äußert, die er seinem Schwiegersohn zueignen will. Zinnober hat es bewirkt, daß Mosch Terpin der Abhandlung wegen alle Tage im fürstlichen Weinkeller studieren darf. Er hat schon einen halben Oxhoft alten Rheinwein, sowie mehrere Dutzend Flaschen Champagner verstudiert, und ist jetzt an ein Faß Alikante geraten. – Der Kellermeister ringt die Hände! – So ist dem Professor, der, wie Du weißt, das größte Leckermaul auf Erden, geholfen, und er würde das bequemste Leben von der Welt führen, müßte er oft nicht, wenn ein Hagelschlag die Felder verwüstet hat, plötzlich über Land, um den fürstlichen Pächtern zu erklären, warum es gehagelt hat, damit die dummen Teufel ein bischen Wissenschaft bekommen, sich künftig vor dergleichen hüten können und nicht immer Erlaß der Pacht verlangen dürfen, einer Sache halber, die niemand verschuldet hat, als sie selbst.
Der Minister kann die Tracht Schläge, die Du ihm erteilt, nicht verwinden. Er hat Dir Rache geschworen. Du wirst Dich gar nicht mehr in Kerepes sehen lassen dürfen. Auch mich verfolgt er sehr, weil ich seine geheimnisvolle Art, sich von einer geflügelten Dame frisieren zu lassen, erlauscht habe. – Solange Zinnober des Fürsten Liebling bleibt, werde ich wohl auf keinen ordentlichen Posten Anspruch haben können. Mein Unstern will es, daß ich immer mit der Mißgeburt zusammengerate, wo ich es gar nicht ahne, und auf eine Weise, die mir fatal werden muß. Neulich ist der Minister in vollem Staat, mit Degen, Stern und Ordensband im zoologischen Kabinett, und hat sich nach seiner gewöhnlichen Weise, den Stock untergestemmt, auf den Fußspitzen schwebend, an den Glasschrank hingestellt, wo die seltensten amerikanischen Affen stehen. Fremde, die das Kabinett besehen, treten heran, und einer, den kleinen Wurzelmann erblikkend, ruft laut aus: ‚Ei! – was für ein allerliebster Affe! – welch niedliches Tier! – die Zierde des ganzen Kabinetts! – Ei wie heißt das hübsche Äfflein? woher des Landes?‘
Da spricht der Aufseher des Kabinetts sehr ernsthaft, indem er Zinnobers Schulter berührt: ‚Ja, ein sehr schönes Exemplar, ein vortrefflicher Brasilianer, der sogenannte *Mycetes Belzebub – Simia Belzebub Linnei – niger, barbatus, podiis caudaque apice brunneis* – Brüllaffe –‘

‚Herr' – prustet nun der Kleine den Aufseher an, ‚Herr, ich glaube, Sie sind wahnsinnig oder neunmal des Teufels, ich bin kein *Belzebub caudaque* – kein Brüllaffe, ich bin Zinnober, der Minister Zinnober, Ritter des grüngefleckten Tigers mit zwanzig Knöpfen!' – Nicht weit davon stehe ich, und breche – hätt es das Leben gekostet auf der Stelle, ich konnte mich nicht zurückhalten – aus in ein wieherndes Gelächter.

‚Sind Sie auch da, Herr Referendarius?' schnarrt er mich an, indem rote Glut aus seinen Hexenaugen funkelt.

Gott weiß, wie es kam, daß die Fremden ihn immerfort für den schönsten seltensten Affen hielten, den sie jemals gesehen, und ihn durchaus mit Lampertsnüssen füttern wollten, die sie aus der Tasche gezogen. Zinnober geriet nun so ganz außer sich, daß er vergebens nach Atem schnappte und die Beinchen ihm den Dienst versagten. Der herbeigerufene Kammerdiener mußte ihn auf den Arm nehmen und hinabtragen in die Kutsche.

Selbst kann ich mir aber nicht erklären, warum mir diese Geschichte einen Schimmer von Hoffnung gibt. Es ist der erste Tort, der dem kleinen verhexten Unding geschehen.

So viel ist gewiß, daß Zinnober neulich am frühen Morgen sehr verstört aus dem Garten gekommen ist. Die geflügelte Frau muß ausgeblieben sein, denn vorbei ist es mit den schönen Locken. Das Haar soll ihm struppig auf dem Rücken herabhängen und Fürst Barsanuph gesagt haben: ‚Vernachlässigen Sie nicht so sehr Ihre Toilette, bester Minister, ich werde Ihnen meinen Friseur schicken!' – worauf denn Zinnober sehr höflich geäußert, er werde den Kerl zum Fenster hinausschmeißen lassen, wenn er käme. ‚Große Seele! man kommt Ihnen nicht bei', hat dann der Fürst gesprochen und dabei sehr geweint!

Lebe wohl, liebster Balthasar! gib nicht alle Hoffnung auf, und verstecke Dich gut, damit sie Dich nicht greifen!" –

Ganz in Verzweiflung darüber, was ihm der Freund geschrieben, rannte Balthasar tief hinein in den Wald und brach aus in laute Klagen.

„Hoffen soll ich", rief er, „hoffen soll ich noch, da jede Hoffnung verschwunden, da alle Sterne untergegangen und düstere – düstere Nacht mich Trostlosen umfängt? – Unseliges Verhängnis! – ich unterliege der finstren Macht, die verderblich in mein Leben getreten! – Wahnsinn, daß ich auf Rettung hoffte von Prosper Alpanus, von diesem Prosper Alpanus, der mich selbst mit höllischen Künsten verlockte und mich forttrieb von Kerepes, indem er die Prügel, die ich dem Spiegelbilde erteilen mußte, auf Zinnobers wahrhaftigen Rükken regnen ließ! – Ach Candida! – Könnt ich nur das Himmelskind vergessen! – Aber mächtiger, stärker als jemals glüht der Liebesfunke in mir! – Überall sehe ich die holde Gestalt der Geliebten, die mit süßem Lächeln sehnsüchtig die Arme nach mir ausstreckt! – Ich weiß es ja! – du liebst mich, holde süße Candida, und das ist eben mein hoffnungsloser tötender Schmerz, daß ich dich nicht zu retten vermag aus der heillosen Verzauberung, die dich befangen! – Verräterischer Prosper! was tat ich dir, daß du mich so grausam äfftest!" –

Die tiefe Dämmerung war eingebrochen, alle Farben des Waldes schwanden hin in dumpfes Grau. Da war es, als leuchte ein besonderer Glanz wie aufflammender Abendschein durch Baum und Gebüsch, und tausend Insektlein erhoben sich mit rauschendem Flügelschlage sumsend in die Lüfte. Leuchtende Goldkäfer schwangen sich hin und her, und dazwischen flatterten buntgeputzte Schmetterlinge und streuten duftenden Blumenstaub um sich her. Das Wispern und Sumsen wurde zu sanfter süßlüsternder Musik, die sich tröstend legte an Balthasars zerrissene Brust. Über ihm funkelte stärker strahlend der Glanz. Er schaute hinauf, und erblickte staunend Prosper Alpanus, der auf einem wunderbaren Insekt, das einer in den herrlichsten Farben prunkenden Libelle nicht unähnlich, daherschwebte.

Prosper Alpanus senkte sich herab zu dem Jüngling, an dessen Seite er Platz nahm, während die Libelle aufflog in ein Gebüsch und in den Gesang einstimmte, der durch den ganzen Wald tönte.

Er berührte des Jünglings Stirne mit den wundervoll glänzenden Blumen, die er in der Hand trug, und sogleich entzündete sich in Balthasars Innerm frischer Lebensmut.

„Du tust", sprach nun Prosper Alpanus mit sanfter Stimme, „du tust mir großes Unrecht, lieber Balthasar, da du mich grausam und verräterisch schiltst in dem Augenblick, als es mir gelungen ist, Herr zu werden des Zaubers, der dein Leben verstört, als ich, um nur schneller dich zu finden, dich zu trösten, mich auf mein buntes Lieblingsrößlein schwinge und herbeireite, mit allem versehen, was zu deinem Heil dienen kann. – Doch nichts ist bittrer als Liebesschmerz, nichts gleicht der Ungeduld eines in Liebe und Sehnsucht verzweifelnden Gemüts. – Ich verzeihe dir, denn mir ist es selbst nicht besser gegangen, als ich vor ungefähr zweitausend Jahren eine indische Prinzessin liebte, Balsamine geheißen, und dem Zauberer Lothos, der mein bester Freund war, in der Verzweiflung den Bart ausriß, weshalb ich, wie du siehst, selbst keinen trage, damit mir nicht Ähnliches geschehe. – Doch dir dies alles weitläufig zu erzählen, würde wohl hier an sehr unrechtem Orte sein, da jeder Liebende nur von *seiner* Liebe hören mag, die er allein der Rede wert hält, sowie jeder Dichter nur *seine* Verse gern vernimmt. Also zur Sache! – Wisse, daß Zinnober die verwahrloste Mißgeburt eines armen Bauernweibes ist und eigentlich Klein Zaches heißt. Nur aus Eitelkeit hat er den stolzen Namen Zinnober angenommen. Das Stiftsfräulein von Rosenschön, oder eigentlich die berühmte Fee Rosabelverde, denn niemand anders ist jene Dame, fand das kleine Ungetüm am Wege. Sie glaubte, alles, was die Natur dem Kleinen stiefmütterlich versagt, dadurch zu ersetzen, wenn sie ihn mit der seltsamen geheimnisvollen Gabe beschenkte, vermöge der

> alles, was in seiner Gegenwart irgend ein anderer Vortreffliches denkt, spricht oder tut, auf *seine* Rechnung kommen, ja daß er in der Gesellschaft wohlgebildeter, verständiger, geistreicher Personen auch für wohlgebildet, verständig und geistreich geachtet werden und überhaupt allemal für den vollkommensten der Gattung, mit der er im Konflikt, gelten muß.

Dieser sonderbare Zauber liegt in drei feuerfarbglänzenden Haaren, die sich über den Scheitel des Kleinen ziehen. Jede Berührung dieser Haare, sowie überhaupt des Hauptes, mußte dem Kleinen schmerzhaft, ja verderblich sein. Deshalb ließ die Fee sein von Natur dünnes struppiges Haar in dicken anmutigen Locken hinabwallen, die des Kleinen Haupt schützend zugleich jenen roten Streif versteckten und den Zauber stärkten. Jeden neunten Tag frisierte die Fee selbst den Kleinen mit einem goldnen magischen Kamm, und diese Frisur vernichtete jedes auf Zerstörung des Zaubers gerichtete Unternehmen. Aber den Kamm selbst hat ein kräftiger Talisman, den ich der guten Fee, als sie mich besuchte, unterzuschieben wußte, vernichtet.
Es kommt jetzt nur darauf an, ihm jene drei feuerfarbnen Haare auszureißen, und er sinkt zurück in sein voriges Nichts! – Dir, mein lieber Balthasar, ist diese Entzauberung vorbehalten. Du hast Mut, Kraft und Geschicklichkeit, du wirst die Sache ausführen, wie es sich gehört. Nimm dieses kleine geschliffene Glas, nähere dich dem kleinen Zinnober, wo du ihn findest, richte deinen scharfen Blick durch

dieses Glas auf sein Haupt, frei und offen werden die drei roten Haare sich über das Haupt des Kleinen ziehen. Packe ihn fest an, achte nicht auf das gellende Katzengeschrei, das er ausstoßen wird, reiße ihm mit einem Ruck die drei Haare aus und verbrenne sie auf der Stelle. Es ist notwendig, daß die Haare mit *einem* Ruck ausgerissen und *sogleich* verbrannt werden, denn sonst könnten sie noch allerlei verderbliche Wirkungen äußern. Richte daher dein vorzüglichstes Augenmerk darauf, daß du die Haare geschickt und fest erfassest und den Kleinen überfällst, wenn gerade ein Feuer oder ein Licht in der Nähe befindlich." –

„O Prosper Alpanus", rief Balthasar, „wie schlecht habe ich diese Güte, diesen Edelmut durch mein Mißtrauen verdient! – Wie fühle ich es so in tiefer Brust, daß nun mein Leiden endigt, daß alles Himmelsglück mir die goldnen Tore erschließt!" –

„Ich liebe", fuhr Prosper Alpanus fort, „ich liebe Jünglinge, die so wie du, mein Balthasar, Sehnsucht und Liebe im reinen Herzen tragen, in deren Innern noch jene herrlichen Akkorde wiederhallen, die dem fernen Lande voll göttlicher Wunder angehören, das meine Heimat ist. Die glücklichen mit dieser inneren Musik begabten Menschen sind die einzigen, die man Dichter nennen kann, wiewohl viele auch so gescholten werden, die den ersten besten Brummbaß zur Hand nehmen, darauf herumstreichen und das verworrene Gerassel der unter ihrer Faust stöhnenden Saiten für herrliche Musik halten, die aus ihrem eignen Innern heraustönt. – Dir ist, ich weiß es, mein geliebter Balthasar, dir ist es zuweilen so, als verstündest du die murmelnden Quellen, die rauschenden Bäume, ja als spräche das aufflammende Abendrot zu dir mit verständlichen Worten! – Ja mein Balthasar! – in diesen Momenten verstehst du wirklich die wunderbaren Stimmen der Natur, denn aus deinem eignen Innern erhebt sich der göttliche Ton, den die wundervolle Harmonie des tiefsten Wesens der Natur entzündet. – Da du Klavier spielst, o Dichter, so wirst du wissen, daß dem angeschlagenen Ton die ihm verwandten Töne nachklingen. – Dieses Naturgesetz dient zu mehr als zum schalen Gleichnis! – Ja, o Dichter, du bist ein viel besserer, als es manche glauben, denen du deine Versuche, die innere Musik mit Feder und Tinte zu Papier zu bringen, vorgelesen. Mit diesen Versuchen ist es nicht weit her. Doch hast du im historischen Stil einen guten Wurf getan, als du mit pragmatischer Breite und Genauigkeit die Geschichte von der Liebe der Nachtigall zur Purpurrose aufschriebst, welche sich unter meinen Augen begeben. – Das ist eine ganz artige Arbeit –“

Prosper Alpanus hielt inne, Balthasar blickte ihn ganz verwundert an mit großen Augen, er wußte gar nicht, was er dazu sagen sollte, daß Prosper das Gedicht, welches er für das fantastischte hielt, das er jemals aufgeschrieben, für einen historischen Versuch erklärte.

„Du magst“, fuhr Prosper Alpanus fort, indem ein anmutiges Lächeln sein Gesicht überstrahlte, „du magst dich wohl über meine Reden verwundern, dir mag überhaupt manches seltsam an mir vorkommen. Bedenke aber, daß ich nach dem Urteil aller vernünftigen Leute eine Person bin, die nur im Märchen auftreten darf, und du weißt, geliebter Balthasar, daß solche Personen sich wunderlich gebärden und tolles Zeug schwatzen können, wie sie nur mögen, vorzüglich wenn hinter allem doch etwas steckt, was gerade nicht zu verwerfen. – Nun aber weiter! – Nahm sich die Fee Rosabelverde des mißgestalteten Zinnober so eifrig an, so bist du, mein Balthasar, nun ganz und gar mein lieber Schützling. Höre also, was ich für dich zu tun gesonnen! – Der Zauberer Lothos besuchte mich gestern, er brachte mir tausend Grüße, aber auch tausend Klagen von der Prinzessin Balsamine, die aus dem Schlafe erwacht ist, und in den süßen Tönen des Chartah Bhade, jenes herrlichen Gedichts, das unsere erste Liebe war, sehnende Arme nach mir ausstreckt. Auch mein alter Freund, der Minister Yuchi, winkt mir freundlich zu vom Polarstern. – Ich muß fort nach dem fernsten Indien! – Mein Landgut, das ich verlasse, wünsche ich in keines andern Besitz zu sehen, als in dem deinigen. Morgen gehe ich nach Kerepes und lasse eine förmliche Schenkungsurkunde ausfertigen, in der ich als dein Oheim auftrete. Ist nun Zinnobers Zauber gelöst; trittst du vor den Professor Mosch Terpin hin als Besitzer eines vortrefflichen Landguts, eines beträchtlichen Vermögens, und wirbst du um die Hand der schönen Candida, so wird er in voller Freude dir alles gewähren. Aber noch mehr! – Ziehst du mit deiner Candida ein in mein Landhaus, so ist das Glück deiner Ehe gesichert. Hinter den schönen Bäumen wächst alles, was das Haus bedarf; außer den herrlichsten Früchten, der schönste Kohl und tüchtiges schmackhaftes Gemüse überhaupt, wie man es weit und breit nicht findet. Deine Frau wird immer den ersten Salat, die ersten Spargel haben. Die Küche ist so eingerichtet, daß die Töpfe niemals überlaufen, und keine Schüssel verdirbt, solltest du auch einmal eine ganze Stunde über die Essenszeit ausbleiben. Teppiche, Stuhl- und

Sofabezüge sind von der Beschaffenheit, daß es bei der größten Ungeschicklichkeit der Dienstboten unmöglich bleibt, einen Fleck hineinzubringen, ebenso zerbricht kein Porzellan, kein Glas, sollte sich auch die Dienerschaft deshalb die größte Mühe geben und es auf den härtesten Boden werfen. Jedesmal endlich, wenn deine Frau waschen läßt, ist auf dem großen Wiesenplan hinter dem Hause das allerschönste heiterste Wetter, sollte es auch ringsumher regnen, donnern und blitzen. Kurz, mein Balthasar! es ist dafür gesorgt, daß du das häusliche Glück an deiner holden Candida Seite ruhig und ungestört genießest! –

Doch nun ist es wohl an der Zeit, daß ich heimkehre und in Gemeinschaft mit meinem Freunde Lothos die Anstalten zu meiner baldigen Abreise beginne. Lebe wohl, mein Balthasar!" –

Damit pfiff Prosper ein-, zweimal der Libelle, die alsbald sumsend herbeiflog. Er zäumte sie auf und schwang sich in den Sattel. Aber schon im Davonschweben hielt er plötzlich an und kehrte um zu Balthasar. –

„Beinahe", sprach er, „hätte ich deinen Freund Fabian vergessen. In einem Anfall schalkischer Laune habe ich ihn für seinen Vorwitz zu hart gestraft. In dieser Dose ist das enthalten, was ihn tröstet!" –

Prosper reichte dem Balthasar ein kleines blankpoliertes schildkrötenes Döschen hin, das er ebenso einsteckte, wie die kleine Lorgnette, die er erst zur Entzauberung Zinnobers von Prosper erhalten.

Prosper Alpanus rauschte nun fort durch das Gebüsch, indem die Stimmen des Waldes stärker und anmutiger ertönten.

Balthasar kehrte zurück nach Hoch-Jakobsheim, alle Wonne, alles Entzücken der süßesten Hoffnung im Herzen.

Achtes Kapitel.

Wie Fabian seiner langen Rockschöße halber für einen Sektierer und Tumultuanten gehalten wurde. – Wie Fürst Barsanuph hinter den Kaminschirm trat und den Generaldirektor der natürlichen Angelegenheiten kassierte. – Zinnobers Flucht aus Mosch Terpins Hause. – Wie Mosch Terpin auf einem Sommervogel ausreiten und Kaiser werden wollte, dann aber zu Bette ging.

In der frühesten Morgendämmerung, als Wege und Straßen noch einsam, schlich sich Balthasar hinein nach Kerepes und lief augenblicklich zu seinem Freunde Fabian. Als er an die Stubentür pochte, rief eine kranke matte Stimme: „Herein!" –

Bleich – entstellt, hoffnungslosen Schmerz im Antlitz, lag Fabian auf dem Bette. „Um des Himmels willen", rief Balthasar, „um des Himmels willen – Freund! sprich! – was ist dir widerfahren?"

„Ach Freund", sprach Fabian mit gebrochener Stimme, indem er sich mühsam in die Höhe richtete, „mit mir ist es aus, rein aus. Der verfluchte Hexenspuk, den, ich weiß es, der rachsüchtige Prosper Alpanus über mich gebracht, stürzt mich ins Verderben!"

„Wie ist das möglich?" fragte Balthsar; „Zauberei, Hexenspuk, du glaubtest sonst an dergleichen nicht."

„Ach", fuhr Fabian mit weinerlicher Stimme fort, „ach ich glaube jetzt an alles, an Zauberer und Hexen und Erdgeister und Wassergeister, an den Rattenkönig und die Alraunwurzel – an alles was du willst. Wem das Ding so auf den Hals tritt, wie mir, der gibt sich wohl! – Du erinnerst dich an den höllischen Skandal mit meinem Rocke, als wir von Prosper Alpanus kamen! – Ja! wär es nur dabei geblieben! – Sieh dich doch etwas um in meinem Zimmer, lieber Balthasar!" –

Balthasar tat es, und gewahrte an allen Wänden ringsumher eine Unzahl von Fracks, Überröcken, Kurtken, von allem möglichen Zuschnitt, von allen möglichen Farben. „Wie", rief er, „willst du einen Kleiderkram anlegen, Fabian?"

„Spotte nicht", erwiderte Fabian, „spotte nicht, lieber Freund. Alle diese Kleider ließ ich anfertigen von den berühmtesten Schneidern, immer hoffend, endlich einmal der unseligen Verdammnis zu entgehen, die auf meinen Röcken ruht, aber umsonst. Sowie ich den schönsten Rock, der mir steht wie angegossen an den Leib, nur einige Minuten trage, rutschen die Ärmel mir an die Schultern herauf und die Schöße schwänzeln mir nach sechs Ellen lang. In der Verzweiflung ließ ich mir jenen Spenzer mit den eine Welt langen Pierrots-Ärmeln machen: ‚Rutscht nur Ärmel', dacht ich, ‚dehnt euch nur aus Schöße, so kommt alles ins gleiche'; aber! – ganz dasselbe wie mit allen andern Röcken war es in wenigen Minuten! Alle Kunst und Kraft der mächtigsten Schneider richtete nichts aus gegen den verwünschten Zauber! Daß ich verhöhnt, verspottet wurde, wo ich mich nur blicken ließ, versteht sich von selbst, aber bald veranlaßte meine unverschuldete Hartnäckigkeit, immer wieder in einem solch verteufelten Rock zu erscheinen, ganz andere Urteile. Das geringste war noch, daß die Frauen mich grenzenlos eitel und abgeschmackt schalten, da ich aller Sitte entgegen mich durchaus mit nackten Armen, sie wahrscheinlich für sehr schön haltend, sehen lassen wolle. Die Theologen aber schrien mich bald für einen Sektierer aus, stritten sich nur, ob ich zur Sekte der Ärmelianer oder Schößianer zu rechnen, waren aber darin einig, daß beide Sekten höchst gefährlich zu nennen, da beide vollkommene Freiheit des Willens statuierten und sich erfrechten zu denken was sie wollten. Diplomatiker hielten mich für einen schnöden Aufwiegler. Sie behaupteten, ich wolle durch meine langen Rockschöße Unzufriedenheit im Volke erregen und es aufsässig machen gegen die Regierung, gehöre überhaupt zu einem geheimen Bunde, dessen Zeichen ein kurzer Ärmel sei. Schon seit langer Zeit fänden sich hie und da Spuren der Kurzärmler, die ebenso zu fürchten als die Jesuiten, ja noch mehr, da sie sich bemühten, überall die jedem Staate schändliche Poesie einzuführen und an der Infallibilität der Fürsten zweifelten. Kurz! – das Ding wurde ernster, bis mich der Rektor zitieren ließ. Ich sah mein Unglück vorher, wenn ich einen Rock anzog, erschien also in der Weste. Darüber wurde der Mann zornig, er glaubte, ich wolle ihn verhöhnen, und fuhr auf mich los: ich solle binnen acht Tagen in einem vernünftigen anständigen Rock vor ihm erscheinen, widrigenfalls er ohne alle Gnade die Relegation über mich aussprechen würde. – Heute geht der Termin zu Ende! – O ich Unglücklicher! – O verdammter Prosper Alpanus –"

„Halt ein", rief Balthasar, „halt ein, lieber Freund Fabian, schmäle nicht auf meinen teuern lieben Oheim, der mir ein Landgut geschenkt hat. Auch mit *dir* meint er es gar nicht so böse, ungeachtet er, ich muß es gestehen, den Vorwitz, womit du ihm begegnetest, zu hart gestraft hat. – Doch ich bringe Hülfe! – er sendet dir dies Döschen, welches alle deine Leiden enden soll."

Damit zog Balthasar das kleine schildkrötene Döschen, welches er von Prosper Alpanus erhalten, aus der Tasche und überreichte es dem trostlosen Fabian.

„Was soll", sprach dieser, „was soll mir denn der dumme Quark helfen? wie kann ein kleines schildkrötenes Döschen Einfluß haben auf die Gestaltung meiner Röcke?"

„Das weiß ich nicht", erwiderte Balthasar, „aber mein lieber Oheim kann und wird mich nicht täuschen, ich habe das vollste Zutrauen zu ihm; darum öffne nur die Dose, lieber Fabian, wir wollen sehen, was darin enthalten."

Fabian tat es – und aus der Dose quoll ein herrlich gemachter schwarzer Frack von dem feinsten Tuche hervor. Beide, Fabian und Balthasar, konnten sich des lauten Ausrufs der höchsten Verwunderung nicht erwehren.

„Ha, ich verstehe dich", rief Balthasar begeistert, „ha ich verstehe dich, mein Prosper, mein teurer Oheim! Dieser Rock wird passen, wird allen Zauber lösen." –

Fabian zog den Rock ohne weiteres an, und was Balthasar geahnet, traf wirklich ein. Das schöne Kleid saß dem Fabian, wie noch niemals ihm eins gesessen, und an Rutschen der Ärmel, an Verlängerung der Schöße war nicht zu denken.

Ganz außer sich vor Freude, beschloß Fabian nun sogleich in seinem neuen wohlpassenden Rock zum Rektor hinzulaufen und alles ins gleiche zu bringen.

Balthasar erzählte nun seinem Freunde ausführlich, wie sich alles begeben mit Prosper Alpanus, und wie dieser ihm die Mittel in die Hand gegeben, dem heillosen Unwesen des mißgestalteten Däumlings ein Ende zu machen. Fabian, der ein ganz anderer worden, da ihn alle Zweifelsucht ganz verlassen, rühmte Prospers hohen Edelmut über alle Maßen, und erbot sich bei Zinnobers Entzauberung hülfreiche Hand zu leisten. In dem Augenblick gewahrte Balthasar aus dem Fenster seinen Freund, den Referendarius Pulcher, der ganz trübsinnig um die Ecke schleichen wollte.

Fabian steckte auf Balthasars Geheiß den Kopf zum Fenster hinaus und winkte und rief dem Referendarius zu, er möge doch nur gleich heraufkommen.

Sowie Pulcher eintrat, rief er gleich: „Was hast du denn für einen herrlichen Rock an, lieber Fabian!" Dieser sagte aber, Balthasar werde ihm alles erklären, und lief fort zum Rektor.

Als nun Balthasar dem Referendarius alles ausführlich erzählt, was sich zugetragen, sprach dieser: „Gerade an der Zeit ist es nun, daß der abscheuliche Unhold tot gemacht wird. Wisse, daß er heute seine feierliche Verlobung mit Candida feiert, daß der eitle Mosch Terpin ein großes Fest gibt, wozu er selbst den Fürsten geladen. Gerade bei diesem Feste wollen wir eindringen in des Professors Haus und den Kleinen überfallen. An Lichtern im Saal wird's nicht fehlen zum augenblicklichen Verbrennen der feindseligen Haare." –

Noch manches hatten die Freunde gesprochen und miteinander verabredet, als Fabian eintrat mit vor Freude glänzendem Gesicht.

„Die Kraft", sprach er, „die Kraft des Rocks, der der schildkrötenen Dose entquollen, hat sich herrlich bewährt. Sowie ich eintrat bei dem Rektor, lächelte er zufrieden. ‚Ha', redete er mich an, ‚ha! – ich gewahre, mein lieber Fabian, daß Sie zurückgekommen sind von Ihrer seltsamen Verirrung! – Nun! Feuerköpfe wie Sie, lassen sich leicht hinreißen zu dem Extremen! – Für religiöse Schwärmerei habe ich Ihr Beginnen niemals gehalten – mehr falsch verstandener Patriotismus – Hang zum Außerordentlichen, gestützt auf das Beispiel der Heroen des Altertums. – Ja das lasse ich gelten, solch ein schöner, wohlpassender Rock! – Heil dem Staate, Heil der Welt, wenn hochherzige Jünglinge solche Röcke tragen, mit solchen passenden Ärmeln und Schößen. Bleiben Sie treu, Fabian, bleiben Sie treu solcher Tugend, solchem wackren Sinn, daraus entsproßt wahre Heldengröße!' – Der Rektor umarmte mich, indem helle Tränen ihm in die Augen traten. Selbst weiß ich nicht, wie ich dazu kam, die kleine schildkrötene Dose, aus der der Rock entstanden und die ich nun in dessen Tasche gesteckt, hervorzuziehen. ‚Bitte!' sprach der Rektor, indem er Daum und Zeigefinger zusammenspitzte. Ohne zu wissen, ob wohl Tabak darin enthalten, klappte ich die Dose auf. Der Rektor griff hinein, schnupfte, faßte meine Hand, drückte sie stark, Tränen liefen ihm über die Wangen; er sprach tiefgerührt: ‚Edler Jüngling! – eine schöne Prise! – Alles ist vergeben und vergessen, speisen Sie bei mir heut mittags!' – Ihr seht, Freunde! all mein Leiden hat ein Ende, und gelingt uns heute, wie es anders gar nicht zu erwarten steht, die Entzauberung Zinnobers, so seid auch *ihr* fortan glücklich!" –

In dem mit hundert Kerzen erleuchteten Saal stand der kleine Zinnober im scharlachroten gestickten Kleide, den großen Orden des grüngefleckten Tigers mit zwanzig Knöpfen umgetan, Degen an der Seite, Federhut unterm Arm. Neben ihm die holde Candida bräutlich geschmückt, in aller Anmut und Jugend strahlend. Zinnober hatte ihre Hand gefaßt, die er zuweilen an den Mund drückte und dabei recht widrig grinste und lächelte. Und jedesmal überflog dann ein höheres Rot Candidas Wangen und sie blickte den Kleinen an mit dem Ausdruck der innigsten Liebe. Das war denn wohl recht graulich anzusehen, und nur die Verblendung, in die Zinnobers Zauber alle versetzte, war schuld daran, daß man nicht, ergrimmt über Candidas heillose Verstrickung, den kleinen Hexenkerl packte und ins Kaminfeuer warf. Rings um das Paar im Kreise in ehrerbietiger Entfernung hatte sich die Gesellschaft gesammelt. Nur Fürst Barsanuph stand neben Candida und mühte sich, bedeutungsvolle gnädige Blicke umherzuwerfen, auf die indessen niemand sonderlich achtete. Alles hatte nur Auge für das Brautpaar und hing an Zinnobers Lippen, der hin und wieder einige unverständliche Worte schnurrte, denen jedesmal ein leises Ach! der höchsten Bewunderung, das die Gesellschaft ausstieß, folgte.

Es war an dem, daß die Verlobungsringe gewechselt werden sollten. Mosch Terpin trat in den Kreis mit einem Präsentierteller, auf dem die Ringe funkelten. Er räusperte sich – Zinnober hob sich auf den Fußspitzen so hoch als möglich, beinahe reichte er der Braut an den Ellbogen. – Alles stand in der gespanntesten Erwartung – da lassen sich plötzlich fremde Stimmen hören, die Türe des Saals springt auf, Balthasar dringt ein, mit ihm Pulcher – Fabian! – Sie brechen durch den Kreis – „Was ist das, was wollen die Fremden?“ ruft alles durcheinander.

Fürst Barsanuph schreit entsetzt: „Aufruhr – Rebellion – Wache!“ und springt hinter den Kaminschirm. – Mosch Terpin erkennt den Balthasar, der dicht bis zum Zinnober vorgedrungen, und ruft: „Herr Studiosus! – Sind Sie rasend – sind Sie von Sinnen? – wie können Sie sich unterstehen hier einzudringen in die Verlobung! – Leute – Gesellschaft – Bediente, werft den Grobian zur Türe hinaus!“ –

Aber ohne sich nur im mindesten an irgend etwas zu kehren, hat Balthasar schon Prospers Lorgnette hervorgezogen und richtet durch dieselbe den festen Blick auf Zinnobers Haupt. Wie vom elektrischen Strahl getroffen, stößt Zinnober ein gellendes Katzengeschrei aus, daß der ganze Saal widerhallt. Candida fällt ohnmächtig auf einen Stuhl; der eng geschlossene Kreis der Gesellschaft stäubt auseinander. – Klar vor Balthasars Augen liegt der feuerfarbglänzende Haarstreif, er springt zu auf Zinnober – faßt ihn, *der* strampelt mit den Beinchen und sträubt sich und kratzt und beißt.

„Angepackt – angepackt!“ ruft Balthasar; da fassen Fabian und Pulcher den Kleinen, daß er sich nicht zu regen und zu bewegen vermag, und Balthasar faßt sicher und behutsam die roten Haare, reißt sie mit einem Ruck vom Haupte herab, springt an den Kamin, wirft sie ins Feuer, sie prasseln auf, es geschieht ein betäubender Schlag, alle erwachen wie aus dem Traum. – Da steht der kleine Zinnober, der sich mühsam aufgerafft von der Erde, und schimpft und schmäht, und befiehlt, man solle die frechen Ruhestörer, die sich an der geheiligten Person des ersten Ministers im Staate vergriffen, sogleich packen und ins tiefste Gefängnis werfen! Aber einer frägt den andern: „Wo kommt denn mit einemmal der kleine purzelbäumige Kerl her? – was will das kleine Ungetüm?“ – Und wie der Däumling immerfort tobt und mit den Füßchen den Boden stampft und immer dazwischen ruft: „Ich bin der Minister Zinnober – ich bin der Minister Zinnober – der grüngefleckte Tiger mit zwanzig Knöpfen!“ da bricht alles in ein tolles Gelächter aus. Man umringt den Kleinen, die Männer heben ihn auf und werfen sich ihn zu wie einen Fangball; ein Ordensknopf nach dem andern springt ihm vom Leibe – er verliert den Hut – den Degen, die Schuhe. – Fürst Barsanuph kommt hinter dem Kaminschirm hervor und tritt hinein mitten in den Tumult. Da kreischt der Kleine: „Fürst Barsanuph – Durchlaucht – retten Sie Ihren Minister – Ihren Liebling! – Hülfe – Hülfe – der Staat ist in Gefahr – der grüngefleckte Tiger – Weh – weh!“ – Der Fürst wirft einen grimmigen Blick auf den Kleinen und schreitet dann rasch vorwärts nach der Türe. Mosch Terpin kommt ihm in den Weg, den faßt er, zieht ihn in die Ecke und spricht mit zornfunkelnden Augen: „Sie erdreisten sich, Ihrem Fürsten, Ihrem Landesvater hier eine dumme Komödie vorspielen zu wollen? – Sie laden mich ein zur Verlobung Ihrer Tochter mit meinem würdigen Minister Zinnober, und statt meines Ministers finde ich hier eine abscheuliche Mißgeburt, die Sie in glänzende Kleider gesteckt? – Herr, wissen Sie, daß das ein landesverräterischer Spaß ist, den ich strenge ahnden würde, wenn Sie nicht ein ganz alberner Mensch wären, der ins Tollhaus gehört. – Ich entsetze Sie des Amts als Generaldirektor der natürlichen Angelegenheiten, und verbitte mir alles weitere Studieren in meinem Keller! – Adieu!“

Damit stürmte er fort.

Aber Mosch Terpin stürzte zitternd vor Wut los auf den Kleinen, faßte ihn bei den langen struppigen Haaren und rannte mit ihm hin nach dem Fenster: „Hinunter mit dir“, schrie er, „hinunter mit dir, schändliche heillose Mißgeburt, die mich so schmachvoll hintergangen, mich um alles Glück des Lebens gebracht hat!“

Er wollte den Kleinen hinabstürzen durch das geöffnete Fenster, doch der Aufseher des zoologischen Kabinetts, der auch zugegen, sprang mit Blitzesschnelle hinzu, faßte den Kleinen und entriß ihn Mosch Terpins Fäusten. „Halten Sie ein“, sprach der Aufseher, „halten Sie ein, Herr Professor, vergreifen Sie sich nicht an fürstlichem Eigentum. Es ist keine Mißgeburt, es ist der *Mycetes Belzebub, Simia Belzebub*, der dem Museo entlaufen.“ – „*Simia Belzebub – Simia Belzebub*!“ ertönte es von allen Seiten unter schallendem Gelächter. Doch kaum hatte der Aufseher den Kleinen auf den Arm genommen und ihn recht angesehen, als er unmutig ausrief: „Was sehe ich! – das ist ja nicht *Simia Belzebub*, das ist ja ein schnöder häßlicher Wurzelmann! Pfui! – pfui!“ –

Und damit warf er den Kleinen in die Mitte des Saals. Unter dem lauten Hohngelächter der Gesellschaft rannte der Kleine quieckend und knurrend durch die Türe fort – die Treppe hinab – fort fort nach seinem Hause, ohne daß ihn ein einziger von seinen Dienern bemerkt.

Währenddessen, daß sich dies alles im Saale begab, hatte sich Balthasar in das Kabinett entfernt, wo man, wie er wahrgenommen, die ohnmächtige Candida hingebracht. Er warf sich ihr zu Füßen, drückte ihre Hände an seine Lippen, nannte sie mit den süßesten Namen. Sie erwachte endlich mit einem tiefen Seufzer, und als sie den Balthasar erblickte, da rief sie voll Entzücken: „Bist du endlich – endlich da, mein geliebter Balthasar! Ach ich bin ja beinahe vergangen vor Sehnsucht und Liebesschmerz! – und immer erklangen mir die Töne der Nachtigall, von denen berührt der Purpurrose das Herzblut entquillt!“ –

Nun erzählte sie, alles alles um sich her vergessend, wie ein böser abscheulicher Traum sie verstrickt, wie es ihr vorgekommen, als habe sich ein häßlicher Unhold an ihr Herz gelegt, dem sie ihre Liebe schenken müssen, weil sie nicht anders gekonnt. Der Unhold habe sich zu verstellen gewußt, daß er ausgesehen wie Balthasar; und wenn sie recht lebhaft an Balthasar gedacht, habe sie zwar gewußt, daß der Unhold nicht Balthasar, aber dann sei es ihr wieder auf unbegreifliche Weise gewesen, als müsse sie den Unhold lieben, eben um Balthasars willen.

Balthasar klärte ihr so viel auf, als es geschehen konnte, ohne ihre ohnehin aufgeregten Sinne ganz und gar zu verwirren. Dann folgten, wie es unter Liebesleuten nicht anders zu geschehen pflegt, tausend Versicherungen, tausend Schwüre ewiger Liebe und Treue. Und dabei umfingen sie sich und drückten sich mit der Inbrunst der innigsten Zärtlichkeit an die Brust, und waren ganz und gar umflossen von aller Wonne, von allem Entzücken des höchsten Himmels.

Mosch Terpin trat ein händeringend und lamentierend, mit ihm kamen Pulcher und Fabian, die immerfort jedoch vergebens trösteten. „Nein", rief Mosch Terpin, „nein, ich bin ein total geschlagener Mann! – nicht mehr Generaldirektor der natürlichen Angelegenheiten im Staate. – Kein Studium mehr im fürstlichen Keller – die Ungnade des Fürsten – ich gedachte Ritter zu werden des grüngefleckten Tigers wenigstens mit fünf Knöpfen – Alles aus! – Was wird nur Se. Exzellenz der würdige Minister Zinnober dazu sagen, wenn er hört, daß ich eine schnöde Mißgeburt, den *Simia Belzebub cauda prehensili*, oder was weiß ich sonst, für ihn gehalten! – O Gott, auch sein Haß wird auf mir lasten! – Alikante! – Alikante!" –

„Aber, bester Professor", trösteten die Freunde – „verehrter Generaldirektor, bedenken Sie doch nur, daß es gar keinen Minister Zinnober mehr gibt! – Sie haben sich ganz und gar nicht vergriffen, der ungestaltete Knirps hat vermöge der Zaubergabe, die er von der Fee Rosabelverde erhalten, Sie ebensogut getäuscht, wie uns alle!" –

Nun erzählte Balthasar, wie sich alles begeben von Anfang an. Der Professor horchte und horchte, bis Balthasar geendet, da rief er: „Wach ich! – träum ich – Hexen – Zauberer – Feen – magische Spiegel – Sympathien – soll ich an den Unsinn glauben –"

„Ach liebster Herr Professor", fiel Fabian ein, „hätten Sie nur eine Zeitlang einen Rock getragen mit kurzen Ärmeln und langer Schleppe, so wie ich, Sie würden schon an alles glauben, daß es eine Lust wäre!" –

„Ja", rief Mosch Terpin, „ja es ist alles so – ja! – ein verhextes Untier hat mich getäuscht – ich stehe nicht mehr auf den Füßen – ich schwebe auf zur Decke – Prosper Alpanus holt mich ab – ich reite aus auf einem Sommervogel – ich lasse mich frisieren von der Fee Rosabelverde – von dem Stiftsfräulein Rosenschön, und werde Minister! – König – Kaiser! –"

Und damit sprang er im Zimmer umher und schrie und juchzte, daß alle für seinen Verstand fürchteten, bis er ganz erschöpft in einen

Lehnsessel sank. Da nahten sich ihm Candida und Balthasar. Sie sprachen davon, wie sie sich so innig, so über alles liebten, wie sie gar nicht ohne einander leben könnten, und das war recht wehmütig anzuhören, weshalb Mosch Terpin auch wirklich etwas weinte. „Alles", sprach er schluchzend, „alles was Ihr wollt, Kinder! – heiratet euch, liebt euch – hungert zusammen, denn ich gebe der Candida keinen Groschen mit –"

Was das Hungern beträfe, sprach Balthasar lächelnd, so hoffe er morgen den Herrn Professor zu überzeugen, daß davon wohl niemals die Rede sein könne, da sein Oheim Prosper Alpanus hinlänglich für ihn gesorgt.

„Tue das", sprach der Professor matt, „tue das, mein lieber Sohn, wenn du kannst, und zwar morgen; denn soll ich nicht in Wahnsinn verfallen, soll mir der Kopf nicht zerspringen, so muß ich sofort zu Bette gehen!" –

Er tat das wirklich auf der Stelle.

Neuntes Kapitel.

Verlegenheit eines treuen Kammerdieners. – Wie die alte Liese eine Rebellion anzettelte und der Minister Zinnober auf der Flucht ausglitschte. – Auf welche merkwürdige Weise der Leibarzt des Fürsten Zinnobers jähen Tod erklärte. – Wie Fürst Barsanuph sich betrübte, Zwiebeln aß, und wie Zinnobers Verlust unersätzlich blieb.

Der Wagen des Ministers Zinnober hatte beinahe die ganze Nacht vergeblich vor Mosch Terpins Hause gehalten. Ein Mal über das andere versicherte man dem Jäger, Se. Exzellenz müßten schon lange die Gesellschaft verlassen haben; der meinte aber dagegen, das sei ganz unmöglich, da Se. Exzellenz doch wohl nicht im Regen und Sturm zu Fuß nach Hause gerannt sein würden. Als nun endlich alle Lichter ausgelöscht und die Türen verschlossen wurden, mußte der Jäger zwar fortfahren mit dem leeren Wagen, im Hause des Ministers weckte er aber sogleich den Kammerdiener, und fragte, ob denn ums Himmels willen und auf welche Art der Minister nach Hause gekommen. „Se. Exzellenz", erwiderte der Kammerdiener leise dem Jäger ins Ohr, „Se. Exzellenz sind gestern eingetroffen in später Dämmerung, das ist ganz gewiß – liegen im Bette und schlafen. – Aber! – o mein guter Jäger! – wie – auf welche Weise! – ich will Ihnen alles erzählen – doch Siegel auf den Mund! – ich bin ein verlorner Mann, wenn Se. Exzellenz erfahren, daß ich es war, auf dem finstern Korridor! – ich komme um meinen Dienst, denn Se. Exzellenz sind zwar von kleiner Statur, besitzen aber außerordentlich viel Wildheit, alterieren sich leicht, kennen sich selbst nicht im Zorn, haben noch gestern eine schnöde Maus, die durch Se. Exzellenz Schlafzimmer zu hüpfen sich unterfangen, mit dem blank gezogenen Degen durch und durch gerannt. – Nun gut! – Also in der Dämmerung nehme ich mein Mäntelchen um, und will ganz sachte hinüberschleichen ins Weinstübchen zu einer Partie Tric-Trac, da schurrt und schlurrt mir etwas auf der Treppe entgegen, und kommt mir auf dem finstern Korridor zwischen die Beine und schlägt hin auf den Boden und erhebt ein gellendes Katzengeschrei, und grunzt dann wie – o Gott – Jäger! – halten Sie das Maul, edler Mann, sonst bin ich hin! – kommen Sie ein wenig näher – und grunzt dann wie unsere gnädige Exzellenz zu grunzen pflegt, wenn der Koch die Kälberkeule verbraten oder ihm sonst im Staate was nicht recht ist."

Die letzten Worte hatte der Kammerdiener dem Jäger mit vorgehaltener Hand ins Ohr gesprochen. Der Jäger fuhr zurück, schnitt ein bedenkliches Gesicht und rief: „Ist es möglich!" –

„Ja", fuhr der Kammerdiener fort, „es war unbezweifelt unsere gnädige Exzellenz, was mir auf dem Korridor durch die Beine fuhr. Ich vernahm nun deutlich, wie der Gnädige in den Zimmern die Stühle heranrückte und sich die Türe eines Zimmers nach dem andern öffnete, bis er in seinem Schlafkabinett angekommen. Ich wagt es nicht nachzugehen, aber ein paar Stündchen nachher schlich ich mich an die Türe des Schlafkabinetts und horchte. Da schnarchten die liebe Exzellenz ganz auf die Weise, wie es zu geschehen pflegt, wenn Großes im Werke. – Jäger! es gibt mehr Dinge im Himmel und auf Erden, als unsere Weisheit sich träumt, das hört ich einmal auf dem Theater einen melancholischen Prinzen sagen, der ganz schwarz ging und sich vor einem ganz in grauen Pappendeckel gekleideten Mann sehr fürchtete. – Jäger! – es ist gestern irgend etwas Erstaunliches geschehen, das die Exzellenz nach Hause trieb. Der Fürst ist bei dem Professor gewesen, vielleicht äußerte er das und das – irgend ein hübsches Reformchen – und da ist nun der Minister gleich drüber her, läuft aus der Verlobung heraus, und fängt an zu arbeiten für das

Wohl der Regierung. – Ich hört's gleich am Schnarchen; ja Großes, Entscheidendes wird geschehen! – O Jäger – vielleicht lassen wir alle über kurz oder lang uns wieder die Zöpfe wachsen! – Doch, teurer Freund, lassen Sie uns hinabgehen und als treue Diener an der Türe des Schlafzimmers lauschen, ob Se. Exzellenz auch noch ruhig im Bette liegen und die inneren Gedanken ausarbeiten."

Beide, der Kammerdiener und der Jäger, schlichen sich hin an die Türe und horchten. Zinnober schnurrte und orgelte und pfiff durch die wundersamsten Tonarten. Beide Diener standen in stummer Ehrfurcht, und der Kammerdiener sprach tiefgerührt: „Ein großer Mann ist doch unser gnädiger Herr Minister!" –

Schon am frühsten Morgen entstand unten im Hause des Ministers ein gewaltiger Lärm. Ein altes erbärmlich in längst verblichenen Sonntagsstaat gekleidetes Bauernweib hatte sich ins Haus gedrängt und dem Portier angelegen, sie sogleich zu ihrem Söhnlein, zu Klein Zaches zu führen. Der Portier hatte sie bedeutet, daß Se. Exzellenz der Herr Minister von Zinnober, Ritter des grüngefleckten Tigers mit zwanzig Knöpfen, im Hause wohne, und niemand von der Dienerschaft Klein Zaches heiße oder so genannt werde. Da hatte das Weib aber ganz toll jubend geschrien, der Herr Minister Zinnober mit zwanzig Knöpfen das sei eben ihr liebes Söhnlein, der Klein Zaches. Auf das Geschrei des Weibes, auf die donnernden Flüche des Portiers war alles aus dem ganzen Hause zusammengelaufen und das Getöse wurde ärger und ärger. Als der Kammerdiener hinabkam, um die Leute auseinanderzujagen, die Se. Exzellenz so unverschämt in der Morgenruhe störten, warf man eben das Weib, die alle für wahnsinnig hielten, zum Hause heraus.

Auf die steinernen Stufen des gegenüberstehenden Hauses setzte sich nun das Weib hin, und schluchzte und lamentierte, daß das grobe Volk da drinnen sie nicht zu ihrem Herzenssöhnlein, zu dem Klein Zaches, der Minister geworden, lassen wolle. Viele Leute versammelten sich nach und nach um sie her, denen sie immer und immer wiederholte, daß der Minister Zinnober niemand anders sei, als ihr Sohn, den sie in der Jugend Klein Zaches geheißen; so daß die Leute zuletzt nicht wußten, ob sie die Frau für toll halten, oder gar ahnen sollten, daß wirklich was an der Sache.

Die Frau wandte nicht die Augen weg von Zinnobers Fenster. Da schlug sie mit einemmal eine helle Lache auf, klopfte die Hände zusammen und rief jubelnd überlaut: „Da ist er – da ist er, mein

Herzensmännlein – mein kleines Koboldchen – Guten Morgen Klein Zaches! – Guten Morgen Klein Zaches!" – Alle Leute kuckten hin, und als sie den kleinen Zinnober gewahrten, der in seinem gestickten Scharlachkleide, das Ordensband des grüngefleckten Tigers umgehängt, vor dem Fenster stand, das hinabging bis an den Fußboden, so daß seine ganze Figur durch die großen Scheiben deutlich zu sehen, lachten sie ganz übermäßig und lärmten und schrien: „Klein Zaches – Klein Zaches! Ha, seht doch den kleinen geputzten Pavian – die tolle Mißgeburt – das Wurzelmännlein – Klein Zaches! Klein Zaches!" – Der Portier, alle Diener Zinnobers rannten hinaus, um zu erschauen, worüber das Volk denn so unmäßig lache und jubiliere. Aber kaum erblickten sie ihren Herrn, als sie noch ärger als das Volk im tollsten Gelächter schrien: „Klein Zaches – Klein Zaches – Wurzelmann – Däumling – Alraun!" –

Der Minister schein erst jetzt zu gewahren, daß der tolle Spuk auf der Straße niemand anderm gelte, als ihm selbst. Er riß das Fenster auf, schaute mit zornfunkelnden Augen hinab, schrie, raste, machte seltsame Sprünge vor Wut – drohte mit Wache – Polizei – Stockhaus und Festung.

Aber je mehr die Exzellenz tobte im Zorn, desto ärger wurde Tumult und Gelächter, man fing an mit Steinen – Obst – Gemüse, oder was man eben zur Hand bekam, nach dem unglücklichen Minister zu werfen – er mußte hinein! –

„Gott im Himmel", rief der Kammerdiener entsetzt, „aus dem Fenster der gnädigen Exzellenz kuckte ja das kleine abscheuliche Ungetüm heraus – Was ist das? – wie ist der kleine Hexenkerl in die Zimmer gekommen?" – Damit rannte er hinauf, aber so wie vorher fand er das Schlafkabinett des Ministers fest verschlossen. Er wagte leise zu pochen! – Keine Antwort! –

Indessen war, der Himmel weiß auf welche Weise, ein dumpfes Gemurmel im Volke entstanden, das kleine lächerliche Ungetüm dort oben sei wirklich Klein Zaches, der den stolzen Namen Zinnober angenommen und sich durch allerlei schändlichen Lug und Trug aufgeschwungen. Immer lauter und lauter erhoben sich die Stimmen. „Hinunter mit der kleinen Bestie – hinunter – klopft dem Klein Zaches die Ministerjacke aus – sperrt ihn in den Käfig – laßt ihn für Geld sehen auf dem Jahrmarkt! – Beklebt ihn mit Goldschaum und beschert ihn den Kindern zum Spielzeug! – Hinauf – hinauf!" – Und damit stürmte das Volk an gegen das Haus.

Der Kammerdiener rang verzweiflungsvoll die Hände. „Rebellion – Tumult – Exzellenz – machen Sie auf – retten Sie sich!“ – so schrie er; aber keine Antwort, nur ein leises Stöhnen ließ sich vernehmen.
Die Haustüre wurde eingeschlagen, das Volk polterte unter wildem Gelächter die Treppe herauf.
„Nun gilt's“, sprach der Kammerdiener, und rannte mit aller Macht an gegen die Türe des Kabinetts, daß sie klirrend und rasselnd aus den Angeln sprang. – Keine Exzellenz – kein Zinnober zu finden! –
„Exzellenz – gnädigste Exzellenz – vernehmen Sie denn nicht die Rebellion? – Exzellenz – gnädigste Exzellenz, wo hat Sie denn der – Gott verzeih mir die Sünde, wo geruhen Sie sich denn zu befinden!“
So schrie der Kammerdiener in heller Verzweiflung durch die Zimmer rennend. Aber keine Antwort, kein Laut, nur der spottende Widerhall tönte von den Marmorwänden. Zinnober schien spurlos, tonlos verschwunden. – Draußen war es ruhiger geworden, der Kammerdiener vernahm die tiefe klangvolle Stimme eines Frauenzimmers, die zum Volke sprach, und gewahrte durchs Fenster blickend, wie die Menschen nach und nach leise miteinander murmelnd das Haus verließen, bedenkliche Blicke hinaufwerfend nach den Fenstern.
„Die Rebellion scheint vorüber“, sprach der Kammerdiener, „nun wird die gnädige Exzellenz wohl hervorkommen aus ihrem Schlupfwinkel.“
Er ging nach dem Schlafkabinett zurück, vermutend, dort werde der Minister sich doch wohl am Ende befinden.
Er warf spähende Blicke ringsumher, da wurde er gewahr, wie aus einem schönen silbernen Henkelgefäß, das immer dicht neben der Toilette zu stehen pflegte, weil es der Minister als ein teures Geschenk des Fürsten sehr werthielt, ganz kleine dünne Beinchen hervorstarrten.
„Gott – Gott“, schrie der Kammerdiener entsetzt, „Gott! – Gott! – täuscht mich nicht alles, so gehören die Beinchen dort Se. Exzellenz dem Herrn Minister Zinnober, meinem gnädigen Herrn!“ – Er trat heran, er rief, durchbebt von allen Schauern des Schrecks, indem er herabschaute: „Exzellenz – Exzellenz – um Gott, was machen Sie – was treiben Sie da unten in der Tiefe!“ –
Da aber Zinnober still blieb, sah der Kammerdiener wohl die Gefahr

ein, in der die Exzellenz schwebte und daß es an der Zeit sei, allen Respekt beiseite zu setzen. Er packte den Zinnober bei den Beinchen – zog ihn heraus! – Ach tot – tot war die kleine Exzellenz! Der Kammerdiener brach aus in lautes Jammern; der Jäger, die Dienerschaft eilte herbei, man rannte nach dem Leibarzt des Fürsten. Indessen trockente der Kammerdiener seinen armen unglücklichen Herrn ab mit saubern Handtüchern, legte ihn ins Bette, bedeckte ihn mit seidenen Kissen, so daß nur das kleine verschrumpfte Gesichtchen sichtbar blieb.

Hinein trat nun das Fräulein von Rosenschön. Sie hatte erst, der Himmel weiß auf welche Art, das Volk beruhigt. Nun schritt sie zu auf den entseelten Zinnober, ihr folgte die alte Liese, des kleinen Zaches leibliche Mutter. – Zinnober sah in der Tat hübscher aus im Tode, als er jemals in seinem ganzen Leben ausgesehen. Die kleinen Äugelein waren geschlossen, das Näschen sehr weiß, der Mund zum sanften Lächeln ein wenig verzogen, aber vor allen Dingen wallte das dunkelbraune Haar in den schönsten Locken herab. Über das Haupt hin strich das Fräulein den Kleinen, und in dem Augenblick blitzte in mattem Schimmer ein roter Streif hervor.

„Ha", rief das Fräulein, indem ihr die Augen vor Freude glänzten, „ha, Prosper Alpanus! – hoher Meister, du hältst Wort! – Verbüßt ist sein Verhängnis und mit ihm alle Schmach!"

„Ach", sprach die alte Liese, „ach du lieber Gott, das ist ja doch wohl nicht mein kleiner Zaches, so hübsch hat *der* niemals ausgesehen. Da bin ich doch nun ganz umsonst nach der Stadt gegangen und Ihr habt mir gar nicht gut geraten, mein gnädiges Fräulein!"

„Murrt nur nicht, Alte", erwiderte das Fräulein, „hättet Ihr nur meinen Rat ordentlich befolgt, und wäret Ihr nicht früher, als ich hier war, in dies Haus gedrungen, alles stünde für Euch besser. – Ich wiederhole es, der Kleine, der dort tot im Bette liegt, ist gewiß und wahrhaftig Euer Sohn, Klein Zaches!"

„Nun", rief die Frau mit leuchtenden Augen, „nun wenn die kleine Exzellenz dort wirklich mein Kind ist, so erb ich ja wohl all die schönen Sachen, die hier rings umherstehen, das ganze Haus mit allem, was drinnen ist?"

„Nein", sprach das Fräulein, „das ist nun ganz und gar vorbei, Ihr habt den rechten Augenblick verfehlt, Geld und Gut zu gewinnen. – Euch ist, ich habe es gleich gesagt, Euch ist nun einmal Reichtum nicht beschieden."

„So darf ich“, fuhr die Frau fort, indem ihr die Tränen in die Augen traten, „so darf ich denn nicht wenigstens mein armes kleines Männlein in die Schürze nehmen und nach Hause tragen? – Unser Herr Pfarrer hat so viel hübsche ausgestopfte Vögelein und Eichkätzchen, der soll mir meinen Klein Zaches ausstopfen lassen, und ich will ihn auf meinen Schrank stellen, wie er da ist im roten Rock mit dem breiten Bande und dem großen Stern auf der Brust, zum ewigen Andenken!“

„Das ist“, rief das Fräulein beinahe unwillig, „das ist ein ganz einfältiger Gedanke, das geht ganz und gar nicht an!“ –

Da fing das Weib an zu schluchzen, zu klagen, zu lamentieren. „Was hab ich“, sprach sie, „nun davon, daß mein Klein Zaches zu hohen Würden, zu großem Reichtum gelangt ist! – Wär er nur bei mir geblieben, hätt ich ihn nur aufgezogen in meiner Armut, niemals wär er in jenes verdammte silberne Ding gefallen, er lebte noch, und ich hätt vielleicht Freude und Segen von ihm gehabt. Trug ich ihn so herum in meinem Holzkorb, Mitleiden hätten die Leute gefühlt und mir manches schöne Stücklein Geld zugeworfen, aber nun –“

Es ließen sich Tritte im Vorsaal vernehmen, das Fräulein trieb die Alte hinaus, mit der Weisung, sie solle unten vor der Türe warten, im Wegfahren wolle sie ihr ein untrügliches Mittel vertrauen, wie sie all ihre Not, all ihr Elend mit einem Mal enden könne.

Nun trat Rosabelverde noch einmal dicht an den Kleinen heran, und sprach mit der weichen bebenden Stimme des tiefen Mitleids: „Armer Zaches! – Stiefkind der Natur! – ich hatt es gut mit dir gemeint! – Wohl mocht es Torheit sein, daß ich glaubte, die äußere schöne Gabe, womit ich dich beschenkt, würde hineinstrahlen in dein Inneres, und eine Stimme erwecken, die dir sagen müßte: ‚Du bist nicht der, für den man dich hält, aber strebe doch nur an, es dem gleichzutun, auf dessen Fittichen du Lahmer, Unbefiederter dich aufschwingst!‘ – Doch keine innere Stimme erwachte. Dein träger toter Geist vermochte sich nicht emporzurichten, du ließest nicht nach in deiner Dummheit, Grobheit, Ungebärdigkeit – Ach! – wärst du nur ein geringes Etwas weniger, ein kleiner ungeschlachter Rüpel geblieben, du entgingst dem schmachvollen Tode! – Prosper Alpanus hat dafür gesorgt, daß man dich jetzt im Tode wieder dafür hält, was du im Leben durch meine Macht zu sein schienst. Sollt ich dich vielleicht gar noch wiederschauen als kleiner Käfer – flinke Maus, oder behende Eichkatze, so soll es mich freuen! – Schlafe wohl, Klein Zaches!“ –

Indem Rosabelverde das Zimmer verließ, trat der Leibarzt des Fürsten mit dem Kammerdiener hinein.
„Um Gott", rief der Arzt, als er den toten Zinnober erblickte und sich überzeugte, daß alle Mittel ihn ins Leben zu rufen vergeblich bleiben würden, „um Gott, wie ist das zugegangen, Herr Kämmerer?"
„Ach", erwiderte dieser, „ach lieber Herr Doktor, die Rebellion oder die Revolution, es ist all eins, wie Sie es nennen wollen, tobte und hantierte draußen auf dem Vorsaale ganz fürchterlich. Se. Exzellenz, besorgt um ihr teures Leben, wollten gewiß in die Toilette hineinflüchten, glitschten aus und –"
„So ist", sprach der Doktor feierlich und bewegt, „so ist er aus Furcht zu sterben gar gestorben!"
Die Türe sprang auf und hinein stürzte Fürst Barsanuph mit verbleichtem Antlitz, hinter ihm her sieben noch bleichere Kammerherrn.
„Ist es wahr, ist es wahr?" rief der Fürst; aber sowie er des Kleinen Leichnam erblickte, prallte er zurück und sprach, die Augen gen Himmel gerichtet, mit dem Ausdruck des tiefsten Schmerzes: „O Zinnober!" – Und die sieben Kammerherrn riefen dem Fürsten nach: „O Zinnober!" und holten, wie es der Fürst tat, die Schnupftücher aus der Tasche und hielten sie sich vor die Augen.
„Welch ein Verlust", begann nach einer Weile des lautlosen Jammers der Fürst, „welch ein unersetzlicher Verlust für den Staat! – Wo einen Mann finden, der den Orden des grüngefleckten Tigers mit zwanzig Knöpfen mit *der* Würde trägt, als mein Zinnober! – Leibarzt, und Sie konnten mir *den* Mann sterben lassen! – Sagen Sie – wie ging das zu, wie mochte das geschehen – was war die Ursache – woran starb der Vortreffliche?" –
Der Leibarzt beschaute den Kleinen sehr sorgsam, befühlte manche Stellen ehemaliger Pulse, strich das Haupt entlang, räusperte sich und begann: „Mein gnädigster Herr! Sollte ich mich begnügen auf der Oberfläche zu schwimmen, ich könnte sagen, der Minister sei an dem gänzlichen Ausbleiben des Atems gestorben, dies Ausbleiben des Atems sei bewirkt durch die Unmöglichkeit Atem zu schöpfen, und diese Unmöglichkeit wieder nur herbeigeführt durch das Element, durch den Humor, in den der Minister stürzte. Ich könnte sagen, der Minister sei auf diese Weise einen humoristischen Tod gestorben, aber fern von mir sei diese Seichtigkeit, fern von mir die Sucht alles aus schnöden physischen Prinzipen erklären zu wollen, was nur im

Gebiet des rein Psychischen seinen natürlichen unumstößlichen Grund findet. – Mein gnädigster Fürst, frei sei des Mannes Wort! – Den ersten Keim des Todes fand der Minister im Orden des grüngefleckten Tigers mit zwanzig Knöpfen!"

„Wie", rief der Fürst, indem er den Leibarzt mit zornglühenden Augen anfunkelte, „wie! – was sprechen Sie? – der Orden des grüngefleckten Tigers mit zwanzig Knöpfen, den der Selige zum Wohl des Staats mit so vieler Anmut, mit so vieler Würde trug? – *der* Ursache seines Todes? – Beweisen Sie mir das, oder – Kammerherrn, was sagt Ihr dazu?"

„Er muß beweisen, er muß beweisen, oder –" riefen die sieben blassen Kammerherrn, und der Leibarzt fuhr fort:

„Mein bester gnädigster Fürst, ich werd es beweisen, also kein *oder*! – Die Sache hängt folgendermaßen zusammen: Das schwere Ordenszeichen am Bande, vorzüglich aber die Knöpfe auf dem Rücken, wirkten nachteilig auf die Ganglien des Rückgrats. Zu gleicher Zeit verursachte der Ordensstern einen Druck auf jenes knotige fadichte Ding zwischen dem Dreifuß und der obern Gekröspulsader, das wir das Sonnengeflecht nennen, und das in dem labyrinthischen Gewebe der Nervengeflechte prädominiert. Dies dominierende Organ steht in der mannigfaltigsten Beziehung mit dem Zerebralsystem, und natürlich war der Angriff auf die Ganglien auch diesem feindlich. Ist aber nicht die freie Leitung des Zerebralsystems die Bedingung des Bewußtseins, der Persönlichkeit, als Ausdruck der vollkommensten Vereinigung des Ganzen in einem Brennpunkt? Ist nicht der Lebensprozeß die Tätigkeit in beiden Sphären, in dem Ganglien- und Zerebralsystem? – Nun! genug, jener Angriff störte die Funktionen des psychischen Organism. Erst kamen finstre Ideen von unerkannten Aufopferungen für den Staat durch das schmerzhafte Tragen jenes Ordens usw., immer verfänglicher wurde der Zustand, bis gänzliche Disharmonie des Ganglien- und Zerebralsystems endlich gänzliches Aufhören des Bewußtseins, gänzliches Aufgeben der Persönlichkeit herbeiführte. Diesen Zustand bezeichnen wir aber mit dem Worte *Tod*! – Ja, gnädigster Herr! – der Minister hatte bereits seine Persönlichkeit aufgegeben, war also schon mausetot, als er hineinstürzte in jenes verhängnisvolle Gefäß. – So hatte sein Tod keine physische, wohl aber eine unermeßlich tiefe psychische Ursache."

„Leibarzt", sprach der Fürst unmutig, Leibarzt, „Sie schwatzen nun schon eine halbe Stunde, und ich will verdammt sein, wenn ich eine

Silbe davon verstehe. Was wollen Sie mit Ihrem Physischen und Psychischen?"

„Das physische Prinzip", nahm der Arzt wieder das Wort, „ist die Bedingung des rein vegetativen Lebens, das psychische bedingt dagegen den menschlichen Organism, der nur in dem Geiste, in der Denkkraft das Triebrad der Existenz findet."

„Noch immer", rief der Fürst im höchsten Unmut, „noch immer verstehe ich Sie nicht, Unverständlicher!"

„Ich meine", sprach der Doktor, „ich meine, Durchlauchtiger, daß das Physische sich bloß auf das rein vegetative Leben ohne Denkkraft, wie es in Pflanzen stattfindet, das Psychische aber auf die Denkkraft bezieht. Da diese nun im menschlichen Organism vorwaltet, so muß der Arzt immer bei der Denkkraft, bei dem Geist anfangen und den Leib nur als Vasallen des Geistes betrachten, der sich fügen muß, sobald der Gebieter es will."

„Hoho!" rief der Fürst, „hoho Leibarzt, lassen Sie das gut sein! – Kurieren Sie meinen Leib, und lassen Sie meinen Geist ungeschoren, von dem habe ich noch niemals Inkommoditäten verspürt. Überhaupt, Leibarzt, Sie sind ein konfuser Mann, und stünde ich hier nicht an der Leiche meines Ministers und wäre gerührt, ich wüßte was ich täte! – Nun Kammerherrn! vergießen wir noch einige Zähren hier am Katafalk des Verewigten und gehen wir dann zur Tafel."

Der Fürst hielt das Schnupftuch vor die Augen und schluchzte, die Kammerherrn taten desgleichen, dann schritten sie alle von dannen.

Vor der Türe stand die alte Liese, welche einige Reihen der allerschönsten goldgelben Zwiebeln über den Arm gehängt hatte, die man nur sehen konnte. Des Fürsten Blick fiel zufällig auf diese Früchte. Er blieb stehen, der Schmerz verschwand aus seinem Antlitz, er lächelte mild und gnädig, er sprach: „Hab ich doch in meinem Leben keine solche schöne Zwiebeln gesehen, die müssen von dem herrlichsten Geschmack sein. Verkauft Sie die Ware, liebe Frau?"

„O ja", erwiderte Liese mit einem tiefen Knix, „o ja, gnädigste Durchlaucht, von dem Verkauf der Zwiebeln nähre ich mich dürftig, so gut es gehn will! – Sie sind süß wie purer Honig, belieben Sie, gnädigster Herr?"

Damit reichte sie eine Reihe der stärksten glänzendsten Zwiebeln dem Fürsten hin. Der nahm sie, lächelte, schmatzte ein wenig und rief dann: „Kammerherrn! geb mir einer einmal sein Taschenmesser her."

Ein Messer erhalten, schälte der Fürst nett und sauber eine Zwiebel ab und kostete etwas von dem Mark.

„Welch ein Geschmack, welche Süße, welche Kraft, welches Feuer!" rief er, indem ihm die Augen glänzten vor Entzücken, „und dabei ist es mir, als säh ich den verewigten Zinnober vor mir stehen, der mir zuwinkte und zulispelte: ‚Kaufen Sie – essen Sie diese Zwiebeln, mein Fürst – das Wohl des Staats erfordert es!' – Der Fürst drückte der alten Liese ein paar Goldstücke in die Hand und die Kammerherrn mußten sämtliche Reihen Zwiebeln in die Taschen schieben. Noch mehr! – er verordnete, daß niemand anders die Zwiebellieferung für die fürstlichen Dejeuners haben sollte, als Liese. So kam die Mutter des Klein Zaches, ohne gerade reich zu werden, aus aller Not, aus allem Elend, und gewiß war es wohl, daß ihr ein geheimer Zauber der guten Fee Rosabelverde dazu verhalf.

Das Leichenbegängnis des Ministers Zinnober war eins der prächtigsten, das man jemals in Kerepes gesehen; der Fürst, alle Ritter des grüngefleckten Tigers folgten der Leiche in tiefer Trauer. Alle Glokken wurden gezogen, ja sogar die beiden Böller, die der Fürst behufs der Feuerwerke mit schweren Kosten angeschafft, mehrmals gelöst. Bürger – Volk – alles weinte und lamentierte, daß der Staat seine beste Stütze verloren und wohl niemals mehr ein Mann von dem tiefen Verstande, von der Seelengröße, von der Milde, von dem unermüdlichen Eifer für das allgemeine Wohl, wie Zinnober, an das Ruder der Regierung kommen werde.

In der Tat blieb auch der Verlust unersetzlich; denn niemals fand sich wieder ein Minister, dem der Orden des grüngefleckten Tigers mit zwanzig Knöpfen so an den Leib gepaßt haben sollte, wie dem verewigten unvergeßlichen Zinnober.

Letzes Kapitel.

Wehmütige Bitten des Autors. – Wie der Professor Mosch Terpin sich beruhigte und Candida niemals verdrießlich werden konnte. – Wie ein Goldkäfer dem Doktor Prosper Alpanus etwas ins Ohr summte, dieser Abschied nahm und Balthasar eine glüchliche Ehe führte.

Es ist nun an dem, daß der, der für dich, geliebter Leser! diese Blätter aufschreibt, von dir scheiden will, und dabei überfällt ihn Wehmut und Bangen. – Noch vieles, vieles wüßte er von den merkwürdigen Taten des kleinen Zinnober, und er hätte, wie er denn nun überhaupt zu der Geschichte aus dem Innern heraus unwiderstehlich angeregt wurde, wahre Lust daran gehabt, dir, o mein Leser, noch das alles zu erzählen. Doch! – rückblickend auf alle Ereignisse, wie sie in den neun Kapiteln vorgekommen, fühlt er wohl, daß darin schon so viel Wunderliches, Tolles, der nüchternen Vernunft Widerstrebendes enthalten, daß er, noch mehr dergleichen anhäufend, Gefahr laufen müßte, es mit dir, geliebter Leser, deine Nachsicht mißbrauchend, ganz und gar zu verderben. Er bittet dich in jener Wehmut, in jenem Bangen, das plötzlich seine Brust beengte, als er die Worte: Letztes Kapitel, schrieb, du mögest mit recht heitrem unbefangenem Gemüt es dir gefallen lassen, die seltsamen Gestaltungen zu betrachten, ja dich mit ihnen zu befreunden, die der Dichter der Eingebung des spukhaften Geistes, Phantasus geheißen, verdankt, und dessen bizarrem launischem Wesen er sich vielleicht zu sehr überließ. – Schmolle deshalb nicht mit beiden, mit dem Dichter und mit dem launischen Geiste! – Hast du, geliebter Leser! hin und wieder über manches recht im Innern gelächelt, so warst du in *der* Stimmung, wie sie der Schreiber dieser Blätter wünschte, und dann, so glaubt er, wirst du ihm wohl vieles zugute halten! –

Eigentlich hätte die Geschichte mit dem tragischen Tode des kleinen Zinnober schließen können. Doch, ist es nicht anmutiger, wenn statt eines traurigen Leichenbegängnisses, eine fröhliche Hochzeit am Ende steht?

So werde denn noch kürzlich der holden Candida und des glücklichen Balthasars gedacht. –

Der Professor Mosch Terpin war sonst ein aufgeklärter, welterfahrner Mann, der dem weisen Spruch: *Nil admirari*, gemäß sich seit vielen vielen Jahren über nichts in der Welt zu verwundern pflegte. Aber jetzt geschah es, daß er, all seine Weisheit aufgebend, sich immer fort und fort verwundern mußte, so daß er zuletzt klagte, wie er nicht mehr wisse, ob er wirklich der Professor Mosch Terpin sei, der ehemals die natürlichen Angelegenheiten im Staate dirigiert, und ob er noch wirklich, Kopf in die Höhe, auf seinen lieben Füßen einherspaziere.

Zuerst verwunderte er sich, als Balthasar ihm den Doktor Prosper Alpanus als seinen Oheim vorstellte und dieser ihm die Schenkungsurkunde vorwies, vermöge der Balthasar Besitzer des eine Stunde von Kerepes entfernten Landhauses nebst Waldung, Äcker und Wiesen wurde; als er in dem Inventario, kaum seinen Augen trauend, köstliche Gerätschaften, ja Gold- und Silberbarren erwähnt gewahrte, deren Wert den Reichtum der fürstlichen Schatzkammer bei weitem überstieg. Dann verwunderte er sich, als er den prächtigen Sarg, in dem Zinnober lag, durch Balthasars Lorgnette anschaute, und es ihm auf einmal war, als habe es nie einen Minister Zinnober, sondern nur einen kleinen ungeschlachten ungebärdigen Knirps gegeben, den man fälschlicherweise für einen verständigen, weisen Minister Zinnober gehalten.

Bis auf den höchsten Grad stieg aber Mosch Terpins Verwunderung, als Prosper Alpanus ihn im Landhause umherführte, ihm seine Bibliothek und andere sehr wunderbare Dinge zeigte, ja selbst einige sehr anmutige Experimente machte mit seltsamen Pflanzen und Tieren.

Dem Professor ging der Gedanke auf, es sei wohl mit seinem Naturforschen ganz und gar nichts, und er säße in einer herrlichen bunten Zauberwelt wie in einem Ei eingeschlossen. Dieser Gedanke beunruhigte ihn so sehr, daß er zuletzt klagte und weinte wie ein Kind. Balthasar führte ihn sofort in den geräumigen Weinkeller, in dem er glänzende Fässer und blinkende Flaschen erblickte. Besser als in dem fürstlichen Weinkeller, meinte Balthasar, könne er hier studieren, und in dem schönen Park die Natur hinlänglich erforschen.

Hierauf beruhigte sich der Professor.

Balthasars Hochzeit wurde auf dem Landhause gefeiert. Er – die Freunde Fabian – Pulcher – alle erstaunten über Candidas hohe Schönheit, über den zauberischen Reiz, der in ihrem Anzuge, in ihrem ganzen Wesen lag. – Es war auch wirklich ein Zauber, der sie umfloß, denn die Fee Rosabelverde, die allen Groll vergessend der Hochzeit als Stiftsfräulein von Rosenschön beiwohnte, hatte sie selbst gekleidet und mit den schönsten herrlichsten Rosen geschmückt. Nun weiß man aber wohl, daß der Anzug gut stehen muß, wenn eine Fee dabei Hand anlegt. Außerdem hatte Rosabelverde der holden Braut einen prächtig funkelnden Halsschmuck verehrt, der eine magische Wirkung dahin äußerte, daß sie, hatte sie ihn umgetan, niemals über Kleinigkeiten, über ein schlecht genesteltes Band, über einen mißratenen Haarschmuck, über einen Fleck in der Wäsche oder sonst verdrießlich werden konnte. Diese Eigenschaft, die ihr der Halsschmuck gab, verbreitete eine besondere Anmut und Heiterkeit auf ihrem ganzen Antlitz.

Das Brautpaar stand im höchsten Himmel der Wonne, und – so herrlich wirkte der geheime weise Zauber Alpans – hatte doch noch Blick und Wort für die Herzensfreunde, welche versammelt. Prosper Alpanus und Rosabelverde, beide sorgten dafür, daß die schönsten Wunder den Hochzeitstag verherrlichten. Überall tönten aus Büschen und Bäumen süße Liebeslaute, während sich schimmernde Tafeln erhoben mit den herrlichsten Speisen, mit Kristallflaschen belastet, aus denen der edelste Wein strömte, welcher Lebensglut durch alle Adern der Gäste goß.

Die Nacht war eingebrochen, da spannen sich feuerflammende Regenbogen über den ganzen Park, und man sah schimmernde Vögel und Insekten, die sich auf und ab schwangen, und wenn sie die Flügel schüttelten, stäubten Millionen Funken hervor, die in ewigem Wechsel allerlei holde Gestalten bildeten, welche in der Luft tanzten und gaukelten und im Gebüsch verschwanden. Und dabei tönte stärker die Musik des Waldes, und der Nachtwind strich daher, geheimnisvoll säuselnd und süße Düfte aushauchend.

Balthasar, Candida, die Freunde erkannten den mächtigen Zauber Alpans, aber Mosch Terpin, halb berauscht, lachte laut, und meinte, hinter allem stecke niemand anders, als der Teufelskerl, der Operndekorateur und Feuerwerker des Fürsten.

Schneidende Glockentöne erhallten. Ein glänzender Goldkäfer schwang sich herab, setzte sich auf Prosper Alpanus' Schulter und schien ihm leise etwas ins Ohr zu sumsen.

Prosper Alpanus erhob sich von seinem Sitz und sprach ernst und feierlich: „Geliebter Balthasar – holde Candida – meine Freunde! – Es ist nun an der Zeit – Lothos ruft – ich muß scheiden." –

Darauf nahte er sich dem Brautpaar und sprach leise mit ihnen. Beide, Balthasar und Candida, waren sehr gerührt, Prosper schien ihnen allerlei gute Lehren zu geben, er umarmte beide mit Inbrunst.

Dann wandte er sich an das Fräulein von Rosenschön und sprach ebenfalls leise mit ihr – wahrscheinlich gab sie ihm Aufträge in Zauber- und Feen-Angelegenheiten, die er willig übernahm.
Indessen hatte sich ein kleiner kristallner Wagen, mit zwei schimmernden Libellen bespannt, die der Silberfasan führte, aus den Lüften hinabgesenkt.
„Lebt wohl – lebt wohl!" rief Prosper Alpanus, stieg in den Wagen und schwebte empor über die flammenden Regenbogen hinweg, bis sein Fuhrwerk zuletzt in den höchsten Lüften erschien wie ein kleiner funkelnder Stern, der sich endlich hinter den Wolken verbarg.
„Schöne Mongolfiere", schnarchte Mosch Terpin, und versank von der Kraft des Weines übermannt in tiefen Schlaf.
– Balthasar, der Lehren des Prosper Alpanus eingedenk, den Besitz des wunderbaren Landhauses wohl nutzend, wurde in der Tat ein guter Dichter, und da die übrigen Eigenschaften, die Prosper rücksichts der holden Candida an dem Besitztum gerühmt, sich ganz und gar bewährten, Candida auch niemals den Halsschmuck, den ihr das Stiftsfräulein von Rosenschön als Hochzeitsgabe beschert, ablegte, so konnt es nicht fehlen, daß Balthasar die glücklichste Ehe in aller Wonne und Herrlichkeit führte, wie sie nur jemals ein Dichter mit einer hübschen jungen Frau geführt haben mag –
So hat aber das Märchen von Klein Zaches genannt Zinnober nun wirklich ganz und gar ein fröhliches

Ende.

Prinzessin Brambilla.

Ein Capriccio nach Jakob Callot
von E. T. A. Hoffmann.

Mit 8 Kupfern nach Callotschen Originalblättern.

Zu Seite 340 bis Seite 341

Vorwort.

Das Märchen Klein-Zaches, genannt Zinnober (Berlin bei F. Dümmler, 1819), enthält nichts weiter, als die lose, lockre Ausführung einer scherzhaften Idee. Nicht wenig erstaunte indessen der Autor, als er auf eine Rezension stieß, in der dieser zu augenblicklicher Belustigung ohne allen weitern Anspruch leicht hingeworfene Scherz, mit ernsthafter wichtiger Miene zergliedert und sorgfältig jeder Quelle erwähnt wurde, aus der der Autor geschöpft haben sollte. Letzteres war ihm freilich insofern angenehm, als er dadurch Anlaß erhielt, jene Quellen selbst aufzusuchen und sein Wissen zu bereichern. – Um nun jedem Mißverständnis vorzubeugen, erklärt der Herausgeber dieser Blätter im voraus, daß ebensowenig, wie Klein-Zaches, die Prinzessin Brambilla ein Buch ist für Leute, die alles gern ernst und wichtig nehmen. Den geneigten Leser, der etwa willig und bereit sein sollte, auf einige Stunden dem Ernst zu entsagen und sich dem kecken launischen Spiel eines vielleicht manchmal zu frechen Spukgeistes zu überlassen, bittet aber der Herausgeber demütiglich, doch ja die Basis des Ganzen, nämlich Callots fantastisch karikierte Blätter nicht aus dem Auge zu verlieren und auch daran zu denken, was der Musiker etwa von einem Capriccio verlangen mag.

Wagt es der Herausgeber an jenen Ausspruch Carlo Gozzis (in der Vorrede zum *Ré de' geni*) zu erinnern, nach welchem ein ganzes Arsenal von Ungereimtheiten und Spukereien nicht hinreicht, dem Märchen Seele zu schaffen, die es erst durch den tiefen Grund, durch die aus irgendeiner philosophischen Ansicht des Lebens geschöpfte Hauptidee erhält, so möge das nur darauf hindeuten, was er gewollt, nicht was ihm gelungen.

Berlin im September 1820.

Erstes Kapitel.

Zauberische Wirkungen eines reichen Kleides auf eine junge Putzmacherin. – Definition des Schauspielers, der Liebhaber darstellt. – Von der Smorfia italischer Mädchen. – Wie ein kleiner ehrwürdiger Mann in einer Tulpe sitzend den Wissenschaften obliegt und anständige Damen zwischen Maultierohren Filet machen. – Der Marktschreier Celionati und der Zahn des assyrischen Prinzen. – Himmelblau und Rosa. – Pantalon und die Weinflasche mit wunderbarem Inhalt. –

Die Dämmerung brach ein, es läutete in den Klöstern zum Ave: da warf das holde hübsche Kind, Giacinta Soardi geheißen, das reiche Frauenkleid von rotem schweren Atlas, an dessen Besatz sie emsig gearbeitet, beiseite und schaute aus dem hohen Fenster unmutig hinab, in die enge, öde, menschenleere Gasse.
Die alte Beatrice räumte indessen die bunten Maskenanzüge jeder Art, die in dem kleinen Stübchen auf Tischen und Stühlen umherlagen, sorglich zusammen und hing sie der Reihe nach auf. Beide Arme in die Seiten gestemmt, stellte sie sich dann hin vor den offenen Schrank und sprach schmunzelnd: „In der Tat, Giacinta, wir sind diesmal fleißig gewesen; mich dünkt, ich sehe die halbe lustige Welt des Korso hier vor Augen. – Aber auch noch niemals hat Meister Bescapi bei uns solch reiche Bestellungen gemacht. – Nun, er weiß, daß unser schönes Rom dieses Jahr wieder recht aufglänzen wird, in aller Lust, Pracht und Herrlichkeit. Gib acht, Giacinta, wie der Jubel morgen, an dem ersten Tage unsers Karnevals, sich erheben wird! Und morgen – morgen schüttet uns Meister Bescapi eine ganze Hand voll Dukaten in den Schoß – Gib acht, Giacinta! Aber was ist dir, Kind? du hängst den Kopf, du bist verdrießlich – mürrisch? und morgen ist Karneval!"
Giacinta hatte sich in den Arbeitssessel gesetzt und starrte, den Kopf in die Hand gestützt, zum Boden nieder, ohne auf die Worte der Alten zu achten. Als diese aber gar nicht aufhörte, von der bevorstehenden Lust des Karnevals zu schwatzen, da begann sie: „Schweigt doch nur, Alte, schweigt doch nur von einer Zeit, die für andere lustig genug sein mag, mir aber nichts bringt als Verdruß und Langeweile. Was hilft mir mein Arbeiten bei Tag und Nacht? was helfen uns Meister Bescapis Dukaten? – Sind wir nicht bitterarm? müssen wir nicht sorgen, daß der Verdienst dieser Tage vorhalte, das ganze Jahr

hindurch uns kümmerlich genug zu ernähren? was bleibt uns übrig für unser Vergnügen?"

„Was hat", erwiderte die Alte, „was hat unsere Armut mit dem Karneval zu schaffen? Sind wir nicht voriges Jahr umhergelaufen vom Morgen bis in die späte Nacht, und sah ich nicht fein aus und stattlich als Dottore? – Und ich hatte dich am Arm und du warst allerliebst als Gärtnermädchen – hihi! und die schönsten Masken liefen dir nach und sprachen zu dir mit zuckersüßen Worten. Nun, war das nicht lustig? Und was hält uns ab, dieses Jahr dasselbe zu unternehmen? Meinen Dottore darf ich nur gehörig ausbürsten, dann verschwinden wohl alle Spuren der bösen Confetti, mit denen er beworfen und deine Gärtnerin hängt auch noch da. Ein paar neue Bänder, ein paar frische Blumen – was bedarf es mehr für Euch, um hübsch und schmuck zu sein?" – „Was sprecht Ihr", rief Giacinta. „Was sprecht Ihr, Alte? – In den armseligen Lumpen sollt ich mich hinauswagen? – Nein – ein schönes spanisches Kleid, das sich eng an den Leib schließt und dann hinabwallt in reichen dicken Falten, weite geschlitzte Ärmel, aus denen herrliche Spitzen hervorbauschen – ein Hütlein mit keck wehenden Federn, ein Gürtel, ein Halsband von strahlenden Diamanten – so möchte Giacinta hinaus in den Korso und sich niederlassen vor dem Palast Ruspoli. – Wie die Kavaliere sich hinandrängen würden –, Wer ist diese Dame? – Gewiß eine Gräfin – eine Prinzessin', und selbst Pulcinella würde ergriffen von Ehrfurcht und vergäße seine tollsten Neckereien!" – „Ich höre", nahm die Alte das Wort, „ich höre Euch zu, mit großer Verwunderung. Sagt, seit wann ist denn solch ein verwünschter Hochmutsteufel in Euch gefahren? – Nun, wenn Euch denn der Sinn so gar hoch steht, daß Ihr es Gräfinnen, Prinzessinnen nachtun wollt, so seid so gut und schafft Euch einen Liebhaber an, der um Eurer schönen Augen willen tapfer in den Fortunatussäckel zu greifen vermag und jagt den Signor Giglio fort, den Habenichts, der, geschieht es ihm, daß er ein paar Dukaten in der Tasche verspürt, alles vertrödelt in wohlriechenden Pomaden und Näschereien und der mir noch zwei Paoli schuldig ist für den neugewaschenen Spitzenkragen." –

Während dieser Reden hatte die Alte die Lampe in Ordnung gebracht und angezündet. Als nun der helle Schein Giacinten ins Gesicht fiel, gewahrte die Alte, daß ihr die bittren Tränen aus den Augen perlten: „Giacinta", rief die Alte, „um alle Heiligen, Giacinta, was ist dir, was hast du? – Ei Kind, so böse habe ich es ja gar nicht gemeint.

Sei nur ruhig, arbeite nicht so emsig; das Kleid wird ja doch wohl noch fertig zur bestimmten Zeit." – „Ach", sprach Giacinta, ohne von der Arbeit, die sie wieder begonnen, aufzusehen, „ach eben das Kleid, das böse Kleid ist es, glaub ich, das mich erfüllt hat mit allerlei törichten Gedanken. Sagt, Alte, habt Ihr wohl in Euerm ganzen Leben ein Kleid gesehen, daß diesem an Schönheit und Pracht zu vergleichen ist? Meister Bescapi hat sich in der Tat selbst übertroffen; ein besonderer Geist waltete über ihn, als er diesen herrlichen Atlas zuschnitt. Und dann die prächtigen Spitzen, die glänzenden Tressen, die kostbaren Steine, die er zum Besatz uns anvertraut hat. Um alle Welt möcht ich wissen, wer die Glückliche ist, die sich mit diesem Götterkleide schmücken wird." – „Was", fiel die Alte dem Mädchen ins Wort, „was kümmert uns das? wir machen die Arbeit und erhalten unser Geld. Aber wahr ist es, Meister Bescapi tat so geheimnisvoll, so seltsam – Nun, eine Prinzessin muß es wenigstens sein, die dieses Kleid trägt, und bin ich auch sonst eben nicht neugierig, so wär mir's doch lieb, wenn Meister Bescapi mir den Namen sagte und ich werde ihm morgen schon solange zusetzen, bis er's tut." – „Ach nein, nein", rief Giacinta, „ich will es gar nicht wissen, ich will mir lieber einbilden, keine Sterbliche werde jemals dies Kleid anlegen, sondern ich arbeite an einem geheimnisvollen Feenschmuck. Mir ist wahrhaftig schon, als guckten mich aus den glänzenden Steinen allerlei kleine Geisterchen lächelnd an und lispelten mir zu: ‚Nähe – nähe frisch für unsere schöne Königin, wir helfen dir – wir helfen dir!' – Und wenn ich so die Spitzen und Tressen ineinanderschlinge, dann dünkt es mich, als hüpften kleine liebliche Elflein mit goldgeharnischten Gnomen durcheinander und – O weh!" – So schrie Giacinta auf; eben den Busenstreif nähend, hatte sie sich heftig in den Finger gestochen, daß das Blut wie aus einem Springquell hervorspritzte. „Hilf Himmel", schrie die Alte, „hilf Himmel, das schöne Kleid!" nahm die Lampe, leuchtete nahe hin, und reichliche Tropfen Öls flossen über. „Hilf Himmel, das schöne Kleid!" rief Giacinta, halb ohnmächtig vor Schreck. Unerachtet es aber gewiß, daß beides, Blut und Öl, sich auf das Kleid ergossen, so konnte doch weder die Alte, noch Giacinta auch nur die mindeste Spur eines Flecks entdecken. Nun nähte Giacinta flugs weiter, bis sie mit einem freudigen „Fertig – fertig!" aufsprang und das Kleid hoch in die Höhe hielt.

„Ei wie schön", rief die Alte, „ei wie herrlich – wie prächtig! – Nein, Giacinta, nie haben deine lieben Händchen so etwas gefertigt – Und

weißt du wohl, Giacinta, daß es mir scheint, als sei das Kleid ganz und gar nach deinem Wuchs geschnitten, als habe Meister Bescapi niemandem anders als dir selbst das Maß dazu genommen?" – „Warum nicht gar?" erwiderte Giacinta über und über errötend, „du träumst, Alte; bin ich denn so groß und schlank, wie die Dame, für welche das Kleid bestimmt sein muß? – Nimm es hin, nimm es hin, verwahre es sorglich bis morgen! Gebe der Himmel, daß beim Tageslicht kein böser Fleck zu entdecken! Was würden wir Ärmste nur anfangen? – Nehmt es hin!" – Die Alte zögerte.
„Freilich", sprach Giacinta, das Kleid betrachtend, weiter, „freilich, bei der Arbeit ist mir manchmal es so vorgekommen, als müsse mir das Kleid passen. In der Taille möcht ich schlank genug sein, und was die Länge betrifft –" – „Giacinina", rief die Alte mit leuchtenden Augen, „Giacinina, du errätst meine Gedanken, ich die deinigen – Mag das Kleid anlegen, wer da will, Prinzessin, Königin, Fee, gleichviel, meine Giacinina muß sich zuerst darin putzen –" – „Nimmermehr", sprach Giacinta; aber die Alte nahm ihr das Kleid aus den Händen, hängte es sorglich über den Lehnstuhl und begann des Mädchens Haar loszuflechten, das sie dann gar zierlich aufzunesteln wußte; dann holte sie das mit Blumen und Federn geschmückte Hütchen, das sie auf Bescapis Geheiß zu dem Anzuge aufputzen müssen, aus dem Schranke und befestigte es in Giacintas kastanienbraunen Locken. – „Kind, wie dir schon das Hütchen allerliebst steht! Aber nun herunter mit dem Jäckchen!" So rief die Alte und begann Giacinta zu entkleiden, die in holder Verschämtheit nicht mehr zu widersprechen vermochte.
„Hm", murmelte die Alte, „dieser sanft gewölbte Nacken, dieser Lilienbusen, diese Alabasterarme, die Mediceerin hat sie nicht schöner geformt, Giulio Romano sie nicht herrlicher gemalt – Möcht doch wissen, welche Prinzessin nicht mein süßes Kind darum beneiden würde!" – Als sie aber nun dem Mädchen das prächtige Kleid anlegte, war es, als ständen ihr unsichtbare Geister bei. Alles fügte und schickte sich, jede Nadel saß im Augenblick recht, jede Falte legte sich wie von selbst, es war nicht möglich zu glauben, daß das Kleid für jemanden anders gemacht sein könnte, als eben für Giacinta.
„O all ihr Heiligen", rief die Alte, als Giacinta nun so prächtig geputzt vor ihr stand, „o all ihr Heiligen, du bist wohl gar nicht meine Giacinta – ach – ach – wie schön seid Ihr, meine gnädigste Prinzessin! – Aber warte – warte! hell muß es sein, ganz hell muß es sein im Stübchen!" – Und damit holte die Alte alle geweihte Kerzen herbei,

die sie von den Marienfesten erspart, und zündete sie an, so daß Giacinta dastand von strahlendem Glanz umflossen.
Vor Erstaunen über Giacintas hohe Schönheit und noch mehr über die anmutige und dabei vornehme Weise, womit sie in der Stube auf und ab schritt, schlug die Alte die Hände zusammen und rief: „O wenn Euch doch nur jemand, wenn Euch doch nur der ganze Korso schauen könnte!"
In dem Augenblick sprang die Türe auf, Giacinta floh mit einem Schrei ans Fenster, zwei Schritte ins Zimmer hineingetreten blieb ein junger Mensch an den Boden gewurzelt stehen, wie zur Bildsäule erstarrt.
Du kannst, vielgeliebter Leser, den jungen Menschen, während er so laut- und regungslos dasteht, mit Muße betrachten. Du wirst finden, daß er kaum vier- bis fünfundzwanzig Jahre alt sein kann und dabei von ganz artigem hübschen Ansehen ist. Seltsam scheint wohl deshalb sein Anzug zu nennen, weil jedes Stück desselben an Farbe und Schnitt nicht zu tadeln ist, das Ganze aber durchaus nicht zusammenpassen will, sondern ein grell abstechendes Farbenspiel darbietet. Dabei wird, unerachtet alles sauber gehalten, doch eine gewisse Armseligkeit sichtbar; man merkt's der Spitzenkrause an, daß zum Wechseln nur noch eine vorhanden, und den Federn, womit der schief auf den Kopf gedrückte Hut fantastisch geschmückt, daß sie mühsam mit Draht und Nadel zusammengehalten. Du gewahrst es wohl, geneigter Leser, der junge also gekleidete Mensch kann nichts anders sein, als ein etwas eitler Schauspieler, dessen Verdienste eben nicht zu hoch angeschlagen werden; und das ist er auch wirklich. Mit einem Wort – es ist derselbe Giglio Fava, der der alten Beatrice noch zwei Paoli für einen gewaschenen Spitzenkragen schuldet.
„Ha! was seh ich?" begann Giglio Fava endlich so emphatisch, als stände er auf dem Theater Argentina, „ha! was seh ich – ist es ein Traum, der mich von neuem täuscht? – Nein! sie ist es selbst, die Göttliche – ich darf es wagen sie anzureden mit kühnen Liebesworten! – Prinzessin – o Prinzessin!" – „Sei kein Hase", rief Giacinta, sich rasch umwendend, „und spare die Possen auf für die folgenden Tage!"
„Weiß ich denn nicht", erwiderte Giglio, nachdem er Atem geschöpft! mit erzwungenem Lächeln, „weiß ich denn nicht, daß du es bist, meine holde Giacinta, aber sage, was bedeutet dieser prächtige Anzug? – In der Tat, noch nie bist du mir so reizend erschienen, ich möchte dich nie anders sehen."

„So?“ sprach Giacinta erzürnt; „also meinem Atlaskleide, meinem Federhütchen gilt deine Liebe?“ – Und damit entschlüpfte sie schnell in das Nebenstübchen und trat bald darauf alles Schmucks entledigt in ihren gewöhnlichen Kleidern wieder herein. Die Alte hatte indessen die Kerzen ausgelöscht und den vorwitzigen Giglio tüchtig heruntergescholten, daß er die Freude, die Giacinta an dem Kleide gehabt, das für irgend eine vornehme Dame bestimmt, so verstört und noch dazu ungalant genug zu verstehen gegeben, daß solcher Prunk Giacintas Reize zu erhöhen und sie liebenswürdiger, als sonst, erscheinen zu lassen vermöge. Giacinta stimmte in diese Lektion tüchtig ein, bis der arme Giglio ganz Demut und Reue endlich soviel Ruhe errang, um wenigstens mit der Versicherung gehört zu werden, daß seinem Erstaunen ein seltsames Zusammentreffen ganz besonderer Umstände zum Grunde gelegen. „Laß dir's erzählen!“ begann er, „Laß dir's erzählen, mein holdes Kind, mein süßes Leben, welch ein märchenhafter Traum mir gestern nachts aufging, als ich ganz müde und ermattet von der Rolle des Prinzen Taer, den ich, du weißt es, ebenso die Welt, über alle Maßen vortrefflich spiele, mich auf mein Lager geworfen. Mich dünkte, ich sei noch auf der Bühne und zanke sehr mit dem schmutzigen Geizhals von Impresario, der mir ein paar lumpigte Dukaten Vorschuß hartnäckig verweigerte. Er überhäufte mich mit allerlei dummen Vorwürfen; da wollte ich, um mich besser zu verteidigen, einen schönen Gestus machen, meine Hand traf aber unversehens des Impresario rechte Wange, so daß dabei Klang und Melodie einer derben Ohrfeige herauskam; der Impresario ging ohne weiteres mit einem großen Messer auf mich los, ich wich zurück und dabei fiel meine schöne Prinzenmütze, die du selbst, mein süßes Hoffen, so artig mit den schönsten Federn schmücktest, die jemals einem Strauß entrupft, zu Boden. In voller Wut warf sich der Unmensch, der Barbar über sie her und durchstach die Ärmste mit dem Messer, daß sie sich im qualvollen Sterben winselnd zu meinen Füßen krümmte. – Ich wollte – mußte die Unglückliche rächen. Den Mantel über den linken Arm geworfen, das fürstliche Schwert gezückt, drang ich ein auf den ruchlosen Mörder. Der floh aber schnell in ein Haus und drückte vom Balkon herunter Truffaldinos Flinte auf mich ab. Seltsam war es, daß der Blitz des Feuergewehrs stehenblieb und mich anstrahlte wie funkelnde Diamanten. Und sowie sich mehr und mehr der Dampf verlor, gewahrte ich wohl, daß das, was ich für den Blitz von Truffaldinos Flinte gehalten, nichts anders war, als der köstliche

Schmuck am Hütlein einer Dame – O all ihr Götter! ihr seligen Himmel allesamt! eine süße Stimme sprach – nein! sang – nein! hauchte Liebesduft in Klang und Ton – ‚O Giglio – mein Giglio!' – und ich schaute ein Wesen in solch göttlichem Liebreiz, in solch hoher Anmut, daß der sengende Schirokko inbrünstiger Liebe mir durch alle Adern und Nerven fuhr und der Glutstrom erstarrte zur Lava, die dem Vulkan des aufflammenden Herzens entquollen – ‚Ich bin', sprach die Göttin sich mir nahend, ‚ich bin die Prinzessin –' – „Wie?" unterbrach Giacinta den Verzückten zornig, „wie? du unterstehst dich von einer andern zu träumen, als von mir? du unterstehst dich in Liebe zu kommen, ein dummes einfältiges Traumbild schauend, das aus Truffaldinos Flinte geschossen?" – Und nun regnete es Vorwürfe und Klagen und Scheltworte und Verwünschungen, und alles Beteuern und alles Versichern des armen Giglio, daß die Traumprinzessin gerade so gekleidet gewesen, wie er eben seine Giacinta getroffen, wollte ganz und gar nichts helfen. Selbst die alte Beatrice, sonst eben nicht geneigt, des Signor Habenichts, wie sie den Giglio nannte, Partie zu nehmen, fühlte sich von Mitleid durchdrungen und ließ nicht ab von der störrischen Giacinta, bis sie dem Geliebten den Traum unter der Bedingung verzieh, daß er niemals mehr ein Wörtlein davon erwähnen sollte. Die Alte brachte ein gutes Gericht Makkaroni zustande und Giglio holte, da, dem Traum entgegen, der Impresario ihm wirklich ein paar Dukaten vorgeschossen, eine Tüte Zuckerwerk und eine mit in der Tat ziemlich trinkbarem Wein gefüllte Phiole aus der Manteltasche hervor. „Ich sehe doch, daß du an mich denkst, guter Giglio", sprache Giacinta, indem sie eine überzukkerte Frucht in das Mündchen steckte. Giglio durfte ihr sogar den Finger küssen, den die böse Nadel verletzt und alle Wonne und Seligkeit kehrte wieder. Tanzt aber einmal der Teufel mit, so helfen die artigsten Sprünge nicht. Der böse Feind selbst war es nämlich wohl, der dem Giglio eingab, nachdem er ein paar Gläser Wein getrunken, also zu reden: „Nicht geglaubt hätt ich, daß du, mein süßes Leben, so eifersüchtig auf mich sein könntest. Aber du hast recht. Ich bin ganz hübsch von Ansehen, begabt von der Natur mit allerlei angenehmen Talenten; aber mehr als das – ich bin Schauspieler. Der junge Schauspieler, welcher so wie ich, verliebte Prinzen göttlich spielt, mit geziemlichen O und Ach, ist ein wandelnder Roman, eine Intrige auf zwei Beinen, ein Liebeslied mit Lippen zum Küssen, mit Armen zum Umfangen, ein aus dem Einband ins Leben gesprungenes Abenteuer, das der Schönsten vor Augen steht, wenn sie das Buch zugeklappt. Daher kommt es, daß wir unwiderstehlichen Zauber üben an den armen Weibern, die vernarrt sind in alles, was in und an uns ist, in unser Gemüt, in unsre Augen, in unsre falschen Steine, Federn und Bänder. Da gilt nicht Rang, nicht Stand; Wäschermädchen oder Prinzessin – gleichviel! – Nun sage ich dir, mein holdes Kind, daß, täuschen mich nicht gewisse geheimnisvolle Ahnungen, neckt mich nicht ein böser Spuk, wirklich das Herz der schönsten Prinzessin entbrannt ist in Liebe zu mir. Hat sich das begeben, oder begibt es sich noch, so wirst du, mein schönstes Hoffen, es mir nicht verdenken, wenn ich den Goldschacht, der sich mir auftut, nicht ungenützt lasse, wenn ich dich ein wenig vernachlässige, da doch ein armes Ding von Putzmacherin –" – Giacinta hatte mit immer steigender Aufmerksamkeit zugehört, war dem Giglio, in dessen schimmernden Augen sich das Traumbild der Nacht spiegelte, immer näher und näher gerückt; jetzt sprang sie rasch auf, gab dem beglückten Liebhaber der schönsten Prinzessin eine solche Ohrfeige, daß alle Feuerfunken aus jener verhängnisvollen Flinte Truffaldinos vor seinen Augen hüpften und entsprang schnell in die Kammer. Alles fernere Bitten und Flehen half nun nichts mehr. „Geht nur fein nach Hause, sie hat ihre Smorfia und dann ist's aus", sprach die Alte und leuchtete dem betrübten Giglio die enge Treppe hinab. – Es muß mit der Smorfia, mit dem seltsam launischen, etwas ungescheuten Wesen junger italischer Mädchen eine eigne Bewandtnis haben; denn Kenner versichern einmütiglich, daß eben aus diesem Wesen sich ein wunderbarer Zauber solch unwiderstehlicher Liebesnwürdigkeit entfalte, daß der Gefangene, statt unmutig die Bande zu zerreißen, sich noch fester und fester darin verstricke, daß der auf schnöde Weise abgefertigte Amante, statt ein ewiges Addio zu unternehmen, nur desto inbrünstiger seufze und flehe, wie es in jenem Volksliedlein heißt: *Vien quà, Dorina bella, non far la smorfiosella!* – Der, der mit dir, geliebter Leser, also spricht, will vermuten, daß jene Lust aus Unlust nur erblühen könne in dem fröhlichen Süden, daß aber solch schöne Blüte aus friedlichem Stoff nicht aufzukommen vermöge in unserm Norden. Wenigstens an dem Orte, wo er lebt, will er denjenigen Gemütszustand, wie er ihn oft an jungen, eben der Kindheit entronnenen Mädchen bemerkt hat, gar nicht mit jener artigen Smorfiosität vergleichen. Hat ihnen der Himmel angenehme Gesichtszüge verliehen, so verzerren sie dieselben auf ungeziemliche Weise; alles ist ihnen in der Welt bald zu schmal, bald zu breit, kein schicklicher Platz für ihr kleines Figürlein hienieden, sie ertragen lieber die Qual eines zu engen Schuhs, als ein freundliches, oder gar ein geistreiches Wort und nehmen es entsetzlich übel, daß sämtliche Jünglinge und Männer in dem Weichbilde der Stadt sterblich in sie verliebt sind, welches sie denn doch wieder meinen, ohne sich zu ärgern. – Es gibt für diesen Seelenzustand des zartesten Geschlechts keinen Ausdruck. Das Substrat der Ungezogenheit, die darin enthalten, reflektiert sich hohlspiegelartig bei Knaben in *der* Zeit, die grobe Schulmeister mit dem Wort: Lümmeljahre bezeichnen. – Und doch war es dem armen Giglio ganz und gar nicht zu verdenken, daß er, auf seltsame Weise gespannt, auch wachend von Prinzessinnen und wunderbaren Abenteuern träumte. – Eben denselben Tag hatte, als er im Äußern schon halb und halb, im Innern aber ganz und gar Prinz Taer, durch den Korso wandelte, sich in der Tat viel Abenteuerliches ereignet.

Es begab sich, daß bei der Kirche S. Carlo, gerade da, wo die Straße Condotti den Korso durchkreuzt, mitten unter den Buden der Wurstkrämer und Makkaroniköche, der in ganz Rom bekannte Ciarlatano, Signor Celionati geheißen, sein Gerüst aufgeschlagen hatte und dem um ihn her versammelten Volk tolles Märchenzeug vorschwatzte, von geflügelten Katzen, springenden Erdmännlein, Alraunwurzeln u. s. w. und dabei manches Arkanum verkaufte für trostlose Liebe und Zahnschmerz, für Lotterienieten und Podagra. Da ließ sich ganz in der Ferne eine seltsame Musik von Zimbeln, Pfeifen und Trommeln hören, und das Volk sprengte auseinander und strömte, stürzte durch den Korso der Porta del popolo zu, laut schreiend: „Schaut, schaut! – ei ist denn schon der Karneval los? – schaut – schaut!“

Das Volk hatte recht; denn der Zug, der sich durch die Porta del popolo langsam den Korso hinaufbewegte, konnte füglich für nichts anders gehalten werden, als für die seltsamste Maskerade, die man jemals gesehen. Auf zwölf kleinen schneeweißen Einhörnern mit goldnen Hufen saßen in rote atlasne Talare eingehüllte Wesen, die gar artig auf silbernen Pfeifen bliesen und Zimbeln und kleine Trommeln schlugen. Beinahe nach Art der büßenden Brüder waren in den Talaren nur die Augen ausgeschnitten und ringsum mit goldnen Tressen besetzt, welches sich wunderlich genug ausnahm. Als der Wind dem einen der kleinen Reiter den Talar etwas aufhob, starrte ein Vogelfuß hervor, dessen Krallen mit Brillantringen besteckt waren. Hinter diesen zwölf anmutigen Musikanten zogen zwei mächtige Strauße eine große auf einem Rädergestell befestigte goldgleißende Tulpe, in der ein kleiner alter Mann saß mit langem weißen Bart, in einen Talar von Silberstoff gekleidet, einen silbernen Trichter als Mütze auf das ehrwürdige Haupt gestülpt. Der Alte las, eine ungeheure Brille auf der Nase, sehr aufmerksam in einem großen Buche, das er vor sich aufgeschlagen. Ihm folgten zwölf reichgekleidete Mohren mit langen Spießen und kurzen Säbeln bewaffnet, die jedesmal, wenn der kleine Alte ein Blatt im Buche umschlug und dabei ein sehr feines scharf durchdringendes: „Kurri – pire – ksi – li – iii" vernehmen ließ, mit gewaltig dröhnenden Stimmen sangen: „Bram – bure – bil – bal – Ala monsa Kikiburra – son – ton!" Hinter den Mohren ritten auf zwölf Zeltern, deren Farbe reines Silber schien, zwölf Gestalten, beinahe so verhüllt wie die Musikanten, nur daß die Talare auf Silbergrund reich mit Perlen und Diamanten gestickt und die Arme bis an die Schulter entblößt waren. Die wunderbare Fülle und Schönheit dieser mit den herrlichsten Armspangen geschmückten Arme hätten schon verraten, daß unter den Talaren die schönsten Damen versteckt sein mußten; überdem machte aber auch jede reitend sehr emsig Filet, wozu zwischen den Ohren der Zelter große Samtkissen befestigt waren. Nun folgte eine große Kutsche, die ganz Gold schien und von acht der schönsten, mit goldnen Schabracken behängten Maultieren gezogen wurde, welche kleine sehr artig in bunte Federwämser gekleidete Pagen an mit Diamanten besetzten Zügeln führten. Die Tiere wußten mit unbeschreiblicher Würde die stattlichen Ohren zu schütteln und dann ließen sich Töne hören der Harmonika ähnlich, wozu die Tiere selbst, sowie die Pagen, die sie führten, ein paßliches Geschrei erhoben, welches zusammenklang auf die anmutigste Weise. Das Volk drängte sich heran und wollte in die Kutsche hineinschauen, sah aber nichts, als den Korso, und sich selbst; denn die Fenster waren reine Spiegel. Mancher, der auf diese Art sich schaute, glaubte im Augenblick, er säße selbst in der prächtigen Kutsche und kam darüber vor Freuden ganz außer sich, so wie es mit dem ganzen Volk geschah, als es von einem kleinen äußerst angenehmen Pulcinella, der auf dem Kutschendeckel stand, ungemein artig und verbindlich begrüßt wurde. In diesem allgemeinen ausgelassensten Jubel wurde kaum mehr das glänzende Gefolge beachtet, das wieder aus Musikanten, Mohren und Pagen, den ersten gleich gekleidet, bestand, bei welchen nur noch einige in den zartesten Farben geschmackvoll gekleidete Affen befindlich, die mit sprechender Mimik in den Hinterbeinen tanzten und im Koboldschießen ihresgleichen suchten. So zog das Abenteuer den Korso herab durch die Straßen bis auf den Platz Navona, wo es still stand vor dem Palast des Prinzen Bastianello di Pistoja.

Die Torflügel des Palastes sprangen auf und plötzlich verstummte der Jubel des Volks und in der Totenstille des tiefsten Erstaunens schaute man das Wunder, das sich nun begab. Die Marmorstufen hinauf durch das enge Tor zog alles, Einhörner, Pferde, Maultiere, Kutsche, Strauße, Damen, Mohren, Pagen ohne alle Schwierigkeit hinein und ein tausendstimmiges „Ah!" erfüllte die Lüfte, als das Tor, nachdem die letzten vierundzwanzig Mohren in blanker Reihe hineingeschritten, sich mit donnerndem Getöse schloß.

Das Volk, nachdem es lange genug vergebens gegafft und im Palast alles still und ruhig blieb, bezeigte nicht üble Lust, den Aufenthalt des Märchens zu stürmen und wurde nur mit Mühe von den Sbirren auseinandergetrieben.

Da strömte alles wieder den Korso herauf. Vor der Kirche S. Carlo stand aber noch der verlassene Signor Celionati auf seinem Gerüst und schrie und tobte entsetzlich: „Dummes Volk – einfältiges Volk! – Leute, was lauft, was rennt ihr in tollem Unverstand und verlaßt euern wackern Celionati? – Hier hättet ihr bleiben sollen und hören aus dem Munde des Weisesten, des erfahrensten Philosophen und Adepten, was es auf sich hat mit dem allen, was ihr geschaut mit aufgerissenen Augen und Mäulern, wie törichtes Knabenvolk! – Aber noch will ich euch alles verkünden – hört – hört, wer eingezogen ist in den Palast Pistoja – hört, hört – wer sich den Staub von den Ärmeln klopfen läßt im Palast Pistoja!" – Diese Worte hemmten plötzlich den kreisenden Strudel des Volks, das nun sich hinandrängte an Celionatis Gerüst und hinaufschaute mit neugierigen Blicken.

„Bürger Roms!" begann Celionati nun emphatisch, „Bürger Roms! jauchzt, jubelt, werft Mützen, Hüte, oder was ihr sonst eben auf dem Kopfe tragen möget, hoch in die Höhe! Euch ist großes Heil widerfahren; denn eingezogen in eure Mauern ist die weltberühmte Prinzessin Brambilla aus dem fernen Äthiopien, ein Wunder an Schönheit und dabei so reich an unermeßlichen Schätzen, daß sie ohne Beschwerde den ganzen Korso pflastern lassen könnte mit den herrlichsten Diamanten und Brillanten – und wer weiß was sie tut zu eurer Freude! – Ich weiß es, unter euch befinden sich gar viele, die keine

Esel sind, sondern bewandert in der Geschichte. Die werden wissen, daß die durchlauchtigste Prinzessin Brambilla eine Urenkelin ist des weisen Königs Cophetua, der Troja erbaut hat und daß ihr Großonkel, der große König von Serendippo, ein freundlicher Herr, hier vor S. Carlo unter euch, ihr lieben Kinder, sich oft in Makkaroni übernahm! – Füge ich noch hinzu, daß niemand anders die hohe Dame Brambilla aus der Taufe gehoben, als die Königin der Tarocke, Tartagliona mit Namen, und daß Pulcinella sie das Lautenspiel gelehrt, so wißt ihr genug, um außer euch zu geraten – tut es, Leute! – Vermöge meiner geheimen Wissenschaften, der weißen, schwarzen, gelben und blauen Magie, weiß ich, daß sie gekommen ist, weil sie glaubt, unter den Masken des Korso ihren Herzensfreund und Bräutigam, den assyrischen Prinzen Cornelio Chiapperi aufzufinden, der Äthiopien verließ, um sich hier in Rom einen Backzahn ausreißen zu lassen, welches *ich* glücklich vollbrachte! – Seht ihn hier vor Augen!" – Celionati öffnete ein kleines goldnes Schächtelchen, holte einen sehr weißen langen spitzen Zahn heraus und hielt ihn hoch in die Höhe. Das Volk schrie laut auf vor Freude und Entzücken und kaufte begierig die Modelle des prinzlichen Zahns, die der Ciarlatano nun feilbot. „Seht", fuhr Celionati dann fort, „seht, ihr Guten, nachdem der assyrische Prinz Cornelio Chiapperi die Operation mit Standhaftigkeit und Sanftmut ausgehalten, kam er sich selbst, er wußte nicht wie, abhanden. – Sucht, Leute, sucht, Leute, den assyrischen Prinzen Cornelio Chiapperi, sucht ihn in euern Stuben, Kammern, Küchen, Kellern, Schränken und Schubladen! – Wer ihn findet und der Prinzessin Brambilla unversehrt wiederbringt, erhält ein Fundgeld von fünfmalhunderttausend Dukaten. So viel hat Prinzessin Brambilla auf seinen Kopf gesetzt, den angenehmen, nicht geringen Inhalt an Verstand und Witz ungerechnet. – Sucht, Leute, sucht! – Aber vermögt ihr den assyrischen Prinzen, Cornelio Chiapperi, zu entdecken, wenn er euch auch vor der Nase steht? – Ja! – vermöget ihr die durchlauchtigste Prinzessin zu erschauen, wenn sie auch dicht vor euch wandelt? – Nein, das vermöget ihr nicht, wenn ihr euch nicht der Brillen bedient, die der weise indische Magier Ruffiamonte selbst geschliffen; und damit will ich euch aus purer Nächstenliebe und Barmherzigkeit aufwarten, insofern ihr die Paoli nicht achtet." – Und damit öffnete der Ciarlatano eine Kiste und brachte eine Menge unmäßig großer Brillen zum Vorschein.

Hatte das Volk sich schon um die prinzlichen Backzähne gar arg gezankt, so geschah es nun noch viel ärger um die Brillen. Vom Zanken kam es zum Stoßen und Schlagen, bis zuletzt, nach italischer Art und Weise, die Messer blinkten, so daß die Sbirren abermals ins Mittel treten und das Volk, wie erst vor dem Palast Pistoja, auseinandertreiben mußten.

Während sich dies alles begab, stand Giglio Fava, in tiefe Träume versunken, noch immer vor dem Palast Pistoja und starrte die Mauern an, die den seltsamsten aller Maskenzüge, und zwar auf ganz unerklärliche Weise, verschlungen. Wunderbar wollt es ihm gemuten, daß er eines gewissen unheimlichen und dabei doch süßen Gefühls, das sich seines Innern ganz und gar bemeistert, nicht Herr werden konnte; noch wunderbarer, daß er willkürlich den Traum von der Prinzessin, die, dem Blitz des Feuergewehrs entfunkelt, sich ihm in die Arme warf, mit dem abenteuerlichen Zuge in Verbindung setzte, ja daß eine Ahnung in ihm aufging, in der Kutsche mit den Spiegelfenstern habe eben niemand anders gesessen, als sein Traumbild. – Ein sanfter Schlag auf die Schulter weckte ihn aus seinen Träumereien; der Ciarlatano stand vor ihm.

„Ei", begann Celionati, „ei, mein guter Giglio, Ihr habt nicht wohl getan, mich zu verlassen, mir keinen prinzlichen Backzahn, keine magische Brille abzukaufen –" – „Geht doch", erwiderte Giglio, „geht doch mit Euern Kinderpossen, mit dem wahnsinnigen Zeuge, das Ihr dem Volke aufschwatzt, um Euren nichtswürdigen Kram loszuwerden!" – „Hoho", sprach Celionati weiter, „tut nur nicht so stolz, mein junger Herr! Ich wollte, Ihr hättet aus meinem Kram, den nichtswürdig zu nennen Euch beliebt, manch treffliches Arkanum, vorzüglich aber denjenigen Talisman, der Euch die Kraft verliehe, ein vortrefflicher, guter, oder wenigstens leidlicher Schauspieler zu sein, da es Euch nun wieder beliebt, zur Zeit gar erbärmlich zu tragieren!" – „Was?" rief Giglio ganz erbost, „was? Signor Celionati, Ihr untersteht Euch, mich für einen erbärmlichen Schauspieler zu halten? mich, der ich der Abgott Roms bin?" – „Püppchen!" erwiderte Celionati sehr ruhig, „Püppchen, das bildet Ihr Euch nur ein; es ist kein wahres Wort daran. Ist Euch aber auch manchmal ein besonderer Geist aufgegangen, der Euch manche Rolle gelingen ließ, so werdet Ihr das bißchen Beifall, oder Ruhm, das Ihr dadurch gewannt, heute unwiederbringlich verlieren. Denn seht, Ihr habt Euern Prinzen ganz und gar vergessen, und steht vielleicht sein Bildnis noch in Euerm Innern, so ist es farblos, stumm und starr geworden, und Ihr vermöget nicht, es ins

Leben zu rufen. Euer ganzer Sinn ist erfüllt von einem seltsamen Traumbild, von dem Ihr nun meint, es sei in der Glaskutsche dort in den Palast Pistoja hineingefahren. – Merkt Ihr, daß ich Euer Inneres durchschaue?" –

Giglio schlug errötend die Augen nieder. „Signor Celionati", murmelte er, „Ihr seid in der Tat ein sehr seltsamer Mensch. Es müssen Euch Wunderkräfte zu Gebote stehen, die Euch meine geheimsten Gedanken erraten lassen. – Und dann wieder Euer närrisches Tun und Treiben vor dem Volk – Ich kann das nicht zusammenreimen – doch – gebt mir eine von Euern großen Brillen!"–

Celionati lachte laut auf. „So", rief er, „so seid ihr nun alle, ihr Leute! Lauft ihr umher mit hellem Kopf und gesundem Magen, so glaubt ihr an nichts, als was ihr mit euern Händen fassen könnt; packt euch aber geistige, oder leibliche Indigestion, so greift ihr begierig nach allem, was man euch darbietet. Hoho! Jener Professore, der auf meine und auf alle sympathetische Mittel in der Welt seinen Bannstrahl schießen ließ, schlich Tages darauf in grämlich pathetischem Ernst nach der Tiber und warf, wie es ihm ein altes Bettelweib geraten, seinen linken Pantoffel ins Wasser, weil er glaubte damit das böse Fieber zu ertränken, das ihn so arg plagte; und jener weiseste Signor aller weisen Signori trug Kreuzwurzelpulver in dem Mantelzipfel, um besser Ballon zu schlagen. – Ich weiß es, Signor Fava, Ihr wollt durch meine Brille die Prinzessin Brambilla, Euer Traumbild, schauen; doch das wird Euch zur Stunde nicht gelingen! – Indessen nehmt und versucht's!"

Voll Begier ergriff Giglio die schöne glänzende übergroße Brille, die ihm Celionati darbot und schaute nach dem Palast. Wunderbar genug schienen die Mauern des Palastes durchsichtiges Kristall zu werden; aber nichts, als ein buntes undeutliches Gewirre von allerlei seltsamen Gestalten stellte sich ihm dar und nur zuweilen zuckte ein elektrischer Strahl durch sein Innres, das holde Traumbild verkündend, das sich vergebens dem tollen Chaos entringen zu wollen schien.

„Alle böse Teufel der Hölle, Euch in den Hals zu jagen!" schrie plötzlich eine fürchterliche Stimme dicht neben dem ins Schauen versunkenen Giglio, der sich zugleich bei den Schultern gepackt fühlte, „alle böse Teufel Euch in den Hals! – Ihr stürzt mich ins Verderben. In zehn Minuten muß der Vorhang in die Höhe; Ihr habe die erste Szene und Ihr steht hier und gafft, ein aberwitziger Narr, die alten Mauern des öden Palastes an!"–

Es war der Impresario des Theaters, auf dem Giglio spielte, der im Schweiß der Todesangst ganz Rom durchlaufen, um den verschollenen *primo amoroso* zu suchen, und ihn endlich da fand, wo er ihn am wenigsten vermutet.
„Halt einen Augenblick!" rief Celionati und packte ebenfalls mit ziemlicher Handfestigkeit den armen Giglio bei den Schultern, der, ein eingerammter Pfahl, sich nicht zu rühren vermochte, „halt einen Augenblick!" Und dann leiser: „Signor Giglio, es ist möglich, daß Ihr morgen auf dem Korso Euer Traumbild seht. Aber Ihr wäret ein großer Tor, wenn Ihr Euch in einer schönen Maske herausschniegeln wolltet, das würde Euch um den Anblick der Schönsten bringen. Je abenteuerlicher, je abscheulicher, desto besser! eine tüchtige Nase, die mit Anstand und Seelenruhe meine Brille trägt! denn die dürft Ihr ja nicht vergessen!" –
Celionati ließ den Giglio los und im Nu brauste der Impresario mit seinem Amoroso fort, wie ein Sturmwind.
Gleich andern Tages unterließ Giglio nicht, sich eine Maske zu verschaffen, die ihm, nach Celionatis Rat, abenteuerlich und abscheulich genug schien. Eine seltsame mit zwei hohen Hahnfedern geschmückte Kappe, dazu eine Larve mit einer roten [Nase], in hakenförmigem Bau und unbilliger Länge und Spitze alle Exzesse der ausgelassensten Nasen überbietend, ein Wams mit dicken Knöpfen, dem des Brighella nicht unähnlich, ein breites hölzernes Schwert – Giglios Selbstverleugnung, alles dieses anzulegen, hörte auf, als nun erstlich ein weites, bis auf die Pantoffeln herabreichendes Beinkleid, das zierlichste Piedestal verhüllen sollte, auf dem jemals ein *primo amoroso* gestanden und einhergegangen. „Nein", rief Giglio, „nein, es ist nicht möglich, daß die Durchlauchtige nichts halten auf proportionierten Wuchs, daß sie nicht zurückgeschreckt werden sollte durch solch böse Entstellung. Nachahmen will ich jenen Schauspieler, der, als er in gräßlicher Verkappung im Gozzischen Stück das blaue Ungeheuer spielte, die zierlich gebaute Hand, die ihm die Natur verliehen, unter der bunten Tigerkatzenpfote hervorzustrecken wußte und dadurch die Herzen der Damen schon vor seiner Verwandlung gewann! – Was bei ihm die Hand, ist bei mir der Fuß!" – Darauf legte Giglio ein hübsches himmelblau seidnes Beinkleid mit dunkelroten Schleifen, dazu aber rosenfarbne Strümpfe und weiße Schuhe mit luftigen dunkelroten Bändern an, welches wohl ganz hübsch aussah, doch aber ziemlich seltsam abstach gegen den übrigen Anzug.

Giglio glaubte nicht anders, als daß ihm Prinzessin Brambilla entgegentreten werde in voller Pracht und Herrlichkeit, umgeben von dem glänzendsten Gefolge; da er aber nichts davon gewahrte, dachte er wohl daran, daß, da Celionati gesagt, er werde nur mittelst der magischen Brille die Prinzessin zu erschauen vermögen, dies auf irgendeine seltsame Verkappung deute, in die sich die Schönste gehüllt.

Nun lief Giglio den Korso auf und ab, jede weibliche Maske musternd, aller Neckereien nicht achtend, bis er endlich in eine entlegenere Gegend geriet. „Bester Signor, mein teurer, bester Signor!" hörte er sich angeschnarrt. Ein Kerl stand vor ihm, der in toller Possierlichkeit alles überbot, was er jemals von dergleichen gesehen. Die Maske mit dem spitzen Bart, der Brille, dem Ziegenhaar, sowie die Stellung des Körpers, vorgebeugt mit krummem Rücken, den rechten Fuß vorgeschoben, schienen einen Pantalon anzudeuten; dazu wollte aber der vorne spitzzulaufende, mit zwei Hahnfedern geschmückte Hut nicht passen. Wams, Beinkleid, das kleine hölzerne Schwert an der Seite, gehörte offenbar dem werten Pulcinell an.

„Bester Signor", redete Pantalon (so wollen wir die Maske, trotz des veränderten Kostüms, nennen) den Giglio an, „mein bester Signor! ein glücklicher Tag, der mir das Vergnügen, die Ehre schenkt, Sie zu erblicken! Sollten Sie nicht zu meiner Familie gehören?" – „Sosehr", erwiderte Giglio, sich höflich verbeugend, „sosehr mich das entzükken würde, da Sie, mein bester Signor, mir über alle Maßen wohlgefallen, so weiß ich doch nicht, in welcher Art irgend eine Verwandtschaft –" – „O Gott!" unterbrach Pantalon den Giglio, „o Gott! bester Signor, waren Sie jemals in Assyrien?" – „Eine dunkle Erinnerung", antwortete Giglio, „schwebt mir vor, als sei ich einmal auf der Reise dahin begriffen gewesen, aber nur bis nach Frascati gekommen, wo der Spitzbube von Vetturin mich vor dem Tore umwarf, so daß diese Nase –" – „O Gott!" schrie Pantalon, „so ist es denn wahr? – Diese Nase, diese Hahnfehdern – mein teuerster Prinz – o mein Cornelio! – Doch ich sehe, Sie erbleichen vor Freude, mich wiedergefunden zu haben – o mein Prinz! nur ein Schlückchen, ein einziges Schlückchen!" –

Damit hob Pantalon die große Korbflasche auf, die vor ihm stand und reichte sie dem Giglio hin. Und in dem Augenblick stieg ein feiner rötlicher Duft aus der Flasche, und verdichtete sich zum holden Antlitz der Prinzessin Brambilla und das liebe kleine Bildlein stieg herauf, doch nur bis an den Leib, und streckte die kleinen Ärmchen aus nach dem Giglio. Der, vor Entzücken ganz außer sich, rief: „O steige doch nur ganz herauf, daß ich dich erschauen möge in deiner Schönheit!“ Da dröhnte ihm eine starke Stimme in die Ohren: „Du hasenfüßiger Geck mit deinem Himmelblau und Rosa, wie magst du dich nur für den Prinzen Cornelio ausgeben wollen! – Geh nach Haus, schlaf aus, du Tölpel!“ – „Grobian!“ fuhr Giglio auf; doch Masken wogten, drängten dazwischen und spurlos war Pantalon samt der Flasche verschwunden.

Zweites Kapitel.

Von dem seltsamen Zustande, in den geraten, man sich die Füße an spitzen Steinen wundstößt, vornehme Leute zu grüßen unterläßt und mit dem Kopf an verschlossene Türen anrennt. – Einfluß eines Gerichts Makkaroni auf Liebe und Schwärmerei. – Entsetzliche Qualen der Schauspieler-Hölle und Arlecchino. – Wie Giglio sein Mädchen nicht fand, sondern von Schneidern überwältigt und zur Ader gelassen wurde. – Der Prinz in der Konfektschachtel und die verlorne Geliebte. – Wie Giglio der Ritter der Prinzessin Brambilla sein wollte, weil ihm eine Fahne aus dem Rücken gewachsen.

Du magst, geliebter Leser! nicht zürnen, wenn der, der es unternommen, dir die abenteuerliche Geschichte von der Prinzessin Brambilla gerade so zu erzählen, wie er sie in Meister Callots kecken Federstrichen angedeutet fand, dir geradehin zumutet, daß du wenigstens bis zu den letzten Worten des Büchleins dich willig dem Wunderbaren hingeben, ja sogar was weniges davon glauben mögest. – Doch vielleicht hast du schon in dem Augenblick, als das Märchen sich einlogiert in den Palast Pistoja, oder als die Prinzessin aus dem bläulichen Duft der Weinflasche gestiegen, ausgerufen: „Tolles, fratzenhaftes Zeug!“ und das Buch ohne Rücksicht auf die artigen Kupferblätter unmutig weggeworfen? – Da käme denn alles, was ich dir zu sagen im Begriff stehe, um dich für die seltsamlichen Zaubereien des Callotschen Capriccios zu gewinnen, zu spät und das wäre in der Tat schlimm genug für mich und für die Prinzessin Brambilla! Doch vielleicht hofftest du, daß der Autor, nur scheu geworden durch irgendein tolles Gebilde, das ihm wieder plötzlich in den Weg trat, einen Seitenweg machte ins wilde Dickicht und daß er, zur Besonnenheit gelangt, wieder einlenken würde in den breiten ebenen Weg, und das vermochte dich, weiterzulesen! – Glück zu! – Nun kann ich dir sagen, günstiger Leser! daß es mir (vielleicht weißt du es auch aus eigner Erfahrung) schon hin und wieder gelang, märchenhafte Abenteuer gerade in dem Moment, als sie, Luftbilder des aufgeregten Geistes, in nichts verschwimmen wollten, zu erfassen und zu gestalten, daß jedes Auge, mit Sehkraft begabt für dergleichen, sie wirklich im Leben schaute und eben deshalb daran glaubte. Daher mag mir der Mut kommen, meinen gemütlichen Umgang mit allerlei abenteuerlichen Gestalten und mit vielen genugsam tollen Bildern fernerhin öffentlich zu treiben, selbst die ernsthaftesten Leute zu dieser seltsam bunten Gesellschaft einzuladen, und du wirst, sehr geliebter Leser, diesen Mut kaum für *Übermut*, sondern nur für das verzeihliche Streben halten können, dich aus dem engen Kreise gewöhnlicher Alltäglichkeit zu verlocken und dich in fremdem Gebiet, das am Ende doch eingehegt ist in das Reich, welches der menschliche Geist im wahren Leben und Sein nach freier Willkür beherrscht, auf ganz eigne Weise zu vergnügen. – Doch, sollte dies alles nicht gelten dürfen, so kann ich in der Angst, die mich befallen, mich nur auf sehr ernsthafte Bücher berufen, in denen ähnliches vorkommt und gegen deren vollkommene Glaubwürdigkeit man nicht den mindesten Zweifel zu erheben vermag. Was nämlich den Zug der Prinzessin Brambilla betrifft, der mit allen Einhörnern, Pferden und sonstigem Fuhrwerk ohne Hindernis durch die enge Pforten des Palastes Pistoja passiert, so ist schon in Peter Schlemihls wundersamer Geschichte, deren Mitteilung wir dem wackern Weltumsegler Adalbert von Chamisso verdanken, von einem gewissen gemütlichen grauen Mann die Rede, der ein Kunststück machte, welches jenen Zauber beschämt. Er zog nämlich, wie bekannt, auf Begehren, englisches Pflaster, Tubus, Teppich, Zelt, zuletzt Wagen und Rosse, ganz bequem ohne Hindernis, aus derselben Rocktasche. – Was nun aber die Prinzessin betrifft – Doch genug! – Zu erwähnen wäre freilich noch, daß wir im Leben oft plötzlich vor dem geöffneten Tor eines wunderbaren Zauberreichs stehen, daß uns Blicke vergönnt sind in den innersten Haushalt des mächtigen Geistes, dessen Atem uns in den seltsamsten Ahnungen geheimnisvoll umweht; du könntest aber, geliebter Leser, vielleicht mit vollem Recht behaupten, du hättest niemals aus jenem Tor ein solches tolles Capriccio ziehen sehen, als ich es geschaut zu haben vermeine. Fragen will ich dich daher lieber, ob dir niemals in deinem

Leben ein seltsamer Traum aufstieg, dessen Geburt du weder dem verdorbenen Magen, noch dem Geist des Weins, oder des Fiebers zuschreiben konntest? aber es war, als habe das holde magische Zauberbild, das sonst nur in fernen Ahnungen zu dir sprach, in geheimnisvoller Vermählung mit deinem Geist sich deines ganzen Innern bemächtigt, und in scheuer Liebeslust trachtetest und wagtest du nicht, die süße Braut zu umfangen, die im glänzenden Schmuck eingezogen in die trübe, düstre Werkstatt der Gedanken – *die* aber ginge auf vor dem Glanz des Zauberbildes in hellem Schimmer, und alles Sehnen, alles Hoffen, die inbrünstige Begier, das Unaussprechliche zu fahen, würde wach und rege und zuckte auf in glühenden Blitzen, und du wolltest untergehen in unnennbarem Weh, und nur *sie*, nur das holde Zauberbild sein! – Half es, daß du aus dem Traum erwachtest? – Blieb dir nicht das namenlose Entzücken, das im äußern Leben, ein schneidender Schmerz, die Seele durchwühlt, blieb dir das nicht zurück? Und alles um dich her erschien dir öde, traurig, farblos? und du wähntest, nur jener Traum sei dein eigentliches Sein, was du aber sonst für dein Leben gehalten, nur der Mißverstand des betörten Sinns? und alle deine Gedanken strahlten zusammen in den Brennpunkt, der, Feuerkelch der höchsten Inbrunst, dein süßes Geheimnis verschlossen hielt vor dem blinden, wüsten Treiben der Alltagswelt? – Hm! – in solcher träumerischer Stimmung stößt man sich wohl die Füße wund an spitzen Steinen, vergißt den Hut abzunehmen vor vornehmen Leuten, bietet den Freunden einen guten Morgen in später Mitternacht, rennt mit dem Kopf gegen die erste beste Haustüre, weil man vergaß sie aufzumachen; kurz der Geist trägt den Körper wie ein unbequemes Kleid, das überall zu breit, zu lang, zu ungefügig ist. –

In diesen Zustand geriet nun der junge Schauspieler, Giglio Fava, als er mehrere Tage hintereinander vergebens darnach trachtete, auch nur das mindeste von der Prinzessin Brambilla zu erspüren. Alles was ihm im Korso Wunderbares begegnet, schien ihm nur die Fortsetzung jenes Traums, der ihm die Holde zugeführt, deren Bild nun aufstieg aus dem bodenlosen Meer der Sehnsucht, in dem er untergehen, verschwimmen wollte. Nur sein Traum war sein Leben, alles übrige ein unbedeutendes leeres Nichts: und so kann man denken, daß er auch den Schauspieler ganz vernachlässigte. Ja noch mehr, statt die Worte seiner Rolle herzusagen, sprach er von seinem Traumbilde, von der Prinzessin Brambilla, schwor, des assyrischen Prinzen sich zu bemächtigen, im Irrsal der Gedanken, so daß er selbst dann der Prinz sein werde, geriet in ein Labyrinth wirrer, ausschweifender Reden. Jeder mußte ihn für wahnsinnig halten; am ersten aber der Impresario, der ihn zuletzt ohne weiteres fortjagte; und sein spärliches Einkommen schwand ganz dahin. Die wenigen Dukaten, die ihm der Impresario aus purer Großmut bei dem Abschiede hingeworfen, konnten nur ausreichen für geringe Zeit, der bitterste Mangel war im Anzuge. Sonst hätte das dem armen Giglio große Sorge und Angst verursacht; jetzt dachte er nicht daran, da er in einem Himmel schwebte, wo man irdischer Dukaten nicht bedarf.

Was die gewöhnlichen Bedürfnisse des Lebens betrifft, eben nicht lecker, pflegte Giglio seinen Hunger im Vorübergehen bei irgend einem der Fritteroli, die bekanntlich ihre Garküchen auf offner Straße halten, zu stillen. So begab es sich, daß er eines Tages ein gutes Gericht Makkaroni zu verzehren gedachte, das ihm aus der Bude entgegendampfte. Er trat hinan; als er aber, um den spärlichen Mittag zu bezahlen, den Beutel hervorzog, machte ihn die Entdeckung nicht wenig bestürzt, daß darin auch kein einziger Bajock enthalten. In dem Augenblick wurde aber auch das leibliche Prinzip, von welchem das geistige, mag es auch noch so stolz tun, hier auf Erden in schnöder Sklaverei gehalten wird, recht rege und mächtig. Giglio fühlte, wie es sonst nie geschehen, wenn er von den sublimsten Gedanken erfüllt, wirklich eine tüchtige Schüssel Makkaroni verzehrt, daß es ihn ungemein hungre und er versicherte dem Garküchler, daß er zwar zufällig kein Geld bei sich trage, das Gericht, das er zu verzehren gedenke, aber ganz gewiß andern Tages bezahlen werde. Der Garküchler lachte ihm indessen ins Gesicht und meinte: habe er auch kein Geld, so könne er doch seinen Appetit stillen; er dürfe ja nur das schöne Paar Handschuhe, das er trage, oder den Hut, oder das Mäntelchen zurücklassen. Nun erst trat dem armen Giglio die schlimme Lage, in der er sich befand, recht lebhaft vor Augen. Er sah sich bald, ein zerlumpter Bettler, die Suppe vor den Klöstern einlöffeln. Doch tiefer schnitt es ihm ins Herz, als er, aus dem Traum erwacht, nun erst den Celionati gewahrte, der auf seinem gewöhnlichen Platz vor der Kirche S. Carlo das Volk mit seinen Fratzen unterhielt und ihm, als er hinschaute, einen Blick zuwarf, in dem er die ärgste Verhöhnung zu lesen glaubte. – Zerronnen in nichts war das holde Traumbild, untergegangen jede süße Ahnung; es war ihm gewiß, daß der verruchte Celionati ihn durch allerlei teuflische Zauberkünste verlockt, ihn, seine törichte

Eitelkeit in höhnischer Schadenfreude nützend, mit der Prinzessin Brambilla auf unwürdige Weise gefoppt habe.

Wild rannte er von dannen; ihn hungerte nicht mehr, er dachte nur daran, wie er sich an dem alten Hexenmeister rächen könne.

Selbst wußte er nicht, welches seltsame Gefühl durch allen Zorn, durch alle Wut im Innern durchdrang und ihn stillzustehen nötigte, als banne ihn plötzlich ein unbekannter Zauber fest. – „Giacinta!" rief es aus ihm heraus. Er stand vor dem Hause, in dem das Mädchen wohnte und dessen steile Treppe er so oft in heimlicher Dämmerung erstiegen. Da dachte er, wie das trügerische Traumbild zuerst des holden Mädchens Unmut erregt, wie er sie dann verlassen, nicht mehr wiedergesehen, nicht mehr an sie gedacht, wie er die Geliebte verloren, sich in Not und Elend gestürzt habe, Celionatis toller unseliger Fopperei halber. Ganz aufgelöst in Wehmut und Schmerz, konnte er nicht zu sich selbst kommen, bis endlich der Entschluß durchbrach, auf der Stelle hinaufzugehen und, koste es was es wolle, Giacintas Gunst wiederzugewinnen. – Gedacht, getan! – Als er nun aber an Giacintas Türe klopfte, blieb drinnen alles mäuschenstill. – Er legte das Ohr an, kein Atemzug ließ sich vernehmen. Da rief er ganz kläglich Giacintas Namen mehrmals; und als nun auch keine Antwort erfolgte, begann er die rührendsten Bekenntnisse seiner Torheit; er versicherte, daß der Teufel selbst in der Gestalt des verdammten Quacksalbers Celionati ihn verlockt und geriet dann in die hochgestelltesten Beteuerungen seiner tiefen Reue und inbrünstigen Liebe.

Da erschallte eine Stimme von unten herauf: „Ich möchte nur wissen, welcher Esel hier in meinem Hause seine Lamentation abächzt und heult vor der Zeit, da es noch lange hin ist bis zum Aschermittwoch!" – Es war Signor Pasquale, der dicke Hauswirt, der mühsam die Treppe hinaufstieg und, als er den Giglio erblickte, ihm zurief: „Ah! – seid Ihr es, Signor Giglio? – Sagt mir nur, welcher böse Geist Euch treibt, hier eine O- und Achs-Rolle irgendeines läppischen Trauerspiels ins leere Zimmer hineinzuwinseln?" – „Leeres Zimmer?" – schrie Giglio auf, „leeres Zimmer? Um aller Heiligen willen, Signor Pasquale, sagt, wo ist Giacinta? – wo ist sie, mein Leben, mein Alles?" – Signor Pasquale sah dem Giglio starr ins Gesicht und sprach dann ruhig: „Signor Giglio, ich weiß, wie es mit Euch steht; ganz Rom hat erfahren, wie Ihr von der Bühne abtreten müssen, weil es Euch im Kopfe rappelt – Geht zum Arzt, geht zum Arzt, laßt Euch ein paar Pfund Blut abzapfen, steckt den Kopf ins kalte Wasser!" – „Bin ich", rief Giglio heftig, „bin ich noch nicht wahnsinnig, so werde ich es, wenn Ihr mir nicht augenblicklich sagt, wo Giacinta geblieben." – „Macht mir", fuhr Signor Pasquale ruhig fort, „macht mir doch nicht weiß, Signor Giglio, daß Ihr nicht davon unterrichtet sein solltet, auf welche Weise schon vor acht Tagen Giacinta aus meinem Hause kam und die alte Beatrice ihr dann folgte." –

Als nun aber Giglio in voller Wut schrie: „Wo ist Giacinta?" und dabei den dicken Hauswirt hart anpackte, brüllte dieser dermaßen: „Hülfe! Hülfe! Mörder!" daß das ganze Haus rege wurde. Ein vierschrötiger Lümmel von Hausknecht sprang herbei, faßte den armen Giglio, fuhr mit ihm die Treppe hinab und warf ihn mit einer Behendigkeit zum Hause hinaus, als habe er ein Wickelpüppchen in den Fäusten.

Des harten Falls nicht achtend, raffte sich Giglio auf und rannte, nun in der Tat von halbem Wahnsinn getrieben, durch die Straßen von Rom. Ein gewisser Instinkt, erzeugt von der Gewohnheit, brachte ihn, als gerade die Stunde schlug, in der er sonst in das Theater eilen mußte, ebendahin und in die Garderobe der Schauspieler. Da erst besann er sich, wo er war, um in die tiefste Verwunderung zu geraten, als er an dem Ort, wo sonst tragische Helden, aufgestutzt in Silber und Gold, in voller Gravität einherschreitend, die hochtrabenden Verse repetierten, mit denen sie das Publikum in Staunen, in *Furore* zu setzen gedachten, sich von Pantalon und Arlecchino, von Truffaldino und Colombine, kurz von allen Masken der italienischen Komödie und Pantomime umschwärmt sah. Er stand da festgepflöckt in den Boden und schaute umher mit weit aufgerissenen Augen, wie einer, der plötzlich aus dem Schlafe erwacht und sich umringt sieht von fremder, ihm unbekannter toller Gesellschaft.

Giglios wirres, gramverstörtes Ansehen mochte in dem Innern des Impresario so etwas von Gewissensbissen rege machen, das ihn plötzlich umsetzte in einen sehr herzlichen weichmütigen Mann.

„Ihr wundert", sprach er den Jüngling an, „Ihr wundert Euch wohl, Signor Fava, daß Ihr hier alles so ganz anders findet, als damals, da Ihr mich verließet? Gestehen muß ich Euch, daß all die pathetischen Aktionen, mit denen sich sonst mein Theater brüstete, dem Publikum viel Langeweile zu machen begannen, und daß diese Langeweile umsomehr auch mich ergriff, da mein Beutel darüber in den miserablen Zustand wahrer Auszehrung verfiel. Nun hab ich all das tragische Zeug fahren lassen und mein Theater dem freien Scherz, der anmutigen Neckerei unserer Masken hingegeben und befinde mich wohl dabei.“

„Ha!“ rief Giglio mit brennenden Wangen, „ha, Signor Impresario, gesteht es nur, mein Verlust zerstörte Euer Trauerspiel – Mit dem Fall des Helden fiel auch die Masse, die sein Atem belebte, in ein totes Nichts zusammen?“

„Wir wollen“, erwiderte der Impresario lächelnd, „wir wollen das nicht so genau untersuchen! doch Ihr scheint in übler Laune, drum bitte ich Euch, geht hinab und schaut meine Pantomime! Vielleicht heitert Euch das auf, oder Ihr ändert vielleicht Eure Gesinnung und werdet wieder mein, wiewohl auf ganz andere Weise; denn möglich wär es ja, daß – doch geht nur, geht! – Hier habt Ihr eine Marke, besucht mein Theater, sooft es Euch gefällt!“

Giglio tat, wie ihm geheißen, mehr aus dumpfer Gleichgültigkeit gegen alles, was ihn umgab, als aus Lust, die Pantomime wirklich zu schauen.

Unfern von ihm standen zwei Masken in eifrigem Gespräch begriffen. Giglio hörte öfters seinen Namen nennen; das weckte ihn aus seiner Betäubung, er schlich näher heran, indem er den Mantel bis an die Augen übers Gesicht schlug, um unerkannt alles zu erlauschen.

„Ihr habt recht“, sprach der eine, „Ihr habt recht: der Fava ist schuld daran, daß wir auf diesem Theater keine Trauerspiele mehr sehen. Diese Schuld möchte ich aber keinesweges, wie Ihr, in seinem Abtreten von der Bühne, sondern vielmehr in seinem Auftreten suchen und finden.“ – „Wie meint Ihr das?“ fragte der andere. „Nun“, fuhr der erste fort, „ich für mein Teil habe diesen Fava, unerachtet es ihm nur zu oft gelang, Furore zu erregen, immer für den erbärmlichsten Schauspieler gehalten, den es jemals gab. Machen ein Paar blitzende Augen, wohlgestaltete Beine, ein zierlicher Anzug, bunte Federn auf der Mütze und tüchtige Bänder auf den Schuhen denn den jungen tragischen Helden? In der Tat, wenn der Fava so mit abgemessenen Tänzerschritten vorkam aus dem Grunde des Theaters, wenn er, keinen Mitspieler beachtend, nach den Logen schielte und, in seltsam gezierter Stellung verharrend, den Schönsten Raum gab, ihn zu bewundern, wahrhaftig, dann kam er mir vor, wie ein junger, närrisch bunter Haushahn, der in der Sonne stolz und sich gütlich tut. Und wenn er dann mit verdrehten Augen, mit den Händen die Lüfte durchsägend, bald sich auf den Fußspitzen erhebend, bald wie ein Taschenmesser zusammenklappend, mit hohler Stimme die Verse holpricht und schlecht hertragierte, sagt, welches vernünftigen Menschen Brust konnte dadurch wahrhaft erregt werden? – Aber wir Italiener sind einmal so; wir wollen das Übertriebene, das uns einen Moment gewaltsam erschüttere und das wir verachten, sobald wir innewerden, daß das, was wir für Fleisch und Bein hielten, nur eine leblose Puppe ist, die an künstlichen Drähten von außen her gezogen, uns mit ihren seltsamen Bewegungen täuschte. So wär's auch mit dem Fava gegangen; nach und nach wär er elendiglich dahingestorben, hätt er nicht selbst seinen frühern Tod beschleunigt." – „Mich dünkt", nahm der andere das Wort, „mich dünkt, Ihr beurteilt den armen Fava viel zu hart. Wenn Ihr ihn eitel, geziert scheltet, wenn Ihr behauptet, daß er niemals seine Rolle, sondern nur sich selbst spielte, daß er auf eben nicht lobenswerte Weise nach Beifall haschte, so möget Ihr allerdings recht haben; doch war er ein ganz artiges Talent zu nennen, und daß er zuletzt in tollen Wahnsinn verfiel, das nimmt doch wohl unser Mitleid in Anspruch und zwar um so mehr, als die Anstrengung des Spiels doch wohl die Ursache seines Wahnsinns ist." – „Glaubt das", erwiderte der erste lachend, „glaubt das doch ja nicht! Möget Ihr es Euch wohl vorstellen, daß Fava wahnsinnig wurde aus purer Liebeseitelkeit? – Er glaubt, daß eine Prinzessin in ihn verliebt ist, der er jetzt nachläuft auf Stegen und Wegen. – Und dabei ist er aus purer Taugenichtserei verarmt, so daß er heute bei den Fritterolis Handschuhe und Hut zurücklassen mußte, für ein Gericht zäher Makkaroni." – „Was sagt Ihr?" rief der andere, „ist es möglich, daß es solche Tollheiten gibt? – Aber man sollte dem armen Giglio, der uns doch manchen Abend vergnügt hat, etwas zufließen lassen, auf diese und jene Weise. Der Hund von Impresario, dem er manchen Dukaten in die Tasche gespielt, sollte sich seiner annehmen und ihn wenigstens nicht darben lassen." – „Ist nicht nötig", sprach der erste; „denn die Prinzessin Brambilla, die seinen Wahnsinn und seine Not kennt, hat, wie nun Weiber jede Liebestorheit nicht allein verzeihlich, sondern gar hübsch finden und dem Mitleid sich dann nur zu gern hingeben, ihm soeben einen kleinen, mit Dukaten gefüllten Beutel zustecken lassen." – Mechanisch, willenlos, faßte Giglio, als der Fremde diese Worte sprach, nach der Tasche und fühlte in der Tat den kleinen mit klimperndem Golde gefüllten Beutel, den er von der träumerischen Prinzessin Brambilla empfangen haben sollte. Wie ein elektrischer Schlag fuhr es ihm durch alle Glieder. Nicht der Freude über das willkommene Wunder, das ihn auf einmal aus seiner trostlosen Lage rettete, konnte er Raum geben, da das Entsetzen ihn eiskalt anwehte. Er sah sich unbekannten Mächten zum Spielwerk hingegeben, er wollte losstürzen auf die fremde Maske, bemerkte aber auch in demselben Augenblick, daß die beiden Masken, die das verhängnisvolle Gespräch führten, spurlos verschwunden.

Den Beutel aus der Tasche zu ziehen und sich noch triftiger von seiner Existenz zu überzeugen, das wagte Giglio gar nicht, fürchtend, das Blendwerk würde in seinen Händen zerfließen in nichts. Indem er sich nun aber ganz seinen Gedanken überließ und nach und nach ruhiger wurde, dachte er daran, daß alles das, was er für den Spuk neckhafter Zaubermächte zu halten geneigt, auf ein Possenspiel hinauslaufen könne, das am Ende der abenteuerliche, launische Celionati aus dem tiefen dunklen Hintergrunde heraus an *ihm* nur unsichtbaren Faden leite. Er dachte daran, daß der Fremde ja selbst ihm sehr gut im Gewühl der Menschenmasse das Beutelchen habe zustecken können, und daß alles, was er von der Prinzessin Brambilla gesagt, eben die Fortsetzung der Neckerei sei, welche Celionati begonnen. Indem sich nun aber in seinem Innern der ganze Zauber ganz natürlich zum Gemeinen wenden und darin auflösen wollte, kam ihm auch der ganze Schmerz der Wunden wieder, die der scharfe Kritiker ihm schonungslos geschlagen. Die Hölle der Schauspieler kann keine entsetzlichere Qualen haben, als recht ins Herz hineingeführte Angriffe auf ihre Eitelkeit. Und selbst das Angreifbare dieses Punkts, das Gefühl der Blöße, mehrt im gesteigerten Unmut den Schmerz der Streiche, der es dem Getroffenen, sucht er ihn auch zu verbeißen, oder ihn durch schickliche Mittel zu beschwichtigen, eben recht fühlbar macht, daß er wirklich getroffen wurde. – So konnte Giglio das fatale Bild von dem jungen, närrisch bunten Haushahn, der sich wohlgefällig in der Sonne spreizt, nicht loswerden und ärgerte und grämte sich darüber ganz gewaltig eben deshalb, weil er im Innern, ohne es zu wollen, vielleicht anerkennen mußte, daß die Karikatur wirklich dem Urbilde entnommen.

Gar nicht fehlen konnt es, daß Giglio in dieser gereizten Stimmung kaum auf das Theater sah und der Pantomime nicht achtete, wenn auch der Saal oft von dem Lachen, von dem Beifall, von dem Freudengeschrei der Zuschauer erdröhnte.

Die Pantomime stellte nichts anderes dar, als die in hundert und abermal hundert Variationen wiederholten Liebesabenteuer des vortrefflichen Arlecchino mit der süßen, neckisch holden Colombina.

Schon hatte des alten reichen Pantalons reizende Tochter die Hand des blanken geputzten Ritters, des weisen Dottores ausgeschlagen und rundweg erklärt, sie werde nun durchaus keinen andern lieben und heiraten, als den kleinen, gewandten Mann mit schwarzem Gesicht und im aus hundert Lappen zusammengeflickten Wams; schon hatte Arlecchino mit seinem treuen Mädchen die Flucht ergriffen und war, von einem mächtigen Zauber beschirmt, den Verfolgungen Pantalons, Truffaldins, des Dottores, des Ritters glücklich entronnen. Es stand an dem, daß doch endlich Arlecchino mit seiner Trauten kosend von den Sbirren ertappt und samt ihr ins Gefängnis geschleppt werden sollte. Das geschah nun auch wirklich; aber in dem Augenblick, da Pantalon mit seinem Anhang das arme Paar recht verhöhnen wollte, da Colombina, ganz Schmerz, unter tausend Tränen auf den Knieen um ihren Arlecchino flehte, schwang dieser die Pritsche und es kamen von allen Seiten, aus der Erde, aus den Lüften, sehr schmucke blanke Leute, von dem schönsten Ansehen, bückten sich tief vor Arlecchino und führten ihn samt der Colombina im Triumph davon. Pantalon, starr vor Erstaunen, läßt sich nun ganz erschöpft auf eine steinerne Bank nieder, die im Gefängnisse befindlich, ladet den Ritter und den Dottore ein, ebenfalls Platz zu nehmen; alle drei beratschlagen, was nun zu tun noch möglich. Truffaldin stellt sich hinter sie, steckt neugierig den Kopf dazwischen, will nicht weichen, unerachtet es reichliche Ohrfeigen regnet von allen Seiten. Nun wollen sie aufstehen, sind aber festgezaubert an die Bank, der augenblicklich ein Paar mächtige Flügel wachsen. Auf einem ungeheuern Geier fährt unter lautem Hülfsgeschrei die ganze Gesellschaft fort, durch die Lüfte. – Nun verwandelt sich das Gefängnis in einen offnen, mit Blumenkränzen geschmückten Säulensaal, in dessen Mitte ein hoher, reichverzierter Thron errichtet. Man hört eine anmutige Musik von Trommeln, Pfeifen und Zimbeln. Es naht sich ein glänzender Zug: Arlecchino wird auf einem Palankin von Mohren getragen, ihm folgt Colombina auf einem prächtigen Triumphwagen. Beide werden von reichgekleideten Ministern auf den Thron geführt, Arlecchino erhebt die Pritsche als Szepter, alles huldigt ihm knieend, auch Pantalon mit seinem Anhange erblickt man unter dem huldigenden Volke auf den Knieen. Arlecchino herrscht, gewaltiger Kaiser, mit seiner Colombina über ein schönes, herrliches, glänzendes Reich! –
Sowie der Zug auf das Theater kam, warf Giglio einen Blick hinauf und konnte nun ganz Verwunderung und Erstaunen den Blick nicht

mehr abwenden, als er alle Personen aus dem Aufzuge der Prinzessin Brambilla wahrnahm, die Einhörner, die Mohren, die Filet machenden Damen auf Maultieren u.s.w. Auch fehlte nicht der ehrwürdige Gelehrte und Staatsmann in der goldgleißenden Tulpe, der vorüberfahrend aufsah von dem Buch und dem Giglio freundlich zuzunicken schien. Nur statt der verschlossenen Spiegelkutsche der Prinzessin, fuhr Colombina daher auf dem offnen Triumphwagen! –

Aus Giglios Innersten heraus wollte sich eine dunkle Ahnung gestalten, daß auch diese Pantomime mit allem dem Wunderlichen, das ihm geschehen, wohl im geheimnisvollen Zusammenhang stehen möge; aber so wie der Träumende vergebens strebt die Bilder festzuhalten, die aus seinem eignen Ich aufsteigen, so konnte auch Giglio zu keinen deutlichen Gedanken kommen, auf welche Weise jener Zusammenhang möglich. –

Im nächsten Caffè überzeugte Giglio sich, daß die Dukaten der Prinzessin Brambilla kein Blendwerk, vielmehr von gutem Klange und Gepräge waren. – „Hm!“ dachte er, „Celionati hat mir das Beutelchen zugesteckt aus großer Gnade und Barmherzigkeit, und ich will ihm die Schuld abtragen, sobald ich auf der Argentina glänzen werde, was mir wohl nicht fehlen kann, da nur der grimmigste Neid, die schonungsloseste Kabale, mich für einen schlechten Schauspieler ausschreien darf!“ – Die Vermutung, daß das Geld wohl von Celionati herrühre, hatte ihren richtigen Grund; denn in der Tat hatte der Alte ihm schon manchmal aus großer Not geholfen. Sonderbar wollt es ihm indessen doch gemuten, als er auf dem zierlichen Beutel die Worte gestickt fand: Gedenke deines Traumbilds! – Gedankenvoll betrachtete er die Inschrift, als ihm einer ins Ohr schrie: „Endlich treffe ich dich, du Verräter, du Treuloser, du Ungeheuer von Falschheit und Undank!“ – Ein unförmlicher Dottore hatte ihn gefaßt, nahm nun ohne Umstände neben ihm Platz und fuhr fort in allerlei Verwünschungen. „Was wollt Ihr von mir? seid Ihr toll, rasend?“ So rief Giglio; doch nun nahm der Dottore die häßliche Larve vom Gesicht und Giglio erkannte die alte Beatrice. „Um aller Heiligen willen“, rief Giglio ganz außer sich, „seid Ihr es, Beatrice? – wo ist Giacinta? wo ist das holde, süße Kind? – mein Herz bricht in Liebe und Sehnsucht! wo ist Giacinta?“ – „Fragt nur“, erwiderte die Alte mürrisch, „fragt nur, unseliger, verruchter Mensch! Im Gefängnis sitzt die arme Giacinta und verschmachtet ihr junges Leben und Ihr seid an allem schuld. Denn, hatte sie nicht das Köpfchen voll von

Zu Seite 358 bis Seite 359

Euch, konnte sie die Abendstunde erwarten, so stach sie sich nicht, als sie den Besatz an dem Kleide der Prinzessin Brambilla nähte, in den Finger, so kam der garstige Fleck nicht hinein, so konnte der würdige Meister Bescapi, den die Hölle verschlingen möge, nicht den Ersatz des Schadens von ihr verlangen, konnte sie nicht, da wir das viele Geld, das er verlangte, nicht aufzubringen vermochten, ins Gefängnis stecken lassen. – Ihr hättet Hülfe schaffen können – aber da zog der Herr Schauspieler Taugenichts die Nase zurück –“ – „Halt!“ unterbrach Giglio die geschwätzige Alte, „deine Schuld ist es, daß du nicht zu mir ranntest, mir alles sagtest. Mein Leben für die Holde! – Wär es nicht Mitternacht, ich liefe hin zu dem abscheulichen Bescapi – diese Dukaten – mein Mädchen wäre frei in der nächsten Stunde; doch, was Mitternacht? Fort, fort, sie zu retten!“ – Und damit stürmte Giglio fort. Die Alte lachte ihm höhnisch nach. –

Wie es sich aber wohl begibt, daß wir in gar zu großem Eifer, etwas zu tun, gerade die Hauptsache vergessen, so fiel es auch dem Giglio erst dann ein, als er durch die Straßen von Rom sich atemlos gerannt, daß er sich nach Bescapis Wohnung bei der Alten hätte erkundigen sollen, da dieselbe ihm durchaus unbekannt war. Das Schicksal, oder der Zufall wollte es jedoch, daß er, endlich auf den Spanischen Platz geraten, gerade vor Bescapis Hause stand, als er laut ausrief: „Wo nur der Teufel, der Bescapi wohnen mag!“ – Denn sogleich nahm ihn ein Unbekannter unter den Arm und führte ihn ins Haus, indem er ihm sagte, daß Meister Bescapi eben dort wohne und er noch sehr gut die vielleicht bestellte Maske erhalten könne. Ins Zimmer hineingetreten bat ihn der Mann, da Meister Bescapi nicht zu Hause, selbst den Anzug zu bezeichnen, den er für sich bestimmt; vielleicht wär's ein simpler Tabarro oder sonst – Giglio fuhr aber dem Mann, der nichts anders war, als ein sehr würdiger Schneidergeselle, über den Hals und sprach soviel durcheinander von Blutfleck und Gefängnis und Bezahlen und augenblicklicher Befreiung, daß der Geselle ganz starr und verblüfft ihm in die Augen sah, ohne ihm eine Silbe erwidern zu können. „Verdammter! du willst mich nicht verstehen; schaff mir deinen Herrn, den teuflischen Hund zur Stelle!“ So schrie Giglio, und packte den Gesellen. Da ging es ihm aber gerade wie in Signor Pasqualis Hause. Der Geselle brüllte dermaßen, daß von allen Seiten die Leute herbeiströmten. Bescapi selbst stürzte herein; sowie aber *der* den Giglio erblickte, rief er: „Um aller Heiligen willen, es ist der wahnsinnige Schauspieler, der arme Signor Fava. Packt an, Leute,

packt an!" – Nun fiel alles über ihn her, man überwältigte ihn leicht, band ihm Hände und Füße und legte ihn auf ein Bett. Bescapi trat zu ihm; *den* sprudelte er an mit tausend bittern Vorwürfen über seinen Geiz, über seine Grausamkeit und sprach vom Kleide der Prinzessin Brambilla, vom Bluckfleck, vom Bezahlen u. s. w. „Beruhigt Euch doch nur", sprach Bescapi sanft, „beruhigt Euch doch nur, bester Signor Giglio, laßt die Gespenster fahren, die Euch quälen! In wenigen Augenblicken wird Euch alles ganz anders vorkommen." –
Was Bescapi damit gemeint, zeigte sich bald; denn ein Chirurgus trat herein und schlug dem armen Giglio, alles Sträubens unerachtet, eine Ader. – Erschöpft von allen Begebnissen des Tages, von dem Blutverlust sank der arme Giglio in tiefen ohnmachtähnlichen Schlaf.
Als er erwachte, war es tiefe Nacht um ihn her; nur mit Mühe vermochte er sich darauf zu besinnen, was zuletzt mit ihm vorgegangen, er fühlte, daß man ihn losgebunden, vor Mattigkeit konnte er sich aber doch nicht viel regen und bewegen. Durch eine Ritze, die wahrscheinlich in einer Türe befindlich, fiel endlich ein schwacher Strahl ins Zimmer und es war ihm, als vernehme er ein tiefes Atmen, dann aber ein leises Flüstern, das endlich zu verständlichen Worten wurde: – „Seid Ihr es wirklich, mein teurer Prinz? – und in diesem Zustande? so klein, so klein, daß ich glaube, Ihr hättet Platz in meinem Konfektschächtelchen! – Aber glaubt etwa nicht, daß ich Euch deshalb weniger schätze und achte; weiß ich denn nicht, daß Ihr ein stattlicher liebenswürdiger Herr seid, und daß ich das alles jetzt nur träume? – Habt doch nur die Güte, Euch morgen mir zu zeigen, geschieht es auch nur als Stimme! – Warft Ihr Eure Augen auf mich arme Magd, so mußte es ja eben geschehen, da sonst –" Hier gingen die Worte wieder unter in undeutlichem Flüstern! – Die Stimme hatte ungemein was Süßes, Holdes; Giglio fühlte sich von heimlichen Schauern durchbebt; indem er aber recht scharf aufzuhorchen sich bemühte, wiegte ihn das Flüstern, das beinahe dem Plätschern einer nahen Quelle zu vergleichen, wiederum in tiefen Schlaf. – Die Sonne schien hell ins Zimmer, als ein sanftes Rütteln den Giglio aus dem Schlafe weckte. Meister Bescapi stand vor ihm und sprach, indem er seine Hand faßte, mit gutmütigem Lächeln: „Nicht wahr, Ihr befindet Euch besser, liebster Signor? – Ja, den Heiligen Dank! Ihr seht zwar ein wenig blaß, aber Euer Puls geht ruhig. Der Himmel führte Euch in Eurem bösen Paroxysmus in mein Haus und erlaubte mir, Euch, den ich für den herrlichsten Schauspieler in Rom halte und dessen Verlust

uns alle in die tiefste Trauer versetzt hat, einen kleinen Dienst erweisen zu können." Bescapis letzte Worte waren freilich kräftiger Balsam für die geschlagenen Wunden; indessen begann Giglio doch ernst und finster genug: „Signor Bescapi, ich war weder krank, noch wahnsinnig, als ich Euer Haus betrat. Ihr waret hartherzig genug, meine holde Braut, die arme Giacinta Soardi, ins Gefängnis stecken zu lassen, weil sie Euch ein schönes Kleid, das sie verdorben, nein das sie geheiligt, indem sie aus der Nähnadelstichwunde des zartesten Fingers rosigen Ichor darüber verspritzte, nicht bezahlen konnte. Sagt mir augenblicklich, was Ihr für das Kleid verlangt; ich bezahle die Summe und dann gehen wir hin auf der Stelle und befreien das holde, süße Kind aus dem Gefängnis, in dem sie Eures Geizes halber schmachtet." – Damit erhob sich Giglio so rasch, als er es nur vermochte, aus dem Bette und zog den Beutel mit Dukaten aus der Tasche, den er, sollt es darauf ankommen, ganz und gar zu leeren entschlossen war. Doch Bescapi starrte ihn an mit großen Augen und sprach: „Wie möget Ihr Euch doch nur solch tolles Zeug einbilden, Signor Giglio? Ich weiß kein Wort von einem Kleide, das mir Giacinta verdorben haben sollte, kein Wort vom Blutfleck, von ins Gefängnis Stecken!" – Als nun aber Giglio nochmals alles erzählte, wie er es von Beatricen vernommen und insbesondere sehr genau das Kleid beschrieb, welches er selbst bei Giacinta gesehen, da meinte Meister Bescapi, es sei nur zu gewiß, daß ihn die Alte genarrt habe; denn an der ganzen saubern Geschichte sei, wie er hoch beteuern könne, ganz und gar nichts, und er habe auch niemals ein solches Kleid, wie Giglio es geschaut haben wolle, bei Giacinta in Arbeit gegeben. Giglio konnte in Bescapis Worte kein Mißtrauen setzen, da es nicht zu begreifen gewesen, warum er das ihm dargebotene Gold nicht habe annehmen sollen und er überzeugte sich, daß auch hier der tolle Spuk wirke, in dem er nun einmal befangen. Was blieb übrig, als Meister Bescapi zu verlassen und auf das gute Glück zu warten, das ihm vielleicht die golde Giacinta, für die er nun wieder recht in Liebe entbrannt, in die Arme führen werde.

Vor Bescapis Türe stand eine Person, die er tausend Meilen fortgewünscht hätte, nämlich der alte Celionati. „Ei!" rief er den Giglio lachend an, „ei, Ihr seid doch in der Tat eine recht gute Seele, daß Ihr die Dukaten, die Euch die Gunst des Schicksals zugeworfen, hingeben wolltet für Euer Liebchen, das ja nicht mehr Euer Liebchen ist." – „Ihr seid", erwiderte Giglio, „Ihr seid ein fürchterlicher graulicher

Mensch! – Was dringt Ihr ein in mein Leben? was wollt Ihr Euch meines Seins bemächtigen? – Ihr prahlt mit einer Allwissenheit, die Euch vielleicht wenig Mühe kostet – Ihr umringt mich mit Spionen, die jeden meiner Schritte und Tritte belauern – Ihr hetzt alles wider mich auf – Euch verdank ich den Verlust Giacintens, meiner Stelle – mit tausend Künsten –" – „Das", rief Celionati laut lachend, „das verlohnte sich der Mühe, die hochwichtige Person des Herrn Exschauspielers Giglio Fava dermaßen einzuhegen! – Doch, mein Sohn Giglio, du bedarfst in der Tat eines Vormundes, der dich auf den rechten Weg leitet, welcher zum Ziele führt" – „Ich bin mündig", sprach Giglio, „und bitte Euch, mein Herr Ciarlatano, mich getrost mir selbst zu überlassen." – „Hoho", erwiderte Celionati, „nur nicht so trotzig! Wie? wenn ich das Gute, Beste mit dir vorhätte, wenn ich dein höchstes Erdenglück wollte, wenn ich als Mittler stünde zwischen dir und der Prinzessin Brambilla?" – „O Giacinta, Giacinta, o ich Unglückseliger habe sie verloren! Gab es einen Tag, der mir schwärzeres Unheil brachte, als der gestrige?" So rief Giglio ganz außer sich. „Nun nun", sprach Celionati beruhigend, „so ganz unheilbringend war denn doch der Tag nicht. Schon die guten Lehren, die Ihr im Theater erhieltet, konnten Euch sehr heilsam sein, nachdem Ihr darüber beruhigt, daß Ihr wirklich noch nicht Handschuhe, Hut und Mantel im Stich gelassen um ein Gericht zäher Makkaroni; dann saht Ihr die herrlichste Darstellung, die schon darum die erste in der Welt zu nennen, weil sie das Tiefste ausspricht, ohne der Worte zu bedürfen; dann fandet Ihr die Dukaten in der Tasche, die Euch fehlten –" – „Von Euch, von Euch, ich weiß es", unterbrach ihn Giglio. „Wenn das auch wirklich wäre", fuhr Celionati fort, „so ändert das in der Sache nichts; genug, Ihr erhieltet das Gold, stelltet Euch mit Euerm Magen wieder auf guten Fuß, traft glücklich in Bescapis Haus ein, wurdet mit einem Euch sehr nötigen und nützlichen Aderlaß bedient und schlieft endlich mit Eurer Geliebten unter einem Dache!" – „Was sagt Ihr?" rief Giglio, „was sagt Ihr? mit meiner Geliebten? mit meiner Geliebten unter einem Dache?" – „Es ist dem so", erwiderte Celionati, „schaut nur herauf!"

Giglio tat es und hundert Blitze fuhren durch seine Brust, als er seine holde Giacinta auf dem Balkon erblickte, zierlich geputzt, hübscher, reizender, als er sie jemals gesehen, hinter ihr die alte Beatrice. „Giacinta, meine Giacinta, mein süßes Leben!" rief er sehnsuchtsvoll herauf. Doch Giacinta warf ihm einen verächtlichen Blick herab und verließ den Balkon, Beatrice folgte ihr auf dem Fuße.

„Sie beharrt noch in ihrer verdammten Smorfiosität", sprach Giglio unmutig; „doch das wird sich geben." – „Schwerlich!" nahm Celionati das Wort; „denn, mein guter Giglio, Ihr wißt wohl nicht, daß zu derselben Zeit, als Ihr der Prinzessin Brambilla nachtrachtetet auf kühne Manier, sich ein hübscher stattlicher Prinz um Eure Donna bewarb und wie es scheint –" – „Alle Teufel der Hölle!" schrie Giglio, „der alte Satan, die Beatrice, hat die Arme verkuppelt; aber mit Rattenpulver vergifte ich das heillose Weib, einen Dolch ins Herz stoß ich dem verfluchten Prinzen –" – „Unterlaßt das alles!" unterbrach ihn Celionati, „unterlaßt das alles, guter Giglio, geht fein ruhig nach Hause und laßt noch ein wenig Blut, wenn Euch böse Gedanken kommen! Gott geleite Euch. Im Korso sehen wir uns wohl wieder." – Damit eilte Celionati fort über die Straße.

Giglio blieb wie eingewurzelt stehen, warf wütende Blicke nach dem Balkon, biß die Zähne zusammen, murmelte die gräßlichsten Verwünschungen. Als nun aber Meister Bescapi den Kopf zum Fenster hinaussteckte und ihn höflich bat, doch hineinzutreten und die neue Krisis, die sich zu nahen schiene, abzuwarten, warf er ihm, den er auch wider sich verschworen, im Komplott mit der Alten glaubte, ein „verdammter Kuppler!" an den Hals und rannte wild von dannen.

Am Korso traf er auf einige vormalige Kameraden, mit denen er in ein nahgelegenes Weinhaus trat, um allen seinen Unmut, allen seinen Liebesschmerz, all seine Trostlosigkeit untergehen zu lassen in der Glut feurigen Syrakusers.

Sonst ist solch ein Entschluß eben nicht der ratsamste; denn dieselbe Glut, welche den Unmut verschlingt, pflegt unbezähmbar auflodernd alles im Innern zu entzünden, das man sonst gern vor der Flamme wahrt; doch mit Giglio ging es ganz gut. Im muntern gemütlichen Gespräch mit den Schauspielern, in allerlei Erinnerungen und lustigen Abenteuern vom Theater her schwelgend, vergaß er wirklich alles Unheil, das ihm begegnet. Man verabredete beim Abschiede, abends auf dem Korso in den tollsten Masken zu erscheinen, die nur ersinnlich.

Der Anzug, den er schon einmal angelegt, schien dem Giglio hinlänglich fratzenhaft; nur verschmähte er diesmal auch nicht das lange seltsame Beinkleid, und trug außerdem noch den Mantel hinterwärts auf einen Stock gespießt, so daß es beinahe anzusehen war, als wüchse ihm eine Fahne aus dem Rücken. So angeputzt durchschwärmte er die Straßen und überließ sich ausgelassener Lustigkeit, ohne seines Traumbilds, noch des verlornen Liebchens zu gedenken.

Doch festgewurzelt an den Boden blieb er stehen, als unweit des Palastes Pistoja ihm plötzlich eine hohe edle Gestalt entgegentrat, in jenen prächtigen Kleidern, in denen ihn einst Giacinta überrascht hatte, oder besser, als er sein Traumbild im hellen wahrhaften Leben vor sich erblickte. Wie ein Blitz fuhr es ihm durch alle Glieder; aber selbst wußte er nicht, wie es geschah, daß die Beklommenheit, die Angst der Liebessehnsucht, die sonst den Sinn zu lähmen pflegt, wenn das holde Bild der Geliebten plötzlich dasteht, unterging in dem fröhlichen Mut solcher Lust, wie er sie noch nie im Innern gefühlt. Den rechten Fuß vor, Brust heraus, Schultern eingezogen, setzte er sich sofort in die zierlichste Positur, in der er jemals die außerordentlichsten Reden tragiert, zog das Barett mit den langen spitzen Hahnenfedern von der steifen Perücke und begann, den schnarrenden Ton beibehaltend, der zu seiner Vermummung paßte, und die Prinzessin Brambilla (daß sie es war, litt keinen Zweifel) durch die große Brille starr anblickend: „Die holdeste der Feen, die hehrste der Göttinnen wandelt auf der Erde; ein neidisches Wachs verbirgt die siegende Schönheit ihres Antlitzes, aber aus dem Glanz, von dem sie umflossen, schießen tausend Blitze und fahren in die Brust des Alters, der Jugend und alles huldigt der Himmlischen, aufgeflammt in Liebe und Entzücken."

„Aus welchem", erwiderte die Prinzessin, „aus welchem hochtrabenden Schauspiele habt Ihr diese schöne Redensart her, mein Herr Pantalon Capitano, oder wer Ihr sonst sein wollen möget? – Sagt mir lieber, auf welche Siege die Trophäen deuten, die Ihr so stolz auf dem Rücken traget?" – „Keine Trophäe", rief Giglio, „denn noch kämpfe ich um den Sieg! – Es ist die Fahne der Hoffnung, des sehnsüchtigsten Verlangens, zu der ich geschworen, das Notzeichen der Ergebung auf Gnad und Ungnade, das ich aufgesteckt, das: ‚Erbarmt Euch mein', das Euch die Lüfte aus diesen Falten zuwehen sollen. Nehmt mich zu Euerm Ritter an, Prinzessin! dann will ich kämpfen, siegen und Trophäen tragen, Eurer Huld und Schönheit zum Ruhm." – „Wollt Ihr mein Ritter sein", sprach die Prinzessin, „so wappnet Euch, wie es sich ziemt. Bedeckt Euer Haupt mit der drohenden Sturmhaube, ergreift das breite gute Schwert! Dann werde ich an Euch glauben." – „Wollt Ihr meine Dame sein", erwiderte Giglio, „Rinaldos Armida, so seid es ganz! Legt diesen prunkenden Schmuck ab,

der mich betört, befängt, wie gefährliche Zauberei. Dieser gleißende Blutfleck –" – „Ihr seid von Sinnen!" rief die Prinzessin lebhaft und ließ den Giglio stehen, indem sie sich schnell entfernte.
Dem Giglio war es, als sei er es gar nicht gewesen, der mit der Prinzessin gesprochen, als habe er ganz willenlos das herausgesagt, was er selbst nun nicht einmal verstand; er war nahe daran zu glauben, Signor Pasquale und Meister Bescapi hätten recht, ihn für was weniges verrückt zu halten. Da sich nun aber ein Zug Masken nahte, die in den tollsten Fratzen die mißgeschaffensten Ausgeburten der Fantasie darstellten und er augenblicklich seine Kameraden erkannte, so kam ihm die ausgelassene Lustigkeit wieder. Er mischte sich in den springenden und tanzenden Haufen, indem er laut rief: „Rühre dich, rühre dich, toller Spuk! regt Euch, mächtige, schälkische Geister des frechsten Spottes! ich bin nun ganz euer und ihr möget mich ansehen für euresgleichen!"
Giglio glaubte, unter seinen Kameraden auch den Alten zu bemerken, aus dessen Flasche Brambillas Gestalt gestiegen. Ehe er sich's versah, wurde er von ihm erfaßt, im Kreise herumgedreht und dazu kreischte ihm der Alte in die Ohren: „Brüderchen, ich habe dich, Brüderchen, ich habe dich!" –

Drittes Kapitel.

Von Blondköpfen, die sich erkühnen, den Pulcinell langweilig zu finden und abgeschmackt. – Deutscher und italienischer Spaß. – Wie Celionati im Caffè greco sitzend, behauptete, er säße nicht im Caffè greco, sondern fabriziere an dem Ufer des Ganges Pariser Rappé. – Wunderbare Geschichte von dem König Ophioch, der im Lande Urdargarten herrschte und der Königin Liris. – Wie König Cophetua ein Bettelmädchen heiratete, eine vornehme Prinzessin einem schlechten Komödianten nachlief, und Giglio ein hölzernes Schwert ansteckte, dann aber hundert Masken im Korso umrannte, bis er endlich stehen blieb, weil sein Ich zu tanzen begonnen.

„Ihr Blondköpfe! – ihr Blauaugen! ihr jungen stolzen Leute, vor deren ‚Guten Abend, mein schönstes Kind!' im dröhnenden Baß gesprochen, die keckste Dirne erschrickt, kann denn euer im ewigen Winterfrost erstarrtes Blut wohl auftauen in dem wilden Wehen der Tramontana, oder in der Glut eines Liebesliedes? Was prahlt ihr mit eurer gewaltigen Lebenslust, mit euerm frischen Lebensmut, da ihr doch keinen Sinn in euch traget für den tollsten, spaßhaftesten Spaß alles Spaßes, wie ihn unser gesegneter Karneval in der reichsten Fülle darbietet? – Da ihr es sogar wagt, unsern wackern Pulcinell manchmal langweilig, abgeschmackt zu finden und die ergötzlichsten Mißgeburten, die der lachende Hohn gebar, Erzeugnisse nennt eines wirren Geistes!" – So sprach Celionati in dem Caffè greco, wo er sich, wie es seine Gewohnheit war, zur Abendzeit hinbegeben und mitten unter den teutschen Künstlern Platz genommen, die zur selben Stunde dies in der Strada Condotti gelegene Haus zu besuchen pflegten und soeben über die Fratzen des Karnevals eine scharfe Kritik ergehen lassen.

„Wie?" nahm der deutsche Maler, Franz Reinhold, das Wort, „wie möget Ihr doch nur so sprechen, Meister Celionati! Das stimmt schlecht mit dem überein, was Ihr sonst zugunsten des deutschen Sinns und Wesens behauptet. Wahr ist es, immer habt Ihr uns Deutschen vorgeworfen, daß wir von jedem Scherz verlangten, er solle noch etwas anderes bedeuten, als eben den Scherz selbst, und ich will Euch recht geben, wiewohl in ganz anderm Sinn, als Ihr es wohl meinen möget. Gott tröste Euch, wenn Ihr uns etwa die Dummheit zutrauen solltet, die Ironie nur allegorisch gelten zu lassen! Ihr wäret dann in großem Irrtum. Recht gut sehen wir ein, daß bei euch Italienern der reine Scherz, als solcher, viel mehr zu Hause scheint, als bei uns; vermöcht ich aber nur euch recht deutlich zu erklären, welchen Unterschied ich zwischen euerm und unserm Scherz, oder besser gesagt, zwischen eurer und unserer Ironie finde. – Nun, wir sprechen eben von den tollen fratzenhaften Gestalten, wie sie sich auf dem Korso umhertreiben; da kann ich wenigstens so ungefähr ein Gleichnis anknüpfen. – Seh ich solch einen tollen Kerl durch greuliche Grimassen das Volk zum Lachen reizen, so kommt es mir vor, als spräche ein ihm sichtbar gewordenes Urbild zu ihm, aber er verstände die Worte nicht und ahme, wie es im Leben zu geschehen pflegt, wenn man sich müht, den Sinn fremder, unverständlicher Rede zu fassen, unwillkürlich die Gesten jenes sprechenden Urbildes nach, wiewohl auf übertriebene Weise, der Mühe halber, die es kostet. Unser Scherz ist die Sprache jenes Urbildes selbst, die aus unserm Innern heraustönt und den Gestus notwendig bedingt durch jenes im Innern liegende Prinzip der Ironie, so wie das in der Tiefe liegende Felsstück den darüber fortströmenden Bach zwingt, auf der Oberfläche kräuselnde Wellen zu schlagen. – Glaubt ja nicht, Meister Celionati, daß ich keinen Sinn habe für das Possenhafte, das eben nur in der äußern Erscheinung liegt und seine Motive nur von außen her erhält, und, daß ich Euerm Volk nicht eine überwiegende Kraft einräume, eben dies Possenhafte ins Leben treten zu lassen. Aber verzeiht, Celionati, wenn ich auch dem Possenhaften, soll es geduldet werden, einen Zusatz von Gemütlichkeit für notwendig erkläre, den ich bei Euern komischen Personen vermisse. Das Gemütliche, was unsern Scherz rein erhält, geht unter in dem Prinzip der Obszönität, das eure Pulcinelle und hundert andere Masken der Art in Bewegung setzt, und dann blickt mitten durch alle Fratzen und Possen jene grauenhafte, entsetzliche Furie der Wut, des Hasses, der Verzweiflung hervor, die euch zum Wahnsinn, zum Morde treibt. Wenn an jenem Tage des Karnevals, an dem jeder ein Licht trägt und jeder versucht dem andern das Licht auszublasen, wenn dann im tollsten ausgelassensten Jubel, im schallendsten Gelächter der ganze Korso erbebt von dem wilden Geschrei: ‚*Ammazzato sia, chi non porta moccolo*', glaubt nur, Celionati, daß mich dann in demselben Augenblick, da ich ganz hingerissen von der wahnsinnigen Lust des Volks ärger, als jeder andere, um mich her blase und schreie: ‚*Ammazzato sia!*' unheimliche Schauer erfassen, vor denen jene Gemütlichkeit die nun einmal unserm deutschen Sinn eigen, ja gar nicht aufkommen kann."

„Gemütlichkeit", sprach Celionati lächelnd, „Gemütlichkeit! – Sagt mir nur, mein gemütlicher Herr Deutscher, was Ihr von unsern Masken des Theaters haltet? – von unserm Pantalon, Brighella, Tartaglia?" –

„Ei", erwiderte Reinhold, „ich meine, daß diese Masken eine Fundgrube öffnen des ergötzlichsten Spottes, der treffendsten Ironie, der freiesten, beinahe möcht ich sagen, der frechsten Laune, wiewohl ich denke, daß sie mehr die verschiedenen äußern Erscheinungen in der menschlichen Natur, als die menschliche Natur selbst, oder kürzer und besser, mehr *die* Menschen, als *den* Menschen in Anspruch nehmen. – Übrigens bitte ich Euch, Celionati, mich nicht für toll zu halten, daß ich etwa daran zweifelte, in Eurer Nation mit dem tiefsten Humor begabte Männer zu finden. Die unsichtbare Kirche kennt keinen Unterschied der Nation; sie hat ihre Glieder überall. – Und, Meister Celionati, daß ich es Euch nur sage, mit Euerm ganzen Wesen und Treiben seid Ihr uns schon seit langer Zeit gar absonderlich vorgekommen. Wie Ihr Euch vor dem Volk als der abenteuerlichste Ciarlatano gebärdet, wie Ihr dann Euch wieder in unsrer Gesellschaft gefallt, alles Italische vergessend und ergetzend mit wunderbaren Geschichten, die uns recht tief ins Gemüt dringen, und dann wieder faselnd und fabelnd doch zu verstricken und festzuhalten wißt, in seltsamen Zauberbanden. In der Tat, das Volk hat recht, wenn es Euch für einen Hexenmeister ausschreit; ich meinesteils denke bloß, daß Ihr der unsichtbaren Kirche angehört, die sehr wunderliche Glieder zählt, unerachtet alle aus einem Rumpf gewachsen."

„Was könnt", rief Celionati heftig, „was könnt Ihr von mir denken, mein Herr Maler, was könnt Ihr von mir meinen, vermuten, ahnen? – Wißt ihr alle denn so gewiß, daß ich hier unter euch sitze und unnützerweise unnützig Zeug schwatze über Dinge, von denen ihr alle gar nichts versteht, wenn ihr nicht in den hellen Wasserspiegel der Quelle Urdar geschaut, wenn Liris euch nicht angelächelt?"

„Hoho!" riefen alle durcheinander, „nun kommt er auf seine alten Sprünge, auf seine alten Sprünge – Vorwärts, Herr Hexenmeister! – Vorwärts."

„Ist wohl Verstand in dem Volke?" rief Celionati dazwischen, indem er mit der Faust heftig auf den Tisch schlug, so daß plötzlich alles schwieg.

„Ist wohl Verstand in dem Volke?" fuhr er dann ruhiger fort. „Was Sprünge? was Tänze? Ich frage nur, woher ihr so überzeugt seid, daß ich wirklich hier unter euch sitze und allerlei Gespräche führe, die ihr alle mit leiblichen Ohren zu vernehmen meint, unerachtet euch vielleicht nur ein schälkischer Luftgeist neckt? Wer steht euch dafür, daß *der* Celionati, dem ihr weiß machen wollt, die Italiener verstünden sich nicht auf die Ironie, nicht eben jetzt am Ganges spazieren geht und duftige Blumen pflückt, um Pariser Rappé daraus zu bereiten für die Nase irgend eines mystischen Idols? – Oder, daß er die finstern schauerlichen Gräber zu Memphis durchwandelt, um den ältesten der Könige anzusprechen um die kleine Zehe seines linken Fußes zum offiziellen Gebrauch der stolzesten Prinzessin auf der Argentina? – Oder, daß er mit seinem intimsten Freunde, dem Zauberer Ruffiamonte, im tiefen Gespräch sitzt an der Quelle Urdar? – Doch halt, ich will wirklich so tun, als säße Celionati hier im Caffè greco und euch erzählen von dem Könige Ophioch, der Königin Liris und von dem Wasserspiegel der Quelle Urdar, wenn ihr dergleichen hören wollt."

„Erzählt", sprach einer der jungen Künstler, „erzählt nur, Celionati; ich merke schon, das wird eine von Euern Geschichten sein, die hinlänglich toll und abenteuerlich, doch ganz angenehm zu hören sind."

„Daß", begann Celionati, „daß nur niemand von euch glaubt, ich wolle unsinnige Märchen auftischen und daran zweifelt, daß sich alles so begeben, wie ich es erzählen werde! Jeder Zweifel wird gehoben sein, wenn ich versichere, daß ich alles aus dem Munde meines Freundes Ruffiamonte habe, der selbst in gewisser Art die Hauptperson der Geschichte ist. Kaum sind es ein paar hundert Jahre her, als wir gerade die Feuer von Island durchwandelnd und, einem von Flut und Glut gebornen Talisman nachforschend, viel von der Quelle Urdar sprachen. Also, Ohren auf, Sinn auf!" –

– Hier mußt du, sehr geneigter Leser! es dir also gefallen lassen, eine Geschichte zu hören, die ganz außer dem Gebiet derjenigen Begebenheiten zu liegen scheint, die ich dir zu erzählen unternommen, mithin als verwerfliche Episode dasteht. Wie es manchmal aber zu geschehen pflegt, daß man den Weg, der scheinbar irreleitete, rüstig verfolgend plötzlich zum Ziel gelangt, das man aus den Augen verlor, so möcht es vielleicht auch sein, daß diese Episode, nur scheinbarer Irrweg, recht hineinleitet in den Kern der Hauptgeschichte. Vernimm also, o mein Leser! die wunderbare

Geschichte von dem Könige Ophioch und der Königin Liris.

Vor gar langer, langer Zeit, man möchte sagen, in einer Zeit, die so genau auf die Urzeit folgte, wie Aschermittwoch auf Fastnachtsdienstag – herrschte über das Land Urdargarten der junge König Ophioch. – Ich weiß nicht, ob der deutsche Büsching das Land Urdargarten mit einiger geographischer Genauigkeit beschrieben; doch so viel ist gewiß, daß, wie der Zauberer Ruffiamonte mir tausendmal versichert hat, es zu den gesegnetsten Ländern gehörte, die es jemals gab und geben wird. Es hatte so üppigen Wieswachs und Kleebau, daß das leckerste Vieh sich nicht wegsehnte aus dem lieben Vaterlande, ansehnliche Forsten mit Bäumen, Pflanzen, herrlichem Wilde und solch süßen Düften, daß die Morgen- und Abendwinde gar nicht satt wurden, darin herumzutosen. Wein gab es und Öl und Früchte jeder Art in Hülle und Fülle. Silberhelle Wässer durchströmten das ganze Land, Gold und Silber spendeten Berge, die, wie wahrhaft reiche Männer, sich ganz einfach kleideten in ein fahles Dunkelgrau, und wer sich nur ein wenig Mühe gab, scharrte aus dem Sande die

schönsten Edelsteine, die er, wollt er's, verbrauchen konnte zu zierlichen Hemd- oder Westenknöpfen. Fehlte es außer der von Marmor und Alabaster erbauten Residenz an gehörigen Städten von Backstein, so lag dies an dem Mangel der Kultur, der damals die Menschen noch nicht einsehen ließ, daß es doch besser sei, von tüchtigen Mauern geschützt, im Lehnstuhl zu sitzen, als am murmelnden Bach, umgeben von rauschendem Gebüsch in niedriger Hütte zu wohnen und sich der Gefahr auszusetzen, daß dieser oder jener unverschämte Baum sein Laub hineinhänge in die Fenster, und, ungebetener Gast, zu allem sein Wörtlein mitrede, oder gar Wein und Epheu den Tapezierer spiele. Kam nun noch hinzu, daß die Bewohner des Landes Urdargarten die vorzüglichsten Patrioten waren, den König, auch wenn er nicht gerade ihnen zu Gesicht kam, ungemein liebten und auch an andern Tagen, als an seinem Geburtstage, riefen: „Er lebe!" so mußte wohl König Ophioch der glücklichste Monarch unter der Sonne sein. – Das hätte er auch wirklich sein können, wenn nicht allein er, sondern gar viele im Lande, die man zu den Weisesten rechnen durfte, von einer gewissen seltsamen Traurigkeit befallen worden wären, die mitten in aller Herrlichkeit keine Lust aufkommen ließ. König Ophioch war ein verständiger Jüngling von guten Einsichten, von hellem Verstande und hatte sogar poetischen Sinn. Dies müßte ganz unglaublich scheinen und unzulässig, würd es nicht denkbar und entschuldigt der Zeit halber, in der er lebte.
Es mochten wohl noch Anklänge aus jener wunderbaren Vorzeit der höchsten Lust, als die Natur dem Menschen, ihn als ihr liebstes Schoßkind hegend und pflegend, die unmittelbare Anschauung alles Seins und mit derselben das Verständnis des höchsten Ideals, der reinsten Harmonie verstattete, in König Ophiochs Seele widerhallen. Denn oft war es ihm, als sprächen holde Stimmen zu ihm in geheimnisvollem Rauschen des Waldes, im Geflüster der Büsche, der Quellen, als langten aus den goldnen Wolken schimmernde Arme herab, ihn zu erfassen, und ihm schwoll die Brust vor glühender Sehnsucht. Aber dann ging alles unter in wirren wüsten Trümmern, mit eisigen Fittichen wehte ihn der finstre furchtbare Dämon an, der ihn mit der Mutter entzweit und er sah sich von ihr im Zorn hülflos verlassen. Die Stimme des Waldes, der fernen Berge, die sonst die Sehnsucht weckten und süßes Ahnen vergangener Lust, verklangen im Hohn jenes finstern Dämons. Aber der brennende Gluthauch dieses Hohns entzündete in König Ophiochs Innerm den Wahn, daß des Dämons

Stimme die Stimme der zürnenden Mutter sei, die nun feindlich das eigne entartete Kind zu vernichten trachte. –
Wie gesagt, manche im Lande begriffen die Melancholie des Königs Ophioch und wurden, sie begreifend, selbst davon erfaßt. Die mehrsten begriffen diese Melancholie aber nicht und vorzüglich nicht im allermindesten der ganze Staatsrat, der zum Wohl des Königreichs gesund blieb.
In diesem gesunden Zustande glaubte der Staatsrat einzusehen, daß den König Ophioch nichts anderes von seinem Tiefsinn retten könne, als wenn ihm ein hübsches, durchaus munteres, vergnügtes Gemahl zuteil würde. Man warf die Augen auf die Prinzessin Liris, die Tochter eines benachbarten Königs. – Prinzessin Liris war in der Tat so schön, als man sich nur irgendeine Königstochter denken mag. Unerachtet alles was sie umgab, alles was sie sah, erfuhr, spurlos an ihrem Geiste vorüberging, so lachte sie doch beständig und da man im Lande Hirdargarten (so war das Land ihres Vaters geheißen) ebensowenig einen Grund dieser Lustigkeit anzugeben wußte, als im Lande Urdargarten den Grund von König Ophiochs Traurigkeit, so schienen schon deshalb beide königliche Seelen füreinander geschaffen. Übrigens war der Prinzessin einzige Lust, die sich wirklich als Lust gestaltete, Filet zu machen von ihren Hofdamen umgeben, die gleichfalls Filet machen mußten, sowie König Ophioch nur daran Vergnügen zu finden schien, in tiefer Einsamkeit den Tieren des Waldes nachzustellen. – König Ophioch hatte wider die ihm zugedachte Gemahlin nicht das mindeste einzuwenden; ihm erschien die ganze Heirat als ein gleichgültiges Staatsgeschäft, dessen Besorgung er den Ministern überließ, die sich so eifrig darum bemüht.
Das Beilager wurde bald mit aller nur möglichen Pracht vollzogen. Alles ging sehr herrlich und glücklich vonstatten, bis auf den kleinen Unfall, daß der Hofpoet, welchen König Ophioch das Hochzeitskarmen, das er ihm überreichen wollte, an den Kopf warf, vor Schreck und Zorn auf der Stelle in unglücklichen Wahnsinn verfiel und sich einbildete, er sei ein poetisches Gemüt, welches ihn denn verhinderte, forthin zu dichten und untauglich machte zum ferneren Dienst als Hofpoet.
Wochen und Monde vergingen; doch keine Spur geänderter Seelenstimmung zeigte sich bei König Ophioch. Die Minister, denen die lachende Königin ungemein wohlgefiel, trösteten aber immer noch das Volk und sich selbst und sprachen: „Es wird schon kommen!“

Es kam aber nicht; denn König Ophioch wurde mit jedem Tage noch ernster und trauriger, als er gewesen und, was das Ärgste war, ein tiefer Widerwille gegen die lachende Königin keimte auf in seinem Innern, welches diese indessen gar nicht zu bemerken schien, wie denn überhaupt niemals zu ergründen war, ob sie noch irgend etwas in der Welt bemerkte, außer den Maschen des Filets.

Es begab sich, daß König Ophioch eines Tages auf der Jagd in den rauhen verwilderten Teil des Waldes geriet, wo ein Turm von schwarzem Gestein, uralt wie die Schöpfung, als sei er emporgewachsen aus dem Felsen, hoch emporragte in die Luft. Ein dumpfes Brausen ging durch die Gipfel der Bäume und aus dem tiefen Steingeklüft antworteten heulende Stimmen des herzzerschneidenden Jammers. König Ophiochs Brust wurde an diesem schauerlichen Ort bewegt auf wunderbare Weise. Es war ihm aber, als leuchte in jenen entsetzlichen Lauten des tiefsten Wehs ein Hoffnungsschimmer der Versöhnung auf und nicht mehr den höhnenden Zorn, nein! nur die rührende Klage der Mutter um das verlorne entartete Kind vernehme er und diese Klage bringe ihm den Trost, daß die Mutter nicht ewig zürnen werde.

Als König Ophioch nun so ganz in sich verloren dastand, brauste ein Adler auf und schwebte über der Zinne des Turms. Unwillkürlich ergriff König Ophioch sein Geschoß und drückte den Pfeil ab nach dem Adler; statt aber diesen zu treffen blieb der Pfeil stecken in der Brust eines alten ehrwürdigen Mannes, den nun erst König Ophioch auf der Zinne des Turms gewahrte. Entsetzen faßte den König Ophioch, als er sich besann, daß der Turm die Sternwarte sei, welche, wie die Sage ging, sonst die alten Könige des Landes in geheimnisvollen Nächten bestiegen und, geweihte Mittler zwischen dem Volk und der Herrscherin alles Seins, den Willen, die Sprüche der Mächtigen dem Volk verkündet hatten. Er wurde inne, daß er sich an dem Orte befand, den jeder sorglich mied, weil es hieß, der alte Magus Hermod stehe, in tausendjährigem Schlaf versunken, auf der Zinne des Turms und, würde er geweckt aus dem Schlafe, so gäre der Zorn der Elemente auf, sie träten kämpfend gegeneinander und alles müsse untergehen in diesem Kampf.

Ganz betrübt wollte König Ophioch niedersinken; da fühlte er sich sanft berührt, der Magus Hermod stand vor ihm, mit dem Pfeil in der Hand, der seine Brust getroffen und sprach, indem ein mildes Lächeln die ernsten ehrwürdigen Züge seines Antlitzes erheiterte: „Du hast mich aus einem langen Seherschlaf geweckt, König Ophioch! Habe Dank dafür! denn es geschah zur rechten Stunde. Es ist nun an der Zeit, daß ich nach Atlantis wandle und aus der Hand der hohen mächtigen Königin das Geschenk empfange, das sie zum Zeichen der Versöhnung mir versprach und das dem Schmerz, der deine Brust, o König Ophioch, zerreißt, den vernichtenden Stachel rauben wird. – Der Gedanke zerstörte die Anschauung, aber dem Prisma des Kristalls, zu dem die feurige Flut im Vermählungskampf mit dem feindlichen Gift gerann, entstrahlt die Anschauung neugeboren, selbst Fötus des Gedankens! – Lebe wohl, König Ophioch! in dreizehnmal dreizehn Monden siehst du mich wieder, ich bringe dir die schönste Gabe der versöhnten Mutter, die deinen Schmerz auflöst in höchste Lust, vor der der Eiskerker zerschmilzt, in dem dein Gemahl, die Königin Liris, der feindlichste aller Dämonen so lange gefangen hielt. – Lebe wohl, König Ophioch!“ –

Mit diesen geheimnisvollen Worten verließ der alte Magus den jungen König, in der Tiefe des Waldes verschwindend.

War König Ophioch vorher traurig und tiefsinnig gewesen, so wurde er es jetzt noch viel mehr. Fest in seiner Seele waren die Worte des alten Hermod geblieben; er wiederholte sie dem Hofastrologen, der den ihm unverständlichen Sinn deuten sollte. Der Hofastrolog erklärte indessen, es sei gar kein Sinn darin enthalten; denn es gäbe gar kein Prisma und auch kein Kristall, wenigstens könne solches, wie jeder Apotheker wisse, nicht aus feuriger Flut und feindlichem Gift entstehen und was ferner von Gedanke und neugeborner Anschauung in Hermods wirrer Rede vorkomme, müsse schon deshalb unverständlich bleiben, weil kein Astrolog, oder Philosoph von einiger honetter Bildung, sich auf die bedeutungslose Sprache des rohen Zeitalters einlassen könne, dem der Magus Hermod angehöre. König Ophioch war mit dieser Ausrede nicht allein ganz und gar nicht zufrieden, sondern fuhr den Astrologen überdies im großen Zorn gar hart an und es war gut, daß er gerade nichts zur Hand hatte, um es, wie jenes Karmen dem Hofdichter, dem unglücklichen Hofastrologen an den Kopf zu werfen. Ruffiamonte behauptet, daß, stehe auch in der Chronik nichts davon, es doch nach der Volkssage in Urdargarten gewiß sei, daß König Ophioch bei dieser Gelegenheit den Hofastrologen einen – Esel geheißen. – Da nun dem jungen tiefsinnigen Könige jene mystischen Worte des Magus Hermod gar nicht aus der Seele kamen, so beschloß er endlich, koste es was es wolle, die

Bedeutung davon selbst aufzufinden. Auf eine schwarze Marmortafel ließ er daher mit goldnen Buchstaben die Worte setzen: „der Gedanke zerstörte die Anschauung“ – und wie der Magus weitergesprochen, und die Tafel in die Mauer eines entlegenen düstern Saals in seinem Palast einfügen. Vor diese Tafel setzte er sich dann hin auf ein weichgepolstertes Ruhbett, stützte den Kopf in die Hand und überließ sich, die Inschrift betrachtend, tiefem Nachdenken.

Es geschah, daß die Königin Liris ganz zufällig in den Saal geriet, in dem sich König Ophioch befand nebst der Inschrift. Unerachtet sie aber ihrer Gewohnheit gemäß so laut lachte, daß die Wände dröhnten, so schien der König die teure muntre Gemahlin doch ganz und gar nicht zu bemerken. Er wandte den starren Blick nicht ab von der scharzen Marmortafel. Endlich richtete Königin Liris auch ihren Blick dahin. Kaum hatte sie indessen die geheimnisvollen Worte gelesen, als ihre Lache verstummte und sie schweigend neben dem Könige hinsank auf die Polster. Nachdem beide, König Ophioch und Königin Liris, eine geraume Zeit hindurch die Inschrift angestarrt hatten, begannen sie stark und immer stärker zu gähnen, schlossen die Augen und sanken in einen solchen festen Todesschlaf, daß keine menschliche Kunst sie daraus zu erwecken vermochte. Man hätte sie für tot gehalten und mit den im Lande Urdargarten üblichen Zeremonien in die königliche Gruft gebracht, wären nicht leise Atemzüge, der schlagende Puls, die Farbe des Gesichts untrügliche Kennzeichen des fortdauernden Lebens gewesen. Da es nun überdies an Nachkommenschaft zur Zeit noch fehlte, so beschloß der Staatsrat zu regieren statt des schlummernden Königs Ophioch und wußte dies so geschickt anzufangen, daß niemand die Lethargie des Monarchen auch nur ahnte. –

Dreizehn Mal dreizehn Monden waren verflossen nach dem Tage, als König Ophioch die wichtige Unterredung mit dem Magus Hermod gehabt hatte; da ging den Einwohnern des Landes Urdargarten ein Schauspiel auf, so herrlich, als sie noch niemals eins gesehen.

Der große Magus Hermod zog herbei auf einer feurigen Wolke umgeben von Elementargeistern jedes Geschlechts und ließ sich, während in den Lüften aller Wohllaut der ganzen Natur in geheimnisvollen Akkorden ertönte, herab auf den bunt gewirkten Teppich einer schönen duftigen Wiese. Über seinem Haupte schien ein leuchtendes Gestirn zu schweben, dessen Feuerglanz das Auge nicht zu ertragen vermochte. Das war aber ein Prisma von schimmerndem Kristall, welches nun, da es der Magus hoch in die Lüfte erhob, in blitzenden Tropfen zerfloß in die Erde hinein, um augenblicklich als die herrlichste Silberquelle in fröhlichem Rauschen emporzusprudeln.

Nun rührte sich alles um den Magus her. Während die Erdgeister in die Tiefe fuhren und blinkende Metallblumen emporwarfen, wogten die Feuer- und Wassergeister in mächtigen Strahlen ihrer Elemente, sausten und brausten die Luftgeister durcheinander, wie in lustigem Turnier kämpfend und ringend. Der Magus stieg wieder auf und breitete seinen weiten Mantel aus; da verhüllte alles ein dichter aufsteigender Duft, und als der zerflossen, hatte sich auf dem Kampfplatz der Geister ein herrlicher himmelsklarer Wasserspiegel gebildet, den blinkendes Gestein, wunderbare Kräuter und Blumen einschlossen und in dessen Mitte die Quelle fröhlich sprudelte und wie in schalkhafter Neckerei die kräuselnden Wellen ringsumher forttrieb.

In demselben Augenblick, als das geheimnisvolle Prisma des Magus Hermod zur Quelle zerfloß, war das Königspaar aus seinem langen Zauberschlafe erwacht. Beide, König Ophioch und Königin Liris, eilten von unwiderstehlicher Begier getrieben schnell herbei. Sie waren die ersten, die hineinschauten in das Wasser. Als sie nun aber in der unendlichen Tiefe den blauen glänzenden Himmel, die Büsche, die Bäume, die Blumen, die ganze Natur, ihr eignes Ich in verkehrter Abspiegelung erschauten, da war es, als rollten dunkle Schleier auf, eine neue herrliche Welt voll Leben und Lust wurde klar vor ihren Augen und mit der Erkenntnis dieser Welt entzündete sich ein Entzücken in ihrem Innern, das sie nie gekannt, nie geahnet. Lange hatten sie hineingeschaut, dann erhoben sie sich, sahen einander an und – lachten, muß man nämlich den physischen Ausdruck des innigsten Wohlbehagens nicht sowohl, als der Freude über den Sieg innerer geistiger Kraft Lachen nennen. – Hätte nicht schon die Verklärung, die auf dem Antlitz der Königin Liris lag und den schönen Zügen desselben erst wahres Leben, wahrhaften Himmelsreiz verlieh, von ihrer gänzlichen Sinnesänderung gezeugt, so hätte das jeder schon aus der Art abnehmen müssen, wie sie lachte. Denn so himmelweit war dieses Lachen von dem Gelächter verschieden, womit sie sonst den König quälte, daß viele gescheute Leute behaupteten, sie sei es gar nicht, die da lache, sondern ein anderes in ihrem Innern verstecktes wunderbares Wesen. Mit König Ophiochs Lachen hatte es dieselbe Bewandtnis. Als beide nun auf solch eigne Weise gelacht,

Zu Seite 374 bis Seite 375

riefen sie beinahe zu gleicher Zeit: „O! – wir lagen in öder unwirtbarer Fremde in schweren Träumen und sind erwacht in der Heimat – nun erkennen wir uns in uns selbst und sind nicht mehr verwaiste Kinder!“ – dann aber fielen sie sich mit dem Ausdruck der innigsten Liebe an die Brust. – Während dieser Umarmung schauten alle, die sich nur hinandrängen konnten, in das Wasser; die, welche von des Königs Traurigkeit angesteckt worden waren und in den Wasserspiegel schauten, spürten dieselben Wirkungen, wie das königliche Paar; diejenigen, die schon sonst lustig gewesen, blieben aber ganz in vorigem Zustande. Viele Ärzte fanden das Wasser gemein, ohne mineralischen Zusatz, sowie manche Philosophen das Hineinschauen in den Wasserspiegel gänzlich widerrieten, weil der Mensch, wenn er sich und die Welt verkehrt erblicke, leicht schwindlicht werde. Es gab sogar einige von der gebildetsten Klasse des Reichs, welche behaupteten, es gebe gar keine Urdarquelle – – Urdarquelle wurde nämlich von König und Volk sogleich das herrliche Wasser genannt, das aus Hermods geheimnisvollem Prisma entstanden. – Der König Ophioch und die Königin Liris, beide sanken dem großen Magus Hermod, der ihnen Glück und Heil gebracht, zu Füßen und dankten ihm in den schönsten Worten und Redensarten, die sie nur eben zur Hand hatten. Der Magus Hermod hob sie mit sittigem Anstand auf, drückte erst die Königin, hierauf den König an seine Brust und versprach, da ihm das Wohl des Landes Urdargarten sehr am Herzen liege, sich zuweilen in vorkommenden kritischen Fällen auf der Sternwarte blikken zu lassen. König Ophioch wollte ihm durchaus die würdige Hand küssen; das litt er aber durchaus nicht, sondern erhob sich augenblicklich in die Lüfte. Von oben herab rief er noch mit einer Stimme, welche erklang wie stark angeschlagene Metallglocken, die Worte herab:

„Der Gedanke zerstört die Anschauung und losgerissen von der Mutter Brust wankt in irrem Wahn, in blinder Betäubtheit der Mensch heimatlos umher, bis des Gedankens eignes Spiegelbild dem Gedanken selbst die Erkenntnis schafft, daß er *ist* und daß er in dem tiefsten reichsten Schacht, den ihm die mütterliche Königin geöffnet, als Herrscher gebietet, muß er auch als Vasall gehorchen.“

Ende der Geschichte von dem Könige Ophioch und der Königin Liris.

Celionati schwieg und die Jünglinge blieben auch im Schweigen der Betrachtung versunken, zu der sie das Märlein des alten Ciarlatano, das sie sich ganz anders gedacht hatten, aufgeregt.

„Meister Celionati", unterbrach endlich Franz Reinhold die Stille, „Meister Celionati, Euer Märlein schmeckt nach der Edda, nach der Voluspa, nach der Somskritt und was weiß ich, nach welchen andern alten mythischen Büchern; aber, hab ich Euch recht verstanden, so ist die Urdarquelle, womit die Bewohner des Landes Urdargarten beglückt wurden, nichts anders, als was wir Deutschen Humor nennen, die wunderbare, aus der tiefsten Anschauung der Natur geborne Kraft des Gedankens, seinen eignen ironischen Doppeltgänger zu machen, an dessen seltsamlichen Faxen er die seinigen und – ich will das freche Wort beibehalten – die Faxen des ganzen Seins hienieden erkennt und sich daran ergetzt – Doch in der Tat, Meister Celionati, durch Euern Mythos habt Ihr gezeigt, daß Ihr Euch noch auf andern Spaß versteht, als auf den Eures Karnevals; ich rechne Euch von nun an zur unsichtbaren Kirche und beuge meine Knie vor Euch, wie König Ophioch vor dem großen Magus Hermod; denn auch Ihr seid ein gewaltiger Hexenmeister."

„Was", rief Celionati, „was sprecht Ihr denn von Märchen, von Mythos? Hab ich Euch denn was anderes erzählt, was anderes erzählen wollen, als eine hübsche Geschichte aus dem Leben meines Freundes Ruffiamonte? – Ihr müßt wissen, daß dieser, mein Intimus, eben der große Magus Hermod ist, der den König Ophioch von seiner Traurigkeit herstellte. Wollt Ihr mir nicht glauben, so könnt Ihr ihn selbst fragen nach allem; denn er befindet sich hier und wohnt im Palast Pistoja." –

Kaum hatte Celionati den Palast Pistoja genannt, als alle sich des abenteuerlichsten aller Maskenzüge, der vor wenigen Tagen in jenen Palast eingezogen, erinnerten, und den seltsamlichen Ciarlatano mit hundert Fragen bestürmten, was es damit für eine Bewandtnis habe, indem sie voraussetzten, daß er, selbst ein Abenteuer, von dem Abenteuerlichen, wie es sich in dem Zuge gestaltet, besser unterrichtet sein müsse, als jeder andere.

„Ganz gewiß", rief Reinhold lachend, „ganz gewiß war der hübsche Alte, der in der Tulpe den Wissenschaften oblag, Euer Intimus, der große Magus Hermod, oder der Schwarzkünstler Ruffiamonte?"

„Es ist", erwiderte Celionati gelassen, „es ist dem so, mein guter Sohn! Übrigens mag es aber noch nicht an der Zeit sein, viel von dem

zu sprechen, was in dem Palast Pistoja hauset – Nun! – wenn König Cophetua ein Bettlermädchen heiratete, so kann ja auch wohl die große mächtige Prinzessin Brambilla einem schlechten Komödianten nachlaufen" – Damit verließ Celionati das Kaffeehaus und niemand wußte, oder ahnte, was er mit den letzten Worten hatte sagen wollen; da dies aber sehr oft mit den Reden Celionatis der Fall war, so gab sich auch keiner sonderliche Mühe darüber weiter nachzudenken. – Während sich dies auf dem Caffè greco begab, schwärmte Giglio in seiner tollen Maske den Korso auf und ab. Er hatte nicht unterlassen, so wie es Prinzessin Brambilla verlangt, einen Hut aufzusetzen, der mit hoch emporragender Krempe einer sonderbaren Sturmhaube glich, und sich mit einem breiten hölzernen Schwert zu bewaffnen. Sein ganzes Innre war erfüllt von der Dame seines Herzens; aber selbst wußte er nicht, wie es geschehen konnte, daß es nun ihm gar nicht als etwas Besonderes, als ein träumerisches Glück vorkam, die Liebe der Prinzessin zu gewinnen, daß er im frechen Übermut an die Notwendigkeit glaubte, daß sie sein werden müsse, weil sie gar nicht anders könne. Und dieser Gedanke entzündete in ihm eine tolle Lustigkeit, die sich Luft machte in den übertriebensten Grimassen und vor der ihm selbst im Innersten graute.
Prinzessin Brambilla ließ sich nirgends sehen; aber Giglio schrie ganz außer sich: „Prinzessin – Täubchen – Herzkind – ich finde dich doch, ich finde dich doch!" und rannte wie wahnsinnig hundert Masken um und um, bis ein tanzendes Paar ihm in die Augen fiel und seine ganze Aufmerksamkeit fesselte.
Ein possierlicher Kerl, bis auf die geringste Kleinigkeit gekleidet, wie Giglio, ja was Größe, Stellung u. s. w. betrifft, sein zweites Ich, tanzte nämlich, Gitarre spielend, mit einem sehr zierlich gekleideten Frauenzimmer, welche Kastagnetten schlug. Versteinerte den Giglio der Anblick seines tanzenden Ichs, so glühte ihm wieder die Brust auf, wenn er das Mädchen betrachtete. Er glaubte nie so viel Anmut und Schönheit gesehen zu haben; jede ihrer Bewegungen verriet die Begeisterung einer ganz besondern Lust und eben diese Begeisterung war es, die selbst der wilden Ausgelassenheit des Tanzes einen unnennbaren Reiz verlieh.
Nicht zu leugnen war es, daß sich eben durch den tollen Kontrast des tanzenden Paars eine Skurrilität erzeugte, die jeden mitten in anbetender Bewunderung des holden Mädchens zum Lachen reizen mußte; aber eben dies aus den widersprechendsten Elementen ge-

mischte Gefühl war es, in dem jene Begeisterung einer fremden unnennbaren Lust, von der die Tänzerin und auch der possierliche Kerl ergriffen, auflebte im eignen Innern. Dem Giglio wollte eine Ahnung aufsteigen, wer die Tänzerin sein könne, als eine Maske neben ihm sprach: „Das ist die Prinzessin Brambilla, welche mit ihrem Geliebten, dem assyrischen Prinzen, Cornelio Chiapperi, tanzt!" –

Viertes Kapitel.

Von der nützlichen Erfindung des Schlafs und des Traums, und was Sancho Pansa darüber denkt. – Wie ein württembergischer Beamter die Treppe hinabfiel und Giglio sein Ich nicht durchschauen konnte. Rhetorische Ofenschirme, doppelter Galimathias und der weiße Mohr. – Wie der alte Fürst Bastianello di Pistoja Apfelsinenkerne in dem Korso aussäete und die Masken in Schutz nahm. Der beau jour häßlicher Mädchen. – Nachrichten von der berühmten Schwarzkünstlerin Circe, welche Bandschleifen nestelt, sowie von dem artigen Schlangenkraut, das im blühenden Arkadien wächst. – Wie sich Giglio aus purer Verzweiflung erdolchte, hierauf an den Tisch setzte, ohne Zwang zugriff, dann aber der Prinzessin eine gute Nacht wünschte.

Es darf dir, vielgeliebter Leser, nicht befremdlich erscheinen, wenn in einem Ding, das sich zwar Capriccio nennt, das aber einem Märchen so auf ein Haar gleicht, als sei es selbst eins, viel vorkommt von seltsamem Spuk, von träumerischem Wahn, wie ihn der menschliche Geist wohl hegt und pflegt, oder besser, wenn der Schauplatz manchmal in das eigne Innere der auftretenden Gestalten verlegt wird. – Möchte das aber nicht eben der rechte Schauplatz sein? – Vielleicht bist du, o mein Leser! auch so wie ich, des Sinnes, daß der menschliche Geist selbst das wunderbarste Märchen ist, das es nur geben kann. – Welch eine herrliche Welt liegt in unserer Brust verschlossen! Kein Sonnenkreis engt sie ein, der ganzen sichtbaren Schöpfung unerforschlichen Reichtum überwiegen ihre Schätze! – Wie so tot, so bettelarm, so maulwurfsblind, wär unser Leben, hätte der Weltgeist uns Söldlinge der Natur nicht ausgestattet mit jener unversieglichen Diamantgrube in unserm Innern, aus der uns in Schimmer und Glanz das wunderbare Reich aufstrahlt, das unser Eigentum geworden! Hochbegabt die, die sich dieses Eigentums recht bewußt! Noch hochbegabter und selig zu preisen die, die ihres innern Perus Edelsteine nicht allein zu erschauen, sondern auch heraufzubringen, zu schleifen und ihnen prächtigeres Feuer zu entlocken verstehen. – Nun! – Sancho meinte, Gott solle den ehren, der den Schlaf erfunden, es müsse ein gescheuter Kerl gewesen sein; noch mehr mag aber wohl der geehrt werden, der den Traum erfand. Nicht *den* Traum, der aus unserm Innern nur dann aufsteigt, wenn wir unter des Schlafes weicher Decke liegen – nein! – *den* Traum, den wir durch das ganze Leben fort träumen, der oft die drückende Last des Irdischen auf seine Schwingen nimmt, von dem jeder bittre Schmerz, jede trostlose Klage getäuschter Hoffnung verstummt, da er selbst, Strahl des Himmels in unserer Brust entglommen, mit der unendlichen Sehnsucht die Erfüllung verheißt. –

Diese Gedanken kamen dem, der es unternommen, für dich, sehr geliebter Leser! das seltsame Capriccio von der Prinzessin Brambilla aufzustellen, in dem Augenblick zu Sinn, als er daran gehen wollte, den merkwürdigen Gemütszustand zu beschreiben, in den der verkappte Giglio Fava geriet, als ihm die Worte zugeflüstert wurden: „Das ist die Prinzessin Brambilla, die mit ihrem Geliebten, dem assyrischen Prinzen, Cornelio Chiapperi, tanzt!“ – Selten vermögen Autoren es über sich, dem Leser zu verschweigen, was sie bei diesem oder jenem Stadium, in das ihre Helden treten, denken; sie machen gar zu gern den Chorus ihres eignen Buchs und nennen Reflektion alles das, was zwar nicht zur Geschichte nötig, aber doch als ein angenehmer Schnörkel dastehen kann. Als angenehmer Schnörkel mögen daher auch die Gedanken gelten, womit dieses Kapitel begann; denn in der Tat, sie waren zur Geschichte ebensowenig nötig, als zur Schilderung von Giglios Gemütszustand, der gar nicht so seltsam und ungewöhnlich war, als man es nach dem Anlauf, den der Autor genommen, wohl denken sollte. – Kurz! – es geschah dem Giglio Fava, als er jene Worte vernahm, nichts weiter, als daß er sich augenblicklich selbst für den assyrischen Cornelio Chiapperi hielt, der mit der Prinzessin Brambilla tanze. Jeder tüchtige Philosoph von einiger faustgerechter Erfahrung wird dies so leicht ganz und gar erklären können, daß Quintaner das Experiment des innern Geistes verstehen müssen. Besagter Psycholog wird nämlich nichts besseres tun, als aus Mauchardts Repertorium der empirischen Psychologie den württembergischen Beamten anführen können, der in der Trunkenheit die Treppe hinabstürzte und dann seinen Schreiber, der ihn geleitete, sehr bedauerte, daß er so hart gefallen. „Nach allem“, fährt der Psycholog dann fort, „was wir bis jetzt von dem Giglio Fava vernommen, leidet derselbe an einem Zustande, der dem des Rausches völlig zu vergleichen, gewissermaßen an einer geistigen Trunkenheit, erzeugt durch die nervenreizende Kraft gewisser exzentrischer Vorstellungen von seinem Ich, und da nun vorzüglich Schauspieler sehr geneigt sind, sich auf diese Art zu berauschen, so –" u. s. w.

Also für den assyrischen Prinzen, Cornelio Chiapperi, hielt sich Giglio; und war dies eben auch nichts Besonderes, so möchte doch schwerer zu erklären sein, woher die seltene, nie empfundene Lust kam, die mit flammender Glut sein ganzes Innere durchdrang. Stärker und stärker schlug er die Saiten der Gitarre, toller und ausgelassener wurden die Grimassen, die Sprünge des wilden Tanzes. Aber sein Ich stand ihm gegenüber und führte ebenso tanzend und springend, ebensolche Fratzen schneidend, als er, mit dem breiten hölzernen Schwert Streiche nach ihm durch die Luft. – Brambilla war verschwunden! – „Hoho", dachte Giglio, „nur mein Ich ist schuld daran, daß ich meine Braut, die Prinzessin, nicht sehe; ich kann mein Ich nicht durchschauen und mein verdammtes Ich will mir zu Leibe mit gefährlicher Waffe, aber ich spiele und tanze es zu tode und dann bin ich erst ich, und die Prinzessin ist mein!" –

Während dieser etwas konfusen Gedanken wurden Giglios Sprünge immer unerhörter, aber in dem Augenblick traf des Ichs hölzernes Schwert die Gitarre so hart, daß sie in tausend Stücke zersprang und Giglio rücklings über sehr unsanft zu Boden fiel. Das brüllende Gelächter des Volks, das die Tanzenden umringt hatte, weckte den Giglio aus seiner Träumerei. Bei dem Sturz war ihm Brille und Maske entfallen, man erkannte ihn und hundert Stimmen riefen: *„Bravo, bravissimo, Signor Giglio!"* – Giglio raffte sich auf und eilte, da ihm plötzlich es einkam, daß es für einen tragischen Schauspieler höchst unschicklich, dem Volk ein groteskes Schauspiel gegeben zu haben, schnell von dannen. In seiner Wohnung angekommen warf er die tolle Maske ab, hüllte sich in einen Tabarro und kehrte zurück nach dem Korso.

Im Hin- und Herwandern geriet er endlich vor den Palast Pistoja und hier fühlte er sich plötzlich von hinten umfaßt und eine Stimme flüsterte ihm zu: „Täuscht mich nicht Gang und Stellung, so seid Ihr es, mein werter Signor Giglio Fava?"

Giglio erkannte den Abbate Antonio Chiari. Bei des Abbate Anblick ging ihm plötzlich die ganze schöne frühere Zeit auf, als er noch tragische Helden spielte und dann, nachdem er sich des Kothurns entledigt, die enge Treppe hinaufschlich zur lieblichen Giacinta. Der Abbate Chiari (vielleicht ein Vorfahr des berühmten Chiari, der in Fehde trat mit dem Grafen Gozzi und die Waffen strecken mußte) hatte von Jugend auf mit nicht geringer Mühe Geist und Finger dazu abgerichtet, Trauerspiele zu verfertigen, die, was die Erfindung, enorm, was die Ausführung betrifft, aber höchst angenehm und lieblich waren. Er vermied sorglich irgendeine entsetzliche Begebenheit anders als unter mild vermittelnden Umständen vor den Augen der Zuschauer sich wirklich zutragen zu lassen und alle Schauer irgendeiner gräßlichen Tat wickelte er in den zähen Kleister so vieler schönen Worte und Redensarten ein, daß die Zuhörer ohne Schauer die süße Pappe zu sich nahmen und den bittern Kern nicht herausschmeckten. Selbst die Flammen der Hölle wußte er nützlich anzuwenden zum freundlichen Transparent, indem er den ölgetränkten Ofenschirm seiner Rhetorik davorstellte, und in die rauchenden Wellen des Acheron goß er das Rosenwasser seiner martellianischen Verse, damit der Höllenfluß sanft und fein flute und ein Dichterfluß werde. – So was gefällt vielen und kein Wunder daher, daß der Abbate Antonio Chiari ein beliebter Dichter zu nennen war. Hatte er nun noch dazu ein besonderes Geschick, sogenannte dankbare Rollen zu schreiben, so konnt es gar nicht fehlen, daß der dichterische Abbate auch der Abgott der Schauspieler wurde. – Irgendein geistreicher französischer Dichter sagt, es gebe zwei Arten von Galimathias, einen solchen, den Leser und Zuhörer nicht verständen, einen zweiten höhern, den der Schöpfer (Dichter oder Schriftsteller) selbst nicht verstände. Von dieser letzern sublimern Art ist der dramatische Galimathias, aus dem mehrenteils die sogenannten dankbaren Rollen im Trauerspiel bestehen. – Reden voll hochtönender Worte, die weder der Zuhörer, noch der Schauspieler versteht und die der Dichter selbst nicht verstanden hat, werden am mehrsten beklatscht. Solchen Galimathias zu machen, darauf verstand sich der Abbate Chiari vortrefflich, so wie Giglio Fava eine besondere Stärke besaß, ihn zu sprechen, und dabei solche Gesichter zu schneiden und solch fürchterlich verrückte Stellungen anzunehmen, daß die Zuschauer schon deshalb aufschrien in tragischem Entzücken. Beide, Giglio und Chiari, standen hiernach in höchst angenehmer Wechselwirkung, und ehrten sich über alle Maßen – es konnte gar nicht anders sein.

„Gut“, sprach der Abbate, „gut, daß ich Euch endlich treffe, Signor

Giglio! Nun kann ich von Euch selbst alles erfahren, was man mir hin und wieder von Euerm Tun und Treiben zugebröckelt hat und das hinlänglich toll und albern ist. – Sagt, man hat Euch übel mitgespielt, nicht wahr? Der Esel von Impresario jagte Euch vom Theater weg, weil er die Begeisterung, in die Euch meine Trauerspiele setzten, für Wahnsinn hielt, weil Ihr nichts anders mehr sprechen wolltet, als meine Verse? – Es ist arg – Ihr wißt es, der Unsinnige hat das Trauerspiel ganz aufgeben und läßt nichts anders auf seiner Bühne darstellen, als die albernen Masken-Pantomimen, die mir in den Tod zuwider sind. – Keines meiner Trauerspiele mag daher der einfältigste aller Impresarios mehr annehmen, unerachtet ich Euch, Signor Giglio, als ehrlicher Mann versichern darf, daß es mir in meinen besten Arbeiten gelungen ist, den Italienern zu zeigen, was eigentlich ein Trauerspiel heißt. Was die alten Tragiker betrifft, ich meine den Äschylos, Sophokles u.a., Ihr werdet von ihnen gehört haben, so versteht es sich von selbst, daß ihr schroffes, hartes Wesen völlig unästhetisch ist und sich nur durch die damalige Kindheit der Kunst entschuldigen läßt, für uns aber völlig unverdaulich bleibt. Von Trissinos Sophonisbe, Speronis Canace, den aus Unverstand als hohe Meisterwerke ausgeschrienen Produkten unserer älteren Dichterperiode, wird aber auch wohl nicht mehr die Rede sein, wenn meine Stücke das Volk über die Stärke, die hinreißende Kraft des wahrhaft Tragischen, das durch den Ausdruck erzeugt wird, belehrt haben werden. – Es ist nur in dem Augenblick fatal, daß kein einziges Theater meine Stücke aufführen will, seitdem Euer vormaliger Impresario, der Bösewicht, umgesattelt hat. – Aber wartet, *il trotto d'asino dura poco*. Bald wird Euer Impresario auf die Nase fallen samt seinem Arlecchino und Pantalon und Brighella und wie die schnöden Ausgeburten eines niederträchtigen Wahnwitzes alle heißen mögen und dann –. Fürwahr, Signor Giglio, Euer Abgang vom Theater hat mir einen Dolchstoß ins Herz gegeben; denn kein Schauspieler auf Erden hat es im Auffassen meiner ganz originellen unerhörten Gedanken soweit gebracht, als Ihr –. Doch laßt uns fort aus diesem wüsten Gedränge, das mich betäubt! Kommt mit mir in meine Wohnung! Dort les ich Euch mein neuestes Trauerspiel vor, das Euch in das größte Erstaunen setzen wird, das Ihr jemals empfunden. – Ich hab es *Il moro bianco* betitelt. Stoßt Euch nicht an die Seltsamkeit des Namens! Er entspricht dem Außerordentlichen, dem Unerhörten des Stücks ganz und gar.“ –

Mit jedem Worte des geschwätzigen Abbate fühlte sich Giglio mehr aus dem gespannten Zustande gerissen, in dem er sich befunden. Sein ganzes Herz ging auf in Freude, wenn er sich wieder dachte als tragischen Helden, die unvergleichlichen Verse des Herrn Abbate Antonio Chiari deklamierend. Er fragte den Dichter sehr angelegentlich, ob in dem *moro bianco* auch eine recht schöne dankbare Rolle enthalten, die er spielen könne. „Hab ich", erwiderte der Abbate in voller Hitze, „hab ich jemals in irgendeinem Trauerspiel andere Rollen gedichtet, als dankbare? – Es ist ein Unglück, daß meine Stücke nicht bis auf die kleinste Rolle von lauter Meistern dargestellt werden können. In dem *moro bianco* kommt ein Sklave vor, und zwar erst bei dem Beginn der Katastrophe, der die Verse spricht:

Ah! giorno di dolori! crudel inganno!
Ah signore infelice, la tua morte
mi fa piangere e subito partire! –

dann aber wirklich schnell abgeht und nicht wieder erscheint. Die Rolle ist von geringem Umfang, ich gestehe es; aber Ihr könnt es mir glauben, Signor Giglio, beinahe ein Menschenalter gehört für den besten Schauspieler dazu, jene Verse in dem Geist vorzutragen, wie ich sie empfangen, wie ich sie gedichtet, wie sie das Volk bezaubern, hinreißen müssen zum wahnsinnigen Entzücken."

Unter diesen Gesprächen waren beide, der Abbate und Giglio, in die Straße del Babuino gelangt, wo der Abbate wohnte. Die Treppe, die sie erstiegen, war so hühnersteigartig, daß Giglio zum zweitenmal recht lebhaft an Giacinta dachte und im Innern wünschte, doch lieber das holde Ding anzutreffen, als des Abbate weißen Mohren.

Der Abbate zündete zwei Kerzen an, rückte dem Giglio einen Lehnstuhl vor den Tisch, holte ein ziemlich dickleibiges Manuskript hervor, setzte sich dem Giglio gegenüber und begann sehr feierlich: *"Il moro bianco, tragedia etc."*

Die erste Szene begann mit einem langen Monolog irgendeiner wichtigen Person des Stücks, die erst über das Wetter, über die zu hoffende Ergiebigkeit der bevorstehenden Weinlese sprach, dann aber Betrachtungen über das Unzulässige eines Brudermords anstellte.

Giglio wußte selbst nicht, wie es kam, daß ihm des Abbate Verse, die er sonst für hochherrlich gehalten, heute so läppisch, so albern, so langweilig vorkamen. Ja! – unerachtet der Abbate alles mit der dröhnenden gewaltigen Stimme des übertriebensten Pathos vortrug, so daß die Wände erbebten, so geriet doch Giglio in einen träumerischen Zustand, in dem ihm alles seltsam zu Sinn kam, was ihm seit dem Tage begegnet, als der Palast Pistoja den abenteuerlichsten aller Maskenzüge in sich aufnahm. Sich ganz diesen Gedanken überlassend, drückte er sich tief in die Lehne des Sessels, schlug die Arme übereinander und ließ den Kopf tiefer und tiefer sinken auf die Brust.

Ein starker Schlag auf die Schulter riß ihn aus den träumerischen Gedanken. „Was?“ schrie der Abbate, der aufgesprungen war und ihm jenen Schlag versetzt hatte, ganz erbost, „Was? – ich glaube gar, Ihr schlaft? – Ihr wollt meinen *moro bianco* nicht hören? – Ha, nun verstehe ich alles. Euer Impresario hatte recht, Euch fortzujagen; denn Ihr seid ein miserabler Bursche worden ohne Sinn und Verstand für das Höchste der Poesie. – Wißt Ihr, daß nun Euer Schicksal entschieden ist, daß Ihr niemals mehr Euch erheben könnt aus dem Schlamm, in den Ihr versunken? – Ihr seid über meinem *moro bianco* eingeschlafen; das ist ein nie zu sühnendes Verbrechen, eine Sünde wider den heiligen Geist. Schert Euch zum Teufel!“

Giglio war sehr erschrocken über des Abbate ausgelassenen Zorn. Er stellte ihm de- und wehmütig vor, daß ein starkes festes Gemüt dazu gehöre, seine Trauerspiele aufzufassen, daß aber, was ihn (den Giglio) betreffe, sein ganzes Innere zermalmt und zerknirscht sei von den zum Teil seltsamen, spukhaften, zum Teil unglückseligen Begebenheiten, in die er seit den letzten Tagen verwickelt.

„Glaubt es mir“, sprach Giglio, „glaubt es mir, Signor Abbate, ein geheimnisvolles Verhängnis hat mich erfaßt. Ich gleiche einer zerschlagenen Zither, die keinen Wohllaut in sich aufzunehmen, keinen Wohllaut aus sich heraus ertönen zu lassen vermag. Wähntet Ihr, daß ich während Eurer herrlichen Verse eingeschlafen, so ist so viel gewiß, daß eine krankhafte, unbezwingliche Schlaftrunkenheit dermaßen mich übernahm, daß selbst die kräftigsten Reden Eures unübertrefflichen weißen Mohren mir matt und langweilig vorkamen.“ – „Seid Ihr rasend?“ schrie der Abbate. – „Geratet doch nur nicht in solchen Zorn!“ fuhr Giglio fort. „Ich ehre Euch ja als den höchsten Meister, dem ich meine ganze Kunst zu verdanken, und suche bei Euch Rat und Hülfe. Erlaubt, daß ich Euch alles erzähle, wie es sich mit mir begeben, und steht mir bei in höchster Not! Schafft, daß ich mich in den Sonnenglanz des Ruhms, in dem Euer weißer Mohr aufstrahlen wird, stelle und von dem bösesten aller Fieber genese!"

Der Abbate ward durch diese Rede Giglios besänftigt und ließ sich alles erzählen, von dem verrückten Celionati, von der Prinzessin Brambilla u. s. w.

Als Giglio geendet, begann der Abbate, nachdem er einige Augenblicke sich tiefem Nachdenken überlassen, mit ernster feierlicher Stimme: „Aus allem, was du mir erzählt, mein Sohn Giglio, entnehme ich mit Recht, daß du völlig unschuldig bist. Ich verzeihe dir, und damit du gewahrst, daß meine Großmut, meine Herzensgüte grenzenlos ist, so werde dir durch mich das höchste Glück, das dir auf deiner irdischen Laufbahn begegnen kann! – Nimm hin die Rolle des *moro bianco* und die glühendste Sehnsucht deines Innern nach dem Höchsten werde gestillt, wenn du ihn spielest! – Doch, o mein Sohn Giglio, du liegst in den Schlingen des Teufels. Eine höllische Kabale gegen das Höchste der Dichtkunst, gegen meine Trauerspiele, gegen mich, will dich nützen als tötendes Werkzeug. – Hast du nie sprechen gehört von dem alten Fürsten Bastianello di Pistoja, der in jenem alten Palast, wo die maskierten Hasenfüße hineingezogen, hauste und der, schon mehrere Jahre sind es her, aus Rom spurlos verschwand? – Nun, dieser alte Fürst Bastianello war ein gar närrischer Kauz und auf alberne Art seltsam in allem, was er sprach und begann. So behauptete er aus dem Königsstamm eines fernen unbekannten Landes entsprossen und drei- bis vierhundert Jahre alt zu sein, unerachtet ich den Priester selbst kannte, der ihn hier in Rom getauft. Oft sprach er von Besuchen, die er von seiner Familie auf geheimnisvolle Weise erhalte und in der Tat sah man oft plötzlich die abenteuerlichsten Gestalten in seinem Hause, die dann ebenso plötzlich verschwanden, wie sie gekommen. – Gibt es etwas Leichteres, als Bedienten und Mägde seltsam zu kleiden? – denn andere waren doch nicht jene Gestalten, die das dumme Volk voll Erstaunen angaffte und den Fürsten für etwas ganz Besonderes hielt, wohl gar für einen Zauberer. Närrisches Zeug machte er genug, und so viel ist gewiß, daß er einmal zur Karnevalszeit mitten im Korso Pomeranzenkerne ausstreute, woraus sogleich kleine nette Pulcinells emporschossen zum Jubel der Menge und er meinte, das wären die süßesten Früchte der Römer. – Was soll ich Euch indessen mit dem verrückten Unsinn des Fürsten langweilen und nicht lieber gleich das sagen, was ihn als den gefährlichsten Menschen darstellt? Könnt Ihr es Euch wohl denken, daß der verwünschte Alte es darauf abgesehen hatte, allen guten Geschmack in der Literatur und Kunst zu untergraben? – Könnt Ihr es Euch denken, daß er, was vorzüglich das Theater betrifft, die Masken in Schutz nahm und nur das alte Trauerspiel gelten lassen wollte, dann aber von einer Gattung des Trauerspiels sprach, die nur ein verbranntes Gehirn ausbrüten kann? Eigentlich hab ich niemals recht verstanden, was er wollte; aber es kam beinahe so heraus, als behaupte er, daß die höchste Tragik durch eine besondere Art des Spaßes hervorgebracht werden müsse. Und – nein es ist unglaublich, es ist beinahe unmöglich zu sagen – meine Trauerspiele – – versteht Ihr wohl? – *meine* Trauerspiele, meinte er, wären ungemein spaßhaft, wiewohl auf andere Weise, indem das tragische Pathos sich darin unwillkürlich selbst parodiere. – Was vermögen alberne Gedanken und Meinungen? Hätte der Fürst sich nur damit begnügt; aber in Tat – in grause Tat ging sein Haß über gegen mich und meine Trauerspiele! – Noch ehe Ihr nach Rom gekommen, geschah mir das Entsetzliche. – Das herrlichste meiner Trauerspiele (ich nehme den *moro bianco* aus), *Lo spettro fraterno vendicato*, wurde gegeben. Die Schauspieler übertrafen sich selbst; nie hatten sie so den innern Sinn meiner Worte aufgefaßt, nie waren sie in Bewegung und Stellung so wahrhaft tragisch gewesen –. Laßt es Euch bei dieser Gelegenheit sagen, Signor Giglio, daß, was Eure Gebärden, vorzüglich aber Eure Stellungen betrifft, Ihr noch etwas zurück seid. Signor Zechielli, mein damaliger Tragiker, vermochte mit voneinander gespreizten Beinen, Füße in den Boden gewurzelt feststehend, Arme in die Lüfte erhoben, den Leib so nach und nach herumzudrehen, daß er mit dem Gesicht über den Rücken hinwegschaute und so in Gebärde und Mienenspiel den Zuschauern ein doppelt wirkender Janus erschien. – So was ist vielfältig von der frappantesten Wirkung, muß aber jedesmal angebracht werden, wenn ich vorschreibe: Er beginnt zu verzweifeln! – Schreibt Euch das hinter die Ohren, mein guter Sohn, und gebt Euch Mühe zu verzweifeln, wie Signor Zechielli! Nun! ich komme auf mein *spettro fraterno* zurück. – Die Vorstellung war die vortrefflichste, die ich jemals sah, und doch brach das Publikum bei jeder Rede meines Helden aus in ein unmäßiges Gelächter. Da ich den Fürsten Pistoja in der Loge erblickte, der dieses Lachen jedesmal intonierte, so hatte es gar keinen Zweifel, daß er es allein war, der, Gott weiß durch welche höllische Ränke und Schwänke, mir diesen fürchterlichen Tort über den Hals zog. Wie froh war ich, als der Fürst aus

Rom verschwunden! Aber sein Geist lebt fort in dem alten verfluchten Ciarlatano, in dem verrückten Celionati, der, wiewohl vergeblich, schon auf Marionettentheatern meine Trauerspiele lächerlich zu machen versucht hat. Es ist nur zu gewiß, daß auch Fürst Bastianello wieder in Rom spukt, denn darauf deutet die tolle Maskerade, die in seinen Palast gezogen. – Euch stellt Celionati nach, um mir zu schaden. Schon gelang es ihm, Euch von den Brettern zu bringen und das Trauerspiel Eures Impresario zu zerstören. Nun sollt Ihr der Kunst ganz und gar abwendig gemacht werden, dadurch, daß man Euch allerhand tolles Zeug, Fantasmata von Prinzessinnen, grotesken Gespenstern u. dgl. in den Kopf setzt. Folgt meinem Rat, Signor Giglio, bleibt fein zu Hause, trinkt mehr Wasser als Wein und studiert mit dem sorglichsten Fleiß meinen *moro bianco*, den ich Euch mitgeben will! Nur in dem *moro bianco* ist Trost, ist Ruhe und dann Glück, Ehre und Ruhm für Euch zu suchen und zu finden. – Gehabt Euch wohl, Signor Giglio!" –

Den andern Morgen wollte Giglio tun, wie ihm der Abbate geheißen, nämlich die vortreffliche Tragödia von dem *moro bianco* studieren. Er konnte es aber deshalb nicht dahin bringen, weil alle Buchstaben auf jedem Blatte vor seinen Augen zerflossen in das Bild der holden, lieblichen Giacinta Soardi. „Nein", rief Giglio endlich voll Ungeduld, „nein, ich ertrag es nicht länger, ich muß hin zu ihr, zu der Holden. Ich weiß es, sie liebt mich noch, sie muß mich lieben, und aller Smorfia zum Trotz wird sie es mir nicht verhehlen können, wenn sie mich wiedersieht. Dann werd ich wohl das Fieber los, das der verwünschte Kerl, der Celionati, mir an den Hals gehext, und aus dem tollen Wirrwarr aller Träume und Einbildungen erstehe ich neugeboren, als *moro bianco*, wie der Phönix aus der Asche! – Gesegneter Abbate Chiari, du hast mich auf den rechten Weg zurückgeleitet!"

Giglio putzte sich sofort auf das schönste heraus, um sich nach Meister Bescapis Wohnung zu begeben, wo sein Mädchen, wie er glaubte, jetzt anzutreffen. Schon im Begriff aus der Türe hinauszutreten, spürte er plötzlich die Wirkungen des *moro bianco*, den er lesen wollen. Es überfiel ihn, wie ein starker Fieberschauer, das tragische Pathos! „Wie", rief er, indem er den rechten Fuß weit vorschleudernd, mit dem Oberleib zurückfuhr und beide Arme vorstreckte, die Finger voneinanderspreizte, wie ein Gespenst abwehrend – „Wie? – wenn sie mich nicht mehr liebte? – wenn sie, verlockt von den zauberischen Truggestalten des Orkus vornehmer Welt, berauscht von dem Lethetrank des Vergessens im Aufhören des Gedankens an mich, mich wirklich vergessen? – Wenn ein Nebenbuhler – Entsetzlicher Gedanke, den der schwarze Tartarus gebar aus todesschwangern Klüften! – Ha Verzweiflung – Mord und Tod! – Her mit dir, du lieblicher Freund, der in blutigen Rosengluten alle Schmach sühnend, Ruhe gibt und Trost – und *Rache*." – Die letzten Worte brüllte Giglio dermaßen, daß das ganze Haus widerhallte. Zugleich griff er nach dem blanken Dolch, der auf dem Tische lag und steckte ihn ein. Es war aber nur ein Theaterdolch.

Meister Bescapi schien nicht wenig verwundert, als Giglio nach Giacinta fragte. Er wollte durchaus nichts davon wissen, daß sie jemals in seinem Hause gewohnt und alle Versicherungen Giglios, daß er sie ja vor wenigen Tagen auf dem Balkon gesehen und mit ihr gesprochen, halfen nicht das allermindeste; Bescapi brach vielmehr das Gespräch ganz ab und erkundigte sich lächelnd, wie dem Giglio der neuliche Aderlaß bekommen. – Sowie Giglio des Aderlasses erwähnen hörte, rannte er über Hals und Kopf von dannen. Als er über den Spanischen Platz kam, sah er ein altes Weib vor sich herschreiten, die mühsam einen bedeckten Korb forttrug und die er für die alte Beatrice erkannte. „Ha", murmelte er, „du sollst mein Leitstern sein, dir will ich folgen!" – Nicht wenig verwundert war er, daß die Alte nach der Straße mehr schlich, als ging, wo sonst Giacinta wohnte, als sie vor Signor Pasquales Haustür stillstand und den schweren Korb absetzte. In dem Augenblick fiel ihr Giglio, der ihr auf dem Fuße gefolgt, in die Augen. „Ha!" rief sie laut, „ha, mein süßer Herr Taugenichts, laßt Ihr Euch endlich wieder einmal blicken? Nun, Ihr seid mir ein schöner treuer Liebhaber, der sich herumtreibt an allen Ecken und Orten, wo er nicht hingehört, und sein Mädchen vergißt in der schönen lustigen Zeit des Karnevals! – Nun, helft mir nur jetzt den schweren Korb hinauftragen und dann möget Ihr zusehen, ob Giacintchen noch einige Ohrfeigen für Euch aufbewahrt hat, die Euch den wackligen Kopf zurechtsetzen." – Giglio überhäufte die Alte mit den bittersten Vorwürfen, daß sie ihn mit der albernen Lüge, wie Giacinta im Gefängnis sitze, gefoppt; die Alte wollte dagegen nicht das mindeste davon wissen, sondern behauptete, daß Giglio sich das alles nur eingebildet, nie habe Giacinta die Stübchen in Signor Pasquales Hause verlassen, und sei in diesem Karneval fleißiger gewesen, als jemals. Giglio rieb sich die Stirne, zupfte sich an der Nase, als wolle er sich selbst erwecken aus dem Schlafe. „Es ist nur zu gewiß",

sprach er, „entweder liege ich jetzt im Traum, oder ich habe die ganze Zeit über den verwirrtesten Traum geträumt" – „Seid", unterbrach ihn die Alte, „seid nur so gut und packt an! Ihr werdet dann an der Last, die Euern Rücken drückt, am besten merken können, ob Ihr träumt oder nicht." Giglio lud nun ohne weiteres den Korb auf, und stieg, die wunderbarsten Empfindungen in der Brust, die schmale Treppe hinan. „Was in aller Welt habt Ihr aber in dem Korbe?" fragte er die Alte, die vor ihm hinaufschritt. „Dumme Frage!" erwiderte diese, „Ihr habt es wohl noch gar nicht erlebt, daß ich auf den Markt gegangen bin, um einzukaufen für mein Giacintchen? und zudem erwarten wir heute Gäste" – „Gäste?" fragte Giglio mit langgedehntem Tone. In dem Augenblick waren sie aber oben, die Alte hieß den Giglio den Korb niedersetzen und hineingehen in das Stübchen, wo er Giacinta antreffen würde.
Das Herz pochte dem Giglio vor banger Erwartung, vor süßer Angst. Er klopfte leise an, öffnete die Türe. Da saß Giacinta, wie sonst emsig arbeitend an dem Tisch, der voll gepackt war mit Blumen, Bändern, allerlei Zeugen u. s. w. „Ei", rief Giacinta, indem sie Giglio mit leuchtenden Augen anblickte, „ei Signor Giglio, wo kommt Ihr auf einmal wieder her? Ich glaubte, Ihr hättet Rom längst verlassen?" – Giglio fand sein Mädchen so über alle Maßen hübsch, daß er ganz verdutzt, keines Wortes mächtig, in der Türe stehenblieb. Wirklich schien auch ein ganz besonderer Zauber der Anmut über ihr ganzes Wesen ausgegossen; höheres Inkarnat glühte auf ihren Wangen und die Augen, ja eben die Augen leuchteten, wie gesagt, dem Giglio recht ins Herz hinein. – Es wäre nur zu sagen gewesen, Giacinta hatte ihren *beau jour*; da dieses französische Wort aber jetzt nicht mehr zu dulden, so mag nur beiläufig bemerkt werden, daß es mit dem *beau jour* nicht nur seine Richtigkeit, sondern auch seine eigene Bewandtnis hat. Jedes artige Fräulein von weniger Schönheit, oder auch passabler Häßlichkeit darf nur, sei es von außen, oder von innen dazu aufgeregt, lebendiger als sonst denken: „Ich bin doch ein bildschönes Mädchen!" und überzeugt sein daß mit diesem herrlichen Gedanken, mit dem sublimen Wohlbehagen im Innern sich auch der *beau jour* von selbst einstellt. –
Endlich stürzte Giglio ganz außer sich hin zu seinem Mädchen, warf sich auf die Knie und ergriff mit einem tragischen: „Meine Giacinta, mein süßes Leben!" ihre Hände. Plötzlich fühlte er aber einen tiefen Nadelstich seinen Finger durchbohren, so daß er vor Schmerz in die

Zu Seite 377

Höhe fuhr und sich genötigt fühlte unter dem Ausruf: „Teufel! Teufel!" – einige Sprünge zu verführen. Giacinta schlug ein helles Gelächter auf, dann sprach sie sehr ruhig und gelassen: „Seht, lieber Signor Giglio, das war etwas für Euer unartiges, ungestümes Betragen. Sonst ist es recht hübsch von Euch, daß Ihr mich besucht; denn bald werdet Ihr mich vielleicht nicht so ohne alle Zeremonie sehen können. Ich erlaube Euch bei mir zu verweilen. Setzt Euch dort auf den Stuhl mir gegenüber und erzählt mir, wie es Euch so lange gegangen, was Ihr für neue schöne Rollen spielt und dergleichen! Ihr wißt, ich höre das gern und wenn Ihr nicht in Euer verdammtes weinerliches Pathos, das Euch der Signor Abbate Chiari – Gott möge ihm dafür nicht die ewige Seligkeit entziehen! – angehext hat, verfallt, so hört es sich Euch ganz leidlich zu." – „Meine Giacinta", sprach Giglio im Schmerz der Liebe und des Nadelstichs, meine Giacinta, laß uns alle Qual der Trennung vergessen! – Sie sind wiedergekommen, die süßen seligen Stunden des Glücks, der Liebe –" – „Ich weiß nicht", unterbrach ihn Giacinta, „ich weiß nicht, was Ihr für albernes Zeug schwatzt. Ihr sprecht von Qual der Trennung und ich kann Euch versichern, daß ich meinesteils, glaubt ich nämlich in der Tat, daß Ihr Euch von mir trenntet, gar nichts und am wenigsten einige Qual dabei empfunden. Nennt Ihr selige Stunden die, in denen Ihr Euch bemühtet mich zu langweilen, so glaube ich nicht, daß sie jemals wiederkehren werden. Doch im Vertrauen, Signor Giglio, Ihr habt manches, was mir gefällt, Ihr seid mir manchmal gar nicht unlieb gewesen und so will ich Euch gern verstatten, daß Ihr mich künftig, so viel es geschehen darf, sehet, wiewohl die Verhältnisse, die jede Zutraulichkeit hemmend, Entfernung zwischen uns gebieten, Euch einigen Zwang auflegen werden." – „Giacinta!" – rief Giglio, „welche sonderbare Reden?" – „Nichts Sonderbares", erwiderte Giacinta, „ist hier im Spiel. Setzt Euch nur ruhig hin, guter Giglio! es ist ja doch vielleicht das letztemal, daß wir so traulich miteinander sind – Aber auf meine Gnade könnt Ihr immer rechnen; denn, wie gesagt, ich werde Euch nie das Wohlwollen, das ich für Euch gehegt, entziehen." – Beatrice trat herein, ein paar Teller in den Händen, worauf die köstlichsten Früchte lagen, auch hatte sie eine ganz ansehnliche Phiole unter den Arm gekniffen. Der Inhalt des Korbes schien sich aufgetan zu haben. Durch die offene Türe sah Giglio ein muntres Feuer auf dem Herde knistern, und von allerlei Leckerbissen war der Küchentisch ganz voll und schwer. „Giacintchen", sprach Beatrice schmunzelnd, „soll unser kleines Mahl den

Gast recht ehren, so ist mir noch etwas Geld vonnöten." – „Nimm, Alte, so viel du bedarfst", erwiderte Giacinta, indem sie der Alten einen kleinen Beutel hinreichte, aus dessen Gewebe schöne Dukaten hervorblinkten. Giglio erstarrte, als er in dem Beutel den Zwillingsbruder des Beutels erkannte, den ihm, wie er nicht anders glauben konnte, Celionati zugesteckt und dessen Dukaten bereits auf der Neige waren. „Ist es ein Blendwerk der Hölle?" schrie er auf, riß schnell den Beutel der Alten aus der Hand und hielt ihn dicht vor die Augen. Ganz erschöpft sank er aber in den Stuhl, als er auf dem Beutel die Inschrift las: Gedenke deines Traumbildes! – „Hoho", knurrte ihn die Alte an, indem sie den Beutel, den Giglio ihr mit weit vorgestrecktem Arm hinhielt, zurücknahm, „Hoho, Signor Habenichts! Euch setzt wohl solch schöner Anblick ganz in Erstaunen und Verwunderung? – Hört doch die liebliche Musik und ergötzt Euch dran!" Damit schüttelte sie den Beutel, daß das Gold darin erklang, und verließ das Zimmer. „Giacinta", sprach Giglio, ganz aufgelöst in Trostlosigkeit und Schmerz, „Giacinta! welch gräßliches entsetzliches Geheimnis – sprecht es aus! – sprecht aus meinen Tod!" – „Ihr seid", erwiderte Giacinta, indem sie die feine Nähnadel zwischen den spitzen Fingern gegen das Fenster hielt und geschickt den Silberfaden durch das Öhr stieß, „Ihr seid und bleibt der alte. Euch ist es so geläufig geworden über alles in Ekstase zu geraten, daß Ihr umherwandelt, ein stetes langweiliges Trauerspiel mit noch langweiligerem Oh, Ach und Weh! – Es ist hier gar nicht die Rede von gräßlichen, entsetzlichen Dingen; ist es Euch aber möglich, artig zu sein und Euch nicht zu gebärden, wie ein halbverrückter Mensch, so möcht ich wohl mancherlei erzählen." – „Sprecht, gebt mir den Tod!" murmelte Giglio mit halb erstickter Stimme vor sich hin. – „Erinnert", begann Giacinta, „erinnert Ihr Euch wohl, Signor Giglio, was Ihr, es ist gar nicht lange her, mir einmal über das Wunder eines jungen Schauspielers sagtet? Ihr nanntet solch einen vortrefflichen Helden ein wandelndes Liebesabenteuer, einen lebendigen Roman auf zwei Beinen und was weiß ich wie sonst noch. Nun will ich behaupten, daß eine junge Putzmacherin, der der gütige Himmel eine hübsche Gestalt, ein artiges Gesicht und vorzüglich jene innere magische Gewalt verlieh, vermöge der ein Mädchen sich erst eigentlich als wahrhaftes Mädchen gestaltet, noch ein viel größeres Wunder zu nennen. Solch ein Nestkind der gütigen Natur ist erst recht ein in den Lüften schwebendes liebliches Abenteuer und die schmale Stiege zu ihr herauf, ist die

Himmelsleiter, die in das Reich kindisch kecker Liebesträume führt. Sie ist selbst das zarte Geheimnis des weiblichen Putzes, das bald im schimmernden Glanz üppiger Farbenpracht, bald im milden Schein weißer Mondesstrahlen, rosiger Nebel, blauer Abenddüfte lieblichen Zauber übt über euch Männer. Verlockt von Sehnsucht von Verlangen naht Ihr euch dem wunderbaren Geheimnis, Ihr schaut die mächtige Fee mitten unter ihrem Zaubergerät; aber da wird, von ihren kleinen weißen Fingern berührt, jede Spitze zum Liebesnetz, jedes Band, das sie nestelt, zur Schlinge, in der Ihr euch verfangt. Und in ihren Augen spiegelt sich alle entzückende Liebestorheit und erkennt sich selbst und hat an sich selbst herzinnigliche Freude. Ihr hört eure Seufzer aus der innersten Brust der Holden widertönen, aber leise und lieblich, wie die sehnsüchtige Echo den Geliebten ruft aus den fernen magischen Bergen. Da gilt nicht Rang, nicht Stand; dem reichen Prinzen, dem armen Schauspieler ist das kleine Gemach der anmutigen Circe das blumige blühende Arkadien in der unwirtbaren Wüste seines Lebens, in das er sich hineinrettet. Und wächst auch unter den schönen Blumen dieses Arkadiens etwas Schlangenkraut, was tut's? es gehört zu der verführerischen Gattung, die herrlich blüht und noch schöner duftet –" – „O ja", unterbrach Giglio Giacinten, „o ja, und aus der Blüte selbst fährt das Tierlein, dessen Namen das schön blühende und duftende Kraut trägt und sticht plötzlich mit der Zunge, wie mit spitzer Nähnadel" – „Jedesmal", nahm Giacinta wieder das Wort, „wenn irgendein fremder Mann, der nicht hineingehört in das Arkadien, tölpisch mit der Nase zufährt." – „Schön gesagt", fuhr Giglio ganz Ärger und Ingrimm fort, „schön gesagt, meine holde Giacinta! Ich muß überhaupt gestehen, daß du in der Zeit, während der ich dich nicht sah, auf wunderbare Art klug geworden bist. Du philosophierst über dich selbst auf eine Weise, die mich in Erstaunen setzt. Wahrscheinlich gefällst du dir ganz ungemein als zauberische Circe in dem reizenden Arkadien deines Dachstübchens, das der Schneidermeister Bescapi mit nötiger Zaubergerätschaft zu versehen nicht unterläßt." – „Es mag", sprach Giacinta sehr gelassen weiter, „es mag mir ganz so gehen, wie dir. Auch ich habe allerlei hübsche Träume gehabt. – Doch, mein guter Giglio, alles was ich da von dem Wesen einer hübschen Putzmacherin gesprochen, nimm es wenigstens halb und halb für Scherz, für schälkische Neckerei und beziehe es um so weniger auf mich selbst, als dies hier vielleicht meine letzte Putzarbeit ist. – Erschrick nicht, mein guter Giglio! aber sehr leicht ist es möglich, daß ich am letzten Tage des Karnevals dies dürftige Kleid mit einem Purpurmantel, diesen kleinen Schemel mit einem Thron vertausche!" – „Himmel und Hölle", schrie Giglio, indem er heftig aufsprang, die geballte Faust an der Sitrn, „Himmel und Hölle! Tod und Verderben! So ist es wahr, was jener heuchlerische Bösewicht mir ins Ohr raunte? – Ha! öffne dich, flammenspeiender Abgrund des Orkus! Steigt herauf, schwarzgefiederte Geister des Acheron! – Genug!" – Giglio verfiel in den gräßlichen Verzweiflungsmonolog irgendeines Trauerspiels des Abbate Chiari. Giacinta hatte diesen Monolog, den ihr Giglio sonst hundertfältig vordeklamiert, bis auf den kleinsten Vers im Gedächtnis und soufflierte, ohne von der Arbeit aufzusehen, dem verzweifelnden Geliebten jedes Wort, wenn er hie und da ins Stocken geraten wollte. Zuletzt zog er den Dolch, stieß ihn sich in die Brust, sank hin, daß das Zimmer dröhnte, stand wieder auf, klopfte sich den Staub ab, wischte sich den Schweiß von der Stirne, fragte lächelnd: „Nicht wahr, Giacinta, das bewährt den Meister?" – „Allerdings", erwiderte Giacinta, ohne sich zu rühren, „allerdings. Du hast vortrefflich tragiert, guter Giglio; aber nun wollen wir, dächt ich, uns zu Tische setzen."

Die alte Beatrice hatte indessen den Tisch gedeckt, ein paar herrlich duftende Schüsseln aufgetragen und die geheimnisvolle Phiole aufgesetzt nebst blinkenden Kristallgläsern. Sowie Giglio das erblickte, schien er ganz außer sich: „Ha, der Gast – der Prinz – Wie ist mir? Gott! – ich habe ja nicht Komödie gespielt, ich bin ja wirklich in Verzweiflung geraten – ja in helle tolle Verzweiflung hast du mich gestürzt, treulose Verräterin, Schlange, Basilisk – Krokodil! Aber Rache – Rache!" Damit schwang er den Theaterdolch, den er von der Erde aufgerafft, in den Lüften. Aber Giacinta, die ihre Arbeit auf den Nähtisch geworfen und aufgestanden, nahm ihn beim Arm und sprach: „Sei kein Hase, guter Giglio! gib dein Mordinstrument der alten Beatrice, damit sie Zahnstocher daraus schneide und setze dich mit mir zu Tisch; denn am Ende bist du der einzige Gast, den ich erwartet habe." Giglio ließ sich, plötzlich besänftigt, die Geduld selbst, zu Tische führen und tat, was das Zulangen betrifft, sich dann weiter keinen Zwang an.

Giacinta fuhr fort ganz ruhig und gemütlich von dem ihr bevorstehenden Glück zu erzählen, und versicherte dem Giglio ein Mal über das andere, daß sie durchaus nicht in übermäßigen Stolz verfallen und Giglios Gesicht ganz und gar vergessen, vielmehr, solle er sich ihr von ferne zeigen, sich ganz gewiß seiner erinnern und ihm manchen Dukaten zufließen lassen werde, so daß es ihm nie an rosmarinfarbnen Strümpfen und parfümierten Handschuhen mangeln dürfe. Giglio, dem, als er einige Gläser Wein getrunken, die ganze wunderbare Fabel von der Prinzessin Brambilla wieder in den Kopf gekommen, versicherte dagegen freundlich, daß er Giacintas gute herzliche Gesinnungen hoch zu schätzen wisse; was aber den Stolz und die Dukaten betreffe, so werde er von beiden keinen Gebrauch machen können, da er, Giglio, selbst im Begriff stehe, mit beiden Füßen hineinzuspringen ins Prinzentum. Er erzählte nun, wie ihn bereits die vornehmste und reichste Prinzessin der Welt zu ihrem Ritter erkoren, und daß er hoffe, noch bei dem Schluß des Karnevals als der Gemahl seiner fürstlichen Dame, dem armseligen Leben, das er bis jetzt geführt, auf immer Valet sagen zu können. Giacinta schien über Giglios Glück höchlich erfreut und beide schwatzten nun ganz vergnüglich von der künftigen schönen Zeit der Freude und des Reichtums. „Ich möchte nur", sprach Giglio endlich, „daß die Reiche, die wir künftig beherrschen werden, fein aneinandergrenzten, damit wir gute Nachbarschaft halten könnten; aber, irr ich nicht, so liegt das Fürstentum meiner angebeteten Prinzessin über Indien weg, gleich linker Hand um die Erde nach Persien zu." – „Das ist schlimm", erwiderte Giacinta, „auch ich werde wohl weit fort müssen, denn das Reich meines fürstlichen Gemahls soll dicht bei Bergamo liegen. Doch wird sich das wohl machen lassen, daß wir künftig Nachbarn werden und bleiben." – Beide, Giacinta und Giglio, kamen dahin überein, daß ihre künftigen Reiche durchaus in die Gegend von Frascati verlegt werden müßten. – „Gute Nacht, teure Prinzessin!" sprach Giglio; „wohl zu ruhen, teurer Prinz!" erwiderte Giacinta, und so schieden sie, als der Abend einbrach, friedlich und freundlich auseinander.

Fünftes Kapitel.

Wie Giglio in der Zeit gänzlicher Trockenheit des menschlichen Geistes zu einem weisen Entschluß gelangte, den Fortunatussäckel einsteckte und dem demütigsten aller Schneider einen stolzen Blick zuwarf. – Der Palast Pistoja und seine Wunder. – Vorlesung des weisen Mannes aus der Tulpe. – König Salomo der Geisterfürst und Prinzessin Mystilis. – Wie ein alter Magus einen schwarzen Schlafrock umwarf, eine Zobelmütze aufsetzte und mit ungekämmtem Bart Prophezeiungen vernehmen ließ in schlechten Versen. – Unglückliches Schicksal eines Gelbschnabels. – Wie der geneigte Leser in diesem Kapitel nicht erfährt, was sich bei Giglios Tanz mit der unbekannten Schönen weiter begeben.

Jeder, der mit einiger Fantasie begabt, soll, wie es in irgendeinem lebensklugheitsschweren Buche geschrieben steht, an einer Verrücktheit leiden, die immer steigt und schwindet, wie Ebbe und Flut. Die Zeit der letzteren, wenn immer höher und stärker die Wellen daherbrausen, ist die einbrechende Nacht, so wie die Morgenstunden gleich nach dem Erwachen, bei der Tasse Kaffee, für den höchsten Punkt der Ebbe gelten. Daher gibt jenes Buch auch den vernünftigen Rat, diese Zeit als den Moment der herrlichsten klärsten Nüchternheit zu benutzen zu den wichtigsten Angelegenheiten des Lebens. Nur des Morgens soll man z.B. sich verheiraten, tadelnde Rezensionen lesen, testieren, den Bedienten prügeln u.s.w.

In dieser schönen Zeit der Ebbe, in der sich der menschliche Geist gänzlicher Trockenheit erfreuen darf, war es, als Giglio Fava über seine Torheit erschrak und selbst gar nicht wußte, wie er das nicht längst habe tun können, wozu die Aufforderung ihm doch, sozusagen, dicht vor die Nase geschoben war. – „Es ist nur zu gewiß“, so dachte er im frohen Bewußtsein des vollen Verstandes, „es ist nur zu gewiß, daß der alte Celionati halb wahnsinnig zu nennen, daß er sich in diesem Wahnsinn nicht nur ungemein gefällt, sondern auch recht eigentlich darauf ausgeht, andere ganz verständige Leute darin zu verstricken. Ebenso gewiß ist es aber, daß die schönste, reichste aller Prinzessinnen, die göttliche Brambilla, eingezogen ist in den Palast Pistoja und – o Himmel und Erde! kann diese Hoffnung durch Ahnungen, Träume, ja durch den Rosenmund der reizendsten aller Masken bestätigt, wohl täuschen – daß sie ihrer himmlischen Augen süßen Liebesstrahl gerichtet hat auf mich Glücklichen! – Unerkannt, verschleiert, hinter dem verschlossenen Gitter einer Loge, erblickte sie mich, als ich irgend einen Prinzen spielte und ihr Herz war mein! –

Kann sie denn wohl mir nahen auf geradem Wege? Bedarf das holde Wesen nicht Mittelspersonen, Vertrauter, die den Faden anspinnen, der sich zuletzt verschlingt zum süßesten Bande? - Mag es sich nun begeben haben, wie es will, unbezweifelt ist Celionati derjenige, der mich der Prinzessin in die Arme führen soll – Aber statt fein ordentlich den geraden Weg zu gehen, stürzt er mich kopfüber in ein ganzes Meer von Tollheit und Fopperei, will mir einreden, in eine Fratze vermummt müsse ich die schönste der Prinzessinnen aufsuchen im Korso, erzählt mir von assyrischen Prinzen, von Zauberern –. Fort – fort mit allem tollen Zeuge, fort mit dem wahnsinnigen Celionati! – Was hält mich denn ab, mich sauber anzuputzen, gerade hineinzutreten in den Palast Pistoja, mich der Durchlauchtigsten zu Füßen zu werfen? O Gott, warum tat ich das nicht schon gestern – vorgestern? –"

Es war dem Giglio unangenehm, daß, als er nun eiligst seine beste Garderobe musterte, er nicht umhin konnte, selbst zu gestehen, daß das Federbarett auf ein Haar einem gerupften Haushahn glich, daß das dreimal gefärbte Wams in allen möglichen Regenbogenfarben schillerte, daß der Mantel die Kunst des Schneiders, der durch die kühnsten Nähte der fressenden Zeit getrotzt, zu sehr verriet, daß das wohlbekannte blauseidne Beinkleid, die Rosastrümpfe sich herbstlich entfärbt. Wehmütig griff er nach dem Beutel, den er beinahe geleert glaubte und – in schönster Fülle strotzend vorfand. – „Göttliche Brambilla", rief er entzückt aus, „göttliche Brambilla, ja ich gedenke deiner, ich gedenke des holden Traumbildes!"

Man kann sich vorstellen, daß Giglio, den angenehmen Beutel, der eine Art Fortunatussäckel schien, in der Tasche, sofort alle Läden der Trödler und Schneider durchrannte, um sich einen Anzug so schön, als ihn jemals ein Theaterprinz angelegt, zu verschaffen. Alles was man ihm zeigte, war ihm nicht reich, nicht prächtig genug. Endlich besann er sich, daß ihm wohl kein anderer Anzug genügen werde, als den Bescapis Meisterhand geschaffen, und begab sich sofort zu ihm hin. Als Meister Bescapi Giglios Anliegen vernommen, rief er ganz Sonne im Antlitz: „O mein bester Signor Giglio, damit kann ich aufwarten", und führte den kauflustigen Kunden in ein anderes Kabinett. Giglio war aber nicht wenig verwundert, als er hier keine andern Anzüge fand, als die vollständige italienische Komödie und außerdem noch die tollsten fratzenhaftesten Masken. Er glaubte von Meister Bescapi mißverstanden zu sein und beschrieb ziemlich heftig die vornehme reiche Tracht, in die er sich zu putzen wünsche. „Ach Gott!" rief Bescapi wehmütig, „ach Gott! was ist denn das wieder? Mein bester Signor, ich glaube doch nicht, daß wieder gewisse Anfälle –" – „Wollt", unterbrach ihn Giglio ungeduldig, indem er den Beutel mit den Dukaten schüttelte, „wollt Ihr mir, Meister Schneider, einen Anzug verkaufen, wie ich ihn wünsche, so ist's gut; wo nicht, so laßt es bleiben." – „Nun, nun", sprach Meister Bescapi kleinlaut, „werdet nur nicht böse, Signor Giglio! – Ach, Ihr wißt nicht, wie gut ich es mit Euch meine, ach hättet Ihr nur ein wenig, ein ganz wenig Verstand!" – „Was untersteht Ihr Euch, Meister Schneider?" rief Giglio zornig. „Ei", fuhr Bescapi fort, „bin ich ein Meister Schneider, so wollt ich, ich könnte Euch das Kleid anmessen mit dem richtigen Maß, das Euch paßlich und dienlich. Ihr rennt in Euer Verderben, Signor Giglio, und mir tut es leid, daß ich Euch nicht alles wiedersagen kann, was der weise Celionati mir über Euch und Euer bevorstehendes Schicksal erzählt hat." – „Hoho!" sprach Giglio, „der *weise* Signor Celionati, der saubre Herr Marktschreier, der mich verfolgt auf alle mögliche Weise, der mich um mein schönstes Glück betrügen will, weil er mein Talent, mich selbst haßt, weil er sich auflehnt gegen den Ernst höherer Naturen, weil er alles in die alberne Mummerei des hirnlosen Spaßes hineinfoppen möchte! – O mein guter Meister Bescapi, ich weiß alles, der würdige Abbate Chiari hat mir alle Hinterlist entdeckt. Der Abbate ist der herrlichste Mensch, die poetischste Natur die man finden kann; denn für *mich* hat er den weißen Mohren geschaffen und niemand auf der ganzen weiten Erde, sag ich, kann den weißen Mohren spielen, als ich." – „Was sagt Ihr?" rief Meister Bescapi laut lachend, „hat der würdige Abbate, den der Himmel recht bald abrufen möge zur Versammlung höherer Naturen, hat er mit seinem Tränenwasser, das er so reichlich ausströmen läßt, einen Mohren weiß gewaschen?"– „Ich frage", sprach Giglio, mit Mühe seinen Zorn unterdrückend, „ich frage Euch noch einmal, Meister Bescapi, ob Ihr mir für meine vollwichtigen Dukaten einen Anzug, wie ich ihn wünsche, verkaufen wollt, oder nicht?" – „Mit Vergnügen", erwiderte Bescapi ganz fröhlich, „mit Vergnügen, mein bester Signor Giglio!"

Darauf öffnete der Meister ein Kabinett, in dem die reichsten herrlichsten Anzüge hingen. Dem Giglio fiel sogleich ein vollständiges Kleid ins Auge, das in der Tat sehr reich, wiewohl, der seltsamen Buntheit halber, etwas fantastisch ins Auge fiel. Meister Bescapi meinte, dieses

Kleid käme hoch zu stehen und würde dem Giglio wohl zu teuer sein. Als aber Giglio darauf bestand, das Kleid zu kaufen, den Beutel hervorzog und den Meister aufforderte, den Preis zu setzen, wie er wolle, da erklärte Bescapi, daß er den Anzug durchaus nicht fortgeben könne, da derselbe schon für einen fremden Prinzen bestimmt und zwar für den Prinzen Cornelio Chiapperi. – „Wie", rief Giglio, ganz Begeisterung, ganz Ekstase, „wie? – was sagt Ihr? – so ist das Kleid für mich gemacht und keinen andern. Glücklicher Bescapi! – Eben der Prinz Cornelio Chiapperi ist es, der vor Euch steht und bei Euch sein innerstes Wesen, sein Ich vorgefunden!"

Sowie Giglio diese Worte sprach, riß Meister Bescapi den Anzug von der Wand, rief einen seiner Burschen herbei und befahl ihm, den Korb, in den er schnell alles eingepackt, dem durchlauchtigsten Prinzen nachzutragen.

„Behaltet", rief der Meister, als Giglio zahlen wollte, „behaltet Euer Geld, mein hochverehrtester Prinz! – Ihr werdet Eile haben. Euer untertänigster Diener wird schon zu seinem Gelde kommen: vielleicht berichtigt der weiße Mohr die kleine Auslage! – Gott beschütze Euch, mein vortrefflicher Fürst!" –

Giglio warf dem Meister, der ein Mal übers andere in den zierlichsten Bücklingen niedertauchte, einen stolzen Blick zu, steckte das Fortunatussäckel ein und begab sich mit dem schönen Prinzenkleide von dannen.

Der Anzug paßte so vortrefflich, daß Giglio in der ausgelassensten Freude dem Schneiderjungen, der ihn auskleiden geholfen, einen blanken Dukaten in die Hand drückte. Der Schneiderjunge bat, ihm statt dessen ein paar gute Paolis zu geben, da er gehört, daß das Gold der Theaterprinzen nichts tauge und daß ihre Dukaten nur Knöpfe, oder Rechenpfennige wären. Giglio warf den superklugen Jungen aber zur Türe hinaus.

Nachdem Giglio genugsam die schönsten anmutigsten Gesten vor dem Spiegel probiert, nachdem er sich auf die fantastischen Redensarten liebekranker Helden besonnen und die volle Überzeugung gewonnen, daß er total unwiderstehlich sei, begab er sich, als schon die Abenddämmerung einzubrechen begann, getrost nach dem Palast Pistoja.

Die unverschlossene Türe wich dem Druck seiner Hand und er gelangte in eine geräumige Säulenflur, in der die Stille des Grabes herrschte. Als er verwundert ringsumher schaute, gingen aus dem tiefsten Hintergrunde seines Innern dunkle Bilder der Vergangenheit auf. Es war ihm, als sei er schon einmal hier gewesen, und da doch in seiner Seele sich durchaus nichts deutlich gestalten wollte, da alles Mühen, jene Bilder ins Auge zu fassen, vergebens blieb, da überfiel ihn ein Bangen, eine Beklommenheit, die ihm allen Mut benahm, sein Abenteuer weiter zu verfolgen.

Schon im Begriff, den Palast zu verlassen, wäre er vor Schreck beinahe zu Boden gesunken, als ihm plötzlich sein Ich, wie in Nebel gehüllt, entgegentrat. Bald gewahrte er indessen, daß das, was er für seinen Doppelgänger hielt, sein Bild war, das ihm ein dunkler Wandspiegel entgegenwarf. Doch in dem Augenblick war es ihm auch, als flüsterten hundert süße Stimmchen: „O Signor Giglio, wie seid Ihr doch so hübsch, so wunderschön!" – Giglio warf sich vor dem Spiegel in die Brust, erhob das Haupt, stemmte den linken Arm in die Seite, und rief, indem er die Rechte erhob, pathetisch: „Mut, Giglio, Mut! dein Glück ist dir gewiß, eile es zu erfassen!" – Damit begann er auf und ab zu schreiten mit schärferen und schärferen Tritten, sich zu räuspern, zu husten; aber grabesstill blieb es, kein lebendiges Wesen ließ sich vernehmen. Da versuchte er diese und jene Türe, die in die Gemächer führen mußte, zu öffnen; alle waren fest verschlossen.

Was blieb übrig, als die breite Marmortreppe zu ersteigen, die an beiden Seiten der Flur sich zierlich hinaufwand?

Auf dem obern Korridor, dessen Schmuck der einfachen Pracht des Ganzen entsprach, angekommen, war es dem Giglio, als vernehme er ganz aus der Ferne die Töne eines fremden seltsam klingenden Instruments – Behutsam schlich er weiter vor und bemerkte bald einen blendenden Strahl, der durch das Schlüsselloch der Türe ihm gegenüber in den Korridor fiel. Jetzt unterschied er auch, daß das, was er für den Ton eines unbekannten Instruments gehalten, die Stimme eines redenden Mannes war, die freilich gar verwunderlich klang, da es bald war, als würde eine Zimbel angeschlagen, bald als würde eine tiefe dumpfe Pfeife geblasen. Sowie Giglio sich an der Türe befand, öffnete sie sich leise – leise von selbst. Giglio trat hinein und blieb festgewurzelt stehen, im tiefsten Erstaunen –

Giglio befand sich in einem mächtigen Saal, dessen Wände mit purpurgesprenkeltem Marmor bekleidet waren und aus dessen hoher Kuppel sich eine Ampel herabsenkte, deren strahlendes Feuer alles mit glühendem Gold übergoß. Im Hintergrunde bildete eine reiche Draperie von Goldstoff einen Thronhimmel, unter dem auf einer

Erhöhung von fünf Stufen ein vergoldeter Armsessel mit bunten Teppichen stand. Auf demselben saß jener kleine alte Mann mit langem weißen Bart, in einen Talar vom Silberstoff gekleidet, der bei dem Einzuge der Prinzessin Brambilla in der goldgleißenden Tulpe den Wissenschaften oblag. So wie damals, trug er einen silbernen Trichter auf dem ehrwürdigen Haupte; so wie damals, saß eine ungeheure Brille auf seiner Nase; so wie damals, las er, wiewohl jetzt mit lauter Stimme, die eben diejenige war, welche Giglio aus der Ferne vernommen, in einem großen Buche, das aufgeschlagen vor ihm auf dem Rücken eines knieenden Mohren lag. An beiden Seiten standen die Strauße wie mächtige Trabanten und schlugen, einer um den andern, dem Alten, wenn er die Seite vollendet, mit den Schnäbeln das Blatt um.

Ringsumher im geschlossenen Halbkreis saßen wohl an hundert Damen so wunderbar schön, wie Feen und ebenso reich und herrlich gekleidet, wie diese bekanntlich einhergehen. Alle machten sehr emsig Filet. In der Mitte des Halbkreises, vor dem Alten, standen auf einem kleinen Altar von Porphyr, in der Stellung in tiefen Schlaf Versunkener, zwei kleine seltsame Püppchen mit Königskronen auf dem Haupte.

Als Giglio sich einigermaßen von seinem Erstaunen erholt, wollte er seine Gegenwart kundtun. Kaum hatte er aber auch nur den Gedanken gefaßt zu sprechen, als er einen derben Faustschlag auf den Rücken erhielt. Zu seinem nicht geringen Schrecken wurde er jetzt erst die Reihe mit langen Spießen und kurzen Säbeln bewaffneter Mohren gewahr, in deren Mitte er stand und die ihn mit funkelnden Augen anblitzten, mit elfenbeinernen Zähnen anfletschten. Giglio sah ein, daß Geduld üben hier das beste sei. –

Das was der Alte den Filet machenden Damen vorlas, lautete aber ungefähr, wie folgt:

„Das feurige Zeichen des Wassermanns steht über uns, der Delphin schwimmt auf brausenden Wellen gen Osten und spritzt aus seinen Nüstern das reine Kristall in die dunstige Flut! – Es ist an der Zeit, daß ich zu euch rede von den großen Geheimnissen, die sich begaben, von dem wunderbaren Rätsel, dessen Auflösung euch rettet von unseligem Verderben. – Auf der Zinne des Turms stand der Magus Hermod und beobachtete den Lauf der Gestirne. Da schritten vier alte Männer in Talare gehüllt, deren Farbe gefallnem Laube glich, durch den Wald auf den Turm los und erhoben, als sie an den Fuß des

Turms gelangt, ein gewaltiges Wehklagen. ‚Höre uns! – Höre uns, großer Hermod! – Sei nicht taub für unser Flehen, erwache aus deinem tiefen Schlaf! – Hätten wir nur die Kraft, König Ophiochs Bogen zu spannen, so schössen wir dir einen Pfeil durch das Herz, wie er es getan und du müßtest herabkommen und dürftest da oben nicht im Sturmwinde stehen, wie ein unempfindlicher Klotz! – Aber würdigster Greis! wenn du nicht aufwachen willst, so halten wir einiges Wurfgeschütz in Bereitschaft und wollen an deine Brust anpochen mit einigen mäßigen Steinen, damit sich das menschliche Gefühl rege, das darin verschlossen! – Erwache, herrlicher Greis!‘ –
Der Magus Hermod schaute herab, lehnte sich übers Geländer und sprach mit einer Stimme, die dem dumpfen Tosen des Meeres, dem Heulen des nahenden Orkans glich: ‚Ihr Leute da unten, seid keine Esel! Ich schlafe nicht und darf nicht geweckt werden durch Pfeile und Felsenstücke. Beinahe weiß ich schon, was ihr wollt, ihr lieben Menschen! Wartet ein wenig, ich komme gleich herab. – Ihr könnt euch indessen einige Erdbeeren pflücken, oder Haschemann spielen auf dem grasichten Gestein – ich komme gleich.‘–
Als Hermod herabgekommen und Platz genommen auf einem großen Stein, den der weiche bunte Teppich des schönsten Mooses überzog, begann der von den Männern, der der älteste schien, da sein weißer Bart ihm bis an den Gürtel herabreichte, also: ‚Großer Hermod, du weißt gewiß alles, was ich dir sagen will, schon im voraus besser, als ich selbst; aber eben damit du erfahren mögest, daß ich es auch weiß, muß ich es dir sagen.‘ – ‚Rede!‘ erwiderte Hermod, ‚rede, o Jüngling! Gern will ich dich anhören; denn das, was du eben sagtest, verrät, daß dir durchdringender Verstand beiwohnt, wo nicht tiefe Weisheit, unerachtet du kaum die Kinderschuhe vertreten.‘ – ‚Ihr wißt‘, fuhr der Sprecher fort, ‚Ihr wißt es, großer Magus, daß König Ophioch eines Tages im Rat, als eben die Rede davon war, daß jeder Vasall gehalten sein solle, jährlich eine bestimmte Quantität Witz zum Hauptmagazin alles Spaßes im Königreich beizusteuern, woraus bei eintretender Hungers- oder Durstnot die Armen verpflegt werden, plötzlich sprach: Der Moment, in dem der Mensch umfällt, ist der erste, in dem sein wahrhaftes Ich sich aufrichtet. Ihr wißt es, daß König Ophioch, kaum hatte er diese Worte gesprochen, wirklich umfiel und nicht mehr aufstand, weil er gestorben war. Traf es sich nun, daß Königin Liris auch in demselben Augenblick die Augen geschlossen, um sie nie wieder zu öffnen, so geriet der Staatsrat, da es

dem königlichen Paar an einiger Deszendenz gänzlich fehlte, wegen der Thronfolge in nicht geringe Verlegenheit. Der Hofastronom, ein sinnreicher Mann, fiel endlich auf ein Mittel, die weise Regierung des Königs Ophioch dem Lande noch auf lange Jahre zu erhalten. Er schlug nämlich vor, ebenso zu verfahren, wie es mit einem bekannten Geisterfürsten (König Salomo) geschah, dem, als er schon längst gestorben, die Geister noch lange gehorchten. Der Hoftischlermeister wurde, diesem Vorschlag gemäß, in den Staatsrat gezogen; der verfertigte ein zierliches Gestell von Buchsbaum, das wurde dem König Ophioch, nachdem sein Körper gehörige Speisung der trefflichsten Spezereien erhalten, unter den Steiß geschoben, so daß er ganz stattlich dasaß; vermöge eines geheimen Zuges, dessen Ende wie eine Glockenschnur im Konferenzimmer des großen Rats herabhing, wurde aber sein Arm regiert, so daß er das Szepter hin und her schwenkte. Niemand zweifelte, daß König Ophioch lebe und regiere. Wunderbares trug sich aber nun mit der Urdarquelle zu. Das Wasser des Sees, den sie gebildet, blieb hell und klar; doch statt daß sonst alle diejenigen, die hineinschauten, eine besondere Lust empfanden, gab es jetzt viele, welche, indem sie die ganze Natur und sich selbst darin erblickten, darüber in Unmut und Zorn gerieten, weil es aller Würde, ja allem Menschenverstande, aller mühsam erworbenen Weisheit entgegen sei, die Dinge und vorzüglich das eigne Ich verkehrt zu schauen. Und immer mehrere und mehrere wurden derer, die zuletzt behaupteten, daß die Dünste des hellen Sees den Sinn betörten und den schicklichen Ernst umwandelten in Narrheit. Im Ärger warfen sie nun allerlei garstiges Zeug in den See, so daß er seine Spiegelhelle verlor und immer trüber und trüber wurde, bis er zuletzt einem garstigen Sumpfe glich. Dies, o weiser Magus, hat viel Unheil über das Land gebracht; denn die vornehmsten Leute schlagen sich jetzt ins Gesicht und meinen denn, das sei die wahre Ironie der Weisen. Das größte Unheil ist aber gestern geschehen, da es dem guten König Ophioch ebenso ergangen, wie jenem Geisterfürsten. Der böse Holzwurm hatte unbemerkt das Gestell zernagt und plötzlich stürzte die Majestät im besten Regieren um, vor den Augen vieles Volks, das sich in den Thronsaal gedrängt, so daß nun sein Hinscheiden nicht länger zu verbergen. Ich selbst, großer Magus, zog gerade die Szepterschnure, welche, als die Majestät umstülpte, mir im Zerreißen dermaßen ins Gesicht schnellte, daß ich dergleichen Schnurziehen auf zeitlebens satt bekommen. – Du hast, o weiser Hermod! dich immer des

Zu Seite 409 bis Seite 411

Landes Urdargarten getreulich angenommen; sage, was fangen wir an, daß ein würdiger Thronfolger die Regierung übernehme und der Urdarsee wieder hell und klar werde?' – Der Magus Hermod versank in tiefes Nachdenken, dann aber sprach er: ‚Harret neunmal neun Nächte, dann entblüht aus dem Urdarsee die Königin des Landes! Unterdessen regiert aber das Land, so gut ihr es vermöget!' Und es geschah, daß feurige Strahlen aufgingen über dem Sumpf, der sonst die Urdarquelle gewesen. Das waren aber die Feuergeister, die mit glühenden Augen hineinblickten und aus der Tiefe wühlten sich die Erdgeister herauf. Aus dem trocken gewordenen Boden blühte aber eine schöne Lotosblume empor, in deren Kelch ein holdes schlummerndes Kind lag. Das war die Prinzessin Mystilis, die von jenen vier Ministern, die die Kunde von dem Magus Hermod geholt hatten, behutsam aus ihrer schönen Wiege herausgenommen und zur Regentin des Landes erhoben wurde. – Die gedachten vier Minister übernahmen die Vormundschaft über die Prinzessin und suchten das liebe Kind so zu hegen und zu pflegen, als es nur in ihrer Macht stand. In großen Kummer versanken sie aber, als die Prinzessin, da sie nun so alt geworden, um gehörig sprechen zu können, eine Sprache zu reden begann, die niemand verstand. Von weit und breit her wurden Sprachkundige verschrieben, um die Sprache der Prinzessin zu erforschen, aber das böse entsetzliche Verhängnis wollte, daß die Sprachkundigen, je gelehrter, je weiser sie waren, desto weniger die Reden des Kindes verstanden, die noch dazu ganz verständig und verständlich klangen. Die Lotosblume hatte indessen ihren Kelch wieder geschlossen; um sie her sprudelte aber in kleinen Quellchen der Kristall des reinsten Wassers empor. Darüber hatten die Minister große Freude; denn sie konnten nicht anders glauben, als daß statt des Sumpfs bald wieder der schöne Wasserspiegel der Urdarquelle aufleuchten werde. Wegen der Sprache der Prinzessin beschlossen die weisen Minister, sich, was sie schon längt hätten tun sollen, von dem Magus Hermod Rat zu holen. – Als sie in das schaurige Dunkel des geheimnisvollen Waldes getreten, als schon das Gestein des Turms durch das dichte Gesträuch blickte, stießen sie auf einen alten Mann, der, nachdenklich in einem großen Buche lesend, auf einem Felsstück saß und den sie für den Magus Hermod erkennen mußten. Der Kühle des Abends wegen, hatte Hermod einen scharzen Schlafrock umgeworfen und eine Zobelmütze aufgesetzt, welches ihn zwar nicht übel kleidete, ihm aber doch ein fremdartiges, etwas finsteres Ansehen gab. Auch schien es den Ministern, als sei Hermods Bart etwas in Unordnung geraten; denn er glich struppigem Buschwerk. Als die Minister demütiglich ihr Anliegen vorgebracht hatten, erhob sich Hermod, blitzte sie mit solch einem entsetzlich funkelnden Blick an, daß sie beinahe stracks in die Knie gesunken wären, und schlug dann eine Lache auf, die durch den ganzen Wald dröhnte und gellte, so daß die Tiere verschüchtert, fliehend durch die Büsche rauschten und das Geflügel, wie in Todesangst aufkreischend, emporbrauste aus dem Dickicht! Den Ministern, die den Magus Hermod in dieser etwas verwilderten Stimmung niemals gesehen und gesprochen, wurde nicht wohl zumute; indessen harrten sie in ehrfurchtsvollem Schweigen dessen, was der große Magus beginnen werde. Der Magus setzte sich aber wieder auf den großen Stein, schlug das Buch auf und las mit feierlicher Stimme:

Es liegt ein schwarzer Stein in dunkler Halle,
Wo einst das Königspaar, von Schlaf befangen
Den stummen bleichen Tod auf Stirn und Wangen,
Geharrt der Zauberkunde mächtgem Schalle!

Und unter diesem Steine tief begraben
Liegt, was zu aller Lebenslust erkoren
Für Mystilis, aus Blüt und Blum geboren,
Aufstrahlt für sie, die köstlichste der Gaben.

Der bunte Vogel fängt sich dann in Netzen,
Die Feenkunst mit zarter Hand gewoben.
Verblendung weicht, die Nebel sind zerstoben
Und selbst der Feind muß sich zum Tod verletzen!

Zum bessern Hören spitzet dann die Ohren!
Zum bessern Schauen nehmt die Brill vor Augen,
Wollt Ihr Minister sein, was rechtes taugen!
Doch, bleibt Ihr Esel, seid Ihr rein verloren! –

Damit klappte der Magus das Buch mit solcher Gewalt zu, daß es erklang wie ein starker Donnerschlag und sämtliche Minister rücklings überstürzten. Da sie sich erholt hatten, war der Magus verschwunden. Sie wurden darüber einig, daß man um des Vaterlandes Wohls willen viel leiden müsse; denn sonst sei es ganz unausstehlich, daß der grobe Kumpan von Sterndeuter und Zauberer die vortrefflichsten Stützen des Staats heute schon zum zweitenmal Esel genannt. Übrigens erstaunten sie selbst über die Weisheit, mit der sie das Rätsel des Magus durchschauten. In Urdargarten angekommen, gingen sie augenblicklich in die Halle, wo König Ophioch und Königin Liris dreizehnmal dreizehn Monden schlafend zugebracht, hoben den schwarzen Stein auf, der in der Mitte des Fußbodens eingefugt, und fanden in tiefer Erde ein kleines gar herrlich geschnitztes Kästchen von dem schönsten Elfenbein. *Das* gaben sie der Prinzessin Mystilis in die Hände, die augenblicklich eine Feder andrückte, so daß der Deckel aufsprang und sie das hübsche zierliche Filetzeug herausnehmen konnte, das in dem Kästchen befindlich. Kaum hatte sie aber das Filetzeug in Händen, als sie laut auflachte vor Freuden und dann ganz vernehmlich sprach: ‚Großmütterlein hatte es mir in die Wiege gelegt; aber ihr Schelme habt mir das Kleinod gestohlen und hättet mir's nicht wiedergegeben, wärt ihr nicht auf die Nase gefallen im Walde!' – Darauf begann die Prinzessin sogleich auf das emsigste Filet zu machen. Die Minister schickten sich, ganz Entzükken, schon an, einen gemeinschaftlichen Freudensprung zu verführen, als die Prinzessin plötzlich erstarrte und zusammenschrumpfte zum kleinen niedlichen Porzellanpüppchen. War erst die Freude der Minister groß gewesen, so war es auch nun um desto mehr ihr Jammer. Sie weinten und schluchzten so sehr, daß man es im ganzen Palast hören konnte, bis einer von ihnen plötzlich, in Gedanken vertieft, einhielt, sich mit den beiden Zipfeln seines Talars die Augen trocknete und also sprach: ‚Ministers – Kollegen – Kameraden – beinahe glaub ich, der große Magus hat recht und wir sind – nun mögen wir sein, was wir wollen! – Ist denn das Rätsel aufgelöst? – ist denn der bunte Vogel gefangen? – Der Filet, das ist das Netz von zarter Hand gewoben, in dem er sich fangen muß.' Auf Befehl der Minister wurden nun die schönsten Damen des Reichs, wahre Feen an Reiz und Anmut, im Palast versammelt, welche im prächtigsten Schmuck unablässig Filet machen mußten. – Doch was half es? Der bunte Vogel ließ sich nicht blicken; die Prinzessin Mystilis blieb ein Porzellanpüppchen, die sprudelnden Quellen des Urdarbrunnens trockneten immer mehr ein und alle Vasallen des Reichs versanken in den bittersten Unmut. Da geschah es, daß die vier Minister, der Verzweiflung nahe, sich hinsetzten an den Sumpf, der sonst der schöne spiegelhelle Urdarsee gewesen, in lautes Wehklagen ausbrachen und in den rührendsten Redensarten den Magus Hermod anflehten, sich ihrer und des armen Urdarlandes zu erbarmen. Ein dumpfes Stöhnen stieg aus der Tiefe, die Lotosblume öffnete den Kelch und empor aus ihm erhob sich der Magus Hermod, der mit zürnender Stimme also sprach: ‚Unglückliche! – Verblendete! – Nicht ich war es, mit dem ihr im Walde sprachet; es war der böse Dämon, Typhon selbst war es, der euch in schlimmem Zauberspiel geneckt, der das unselige Geheimnis des Filetkästchens hinaufbeschworen hat! – Doch sich selbst zum Tort hat er mehr Wahrheit gesprochen, als er wollte. Mögen die zarten Hände feeischer Damen Filet machen, mag der bunte Vogel gefangen werden; aber vernehmt das eigentliche Rätsel, dessen Lösung auch die Verzauberung der Prinzessin löst.‘ –“

So weit hatte der Alte gelesen, als er innehielt, sich von seinem Sitze erhob und zu den kleinen Püppchen, die auf dem Porphyr-Altar in der Mitte des Kreises standen, also sprach:

„Gutes vortreffliches Königspaar, teurer Ophioch, verehrteste Liris, verschmäht es nicht länger, uns zu folgen auf der Pilgerfahrt in dem bequemen Reiseanzug, den ich euch gegeben! – Ich, euer Freund Ruffiamonte, werde erfüllen, was ich versprach!“

Dann schaute Ruffiamonte im Kreise der Damen umher und sprach: „Es ist nun an der Zeit, daß ihr das Gespinst beiseite legt und den geheimnisvollen Spruch des großen Magus Hermod sprecht, wie er ihn gesprochen aus dem Kelch der wunderbaren Lotosblume heraus.“

Während nun Ruffiamonte mit einem silbernen Stabe den Takt schlug mit heftigen Schlägen, die laut schallend auf das offne Buch niederfielen, sprachen die Damen, die ihre Sitze verlassen und einen dichteren Kreis um den Magus geschlossen, im Chor folgendes:

Wo ist das Land, des blauer Sonnenhimmel
Der Erde Lust in reicher Blüt entzündet?
Wo ist die Stadt, wo lustiges Getümmel
In schönster Zeit den Ernst vom Ernst entbindet?
Wo gaukeln froh der Fantasei Gestalten,
In bunter Welt, die klein zum Ei geründet?
Wo mag die Macht anmutigen Spukes walten?
Wer ist der Ich, der aus dem Ich gebären

Das Nicht-Ich kann, die eigne Brust zerspalten,
Und schmerzlos hoch Entzücken mag bewähren?

Das Land, die Stadt, die Welt, das Ich, gefunden
Ist alles das, erschaut in voller Klarheit
Das Ich die Welt, der keck es sich entwunden,
Umwandelt des betörten Sinnes Narrheit,
Trifft ihn der bleichen Unlust matter Tadel,
Der innre Geist in kräftge Lebenswahrheit,
Erschleußt das Reich die wunderbare Nadel
Des Meisters, gibt in schelmisch tollem Necken,
Dem, was nur niedrig schien, des Herrschers Adel
Der, der das Paar aus süßem Traum wird wecken.

Dann Heil dem schönen fernen Urdarlande!
Gereinigt, spiegelhell erglänzt sein Bronnen,
Zerrissen sind des Dämons Kettenbande,
Und aus der Tiefe steigen tausend Wonnen.
Wie will sich jede Brust voll Inbrunst regen?
In hohe Lust ist jede Qual zerronnen.
Was strahlt dort in des dunklen Waldes Wegen?
Ha, welch ein Jauchzen aus der Fern ertönet!
Die Königin, sie kommt! – auf, ihr entgegen!
Sie fand das Ich! und Hermod ist versöhnet! –

Jetzt erhoben die Strauße und die Mohren ein verwirrtes Geschrei und dazwischen quiekten und piepten noch viele andre seltsame Vogelstimmen. Stärker, als alle, schrie aber Giglio, der, wie aus einer Betäubung erwacht, plötzlich alle Fassung gewonnen und dem es nun war, als sei er in irgendeinem burlesken Schauspiel: „Um tausend Gotteswillen! was ist denn das? Hört doch nur endlich auf mit dem tollen verrückten Zeuge! Seid doch vernünftig, sagt mir doch nur, wo ich die durchlauchtige Prinzessin finde, die hochherrliche Brambilla! Ich bin Giglio Fava, der berühmteste Schauspieler auf der Erde, den die Prinzessin Brambilla liebt und zu hohen Ehren bringen wird – So hört mich doch nur! Damen, Mohren, Strauße, laßt euch nicht albernes Zeug vorschwatzen! Ich weiß das alles besser, als der Alte dort; denn ich bin der weiße Mohr und kein andrer!“

Sowie die Damen endlich den Fava gewahr wurden, erhoben sie ein langes durchdringendes Gelächter und fuhren auf ihn los. Selbst wußte Giglio nicht, warum ihn auf einmal eine schreckliche Angst überfiel und er mit aller Mühe suchte den Damen auszuweichen. Unmöglich konnt ihm das gelingen, wäre es ihm nicht geglückt, indem er den Mantel auseinanderspreizte, emporzuflattern in die hohe Kuppel des Saals. Nun scheuchten die Damen ihn hin und her und warfen mit großen Tüchern nach ihm, bis er ermattet niedersank. Da warfen die Damen ihm aber ein Filetnetz über den Kopf und die Strauße brachten ein stattliches goldnes Bauer herbei, worein Giglio ohne Gnade gesperrt wurde. In dem Augenblick verlosch die Ampel und alles war wie mit einem Zauberschlag verschwunden.
Da das Bauer an einem großen geöffneten Fenster stand, so konnte Giglio hinabschauen in die Straße, die aber, da das Volk eben nach den Schauspielhäusern und Osterien geströmt, ganz öde und menschenleer war, so daß der arme Giglio, hineingepreßt in das enge Behältnis, sich in trostloser Einsamkeit befand. „Ist das", so brach er wehklagend los, „ist das das geträumte Glück? Verhält es sich so mit dem zarten wunderbaren Geheimnis, das in dem Palast Pistoja verschlossen? – Ich habe sie gesehen, die Mohren, die Damen, den kleinen alten Tulpenkerl, die Strauße, wie sie hineingezogen sind durch das enge Tor; nur die Maulesel fehlten und die Federpagen! – Aber Brambilla war nicht unter ihnen – nein, es ist nicht hier, das holde Bild meines sehnsüchtigen Verlangens, meiner Liebesinbrunst! – O Brambilla! – Brambilla! – Und in diesem schnöden Kerker muß ich elendiglich verschmachten und werde nimmermehr den weißen Mohren spielen! – Oh! Oh! – Oh!"
„Wer lamentiert denn da oben so gewaltig?" – So rief es von der Straße herauf. Giglio erkannte augenblicklich die Stimme des alten Ciarlatano und ein Strahl der Hoffnung fiel in seine beängstete Brust.
„Celionati", sprach Giglio ganz beweglich herab, teurer Signor Celionati, seid Ihr es, den ich dort im Mondschein erblicke? – Ich sitze hier im Bauer, in einem trostlosen Zustande. – Sie haben mich hier eingesperrt, wie einen Vogel! – O Gott! Signor Celionati. Ihr seid ein tugendhafter Mann, der den Nächsten nicht verläßt; Euch stehen wunderbare Kräfte zu Gebote, helft mir, ach helft mir aus meiner verfluchten peinlichen Lage! – O Freiheit, goldne Freiheit, wer schätzt dich mehr, als der, der im Käfig sitzt, sind seine Stäbe auch von

Gold?" – Celionati lachte laut auf, dann aber sprach er: „Seht, Giglio, das habt Ihr alles Eurer verfluchten Narrheit, Euern tollen Einbildungen zu verdanken! – Wer heißt Euch in abgeschmackter Mummerei den Palast Pistoja betreten? Wie möget Ihr Euch einschleichen in eine Versammlung, zu der Ihr nicht geladen?" – „Wie?" rief Giglio, „den schönsten aller Anzüge, den einzigen, in dem ich mich vor der angebeteten Prinzessin würdig zeigen konnte, den nennt Ihr abgeschmackte Mummerei?" – „Eben", erwiderte Celionati, „eben Euer schöner Anzug ist schuld daran, daß man Euch so behandelt hat." – „Aber bin ich denn ein Vogel?" rief Giglio voll Unmut und Zorn. „Allerdings", fuhr Celionati fort, „haben die Damen Euch für einen Vogel gehalten und zwar für einen solchen, auf dessen Besitz sie ganz versessen sind, nämlich für einen Gelbschnabel!" – „O Gott!" sprach Giglio ganz außer sich, „ich, der Giglio Fava, der berühmte tragische Held, der weiße Mohr! – ich ein Gelbschnabel!" – „Nun, Signor Giglio", rief Celionati, „faßt nur Geduld, schlaft, wenn Ihr könnt, recht sanft und ruhig! Wer weiß, was der kommende Tag Euch Gutes bringt!" – „Habt Barmherzigkeit", schrie Giglio, „habt Barmherzigkeit, Signor Celionati, befreit mich aus diesem verfluchten Kerker! Nimmermehr betret ich wieder den verwünschten Palast Pistoja." – „Eigentlich", erwiderte der Ciarlatano, „eigentlich habt Ihr es gar nicht um mich verdient, daß ich mich Eurer annehme, da Ihr alle meine guten Lehren verschmäht und Euch meinem Todfeinde, dem Abbate Chiari, in die Arme werfen wollt, der Euch, Ihr möget es nur wissen, durch schnöde Afterverse, die voll Lug und Trug sind, in dies Unglück gestürzt hat. Doch – Ihr seid eigentlich ein gutes Kind und ich bin ein ehrlicher, weichmütiger Narr, das hab ich schon oft bewiesen; darum will ich Euch retten. Ich hoffe dagegen, daß Ihr mir morgen eine neue Brille und ein Exemplar des assyrischen Zahns abkaufen werdet." – „Alles kaufe ich Euch ab, was Ihr wollt; nur Freiheit, Freiheit schafft mir! Ich bin schon beinahe erstickt!" – So sprach Giglio und auf einer unsichtbaren Leiter stieg der Ciarlatano zu ihm herauf, öffnete eine große Klappe des Käfigs; durch die Öffnung drängte mit Mühe sich der unglückselige Gelbschnabel.

Doch in dem Augenblick erhob sich im Palast ein verwirrtes Getöse und widerwärtige Stimmen quiekten und plärrten durcheinander. „Alle Geister!" rief Celionati, „man merkt Eure Flucht, Giglio, macht, daß Ihr fortkommt!" Mit der Kraft der Verzweiflung drängte sich Giglio vollends durch, warf sich rücksichtslos auf die Straße, raffte

sich, da er durchaus nicht den mindesten Schaden genommen, auf, und rannte in voller Furie von dannen.
„Ja", rief er ganz außer sich, als er, in seinem Stübchen angekommen, den närrischen Anzug erblickte, in dem er mit seinem Ich gekämpft; „ja, der tolle Unhold, der dort körperlos liegt, das ist mein Ich und diese prinzlichen Kleider, die hat der finstre Dämon dem Gelbschnabel gestohlen und mir anvexiert, damit die schönsten Damen in unseliger Täuschung mich selbst für den Gelbschnabel halten sollen! – Ich rede Unsinn, ich weiß es; aber das ist recht, denn ich bin eigentlich toll geworden, weil der Ich keinen Körper hat – Ho ho! frisch darauf, frisch darauf, mein liebes holdes Ich!" – Damit riß er sich wütend die schönen Kleider vom Leibe, fuhr in den tollsten aller Maskenanzüge und lief nach dem Korso.
Alle Lust des Himmels durchströmte ihn aber, als eine anmutige Engelsgestalt von Mädchen, das Tambourin in der Hand, ihn zum Tanz aufforderte.
Die Kupfertafel, die diesem Kapitel beigeheftet, zeigt diesen Tanz des Giglio mit der unbekannten Schönen; was sich aber ferner dabei begab, wird der geneigte Leser im folgenden Kapitel erfahren.

Sechstes Kapitel.

Wie einer tanzend zum Prinzen wurde, ohnmächtig einem Scharlatan in die Arme sank und dann beim Abendessen an den Talenten seines Kochs zweifelte. – Liquor anodynus und großer Lärm ohne Ursache. – Ritterlicher Zweikampf der in Lieb und Wehmut versunkenen Freunde und dessen tragischer Ausgang. – Nachteil und Unschicklichkeit des Tabakschnupfens. – Freimaurerei eines Mädchens und neu erfundener Flugapparat. Wie die alte Beatrice eine Brille aufsetzte und wieder herunternahm von der Nase.

Sie: Drehe dich, drehe dich stärker, wirble rastlos fort, lustiger toller Tanz! – Ha wie so blitzesschnell alles vorüberflieht! Keine Ruhe, kein Halt! – Mannigfache bunte Gestalten knistern auf, wie sprühende Funken eines Feuerwerks und verschwinden in die schwarze Nacht hinein. – Die Lust jagt nach der Lust und kann sie nicht erfassen, und darin besteht ja eben wieder die Lust. – Nichts ist langweiliger, als festgewurzelt in den Boden jedem Blick, jedem Wort Rede stehen zu müssen! Möcht deshalb keine Blume sein; viel lieber ein goldner

Käfer, der dir um den Kopf schwirrt und sumset, daß du vor dem Getöse deinen eignen Verstand nicht zu vernehmen vermagst! Wo bleibt aber auch überhaupt der Verstand, wenn die Strudel wilder Lust ihn fortreißen? Bald zu schwer zerreißt er die Fäden und versinkt in den Abgrund; bald zu leicht fliegt er mit auf in den dunstgen Himmelskreis. Es ist nicht möglich, im Tanz einen recht verständigen Verstand zu behaupten; darum wollen wir ihn lieber, solange unsere Touren, unsere Pas fortdauern, ganz aufgeben. – Und darum mag ich dir auch gar nicht Rede stehen, du schmucker, flinker Geselle! – Sieh, wie dich umkreisend ich dir entschlüpfe in dem Augenblick, da du mich zu erhaschen, mich festzuhalten gedachtest! – Und nun! – und nun wieder! –

Er: Und doch! – nein, verfehlt! – Aber es kommt nur darauf an, daß man im Tanz das rechte Gleichgewicht zu beobachten, zu behalten versteht. – Darum ist es nötig, daß jeder Tänzer etwas zur Hand nehme, als Äquilibrierstange; und darum will ich mein breites Schwert ziehen und es in den Lüften schwenken – So! – Was hältst du von diesem Sprunge, von dieser Stellung, bei der ich mein ganzes Ich dem Schwerpunkt meiner linken Fußspitze anvertraue? – Du nennst das närrischen Leichtsinn; aber das ist eben der Verstand, von dem du nichts hältst, unerachtet man ohne denselben nichts versteht, und auch das Äquilibrium, das zu manchen Dingen nütze! – Aber wie? – von bunten Bändern umflattert, wie ich, auf der linken Fußspitze schwebend, das Tambourin hoch emporgehoben, verlangst du, ich solle mich begeben alles Verstandes, alles Äquilibriums? – Ich werfe dir meinen Mantelzipfel zu, damit du geblendet, strauchelnd mir in die Arme fällst! – Doch nein, nein! – sowie ich dich erfaßte, wärst du ja nicht mehr – schwändest hin in nichts! Wer bist du denn, geheimnisvolles Wesen, das aus Luft und Feuer geboren der Erde angehört und verlockend hinausschaut aus dem Gewässer! – Du kannst mir nicht entfliehen. Doch – du willst hinab, ich wähne dich festzuhalten, da schwebst du auf in die Lüfte. Bist du wirklich der wackre Elementargeist, der das Leben entzündet zum Leben? – Bist du die Wehmut, das brünstige Verlangen, das Entzücken, die Himmelslust des Seins? – Aber immer dieselben Pas – dieselben Touren! Und doch, Schönste, bleibt ewig neu dein Tanz und das ist gewiß das Wunderbarste an dir –

Das Tambourin: Wenn du, o Tänzer! mich so durcheinander klappern, klirren, klingen hörst, so meinst du entweder, ich wollte dir was

weismachen mit allerlei dummem einfältigen Gewäsche, oder ich wäre ein tölpisch Ding, das Ton und Takt deiner Melodien nicht fassen könnte, und doch bin ich es allein, was dich in Ton und Takt hält. Darum horche – horche – horche auf mich!
Das Schwert: Du meinst, o Tänzerin, daß hölzern, dumpf und stumpf, takt- und tonlos, ich dir nichts nützen kann. Aber wisse, daß es nur meine Schwingungen sind, denen der Ton, der Takt deines Tanzes entschwebt. – Ich bin Schwert und Zither und darf die Luft verwunden mit Sang und Klang, Hieb und Stoß. – Und ich halte dich in Ton und Takt; darum horche – horche – horche auf mich! –
Sie: Wie immer höher der Einklang unseres Tanzes steigt! – Ei, welche Schritte, welche Sprünge! – Stets gewagter – stets gewagter und doch gelingt's, weil wir uns immer besser auf den Tanz verstehen!
Er: Ha! wie tausend funkelnde Feuerkreise uns umzingeln! Welche Lust! – Stattliches Feuerwerk, nimmer kannst du verpuffen; denn dein Material ist ewig, wie die Zeit – Doch – halt – halt; ich brenne – ich falle ins Feuer. –
Tambourin und Schwert: Haltet euch fest – haltet euch fest an uns, Tänzer!
Sie und Er: Weh mir – Schwindel – Strudel – Wirbel – erfaßt uns – hinab! –
– – So lautete Wort für Wort der wunderliche Tanz, den Giglio Fava mit der Schönsten, die doch niemand anders sein konnte, als die Prinzessin Brambilla selbst, auf die anmutigste Weise durchtanzte, bis ihm in dem Taumel der jauchzenden Lust die Sinne schwinden wollten. Das geschah aber nicht; vielmehr war es dem Giglio, da Tambourin und Schwert nochmals ermahnten, sich festzuhalten, als sänke er der Schönsten in die Arme. Und auch dieses geschah nicht; wem er an der Brust lag, war keineswegs die Prinzessin, sondern der alte Celionati.
„Ich weiß nicht", begann Celionati, „ich weiß nicht, mein bester Prinz (denn trotz Eurer absonderlichen Vermummung habe ich Euch auf den ersten Blick erkannt), wie Ihr dazu kommt, Euch auf solch grobe Weise täuschen zu lassen, da Ihr doch sonst ein gescheuter vernünftiger Herr seid. Gut nur, daß ich gerade hier stand und Euch in meinen Armen auffing, als die lose Dirne gerade im Begriff stand, Euch, Euern Schwindel benutzend, zu entführen."
„Ich danke Euch", erwiderte Giglio, „ich danke Euch recht sehr für

Euren guten Willen, bester Signor Celionati; aber was Ihr da sprecht von grober Täuschung, verstehe ich ganz und gar nicht und es tut mir nur leid, daß der fatale Schwindel mich verhinderte, den Tanz mit der holdesten, schönsten aller Prinzessinnen, der mich ganz glücklich gemacht hätte, zu vollenden."

„Was sagt", fuhr Celionati fort, „was sagt Ihr? – Glaubt Ihr denn wohl, daß das wirklich die Prinzessin Brambilla war, die mit Euch tanzte? – Nein! – Darin liegt eben der schnöde Betrug, daß die Prinzessin Euch eine Person gemeines Standes unterschob, um desto ungestörter anderm Liebeshandel nachhängen zu können." – „Wäre es möglich", rief Giglio, „daß ich getäuscht werden konnte? –"

„Bedenkt", sprach Celionati weiter, „bedenkt, daß, wenn Eure Tänzerin wirklich die Prinzessin Brambilla gewesen wäre, wenn Ihr glücklich Euren Tanz beendigt hättet, in demselben Augenblick der große Magus Hermod erschienen sein müßte, um Euch mit Eurer hohen Braut einzuführen in Euer Reich."

„Das ist wahr", erwiderte Giglio; „aber sagt mir, wie alles sich begab, mit wem ich eigentlich tanzte!"

„Ihr sollt", sprach Celionati, „Ihr müßt alles erfahren. Doch, ist es Euch recht, so begleite ich Euch in Euern Palast, um dort ruhiger mit Euch, o fürstlicher Herr, reden zu können."

„Seid", sprach Giglio, „seid so gut, mich dorthin zu führen! denn gestehen muß ich Euch, daß mich der Tanz mit der vermeintlichen Prinzessin dermaßen angegriffen hat, daß ich wandle, wie im Traum, und in Wahrheit augenblicklich nicht weiß, wo hier in unserm Rom mein Palast gelegen." – „Kommt nur mit mir, gnädigster Herr!" rief Celionati, indem er den Giglio beim Arm ergriff und mit ihm von dannen schritt.

Es ging schnurgerade los auf den Palast Pistoja. Schon auf den Marmorstufen des Portals stehend, schaute Giglio den Palast an von oben bis unten, und sprach darauf zu Celionati: „Ist das wirklich mein Palast, woran ich gar nicht zweifeln will, so sind mir wunderliche Wirtsleute über den Hals gekommen, die da oben in den schönsten Sälen tolle Wirtschaft treiben und sich gebärden, als gehöre ihnen das Haus und nicht mir. Kecke Frauenzimmer, die sich herausgeputzt mit fremdem Staat, halten vornehme verständige Leute – und, mögen mich die Heiligen schützen, ich glaube, mir selbst, dem Wirt des Hauses, ist es geschehen – für den seltenen Vogel, den sie fangen müssen in Netzen, die die Feenkunst mit zarter Hand gewoben, und das verursacht denn große Unruhe und Störung. Mir ist es, als wär ich hier eingesperrt gewesen in ein schnödes Gebauer; darum möcht ich nicht gern wieder hinein. Wär's möglich, bester Celionati, daß für heute mein Palast anderswo liegen könnte, so würd es mir ganz angenehm sein."

„Euer Palast, gnädigster Herr!" erwiderte Celionati, „kann nun einmal nirgends anders liegen, als eben hier, und es würde gegen allen Anstand laufen, umzukehren in ein fremdes Haus. Ihr dürft, o mein Prinz! nur daran denken, daß alles, was wir treiben und was hier getrieben wird, nicht wahr, sondern ein durchaus erlogenes Capriccio ist und Ihr werdet von dem tollen Volke, das dort oben sein Wesen treibt, nicht die mindeste Inkommodität erfahren. Schreiten wir getrost hinein!"

„Aber sagt mir", rief Giglio, den Celionati, der die Türe öffnen wollte, zurückhaltend, „aber sagt mir, ist denn nicht die Prinzessin Brambilla mit dem Zauberer Ruffiamonte und einem zahlreichen Gefolge an Damen, Pagen, Straußen und Eseln hier eingezogen?"

„Allerdings", erwiderte Celionati; „doch kann das Euch, der Ihr doch den Palast wenigstens ebensogut besitzt, wie die Prinzessin, nicht abhalten, ebenfalls einzukehren, geschieht es auch vor der Hand in aller Stille. Ihr werdet Euch bald darin ganz heimatlich befinden."

Damit öffnete Celionati die Türe des Palastes und schob den Giglio vor sich hinein. Es war im Vorsaal alles ganz finster und grabesstill; doch erschien, als Celionati leise an eine Türe klopfte, bald ein kleiner sehr angenehmer Pulcinell mit brennenden Kerzen in den Händen.

„Irr ich nicht", sprach Giglio zu dem Kleinen, „irr ich nicht, so habe ich schon die Ehre gehabt, Euch zu sehn, bester Signor, auf dem Kutschendeckel der Prinzessin Brambilla." – „So ist es", erwiderte der Kleine; „ich war damals in den Diensten der Prinzessin, bin es gewissermaßen noch jetzt, doch vorzüglich der unwandelbare Kammerdiener Eures gnädigsten Ichs, bester Prinz!"

Pulcinella leuchtete den beiden Ankömmlingen hinein in ein prächtiges Zimmer und zog sich dann bescheiden zurück, bemerkend, daß er überall, wo und wenn es der Prinz befehle, auf den Druck einer Feder sogleich hervorspringen werde; denn, unerachtet er hier im untern Stock der einzige in Liverei gesteckte Spaß sei, so ersetze er doch eine ganze Dienerschaft vermöge seiner Keckheit und Beweglichkeit.

„Ha!" rief Giglio, sich in dem reich und prächtig geschmückten Zimmer umschauend, „ha, nun erkenne ich erst, daß ich wirklich in meinem Palast, in meinem fürstlichen Zimmer bin. Mein Impresario ließ es malen, blieb das Geld schuldig und gab dem Maler, als er ihn mahnte, eine Ohrfeige, warauf der Maschinist den Impresario mit einer Furienfackel abprügelte! – Ja! – ich bin in meiner fürstlichen Heimat! – Doch Ihr wolltet mich wegen des Tanzes aus fürchterlicher Täuschung reißen, bester Signor Celionati. Redet, ich bitte, redet! Aber nehmen wir Platz!" –

Nachdem beide, Giglio und Celionati, auf weichen Polstern sich niedergelassen, begann dieser: „Wißt mein Fürst, daß diejenige Person, die man Euch unterschob statt der Prinzessin, niemand anders ist, als eine artige Putzmacherin, Giacinta Soardi geheißen!"

„Ist es möglich?" rief Giglio. – „Aber mich dünkt, dies Mädchen hat zum Liebhaber einen miserablen bettelarmen Komödianten, Giglio Fava?" – „Allerdings", erwiderte Celionati; „doch könnt Ihr es Euch wohl denken, daß eben diesem miserablen bettelarmen Komödianten, diesem Theaterprinzen die Prinzessin Brambilla nachläuft auf Stegen und Wegen und eben nur darum Euch die Putzmacherin entgegenstellt, damit Ihr vielleicht gar in tollem wahnsinnigen Mißverständnis Euch verlieben in diese und sie abwendig machen sollt dem Theaterhelden?"

„Welch ein Gedanke", sprach Giglio, „welch ein frevelicher Gedanke! – Aber glaubt es mir, Celionati, es ist nur ein böser dämonischer Zauber, der alles verwirrt und toll durcheinanderjagt, und diesen Zauber zerstöre ich mit diesem Schwert, das ich mit tapfrer Hand führen und jenen Elenden vernichten werde, der sich untersteht, es zu dulden, daß meine Prinzessin ihn liebt."

„Tut das", erwiderte Celionati mit schälkischem Lachen, „tut das, bester Prinz! Mir selbst ist viel daran gelegen, daß der alberne Mensch je eher, desto besser, aus dem Wege geräumt wird."

Jetzt dachte Giglio an Pulcinella und an die Dienste, zu denen er sich erboten.

Er drückte daher an irgendeine verborgene Feder; Pulcinella sprang alsbald hervor und da er, wie er versprochen, eine ganze Zahl der unterschiedlichsten Dienerschaft zu ersetzen wußte, so war Koch, Kellermeister, Tafeldecker, Mundschenk beisammen und ein leckeres Mahl in wenigen Sekunden bereitet.

Giglio fand, nachdem er sich gütlich getan, daß man doch, was Speisen und Wein betreffe, gar zu sehr spüre, wie alles nur *einer* bereitet,

Zu Seite 416 bis Seite 418

herbeigeholt und aufgetragen; denn alles käme im Geschmack auf eins heraus. Celionati meinte, die Prinzessin Brambilla möge vielleicht eben deshalb Pulcinella zur Zeit aus ihrem Dienste entlassen haben, weil er in vorschnellen Eigendünkel alles selbst und allein besorgen wolle, worüber er schon oft mit Arlecchino in Streit geraten, der sich dergleichen ebenfalls anmaße. –

In dem höchst merkwürdigen Originalcapriccio, dem der Erzähler genau nacharbeitet, befindet sich hier eine Lücke. Um musikalisch zu reden, fehlt der Übergang von einer Tonart zur andern, so daß der neue Akkord ohne alle gehörige Vorbereitung losschlägt. Ja man könnte sagen, das Capriccio bräche ab mit einer unaufgelösten Dissonanz. Es heißt nämlich, der Prinz (es kann kein andrer gemeint sein, als Giglio Fava, der dem Giglio Fava den Tod drohte) sei plötzlich von entsetzlichem Bauchgrimmen heimgesucht worden, welches er Pulcinellas Gerichten zugeschrieben, dann aber, nachdem ihn Celionati mit *Liquor anodynus* bedient, eingeschlafen, worauf ein großer Lärm entstanden. – Man erfährt weder, was dieser Lärm bedeutet, noch wie der Prinz, oder Giglio Fava, nebst Celionati aus dem Palast Pistoja gekommen.

Die fernere Fortsetzung lautet ungefähr wie folgt:

Sowie der Tag zu sinken begann, erschien eine Maske im Korso, die die Aufmerksamkeit aller erregte, ihrer Seltsamkeit und Tollheit halber. Sie trug auf dem Haupt eine wunderliche, mit zwei hohen Hahnfedern geschmückte Kappe, dazu eine Larve mit elefantenrüsselförmiger Nase, auf der eine große Brille saß, ein Wams mit dicken Knöpfen, dazu aber ein hübsches himmelblauseidnes Beinkleid mit dunkelroten Schleifen, rosenfarbene Strümpfe, weiße Schuhe mit dunkelroten Bändern und ein schönes spitzes Schwert an der Seite.

Der geneigte Leser kennt diese Maske schon aus dem ersten Kapitel und weiß daher, daß dahinter niemands anders stecken kann als Giglio Fava. Kaum hatte aber diese Maske den Korso ein paar Mal durchwandelt, als ein toller Capitan Pantalon Brighella, wie er auch schon oftmals in diesem Capriccio sich gezeigt, hervor und mit zornfunkelnden Augen auf die Maske zusprang, schreiend: „Treffe ich dich endlich, verruchter Theaterheld! – schnöder weißer Mohr! – Nicht entgehen sollst du mir jetzt! – Zieh dein Schwert, Hasenfuß, verteidige dich, oder ich stoße dir mein Holz in den Leib!"

Dabei schwenkte der abenteuerliche Capitan Pantalon sein breites hölzernes Schwert in den Lüften; Giglio geriet indessen über diesen

unerwarteten Anfall nicht im mindesten außer Fassung, sondern sprach vielmehr ruhig und gelassen: „Was ist denn das für ein ungeschlachter Grobian, der sich mit mir hier duellieren will, ohne das geringste davon zu verstehen, was echte Rittersitte heißt? Hört, mein Freund! erkennt Ihr mich wirklich an, als den weißen Mohren, so müßt Ihr ja wissen, daß ich Held und Ritter bin, wie einer, und daß nur wahre Courtoisie mich heißt einherzugehen in himmelblauen Beinkleidern, Rosaströmpfen und weißen Schuhen. Es ist der Ballanzug in König Arthurs Manier. Dabei blitzt aber mein gutes Schwert an meiner Seite und ich werde Euch ritterlich stehen, wenn Ihr ritterlich mich angreift und wenn Ihr was Rechtes seid und kein ins Römische übersetzter Hanswurst! –“
„Verzeiht“, sprach die Maske, „verzeiht, o weißer Mohr, daß ich auch nur einen Augenblick außer Augen setzte, was ich dem Helden, dem Ritter schuldig bin! Aber so wahr fürstliches Blut in meinen Adern fließt, ich werde Euch zeigen, daß ich mit eben solchem Nutzen vortreffliche Ritterbücher gelesen, als Ihr.“
Darauf trat der fürstliche Capitan Pantalon einige Schritte zurück, hielt sein Schwert in Fechterstellung dem Giglio entgegen und sprach mit dem Ausdruck des innigsten Wohlwollens: „Ist es gefällig?“ – Giglio riß, seinen Gegner zierlich grüßend, den Degen aus der Scheide und das Gefecht hub an. Man merkte bald, daß beide, der Capitan Pantalon und Giglio, sich auf solch ritterliches Beginnen gar gut verstanden. Fest in dem Boden wurzelten die linken Füße, während die rechten bald stampfend ausschritten zum kühnen Anfall, bald sich zurückzogen in die verteidigende Stellung. Leuchtend fuhren die Klingen durcheinander, blitzschnell folgte Stoß auf Stoß. Nach einem heißen bedrohlichen Gange mußten die Kämpfer ruhen. Sie blickten einander an und es ging mit der Wut des Zweikampfes solch eine Liebe in ihnen auf, daß sie sich in die Arme fielen und sehr weinten. Dann begann der Kampf aufs neue mit verdoppelter Kraft und Gewandtheit. Aber als nun Giglio einen wohlberechneten Stoß seines Gegners wegschleudern wollte, saß dieser fest in der Bandschleife des linken Beinkleids, so daß sie ächzend hinabfiel. „Halt!“ schrie der Capitan Pantalon. Man untersuchte die Wunde und fand sie unbedeutend. Ein paar Stecknadeln reichten hin, die Schleife wieder zu befestigen. „Ich will“, sprach nun der Capitan Pantalon, „mein Schwert in die linke Hand nehmen, weil die Schwere des Holzes meinen rechten Arm ermattet. *Du* kannst deinen leichten

Degen immer in der rechten Hand behalten." – „Der Himmel sei vor", erwiderte Giglio, „daß ich dir solche Unbill antue! Auch ich nehme meinen Degen in die linke Hand; denn so ist es recht und nützlich, da ich dich so besser treffen kann." – „Komm an meine Brust, guter edler Kamerad", rief der Capitan Pantalon. Die Kämpfer umarmten sich wiederum und heulten und schluchzten ungemein vor Rührung über die Herrlichkeit ihres Beginnens und fielen sich grimmig an. „Halt!" schrie nun Giglio, als er bemerkte, daß sein Stoß saß in der Hutkrempe des Gegners. Dieser wollte anfangs von keiner Verletzung was wissen; da ihm aber die Krempe über die Nase herabhing, mußte er wohl Giglios edelmütige Hülfeleistungen annehmen. Die Wunde war unbedeutend; der Hut, nachdem ihn Giglio zurechtgerückt, blieb noch immer ein nobler Filz. Mit vermehrter Liebe blickten sich die Kämpfer an, jeder hatte den andern als rühmlich und tapfer erprobt. Sie umarmten sich, weinten, und hoch flammte die Glut des erneuerten Zweikampfs. Giglio gab eine Blöße, an seine Brust prallte des Gegners Schwert und er fiel entseelt rücklings zu Boden.

Des tragischen Ausgangs unerachtet schlug doch das Volk, als man Giglios Leichnam wegtrug, ein Gelächter auf, vor dem der ganze Korso erbebte, während der Capitan Pantalon kaltblütig sein breites hölzernes Schwert in die Scheide stieß und mit stolzen Schritten den Korso hinabwandelte. –

„Ja", sprach die alte Beatrice, „ja es ist beschlossen, den Weg weise ich dem alten häßlichen Scharlatan, dem Signor Celionati, wenn er sich wieder hier blicken läßt und meinem süßen holden Kinde den Kopf verrücken will. Und am Ende ist auch Meister Bescapi einverstanden mit seinen Narrheiten." – Die alte Beatrice mochte in gewisser Art recht haben; denn seit der Zeit, daß Celionati es sich angelegen sein ließ, die anmutige Putzmacherin, Giacinta Soardi, zu besuchen, schien ihr ganzes Innres wie umgekehrt. Sie war wie im ewig fortdauernden Traum befangen und sprach zuweilen solch abenteuerliches verwirrtes Zeug, daß die Alte um ihren Verstand besorgt wurde. Die Hauptidee Giacintas, um die sich alles drehte, war, wie der geneigte Leser schon nach dem vierten Kapitel vermuten kann, daß der reiche herrliche Prinz Cornelio Chiapperi sie liebe und um sie freien würde. Beatrice meinte dagegen, daß Celionati, der Himmel wisse warum, darauf ausgehe, der Giacinta was weiszumachen; denn, hätte es seine Richtigkeit mit der Liebe des Prinzen, so sei gar nicht zu begreifen, warum er nicht schon längst die Geliebte aufgesucht in ihrer Wohnung, da die Prinzen darin sonst gar nicht so blöde. Und dann wären doch auch die paar Dukaten, die Celionati ihnen zusteckte, durchaus nicht der Freigebigkeit eines Fürsten würdig. Am Ende gäb es gar keinen Prinzen Cornelio Chiapperi; und gäb es auch wirklich einen, so habe ja der alte Celionati selbst, sie wisse es, auf seinem Gerüst vor S. Carlo dem Volke verkündigt, daß der assyrische Prinz, Cornelio Chiapperi, nachdem er sich einen Backzahn ausreißen lassen, abhanden gekommen und von seiner Braut, der Prinzessin Brambilla, aufgesucht würde.

„Seht Ihr wohl“, rief Giacinta, indem ihr die Augen leuchteten, „seht Ihr wohl? da habt Ihr den Schlüssel zum ganzen Geheimnis, da habt Ihr die Ursache, warum der gute edle Prinz sich so sorglich verbirgt. Da er in Liebe zu mir ganz und gar glüht, fürchtet er die Prinzessin Brambilla und ihre Ansprüche, und kann sich doch nicht entschließen, Rom zu verlassen. Nur in der seltsamsten Vermummung wagt er es sich im Korso sehen zu lassen und eben der Korso ist es, wo er mir die unzweideutigsten Beweise seiner zärtlichsten Liebe gegeben. Bald geht aber ihm, dem teuern Prinzen und mir der goldne Glücksstern auf in voller Klarheit. – Erinnert Ihr Euch wohl eines geckenhaften Komödianten, der mir sonst den Hof machte, eines gewissen Giglio Fava?“

Die Alte meinte, daß dazu eben kein besonderes Gedächtnis gehöre, da der arme Giglio, der ihr noch immer lieber sei, als ein eingebildeter Prinz, erst vorgestern bei ihr gewesen und sich das leckere Mahl, das sie ihm bereitet, wohl schmecken lassen.

„Wollt“, fuhr Giacinta fort, „wollt Ihr's wohl glauben, Alte, daß die Prinzessin Brambilla diesem armseligen Schlucker nachläuft? – So hat es Celionati mir versichert. Aber so wie sich der Prinz noch scheut, öffentlich aufzutreten als der meinige, so trägt die Prinzessin noch allerlei Bedenken, ihrer vorigen Liebe zu entsagen und den Komödianten Giglio Fava zu erheben auf ihren Thron. Doch in dem Augenblick wenn die Prinzessin dem Giglio ihre Hand reicht, empfängt der Prinz hochbeglückt die meinige.“

„Giacinta“, rief die Alte, „was für Torheiten, was für Einbildungen!“

„Und was“, sprach Giacinta weiter, „und was Ihr davon sagt, daß der Prinz es bis jetzt verschmäht hat, die Geliebte aufzusuchen in ihrem eigenen Kämmerlein, so ist das grundfalsch. Ihr glaubt es nicht, welcher anmutigen Künste sich der Prinz bedient, um mich unbelauscht zu sehen. Denn Ihr müßt wissen, daß mein Prinz nebst andern löblichen Eigenschaften und Kenntnissen, die er besitzt, auch ein großer Zauberer ist. Daß er einmal zur Nacht mich besuchte, so klein, so niedlich, so allerliebst, daß ich ihn hätte aufessen mögen, daran will ich gar nicht denken. Aber oft erscheint er ja, selbst wenn Ihr zugegen, plötzlich hier mitten in unserem kleinen Gemach und es liegt nur an Euch, daß Ihr weder den Prinzen, noch all die Herrlichkeiten erblickt, die sich dann auftun. Daß unser enges Gemach sich dann ausdehnt zum großen herrlichen Prachtsaal mit Marmorwänden, golddurchwirkten Teppichen, damastnen Ruhebetten, Tischen und Stühlen von Ebenholz und Elfenbein, will mir noch nicht so gefallen, als wenn die Mauern gänzlich schwinden, wenn ich mit dem Geliebten Hand in Hand wandle in dem schönsten Garten, wie man ihn sich nur denken mag. Daß du, Alte, die himmlischen Düfte nicht einzuatmen vermagst, die in diesem Paradiese wehen, wundert mich gar nicht, da du die häßliche Gewohnheit hast, dir die Nase mit Tabak vollzustopfen und nicht unterlassen kannst, selbst in Gegenwart des Prinzen dein Döschen herauszuziehen. Aber das Backentuch solltest du wenigstens wegtun von den Ohren, um den Gesang des Gartens zu vernehmen, der den Sinn gefangennimmt ganz und gar und vor dem jedes irdische Leid schwindet und auch der Zahnschmerz. Du kannst es durchaus nicht unschicklich finden, wenn ich es dulde, daß der Prinz mich auf beide Schultern küßt; denn du siehst es ja, wie dann mir augenblicklich die schönsten, buntesten, gleißendsten Schmetterlingsflügel herauswachsen und wie ich mich emporschwinge hoch – hoch, in die Lüfte. – Ha! – das ist erst die rechte Lust, wenn ich mit dem Prinzen so durch das Azur des Himmels segle. – Alles, was Erd und Himmel Herrliches hat, allen Reichtum, alle Schätze, die, verborgen im tiefsten Schacht der Schöpfung, nur geahnet wurden, gehen dann auf vor meinem trunknen Blick und alles – alles ist mein! – Und du sagst, Alte, daß der Prinz karg sei und mich in Armut lasse, unerachtet seiner Liebe? – Aber du meinst vielleicht nur, wenn der Prinz zugegen, sei ich reich; und auch das ist nicht einmal wahr. Sieh, Alte, wie in diesem Augenblick, da ich nur von dem Prinzen rede und von seiner Herrlichkeit, sich unser Gemach so schön geschmückt hat. Sieh diese seidnen Vorhänge, diese Teppiche, diese Spiegel, vor allen Dingen aber jenen köstlichen Schrank, dessen Äußeres würdig ist des reichen Inhalts! Denn du darfst ihn nur öffnen und die Goldrollen fallen dir in den Schoß. Und was meinst du zu diesen schmucken Hofdamen, Zofen, Pagen, die mir der Prinz indessen, ehe der ganze glänzende Hofstaat meinen Thron umgibt, zur Bedienung angewiesen hat?"

Bei diesen Worten trat Giacinta vor jenen Schrank, den der geneigte Leser schon im ersten Kapitel geschaut hat und in dem sehr reiche, aber auch sehr seltsame abenteuerliche Anzüge hingen, die Giacinta auf Bescapis Bestellung ausstaffiert hatte und mit denen sie jetzt ein leises Gespräch begann.

Die Alte schaute kopfschüttelnd dem Treiben Giacintas zu, dann begann sie: „Gott tröste Euch, Giacinta! aber Ihr seid befangen in argem Wahn und ich werde den Beichtvater holen, damit er den Teufel austreibe, der hier spukt. – Aber ich sag es, alles ist die Schuld des verrückten Scharlatans, der Euch den Prinzen in den Kopf gesetzt, und des albernen Schneiders, der Euch die tollen Maskenkleider in Arbeit gegeben hat. – Doch nicht schelten will ich! – Besinne dich, mein holdes Kind, meine liebe Giacintinetta, komm zu dir, sei artig, wie zuvor!"

Giacinta setzte sich schweigend in ihren Sessel, stützte das Köpfchen auf die Hand und schaute sinnend vor sich nieder!

„Und wenn", sprach die Alte weiter, „und wenn unser guter Giglio seine Seitensprünge läßt – Doch halt – Giglio! – Ei! indem ich dich so anschaue, Giacintchen, kommt mir in den Sinn, was er uns einmal vorlas aus dem kleinen Buche. – Warte – warte – warte – das paßt auf dich vortrefflich." – Die Alte holte aus einem Korbe unter Bändern, Spitzen, Seidenlappen und andern Materialien des Putzes, ein kleines saubergebundenes Büchelchen hervor, setzte ihre Brille auf die Nase, kauerte nieder vor Giacinta und las:

„War es an dem einsamen Moosufer eines Waldbachs, war es in einer duftenden Jasminlaube? – Nein – ich besinne mich jetzt, es war in einem kleinen freundlichen Gemach, das die Strahlen der Abendsonne durchleuchteten, wo ich sie erblickte. Sie saß in einem niedrigen Lehnsessel, den Kopf auf die rechte Hand gestützt, so daß die dunklen Locken mutwillig sich sträubten und hervorquollen zwischen den weißen Fingern. Die Linke lag auf dem Schoße und zupfte spielend an dem seidnen Bande, das sich losgenestelt von dem schlanken Leib, den es umgürtet. Willkürlos schien der Bewegung dieser Hand das Füßchen zu folgen, dessen Spitze nur eben unter dem faltenreichen Gewande hervorguckte und leise leise auf- und niederschlug. Ich sag es Euch, so viel Anmut, so viel himmlischer Liebreiz war über ihre ganze Gestalt hingegossen, daß mir das Herz bebte vor namenlosem Entzücken. Den Ring des Gyges wünscht ich mir: sie sollte mich nicht sehen; denn von meinem Blick berührt würde sie, fürchtete ich, in die Luft verschwinden, wie ein Traumbild! – Ein süßes holdseliges Lächeln spielte um Mund und Wange, leise Seufzer drängten sich durch die rubinroten Lippen und trafen mich wie glühende Liebespfeile. Ich erschrak; denn ich glaubte, ich hätte laut ihren Namen gerufen im jähen Schmerz inbrünstiger Wonne! – Doch, sie gewahrte mich nicht, sie sah mich nicht. – Da wagt ich es ihr in die Augen zu blicken, die starr auf mich gerichtet schienen und in dem Wiederschein dieses holdseligen Spiegels ging mir erst der wundervolle Zaubergarten auf, in den das Engelsbild entrückt war. Glänzende Luftschlösser öffneten ihre Tore und aus diesen strömte ein lustiges buntes Volk, das fröhlich jauchzend der Schönsten die herrlichsten reichsten Gaben darbrachte. Aber diese Gaben waren ja eben alle Hoffnungen, alle sehnsüchtigen Wünsche, die aus der innersten Tiefe des Gemüts heraus ihre Brust bewegten. Höher und heftiger schwollen, gleich Lilienwogen, die Spitzen über dem blendenden Busen und ein schimmerndes Inkarnat leuchtete auf den Wangen. Denn nun erst wurde das Geheimnis der Musik wach und sprach in Himmelslauten das Höchste aus – Ihr könnet mir glauben, daß ich nun wirklich selbst im Wiederschein jenes wunderbaren Spiegels, mitten im Zaubergarten stand." –

„Das ist", sprach die Alte, indem sie das Buch zuklappte und die Brille von der Nase nahm, „das ist alles nun sehr hübsch und artig gesagt; aber du lieber Himmel, was für ausschweifende Redensarten, um doch eigentlich weiter nichts auszudrücken, als daß es nichts Anmutigeres, und für Männer von Sinn und Verstand nichts Verführerischeres gibt, als ein schönes Mädchen, das in sich vertieft dasitzt und Luftschlösser baut. Und das paßt, wie gesagt, sehr gut auf dich, meine Giacintina, und alles, was du mir da vorgeschwatzt hast vom Prinzen und seinen Kunststücken, ist weiter nichts, als der lautgewordene Traum, in den du versunken."

„Und", erwiderte Giacinta, indem sie sich vom Sessel erhob und wie ein fröhliches Kind in die Händchen klatschte, „und wenn es denn wirklich so wäre, gliche ich denn nicht eben deshalb dem anmutigen Zauberbilde, von dem Ihr eben laset? – Und daß Ihr's nur wißt, Worte des Prinzen waren es, die, als Ihr aus Giglios Buch etwas vorlesen wolltet, willkürlos über Eure Lippen flossen."

Siebentes Kapitel.

Wie einem jungen artigen Menschen auf dem Caffè greco abscheuliche Dinge zugemutet wurden, ein Impresario Reue empfand und ein Schauspielermodell an Trauerspielen des Abbate Chiari starb. – Chronischer Dualismus und der Doppelprinz, der in die Quere dachte. – Wie jemand eines Augenübels halber verkehrt sah, sein Land verlor und nicht spazierenging. – Zank, Streit und Trennung.

Unmöglich wird sich der geneigte Leser darüber beschweren können, daß der Autor ihn in dieser Geschichte durch zu weite Gänge hin und her ermüde. In einem kleinen Kreise, den man mit wenigen hundert Schritten durchmißt, liegt alles hübsch beisammen: der Korso, der Palast Pistoja, der Caffè greco u. s. w., und, den geringen Sprung nach dem Lande Urdargarten abgerechnet, bleibt es immer bei jenem kleinen, leicht zu durchwandelnden Kreise. So bedarf es jetzt nur weniger Schritte und der geneigte Leser befindet sich wieder in dem Caffè greco, wo, es sind erst vier Kapitel her, der Marktschreier Celionati deutschen Jünglingen die wunderliche und wunderbare Geschichte von dem Könige Ophioch und der Königin Liris erzählte.

Also! – In dem Caffè greco saß ganz einsam ein junger hübscher, artig gekleideter Mensch, und schien in tiefe Gedanken versunken; so daß er erst, nachdem zwei Männer, die unterdessen hineingetreten und sich ihm genaht, zwei-, dreimal hintereinander gerufen hatten: „Signor – Signor – mein bester Signor!" wie aus dem Traum erwachte und mit höflich vornehmem Anstande fragte, was den Herren zu Diensten stehe! –

Der Abbate Chiari – es ist nämlich zu sagen, daß die beiden Männer niemand anders waren, als eben der Abbate Chiari, der berühmte Dichter des noch berühmteren weißen Mohren und jener Impresario, der das Trauerspiel mit der Farce vertauscht – der Abbate Chiari begann alsbald: „Mein bester Signor Giglio, wie kommt es, daß Ihr Euch gar nicht mehr sehen lasset, daß man Euch mühsam aufsuchen muß durch ganz Rom? – Seht hier einen reuigen Sünder, den die Kraft, die Macht meines Worts bekehrt hat, der alles Unrecht, das er Euch angetan, wieder gutmachen, der Euch allen Schaden reichlich ersetzen will!" – „Ja", nahm der Impresario das Wort, „ja, Signor Giglio, ich bekenne frei meinen Unverstand, meine Verblendung. – Wie war es möglich, daß ich Euer Genie verkennen, daß ich nur einen Augenblick daran zweifeln konnte, in Euch allein meine ganze Stütze zu finden! – Kehrt zurück zu mir, empfangt auf meinem Theater aufs neue die Bewunderung, den lauten stürmischen Beifall der Welt!"

„Ich weiß nicht", erwiderte der junge artige Mensch, indem er beide, den Abbate und den Impresario ganz verwundert anblickte, „ich weiß nicht, meine Herren, was ihr eigentlich von mir wollt. – Ihr redet mich mit einem fremden Namen an, ihr sprecht von mir ganz unbekannten Dingen – ihr tut, als wäre ich euch bekannt, unerachtet ich mich kaum erinnere, euch jemals in meinem Leben gesehen zu haben! –"

„Recht", sprach der Impresario, dem die hellen Tränen in die Augen kamen, „recht tust du, Giglio, mich so schnöde zu behandeln, so zu tun, als ob du mich gar nicht kenntest; denn ein Esel war ich, als ich dich fortjagte von den Brettern. Doch – Giglio! sei nicht unversöhnlich, mein Junge! – Her die Hand!"

„Denkt", fiel der Abbate dem Impresario in die Rede, „denkt, guter Signor Giglio, an mich, an den weißen Mohren, und daß Ihr denn doch auf andere Weise nicht mehr Ruhm und Ehre einernten könnet, als auf der Bühne dieses wackern Mannes, der den Arlecchino samt seinem ganzen saubern Anhang zum Teufel gejagt, und aufs neue das Glück errungen hat, Trauerspiele von mir zu erhalten und aufzuführen."

„Signor Giglio" sprach der Impresario weiter, „Ihr sollt selbst Euern Gehalt bestimmen; ja Ihr sollt selbst nach freier Willkür Euern Anzug zum weißen Mohren wählen und es soll dabei mir auf ein paar Ellen unechter Tressen, auf ein Päckchen Flittern mehr durchaus nicht ankommen."

„Und ich sage euch", rief der junge Mensch, „daß alles, was ihr da vorbringt, mir unauflösbares Rätsel ist und bleibt."

„Ha", schrie nun der Impresario voller Wut, „ha ich verstehe Euch, Signor Giglio Fava, ich verstehe Euch ganz, ich verstehe Euch ganz; ich weiß nun alles. – Der verfluchte Satan von – nun, ich mag seinen Namen nicht nennen, damit nicht Gift auf meine Lippen komme – *der* hat Euch gefangen in seinen Netzen, der hält Euch fest in seinen Klauen. – Ihr seid engagiert – Ihr seid engagiert. Aber ha ha ha – zu spät werdet Ihr es bereuen, wenn Ihr bei dem Schuft, bei dem erbärmlichen Schneidermeister, den ein toller Wahnsinn lächerlichen Dünkels treibt, wenn Ihr bei dem –"

„Ich bitte Euch", unterbrach der junge Mensch den zornigen Impresario, „ich bitte Euch, bester Signor! geratet nicht in Hitze, bleibet

Zu Seite 434 bis Seite 435

fein gelassen! Ich errate jetzt das ganze Mißverständnis. Nicht wahr, Ihr haltet mich für einen Schauspieler, namens Giglio Fava, der, wie ich vernommen, ehemals in Rom als ein vortrefflicher Schauspieler geglänzt haben soll, unerachtet er im Grunde niemals was getaugt hat?"

Beide, der Abbate und der Impresario, starrten den jungen Menschen an, als erblickten sie ein Gespenst.

„Wahrscheinlich", fuhr der junge Mensch fort, „wahrscheinlich waret ihr, meine Herren, von Rom abwesend und kehrtet erst in diesem Augenblick zurück; denn sonst würd es mich wundernehmen, daß ihr das nicht vernommen haben solltet, wovon ganz Rom spricht. Leid sollte es mir tun, wenn ich der erste wäre, von dem ihr erfahret, daß jener Schauspieler, Giglio Fava, den ihr sucht und der euch so wert zu sein scheint, gestern auf dem Korso im Zweikampf niedergestoßen wurde. – Ich selbst bin nur zu sehr von seinem Tode überzeugt."

„O schön!" rief der Abbate, „o schön, o über alle Maßen schön und herrlich! – Also das war der berühmte Schauspieler Giglio Fava, den ein unsinniger fratzenhafter Kerl gestern niederstieß, daß er beide Beine in die Höhe kehrte? Wahrlich, mein bester Signor, Ihr müßt Fremdling in Rom und wenig bekannt sein mit unsern Karnevalsspäßen; denn sonst würdet Ihr es wissen, daß die Leute, als sie den vermeintlichen Leichnam aufheben und forttragen wollten, nur ein hübsches, aus Pappendeckel geformtes Modell in Händen hatten, worüber denn das Volk ausbrach in ein unmäßiges Gelächter."

„Mir ist", sprach der junge Mensch weiter, „mir ist unbekannt, inwiefern der tragische Schauspieler Giglio Fava nicht wirklich Fleisch und Blut hatte, sondern nur aus Pappendeckel geformt war; gewiß ist es aber, daß sein ganzes Inneres, bei der Sektion, mit Rollen aus den Trauerspielen eines gewissen Abbate Chiari erfüllt gefunden wurde, und daß die Ärzte nur der schrecklichen Übersättigung, der völligen Zerrüttung aller verdauenden Prinzipe durch den Genuß gänzlich kraft- und saftloser Nährmittel, die Tödlichkeit des Stoßes, den Giglio Fava vom Gegner erhalten, zuschrieben."

Bei diesen Worten des jungen Menschen brach der ganze Kreis aus in ein schallendes Gelächter.

Unvermerkt hatte sich nämlich während des merkwürdigen Gesprächs der Caffè greco mit den gewöhnlichen Gästen gefüllt und vornehmlich waren es die deutschen Künstler, die einen Kreis um die Sprechenden geschlossen.

War erst der Impresario in Zorn geraten, so brach nun bei dem Abbate noch viel ärger die innere Wut aus. „Ha!“ schrie er, „ha, Giglio Fava! darauf hattet Ihr es abgesehen; Euch verdanke ich allen Skandal auf dem Korso! – Wartet – meine Rache soll Euch treffen – zerschmettern –“

Da nun aber der beleidigte Poet ausbrach in niedrige Schimpfwörter, und sogar Miene machte, mit dem Impresario gemeinschaftlich den jungen artigen Menschen anzupacken, so erfaßten die deutschen Künstler beide und warfen sie ziemlich unsanft zur Türe hinaus, so daß sie blitzschnell bei dem alten Celionati vorüberflogen, der soeben eintreten wollte und der ihnen eine „Glückliche Reise!“ nachrief.

Sowie der junge artige Mensch den Ciarlatano gewahrte, ging er schnell auf ihn los, nahm ihn bei der Hand, führte ihn in eine entfernte Ecke des Zimmers und begann: „Wäret Ihr doch nur früher gekommen, bester Signor Celionati, um mich von zwei Überlästigen zu befreien, die mich durchaus für den Schauspieler Giglio Fava hielten, den ich – ach Ihr wißt es ja! – gestern in meinem unglücklichen Paroxysmus auf dem Korso niederstieß, und die mir allerlei abscheuliche Dinge zumuteten. – Sagt mir, bin ich denn wirklich jenem Fava so ähnlich, daß man mich für ihn ansehen kann?“

„Zweifelt“, erwiderte der Ciarlatano höflich, ja beinahe ehrerbietig grüßend, „zweifelt nicht, gnädigster Herr, daß Ihr, was Eure angenehmen Gesichtszüge betrifft, in der Tat jenem Schauspieler ähnlich genug sehet, und es war daher sehr geraten, Euern Doppeltgänger aus dem Wege zu räumen, welches Ihr sehr geschickt anzufangen wußtet. Was den alten Abbate Chiari samt seinem Impresario betrifft, so rechnet ganz auf mich, mein Prinz! Ich werde Euch allen Anfechtungen, die Eure vollkommene Genesung aufhalten könnten, zu entziehen wissen. Es ist nichts leichter, als einen Schauspieldirektor mit einem Schauspieldichter dermaßen zu entzweien, daß sie grimmig aufeinander losgehen und im wütenden Kampf einander auffressen, wie jene beiden Löwen, von denen nichts übrigblieb, als die beiden Schweife, die, schreckliches Denkmal verübten Mords, auf dem Kampfplatz gefunden wurden. – Nehmt Euch doch ja nicht Eure Ähnlichkeit mit dem Trauerspieler aus Pappendeckel zu Herzen! Denn soeben vernehme ich, daß die jungen Leute dort, die Euch von Euern Verfolgern befreiten, ebenfalls glauben, Ihr wäret nun einmal kein anderer, als eben der Giglio Fava.“

„O!“ sprach der junge artige Mensch leise, „o mein bester Signor

Celionati, verratet doch nur um des Himmels willen nicht, wer ich bin! Ihr wißt es ja, warum ich so lange verborgen bleiben muß, bis ich völlig genesen."

„Seid", erwiderte der Charlatan, „seid unbesorgt, mein Prinz, ich werde, ohne Euch zu verraten, so viel von Euch sagen, als nötig ist, um die Achtung und Freundschaft jener jungen Leute zu gewinnen, ohne daß es ihnen einfallen darf zu fragen, wes Namens und Standes Ihr seid. Tut fürs erste so, als wenn Ihr uns gar nicht beachtetet, schaut zum Fenster hinaus, oder leset Zeitungen, dann könnt Ihr Euch später in unser Gespräch mischen. Damit Euch aber das, was ich spreche, gar nicht geniert, werde ich in der Sprache reden, die eigentlich nur für die Dinge paßt, die Euch und Eure Krankheit betreffen, und die Ihr zur Zeit nicht versteht."

Signor Celionati nahm, wie gewöhnlich, Platz unter den jungen Deutschen, die noch unter lautem Lachen davon redeten, wie sie den Abbate und den Impresario, als sie dem jungen artigen Mann zu Leibe gewollt, in möglichster Eile hinausbefördert hätten. Mehrere fragten dann den Alten, ob es denn nicht wirklich der bekannte Schauspieler Giglio Fava sei, der dort zum Fenster hinauslehne, und als dieser es verneint und vielmehr erklärt, daß es ein junger Fremder von hoher Abkunft sei, meinte der Maler Franz Reinhold (der geneigte Leser hat ihn schon in dem dritten Kapitel gesehen und gehört), daß er es gar nicht begreifen könne, wie man eine Ähnlichkeit zwischen jenem Fremden und dem Schauspieler Giglio Fava finden wollte. Zugeben müsse er, daß Mund, Nase, Stirn, Auge, Wuchs beider sich in der äußern Form gleichen könnten; aber der geistige Ausdruck des Antlitzes, der eigentlich die Ähnlichkeit erst schaffe und den die mehrsten Porträtmaler, oder vielmehr Gesichtabschreiber, nicht aufzufassen und daher wahrhaft ähnliche Bilder zu liefern niemals vermöchten, eben dieser Ausdruck sei zwischen beiden so himmelweit verschieden, daß er seinerseits den Fremden nie für den Giglio Fava gehalten hätte. Der Fava habe eigentlich ein nichtssagendes Gesicht, wogegen in dem Gesicht des Fremden etwas Seltsames liege, dessen Bedeutung er selbst nicht verstehe.

Die jungen Leute forderten den alten Scharlatan auf, ihnen wiederum etwas, das der wunderbaren Geschichte von dem König Ophioch und der Königin Liris gliche, die ihnen überaus wohlgefallen, oder vielmehr den zweiten Teil dieser Geschichte selbst vorzutragen, den er ja von seinem Freunde, dem Zauberer Ruffiamonte oder Hermod im Palast Pistoja, erfahren haben müsse.

„Was“, rief der Scharlatan, „was zweiter Teil – was zweiter Teil? Hab ich denn neulich plötzlich innegehalten, mich geräuspert und dann mich verbeugend gesagt: ‚Die Fortsetzung folgt künftig?‘ – Und überdem hat mein Freund, der Zauberer Ruffiamonte, den weiteren Verlauf jener Geschichte bereits vorgelesen im Palast Pistoja, Eure Schuld ist es und nicht die meinige, daß ihr das Kollegium versäumtet, dem auch, wie es jetzt Mode ist, wißbegierige Damen beiwohnten; und sollte ich das alles jetzt noch einmal wiederholen, so würde das einer Person entsetzliche Langeweile erregen, die uns nie verläßt und die sich auch in jenem Kollegio befand, mithin schon alles weiß. Ich meine nämlich den Leser des Capriccios, Prinzessin Brambilla geheißen, einer Geschichte, in der wir selbst vorkommen und mitspielen. – Also nichts von dem Könige Ophioch und der Königin Liris und der Prinzessin Mystilis und dem bunten Vogel! Aber von mir, von mir will ich reden, wenn euch anders damit gedient ist, ihr leichtsinnigen Leute!“

„Warum leichtsinnig?“ fragte Reinhold. – „Darum“, sprach Meister Celionati auf deutsch weiter, „weil ihr mich betrachtet wie einen, der nur eben darum da ist, euch zuweilen Märchen zu erzählen, die bloß ihrer Possierlichkeit halber possierlich klingen und euch die Zeit, die ihr daran wenden wollt, vertreiben. Aber, ich sage euch, als mich der Dichter erfand, hatte er ganz was anders mit mir im Sinn und wenn er es mit ansehen sollte, wie ihr mich manchmal so gleichgültig behandelt, könnte er gar glauben, ich sei ihm aus der Art geschlagen. – Nun genug, ihr erzeigt mir alle nicht die Ehrfurcht und Achtung, die ich verdiene meiner tiefen Kenntnisse halber. So z.B. seid ihr der schnöden Meinung, daß, was die Wissenschaft der Medizin betrifft, ich, ohne alles gründliche Studium, Hausmittel als Arkana verkaufe und alle Krankheiten mit denselben Mitteln heilen wolle. Doch nun ist die Zeit gekommen, euch eines Bessern zu belehren. Weit, weit her, aus einem Lande so fern, daß Peter Schlemihl, trotz seinen Siebenmeilenstiefeln ein ganzes Jahr laufen müßte, um es zu erreichen, ist ein junger sehr ausgezeichneter Mann hierhergereiset, um sich meiner hülfreichen Kunst zu bedienen, da er an einer Krankheit leidet, die wohl die seltsamste und zugleich gefährlichste genannt werden darf, die es gibt und deren Heilung nun wirklich auf einem Arkanum beruht, dessen Besitz magische Weihe voraussetzt. Der junge Mann leidet nämlich an dem chronischen Dualismus.“

„Wie“, riefen alle durcheinanderlachend, „wie? was sagt Ihr, Meister Celionati, chronischer Dualismus? – Ist das erhört? –“

„Ich merke wohl“, sprach Reinhold, „daß Ihr uns wieder etwas Tolles, Abenteuerliches auftischen wollt, und nachher bleibt Ihr nicht mehr bei der Stange.“

„Ei“, erwiderte der Scharlatan, „ei mein Sohn Reinhold, du gerade solltest mir solchen Vorwurf nicht machen, denn eben dir habe ich immer wacker die Stange gehalten und da du, wie ich glaube, die Geschichte von dem Könige Ophioch richtig verstanden und auch wohl selbst in den hellen Wasserspiegel der Urdarquelle geschaut hast, so – Doch ehe ich weiter spreche über die Krankheit, so erfahrt, ihr Herren, daß der Kranke, dessen Kur ich unternommen, eben jener junge Mann ist, der zum Fenster hinausschaut und den ihr für den Schauspieler Giglio Fava gehalten.“

Alle schauten neugierig hin nach dem Fremden und kamen darin überein, daß in den übrigens geistreichen Zügen seines Antlitzes doch etwas Ungewisses, Verworrenes liege, das auf eine gefährliche Krankheit schließen lasse, welche am Ende in einem versteckten Wahnsinn bestehe. „Ich glaube“, sprach Reinhold, „ ich glaube, daß Ihr, Meister Celionati, mit Eurem chronischen Dualismus nichts anders meint, als jene seltsame Narrheit, in der das eigne Ich sich mit sich selbst entzweit, worüber denn die eigne Persönlichkeit sich nicht mehr festhalten kann.“

„Nicht übel“, erwiderte der Scharlatan, „nicht übel, mein Sohn! aber dennoch fehlgeschossen. Soll ich euch aber über die seltsame Krankheit meines Patienten Rechenschaft geben, so fürchte ich beinahe, daß es mir nicht gelingen wird, euch darüber klar und deutlich zu belehren, vorzüglich da ihr keine Ärzte seid, ich mich also jedes Kunstausdrucks enthalten muß. – Nun! – ich will es darauf ankommen lassen, wie es wird und euch zuvörderst bemerklich machen, daß der Dichter, der uns erfand und dem wir, wollen wir wirklich existieren, dienstbar bleiben müssen, uns durchaus für unser Sein und Treiben keine bestimmte Zeit vorgeschrieben hat. Sehr angenehm ist es mir daher, daß ich, ohne einen Anachronismus zu begehen, voraussetzen darf, daß ihr aus den Schriften eines gewissen deutschen, sehr geistreichen Schriftstellers* Kunde erhalten habt von dem doppelten Kronprinzen. Eine Prinzessin befand sich (um wieder mit einem dito geistreichen deutschen Schriftsteller** zu reden) in andern Umstän-

* Lichtenberg.
** Jean Paul.

den, als das Land, nämlich in gesegneten. Das Volk harrte und hoffte auf einen Prinzen; die Prinzessin übertraf aber diese Hoffnung gerade um das Doppelte, indem sie zwei allerliebste Prinzlein gebar, die, Zwillinge, doch ein Einling zu nennen waren, da sie mit den Sitzteilen zusammengewachsen. Ungeachtet nun der Hofpoet behauptete, die Natur habe in *einem* menschlichen Körper nicht Raum genug gefunden für all die Tugenden, die der künftige Thronerbe in sich tragen solle, unerachtet die Minister den über den Doppelsegen etwas betretenen Fürsten damit trösteten, daß vier Hände doch Szepter und Schwert kräftiger handhaben würden, als zwei, sowie überhaupt die ganze Regierungssonate *à quatre mains* voller und prächtiger klingen würde – ja! – alles dessen unerachtet, fanden sich doch Umstände genug, die manches gerechte Bedenken veranlaßten. Fürs erste erregte schon die große Schwierigkeit, ein praktikables und zugleich zierliches Modell zu einem gewissen Stühlchen zu erfinden, die gegründete Besorgnis, wie es künftig mit der schicklichen Form des Throns aussehen würde; ebenso vermochte eine aus Philosophen und Schneidern zusammengesetzte Kommission nur nach dreihundertundfünfundsechzig Sitzungen die bequemste und dabei anmutigste Form der Doppelhosen herauszubringen; was aber das Schlimmste schien, war die gänzliche Verschiedenheit des Sinns, die sich in beiden immer mehr und mehr offenbarte. War der eine Prinz traurig, so war der andere lustig; wollte der eine sitzen, so wollte der andere laufen, genug – nie stimmten ihre Neigungen überein. Und dabei konnte man durchaus nicht behaupten, der eine sei dieser, der andere jener bestimmten Gemütsart; denn in dem Widerspiel eines ewigen Wechsels schien eine Natur hinüberzugehen in die andre, welches wohl daher kommen mußte, daß sich, nächst dem körperlichen Zusammenwachsen, auch ein geistiges offenbarte, das eben den größten Zwiespalt verursachte. – Sie dachten nämlich in die Quere, so daß keiner jemals recht wußte, ob er das, was er gedacht, auch wirklich selbst gedacht, oder sein Zwilling; und heißt das nicht Konfusion, so gibt es keine. Nehmt ihr nun an, daß einem Menschen solch ein in die Quere denkender Doppelprinz im Leibe sitzt, als *materia peccans*, so habt ihr die Krankheit heraus, von der ich rede und deren Wirkung sich vornehmlich dahin äußert, daß der Kranke aus sich selber nicht klug wird." –

Indessen hatte sich der junge Mensch unvermerkt der Gesellschaft genähert und da nun alle schweigend den Scharlatan anblickten, als erwarteten sie, daß er fortfahren werde, begann er, nachdem er sich höflich verbeugt: „Ich weiß nicht, meine Herren, ob es euch recht ist, wenn ich mich in eure Gesellschaft mische. Man hat mich wohl sonst überall gern, wenn ich ganz gesund bin und munter; aber gewiß hat euch Meister Celionati so viel Wunderliches von meiner Krankheit erzählt, daß ihr nicht wünschen werdet, von mir selbst belästigt zu werden."

Reinhold versicherte im Namen aller, daß der neue Gast ihnen willkommen, und der junge Mensch nahm Platz in dem Kreise.

Der Scharlatan entfernte sich, nachdem er dem jungen Menschen nochmals eingeschärft hatte, doch ja die vorgeschriebene Diät zu halten.

Es geschah, wie immer es zu geschehen pflegt, daß man sofort über den, der das Zimmer verlassen, zu sprechen begann und vorzüglich den jungen Menschen über seinen abenteuerlichen Arzt befragte. Der junge Mensch versicherte, daß Meister Celionati sehr schöne Schulkenntnisse erworben, auch in Halle und Jena mit Nutzen Kollegia gehört, so daß man ihm vollkommen vertrauen könne. Auch sonst sei es, seiner Meinung nach, ein ganz hübscher leidlicher Mann, der nur den einzigen, freilich sehr großen, Fehler habe, oftmals zu sehr ins Allegorische zu fallen, welches ihm denn wirklich schade. Gewiß habe Meister Celionati auch von der Krankheit, die er zu heilen unternommen, sehr abenteuerlich gesprochen. Reinhold erklärte, wie, nach des Scharlatans Ausspruch, ihm, dem jungen Menschen, ein doppelter Kronprinz im Leibe sitze.

„Seht", sprach nun der junge Mensch anmutig lächelnd, „seht ihr es wohl, ihr Herren? Das ist nun wieder eine pure Allegorie und doch kennt Meister Celionati meine Krankheit sehr genau, und doch weiß er, daß ich nur an einem Augenübel leide, welches ich mir durch zu frühzeitiges Brillentragen zugezogen. Es muß sich etwas in meinem Augenspiegel verrückt haben; denn ich sehe leider meistens alles verkehrt und so kommt es, daß mir die ernsthaftesten Dinge oft ganz ungemein spaßhaft, und umgekehrt die spaßhaftesten Dinge oft ganz ungemein ernsthaft vorkommen. Das aber erregt mir oft entsetzliche Angst und solchen Schwindel, daß ich mich kaum aufrecht erhalten kann. Hauptsächlich, meint Meister Celionati, komme es zu meiner Genesung darauf an, daß ich mir häufige starke Bewegung mache; aber du lieber Himmel, wie soll ich das anfangen?"

„Nun", rief einer, „da Ihr, bester Signor, wie ich sehe, ganz gesund auf den Beinen seid, so weiß ich doch" – In dem Augenblick trat eine dem geneigten Leser schon bekannt gewordene Person herein, der berühmte Schneidermeister Bescapi.

Bescapi ging auf den jungen Menschen los, verbeugte sich sehr tief und begann: „Mein gnädigster Prinz!" – „Gnädigster Prinz?" riefen alle durcheinander und blickten den jungen Menschen mit Erstaunen an. *Der* aber sprach mit ruhiger Miene: „Mein Geheimnis hat wider meinen Willen der Zufall verraten. Ja, meine Herrn! ich bin wirklich ein Prinz und noch dazu ein unglücklicher, da ich vergebens nach dem herrlichen mächtigen Reich trachte, das mein Erbteil. Sagt ich daher zuvor, daß es nicht möglich sei, mir die gehörige Bewegung zu machen, so kommt es daher, weil es mir gänzlich an Land, mithin an Raum dazu mangelt. Ebendaher, weil ich in solch kleinem Verhältnis eingeschlossen, verwirren sich auch die vielen Figuren und schießen und kopfkegeln durcheinander, so daß ich zu keiner Deutlichkeit gelange; welches ein sehr übles Ding ist, da ich meiner innersten eigentlichsten Natur nach, nur im Klaren existieren kann. Durch die Bemühungen meines Arztes, sowie dieses würdigsten aller würdigen Minister, glaube ich aber mittels eines erfreulichen Bündnisses mit der schönsten der Prinzessinnen wieder gesund, groß und mächtig zu werden, wie ich es eigentlich sein sollte. Feierlichst lade ich euch, meine Herrn, ein, mich in meinen Staaten, in meiner Hauptstadt zu besuchen. Ihr werdet finden, daß ihr dort ganz eigentlich zu Hause gehört und mich nicht verlassen wollen, weil ihr nur bei mir ein wahres Künstlerleben zu führen vermöget. Glaubt nicht, beste Herrn, daß ich den Mund zu voll nehme, daß ich ein eitler Prahlhans bin! Laßt mich nur erst wieder ein gesunder Prinz sein, der seine Leute kennt, sollten sie sich auch auf den Kopf stellen, so werdet ihr erfahren, wie gut ich es mit euch allen meine. Ich halte Wort so wahr ich der assyrische Prinz Cornelio Chiapperi bin! – Namen und Vaterland will ich euch vor der Hand verschweigen, ihr erfahret beides zur rechten Zeit. – Nun muß ich mich mit diesem vortrefflichen Minister über einige wichtige Staatsangelegenheiten beraten, dann aber bei der Narrheit einsprechen und durch den Hof wandelnd nachsehen, ob den Mistbeeten einige gute Witzwörter entkeimt sind." – Damit faßte der junge Mensch den Schneidermeister unter den Arm, und beide zogen ab.

„Was sagt ihr", sprach Reinhold, „was sagt ihr, Leute, zu dem allen? Mich will es bedünken, als hetze das bunte Maskenspiel eines tollen märchenhaften Spaßes allerlei Gestalten in immer schnelleren und schnelleren Kreisen dermaßen durcheinander, daß man sie gar nicht mehr zu erkennen, gar nicht mehr zu unterscheiden vermag. Doch laßt uns Masken nehmen und nach dem Korso gehen! Ich ahne, daß der tolle Capitan Pantalon, der gestern den wütenden Zweikampf bestand, sich heute wieder sehen lassen und allerlei Abenteuerliches beginnen wird."

Reinhold hatte recht. Der Capitan Pantalon schritt sehr gravitätisch, wie noch in der glänzenden Glorie seines gestrigen Sieges den Korso auf und nieder, ohne aber irgend Tolles zu beginnen, wie sonst, wiewohl eben seine grenzenlose Gravität ihm beinahe noch ein komischeres Ansehen gab, als er es sonst behauptete. – Der geneigte Leser erriet es schon früher, weiß es aber jetzt mit Bestimmtheit, wer unter dieser Maske steckt. Niemand anders nämlich, als der Prinz Cornelio Chiapperi, der glückselige Bräutigam der Prinzessin Brambilla. – Und die Prinzessin Brambilla, ja sie selbst mußte wohl die schöne Dame sein, die die Wachsmaske vor dem Gesicht in reichen prächtigen Kleidern majestätisch in dem Korso wandelte. Die Dame schien es abgesehen zu haben auf den Capitan Pantalon; denn geschickt wußte sie ihn einzukreisen, so daß es schien, er könne ihr nicht ausweichen und doch wand er sich heraus und setzte seinen gravitätischen Spaziergang fort. Endlich aber, als er eben im Begriff stand, mit einem raschen Schritt vorzuschreiten, faßte ihn die Dame beim Arme und sprach mit süßer, lieblicher Stimme: „Ja, Ihr seid es, mein Prinz! Euer Gang und die Eures Standes würdige Kleidung (nie truget Ihr eine schönere) haben Euch verraten! – O sagt, warum flieht Ihr mich? – Erkennet Ihr nicht Euer Leben, Euer Hoffen in mir?" – „Ich weiß", sprach der Capitan Pantalon, „ich weiß in der Tat nicht recht, wer Ihr seid, schöne Dame! Oder vielmehr ich wage es nicht zu erraten, da ich so oft schnöder Täuschung erlegen. Prinzessinnen verwandelten sich vor meinen Augen in Putzmacherinnen, Komödianten in Pappendeckelfiguren und dennoch hab ich beschlossen, länger keine Illusion und Fantasterei zu ertragen, sondern beide schonungslos zu vernichten, wo ich sie treffe."

„So macht", rief die Dame erzürnt, „so macht mit Euch selbst den Anfang! Denn Ihr selbst, mein werter Signor, seid weiter gar nichts, als eine Illusion! – Doch nein", fuhr die Dame sanft und zärtlich fort, „doch nein, geliebter Cornelio, du weißt, welch eine Prinzessin dich liebt, wie sie aus fernen Landen hergezogen ist, dich aufzusuchen, dein zu sein! – Und hast du denn nicht geschworen, mein Ritter zu bleiben? – Sprich, Geliebter!"

Die Dame hatte aufs neue Pantalons Arm gefaßt; der hielt ihr aber seinen spitzen Hut entgegen, zog sein breites Schwert an und sprach: „Seht her! – herab ist das Zeichen meiner Ritterschaft, herunter sind die Hahnfedern von meinem offnen Helm; ich habe den Damen meinen Dienst aufgekündigt; denn sie lohnen alle mit Undank und Untreue!" – „Was sprecht Ihr?" rief die Dame zürnend, „seid Ihr wahnsinnig?" – „Leuchtet", sprach der Capitan Pantalon weiter, „leuchtet mich nur an mit dem funkelnden Demant da auf Eurer Stirne! Weht mir nur entgegen mit der Feder, die Ihr dem bunten Vogel ausgerupft – Ich widerstehe jedem Zauber und weiß es und bleibe dabei, daß der alte Mann in der Zobelmütze recht hat, daß mein Minister ein Esel ist, und daß die Prinzessin Brambilla einem miserablen Schauspieler nachläuft." – „Ho ho!" rief nun die Dame noch zorniger, als vorher, „ho ho, wagt Ihr es, aus diesem Ton mit mir zu sprechen, so will ich Euch nur sagen, daß, wenn Ihr ein trauriger Prinz sein wollt, mir jener Schauspieler, den Ihr erbärmlich nennt und den ich mir, ist er auch zur Zeit auseinandergenommen, immer wieder zusammennähen lassen kann, noch immer viel werter erscheint, als Ihr. Geht doch fein zu Eurer Putzmacherin, zu der kleinen Giacinta Soardi, der Ihr ja sonst, wie ich höre, auch nachgelaufen seid und erhebt sie auf Euern Thron, den irgendwo hinzustellen es Euch noch gänzlich an einem Stückchen Land mangelt! – Gott befohlen für jetzt!" –

Damit ging die Dame raschen Schrittes von dannen, indem der Capitan Pantalon ihr mit kreischendem Ton nachrief: „Stolze – Ungetreue! so belohnst du meine innige Liebe? – Doch ich weiß mich zu trösten!" –

Achtes Kapitel.

Wie der Prinz Cornelio Chiapperi sich nicht trösten konnte, der Prinzessin Brambilla Samtpantoffel küßte, beide dann aber eingefangen wurden in Filet. Neue Wunder des Palastes Pistoja. – Wie zwei Zauberer auf Straußen durch den Urdarsee ritten und Platz nahmen in der Lotosblume. – Die Königin Mystilis. – Wie bekannte Leute wieder auftreten und das Capriccio, Prinzessin Brambilla genannt, ein fröhliches Ende erreicht.

Es schien indessen, als wenn Freund Capitan Pantalon, oder vielmehr der assyrische Prinz Cornelio Chiapperi, (denn der geneigte Leser weiß doch nun einmal, daß in der tollen fratzenhaften Maske eben niemand anders steckte, als diese verehrte fürstliche Person) ja! – es schien, als ob er sich ganz und gar nicht zu trösten gewußt hätte. Denn anderes Tages klagte er laut auf dem Korso, daß er die schönste der Prinzessinnen verloren, und daß er, fände er sie gar nicht wieder, sich in heller Verzweiflung sein hölzernes Schwert durch den Leib rennen wolle. Da aber bei diesem Weh sein Gebärdespiel das possierlichste war, das man sehen konnte, so fehlte es nicht, daß er sich bald von Masken aller Art umringt sah, die ihre Lust an ihm hatten. „Wo ist sie?" rief er mit kläglicher Stimme, „wo ist sie geblieben, meine holde Braut, mein süßes Leben! – Habe ich darum mir meinen schönsten Backzahn ausreißen lassen von Meister Celionati? bin ich deshalb mir selbst nachgelaufen aus einem Winkel in den andern, um mich aufzufinden? ja! – habe ich darum mich wirklich aufgefunden, um ohne alles Besitztum an Liebe und Lust und gehörige Länderei ein armseliges Leben hinzuschmachten? Leute! – weiß einer von euch, wo die Prinzessin steckt, so öffne er das Maul und sag es mir und lasse mich nicht hier so lamentieren unnützerweise, oder laufe hin zu der Schönsten und verkünde ihr, daß der treueste aller Ritter, der schmuckste aller Bräutigame hier vor lauter Sehnsucht, vor inbrünstigem Verlangen, hinlänglich wüte, und daß in den Flammen seines Liebesgrimms ganz Rom, ein zweites Troja, aufgehen könnte, wenn sie nicht alsbald komme und mit den feuchten Mondesstrahlen ihrer holdseligen Augen die Glut lösche!" – Das Volk schlug ein unmäßiges Gelächter auf, aber eine gellende Stimme rief dazwischen: „Verrückter Prinz, meint Ihr, daß Euch die Prinzessin Brambilla entgegenkommen soll? – Habt Ihr den Palast Pistoja vergessen?" – „Ho ho", erwiderte der Prinz, „schweigt, vorwitziger Gelbschnabel! Seid froh, daß Ihr dem Käfig entronnen! – Leute, schaut mich an und sagt, ob nicht *ich* der eigentliche bunte Vogel bin, der in Filetnetzen gefangen werden soll?" Das Volk erhob abermals ein unmäßiges Gelächter; doch in demselben Augenblick stürzte der Capitan Pantalon wie ganz außer sich nieder auf die Knie; denn vor ihm stand sie selbst, die Schönste, in voller Pracht aller Holdseligkeit und Anmut und in denselben Kleidern, wie sie sich zum erstenmal auf dem Korso hatte blicken lassen, nur daß sie statt des Hütleins ein herrlich funkelndes Diadem auf der Stirne trug, aus dem bunte Federn emporstiegen. „Dein bin ich", rief der Prinz im höchsten Entzücken, „dein bin ich nun ganz und gar. Sieh diese Federn auf meiner Sturmhaube! Sie sind die weiße Fahne, die ich aufgesteckt, das Zeichen, daß ich mich dir, du himmlisches Wesen, ergebe, rücksichtslos auf Gnad und Ungnade!" – „So mußt es kommen", erwiderte die Prinzessin; „unterwerfen mußtest du dich mir, der reichen Herrscherin, denn sonst fehlte es dir ja an der eigentlichen Heimat und du bliebst ein miserabler Prinz. Doch schwöre mir jetzt ewige Treue, bei diesem Symbol meiner unumschränkten Regentschaft!" –

Damit zog die Prinzessin einen kleinen zierlichen Samtpantoffel hervor und reichte ihn dem Prinzen hin, der ihn, nachdem er feierlich der Prinzessin ewige unwandelbare Treue geschworen, so wahr er zu existieren gedenke, dreimal küßte. Sowie dieses geschehen, erscholl ein lautes, durchdringendes: „Brambure bil bal – Alamonsa kikiburva son-ton –!" Das Paar war umringt von jenen, in reiche Talare verhüllten Damen, die, wie der geneigte Leser sich erinnern wird, im ersten Kapitel eingezogen in den Palast Pistoja, und hinter denen die zwölf reichgekleideten Mohren standen, welche aber, statt der langen Spieße, hohe wunderbar glänzende Pfauenfedern in den Händen hielten, die sie in den Lüften hin und her schwangen. Die Damen warfen aber Filetschleier über das Paar, die immer dichter und dichter es zuletzt verhüllten in tiefe Nacht.

Als nun aber unter lautem Klang von Hörnern, Zimbeln und kleinen Pauken die Nebel des Filets hinabfielen, befand sich das Paar in dem Palast Pistoja und zwar in demselben Saal, in den vor wenigen Tagen der vorwitzige Schauspieler Giglio Fava eindrang.

Aber herrlicher, viel herrlicher sah es jetzt in diesem Saal aus als damals. Denn statt der einzigen Ampel, die den Saal erleuchtete, hingen jetzt wohl hundert ringsumher, so daß alles ganz und gar in Feuer zu stehen schien. Die Marmorsäulen, welche die hohe Kuppel trugen, waren mit üppigen Blumenkränzen umwunden; das seltsame

Laubwerk der Decke, man wußte nicht, waren es bald buntgefiederte Vögel, bald anmutige Kinder, bald wunderbare Tiergestalten, die darin verflochten, schien sich lebendig zu regen und aus den Falten der goldnen Draperie des Thronhimmels leuchteten bald hier, bald dort freundlich lachende Antlitze holder Jungfrauen hervor. Die Damen standen, wie damals, aber noch prächtiger gekleidet, im Kreise ringsumher, machten aber nicht Filet, sondern streuten bald aus goldenen Vasen herrliche Blumen in den Saal, bald schwangen sie Rauchfässer, aus denen ein köstlicher Geruch empordampfte. Auf dem Throne standen aber in zärtlicher Umarmung der Zauberer Ruffiamonte und der Fürst Bastianello di Pistoja. Daß dieser kein anderer war, als eben der Marktschreier Celionati, darf kaum gesagt werden. Hinter dem fürstlichen Paar, das heißt, hinter dem Prinzen Cornelio Chiapperi und der Prinzessin Brambilla, stand ein kleiner Mann in einem sehr bunten Talar und hielt ein saubres Elfenbeinkästchen in den Händen, dessen Deckel offenstand und in dem nichts weiter befindlich, als eine kleine funkelnde Nähnadel, die er mit sehr heiterm Lächeln unverwandt anblickte.

Der Zauberer Ruffiamonte und der Fürst Bastianello di Pistoja ließen endlich ab von der Umarmung und drückten sich nur noch was weniges die Hände. Dann aber rief der Fürst mit starker Stimme den Straußen zu: „Heda, ihr guten Leute! bringt doch einmal das große Buch herbei, damit mein Freund hier, der ehrliche Ruffiamonte, fein ablese, was noch zu lesen übrig!“ Die Strauße hüpften mit den Flügeln schlagend von dannen, und brachten das große Buch, das sie einem knienden Mohren auf den Rücken legten und dann aufschlugen.

Der Magus, der unerachtet seines langen weißen Bartes, ungemein hübsch und jugendlich aussah, trat heran, räusperte sich und las folgende Verse:

Italien! – Land, des heitrer Sonnenhimmel
   Der Erde Lust in reicher Blüt entzündet!
   O schönes Rom, wo lustiges Getümmel,

Zur Maskenzeit, den Ernst vom Ernst entbindet!
   Es gaukeln froh der Fantasei Gestalten
   Auf bunter Bühne klein zum Ei geründet;

Zu Seite 437

Das ist die Welt, anmutgen Spukes Walten.
Der Genius mag aus dem Ich gebären
Das Nicht-Ich, mag die eigne Brust zerspalten,

Den Schmerz des Seins in hohe Lust verkehren.
Das Land, die Stadt, die Welt, das Ich – gefunden
Ist alles nun. In reiner Himmelsklarheit

Erkennt das Paar sich selbst, nun treu verbunden
Aufstrahlet ihm des Lebens tiefe Wahrheit.
Nicht mehr mit bleicher Unlust mattem Tadel

Betört den Sinn die überweise Narrheit;
Erschlossen hat das Reich die Wundernadel
Des Meisters. Tolles zauberisches Necken,

Dem Genius gibt's hohen Herrscheradel,
Und darf zum Leben aus dem Traum ihn wecken.
Horch! schon beginnt der Töne süßes Wogen,

Verstummt ist alles, ihnen zuzulauschen;
Schimmernd Azur erglänzt am Himmelsbogen
Und ferne Quellen, Wälder, flüstern, rauschen.

Geh auf, du Zauberland voll tausend Wonnen,
Geh auf der Sehnsucht, Sehnsucht auszutauschen,
Wenn sie sich selbst erschaut im Liebesbronnen!

Das Wasser schwillt – Fort! stürzt euch in die Fluten!
Kämpft an mit Macht! Bald ist der Strand gewonnen,
Und hoch Entzücken strahlt in Feuergluten!

Der Magus klappte das Buch zu; aber in dem Augenblick stieg ein feuriger Dunst aus dem silbernen Trichter, den er auf dem Kopfe trug und erfüllte den Saal mehr und mehr. Und unter harmonischem

Glockengetön, Harfen- und Posaunenklang, begann sich alles zu regen und wogte durcheinander. Die Kuppel stieg auf und wurde zum heitern Himmelsbogen, die Säulen wurden zu hohen Palmbäumen, der Goldstoff fiel nieder und wurde zum bunten gleißenden Blumengrund und der große Kristallspiegel zerfloß in einen hellen herrlichen See. Der feurige Dunst, der aus dem Trichter des Magus gestiegen, hatte sich nun auch ganz verzogen und kühle balsamische Lüfte wehten durch den unabsehbaren Zaubergarten voll der herrlichsten anmutigsten Büsche und Bäume und Blumen. Stärker tönte die Musik, es ging ein frohes Jauchzen auf, tausend Stimmen sangen:

Heil! hohes Heil dem schönen Urdarlande!
  Gereinigt, spiegelhell erglänzt sein Bronnen,
  Zerrissen sind des Dämons Kettenbande!

Plötzlich verstummte alles, Musik, Jauchzen, Gesang; in tiefem Schweigen schwangen der Magus Ruffiamonte und der Fürst Bastianello di Pistoja sich auf die beiden Strauße und schwammen nach der Lotosblume, die wie eine leuchtende Insel aus der Mitte des Sees emporragte. Sie stiegen in den Kelch dieser Lotosblume und diejenigen von den um den See versammelten Leuten, welche ein gutes Auge hatten, bemerkten ganz deutlich, daß die Zauberer aus einem Kästchen eine sehr kleine, aber auch sehr artige Porzellanpuppe hervornahmen und mitten in den Kelch der Blume schoben.
Es begab sich, daß das Liebespaar, nämlich der Prinz Cornelio Chiapperi und die Prinzessin Brambilla, aus der Betäubung erwachten, in die sie versunken, und unwillkürlich in den klaren spiegelhellen See schauten, an dessen Ufer sie sich befanden. Doch wie sie sich in dem See erblickten, da *erkannten* sie sich erst, schauten einander an, brachen in ein Lachen aus, das aber nach seiner wunderbaren Art nur jenem Lachen Königs Ophiochs und der Königin Liris zu vergleichen war, und fielen dann im höchsten Entzücken einander in die Arme.
Und sowie das Paar lachte, da, o des herrlichen Wunders! stieg aus dem Kelch der Lotosblume ein göttlich Frauenbild empor und wurde höher und höher, bis das Haupt in das Himmelblau ragte, während man gewahrte, wie die Füße in der tiefsten Tiefe des Sees festwurzelten. In der funkelnden Krone auf ihrem Haupte saßen der Magus und

der Fürst, schauten hinab auf das Volk, das ganz ausgelassen, ganz trunken vor Entzücken jauchzte und schrie: „Es lebe unsere hohe Königin Mystilis!“ während die Musik des Zaubergartens in vollen Akkorden ertönte.
Und wiederum sangen tausend Stimmen:

Ja aus der Tiefe steigen selge Wonnen
Und fliegen leuchtend in die Himmelsräume.
Erschaut die Königin, die uns gewonnen!

Das Götterhaupt umschweben süße Träume,
Dem Fußtritt öffnen sich die reichen Schachten. –
Das wahre Sein im schönsten Lebenskeime
Verstanden die, die sich erkannten – lachten! –

Mitternacht war vorüber, das Volk strömte aus den Theatern. Da schlug die alte Beatrice das Fenster zu, aus dem sie hinausgeschaut, und sprach: „Es ist nun Zeit, daß ich alles bereite; denn bald kommt die Herrschaft, und bringt wohl noch gar den guten Signor Bescapi mit.“ So wie damals, als Giglio ihr den mit Leckerbissen gefüllten Korb hinauftragen mußte, hatte die Alte heute alles eingekauft zum leckern Mahl. Aber nicht wie damals durfte sie sich herumquälen in dem engen Loch, das eine Küche vorstellen sollte, und in dem engen armseligen Stübchen des Signor Pasquale. Sie hatte vielmehr über einen geräumigen Herd zu gebieten und über eine helle Kammer, so wie die Herrschaft wirklich in drei bis vier nicht zu großen Zimmern, in denen mehrere hübsche Tische, Stühle und sonstiges ganz leidliches Gerät befindlich, sich sattsam bewegen konnte.
Indem die Alte nun ein feines Linnen über den Tisch breitete, den sie in die Mitte des Zimmers gerückt, sprach sie schmunzelnd: „Hm! – es ist doch ganz hübsch von dem Signor Bescapi, daß er uns nicht allein die artige Wohnung eingeräumt, sondern uns auch mit allem Notwendigen so reichlich versorgt hat. Nun ist wohl die Armut auf immer von uns gewichen!“
Die Türe ging auf, und herein trat Giglio Fava mit seiner Giacinta.
„Laß dich“, sprach Giglio, „laß dich umarmen, mein süßes, holdes Weib! Laß es mich dir recht aus voller Seele sagen, daß erst seit dem Augenblick, da ich mit dir verbunden, mich die reinste herrlichste

Lust des Lebens beseelt. – Jedesmal, wenn ich dich deine Smeraldinen, oder andere Rollen, die der wahre Scherz geboren, spielen sehe, oder dir als Brighella, als Truffaldino, oder als ein anderer humoristischer Fantast zur Seite stehe, geht mir im Innern eine ganze Welt der kecksten, sinnigsten Ironie auf und befeuert mein Spiel. – Doch sage mir, mein Leben, welch ein ganz besonderer Geist war heute über dich gekommen? – Nie hast du so recht aus dem Innersten heraus Blitze des anmutigsten weiblichen Humors geschleudert; nie warst du in der kecksten, fantastischsten Laune so über alle Maßen liebenswürdig."

„Dasselbe", erwiderte Giacinta, indem sie einen leichten Kuß auf Giglioss Lippen drückte, „dasselbe möcht ich von dir sagen, mein geliebter Giglio! Auch du warst heute herrlicher, als je und hast vielleicht selbst nicht bemerkt, daß wir unsere Hauptszene unter dem anhaltenden gemütlichen Lachen der Zuschauer über eine halbe Stunde fort improvisierten. – Aber denkst du denn nicht daran, welch ein Tag heute ist? Ahnest du nicht, in welchen verhängnisvollen Stunden die besondere Begeisterung uns erfaßte? Erinnerst du dich nicht, daß es heute gerade ein Jahr her ist, da wir in den herrlichen hellen Urdarsee schauten und uns erkannten?"

„Giacinta", rief Giglio in freudigem Erstaunen, „Giacinta, was sprichst du? – Es liegt wie ein schöner Traum hinter mir, das Urdarland – der Urdarsee! – Aber nein! – es war kein Traum – wir haben uns erkannt! – O meine teuerste Prinzessin!"

„Oh", erwiderte Giacinta, „mein teuerster Prinz!" – Und nun umarmten sie sich aufs neue und lachten laut auf und riefen durcheinander: „Dort liegt Persien – dort Indien – aber hier Bergamo – hier Frascati – unsere Reiche grenzen – nein, nein, es ist ein und dasselbe Reich, in dem wir herrschen, ein mächtiges Fürstenpaar, es ist das schöne herrliche Urdarland selbst – Ha, welche Lust!" –

Und nun jauchzten sie im Zimmer umher und fielen sich wieder in die Arme und küßten sich und lachten. –

„Sind sie", brummte die alte Beatrice dazwischen, „sind sie nicht wie die ausgelassenen Kinder! – Ein ganzes Jahr schon verheiratet und liebeln noch und schnäbeln sich und springen umher und – o Heiland! werfen mir hier beinahe die Gläser vom Tische! – Ho ho – Signor Giglio, fahrt mir nicht mit Euerm Mantelzipfel hier ins Ragout – Signora Giacinta, habt Erbarmen mit dem Porzellan und laßt es leben!"

Aber die beiden achteten nicht auf die Alte, sondern trieben ihr Wesen fort. Giacinta faßte den Giglio endlich bei den Armen, schaute ihm in die Augen und sprach: „Aber sage mir, lieber Giglio, du hast ihn doch erkannt, den kleinen Mann hinter uns, im bunten Talar mit der elfenbeinernen Schachtel?" – „Warum", erwiderte Giglio, „warum denn nicht, meine liebe Giacinta? Es war ja der gute Signor Bescapi mit seiner schöpferischen Nadel, unser jetziger treuer Impresario, der uns zuerst in der Gestalt, wie sie durch unser innerstes Wesen bedingt ist, auf die Bühne brachte. Und wer hätte denken sollen, daß dieser alte wahnsinnige Scharlatan –"

„Ja", fiel Giacinta dem Giglio in die Rede, „ja dieser alte Celionati in seinem zerrissenen Mantel und durchlöcherten Hute –"

„– Daß dieses wirklich der alte fabelhafte Fürst Bastianello di Pistoja gewesen sein sollte?" – So sprach der stattliche glänzend gekleidete Mann, der in das Zimmer getreten.

„Ach!" rief Giacinta, indem ihr die Augen vor Freude leuchteten, „ach, gnädigster Herr, seid Ihr es selbst? – Wie glücklich sind wir, ich und mein Giglio, daß Ihr uns aufsucht in unserer kleinen Wohnung! – Verschmäht es nicht, mit uns ein kleines Mahl einzunehmen, und dann könnet Ihr uns fein erklären, was es denn eigentlich für eine Bewandtnis hat mit der Königin Mystilis, dem Urdarlande und Euerm Freunde, dem Zauberer Hermod, oder Ruffiamonte; ich werde aus dem allem noch nicht recht klug."

„Es bedarf", sprach der Fürst von Pistoja mit mildem Lächeln, „es bedarf, mein holdes süßes Kind, keiner weitern Erklärung; es genügt, daß du aus dir selber klug geworden bist und auch jenen kecken Patron, dem es ziemlich, dein Gemahl zu sein, klug gemacht hast – Sieh, ich könnte, meines Marktschreiertums eingedenk, mit allerlei geheimnisvollen und zugleich prahlerisch klingenden Worten um mich werfen; ich könnte sagen, du seist die Fantasie, deren Flügel erst der Humor bedürfe um sich emporzuschwingen, aber ohne den Körper des Humors wärst du nichts, als Flügel und verschwebtest, ein Spiel der Winde, in den Lüften. Aber ich will es nicht tun, und zwar auch schon aus dem Grunde nicht, weil ich zu sehr ins Allegorische, mithin in einen Fehler fallen würde, den schon der Prinz Cornelio Chiapperi auf dem Caffè greco mit Recht an dem alten Celionati gerügt hat. Ich will bloß sagen, daß es wirklich einen böse Dämon gibt, der Zobelmützen und schwarze Schlafröcke trägt, und sich für den großen Magus Hermod ausgebend, nicht allein gute Leute gewöhnlichen Schlages, sondern auch Königinnen, wie Mystilis, zu verhexen imstande ist. Sehr boshaft war es, daß der Dämon die Entzauberung der Prinzessin von einem Wunder abhängig gemacht hatte, das er für unmöglich hielt. In der kleinen Welt, das Theater genannt, sollte nämlich ein Paar gefunden werden, das nicht allein von wahrer Fantasie, von wahrem Humor im Innern beseelt, sondern auch imstande wäre, diese Stimmung des Gemüts objektiv, wie in einem Spiegel, zu erkennen und sie *so* ins äußere Leben treten zu lassen, daß sie auf die große Welt, in der jene kleine Welt eingeschlossen, wirke wie ein mächtiger Zauber. So sollte, wenn ihr wollt, wenigstens in gewisser Art das Theater den Urdarbronnen vorstellen, in den die Leute gucken können. – An euch, ihr lieben Kinder, glaubt ich bestimmt jene Entzauberung zu vollbringen und schrieb's sogleich meinem Freunde, dem Magus Hermod. Wie er sogleich anlangte, in meinem Plast abstieg, was für Mühe wir uns mit euch gaben, nun das wißt ihr, und wenn nicht Meister Callot ins Mittel getreten wäre und Euch, Giglio, herausgeneckt hätte aus Eurer Heldenjacke –"

„Ja", fiel hier Signor Bescapi dem Fürsten, dem er auf dem Fuße gefolgt, in die Rede, „ja, gnädigster Herr, bunte Heldenjacke – Gedenkt doch auch bei diesem lieben Paar ein wenig meiner, wie ich auch bei dem großen Werk mitgewirkt!"

„Allerdings", erwiderte der Fürst, „und darum weil Ihr auch an und für Euch selbst ein wunderbarer Mann waret, nämlich ein Schneider, der sich in die fantastischen Habite, die er zu verfertigen wußte, auch fantastische Menschen hineinwünschte, bediente ich mich Eurer Hülfe und machte Euch zuletzt zum Impresario des seltnen Theaters, wo Ironie gilt und echter Humor."

„Ich bin", sprach Signor Bescapi, sehr heiter lächelnd, „ich bin mir immer so vorgekommen, wie einer, der dafür sorgt, daß nicht gleich alles im Zuschnitt verdorben werde, gleichsam wie Form und Stil!"

„Gut gesagt", rief der Fürst von Pistoja, „gut gesagt, Meister Bescapi!"

Während nun der Fürst von Pistoja, Giglio und Bescapi von diesem und jenem sprachen, schmückte in anmutiger Geschäftigkeit Giacinta Zimmer und Tisch mit Blumen, die die alte Beatrice in der Eil herbeibringen müssen, zündete viele Kerzen an und nötigte, da nun alles hell und festlich aussah, den Fürsten in den Lehnstuhl, den sie mit reichen Tüchern und Teppichen so herausgeputzt hatte, daß er beinahe einem Thron zu vergleichen war.

„Jemand“, sprach der Fürst, ehe er sich niederließ, „jemand, den wir alle sehr zu fürchten haben, da er gewiß eine strenge Kritik über uns ergehen läßt und uns vielleicht gar die Existenz bestreitet, könnte vielleicht sagen, daß ich ohne allen weitern Anlaß mitten in der Nacht hierhergekommen sei bloß seinethalben, und um ihm noch zu erzählen, was ihr mit der Entzauberung der Königin Mystilis, die am Ende gar ganz eigentlich die Prinzessin Brambilla ist, zu schaffen hattet. Der Jemand hat unrecht; denn ich sage euch, daß ich herkam und jedesmal in der verhängnisvollen Stunde eurer Erkenntnis herkommen werde, um mich mit euch an dem Gedanken zu erlaben, daß wir und alle diejenigen als reich und glücklich zu preisen, denen es gelang, das Leben, sich selbst, ihr ganzes Sein in dem wunderbaren sonnenhellen Spiegel des Urdarsees zu erschauen und zu erkennen.“ –

Hier versiegt plötzlich die Quelle, aus der, o geneigter Leser! der Herausgeber dieser Blätter geschöpft hat. Nur eine dunkle Sage geht, daß sowohl dem Fürsten von Pistoja, als dem Impresario Bescapi die Makkaroni und der Syrakuser bei dem jungen Ehepaar sehr wohl geschmeckt haben sollen. Es ist auch zu vermuten, daß an demselben Abend sowohl, als nachher, mit dem beglückten Schauspielerpaar, da es mit der Königin Mystilis und großem Zaubern in mannigfache Berührung gekommen, sich noch manches Wunderbare zugetragen haben wird.

Meister Callot wäre der einzige, der darüber fernere Auskunft geben könnte.

Die Brautwahl

eine Berlinische Geschichte, in der mehrere ganz unwahrscheinliche Abenteuer vorkommen

Erstes Kapitel,

welches von Bräuten, Hochzeiten, Geheimen Kanzleisekretären, Turnieren, Hexenprozessen, Zauberteufeln und andern angenehmen Dingen handelt.

In der Nacht des Herbst-Äquinoktiums kehrte der Geheime Kanzleisekretär Tusmann aus dem Kaffeehause, wo er regelmäßig jeden Abend ein paar Stunden zuzubringen pflegte, nach seiner Wohnung zurück, die in der Spandauer Straße gelegen. In allem, was er tat, war der Geheime Kanzleisekretär pünktlich und genau. Er hatte sich daran gewöhnt, gerade während es auf den Türmen der Marien- und Nikolai-Kirchen eilf Uhr schlug, mit dem Rock- und Stiefelausziehen fertig zu werden, so daß er, in die geräumigen Pantoffeln gefahren, mit dem letzten dröhnenden Glockenschlage sich die Nachtmütze über die Ohren zog.

Um das heute nicht zu versäumen, da die Uhren sich schon zum Eilfschlagen anschickten, wollte er eben mit einem raschen Schritt (beinahe war es ein behender Sprung zu nennen) aus der Königsstraße in die Spandauer Straße hineinbiegen, als ein seltsames Klopfen, das sich dicht neben ihm hören ließ, ihn an den Boden festwurzelte.

Unten an dem Turm des alten Rathauses wurde er in dem hellen Schimmer der Reverberen eine lange hagere, in einen dunklen Mantel gehüllte Gestalt gewahr, die an die verschlossene Ladentüre des Kaufmanns Warnatz, der dort bekanntlich seine Eisenwaren feilhält, stark und stärker pochte, zurücktrat, tief seufzte, hinaufblickte nach den verfallenen Fenstern des Turms.

„Mein bester Herr“, wandte sich der Geheime Kanzleisekretär gutmütig zu dem Mann, „mein bester Herr, Sie irren sich, dort oben in dem Turm wohnt keine menschliche Seele, ja, nehme ich wenige Ratten und Mäuse und ein paar kleine Eulen aus, kein lebendiges Wesen. Wollen Sie von dem Herrn Warnatz einiges Vortreffliche in Eisen oder Stahl erstehen, so müssen Sie sich morgen wieder herbemühen."

„Verehrter Herr Tusmann" – „Geheimer Kanzleisekretär seit mehreren Jahren", fiel Tusmann dem Fremden unwillkürlich ins Wort, ungeachtet er etwas verdutzt darüber war, von dem Fremden gekannt zu sein. *Der* achtete darauf aber gar nicht im mindesten, sondern begann von neuem: „Verehrter Herr Tusmann, Sie belieben sich in meinem Beginnen hier ganz und gar zu irren. Weder der Eisen- noch der Stahlwaren bin ich bedürftig, habe es auch gar nicht mit dem Herrn Warnatz zu tun. Es ist heute das Herbst-Äquinoktium und da will ich die Braut schauen. Sie hat schon mein sehnsüchtiges Pochen, meine Liebesseufzer vernommen, und wird gleich oben am Fenster erscheinen."

Der dumpfe Ton, in dem der Mann diese Worte sprach, hatte etwas seltsam Feierliches, ja Gespenstisches, so daß es dem Geheimen Kanzleisekretär eiskalt durch alle Glieder rieselte. Der erste Schlag der eilften Stunde dröhnte von dem Marienkirchturm herab, in dem Augenblick klirrte und rauschte es an dem verfallenen Fenster des Rathausturms und eine weibliche Gestalt wurde sichtbar. Sowie der volle Laternenglanz ihr ins Antlitz fiel, wimmerte Tusmann ganz kläglich: „O du gerechter Gott im Himmel, o all ihr himmlischen Heerscharen, was ist denn das!"

Mit dem letzten Schlage, und also im selbigen Augenblick, wo Tusmann, wie sonst, die Schlafmütze aufzusetzen gedachte, war auch die Gestalt verschwunden.

Es war, als hätt die verwunderliche Erscheinung den Geheimen Kanzleisekretär ganz außer sich selbst gebracht. Er seufzte, stöhnte, starrte hinauf nach dem Fenster, lispelte in sich hinein: Tusmann – Tusmann, Geheimer Kanzleisekretär! – besinne dich doch nur! werde nicht verrückt, mein Herz! – Laß dich vom Teufel nicht blenden, gute Seele!"

„Sie scheinen", begann der Fremde, „von dem, was Sie sahen, sehr ergriffen worden zu sein, bester Herr Tusmann? – Ich habe bloß die Braut schauen wollen, und Ihnen selbst, Verehrter, muß dabei noch anderes aufgegangen sein."

„Bitte, bitte", wimmerte Tusmann, „wollen Sie mir nicht meinen schlichten Titel vergönnen, ich bin Geheimer Kanzleisekretär, und zwar in diesem Augenblick ein höchst alterierter, ja wie ganz von Sinnen gekommener. Bitte ergebenst, mein wertester Herr, gebe ich Ihnen selbst nicht den gebührenden Rang, so geschieht das lediglich aus völliger Unbekanntschaft mit Ihrer werten Person; aber ich will Sie Herr Geheimer Rat nennen, denn deren gibt es in unserm lieben Berlin so gar absonderlich viele, daß man mit diesem würdigen Titel selten irrt. Bitte also, Herr Geheimer Rat mögen es mir nicht länger verhehlen, was für eine Braut Sie hier zu der unheimlichen Stunde zu schauen gedachten!"

„Sie sind", sprach der Fremde mit erhöhter Stimme, „Sie sind ein besonderer Mann mit Ihren Titeln, mit Ihrem Rang. Ist man dann Geheimer Rat, wenn man sich auf manches Geheimnis versteht und auch wohl nebenher guten Rat zu erteilen vermag, so kann ich wohl billigen Fugs mich so nennen. Mich nimmt es wunder, daß ein so in alten Schriften und seltenen Manuskripten belesener Mann wie Sie, wertester Herr Geheimer Kanzleisekretär, es nicht weiß, daß wenn ein Kundiger – verstehen Sie wohl! – ein Kundiger, zur eilften Stunde in der Nacht des Äquinoktiums hier unten an die Türe oder auch nur an die Mauer des Turms klopft, ihm oben am Fenster dasjenige Mädchen erscheint, das bis zum Frühlings-Äquinoktium die glücklichste Braut in Berlin wird."

„Herr Geheimer Rat", rief Tusmann wie plötzlich begeistert von Freude und Entzücken, „verehrungswürdigster Herr Geheimer Rat, sollte das wirklich der Fall sein?"

„Es ist nicht anders", erwiderte der Fremde, „aber was stehen wir hier länger auf der Straße. Sie haben Ihre Schlafstunde bereits versäumt, wir wollen uns stracks in das neue Weinstübchen auf dem Alexanderplatz begeben. Es ist nur darum, daß Sie mehr von mir über die Braut erfahren, wenn Sie wollen, und wieder in die Gemütsruhe kommen, aus der Sie, selbst weiß ich nicht recht warum, ganz und gar herausgebracht zu sein scheinen."

Der Geheime Kanzleisekretär war ein höchst mäßiger Mann. Seine einzige Erholung bestand, wie schon erwähnt wurde, darin, daß er jeden Abend ein paar Stunden in einem Kaffeehause zubrachte, und politische Blätter, Flugschriften durchlaufend, ja auch in mitgebrachten Büchern emsig lesend ein Glas gutes Bier genoß. Wein trank er beinahe gar nicht, nur sonntags nach der Predigt pflegte er in einem Weinkeller ein Gläschen Malaga mit etwas Zwieback zu sich zu nehmen. Des Nachts zu schwärmen war ihm sonst ein Greuel; unbegreiflich schien es daher, daß er sich ohne Widerstand, ja ohne auch nur ein einziges Wort zu sagen, von dem Fremden fortziehen ließ, der mit starken durch die Nacht dröhnenden Schritten forteilte nach dem Alexanderplatz.

Als sie in die Weinstube eintraten, saß nur noch ein einziger Mann einsam an einem Tisch und hatte ein großes Glas mit Rheinwein gefüllt vor sich stehen. Die tief eingefurchten Züge seines Antlitzes zeugten von sehr hohem Alter. Sein Blick war scharf und stechend, und nur der stattliche Bart verriet den Juden, der alter Sitte und Gewohnheit treu geblieben. Dabei war er sehr altfränkisch, ungefähr wie man sich ums Jahr Eintausendsiebenhundertundzwanzig bis -dreißig trug, gekleidet, und daher mocht es wohl kommen, daß er aus längst vergangener Zeit zurückgekehrt schien.

Noch seltsamer war aber wohl der Fremde anzuschauen, auf den Tusmann getroffen.

Ein großer, hagerer, dabei kräftiger, in Gliedern und Muskeln stark gebauter Mann, scheinbar in den fünfziger Jahren. Sein Antlitz mochte sonst für schön gegolten haben, noch blitzten die großen Augen unter den schwarzen buschichten Augenbrauen mit jugendlichem Feuer hervor – eine freie offene Stirn – eine stark gebogene Adlersnase – ein fein geschlitzter Mund – ein gewölbtes Kinn – das alles hätte den Mann vor hundert andern eben nicht ausgezeichnet; während aber Rock und Unterkleid nach Art der neuesten Zeit zugeschnitten waren, gehörten Kragen, Mantel und Barett dem Ende des sechzehnten Jahrhunderts an; vorzüglich mocht es aber wohl der eigne, wie aus tiefer schauerlicher Nacht hinausstrahlende Blick des Fremden, der dumpfe Ton seiner Stimme, sein ganzes Wesen, das durchaus gegen jede Form der jetzigen Zeit grell abstach, vorzüglich mochte es das alles sein, was in seiner Nähe jedem ein seltsames beinahe unheimliches Gefühl einflößen mußte.

Der Fremde nickte dem Alten, der am Tische saß, zu, wie einem alten Bekannten.

„Seh ich Euch einmal wieder nach langer Zeit", rief er, „seid Ihr noch immer wohl auf?"

„Wie Ihr mich findet", erwiderte der Alte mürrisch, „wohl und gesund und noch zur rechten Zeit auf den Beinen, und munter und tätig, wenn es darauf ankommt!"

„Das fragt sich, das fragt sich", rief der Fremde laut lachend und

bestellte bei dem aufwartenden Burschen eine Flasche des ältesten Franzweins, der im Keller vorhanden.
„Mein bester, verehrungswürdigster Herr Geheimer Rat!" – begann Tusmann deprezierend.
Aber der Fremde fiel ihm schnell in die Rede: „Lassen wir doch jetzt alle Titel, bester Herr Tusmann. Ich bin weder Geheimer Rat noch Geheimer Kanzleisekretär, sondern nichts mehr und nichts weniger als ein Künstler, der in edlen Metallen und köstlichen Gestein arbeitet, und heiße mit Namen Leonhard."
„Also ein Goldschmied, ein Juwelier", murmelte Tusmann vor sich hin. Er besann sich nun auch, daß er bei dem ersten Anblick des Fremden in der erleuchteten Weinstube es hätte wohl einsehen müssen, wie der Fremde unmöglich ein ordentlicher Geheimer Rat sein könne, da er in altdeutschem Mantel, Kragen und Barett angetan, wie solches bei Geheimen Räten nicht üblich.
Beide, Leonhard und Tusmann, setzten sich nun hin zu dem Alten, der sie mit einem grinsenden Lächeln begrüßte.
Nachdem Tusmann auf vieles Nötigen Leonhards ein paar Gläser des gehaltigen Weins getrunken, trat Röte auf seine blassen Wangen; vor sich hinblickend, den Wein gemütlich einschlürfend, lächelte und schmunzelte er überaus freundlich, als gingen die angenehmsten Bilder in seinem Inneren auf.
„Und nun", begann Leonhard, „und nun sagen Sie mir unverhohlen, bester Herr Tusmann, warum Sie so gar besonders sich gebärdeten, als die Braut im Fenster des Turms erschien, und was jetzt so ganz und gar Ihr Inneres erfüllt? Wir sind, Sie mögen das nun glauben oder nicht, alte Freunde und Bekannte, und vor diesem guten Mann brauchen Sie sich gar nicht zu genieren."
„O Gott", erwiderte der Geheime Kanzleisekretär, „o Gott, mein verehrtester Herr Professor – lassen Sie mich Ihnen diesen Titel geben; denn da Sie, wie ich überzeugt bin, ein sehr wackrer Künstler sind, könnten Sie mit Fug und Recht Professor bei der Akademie der Künste sein – Also! mein verehrtester Herr Professor – vermag ich denn zu schweigen? Wovon das Herz voll ist, davon geht der Mund über! – Erfahren Sie es! – Ich gehe, wie man sprüchwörtlich zu sagen pflegt, auf Freiers Füßen, und gedenke zum Frühlings-Äquinoktium ein glückliches Bräutlein heimzuführen. Konnt es denn nun wohl fehlen, daß es mir durch alle Adern fuhr, als Sie, verehrtester Herr Professor, beliebten, mir eine glückliche Braut zu zeigen?"

„Was“, unterbrach der Alte den Geheimen Kanzleisekretär mit kreischender, krächzender Stimme, „was? – Sie wollen heiraten? Sie sind ja viel zu alt dazu, und häßlich wie ein Pavian.“

Tusmann erschrak über die entsetzliche Grobheit des jüdischen Alten so sehr, daß er kein Wort herauszubringen vermochte.

„Nehmen Sie“, sprach Leonhard, „dem Alten da das harte Wort nicht übel, lieber Herr Tusmann, er meint es nicht so böse als es wohl den Anschein haben möchte. Aufrichtig gesagt muß ich aber auch selbst gestehen, wie es mich bedünken will, daß Sie etwas spät sich zur Heirat entschlossen haben, da Sie mir beinahe ein Fünfziger zu sein scheinen.“

„Auf den 9ten Oktober am Tage des heiligen Dionysius erreiche ich mein achtundvierzigstes Jahr“, fiel Tusmann etwas empfindlich ein.

„Dem sei, wie ihm wolle“, fuhr Leonhard fort, „es ist auch nicht das Alter allein, das Ihnen entgegensteht. Sie haben bisher ein einfaches, einsames Junggesellenleben geführt, Sie kennen das weibliche Geschlecht nicht, Sie werden sich nicht zu raten, nicht zu helfen wissen.“

„Was raten, was helfen“, unterbrach Tusmann den Goldschmied, „ei bester Herr Professor, Sie müssen mich für ungemein leichtsinnig und unverständig halten, wenn Sie glauben, daß ich blindlings ohne Rat und Überlegung zu handeln imstande wäre. Jeden Schritt, den ich tue, erwäge und bedenke ich weislich, und als ich mich in der Tat von dem Liebespfeil des losen Gottes, den die Alten Cupido nannten, getroffen fühlte, sollte da nicht all mein Dichten und Trachten dahin gegangen sein, mich für diesen Zustand gehörig auszubilden? – Wird jemand, der ein schweres Examen zu überstehen gedenkt, nicht emsig alle Wissenschaften studieren, aus denen er befragt werden soll? – Nun, verehrtester Herr Professor, meine Heirat ist ein Examen, zu dem ich mich gehörig vorbereite, und wohl zu bestehen glaube. Sehen Sie, bester Mann, dieses kleine Buch, das ich, seit ich mich zu lieben und zu heiraten entschlossen, beständig bei mir trage, und unaufhörlich studiere, sehen Sie es an, und überzeugen Sie sich, daß ich die Sache gründlich und gescheut beginne, und keineswegs als ein Unerfahrener erscheinen werde, ungeachtet mir, wie ich gestehen will, das ganze weibliche Geschlecht bis dato fremd geblieben.“

Mit diesen Worten hatte der Geheime Kanzleisekretär ein kleines, in Pergament gebundenes Buch aus der Tasche gezogen und den Titel aufgeschlagen, welcher folgendermaßen lautete:

Kurzer Entwurff der politischen Klugheit, sich selbst und andern in allen Menschlichen Gesellschaften wohl zu rathen und zu einer gescheiden *Conduite* zu gelangen; Allen Menschen, die sich klug zu seyn dünken, oder noch klug werden wollen, zu höchst nöthiger Bedürfniß und ungemeinem Nutzen, aus dem Lateinischen des Herrn *Thomasii* übersetzt. Nebst einem ausführlichen Register. Frankfurt und Leipzig. In Verlag Johann Großens Erben. 1710.

„Bemerken Sie", sprach Tusmann mit süßem Lächeln, „bemerken Sie, wie der würdige Autor im siebenten Kapitel, das lediglich vom Heiraten und von der Klugheit eines Hausvaters handelt, § 6 ausdrücklich sagt:

Zum wenigsten soll man damit nicht eilen. Wer bei vollkommenem männlichem Alter heirathet, wird so viel klüger, weil er so viel weiser wird. Frühzeitige Heirathen machen unverschämte oder arglistige Leute, und werffen sowohl des Leibes, als des Gemüths Kräfte übern Hauffen. Das männliche Alter ist zwar nicht ein Anfang der Jugend, dieselbe aber soll nicht eher, als mit demselben zugleich sich enden.

Und dann, was die Wahl des Gegenstandes betrifft, den man zu lieben und zu heiraten gesonnen, so sagt der vortreffliche Thomasius § 9:

Die Mittelstraße ist die sicherste, man nehme keine allzu Schöne noch Häßliche, keine sehr Reiche noch sehr Arme, keine Vornehmere noch Geringere, sondern, die mit uns gleichen Standes ist, und so wird auch bey den meisten übrigen Eigenschafften die Mittelstraße zu treffen das Beste seyn.

Dem bin ich denn auch gefolgt, und habe mit der anmutigen Person, die ich erwählet, nach dem Rat, den Herr Thomasius im § 17 erteilet, nicht nur einmal Konversation gepfleget, weil man durch Verstellung der Fehler und Annehmung von allerhand Scheintugenden leicht hintergangen werden kann, sondern zum öftern, da es denn unmöglich ist, sich gänzlich in die Länge zu bergen."
„Aber", sprach der Goldschmied, „aber mein werter Herr Tusmann,

eben dieser Umgang, oder wie Sie es zu nennen belieben, diese Konversation mit den Weibern scheint mir, soll man nicht getäuscht werden auf schnöde Weise, langer Erfahrung und Übung zu bedürfen."

„Auch hierin", erwiderte Tusmann, „steht der große Thomasius zur Seite, indem er sattsam lehrt, wie eine vernünftige angenehme Konversation einzurichten und wie vorzüglich, konversiert man mit Frauenzimmern, dabei einiger Scherze auf liebliche Art einzumischen. Aber Scherzreden, sagt mein Autor im fünften Kapitel, soll man sich bedienen, wie ein Koch des Salzes, ja selbst der spitzigen Redensarten wie eines Gewehrs, nicht andere damit anzutasten, sondern zu unserer Beschützung, ebenmäßig als ein Igel seine Stacheln zu brauchen pfleget. Und soll man dabei als ein kluger Mann auf die Gebärden fast noch mehr, als auf die Worte regardieren, indem öfters das, was einer in Diskursen verbirget, durch Gebärden hervorbricht, und die Worte gemeiniglich nicht so viel als die übrige Aufführung zu Erwekkung Freund- oder Feindschaft vermögen."

„Ich merk es schon", nahm der Goldschmied das Wort, „man kommt Ihnen auf keine Weise bei, Sie sind gegen alles gewappnet und gerüstet. Wetten will ich daher auch, daß Sie durch Ihr Betragen die Liebe der von Ihnen erkornen Dame ganz und gar gewonnen."

„Ich befleißige mich", sprach Tusmann, „nach Thomasii Rat einer ehrerbietigen und freundlichen Gefälligkeit, denn diese ist sowohl das natürlichste Merkmal der Liebe, als der natürlichste Zug zur Erweckung der Gegenliebe, gleichwie das Hojanen oder Gähnen eine ganze Gesellschaft zur Nachahmung antreibt. Doch gehe ich in der allzu großen Ehrerbietung nicht zu weit, denn ich bedenke wohl, daß, wie Thomasius lehrt, die Weiber weder gute noch böse Engel, sondern bloße Menschen, und zwar, den Leibes- und Gemütskräften nach, schwächere Kreaturen sind, als wir, welches der Unterschied des Geschlechts sattsam anzeiget."

„Ein schwarz Jahr", rief der Alte ergrimmt, „komme über Euch, daß Ihr läppisches Zeug schwatzt ohne Aufhören und mir die gute Stunde verderbt, in der ich hier mich zu erlaben gedachte nach vollbrachtem großen Werk!"

„Schweigt nur Alter", sprach der Goldschmied mit erhöhter Stimme, „seid froh, daß wir Euch hier leiden; denn mit Euerm brutalen Wesen seid Ihr ein unangenehmer Gast, den man eigentlich hinauswerfen sollte. – Lassen Sie sich, wertester Herr Tusmann, durch den Alten nicht irren. Sie sind der alten Zeit hold, Sie lieben den Thomasius; was mich betrifft, so gehe ich noch viel weiter zurück, da ich nur auf *die* Zeit etwas gebe, der, wie Sie sehen, zum Teil meine Kleidung angehört. Ja, Verehrter, jene Zeit war wohl herrlicher, als die jetzige, und aus ihr stammt noch jener schöne Zauber her, den Sie heute am alten Rathausturm geschaut haben."

„Wie das, wertester Herr Professor?" fragte der Geheime Kanzleisekretär.

„Ei", fuhr der Goldschmied fort, „damals gab es gar öfters fröhliche Hochzeit auf dem Rathause, und solche Hochzeiten sahen ein wenig anders aus, als die jetzigen. – Nun! manche glückliche Braut blickte damals zum Fenster heraus, und so ist es ein anmutiger Spuk, wenn noch jetzt ein luftiges Gebilde, was sich jetzt begeben wird, weissagt aus dem, was vor langer Zeit geschehen. Überhaupt muß ich bekennen, daß damals unser Berlin bei weitem lustiger und bunter sich ausnahm, als jetzt, wo alles auf einerlei Weise ausgeprägt wird, und man in der Langeweile selbst die Lust sucht und findet, sich zu langweilen. Da gab's Feste, andere Feste, als man sie jetzt ersinnen mag. Ich will nur daran denken, wie im Jahr Eintausendfünfhundertundeinundachtzig zu Okuli in der Fasten der Kurfürst Augustus zu Sachsen mit seinem Gemahl und Sohne Christian von allen anwesenden Herrn herrlich und prächtig zu Cölln eingeholt wurde mit etlichen hundert Pferden. Und die Bürger beider Städte, Berlin und Cölln samt den Spandauischen, standen zu beiden Seiten vom Köpenicker Tore bis zum Schlosse in vollständiger Rüstung. Tages darauf gab es ein stattliches Ringrennen, bei dem der Kurfürst zu Sachsen und Graf Jost zu Barby mit mehreren vom Adel aufzogen in goldener Kleidung, hohen goldnen Stirnhauben, an Schultern, Ellenbogen und Knien mit goldenen Löwenköpfen, sonst an Armen und Beinen mit fleischfarbener Seide, als wären sie bloß gewesen, angetan, wie man die heidnischen Kämpfer zu malen pflegt. Sänger und Instrumentisten saßen verborgen in einer goldenen Arche Noahs, und darauf ein kleiner Knabe mit fleischfarbener Seide bekleidet, mit Flügeln, Bogen, Köcher und mit verbundenen Augen, wie der Cupido gemalt wird. Zwei andere Knaben mit schönen weißen Straußfedern bekleidet, goldenen Augen und Schnäbeln wie Täubelein führten die Arche, in welcher, wenn der Fürst gerannt und getroffen, die Musik ertönte. Darauf ließ man etliche Tauben aus der Arche, von denen sich eine auf die spitze Zobelmütze unsers gnädigen Herrn Kurfürsten setzte, mit den Flügeln schlug und eine welsche Arie zu singen begann, gar lieblich und viel schöner, als siebenzig Jahre später unser Hofsänger Bernhard Pasquino Grosso aus Mantua zu singen pflegte, wiewohl nicht so anmutig, als zu jetziger Zeit unsere Theatersängerinnen, die freilich, zeigen sie ihre Kunst, besser plaziert sind, als jenes Täubelein. Dann gab es ein Fußturnier, zu dem zog der Kurfürst von Sachsen mit dem Grafen von Barby in einem Schiffe auf, das war mit gelbem und schwarzem Zeuge bekleidet, und hatte ein Segel von goldenem Zindel. Und es saß hinter dem Herrn der kleine Knabe, der Tages zuvor Cupido gewesen, mit einem langen bunten Rocke und spitzigem Hute von gelbem und schwarzem Zeuge und langem grauen Barte. Sänger und Instrumentisten waren ebenso gekleidet. Aber rings um das Schiff tanzten und sprangen viele Herren vom Adel her, mit Köpfen und Schwänzen von Lachsen, Heringen und andern lustigen Fischen angetan, welches sich gar anmutig ausnahm. Am Abend um die zehnte Stunde wurde ein schönes Feuerwerk angezündet, welches einige tausend Schüsse hatte, in der Gestalt einer viereckigen Festung mit Landsknechten besetzt, die alle voller Schüsse waren, und trieben die Büchsenmeister viel merkliche Possen mit Stechen und Fechten, und ließen feurige Rosse und Männer, seltsame Vögel und andere Tiere in die Höhe fahren mit schrecklichem Gerassel und Geprassel. Das Feuerwerk dauerte an die zwei Stunden.“ – Während der Goldschmied dies alles erzählte, gab der Geheime Kanzleisekretär alle Zeichen der innigsten Teilnahme, des höchsten Wohlgefallens von sich. Er rief mit feiner Stimme: „Ei – Oh – Ach –“ dazwischen, schmunzelte, rieb sich die Hände, rutschte auf dem Stuhle hin und her, und schlürfte dabei ein Glas Wein nach dem andern hinunter.

„Mein verehrtester Herr Professor“, rief er endlich im Falsett, den ihm die höchste Freude abzunötigen pflegte, „mein teuerster, verehrtester Herr Professor, was sind das für herrliche Dinge, von denen Sie so lebhaft zu erzählen belieben, als wären Sie selbst persönlich dabei gewesen.“

„Ei“, erwiderte der Goldschmied, „soll ich denn vielleicht nicht dabei gewesen sein?“

Tusmann wollte, den Sinn dieser verwunderlichen Rede nicht fassend, eben weiter fragen, als der Alte mürrisch zum Goldschmied sprach: „Vergeßt doch die schönsten Feste nicht, an denen sich die Berliner ergötzten in jener Zeit, die Ihr so hoch erhebt. Wie auf dem Neumarkt die Scheiterhaufen dampften, und das Blut floß der unglücklichen Schlachtopfer, die auf die entsetzlichste Weise gemartert alles gestanden, was der tollste Wahn, der plumpste Aberglaube nur sich erträumen konnte."

„Ach", nahm der Geheime Kanzleisekretär das Wort, „ach, Sie meinen gewiß die schnöden Hexen- und Zauberprozesse, wie sie in alter Zeit stattfanden, mein bester Herr! – Ja, das war freilich ein schlimmes Ding, dem unsere schöne Aufklärung ein Ende gemacht hat."

Der Goldschmied warf seltsame Blicke auf den Alten und auf Tusmann, und fragte endlich mit geheimnisvollem Lächeln diesen: „Kennen Sie die Geschichte vom Münzjuden Lippold, wie sie sich im Jahr Eintausendfünfhundertundzweiundsiebenzig zutrug?"

Noch ehe Tusmann antworten konnte, fuhr der Goldschmied weiter fort: „Großen Betruges und arger Schelmerei war der Münzjude Lippold angeklagt, der sonst das Vertrauen des Kurfürsten besaß, dem ganzen Münzwesen im Lande vorstand, und allemal, wenn es not tat, gleich mit bedeutenden Summen bei der Hand war. Sei es aber nun, daß er sich gut auszureden wußte, oder daß ihm andere Mittel zu Gebote standen, sich vor den Augen des Kurfürsten rein zu waschen von aller Schuld, oder daß, wie man damals sich auszudrükken pflegte, etzliche, die beim Herrn Tun und Lassen waren, mit der silbernen Büchse geschossen; genug, es war an dem, daß er als unschuldig loskommen sollte; er wurde nur noch in seinem kleinen in der Stralauer Straße belegenen Hause von Bürgern bewacht. Da trug es sich zu, daß er sich mit seinem Weibe erzürnte, und daß diese in zornigem Mute sprach: ‚Wenn der gnädige Herr Kurfürst nur wüßte, was du für ein böser Schelm bist, und was für Bubenstücke du mit deinem Zauberbuche kannst zuwege bringen, würdest du lange kalt sein.' Das wurde dem Kurfürsten berichtet, der ließ strenge nachforschen in Lippolds Hause nach dem Zauberbuche, das man endlich fand, und das, als es Leute, die dessen Verstand hatten, lasen, seine Schelmerei klar an den Tag brachte. Böse Künste hatte er getrieben, um den Herrn sich ganz zu eigen zu machen, und das ganze Land zu beherrschen, und nur des Kurfürsten Gottseligkeit hatte dem satanischen Zauber widerstanden. Lippold wurde auf dem Neumarkt hingerichtet, als aber die Flammen seinen Körper und das Zauberbuch verzehrten, kam unter dem Gerüst eine große Maus hervor, und lief ins Feuer. Viele Leute hielten die Maus für Lippolds Zauberteufel."

Während der Goldschmied dies erzählte, hatte der Alte beide Arme auf den Tisch gestützt, die Hände vors Gesicht gehalten, und ge-

stöhnt und geächzt, wie einer, der große unerträgliche Schmerzen leidet.
Der Geheime Kanzleisekretär schien dagegen nicht sonderlich auf des Goldschmieds Worte zu achten. Er war über die Maßen freundlich, und in dem Augenblick von ganz andern Gedanken und Bildern erfüllt. Als nämlich der Goldschmied geendet, fragte er schmunzelnd mit süß lispelnder Stimme: „Aber sagen Sie mir nur, mein allerwertester hochverehrtester Herr Professor, war denn das wirklich die Demoiselle Albertine Voßwinkel, die aus dem verfallenen Fenster des Rathausturmes mit ihren schönen Augen auf uns herniederblickte?"
„Was," fuhr ihn der Goldschmied wild an, „was haben Sie mit der Albertine Voßwinkel?"
„Nun", erwiderte Tusmann kleinlaut, „nun du mein lieber Himmel, das ist ja eben diejenige holde Dame, die ich zu lieben und zu heiraten unternommen."
„Herr", rief nun der Goldschmied blutrot im ganzen Gesicht und glühenden Zorn in den feuersprühenden Augen, „Herr, ich glaube, Sie sind vom Teufel besessen oder total wahnsinnig? Sie wollen die schöne blutjunge Albertine Voßwinkel heiraten? Sie alter abgelebter armseliger Pedant? Sie, der Sie mit all Ihrer Schulgelehrsamkeit, mit samt Ihrer aus dem Thomasius geschöpften politischen Klugheit nicht drei Schritt über Ihre eigne Nase wegsehen können? – Solche Gedanken lassen Sie sich nur vergehen, sonst könnte Ihnen noch in dieser Äquinoktial-Nacht das Genick gebrochen werden."
Der Geheime Kanzleisekretär war sonst ein sanfter friedfertiger, ja furchtsamer Mann, der niemanden, wurde er auch angegriffen, ein hartes Wort sagen konnte. Zu schnöde waren aber wohl des Goldschmieds Worte, und kam noch hinzu, daß Tusmann mehr starken Wein als er gewohnt, getrunken hatte, so konnt es nicht fehlen, daß er, wie sonst niemals, zornig auffuhr, und mit gellender Stimme rief: „Ich weiß gar nicht, wie Sie mir vorkommen, mein unbekannter Herr Goldschmied, was Sie berechtigt, mir so zu begegnen? – Ich glaube gar, Sie wollen mich äffen durch allerhand kindische Künste, und vermessen sich, die Demoiselle Albertine Voßwinkel selbst lieben zu wollen, und haben die Dame porträtiert auf Glas und mir mittelst einer Laterna magica, die Sie unter dem Mantel verborgen, das angenehme Bildnis gezeigt am Rathausturm! – O mein Herr, auch ich verstehe mich auf solche Dinge, und Sie verfehlen den Weg, wenn Sie

glauben, mich durch Ihre Künste, durch Ihre groben Redensarten einzuschüchtern!"

„Nehmen Sie sich in acht", sprach nun der Goldschmied gelassen und sonderbar lächelnd, „nehmen Sie sich in acht, Tusmann, Sie haben es hier mit kuriosen Leuten zu tun."

Aber in dem Augenblick grinste, statt des Goldschmieds, ein abscheuliches Fuchsgesicht den Geheimen Kanzleisekretär an, der, von dem tiefsten Entsetzen erfaßt, zurücksank in den Sessel.

Der Alte schien sich über des Golschmieds Verwandlung weiter gar nicht zu verwundern, vielmehr hatte er auf einmal sein mürrisches Wesen ganz verloren, und rief lachend: „Sehen Sie doch, welch hübscher Spaß; – aber das sind brotlose Künste, da weiß ich Besseres, und vermag Dinge, die dir stets zu hoch geblieben sind, Leonhard."

„Laß doch sehen", sprach der Goldschmied, der nun wieder sein menschliches Gesicht angenommen, sich ruhig an den Tisch setzend, „laß doch sehen, was du kannst."

Der Alte holte einen großen schwarzen Rettich aus der Tasche, putzte und schälte ihn mit einem kleinen Messer, das er ebenfalls hervorgezogen, sauber ab, zerschnitt ihn in dünne Scheiben, und legte diese auf den Tisch.

Aber sowie er mit geballter Faust auf eine Rettichscheibe schlug, sprang klappernd ein schön ausgeprägtes flimmerndes Goldstück hervor, das er faßte, und dem Goldschmied zuwarf. Doch, sowie dieser das Goldstück auffing, zerstäubte es in tausend knisternde Funken. Das schien den Alten zu ärgern, immer rascher und stärker prägte er die Rettichscheiben aus, immer prasselnder zersprangen sie in des Goldschmieds Hand.

Der Geheime Kanzleisekretär war ganz außer sich, betäubt von Entsetzen und Angst; endlich raffte er sich mit Gewalt auf aus der Ohnmacht, der er nahe war, und sprach mit bebender Stimme: „Da will ich mich doch den hochzuverehrenden Herren lieber ganz gehorsamst empfehlen"; sprang alsbald, nachdem er Hut und Stock ergriffen, schnell zur Türe heraus.

Auf der Straße hörte er, wie die beiden Unheimlichen hinter ihm her eine gellende Lache aufschlugen, vor der ihm das Blut in den Adern gefror.

Zweites Kapitel,

worin erzählt wird, wie eines Zigarros halber, der nicht brennen wollte, sich ein Liebesverständnis erschloß, nachdem die Verliebten schon früher mit den Köpfen aneinandergerannt.

Auf weniger verfängliche Weise, als der Geheime Kanzleisekretär Tusmann, hatte der junge Maler Edmund Lehsen die Bekanntschaft des alten wunderlichen Goldschmieds Leonhard gemacht.

Edmund entwarf gerade an einer einsamen Stelle des Tiergartens eine schöne Baumgruppe nach der Natur, als Leonhard zu ihm trat, und ohne Umstände ihm über die Schulter ins Blatt hineinsah. Edmund ließ sich gar nicht stören, sondern zeichnete emsig fort, bis der Goldschmied rief: „Das ist ja eine ganz sonderbare Zeichnung, lieber junger Mann, das werden ja am Ende keine Bäume, das wird ja ganz etwas anders."

„Merken Sie etwas, mein Herr?" sprach Edmund mit leuchtenden Blicken. „Nun", fuhr der Goldschmied fort, „ich meine, aus den dicken Blättern da kuckten allerlei Gestalten heraus im buntesten Wechsel, bald Genien, bald seltsame Tiere, bald Jungfrauen, bald Blumen. Und doch sollte das Ganze wohl nur sich zu jener Baumgruppe uns gegenüber gestalten, durch die die Strahlen der Abendsonne so lieblich funkeln."

„Ei, mein Herr", rief Edmund, „Sie haben entweder einen gar tiefen Sinn, ein durchschauendes Auge für dergleichen, oder ich war in diesen Augenblicken glücklicher im Darstellen meiner innersten Empfindungen, als jemals. Ist es Ihnen nicht auch so, wenn Sie sich in der Natur ganz Ihrem sehnsüchtigen Gefühl überlassen, als schauten durch die Bäume, durch das Gebüsch, allerlei wunderbare Gestalten Sie mit holden Augen an? – Das war es, was ich in dieser Zeichnung recht versinnlichen wollte, und ich merke, es ist mir gelungen."

„Ich verstehe", sprach Leonhard etwas kalt und trocken, „Sie wollten frei von allem eigentlichen Studium sich Rast geben, und in einem anmutigen Spiel Ihrer Fantasie sich erheitern und erkräftigen."

„Keineswegs, mein Herr!" erwiderte Edmund, „gerade diese Art nach der Natur zu zeichnen, halte ich für mein bestes, nutzenvollstes Studieren. Aus solchen Studien trag ich das wahrhaft Poetische, Fantastische in die Landschaft. Dichter muß der Landschaftsmaler ebensogut sein, als der Gesichtsmaler, sonst bleibt er ewig ein Stümper."

„Hilf Himmel“, rief Leonhard, „auch Sie, lieber Edmund Lehsen –“

„Wie“, unterbrach Edmund den Goldschmied, „wie, Sie kennen mich, mein Herr!“

„Warum“, erwiderte Leonhard, „soll ich Sie denn nicht kennen? – Ich machte Ihre erste werte Bekanntschaft in einem Augenblick, auf den Sie sich wahrscheinlich nicht sehr deutlich besinnen werden, nämlich, als sie soeben geboren waren. Für die wenige Welterfahrung, die Sie damals besitzen konnten, hatten Sie sich überaus sittig und klug betragen, Ihrer Frau Mama ungemein wenig Mühe gemacht, und sogleich ein sehr wohlklingendes Freudengeschrei erhoben, auch heftig ans Tageslicht verlangt, das man Ihnen nach meinem Rat nicht verweigern durfte, da nach dem Ausspruch der neuesten Ärzte dieses den neugeborenen Kindern nicht nur keineswegs schadet, sondern vielmehr wohltätig auf ihren Verstand, auf ihre physischen Kräfte überhaupt wirkt. Ihr Herr Papa war auch dermaßen fröhlich, daß er auf einem Beine im Zimmer herumhopste, und aus der Zauberflöte sang: Bei Männern, welche Liebe fühlen etc. Nachher gab er mir Ihre kleine Person in die Hände und bat mich, Ihr Horoskop zu stellen, welches ich auch tat. Dann kam ich noch öfters in Ihres Vaters Haus und Sie verschmähten nicht, manche Tüte Rosinen und Mandeln aufzunaschen, die ich Ihnen mitbrachte. Nachher ging ich auf Reisen, Sie mochten damals sechs oder acht Jahre alt sein. Dann kam ich hierher nach Berlin, sah Sie und vernahm mit Vergnügen, daß Ihr Vater Sie aus Müncheberg hierher geschickt, um die edle Malerkunst zu studieren, für welches Studium in Müncheberg eben nicht sonderlicher Fond vorhanden an Bildern, Marmorn, Bronzen, Gemmen und andern bedeutenden Kunstschätzen. Ihre gute Vaterstadt kann sich darin nicht mit Rom, Florenz oder Dresden messen, wie vielleicht künftig Berlin, wenn funkelnagelneue Antiken aus der Tiber gefischt und hierher transportiert werden.“

„Mein Gott“, sprach Edmund, „jetzt gehen mir alle Erinnerungen aus meiner frühesten Jugend lebhaft auf. Sind Sie nicht Herr Leonhard?“

„Allerdings“, erwiderte der Goldschmied, „heiße ich Leonhard und nicht anders, indessen möcht es mich doch wundern, wenn Sie sich aus so früher Zeit meiner noch erinnern sollten.“

„Und doch“, fuhr Edmund fort, „ist es der Fall. Ich weiß, daß ich mich jedesmal, wenn Sie in meines Vaters Hause erschienen, sehr freute, weil Sie mir allerlei Näschereien mitbrachten, und sich überhaupt viel

mit mir abgaben, und dabei verließ mich nicht eine scheue Ehrfurcht, ja eine gewisse Angst und Beklommenheit, die oft noch fortdauerte, wenn Sie schon weggegangen waren. Aber noch mehr sind es die Erzählungen meines Vaters von Ihnen, die Ihr Andenken in meiner Seele frisch erhalten haben. Er rühmte sich Ihrer Freundschaft, da Sie ihn mit besonderer Gewandtheit aus allerlei verdrüßlichen Vorfällen und Verwicklungen, wie sie im Leben wohl vorkommen, glücklich gerettet hatten. Mit Begeisterung sprach er aber davon, wie Sie in die tiefen geheimen Wissenschaften eingedrungen, über manche verborgene Naturkraft geböten nach Willkür, und manchmal – verzeihen Sie – gab er nicht undeutlich zu verstehen, Sie wären wohl am Ende, das Ding bei Lichte besehen, Ahasverus, der ewige Jude!"
„Warum nicht gar der Rattenfänger von Hameln, oder der Alte Überall und Nirgends, oder das Petermännchen, oder sonst ein Kobold", unterbrach der Goldschmied den Jüngling; „aber wahr mag es sein und ich will es gar nicht leugnen, daß es mit mir eine gewisse eigene Bewandtnis hat, von der ich nicht sprechen darf, ohne Ärgernis zu erregen. Ihrem Herrn Papa habe ich in der Tat viel Gutes erzeigt durch meine geheimen Künste; vorzüglich erfreute ihn gar sehr das Horoskop, das ich Ihnen stellte nach Ihrer Geburt."
„Nun", sprach der Jüngling, indem hohe Röte seine Wangen überflog, „nun, mit dem Horoskop war es eben nicht so sehr erfreulich. Mein Vater hat es mir oft wiederholt, Ihr Ausspruch sei gewesen, es würde was Großes aus mir werden, entweder ein großer Künstler, oder ein großer Narr. – Wenigstens hab ich es aber diesem Ausspruch zu verdanken, daß mein Vater meiner Neigung zur Kunst freien Lauf ließ, und glauben Sie nicht, daß Ihr Horsokop zutreffen wird?"
„O ganz gewiß", erwiderte der Goldschmied sehr kalt und gelassen, „es ist gar nicht daran zu zweifeln, denn Sie sind eben jetzt auf dem schönsten Wege, ein großer Narr zu werden."
„Wie, mein Herr", rief Edmund betroffen, „wie mein Herr, Sie sagen mir das so geradezu ins Gesicht? Sie –"
„Es liegt", fiel ihm der Goldschmied ins Wort, „nun gänzlich an dir, der schlimmen Alternative meines Horoskops zu entgehen und ein tüchtiger Künstler zu werden. Deine Zeichnungen, deine Entwürfe, verraten eine reichlich lebendige Fantasie, eine rege Kraft des Ausdrucks, eine kecke Gewandtheit der Darstellung; auf diese Fundamente läßt sich ein wackeres Gebäude aufführen. Laß ab von aller modischen Überspanntheit, und gib dich ganz hin dem ernsten Stu-

dium. Ich rühm es, daß du nach der Würde und Einfachheit der alten deutschen Maler trachtest, aber auch hier magst du sorglich die Klippe vermeiden, an der so viele scheitern. Es gehört wohl ein tiefes Gemüt, eine Seelenkraft, die der Erschlaffung der modernen Kunst zu widerstehen vermag, dazu, ganz aufzufassen den wahren Geist der alten deutschen Meister, ganz einzudringen in den Sinn ihrer Gebilde. Nur dann wird sich aus dem Innersten heraus der Funke entzünden, und die wahre Begeisterung Werke schaffen, die ohne blinde Nachahmerei eines besseren Zeitalters würdig sind. Aber jetzt meinen die jungen Leute, wenn sie irgend ein biblisches Bild mit klapperdürren Figuren, ellenlangen Gesichtern, steifen, eckichten Gewändern und falscher Perspektive zusammenstoppeln, sie hätten gemalt in der Manier der alten deutschen hohen Meister. Solche geistestote Nachähmler mögen dem Bauernjungen zu vergleichen sein, der in der Kirche bei dem Vaterunser den Hut vor die Nase hielt, ohne es auswendig beten zu können, angebend, wisse er auch das Gebet nicht, so kenne er doch die Melodie davon."

Der Goldschmied sprach noch viel Wahres und Schönes über die edle Kunst der Malerei, und gab dem künstlerischen Edmund weise vortreffliche Lehren, so daß dieser, ganz durchdrungen, zuletzt fragte, wie es möglich sei, daß Leonhard so viel Kenntnis habe erwerben können, ohne selbst Maler zu sein, und daß er so im Verborgenen lebe, ohne sich Einfluß zu verschaffen auf die Kunstbestrebungen aller Art?

„Ich habe", erwiderte der Goldschmied mit sehr mildem ernsten Ton, „ich habe dir schon gesagt, daß eine lange, ja in der Tat sehr wunderbar lange Erfahrung meinen Blick, mein Urteil geschärft hat. Was aber meine Verborgenheit betrifft, so bin ich mir bewußt, daß ich überall etwas seltsam auftreten würde, wie es nun einmal nicht nur meine ganze Organisation, sondern auch das Gefühl einer gewissen mir innewohnenden Macht gebietet, und dies könnte mein ganzes ruhiges Leben hier in Berlin verstören. Ich gedenke noch eines Mannes, der in gewisser Hinsicht mein Ahnherr sein könnte, und der mir so in Geist und Fleisch gewachsen ist, daß ich zuweilen im seltsamen Wahn glaube, ich sei es eben selbst. Niemanden anders meine ich, als jenen Schweizer Leonhard Turnhäuser zum Thurm, der ums Jahre Eintausendfünfhundertundzweiundachtzig hier in Berlin am Hofe des Kurfürsten Johann George lebte. Damals war, wie du wissen wirst, jeder Chemiker ein Alchimist, und jeder Astronom ein Astrolog genannt, und so mochte Turnhäuser auch beides sein. So viel ist indessen gewiß, daß Turnhäuser die merkwürdigsten Dinge zustande brachte, und außerdem sich als tüchtiger Arzt bewies. Er hatte indessen den Fehler, seine Wissenschaft überall geltend machen zu wollen, sich in alles zu mischen, überall mit Rat und Tat bei der Hand zu sein. Das zog ihm Haß und Neid zu, wie der Reiche, der mit seinem Reichtum, ist er auch wohl erworben, eitlen Prunk treibt, sich am ersten Feinde auf den Hals zieht. Nun begab es sich, daß man dem Kurfürsten eingeredet hatte, Turnhäuser vermöge Gold zu machen, und daß dieser, sei es nun, weil er sich wirklich nicht darauf verstand, oder weil andere Gründe ihn dazu trieben, hartnäckig verweigerte, zu laborieren. Da kamen Turnhäusers Feinde, und redeten zum Kurfürsten: ‚Seht Ihr wohl, was das für ein verschmitzter unverschämter Geselle ist? Er prahlt mit Kenntnissen, die er nicht besitzt, und treibt allerlei zauberische Possen und jüdische Händel, die er büßen sollte, mit schmachvollem Tode, wie der Jude Lippold.' Turnhäuser war sonst wirklich ein Goldschmied gewesen, das kam heraus, und nun bestritt man ihm vollends alle Wissenschaft, die er doch sattsam an den Tag gelegt. Man behauptete sogar, daß er all die scharfsinnigen Schriften, die bedeutungsvollen Prognostica, die er herausgegeben, nicht selbst verfertigt, sondern sich habe machen lassen von andern Leuten um bares Geld. Genug, Haß, Neid, Verleumdung, brachten es dahin, daß er, um dem Schicksal des Juden Lippold zu entgehen, in aller Stille Berlin und die Mark verlassen mußte. Da schrien die Widersacher, er habe sich zum päpstischen Haufen begeben, das ist aber nicht wahr. Er ging nach Sachsen und trieb sein Goldschmiedshandwerk, ohne der Wissenschaft zu entsagen."

Edmund fühlte sich auf wunderbare Weise zu dem alten Goldschmied hingezogen, und dieser lohnte ihm das ehrfurchtsvolle Vertrauen, wie er es gegen ihn äußerte, dadurch, daß er nicht allein in seinem Kunststudium sein strenger, aber tief belehrender Kritiker blieb, sondern ihm auch in Ansehung der Bereitung und Mischung der Farben gewisse Geheimnisse, die den alten Malern zu Gebote standen, entdeckte, welche sich in der Ausführung auf das herrlichste bewährten.

So bildete sich nun zwischen Edmund und dem alten Leonhard das Verhältnis, in dem der hoffnungsvolle geliebte Zögling mit dem väterlichen Lehrer und Freunde steht.

Bald darauf begab es sich, daß an einem schönen Sommerabende bei dem Hofjäger im Tiergarten dem Kommissionsrat Herrn Melchior Voßwinkel kein einziger von den mitgebrachten Zigarren brennen wollte. Sie hatten sämtlich keine Luft. Mit steigendem Unwillen warf der Kommissionsrat einen nach dem andern an die Erde, und rief zuletzt: „O Gott, hab ich darum mit vieler Mühe und nicht unbedeutenden Kosten Zigarren direkte aus Hamburg verschrieben, damit mich die schmählichen Dinger in meiner besten Lust stören sollten? – Kann ich jetzt wohl auf vernünftige Weise die schöne Natur genießen, und einen nützlichen Diskurs führen? – Es ist doch entsetzlich!"

Er hatte diese Worte gewissermaßen an Edmund Lehsen gerichtet, der neben ihm stand, und dessen Zigarro ganz fröhlich dampfte.

Edmund, ohne den Kommissionsrat weiter zu kennen, zog sogleich seine gefüllte Zigarrenbüchse hervor und reichte sie freundlich dem Verzweifelnden hin, mit der Bitte, zuzulangen, da er für die Güte und Brennbarkeit der Zigarren einstehe, ungeachtet er sie nicht direkte von Hamburg bekommen, sondern aus einem Laden in der Friedrichsstraße erkauft habe.

Der Kommissionsrat, ganz Freude und Fröhlichkeit, langte mit einem: „Bitt ganz ergebenst", wirklich zu, und als nur kaum mit dem brennenden Fidibus berührt die feinen lichtgrauen Wolken aus dem angenehmen Glimmstengel oder Tabaksröhrlein, wie die Puristen den Zigarro benannt haben wollen, sich emporkräuselten, rief der Mann ganz entzückt: „O mein wertester Herr, Sie reißen mich wirklich aus arger Verlegenheit! – Tausend Dank dafür, und beinahe möcht ich unverschämt genug sein, Sie, wenn dieser Zigarro verraucht, um einen zweiten zu bitten."

Edmund versicherte, daß er über seine Zigarrenbüchse gebieten könne, und beide trennten sich dann.

Als nun aber, da es schon ein wenig zu dämmern begann, Edmund den Entwurf eines Bildes im Kopfe, mithin ziemlich abwesend und die bunte Gesellschaft nicht beachtend, sich durch Tische und Stühle drängte, um ins Freie zu kommen, stand plötzlich der Kommissionsrat wieder vor ihm und fragte sehr freundlich, ob er nicht an seinem Tisch Platz nehmen wolle. Im Begriff, es auszuschlagen, weil er sich hinaussehnte in den Wald, fiel ihm ein Mädchen ins Auge, das die Jugend, Anmut, der Liebreiz selbst, an dem Tische saß, von dem der Kommissionsrat aufgestanden war.

„Meine Tochter Albertine", sprach der Kommissionsrat zu Edmund, der regungslos das Mädchen anstarrte und beinahe vergaß, sie zu begrüßen. Er erkannte auf den ersten Blick in Albertine das bildschöne mit der höchsten Eleganz gekleidete Frauenzimmer wieder, das er in der vorjährigen Kunstausstellung vor einer von seinen Zeichnungen antraf. Sie erklärte mit Scharfsinn der ältern Frau und den beiden jungen Mädchen, die mit ihr gekommen, den Sinn des fantastischen Gebildes, sie ging ein auf Zeichnung, Gruppierung, sie rühmte den Meister, der das Werk geschaffen, und bemerkte, daß es ein sehr junger hoffnungsvoller Künstler sein solle, den sie wohl kennenzulernen wünsche. Edmund stand dicht hinter ihr, und sog begierig das Lob ein, das von den schönsten Lippen floß. Vor lauter süßer Angst und bangem Herzklopfen vermochte er es nicht über sich, hervorzutreten als Schöpfer des Bildes. – Da läßt Albertine den Handschuh, den sie eben von der Hand gezogen, auf die Erde fallen; schnell bückt sich Edmund ihn aufzuheben, Albertine ebenfalls, beide fahren mit den Köpfen zusammen, daß es knackt und kracht! – „Herr Gott im Himmel“, ruft Albertine vor Schmerz sich den Kopf haltend.

Entsetzt prallt Edmund zurück, tritt bei dem ersten Schritt den kleinen Mops der alten Dame wund, daß er laut aufquiekt, bei dem zweiten einem podagrischen Professor auf die Füße, der ein furchtbares Gebrüll erhebt und den unglücklichen Edmund zu allen tausend Teufeln in die flammende Hölle wünscht. Und aus allen Sälen laufen die Menschen herbei und alle Lorgnetten sind auf den armen Edmund gerichtet, der unter dem trostlosen Wimmern des wunden Mopses, unter dem Fluchen des Professors, unter dem Schelten der alten Dame, unter dem Kichern und Lachen der Mädchen über und über glühend vor Scham, ganz verzweifelt herausstürzt, während mehrere Frauenzimmer ihre Riechfläschchen öffnen und Albertinen die hoch aufgelaufene Stirn mit starkem Wasser reiben. –

Schon damals, in dem kritischen Augenblick des lächerlichen Auftritts, war Edmund, ohne doch dessen sich selbst deutlich bewußt zu sein, in Liebe gekommen, und nur das schmerzliche Gefühl seiner Tölpelei hielt ihn zurück, das Mädchen an allen Ecken und Enden der Stadt aufzusuchen. Er konnte sich Albertine nicht anders denken, als mit roter wunder Stirn und den bittersten Vorwurf, den entschiedensten Zorn im Gesicht, im ganzen Wesen.

Davon war aber heute nicht die mindeste Spur anzutreffen. Zwar errötete Albertine über und über, als sie den Jüngling erblickte, und schien ebensosehr außer Fassung; als aber der Kommissionsrat ihn

um Stand und Namen fragte, fiel sie holdlächelnd mit süßer Stimme ein, daß sie sehr irren müßte, wenn sie nicht Herrn Lehsen vor sich sähe, den vortrefflichen Künstler, dessen Zeichnungen, dessen Gemälde ihr tiefstes Gemüt ergriffen.
Man kann denken, daß diese Worte Edmunds Inneres zündend durchfuhren wie ein elektrischer Schlag. Begeistert wollte er ausbrechen in die vortrefflichsten Redensarten, der Kommissionsrat ließ es aber nicht dazu kommen, sondern drückte den Jüngling stürmisch an die Brust und sprach: „Bester! um den versprochenen Zigarro!" – Und dann weiter, während er den Zigarro, den ihm Edmund darbot, geschickt mit dem Brennstoff, der noch in der Asche des eben verrauchten enthalten, anzündete: „Also ein Maler sind Sie, und zwar ein vortrefflicher, wie meine Tochter Albertine behauptet, die sich auf dergleichen Dinge genau versteht. – Nun das freut mich außerordentlich, ich liebe die Malerei, oder um mit meiner Tochter Albertine zu reden, die Kunst überhaupt ganz ungemein, ich habe einen wahren Narren daran gefressen! – bin auch Kenner – ja wahrhaftig ein tüchtiger Kenner von Gemälden, mir kann ebensowenig, als meiner Tochter Albertine, jemand ein X vor ein U machen, wir haben Augen – wir haben Augen! – Sagen Sie mir, teurer Maler, sagen Sie mir's ehrlich ohne Scheu, nichtwahr, Sie sind der wackre Künstler, vor dessen Gemälden ich täglich vorbeigehe und jedesmal stehenbleibe wohl einige Minuten lang, weil ich vor lauter Freude über die schönen Farben gar nicht loskommen kann?"
Edmund begriff nicht recht, wie es der Kommissionsrat anstellen sollte, täglich bei seinen Gemälden vorüberzugehen, da er sich nicht erinnern konnte, jemals Aushängeschilder gemalt zu haben. Nach einigem Hin- und Herfragen kam es aber heraus, daß Melchior Voßwinkel nichts anders meinte, als die lackierten Teebretter, Ofenschirme und dergleichen in dem Stobwasserschen Laden unter den Linden, die er in der Tat jeden Morgen um eilf Uhr, wenn er bei Sala Tarone vier Sardellen gegessen und ein Gläschen Danziger genommen, mit wahrem Entzücken betrachtete. Die Kunstfabrikate galten ihm für das Höchste, was jemals die Kunst geleistet. – Das verschnupfte den Edmund nicht wenig, er verwünschte den Kommissionsrat, der mit seinem faden Wortschwall ihm jede Annäherung an Albertine unmöglich machte.
Endlich erschien ein Bekannter des Kommissionsrats, der ihn in ein Gespräch zog. Diesen Moment nutzte Edmund und setzte sich hin dicht neben Albertinen, die das gar gern zu sehen schien.

Jeder, der die Demoiselle Albertine Voßwinkel kennt, weiß, daß sie, wie gesagt, die Jugend, Schönheit und Anmut selbst ist, daß sie sich, wie die Berliner Mädchen überhaupt, nach der besten Mode sehr geschmackvoll zu kleiden weiß, daß sie in der Zelterschen Akademie singt, von Herrn Lauska Unterricht auf dem Fortepiano erhält, in den niedlichsten Sprüngen der Ersten Tänzerin nachtanzt, schon eine schön gestickte Tulpe nebst diversen Vergißmeinnicht und Veilchen zur Kunstausstellung geliefert hat, und, von Natur heitern aufgeweckten Temperaments, doch, zumal beim Tee, genügend Empfindsamkeit an den Tag legen kann. Jeder weiß auch endlich, daß sie mit niedlicher, sauberer Perlschrift Gedichte und Sentenzen, die ihr in Goethes, Jean Pauls und anderer geistreicher Männer und Frauen Schriften vorzüglich wohlgefallen, in ein Büchlein mit einem goldverzierten Maroquindeckel einträgt, und das Mir und Mich, Sie und Ihnen niemals verwechselt.

Wohl war es natürlich, daß Albertine an der Seite des jungen Malers, dem das Entzücken der scheuen Liebe aus dem Herzen strömte, in noch höhere als in die gewöhnliche Tee- und Vorlese-Empfindsamkeit geraten mußte, und daß sie daher von Kindlichkeit, poetischem Gemüt, Lebenstiefe u.d.g. auf die artigste Weise melodisch lispelnd sprach.

Der Abendwind hatte sich erhoben und wehte süße Blütendüfte vor sich her, und im dichten dunklen Gebüsch duettierten zwei Nachtigallen in den zärtlichsten Liebesklagen.

Da begann Albertine aus Fouqués Gedichten:

> Ein Flüstern, Rauschen, Klingen,
> Geht durch den Frühlingshain,
> Fängt wie mit Liebesschlingen
> Geist, Sinn und Leben ein!

Kühner geworden in der tiefen Dämmerung, die nun eingebrochen, faßte Edmund Albertinens Hand, drückte sie an seine Brust und sprach weiter:

> Säng ich es nach, was leise
> Solch stilles Leben spricht,
> So schien aus meiner Weise
> Das ewge Liebeslicht. –

Albertine entzog ihm ihre Hand, aber nur, um sie von dem feinen Glacéhandschuh zu befreien, und dann dem Glücklichen wieder zu überlassen, der sie eben feurig küssen wollte, als der Kommissionsrat dazwischenfuhr: „Potztausend, das wird kühl! – Ich wollte, ich hätt einen Mantel oder einen Überrock zu mir gesteckt, oder mit mir genommen, will ich vielmehr sagen. Hülle dich in deinen Shawl, Tinchen – es ist ein türkischer, bester Maler, und kostet 50 bare Dukaten. – Hülle dich wohl ein, sag ich, Tinchen, wir wollen uns auf den Weg machen. Leben Sie wohl, mein Bester."

Von einem richtigen Takt getrieben, griff in diesem Augenblick Edmund nach der Zigarrenbüchse und bot dem Kommissionsrat den dritten Glimmstengel an.

„O ich bitte ganz gehorsamst", rief Voßwinkel, „Sie sind ja ein überaus artiger gefälliger Mann. Die Polizei will nicht erlauben, daß man im Tiergarten wandelnd rauche, damit man das schöne Gras nicht versenge; aber deshalb schmeckt ein Pfeifchen oder ein Zigarro nur desto schöner."

In dem Augenblick, als der Kommissionsrat sich der Laterne nahte, um den Zigarro anzuzünden, bat Edmund leise und scheu, Albertinen nach Hause begleiten zu dürfen. Sie nahm seinen Arm, beide schritten vor, und der Kommissionsrat schien, als er hinantrat, es vorausgesetzt zu haben, daß Edmund mit ihnen nach der Stadt gehen würde.

Jeder, der jung war und verliebt, oder beides noch ist (manchem passiert das niemals) wird es sich einbilden können, daß es dem Edmund an Albertinens Seite dünkte, er gehe nicht durch den Wald, sondern schwebe hoch über den Bäumen im schimmernden Gewölk mit der Schönsten daher.

Nach Rosalindens Ausspruch in Shakespeares: Wie es Euch gefällt, sind die Kennzeichen eines Verliebten: Eingefallene Wangen, Augen mit blauen Rändern, ein gleichgültiger Sinn, ein verwilderter Bart, lose hängende Kniegürtel, eine ungebundene Mütze, aufgeknüpfte Ärmel, nicht zugeschnürte Schuhe und eine nachlässige Trostlosigkeit in allem Tun und Lassen. Dies alles traf nun zwar bei Edmund ebensowenig zu, als bei dem verliebten Orlando, aber so wie dieser die junge Baumzucht ruinierte, indem er den Namen Rosalinde in alle Rinden grub, Oden an Weißdornen hing und Elegien an die Brombeersträuche; so verdarb Edmund eine Menge Papier, Pergament, Leinwand und Farben, seine Geliebte in hinlänglich schlechten Versen zu besingen und sie zu zeichnen, zu malen, ohne sie jemals zu treffen, da seine Fantasie seine Kunstfertigkeit überflügelte. Kam nun noch der seltsam somnambule Blick des Liebeskranken und ein erkleckliches Seufzen zu jeder Zeit und Stunde hinzu, so konnte es nicht fehlen, daß der alte Goldschmied den Zustand seines jungen Freundes sehr bald erriet.

Als er ihn darüber befragte, nahm Edmund gar keinen Anstand, ihm sein ganzes Herz zu erschließen.

„Ei", rief Leonhard, als Edmund geendet, „ei du denkst wohl nicht daran, daß es ein schlimmes Ding ist, sich in eine Braut zu verlieben: Albertine Voßwinkel ist so gut wie versprochen an den Geheimen Kanzleisekretär Tusmann."

Edmund geriet über diese entsetzliche Nachricht sogleich in ganz ungemeine Verzweiflung. Leonhard wartete sehr ruhig den ersten Paroxismus ab und fragte dann, ob er wirklich die Demoiselle Albertine Voßwinkel zu heiraten gedenke? Edmund versicherte, daß die Verbindung mit Albertinen der höchste Wunsch seines Lebens sei, und beschwor den Alten, ihm beizustehen mit aller Kraft, um den Geheimen Kanzleisekretär aus dem Felde zu schlagen, und die Schönste für sich zu gewinnen.

Der Goldschmied meinte, verlieben könne ein blutjunger Künstler sich wohl, aber ganz unersprießlich sei es für denselben, wenn er gleich ans Heiraten dächte. Eben deshalb habe auch der junge Sternbald zur Heirat sich durchaus nicht bequemen wollen, und er sei, soviel er wisse, bis dato unverheiratet geblieben.

Der Stich traf; denn Tiecks Sternbald war Edmunds Lieblingsbuch, und er wäre gar zu gern selbst der Held des Romans gewesen. Daher kam es denn, daß er ein gar betrübtes Gesicht schnitt, und beinahe ausgebrochen wäre in herbe Tränen.

„Nun", sprach der Goldschmied, „mag es kommen wie es will, den Geheimen Kanzleisekretär schaff ich dir vom Halse; in das Haus des Kommissionsrats auf diese oder jene Weise zu dringen und dich Albertinen mehr und mehr anzunähern, das ist deine Sache. Übrigens können meine Operationen gegen den Geheimen Kanzleisekretär erst in der Äquinoktial-Nacht beginnen."

Edmund war über des Goldschmieds Zusicherung außer sich vor Freuden, denn er wußte, daß der Alte Wort hielt, wenn er etwas versprach.

Auf welche Weise der Goldschmied seine Operationen gegen den Geheimen Kanzleisekretär begann, hat der geneigte Leser bereits im ersten Kapitel erfahren.

Drittes Kapitel.

Enthält das Signalement des Geheimen Kanzleisekretärs Tusmann, sowie die Ursache, warum derselbe vom Pferde des Großen Kurfürsten herabsteigen mußte, nebst andern lesenswerten Dingen.

Eben aus dem allen, was du, mein sehr günstiger Leser! über den Geheimen Kanzleisekretär Tusmann bereits erfahren, magst du den Mann wohl ganz und gar vor Augen haben nach seinem ganzen Sinn und Wesen. Doch will ich, was sein Äußeres betrifft, noch nachbringen, daß er von kleiner Statur war, kahlköpfig, etwas krummbeinig und ziemlich grotesk im Anzuge. Zu einem altväterisch zugeschnittenen Rock mit unendlich langen Schößen und einem überlangen Gilet trug er lange weite Beinkleider und Schuhe, die aber im Gehen den Klang von Kurierstiefeln von sich gaben, wobei zu bemerken, daß er nie gemessenen Schrittes über die Straße ging, vielmehr in großen unregelmäßigen Sprüngen mit unglaublicher Schnelligkeit forthüpfte, so daß oben besagte Schöße vom Winde erfaßt sich ausbreiteten wie ein Paar Flügel. Ungeachtet in seinem Gesicht etwas unbeschreiblich Drolliges lag, so mußte das sehr gutmütige Lächeln, das um seinen Mund spielte, doch jeden für ihn einnehmen, so daß man ihn lieb gewann, während man über seine Pedanterie, über sein linkisches Benehmen, das ihn der Welt entfremdete, von Herzen lachte. Seine Hauptleidenschaft war - Lesen! - Er ging nie aus, ohne beide Rocktaschen voll Bücher gestopft zu haben. Er las wo er ging und stand, auf dem Spaziergange, in der Kirche, in dem Kaffeehause, er las ohne Auswahl alles was ihm vorkam, wiewohl nur aus der ältern Zeit, da ihm das Neue verhaßt war. So studierte er heute auf dem Kaffeehause ein algebraisches Buch, morgen das Kavallerie-Reglement Friedrich Wilhelms des Ersten, und dann das merkwürdige Buch: Cicero, als großer Windbeutel und Rabulist dargestellt in zehn Reden, aus dem Jahre 1720. Dabei war Tusmann mit einem ungeheuren Gedächtnisvermögen begabt. Er pflegte alles, was ihm bei dem Lesen eines

Buches auffiel, zu zeichnen und dann das Gezeichnete wieder zu durchlaufen, welches er nun nie wieder vergaß. Daher kam es, daß Tusmann ein Polyhistor, ein lebendiges Konversationslexikon wurde, das man aufschlug, wenn es auf irgend eine historische oder wissenschaftliche Notiz ankam. Traf es sich ja etwa einmal, daß er eine solche Notiz nicht auf der Stelle zu geben vermochte, so stöberte er so lange unermüdet in allen Bibliotheken umher, bis er das, was man zu wissen verlangte, aufgefunden, und rückte dann mit der verlangten Auskunft ganz fröhlich heran. Merkwürdig war es, daß er in Gesellschaft lesend und scheinbar ganz in sein Buch vertieft, doch alles vernahm was man sprach. Oft fuhr er mit einer Bemerkung dazwischen, die ganz an ihrem Orte stand, und wurde irgend etwas Witziges, Humoristisches vorgebracht, gab er, ohne von dem Buch aufzublicken, durch eine kurze Lache im höchsten Tenor seinen Beifall zu erkennen.

Der Kommissionsrat Voßwinkel war mit dem Geheimen Kanzleisekretär zusammen auf der Schule im grauen Kloster gewesen, und von dieser Schulkameradschaft schrieb sich die enge Verbindung her, in welcher sie geblieben. Tusmann sah Albertinen aufwachsen und hatte ihr wirklich an ihrem zwölften Geburtstage, nachdem er ihr ein duftendes Blumenbouquet, das der berühmteste Kunstgärtner in Berlin selbst mit Geschmack geordnet, überreicht, zum erstenmal die Hand geküßt mit einem Anstande, mit einer Galanterie, die man ihm gar nicht hätte zutrauen sollen. Von diesem Augenblick an entstand bei dem Kommissionsrat der Gedanke, daß sein Schulfreund wohl Albertinen heiraten könne. Er meinte, so würde Albertinens Verheiratung, die er wünschte, am wenigsten Umstände machen und der genügsame Tusmann sich auch mit einem geringen Heiratsgut abfinden lassen. Der Kommissionsrat war über die Maßen bequem, fürchtete sich vor jeder neuen Bekanntschaft und hielt dabei als Kommissionsrat das Geld viel mehr zu Rate als nötig. An Albertinens achtzehntem Geburtstage eröffnete er diesen Plan, den er so lange für sich behalten, dem Geheimen Kanzleisekretär. *Der* erschrak erst darüber gewaltig. Er vermochte den kühnen Gedanken zur Ehe zu schreiten, und noch dazu mit einem blutjungen bildschönen Mädchen gar nicht zu ertragen. Nach und nach gewöhnte er sich daran, und als ihm eines Tages auf des Kommissionsrats Veranlassung Albertine eine kleine Börse, die sie selbst in den anmutigsten Farben gestrickt, überreichte und ihn dabei mit: „Lieber Herr Geheimer Kanzleisekretär“ anredete, entzündete sich sein Inneres ganz und gar in Liebe zu der Holden. Er erklärte sofort insgeheim dem Kommissionsrat, daß er Albertinen zu heiraten gesonnen, und da dieser ihn als seinen Schwiegersohn umarmte, sah er sich als Albertinens Bräutigam an, wiewohl der kleine Umstand vielleicht noch zu berücksichtigen gewesen wäre, daß Albertine von dem ganzen Handel zur Zeit auch nicht ein Sterbenswörtchen wußte, ja wohl nicht gut eine Ahnung davon haben konnte.

Am frühsten Morgen, als in der Nacht vorher sich das seltsame Abenteuer am Rathausturme und in der Weinstube auf dem Alexanderplatz begeben, stürzte der Geheime Kanzleisekretär bleich und entstellt in des Kommissionsrats Zimmer. Der Kommissionsrat erschrak nicht wenig, da Tusmann noch niemals ihn um diese Zeit besucht hatte, und sein ganzes Wesen irgendein unglückliches Ereignis zu verkünden schien.

„Geheimer!" (so pflegte der Kommissionsrat den Geheimen Kanzleisekretär abgekürzt zu benennen) „Geheimer! wo kommst du her? wie siehst du aus? was ist geschehen?"

So rief der Kommissionsrat, aber Tusmann warf sich erschöpft in den Lehnsessel, und erst, nachdem er ein paar Minuten Atem geschöpft, begann er mit fein wimmernder Stimme:

„Kommissionsrat, wie du mich hier siehst in diesen Kleidern, mit der politischen Klugheit in der Tasche, komme ich her aus der Spandauer Straße, wo ich die ganze Nacht auf und ab gerannt seit gestern Punkt zwölf Uhr! – Nicht mit einem Schritt bin ich in mein Haus gekommen, kein Bette habe ich gesehen, kein Auge zugetan!"

Und nun erzählte Tusmann dem Kommissionsrat genau, wie sich in der abgewichenen Nacht alles begeben von dem ersten Zusammentreffen mit dem fabelhaften Goldschmied an, bis zu dem Augenblick, als er entsetzt über das tolle Treiben der unheimlichen Schwarzkünstler aus dem Weinhause herausstürzte.

„Geheimer", rief der Kommissionsrat, „du hast deiner Gewohnheit zuwider starkes Getränk zu dir genommen am späten Abend und verfielst nachher in wunderliche Träume."

„Was sprichst du", erwiderte der Geheime Kanzleisekretär, „was sprichst du Kommissionsrat? – Geschlafen, geträumt sollt ich haben? Meinst du, daß ich nicht wohl unterrichtet bin über den Schlaf und den Traum? Ich will dir's aus Nudows Theorie des Schlafes beweisen, was Schlaf heißt, und daß man schlafen kann ohne zu träumen, weshalb denn auch der Prinz Hamelt sagt: Schlafen, *vielleicht* auch träumen. Und was es mit dem Traume für eine Bewandtnis hat, würdest du ebensogut wissen als ich, wenn du das *Somnium Scipionis* gelesen hättest und Artemidori berühmtes Werk von Träumen, und das Frankfurter Traumbüchlein. Aber du liesest nichts und daher schließest du fehl überall auf schnöde Weise."

„Nun, nun Geheimer", nahm der Kommissionsrat das Wort, „ereifre dich nur nicht; ich will dir's schon glauben, daß du gestern dich bereden ließest, etwas über die Schnur zu hauen und unter schadenfrohe Taschenspieler gerietest, die Unfug mit dir trieben, als der Wein dir zu sehr geschmeckt hatte. Aber sage mir Geheimer, als du nun glücklich zur Türe heraus warest, warum in aller Welt gingst du nicht geradezu nach Hause, warum triebst du dich auf der Straße umher?"

„O Kommissionsrat", lamentierte der Geheime Kanzleisekretär, „o teurer Kommissionsrat, getreuer Schulkamerad aus dem grauen Kloster! – Insultiere mich nicht mit schnöden Zweifeln, sondern vernimm ruhig,daß der tolle unselige Teufelsspuk erst recht losging, da ich mich auf der Straße befand. Als ich nämlich an das Rathaus komme, bricht durch alle Fenster helles blendendes Kerzenlicht und eine lustige Tanzmusik mit der Janitscharen-, oder richtiger gesprochen, Jenjitscherik-Trommel schallt herab. Ich weiß selbst nicht wie es geschah, daß, ungeachtet ich mich nicht einer sonderlichen Größe erfreue, ich doch auf den Zehen mich so hoch aufzurichten vermochte, daß ich in die Fenster hineinschauen konnte. Was sehe ich! – O du gerechter Schöpfer im Himmel! – wen erblicke ich! – niemanden anders als deine Tochter, die Demoiselle Albertine Voßwinkel, welche im saubersten Brautschmuck mit einem jungen Menschen unmäßig walzt. Ich klopfe ans Fenster, ich rufe: ‚Werteste Demoiselle Albertine Voßwinkel, was tun Sie, was beginnen Sie hier in später Nacht!' – Aber da kommt eine niederträchtige Menschenseele die Königsstraße herab, reißt mir im Vorbeigehen beide Beine unterm Leibe weg, und rennt damit laut lachend spornstreichs fort. Ich armer Geheimer Kanzleisekretär plumpe nieder in den schnöden Gassenkot, ich schreie: ‚Nachtwächter – hochlöbliche Polizei – verehrbare Patrouille – – lauft herbei – lauft herbei – haltet den Dieb, haltet den Dieb! er hat mir meine Beine gestohlen!' Aber oben im Rathause ist alles plötzlich still und finster geworden, und meine Stimme verhallt unvernommen in den Lüften! – Schon will ich verzweifeln, als der

Mensch zurückkehrt, und wie rasend vorbeilaufend mir meine Beine ins Gesicht wirft. Nun raffe ich mich, so schnell es in der totalen Bestürzung gehen will, vom Boden auf, renne in die Spandauer Straße hinein. Aber sowie ich, den herausgezogenen Hausschlüssel in der Hand, an meine Haustür gelange, stehe ich – ja ich selbst – schon vor derselben und schaue mich wild an mit denselben schwarzen Augen, wie sie in meinem Kopf befindlich. Entsetzt pralle ich zurück und auf einen Mann zu, der mich mit starken Armen umfaßt. An dem Spieß, den er in der Hand trägt, gewahre ich, daß es der Nachtwächter ist. Getröstet spreche ich: ‚Teurer Nachtwächter, Herzensmann, treiben Sie mir doch gefälligst den Filou von Geheimen Kanzleisekretär Tusmann dort von der Türe weg, damit der ehrliche Kanzleisekretär Tusmann, der ich selbst bin, in seine Wohnung hinein kann.' – ‚Ich glaube, Ihr seid besessen, Tusmann!' So schnarcht mich der Mann an mit hohler Stimme und ich merke, daß es nicht der Nachtwächter, nein, daß es der furchtbare Goldschmied ist, der mich umfaßt hält. Da übernimmt mich die Angst, die kalten Schweißtropfen stehen mir auf der Stirne, ich spreche: ‚Mein verehrungswürdiger Herr Professor, verübeln Sie es mir doch nur ja nicht, daß ich Sie in der Finsternis für den Nachtwächter gehalten. O Gott! nennen Sie mich wie Sie wollen, nennen Sie mich auf die schnödeste Weise – Monsieur Tusmann oder gar, mein Lieber, traktieren Sie mich barbarisch per Ihr, wie Sie es soeben zu tun belieben, alles, alles will ich mir gefallen lassen, nur befreien Sie mich von diesem entsetzlichen Spuk, welches ganz in Ihrer Macht steht.' – ‚Tusmann', beginnt der schnöde Schwarzkünstler, mit seiner fatalen hohlen Stimme, ‚Tusmann, Ihr sollt fortan unangetastet bleiben, wenn Ihr hier auf der Stelle schwört, an die Heirat mit der Albertine Voßwinkel gar nicht mehr zu denken.' Kommissionsrat, du kannst es dir vorstellen, wie mir zumute wurde bei dieser abscheulichen Proposition. ‚Allerliebster Herr Professor', bitte ich, ‚Sie greifen mir ans Herz, daß es blutet. Das Walzen ist ein häßlicher, unanständiger Tanz, und eben walzte die Demoiselle Albertine Voßwinkel, und noch dazu als meine Braut, mit einem jungen Menschen auf eine Weise, daß mir Hören und Sehen verging; doch kann ich indessen von der Schönsten nicht lassen, nein ich kann nicht von ihr lassen'. Kaum habe ich aber diese Worte ausgesprochen, als mir der verruchte Goldschmied einen Stoß gibt, daß ich mich sofort zu drehen beginne. Und wie von unwiderstehlicher Gewalt gehetzt, walze ich die Spandauer Straße auf und ab, und halte in meinen

Armen statt der Dame einen garstigen Besenstiel, der mir das Gesicht zerkratzt, während unsichtbare Hände mir den Rücken zerbläuen, und um mich her wimmelt es von Geheimen Kanzleisekretären Tusmanns, die mit Besenstielen walzen. Endlich sinke ich erschöpft, ohnmächtig nieder. Der Morgen dämmert mir in die Augen, ich schlage sie auf und – Kommissionsrat, entsetze dich mit mir, fall in Ohnmacht, Schulkamerad! und finde mich wieder sitzend hoch oben auf dem Pferde vor dem Großen Kurfürsten, mein Haupt an seine kalte eherne Brust gelehnt. Zum Glück schien die Schildwache eingeschlafen, so daß ich unbemerkt mit Lebensgefahr hinabklettern und mich davonmachen konnte. Ich rannte nach der Spandauer Straße, aber mich überfiel aufs neue unsinnge Angst, die mich dann endlich zu dir trieb."

„Geheimer", nahm nun der Kommissionsrat das Wort, „Geheimer, und du vermeinest, daß ich all das tolle abgeschmackte Zeug glauben soll, was du da vorbringst? – Hat man jemals von solchen Zauberpossen gehört, die sich hier in unserm guten aufgeklärten Berlin ereignet haben sollten?"

„Siehst du", erwiderte der Geheime Kanzleisekretär, „siehst du nun wohl Kommissionsrat, in welche Irrtümer dich der Mangel aller Lektüre stürzt? Hättest du wie ich *Haftitii*, des Rektors beider Schulen zu Berlin und Cölln an der Spree, *Microchronicon marchicum* gelesen, so würdest du wissen, daß sich sonst noch ganz andere Dinge begeben haben. – Kommissionsrat, am Ende glaube ich schier, daß der *Goldschmied* der verruchte Satan selbst ist, der mich foppt und neckt."

„Ich bitte dich", sprach der Kommissionsrat, „ich bitte dich, Geheimer, bleibe mir vom Leibe mit den dummen abergläubischen Possen. Besinne dich! – nichtwahr, du hattest dich berauscht und stiegst im Übermut der Betrunkenheit zum Großen Kurfürsten hinauf?"

Dem Geheimen Kanzleisekretär traten die Tränen in die Augen über Voßwinkels Verdacht, den er sich bemühte, mit aller Kraft zu widerlegen.

Der Kommissionsrat wurde ernster und ernster. Endlich als der Geheime Kanzleisekretär nicht aufhörte zu beteuern, daß sich wirklich alles so begeben wie er es erzählt, begann er: „Hör einmal, Geheimer, je mehr ich darüber nachdenke, wie du mir den *Goldschmied* und den alten Juden, mit denen du ganz deiner sonst sittigen und frugalen Lebensart zuwider, in später Nacht zechtest, beschrieben, desto klarer wird es mir, daß der Jude unzweifelhaft mein alter Manasse ist, und daß der schwarzkünstlerische *Goldschmied* niemand anders sein kann, als der Goldschmied Leonhard, der sich zuweilen in Berlin sehen läßt. Nun habe ich zwar nicht so viel Bücher gelesen als du Geheimer, dessen bedarf es aber auch nicht, um zu wissen, daß beide, Manasse und Leonhard, einfache ehrliche Leute sind und nichts weniger als Schwarzkünstler. Es wundert mich ganz ungemein, daß du, Geheimer, der du doch in den Gesetzen erfahren sein solltest, nicht weißt, daß der Aberglaube auf das strengste verboten ist und ein Schwarzkünstler nimmermehr von der Regierung einen Gewerbschein erhalten würde, auf dessen Grund er seine Kunst treiben dürfte. – Höre, Geheimer, ich will nicht hoffen, daß der Verdacht gegründet ist, der in mir aufsteigt! – Ja! – ich will nicht hoffen, daß du die Lust verloren hast zur Heirat mit meiner Tochter? – daß du nun dich hinter allerlei tolles Zeug verbergen, mir seltsame Dinge vorfabeln, daß du sagen willst: ‚Kommissionsrat, wir sind geschiedene Leute, denn heirate ich deine Tochter, so stiehlt mir der Teufel die Beine weg und zerbläut mir den Rücken!' Geheimer, es wäre arg, wenn du so mit Lug und Trug umgehen solltest."

Der Geheime Kanzleisekretär geriet ganz außer sich über des Kommissionsrates schlimmen Verdacht. Er beteuerte ein Mal übers andere, daß er die Demoiselle Albertine ganz ungemessen liebe, daß er ein zweiter Leander, ein zweiter Troilus in den Tod gehen für sie und sich daher als ein unschuldiger Märtyrer vom leidigen Satan sattsam zerbläuen lassen wolle, ohne seiner Liebe zu entsagen.

Während dieser Beteurungen des Geheimen Kanzleisekretärs klopfte es stark an die Tür und hinein trat der alte Manasse, von dem der Kommissionsrat vorher gesprochen.

Sowie Tusmann den Alten erblickte, rief er: „O du Herr des Himmels, das ist ja der alte Jude, der gestern aus dem Rettich Goldstücke prägte und dem Goldschmied ins Gesicht warf! – Nun wird auch wohl gleich der alte verruchte Schwarzkünstler hereintreten!"

Er wollte schnell zur Türe hinaus, der Kommissionsrat hielt ihn aber fest, indem er sprach: „Nun werden wir ja gleich hören."

Dann wandte der Kommissionsrat sich zu dem alten Manasse und erzählte, was Tusmann von ihm behauptet und was sich zur Nachtzeit in der Weinstube auf dem Alexanderplatz zugetragen haben sollte.

Manasse lächelte den Geheimen Kanzleisekretär von der Seite hämisch an und sprach: „Ich weiß nicht, was der Herr will, der Herr kam gestern ins Weinhaus mit dem Goldschmied Leonhard, eben als ich mich erquickte mit einem Glase Wein nach mühseligem Geschäft, das bis beinahe Mitternacht gedauert. Der Herr trank über den Durst, konnte nicht auf den Füßen stehn und taumelte hinaus auf die Straße."

„Siehst du wohl", rief der Kommissionsrat, „siehst du wohl, Geheimer, ich hab es gleich gedacht. Das kommt von dem abscheulichen Saufen, das du lassen mußt ganz und gar, wenn du meine Tochter heiratest."

Der Geheime Kanzleisekretär, ganz vernichtet von dem unverdienten Vorwurf, sank atemlos in den Lehnsessel, schloß die Augen und quäkte auf unverständliche Weise.

„Da haben wir's", sprach der Kommissionsrat, „erst die Nacht durchschwärmt und dann matt und elend."

Aller Protestationen ungeachtet mußte Tusmann es leiden, daß der Kommissionsrat ein weißes Tuch um sein Haupt band und ihn in eine herbeigerufene Droschke packte, in der er fortrollte nach der Spandauer Straße.

„Was bringen Sie Neues, Manasse", fragte der Kommissionsrat nun den Alten.

Manasse schmunzelte freundlich und meinte, daß der Kommissionsrat wohl nicht ahnen werde, welches Glück er ihm zu verkünden gekommen.

Als der Kommissionsrat eifrig weiter forschte, eröffnete ihm Manasse, daß sein Neffe Benjamin Dümmerl, der schöne junge Mann, der Besitzer von beinahe einer Million, den man seiner unglaublichen Verdienste halber in Wien baronisiert, der nicht längst aus Italien zurückgekehrt – ja! daß dieser Neffe sich plötzlich in die Demoiselle Albertine sterblich verliebt habe und sie zur Frau begehre.

Den jungen Baron Dümmerl sieht man häufig im Theater, wo er sich in einer Loge des ersten Rangs brüstet, noch häufiger in allen nur möglichen Konzerten; jeder weiß daher, daß er lang und mager ist wie eine Bohnenstange, daß er im schwarzgelben Gesicht von pechschwarzen krausen Haaren und Backenbart beschattet, im ganzen Wesen den ausgesprochensten Charakter des Volks aus dem Orient trägt, daß er nach der letzten bizarrsten Mode der englischen Stutzer gekleidet geht, verschiedene Sprachen in gleichem Dialekt unserer Leute spricht, die Violine kratzt, auch wohl das Piano hämmert, miserable Verse zusammenstoppelt, ohne Kenntnis und Geschmack den ästhetischen Kunstrichter spielt und den literarischen Mäzen gern spielen möchte, ohne Geist witzig und ohne Witz geistreich sein will, dummdreist, vorlaut, zudringlich, kurz, nach dem derben Ausdruck derjenigen verständigen Leute denen er gar zu gern sich annähern möchte – ein unausstehlicher Bengel ist. Kommt nun noch hinzu, daß trotz seines vielen Geldes aus allem, was er beginnt, Geldsucht und eine schmutzige Kleinlichkeit hervorblickt, so kann es nicht anders geschehen, als daß selbst niedere Seelen, die sonst vor dem Mammon sich beugen, ihn bald einsam stehen lassen.

Dem Kommissionsrat fuhr nun freilich in dem Augenblick, wo Manasse ihm die Absicht seines liebenswürdigen Neffen kund tat, sehr lebhaft der Gedanke an die halbe Million, die Benschchen wirklich besaß, durch den Kopf, aber auch zugleich kam ihm das Hindernis ein, welches seiner Meinung nach die Sache ganz unmöglich machen müßte.

„Lieber Manasse", begann er, „Sie bedenken nicht, daß Ihr werter Herr Neveu von altem Glauben ist und –" „Ei", unterbrach ihn Manasse, „ei Herr Kommissionsrat, was tut das? – Mein Neffe ist nun einmal verliebt in Ihre Demoiselle Tochter und will sie glücklich machen, auf ein paar Tropfen Wasser wird es ihm daher wohl nicht ankommen, er bleibt ja doch derselbe. Überlegen Sie sich die Sache, Herr Kommissionsrat, in ein paar Tagen komm ich wieder mit meinem kleinen Baron und hole mir Bescheid."

Damit ging Manasse von dannen.

Der Kommissionsrat fing sofort an zu überlegen. Trotz seiner grenzenlosen Habsucht, seiner Charakter- und Gewissenlosigkeit, empörte sich doch sein Inneres, wenn er sich lebhaft Albertinens Verbindung mit dem widerwärtigen Bensch vorstellte. In einem Anfall von Rechtlichkeit beschloß er dem alten Schulkameraden Wort zu halten.

Viertes Kapitel.

Handelt von Porträts, grünen Gesichtern, springenden Mäusen und jüdischen Flüchen.

Bald, nachdem sie bei dem Hofjäger mit Edmund Lehsen bekannt geworden, fand Albertine, daß des Vaters großes, in Öl gemaltes Bildnis, welches in ihrem Zimmer hing, durchaus unähnlich und auf unausstehliche Weise geklext sei. Sie bewies dem Kommissionsrat, daß, ungeachtet mehrere Jahre darüber vergangen, als er gemalt worden, er doch noch in diesem Augenblicke viel jünger und hübscher aussehe, als ihn der Maler damals aufgefaßt, und tadelte vorzüglich den finstern, mürrischen Blick des Bildes, sowie die altfränkische Tracht und das unnatürliche Rosenbouquet, welches der Kommissionsrat auf dem Bilde sehr zierlich zwischen zwei Fingern hielt, an denen stattliche Brillantringe prangten.

Albertine sprach so viel und so lange über das Bild, daß der Kommissionsrat zuletzt selbst fand, das Gemälde sei abscheulich und nicht begreifen konnte, wie der ungeschickte Maler seine liebenswürdige Person in solch ein häßliches Zerrbild habe umwandeln können. Und je länger er das Porträt anblickte, desto mehr ereiferte er sich über die fatale Sudelei; er beschloß das Bild herunterzunehmen und in die Polterkammer zu werfen.

Da meinte nun Albertine, das schlechte Bild verdiene dies wohl, indessen habe sie sich so daran gewöhnt, Väterchens Bildnis in ihrem Zimmer zu haben, daß die leere Wand sie gänzlich stören würde in all ihrem Tun. Kein anderer Rat sei vorhanden, Väterchen müsse sich noch einmal malen lassen von einem geschickten, im genauen Treffen glücklichen Künstler und dieser dürfe kein anderer sein, als der junge Edmund Lehsen, der schon die schönsten, wohlgetroffensten Bildnisse gemalt.

„Tochter", fuhr der Kommissionsrat auf, „Tochter, was verlangst du! Die jungen Künstler kennen sich nicht vor Stolz und Übermut, wissen gar nicht, was sie für ihre geringen Arbeiten an Geld fordern sollen, sprechen von nichts anderm als blanken Friedrichsdoren, sind mit dem schönsten Kurant, sollten es sogar neue Talerstücke sein, nicht zufrieden!"

Albertine versicherte dagegen, daß Lehsen, da er die Malerei mehr aus Neigung als aus Bedürfnis treibe, gewiß sich sehr billig finden lassen würde, und mahnte den Kommissionsrat so lange, bis er sich entschloß, zu Lehsen hinzugehen, und mit ihm über das Gemälde zu sprechen.

Man kann denken, mit welcher Freude Edmund sich bereit erklärte, den Kommissionsrat zu malen, und zum hohen Entzücken stieg diese Freude, als er vernahm, daß Albertine den Kommissionsrat auf den Gedanken gebracht, sich von ihm malen zu lassen. Er ahnte richtig, daß Albertine auf diese Weise ihm die Annäherung an sie verstatten wollen. Ganz natürlich war es auch, daß Edmund, als der Kommissionsrat etwas ängstlich von dem zu bezahlenden Preise des Gemäl-

des sprach, versicherte, daß er durchaus gar kein Honorar nehmen werde, sondern sich glücklich schätze, durch seine Kunst Eingang zu finden in das Haus eines so vortrefflichen Mannes als der Kommissionsrat sei.
„Gott!“ begann der Kommissionsrat im tiefsten Erstaunen, „was höre ich? – bester Herr Lehsen – gar kein Geld, gar keine Friedrichsdore für Ihr Bemühen? – nicht einmal eine Entschädigung für verbrauchte Leinwand und Farben in gutem Kurant?“
Edmund meinte lächelnd, diese Auslage sei zu unbedeutend, als daß davon nur im mindesten die Rede sein könne.
„Aber“, fiel der Kommissionsrat kleinlaut ein, „aber Sie wissen vielleicht nicht, daß hier von einem Kniestück in Lebensgröße –“ Das sei alles gleich, erwiderte Lehsen.
Da drückte ihn der Kommissionsrat stürmisch an die Brust und rief, indem ihm die Tränen vor inniger Rührung in die Augen traten: „O Gott im Himmel! – gibt es denn auf dieser im Argen liegenden Welt noch solche erhabene uneigennützige Menschenseelen! – Erst die Zigarren, dann das Gemälde! – Sie sind ein vortrefflicher Mann oder Jüngling, vielmehr, bester Herr Lehsen, in Ihnen wohnt deutsche Tugend und Biederkeit, von der, wie sie zu unserer Zeit aufgeblüht sein soll, in mehreren Schriften viel Angenehmes zu lesen. Doch glauben Sie mir, ungeachtet ich Kommissionsrat bin und mich durchaus französisch kleide, dennoch hege ich gleichen Sinn, weiß Ihren Edelmut zu schätzen, und bin uneigennützig und gastfrei wie einer.“
Die schlaue Albertine hatte die Art, wie sich Edmund bei des Kommissionsrates Antrag nehmen würde, vorausgesehen. Ihre Absicht war erreicht. Der Kommissionsrat strömte über vom Lobe des vortrefflichen Jünglings, der entfernt sei von jeder gehässigen Habsucht, und schloß damit, daß, da junge Leute, vorzüglich Maler, immer etwas Fantastisches, Romanhaftes in sich trügen, viel auf verwelkte Blumen, Bänder, die an ein hübsches Mädchen geheftet gewesen, hielten, über irgendein von schönen Händen verfertigtes Fabrikat aber ganz außer sich geraten könnten, Albertine dem Edmund ja ein Geldbeutelchen häkeln möchte, und, sei es ihr nicht unangenehm, sogar eine Locke von ihrem schönen kastanienbraunen Haar hineintun, so aber jede etwanige Verpflichtung gegen Lehsen quitt machen könne. Er erlaube das ausdrücklich und wolle es schon bei dem Geheimen Kanzleisekretär Tusmann verantworten.

Albertine, noch immer nicht von des Kommissionsrats Absichten und Plänen unterrichtet, verstand nicht, was er mit dem Tusmann wollte, und fragte auch weiter nicht darnach.

Noch denselben Abend ließ Edmund seine Malergerätschaften ins Haus des Kommissionsrats tragen, und am andern Morgen fand er sich ein zur ersten Sitzung.

Er bat den Kommissionsrat, sich im Geist in den heitersten, frohsten Moment seines Lebens zu versetzen, etwa wie ihm seine verstorbene Gattin zum erstenmal ihre Liebe versichert, oder wie ihm Albertine geboren, oder wie er vielleicht einen verloren geglaubten Freund unvermutet wiedergesehen.

„Halt", rief der Kommissionsrat, „halt Herr Lehsen, vor ungefähr drei Monaten erhielt ich den Aviso aus Hamburg, daß ich in der dortigen Lotterie einen bedeutenden Gewinst gemacht. – Mit dem offnen Briefe in der Hand lief ich zu meiner Tochter! – Einen froheren Augenblick habe ich in meinem Leben nicht gehabt; *wählen* wir also denselben, und damit mir und Ihnen alles besser vor Augen komme, will ich den Brief holen und ihn wie damals offen in der Hand halten."

Edmund mußte den Kommissionsrat wirklich in dieser Stellung malen, auf den offenen Brief aber ganz deutlich und leserlich dessen Inhalt hinschreiben:

Ew. Wohlgeb. habe ich die Ehre zu avertieren u.s.w.

Auf einem kleinen Tisch daneben mußte (so wollt es der Kommissionsrat) das geöffnete Kuvert liegen, so daß man die Aufschrift:

Des Herrn Kommissionsrats, Stadtverordneten und
Feuerherrn Melchior Voßwinkel, Wohlgeboren
zu
Berlin

deutlich lesen konnte und auch das Postzeichen: Hamburg, durfte Edmund nicht vergessen nach dem Leben zu kopieren. Edmund malte übrigens einen sehr hübschen, freundlichen, stattlich gekleideten Mann, der in der Tat einige entfernte Züge von dem Kommissionsrat im Gesichte trug, so daß jeder, der jenes Briefkuvert las, unmöglich in der Person irren konnte, welche das Bild vorstellen sollte.

Der Kommissionsrat war ganz entzückt über das Bild. Da sehe man, sprach er, wie ein geschickter Maler die anmutigen Züge eines hübschen Mannes, sei er auch schon etwas in die Jahre gekommen, aufzufassen wisse, und nun erst merke er, was der Professor gemeint, den er einmal in der Humanitäts-Gesellschaft behaupten gehört, daß ein gutes Porträt zugleich ein tüchtiges historisches Bild sein müsse. Blicke er nämlich sein Bildnis an, so falle ihm jedesmal die angenehme Historie von dem gewonnenen Lotterielos ein und er verstehe das liebenswürdige Lächeln seines Ichs, das sich auf seinem eigenen Gesicht dann abspiegle.

Noch ehe Albertine ausführen konnte, was weiter in ihrem Plane lag, kam der Kommissionsrat ihren Wünschen zuvor, indem er Edmund bat, nun auch seine Tochter zu malen.

Edmund begann sogleich das Werk. Indessen schien es mit Albertinens Bildnis gar nicht so leicht, so glücklich vonstatten gehen zu wollen, als es bei des Kommissionsrats Porträt der Fall gewesen.

Er zeichnete, löschte aus, zeichnete wieder, fing an zu malen, verwarf das Ganze, begann von neuem, veränderte die Stellung, bald war es ihm zu hell im Zimmer, bald zu dunkel etc., bis der Kommissionsrat, der so lange den Sitzungen beigewohnt, die Geduld verlor und davonblieb.

Edmund kam nun vormittags und nachmittags und rückte auch das Bild auf der Staffelei nicht sonderlich vor, so geschah dies doch mit dem innigen Liebesverständnis, das sich zwischen Edmund und Albertinen immer fester und fester knüpfte.

Du wirst es, vielgeneigter Leser! ganz gewiß selbst erfahren haben, daß, ist man verliebt, es oftmals durchaus nötig wird, um allen Beteurungen, allen süßen, schmachtenden Worten und Redensarten, allen sehnsüchtigen Wünschen die gehörige Kraft zu geben, so daß sie eindringen mit unwiderstehlicher Gewalt ins tiefste Herz, die Hand der Geliebten zu fassen, zu drücken, zu küssen, und daß dann im Liebkosen, wie vermöge eines elektrischen Prinzips, unvermutet Lipp an Lippe schlägt und dies Prinzip sich entladet im glühenden Feuerstrom des süßesten Kusses. Nicht allein, daß Edmund deshalb oft das Malen ganz lassen mußte, er wurde auch oft sogar gezwungen, von der Staffelei aufzustehen.

So kam es denn, daß er an einem Vormittag mit Albertinen an dem mit weißen Gardinen verzogenen Fenster stand und um, wie gesagt, seinen Beteurungen mehr Kraft zu geben, Albertinen umfaßt hielt und ihre Hand unaufhörlich an den Mund drückte.

Zu selbiger Stunde und zu selbigem Augenblick ging der Geheime Kanzleisekretär Tusmann mit der politischen Klugheit und andern pergamentnen Büchern, worin das Angenehme mit dem Nützlichen verbunden, in der Tasche, vor dem Hause des Kommissionsrates vorüber. Ungeachtet er scharf zusprang, da gerade die Uhr auf dem Punkt stand die Stunde zu schlagen, mit der er in das Bureau einzutreten gewohnt war, hielt er doch einen Augenblick an und warf den schmunzelnden Blick hinauf nach dem Fenster seiner vermeintlichen Braut.

Da gewahrte er wie im Nebel Albertinen mit Edmund, und ungeachtet er durchaus nichts deutlich zu erkennen vermochte, schlug ihm doch das Herz, er wußte selbst nicht warum. Eine seltsame Angst trieb ihn an, das Unerhörte zu beginnen, nämlich zu ganz ungewöhnlicher Stunde hinauf und geradezu nach Albertinens Zimmer zu steigen.

Als er hineintrat, sprach Albertine soeben sehr vernehmlich: „Ja Edmund! ewig, ewig werd ich dich lieben!" Und damit drückte sie Edmund an seine Brust und ein ganzes Feuerwerk von elektrischen Schlägen, wie sie oben beschrieben, begann zu rauschen und zu knistern.

Der Geheime Kanzleisekretär schritt unwillkürlich vor und blieb dann starr, sprachlos, wie von der Katalepsie befallen, in der Mitte des Zimmers stehen.

Im Taumel des höchsten Entzückens hatten die Liebenden den eisenschweren Tritt der Stiefelschuhe des Geheimen Kanzleisekretärs nicht vernommen, nicht gehört, wie er die Tür öffnete, wie er ins Zimmer trat, bis in dessen Mitte vorschritt.

Nun quäkte er plötzlich im höchsten Falsett: „Aber Demoiselle Albertine Voßwinkel!" –

Erschrocken fuhren die Liebenden auseinander, Edmund an die Staffelei, Albertine auf den Stuhl, wo sie behufs des Malens sitzen sollte.

„Aber", begann der Geheime Kanzleisekretär nach einer kleinen Pause, in der er Atem geschöpft, „aber Demoiselle Albertine Voßwinkel, was tun Sie, was beginnen Sie? Erst walzen Sie mit dem jungen Herrn da, den ich zu kennen nicht die Ehre habe, auf dem Rathause in tiefer Mitternacht, daß mir armen Geheimen Kanzleisekretär und geschlagenen Bräutigam Hören und Sehen vergeht, und nun am hellen lichten Tage hier am Fenster hinter den Gardinen – o Gerechter! – Ist das ein ziemliches, sittiges Betragen für eine Demoiselle Braut?" – „Wer ist Braut", fuhr Albertine auf, „wer ist Braut? – von wem sprechen Sie, Herr Geheimer Kanzleisekretär, reden Sie!"

„O du mein Schöpfer im Himmelsthrone“, lamentierte der Geheime Kanzleisekretär, „Sie fragen noch werteste Demoiselle, wer Braut ist, von wem ich spreche? – Von wem anders kann ich denn hier jetzt reden als von Ihnen. Sind Sie denn nicht meine verehrte, im stillen angebetete Braut? Hat nicht Ihr wertester Herr Papa mir Ihre liebe, weiße, küssenswürdige Hand zugesagt schon seit langer Zeit?“
„Herr Geheimer Kanzleisekretär“, rief Albertine ganz außer sich, „Herr Geheimer Kanzleisekretär, entweder sind Sie schon am Vormittage in die Weinstube geraten, die Sie, wie mein Vater sagt, jetzt zu häufig besuchen sollen, oder von einem seltsamen Wahnsinn heimgesucht. Mein Vater hat, kann nicht daran gedacht haben, Ihnen meine Hand zuzusagen.“
„Allerliebste Demoiselle Voßwinkel“, fiel der Geheime Kanzleisekretär ein, „bedenken Sie doch nur! – Sie kennen mich ja schon seit so vielen Jahren, bin ich denn nicht jederzeit ein mäßiger, besonnener Mann gewesen und soll jetzt auf einmal mich dem schnöden Weintrinken und ungeziemlicher Verrücktheit hingeben? Beste Demoiselle, ein Auge will ich zudrücken, schweigen soll mein Mund darüber, was hier soeben geschehen! – Alles vergeben und vergessen! – Aber besinnen Sie sich doch, angebetete Braut, daß Sie mir ja schon Ihr Jawort gaben, aus dem Fenster des Rathausturms zur mitternächtlichen Stunde, und wenn Sie daher auch im Brautschmuck mit diesem jungen Herrn da stark walzten, so –“
„Sehn Sie wohl“, unterbrach Albertine den Geheimen Kanzleisekretär, „sehn Sie wohl, merken Sie wohl, daß Sie unsinniges Zeug durcheinander schwatzen, wie ein der Charité Entsprungener? – Gehen Sie – es wird mir bange in Ihrer Gegenwart – gehen Sie, sag ich, verlassen Sie mich!“
Die Tränen stürzten dem armen Tusmann aus den Augen. „O Gerechter“, schluchzte er, „solche schnöde Behandlung von der verehrtesten Demoiselle Braut! – Nein, ich gehe nicht, ich bleibe so lange, bis Sie werteste Demoiselle Voßwinkel, was meine geringe Person betrifft, zu besserer Überzeugung gekommen sind.“
„Gehen Sie!“ sprach Albertine mit halb erstickter Stimme, indem sie das Schnupftuch vor die Augen gedrückt in eine Ecke des Zimmers flüchtete.
„Nein“, erwiderte der Geheime Kanzleisekretär, „nein, werteste Demoiselle Braut, nach Thomasii politisch klugem Rat muß ich bleiben, ich gehe nun durchaus nicht eher bis –“ Er machte Miene Albertinen zu verfolgen.

Edmund hatte kochend vor Wut indessen an dem dunkelgrünen Hintergrunde des Gemäldes hin und her gestrichen. Nun konnte er sich nicht länger halten. „Verrückter, überlästiger Satan!" – So schrie er ganz außer sich, sprang los auf Tusmann, fuhr ihm mit dem dicken, in jene dunkelgrüne Farbe getunkten Pinsel drei-, viermal übers Gesicht, faßte ihn, gab ihm, nachdem er die Tür geöffnet, solch einen derben Stoß, daß er hinausflog wie ein abgeschossener Pfeil.

Entsetzt prallte der Kommissionsrat, der eben aus der Tür gegenüber heraustreten wollte, zurück, als der grüne Schulkamerad in seine Arme stürzte.

„Geheimer", rief er aus, „Geheimer, um des Himmels willen, wie siehst du aus?"

Der Geheime Kanzleisekretär, beinahe von Sinnen über alles, was sich eben zugetragen, erzählte in kurzen, abgebrochenen Sätzen, wie Albertine ihn behandelt, was er von Edmund erlitten.

Der Kommissionsrat, ganz Ärger und Zorn, nahm ihn bei der Hand, ging mit ihm zurück in Albertinens Zimmer, fuhr los auf das Mädchen: „Was muß ich hören, was muß ich vernehmen? Führt man sich so auf, behandelt man so den Bräutigam?"

„Bräutigam?" schrie Albertine auf im jähsten Schreck.

„Nun ja", sprach der Kommissionsrat, „Bräutigam freilich. Ich weiß gar nicht, was du dich alterierst über eine Sache, die ja längst beschlossen. Mein lieber Geheimer ist dein Bräutigam und in wenigen Wochen feiern wir die vergnügte Hochzeit."

„Nimmermehr", rief Albertine, „nimmermehr heirate ich den Geheimen Kanzleisekretär. Wie sollt ich ihn denn lieben können den alten Mann – nein –"

„Was lieben, was alter Mann", fiel der Kommissionsrat ins Wort, „von Lieben ist gar nicht die Rede, sondern von Heiraten. Freilich ist mein lieber Geheimer kein leichtsinniger Jüngling mehr, aber so wie ich, eben in den Jahren, die man mit Recht die besten nennt und dabei ein rechtschaffener, gescheuter, belesener, liebenswürdiger Mann und mein Schulkamerad."

„Nein", sprach Albertine in der heftigsten Bewegung, indem ihr die Tränen aus den Augen stürzten, „nein, ich kann ihn nicht leiden, er ist mir unausstehlich, ich hasse, ich verabscheue ihn! – O mein Edmund –"

Und damit fiel das Mädchen ganz außer sich, beinahe ohnmächtig dem Edmund in die Arme, der sie mit Heftigkeit an seine Brust drückte.

Der Kommissionsrat, ganz erstarrt, riß die Augen weit auf, als säh er Gespenster, dann brach er los: „Was ist das, was gewahre ich –“

„Ja“, fiel der Geheime Kanzleisekretär mit kläglicher Stimme ein, „ja die Demoiselle Albertine scheinen ganz und gar nichts von mir wissen zu wollen, scheinen eine ungemeine Inklination zu dem jungen Herrn Maler zu hegen, da sie ihn ohne Scheu küssen, mir Ärmsten aber kaum die liebe Hand reichen wollen, da ich doch bald den Trauring an dero angenehmen Goldfinger zu stecken gedenke.“

„Heda – Heda, auseinander sage ich“, schrie der Kommissionsrat und riß Albertinen aus Edmunds Armen. *Der* rief aber, daß er Albertinen nicht lassen werde und solle es ihm das Leben kosten. – „So?“ sprach der Kommissionsrat mit spottendem Ton, „seht doch, eine saubere Liebesgeschichte hinter meinem Rücken! – Schön, herrlich, mein junger Herr Lehsen, darum Ihre Uneigennützigkeit, darum die Zigarren und die Bilder. – Sich in mein Haus einzuschleichen, mit losen Künsten meine Tochter zu verführen. Feiner Gedanke, daß ich meine Tochter an den Hals hängen soll einem dürftigen, armseligen, nichtswürdigen Farbenkleckser!“ –

Außer sich vor Wut über des Kommissionsrats Schimpfreden ergriff Edmund den Malerstock, hob ihn in die Höhe; da rief mit donnernder Stimme der zur Türe hereinbrechende Leonhard: „Halt Edmund! Keine Übereilung, Voßwinkel ist ein alberner Narr und wird sich besinnen.“

Der Kommissionsrat, erschrocken über Leonhards unvermutete Erscheinung, rief aus dem Winkel, in der er zurückgeprallt: „Ich weiß gar nicht, Herr Leonhard, wie Sie sich unterfangen können –“

Aber der Geheime Kanzleisekretär war schnurstracks hinter den Sofa geflüchtet, sowie er den Goldschmied erblickt, hatte sich tief niedergeduckt und quäkte mit ängstlicher, weinerlicher Stimme: „O du Gott im Himmel! – Kommissionsrat sieh dich vor – schweige – halt das Maul, geliebter Schulkamerad. – O du Gott im Himmel, das sind ja der Herr Professor – der grausame Ball-Entrepreneur aus der Spandauer Straße –“

„Kommt nur hervor“, sprach der Goldschmied lachend, „kommt nur hervor, Tusmann, fürchtet Euch nicht, Euch soll nichts mehr angetan werden, Ihr seid ja schon bestraft genug für Eure alberne Heiratslust, da Ihr nun Euer Lebelang ein grünes Gesicht behaltet.“

„O Gott“, schrie der Geheime Kanzleisekretär ganz außer sich, „o Gott, ein grünes Gesicht immerdar! – Was werden die Leute, was wird Se. Exzellenz der Herr Minister sagen? Werden Se. Exzellenz nicht glauben, ich hätte mir aus purer, schnöder, weltlicher Eitelkeit das Gesicht grün gefärbt? – – Ich bin ein geschlagener Mann, ich komme um meinen Dienst, denn nicht dulden kann der Staat Geheime Kanzleisekretärs mit grünen Gesichtern – O ich Ärmster –"

„Nun, nun", unterbrach der Goldschmied Tusmanns Klagen, „nun, nun, Tusmann, lamentiert nur nicht so sehr, es kann doch wohl noch Rat geben für Euch, wenn Ihr gescheut seid und dem tollen Gedanken, Albertinen zu heiraten, entsagt."

„Das kann ich nicht – das soll er nicht", so riefen beide durcheinander, der Kommissionsrat und der Geheime Kanzleisekretär.

Der Goldschmied sah beide an mit funkelndem, durchbohrendem Blick; doch eben als er losbrechen wollte, öffnete sich die Tür und hinein trat der alte Manasse mit seinem Neffen, dem Baron Benjamin Dümmerl aus Wien. – Bensch ging gerade los auf Albertinen, die ihm zum erstenmal in ihrem Leben sah und sprach in schnarrendem Ton, indem er ihre Hand faßte: „Ha, bestes Mädchen, da bin ich nun selbst, um mich Ihnen zu Füßen zu werfen. – Verstehen Sie! das ist nur solch eine Redensart, der Baron Dümmerl wirft sich niemanden zu Füßen, auch nicht Sr. Majestät dem Kaiser. Ich meine, Sie sollen mir einen Kuß geben." – Damit trat er noch näher an Albertinen heran und beugte sich nieder, doch in demselben Moment geschah etwas, worüber sich alle, den Goldschmied ausgenommen, tief entsetzten.

Benschs ansehnliche Nase schoß plötzlich zu einer solchen Länge hervor, daß sie dicht bei Albertinens Gesicht vorbeifahrend mit einem lauten Knack hart anstieß an die gegenüberstehende Wand. Bensch prallte einige Schritte zurück, sogleich zog sich die Nase wieder ein. Er näherte sich Albertinen, dasselbe Ereignis; kurz hinaus, hinein, schob sich die Nase wie eine Baßposaune.

„Verruchter Schwarzkünstler", brüllte Manasse, und indem er einen verschlungenen Strick aus der Tasche zog und ihn dem Kommissionsrat zuwarf, rief er: „Ohne Umstände, werfen Sie dem Kerl die Schlinge über den Hals, dem Goldschmied, mein ich, dann ziehen wir ihn ohne Widerstand zur Tür hinaus und alles ist in Ordnung." – Der Kommissionsrat ergriff den Strick, statt aber dem Goldschmied warf er dem alten Juden den Strick über den Hals, und sogleich prallten beide auf in die Höhe bis an die Stubendecke und wieder herab, und so immerfort herauf und herab, während Bensch sein Nasenkonzert

fortsetzte und Tusmann wie wahnsinnig lachte und plapperte, bis der Kommissionsrat ohnmächtig, ganz erschöpft in den Lehnsessel niedersank.
„Nun ist's Zeit, nun ist's Zeit", schrie Manasse, schlug an die Tasche und mit einem Satze sprang eine übergroße abscheuliche Maus hervor und gerade los auf den Goldschmied. Aber noch im Sprunge durchstach sie der Goldschmied mit einer spitzen, goldnen Nadel, worauf sie mit einem gellenden Schrei verschwand, man wußte nicht wohin.
Da ballte Manasse die Fäuste gegen den ohnmächtigen Kommissionsrat und rief, indem Zorn und Wut aus seinen feuerroten Augen sprühten: „Ha, Melchior Voßwinkel, du hast dich gegen mich verschworen, du bist im Bunde mit dem verruchten Schwarzkünstler, den du in dein Haus gelockt; aber verflucht, verflucht sollst du sein, du und dein ganzes Geschlecht hinweggenommen wie die hülflose Brut eines Vogels. Gras soll vor deiner Tür wachsen und alles, was du unternimmst, soll gleichen dem Tun des Hungernden, der sich im Traum ersättigen will an erdichteten Speisen und der Dales soll sich einlagern in dein Haus und wegzehren deine Habe, und du sollst betteln in zerrissenen Kleidern vor den Türen des verachteten Volks Gottes, das dich verstößt wie einen räudigen Hund. Und du sollst sein wie ein verachteter Zweig zur Erde geworfen und statt des Klanges der Harfen Motten deine Gesellschaft! – Verflucht, verflucht, verflucht du Kommissionsrat Melchior Voßwinkel!" – Damit faßte der wütende Manasse den Neffen und stürmte mit ihm zur Türe hinaus.
Albertine hatte im Grausen und Entsetzen ihr Gesicht verborgen an Edmunds Brust, der sie umschlungen hielt mit Mühe Fassung erringend.
Der Goldschmied trat nun hin zu dem Paar und sprach lächelnd mit sanfter Stimme: „Laßt euch nur durch alle diese Narrenstreiche nicht irren. Es wird alles gut werden, ich stehe euch dafür. Aber nun ist es nötig, daß ihr euch trennt, ehe Voßwinkel und Tusmann aus ihrer Schreckenserstarrung erwachen."
Darauf verließ er mit Edmund Voßwinkels Haus.

Fünftes Kapitel,

worin der geneigte Leser erfährt, wer der Dales ist, auf welche Weise aber der Goldschmied den Geheimen Kanzleisekretär Tusmann rettet vom schmachvollen Tode und den verzweifelnden Kommissionsrat tröstet.

Der Kommissionsrat war durch und durch erschüttert von Manasses Fluch mehr, als von dem tollen Spuk, den, wie er wohl einsah, der Goldschmied getrieben. Jener Fluch war auch in der Tat gräßlich genug, da er dem Kommissionsrat den Dales über den Hals geschickt.

Ich weiß nicht, ob du sehr geneigter Leser die Bewandtnis kennst, die es mit diesem Dales der Juden hat?

Das Weib eines armen Juden (so erzählt ein Talmudist) fand, als sie eines Tages auf den Boden ihres kleinen Hauses stieg, daselbst einen dürren, ganz ausgemergelten nackten Menschen, der sie bat, ihm Obdach zu gönnen, ihn zu nähren mit Speis und Trank. Erschrocken lief das Weib herab und sprach wehklagend zu ihrem Mann: „Ein nackter, ausgehungerter Mensch ist in unser Haus gekommen und verlangt von uns Obdach und Nahrung. Wie sollen wir aber den Fremden nähren, da wir selbst kaum unser mühseliges Leben von Tag zu Tag durchfristen.“ – „Ich will“, erwiderte der Mann, „hinaufsteigen zu dem fremden Menschen und sehen wie ich ihn hinausschaffe aus unserm Hause.“ – „Warum“, sprach er dann zu dem fremden Menschen, „warum bist du geflüchtet in mein Haus, der ich arm bin und nicht vermag dich zu ernähren? Hebe dich fort und gehe in das Haus des Reichtums, wo die Schlachttiere längst gemästet und die Gäste längst geladen sind zum Gastmahl.“ – „Wie kannst du“, erwiderte der Mensch, „mich forttreiben wollen aus dem Obdach, das ich gefunden? Du siehst, daß ich nackt bin und bloß, wie kann ich fortziehen in das Haus des Reichtums? Doch laß mir ein Kleid machen, das mir paßt und ich will dich verlassen.“ – „Besser ist es“, dachte der Jude, „daß ich mein Letztes daran wende, den Menschen bald fortzuschaffen, als daß er bliebe und verzehre, was ich mit Not zu erwerben vermag.“ Er schlachtete sein letztes Kalb, wovon er mit seinem Weibe viele Tage hindurch sich zu nähren gedachte, verkaufte das Fleisch und schaffte von dem gelösten Gelde ein gutes Kleid an für den fremden Menschen. Als er aber hinaufging mit dem Kleide, war der Mensch, der erst klein und dürr gewesen, groß geworden und stark, so daß das Kleid ihm überall zu kurz war und zu enge. Darüber entsetzte sich der arme Jude gar sehr, aber der fremde Mensch sprach: „Laß ab von der Torheit mich fortschaffen zu wollen aus deinem Hause, denn wisse, ich bin der Dales." Da rang der arme Jude die Hände und jammerte und schrie: „Gott meiner Väter, so bin ich gezüchtigt mit der Rute des Zorns und elend immerdar, denn bist du der Dales, so wirst du nicht weichen, sondern all unser Hab und Gut wegzehrend, immer größer und stärker werden." Der Dales ist aber die Armut, die, wo sie sich einmal einnistet, niemals wieder weicht und immer mehr zunimmt. –

Entsetzte sich nun der Kommissionsrat darüber, daß ihm Manasse in der Wut die Armut auf den Hals geflucht, so fürchtete er dagegen auch den alten Leonhard, der, die seltsamen Zauberkünste abgerechnet, die ihm zu Gebote standen, auch außerdem in seinem ganzen Wesen etwas hatte, was wohl eine scheue Ehrfurcht erwecken mußte. Gegen beide, das fühlte er, konnte er nichts Sonderliches ausrichten; sein ganzer Zorn fiel daher auf Edmund Lehsen, dem er alles Unheil, was ihm widerfahren, in die Schuhe schob. Kam noch hinzu, daß Albertine ganz unverhohlen und mit entschiedener Festigkeit erklärte, wie sie Edmund über die Maßen liebe und niemals weder den alten, pedantischen Geheimen Kanzleisekretär, noch den unausstehlichen Baron Bensch heiraten werde, so konnt es gar nicht fehlen, daß der Kommissionsrat sich über die Gebühr erboste und den Edmund fort wünschte, dahin, wo der Pfeffer wächst. Da er aber diesen Wunsch nicht so verwirklichen konnte, wie es unter der vorigen französischen Regierung geschah, welche Leute, die sie los sein wollte, in der Tat fortschickte nach dem Ort, wo der Pfeffer wächst, so begnügte er sich damit, dem Edmund ein angenehmes Billet zu schreiben, worin er all sein Gift, all seine Galle ergoß und damit endete, daß er sich nicht unterfangen solle, jemals die Schwelle seines Hauses zu betreten.

Man kann denken, daß Edmund über diese grausame Trennung von Albertinen sofort in die gehörige Verzweiflung geriet, in welcher ihn denn Leonhard fand, als er ihn seiner Gewohnheit gemäß in der Abenddämmerung besuchte.

„Was habe ich", rief Edmund dem Goldschmied entgegen, „was habe ich nun von Euerm Schutz, von Euerm Mühen, mir die gehässigen Nebenbuhler vom Leibe zu schaffen? Durch Eure unheimlichen Taschenspielerkünste verwirrt und entsetzt Ihr alle, selbst mein holdes

Mädchen, und Euer Treiben ist es allein, das mir als ein unübersteigliches Hindernis in den Weg tritt. Ich fliehe, ich fliehe den Dolch im Herzen fort nach Rom!"

„Nun", sprach der Goldschmied, „nun dann tätest du ja wirklich das, was ich recht von Herzen wünsche. Erinnere dich, daß ich schon damals, als du zum ersten Male von deiner Liebe zu Albertinen sprachst, dir versicherte, daß meiner Meinung nach ein junger Künstler sich wohl verlieben könne, aber nicht gleich ans Heiraten denken müsse, da dies ganz unersprießlich sei. Ich rückte dir damals halb im Scherz das Beispiel des jungen Sternbald vor Augen, aber ganz ernsthaft sage ich dir jetzt, daß, gedenkst du ein tüchtiger Künstler zu werden, du durchaus alle Heiratsgedanken dir aus dem Kopf schlagen mußt. Frei und froh ziehe in das Vaterland der Kunst, studiere in voller Begeisterung ihr innerstes Wesen und dann erst wird dir die technische Fertigkeit, die du vielleicht auch hier erlangen kannst, etwas nützen."

„Ha", rief Edmund, „was für ein Tor war ich, Euch meine Liebe anzuvertrauen! Nun sehe ich es wohl ein, daß gerade Ihr, von dem ich Beistand erwarten durfte mit Rat und Tat, daß gerade Ihr, sage ich, absichtlich mir entgegen handelt und meine schönsten Hoffnungen mit hämischer Schadenfreude zerstört."

„Hoho", erwiderte der Goldschmied, „hoho, junger Herr! mäßigt Euch in Euren Ausdrücken, seid weniger heftig und bedenkt, daß Ihr viel zu unerfahren seid, um mich zu durchschauen. Aber ich will Euern irren Zorn Eurer wahnsinnigen Verliebtheit zugute halten –"

„Und", fuhr Edmund fort, „und was die Kunst betrifft, so sehe ich gar nicht ein, warum ich, da es mir dazu, wie Ihr wißt, gar nicht an Mitteln fehlt, der innigen Verbindung mit Albertinen unbeschadet, nicht nach Rom gehen und dort die Kunst studieren sollte. Ja, ich gedachte gerade dann, wenn ich Albertinens Besitz gewiß sein konnte, nach Italien zu wandern und dort ein ganzes Jahr hindurch zu verweilen, dann aber bereichert mit wahrer Kunstkenntnis zurückzukehren in die Arme meiner Braut."

„Wie", rief der Goldschmied, „wie Edmund, war das in der Tat dein wirklicher, ernster Vorsatz?"

„Allerdings", erwiderte der Jüngling, „so sehr mein Inneres entbrannt ist in Liebe zu der holden Albertine, so sehr erfüllt mich doch die Sehnsucht nach dem Lande, das die Heimat meiner Kunst ist."

„Könnet", fuhr der Goldschmied fort, „könnet Ihr Euer treues Wort mir darauf geben, daß, wird Albertine Euer, Ihr sogleich die Reise nach Italien antreten wollt?"

„Warum sollte ich das nicht", erwiderte der Jüngling, „da es mein fester Entschluß war und es bleiben würde, sollte das geschehen, woran ich verzweifeln muß."

„Nun", rief der Goldschmied lebhaft, „nun Edmund, so sei guten Mutes, diese feste Gesinnung erwirbt dir die Geliebte. Ich gebe dir mein Wort, daß in wenigen Tagen Albertine deine Braut sein soll. Daß ich das zu bewirken verstehen werde, daran magst du nicht zweifeln."

Die Freude des Entzückens strahle aus Edmunds Augen. Der rätselhafte Goldschmied überließ, schnell davoneilend, den Jüngling all den süßen Hoffnungen und Träumen, die er in seinem Innern aufgeregt. –

In einem abgelegenen Teil des Tiergartens, unter einem großen Baum, lag, um mit Celia in Wie es euch gefällt zu reden, wie eine abgefallene Eichel, oder wie ein verwundeter Ritter der Geheime Kanzleisekretär Tusmann und klagte sein tiefes Herzeleid den treulosen Herbstwinden.

„O Gott gerechter!" lamentierte er, „unglücklicher, bedauernswürdiger Geheimer Kanzleisekretär, womit hast du all diese Schmach verdient, die dir über den Hals gekommen. Sagt denn nicht Thomasius, daß der Ehestand an Erlangung der Weisheit keineswegs hindern solle und doch hast du schon jetzt, da du nur den Ehestand zu intendieren begonnen, beinahe deinen ganzen angenehmen Verstand verloren. Woher der entsetzliche Widerwille der werten Demoiselle Albertine Voßwinkel gegen deine geringe, aber mit löblichen Eigenschaften sattsam ausgestattete Person? Bist du etwa ein Politikus, der keine Frau haben, oder gar ein Rechtsgelehrter, der nach der Lehre des Cleobolus seine Frau, sobald sie unartig, was weniges prügeln soll, daß die Schönste deshalb einige Scheu tragen könnte, dich zu ehelichen? O Gerechter, welchem Jammer gehst du entgegen! – Warum mußt du, o geliebter Geheimer Kanzleisekretär, in offne Fehde geraten mit schnöden Schwarzkünstlern und malerischen Wütrichen, die dein zartes Gesicht für ein aufgespanntes Pergament halten und mit frechem Pinsel einen wilden Salvator Rosa darauf schmeißen, ohne Geschick, Haltung und Manier! Ja, das ist das ärgste! Alle meine Hoffnung hatte ich auf meinen intimen Freund gesetzt, auf den Herrn Streccius, der in der Chemie wohlerfahren ist und in jedem Malheur zu helfen weiß, aber es ist alles vergebens. Je mehr ich mich mit dem Wasser wasche, das er mir angeraten, desto grüner werde ich, wiewohl das Grün sich in den verschiedensten Nuancen und Schattierungen ändert, so daß es bereits Frühling, Sommer und Herbst auf meinem Antlitz gewesen!

Ja, dieses Grün ist es, was mich ins Verderben stürzt, und erlange ich nicht den weißen Winter wieder, welcher die schicklichste Jahreszeit für ein Gesicht, so gerate ich in Desperation, stürze mich hier in den schnöden Froschlaich und sterbe einen grünen Tod!" –

Tusmann hatte wohl recht, so bittre Klagen auszustoßen, denn in der Tat war es arg mit der grünen Farbe seines Antlitzes, die gar nicht gewöhnliche Ölfarbe, sondern irgendeine künstlich zusammengesetzte Tinktur zu sein schien, die, in die Haut eingedrungen, durchaus nicht verschwinden wollte. Zur Tageszeit durfte der arme Geheime Kanzleisekretär gar nicht anders ausgehen, als mit tief in die Augen gedrücktem Hut und vorgehaltenem Schnupftuch, und selbst wenn die Dämmerung eingebrochen, wagte er es nur in gestrecktem Galopp durch die entlegenen Gassen zu rennen. Teils fürchtete er den Hohn der Straßenbuben, teils mußte er sich ängstigen, irgend jemanden aus dem Bureau, in dem er arbeitete, zu begegnen, da er sich krank melden lassen.

Es geschieht wohl, daß wir das Ungemach, welches uns getroffen, stärker und tötender fühlen in der stillen, schwarzen Nacht, als am geräuschvollen Tage. So kam es auch, daß so wie immer dunkler und dunkler die Wolken heraufzogen, wie schwärzer und schwärzer die Schatten des Waldes sich ausbreiteten, wie recht schauerlich verhöhnend der rauhe Herbstwind durch Bäume und Gebüsche pfiff, Tusmann sein ganzes Elend bedenkend in vollkommene Trostlosigkeit geriet.

Der entsetzliche Gedanke, in den grünen Froschlaich zu springen und so ein verstörtes Leben zu enden, trat dem Geheimen Kanzleisekretär so lebendig in die Seele, daß er ihn für einen entscheidenden Wink des Schicksals hielt, dem er folgen müsse.

„Ja", rief er mit gellender Stimme, indem er hastig aufsprang vom Boden, wo er sich hingelagert, „ja, Geheimer Kanzleisekretär, mit dir ist es aus! – Verzweifle guter Tusmann! – Kein Thomasius kann dich retten, fort mit dir in den grünen Tod! – Leben Sie wohl, grausame Demoiselle Albertine Voßwinkel! – Sie sehen Ihren Bräutigam, den

Sie verschmäht auf schnöde Weise, niemals wieder! – Er wird sogleich in den Froschlaich springen!"

Wie rasend rannte er fort nach dem nahe gelegenen Bassin, das in der tiefen Dämmerung anzusehen war wie ein breiter, schön bewachsener Weg und blieb dicht am Rande stehen.

Der Gedanke an den nahen Tod mochte wohl seine Sinne zerrütten, denn er sang mit hoher durchdringender Stimme das englische Volkslied, dessen Refrain lautet: „Grün sind die Wiesen, grün sind die Wiesen", warf dann die politische Klugheit, das Handbuch für Hof und Staat, sowie Hufelands Kunst das Leben zu verlängern, in das Wasser und war eben im Begriff, mit einem tüchtigen Ansatz nachzuspringen, als er sich von hinten her mit starken Armen umfaßt fühlte.

Zugleich vernahm er die ihm wohlbekannte Stimme des schwarzkünstlerischen Goldschmieds: „Tusmann, was habt Ihr vor? Ich bitte Euch, seid doch kein Esel und macht doch nicht tolle Streiche!"

Der Geheime Kanzleisekretär bot alle Kraft auf, sich aus des Goldschmieds Armen loszuwinden, indem er, kaum der Sprache mehr mächtig, krächzte: „Herr Professor, ich bin in der Desperation und da hören alle Rücksichten auf, Herr Professor, nehmen Sie es einem desperaten Geheimen Kanzleisekretär, der sonst wohl weiß, was Anstand und Sitte heischt, nicht übel, aber Herr Professor – ich sag es unverhohlen, ich wünschte, daß Sie der Teufel hole samt Ihren Hexenkünsten, samt Ihrer Grobheit, samt Ihrem verdammten Ihr – Ihr – Ihr und Tusmann!"

Der Goldschmied ließ den Geheimen Kanzleisekretär los und alsbald taumelte er erschöpft nieder in das hohe durch und durch feuchte Gras.

Wähnend, er liege im Bassin, rief er: „O kalter Tod, o grüne Wiese – Adieu! – Mich ganz gehorsamst zu empfehlen, werteste Demoiselle Albertine Voßwinkel – Lebe wohl, wackrer Kommissionsrat – Der unglückliche Bräutigam liegt bei den Fröschen, die den Herrn loben zur Sommerszeit!"

„Seht Ihr wohl", sprach der Goldschmied mit starker Stimme, „seht Ihr wohl Tusmann, daß Ihr von Sinnen seid, und matt und elend dazu! – Zum Teufel wollt Ihr mich schicken, wie wenn ich nun selbst der Teufel wäre und Euch den Hals umdrehte hier auf der Stelle, wo Ihr wähnt im Bassin zu liegen?"

Tusmann ächzte, stöhnte, schüttelte sich wie im stärksten Fieberfrost.

„Aber“, fuhr der Goldschmied fort, „aber ich mein es gut mit Euch, Tusmann, und vergebe Eurer Desperation alles, richtet Euch auf, kommt mit mir.“
Der Goldschmied half dem armen Geheimen Kanzleisekretär auf die Beine. Ganz vernichtet lispelte er: „Ich bin in Ihrer Gewalt, verehrtester Herr Professor, machen Sie mit meinem geringen sterblichen Leichnam was Sie wollen, aber meine unsterbliche Seele bitte ich ganz gehorsamst gütigst verschonen zu wollen.“
„Schwatzt nicht solch aberwitziges Zeug, sondern kommt rasch fort“, rief der Goldschmied, faßte den Geheimen Kanzleisekretär unterm Arm und schritt mit ihm von dannen. Doch mitten in dem Wege, der quer durch den Tiergarten nach den Zelten führt, hielt er inne und sprach: „Halt Tusmann! Ihr seid ganz naß und seht abscheulich aus, ich will Euch wenigstens das Gesicht abtrocknen.“
Damit holte der Goldschmied ein blendend weißes Tuch aus der Tasche, und tat, wie er verheißen.
Als nun schon die hellen Laternen des Weberschen Zeltes durch die Gebüsche funkelten, rief Tusmann plötzlich ganz erschrocken: „Um tausend Gotteswillen, verehrtester Herr Professor, wo führen Sie mich denn hin? – Nicht nach der Stadt? Nicht nach meiner Wohnung? – Doch nicht etwa in Gesellschaft? unter Menschen? – Gerechter! Ich kann mich ja gar nicht blicken lassen – Ich errege ja Ärgernis – ein Skandalum –“
„Ich weiß nicht“, erwiderte der Goldschmied, „ich weiß nicht Tusmann, was Ihr wollt mit Euerm menschenscheuen Wesen, seid doch kein Hase! Ihr müßt durchaus etwas Starkes genießen. – Vielleicht ein Glas warmen Punsch, sonst bekommt Ihr das Fieber vor Erkältung. Kommt nur mit!“
Der Geheime Kanzleisekretär lamentierte, sprach unaufhörlich von seinem grünen Gesicht, von seinem schnöden Salvator Rosa im Antlitz, der Goldschmied achtete aber nicht im mindesten darauf, sondern zog ihn fort mit unwiderstehlicher Gewalt.
Als sie nun in den erleuchteten Saal traten, bedeckte Tusmann mit dem Schnupftuch sein ganzes Gesicht, da noch ein paar Gäste an der langen Tafel speisten.
„Was habt Ihr denn“, sprach der Goldschmied dem Geheimen Sekretär ins Ohr, „was habt Ihr denn, Tusmann, daß Ihr Euer rechtschaffenes Antlitz so verhüllen wollt und verbergen?“
„Ach Gott“, stöhnte der Geheime Kanzleisekretär, „ach Gott, verehr-

tester Herr Professor, Sie wissen es ja, mein Gesicht, das der jähzornige junge Herr Maler mit grüner Farbe überstrichen –"
„Possen", rief der Goldschmied aus, indem er den Geheimen Kanzleisekretär mit gewaltiger Faust packte und hinstellte vor den großen Spiegel am Ende des Saals und hinleuchtete mit der Kerze, die er ergriffen.
Tusmann schaute unwillkürlich hinein und konnte sich eines lauten „Ach!" nicht erwehren.
Nicht allein, daß die häßliche grüne Farbe gänzlich verschwunden war, Tusmanns Gesicht hatte überdies noch ein lebhafteres Kolorit erhalten als jemals, so daß er in der Tat um einige Jahre jünger aussah, als sonst. Im Übermaß des Entzückens sprang der Geheime Kanzleisekretär mit beiden Füßen zugleich in die Höhe und sprach dann mit süßweinerlicher Stimme: „O Gerechter, was sehe, was erblicke ich! – Wertester, ungemein verehrter Herr Professor, das Glück habe ich gewiß Ihnen allein zu verdanken! – Ja! – nun wird die Demoiselle Albertine Voßwinkel, um derentwillen ich beinahe hinabgesprungen in den Abgrund zu den Fröschen, gewiß keinen Anstand nehmen, mich zu ihrem Gemahl zu erkiesen! – Ja, wertester Herr Professor, Sie haben mich geborgen aus tiefem Elend! – Ich fühlte sogleich eine gewisse Behaglichkeit, als Sie über mein geringes Antlitz mit Dero schneeweißem Schnupftuch zu fahren beliebten. – O sprechen Sie, gewiß waren Sie mein Wohlthäter?"
„Nicht leugnen", erwiderte der Goldschmied, „nicht leugnen will ich, Tusmann, daß ich es war, der Euch die grüne Farbe wegwusch und Ihr könnt daraus annehmen, daß ich gar nicht so feindlich wider Euch gesinnt bin, als Ihr es wohl vermeinen möget. Bloß Eure alberne Faselei, daß Ihr Euch von dem Kommissionsrat überreden lasset, Ihr könntet Euch noch mit einem blutjungen, hübschen Mädchen, welche aufsprudelt vor Lebenslust, verheiraten, bloß diese Faselei, sage ich, kann ich an Euch gar nicht leiden und möchte Euch, da Ihr selbst jetzt, kaum den Schabernack los, den man Euch antat, wiederum gleich ans Heiraten denkt, den Appetit dazu auf nachdrückliche Weise vertreiben, welches ganz und gar in meiner Macht steht. Doch will ich das nicht tun, sondern Euch raten, ruhig zu sein bis zum künftigen Sonntag in der Mittagsstunde, da werdet Ihr denn das Weitere hören. Wagt Ihr es, früher Albertinen zu sehen, so laß ich Euch vor ihren Augen erst tanzen, daß Euch Sinn und Atem vergeht, verwandle Euch dann in den grünsten Frosch und schmeiße Euch hier

im Tiergarten in das Bassin oder gar in die Spree, wo Ihr quaken könnet bis an Euer Lebensende! – Gehabt Euch wohl! Ich habe heute noch etwas vor, das mich nach der Stadt eilen heißt. Ihr würdet meinen Schritten nicht folgen können. Gehabt Euch wohl!"

Der Goldschmied hatte recht, daß wohl keiner so leicht ihm hätte folgen können, denn als hätte er Schlemihls berühmte Siebenmeilenstiefel an den Füßen, war er mit einem einzigen Schritt, den er zur Saaltür hinaus machte, dem bestürzten Geheimen Kanzleisekretär aus den Augen verschwunden. –

So mochte es denn auch geschehen, daß er schon in der nächsten Minute wie ein Gespenst plötzlich in dem Zimmer des Kommissionsrates stand und ihm mit ziemlich rauher Stimme einen guten Abend bot.

Der Kommissionsrat erschrak heftig, faßte sich jedoch bald zusammen und fragte den Goldschmied ungestüm, was er so spät in der Nacht noch wolle, er möge sich fortscheren und ihn in Ruhe lassen mit den albernen Taschenspielerstückchen, die ihm vorzugaukeln er vielleicht im Sinne habe.

„So sind", erwiderte der Goldschmied sehr gelassen, „so sind nun die Menschen und vorzüglich die Kommissionsräte. Gerade diejenigen Personen, die sich Ihnen wohlwollend nähern, denen Sie sich zutrauensvoll in die Arme werfen sollten, gerade diese Personen stoßen Sie von sich; – Sie sind, bester Kommissionsrat, ein armer, unglücklicher, bedauernswürdiger Mann, ich komme – renne her noch in tiefer Nacht, um mich mit Ihnen zu beraten, wie vielleicht noch der tötende Schlag abzuwenden ist, der Sie eben treffen will und Sie –"

„O Gott", schrie der Kommissionsrat ganz außer sich, „o Gott, gewiß schon wieder ein Falliment in Hamburg, Bremen oder London, das mich vollends zu ruinieren droht, o ich geschlagener Kommissionsrat – das fehlte noch –"

„Nein", unterbrach der Goldschmied Voßwinkels Klagen, „nein, es ist hier noch von etwas anderm die Rede. Sie wollen also Albertinens Hand durchaus nicht dem jungen Edmund Lehsen geben?"

„Wie kommen Sie", rief der Kommissionsrat, „auf diesen albernen, ärgerlichen Schnack? Ich! meine Tochter dem armseligen Pinsler!"

„Nun", sprach der Goldschmied, „er hat doch Sie und Albertinen recht wacker gemalt."

„Hoho!" erwiderte der Kommissionsrat, „das wäre ein schöner Kauf, meine Tochter für ein paar bunte Bilder! – Ich habe ihm die Dinger ins Haus zurückgeschickt."

„Edmund“, fuhr der Goldschmied fort, „Edmund wird, versagen Sie ihm Albertinen, sich rächen.“

„Nun“, rief der Kommissionsrat, „nun das möcht ich doch wissen, welche Rache der Schlucker, der Kiek-in-die-Welt an dem Kommissionsrat Melchior Voßwinkel zu nehmen vermöchte!“

„Das will“, erwiderte der Goldschmied, „das will ich Ihnen gleich sagen, mein sehr wackrer Herr Kommissionsrat. Edmund ist eben im Begriff, Ihr liebes Bild auf würdige Weise zu retouchieren. Das fröhliche, lächelnde Antlitz verkehrt er in ein bittergrämliches, mit heraufgezogenen Brauen, trüben Augen, herunterhängenden Lippen. Stärker markiert er die Runzeln auf Stirn und Wangen, vergißt nicht die vielen grauen Haare, die der Puder verbergen soll, hinlänglich anzudeuten durch gehörige Färbung. Statt der freudigen Botschaft von dem Lotteriegewinst schreibt er die höchst betrübte Nachricht in den Brief, die Sie vorgestern erhielten, nämlich: daß das Haus Campbell et Compagnie in London falliert und auf dem Kuvert steht: An den verfehlten Stadt- und Kommissionsrat u. s. f., denn er weiß, daß Sie vor einem halben Jahr vergebens darnach trachteten, Stadtrat zu werden. Aus den zerrissenen Westentaschen fallen Dukaten, Taler und Tresorscheine heraus, den Verlust andeutend, den Sie erlitten. So wird das Bild dann ausgehängt bei dem Bilderhändler am Bankgebäude in der Jägerstraße.“

„Der Satan“, schrie der Kommissionsrat, „der Halunke, nein, das soll er nicht unternehmen! – Polizei, Justiz rufe ich zu Hülfe –“

„Haben“, fuhr der Goldschmied gelassen fort, „haben nun funfzig Menschen eine Viertelstunde hindurch das Bild gesehen, dann dringt die Kunde davon mit tausend stärkeren Nuancen, die dieser, jener Witzbold hinzufügt, durch die ganze Stadt. Alles Lächerliche, alles Alberne, das man von Ihnen erzählt hat und noch erzählt, wird aufgefrischt mit neuen, glänzenden Farben, jeder, dem Sie begegnen, lacht Ihnen ins Gesicht und was das Schlimmste ist, man spricht dabei unaufhörlich von dem Verlust, den Sie durch Campbells Fall erlitten und Ihr Kredit ist hin.“

„O Gott“, rief der Kommissionsrat, „o Gott! – Aber er muß mir das Bild herausgeben, der Bösewicht, ja das muß er morgen mit dem frühsten Tage.“

„Und“, sprach der Goldschmied weiter, „und täte er das wirklich, woran ich sehr zweifle, was würd es Ihnen helfen? Er radiert Ihre werte Person, wie ich es erst beschrieben, auf eine Kupferplatte, besorgt viele hundert Abdrücke, illuminiert sie selbst recht *con amore* und schickt sie in die ganze Welt, nach Hamburg, Bremen, Lübeck, Stettin, ja nach London –"

„Halten Sie ein", unterbrach der Kommissionsrat den Goldschmied, „halten Sie ein! – Gehen Sie hin zu dem entsetzlichen Menschen, bieten Sie ihm funfzig – ja – bieten Sie ihm hundert Taler, wenn er die Sache mit meinem Bilde ganz unterläßt."

„Ha ha ha!" lachte der Goldschmied, „Sie vergessen, daß sich Lehsen ganz und gar nichts macht aus dem Gelde, daß seine Eltern wohlhabend sind, daß seine Großtante, die Demoiselle Lehsen, die in der Breiten Straße wohnt, ihm längst ihr ganzes Vermögen vermacht hat, das nicht weniger als bare achtzigtausend Taler beträgt!"

„Was", rief der Kommissionsrat erbleicht vor plötzlichem Erstaunen, „was sagen Sie – achtzig – Hören Sie, Herr Leonhard, ich glaube, Albertinchen ist ganz vernarrt in den jungen Lehsen – Ich bin nun einmal ein guter Kerl – ein weichmütiger Vater – kann keinen Tränen, keinen Bitten widerstehen – Zudem gefällt mir der junge Mensch. Er ist ein tüchtiger Künstler – Sie wissen, was die Kunst betrifft, da bin ich ein rechter Narr mit meiner Vorliebe – Er hat hübsche Eigenschaften, der liebe, gute Lehsen – Achtzig – Nun, wissen Sie was, Leonhard, aus purer Herzensgüte geb ich ihm meine Tochter, dem artigen Jungen!"

„Hm", sprach der Goldschmied, „ich muß Ihnen doch etwas Spaßhaftes erzählen. Soeben komme ich aus dem Tiergarten. Dicht an dem großen Bassin fand ich Ihren Freund und Schulkameraden, den Geheimen Kanzleisekretär Tusmann, der darüber, daß ihn Albertine verschmäht, in wilde Verzweiflung geraten, sich ins Wasser stürzen wollte. Nur mit Mühe gelang es mir, ihn von der Ausführung seines schrecklichen Entschlusses abzuhalten, indem ich ihm vorstellte, daß Sie, mein wackrer Kommissionsrat, gewiß Ihr treugegebenes Wort halten und durch väterliche Ermahnungen Albertinen dahin bringen würden, ihm unverweigerlich die Hand zu reichen. Geschieht dies nun nicht, geben Sie Albertinens Hand dem jungen Lehsen, so springt Ihr Geheimer in das Bassin, das ist so gut wie gewiß. Denken Sie, was dieser entsetzliche Selbstmord des soliden Mannes für Aufsehn erregen würde? – Jeder klagt Sie – Sie allein als Tusmanns Mörder an und begegnet Ihnen mit tiefer Verachtung. Sie werden nirgends mehr zur Tafel geladen und finden Sie sich auf irgendeinem Kaffeehause ein, um Neues zu erwischen, so wirft man Sie zur Tür hinaus – die Treppe hinunter. Aber noch mehr! – Der Geheime Kanzleisekretär ist hochgeachtet von allen seinen Vorgesetzten, sein Ruf als tüchtiger Geschäftsmann hat alle Bureaus durchdrungen. Haben Sie nun durch Ihren Wankelmut, durch Ihre Falschheit den Ärmsten zum Selbstmorde gebracht, so ist gar nicht daran zu denken, daß Sie jemals in Ihrem ganzen Leben noch einen Geheimen Legations-, einen Geheimen Oberfinanzrat zu Hause finden sollten, die Wirklichen am allerwenigsten. Keine Behörde, deren Geneigtheit Ihr Geschäft bedarf, nimmt sich hinfort Ihrer mehr im mindesten an. Von simplen Kommerzienräten werden Sie verhöhnt, Expedienten verfolgen Sie mit Mordwaffen und Kanzleiboten drücken, Ihnen begegnend, die Hüte fester auf den Kopf. Man nimmt Ihnen den Titel als Kommissionsrat, Stoß erfolgt auf Stoß, Ihr Kredit ist hin, Ihr Vermögen gerät in Verfall, schlechter und schlechter geht's, bis Sie zuletzt in Verachtung, Armut und Elend –"

„Hören Sie auf", schrie der Kommissionsrat, „Sie martern mich! – Wer hätte denken sollen, daß der Geheime noch in seinen Jahren solch ein verliebter Affe sein würde! – Aber Sie haben recht. – Mag es nun gehen, wie es in der Welt will, ich muß dem Geheimen Wort halten, sonst bin ich ein ruinierter Mann. – Ja, es ist beschlossen, der Geheime erhält Albertinens Hand."

„Sie vergessen", sprach der Goldschmied, „die Bewerbung des Barons Dümmerl. Sie vergessen den fürchterlichen Fluch des alten Manasse! – An diesem haben Sie, wird Bensch verschmäht, den fürchterlichsten Feind. In allen Ihren Spekulationen tritt Ihnen Manasse entgegen. Er scheut kein Mittel, Ihren Kredit zu schmälern, er benutzt jede Gelegenheit Ihnen zu schaden, er ruht nicht, bis er Sie in Schimpf und Schande heruntergebracht hat, bis der Dales, den er Ihnen auf den Hals geflucht hat, wirklich eingekehrt ist in Ihr Haus. – Genug, Sie mögen nun Albertinens Hand diesem oder jenem der drei Freier geben, immer geraten Sie in Not und eben deshalb nannte ich Sie vorhin einen armen, bedauernswürdigen Mann."

Der Kommissionsrat rannte wie unsinnig im Zimmer auf und ab, rief ein Mal über das andere: „Ich bin verloren – ein unglücklicher Mensch, ein ruinierter Kommissionsrat – Hätt ich nur das Mädchen gar nicht auf dem Halse. Möge sie alle der Satan davonführen, den Lehsen, den Bensch und – meinen Geheimen dazu –"

„Nun, nun", begann der Goldschmied, „noch gibt es wohl ein Mittel, Sie aus aller Verlegenheit zu reißen."

„Welches“, sprach der Kommissionsrat, indem er plötzlich stillstand und den Goldschmied starr anblickte, „welches? Ich gehe alles ein.“

„Haben Sie“, fragte der Goldschmied, „haben Sie in dem Theater den Kaufmann von Venedig gesehen?“

„Das ist“, erwiderte der Kommissionsrat, „das ist das Stück, in welchem Herr Devrient einen mordsüchtigen Juden spielt, namens Shylock, dem es gelüstet nach frischem Negozianten-Fleisch. – Allerdings habe ich dies Stück gesehen, aber was sollen jetzt die Possen?“

„Kennen Sie“, fuhr der Goldschmied fort, „den Kaufmann von Venedig, so werden Sie sich erinnern, daß darin ein gewisses reiches Fräulein Porzia vorkommt, deren Vater vermöge testamentlicher Verfügung die Hand seiner Tochter zum Gewinst in einer Art von Lotterie gemacht hatte. Drei Kästen werden hingestellt, unter denen die Bewerber eins wählen und öffnen müssen. Derjenige von den Bewerbern erhält Porzias Hand, der in dem Kästchen, das er gewählt, ihr Porträt eingeschlossen findet. Machen Sie es, Kommissionsrat, als lebendiger Vater wie Porzias verstorbener. Sagen Sie den drei Freiern, daß, da Ihnen einer so lieb wäre als der andere, Sie die Entscheidung dem Zufall überlassen wollten. Drei verschlossene Kästchen werden hingestellt den Freiern zur Wahl und der, der Albertinens Bildnis gefunden, erhält ihre Hand.“

„Welch ein abenteuerlicher Vorschlag“, rief der Kommissionsrat. „Und ging ich wirklich darauf ein, glauben Sie denn, werter Herr Leonhard, daß mir das im mindesten etwas helfen, daß ich mir nicht, hat auch der Zufall entschieden, den Zorn und Haß derjenigen auf den Hals laden würde, die das Porträt nicht getroffen, hinfolglich abziehen müssen?“

„Halt“, sprach der Goldschmied, „das ist eben der wichtigste Punkt! – Sehn Sie Kommissionsrat, ich verspreche Ihnen hiermit feierlichst, die Sache mit den Kästchen so einzurichten, daß sich alles glücklich und friedlich enden soll. Die beiden, welche fehlgegriffen, werden in ihren Kästchen keineswegs, wie die Prinzen von Marokko und Aragon, eine schnöde Abfertigung finden, vielmehr etwas erhalten, welches sie dermaßen befriedigt, daß sie an die Heirat mit Albertinen gar nicht mehr denken, und noch dazu Sie, Kommissionsrat, für den Schöpfer eines gar nicht geahnten Glücks halten.“

„Wäre das möglich!“ rief der Kommissionsrat.

„Nicht allein möglich“, erwiderte der Goldschmied, „es wird, es muß so kommen, wie ich es Ihnen sage, mein festes Wort darauf.“

Nun nahm der Kommissionsrat keinen Anstand mehr einzugehen in des Goldschmieds Plan und beide kamen darin überein, daß in der Mittagsstunde des nächsten Sonntags die Wahl vor sich gehen solle.
Die drei Kästchen versprach der Goldschmied herbeizuschaffen.

Sechstes Kapitel,

worin von der Art, wie die Brautwahl vor sich ging, gehandelt, dann aber die Geschichte geschlossen wird.

Man kann denken, daß Albertine ganz und gar in Verzweiflung geriet, als der Kommissionsrat sie mit der unglückseligen Lotterie, in der ihre Hand gewonnen werden sollte, bekannt machte, als alles Bitten, alles Flehen, alles trostlose Weinen nicht vermochte, ihn von dem einmal gefaßten Entschluß abzubringen. Dazu kam, daß Lehsen ihr so gleichgültig, so indolent schien, wie es keiner sein kann, der wirklich liebt, da er nicht das mindeste versuchte, sie heimlich zu sehen, oder ihr wenigstens eine Liebesbotschaft zuzustecken. Am Sonnabend vor dem verhängnisvollen Sonntage, der ihr Schicksal entscheiden sollte, saß, als schon tiefe Abenddämmerung eingebrochen, Albertine einsam in ihrem Zimmer. Ganz erfüllt von dem Gedanken an das Unglück, von dem sie bedroht, kam es ihr ein, ob es nicht besser sei, einen raschen Entschluß zu fassen, schnell aus dem väterlichen Hause zu entfliehen, als das Fürchterlichste abzuwarten, zur Heirat gezwungen zu werden mit dem alten, pedantischen Geheimen Kanzleisekretär, oder gar mit dem ekelhaften Baron Bensch. Da kam ihr aber auch plötzlich der rätselhafte Golsdschmied in den Sinn und die seltsame zauberische Art, wie er den zudringlichen Bensch ihr vom Leibe gehalten. Es war ihr nur zu gewiß, daß er dem Lehsen beigestanden und so dämmerte in ihr die Hoffnung auf, daß es eben der Goldschmied sein müsse, von dem Hülfe zu hoffen in dem kritischen Moment. Sie empfand den lebhaften Wunsch, den Goldschmied zu sprechen und war im Innern überzeugt, daß sie sich nicht im mindesten entsetzen würde, sollte der Goldschmied sich ihr auch im Augenblick offenbaren auf gespenstige Weise.
Es geschah auch wirklich, daß Albertine nicht im mindesten erschrak,

als sie gewahrte, daß das, was sie für den Ofen gehalten, eigentlich der Goldschmied Leonhard war, der sich ihr näherte und mit sanfter, sonorer Stimme folgendermaßen begann:
„Laß, mein liebes Kind! all deine Traurigkeit, all dein Herzeleid fahren. Wisse, daß Edmund Lehsen, den du wenigstens jetzt zu lieben vermeinst, wisse, daß er mein Schützling ist, dem ich mit aller Macht beistehe. Wisse ferner, daß ich es bin, der deinen Vater auf den Gedanken der Lotterie gebracht, daß ich es bin, der die verhängnisvollen Kästchen besorgt hat, und nun kannst du es dir doch wohl denken, daß niemand anders dein Bild finden wird, als eben Edmund." – Albertine wolle aufjauchzen vor Entzücken; der Goldschmied fuhr fort:
„Edmund deine Hand zu verschaffen, wäre mir auch auf andere Weise gelungen; es war mir aber daran gelegen, zu gleicher Zeit die Mitbewerber, den Geheimen Kanzleisekretär Tusmann und den Baron Bensch ganz und gar zufriedenzustellen. Auch das wird geschehen, und ihr beide, du und dein Vater, werdet vor jeder Anfechtung der verschmähten Freier sicher sein."
Albertine strömte über in heißen Dank. Sie wäre dem alten Goldschmied beinahe zu Füßen gesunken, sie drückte seine Hand an ihre Brust, sie versicherte, daß sie trotz aller Zauberkünste, die er treibe, ja selbst bei der gespenstigen Art, wie er auch heute abend plötzlich in ihrem Zimmer erschienen, durchaus nichts Unheimliches in seiner Nähe fühle und schloß mit der naiven Frage, was es denn eigentlich für eine Bewandtnis mit ihm habe, wer er denn eigentlich sei?
„Ei, mein liebes Kind", begann der Goldschmied lächelnd, „sehr schwer wird es mir zu sagen, wer ich eigentlich bin. Mir geht es so wie vielen, die weit besser wissen, wofür sie die Leute halten, als was sie eigentlich sind! – Erfahre also, mein liebes Kind, daß manche mich für niemand anders halten, als für jenen Goldschmied Leonhard Turnhäuser, der in den funfzehnhundertundachtziger Jahren am Hofe des Kurfürsten Johann George in solch großem Ansehen stand, und der, als Neid und Bosheit ihn zu verderben trachteten, verschwunden war, man wußte nicht wie und wohin. Geben mich nun solche Leute, die man Romantiker oder Fantasten zu nennen pflegt, für jenen Turnhäuser, mithin für einen gespenstischen Mann aus, so kannst du dir denken, welchen Verdruß ich von den soliden, aufgeklären Leuten, die als tüchtige Bürger und Geschäftsmänner den Teufel was nach Romantik und Poesie fragen, auszustehen habe. Ja

selbst handfeste Ästhetiker wollen mir zu Leibe, verfolgen mich wie die Doktoren und Schriftgelehrten zu Johann Georgs Zeiten, und suchen mir das bißchen Existenz, das ich mir anmaße, zu verbittern und zu verkümmern, wie sie nur können.

Ach, mein liebes Kind, ich merk es schon, ungeachtet ich mich des jungen Edmund Lehsen und deiner so sorglich annehme und überall wie ein echter *Deus ex machina* erscheine; so werden doch viele, die mit jenen Ästhetikern gleichen Sinnes sind, mich in der Geschichte gar nicht leiden wollen, da sie an meine wirkliche Existenz nun einmal durchaus nicht glauben können! – Um mich nur einigermaßen sicherzustellen, habe ich niemals geradehin zugestehen mögen, daß ich der schweizerische Goldschmied Leonhard Turnhäuser aus dem sechzehnten Jahrhundert bin. Jenen Leuten bleibt es daher vergönnt anzunehmen, ich sei ein geschickter Taschenspieler und die Erklärung aller Spukereien, wie sie vorgekommen, in Wieglebs natürlicher Magie oder sonst aufzusuchen. Freilich habe ich in diesem Augenblick noch ein Kunststück vor, das mir kein Philidor, kein Philadelphia, kein Cagliostro nachmacht, und das als durchaus unerklärlich jenen Leuten ein ewiger Anstoß bleiben wird; indessen kann ich davon deshalb keinesweg abstehen, da es zur Vollendung der Berlinischen Geschichte, welche von der Brautwahl dreier bekannten Personen, die sich um die Hand der hübschen Demoiselle Albertine Voßwinkel bewerben, handelt, unumgänglich nötig ist. – Nun also Mut gefaßt, mein liebes Kind, stehe morgen fein früh auf, ziehe das Kleid an, das du am liebsten trägst, weil es dir am besten steht, flechte dein Haar auf in den zierlichsten Zöpfen und erwarte das übrige, wie es sich dann begeben mag, ruhig und in bescheidener Geduld."

Hierauf verschwand der Goldschmied wie er gekommen.

Sonntags um die bestimmte Stunde, d.h. Punkt eilf Uhr, fanden sich ein der alte Manasse mit seinem hoffnungsvollen Neffen, der Geheime Kanzleisekretär Tusmann und Edmund Lehsen mit dem Goldschmied. Die Freier, der Baron Bensch nicht ausgenommen, erschraken beinahe, als sie Albertinen erblickten, denn noch niemals war sie ihnen so überaus schön und anmutig vorgekommen. Jedem Mädchen, jeder Dame, die etwas hält auf geschmackvollen Anzug und zierlichen Schmuck (und wo wäre diejenige hier in Berlin zu finden, die das nicht täte), kann ich aber auch versichern, daß die Garnitur des Kleides, welches Albertine trug, von ausnehmender Eleganz, das Kleid aber gerade kurz genug war, um den niedlichen, weiß beschuhten Fuß zu zeigen, daß die kurzen Ärmel, so wie der Busenstreif aus den kostbarsten Spitzen bestanden, daß die weißen französischen Glacéhandschuhe nur was weniges über die Ellbogen heraufgestreift, den schönsten Oberarm sehen ließen, daß der Kopfputz in nichts weiter, als in einem zierlichen, goldenen, mit Steinen besetzen Kamm bestand, kurz, daß zu dem bräutlichen Schmuck nichts weiter fehlte, als die Myrtenkrone in den dunkeln Flechten. Warum aber Albertine eigentlich viel reizender aussah als sonst, kam wohl daher, daß Liebe und Hoffnung in den Augen strahlten, auf den Wangen blühten.

In einem Anfall von Gastlichkeit hatte der Kommissionsrat ein Gabelfrühstück bereiten lassen. Mit hämischen, scheelen Blicken betrachtete der alte Manasse den gedeckten Tisch, und da der Kommissionsrat ihn einlud, zuzulangen, las man auf seinem Antlitz jene Antwort Shylocks: „Ja, um Schinken zu riechen, von der Behausung zu essen, wo euer Prophet, der Nazarener, den Teufel hineinbeschwor. Ich will mit euch handeln und wandeln, mit euch stehen und gehen und was dergleichen mehr ist; aber ich will nicht mit euch essen, mit euch trinken, noch mit euch beten!"

Baron Bensch war weniger gewissenhaft, denn er aß viel mehr Beefsteaks als ziemlich, und schwatzte dabei sehr läppisches Zeug wie es in seiner Art lag.

Der Kommissionsrat verleugnete in der verhängnisvollen Stunde ganz und gar seine Natur; denn außerdem, daß er rücksichtslos Madera und Portwein einschenkte, ja sogar verriet, daß er hundertjährigen Malaga im Keller habe, machte er auch, nachdem das Frühstück beendet, den Freiern die Art, wie über die Hand seiner Tochter entschieden werden sollte, in einer solchen wohlgesetzten Rede bekannt, wie man es ihm gar nicht hätte zutrauen sollen. Die Freier mußten es sich einprägen, daß nur *der* Albertinens Besitz errungen, der das Kästchen, worin ihr Bild befindlich, gewählt.

Mit dem Glockenschlage zwölf ging die Türe des Saals auf und man erblickte in der Mitte desselben einen mit einem reichen Teppich behängten Tisch, auf welchem drei kleine Kästchen standen.

Das eine von gleißendem Gold hatte auf dem Deckel einen Kranz von funkelnden Dukaten, in dessen Mitte die Worte standen:

Wer mich erwählt, Glück ihm nach seines Sinnes Art!

Das zweite Kästchen war sehr zierlich in Silber gearbeitet. Auf dem Deckel standen zwischen mancherlei Schriftzügen fremder Sprachen die Worte:

Wer mich erwählt, bekömmt viel mehr als er gehofft!

Das dritte Kästchen, sauber aus Elfenbein geschnitzt, trug die Aufschrift:

Wer mich erwählt, dem wird geträumte Seligkeit!

Albertine nahm Platz auf einem Lehnsessel hinter dem Tisch, ihr zur Seite stellte sich der Kommissionsrat; Manasse und der Goldschmied zogen sich zurück in den Hintergrund des Zimmers.

Als das Los entschieden, daß der Geheime Kanzleisekretär Tusmann zuerst wählen sollte, mußten Bensch und Lehsen abtreten ins Nebenzimmer.

Der Geheime Kanzleisekretär trat bedächtig an den Tisch, betrachtete mit Sorgfalt die Kästchen, las ein Mal über das andere die Inschriften. Bald fühlte er sich aber durch die schönen verschlungenen Schriftzüge, die auf dem silbernen Kästchen befindlich, unwiderstehlich angezogen. „Gerechter", rief er begeistert aus, „welch schöne Schrift, wie angenehm paart sich hier das Arabische mit römischer Fraktur! Und, ‚wer mich erwählt, bekömmt viel mehr als er gehofft.' – Habe ich denn noch gehofft, daß Demoiselle Albertine Voßwinkel mich mit ihrer werten Hand jemals beglücken werde? Bin ich nicht vielmehr in totale Verzweiflung geraten? – Habe ich mich nicht – im Bassin – Nun! hier ist Trost, hier ist mein Glück! – Kommissionsrat! – Demoiselle Albertine – ich wähle das silberne Kästchen!"

Albertine stand auf und reichte dem Geheimen Kanzleisekretär einen kleinen Schlüssel, mit dem er sofort das Kästchen öffnete. Doch wie erschrak er, als er keineswegs Albertinens Bild, wohl aber ein kleines, in Pergament gebundenes Buch vorfand, das, als er es aufschlug, nur leere, weiße Blätter enthielt.

Dabei lag ein Zettel mit den Worten:

War dein Treiben auch verkehrt,
Großes Heil dir widerfährt.
Was du findest, ist bewährt,
Ignorantiam macht's gelehrt,
Sapientiam dir's beschert!

„Gerechter", stammelte der Geheime Kanzleisekretär, „ein Buch – nein kein Buch – gebundenes Papier statt des Bildes – alle Hoffnung zerstört. – O geschlagener Geheimer Kanzleisekretär! mit dir ist es aus, rein aus! – fort in den Froschteich!"

Tusmann wollte davon, da vertrat ihm aber der Goldschmied den Weg und sprach: „Tusmann, Ihr seid nicht gescheut, kein Schatz kann Euch erspießlicher sein, als der, den Ihr gefunden! Die Verse hätten Euch schon darauf aufmerksam machen sollen. Tut mir den Gefallen und steckt das Buch, das Ihr aus dem Kästchen nahmt, in die Tasche." – Tusmann tat es.

„Nun", fuhr der Goldschmied fort, „nun denkt Euch ein Buch, das Ihr gern in diesem Augenblick bei Euch tragen möchtet."

„O Gott", sprach der Geheime Kanzleisekretär verdutzt, „o Gott, unbesonnener, unchristlicher Weise warf ich Thomasii kurzen Entwurf der politischen Klugheit in den Froschteich!"

„Faßt in die Tasche, zieht das Buch hervor", rief der Goldschmied.

Tusmann tat, wie ihm geheißen und siehe – das Buch war eben kein anderes, als Thomasii Entwurf.

„Ha, was ist das", rief der Geheime Kanzleisekretär ganz außer sich, „o Gott, mein lieber Thomasius gerettet vor den feindlichen Rachen schnöder Frösche, die doch nimmermehr daraus Conduite gelernt!"

„Still", unterbrach ihn der Goldschmied, „steckt das Buch wieder in die Tasche." – Tusmann tat es.

„Denkt", fuhr der Goldschmied fort, „denkt Euch jetzt irgend ein seltnes Werk, dem Ihr vielleicht lange vergebens nachgetrachtet, das Ihr aus keiner Bibliothek erhalten konntet."

„O Gott", sprach der Geheime Kanzleisekretär beinahe wehmütig, „o Gott, da ich nun auch zu meiner Erheiterung bisweilen die Oper zu besuchen gesonnen, wollte ich mich vorher etwas in der edlen *Musica* feststellen und trachtete bis jetzt vergebens, ein kleines Büchlein zu erhalten, das allegorischerweise die ganze Kunst des Komponisten und Virtuosen darlegt. Ich meine nichts anders, als Johannes Beers musikalischen Krieg oder die Beschreibung des Haupttreffens zwischen beiden Heroinen, als der Komposition und Harmonie, wie diese gegeneinander zu Felde gezogen, gescharmutzieret und endlich nach blutigem Treffen wieder verglichen worden."

„Faßt in die Tasche", rief der Goldschmied, und vor Freude jauchzte der Geheime Kanzleisekretär laut auf, als er das Buch aufschlug, das nun eben wieder Johannes Beers musikalischen Krieg enthielt.

„Seht Ihr wohl", sprach nun der Goldschmied, „mittelst des Buchs, das Ihr in dem Kästchen gefunden, habt Ihr die reichste, vollständigste Bibliothek erlangt, die jemals einer besessen und die Ihr noch dazu beständig bei Euch tragen könnt. Denn habt Ihr dieses merkwürdige Buch in der Tasche, so wird es, zieht Ihr es hervor, jedesmal das Werk sein, das Ihr eben zu lesen wünscht."

Ohne auf Albertine, ohne auf den Kommissionsrat zu achten, sprang der Geheime Kanzleisekretär schnell in die Ecke des Zimmers, warf sich in einen Lehnsessel, steckte das Buch in die Tasche, zog es wieder hervor, und man sah an dem Entzücken, das in seinen Augen strahlte, wie herrlich eintraf, was der Goldschmied verheißen.

Nun kam die Reihe der Wahl an den Baron Bensch. Er trat hinein, schritt nach seiner läppischen tölpelhaften Manier geradezu los auf den Tisch, beschaute mit der Lorgnette die Kästchen und murmelte die Inschriften her. Aber bald fesselte ihn ein natürlicher unwiderstehlicher Instinkt an das goldene Kästchen mit den blinkenden Dukaten auf dem Deckel. „Wer mich erwählt, Glück ihm nach seines Sinnes Art – Nun ja Dukaten, die sind nach meinem Sinn, und Albertine, die ist auch nach meinem Sinn, was ist da lange zu wählen und zu überlegen!" So sprach Bensch, griff nach dem goldenen Kästchen, empfing von Albertinen den Schlüssel, öffnete und fand – eine kleine saubere englische Feile! Dabei lag ein Zettel mit den Versen:

Hast gewonnen was dein Herz
Wünschen konnt mit wehem Schmerz.
Alles andre ist nur Scherz,
Immer vor, niemals rückwärts
Geht ein blühendes Kommerz.

„He", rief er erbost, „was tu ich mit der Feile? – ist die Feile ein Porträt, ist die Feile Albertinens Porträt? Ich nehm das Kästchen und schenk es Albertinen als Brautgabe – Kommen Sie, mein Mädchen –"

Damit wollt er los auf Albertinen, aber der Goldschmied hielt ihn bei den Schultern zurück, indem er sprach: „Halt mein Herr, das ist wider die Abrede. Sie müssen mit der Feile zufrieden sein und werden es unbezweifelt sein, sobald Sie den Wert, den unschätzbaren Wert des köstlichen Kleinods, das Sie erhalten, erkannt haben, den schon die Verse andeuten. – Haben Sie einen schönen rändigen Dukaten in der Tasche?"

„Nun ja", erwiderte Bensch verdrießlich, „nun ja, was soll's?"

„Nehmen Sie“, fuhr der Goldschmied fort, „einen solchen Dukaten aus der Tasche und feilen Sie den Rand ab.“

Bensch tat es mit einer Geschicklichkeit, die von langer Übung zeugte. Und siehe – noch schöner kam der Rand des Dukatens zum Vorschein und so ging es mit dem zweiten, dritten Dukaten, je mehr Bensch feilte, desto rändiger wurden sie.

Manasse hatte bis jetzt ruhig alles, was sich begeben, mit angesehen, doch jetzt sprang er mit wildfunkelnden Augen los auf den Neffen und schrie mit hohler entsetzter Stimme: „Gott meiner Väter – was ist das – mir her die Feile – mir her die Feile – es ist das Zauberstück, für das ich meine Seele verkauft vor mehr als dreihundert Jahren. – Gott meiner Väter – her mit der Feile.“

Damit wollte er die Feile dem Bensch entreißen, der stieß ihn aber zurück und schrie: „Weg von mir alter Narr, ich habe die Feile gefunden, nicht du –“

Darauf Manasse in voller Wut: „Natter – wurmstichige Frucht meines Stammes, her mit der Feile! – Alle Teufel über dich, verfluchter Dieb!“

Unter einem Strom hebräischer Schimpfwörter krallte sich Manasse nun fest an den Baron und strengte knirschend und schäumend alle seine Kraft an, ihm die Feile zu entwinden. Bensch verteidigte aber das Kleinod wie die Löwin ihr Junges, bis zuletzt Manasse schwach ward. Da packte der Neffe den lieben Onkel mit derben Fäusten, warf ihn zur Türe hinaus, daß ihm die Glieder knackten, kehrte pfeilschnell zurück, schob einen kleinen Tisch in die Ecke des Zimmers dem Geheimen Kanzleisekretär gegenüber, schüttete eine ganze Handvoll Dukaten aus und fing mit Eifer an zu feilen.

„Nun“, sprach der Goldschmied, „nun sind wir den entsetzlichen Menschen, den alten Manasse auf immer los. Man will behaupten, er sei ein zweiter Ahasverus, und spuke seit dem Jahre Eintausendfünfhundertundzweiundsiebzig umher. Damals wurde er unter dem Namen des Münzjuden Lippold wegen teuflischer Zauberei hingerichtet. – Aber der Teufel rettete ihn vom Tode um den Preis seiner unsterblichen Seele. Viele Leute, die sich auf so etwas verstehen, haben ihn hier in Berlin unter verschiedenen Gestalten bemerkt, woher denn die Sage entsteht, daß es noch zur Zeit nicht einen, sondern viele, viele Lippolds gäbe. – Nun! – ich habe ihm, da ich auch einige Erfahrungen in geheimnisvollen Dingen besitze, den Garaus gemacht!“

Es würde dich, sehr geliebter Leser, ungemein langweilen müssen, wenn ich nun noch weitläufig erzählen wollte, was du, da es sich von selbst versteht, schon längst weißt. Ich meine, daß Edmund Lehsen das elfenbeinerne Kästchen mit der Aufschrift:

Wer mich erwählt, dem wird geträumte Seligkeit,

wählte und darin Albertinens wohlgetroffenes Miniaturbild mit den Versen fand:

Ja du trafst es, lies dein Glück
In der Schönsten Liebesblick.
Was da war, kommt nie zurück,
So will's irdisches Geschick.
Was dein Traum dir schaffen muß,
Lehrt dich der Geliebten Kuß.

Daß ferner Edmund dem Bassanio gleich der Anweisung der letzten Worte folgte, und die in glühendem Purpur errötende Geliebte an sein Herz drückte – küßte und daß der Kommissionsrat ganz vergnügt war und glücklich über den fröhlichen Ausgang der verwickelsten aller Heiratsangelegenheiten.

Der Baron Bensch hatte ebenso fortgefeilt als der Geheime Kanzleisekretär fortgelesen. Beide nahmen von dem, was sich eben begeben, nicht eher Notiz, als bis der Kommissionsrat laut verkündete, daß Edmund Lehsen das Kästchen, worin Albertinens Porträt befindlich, gewählt, folglich ihre Hand erhalte. Der Geheime Kanzleisekretär schien darüber außer sich vor Freuden, indem er nach der Art, wie er sein Vergnügen zu äußern pflegte, sich die Hände rieb, zwei-, dreimal etwas weniges in die Höhe sprang und seine Lache aufschlug. Den Baron Bensch schien die Heirat gar nicht weiter zu interessieren; dafür umarmte er aber den Kommissionsrat, nannte ihn einen vortrefflichen Gentleman, der ihn durch das solide Geschenk der Feile ganz und gar glücklich gemacht habe und versicherte, daß er in jedem Geschäft auf ihn rechnen könne. Dann entfernte er sich schnell.

Ebenso dankte der Geheime Kanzleisekretär dem Kommissionsrat unter vielen Tränen der innigsten Rührung, daß er ihn durch das seltenste aller Bücher, welches er ihm aus seiner Bibliothek verehrt habe, zum glücklichsten aller Menschen gemacht und folgte, nachdem er sich noch in galanter Höflichkeit gegen Albertine, Edmund und den alten Goldschmied erschöpft, dem Baron eiligst nach.

Bensch quälte von nun an nicht mehr die literarische Welt mit ästhetischen Mißgeburten, wie er sonst getan, sondern verwandte lieber die Zeit Dukaten abzufeilen. Tusmann fiel dagegen nicht mehr den Bibliothekaren zur Last, die ihm sonst tagelang alte längst vergessene Bücher herbeischaffen mußten.

Nach einigen Wochen des Entzückens und der Freude ging in des Kommissionsrats Hause aber schreckliches Herzeleid los. Der Goldschmied hatte nämlich den jungen Edmund dringend ermahnt seiner Kunst, sich selbst zur Ehre, sein gegebenes Wort zu halten und nach Italien zu gehen.

Edmund, so schmerzlich ihm die Trennung von der Geliebten werden mußte, fühlte doch den dringenden Trieb zu wallfahrten nach dem Lande der Kunst und auch Albertine dachte, während sie die bittersten Tränen vergoß, daran, wie interessant es sein würde, in diesem, jenem Tee, Briefe, die sie aus Rom erhalten, aus dem Strickkörbchen hervorzuziehen.

Edmund ist nun schon länger als ein Jahr in Rom und man will behaupten, daß der Briefwechsel mit Albertinen immer seltener und kälter werde. Wer weiß, ob am Ende einmal gar aus der Heirat der beiden jungen Leute etwas wird. Ledig bleibt Albertine auf keinen Fall, dazu ist sie viel zu hübsch, viel zu reich. Überdies bemerkt man auch, daß der Referendarius *Gloxin*, ein hübscher junger Mann, mit schmaler enggeschnürter Taille, zwei Westen und auf englische Art geknüpftem Halstuch, die Demoiselle Albertine Voßwinkel, mit der er den Winter hindurch auf den Bällen die angenehmsten Françaisen getanzt, häufig nach dem Tiergarten führt und daß der Kommissionsrat dem Pärchen nachtrippelt mit der Miene des zufriedenen Vaters. Zudem hat der Referendarius Gloxin schon das zweite Examen bei dem Kammergericht gemacht und ist nach der Aussage der Examinatoren, die ihn in der frühsten Morgenstunde sattsam gequält, oder wie man zu sagen pflegt, auf den Zahn gefühlt haben, welches weh tut, vorzüglich wenn der Zahn hohl, vortrefflich bestanden. Eben aus diesem Examen soll sich denn auch ergeben haben, daß der Referendarius offenbar Heiratsgedanken im Kopfe hat, da er in der Lehre von gewagten Geschäften ganz vorzüglich bewandert.

Vielleicht heiratet Albertine gar den artigen Referendarius, wenn er einen guten Posten erschwungen. – Nun! man muß abwarten, was geschieht!

Die Irrungen.

Fragment aus dem Leben eines Fantasten.

Verloren und Gefunden.

In dem zweiundachtzigsten Stück der Haude- und Spenerschen Zeitung vom Jahre 18 – befand sich folgende Aufforderung:
Derjenige junge schwarz gekleidete Mann mit braunen Augen, braunem Haar, und etwas schief verschnittenem Backenbart, welcher vor einiger Zeit im Tiergarten auf einer Bank unfern der Statue des Apollo eine kleine himmelblaue Brieftasche mit goldnem Schloß gefunden und wahrscheinlich geöffnet hat, wird, da man weiß, daß er in Berlin nicht heimisch ist, ersucht, sich am vierundzwanzigsten Julius des künftigen Jahres in Berlin und zwar in dem Hotel, die Sonne geheißen, bei der Madame Obermann einzufinden, um das Nähere über den Inhalt jener Brieftasche, der ihm vielleicht interessant geworden, zu erfahren. Sollte jedoch der besagte junge Mann den Entschluß, den er einmal gefaßt, jetzt auszuführen gedenken, und jetzt nach Griechenland reisen wollen, so wird er sehr gebeten, sich in Patras auf Morea an den preußischen Konsul Herrn Andreas Condoguri zu wenden, und ihm die gedachte Brieftasche vorzuzeigen. Dem geschätzten Finder wird sich dann ein anmutiges Geheimnis erschließen.
Der Baron Theodor von S. geriet, als er dies auf dem Kasino las, in eine freudige Bestürzung. Niemand anders konnte in jener Aufforderung gemeint sein, als er selbst, denn eben er hatte, es mochte wohl schon ein Jahr her sein, im Tiergarten an der bezeichneten Stelle eine kleine himmelblaue Brieftasche mit einem goldenen Schloß gefunden und zu sich gesteckt. Der Baron gehörte zu den Leuten, denen nicht eben viel Besonderes im Leben begegnet, die aber alles, was ihnen in den Weg tritt, für etwas ganz Außerordentliches und sich selbst von dem Schicksal dazu bestimmt halten, das Außerordentliche, Unerhörte zu erfahren. Gleich damals als der Baron die Brieftasche fand, die ihrer Form nach einer Dame angehören mußte, war er überzeugt, daß ihm irgend ein seltsames Abenteuer aufgehen würde. Wichtigere

Dinge (wir werden erfahren welche) brachten ihm indessen die Brieftasche aus den Gedanken und um so größer war die Überraschung, daß nun erst das erwartete Abenteuer eintreffen sollte.

Fürs erste mußte sich aber der Baron über zwei Dinge in jener Aufforderung ärgern, nämlich daß seine Augen braun sein sollten, die er immer für blau gehalten, und daß sein Backenbart für schief verschnitten angesehen wurde. Letzteres griff ihm umsomehr an die Seele, als er selbst vor dem schärfsten Pariser Toilettenspiegel das schwierige Geschäft des Zustutzens seines Backenbartes besorgte, und sich darin, wie der Kennerblick des Theaterfriseurs Warnicke längst entschieden, als Meister bewährte.

Nachdem der Baron sich sattsam geärgert, stellte er folgende Betrachtungen an.

Erstlich, warum hat man mit jener Aufforderung beinahe ein Jahr gezögert? – Hat man mich unter der Zeit zu erforschen gesucht? – Aber, durfte zweitens dies wohl geschehen, da man mich näher kennen mußte, um zu wissen, was für Geheimnisse mich es einmal aussprechen ließen, daß einer besondern Konstellation halber ich nach Griechenland reisen wolle? – Kann drittens das anmutige Geheimnis wohl anderer Natur sein als weiblicher? – O Gott! es ist viertens gar nicht zu zweifeln, daß zwischen mir und dem Engelsbilde, das jene Brieftasche auf der Bank unweit der Statue des Apollo liegen ließ, gewiß geheime Beziehungen obwalten, die sich bei der Madame Obermann in der Sonne oder in Patras auf Morea entwikkeln werden. Wer weiß, welche herrliche Träume, welche süße Ahnungen dann plötzlich in reges, glühendes Leben treten, welches zarte Geheimnis wie ein wundervolles Märchen mit aller Lust, allem seligen Entzücken in mir aufgehen wird! – Aber, wo ist, fünftens, um tausend Himmelswillen die verhängnisvolle Brieftasche geblieben?

Dieser fünfte Punkt war ein sehr böser, da er mit einem Schlage alle geträumten Hoffnungen, das außerordentlichste aller Abenteuer zu bestehen, vernichten mußte. Vergebens blieb alles Nachsuchen und dem Baron war es in der Tat unbegreiflich, wie er sich gar nicht darauf zu besinnen vermochte, ob er die Brieftasche noch später in Händen gehabt. Zuletzt kam er darauf, daß ein großer Verdruß, den er an jenem Abend hatte, da er die Brieftasche fand, ihn so sehr außer Fassung gebracht, daß er alles übrige und auch die Brieftasche darüber vergessen.

Gerade an dem Tage trug er zum erstenmal eine der saubersten, zierlichsten, wohlpassendsten Kleidungen, die jemals der Kleiderkünstler Freitag verfertigen lassen und mit weisem Überlick redigiert hatte. Neun Barone, fünf Grafen und mehrere simple Edelleute hatten auf Ehre und Seligkeit geschworen: der Frack sei göttlich und die Pantalons deliziös, aber freilich, Graf E. der Rhadamanthus der modernen Welt hatte sein Urteil noch nicht gesprochen. Das Schicksal wollte, daß der Baron von S., gerade als er, nachdem er die Brieftasche gefunden, aus dem Tiergarten zurückkehrte, unter den Linden dem Grafen v. E. begegnete. „Guten Abend, Baron!" rief der Graf ihm zu, lorgnierte ihn einen Augenblick, sprach dann mit entscheidendem Tone: „Die Taille beinahe um einen Achtelzoll zu breit!" und ließ den Baron stehen.

Der Baron hielt, was den Anzug betrifft, zu sehr auf Sitte und Ordnung, um nicht über den abscheulichen Verstoß dagegen, den er am Ende sich selbst beizumessen, in großen Zorn zu geraten. Der Gedanke, einen ganzen Tag in Berlin mit einer zu breiten Taille umhergegangen zu sein, hatte für ihn etwas Entsetzliches. Er rannte wild nach Hause, ließ sich auskleiden und befahl dem Kammerdiener, das unselige Kleid ihm aus den Augen zu bringen. Erst dann kam Trost in seine Seele, als nach ein paar Tagen ein schwarzes Kleid aus dem Atelier des Künstlers Freitag hervorgegangen, das selbst Graf E. für makellos erklärte. Genug – die zu breite Taille war Schuld an dem Verlust der Brieftasche, über den der Baron in völlige Trostlosigkeit geriet.

Mehrere Tage waren vergangen, als es dem Baron einfiel, seine Garderobe zu mustern. Der Kammerdiener schloß den Schrank auf, in dem der Baron die Kleider, die er nicht mehr trug, aufhängen zu lassen pflegte. Aus dem Schrank strömte dem Baron ein starker Geruch von Rosenöl entgegen. Auf Befragen versicherte der Kammerdiener, daß dieser Geruch von jenem schwarzen Frack mit der breiten Taille herrühre, den er vor einiger Zeit hineingehängt, da ihn der Herr Baron nicht mehr tragen wollen.

Sowie der Kammerdiener diese Worte aussprach, leuchtete in dem Baron wie ein Blitz ein Gedanke auf, der, wie man meinen sollte, eben nicht so sehr entfernt gelegen, nämlich, daß er das gefundene Kleinod in die Busentasche des Rocks gesteckt und im Verdruß wieder herauszunehmen vergessen.

Er erinnerte sich in dem Augenblick, daß die Brieftasche stark nach Rosenöl gerochen.

Der Rock wurde hervorgeholt, es traf ein, was der Baron geahnt.
Man kann denken, mit welcher Ungeduld der Baron das kleine goldne Schlößlein öffnete, um den Inhalt der Brieftasche zu erfahren, der seltsam genug war.
Zuerst fiel dem Baron ein sehr kleines Messerchen von sonderbarer Form, beinahe anzusehen wie ein chirurgisches Instrument, in die Hände. Dann erregte seine Aufmerksamkeit ein seidenes strohgelbes Band, in dem allerlei fremdartige Charaktere, beinahe chinesischer Schrift ähnlich, in schwarzer Farbe eingewirkt waren. Ferner fand sich in einem seidenpapiernen Umschlage eine verdorrte unbekannte Blume. Wichtiger als alles schienen aber dem Baron zwei beschriebene Blätterchen. Auf dem einen standen Verse, die indessen der Baron leider nicht zu verstehen vermochte, da sie in einer Sprache abgefaßt waren, die selbst manchem vortrefflichen Diplomatiker fremd blieb, nämlich in der neugriechischen. Die Handschrift auf dem andern Blatte schien ohne Vergrößerungsglas kaum lesbar, doch überzeugte sich der Baron bald zu seiner großen Freude, daß italienische Worte darauf standen. Der italienischen Sprache war der Baron vollkommen mächtig.
In einen kleinen winzigen Täschchen steckte endlich noch die Ursache des Dufts, den Brieftasche und Rock verbreitet, nämlich ein in ein feines Papier gewickeltes, wie gewöhnlich hermetisch verschlossenes Fläschlein Rosenöl.
Auf dem Papier stand ein griechisches Wort, und zwar: *Σχνυεσπελπολδ*.
Es kann hier gleich bemerkt werden, daß der Baron Tags darauf bei einem Mittagsmahl in der Jagorschen Restauration mit dem Herrn Geheimen Rat Wolff zusammentraf und ihn um die Deutung des griechischen Worts befragte, das auf dem Zettel stand. Der Geh. Rat Wolff hatte aber kaum einen flüchtigen Blick auf den Zettel geworfen, als er dem Baron ins Gesicht lachte und erklärte, daß das ja gar kein griechisches Wort, sondern nicht anders zu lesen als: *Schnüspelpold*, mithin ein Name sei, und zwar ein deutscher, kein griechischer, da im ganzen Homer dergleichen nicht vorkomme und auch billigerweise nicht vorkommen könne.
So gut, wie gesagt, sich der Baron auf das Italienische verstand, so wollte ihn doch die Entzifferung des Blättleins nicht recht gelingen. Denn außerdem daß die Schrift ein wahres Augenpulver zu nennen, so waren auch manche Stellen beinahe ganz verwischt. Es schien

übrigens, als habe die Besitzerin der Brieftasche (daß diese einem Frauenzimmer angehört, war wohl außer allem Zweifel) einzelne Gedanken aufgeschrieben, um sie zu einem Briefe an eine vertraute Freundin zu nutzen, das Blättlein konnte aber auch eine Art von Tagebuch vorstellen. – Genug, der Baron zerbrach sich den Kopf und verdarb sich die Augen! –

Das Blättlein aus der Brieftasche.

– Die Stadt ist im ganzen schön gebaut mit schnurgeraden Straßen und großen Plätzen, hin und wieder trifft man Alleen von halbverdorrten Bäumen, die, wenn der unheimlich sausende Wind dichte Staubwolken vor sich hertreibt, ihr fahlgraues Laub traurig schütteln. Kein einziger Springbrunnen sprudelt lebendiges Wasser empor und verbreitet Kühle und Labung, deshalb sind die Märkte öde und leer. Der Bazar, bei klappernden tosenden Mühlen gelegen, klein und versteckt, ist mit dem in Konstantinopel gar nicht zu vergleichen. Auch fehlt es ihm an prächtigen Stoffen und Juwelen, die in einzelnen Häusern feilgeboten werden. Manche dieser Kaufleute bestreuen ihr Haupt mit weißem Puder, um ein ehrwürdiges Ansehen und mehr Vertrauen zu gewinnen, sind aber eben deshalb sehr teuer. Es gibt mehrere Paläste, die aber nicht aus Marmor gebaut sind, da es in der Gegend ringsumher an Marmorbrüchen gänzlich fehlen soll. Das Baumaterial besteht in kleinen, im länglichen Viereck geformten Backsteinen, die häßlich rot und unter dem Namen: Ziegel, bekannt sind. Doch habe ich auch Quadersteine gesehen, sie jedoch kaum für Granit oder Porphyr halten können. – Ich wünschte aber wohl, daß du, geliebte Chariton, das schöne Tor, welches eine Quadriga mit der Siegesgöttin schmückt, sehen könntest. Es erinnert an den großen erhaben einfachen Stil unserer Vorfahren. – Warum spreche ich aber so viel von den toten kalten Steinmassen, die auf diesem glühenden Herzen lasten und es zu erdrücken drohen? – Hinaus – hinaus aus dieser Öde! – ich will dir, Geliebte, nicht – – Mein Magus war heute boshafter und ärgerlicher als je. Er hatte bei dem Mittagsessen zu viel getanzt und sich den Fuß verstaucht. Konnte ich dafür, war es recht, mich zu quälen mit hundert abscheulichen Vorwürfen? – Wann werde ich die Ketten abstreifen des häßlichen Unholds, der mich zur Verzweiflung bringen wird, der mich – – Ich rieb ihm den Fuß mit Balsam von Mekka ein und legte ihn ins Bette, da wurde er still und ruhig. Nachher stand er auf, machte Schokolade und bot mir eine Tasse an: ich trank aber nicht, aus Furcht, er möge Opium hineingetan haben, um mich einzuschläfern und dann zu verwandeln, wie er es schon oft getan hat! –

Häßliches, widerwärtiges Mißtrauen! Unseliges feindliches Vorurteil! – Mein Magus war heute die Milde, die Freundlichkeit selbst! Ich fuhr leise mit den Fingern über das Kahlköpfchen hin, da leuchteten seine großen, schönen, schwarzen Augen mich an und er sprach ganz entzückt: „Gleich! gleich!" In der Tat holte er auch auf der Stelle sein Handwerkszeug hervor und druckte auf einen dunkelroten Shawl den prächtigsten Goldrand, den ich nur wünschen konnte. Ich warf ihn um und wir gingen, nachdem mein Magus wie gewöhnlich den Elektrophor an sein Hinterhaupt geschroben, nach dem freundlichen Walde, der dicht vor dem Tore mit der Siegesgöttin gelegen ist, so daß es nur weniger Schritte bedarf, um in schöne finstre Laubgänge zu treten. – Im Walde befiel meinen Magus seine mürrische Laune. Als ich den Spaziergang rühmte, fuhr er mich hart an, ich solle mir nicht törichterweise einbilden, daß das wirkliche Bäume, Büsche wären, daß das wirklich gewachsenes Gras, Feld, Wasser sei. Ich könne ja das schon an den stumpfen Farben sehen, daß alles nur in spaßhafter Kunst fabriziertes Zeug wäre. Im Winter, behauptete mein Magus, würde alles eingepackt, nach der Stadt gebracht und zum Teil an die Zuckerbäcker vermietet, die es zu ihren sogenannten Ausstellungen brauchten. Wollte ich einmal ein bißchen wahrhafte Natur schauen, so würd er mich in das Theater führen, wo hierzulande allein was ordentliches von dergleichen Dingen zu schauen. Beim Theater wären nämlich grundgeschickte Naturmeister angestellt, die Berg und Tal, Baum und Gebüsch, Wasser und Feuer keck zu handhaben wüßten. – O, wie mich das verdroß! – Ich sehnte mich nach jenem Platz, der mich an die schöne Zeit erinnert, als du, meine süße Chariton, noch meine Gespielin warst! – Ein runder mit dichtem Gebüsch umgebener Platz, in dessen Mitte die Statue des Apollo aufgerichtet steht. Wir kamen dahin! – Ich verlangte mich niederzulassen; da stieg aber der Unwille meines Magus. Er meinte, die vermaledeite Puppe errege ihm Angst und Entsetzen und er müsse ihr die Nase abschlagen, damit sie nicht lebendig würde und ihn prügle.

Er hob auch wirklich sein langes starkes Rohr auf gegen das Bild! – Du kannst dir denken, was ich empfand, als mein Magus verfahren wollte nach dem Grundsatz des mir verhaßten Volks, das wirklich in tollem abergläubischen Wahnsinn den Statuen die Nasen abschlägt, damit sie nicht lebendig werden! – Ich sprang hinzu, nahm meinem Magus den Stock aus der Hand, erfaßte ihn dann selbst und setzte ihn auf eine Bank. Da lächelte er mich höhnisch an und sprach, daß ich mir nur nicht einbilden solle, eine wirklich aus Stein gehauene Statue vor mir zu sehen, ich könne das an dem unförmlichen wulstigen Körper bemerken, der nach Benvenuto Cellinis Ausdruck einem mit Melonen gefüllten Sack gliche. Hierzulande würden dergleichen Statuen in der Art verfertigt, daß man einen hohen Sandhaufen aufschütte und dann solange geschickt hineinblase, bis sich das Bild forme. Dann bat mein Magus, ich möchte ihm erlauben an das Wasser unfern des Platzes, wo wir uns befanden, zu gehen, um ein wenig den Fröschen zuzuhorchen. Ich ließ das gern zu und als er –
Das Abendrot stieg auf und glühende Funken hüpften im dunklen Laube von Blatt zu Blatt. – Es rauschte über mir im Gebüsch und eine Nachtigall schlug einzelne klagende Laute an. Ein süßes Weh erfüllte meine Brust und von unwiderstehlichem sehnsüchtigem Verlangen getrieben, tat ich was ich nicht tun sollen! – Du kennst, o meine Chariton, das magische Band, das verführerische Geschenk unsers Alten. – Ich zog es hervor und schlang es um die Pulsader meines linken Arms. – Alsbald flatterte die Nachtigall herab und sang zu mir in der Sprache meines Landes:
„Ärmste, warum flohst du hierher? Kannst du entrinnen der Wehmut, der dürstenden Sehnsucht die auch hier dich umfängt? Und tiefer verwundend faßt dich hier fern von der wirtlichen Heimat der Schmerz getäuschter Hoffnungen! – Der Verfolger ist hinter dir! – flieh! – flieh! – du Ärmste! – Aber du willst ihn sterben, den Tod in Liebe! – gib ihn mir, gib ihn mir und lebe in seliger Ahnung, die mein Herzblut in deiner Brust enzündet."
Die Nachtigall flatterte in meinen Schoß, ich holte in zauberischer Betörung mein kleines Mordinstrument hervor, aber wohl mir! – mein Magus erschien, die Nachtigall schwang sich auf, ich riß das Band vom Arm herab und – –
– Ich fühlte mein ganzes Selbst erbeben! – Dasselbe Haar – dieselben Augen – derselbe freie stolze Gang – Nur entstellt durch die häßliche abenteuerliche Kleidung, die hierzulande üblich, und von welcher dir,

meine geliebte Chariton! einen deutlichen Begriff zu machen, ich mich vergebens mühen würde. Soviel sage ich dir, daß das Oberkleid, bei uns die Zierde der Männer, gewöhnlich von dunkler, häufig von schwarzer Farbe und nach der Form der Flügel und des Schweifs der Bachstelze zugeschnitten ist. Diese Form wird vorzüglich durch den Teil des Kleides erreicht, den man hier: Rockschöße nennt und in denen Taschen angebracht sind, zur Aufbewahrung kleiner Bedürfnisse, des Schnupftuchs u. s. w. Merkwürdig scheint auch, daß es hierzulande für junge Männer von Stande und Bildung unanständig ist, Backen und Kinnladen unbedeckt sehen zu lassen. Beides wird durch Haare, die sie stehen lassen, sowie durch ein Stücklein gesteiften Batistes, das aus der Halsbinde auf beiden Seiten emporsteigt, bedeckt. Am seltsamsten erscheint mir aber die Kopfbedeckung, die aus einer zylinderförmigen Mütze aus steifem Filz mit einem Rande besteht und die man „Hut“ nennt. – Ach, Chariton! – trotz dieser abscheulichen Kleidung kannte ich ihn wieder! – welche dämonische Macht hat ihn mir geraubt! – Wie, wenn er mich erblickt hätte! – Schnell schlang ich das magische Band um meinen Hals, er ging dicht bei mir vorüber, ich blieb ihm unsichtbar, doch schien er das Dasein irgendeines ihm befreundeten Wesens zu ahnen. Denn unfern von mir warf er sich auf eine Bank, nahm den Hut ab und trillerte eine Melodie, deren Worte ungefähr hießen: „Laß dich erblicken!“ oder „Laß dich am Fenster sehen!“ Dann zog er ein Futteral hervor aus dem er jenes seltsame Instrument nahm, das man hier eine Brille nennt. Er setzte dies Instrument auf die Nase, befestigte es hinter den Ohren und schaute durch die hell und glänzend geschliffenen Gläser die vor den Augen standen, unverwandt hin nach dem Orte wo ich saß. – Ich erschrak, daß der magische Blick durch jene Gläser, ein mächtiger Talisman, meinen Zauber zerstören werde, ich hielt mich für verloren, doch begab es sich, daß – – – verhängnisvollste meines Lebens! – Wie soll ich es dir denn sagen, meine geliebte Chariton, wie dir beschreiben das unnennbare Gefühl, das mich durchdrang! – Doch laß mich zu Worten kommen. – Maria ist ein gutes liebes Kind und obschon nicht unserer Religion zugetan, ehrt sie doch unsere Gebräuche und ist überzeugt von der Wahrheit unseres Glaubens. In der Vornacht des heiligen Johannistages entschlüpfte ich der Aufsicht meines Magus. Maria hatte sich des Hausschlüssels bemächtigt, sie wartete meiner mit einem zierlichen Gefäß, und wir gingen beide in tiefem Schweigen hinaus in den Wald und holten aus einer dort befindlichen Zisterne das heimliche Wasser, in das wir geweihte Äpfel warfen. Am andern Morgen nachdem wir mit inbrünstiger Andacht zu dem heiligen Johannes gefleht, hielten wir das Gefäß auf unsern vier ausgestreckten Daumen empor. – Es drehte sich rechts es drehte sich links – zitternd und schwankend! – Vergebens unser Hoffen! – Allein, nachdem ich Kopf, Hals und Brust mit dem heimlichen Wasser, in dem der geweihte Apfel lag, gewaschen, begab ich mich tief verschleiert ohne daß [es] mein Magus, der seinen langen Traum träumte, zu bemerken schien, nach dem in der Stadt belegenen Baumgange, die Linden geheißen. – Da rief eine alte Frau mehrmals hintereinander mit starker Stimme: „Theodor – Theodor!“ –

– O meine Chariton! – durchbebt von Schreck und Wonne wäre ich beinahe ohnmächtig niedergesunken! – Ja er ist es! – er ist es! – O all ihr Heiligen! – ein Prinz sonst, reich, groß, mächtig, jetzt heimatlos umherstreifend im Bachstelzenhabit und steifer Filzmütze – Könnt ich nur –

Mein Magus hält in seiner üblen Laune wie gewöhnlich alles für närrische Einbildungen und ist zu weiterer Nachforschung nicht zu bewegen, die ihm doch so leicht werden würde, da er sich nur an die Stelle im Walde wo ich Theodor erblickte begeben, dort aber ein Schnittchen von meinem geweihten Apfel essen und einen Schluck von dem geheimen Wasser trinken dürfte. Aber er will nicht, er will durchaus nicht und ist überhaupt mürrischer als je, so daß ich zuweilen genötigt bin, ihn zu züchtigen, welches denn leider seine Macht über mich nur verstärkt, doch wenn mein geliebter Theodor– – mit Mühe eingelehrt. Jetzt tanzt aber meine Maria den Romeca so schön, wie man ihn bei uns nur sehen mag. – Es war eine schöne Nacht, warm und duftig glänzend im Mondesschimmer. Der Wald horchte in staunendem Schweigen unserm Gesange zu und nur dann und wann flüsterte und rauschte es in den Blättern, als hüpften Elflein vorüber und wenn wir einhielten, dann tönten wohl die seltsamen Stimmen der Geister der Nacht durch die Stille und regten uns auf zum neuen Liede. Mein Magus hatte in seinem Elektrophor eine Theorbe mitgenommen und wußte die Akkorde des Romeca recht schön und feierlich anzuschlagen, wofür ich ihm auch weißen Honig versprach zum Frühstück andern Tages

Endlich, Mitternacht war längst vorüber, nahten sich Gestalten durch das Gebüsch unserm einsamen Rasenplatz. Wir schlugen die Schleier über, nahmen den Magus auf die Schultern und entflohen so schnell als wir nur vermochten. – Übereilte unselige Flucht! – Der Vogel war zum erstenmal unwillig, aber er sprach nur verwirrtes Zeug und wies meine Fragen zurück, weil er doch nur ein Papagei wäre und kein Professor. – Ja übereilte unselige Flucht, denn gewiß war es Theodor, der sich uns nahte und – Mein Magus war so erschrocken, daß ich ihn zur Ader lassen mußte –

– herrlicher Gedanke! – Ich schnitt heute mit meinem Messerchen in den Stamm des Baumes, unter dem ich saß, als Theodor mir gegenüber war und meine Verhüllung nicht zu durchblicken vermochte, ja in diesen Stamm schnitt ich die Worte ein: Theodor! vernimmst du meine Stimme? – es ist – ruft die dich – ewig – furchtbarer Tod – nimmer – ermordet – Konstantinopel – unabänderlicher Entschluß – Oheim – wohl –

Die Reise nach Griechenland.

Den Baron Theodor von S. setzte der Inhalt des Blättleins, dessen letzte Worte leider völlig verwischt und unleserlich waren, ganz außer sich selbst.

Freilich möchte aber auch wohl jeder andere, trug er auch nicht, so wie Theodor, beständig chimärische Abenteuer im Sinn, bei den Umständen, wie sie hier zutrafen, in große Verwunderung, ja in tiefes Erstaunen geraten sein. Außerdem daß schon das Geheimnisvolle des Ganzen, das Hindeuten auf ein seltsames weibliches Wesen, das Zauberkünste übte, das im steten Umgange lebte mit einem magischen Prinzip ihm Herr und Diener zugleich, den Baron im höchsten Grade spannte, so mußte diese Spannung bis zum halben Wahnsinn steigen, als er sich selbst in den Zauberkreisen gefangen sah, die das Blättlein, oder vielmehr jenes unbekannte Wesen der es angehörte um ihn gezogen.

Der Baron erinnerte sich nämlich sogleich, daß er vor langer Zeit durch den Tiergarten wandelnd sich auf eine Bank geworfen, der gegenüber, wo er die Brieftasche fand. Daß es ihm gewesen als höre er leise Seufzer. Daß er durchaus geglaubt, ihm gegenüber sitze ein in lange Schleier gehülltes Frauenzimmer und daß er, unerachtet er seine Brille aufgesetzt, nichts, gar nichts habe entdecken können. Dem

Baron fiel ferner ein, daß, als er einst mit mehreren Freunden in später Nacht vom Hofjäger heimkehrte, ihnen aus dem fernen Gebüsch ein ganz seltsamer Gesang und ebensolch sonderbare Akkorde eines unbekannten Instruments entgegenklangen, und daß sie, endlich der Stelle, wo die Musik herzukommen schien, genaht, zwei weiße Gestalten schnell fliehen sahen die etwas Rotglänzendes auf den Schultern zu tragen schienen. – Der Name Theodor entschied nun vollends die Sache.

In voller Hast lief nun der Baron nach dem Tiergarten um jene Inschrift die die Unbekannte in einem Baum geschnitten haben wollte, und mit ihr vielleicht näheren Aufschluß des Rätsels zu finden. Seine Ahnung hatte ihn richtig geleitet! In die Rinde des Baumes an den sich die Bank lehnte wo er die Brieftasche gefunden, waren jene Worte eingeschnitten, aber das besondere Spiel des Zufalls hatte es gefügt, daß gerade diejenigen Worte welche auf dem Blättlein verlöscht, auch in dem Baum verwachsen und unleserlich geworden waren. „Wunderbare", rief der Baron in höchster Ekstase aus, „wunderbare Sympathie der Natur!" – Er erinnerte sich aus dem Goethe, jener Zwillingskommoden die aus einem Stamme gefertigt waren und von denen die eine rettungslos zerplatzte, als die andere in einem weit davon entfernten Schlosse ein Raub der Flammen wurde!

„Unbekanntes herrliches Wesen!" rief der Baron ferner aus in höchster Ekstase, „Himmelskind aus dem fernen Götterlande, ja! – längst glühte die Sehnsucht nach dir, du einzig Geliebte, in meiner Brust! Aber ich habe mich selbst nicht verstanden, die blaue Brieftasche mit dem goldenen Schloß war erst der magische Spiegel, in dem ich mein Ich in Liebe zu dir erblickte! – Fort! – dir nach – fort nach jenem Lande wo unter mildem Himmel die Rose blüht meiner ewigen Liebe!" –

Der Baron machte sofort ernsthafte Anstalten zur Reise nach Griechenland. Er las den Sonnini, den Bartholdy und was er sonst an Reisen nach Griechenland auftreiben konnte, bestellte sich einen bequemen Reisewagen, zog so viel von seinem Gelde ein als er zu brauchen glaubte, begann sogar Griechisch zu lernen und ließ sich auch, da er von irgendeinem Reisenden hörte der um sicherer zu reisen die Landestracht trug, von dem Theaterschneider einige saubre neugriechische Anzüge fertigen.

Man kann denken, daß er während dieser Zeit nichts im Sinne trug als die unbekannte Besitzerin der blauen Brieftasche, deren lebendiges Bild ihm bald vor Augen stand. – Sie war hoch, schlank im höchsten Ebenmaß der Glieder gewachsen, ihr Anstand ganz Anmut und Majestät – ihr Gesicht ganz das Abbild, der Ausdruck jenes unnennbaren Zaubers der uns in den Antiken hinreißt – die schönsten Augen – die schönsten schwarzen seidnen Haare! – Genug ganz so, wie der begeisterte Sonnini nur die Griechinnen schildern kann. Und dabei, wie schon das Blättlein bewies ein in Liebe glühendes Herz im Busen, ganz Hingebung – Treue für den Geliebten; konnte der Seligkeit Theodors etwas fehlen? – Ja wohl! – er wußte den Namen der Holden nicht, welches den Exklamationen merklich schadete. Doch hier halfen Wielands sämtliche Werke aus. Er nannte die Geliebte bis auf weitere nähere Bestimmung Musarion und dies setzte ihn auch in den Stand die gehörigen schlechten Verse auf das unbekannte Zauberbild zusammenzukneten.

Ganz besonders bemühte sich der Baron auch die Zauberkraft des magischen Bandes zu versuchen, das unstreitig in seine Hände geraten war. Er ging in den Wald, schlang das Band um die Pulsader seines linken Arms und horchte auf den Gesang der Vögel. Er konnte aber nicht das mindeste davon verstehen. Und als endlich ein Zeisig dicht neben ihm im Busche zu zwitschern begann, klang es ihm beinahe so als sänge der unverschämte Vogel: „Hasenfüßchen, Hasenfüßchen, geh zu Haus – zu Haus! – pfeif dich aus – pfeif dich aus!" – Der Baron sprang schnell auf und eilte ohne weitere Versuche zu machen von dannen.

War es ihm mit dem Verständnis des Vogelgesanges schlecht ergangen, so gelang es ihm noch schlechter mit der Unsichtbarkeit. Denn unerachtet er das magische Band um den Hals geschlungen, so bog doch der Hauptmann von R. der unter den Linden spazierte sogleich in die Seitenallee ein, in der der Baron unsichtbar zu wandeln glaubte und bat ihn dringend, sich doch vor seiner Abreise gütigst der funfzig Friedrichsdor zu erinnern, die er ihm noch aus dem letzten Spiel schulde. –

Der Theaterschneider war mit den griechischen Kleidern fertig. Der Baron fand, daß sie ihm ganz ungemein kleideten und daß vorzüglich der Turban seinem Gesicht einen Ausdruck gab, der ihm ein freudiges Staunen abnötigte. Denn selbst hatte er bisher nicht geglaubt, daß seine Augen, seine Nase und seine übrigen angenehmen Gesichtszüge überhaupt dergleichen fähig.

Er empfand eine tiefe Verachtung gegen seinen Bachstelzen-Rock,

gegen seine Mütze aus steifem Filz u. s. w. und wäre, hätte er nicht das Aussehn und den Spott anglomanischer Grafen und Barone gefürchtet, von Stund an nicht anders als neugriechisch gekleidet, einhergegangen.
Hatte aber sein Negligé, ein seidener orientalischer Schlafrock, eine turbanähnliche Mütze und dazu eine lange türkische Pfeife im Munde, schon etwas getürkt, so war hier der Übergang zum neugriechischen Kostüm leicht und natürlich. –
Also neugriechisch gekleidet saß der Baron mit untergeschlagenen Beinen, welches ihm eigentlich blutsauer wurde, auf dem Sofa und blies, die schönste Bernsteinspitze an den Mund gedrückt, Rauchwolken türkischen Tabaks vor sich her, als die Tür aufging und der alte Baron Achatius von F., sein Oheim, hineintrat.
Als der aber den neugriechischen Neffen erblickte, prallte er zurück, schlug die Hände zusammen und rief überlaut: „So ist's denn doch wahr, was die Leute mir sagten! – So ist doch das bißchen Verstand meines Herrn Neffen wackelicht geworden!"
Der Baron, der alle Ursache hatte, den alten steinreichen unverheirateten Oheim zu ehren, wollte schnell vom Sofa herab und ihm entgegen. Da ihm aber die Beine, der unbequemen ungewohnten Stellung halber erstarrt eingeschlafen, wie man zu sagen pflegt, waren, so kugelte er dem Oheim vor die Füße, verlor den Turban und die Pfeife, die ihren glühenden Inhalt ausströmte auf den reichen türkischen Teppich. Der Oheim lachte übermäßig, trat schnell die glimmenden Funken aus, half dem bestürzten Neugriechen auf den Sofa und fragte dann: „So sage mir nur, was du für Narrheiten treibst. Ist es wahr daß du fortwillst nach Griechenland?"
Der Baron bat den Oheim um ein gütiges ruhiges Gehör und als dieser es zugesagt, erzählte er von Anfang bis zu Ende wie sich alles begeben mit dem Auffinden der Brieftasche im Tiergarten, mit der Aufforderung in der Haude- und Spenerschen Zeitung, mit dem Inhalte des Blättleins, und wie eben der Entschluß in ihm entstanden geradezu nach Patras zu gehen, dem Herrn Andreas Condoguri die blaue Brieftasche zu übergeben und dann das Weitere zu erfahren.
„Mir ist", erwiderte der Oheim, nachdem der Neffe geendet, „mir ist die Aufforderung in der Haude- und Spenerschen Zeitung entgangen, indessen zweifle ich gar nicht, daß sie darin enthalten und daß sie ganz dazu geeignet ist die Fantasie des Finders der Brieftasche, ist er zumal jung und fantastisch wie du es bist, gar sehr aufzuregen.

Ebenso stelle ich gar nicht in Abrede, daß du nach allem was du mir erzähltest, Grund hast zu glauben, in dem Blättlein sei von dir die Rede. – Ich würde übrigens die Person die das schrieb, was du mir vorlasest, für wahnsinnig halten, wäre sie nicht offenbar eine Griechin. Hast du aber dir gehörige Notizen von Neugriechenland verschafft, so wirst du wissen daß die Bewohner an allerlei Magie und Zaubereien steif und fest glauben und von den tollsten Einbildungen geplagt sind, wie du manchmal –"

„Neuer Beweis für meine Überzeugung", murmelte der Baron dazwischen.

„Ich weiß", fuhr der Oheim fort, „ich weiß auch recht gut, was es mit dem heimlichen Wasser für eine Bewandtnis hat, das die Mädchen in der Johannisnacht schweigend holen um zu erfahren ob sie den geträumten Geliebten haben werden, und eben deshalb kommt mir im allgemeinen alles nicht so gar sonderbar vor und nur in Beziehung auf dich erscheint mir manches sehr zweideutig. – Es ist nämlich sehr die Frage, ob du, mag es auch den Anschein haben, der gemeinte Theodor bist, ja ob der, der die Aufforderung einrücken ließ, sich nicht in der Person des Finders irrte. – Genug! da die Sache durchaus problematisch, so würde es ein sehr übereilter Streich sein, deshalb eine weite gefährliche Reise zu unternehmen. Daß du Aufklärung wünschest und wünschen mußt, ist billig und natürlich, warte daher den vierundzwanzigsten Julius des künftigen Jahres ab, und begib dich dann in die Sonne zur Madame Obermann, wo dich ja auch die Aufforderung hinbescheidet um das Nähere zu erfahren."

„Nein", rief der Baron, indem seine Augen blitzten, „nein, mein geliebter Oheim! nicht in der Sonne, nein in Patras geht das Glück meines Lebens auf, nur in Griechenland reicht das holde Engelsbild, die edle Jungfrau mir Glücklichen, der so wie sie aus griechischem fürstlichen Stamm entsprossen, die Hand!"

„Was", schrie der Alte ganz außer sich, „bist du ganz und gar von Sinnen? bist du rasend? du aus griechischem fürstlichen Stamm entsprossen? – Narr in Folio, war deine Mutter nicht meine Schwester? – War ich nicht zugegen bei ihrer Entbindung? Hab ich dich nicht aus der Taufe gehoben? – Kenn ich nicht unsern Stammbaum? ist er nicht klar und deutlich seit Jahrhunderten?"

„Sie vergessen", sprach der Baron, indem er so mild und anmutig lächelte, wie nur irgendein griechischer Prinz zu lächeln vermag, „Sie vergessen teuerster Oheim, daß mein Großvater, der die merkwürdigsten Reisen unternahm, eine Frau von der Insel Zypern mitbrachte, die von ganz ausnehmender Schönheit gewesen sein soll und deren Bildnis noch auf unserm Stammschlosse befindlich."

„Nun ja", erwiderte der Oheim, „man mag es wohl meinem Vater verzeihen, daß er als ein junger rascher feuriger Mann sich in ein schönes griechisches Mädchen verliebte und die Torheit beging, sie, unerachtet sie nur gemeinen Standes, und wie mir oft erzählt worden, Blumen und Früchte feilhielt, zu heiraten. Doch sie starb sehr bald kinderlos."

„Nein, nein", rief Theodor heftig, „eine Prinzessin war dies Blumenmädchen und meine Mutter die Frucht der glücklichsten Ehe, die, ach! nur zu kurz dauerte."

Der Oheim prallte erschrocken zwei Schritte zurück. „Theodor", begann er dann, „Theodor! sprichst du im Traum, im Fieber, im Wahnsinn? – Beinahe zwei Jahr war die Griechin tot, als dein Großvater meine Mutter heiratete, vier Jahre war ich alt, als meine Schwester geboren wurde. Wie um tausend Himmelswillen kann denn deine Mutter die Tochter jener Griechin sein?"

„Gestehen", fuhr Theodor ganz ruhig und gelassen fort, „gestehen will ich, daß, betrachtet man die Sache aus dem gewöhnlichen Gesichtspunkt, die höchste Unwahrscheinlichkeit gegen meine Behauptung spricht. Aber das schöne unerforschliche Geheimnis, die sublime Mystik des Lebens tritt uns ja überall in den Weg, und das Unwahrscheinlichste ist oft das eigentlich Wahre. Sie glauben, bester Oheim daß Sie vier Jahre alt waren, als meine Mutter geboren wurde, aber kann das nicht auf seltsamer Täuschung beruhen? – Doch ohne mich weiter auf die mysteriösen Kombinationen einzulassen, die unser Leben oft hineinziehen in ein Zauberreich, setze ich Ihnen, bester Oheim, ein Zeugnis entgegen, das alles, was Sie gegen mich aufbringen können, mit einem Schlage vernichtet! – Das Zeugnis meiner Mutter! – Sie staunen? – Sie blicken mich an, Zweifel im Auge? – Vernehmen Sie dann! – Meine Mutter, so erzählte sie mir, mochte ungefähr sieben Jahre alt sein, als sie sich, da schon die Abenddämmerung eingebrochen, in dem Saale befand, wo das lebensgroße Bild der Griechin hing, zu dem sie sich mit unsichtbarer Gewalt hingezogen fühlte. Als sie es aber innig liebend betrachtete, belebten sich die schönen Züge des hohen Antlitzes immer mehr und mehr, bis endlich die herrliche fürstliche Frau, die teuerste der Großmütter aus dem Bilde heraustrat und meine Mutter als ihr einziges liebes Kind begrüßte. Seit dieser Zeit wurde meine Mutter von dem teuern Bilde gehegt und gepflegt auf das zärtlichste, ja das Bild besorgte ihre ganze höhere Erziehung. Unter andern unterrichtete das Bild meine Mutter auch in der neugriechischen Sprache und meine Mutter mochte, da sie noch Kind, keine andere reden. Da aber aus sonderbaren nichtigen Gründen die Mutterschaft des Bildes ein Geheimnis bleiben sollte, geschah es, daß alle Leute das Neugriechische, das meine Mutter sprach, für französisch, ja selbst das Bild, erschien es manchmal plötzlich beim Kaffee, für eine französische Gouvernante halten mußten. Als meine Mutter heiratete, zog sich das Bild zurück in den Rahmen und verließ ihn nicht wieder, bis meine Mutter sich in guter Hoffnung befand. Da entdeckte das teure hohe Bild meiner Mutter die fürstliche Abkunft und daß der Sohn, von dem sie genesen würde, bestimmt sei im schönen Griechenland Rechte geltend zu machen die verloren geschienen. Eine anmutige Gunst des Schicksals, oder nach gemeinen Sprachgebrauch, der Zufall werde ihn dort hinleiten. Dann ermahnte das Bild meine Mutter, bei meiner Geburt ja keins der heiligen Mittel wie sie im Vaterlande gebräuchlich, zu verabsäumen um mich für jeden Schaden zu bewahren. Daher wurde ich, sowie geboren von Kopf bis zu den Füßen mit Salz überschüttet, daher lag auf beiden Seiten meiner Wiege ein Stück Brot und ein hölzerner Stößel, daher wurde in dem Zimmer wo ich mich befand, eine gute Partie Knoblauch aufgehängt, daher trug ich ein kleines Säckchen um den Hals, worin drei Stückchen Kohle und drei Salzkörner befindlich. – Sie wissen bester Oheim aus dem Sonnini daß diese vortrefflichen Gebräuche auf den Inseln im Archipelagus stattfinden. – O es war ein hehrer heiliger Moment, als meine Mutter mir das alles entdeckte. – Zum erstenmal in ihrem Leben war sie über mich in lebhaften Zorn geraten. – Es hatte sich nämlich eine Wiesel in unser Zimmer eingefunden, die ich zu verfolgen im Begriff stand, als meine Mutter hinzukam und mich auf das heftigste ausschalt. Dann lockte sie das Tierchen das sich unter den Schrank geflüchtet hatte, hervor und sprach zu ihm also: ‚Beste Dame, sein Sie uns auf das schönste willkommen! – Niemand soll Ihnen Leid zufügen, Sie sind hier zu Hause, alles steht zu Ihren Diensten!‘ – Meiner Mutter Worte kamen mir so spaßhaft vor, daß ich überlaut lachte, das Tier entfloh, aber in demselben Augenblick gab mir die Mutter eine tüchtige Ohrfeige daß mir der Kopf summte. Ich erhob ein Gebrüll, dessen ich mich noch schäme, doch die gute Mutter wurde davon tief gerührt, schloß mich unter tausend Tränen in ihre Arme und entdeckte mir, daß sie neugriechischer Abkunft sei; rücksichts der Wiesel also nicht anders handeln könne. Dann erfuhr ich die Geschichte vom Bilde. – Sie sind bester Oheim gewiß ebensosehr überzeugt als ich, daß das Auffinden der blauen Brieftasche eben der günstige anmutige Zufall ist, den das Bild, die teure Großmutter geweissagt. Nicht wie ein unbesonnener fantastischer Jüngling, sondern als ein Mann von Mut und Konsequenz handle ich daher, wenn ich mich stracks in den Wagen setze und in einem Strich fortreise bis nach Patras zum Herrn Andreas Condoguri, der mich, als ein artiger Mann, gewiß weiter bescheiden wird. Da sehen Sie gewiß ein bester Oheim und trauen mir auch zu, daß ich das hohe, das höchste Glück meines Lebens zu erringen imstande sein werde."

Der Oheim hatte den Neffen ruhig angehört, jetzt brach er los: „Gott tröste dich Theodor, aber du bist ein großer Narr. – Deine Mutter, sanft ruhe ihre Asche! war ein wenig fantastisch, und dein Vater hat es mir oft geklagt, daß sie mit dir, als du geboren, allerlei Seltsames vornehmen lassen, das ist wahr. Aber was du da vorbringst von griechischen Prinzessinnen, lebendigen Bildern, eingesalzenen Kindern und Wieseln, das hast du, nimm mir's nicht übel, ausgebrütet in deinem Gehirn, dem wahren *Orbis pictus* aller Tollheiten und Narreteien! – Nun! – ich will dir und deinem konsequenten Beginnen gar nicht in den Weg treten, fahre ab nach Patras und grüße den Herrn Condoguri. Vielleicht ist dir die Reise recht gesund, vielleicht kommst du, schlagen dich nicht etwa die Türken tot, vernünftig wieder? Vergiß nicht, wenn du auf die Insel kommst, wo der gute Niesewurz wächst, davon tüchtigen und fleißigen Gebrauch zu machen. – Glückliche Reise!" –

Damit verließ der prosaische Oheim den exaltierten Neffen.

Als nun der Tag der Abreise sich immer mehr nahte, überfiel den Baron doch ein gewisses Bangen, da jeder von den Gefahren sprach in die er bei dieser Reise wohl geraten könne.

In einem Anfall von Schwermut, der Folge seines Bangens, setzte er seinen letzten Willen auf, in dem er seine sämtlichen geschriebenen und gedruckten Gedichte der Besitzerin der blauen Brieftasche, seine neugriechischen Kleider aber der Theatergarderobe vermachte. Dann beschloß er außer seinem Jäger und einem jungen Italiener, der einige neugriechische Wörter aufgeschnappt und der ihm zum Dolmetscher dienen sollte, noch einen tüchtigen Märker mit einem Rücken von

ungefähr fünftehalb Fuß im Durchmesser mitzunehmen, weshalb der Kutschenbock beträchtlich erweitert werden mußte.
Drei Tage brachte der Baron hin die nötigen Abschiedsbesuche zu machen. – Eine Reise nach dem romantischen Griechenland – ein geheimnisvolles Abenteuer – ein Abschied auf vielleicht nie Wiedersehen – war das nicht genug die zartesten Fräuleins in Ekstase zu setzen? – stahlen sich nicht Seufzer aus der Brust der Schönsten, wenn der Baron die schönen Bildchen der holden Insulanerinnen hervorzog, die er bei Gaspare Weiß gekauft um interessanter von dem Griechenland sprechen zu können, das er nun schauen würde? – Konnte eine einzige das *„Adieu mon cher Baron"* herausbringen ohne merkliches Schluchzen? – Schüttelten die ernsthaftesten, so wie die leichtsinnigsten Männer dem Baron nicht wehmütig die Hand und sprachen: „Möge ich Sie gesund, froh und glücklich wiedersehen bester Baron! – Sie machen eine schöne Reise!"
Überall fiel der Abschied rührend und herzerhebend aus. – Viele zweifelten in der Tat den jungen Abenteurer jemals wiederzusehen und Trübsinn verbreitete sich in den Zirkeln deren Zierde er gewesen. – Der Wagen stand hochbepackt vor der Türe. Der Baron unter dem Reisemantel neugriechisch gekleidet setzte sich ein, der Jäger und der breite Märker mit Büchsen, Pistolen und Säbeln bewaffnet bestiegen den Bock, der Postillon stieß lustig ins Horn und fort ging's im vollen Trabe durch das Leipziger Tor nach Patras!
In Zehlendorf steckte der Baron den Kopf zum Fenster heraus und rief in barschem Ton, man solle nicht lange trödeln beim Umspannen, er sei in größter Eil. Da fiel ihm der junge Professor ins Auge, den er erst vor wenigen Tagen kennengelernt und der den größten Enthusiasmus für die Reise nach Griechenland bewiesen.
Der Professor kam eben von Potsdam zurück; sowie er den Baron gewahrte, sprang er an den Wagen und rief: „Glückseligster aller Barone, ich merk es, fort geht's nach Griechenalnd, aber gönnen Sie mir einige Augenblicke um Ihnen noch einige wichtige Notizen, wie ich sie aus der Bartholdyschen Reise entnommen, aufzuschreiben zu weiterer Nachforschung. Auch füge ich noch manches hinzu zu gütiger Erinnerung, z.B. wegen der türkischen Pantoffeln". – „Den Bartholdy", fiel der Baron dem Professor in die Rede, „habe ich selber im Wagen und was die versprochenen Pantoffeln betrifft, so erhalten Sie die schönsten die es gibt und sollte ich sie diesem oder jenem Pascha von den Füßen ziehen. Denn, o Professor! Sie haben mich be-

stärkt in meinem Glauben, in meiner Überzeugung und fleißig werd ich auf klassischem Boden in den Taschen-Homer kucken, der mir ein teures wertes Geschenk ist. Zwar verstehe ich kein Griechisch, aber das findet sich denk ich von selbst, wenn ich erst im Lande bin. – Man sagt ja so im Sprichwort: das gibt sich wie das Griechische. – Doch, schreiben Sie, Bester, schreiben Sie, denn noch läßt sich kein Pferdekopf blicken."
Der Professor zog eine Schreibtafel hervor und begann die Notizen, wie sie ihm eben zu Sinn kamen aufzuschreiben. Währenddessen öffnete der Baron die Mappe um nachzusehen ob auch seine Brief-schaften in gehöriger Ordnung. Da fiel ihm jenes Haude- und Spenersche Zeitungsblatt in die Hände das er auf dem Kasino fand und das der Anlaß seines ganzen Beginnens, seiner weiten gefahrvollen Reise.
„Verhängnisvolles Blatt", sprach er mit Pathos, „verhängnisvolles, jedoch teures liebes Blatt, du erschlossest mir das schönste Geheimnis meines Lebens! – Dir danke ich all mein Hoffen – Sehnen – mein ganzes Glück! – Anspruchslos – grau – löschpapieren – ja ein wenig schmutzig, wie du dich gestaltest, trägst du doch den Edelstein in dir, der mich so reich machte! – O Blatt, wie bist du doch ein Schatz, den ich ewig bewahren werde – o Blatt der Blätter!"
„Welches Blatt", unterbrach der Professor den Baron, indem er ihm die fertigen Notizen hinreichte, „welches Blatt setzt Sie in solche Ekstase, bester Baron?"
Der Baron erwiderte, daß es jenes verhängnisvolle Haude- und Spenersche Zeitungsblatt sei, in dem die Aufforderung an den Finder der blauen Brieftasche stehe, und reichte es dem Professor hin. Der Professor nahm es, warf einen Blick darauf – fuhr zurück wie plötzlich erstaunend – sah schärfer hinein als wenn er seinen Augen nicht trauen wollte – rief dann mit starker Stimme: „Baron! – Baron! – bester Baron! – Sie wollen nach Griechenland? nach Patras – zum Herrn Condoguri? – O Baron! – bester Baron!" –
Der Baron sah hinein in das Blatt, das der Professor ihm dicht vor die Augen hielt und sank dann wie vernichtet zurück in den Wagen.
In dem Augenblick kamen die Pferde, der Wagenmeister trat höflich an den Schlag und entschuldigte, daß die Pferde etwas länger ausgeblieben als recht, doch solle nun der Herr Baron in längstens anderthalb Stündchen in Potsdam sein.
Da schrie der Baron mit entsetzlicher Stimme: „Fort! – zurück nach

Berlin – zurück nach Berlin!" – Der Jäger und der Märker sahen sich erschrocken um, der Postillon sperrte das Maul auf. Aber immer heftiger schrie der Baron: „Nach Berlin – hast du Ohren, Schurke! – einen Dukaten Trinkgeld, Bestie, einen Dukaten – aber fahre – fahre wie der Sturmwind – galoppiere Canaille – galoppiere Unglückskind – einen Dukaten bekömmst du." –

Der Postillon lenkte um und jagte im brausenden Galopp fort nach Berlin. –

Der Baron hatte nämlich, als ihm das Haude- und Spenersche Zeitungsblatt in die Hände fiel, eine Kleinigkeit übersehen, d.h. die Jahreszahl. – Ein Stück der vorjährigen Zeitung, ein Makulaturblatt, worin vielleicht etwas eingeschlagen, oder das sonst ein Zufall auf einen Tisch ins Kasino gebracht, hatte er gelesen und so war eben heute, am vierundzwanzigsten Julius als der Baron nach Patras abreisen wollte das Jahr verflossen, das in jener Aufforderung zur Frist bestimmt, nach Griechenland zu reisen, oder bei der Madame Obermann in der Sonne sich einzufinden und die Entwickelung des Abenteuers abzuwarten.

Was konnte der Baron nun wohl anders tun als so schnell als möglich nach Berlin zurück und einkehren in der Sonne, welches er denn auch wirklich tat.

Traum und Wahrheit.

„Welch ein Verhängnis", sprach der Baron, als er sich in der Sonne und zwar in Nr. 14. auf dem Sofa lang ausstreckte, „welch ein geheimnisvolles Verhängnis treibt sein Spiel mit mir? – War das Patras wo ich mich befand? – War das Herr Andreas Condoguri der mir den weitern Weg wies? – Nein! – *Zehlendorf* war das Ziel meiner Reise – es war der Wagenmeister der mich hieher wies, und auch der Professor konnte nur der tote Hebel sein der unbekannte Kräfte in Bewegung setzte!" –

Der Jäger trat hinein und berichtete, daß selbigen Tages durchaus weiter keine fremde Herrschaft eingetroffen sei. Das schlug den Baron, dem die Entwickelung des Abenteuers, der Aufgang des Geheimnisses die Brust spannte, nicht wenig nieder. Er bedachte indessen, daß der Tag ja bis Mitternacht fortdauere und man erst, nachdem es zwölf geschlagen mit gutem Gewissen schreiben könne: am fünfundzwanzigsten Julius, ja daß strenge Leute dies erst nach dem Schlage *eins* täten und dies gab ihm Trost.

Er beschloß mit erzwungener Ruhe auf dem Zimmer bleibend abzuwarten was sich ereignen werde und sah es, unerachtet er an nichts denken wollte als an das schöne Geheimnis, an das holde Zauberbild, das ja sein ganzes Innres erfüllen mußte, doch nicht ungern, als auf den Punkt zehn Uhr der Kellner erschien und einen kleinen Tisch deckte, auf dem bald ein feines Ragout dampfte. Der Baron fand es nötig und seiner innern Stimmung gemäß, ätherisches Getränk zu genießen und befahl Champagner. – Als er den letzten Bissen eines gebratenen Huhns verzehrt, rief er aus: „Was ist irdisches Bedürfnis, wenn der Geist das Göttliche ahnet!" –

Damit setzte er sich, Beine untergeschlagen, auf das Sofa, nahm die Gitarre zur Hand und begann neugriechische Romanzen zu singen, deren Worte er mit Mühe aussprechen gelernt und die nach den selbst komponierten Melodien abscheulich genug klangen um für etwas sehr Absonderliches und Charakteristisches zu gelten und weshalb er sie auch den Fräuleins A. bis Z. niemals vorgesungen ohne das tiefste Erstaunen ja einiges angenehme Entsetzen zu erregen. – Der Begeisterung halber ließ der Baron, nachdem er eine Flasche Champagner geleert noch eine zweite kommen. Plötzlich war es dem Baron als machten sich die Akkorde, die er anschlug ganz los von dem Instrument und schwämmen voller und herrlicher tönend frei in den Lüften. Dazu sang eine Stimme in seltsamen unbekannten Weisen und der Baron vermeinte, sein Geist sei es, der entfesselt sich erhebe im himmlischen Melos. Bald wurde ein geheimnisvolles Flüstern vernehmbar. – Es rauschte an der Türe, sie sprang auf, herein trat eine hohe herrliche Frauengestalt in dichte Schleier gehüllt. – „Sie ist es – sie ist es", rief der Baron im Übermaß des Entzückens, stürzte nieder auf die Knie und reichte der Gestalt die blaue Brieftasche dar. Da schlug die Frau die dichten Schleier zurück und durchbebt von aller Lust des Himmels, konnte Theodor den Glanz überirdischer Schönheit ertragen! Die holde Jungfrau nahm die Brieftasche und musterte sorglich den Inhalt. Dann beugte sie sich herab zu Theodor der noch immer anbetend auf den Knien lag, hob ihn auf und sprach mit dem süßesten Wohllaut: „Ja du bist es, du bist mein Theodor! – ich habe dich gefunden!" – „Ja er ist es, Signor Theodoro, den du fandest!" –

So sprach eine tiefe Stimme und der Baron merkte nun erst eine kleine sehr seltsame Gestalt die hinter der Jungfrau stand, in einen roten Talar gehüllt und eine feurig glänzende Krone auf dem Haupte. – Des Kleinen Worte wurden, sowie sie ausgesprochen, zu Bleikugeln, die an Theodors Gehirn anprallten und so konnt es nicht fehlen daß dieser etwas erschrocken zurückwich.
„Erschrick nicht", sprach die Jungfrau, „erschrick nicht Hochgeborner! der Kleine dort ist mein Oheim der König von Candia, er tut niemandem etwas zuleide. Hörst du denn nicht Bester! daß die Steinamsel singt und kann denn Böses geschehen?"
Erst jetzt war es dem Baron möglich Worte herauszupressen aus der beengten Brust. „So ist es denn wahr", sprach er, „was mir Träume, was mir süße Ahnungen sagten? – so bist du denn mein, du der Frauen herrlichste und hehrste? – doch erschließe mir das herrliche Geheimnis deines – meines Lebens!"
„Nur", erwiderte die Jungfrau, „nur dem Geweihten erschließt sich mein Geheimnis, nur der heilige Schwur gibt die Weihe! – Schwöre, daß du mich liebst!"
Von neuem stürzte der Baron nieder auf die Knie und sprach: „Ich schwöre bei dem heiligen Mond, der herabschimmert auf Paphos' Fluren!" – „O schwöre", fiel die Jungfrau ihm mit Julias Worten in die Rede, „o schwöre nicht beim Mond dem Wandelbaren, der immerfort die Scheibe wechselt, damit nicht wandelbar dein Lieben sei! – Doch du gedachtest, süßer Romeo! der heiligen Stätte wo die schauerliche Stimme des Orakels forttönt aus alter grauer Zeit und der Menschen düsteres verschleiertes Schicksal enthüllt! – Der Ober-Konsistorialrat wird uns den Eintritt in den Tempel nicht verwehren! – Eine andere Weihe soll dich fähig machen mit mir hinzueilen und den König von Candia abzufertigen mit schnöder Rede, sollt es ihm einfallen grob gegen dich zu sein, wie es ihm manchmal zu Sinne kommt." Zum zweitenmal richtete die Jungfrau den Baron in die Höhe, nahm aus der blauen Brieftasche das Messerchen, entblößte dem Baron den linken Arm und öffnete ihm, ehe er sich's versah, eine Ader. Das Blut spritzte empor und der Baron fühlte den Schwindel der Ohnmacht. – Doch alsbald schlang die Jungfrau das magische Band um den Arm des Barons und zugleich um den ihrigen. Da stieg ein bläulicher Duft aus der Brieftasche, verbreitete sich im Zimmer, stieg durch die Decke, welche verschwand. Die Mauern schoben sich fort, der Fußboden versank, der Baron schwebte von der Jungfrau

umschlungen im weiten lichten Himmelsraume. „Halt“, kreischte der König von Candia, indem er den Baron beim Arm festpackte, „halt, das leid ich nicht, ich muß auch dabei sein!“ Doch der Baron fuhr ihn an, sich mit Gewalt losmachend: „Sie sind ein naseweiser Patron und kein König, denn ich müßte weniger Statistiker sein als ich es wirklich bin, um nicht zu wissen daß es gar keinen König von Candia gibt. Sie stehen ja in keinem Staatskalender und könnten, wär es der Fall, höchstens als Druckfehler passieren! – Fort, sag ich, scheren Sie sich fort hier aus der Luft!“ – Der Kleine fing an auf sehr unangenehme Weise zu grunzen, da berührte die Jungfrau sein Haupt, er kroch zusammen und schlüpfte in die Brieftasche die die Jungfrau an einer goldenen Kette um den Hals gehängt, wie ein Amulett. –

„O Baron“, sprach die Jungfrau, „du hast Mut, und nicht fremd blieb dir die göttliche Grobheit! – doch sieh, schon naht sich das Geschwader aus Paphos!“ –

Der Blumenthron aus Armida ließ sich herab aus der Höhe von hundert Genien umgeben. Der Baron stieg hinein mit der Jungfrau und nun ging's fort sausend und brausend durch die Lüfte. „O Gott“, rief der Baron, als es immer schwindlichter und schwindlichter wurde, „o Gott, hätte ich doch nur nach dem anmutigen Beispiel geschätzter gräflicher Freunde eine einzige Luftfahrt mit Herrn oder Madame Reichardt gemacht, so wär ich ein Baron von Erfahrung und verstände mich auf solche Luftsegelei – aber nun. – Was hilft es mir, daß ich auf Rosen sitze neben dem himmlischen Zauberbilde, bei dem verfluchten Schwindel, der mir das Innerste umdreht.“

In dem Augenblick schlüpfte der König von Candia aus der Brieftasche und hing sich, indem er wieder schrecklich pfiff und grunzte, an die Füße des Barons, so daß dieser vom Throne hinabrutschend und nur mit Mühe immer wieder hinaufrutschend, sich kaum oben erhalten konnte. Immer schwerer und schwerer wurde der fatale Candiasche König, bis er den armen Baron ganz hinabzog. – Die Rosenkette an der er sich festhalten wollte, zerriß, er stürzte mit einem Schrei des Entsetzens hinunter und – erwachte! – Die Morgensonne schien hell ins Zimmer! – Der Baron konnte kaum zu sich selbst kommen, er rieb sich die Augen, er fühlte einen lebhaften Schmerz in den Beinen und im Rücken. – „Wo bin ich!“ rief er, „welche Töne!“ – Das Pfeifen, Brummen und Grunzen des Königs von Candia dauert fort. Endlich raffte sich der Baron auf vom Fußboden, wo er neben dem Sofa gelegen, und entdeckte bald die Ursache des seltsamen Tönens. Im

Lehnstuhl lag nämlich der Italiener und schnarchte fürchterlich. Die Gitarre die neben ihm auf der Erde lag, schien seinen Händen entsunken. – „Luigi – Luigi, erwachen Sie!" rief der Baron, indem er den Italiener rüttelte. Der konnte sich aber schwer von völliger Schlaftrunkenheit erholen. Endlich erzählte er auf dringendes Befragen, daß der Herr Baron – mit gütiger Erlaubnis – gestern abend, vermutlich wegen großer Müdigkeit von der Reise, nicht recht bei Stimme gewesen und, wie es manchmal dem besten Sänger geschähe, wirklich etwas gräßliche Töne von sich gegeben hätte. Dadurch wäre er veranlaßt worden dem Herrn Baron leise – leise die Gitarre aus der Hand zu nehmen und ihnen hübsche italienische Kanzonetten vorzusingen, worüber der Herr Baron in der etwas unbequemen orientalischen Stellung mit untergeschlagenen Beinen fest eingeschlafen. Er – sonst eben kein Liebhaber vom Wein, habe sich die Erlaubnis genommen den kleinen Rest des Champagners auszutrinken, den der Herr Baron übriggelassen und sei dann ebenfalls in tiefen Schlaf gesunken. In der Nacht sei ihm gewesen als höre er dumpfe Stimmen, ja als würde er gerüttelt mit Gewalt. Zwar sei er halb und halb erwacht und es habe ihm geschienen als erblicke er fremde Personen im Zimmer und höre ein Frauenzimmer Griechisch sprechen, aber wie verhext habe er die Augen nicht offen behalten können und sei ganz betäubt wieder eingeschlafen bis der Herr Baron ihn jetzt erst aufgeweckt.

„Was ist das", rief der Baron, „war es Traum, war es Wahrheit? – Befand ich mich wirklich mit ihr, mit dem Leben meiner Seele auf der Reise nach Paphos und riß mich eine dämonische Gewalt herab? – Ha! – soll ich untergehen in diesen Geheimnissen? Hat mich eine grausame Sphinx erfaßt und will mich hinunterschleudern in den bodenlosen Abgrund? – Bin ich –"

Der Jäger, der mit dem Portier des Hauses eintrat, unterbrach den Monolog des Barons. Beide erzählten ein seltsames Ereignis, das sich in der Nacht begeben.

Auf den Schlag zwölf Uhr (so sagten sie) sei ein schöner schwerbepackter Reisewagen vorgefahren und eine große verschleierte Dame ausgestiegen die in gebrochenem Deutsch sich sehr eifrig erkundigt, ob nicht den Tag ein fremder Herr angekommen. Er, der Portier, der damals noch nicht den Namen des Herrn Barons gewußt, habe nichts anders sagen können, als daß allerdings ein junger hübscher Herr eingekehrt sei, den er seiner Kleidung nach für einen reisenden Armenier oder Griechen von Stande halten müsse. Da habe die Dame sehr vergnügt getan, ja wie außer sich mehrmals hintereinander gerufen: „*Eccolo – eccolo – eccolo!*“ – welches nach dem bißchen Italienisch, das er verstehe soviel heiße als: „Da ist er – da ist er!“ – Die Dame habe dringend verlangt sogleich in das Zimmer des Herrn Barons geführt zu werden, und behauptet, daß der eingekehrte Herr ihr Gemahl sei, den sie schon seit einem Jahre suche. Eben deshalb habe er aber großes Bedenken getragen ihrem Verlangen nachzugeben, da man doch nicht wissen könne – Genug er habe den Jäger geweckt und erst als dieser den Herrn Baron namentlich genannt und auf sein heiliges Wort versichert daß Hochdieselben unverheiratet, wären sie getrost hinaufgestiegen nach dem Zimmer des Herrn Barons, das sie unverriegelt gefunden. Der Dame auf dem Fuße sei etwas gefolgt, woraus sie nicht recht klug werden können, da es aber aufrecht auf zwei Beinen gegangen so habe es ihnen beinahe scheinen wollen, als sei es ein kleiner kurioser Mann. Die Dame sei auf den Herrn Baron, der auf dem Sofa sitzend fest eingeschlafen, zugeschritten, habe sich über ihn hingebeugt, ihm ins Gesicht geleuchtet, dann sei sie aber wie im jähen Schreck zurückgefahren und habe mit einem Ton, der ihnen recht ins Herz geschnitten, mehrere unverständliche Worte gesprochen wozu das was ihr nachgefolgt recht hämisch gelacht. Nun habe sie den Schleier zurückgeworfen, ihn, den Portier mit zornfunkelnden Augen angeblickt und etwas gesagt, was dem Herrn Baron wiederzusagen ihm die Ehrfurcht verbiete.

„Heraus damit“, sprach der Baron, „ich will, ich muß alles wissen!“

Wenn der Herr Baron, erzählte der Portier weiter, es nicht ungnädig aufnehmen wollten, so habe ihn die fremde Dame mit den Worten angefahren: „Unglücksvogel, es ist nicht mein Gemahl, es ist der schwarze Hasenfuß aus dem Tiergarten!“ – Herrn Luigi, der sehr geschnarcht, hätten sie indessen aus dem Schlafe aufrütteln wollen, um mit der Dame zu reden, er sei aber durchaus nicht zu erwecken gewesen. – Die Dame habe nun fort wollen, in dem Augenblick aber eine kleine blaue Brieftasche gewahrt die auf dem Tische gelegen. Diese Brieftasche habe die Dame mit Heftigkeit ergriffen, sie dem Herrn Baron in die Hand gegeben und sei hingeknieet neben dem Sofa. Sehr seltsam sei es nun anzusehen gewesen, wie der Herr Baron im Schlafe gelächelt und die Brieftasche der Dame dargereicht, die sie schnell in den Busen gesteckt. – Nun habe die Dame das Ding, was ihr gefolgt, auf den Arm genommen, sei mit unglaublicher Schnelligkeit die Treppe hinab in den Wagen geeilt und davongefahren. – Der

Portier setzte insbesondere hinzu, daß die Dame ihn zwar dadurch tief gekränkt, daß sie ihn, der seit dreißig Jahren sein Bandelier und seinen Degen mit Ruhm und Ehre getragen, einen Vogel geheißen, indessen wolle er gern noch viel mehr als das ertragen, wenn es ihm vergönnt sein könne die Dame nur noch ein einziges Mal zu schauen, denn eine ausnehmendere Schönheit habe er in seinem ganzen Leben nicht geschaut. –

Dem Baron zerriß die ganze Erzählung das Herz. Es war gar nicht daran zu zweifeln, daß die fremde Dame die Griechin, die Besitzerin der blauen Brieftasche, daß der kleine unförmliche Mann der Magus gewesen von dem in dem Blättlein der Unbekannten die Rede. – Und den wichtigsten Moment seines Lebens hatte er verschlafen! – Das bitterste Gefühl erweckte ihm aber der schwarze Hasenfuß aus dem Tiergarten, den er nicht wohl auf jemanden anders als auf sich selbst beziehen konnte und der alles Günstige und Glückliche, das er aus dem Blättlein rücksichts seines Ichs herausbuchstabierte zu vernichten schien. Nächstdem war ihm die Art, wie er um das teuere Besitztum der Brieftasche nebst ihrem geheimnisvollen Inhalt gekommen, nur zu empfindlich.

„Unglücklicher", fuhr er den Jäger an, „Unglücklicher sie war es, sie war es selbst und du wecktest mich nicht – sie! – Mein Abgott! – mein Leben! – sie der ich nachreisen wollte nach dem fernen Griechenland!" – Der Jäger erwiderte mit pfiffiger Miene, daß wenn sie, die Dame, auch die rechte gewesen, es ihm doch geschienen, als sei der Herr Baron nicht der rechte gewesen, und da habe es des Aufweckens nicht erst bedurft! –

Gar peinlich war es für den Baron täglich, ja stündlich mit kaum unterdrücktem Lachen gefragt zu werden, wie er so schnell habe aus Griechenland zurückkehren können? – Er schützte, da er, rückte er mit der Wahrheit heraus, sich offenbar noch größerem Gelächter preisgegeben, Krankheit vor und wurde aus Ärger und Sehnsucht wirklich so krank, daß sein Arzt nur in dem Gebrauch des stärksten, oft fürchterlich wirkenden Mineralbades, dessen Kraft die stärksten Naturen niederwirft, Rettung für sein Leben fand. – Er mußte nach Freienwalde reisen! –

Zu Seite 540 bis Seite 541, auch Seite 554

Der Zauber der Musik.

Eigentlich wollte der Baron von Freienwalde sogleich nach Mecklenburg gehen zu seinem alten Oheim, indessen fühlte er doch, als das Mineralwasser seine Wirkung getan, eine unüberwindliche Sehnsucht nach der Residenz und langte in den letzten Tagen des Septembers glücklich wieder in Berlin an. – Da er nun wirklich eine Reise gemacht, zwar nicht nach Patras aber doch nach Freienwalde, so konnte er schon mit mehrerer Festigkeit auftreten und den hämischen Lachern dreist ins Gesicht blicken. Kam noch hinzu, daß er von der Reise nach Griechenland, die er hatte unternehmen *wollen*, allerliebst und sogar tiefsinnig und gelehrt zu sprechen wußte, so konnt es gar nicht fehlen, daß er seine ganze Liebenswürdigkeit wieder gewinnend, jeden Spott niederschlug und der Abgott mehrerer Fräuleins wurde, wie er es sonst gewesen. –

Eines Tages, als schon die Sonne zu sinken begann, war er im Begriff hinauszugehen in den Tiergarten, als auf dem Pariser Platz dicht vor dem Brandenburger Tor ihm ein Paar ins Auge fiel, das ihn festwurzelte an den Boden. – Ein sehr klein verwachsener krummbeinichter alter Mann auf groteske Weise altmodisch gekleidet mit einem großen Blumenstrauß vor der Brust, ein sehr hohes spanisches Rohr in der Hand, führte eine fremdartig gekleidete verschleierte Dame von edlem Wuchs und majestätischer Haltung. Das Seltsamste war wohl gewiß der Haarzopf des Alten, der unter dem kleinen Hut sich hervorschlängelte bis auf die Erde. Zwei muntre Gassenbüblein von der angenehmen Rasse die im Tiergarten Glimmstengel *avec du feu* auszubieten pflegt, mühten sich dem Alten auf den Zopf zu treten, das war aber unmöglich, denn in aalartigen Krümmungen und Windungen entschlüpfte er ihren Fußtritten. Der Alte schien nichts davon zu bemerken. – Gut ist es, daß Herr Wolff gerade vorüberging, ebenfalls so wie der Baron von S. das wunderliche Paar scharf ins Auge faßte und dadurch in den Stand gesetzt wurde, den kleinen Alten und seine Dame mit der vollendesten Porträtähnlichkeit zu zeichnen. Der geneigte Leser darf nur beistehendes Blättlein anzuschauen belieben und jede weitere Schilderung wird ganz überflüssig. – Das Herz bebte dem Baron, geheimnisvolle Ahnungen stiegen in ihm auf, aber niedersinken hätte er mögen, in den schnöden Staub des Pariser Platzes, als die Dame sich nach ihm umschaute, als ihn wie

ein Blitz der durch finstere Wolken zuckt, durch den dichten Schleier der zündende Blick der schönsten schwarzen Augen traf. –
Endlich faßte sich der Baron und begriff schnell, daß der Mutwille der Gassenbuben ihm sogleich die Bekanntschaft des Alten und der Dame verschaffen könne. Mit vielem Geräusch verjagte er die Jungen, näherte sich dann dem Alten und sprach den Hut höflich abziehend: „Mein Herr Sie bemerken nicht daß kleine Bestien von Straßenbuben es darauf angelegt haben Ihren schönen Haarzopf zu ruinieren durch Fußtritte."
Der Alte sah dem Baron ohne im mindesten seine Höflichkeit zu erwidern, starr ins Gesicht und schlug dann eine schallende Lache auf, worin die Gassenbuben nebst dem Sukkurs den sie vom Brandenburger Tor herbeigeholt, einstimmten, so daß der Baron ganz beschämt dastand und nicht recht wußte was er nun beginnen sollte.
Indessen schritt das Abenteuer langsam fort durch die Linden, der Baron warf einige Münzen unter die Eleven der Pflanzschule für Spandau und folgte dann dem Paar, das zu seiner großen Freude einkehrte in den Konditorladen bei Fuchs.
Als der Baron eintrat, hatte der Alte mit der Dame schon Platz genommen in dem heimlichen mit Weinlaub dekorierten Spiegelkabinett. Der Baron setzte sich in das anstoßende Zimmer und zwar so, daß er das Paar in den Spiegeln genau erblicken konnte.
Der Alte sah sehr mürrisch vor sich nieder, die Dame sprach ihm heftig jedoch so leise ins Ohr, daß der Baron kein einziges Wort vernehmen konnte. Jetzt kam, was sie bestellt, Eis, Kuchen, Likör. Die Dame faßte den Alten ans Hinterhaupt und der Baron gewahrte zu seinem nicht geringen Erstaunen daß sie den Haarzopf abschraubte, den sie dann öffnete wie ein Etui und Serviette, Messer, Löffel herausnahm. Die Serviette band sie dem Alten um den Hals, wie man es bei Kindern zu tun pflegt, damit sie sich nicht beschmutzen. Der Alte blickte plötzlich heiter geworden mit seinen kohlschwarzen Augen die Dame sehr freundlich an und aß mit widrigem Appetit Eis und Kuchen. Jetzt schlug endlich die Dame den Schleier zurück und in der Tat man durfte weniger reizbar sein als der Baron, um doch wie dieser ganz hingerissen zu werden von der ausnehmenden Schönheit der Fremden. Mancher hätte vielleicht, nachdem er den ersten Turandotsblick ertragen, behauptet, es fehle dem Gesicht, der ganzen Gestaltung der Fremden jene Anmut, die alle strenge Regel der Form

verspottend unwiderstehlich siegt und ein andrer vielleicht vorgeben können, daß der seltsame Isis-Schnitt der Augen und der Stirn ihm etwas unheimlich bedünken wolle – Genug! – die Fremde mußte jedem für eine gar wunderbare Erscheinung gelten! – Der Baron quälte sich damit, wie er es anfangen solle, sich auf schickliche Weise, mit dem fremden Paare in Rapport zu setzen. – „Wie“ dacht er endlich, „wenn du den Zauber der Musik ausströmen ließest um das Gefühl der Schönsten aufzuregen!“ – Gedacht, getan, er setzte sich an das schöne Kistingsche Instrument, das bekanntlich in dem Zimmer des Fuchsischen Konditorladens steht, und begann auf eine Weise zu fantasieren, die wenigstens ihm, wenn auch nicht andern, göttlich, sublim vorkam. – Gerade bei einem säuselnden Pianissimo rauschte es im Kabinett, er blickte ein wenig seitwärts und gewahrte, daß die Dame aufgestanden. Dagegen lag oder sprang und hüpfte vielmehr auf dem Platz wo sie gesessen, der Haarzopf des Alten, bis dieser ihn mit der flachen Hand niederklatschte und laut rief: „Kusch – kusch, Fripon!“ – Etwas erschrocken über die seltsame Natur des Zopf-Fripons fiel der Baron sogleich in ein Fortissimo und ging dann über in schmelzende Melodien. Da vernahm er wie die Dame verlockt von süßer Töne Gewalt sich leisen Trittes ihm nahte und hinter seinen Stuhl trat. – Alles was er bis jetzt Schmachtendes und Zärtliches von allen italienischen Maestros, von allen – inis – anis – ellis und – ichis, gehört, kam an die Reihe. – Er wollte schließen im rauschenden Entzücken, da hörte er dicht hinter sich tief aufseufzen. – „Nun ist es Zeit“, dacht er, sprang auf und – blickte dem Rittmeister von B. ins Auge, der sich indessen hinter seinen Stuhl gestellt und nun versicherte, daß der Baron sehr unrecht tue, dem Herrn Fuchs die Gäste zu verscheuchen, durch sein entsetzliches Lamentieren und Wirtschaften auf dem Piano. Soeben habe wieder eine fremde Dame alle möglichen Zeichen der Ungeduld blicken lassen und sei endlich mit ihrem Begleiter, einem kleinen possierlichen Mann schnell entflohen. – „Was? – entflohen! –“ rief der Baron ganz bestürzt, „entflohen aufs neue?“ Der Rittmeister erfuhr nun von dem Baron in aller Eil genug, um einzusehen, welches interessante Abenteuer unterbrochen. – „Sie ist es – Sie ist es! Ha, meine Ahnung hat mich nicht getäuscht!“ So schrie der Baron da der Rittmeister als etwas Absonderliches bemerkte, daß die Dame eine kleine himmelblaue Brieftasche an einer goldnen Kette um den Hals gehängt habe. Herr Fuchs, der gerade in der Türe des Ladens gestanden, hatte gesehen, wie der kleine Alte

einen herbeieilenden Halbwagen heranwinkte, mit der Dame hineinstieg und dann wegfuhr mit Blitzesschnelle. Man erblickte noch den Wagen ganz am Ende der Linden nach dem Schlosse zu. –
„Ihr nach – ihr nach!" rief der Baron; – „nimm mein Pferd!" der Rittmeister.
Der Baron schwang sich auf und setzte dem mutigen Roß die Hacken in die Ribben, das aber bäumte sich und brauste dann freie Kraft und freien Willen übend, wie der Sturmwind fort durch das Brandenburger Tor geraden Strichs nach Charlottenburg wo der Baron wohlbehalten und eben zu rechter Zeit ankam, um bei der Madame Pauli mit mehreren Bekannten ein Abendessen einzunehmen. Man hatte ihn kommen sehen und rühmte allgemein den scharfen und mutigen Ritt um so mehr, da man gar nicht gewußt, daß der Baron sicher und gewandt genug reite, um es mit einer solchen scheuen wilden Bestie aufzunehmen, als des Rittmeisters Pferd es sei. –
Dem Baron war im Innern zumute als müsse er sein Dasein verfluchen. –

Der griechische Heerführer. Das Rätsel.

Vielen Trost gab dem Baron die Überzeugung, daß der Gegenstand seines Sehnens und Hoffens doch nun gewiß in den Mauern von Berlin sich befinde und daß jeden Augenblick ein günstiger Zufall ihm das seltsame Paar wieder zuführen könne. Unerachtet der Baron aber mehrere Tage unablässig vom frühen Morgen bis in den späten Abend die Linden durchstrich, so ließ sich doch keine Spur sehen, weder von dem Alten, noch von der Dame.
Sehr vernünftig und geraten schien es daher, sich auf das Fremden-Bureau zu begeben und dort nachzuforschen wo das seltsame Paar, das am vierundzwanzigsten Julius in der Nacht einpassiert, hingekommen.
Dies tat der Baron und entwarf zugleich den Beamten ein sehr treues Bild des wunderlichen Kleinen und der griechischen Dame. Der Beamte meinte indessen: da von der einpassierten Fremden keine Steckbriefe entworfen würden, so könne ihm jene Schilderung wenig helfen, nachsehen wolle er jedoch, was für Fremde überhaupt in jener

Nacht angelangt. Außer dem griechischen Kaufmann Prosocarchi von Smyrna fand sich indessen kein Ankömmling von fremdartiger Natur, lauter Amtsräte, Justizaktuarien u.s.w. aus der Provinz waren am vier- und fünfundzwanzigsten Julius durch die Tore von Berlin hineingefahren. Besagter Kaufmann Prosocarchi war aber ohne alle Begleitung angekommen, schon deshalb konnte es nicht der kleine Alte sein, zum Überfluß begab sich aber der Baron zu ihm hin und fand einen schönen großen Mann von angenehmer Bildung, dem er mit Vergnügen einige *Pastilles du serail* und auch Balsam von Mekka, der das verstauchte Bein des Magus kurierte, abkaufte. Prosocharchi meinte übrigens auf Befragen, ob er nichts von einer griechischen Fürstin wisse, die sich in Berlin aufhalte, daß dies wohl nicht der Fall sein werde, da er sonst schon gewiß einen Besuch von ihr erhalten. Übrigens aber sei es gewiß, daß sich ein vertriebener Primat von Naxos aus einer uralten fürstlichen Familie mit seiner Tochter in Deutschland umhertreibe, den er indessen niemals gesehen.

Was blieb dem Baron übrig, als jeden Tag, wenn die Witterung günstig, nach jener verhängnisvollen Stelle im Tiergarten zu wallfahrten, wo er die Brieftasche gefunden und die, wie es aus dem darin befindlichen Blättlein zu entnehmen, der Lieblingsplatz der Griechin geworden.

„Es ist", sprach der Baron, als er auf der Bank saß bei der Statue des Apollo, zu sich selbst, „es ist gewiß, daß sie, die Herrliche, Göttliche mit ihrem krummen Magus diesen Platz öfters besucht, aber wie ist es möglich, hilft nicht ein glücklicher Zufall, daß ich den Augenblick treffe, wenn sie zugegen? – Nimmer – nimmer sollt ich diesen Ort verlassen, ewig hier weilen, bis ich sie gefunden!"

Aus diesem Gedanken entstand der Entschluß gleich hinter der verhängnisvollen Bank, neben dem Baume mit der Inschrift, eine Einsiedelei anzulegen und fern von dem Geräusch der Welt in wilder Einöde, ganz dem Schmerz der sehnsuchtsvollen Liebe zu leben. Der Baron überlegte, auf welche Weise er bei der Regierung zu Berlin um die Erlaubnis nachsuchen müsse zum beschlossenen Bau und ob er nicht zu dem Eremitenkleid auch einen falschen Bart tragen solle, den er dann, wenn er sie gefunden, mit vieler Wirkung herabreißen könne vom Kinn. Während dieser Betrachtungen war es aber ziemlich finster geworden und der rauhe Herbstwind, der durch die Bäume strich, mahnte den Baron, daß es, da die Einsiedelei noch nicht stehe, geraten sein würde, anderswo Dach und Fach zu suchen. – Wie bebte

ihm aber das Herz, als er, aus dem dichten Laubgange herausgetreten, den Alten mit der verschleierten Dame vor sich herschreiten sah. Beinahe besinnungslos stürzte er dem Paar nach und rief ganz außer sich: „O mein Gott – endlich – endlich – ich bin's – Theodor – die blaue Brieftasche!" – „Wo ist sie, die Brieftasche – haben Sie sie gefunden? – Gott sei gedankt!" – So rief der Kleine indem er sich umwandte. Und dann: „Ha sind Sie es, bester Baron? – Nun das ist ein wahres Glück, ich gab mein Geld schon verloren."
Niemand anders aber war der Kleine, als der Bankier Nathanael Simson, der mit seiner Tochter eben von einem Spaziergange zurückkehrte nach seiner im Tiergarten belegenen Wohnung. Man kann denken, daß der Baron nicht wenig betreten war über seinen Irrtum und das um so mehr, als er sonst der ganz hübschen aber ein wenig alternden Amalia (so hieß des Bankiers Tochter), sehr stark den Hof gemacht, sie aber dann verlassen. Mit beißendem Spott hatte Amalia über des Barons verfehlte Reise nach Griechenland gesprochen und eben deshalb der Baron sie vermieden wie er nur konnte. „Sieht man sie endlich wieder, lieber Baron!" So begann Amalia, doch Simson ließ sie nicht zu Worte kommen, sondern fragte unaufhörlich nach der Brieftasche. Es fand sich, daß er vor einigen Tagen, was ihm sonst nie geschehen, in den Gängen des Tiergartens eine Brieftasche, worin ein Funfzigtaler-Tresorschein befindlich, verloren und diese, glaubt er, hätte der Baron gefunden. Der Baron war ganz verwirrt über das Mißverständnis und wünschte sich hundert Meilen fort. Indem er aber sich loszumachen strebte, hing Amalia ohne Umstände ihren Arm in den seinen und meinte, daß man einen werten Freund, den man so lange nicht gesehen, festhalten müsse. – Der Baron fand keine Entschuldigung, er mußte sich bequemen mit der Familie Tee zu trinken. Amalia hatte sich in den Kopf gesetzt den Baron aufs neue an sich zu fesseln. Sie forderte ihn auf, so viel von dem Abenteuer das er in Griechenland zu bestehen gedacht, zu erzählen als er dürfe, ohne vielleicht tiefe Geheimnisse zu verraten, in die sie nicht eindringen wolle und da sie alles, was der Baron vorbrachte, himmlisch, göttlich, sublim fand, so ging diesem immer mehr das Herz auf. Er konnt es nicht unterlassen alles herauszusagen, wie es sich in der Nacht vom vier- zum fünfundzwanzigsten Julius, so wie im Fuchsischen Laden begeben. Amalia bezwang sehr geschickt das Lachen, zu dem sich ein paarmal die Mundwinkel verzogen, beschwor den Baron, doch einmal zur Abendzeit sie im neugriechischen Kostüm zu besuchen da er

darin ganz allerliebst aussehen müsse und schien zuletzt plötzlich in einen halbträumerischen Zustand zu versinken. „Es ist vorüber!" sprach sie dann. Natürlicherweise fragte der Baron, was denn vorüber sei, und nun vertraute Amalia, daß sie soeben von dem Andenken an einen äußerst merkwürdigen Traum ergriffen worden, den sie [vor] einiger Zeit, und zwar, wie es ihr jetzt bestimmt beifalle in der Nacht vom vier- zum fünfundzwanzigsten Julius geträumet. – Da sie in Friedrich Richters Werken wohlbelesen, so gelang es ihr in dem Augenblick einen Traum zu improvisieren, der fantastisch genug klang und dessen Tendenz in nichts Geringerem bestand, als des Barons Erscheinung in neugriechischer Tracht, wie alle ihre innerste Liebe entzündend, darzustellen. – Der Baron war hin! – Die Griechin, die Einsiedelei, die blaue Brieftasche vergessen! –

Aber nicht anders geht es in der Welt, das was man eifrig verfolgt, erreicht man am letzten, das was man nicht zu erreichen strebt, kommt von selbst herbei. Der Zufall ist ein neckischer und neckender Spukgeist! –

Genug, der Baron hatte beschlossen, hauptsächlich Amalias halber, Berlin vor der Hand nicht zu verlassen und fand es daher nötig, die Sonne mit einer bequemern Wohnung zu vertauschen.

Als er nun die Stadt durchwanderte, fiel ihm über der Tür des schönen großen Hauses in der Friedrichstraße Nr. – ein großer Zettel mit der Inschrift ins Auge: „Hier sind möblierte Zimmer zu vermieten!"

Der Baron stieg ohne weiteres die Treppe herauf. Vergebens sucht er eine Klingelschnur und mochte er an diese, jene Türe im Vorsaal klopfen wie er wollte, alles blieb mäuschenstill. Endlich war's ihm, als höre er von innen heraus ein seltsames Plappern und Schwatzen. Er drückte die Türe des Gemachs, aus dem der Ton zu kommen schien auf und befand sich in einem mit auserlesenem Geschmack und großer Pracht ausstaffierten Zimmer. Vorzüglich merkwürdig schien ihm das große Bett mit reicher seidener Draperie, Blumengewinden und vergoldetem Schnitzwerk, das in der Mitte stand.

„Lagos pipèrin étrive, kakon tys kefalis tu!"*

So rief es dem Baron mit schnatternder Stimme entgegen, ohne daß er irgend jemanden gewahrte. Er schaute um sich und – o Himmel! –

* Da der Baron nicht Neugriechisch verstand, so wußte er nicht daß diese Worte heißen: „Der Hahn stieß den Pfeffer zum Verderben seines Haupts."

Zu Seite 546 bis Seite 550, auch Seite 554/555 und Seite 570

auf einem zierlichen Pfeilertisch lag die verhängnisvolle Brieftasche! Er sprang hinzu, wollte sich des ihm geraubten Kleinods bemächtigen, da schrie es ihm in die Ohren:

„O diavolos jidia den yche, ke tyri epoulie.“*

Entsetzt prallte er zurück! – Aber in dem Augenblick vernahm er leise Seufzer, die offenbar aus dem großen Bette kamen. „Sie ist es! – Sie ist es!“ so dachte er und das Blut stockte ihm in den Adern vor Wonne und süßer Ahnung. – Er näherte sich bebend, erblickte durch eine Spalte der Gardine eine Spitzenhaube mit bunten Bändern. „Mut – Mut“, flüsterte er sich zu, faßte die Gardine, zog sie zurück. – Da fuhr aus den Kissen mit einem gellenden Schrei in die Höhe – jener wunderliche kleine Alte, den er mit der Dame begegnet. Er war es, der die weibliche Spitzenhaube auf dem Kopfe trug und deshalb sah der Kleine so höchst possierlich aus, daß jeder andere, der weniger gespannt auf ein Liebesabenteuer, wie der Baron, in lautes Lachen ausgebrochen wäre.

Der Alte glotzte den Baron an mit seinen großen schwarzen Augen, und begann endlich mit leiser wimmernder Stimme: „Sind Sie es Hochgeborner? – Ach Gott Sie führen doch nicht etwa Böses im Schilde gegen mich, weil ich Sie neulich ausgelacht auf dem Pariser Platz, als Sie meinen muntren Jungen von Haarzopf in Schutz nehmen wollten? Starren Sie mich nicht so entsetzlich an – ich muß mich sonst fürchten.“ –

Der Baron schien nichts von dem, was der Alte sprach zu vernehmen, denn ohne den stieren Blick von ihm abzuwenden, murmelte er dumpf vor sich hin: „König von Candia – König von Candia!“ – Da lächelte der Alte sehr anmutig, setzte sich auf die Kissen und begann: „Ei, ei bester Baron Theodor von S., sollten Sie auch von dem seltsamen Wahnsinn befangen sein, mich geringen Mann für den König von Candia zu halten? – Sollten Sie mich denn nicht kennen? – Sollten Sie denn nicht wissen, daß ich niemand anders bin als der Kanzleiassistent Schnüspelpold aus Brandenburg.“

„Schnüspelpold“, wiederholte der Baron. – „Ja so heiße ich“, fuhr der Kleine fort, „aber Kanzleiassistent *in officio* schon seit langen Jahren nicht mehr. Die verdammte Sucht zu reisen hat mich um Amt und Brot gebracht. Mein Vater – Gott habe ihn selig, er war ein Knopfmacher in Brandenburg – war auch solch ein Reisenarr und sprach so

* Der Teufel hatte keine Ziegen und verkaufte dennoch Käse!

viel von der Türkei, wo er einmal gewesen, daß ich nicht länger ruhig sitzen konnte. Vielmehr stand ich eines Tages auf, ging über Genthin nach Tangermünde, setzte mich dort in einen Elbkahn und fuhr nach der Ottomanischen Pforte. *Die* wurde aber als ich ankam gerade zugeworfen, und da ich mit der rechten Hand hingreifen wollte in die Türkei, quetsche mir die Pforte zwei Finger weg, wie Sie, Hochgeborner hier an den wächsernen Fingern sehen können, die mir die abgequetschten ersetzen sollten. Da dieses schnöde Wachs aber immer wegschmolz, beim Schreiben –"
„Lassen Sie", unterbrach der Baron den Alten, „lassen Sie das, und sagen Sie mir lieber alles von der fremden Dame, von dem Himmelsbilde, das ich mit Ihnen erblickte im Fuchsischen Laden."
Der Baron erzählte nun, wie es gekommen mit dem Fund der Brieftasche, der Reise nach Griechenland, dem Traum in der Sonne und schloß damit den Alten zu beschwören seiner Liebe nicht entgegen zu sein, da, seiner seltsamen Ausreden unerachtet und wenn er auch nichts Höheres vorstellen wolle, als der Kanzleiassistent Schnüspelpold aus Brandenburg, er doch als Vater oder Oheim der holden Griechin über ihr Schicksal gebiete. „Ei", sprach Schnüspelpold vor Freude schmunzelnd, „ei, das ist mir ja über alle Maßen lieb, daß Sie vermöge der blauen Brieftasche in Liebe gekommen zu der griechischen Fürstin, deren Vormund ich zu sein die lästige Ehre habe. Das Oberlandesgericht auf Paphos hat mich dazu erkoren, weil sie keinen Menschen finden konnte, der gewisse geheime magische Eigenschaften – nun, nun, Schnüspelpoldchen schwatze nicht aus der Schule! – still, still, mein Söhnlein! – Ich zweifle gar nicht Hochgeborner, daß sie bei meinem Mündel reüssieren werden! – So viel kann ich Ihnen sagen, daß sie einen jungen Prinzen namens Teodoros Capitanaki sucht, den eigentlichen Finder der blauen Brieftasche, sind Sie denn nun auch derselbe nicht –" „Was", unterbrach der Baron den Alten, „was? ich sollte die Brieftasche nicht gefunden haben?" – „Nein", erwiderte der Alte fest und stark, „Sie haben die Brieftasche nicht gefunden und sind überhaupt von allerlei tollen Einbildungen befangen." – „Vergebens hängst du dich mir an die Füße, grober bleischwerer König", rief der Baron, aber die gellende Stimme schrie:

„Allu ta kas karismata, kai allu genun y kotés."*

„Still, still kleiner Schreihals", sprach der Alte sanft und der graue

* Die Henne gackert an einer Stelle und legt an der andern ihr Ei.

Papagei hüpfte auf die oberste Sprosse seines Gestells. Dann wandte der Alte sich zum Baron und sprach ebenso sanft: „Sie heißen Theodor, Hochgeborner, und wer weiß, welche geheime Beziehungen noch stattfinden und Sie zu dem rechten Teodoros Capitanaki machen können. – Eigentlich kommt es nur auf eine Kleinigkeit an, wodurch Sie Herz und Hand meiner fürstlichen Mündel auf der Stelle gewinnen können. Ich weiß, Sie haben hübsche Konnexionen im Departement der auswärtigen Affären. Können Sie es durch diese dahin bringen daß der Großsultan die griechischen Inseln für einen Freistaat erklärt, so ist Ihr Glück gemacht! – Aber – was erblicke ich –“
Mit diesem Ausruf sank der Alte tief in die Kissen zurück und zog die Bettdecke über den Kopf.
Der Baron folgte dem Blick des Alten und schaute im Spiegel die Gestalt der Griechin die ihm zuwinkte.
Sie stand in der offenen Türe, die dem Spiegel gegenüber befindlich. Er wollte ihr entgegen, verwickelte sich aber in den Fußteppich und fiel der Länge nach hin. Der Papagei lachte sehr. Als aber nun die Griechin in das Zimmer hineingeschritten dicht neben dem Baron stand, suchte er, wie ein geschickter Tänzer, seinem Fall den Anschein des Niederstürzens auf die Knie zu geben. „Endlich, o süßer Abgott meiner Seele“, so begann er auf italienisch, doch die Griechin sprach mit leiser Stimme: „Still, wecke den Alten nicht, indem du mir wiederholst, was ich längst weiß – stehe auf!“ – Sie reichte ihm die Lilienhand, er erhob sich ganz Wonne und Entzücken und nahm Platz an ihrer Seite auf dem üppigen Diwan, der in dem Hintergrunde des Zimmers angebracht.
„Ich weiß alles“, wiederholte die Griechin, indem sie ihre Hand in der des Barons ruhen ließ, „mag auch mein Magus behaupten was er will, du fandest die Brieftasche – du bist aus griechischem fürstlichen Stamm entsprossen, und bist du auch nicht der, dem meine Seele, mein Ich, nacheilte, so kannst du doch Herr meines Lebens werden, wenn du willst!“ –
Der Baron erschöpfte sich in Beteurungen. Die Griechin, sinnend den Kopf in die Hand gestützt, schien nicht darauf zu achten, endlich fragte sie den Baron leise ins Ohr: „Hast du Mut?“ Der Baron beteuerte daß er Mut besitze wie ein Löwe.
„Könntest du wohl“, fuhr die Griechin fort, „dem alten Ungetüm dort im Bette, während er fest schläft, mit diesem Messerchen –“

Der Baron, das bekannte chirurgische Messerchen aus der Brieftasche in der Hand der Griechin gewahrend, schauerte entsetzt zurück – „– mit diesem Messerchen", sprach die Griechin weiter, „den Zopf in der Mitte durchschneiden? – doch es ist nicht nötig, der Papagei bewacht ihn und wir können ruhig sprechen. – Also aus fürstlichem Stamm?" – Der Baron erzählte nun von dem Bilde der Großmutter, seiner Mutter, genug alles das, was der geneigte Leser an dem Gespräch des Barons mit seinem Oheim bereits erfahren.

Die schönen Augen der Griechin leuchteten vor Freude, durch ihr ganzes Wesen schien der Feuerstrom neuen Lebens zu glühen, sie war in diesem Augenblick so über die Maßen schön und herrlich, daß der Baron sich in den höchsten Himmel verzückt fühlte. Selbst wußte er nicht wie es geschah, daß sie plötzlich in seinen Armen lag, daß brünstige Küsse auf seinen Lippen brannten.

„Ja", sprach die Griechin endlich, „ja, du bist es – du bist es, der erkoren mein zu sein. Eile mit mir nach dem Vaterlande zurück nach jener heiligen Stätte, wo schon die entschlossenen Häupter des Volks gewappnet und deiner gewärtig stehen, um das schnöde schändliche Joch abzuschütteln unter dem wir ein elendes mühseliges Leben hinseufzen. Ich weiß es, dir fehlt nicht mehr Kleid und Rüstung, dir fehlen nicht Waffen. Alles hast du vorbereitet. Du stellt dich an die Spitze, du schlägst, ein tapfrer Heerführer, den Pascha aufs Haupt, du befreist die Inseln, und genießest mit mir verbunden durch ein heiliges Band, alles Glück, das dir die Liebe und die schöne segensreiche Heimat gewähren kann. – Was hast du auch zu befürchten bei dem kühnen Unternehmen? – Schlägt es fehl, so stirbst du entweder den Heldentod des tapfern Kriegers oder bekommt dich der Pascha gefangen, so wirst du höchstens gespießt oder man streut dir Pulver in die Ohren und zündet es an, oder wählt eine andere dem wahren Helden anständige Todesart. Mich bringt man da ich jung bin und schön, in den Harem des Pascha, aus dem mich dann, bist du wirklich doch nicht der junge Fürst Teodoros Capitanaki, sondern wie mein Magus behauptet nur der schwarze Hasenfuß aus dem Tiergarten gewesen, mein wahrhaftiger Prinz befreien wird." –

In dem Innern des Baron ging bei diesen Reden der Griechin eine seltsame Veränderung vor. Denn auf glühende Hitze folgte eine Eiskälte und es wollte den Baron gar eine Fieberangst überwältigen.

Doch nun blitzte es aus den Augen der Griechin, ihr ganzes Antlitz wurde furchtbar ernst, sie erhob sich, stand in voller hoher Majestät vor dem Baron und sprach mit dumpfer feierlicher Stimme: „Wärst du aber weder Teodoros noch der schwarze Hasenfuß? – Wärst du nichts als ein täuschendes Schattenbild? – das Schattenbild jenes unglücklichen Jünglings, dem die böse Enzuse, schmerzhaft berührt von seinem Violinbogen das Blut aussog?* – Ha! – deine Pulsader muß ich öffnen – dein Blut sehen, dann schwindet jede dämonische Täuschung!"

Damit schwingt die Griechin das blanke blitzende Messerchen hoch empor, aber der Baron springt schnell auf, rennt entsetzt nach der Türe. Der Papagei schreit gellend:

„Alla paschy o gaïdaros ké alla evryskusi."**

Schnüspelpold ist mit einem gewagten Satz aus dem Bette heraus, ruft: „Halt – halt Hochgeborner – die Fürstin ist Ihre Braut – Ihre Braut!" – Doch pfeilschnell ist der Baron die Treppe hinab, hinaus aus dem Hause – fort – fort – –

– Amalia Simson wollte herausgebracht haben, daß der angebliche Kanzleiassistent Schnüspelpold niemand anders gewesen, als ein gelehrter Jude aus Smyrna der nach Berlin gekommen, um sich von dem Geheimerat Diez über eine zweifelhafte Stelle im Koran belehren zu lassen, den er unglücklicherweise nicht mehr am Leben gefunden. Die griechische Fürstin machte Amalia Simson zu der Tochter des Juden, die über den Verlust ihres Geliebten wahnsinnig geworden.

Alles verhält sich wohl aber ganz anders. Der geneigte Leser möge nur an das Blättlein denken und an so manchen andern vorgekommenen Umstand um sich zu überzeugen, daß das Rätsel keineswegs gelöset.

Merkwürdig genug ist es, daß der Baron Theodor von S. nun wirklich nach Griechenland gereiset sein soll. Kommt er bald zurück, so wird man Näheres erfahren von Schnüspelpold und der Griechin, die Schreiber dieses aller Mühe unerachtet in Berlin nicht hat auffinden können. – Weiß derselbe künftig mehr von dem Baron und seinen

* Bartholdy erzählt in seiner Reise nach Griechenland von einem Jüngling, der zu Athen starb und dessen Tod man folgendem zuschrieb: Eines Abends saß er mit einem Freunde im Freien auf einer Bank und spielte die Geige. Dadurch herbeigelockt, setzt sich eine Larve (Enzuse) neben ihm hin. Er fährt aber fort zu spielen und berührt mit dem Bogen die Larve schmerzhaft, die sich zu rächen beschließt. Von dem Augenblick schwindet sein Körper hin. Er wird zum Schattenbilde, bis er stirbt.

** Der Esel findet was anders als wornach er trachtet!

geheimnisvollen Verhältnissen, so wird er nicht unterlassen im folgenden Jahre dem geneigten Leser auf dem einmal eingeschlagenen Wege, davon getreuen Bericht zu erstatten.

E. T. A. Hoffmann.

Die Geheimnisse.

Fortsetzung des Fragments aus dem Leben eines Fantasten:
Die Irrungen.

Merkwürdige Korrespondenz des Autors mit verschiedenen Personen

(als Einleitung).

Mein Herr!

Unerachtet gewisse Schriftsteller und sogenannte Dichter wegen ihres nicht leicht zu unterdrückenden Hanges zur groben Lüge und anderer der gesundesten Vernunft schädlicher Fantasterei nicht in dem besten Rufe stehen, so habe ich doch Sie, der Sie ein öffentliches Amt bekleiden, mithin wirklich etwas sind, ausnahmsweise für einen wackern gutmütigen Mann gehalten. Kaum in Berlin angekommen, mußte ich mich aber leider vom Gegenteil überzeugen. Womit habe ich alter schlichter, einfacher Mann, ich ruhmvoll entlassener Kanzleiassistent, ich Mann von feinem Vorstande, humanen Sitten, großer Wissenschaft, ich Ausbund von gutem Herzen und schöner Denkungsart, womit, sage ich, habe ich es um Sie verdient, daß Sie mich dem verehrungswürdigen Publikum in Berlin zur Schau stellen und in dem Taschenkalender von diesem Jahr nicht allein alles erzählen was sich mit dem Herrn Baron Theodor von S., meiner fürstlichen Pflegebefohlnen und mir begeben, sondern mich noch dazu (ich habe alles erfahren) abkonterfeien lassen nach dem natürlichen Leben und in Kupfer stechen, wie ich lustwandle mit meinem Herzenskinde über den Pariser Platz durch die Linden, und wie ich dann im Bette liege in zierlichen Nachtkleidern und mich erschrecke über des Herrn Barons unvermuteten Besuch. Ist Ihnen vielleicht mein elektrophorischer Haarzopf, worin zugleich mein Reisebesteck befindlich in die Quere gekommen? Hat Ihnen mein Blumenstrauß mißfallen? Haben Sie etwas dagegen daß das Pupillen-Kollegium auf Zypern mich zum Vormunde der – Ja! nun denken Sie, ich werde den Namen der

Schönsten geradezu hinschreiben, damit Sie ihn auch ausschreien können in Taschenbüchern und Journalen. Das lasse ich aber bleiben, sondern frage bloß im allgemeinen, ob Sie vielleicht mit der Verfügung jenes Zyprischen Kollegiums unzufrieden sind? Sein Sie überzeugt, mein Herr, daß bei Ihrem unnützen Treiben in Schriftstellerei und Musik weder der Präsident noch irgendein Rat des hiesigen oder irgend eines andern Pupillen-Kollegii Ihnen das Vertrauen geschenkt und Sie zum Vormunde eines zum Entzücken schönen, geistreichen Frauenzimmers bestellt haben würde, wie es jenes ehrwürdige Kollegium getan hat. Und überhaupt, wollen Sie auch hier in der Stadt was vorstellen und mögen Sie auch manches ganz artig zu verfügen verstehen, vermöge Ihres Amts, so haben Sie sich doch darum, was in Zypern verfügt worden, ebensowenig zu bekümmern, als um meine wächserne Finger und um meine Spitzenhaube, die Sie wahrscheinlich auf Herrn Wolffs Kupfertafel betrachten mit neidischen Blicken. Danken Sie Gott, mein Herr! daß Sie nicht, so wie ich, eintreten wollten in die Ottomanische Pforte, gerade als sie zugeschlagen wurde. Wahrscheinlich hätten Sie, vermöge des gewöhnlichen Schriftstellervorwitzes nicht die Finger hineingesteckt sondern die Nase, und müßten jetzt, statt daß Sie andern honnetten Leuten wächserne Nasen zu drehen unternehmen, selbst eine dergleichen tragen. Daß Sie einer zierlichen Morgenkleidung von weißem mit Rosaschleifen besetzten Musselin und einer Spitzenhaube einen Warschauer Schlafrock und ein rotes Käppchen vorziehen ist Sache des Geschmacks und will ich nicht mit Ihnen darüber rechten. – Und wissen Sie wohl, mein Herr! daß mir Ihre leichtsinnige Ausplauderei im Taschenkalender, gleich, nachdem in den Intelligenzblättern unter den angekommenen Fremden mein Name gestanden hatte, die allergrößten Unannehmlichkeiten zuzog? Die Polizei hielt mich, mußte mich nach Ihrem Gewäsche, oder vielmehr, da Sie die Geheimnisse meines Herzenskindes austrompetet, für denjenigen Frevler halten, der den melonenleibichten Apollo im Tiergarten und auch wohl andere Statuen verunstaltet hat und es kostete viel Mühe, mich zu rechtfertigen und darzutun, daß ich ein enthusiastischer Kunstfreund sei und nichts weniger als ein verstellter abergläubischer Türke. Sie sind selbst ein Rechtskundiger und haben nicht einmal bedacht daß mich die verwünschte Apollosnase hätte als Staatsverbrecher nach Spandau bringen, oder mir gar eine Tracht der unbilligsten Prügel zuziehen können, wenn nicht, was letzteres betrifft, von der gütigen Natur mein

Rücken durch ein geschickt angelegtes Bollwerk auf ewig gegen alle Prügel bewahrt wäre. Lesen Sie im zwanzigsten Titel des zweiten Teils vom Allgemeinen Landrecht die §§. 210. 211. nach und schämen Sie sich, daß ein verabschiedeter Kanzleiassistent aus Brandenburg Sie daran erinnern muß. Kaum der Untersuchung und Strafe entronnen, wurde ich in meiner Wohnung, die man unglücklicherweise erfahren, auf eine solch entsetzliche Art bestürmt, daß ich wahnsinnig werden, verzweifeln müssen, wäre ich nicht ein fester gesetzter Mann und durch meine vielfachen gefahrvollen Reisen hinlänglich gewöhnt an bedrohliches Ungemach. Da kamen Frauenzimmer und verlangten, gewohnt alles promt und wohlfeil zu haben, eben daher aber eifrige und stetige Käuferinnen der prächtigen Modewaren in Auktionen ihre Laden räumender Kaufleute, ich solle ihnen auf der Stelle türkische Shawls drucken. Am ärgsten unter ihnen trieb es Mademoiselle Amalie Simson, welche nicht nachließ mit Bitten und Flehen, ich möge ihr doch auf den Brustteil eines Spenzers von rotem Kasimir ein hebräisches Sonett, das sie selbst gedichtet, hinsetzen mit Goldtinktur. Andere Leute aus den verschiedensten Ständen wollten bald meine Wachsfinger anschauen, bald mit meinem Haarzopf spielen, bald meinen Papagei griechisch sprechen hören.

Junge Herren mit Wespentaillen, turmhohen Hüten, Kosakenhosen und goldnen Sporen lorgnettierten umher, kuckten durch Ferngläser, als wollten sie die Wände durchschauen. Ich weiß, wen sie suchten und manche hatten auch dessen gar kein Hehl, sondern fragten kekker unverschämter Weise geradezu nach der schönen Griechin, als sei mein himmlisches Fürstenkind ein wunderbares Naturspiel, das ich der gaffenden Menge ausstelle. Widerlich, gar widerlich erschienen mir diese jungen Leute, aber noch viel abscheulicher war es mir, wenn manche sich mir geheimnisvoll nahten und mystische Worte sprachen von Magnetismus, Siderismus, magischen Verknüpfungen durch Sympathie und Antipathie u. s. w., und dabei wunderliche Gebärden und Zeichen machten, um sich mir als Eingeweihte zu zeigen, ob ich gleich gar nicht verstand was sie wollten. Lieber waren mir die, welche ganz treuherzig verlangten, ich solle ihnen ein bißchen wahrsagen aus der Hand oder aus dem Kaffeegrunde. – Es war ein heilloses Treiben, ein wahrer Teufelssabbat in dem Hause. – Endlich gelang es mir bei Nacht und Nebel mich davon zu machen und eine Wohnung zu beziehen, die bequemer, besser eingerichtet ist und auch den Wünschen meiner Fürstin mehr entspricht – entsprechen würde,

wollt ich sagen, denn ich befinde mich jetzt allein. – Mein jetziges Logis erfährt niemand und am allerwenigsten *Sie*, da ich Ihnen durchaus nichts Gutes zutraue.
Und wer ist einzig und allein an dem ganzen Spektakel schuld als Sie? Wie kommen Sie dazu mich dem Publikum so zweideutig darzustellen, daß ich für einen unheimlichen Kabbalisten gelten muß, der mit irgendeinem geheimnisvollen Wesen in seltsamer Verbindung lebt. Ein ehrlicher verabschiedeter Kanzleiassistent soll ein Hexenmeister sein, welch ein Unsinn! – Was geht Ihnen mein Herr! überhaupt das magische Verhältnis an, in dem ich mit meinem Herzenskinde stehe, mag es nun wirklich stattfinden oder nicht? – Mögen Sie auch Talent genug besitzen, zur Not eine Erzählung oder einen Roman mit angestrengter Mühe zusammenzudrechseln, so fehlt es Ihnen doch so gänzlich an gehörigem tiefem Verstande und sublimer Wissenschaft, um auch nur eine Silbe zu verstehen, wenn ich mich herablassen sollte Sie über die Geheimnisse eines Bundes zu belehren, der dem Ersten aller Magier, dem weisen Zoroaster selbst nicht unwürdig erscheinen möchte. Es ist nichts Leichtes, mein Herr! so wie ich einzudringen in die tiefsten Tiefen der göttlichen Kabbala aus denen sich schon hienieden ein höheres Sein emporschwingt, so wie aus der Puppe sich der schöne Schmetterling entwickelt und mutig flatternd emporsteigt. Es ist aber meine erste Pflicht, niemanden meine kabbalistischen Kenntnisse und Verbindungen zu verraten, und daher schweige ich auch gegen Sie davon, so daß Sie mich von nun an lediglich für einen schlichten verabschiedeten Kanzleiassistenten und wackern Vormund eines liebenswürdigen vornehmen Frauenzimmers halten müssen. Sehr unlieb und schmerzhaft würd es mir auch sein, wenn Sie oder jemand anders erfahren sollte, daß ich jetzt in der Friedrichsstraße unweit der Weidendammer Brücke Nr. 9 – wohne. Habe ich Ihnen, mein Herr! gebührend vorgehalten wie Sie sich, wenn auch gerade [nicht] boshafter –, so doch leichtsinnigerweise vergangen, so füge ich nur noch die Versicherung hinzu, daß ich das Gegenteil von Ihnen bin, nämlich ein besonnener gutmütiger, alles was zu unternehmen vorher wohl überlegender Mann. Sie sind daher für jetzt vor meiner Rache völlig sicher und das um so mehr, weil mir eben keine Mittel zu Gebote stehen. Wäre ich ein Rezensent, so würde ich Ihre Schriften neidlich herunterhunzen und dem Publikum so klar dartun, wie es Ihnen an allen Eigenschaften eines guten Schriftstellers mangle, daß kein Leser etwas von Ihnen mehr lesen, kein Verleger es mehr

verlegen sollte. Aber da wär's denn doch nötig erst Ihre Schriften zu lesen und dafür soll mich der Himmel behüten, da nichts als bare Ungereimtheiten, die gröbsten Lügen darin enthalten sein sollen. Überdem wüßte ich auch nicht, wie ich, die ehrlichste Taubenseele von der Welt, zu der gehörigen Masse von Galle kommen sollte, die jeder tüchtige Rezensent zum Verbrauch stets vorrätig haben muß. – Wäre ich, wie Sie es haben dem Publikum andeuten wollen, wirklich eine Art von Magus, so sollt es freilich anders stehen mit meiner Rache. Darum für jetzt Verzeihung, Vergessen des zutage geförderten Unsinns über mich und meine Pflegebefohlne. Sollten Sie sich aber unterfangen etwa in dem künftigen Taschenkalender auch nur ein Wörtchen von dem zu erwähnen, was sich weiter mit dem Baron Theodor von S. und uns begeben, so bin ich fest entschlossen: mich, mag ich nun sein wo ich will, augenblicklich umzusetzen in das kleine spanisch kostümierte Teufelspüppchen das auf Ihrem Schreibtische steht und Ihnen, kommt Ihnen der Gedanke zu schreiben, nicht einen Augenblick Ruhe zu lassen. Bald springe ich Ihnen auf die Schulter und sause und zische Ihnen in die Ohren, daß Sie keines Gedankens mächtig bleiben, sei er auch noch so einfältig. Bald springe ich ins Tintenfaß und bespritze das fertige Manuskript, so daß der geschickteste Setzer nicht den gesprenkelten Marmor zu entziffern vermag. Dann spalte ich die appetitlich gespitzten Federposen, werfe das Federmesser in dem Augenblick, als Sie darnach greifen, vom Tische herab, so daß die Klinge abspringt, dann verstöre ich die Papiere durcheinander, bringe die mit allerlei Notizen beschriebenen kleinen Blättchen in gehörigen Luftzug, daß sie, wird nun die Türe geöffnet, lustig emporwirbeln, dann klappe ich die aufgeschlagenen Bücher zu und reiße aus andern die hineingelegten Zeichen heraus, dann ziehe ich Ihnen das Papier, während Sie schreiben unter dem Arme weg, so daß ein schnöder Zirkumflex die Handschrift verdirbt, dann stülpe ich schnell das Glas Wasser um, als Sie eben trinken wollen, so daß alles unterzugehen droht in der Wasserflut, und alle Ihre wässerichten Gedanken zurückkehren in das Element dem sie angehören. – Genug, ich will all meine Weisheit aufbieten Sie als Teufelspüppchen recht sinnreich zu quälen und dann wollen wir sehen, ob es Ihnen möglich sein wird noch mehr aberwitziges Zeug zu schreiben als bereits geschehen. – Wie gesagt, ich bin ein stiller, gutmütiger, friedliebender Kanzleiassistent, dem schnöde Teufelskünste fremd sind, aber Sie wissen mein Herr! wenn kleine, nach hinten zu über die

Regel heraus geformte Leute mit langen Zöpfen in Zorn geraten, so ist von Schonung nicht weiter die Rede. Nehmen Sie meine wohlgemeinte Warnung wohl zu Herzen und unterlassen Sie jeden ferneren Bericht in Taschenbüchern, sonst bleibt es beim Teufel und seinen Streichen.

Aus allem mein Herr! werden Sie übrigens hinlänglich ersehen haben, wie gut, so wie viel besser ich Sie kenne als Sie mich. Angenehm kann jetzt unsere nähere Bekanntschaft nicht sein, darum wollen wir uns sorgfältig vermeiden und eben deshalb habe ich auch alle Anstalten getroffen, daß Sie meine Wohnung niemals erfahren werden. – *Adieu pour jamais!*

Noch eins! – Nichtwahr die Neugierde quält Sie zu wissen ob mein Herzenskind bei mir ist oder nicht? – Ha! ha! ha! das glaub ich! Aber kein Jota erfahren Sie davon und diese kleine Kränkung sei die einzige Strafe für das, was Sie an mir begangen.

Mit aller Achtung die Ihnen, mein Herr! sonst gebührt, zeichne ich mich als

Berlin d. 25. Mai 1821.

Ihren ganz ergebensten
Irenäus Schnüspelpold,
vormals Kanzleiassistent zu Brandenburg.

N. S. Apropos – Sie wissen vermutlich oder können es leicht erfahren, wo man jetzt hier den reichsten und geschmackvollsten Damenputz kauft. Wollen Sie mir das noch heute gefälligst sagen lassen, so bin ich zwischen neun und zehn Uhr abends in meiner Wohnung anzutreffen.

Adresse.

Sr. Wohlgeb. Herrn etc. E. T. A. Hoffmann,
dermalen im Tiergarten bei Kempfer.

Wirklich erhielt der, an den dieses Schreiben gerichtet und den wir der Kürze halber mit Hff. bezeichnen wollen, dasselbe gerade zur Zeit, als er in der sogenannten spanischen Gesellschaft, die sich bekanntlich alle vierzehn Tage bei Kempfer im Tiergarten versammelt, und keine andere Tendenz hat, als auf gute deutsche Art Mittag zu essen, zu Tische saß.

Man kann denken, wie sehr Hff. überrascht wurde, als er seiner Gewohnheit nach zuerst die Unterschrift lesend, den Namen Schnüspelpold fand. Er verschlang die ersten Zeilen, als er aber die unbillige Länge des noch dazu mit seltsam verschnörkelten Buchstaben geschriebenen Briefes gewahrte und zugleich sich überzeugte, daß sein Interesse immer mehr und mehr und zuletzt vielleicht auf unangenehme Weise erregt werden dürfte, hielt er es für geratener den Brief zur Zeit ungelesen in die Tasche zu stecken. War es nun böses Gewissen oder gespannte Neugierde, genug, alle Freunde bemerkten an Hff. Unruhe und Zerstreuung, kein Gespräch hielt er fest, er lächelte gedankenlos, wenn der Professor B. die leuchtendsten Witzworte hinausschleuderte, er gab verkehrte Antworten, kurz er war ein miserabler Kumpan. Gleich nachdem die Tafel aufgehoben, stürzte sich Hff. in die Einsamkeit einer entfernten Laube und zog den Brief hervor, der ihm in der Tasche brannte. Zwar wollte es ihn was weniges verschnupfen, sich von dem wunderlichen Kanzleiassistenten Irenäus Schnüspelpold so schnöde und gröblich behandelt, ja rücksichts seiner Autorschaft so schonungslos abgefertigt zu sehen, indessen vergaß er das im Augenblick und hätte vor Freuden in die Lüfte springen mögen und das aus zweierlei Ursachen.
Fürs erste, wollte es ihn bedünken, als wenn Schnüspelpold alles Schimpfens und Schmälens unerachtet den Trieb nicht unterdrücken könne, den fragmentarischen Biographen näher kennenzulernen, ihn vielleicht gar einzuweihen in die mystische Romantik seiner Pflegebefohlnen. – Ja gewiß! – sonst hätte Schnüspelpold nicht in der Verwirrung Straße und Nummer seiner Wohnung genannt bei den feierlichsten Protestationen, daß den Ort, wo er hingeflüchtet, niemand, am wenigsten aber Hff. erfahren solle. Sonst hätte die Nachfrage nach dem Damenputz nicht verraten, daß sie selbst da, das allerliebste herrliche Geheimnis. Hff. durfte ja nur hingehen zwischen neun und zehn Uhr und im regen Leben konnte sich das gestalten, was ihm nur zugekommen wie durch träumerische Tradition! – Was für eine himmlische Aussicht für einen schreiblustigen Autor!
Dann mochte aber auch zweitens Hff. deshalb in die Lüfte springen, weil eine besondere Gunst des Schicksals ihn aus einer gräßlichen Verlegenheit reißen zu wollen schien. Versprechen macht Schulden, das ist ein altes bewährtes Sprichwort. Nun aber hatte Hff. in dem Taschenkalender von 1821 versprochen ferneren Bericht abzustatten über den Baron Theodor von S. und über seine geheimnisvollen

Verhältnisse, wenn er mehreres davon wisse. Die Zeit kommt heran, der Drucker rührt die Presse, der Zeichner spitzt den Crayon, der Kupferstecher bereitet die Kupferplatte. Hochlöbliche Kalender-Deputation fragt: „Wie steht es mein Bester, mit Ihrem versprochenen Bericht für unsern Eintausendachthundertundzweiundzwanziger?" Und Hff. – weiß nichts, weiß gar nichts, da die Quelle versiegt aus der ihm die Irrungen zuströmten. – Die letzten Tage des Mais kommen heran; Hochlöbliche Kalender-Deputation erklärt: „Bis Mitte Junius ist es noch Zeit, sonst erscheinen Sie als einer der in den Wind hinein etwas verspricht und es dann nicht zu halten vermag." Und Hff. weiß immer noch nichts, weiß am 25. Mai mittags um drei Uhr nichts! – Da erhält er Schnüspelpolds verhängnisvollen Brief, den Schlüssel zu der fest verschlossenen Pforte, vor der er stand, ganz hoffnungslos und höchst ärgerlich dazu. – Welcher Autor wird nicht gern einige Schmähungen erdulden, wenn ihm auf diese Weise aus der Not geholfen wird! –

Ein Unglück kommt selten allein, aber auch mit dem Glück ist es so! Die Konstellation der Briefe schien eingetreten zu sein, denn als Hff. aus dem Tiergarten nach Hause kam, fand er deren zwei auf seinem Schreibtische, die beide aus dem Mecklenburgischen kamen. Der erste, den Hff. öffnete, lautete in folgender Art:

„Ew. Wohlgeb. haben mir eine wahrhafte Freude dadurch gemacht, daß Sie die Torheiten meines Neffen in dem diesjährigen Berlinischen Taschenkalender an das Tageslicht förderten. Erst vor einigen Tagen ist mir Ihre Erzählung zu Gesicht gekommen. Mein Neffe hatte den Taschenkalender auch gelesen und lamentierte und tobte entsetzlich. Kehren Sie sich aber ebensowenig daran als an etwanige Drohungen die er wider Sie ausstoßen sollte, sondern erstatten Sie getrost den versprochenen Bericht, insofern es Ihnen gelingt, mehr von den ferneren Treiben meines Neffen und der wahnsinnigen Prinzessin, nebst ihrem geckenhaften Vormunde zu erfahren. Ich für mein Teil möchte Ihnen dazu alles mögliche suppeditieren, der Junge (mein Neffe nämlich) will indessen durchaus nicht recht mit der Sprache heraus und beifolgende Briefe meines Neffen und des Herrn von T. der ihn beobachtet und mir darüber geschrieben hat, sind alles was ich zu Ihrem Bericht beitragen kann. Noch einmal! – kehren Sie sich an nichts, sondern schreiben Sie – schreiben Sie! – Vielleicht sind Sie es, der meinen albernen Neffen noch zur Vernunft bringt. Mit vorzüglicher Hochachtung etc. etc.

Strelitz den 22. Mai 1821. Achatius v. G."

Der zweite Brief hatte folgenden Inhalt:

„Mein Herr!

Ein verräterischer Freund, der gar zu gern mein Mentor sein möchte, hat Ihnen die Abenteuer mitgeteilt, die ich vor einigen Jahren in B. erlebte und Sie haben sich unterfangen mich zum Helden einer ungereimten Erzählung zu machen, die Sie ein Fragment aus dem Leben eines Fantasten genannt. – Wären Sie mehr als ein ordinärer Schriftsteller, der jeden Brocken, der ihm zugeworfen wird, begierig erhascht, hätten Sie nur einigen Sinn für die tiefe Romantik des Lebens, so würden Sie Männer, deren ganzes Sein nichts ist als hohe Poesie, von Fantasten zu unterscheiden wissen. Unbegreiflich ist es mir, wie Ihnen der Inhalt des Blattes, das ich in der verhängnisvollen Brieftasche fand, so genau bekannt geworden ist. Ich würde Sie darüber, so wie über manches andere, das Sie dem Publikum aufzutischen für gut fanden, sehr ernst befragen, wenn gewisse geheimnisvolle Beziehungen, gewisse innere Anklänge mir nicht untersagten es mit einem schreibseligen Autor aufzunehmen. Vergessen sei daher was Sie getan; sollten Sie aber keck genug sein, etwa von meinem gestrengen Herrn Mentor unterrichtet, fernere Berichte über mein Leben zu erstatten, so würde ich genötigt sein, eine Genugtuung von Ihnen zu fordern wie sie Männern von Ehre ziemt, insofern mich nämlich nicht die weite Reise, die ich morgen anzutreten gedenke, daran hindert. – Übrigens zeichne ich mich mit vieler Achtung etc. etc. Strelitz d. 22. Mai 1821. Theodor Baron von S."

Hff. hatte herzliche Freude über den Brief des Onkels und lachte sehr über den des Neffen. Beide beschloß er zu beantworten, sobald er Schnüspelpolds und seiner schönen Pflegebefohlnen Bekanntschaft gemacht haben würde.

Sowie es nur neun Uhr geschlagen, machte sich Hff. auf den Weg nach der Friedrichsstraße. Das Herz klopfte ihm vor Erwartung des Außerordentlichen was sich nun begeben werde, als er die Klingel des Hauses anzog, dessen Nummer eben die von Schnüspelpold bezeichnete war.

Auf die Frage, ob hier der Kanzleiassistent Schnüspelpold wohne,

erwiderte das Hausmädchen das die Türe geöffnet: „Allerdings!" und leuchtete ihn freundlich die Treppe herauf.
„Herein!" rief eine bekannte Stimme, als Hff. leise anklopfte. Doch sowie er eintrat in das Zimmer, stockten alle seine Pulse, gerann ihm zu Eis alles Blut in den Adern, hielt er kaum sich aufrecht! – Nicht jener, ihm wohl von Ansehen bekannte Schnüspelpold, sondern ein Mann im weiten Warschauer Schlafrock, ein rotes Käppchen auf dem Haupt, aus einer langen türkischen Pfeife Rauchwolken vor sich herblasend, von Gesicht, Stellung – nun! – sein eigenes Ebenbild trat ihm entgegen und fragte höflich, wen er noch so spät zu sprechen die Ehre? – Hff. faßte sich mit aller Gewalt des Geistes zusammen und stammelte mühsam, ob er das Vergnügen habe, den Herrn Kanzleiassistenten Schnüspelpold vor sich zu sehen? –
„Allerdings", erwiderte der Doppeltgänger lächelnd, indem er die Pfeife ausklopfte und in den Winkel stellte, „allerdings, der bin ich und sehr müßte ich irren, wenn Sie nicht derjenige wären, dessen Besuch ich heute gewärtigte. – Nicht wahr, mein Herr! Sie sind –" Er nannte Hff-s Namen und Charakter ausführlich. – „Gott", sprach Hff., von Fieberfrost durchschüttelt, „Gott im Himmel, bis zu diesem Augenblick habe ich mich stets für den gehalten, den Sie soeben zu nennen beliebten und ich vermute auch noch jetzt daß ich es wirklich bin! – Aber, mein verehrtester Herr Schnüspelpold, es ist ein gar wankelmütiges Ding mit dem Bewußtsein der Existenz hienieden! – Sind Sie, mein Herr Schnüspelpold, denn von Grund Ihrer Seele aus überzeugt, daß Sie wirklich der Herr Schnüspelpold sind und kein anderer? Nicht etwa –" –„Ha", rief der Doppeltgänger, „ich verstehe, Sie waren auf eine andere Erscheinung gefaßt. Doch erregen Ihre Bedenken auch die meinigen insofern, als ich bloße Vermutungen nicht für Gewißheit und Sie solange nicht für denjenigen halten kann, der hier erwartet wurde, bis Sie sich durch die richtige Beantwortung einer einfachen Frage legitimiert haben. Glauben Sie, mein wertester Herr – wirklich an den von der animalischen Gestaltung in der Körperwelt unabhängigen Konsensus der psychischen Kräfte in dem Bedingnis der erhöhten Tätigkeit des Zerebralsystems?"
Hff. stutzte sehr bei dieser Frage, deren Sinn er nicht zu fassen imstande und erwiderte sie dann, von purer innerer Angst getrieben, mit einem herzhaften: „Ja!"
„Oh", rief der Doppeltgänger voller Freude, „o mein Herr – so sind Sie denn hinlänglich legitimiert zum Empfange des Vermächtnisses

einer sehr teuern Person, das ich Ihnen nun sogleich aushändigen werde.“ – Damit zog der Doppeltgänger eine kleine himmelblaue Brieftasche mit goldnem Schloß, in dem jedoch das Schlüsselchen befindlich, hervor.

Hff. fühlte sein Herz erbeben, als er jene verhängnisvolle kleine himmelblaue Brieftasche erkannte, die der Baron Theodor von S. fand und wieder verlor. Mit aller Artigkeit nahm er das Kleinod dem Doppeltgänger aus der Hand und wollte sich höflichst bedanken, doch das Unheimliche des ganzen Auftritts, der scharfe leuchtende Blick seines Doppeltgängers brachte ihn plötzlich dermaßen aus aller Fassung, daß er gar nicht mehr wußte was er tat. –

Ein starkes Klingeln weckte ihn aus der Betäubung. Er war es selbst, der die Glocke gezogen an der Türe des Hauses Nr. 97. Da besann er sich erst ganz und sprach begeistert: „O welch ein herrlicher, ins Innere gepflanzter Trieb der Natur! Er führt mich in dem Augenblick, als ich mich physisch und psychisch etwas wackelicht fühle, zu meinem herzgeliebtem Freunde dem Doktor H.M., der mir, wie er schon so oft getan, augenblicklich wieder auf die Beine helfen wird.“ Hff. erzählte dem Doktor M. ausführlich, was sich soeben ein paar Häuser vorwärts oder rückwärts Schauerliches und Schreckhaftes mit ihm zugetragen und bat wehmütig, ihm doch nur gleich ein Mittel aufzuschreiben, das den Schreck nebst allen bösen Folgen töte. Der Doktor M., sonst doch gegen Patienten ein ernster Mann, lachte aber dem bestürzten Hff. geradezu ins Gesicht und meinte, bei einem solchen Krankheitsanfall, wie ihn Hff. erlitten oder vielleicht noch erleide, sei keine andere Arzenei dienlich, als ein gewisser brausender, schäumender, in Flaschen hermetisch verschlossener Trank, aus dem sich ganz andere schmucke Geister entwickelten, als Doppeltgänger, Schnüspelpolds, und anderes wirres Zeug. Vorher müsse aber der Patient erklecklich essen. Damit nahm der Doktor seinen Freund Hff. beim Arm und führte ihn in ein Zimmer wo mehrere joviale Leute, die soeben von der Whistpartie aufgestanden, versammelt waren und sich alsbald mit dem Doktor und seinem Freunde an den wohlservierten Tisch setzten. Nicht lange dauerte es auch, als der offizinelle Trank, der dem Krankheitszustande Hff-s abhelfen sollte, herbeikam. Alle erklärten, daß sie auch davon genießen wollten um dem armen Hff. Mut zu machen. *Der* schlürfte aber so, ohne den mindesten Ekel und Abscheu, mit solcher Leichtigkeit und Lebendigkeit, mit solchem Stoizismus, ja mit solcher heroischen Versicherung, der Trank schmecke leidlich, die Arzenei hinunter, daß alle übrigen sich höchlich darüber verwunderten und einstimmig dem Hff., der sichtlich muntrer wurde, ein langes Leben prophezeiten.

Merkwürdig genug war es, daß Hff. sehr ruhig schlief und nichts von allem dem träumte, was ihm am Abende Seltsames begegnet. Er mußte das der heilbringenden Wirkung zuschreiben, die des Doktors wohlschmeckende Medizin hervorgebracht. Erst im Augenblick des Erwachens durchfuhr ihn wie ein Blitz der Gedanke an die geheimnisvolle Brieftasche. Schnell sprang er auf, faßte in die Busentasche des Fracks den er gestern getragen und – fand wirklich das wunderbare himmelblaue Kleinod. Man kann denken, mit welchem Gefühl Hff. die Brieftasche öffnete. Er gedachte viel geschickter zu verfahren als der Baron Theodor von S. und wohl hinter die Geheimnisse des Inhalts zu kommen. Doch war eben dieser Inhalt ein ganz anderer als damals, da der Baron Theodor von S. die Brieftasche auf einer Bank im Tiergarten unfern der Statue Apollos fand. Kein chirurgisches Messerchen, kein strohgelbes Band, keine fremdartige Blume, kein Fläschchen Rosenöl, nein, nur ganz kleine, sehr dünne, mit feiner Schrift beschriebene Blättchen, und sonst nichts anders enthielt die Brieftasche, die Hff. mit der höchsten Sorglichkeit durchsuchte.

Auf dem ersten Blättchen standen italienische von zierlicher weiblicher Hand geschriebene Verse, die im Deutschen ungefähr lauteten wie folgt:

Magische Bande schlingen sich durchs Leben,
  Was lose scheint, verworren festzuhalten;
  Sie zu zerreißen ist des Dämons eitles Streben.
Klar wird der höhren Mächte dunkles Walten,
  Entstrahlt's der Dichtung hellem Zauberspiegel,
  In Farb und Form muß alles sich gestalten.
Nicht scheut der Magus ein hermetisch Siegel,
  Der innern Kraft will kühnlich er vertrauen.
  Ihm springen auf der Geisterpforte Riegel.
Bist du der Magus, der mich durfte schauen?
  Schwang mir dein Geist sich nach durch Himmelsräume?
  Wolltst du in heißer Sehnsucht mich erfassen?
Du bist's! – fest bannten mich dir süße Träume,
  Erkannt hast du mein Lieben, du mein Hassen,
  Nah war ich dir, auf ging ich deinen Blicken.

Der Bann besteht, du kannst von mir nicht lassen,
  Dein ist mein Schmerz, dein Eigen mein Entzücken,
  Du wirst *dem* Worte leihn, was ich empfunden.
Vermag die Torheit wohl dich zu berücken?
  Fühlt sich dein Geist von schwarzer Kunst gebunden?
  Hat jemals falsches Spielwerk dich betrogen?
Nein! was der Geist im Innern hat empfangen,
  Darf kühn empor aus tiefem Grunde wogen.
  Vor eignem Zauber fühlt kein Magus Bangen.
Weit fort von dir in heimatliche Zonen
  Reißt mich die Hoffnung, glühendes Verlangen.
  Ein hehr Gestirn, glanzvoll beginnt's zu thronen,
Ein teures Pfand (selbst hast du es beschrieben)
  Nimm es von mir, den Augenblick zu lohnen,
  Als selbst du warst mein Sehnen, warst mein Lieben!
Nur flüchtger Bilder Zeichnung wirst du finden,
  Doch darf die Fantasie nicht Farbe schonen.
  Was du erschaut, du magst es keck verkünden!

Hff. las diese Verse einigemal sehr aufmerksam durch und es wollte ihm bedünken, daß sie von niemandem anders als von Schnüspelpolds pflegebefohlner Griechin verfaßt und an niemanden anders gerichtet sein könnten, als an ihn selbst. – „Hätte", dacht er, „die Gute nur nicht Auf- und Unterschrift vergessen, hätte sie fein in reiner klassischer Prosa gesprochen, statt in mystisch verschlungenen dunklen Versen, so würde alles klar und verständlicher geworden sein und ich wüßte genau, woran ich wäre, aber nun –" So wie es aber geschieht, daß ein gefaßter Gedanke eben in dem Grade immer plausibler wird, als man ihn ausarbeitet, so konnte Hff. auch bald gar nicht mehr begreifen, wie er nur einen einzigen Augenblick daran zweifeln mögen, daß er selbst in den artigen Versen gemeint und das Ganze für nichts anders zu nehmen sei als das poetische Billet, mittelst dessen ihm das himmelblaue Kleinod übersendet worden. Nichts war gewisser, als daß die Unbekannte von dem geistigen Verkehr, in dem Hff. mit ihr stand, als er das Fragment aus dem Leben eines Fantasten aufschrieb, Kunde erhalten, sei es mittelbar, oder auf mystische Weise unmittelbar durch eigne Anregung, oder vielmehr durch den psychischen Konsensus von dem der Doppeltgänger gesprochen. Auf welche andere Weise konnten nun die Verse gedeutet werden, als daß die Unbekannte jenen geistigen Verkehr amüsant genug gefunden, daß Hff. furcht- und rücksichtslos ihn wieder anknüpfen, und daß ihm dazu als vermittelndes Prinzip die himmelblaue Brieftasche nebst Inhalt dienen solle.

Errötend mußte Hff. sich selbst gestehen, daß er von jeher in jedes weibliche Wesen, mit dem er in solchen geistigen Umgang geraten, verliebter gewesen als recht und billig; ja, daß dieses unbillige Verliebtsein immer höher gestiegen, je länger er das Bild der Schönsten in Herz und Sinn getragen, und je mehr er sich bemüht, dieses Bild mittelst der besten Worte, der elegantesten Konstruktionen, wie sie nur die deutsche Sprache darbietet, in das rege Leben treten zu lassen. Vorzüglich in Träumen fühlt Hff. sich sehr von dieser verliebten Komplexion ergriffen und die eigentliche Seladonsnatur, die er dann annimmt, entschädigt ihn reichlich für den gänzlichen Mangel an liebeschmachtenden, idyllischen Situationen, den er schon seit geraumer Zeit im wirklichen Leben verspürt hat. Eine Frau mag es aber wohl gleichgültig ansehen, wie ein geistiges weibliches Wesen nach dem andern, in das der schriftstellerische Gemahl verliebt gewesen, geschrieben, gedruckt und dann mit behaglicher Beruhigung gestellt wird in den Bücherschrank.

Hff. las das Gedicht der Unbekannten noch einmal, immer besser gefiel es ihm, und bei den Worten:

Als selbst du warst mein Sehnen, warst mein Lieben!

konnte er sich nicht enthalten, laut auszurufen: „O all ihr hohen Himmel und was noch drüber, hätte ich das nur gewußt, nur geahnt!" – Der Gute bedachte nicht, daß die Griechin nur lediglich die Liebe und Sehnsucht meinen konnte, die der Traum in seinem eignen Innern entzündet und die eben deshalb auch ihre Liebe und Sehnsucht zu nennen. Da aber aus ferneren Entwickelungen der Art, der Gedanke des Selbst in zweideutige Konfusion geraten könnte, so ist davon abzubrechen.

Hff. war nun, da ihm das nötige Material in reichlichem Maße von zwei Seiten zugekommen, fest entschlossen, sein Versprechen zu erfüllen und beantwortete auf der Stelle die drei erhaltenen Briefe. Er schrieb zuvörderst an Schnüspelpold:

„Mein verehrter Herr Kanzleiassistent!

Unerachtet Sie, wie es der Inhalt Ihres werten, an mich gerichteten Briefes vom 25. d. M. klar und deutlich dartut, ein kleiner ungeschlachter Grobian zu sein belieben, so will ich Ihnen das doch gern verzeihen, da ein Mann, der solche schnöde Kunst treibt wie Sie, gar nicht zurechnungsfähig ist, niemanden beleidigen kann und eigentlich aus dem Lande gejagt werden sollte. – Was ich über Sie geschrieben ist wahr, so wie alle Nachrichten über Sie, die ich in der Fortsetzung der Begebenheiten des Barons Theodor von S. dem Publikum noch mitzuteilen im Begriff stehe, wahr sein werden. Denn Ihres lächerlichen Grimms unerachtet folgt diese Fortsetzung, die ich längst versprochen und zu der mir das hohe herrliche Wesen, das sich, wie ich weiß, Ihrer aberwitzigen Vormundschaft entzogen, selbst die Materialien geliefert hat. – Was meinen kleinen Teufel auf dem Schreibtische betrifft, so ist er mir viel zu sehr ergeben und fürchtet auch zu sehr meine Macht über ihn, als daß er Ihnen nicht lieber die Nase abbeißen oder die großen Augen auskratzen, als sich dazu verstehen sollte, Ihnen seine Kleider zu borgen, um mich zu necken. Sollten Sie, mein Herr Kanzleiassistent, doch keck genug sein, sich auf meinem Schreibtisch sehen zu lassen oder gar ins Tintenfaß zu springen, so sein Sie überzeugt, daß Sie so lange nicht wieder herauskommen werden, als noch ein Fünkchen Leben in Ihnen ist. Solche Leute wie Sie, mein Herr Kanzleiassistent, fürchtet man ganz und gar nicht und trügen sie auch noch so lange Haarzöpfe. Mit Achtung etc."

An den Baron Achatius von F.

„Ew. Hoch- und Wohlgeb. danke ich auf das Verbindlichste für die mir gütigst mitgeteilte, Ihren Herrn Neffen, den H. Baron Theodor von S. betreffende Notizen. Ich werde davon den gewünschten Gebrauch machen, und will hoffen, daß die von Ew. Hoch- und Wohlgeb. davon erwartete heilbringende Wirkung in der Tat erfolgen möge. Mit der vorzüglichsten Hochachtung etc."

An den Baron Theodor von S.

„Mein Herr Baron!

Ihr Schreiben vom 22. d. M. ist in der Tat so höchst wunderseltsam, daß ich, indem es mir Lächeln abnötigte, es ein paarmal durchlesen mußte um klar darüber zu werden, was Sie wollen. Was *ich* dagegen will, weiß ich sehr bestimmt, nämlich Ihre ferneren Begebenheiten, insofern sie sich auf das wunderbare Wesen beziehen, mit dem der Ungeschick des Zufalls Sie in Berührung brachte, aufschreiben und einrücken lassen in den Berliner Taschenkalender für das künftige Jahr. Erfahren Sie, daß sie selbst, die Schönste mich dazu angeregt und selbst die nötigen Nachrichten mitgeteilt hat. Erfahren Sie, daß *ich* mich jetzt im Besitz der himmelblauen Brieftasche und ihrer Geheimnisse befinde! – Wahrscheinlich werden Sie, mein Herr Baron nichts mehr gegen mein Vorhaben einzuwenden haben. Sollte dies doch der Fall sein, so bin ich entschlossen auch nicht die mindeste Rücksicht darauf zu nehmen, da mir das Gebot der holden Unbekannten mehr als alles gilt, so wie Ihnen in jeder Art Rede zu stehen. Übrigens zeichne ich mich mit vieler Achtung etc. etc."

Sprach Hff. in diesem letzten Schreiben von den Geheimnissen der himmelblauen Brieftasche, so meinte er allerdings das Messerchen, das magische Band etc. und es war ihm in dem Augenblick, als habe er sie wirklich gefunden. Lügen wollte er nicht, auch ebensowenig dem Baron Theodor von S. vielleicht einigen Respekt einflößen für den Besitzer magischen Werkzeuges.
Sowie nun die drei Briefe in fröhlichem Mute weggesendet waren, nach der Friedrichsstraße und nach der Post, machte sich Hff. über die Blättlein her, die er von verschiedenen, zum Teil ziemlich unleserlichen Händen beschrieben fand. Er ordnete diese Blättlein, verglich sie mit den ihm von dem Baron Achatius von F. mitgeteilten Notizen und brachte beides, Blättlein und Notizen, soviel wie möglich in Zusammenhang. Folgendes mag als Resultat dieser Bemühungen gelten.

Erstes Blättlein.

Auf diesem Blättlein stehen einige italienische Zeilen, die offenbar von derselben Hand geschrieben sind, die die erst erwähnten Verse aufgezeichnet hat, mithin der Besitzerin der Brieftasche angehören. Die Worte scheinen sich auf jenes wunderliche Ereignis in Schnüspelpolds Wohnung zu beziehen, das beim Schlusse des Fragments erzählt wurde; billig geht also dieses Blättlein voran dem Reihen der übrigen.
Die Zeilen lauten wie folgt:

Hinweg mit allem Vertrauen, mit aller Hoffnung! – O Chariton, meine geliebte Chariton, welch ein schwarzer Abgrund dämonischer Tücke und Arglist stand heute plötzlich offen vor meinen Augen! – Mein Magus, er ist ein Verräter, ein Bösewicht, nicht der, dem die Prophezeiung der guten Mutter galt, nicht der, für den er sich geschickt auszugeben und uns alle zu täuschen wußte. Dank der weisen Alten, die ihn durchschaute, mich warnte, kurz ehe wir Patras verließen, mich selbst den Talisman kennen lehrte, dessen Besitz mir die Gunst höherer Mächte vergönnte und dessen wunderbare Kraft mir unbekannt geblieben. Was wäre aus mir geworden, wenn dieser Talisman mir nicht Gewalt gäbe über den Kleinen und oft zum Schilde diente, an dem alle seine heimtückisch geführten Streiche abprallen! – Ich hatte mit meiner Maria den gewöhnlichen Spaziergang gemacht. Ach! – ich hoffte ihn zu sehen der meine Brust entzündet in glühender Sehnsucht! – Wie ist er dann verschwunden auf unbegreifliche Weise? Hat er denn mich nicht erkannt? Sprach mein Geist vergebens zu ihm? Hat er nicht die Worte gelesen die ich mit magischem Messer einschnitt in den geheimnisvollen Baum? – Als ich zurückkehrte in mein Zimmer, vernahm ich ein leises Ächzen hinter den Vorhängen meines Bettes. Ich wußte was geschehen und mochte, gutmütig genug, den Kleinen nicht heraustreiben aus dem Bette, weil er morgens über Kolik geklagt. Nicht lange dauerte es, als ich, da ich in ein anderes Zimmer getreten, ein Geräusch und dann ein lautes Gespräch vernahm in das der Magus mit einem Fremden geraten schien. Dazwischen lärmte und schrie Apokatastos so gewaltig, daß ich wohl ahnen konnte, es müßte Besonderes vorgehen wiewohl mein Ring ruhig blieb. Ich öffnete die Türe – o Chariton! – Er selbst – Theodor stand mir vor Augen – Mein Magus hüllte sich ein in die Bettdecke, ich wußte, daß in diesem Augenblick ihm alle Kraft gebrochen. Mir bebte das Herz vor Entzücken! – Seltsam hätte es [mir] vorkommen müssen, daß Theodor, im Begriff mir entgegenzueilen, auf ungeschickte Weise hinstürzte und dann sich gar possierlich gebärdete. Es kamen mir Zweifel, aber indem ich den Jüngling betrachtete, war es mir, als sei er, wenn auch nicht Teodoros Capitanaki selbst, so doch der aus griechischem fürstlichem Stamm Entsprossene, der bestimmt mich zu befreien und dann Höheres zu beginnen. Die Stunde schien gekommen, ich forderte ihn auf das Werk zu beginnen, da schien ihn ein Schauer anzuwandeln. Doch erholte er sich und erzählte von seiner Herkunft. O Wonne, o Freude! ich hatte mich nicht getäuscht, ich durfte kein Bedenken tragen ihn zu fassen in meine Arme, ihm zu sagen, daß es an der Zeit, seine Bestimmung zu erfüllen, daß kein Opfer gescheut werden müsse. Da – o all ihr Heiligen! da wurden des Jünglings Wangen immer blässer und blässer, seine Nase spitzer und spitzer, seine Augen starrer und starrer! – Sein Leib, schon dünn genug, schrumpfte immer mehr zusammen! – Mir war's, als würfe er keinen Schatten mehr! – Gräßliches Trugbild! Vernichten wollte ich die dämonische Täuschung, ich zog mein Messer, aber mit Blitzesschnelle war der Wechselbalg verschwunden! – Apokatastos schnatterte, pfiff und lachte hämisch, der Magus sprang aus dem Bette, wollte fort durch die Türe indem er unaufhörlich schrie: „Braut – Braut!" aber ich faßte ihn, schlang das Band um seinen Hals. Er stürzte nieder und bat in den kläglichsten Jammertönen um Schonung. „Gregoros Seleskeh", rief Apokatastos, „du bist verlesen, du verdienst kein Erbarmen!" – „Ach Gott!" schrie der Magus; „was Seleskeh, ich bin ja nur der Kanzleiassistent Schnüspelpold aus Brandenburg!" – Bei diesen furchtbaren Zaubernamen – Kanzleiassistent – Schnüspelpold – Brandenburg – ergriff mich tiefes Entsetzen, ich fühlte, daß ich noch in den Ketten des dämonischen Alten! – Ich wankte fort aus dem Zimmer. – Weine, klage mit mir, o meine geliebte Chariton! – Nur zu klar ist es mir, daß das Trugbild, was der Magus mir unterschieben wollte, sich schon früher als schwarzer Hasenfuß im Tiergarten zeigte, daß *ihm* der Magus die himmelblaue Brieftasche in die Hände spielte, daß – ihr ewigen Mächte, soll ich Raum geben meinem furchtbaren Argwohn? – bringe ich mir die ganze Gestalt des jungen Menschen im letzten Augenblick vor Augen – es lag etwas, wie aus Kork Geformtes darin. – Mein Magus ist erfahren in aller kabbalistischer Wissenschaft des Orients, nichts als ein von ihm aus Kork geschnitzter Teraphim, ist vielleicht dieser angebliche Teodoros, der nur periodisch zu leben vermag. Daher kam es, daß, als mein Magus mich verlockt hatte hierher, unter dem Versprechen mich meinem Teodoros in die Arme zu führen, der Zauber deshalb mißlang, weil der Teraphim, den ich zur Nachtzeit höchst erbärmlich auf dem Sofa liegend im Wirtshause fand, gerade aller ihm künstlich hineinoperierten Sinne beraubt war. Mein Talisman wirkte, ich erkannte augenblicklich den schwarzen Hasenfuß und zwang ihn, mir selbst, wie es die Konstellation nun einmal wollte, die himmelblaue Brieftasche in die Hände zurückzugeben. – Bald muß sich alles aufklären. –

Diesen Zeilen ist aus den Notizen des Barons Achatius von F. noch manches hinzuzufügen.
„Wo bleibt", fragte Frau von G., die elegante Wirtin eines noch eleganteren Tees, „wo bleibt unser lieber Baron? Es ist ein herrlicher Jüngling, voller Verstand, hinreißender Bildung und dabei von einer Fantasie und einem seltnen Geschmack im Anzuge, daß ich ihn schmerzlich vermisse in meinem Zirkel."
In dem Augenblick trat der Baron Theodor von S. der eben gemeint, hinein in den Saal und ein leises „Ah!" flüsterte durch die Reihe der Damen.
Man bemerkte indessen bald eine gänzliche Änderung in des Barons ganzem Wesen. Fürs erste fiel allgemein die Nachlässigkeit im Anzuge auf, die beinahe die Grenzen des Anstandes überschritt. Der Baron hatte nämlich den Frack, ein Intervall der Knöpfe überspringend schief zugeknöpft, die Brustnadel saß um zwei Finger breit zu tief auf dem Jabot, so wie die Lorgnette wenigstens anderthalb Zoll zu hoch hing; was aber durchaus unverzeihlich schien, der Lockenwurf des Haars war durchaus nicht dem ästhetischen Prinzip gemäß, vielmehr nach der Richtung wie es auf dem Haupte gewachsen aufgekämmt. Die Damen schauten den Baron ganz verwundert an, die Elegants würdigten ihn aber keines Wortes, keines Blickes. Das erbarmte endlich den Grafen von E. Er führte geschwinde den Baron in ein anderes entlegenes Zimmer, machte ihn auf die groben Verstöße in der Kleidung, die ihn um allen guten Ruf hätten bringen können, aufmerksam, und half alles besser ordnen, indem er selbst mittelst eines Taschenkammes sinnreich und geschickt den Dienst des Haarkräuslers versah.
Als der Baron wieder in den Saal trat, lächelten ihn die Damen wohlgefällig an, die Elegants drückten ihm die Hände, die ganze Gesellschaft war erheitert. –
Zuerst wußte der Graf von E. gar nicht, was er aus dem Baron machen sollte. So schonend als möglich hatte er ihn die begangenen Verstöße merken lassen, damit ihn Schreck und Verzweiflung nicht zerschmettern solle, aber ganz gleichgültig, stumm und starr war er geblieben. Nun wußte aber bald die ganze Gesellschaft nicht, wie sie mit dem Baron beraten, denn ebenso gleichgültig, stumm und starr setzte er sich hin und gab auf alle Fragen der tee- und wortreichen Wirtin verkehrte lakonische Antworten. Man schüttelte unmutig den Kopf, nur sechs Fräuleins sahen verschämt errötend vor sich nieder,

weil jede glaubte, der Baron sei in sie verliebt und deshalb so zerstreut und unordentlich im Anzuge. Hatten selbige Fräuleins wohl den Shakespeare und zwar: Wie es Euch gefällt, gelesen? (Dritter Aufzug, zweite Szene.)

Eben war, nachdem man die Vortrefflichkeiten und Herrlichkeiten eines neuen aberwitzigen Balletts gehörig entwickelt und gerühmt, eine Stille entstanden, als der Baron wie plötzlich aus einem tiefen Traum erwachend laut rief: „Pulver – Pulver in die Ohren gestreut und dann angezündet – es ist fürchterlich – schrecklich – barbarisch!"

Man kann denken, wie alle ganz betroffen den Baron anschauten. „O sagen Sie", sprach die Wirtin, „o sagen Sie bester Baron gewiß hat irgend etwas Ihre tiefste Fantasie aufgeregt, Ihre Brust ist zerrissen, Ihr ganzes Innres verstört? – Was ist es, sprechen Sie! O es wird gewiß etwas höchst Interessantes sein?" – Der Baron war hinlänglich wach geworden um zu fühlen, daß er wirklich selbst in diesem Augenblick höchst interessant sich gebärden könne. Er hob daher die Augen gen Himmel, legte die Hand auf die Brust und sprach mit bewegter Stimme: „O Gnädige! lassen Sie mich das fürchterliche Geheimnis tief in meiner Brust bewahren, das keine Worte kennet sondern nur den todbringenden Schmerz!" – Alle mußten erbeben vor diesen sublimen Worten, nur der Professor L. lächelte sarkastisch und – Doch sei es dem Autor erlaubt, bei Gelegenheit des Professors einige Worte einzuschalten über die sinnreiche Organisation unserer Tees, wie sie wenigstens in der Regel stattfindet. Der bunte Flor schön geputzter artiger Fräuleins und schwalbgeschweifter schwarzer oder blauer Jünglinge, ist gewöhnlich durchschossen mit zwei oder drei Dichtern und Gelehrten, und so mag die psychische Mischung des Zirkels verglichen werden mit der physischen Mischung des Tees.

Die Sache kommt so zu stehen:

1. Tee, die hübschen artigen Frauen und Fräuleins als Grundbasis und begeisterndes Aroma des Ganzen.
2. Laues Wasser (es kocht selten recht), die schwalbgeschweiften Jünglinge.
3. Zucker, die Dichter
4. Rum, die Gelehrten

} wie sie nämlich sich gestalten müssen um für den Tee brauchbar zu erscheinen.

Für Zwieback, Pumpernickelschnitte, kurz für alles was nur von weni-

gen gelegentlich zugebissen wird, können die Leute gelten, die von den letzten Avisen sprechen, von dem Kinde, das nachmittags in der und der Straße zum Fenster hinausgestürzt, von dem letzten Feuer, und wie die Schlauchspritzen gute Dienste getan, die ihre Rede gewöhnlich mit: „Wissen Sie schon?“ anfangen und sich bald entfernen, um im sechsten Zimmer heimlich einen Zigarro zu rauchen. –
Also der Professor L. lächelte sarkastisch und meinte, daß der Baron heute vorzüglich frisch aussähe, trotz des todbringenden Schmerzes im Innern.
Der Baron, ohne auf das zu merken, was der Professor gesprochen, versicherte, daß ihm heute nichts Angenehmeres geschehen könne, als auf einen mit historischer Kenntnis so reich ausgestatteten Mann zu treffen als der Herr Professor es sei.
Dann fragte er sehr begierig ob es denn wahr, daß die Türken im Kriege ihre Gefangenen auf die grausamste Weise ums Leben brächten, und ob dies nicht gegen das Völkerrecht merklich anstoße. Der Professor meinte, daß es so gen Asien zu mit dem Völkerrecht immer mißlicher werde, und daß es sogar schon in Konstantinopel verstockte Leute gebe, die kein Naturrecht statuieren wollten. Was nun das Umbringen der Gefangenen betreffe, so wäre das, wie der Krieg überhaupt schwer unter ein Rechtsprinzip zu bringen, und dies daher dem alten Hugo Grotius in seinem Taschenbüchelchen: *de jure belli et pacis* betitelt, blutsauer geworden. Man könne daher in dieser Hinsicht nicht sowhl von dem was recht, als von dem sprechen, was schön und nützlich. Schön sei jenes Abtun der wehrlosen Gefangenen nicht, aber oft nützlich. Selbst von diesem Nutzen hätten aber die Türken in neuester Zeit nicht profitieren wollen, mit verschwenderischer Bonhommie Pardon gegeben und sich großmütig mit Ohrabschneiden begnügt. Fälle gebe es aber allerdings, in denen nicht allein alle Gefangenen gegenseitig umgebracht, sondern auch alle unmenschliche viehische Grausamkeiten ausgeübt werden würden, die jemals die sinnreichste Barbarei erfunden. Z.B. würde dies ganz gewiß, ja ganz vorzüglich stattfinden, wenn es jemals den Griechen einfallen solle mit Gewalt das Joch abzuschütteln unter dem sie schmachten. Der Professor begann nun mit dem Reichtum seiner historischen Kenntnisse im kleinsten Detail prahlend von den Martern zu sprechen, die im Orient üblich. Er begann mit dem geringen Ohr- und Nasabschneiden, berührte flüchtig das Augenausreißen oder -ausbrennen, ließ sich näher aus über die verschiedenen Arten

des Spießens, gedachte rühmlichst des humanen Dschingiskhan der die Leute zwischen zwei Bretter binden und durchsägen ließ, und wollte eben zum langsamen Braten und In-Öl-Sieden übergehen als plötzlich zu seiner Verwunderung der Baron Theodor von S. mit zwei Sprüngen hinaus war durch die Türe. –

Unter den von dem Baron Achatius von F. übersendeten Papieren befindet sich ein kleiner Zettel, worauf von des Barons Theodor von S. Hand die Worte stehen:

„O himmlisches süßes holdes Wesen! welche Qualen hat der Tod, hat die Hölle, die ich siegender Held nicht um dich ertragen sollte! Nein, du mußt mein werden, und drohte mir auch der martervollste Untergang! – O Natur, süße grausame Natur, warum hast du nicht allein meinen Geist, sondern auch meinen Leib, so zart, so empfindlich geschaffen, daß mich jeder Flohstich schmerzt! Warum, ach warum kann ich ohne ohnmächtig zu werden, kein Blut sehen, am wenigsten das meinige!"

Zweites Blättlein.

Auf diesem stehen aphoristische Bemerkungen über des Barons Theodor von S. Tun und Treiben, die von irgend jemanden, der ihn genau beobachtete, aufgeschrieben und zur Mitteilung an Schnüspelpold bestimmt zu sein scheinen. Die Hand ist fremdartig und oft schwer zu entziffern. In bessern Zusammenhang gebracht, ist folgendes daraus zu berichten. – Jener Abend bei Frau von G. hatte, unerachtet die anfängliche allgemeine Äußerung des Mißfallens unheilbringend geschienen, doch für den Baron die ersprießlichsten Folgen. Ein besonderer Glanz umfloß ihn und er kam mehr in die Mode als jemals. Er blieb in sich gekehrt, zerstreut, führte verwirrte Reden, seufzte, starrte die Leute gedankenlos an, ja er wagte sogar einigemal das Halstuch nachlässig zu knüpfen und im flachsfarbnen Oberrock zu erscheinen, den er sich, da ihm Farbe und Form solcher Kleidung am besten zu stehen schienen, ausdrücklich hatte machen lassen, der interessanten Unschicklichkeit halber. Man fand das alles allerliebst zum Entzücken. Jede, jeder haschte nach dem Augenblick ihn unter vier Augen auszufragen über sein vorgebliches Geheimnis, und es war etwas mehr dahinter als bloße Neugierde. Manches junge Mädchen fragte, in der Überzeugung, daß nichts anders als das Geständnis seiner Liebe über des Barons Lippen fließen könne. Andere, die diese Überzeugung nicht hatten, drangen deshalb in den Baron, weil sie wohl wußten, daß ein Mann, der einem jungen Frauenzimmer irgend ein Geheimnis entdeckt und sollte es auch ein sorglich zu verschweigender Liebesbund mit einer andern sein, wenigstens einen Teil seines Herzens mit wegschenkt und daß die Vertraute gewöhnlich den Teil, der für die Glückliche übriggeblieben, nach und nach in Anspruch nimmt und wirklich gewinnt. Alte Damen wollten das Geheimnis wissen, um nachher die gebietende Herrin zu spielen, junge Männer aber, weil sie gar nicht begreifen konnten, wie dem Baron, und nicht ihnen, das Außerordentliche begegnet und weil sie gern wissen wollten, wie es anzufangen um ebenso interessant zu erscheinen als er. – Jede Mitteilung dessen, was sich in Schnüspelpolds Wohnung an jenem Tage begeben, war natürlicherweise unmöglich. Der Baron mußte schweigen weil er nichts zu entdecken hatte, und eben daher kam es, daß er bald sich selbst einbildete, er trüge ein Geheimnis in sich, das ihm selbst ein Geheimnis. Andre Leute von etwas melancholischem Temperament hätte solch ein Gedanke zum Wahnsinn treiben können, der Baron befand sich aber sehr wohl dabei, ja er vergaß darüber das eigentliche nicht mitteilbare Geheimnis und Schnüspelpold und die schöne Griechin dazu. In dieser Zeit gelang es denn auch den Künsten der kokettierenden Amalie Simson, den Baron wieder an sich zu ziehen. Sein Hauptgeschäft war, schlechte Verse zu drechseln, noch schlechtere Musik dazu zu machen und die miserablen Erzeugnisse seiner verstockten Muse der Bankierstochter vorzuplärren. Er wurde bewundert und war daher im Himmel. Das sollte aber nicht lange dauern.

Eines Abends als er aus einer Abendgesellschaft, die eben bei dem Bankier Nathanael Simson stattgefunden, spät in der Nacht zurückgekehrt, sich entkleiden ließ, faßte er in die Brusttasche des Fracks um die Börse herauszunehmen. Mit der Börse zog er aber ein kleines Zettelchen hervor, auf dem die Worte standen:

„Unglückseliger, Verblendeter! Kannst du so leicht die vergessen,
die dein Leben, dein alles sein sollte, mit der dich höhere
Mächte verbanden zum höheren Sein?“

Ein elektrischer Schlag durchfuhr sein Innres – Keine andere als die Griechin hatte diese Worte geschrieben. Das Himmelsbild stand ihm vor Augen, er lag in den Armen der Schönsten, er fühlte ihre Küsse auf seinen Lippen brennen! – „Ha", rief er begeistert aus, „sie liebt mich, sie kann mich nicht lassen! Verschwinde schnöder Trug! Geh zurück in dein Nichts, kecke Bankierstochter! – Hin zu ihr der Göttlichen, der hohen, hehren – hin zu ihren Füßen zu stürzen und Verzeihung zu erringen!" –Der Baron wollte fort, der Kammerdiener erinnerte dagegen, ob es nicht besser sein würde schlafen zu gehen, der Baron packte ihn aber bei der Gurgel, flammte ihn an mit gräßlichem Blick und sprach: „Verräter, was sprichst du von Schlaf, wenn ein ganzer Ätna von Liebesglut im Innern auflodert?" – Darauf küßte er, während ihn der Kammerdiener vollends auskleidete, unter allerlei verwirrten unverständigen Redensarten noch einigemal den Zettel, der, er wußte wahrlich nicht wie, in seine Rocktasche gekommen, legte sich ins Bette und verfiel bald in süßen Schlummer.

Man kann denken, mit welcher Hast er andern Morgens, nachdem er sich auf das schönste und geschmackvollste angekleidet, nach der Friedrichsstraße rannte. Hoch klopfte ihm das Herz vor Entzücken, aber noch höher – vor innerer Angst und Beklommenheit, als er die Klingelschnur des Hauses fassen wollte. „Wenn nur nicht die verdammten Zumutungen wären!" So dachte er und zögerte länger und länger vor der Türe in schwerem Kampf mit sich selbst begriffen, bis er am Ende in einer Art verzweifelten Mutes die Klingel stark anzog.

Man öffnete, leise schlich er die Treppe herauf, lauschte an der wohlbekannten Türe. Da sprach drinnen eine gellende schnatternde Stimme:

„Der Heerführer kommt gewappnet und gerüstet mit dem Schwert in der Hand und wird vollbringen was du gebeutst. Will dich aber ein mutloser Schwächling täuschen, so stoße ihm dein Messer in die Brust."

Der Baron drehte sich sehr geschwind um, sprang ebenso schnell die Treppe herab, und lief was er konnte die Friedrichsstraße herab.

Unter den Linden hatte sich ein Haufe Menschen gesammelt, die einem jungen Husarenoffizier zuschauten, der sein wildgewordenes

Pferd nicht bändigen zu können schien. Das Pferd sprang, bäumte sich so, daß es jeden Augenblick überzuschlagen drohte. Es war graulich anzusehen. Aber fest wie angeschmiedet saß der Offizier, zwang endlich das Pferd zu zierlichen Kurbetten und ritt dann im kurzen Trabe davon.

Ein lautes freudiges: „Ha, welch ein Mut, welche Besonnenheit – o herrlich!" das aus dem Fenster des ersten Stocks eines Hauses zu kommen schien, zog des Barons Blick in die Höhe, und er gewahrte ein bildschönes Mädchen, die ganz errötet vor Angst, Tränen im Auge, dem kühnen Reiter nachblickte.

„In der Tat", sprach der Baron zu dem Rittmeister von B. der sich indessen zu ihm gesellt hatte, „das ist ein kühner mutiger Reiter, die Gefahr war groß."

„Nichts weniger als das", erwiderte der Rittmeister lächelnd, „nur gewöhnliche Reiterkünste hat der Herr Lieutenant hier produziert. Sein schönes, kluges Pferd ist zugleich eines der frömmsten die ich kenne, aber dabei ein vortrefflicher Komödiant, der einzugreifen weiß in das Spiel des Herrn. Die ganze Komödie wurde aufgeführt um jenem hübschen Mädchen dort Angst einzujagen, die sich auflöst in süße Bewunderung des herrlichen kühnen Pferdebändigers, dem dann forthin ein Tanz und – auch wohl einverstohlner Kuß nicht abgeschlagen wird." Der Baron erkundigte sich angelegentlichst, ob es wohl schwer sei dergleichen Künste zu erlernen und gestand, als der Rittmeister versicherte, daß der Baron, da er schon sonst ganz passabel reite, sehr bald solches Spiels mächtig werden würde, wie ganz besondere geheimnisvolle Verbindungen ihm es wünschenswert machten, einer gewissen Dame ebenso zu erscheinen, wie der Husaren-Lieutenant jenem Mädchen. Der Rittmeister, den Schalk im Innern, bot sich selbst zum Lehrer und eins seiner Pferde, das sich auch recht gut auf solches Spiel verstehe, zur Ausführung des Plans an.

Es ist zu merken, daß jener Auftritt in dem Baron die Idee erweckt hatte, sich der Griechin auf eine ganz gefahrlose Weise als einen mutigen Mann zu zeigen, damit sie nur nicht mehr nach seinem Mut frage, das übrige nebst den chimärischen Plänen, wegen Befreiung der miserablen Griechen, werde (so meinte er) dann wohl nach und nach in Vergessenheit geraten.

Die Studien des Barons waren vollendet, selbst auf der Straße hatte er schon gelungene Versuche gemacht in Gegenwart des Rittmeisters. Da ritt er eines Morgens, oder vielmehr Mittags, wenn die Straßen am lebendigsten sind, durch die Friedrichsstraße. – O Himmel! die Griechin stand am Fenster, Schnüspelpold neben ihr. Der Baron begann seine Künste, aber sei es nun, daß er sich übernahm in dem Augenblick der Begeisterung, oder daß das Pferd gerade nicht aufgelegt war zu solcher Spielerei, genug – ehe er sich's versah, flog der Baron herab aufs Straßenpflaster und ruhig blieb das Roß stehen, drehte seitwärts den Kopf und schaute den Gefallnen an mit klugen Augen. Die Leute sprangen herbei, um den Baron, der in tiefer Ohnmacht dalag, aufzuheben und ins Haus zu tragen. Ein alter Regiments-Chirurgus, der eben vorüberging, drängte sich aber durchs Volk, schaute dem Baron ins Gesicht, faßte seinen Puls, befühlte ihn am ganzen Leib und brach dann los: „Alle tausend Elemente, mein Herr! was treiben Sie für Narrenstreiche, Sie sind ja gar nicht ohnmächtig, Ihnen fehlt ja nicht das allermindeste, setzen Sie sich doch nur wieder getrost auf!" – Wütend riß sich der Baron von den Leuten los, schwang sich aufs Pferd und ritt davon unter dem schallenden Hohngelächter des versammelten Volks, begleitet von munteren Straßenbuben, die jauchzend neben ihm her Kurier liefen. – Durchaus hatte es dem Baron nicht gelingen wollen, sich der Angebeteten als ein kühner mutiger Mann zu zeigen, selbst das letzte Mittel, das die Verzweiflung ihm eingab, die verstellte Ohnmacht nämlich schlug fehl durch die heillose Dazwischenkunft des geraden, keine Schonung kennenden Chirurgus.

So weit das Blättlein. In den Notizen des Barons Achatius von F. hat sich nichts gefunden, was mit dem Vorhergehenden in Verbindung zu bringen gewesen wäre.

Drittes Blättlein.

Vier Blättlein können hier schicklich zusammengezogen werden in eines, da sie die fortlaufende Erzählung eines und desselben Ereignisses enthalten. Die Schrift scheint von dem Kanzleiassistenten Schnüspelpold selbst herzurühren.

Der Baron Theodor von S. schlief in der trüben regnichten Bartholomäusnacht so erstaunlich fest, daß ihn selbst das Geheul des Sturmwindes, das Klappern und Klirren des aufgesprungenen Fensterflügels nicht zu wecken vermochte. Plötzlich fing er aber an, die Nase zu ziehen als verspüre er irgendeinen Geruch. Dann lispelte er kaum vernehmlich: „O gib mit diese schönen Blumen, du meine süße Liebe!“ und schlug die Augen auf. Grenzenlos schien sein Erstaunen, als er das Zimmer blendend erleuchtet, dicht vor Augen aber einen großen duftenden Blumenstrauß erblickte. Dieser Blumenstrauß war aber an dem Rock befestigt den ein alter Mann angezogen, welchen ein verleumderischer Schriftsteller als verwachsen, krummbeinicht, grotesk in seinem ganzen Wesen geschildert hat. Gut ist es aber, daß besagter Schriftsteller den Mann hat zeichnen lassen, und daß die Zeichnung zum Sprechen ähnlich geraten ist. Jeder kann sich daher überzeugen, daß jene Schilderung gänzlich die Wahrheit anstößt. „Um tausend Gottes willen“, rief der Baron ganz erschrocken, „Herr Kanzleiassistent Schnüspelpold, wo kommen Sie hierher zu dieser Stunde?“

„Erlauben Sie“, sprach Schnüspelpold, nachdem er den Fensterflügel befestigt und sich niedergelassen hatte auf den Lehnsessel, den er dicht ans Bette gerückt, „erlauben Sie, verehrtester Herr Baron, daß ich Ihnen meinen Besuch abstatte. Zwar ist die Stunde ungewöhnlich, indessen gerade die einzige, in der ich mich, ohne Aufsehen zu erregen, zu Ihnen begeben konnte, um Sie in Geheimnisse einzuweihen, von denen Ihr Liebesglück abhängt.“

„Sprechen Sie“, erwiderte der Baron, der sich jetzt erst ganz ermuntert, „sprechen Sie, bester Schnüspelpold, vielleicht gelingt es Ihnen, mich aus der schrecklichen Trostlosigkeit zu reißen, in der ich mich befinde. O Schnüspelpold! –“

„Ich weiß“, fuhr Schnüspelpold fort, „ich weiß, wertester Herr Baron, was Sie sagen wollen, und will nicht verhehlen, daß gewisse alberne Streiche, z.B. der Sturz vom Pferde –“

„Oh! oh! oh!“ seufzte der Baron und verbarg sich in die Kopfkissen.

„Nun, nun“, sprach Schnüspelpold weiter, „ich will diese mißtönende Saite nicht weiter berühren, sondern nur im allgemeinen bemerken, daß Ihr ganzes Betragen und Treiben, wertester Baron, von dem Augenblick an, als Sie mein Mündel geschaut und sich in sie verliebt hatten, von der Art war, daß alle meine Bemühungen, Ihre Verbindung mit der Schönsten zustande zu bringen, scheitern mußten: Besser ist es daher, Sie mit dem, was zu tun, vertrauter zu machen, dies setzt aber voraus, daß ich Ihnen über meine und meines Mündels

Verhältnisse mehr sage als es gewisser Konstellationen halber eigentlich ratsam sein dürfte. Vernehmen Sie also! – Ich fange, wie die Klugheit jedem in allen Verhältnissen des Lebens gebeut, von mir selbst an. Alle Leute, denen ich in die Nähe komme, sprechen, ich sein ein kurioser Mann mit dem es nicht recht richtig, ohne daß diese Leute selbst wissen was sie damit meinen. Allen exzentrischen Männern, d.h. solchen, die aus dem enge gezogenen Kreise des gewöhnlichen Treibens hinausspringen, denen die abgeschlossene Wissenschaft nicht genügt, die Stoff und Nahrung höherer Weisheit nicht in Büchern, sondern die Propheten selbst aufsuchen in fernen Landen, geht es aber so, und auch mir. Erfahren Sie, bester Herr Baron – aber Sie schlafen!" – „Nein, nein", wimmerte der Baron unter dem Kissen hervor, „ich kann mich nur noch nicht ganz von dem unglücklichen Sturz erholen, erzählt nur Schnüspelpoldchen!"

„Erfahren Sie also", fuhr Schnüspelpold fort, „daß ich, nachdem ich Kanzleiassistent geworden, mich mit Macht hingezogen fühlte zu der Wissenschaft aller Wissenschaften, die nur ein flacher abgestumpfter Zeitgeist verwerfen, nur ein unwissender Tor für dummes abgeschmacktes Zeug erklären kann. Ich meine die göttliche Kabbala! – Ihnen mehr von dieser Wissenschaft und von der Art zu sagen, wie es mir gelang einzudringen in ihre Tiefen, das verlohnt nicht der Mühe, da Sie den Teufel was davon verstehen, und vor schnöder unweiser Langeweile bald fest einschlafen würden. Es genügt zu sagen, daß ein Kabbalist unmöglich auf die Dauer mit Mut und Liebe Kanzleiassistent bleiben kann. Es war die heilige, göttliche Kabbala, die mich forttrieb aus der Kanzelei, forttrieb aus dem lieben Brandenburg in ferne Länder, wo ich die Propheten fand, die mich annahmen als wißbegierigen gelehrigen Schüler. – Man muß die Asche der Väter ehren! – Mein Vater, der Knopfmacher Schnüspelpold, war ein ziemlicher Kabbalist, und die Frucht vieljähriger Bemühungen ein Talisman, den ich aus meines Vaters Erbschaft mitnahm auf meiner Reise und der mir gute Dienst geleistet hat. Es besteht dieser Talisman in einem zierlich gearbeiteten Hosenknopf, den man auf der Herzgrube tragen muß, und – Doch Sie hören mich nicht Baron?" – „Allerdings", sprach der Baron noch immer in den Kissen, „aber Ihr erzählt entsetzlich weitläuftig, Schnüspelpold, und noch habt Ihr gar nichts vorgebracht, was mich trösten könnte."

Das würde schon kommen, versicherte Schnüspelpold, und fuhr dann weiter fort:

„Ich durchreiste die Türkei, Griechenland, Arabien, Ägypten und andere Länder, wo sich den Kundigen die Schachten tiefer Weisheit öffnen, und kehrte endlich, nachdem ich dreihundertunddreiunddreißig Jahre auf der Reise zugebracht, nach Patras zurück. Es begab sich, daß ich in der Gegend von Patras bei einem Hause vorüberging, welches, wie ich wußte, von einem aus fürstlichem Stamm entsprossenen Griechen bewohnt wurde. Man rief mir nach: ‚Gregoros Seleskeh, trete hinein, du kommst zur rechten Stunde.' Ich drehte mich um, erblickte in der Tür eine alte Frau, deren Gesicht und Gestalt, Sie, wertester Herr Baron und andere künstlerische Leute, an die Sibyllen des Altertums erinnert hätte. Es war Aponomeria, die weise Frau mit der ich sonst in Patras Umgang gepflogen und die meine Kenntnisse ungemein bereichert hatte. Wohl wußte ich nun, daß Aponomeria Hebammendienste verrichten sollte, was eigentlich ihr Beruf war in Patras. Ich trat hinein, die Fürstin lag in Kindesnöten, und bald war ein liebliches Wunder von Mägdlein geboren. ‚Gregoros Seleskeh', sprach Aponomeria feierlich, ‚betrachte dieses Kind aufmerksam und berichte, was du erschaut.' Ich tat das, ich figierte meinen ganzen Sinn, all meine Gedanken auf das kleine Wesen. Da entzündete sich über dem Haupte des Kindes ein blendender Strahlenschimmer, in diesem Schimmer wurde aber ein blutiges Schwert und dann eine mit Lorbeern und Palmen umwundene Krone sichtbar. – Ich verkündete das. Da rief Aponomeria begeistert: ‚Heil, Heil der edlen Fürstentochter!' – Die Fürstin lag wie im Schlummer, doch bald leuchteten ihre Augen auf, sie erhob sich frisch und munter, alle Jugendblüte im holden Antlitz, aus dem Bette, kniete nieder vor dem Bildnis des heiligen Johannes, das über einem kleinen Altar im Zimmer angebracht, und betete, den verklärten Blick emporgerichtet. ‚Ja', sprach sie dann, im Innersten bewegt, ‚ja meine Träume werden wahr – Teodoros Capitanaki – das blutige Schwert, es gehört dir, aber die palmen- und lorbeerumwundene Krone empfängst du aus der Hand dieser Jungfrau. Gregoros Seleskeh, Aponomeria! Meinen Gemahl – all ihr Heiligen, vielleicht ist er schon nicht mehr! – *mich* wird bald ein früher Tod hinraffen. Dann sollt ihr die treuen Eltern dieses Kindes sein. – Gregoros Seleskeh, ich kenne deine Weisheit, die Mittel, die dir zu Gebote stehen, du wirst ihn auffinden, *den*, der das blutige Schwert trägt, ihm wirst du die Fürstentochter in die Arme führen, wenn die Morgenröte aufsteigt, wenn die ersten Strahlen glühend aufflimmern, und von ihnen zum Leben entzündet das gebeugte Volk sich aufrichtet!' – Als ich nach zwölf Jahren wieder nach Patras kam, waren beide gestorben, der Fürst und seine Gemahlin. Bei Aponomeria fand ich die Tochter, die nunmehr unser Kind worden. Wir gingen nach Zypern und fanden den, den wir suchten, den wir suchen mußten, um den reichen Schatz, das Besitztum der jungen Fürstin, in Empfang zu nehmen, in dem verfallnen Schloß zu Bassa, ehemals Paphos. – Hier fiel es mir ein, das Horoskop der jungen Fürstin zu stellen. Ich brachte heraus, daß ihr hohes Glück, ein Thron bestimmt durch die Verbindung mit einem Fürsten; aber zu gleicher Zeit gewahrte ich die Zeichen blutigen Mordes, grauenvoller Untaten, entsetzlicher Todeskämpfe, mich selbst darin verflochten, und in dem Augenblick des höchsten Glanzes der Fürstin, arm, verlassen, elend, aller meiner Wissenschaft, meiner kabbalistischen Kraft beraubt. Doch schien es, als wenn der Kabbala es vergönnt sein könnte, selbst die Macht der Gestirne zu besiegen, und zwar durch die künstliche Entzweiung der ineinander wirkenden Prinzipe und Einschaffung eines dritten, zur Lösung des Knotens. Dies letzte war nun meine Sache, wenn ich das Unglück, das mir drohte, in dem Schicksal meiner Pflegetochter von mir abwenden und ruhig und glücklich bleiben wollte bis an mein Lebensende. – Ich forschte und forschte wie das dritte Prinzip zu erzeugen. Ich bereitete einen Teraphim – Sie wissen, Herr Baron, daß die Kabbalisten damit ein künstliches Bild bezeichnen, das, indem es geheime Kräfte der Geisterwelt weckt, durch scheinbares Leben täuscht. Es war ein hübscher Jüngling, den ich aus Ton gebildet und dem ich den Namen Theodor gegeben. Die junge Fürstin freute sich über sein artiges Wesen und seinen Verstand, sowie sie ihn aber berührte, zerfiel er in Staub, und ich gewahrte zum erstenmal, daß dem Fürstenkinde gewisse magische Kräfte inwohnen müssen, die meinem kabbalistischen Scharfblick entgangen. Mit einem Teraphim war daher nichts auszurichten, und es blieb nichts übrig, als einen Menschen zu finden, der durch magische Operationen geschickt gemacht werden konnte, jene Entzweiung zu bewirken, und in die Stelle des unheilbringenden Teodoros Capitanaki zu treten. – Mein Freund, der Prophet Sifur, half mir aus der Verlegenheit. Er sagte mir, daß sechs Jahre vor der Geburt der Fürstentochter eine Baronesse von S. im Mecklenburg-Strelitzschen, die die Tochter einer griechischen Fürstin aus Zypern sei, einen Sohn geboren –"

„Was?" rief der Baron, indem er aus den Kissen herausfuhr und den Kanzleiassistenten anblickte mit blitzenden Augen, „was – wie? –

Schnüspelpoldchen, Sie sprechen ja von meiner Mutter! – so sollte es doch wahr sein?"

„Sehn Sie wohl", sprach Schnüspelpold, indem er arglistig schmunzelte, „sehn Sie wohl, wertgeschätztester Herr Baron, nun kommt das Interessante, nämlich Ihre eigene werte Person." Dann fuhr er fort: „Also der Prophet Sifur entdeckte mir die Existenz eines achtzehnjährigen sehr hübschen und angenehmen mecklenburgschen Barons', der wenigstens von mütterlicher Seite aus griechischem fürstlichen Stamm entsprossen, bei dessen Geburt alle Gebräuche nach griechischer Art beobachtet worden, und der in der Taufe den Namen Theodor erhalten. Dieser Baron, versicherte der Prophet, würde ungemein geschickt zu dem wirklich lebendigen Teraphim taugen, mittelst dessen das Horoskop zu vernichten, und den Fürsten Teodoros Capitanaki samt seinem blutigen Schwert in ewige Vergessenheit zu begraben. Der Prophet schnitzte hierauf ein kleines Männlein aus Korkholz, strich es mit Farben an, kleidete es auf eine Weise, die mir sehr possierlich vorkam, und versicherte, daß dies Männchen eben der Baron Theodor von S. sei, wiewohl in verjüngtem Maßstabe. Ich muß denn auch gestehen, daß, als ich Sie, mein wertgeschätzter Herr Baron, zum erstenmal zu sehen das Glück hatte, mir gleich das Korkmännchen vor Augen stand, es gibt nichts Täuschenderes. Derselbe holde schwärmerische Blick der Ihre Augen besselt –" – „Finden Sie auch die Schwärmerei in meinem Blick, die den tiefen Genius verkündet?" So unterbrach der Baron den Kanzleiassistenten, indem er die Augen gräßlich verdrehte.

„Allerdings", sprach Schnüspelpold weiter, „allerdings! Ferner dieselbe Narrheit im ganzen Wesen und Betragen."

„Sind Sie des Teufels!" schrie der Baron erzürnt.

„Bitte sehr", fuhr Schnüspelpold fort, „bitte sehr, ich meine bloß jenes närrische Wesen, wodurch sich eminente Genies, exzentrische Köpfe von gewöhnlichen vernünftigen Menschen unterscheiden. Es klebt mir, zu meiner Freude, auch etwas von jenem Wesen an, und ich würde noch heftiger ausschreiten wenn mich nicht mein Haarzopf daran hinderte. – Wir beide, der Prophet und ich, mußten herzlich über das kleine Püppchen lachen, denn es kam uns beiden ungemein albern vor; indessen wurde ich sehr bald von der Richtigkeit der kabbalistischen und astrologischen Beobachtungen, die der weiße Sifur angestellt hatte, auf das innigste überzeugt. Nicht in Staub zerfiel das Püppchen, als die Fürstin es berührte, sondern sprang freudig auf ihrem Schoße umher. Sie gewann es sehr lieb und nannte es ihren schönen Teodoros. Aponomeria hegte dagegen den tiefsten Abscheu gegen das kleine Ding, war meinem ganzen Tun und Treiben in jeder Rücksicht entgegen und widersetzte sich der Reise nach Deutschland, die ich vier Jahre darauf mit ihr und der Fürstin unternehmen wollte, in der geheimen Absicht, Sie, wertgeschätztester Herr Baron, aufzusuchen, und zu meinem und Ihrem Besten, koste es was es wolle, Ihre Verbindung mit der Fürstin zustande zu bringen. Aponomeria warf tückischerweise das Korkpüppchen, also in gewisser Art Sie selbst mein Herr Baron! ins Feuer. Durch diese Unvorsichtigkeit geriet sie aber ganz in meine Macht, ich wußte sie mir vom Halse zu schaffen. – Mit meiner Fürstin und dem reichen Schatz, der ihr Eigentum und auch in gewisser Art das meinige, verließ ich Zypern und ging nach Patras, wo ich von dem preußischen Konsul Herrn Andreas Condoguri, mit Freundschaft und Güte aufgenommen wurde. O hätte ich nimmermehr diesen Ort berührt! – Hier war es wo die Fürstin mit der Kraft eines Talismans bekannt wurde, der ein uraltes Erbstück der Familie, sich in ihrem Besitz befindet. Ein altes Weib sah ich von ihr gehen – Nun genug, die Fürstin benutzte den Talisman so gut, daß ich, konnte meine kabbalistische Gewalt über sie auch nicht gebrochen werden, doch ebensosehr ihr Sklave wurde, als ich ihr Herr bin. Durch das Horoskop, durch meine kabbalistischen Operationen und durch die Kraft des Talismans ist eine solche wunderbare Verkettung magischer Gewalten entstanden, daß ich untergehen muß oder die Fürstin, je nachdem das Horoskop steigt, oder meine Kabbala. – Ich kam hieher, ich fand Sie; begreiflich wird es Ihnen sein, wie behutsam ich die Operationen beginnen mußte, die die Fürstin in Ihre Arme führen sollten. Ich spielte Ihnen die Brieftasche in die Hände, die Sie zufällig gefunden zu haben glaubten. Wir waren Ihnen oft nahe, Sie gewahrten uns nicht. – Ich ließ die Anzeige in die Zeitungen einrücken, Sie merkten nicht darauf! Wären Sie nur nach Patras gekommen, alles wäre gut gegangen. Aber – werden Sie nicht grimmig, wertgeschätztester Herr Baron – Ihr sonderbares Benehmen, Ihre fabelhaften, ich möchte beinahe sagen, albernen Streiche waren schuld daran, daß meine wohlberechnetsten Bemühungen vereitelt werden mußten. – Schon gleich, als wir Sie im Wirtshause in der Nacht trafen – Ihr Zustand – der schnarchende Italiener – Leicht wurde es der Fürstin wieder in den Besitz der Brieftasche und des darin enthaltenen magischen Spielzeuges zu kommen, das Ihnen gar nützlich hätte werden können, und so den Zauberknoten zu lösen den ich geschürzt. In dem Moment –“ – „Schweigen Sie“, unterbrach der Baron den Kanzleiassistenten mit kläglicher Stimme, „schweigen Sie, teurer Freund, von jener unglückseligen Nacht, ich war ermüdet von der Reise nach Patras, und da –“ – „Ich weiß alles“, sprach der Kanzleiassistent. „Also in dem Moment hielt Sie die Fürstin für das Trugbild, das sie den Hasenfuß aus dem Tiergarten zu nennen pflegte. Doch es ist noch nicht alles verloren, und ich habe Sie deshalb in meine Geheimnisse eingeweiht, damit Sie sich leidend verhalten und mich ohne Widerstreben schalten lassen sollen. – Noch habe ich vergessen Ihnen zu sagen, daß sich auf der Reise hieher der Papagei zu uns fand, mit dem Sie sich letzthin bei mir unterredet haben. Ich weiß, daß dieser Vogel auch mir feindlich entgegenwirkt. – Hüten Sie sich vor ihm, es ist, ich ahne es, die alte Aponomeria! – Jetzt ist ein günstiger Moment eingetreten. Die Bartholomäusnacht hat auf Sie, verehrtester Herr Baron, eine ganz besondere geheimnisvolle Beziehung. Wir wollen sogleich die Operation beginnen, die zum Ziele führen kann.“ –

Damit löschte Schnüspelpold sämtliche Kerzen aus die er angezündet, zog einen kleinen leuchtenden Metallspiegel hervor und flüsterte dem Baron zu, er möge mit Unterdrückung aller übrigen Gedanken und Vorstellungen den liebenden Sinn ganz auf die griechische Fürstin figieren und fest in den Spiegel hineinblicken. Der Baron tat es, und, o Himmel! die Gestalt der Griechin trat hervor aus dem Spiegel im Himmelsglanz überirdischer Schönheit. Sie breitete die, bis an die Schultern bloßen blendenden Lilienarme aus, als wolle sie den Geliebten umfangen. Näher und näher schwebte sie, der Baron fühlte den süßen Hauch ihres Atems auf seinen Wangen! – „O Entzücken – o Seligkeit!“ rief der Baron ganz außer sich, „ja holdes angebetetes Wesen, ja ich bin dein Fürst Teodoros und kein schnödes Trugbild aus Korkholz – Komm in meine Arme, süße Braut, ich lasse dich nimmer.“ Damit wollte der Baron die Gestalt erfassen. Im Augenblick verschwand aber alles in dicke Finsternis und Schnüspelpold rief zornig: „Knoblauch in deine Augen! Du verdammter Hasenfuß! – Deine Vorschnelligkeit hat schon wieder alles verdorben!“ –

Auch diesem Blättlein ist aus den Notizen des Achatius von F. nichts weiter hinzuzufügen.

Viertes Blättlein.

Dieses Blatt ist augenscheinlich nichts anders, als ein Billett, das der Baron Theodor von S. an den Kanzleiassistenten Schnüspelpold geschrieben. Man bemerkt noch sehr deutlich die Kniffe und die Stelle, wo das Siegel gesessen. Es lautet wie folgt.

„Mein Hochverehrtester Herr Kanzleiassistent!

Gern will ich Ihnen die begangenen Fehler eingestehen und sie herzinniglich bereuen. Aber bedenken Sie, teurer Schnüspelpold, daß ein Jüngling, der so wie ich von feuriger schwärmerischer Natur ist und dabei vom ganzen süßen Wahnsinn der glühendsten Liebe befangen, wohl nicht imstande sein kann mit Besonnenheit zu handeln, zumal wenn Zauberei im Spiele, die ihn garstig neckt. Und bin ich denn nicht hart genug bestraft worden dafür, daß ich aus Unvorsichtigkeit, aus Unkunde fehlte? – Seit dem verhängnisvollen Fall vom Pferde bin ich auch aus der Mode gefallen. Weiß der Himmel, auf welche Art das fatale Ereignis in ganz B. bekannt wurde. Überall, wo ich mich blicken lasse, erkundigt man sich mit verhöhnender Teilnahme, ob mein böser Sturz keine üble Folgen gehabt und hält sich kaum zurück, mir ins Gesicht zu lachen. – Es gibt kein größeres Unglück, als lächerlich zu werden, der Lächerlichkeit folgt allemal, wenn die Lacher ermüdet, völlige Bedeutungslosigkeit. Dies ist leider mein Fall; in den brillantesten Zirkeln, wenn ich zu erscheinen gedenke als siegender Held des Tages, achtet niemand meiner, will niemand mehr mein Geheimnis erfahren, und selbst die borniertesten Fräuleins erheben sich über mich und rümpfen die Nase eben in dem Augenblick wenn ich ganz göttlich bin. – Ich weiß, daß mich ein neuer imposant kühner Schnitt eines Fracks retten könnte, habe schon nach London und Paris geschrieben und werde das Kleid wählen, welches mir am tollsten, am bizarrsten scheint; aber kann mir das ein Glück auf die Dauer verschaffen? – Nein, *sie* muß ich gewinnen die all mein Leben ist und meine Hoffnung! O Gott, was frägt ein Herz voll Liebe nach neumodischen Fracks und dergleichen – Ja! es gibt Höheres in der Natur als die Tees der eleganten Welt! – Sie ist reich, schön, von fremder hoher Abkunft – Schnüspelpold, ich beschwöre Sie, bieten Sie Ihre ganze Wissenschaft, all Ihre geheimnisvollen Künste auf, machen Sie gut, was ich verdarb, stellen Sie den – o

ich möchte meine Kühnheit, meine Ausgelassenheit verwünschen – ja stellen Sie den Zauber wieder her, den ich verdarb. Ich gebe mich ganz in Ihre Macht, ich tue alles was Sie gebieten! – Bedenken Sie, daß von meiner Verbindung mit der Fürstin, auch Ihr Wohl und Weh abhängt. Schnüspelpold – teurer Schnüspelpold! operieren Sie sehr! – Antwort, um tröstende Antwort fleht mit heißem Verlangen
Ihr innigst ergebenster Theodor Baron von S."

Auf der Rückseite des Blatts steht Schnüspelpolds Antwort.

„Hochgeborner Herr Baron!

Die Sterne sind Ihnen günstig. Unerachtet Ihrer ungeheueren Unvorsichtigkeit, die uns beide hätte verderben können, ist die kabbalistische Operation dennoch keineswegs ganz mißlungen, wiewohl es jetzt noch mehr Zeit und Mühe kostet den Zauber zu vollbringen als es sonst der Fall gewesen sein würde. Der Papagei war noch in magischem regungslosem Schlaf erstarrt. Mein Mündel befand sich ebenfalls noch in dem Zustande, der mein Werk war. Sie klagte mir jedoch, daß, bald nachdem sie ihr Idol, den Fürsten Teodor Capitanaki im höchsten Entzücken der Liebe zu umarmen vermeint, der korkene Hasenfuß täppisch dazwischengefahren sei, und bat mich, ihn wo möglich bei Gelegenheit niederzustoßen, wenn sie es nicht lieber selbst tun, oder ihm wenigstens mit dem magischen Messer die Pulsader aufschneiden solle, damit die Leute, die er so lange arglistig getäuscht, endlich zu der Überzeugung kämen, daß nur weißes kaltes Blut in ihm fließe. Dessen unerachtet, mein hochverehrtester Herr Baron, können Sie sich so gut als verlobt ansehn mit der Fürstin. Nur müssen Sie jetzt auf das sorglichste Ihr Betragen darnach einrichten, daß Sie nicht wieder aufs neue alles verderben, denn sonst ist der Zauber unwiederbringlich zerstört. Fürs erste laufen Sie nicht hundertmal des Tages bei meinen Fenstern vorüber. Außerdem, daß es sich schon an und für sich selbst sehr albern ausnimmt, wird auch dadurch die Fürstin immer mehr in ihrer vorgefaßten Meinung bestärkt, daß Sie bloß ein korkner – aus dem Tiergarten sind. Es kommt überhaupt darauf an, daß Sie die Fürstin jetzt niemals anders erblikken, als ein einem gewissen träumerischen Zustande, in den Sie, trügt mich nicht meine Wissenschaft, in jeder Nacht zur Mitternachtsstunde fallen werden. Dazu gehört aber, daß Sie jeden Abend auf den Punkt zehn Uhr sich ins Bette legen und überhaupt ein stilles, nüchternes abgeschiedenes Leben führen. Frühmorgens um fünf oder spätestens sechs Uhr stehen Sie auf und machen, erlaubt es das Wetter, einen Spaziergang nach dem Tiergarten. Sie tun gut wenn Sie bis zur Statue des Apollo wandern. Dort dürfen Sie sich ohne Schaden etwas toll gebärden und verliebte wahnsinnige Verse, sogar Ihre eignen laut deklamieren, insofern sie sich auf Ihre Liebe zur Fürstin beziehen; zurückgekehrt (Sie haben durchaus noch nichts genossen) erlaube ich Ihnen eine Tasse Kaffee zu trinken, jedoch ohne Zucker und ohne Rum. Um zehn Uhr dürfen Sie ein Schnittchen westfälischen Schinken oder ein paar Scheiben Salami, nebst einem Glase Jostischen Biers zu sich nehmen. Punkt ein Uhr setzen Sie sich allein in Ihrem Zimmer zu Tische und essen einen Teller Kräutersuppe, dann etwas gekochtes Rindfleisch mit einer mittelmäßigen sauren Gurke, und gelüstet's Ihnen durchaus nach Braten, so wechseln Sie geschickt mit gebratenen Tauben und Brathechten, wozu Sie doch beileibe nicht etwa stark gewürzten Salat, sondern höchstens etwas Pflaumenmus genießen dürfen. Dazu trinken Sie eine halbe Flasche des dünnen weißen Weines, welcher schon an und vor sich selbst die gehörige Beimischung von Wasser hat. Sie bekommen den in allen Weinhäusern des Orts. Was Ihre Beschäftigung betrifft so vermeiden Sie alles, was Sie erhitzen könnte. Lesen Sie Lafontainische Romane, Ifflandsche Komödien, Verse dichterischer Frauen, wie sie in allen neuen Taschenbüchern und Romanen stehen, oder was am besten ist, machen Sie selbst Verse. Denn die psychische Qual, die Sie dabei empfinden ohne jemals in Begeisterung zu geraten, hilft erstaunlich zum Zweck. Am mehrsten warne ich Sie vor zwei Dingen. Trinken Sie unter keiner Bedingung auch nur ein einziges Glas Champagner und machen Sie keinem Frauenzimmer den Hof. Jeder verliebte Blick, jedes süße Wort, oder gar ein Handkuß ist eine schnöde Untreue, die zur Stelle auf eine Ihnen sehr unangenehmer Art gerügt werden wird, um wo möglich Sie im Geleise zu erhalten. Meiden Sie vorzüglich das Simsonsche Haus. Amalia Simson, die Ihnen schon weismachen wollte, ich sei ein Jude aus Smyrna und die Fürstin sei meine wahnsinnige Tochter, sucht Sie in ihre Netze zu ziehn. Sie wissen vielleicht nicht, daß Nathanael Simson selbst das ist, wofür mich die saubere Tochter ausgab? Nämlich ein Jude, unerachtet er Schinken frißt und Schlackwurst. Er ist auch im Komplott mit der Tochter, macht er es aber zu arg, so soll ihm der Dämon, während er ißt, zurufen: ‚Gift in deine Speise, verrucher Mauschel!' und er ist verloren. – Vermeiden Sie auch das Reiten, Sie haben schon zweimal Unglück gehabt mit

Pferden. Befolgen Sie, mein hochverehrtester Herr Baron, alle diese Vorschriften genau, so werden Sie sehr bald von mir weiteres vernehmen.
Mit der vorzüglichsten etc."

Aus den Notizen des Barons Achatius von F. sind hier folgende kurze Bemerkungen mitzuteilen.

Nein, es ist durchaus nicht zu ergründen, was in diesen jungen Menschen, in Deinen Neffen Theodor gefahren sein muß. Er ist blaß wie der Tod, verstört in seinem ganzen Wesen, kurz, ein ganz anderer worden als er sonst war. – Um zehn Uhr morgens besuchte ich ihn, fürchtend, er werde noch in den Federn liegen. Statt dessen fand ich ihn wie er eben frühstückte. Und rate, worin sein Frühstück bestand? – Nein, das zu raten ist unmöglich! – Auf einem Teller lagen ein paar dünne Scheibchen Salami-Wurst und daneben stand ein mäßiges Glas, worin – Braunbier perlte! – Erinnere Dich des Abscheus den sonst Theodor gegen Knoblauch hegte! – Ist jemals ein Tropfen Bier über seine Lippen geglitten? – Ich bezeugte ihm meine Verwunderung über das herrliche üppige Frühstück, das einzunehmen er im Begriff stehe. Da schwatzte er viel verwirrtes Zeug durcheinander, von notwendiger strenger Diät – von Kaffee ohne Zucker und Rum, von Kräutersuppen, von sauern Gurken, Brathechten mit Pflaumenmus und wäßrichtem Wein. Die Brathechte mit Pflaumenmus trieben ihm Tränen in die Augen. – Er schien meinen Besuch gar nicht gern zu sehen, deshalb verließ ich ihn bald.

Krank ist Dein Neffe nicht, krank nicht im mindesten, aber von seltsamen Einbildungen befangen. Unerachtet er nun nicht die mindesten Spuren geistiger Zerrüttung zeigt, so meinet der Doktor H. dennoch, daß er an einer *Mania occulta* leiden könne, die eben das Eigentümliche hat, daß sie auf keine Weise, weder in physischer noch psychischer Hinsicht verspürt werden kann, und so einem Feinde gleich, der gar nicht anzugreifen ist, weil er sich nirgends zeigt. Es wäre schade um Deinen Neffen! –

Was ist denn das? Soll ich denn abergläubischerweise an Hexenkünste glauben? – Du weißt, ich bin von jeher gesunden festen Gemüts und nichts weniger als zur Schwärmerei geneigt gewesen, doch was man mit eignen Ohren hört, mit eignen Augen sieht, das kann man sich doch mit dem besten Willen nicht abstreiten. – Mit der größten Mühe hatte ich Deinen Neffen überredet, mit mir zum Souper bei der Frau von G. zu gehen. Das bildhübsche Fräulein von T. war dort, im vollen Glanze des Beau Jour, geputzt wie ein Engel. Sie redete, freundlich und anmutig wie sie ist, den düstern in sich gekehrten Vetter an, und ich gewahrte, mit welcher Gewalt Theodor sich zwang, nicht den Blick ruhen zu lassen auf der schönen Gestalt. Sollt er eine tyrannische Geliebte haben, die ihn despotisiert? So dacht ich. Zehn Uhr war es gerade, als man sich zu Tische zu setzen im Begriff stand. Theodor wollte durchaus fort, doch indem ich mich mit ihm herumzankte, trat das Fräulein von T. heran. „Wie, Vetter, Sie werden mich doch zu Tische führen?" So sprach sie mit naiver Lustigkeit und hing sich ohne weitere Umstände in seinen Arm. Ich saß dem Paar gegenüber und bemerkte zu meiner Freude, wie Theodor bei der schönen Nachbarin immer mehr und mehr auftaute. Er trank rasch hintereinander einige Gläser Champagner, und immer feuriger wurden seine Blicke, immer mehr verschwand die Todesbleiche von seinen Wangen. Man hob die Tafel auf, da faßte Theodor die Hand der reizenden Cousine und drückte sie zärtlich an seine Lippen. Doch in dem Augenblick gab es einen Klatsch, daß der ganze Saal widerhallte, und Theodor fuhr, entsetzt zurückprallend, nach seiner Backe, die kirschrot war und aufgeschwollen schien. Dann rannte er wie unsinnig zum Saal heraus. Alle waren sehr erschrocken, vorzüglich die schöne Cousine, mehr aber über Theodors Entsetzen und plötzliche Flucht, als über die Ohrfeige, die er von unsichtbarer Hand erhalten. Auf diesen tollen Geisterspuk schienen nur wenige was zu geben, unerachtet ich mich von einem fatalen fieberhaften Frösteln durchbebt fühlte.

Theodor hat sich eingeschlossen, er will durchaus niemanden sprechen. Der Arzt besucht ihn.

Sollte man es glauben, was eine alternde Kokette vermag? – Amalie Simson, eine Person, die mir in den Grund der Seele zuwider ist, hat Schloß und Riegel durchdrungen. Sie ist in Begleitung einer Freundin bei Theodor gewesen, und hat ihn überredet nach dem Tiergarten zu fahren. Er hat zu Mittag gegessen bei dem Bankier, und soll bei vorzüglicher Laune gewesen sein, auch Gedichte vorgelesen haben, wodurch alle Gäste verscheucht worden sind, so daß er zuletzt mit der reizenden Amalie allein geblieben ist.

Es ist zu arg, es ist zu arg, mir geht's im Kopf herum wie in einer Mühle, ich stehe nicht mehr fest auf den Füßen, mich treibt ein toller Schwindel! – Gestern werd ich eingeladen von dem Bankier Nathanael Simson zum Souper. Ich gehe hin, weil ich Theodor dort vermute. Er ist wirklich da, eleganter, das heißt närrischer, fabelhafter gekleidet als jemals, und gebärdet sich als Amaliens entschiedenen Liebhaber. Amalie hat die verblühten Reize tüchtig aufgefrischt, sie sieht bei dem Lichterglanz ordentlich hübsch und jung aus, so daß ich sie deshalb hätte zum Fenster hinauswerfen mögen. Theodor drückt, küßt ihr die Hände, Amalie wirft siegreiche Blicke umher. Nach der Tafel wissen beide geschickt sich in ein Kabinett zu entfernen. Ich verfolge sie, schaue durch die halb geöffnete Türe, da schließt der Schlingel das fatale Judenkind feurig in seine Arme. Da geht es aber auch – Klatsch – Klatsch – Klatsch, und es regnet Ohrfeigen von unsichtbarer Hand zugeteilt. Theodor taumelt halb sinnlos durch den Saal – Klatsch – Klatsch geht es immer fort, und als er schon ohne Hut auf der Straße entflieht, hört man es noch nachhallen Klatsch – Klatsch – Klatsch – Amalie Simson liegt in tiefer Ohnmacht. – Die Spur des tiefen Entsetzens liegt auf den leichenblassen Gesichtern der Gäste! – Keiner vermag eine Silbe laut werden zu lassen, über das was geschehen – Man geht in tiefem Schweigen, verstört, auseinander –

Theodor wollte mich nicht sprechen, er schickte mir einen kleinen Zettel heraus, hier ist er:
„Sie sehen mich umgarnt von bösen unheimlichen Mächten! Ich bin der Verzweiflung nahe. Ich muß mich losreißen, ich muß fort. Ich will zurück nach Mecklenburg. Verlassen Sie mich nicht. Nichtwahr wir reisen zusammen? – Wenn's Ihnen recht ist, in drei Tagen."
Ich werde die nötigen Anstalten zur Reise machen und Dir, will's der Himmel, Deinen Neffen, allem tollen Spuk entrückt, frisch und gesund in die Arme zurückführen.

Es kann schicklich hier noch ein kleines Blättchen aus der Brieftasche eingefügt werden, wahrscheinlich ist es die Abschrift eines Billetts, das Schnüspelpold an den Baron schrieb.

„So befolgen Sie, Hochgeborner, die Vorschriften, die ich Ihnen gab, um die Hand der Fürstin zu erringen? – Hätte ich glauben können, daß Sie so leichtsinnig wären, als Sie es wirklich sind, nimmermehr hätte ich auf Sie nur im geringsten gerechnet. Offenbar hat sich der Prophet Sifur verkuckt. – Doch auch ein Wort des Trostes! – Da eigentlich nur die bösen Ränke des alten Juden und seiner Tochter an Ihrem Hauptvergehen schuld sind, und Sie nicht aus eigner freier Willensbestimmung handelten, so hält der Zauber noch fest, und es kann alles ins Geleise gebracht werden, wenn Sie von nun an genau, die Ihnen gegebenen Vorschriften befolgen, und vorzüglich das Simsonsche Haus gänzlich meiden. Nehmen Sie sich in acht vor dem Bankier, er treibt gewisse Künste, die zwar nur talmudisch genannt zu werden verdienen, eine ehrliche Christenseele aber doch ins Verderben stürzen können. Mit der vorzüglichsten Hochachtung habe ich die Ehre etc.
(Astariot sogleich zur Bestellung übergeben.)"

Fünftes Blättlein.

Dieses Blättlein ist von der Hand der Fürstin.
Was ist es mit dem seltsamen Zustande, der mich seit einigen Tagen ergriffen? Was begab sich in jener Nacht, als ich plötzlich meinem Selbst entrückt, mir nur ein namenloser Schmerz schien, den ich doch wieder wie heiße Inbrunst der Liebe empfand? Alle meine Gedanken fliegen ihm zu, der meine Sehnsucht ist, mein einziges Hoffen und doch – welche Gewalt hält mich fest, welche unsichtbare Arme umschlingen mich wie im Entzücken des glühendsten Verlangens? Und nicht loswinden kann ich mich, und es ist als ob ich nur leben könnte in dieser Gewalt die mein Innres verzehrt wie aufgelodertes Feuer, aber diese Flammen sind Gefühle, Wünsche, die ich nicht zu nennen vermag! – Apokatastos ist traurig, läßt die Fittiche hängen, und blickt mich oft an, mit Augen, in denen sich tiefes Mitleiden, tiefer Gram abspiegelt. Der Magus ist dagegen besonders munter, ja zuweilen keck und übermütig, und kaum vermag ich in meiner Trostlosigkeit ihn in seine Schranken zurückzuweisen. – Nein dieses arme Herz, es bricht, wenn dieser entsetzliche Zustand nicht bald endet. – Und hier in diesen Mauern, fern von der süßen Heimat. –

Ich weinte, ich klagte laut, Maria vergoß mit mir Tränen, ohne daß sie meine Qual verstand, da schüttelte Apokatastos die Flügel, wie er es lange nicht getan, und sprach: „Bald – bald – Geduld – der Kampf beginnt –“ Das Sprechen schien ihm sehr schwer zu werden. Er flatterte heran an den Schrank, in dem, wie ich weiß, mein Magus eine hermetisch verschlossene Kapsel aufbewahrt, die sein wunderbarstes Geheimnis enthält. An das Schloß dieses Schranks schlug Apokatastos so stark mit dem Schnabel, daß es inwendig zu dröhnen, zu klirren und klingen begann. Der Magus trat hinein und schien, als er das Beginnen des Papageis gewahrte, heftig zu erschrecken. Apokatastos erhob ein solches durchdringendes entsetzliches Geschrei, wie ich es noch niemals gehört habe, rauschte mit den Flügeln und flog endlich dem Magus geradezu ins Gesicht. Der Magus rettete sich, wie gewöhnlich, ins Bette und zog die Decke über. Apokatastos sprach: „Noch nicht Zeit – aber bald Teodoros –“ Nein, ich bin nicht ganz verlassen, Apokatastos ist es, der mich beschützt – Maria, das arme Kind war heftig erschrocken und meinte, das wären ja alles unheimliche Dinge, und ihr graute – Ich erinnerte sie an die Johannisnacht, da wurde sie wieder freundlich, und blieb auf mein Flehen bis spät in die Nacht hinein. Auch ich erheiterte mich, wir spielten, wir sangen, wir scherzten, wir lachten. Selbst das Spielzeug aus der Brieftasche, Band und Blume, mußte uns zu manchem Ergötzen dienen. Ach! – nur zu kurz dauerte die Freude. Mein Magus streckte sein Haupt empor, und indem ich, über sein possierliches Ansehn (er hatte wieder die Spitzenhaube aufgesetzt) in ein lautes Gelächter ausbrechen wollte, verfiel ich, da der Magus mich mit seinen fürchterlichen Augen anstarrte, wiederum in jenen heillosen Zustand, und es war mir, als wenn ich irgend jemanden ohrfeigte. Sehr deutlich gewahrte ich, daß ich wirklich mit der rechten Hand unaufhörlich in die Luft hineinschlug und vernahm ebenso deutlich das Klatschen der Ohrfeigen – Ha! und gewiß ist die Arglist und Bosheit meines Magus an allem schuld –

„Der Talisman wird wirken“, ruft in diesem Augenblick Apokatastos! – Freudiges Hoffen leuchtet in mir auf – O Teodoros! –

Aus mehreren Notizen des Barons Achatius von F. wird folgendes im Zusammenhang beigebracht.

Ist was Tolles geschehen, so folgt allemal das noch Tollere. Theodor hatte sich von seinem Schmerz, seiner Verzweiflung so ziemlich erholt, und der joviale Rittmeister von B. vermochte so viel über ihn, daß er nicht allein, unerachtet er nach Mecklenburg reisen wollen, in Berlin blieb, sondern auch von seiner strengen Diät merklich nachließ. In die Stelle der Salami trat ein tüchtiger italienischer Salat und ein wohlbereitetes Beefsteak; in die Stelle des Jostischen Biers ein gutes Glas Portwein oder Madera. Da der Appetit sich darauf um ein Uhr noch nicht eingestellt, so wurde zwei Stündchen später in der Jagorschen Restauration nicht eben gar zu mäßig gegessen und ebenso getrunken. Das einzige was der Rittmeister billigte, waren die frühen Spaziergänge nach dem Tiergarten, die er indessen in Spazierritte verwandelt wünschte. Des Barons seltsamer Zustand schien ihm nämlich von einer tiefen Hypochondrie herzurühren, und das Reiten hielt der Rittmeister für das beste Mittel dagegen, so wie überhaupt ein Universalmittel gegen Beschwerden der verschiedensten Art. Zum Reiten wollte sich der Baron, des zwiefachen Unglücks, das er seit kurzer Zeit erlebt, und Schnüspelpolds Warnung eingedenk, durchaus nicht entschließen. – Von dem Baron konnte man aber wohl mit Recht behaupten, daß der Himmel ihm eben nicht den festesten Charakter verliehen und daß er, ein schwaches Rohr, dem andringenden Sturme sich beugen mußte, um nicht zu zerbrechen. So geschah es denn auch, daß er, als er einmal in der Jagorschen Restauration mit dem Rittmeister von B. gegessen, und dieser nun ein paar gesattelte Pferde vorführen lassen, sich überreden ließ, das eine zu besteigen und mit dem Rittmeister nach Charlottenburg zu reiten. Ohne den mindesten Unfall ging alles glücklich vonstatten. Der Rittmeister konnte nicht aufhören, den Baron als den zierlichsten, geschicktesten Reiter zu rühmen, und dieser freute sich ganz ungemein, daß man auch nun diesem Vorzug, den ihm Natur und Kunst gegeben, Gerechtigkeit widerfahren lasse. Die Freunde tranken ganz gemütlich bei der Madame Pauli wohlbereiteten Kaffee und schwangen sich dann getrost wieder auf die Pferde. Wohl natürlich war es, daß der Rittmeister sich mühte die eigentliche Ursache von Theodors seltsamem Betragen, von seiner durchaus veränderten Lebensweise zu erfahren, und ebenso natürlich, daß Theodor ihm darüber nichts Rechtes sagen konnte und durfte. Nur darüber ließ der Baron sich aus, daß an einem großen Ungemach, an einer Qual die er leiden müsse (er meinte wohl die ihm von unsichtbarer Hand zugeteilten Ohrfeigen) niemand anders schuld sei, als der alte Nathanael Simson und seine eroberungssüchtige Tochter. Der Rittmeister, dem beide,

Vater und Tochter längst ganz unausstehlich waren, begann wacker auf den alten Juden zu schimpfen, ohne zu wissen, was er denn dem Baron Arges angetan, und auch der Baron erhitzte sich immer mehr, so daß er zuletzt dem Bankier alles, was er erlitten in die Schuhe schob und fürchterliche Rache beschloß. So ganz Grimm und Zorn kam der Baron in die Nähe des Simsonschen Landhauses. – Die Freunde hatten nämlich den Weg über des Hofjägers Besitzung eingeschlagen und ritten die Straße neben den Landhäusern herab. Da erblickte der Baron im offnen Vestibül des Landhauses eine Tafel an der Nathanael Simson mit seiner Tochter und mehreren Gästen beim Dessert eines reichen Mittagsmahls saß. Schon war die Dämmerung stark eingebrochen und es wurden eben Lichter gebracht. Da kam dem Baron ein großer Gedanke. „Tue mir“, sprach er leise zum Rittmeister, „tu mir den Gefallen und reite einmal langsam vorwärts, ich will hier mit einemmal allen bösen Streichen des arglistigen Juden und seiner aberwitzigen Tochter ein Ende machen.“ – „Nur kein dummes Zeug, lieber Bruder, das dich wieder blamiert vor den Leuten“, warnte der Rittmeister, und ritt, wie Theodor gewünscht, langsam die Straße herab. Nun näherte sich der Baron leise, ganz leise dem Gitter. Ein überhängender Baum versteckte ihn, daß ihn niemand aus dem Hause gewahren konnte. Hinein rief er, mit einer Stimme, der er so viel Tiefdröhnendes, Schauerlich-Gespenstisches gab, als nur in seinen Kräften stand: „Nathanael Simson – Nathanael Simson – frißt du mit deiner Familie? Gift in deine Speise verruchter Mauschel, es ist dein böser Dämon der dir ruft!“ – Diese Worte gesprochen wollte der Baron schnell hineinspringen ins Gebüsch, und so wahrhaft geisterartig verschwunden sein. Doch der Himmel hatte einen andern Ausgang des Abenteuers beschlossen. Plötzlich stätisch geworden, bockte und bäumte sich das Pferd, und alles Mühen des Barons, es aus der Stelle zu bringen, blieb ganz vergebens. Nathanael Simson hatte vor jähem Schreck Messer und Gabel fallen lassen – die ganze Gesellschaft schien erstarrt; der das Glas an den Mund gebracht, hielt es fest ohne zu trinken, der ein Stück Kuchen in der Kehle, vergaß das Schlucken! Als nun aber das Trappeln und Schnaufen und Wiehern des Pferdes vernommen wurde, sprang alles auf vom Tische und rannte schnell ans Gitter. „Ei, ei, sind Sie es Herr Baron? – Ei, schönen guten Abend, lieber Herr Baron – wollen Sie nicht lieber absteigen, vortrefflichster Dämon!“ So schrie alles durcheinander, und das unmäßigste Gelächter erschallte, das jemals gehört worden, während der Baron ganz Wut und Verzweiflung sich vergebens abquälte, um sich zu retten aus dieser Traufe von Verhöhnung und tötendem Spott. Der Rittmeister, der den Lärm vernahm und sogleich ein neues Malheur seines Freundes vermutete, kam zurück. Sowie das Pferd des Barons ihn ansichtig wurde, war es, als sei plötzlich der Zauber gelöst, von dem es festgebannt, denn sogleich flog es mit dem Baron dem Leipziger Tore zu, und zwar in keineswegs wildem, sondern ganz anständigem Galopp, der Rittmeister verließ den Freund nicht, sondern galoppierte ihm treulich zur Seite. „O daß ich nie geboren wäre, o daß ich nimmer diesen Tag erlebt hätte!" rief der Baron tragisch, als beide, er und der Rittmeister, abgestiegen waren vor seiner Wohnung. – „Der Teufel", sprach er dann, indem er sich mit geballter Faust vor die Stirne schlug, „der Teufel hole das Reiten und alle Pferde dazu. – Die ärgste Schmach, die hab ich heute davon erlebt!" – „Siehst du", sprach der Rittmeister sehr ruhig und gelassen, „siehst du nun wohl lieber Bruder, da schiebst du wieder etwas aufs Reiten und auf das edle Geschlecht der Pferde, was ganz allein deine Schuld ist. Fragtest du mich erst ob mein Gaul sich auf dämonische Verschwörungen verstehe, ich hätte ‚Nein!' geantwortet, und der ganze Spaß wäre unterblieben." Schrecklicher Argwohn kam in des Barons Seele, auch gegen Schnüspelpold, denn zu seinem Entsetzen hatte er ihn unter Simsons Gästen bemerkt.

„Herr Baron!

Der gestrige Auftritt vor meinem Gartenhause war bloß abscheulich und lächerlich dazu. Niemand kann sich fühlen beleidigt, und nur Sie hat getroffen ein Unglück und ein Spott. Doch müssen wir beide, ich und meine Tochter Sie bitten künftig zu vermeiden unser Haus. Sehr bald ziehe ich nach der Stadt, und wenn Sie, wertester Herr Baron, vielleicht wieder Geschäfte machen wollen in guten Papieren, bitte ich nicht vorbeizugehen mein Comptoir. Ich empfehle mich Sie ganz ergebenst etc.

Berlin den –

Nathanael Simson,
für mich und meine
Tochter Amalie Simson."

Sechstes Blättlein.

Auch hier sind drei Blättchen geschickt in eines zusammenzuziehen, da sie in gewisser Art den Schluß der Abenteuer bilden, die sich mit dem Baron Theodor von S. und der schönen Griechin begaben. Auf dem ersten stehen wiederum Worte, die von dem Kanzleiassistenten Schnüspelpold an den Baron gerichtet sind. Nämlich:

„Hochgeborner Herr Baron!

Endlich, den dunklen Mächten Dank, kann ich Sie gänzlich aus Ihrer Trostlosigkeit reißen, und Ihnen zum voraus das Gelingen eines Zaubers verkünden, der Ihr Glück befestigt und das meinige. Schon habe ich es gesagt, die Sterne sind Ihnen günstig; was andern zum höchsten Nachteil gereichen würde, bringt Sie ans Ziel. Gerade der tolle Auftritt vor Simsons Gartenhause, von dem ich Zeuge war, Zeuge sein mußte, hat alle Schlingen zerrissen, in die Sie der arglistige Alte verstricken wollte. Dazu kommt aber, daß Sie in den letzten vierzehn Tagen meine Vorschriften strenge befolgt haben, gar nicht ausgegangen und noch viel weniger nach Mecklenburg gereist sind. Zwar mag ersteres daher rühren, daß nach dem letzten Auftritt Sie überall, wo Sie sich blicken ließen, ein wenig gefoppt und ausgelacht wurden, letzteres aber, weil Sie noch Wechsel erwarten; doch das gilt gleichviel. – In der künftigen Äquinoktialnacht, das heißt in der Nacht von heute zu morgen, wird der Zauber vollendet, der die Fürstin auf ewig an Sie fesselt, so daß sie nimmer von Ihnen lassen kann. Auf den Schlag zwölf Uhr finden Sie sich in griechischer Kleidung ein im Tiergarten, bei der Statue des Apollo, und es wird ein Bund gefeiert werden, den in wenigen Tagen darauf die festlichen Gebräuche der griechischen Kirche heiligen sollen. – Es ist nötig, daß Sie sich bei der Zeremonie im Tiergarten ganz leidend verhalten und bloß meinen Winken folgen. Also diese Nacht Punkt zwölf Uhr in griechischer Kleidung sehe ich Sie wieder. Mit der vorzüglichsten etc.
(Astariot zur Bestellung gegeben.)“

Das zweite Blatt ist von einer sehr feinen, doch leserlichen Hand geschrieben, die sonst in allen Blättern nicht vorkommt, und enthält folgende zusammenhängende Erzählung:
Auf derselben Bank im Tiergarten, unfern der Statue des Apollo, wo

er die verhängnisvolle Brieftasche gefunden, saß der Baron Theodor von S. in einen Mantel gehüllt, den griechischen Turban auf dem Kopfe. Von der Stadt her tönten die Glocken herüber. Die Mitternachtsstunde schlug. Ein rauher Herbstwind strich durch Baum und Gebüsch, die Nachtvögel schwangen sich kreischend durch die sausenden Lüfte, immer schwärzer wurde die Finsternis, und wenn die Mondessichel auf Augenblicke die Wolken durchschnitt und ihre Strahlen hinabwarf in den Wald, da war es als hüpften in den Gängen seltsame Spukgestalten auf und ab, und trieben ihr unheimlich Wesen mit tollem Spiel und flüsterndem Geistergespräch. Den Baron wandelte in der tiefen Einsamkeit der Nacht ein Grauen an. „So beginnt", sprach er, „das Fest der Liebe, das dir versprochen? – O all ihr Mächte des Himmels, hätte ich nur meine Jagdflasche mit Jamaika-Rum gefüllt, und dem griechischen Kostüm unbeschadet, um meinen Hals gehängt, wie ein freiwilliger Jäger, ich nähme einen Schluck und –" Da zogen plötzlich unsichtbare Hände dem Baron den Mantel von den Schultern herab. Entsetzt sprang er auf, und wollte fliehen, doch ein herrlicher melodischer Laut ging durch den Wald, ein fernes Echo antwortete, der Nachtwind säuselte milder, siegend brach der Mond durch die Wolken, und in seinem Schimmer gewahrte der Baron eine hohe, herrliche, in Schleier gehüllte Gestalt. „Teodoros", hauchte sie leise, indem sie den Schleier zurückschlug. O Entzücken des Himmels! Der Baron erkannte die Fürstin in der reichsten griechischen Tracht, ein funkelndes Diadem in dem schwarzen aufgenestelten Haar. „Teodoros", sprach die Fürstin mit dem Ton der innigsten Liebe, „Teodoros, mein Teodoros, ja ich habe dich gefunden – ich bin dein – empfange diesen Ring –" In dem Augenblick war es als halle ein Donnerschlag durch den Wald, und eine hohe majestätische Frau, mit ernstem gebietendem Antlitz, stand plötzlich zwischen dem Baron und der Fürstin. „Aponomeria", schrie die Fürstin auf, wie in dem Schreck des freudisten Erwachens aus finstrem Traum, und warf sich an die Brust der Alten, die mit furchtbarem Blick den Baron durchbohrte. Den einen Arm um die Fürstin geschlungen, den andern hoch in die Lüfte emporgestreckt, sprach die Alte nun mit feierlichem das Innerste durchdringendem Ton: „Vernichtet ist der höllische Zauber des schwarzen Dämons – er liegt in schmachvollen Banden, du bist frei, hohe Fürstin – o du mein süßes Himmelskind! – Schau auf, schaue deinen Teodoros!" – Ein blendender Glanz ging auf, in ihm stand eine hohe Heldengestalt auf mutigem Streitroß, in den Händen ein flatterndes Panier, auf dessen einer Seite ein rotes mit Strahlen umgebenes Kreuz, auf der andern ein aus der Asche steigender Phönix abgebildet! – –

Die Erzählung bricht hier ab, ohne etwas Weiteres von dem Baron Theodor von S. und dem Kanzleiassistenten Schnüspelpold zu erwähnen. Auf dem dritten und letzten Blättchen stehen nur wenige Worte von der Hand der Fürstin.

O all ihr Heiligen, all ihr ewigen Mächte des Himmels! an den Rand des Abgrunds hatte mich der boshafte Magus verlockt, schwindelnd wollte ich hinabstürzen, da brach der Zauber durch dich, o Aponomeria, meine zweite Mutter! – Ha! ich bin frei – frei! zerrissen sind alle Bande! – Er ist mein Sklave, den ich zertreten könnte, empfänd ich nicht Mitleid mit seinem Elend! – Großmütig will ich ihm sein magisches Spielzeug lassen. – Teodoros, ich habe dich geschaut in dem Spiegel, aus dem mir die herrlichste Zukunft entgegenstrahlte! – Ja! *ich*, ich winde die Palmen und Lorbeern, die deine Krone schmükken sollen! – O! halt dich, mein Herz! – springe nicht vor namenlosem Entzücken, du starke Brust! – Nein! – gern will ich harren in diesen Mauern, bis der Augenblick gekommen, bis Teodoros mir ruft! – Aponomeria ist ja bei mir und der Magus bezwungen! –

Dicht an den Rand dieses Blättleins hat Schnüspelpold geschrieben:

Ich ergebe mich in mein Schicksal, das durch die Huld der Fürstin noch leidiglich genug ist. Hat sie mir doch meinen Haarzopf gelassen und manches andere hübsche Spielzeug dazu. Gott weiß aber wie es mir künftig in Griechenland ergehen wird. – Ich büße die Schuld meiner Torheit, denn unerachtet aller meiner kabbalistischen Wissenschaft sah ich doch nicht ein, daß ein fantastischer Elegant zum Höheren ebensowenig zu brauchen ist als ein Korkstöpsel, und daß der Teraphim des Propheten Sifur ein viel gescheuteres Männlein war, als der Herr Baron Theodor von S. und also auch viel eher als dieser, der Fürstin für ihren geliebten Teodoros Capitanaki gelten konnte.

Es können noch einige Notizen des Barons Achatius von F. folgen.

Die Geschichte hat großes Aufsehen in B. gemacht. – Ganz durchnäßt, von Kälte erstarrt, kam gleich nach Mitternacht Dein Neffe zu Kempfers – Du weißt, daß so ein Lustort im Tiergarten benannt wird

– in seltsamer türkischer, oder wie man meinen will, neugriechischer Tracht und bat, daß man ihm Tee mit Rum oder Punsch bereiten möge, wenn er nicht sterben solle. Das geschah. Bald aber fing er an verwirrte Reden zu führen, so, daß Kempfer den Baron, den er zum Glück kannte, da er oftmals draußen gegessen, für heftig erkrankt halten mußte, und ihn zu Wagen nach der Stadt in seine Wohnung schaffen ließ. Die ganze Stadt glaubt, er sei wahnsinnig geworden und will schon in manchem Streich, den er vorher auslaufen lassen, die Spur dieses Wahnsinns finden. Nach der Versicherung der Ärzte leidet er aber bloß an einem sehr heftigen Fieber. Freilich sind seine Fantasien von der wunderlichsten Art. Er spricht von kabbalistischen Kanzleiassistenten die ihn verhext haben, von griechischen Prinzessinnen, magischen Brieftaschen, sibyllischen Papageien durcheinander. Vorzüglich kommt er aber nicht von der Idee ab, daß er mit einer Enzuse vermählt gewesen, und ihr untreu geworden, weshalb sie ihm nun aus der Rache das Blut aussauge, so daß ihn nichts retten könne und er bald sterben müsse.

– Laß mein Freund nur alle Besorgnisse fahren, Dein Neffe ist in der vollsten Besserung. Immer mehr verlieren sich die schwarzen Gedanken und er nimmt schon an allem Anteil, was das Leben Schönes und Herrliches für ihn hat. So freute er sich gestern ganz erstaunlich über die Form eines neumodischen Huts den der Graf von E. trug, welcher ihn gestern besuchte, so daß er im Bette selbst den Hut aufsetzte und sich den Spiegel bringen ließ. – Er ißt auch schon Hammelkoteletts und macht Verse. – Spätestens in vier Wochen bringe ich Dir Deinen Neffen nach Mecklenburg, in Berlin darf er nicht bleiben, denn wie gesagt, seine Geschichten haben zu großes Aufsehn gemacht, und er würde, sowie er sich nur zeigte, aufs neue das Gespräch des Tages werden etc.

Also nach zweijähriger Abwesenheit ist Dein Neffe glücklich zurückgekehrt? – Ob er wohl wirklich in Griechenland gewesen ist! – Ich glaube es nicht, denn daß er so geheimnisvoll tut mit seiner Reise, daß er bei jeder Gelegenheit sagt: „Ja wenn man nicht in Morea – in Zypern u.s.w. war!“ – das ist mir gerade ein Beweis dagegen! – Leid tut es mir, daß Dein Neffe, war er wirklich in Griechenland, nicht Anticyra besucht hat und ebenso ein närrischer Fantast geblieben ist, als er es sonst war – Apropos! – Ich schicke Dir den Berliner Taschenkalender von 1821, in welchem, unter dem Titel: die Irrungen, Fragment aus dem Leben eines Fantasten, ein Teil der Abenteuer Deines Neffen abgedruckt steht. Das Gedruckte macht auf Theodor einen erstaunlichen Eindruck, vielleicht erschaut er seine kuriose Gestalt im Spiegel und schämt und bessert sich. – Gut wär's, wenn auch die neuen Abenteuer bis zum Zeitpunkt, als er Berlin verließ, abgedruckt werden könnten etc.

Nachtrag.

Es wird dem geneigten Leser nicht unangenehm sein, nachträglich zu erfahren, daß der Bote, den Hff. mit dem Billet an den Herrn Kanzleiassistenten Schnüspelpold geschickt hatte, dieses Billet uneröffnet zurückbrachte, und berichtet, daß nach der Aussage des Hauswirts, dort der bezeichnete Mann nicht wohne und auch niemals gewohnt habe. Gewiß ist es also, daß die Fürstin ihrem Magus die Aushändigung des Vermächtnisses an Hff. aufgetragen hatte, daß er die ihm auferlegte Pflicht erfüllen mußte, und daß er von seiner Arglist und Tücke nicht ablassend, erst einen sehr groben Brief schrieb und dann den guten Hff. durch ein abscheuliches Gaukelspiel auf schnöde Weise mystifizierte.
Daß jener Zeitpunkt, den die Vision im Tiergarten der Fürstin andeutete, gekommen, daß wirklich die Fahne mit dem roten Kreuz und dem Phönix flattert, und daß die Fürstin in Gefolge dessen zurückgekehrt ist in ihr Vaterland, das alles ergibt sich aus den an Hff. gerichteten Versen. Besagte Verse sind dem Hff. deshalb besonders ein liebes und wertes Andenken von einer unvergleichlichen Person, weil er darin, mittelst allerlei poetischer Redensarten, als ein Magus behandelt wird, und noch dazu als ein guter, welcher mit schnöden Teufelskünsten nichts zu tun haben mag. Solches ist ihm noch gar nicht geschehen.
– Wunderbar, endlich, mag es auch sein, daß das, was im vorigen Jahr (1820) aus der Luft gegriffene leere Fabel schien, Andeutung ins Blaue hinein, in diesem Jahr (1821) in den Ereignissen des Tages eine Basis gefunden.

Wer weiß, welch ein Teodoros in diesem Augenblick die Kreuz- und Phönixfahne schwingt.
Sehr schade ist es, daß in den Fragmenten durchaus nirgends der Name der jungen griechischen Fürstin vorkommt, deshalb hat ihn auch Hff. niemals erfahren, und bloß dadurch ist er abgehalten worden, sich im Fremden-Bureau nach der vornehmen griechischen Dame zu erkundigen, die zu Ende Mai Berlin verlassen.
So viel ist gewiß, daß die Dame nicht die Madame Bublina sein kann, die Napoli di Romania belagert hat, denn die Braut des Fürsten Teodoros ist von Vaterlandsliebe entbrannt, aber keine Heroine, wie es sich aus ihren Versen hinlänglich ergibt.
Sollte jemand von den geneigten Lesern Näheres von der unbekannten Fürstin und dem wunderlichen Kanzleiassistenten Schnüspelpold erfahren, so bittet Hff. demütiglich, es ihm durch die Güte Einer Hochlöblichen Kalender-Deputation freundlichst mitteilen zu wollen.
Geschrieben im Junius 1821.

Meister Floh.

Ein Märchen in sieben Abenteuern zweier Freunde.

Erstes Abenteuer.

Einleitung.

Worin der geneigte Leser so viel aus dem Leben des Herrn Peregrinus Tyß erfährt, als ihm zu wissen nötig. – Die Weihnachtsbescherung bei dem Buchbinder Lämmerhirt in der Kalbächer Gasse und Beginn des ersten Abenteuers. – Die beiden Alinen.

Es war einmal – welcher Autor darf es jetzt wohl noch wagen sein Geschichtlein also zu beginnen. – Veraltet! – Langweilig! – so ruft der geneigte oder vielmehr ungeneigte Leser, der nach des alten römischen Dichters weisem Rat, gleich *medias in res* versetzt sein will. Es wird ihm dabei zumute, als nehme irgendein weitschweifiger Schwätzer von Geist, der eben eingetreten, breiten Platz und räuspre sich aus, um seinen endlosen Sermon zu beginnen und er klappt unwillig das Buch zu, das er kaum aufgeschlagen. Gegenwärtiger Herausgeber des wunderbaren Märchens von Meister Floh, meint nun zwar, daß jener Anfang sehr gut und eigentlich der beste jeder Geschichte sei, weshalb auch die vortrefflichsten Märchenerzähler, als da sind Ammen, alte Weiber u.a. sich desselben jederzeit bedient haben, da aber jeder Autor vorzugsweise schreibt, um gelesen zu werden, so will er (besagter Herausgeber nämlich) dem günstigen Leser durchaus nicht die Lust benehmen, wirklich sein Leser zu sein. Er sagt demselben daher gleich ohne alle weitere Umschweife, daß demselben Peregrinus Tyß, von dessen seltsamen Schicksalen diese Geschichte handeln wird, an keinem Weihnachtsabende das Herz so geklopft hatte vor banger freudiger Erwartung, als gerade an demjenigen, mit welchem die Erzählung seiner Abenteuer beginnt.

Peregrinus befand sich in einer dunklen Kammer, die neben dem Prunkzimmer belegen, wo ihm der Heilige Christ einbeschert zu werden pflegte. Dort schlich er bald leise auf und ab, lauschte auch wohl ein wenig an der Türe, bald setzte er sich still hin in den Winkel und zog mit geschlossenen Augen die mystischen Düfte des Marzi-

pans, der Pfefferkuchen, ein, die aus dem Zimmer strömten. Dann durchbebten ihn süße heimliche Schauer, wenn, indem er schnell wieder die Augen öffnete, ihn die hellen Lichtstrahlen blendeten, die, durch die Ritzen der Türe hereinfallend, an der Wand hin und her hüpften.
Endlich erklang das silberne Glöcklein, die Türe des Zimmers wurde geöffnet und hinein stürzte Peregrinus in ein ganzes Feuermeer von bunt flackernden Weihnachtslichtern. – Ganz erstarrt blieb Peregrinus vor dem Tische stehen, auf dem die schönsten Gaben in gar hübscher zierlicher Ordnung aufgestellt waren, nur ein lautes – Ach! drängte sich aus seiner Brust hervor. Noch nie hatte der Weihnachtsbaum solche reiche Früchte getragen, denn alles Zuckerwerk, wie es nur Namen haben mag und dazwischen manche goldne Nuß, mancher goldne Apfel aus den Gärten der Hesperiden, hing an den Ästen, die sich beugten unter der süßen Last. Der Vorrat von dem auserlesensten Spielzeug, schönem bleiernen Militär, eben solcher Jägerei, aufgeschlagenen Bilderbüchern u.s.w. ist gar nicht zu beschreiben. Noch wagte er es nicht, irgend etwas von dem ihm bescherten Reichtum zu berühren, er konnte sich nur mühen sein Staunen zu besiegen, den Gedanken des Glücks zu erfassen, daß das alles nun wirklich sein sei.
„O meine lieben Eltern! – o meine gute Aline!“ So rief Peregrinus im Gefühl des höchsten Entzückens. „Nun“, erwiderte Aline, „hab ich's so recht gemacht, Peregrinchen? – Freuest du dich auch recht von Herzen, mein Kind? – Willst du nicht all die schöne Ware näher betrachten, willst du nicht das neue Reitpferd, den hübschen Fuchs hier versuchen?“
„Ein herrliches Pferd“, sprach Peregrinus, das aufgezäumte Steckenpferd mit Freudentränen in den Augen betrachtend, „ein herrliches Pferd, echt arabische Rasse.“ Er bestieg denn auch sogleich das edle stolze Roß; mochte Peregrinus aber sonst auch ein vortrefflicher Reiter sein, er mußte es diesmal in irgend etwas verfehlt haben, denn der wilde Pontifer (so war das Pferd geheißen) bäumte sich schnaubend und warf ihn ab, daß er kläglich die Beine in die Höhe streckte. Noch ehe indessen die zum Tode erschrockene Aline ihm zu Hilfe springen konnte, hatte Peregrinus sich schon emporgerafft und den Zügel des Pferdes ergriffen, das eben hinten ausschlagend, durchgehen wollte. Aufs neue schwang sich Peregrinus nun auf und brachte, alle Reiterkünste aufbietend und mit Kraft und Geschick anwendend, den wil-

den Hengst so zur Vernunft, daß er zitterte, keuchte, stöhnte, in Peregrinus seinen mächtigen Zwangherrn erkannte. – Aline führte, als Peregrinus abgesessen, den Gebeugten in den Stall.
Die etwas stürmische Reiterei, die im Zimmer, vielleicht im ganzen Hause einen unbilligen Lärm verursacht, war nun vorüber und Peregrinus setzte sich an den Tisch, um ruhig die andern glänzenden Gaben in näheren Augenschein zu nehmen. Mit Wohlbehagen verzehrte Peregrinus einigen Marzipan, indem er diese, jene Gliederpuppe ihre Künste machen ließ, in dieses, jenes Bilderbuch kuckte, dann Heerschau hielt über seine Armee, die er sehr zweckmäßig uniformiert und mit Recht deshalb unüberwindlich fand, weil kein einziger Soldat einen Magen im Leibe, zuletzt aber fortschritt zum Jagdwesen. Mit Verdruß gewahrte er jetzt, daß nur eine Hasen- und Fuchsjagd vorhanden, die Hirschjagd so wie die wilde Schweinsjagd aber durchaus fehlte. Auch diese Jagd mußte ja da sein, keiner konnte das besser wissen als Peregrinus, der alles selbst mit unsäglicher Mühe und Sorgfalt eingekauft. –
Doch! – höchst nötig scheint es, den günstigen Leser vor den ärgsten Mißverständnissen zu bewahren, in die er geraten könnte, wenn der Autor ins Gelag hinein weitererzählte, ohne daran zu denken, daß er wohl weiß, was es mit der ganzen Weihnachts-Ausstellung, von der gesprochen wird, für ein Bewandtnis hat, nicht aber der gütige Leser, der eben erfahren will, was er nicht weiß.
Sehr irren würde jeder, welcher glauben sollte, daß Peregrinus Tyß ein Kind sei, dem die gütige Mutter oder sonst ein ihm zugewandtes weibliches Wesen, romantischer Weise Aline geheißen, den Heiligen Christ beschert. – Nichts weniger als das! –
Herr Peregrinus Tyß hatte sechsunddreißig Jahre erreicht und daher beinahe die besten. Sechs Jahre früher hieß es von ihm, er sei ein recht hübscher Mensch, jetzt nannte man ihn mit Recht einen Mann von feinem Ansehen, immer, damals und jetzt wurde aber von allen getadelt, daß Peregrinus zu sehr sich zurückziehe, daß er das Leben nicht kenne und daß er offenbar an einem krankhaften Trübsinn leide. Väter, deren Töchter eben mannbar, meinten, daß der gute Tyß, um sich von seinem Trübsinn zu heilen, nichts besseres tun könne, als heiraten, er habe ja freie Wahl und einen Korb nicht so leicht zu fürchten. Der Väter Meinung war wenigstens hinsichts des letzern Punkts insofern richtig, als Herr Peregrinus Tyß außerdem, daß er, wie gesagt, ein Mann von feinem Ansehen war, ein sehr beträchtliches

Vermögen besaß, das ihm sein Vater, Herr Balthasar Tyß, ein sehr angesehener Kaufherr hinterlassen. Solchen hochbegabten Männern pflegt ein Mädchen, das, was Liebe betrifft, über die Überschwenglichkeit hinaus, das heißt wenigstens drei- bis vierundzwanzig Jahre alt geworden ist, auf die unschuldige Frage: „Wollen Sie mich mit Ihrer Hand beglücken o Teure?" selten anders, als mit roten Wangen und niedergeschlagenen Augen zu antworten: „Sprechen Sie mit meinen lieben Eltern, ihrem Befehl gehorche ich allein, ich habe keinen Willen!" Die Eltern falten aber die Hände und sprechen! „Wenn es Gottes Wille ist, wir haben nichts dagegen, Herr Sohn!" –

Zu nichts weniger schien aber Herr Peregrinus Tyß aufgelegt, als zum Heiraten. Denn außerdem, daß er überhaupt im allgemeinen menschenscheu war, so bewies er insbesondere eine seltsame Idiosynkrasie gegen das weibliche Geschlecht. Die Nähe eines Frauenzimmers trieb ihm Schweißtropfen auf die Stirne und wurde er vollends von einem jungen genugsam hübschen Mädchen angeredet, so geriet er in eine Angst, die ihm die Zunge band und ein krampfhaftes Zittern durch alle Glieder verursachte. Eben daher mocht es auch kommen, daß seine alte Aufwärterin von solch seltener Häßlichkeit war, daß sie in dem Revier, wo Herr Peregrinus Tyß wohnte, vielen für eine naturhistorische Merkwürdigkeit galt. Sehr gut stand das schwarze struppige halb ergraute Haar zu den roten triefenden Augen, sehr gut die dicke Kupfernase zu den bleichblauen Lippen um das Bild einer Blocksberg-Aspirantin zu vollenden, so daß sie ein paar Jahrhunderte früher schwerlich dem Scheiterhaufen entgangen sein würde, statt daß sie jetzt von Herrn Peregrinus Tyß und wohl auch noch von andern für eine sehr gutmütige Person gehalten wurde. Dies war sie auch in der Tat und ihr daher wohl nachzusehen, daß sie zu ihres Leibes Nahrung und Notdurft in die Stundenreihe des Tages so manches Schnäpschen einflocht, und vielleicht auch zu oft eine ungeheure schwarzlackierte Dose aus dem Brusttuch hervorzog und die ansehnliche Nase reichlich mit echtem Offenbacher fütterte. Der geneigte Leser hat bereits bemerkt, daß diese merkwürdige Person eben dieselbe Aline ist, die die Weihnachtsbescherung veranstaltet. Der Himmel weiß, wie sie zu dem berühmten Namen der Königin von Golkonda gekommen. –

Verlangten aber nun Väter, daß der reiche, angenehme Herr Peregrinus Tyß seiner Weiberscheu entsage und sich ohne weiteres vereheliche, so sprachen dagegen wieder alte Hagestolze, daß Herr Peregri-

nus ganz recht tue, nicht zu heiraten, da seine Gemütsart nicht dazu tauge.
Schlimm war es aber, daß viele bei dem Worte „Gemütsart“, ein sehr geheimnisvolles Gesicht machten und auf näheres Befragen nicht undeutlich zu verstehen gaben, daß Herr Peregrinus Tyß leider zuweilen was weniges überschnappe, ein Fehler, der ihm schon von früher Jugend her anklebe. – Die vielen Leute die den armen Peregrinus für übergeschnappt hielten, gehörten vorzüglich zu denjenigen, welche fest überzeugt sind, daß auf der großen Landstraße des Lebens, die man der Vernunft, der Klugheit gemäß einhalten müsse, die Nase der beste Führer und Wegweiser sei und die lieber Scheuklappen anlegen, als sich verlocken lassen von manchem duftenden Gebüsch, von manchem blumichten Wiesenplätzlein, das nebenher liegt.
Wahr ist es freilich, daß Herr Peregrinus manches Seltsame in und an sich trug, in das sich die Leute nicht finden konnten.
Es ist schon gesagt worden, daß der Vater des Herrn Peregrinus Tyß ein sehr reicher angesehener Kaufmann war und wenn noch hinzugefügt wird, daß derselbe ein sehr schönes Haus auf dem freundlichen Roßmarkt besaß, und daß in diesem Hause und zwar in demselben Zimmer wo dem kleinen Peregrinus stets der Heilige Christ einbeschert wurde, auch diesmal der erwachsene Peregrinus die Weihnachtsgaben in Empfang nahm, so ist gar nicht daran zu zweifeln, daß der Ort, wo sich die wundersamen Abenteuer zutrugen, die in dieser Geschichte erzählt werden sollen, kein anderer ist, als die berühmte schöne Stadt Frankfurt am Main. –
Von den Eltern des Herrn Peregrinus ist eben nichts Besonderes zu sagen, als daß es rechtliche stille Leute waren, denen niemand etwas anders als Gutes nachsagen konnte. Die unbegrenzte Hochachtung welche Herr Tyß auf der Börse genoß, verdankte er dem Umstande, daß er stets richtig und sicher spekulierte, daß er eine große Summe nach der andern gewann, dabei aber nie vorlaut wurde, sondern bescheiden blieb, wie er gewesen und niemals mit seinem Reichtum prahlte, sondern ihn nur dadurch bewies, daß er weder um geringes noch um vieles knickerte und die Nachsicht selbst war gegen insolvente Schuldner, die ins Unglück geraten, sei es auch verdienterweise. –
Sehr lange Zeit war die Ehe des Herrn Tyß unfruchtbar geblieben, bis endlich nach beinahe zwanzig Jahren die Frau Tyß ihren Eheherrn mit

einem tüchtigen hübschen Knaben erfreute, welches eben unser Herr Peregrinus Tyß war.

Man kann denken, wie grenzenlos die Freude der Eltern war, und noch jetzt sprechen alle Leute in Frankfurt von dem herrlichen Tauffeste, das der alte Tyß gegeben und an welchem der edelste urälteste Rheinwein kredenzt worden, als gelt es ein Krönungsmahl. Was aber dem alten Herrn Tyß noch mehr nachgerühmt wird, ist, daß er zu jenem Tauffeste ein paar Leute geladen, die in feindseliger Gesinnung ihm gar öfters wehe getan hatten, dann aber andere, denen *er* weh getan zu haben glaubte, so daß der Schmaus ein wirkliches Friedens- und Versöhnungsfest wurde.

Ach! – der gute Herr Tyß wußte, ahnte nicht, daß dasselbe Knäblein, dessen Geburt ihn so erfreute, ihm so bald Kummer und Not verursachen würde.

Schon in der frühsten Zeit zeigte der Knabe Peregrinus eine ganz besondere Gemütsart. Denn nachdem er einige Wochen hindurch Tag und Nacht ununterbrochen geschrien, ohne daß irgendein körperliches Übel zu entdecken, wurde er plötzlich still, und erstarrte zur regungslosen Unempfindlichkeit. Nicht des mindesten Eindrucks schien er fähig, nicht zum Lächeln, nicht zum Weinen verzog sich das kleine Antlitz, das einer leblosen Puppe anzugehören schien. Die Mutter behauptete, daß sie sich versehen an dem alten Buchhalter, der schon seit zwanzig Jahren stumm und starr mit demselben leblosen Gesicht im Comptoir vor dem Hauptbuch säße, und vergoß viele heiße Tränen über das kleine Automat.

Endlich geriet eine Frau Pate auf den glücklichen Gedanken, dem kleinen Peregrinus einen sehr bunten und im Grunde genommen, häßlichen Harlekin mitzubringen. Des Kindes Augen belebten sich auf wunderbare Art, der Mund verzog sich zum sanften Lächeln, es griff nach der Puppe, und drückte sie zärtlich an sich, als man sie ihm gab. Dann schaute der Knabe wieder das bunte Männlein an, mit solchen klugen beredten Blicken, daß es schien, als sei plötzlich Empfindung und Verstand in ihm erwacht, und zwar zu höherer Lebendigkeit, als es wohl bei Kindern des Alters gewöhnlich. „Der ist zu klug“, sprach die Frau Pate, „den werdet ihr nicht erhalten! – Betrachtet doch nur einmal seine Augen, der denkt schon viel mehr, als er soll!“

Dieser Ausspruch tröstete gar sehr den alten Herrn Tyß, der sich schon einigermaßen darin gefunden, daß er nach vielen Jahren vergeblicher Hoffnung, einen Einfaltspinsel erzielt, doch bald kam er in neue Sorge.

Längst war nämlich die Zeit vorüber, in der die Kinder gewöhnlich zu sprechen beginnen, und noch hatte Peregrinus keinen Laut von sich gegeben. Man würde ihn für taubstumm gehalten haben, hätte er nicht manchmal den, der zu ihm sprach, mit solchem aufmerksamen Blick angeschaut, ja durch freudige, durch traurige Mienen seinen Anteil zu erkennen gegeben, daß gar nicht daran zu zweifeln, wie er nicht allein hörte, sondern auch alles verstand. – In nicht geringes Erstaunen geriet indessen die Mutter, als sie bestätigt fand was ihr die Wärterin gesagt. – Zur Nachtzeit, wenn der Knabe im Bette lag und sich unbehorcht glaubte, sprach er für sich einzelne Wörter, ja ganze Redensarten und zwar so wenig Kauderwelsch, daß man schon eine lange Übung voraussetzen konnte. Der Himmel hat den Frauen einen ganz besondern sichern Takt verliehen, die menschliche Natur, wie sie sich im Aufkeimen bald auf diese, bald auf jene Weise entwickelt, richtig aufzufassen, weshalb sie auch wenigstens für die ersten Jahre des Kindes in der Regel bei weitem die besten Erzieherinnen sind. Diesem Takt gemäß war auch Frau Tyß weit entfernt, dem Knaben ihre Beobachtung merken zu lassen und ihn zum Sprechen zwingen zu wollen, vielmehr wußte sie es auf andere geschickte Weise dahin zu bringen, daß er von selbst das schöne Talent des Sprechens nicht mehr verborgen hielt, sondern leuchten ließ vor der Welt und zu aller Verwunderung, zwar langsam aber deutlich sich vernehmen ließ. Doch zeigte er gegen das Sprechen stets einigen Widerwillen und hatte es am liebsten, wenn man ihn still für sich allein ließ. –

Auch dieser Sorge wegen des Mangels der Sprache, war daher Herr Tyß überhoben, doch nur, um später in noch viel größere zu geraten. Als nämlich das Kind Peregrinus zum Knaben herangewachsen, tüchtig lernen sollte, schien es, als ob ihm nur mit der größten Mühe etwas beizubringen. Wunderbar ging es mit dem Lesen und Schreiben wie mit dem Sprechen; erst wollte es durchaus nicht gelingen und dann konnt er es mit einemmal ganz vortrefflich und über alle Erwartung. Später verließ indessen ein Hofmeister nach dem andern das Haus, nicht, weil der Knabe ihnen mißbehagte, sondern weil sie sich in seine Natur nicht finden konnten. Peregrinus war still, sittig, fleißig und doch war an ein eigentliches systematisches Lernen, wie es die Hofmeister haben wollten, gar nicht zu denken, da er nur dafür Sinn hatte, nur dem sich mit ganzer Seele hingab, was gerade sein inneres Gemüt in Anspruch nahm, und alles übrige spurlos bei sich vorübergehen ließ. Das, was sein Gemüt ansprach, war nun aber alles Wunderbare, alles was seine Fantasie erregte, in dem er dann lebte und webte. – So hatte er z.B. einst einen Aufriß der Stadt Peking mit allen Straßen, Häusern u.s.w. der die ganze Wand seines Zimmers einnahm, zum Geschenk erhalten. Bei dem Anblick der märchenhaften Stadt, des wunderlichen Volks, das sich durch die Straßen zu drängen schien, fühlte Peregrinus sich wie durch einen Zauberschlag in eine andre Welt versetzt, in der er heimisch werden mußte. Mit heißer Begierde fiel er über alles her, was er über China, über die Chinesen, über Peking habhaft werden konnte, mühte sich die chinesischen Laute, die er irgendwo aufgezeichnet fand, mit feiner singender Stimme der Beschreibung gemäß nachzusprechen, ja er suchte mittelst der Papierschere seinem Schlafröcklein, von dem schönsten Kalmank, möglichst einen chinesischen Zuschnitt zu geben, um der Sitte gemäß mit Entzücken in den Straßen von Peking umherwandeln zu können. Alles übrige konnte durchaus nicht seine Aufmerksamkeit reizen, zum großen Verdruß des Hofmeisters, der eben ihm die Geschichte des Bundes der Hansa beibringen wollte, wie es der alte Herr Tyß ausdrücklich gewünscht, der nun zu seinem Leidwesen erfahren mußte, daß Peregrinus nicht aus Peking fortzubringen, weshalb er denn Peking selbst fortbringen ließ aus dem Zimmer des Knaben. –

Für ein schlimmes Omen hatte es der alte Herr Tyß gehalten, daß als kleines Kind, Peregrinus Rechenpfennige lieber hatte als Dukaten, dann aber gegen große Geldsäcke und Hauptbücher und Strazzen einen entschiedenen Abscheu bewies. Was aber am seltsamsten schien, war, daß er das Wort: Wechsel, nicht aussprechen hören konnte, ohne krampfhaft zu erbeben, indem er versicherte, es sei ihm dabei so, als kratze man mit der Spitze des Messers auf einer Glasscheibe hin und her. Zum Kaufmanne, das mußte Herr Tyß einsehen, war daher Peregrinus von Haus aus verdorben, und so gern er es gesehen, daß der Sohn in seine Fußstapfen getreten, so stand er doch gern ab von diesem Wunsch, in der Voraussetzung, daß Peregrinus sich einem bestimmten Fach widmen werde. Herr Tyß hatte den Grundsatz, daß der reichste Mann ein Geschäft und durch dasselbe einen bestimmten Standpunkt im Leben haben müsse; geschäftslose Leute waren ihm ein Greuel und eben zu dieser Geschäftslosigkeit neigte sich Peregrinus, bei allen Kenntnissen die er nach seiner eigenen Weise erwarb, und die chaotisch durcheinanderlagen, gänzlich hin. Das war nun des alten Tyß größte und drückendste Sorge. – Peregrinus wollte von der wirklichen Welt nichts wissen, der Alte lebte nur in ihr und nicht anders konnt es geschehen, als daß sich daraus, je älter Peregrinus wurde, ein desto ärgerer Zwiespalt entspann zwischen Vater und Sohn, zu nicht geringem Leidwesen der Mutter, die dem Peregrinus, der sonst gutmütig, fromm, der beste Sohn, sein, ihr freilich unverständliches Treiben, in lauter Einbildungen und Träumen herzlich gönnte und nicht begreifen konnte, warum ihm der Vater durchaus ein bestimmtes Geschäft aufbürden wollte.

Auf den Rat bewährter Freunde schickte der alte Tyß den Sohn nach der Universität Jena, aber als er nach drei Jahren wiederkehrte, da rief der alte Herr voller Ärger und Grimm: „Hab ich's nicht gedacht! Hans der Träumer ging hin, Hans der Träumer kehrt zurück!" – Herr Tyß hatte insofern ganz recht, als Peregrinus in seinem ganzen Wesen sich ganz und gar nicht verändert hatte, sondern völlig derselbe geblieben. – Doch gab Herr Tyß die Hoffnung noch nicht auf, den ausgearteten Peregrinus zur Vernunft zu bringen, indem er meinte, daß, würde er erst mit Gewalt hineingestoßen in das Geschäft, er vielleicht doch am Ende Gefallen daran finden und anderes Sinnes werden könne. – Er schickte ihn mit Aufträgen nach Hamburg, die eben nicht sonderliche Handelskenntnisse erforderten, und empfahl ihn überdies einem dortigen Freunde, der ihm in allem treulich beistehen sollte.

Peregrinus kam nach Hamburg, gab nicht allein den Empfehlungsbrief sondern auch alle Papiere, die seine Aufträge betrafen dem Handelsfreunde seines Vaters in die Hände, und verschwand darauf, niemand wußte wohin.

Der Handelsfreund schrieb darauf an Herrn Tyß:

„Ich habe Dero Geehrtes vom – durch Ihren Herrn Sohn richtig erhalten. Derselbe hat sich aber nicht weiter blicken lassen, sondern ist schnell von Hamburg abgereiset ohne Auftrag zu hinterlassen. – In Pfeffern geht hier wenig um, Baumwolle ist flau, in Kaffee nur noch Mittelsorte Frage, dagegen erhält sich der Melis angenehm und auch im Indigo zeigt sich fortwährend divers gute Meinung. Ich habe die Ehre etc."

Dieser Brief hätte Herrn Tyß und seine Ehegattin nicht wenig in Bestürzung gesetzt, wäre nicht mit derselben Post ein Brief von dem verlorenen Sohne selbst angelangt, in dem er sich mit den wehmütigsten Ausdrücken entschuldigte, daß es ihm ganz unmöglich gewesen, die erhaltenen Aufträge nach dem Wunsche des Vaters auszurichten, und daß er sich unwiderstehlich hingezogen gefühlt habe nach fernen Gegenden, aus denen er nach Jahresfrist glücklicher und froher in die Heimat zurückzukehren hoffe.

„Es ist gut", sprach der alte Herr, „daß der Junge sich umsieht in der Welt, da werden sie ihn wohl herausrütteln aus seinen Träumereien."

Auf die von der Mutter geäußerte Besorgnis, daß es dem Sohn doch an Geld fehlen könne zur großen Reise, und daß daher sein Leichtsinn, nicht geschrieben zu haben, wohin er sich begebe, sehr zu tadeln, erwiderte aber der Alte lachend: „Fehlt es dem Jungen an Gelde, so wird er sich desto eher mit der wirklichen Welt befreunden, und hat er uns nicht geschrieben, wohin er reisen will, so weiß er doch, wo *uns* seine Briefe treffen." –

Es ist unbekannt geblieben, wohin Peregrinus eigentlich seine Reise gerichtet; manche wollen behaupten, er sei in dem fernen Indien gewesen, andere meinen dagegen, er habe sich das nur eingebildet; so viel ist gewiß, daß er weit weg gewesen sein muß, denn nicht so, wie er den Eltern versprochen, nach Jahresfrist, sondern erst nach Verlauf voller dreier Jahre kehrte Peregrinus zurück nach Frankfurt und zwar zu Fuß, in ziemlich ärmlicher Gestalt.

Er fand das elterliche Haus fest verschlossen und niemand rührte sich darin, er mochte klingeln und klopfen so viel er wollte.

Da kam endlich der Nachbar von der Börse, den Peregrinus augenblicklich fragte, ob Herr Tyß vielleicht verreiset.

Der Nachbar prallte aber ganz erschrocken zurück und rief: „Herr Peregrinus Tyß! – sind Sie es! kommen Sie endlich? – wissen Sie denn nicht?" –

Genug, Peregrinus erfuhr, daß während seiner Abwesenheit beide Eltern hintereinander gestorben, daß die Gerichte den Nachlaß in Beschlag genommen und ihn, dessen Aufenthalt gänzlich unbekannt gewesen, öffentlich aufgefordert nach Frankfurt zurückzukehren und die Erbschaft des Vaters in Empfang zu nehmen.

Sprachlos blieb Peregrinus vor dem Nachbar stehen, zum erstenmal durchschnitt der Schmerz des Lebens seine Brust, zertrümmert sah er die schöne glänzende Welt, in der er sonst lustig gehauset.

Der Nachbar gewahrte wohl wie Peregrinus gänzlich unfähig, auch nur das Kleinste, was jetzt nötig, zu beginnen. Er nahm ihn daher in sein Haus und besorgte selbst in möglicher Schnelle alles, so daß noch denselben Abend Peregrinus sich in dem elterlichen Hause befand.

Ganz erschöpft, ganz vernichtet von einer Trostlosigkeit, die er noch nicht gekannt, sank er in den großen Lehnstuhl des Vaters, der noch an derselben Stelle stand, wo er sonst gestanden; da sprach eine Stimme: „Es ist nur gut, daß Sie wieder da sind, lieber Herr Peregrinus. – Ach wären Sie nur früher gekommen!"

Peregrinus schaute auf und gewahrte dicht vor sich die Alte, die sein Vater vorzüglich deshalb, weil sie wegen ihrer furchtbaren Häßlichkeit, schwer einen Dienst finden konnte, in seiner frühen Kindheit als Wärterin angenommen, und die das Haus nicht wieder verlassen hatte.

Lange starrte Peregrinus das Weib an, endlich begann er, seltsam lächelnd: „Bist du es, Aline? – Nichtwahr, die Eltern leben noch?" Damit stand er auf, ging durch alle Zimmer, betrachtete jeden Stuhl, jeden Tisch, jedes Bild u.s.w. Dann sprach er ruhig: „Ja, es ist noch alles so wie ich es verlassen, und so soll es auch bleiben!"

Von diesem Augenblick begann Peregrinus das seltsame Leben, wie es gleich anfangs angedeutet. Zurückgezogen von aller Gesellschaft, lebte er mit seiner alten Aufwärterin in dem großen geräumigen Hause, in tiefster Einsamkeit, erst ganz allein, bis er später ein paar Zimmer einem alten Mann, der des Vaters Freund gewesen, mietweise abtrat. Dieser Mann schien ebenso menschenscheu wie Peregrinus. Grund genug, warum sich beide, Peregrinus und der Alte sehr gut vertrugen, da sie sich niemals sahen.

Es gab nur vier Familienfeste, die Peregrinus sehr feierlich beging, und das waren die beiden Geburtstage des Vaters und der Mutter, der erste Osterfeiertag und sein eignes Tauffest. An diesen Tagen mußte Aline einen Tisch für so viele Personen, als der Vater sonst eingeladen und dieselbe Schüsseln, die gewöhnlich aufgetragen worden, bereiten, so wie denselben Wein aufsetzen lassen, wie ihn der Vater gegeben. Es versteht sich, daß dasselbe Silber, dieselben Teller, dieselben Gläser, wie alles damals gebraucht worden und wie es sich noch unversehrt im Nachlasse befand, auch jetzt nach der so viele Jahre hindurch üblichen Weise gebraucht werden mußte. Peregrinus hielt strenge darauf. War die Tafel fertig, so setzte sich Peregrinus ganz allein hinan, aß und trank nur wenig, horchte auf die Gespräche der Eltern, der eingebildeten Gäste und antwortete nur bescheiden auf diese, jene Frage, die jemand aus der Gesellschaft an ihn richtete. Hatte die Mutter den Stuhl gerückt, so stand er mit den übrigen auf und empfahl sich jedem auf die höflichste Weise. – Er ging dann in ein abgelegenes Zimmer und überließ seiner Aline die Verteilung der vielen nicht angerührten Schüsseln und des Weins an Hausarme, welches Gebot des Herrn die treue Seele gar gewissenhaft auszuführen pflegte. Die Feier der Geburtstage des Vaters und der Mutter, begann Peregrinus schon am frühen Morgen damit, daß er, wie es sonst zu seiner Knabenzeit geschehen, einen schönen Blumenkranz in das Zimmer trug, wo die Eltern zu frühstücken pflegten und auswendig gelernte Verse hersagte. – An seinem eignen Tauffeste konnte er sich natürlicherweise nicht an die Tafel setzen, da er nicht längst geboren, Aline mußte daher alles allein besorgen, d.h. die Gäste zum Trinken nötigen, überhaupt wie man zu sagen pflegt, die Honneurs der Tafel machen; sonst geschah alles wie bei den übrigen Festen. – Außer denselben gab es aber noch für Peregrinus einen besondern Freudentag oder vielmehr Freudenabend im Jahre, und das war die Weihnachtsbescherung, die mehr als jede andere Lust, sein junges Gemüt in süßem frommen Entzücken aufgeregt hatte.

Selbst kaufte er sorgsam bunte Weihnachtslichter, Spielsachen, Naschwerk, ganz in dem Sinn ein, wie es die Eltern ihm in seinen Knabenjahren beschert hatten, und dann ging die Bescherung vor sich, wie es der geneigte Leser bereits erfahren. – –

„Sehr unlieb“, sprach Peregrinus, nachdem er noch einige Zeit gespielt, „sehr unlieb ist es mir doch, daß die Hirsch- und wilde Schweinsjagd abhanden gekommen. Wo sie nur geblieben sein mag! – Ach! – sieh da!“ Er gewahrte in dem Augenblick eine noch ungeöffnete Schachtel, nach welcher er schnell griff, die vermißte Jagd darin vermutend; als er sie indessen öffnete, fand er sie leer, und fuhr zurück als durchbebe ihn ein jäher Schreck. – „Seltsam“, sprach er dann leise vor sich hin, „seltsam! was ist es mit dieser Schachtel? war es mir doch als spränge mir daraus etwas Bedrohliches entgegen, das mit dem Blick zu erfassen, mein Auge zu stumpf war!“

Aline versicherte auf Befragen, daß sie die Schachtel unter den Spielsachen gefunden, indessen alle Mühe vergeblich angewandt hätte, sie zu öffnen; geglaubt habe sie daher, daß darin etwas Besonderes enthalten und der Deckel nur der kunstverständigen Hand des Herrn weichen werde. „Seltsam“, wiederholte Peregrinus, „sehr seltsam! –

Und auf diese Jagd hatte ich mich ganz besonders gefreut; ich hoffe nicht, daß das etwas Böses bedeuten dürfte! – Doch wer wird am Weihnachtsabende solchen Grillen nachhängen, die doch eigentlich gar keinen Grund haben! – Aline, bringe Sie den Korb!" – Aline brachte alsbald einen großen weißen Henkelkorb herbei, in den Peregrinus mit vieler Sorglichkeit die Spielsachen, das Zuckerwerk, die Lichter einpackte, dann den Korb unter den Arm, den großen Weihnachtsbaum aber auf die Schulter nahm und so seinen Weg antrat. –

Herr Peregrinus Tyß hatte die löbliche, gemütliche Gewohnheit, mit seiner ganzen Bescherung wie er sie sich selbst bereitet hatte, um sich ein paar Stunden hinüberzuträumen in die schöne vergnügliche Knabenzeit, hineinzufallen in irgend eine bedürftige Familie, von der ihm bekannt war, daß muntre Kinder vorhanden, wie der Heilige Christ selbst mit blanken, bunten Gaben. Wenn dann die Kinder in der hellsten, lebendigsten Freude, schlich er leise davon, und lief oft die halbe Nacht über durch die Straßen, weil er sich vor tiefer, die Brust beengender Rührung gar nicht zu lassen wußte, und sein eignes Haus ihm vorkam wie ein düstres Grabmal, in dem er selbst mit allen seinen Freuden begraben. Diesmal war die Bescherung den Kindern eines armen Buchbinders bestimmt, namens Lämmerhirt, der, ein geschickter fleißiger Mann, für Herrn Peregrinus seit einiger Zeit arbeitete, und dessen drei muntre Knaben von fünf bis neun Jahren, Herr Peregrinus kannte.

Der Buchbinder Lämmerhirt wohnte in dem höchsten Stock eines engen Hauses in der Kalbächer Gasse, und pfiff und tobte nun der Wintersturm, regnete und schneite es wild durcheinander, so kann man denken, daß Herr Peregrinus nicht ohne große Beschwerde zu seinem Ziel gelangte. Aus Lämmerhirts Fenstern blinkten ein paar ärmliche Lichterchen herab, mühsam erkletterte Peregrinus die steile Treppe. „Aufgemacht", rief er, indem er an die Stubentüre pochte, „aufgemacht, aufgemacht, der Heilige Christ schickt frommen Kindern seine Gaben!" –

Der Buchbinder öffnete ganz erschrocken und erkannte den ganz eingeschneiten Peregrinus erst, nachdem er ihn lange genug betrachtet.

„Hochgeehrtester Herr Tyß", rief Lämmerhirt voll Erstaunen, „Hochgeehrtester Herr Tyß, wie komm ich um des Herrn willen am heiligen Christabend zu der besondern Ehre –" – Herr Peregrinus ließ ihn

aber gar nicht ausreden, sondern bemächtigte sich, laut rufend: „Kinder – Kinder! aufgepaßt, der Heilige Christ schickt seine Gaben!" des großen Klapptisches, der in der Mitte des Stübchens befindlich, und begann sofort die wohlverdeckten Weihnachtsgaben aus dem Korbe zu holen. Den ganz nassen tropfenden Weihnachtsbaum hatte er freilich vor der Türe stehen lassen müssen. Der Buchbinder konnte noch immer nicht begreifen, was das werden sollte; die Frau sah es besser ein, denn sie lachte den Peregrinus an mit Tränen in den Augen, aber die Knaben standen von ferne und verschlangen schweigend mit den Augen jede Gabe, wie sie aus der Hülle hervorkam, und konnten sich oft eines lauten Ausrufs der Freude und der Verwunderung nicht erwehren! – Als Peregrinus nun endlich die Gaben nach dem Alter jedes Kindes geschickt getrennt und geordnet, alle Lichter angezündet hatte, als er rief: „Heran – heran, ihr Kinder! – das sind die Gaben die der Heilige Christ euch geschickt!" da jauchzten sie, die den Gedanken, daß das alles ihnen gehören solle, noch gar nicht fest gefaßt hatten, laut auf und sprangen und jubelten, während die Eltern Anstalten machten sich bei dem Wohltäter zu bedanken.
Der Dank der Eltern und auch der Kinder, das war es nun eben, was Herr Peregrinus jedesmal zu vermeiden suchte, er wollte sich daher wie gewöhnlich ganz still davon machen. Schon war er an der Türe, als diese plötzlich aufging und in dem hellen Schimmer der Weihnachtslichter ein junges glänzend gekleidetes Frauenzimmer vor ihm stand.
Es tut selten gut, wenn der Autor sich unterfängt, dem geneigten Leser genau zu beschreiben, wie diese oder jene sehr schöne Person die in seiner Geschichte vorkommt, ausgesehen, was Wuchs, Größe, Stellung, Farbe der Augen, der Haare betrifft, und scheint es dagegen viel besser, demselben ohne diesen Detailhandel die ganze Person in den Kauf zu geben. Genügen würde es auch hier vollkommen, zu versichern, daß das Frauenzimmer, welches dem zum Tode erschrokkenen Peregrinus entgegentrat, über die Maßen hübsch und anmutig war, käme es nicht durchaus darauf an, gewisser Eigentümlichkeiten zu erwähnen, die die kleine Person an sich trug.
Klein und zwar etwas kleiner, als gerade recht, war nämlich das Frauenzimmer in der Tat, dabei aber sehr fein und zierlich gebaut. Ihr Antlitz, sonst schön geformt und voller Ausdruck, erhielt aber dadurch etwas Fremdes und Seltsames, daß die Augäpfel stärker waren und die schwarzen feingezeichneten Augenbraunen höher standen,

als gewöhnlich. Gekleidet oder vielmehr geputzt war das Dämchen, als käme es soeben vom Ball. Ein prächtiges Diadem blitzte in den schwarzen Haaren, reiche Kanten bedeckten nur halb den vollen Busen, das lila und gelb gegatterte Kleid von schwerer Seide, schmiegte sich um den schlanken Leib und fiel nur in Falten so weit herab, daß man die niedlichsten weißbeschuhten Füßchen erblicken konnte, so wie die Spitzenärmel kurz genug waren, und die weißen Glacéhandschuhe nur so weit hinaufgingen, um den schönsten Teil des blendenden Arms sehen zu lassen. Ein reiches Halsband, brillantne Ohrgehenke vollendeten den Anzug.

Es konnte nicht fehlen, daß der Buchbinder ebenso bestürzt war, als Herr Peregrinus, daß die Kinder von ihren Spielsachen abließen, und die fremde Dame angafften mit offnem Munde; wie aber die Weiber am wenigsten über irgend etwas Seltsames, Ungewöhnliches zu erstaunen pflegen und sich überhaupt am geschwindesten fassen, so kam denn auch des Buchbinders Frau zuerst zu Worten, und fragte: was der schönen fremden Dame zu Diensten stehe?

Die Dame trat nun vollends in das Zimmer, und diesen Augenblick wollte der beängstete Peregrinus benutzen, um sich schnell davonzumachen, die Dame faßte ihn aber bei beiden Händen, indem sie mit einem süßen Stimmchen lispelte: „So ist das Glück mir doch günstig, so habe ich Sie doch ereilt! – O Peregrin, mein teurer Peregrin, was für ein schönes heilbringendes Wiedersehen!" –

Damit erhob sie die rechte Hand so, daß sie Peregrins Lippen berührte und er genötigt war, sie zu küssen, unerachtet ihm dabei die kalten Schweißtropfen auf der Stirne standen. – Die Dame ließ nun zwar seine Hände los und er hätte entfliehen können, aber gebannt fühlte er sich, nicht von der Stelle konnte er weichen, wie ein armes Tierlein, das der Blick der Klapperschlange festgezaubert. – „Lassen Sie", sprach jetzt die Dame, „lassen Sie mich, bester Peregrin, an dem schönen Fest teilnehmen, das Sie mit edlem Sinn, mit zartem innigem Gemüt, frommen Kindern bereitet, lassen Sie mich auch etwas dazu beitragen."

Aus einem zierlichen Körbchen, das ihr am Arme hing und das man jetzt erst bemerkte, zog sie nun allerlei artige Spielsachen hervor, ordnete sie mit anmutiger Geschäftigkeit auf dem Tische, führte die Knaben heran, wies jedem, was sie ihm zugedacht und wußte dabei mit den Kindern so schön zu tun, daß man nichts Lieblicheres sehen konnte. Der Buchbinder glaubte, er läge im Traum, die Frau lächelte aber schalkisch, weil sie überzeugt war, daß es mit dem Herrn Peregrin und der fremden Dame wohl eine besondere Bewandtnis haben müsse.

Während nun die Eltern sich wunderten und die Kinder sich freuten, nahm die fremde Dame Platz auf einem alten gebrechlichen Kanapee, und zog den Herrn Peregrinus Tyß, der in der Tat beinahe selbst nicht mehr wußte, ob er diese Person wirklich sei, neben sich nieder. „Mein teurer“, begann sie dann leise ihm ins Ohr lispelnd, „mein teurer lieber Freund, wie froh, wie selig fühle ich mich an deiner Seite.“ – „Aber“, stotterte Peregrinus, „aber mein verehrtestes Fräulein“ – doch plötzlich kamen, der Himmel weiß wie, die Lippen der fremden Dame den seinigen so nahe, daß, ehe er daran denken konnte, sie zu küssen, sie schon geküßt hatte, und daß er darüber die Sprache aufs neue und gänzlich verlor, ist zu denken.

„Mein süßer Freund“, sprach nun die fremde Dame weiter, indem sie dem Peregrinus so nahe auf den Leib rückte, daß nicht viel daran gefehlt, sie hätte sich auf seinen Schoß gesetzt, „mein süßer Freund! ich weiß was dich bekümmert, ich weiß was heute abend dein frommes kindliches Gemüt schmerzlich berührt. Doch! – sei getrost! – Was du verloren, was du jemals wieder zu erlangen kaum hoffen durftest, das bring ich dir.“

Damit holte die fremde Dame aus demselben Körbchen, in dem sich die Spielsachen befunden hatten, eine hölzerne Schachtel hervor und gab sie dem Peregrin in die Hände. Es war die Hirsch- und wilde Schweinsjagd, die er auf dem Weihnachtstische vermißt. Schwer möcht es fallen, die seltsamen Gefühle zu beschreiben, die in Peregrins Innerm sich durchkreuzten.

Hatte die ganze Erscheinung der fremden Dame, aller Anmut und Lieblichkeit unerachtet, dennoch etwas Spukhaftes, das auch andere, die die Nähe eines Frauenzimmers nicht so gescheut, als Peregrin, recht durch alle Glieder fröstelnd empfunden haben würden, so mußte ja den armen, schon genug geängsteten Peregrin ein tiefes Grauen anwandeln, als er gewahrte, daß die Dame von all dem, was er in der tiefsten Einsamkeit begonnen, auf das genaueste unterrichtet war. Und mitten in diesem Grauen wollte sich, wenn er die Augen aufschlug und der siegende Blick der schönsten schwarzen Augen, unter den langen seidenen Wimpern hervorleuchtete, wenn er des holden Wesens süßen Atem, die elektrische Wärme ihres Körpers fühlte – doch wollte sich dann in wunderbaren Schauern das namenlose Weh eines unaussprechlichen Verlangens regen, das er noch nie gekannt! Dann kam ihm zum erstenmal seine ganze Lebensweise, das Spiel mit der Weihnachtsbescherung kindisch und abgeschmackt vor, und er fühlte sich beschämt, daß die Dame darum wußte und nun war es ihm wieder, als sei das Geschenk der Dame der lebendige Beweis, daß sie ihn verstanden, wie niemand sonst auf Erden und daß das innigste tiefste Zartgefühl sie gelenkt, als sie ihn auf diese Weise erfreuen wollen. Er beschloß die teure Gabe ewig aufzubewahren, nie aus den Händen zu lassen und drückte, fortgerissen von einem Gefühl, das ihn ganz übermannt, die Schachtel worin die Hirsch- und wilde Schweinsjagd befindlich, mit Heftigkeit an die Brust. – „Oh“, lispelte das Dämchen, „o des Entzückens! – Dich erfreut meine Gabe! o mein herziger Peregrin, so haben mich meine Träume, meine Ahnungen nicht getäuscht!“ –

Herr Peregrinus Tyß kam etwas zu sich selbst, so, daß er imstande war, sehr deutlich und vernehmlich zu sprechen: „Aber mein bestes hochverehrtes Fräulein, wenn ich nur in aller Welt wüßte, wem ich die Ehre hätte –“

„Schalkischer Mann“, unterbrach ihn die Dame, indem sie ihm leise die Wange klopfte, „schalkischer Mann, du stellst dich gar, als ob du deine treue Aline nicht kenntest! – Doch es ist Zeit, daß wir hier den guten Leuten, freien Spielraum lassen. Begleiten Sie mich, Herr Tyß!“ –

Als Peregrinus den Namen Aline hörte, mußte er natürlicherweise an seine alte Aufwärterin denken, und es war ihm nun vollends, als drehe sich in seinem Kopfe eine Windmühle.

Der Buchbinder vermochte, als nun die fremde Dame von ihm, seiner Frau und den Kindern auf das freudigste, anmutigste, Abschied nahm, vor lauter Verwunderung und Ehrfurcht nur unverständliches Zeug zu stammeln, die Kinder taten, als seien sie mit der Fremden lange bekannt gewesen; die Frau sprach aber: „Ein solcher schmucker gütiger Herr, wie Sie, Herr Tyß, verdient wohl eine so schöne, herzensgute Braut zu haben, die ihm noch in der Nacht Werke der Wohltätigkeit vollbringen hilft. Nun ich gratuliere von ganzem Herzen!“ – Die fremde Dame dankte gerührt, versicherte, daß ihr Hochzeitstag auch ihnen ein Festtag sein solle, verbot dann ernsthaft jede Begleitung, und nahm selbst eine kleine Kerze vom Weihnachtstisch, um sich die Treppe hinabzuleuchten.

Man kann denken, wie dem Herrn Tyß, in dessen Arm sich nun die fremde Dame hängte, bei allem dem zumute war! – „Begleiten Sie mich, Herr Tyß'", dachte er bei sich, „das heißt, die Treppe hinab bis an den Wagen, der vor der Türe hält und wo der Diener oder vielleicht eine ganze Dienerschaft wartet, denn am Ende ist es irgendeine wahnsinnige Prinzessin, die hier – der Himmel erlöse mich nur bald aus dieser seltsamen Qual und erhalte mir mein bißchen Verstand!" –

Herr Tyß ahnte nicht, daß alles, was bis jetzt geschehen, nur das Vorspiel des wunderlichsten Abenteuers gewesen, und tat eben deshalb unbewußt, sehr wohl daran, den Himmel im voraus um die Erhaltung seines Verstandes zu bitten.

Als das Paar die Treppe herabgekommen, wurde die Haustüre von unsichtbaren Händen auf- und, als Peregrinus mit der Dame hinausgetreten, ebenso wieder zugeschlossen. Peregrinus merkte gar nicht darauf, denn viel zu sehr erstaunte er, als sich vor dem Hause auch nicht die mindeste Spur eines Wagens oder eines wartenden Dieners fand.

„Um des Himmels willen", rief Peregrinus, „wo ist Ihr Wagen, Gnädigste?" – „Wagen", erwiderte die Dame, „Wagen? – was für ein Wagen? Glauben Sie, lieber Peregrinus, daß meine Ungeduld, meine Angst Sie zu finden, es mir erlaubt haben sollte, mich ganz ruhig hierher fahren zu lassen? Durch Sturm und Wetter bin ich getrieben von Sehnsucht und Hoffnung umhergelaufen, bis ich Sie fand. Dem Himmel Dank, daß mir dies gelungen. Führen Sie mich nur jetzt nach Hause, lieber Peregrinus, meine Wohnung ist nicht sehr weit entlegen."

Herr Peregrinus entschlug sich mit aller Gewalt des Gedankens, wie es ja ganz unmöglich, daß die Dame, geputzt wie sie war, in weißseidnen Schuhen, auch nur wenige Schritte hatte gehen können, ohne den ganzen Anzug im Sturm, Regen und Schnee zu verderben, statt daß man jetzt auch keine Spur irgendeiner Zerrüttung der sorgsamsten Toilette wahrnahm; fand sich darin, die Dame noch weiter zu begleiten, und war nur froh, daß die Witterung sich geändert. Vorüber war das tolle Unwetter, kein Wölkchen am Himmel, der Vollmond schien freundlich herab, und nur die schneidend scharfe Luft ließ die Winternacht fühlen.

Kaum war Peregrinus aber einige Schritte gegangen, als die Dame leise zu wimmern begann, dann aber in laute Klagen ausbrach, daß sie vor Kälte erstarren müsse. Peregrinus, dem das Blut glühendheiß

durch die Adern strömte, der deshalb nichts von der Kälte empfunden und nicht daran gedacht, daß die Dame so leicht gekleidet und nicht einmal einen Shawl oder ein Tuch umgeworfen hatte, sah plötzlich seine Tölpelei ein und wollte die Dame in seinen Mantel hüllen. Die Dame wehrte dies indessen ab, indem sie jammerte: „Nein, mein lieber Peregrin! das hilft mir nichts! – Meine Füße – ach meine Füße, umkommen muß ich vor fürchterlichem Schmerz." –
Halb ohnmächtig wollte die Dame zusammensinken, indem sie mit ersterbender Stimme rief: „Trage mich, trage mich, mein holder Freund!" –
Da nahm ohne weiteres Peregrinus das federleichte Dämchen auf den Arm, wie ein Kind und wickelte sie sorglich ein in den weiten Mantel. Kaum war er aber eine kleine Strecke mit der süßen Last fortgeschritten, als ihn stärker und stärker der wilde Taumel brünstiger Liebe erfaßte. Er bedeckte Nacken, Busen des holden Wesens, das sich fest an seine Brust geschmiegt hatte, mit glühenden Küssen, indem er halb sinnlos fortrannte durch die Straßen. Endlich war es ihm, als erwache er mit einem Ruck aus dem Traum; er befand sich dicht vor einer Haustüre und aufschauend erkannte er sein Haus auf dem Roßmarkt. Nun erst fiel ihm ein, daß er die Dame ja gar nicht nach ihrer Wohnung gefragt, mit Gewalt nahm er sich zusammen und fragte: „Fräulein! – himmlisches göttliches Wesen, wo wohnen Sie?" – „Ei", erwiderte die Dame, indem sie das Köpfchen emporstreckte, „ei lieber Peregrin, hier, hier in diesem Hause, ich bin ja deine Aline, ich wohne ja bei dir! Laß nur schnell das Haus öffnen."
„Nein! nimmermehr", schrie Peregrinus entsetzt, indem er die Dame hinabsinken ließ. „Wie", rief diese, „wie Peregrin, du willst mich verstoßen, und kennst doch mein fürchterliches Verhängnis und weißt doch daß ich Kind des Unglücks kein Obdach habe, daß ich elendiglich hier umkommen muß, wenn du mich nicht aufnimmst bei dir wie sonst! – Doch du willst vielleicht, daß ich sterbe – so geschehe es denn! – Trage mich wenigstens an den Springbrunnen, damit man meine Leiche nicht vor deinem Hause finde – ha – jene steinernen Delphine haben vielleicht mehr Erbarmen als du. – Weh mir – weh mir – die Kälte." – Die Dame sank ohnmächtig nieder, da faßte Herzensangst und Verzweiflung wie eine Eiszange Peregrins Brust und quetschte sie zusammen. Wild schrie er: „Mag es nun werden wie es will, ich kann nicht anders!" hob die Leblose auf, nahm sie in seine Arme und zog stark an der Glocke. Schnell rannte Peregrin bei

dem Hausknecht vorüber, der die Tür geöffnet und rief schon auf der Treppe, statt daß er sonst erst oben ganz leise anzupochen pflegte: „Aline – Aline – Licht, Licht!“ und zwar so laut, daß der ganze weite Flur wiederhallte.

„Wie? – was? – was ist das? – was soll das heißen?“ So sprach die alte Aline, indem sie die Augen weit aufriß, als Peregrinus die ohnmächtige Dame aus dem Mantel loswickelte, und mit zärtlicher Sorgfalt auf den Sofa legte.

„Geschwind“, rief er dann, „geschwind, Aline, Feuer in den Kamin – die Wunderessenz her – Tee – Punsch! – Betten herbei!“

Aline rührte sich aber nicht von der Stelle, sondern blieb, die Dame anstarrend, bei ihrem: „Wie? was? was ist das? was soll das heißen?“

Da sprach Peregrinus von einer Gräfin, vielleicht gar Prinzessin, die er bei dem Buchbinder Lämmerhirt angetroffen, die auf der Straße ohnmächtig geworden, die er nach Hause tragen müssen, und schrie dann, als Aline noch immer unbeweglich blieb, indem er mit dem Fuße stampfte: „Ins Teufels Namen, Feuer sag ich, Tee – Wunderessenz!“

Da flimmerte es aber wie lauter Katzengold in den Augen des alten Weibes, und es war als leuchte die Nase höher auf in phosphorischem Glanz. Sie holte die große schwarze Dose hervor, schlug auf den Deckel, daß es schallte und nahm eine mächtige Priese. Dann stemmte sie beide Arme in die Seite und sprach mit höhnischem Ton: „Ei seht doch, eine Gräfin, eine Prinzessin! die findet man beim armen Buchbinder in der Kalbächer Gasse, die wird ohnmächtig auf der Straße! Ho ho, ich weiß wohl, wo man solche geputzte Dämchen zur Nachtzeit herholt! – Das sind mir schöne Streiche, das ist mir eine saubere Aufführung! – Eine lockere Dirne ins ehrliche Haus bringen und damit das Maß der Sünden noch voll werde, den Teufel anrufen in der heiligen Christnacht. – Und da soll ich auf meine alten Tage noch die Hand dazu bieten? Nein mein Herr Tyß, da suchen Sie sich eine andere; mit mir ist es nichts, morgen verlaß ich den Dienst.“

Und damit ging die Alte hinaus, und schlug die Türe so heftig hinter sich zu, daß alles klapperte und klirrte.

Peregrinus rang die Hände vor Angst und Verzweiflung, keine Spur des Lebens zeigte sich bei der Dame. Doch in dem Augenblick, als Peregrinus in der entsetzlichen Not eine Flasche Kölnisches Wasser gefunden, und die Schläfe der Dame geschickt damit einreiben wollte, sprang sie ganz frisch und munter von dem Sofa auf und rief: „Endlich – endlich sind wir allein! Endlich, o mein Peregrinus! darf ich es Ihnen sagen, warum ich Sie verfolgte bis in die Wohnung des Buchbinders Lämmerhirt, warum ich Sie nicht lassen konnte in der heutigen Nacht. – Peregrinus! geben Sie mir den Gefangenen heraus, den Sie verschlossen haben bei sich im Zimmer. Ich weiß, daß Sie dazu keineswegs verpflichtet sind, daß das nur von Ihrer Gutmütigkeit abhängt, aber ebenso kenne ich auch Ihr gutes treues Herz, darum o mein guter liebster Peregrin! geben Sie ihn heraus, den Gefangenen!" –

„Was", fragte Peregrinus im tiefsten Staunen, „was für einen Gefangenen? – wer sollte bei mir gefangen sein?"

„Ja", sprach die Dame weiter, indem sie Peregrins Hand ergriff und zärtlich an ihre Brust drückte, „ja, ich muß es bekennen, nur ein großes edles Gemüt gibt Vorteile auf, die ein günstiges Geschick ihm zuführte, und wahr ist es, daß Sie auf manches verzichten, was zu erlangen Ihnen leicht geworden sein würde, wenn Sie den Gefangenen nicht herausgegeben hätten – aber! – bedenken Sie, Peregrin, daß Alinens ganzes Schicksal, ganzes Leben abhängt von dem Besitz dieses Gefangenen, daß –"

„Wollen Sie", unterbrach Peregrinus die Dame, „wollen Sie nicht, englisches Fräulein! daß ich alles für einen Fiebertraum halten, daß ich vielleicht selbst auf der Stelle überschnappen soll, so sagen Sie mir nur, von wem Sie reden, von was für einem Gefangenen."

– „Wie", erwiderte die Dame, „Peregrin ich verstehe Sie nicht, wollen Sie vielleicht gar leugnen, daß er wirklich in Ihre Gefangenschaft geriet? – War ich denn nicht dabei, als er, da Sie die Jagd kauften –"

„Wer", schrie Peregrin ganz außer sich, „wer ist der *Er*? – Zum erstenmal in meinem Leben sehe ich Sie mein Fräulein, wer sind Sie, wer ist der *Er*?"

Da fiel aber die Dame ganz aufgelöst in Schmerz dem Peregrin zu Füßen und rief, indem ihr die Tränen reichlich aus den Augen strömten: „Peregrin, sei menschlich, sei barmherzig, gib ihn mir wieder! – gib ihn mir wieder!" Und dazwischen schrie Herr Peregrinus: „Ich werde wahnsinnig – ich werde toll!" –

Plötzlich raffte sich die Dame auf. Sie erschien viel größer als vorher, ihre Augen sprühten Feuer, ihre Lippen bebten, sie rief mit wilder Gebärde: „Ha Barbar! – in dir wohnt kein menschliches Herz – du bist unerbittlich – du willst meinen Tod, mein Verderben – du gibst

ihn mir nicht wieder! – Nein – nimmer – nimmer – ha ich Unglückselige – verloren – verloren.“ – Und damit stürzte die Dame zum Zimmer hinaus, und Peregrin vernahm wie sie die Treppe hinablief, und ihr kreischender Jammer das ganze Haus erfüllte, bis unten eine Türe heftig zugeschlagen wurde.
Dann war alles totenstill wie im Grabe. –

Zweites Abenteuer.

Der Flohbändiger. Trauriges Schicksal der Prinzessin Gamaheh in Famagusta. Ungeschicklichkeit des Genius Thetel und merkwürdige mikroskopische Versuche und Belustigungen. Die schöne Holländerin und seltsames Abenteuer des jungen Herrn George Pepusch, eines gewesenen Jenensers.

Es befand sich zu der Zeit ein Mann in Frankfurt, der die seltsamste Kunst trieb. Man nannte ihn den Flohbändiger und das darum, weil es ihm, gewiß nicht ohne die größeste Mühe und Anstrengung gelungen, Kultur in diese kleinen Tierchen zu bringen und sie zu allerlei artigen Kunststücken abzurichten.
Zum größten Erstaunen sah man auf einer Tischplatte von dem schönsten weißen, glänzendpolierten Marmor Flöhe, welche kleine Kanonen, Pulverkarren, Rüstwagen zogen, andere sprangen daneben her mit Flinten im Arm, Patrontaschen auf dem Rücken, Säbeln an der Seite. Auf das Kommandowort des Künstlers führten sie die schwierigsten Evolutionen aus, und alles schien lustiger und lebendiger, wie bei wirklichen großen Soldaten, weil das Marschieren in den zierlichsten Entrechats und Luftsprüngen, das Linksum und Rechtsum aber in anmutigen Pirouetten bestand. Die ganze Mannschaft hatte ein erstaunliches Aplomb und der Feldherr schien zugleich ein tüchtiger Ballettmeister. Noch beinahe hübscher und wunderbarer waren aber die kleinen goldenen Kutschen, die von vier, sechs, acht Flöhen gezogen wurden. Kutscher und Diener waren Goldkäferlein der kleinsten kaum sichtbaren Art, was aber drin saß, war nicht recht zu erkennen.
Unwillkürlich wurde man an die Equipage der Fee Mab erinnert, die der wackere Merkutio in Shakespears Romeo und und Julie so schön beschreibt, daß man wohl merkt, wie oft sie ihm selbst über die Nase gefahren.

Erst wenn man den ganzen Tisch mit einem guten Vergrößerungsglase überschaute, entwickelte sich aber die Kunst des Flohbändigers in vollem Maße. Denn nun erst zeigte sich die Pracht, die Zierlichkeit der Geschirre, die feine Arbeit der Waffen, der Glanz, die Nettigkeit der Uniformen, und erregte die tiefste Bewunderung. Gar nicht zu begreifen schien es, welcher Instrumente sich der Flohbändiger bedient haben mußte, um gewisse kleine Nebensachen, z.B. Sporn, Rockknöpfe u.s.w. sauber und proportionierlich anzufertigen, und jene Arbeit, die sonst für das Meisterstück des Schneiders galt und die in nichts Geringerem bestand, als einem Floh ein Paar völlig anschließende Reithosen zu liefern, wobei freilich das Anmessen das schwierigste, schien dagegen als etwas ganz Leichtes und Geringes.
Der Flohbändiger hatte unendlichen Zuspruch. Den ganzen Tag wurde der Saal nicht leer von Neugierigen, die den hohen Eintrittspreis nicht scheuten. Auch zur Abendzeit war der Besuch zahlreich, ja beinahe noch zahlreicher, da alsdann auch solche Personen kamen, denen an derlei possierlichen Künsteleien eben nicht viel gelegen, um ein Werk zu bewundern, das dem Flohbändiger ein ganz anderes Ansehen und die wahre Achtung der Naturforscher erwarb. Dies Werk war ein Nachtmikroskop, das wie das Sonnenmikroskop am Tage, einer magischen Laterne ähnlich, den Gegenstand hell erleuchtet mit einer Schärfe und Deutlichkeit auf die weiße Wand warf, die nichts zu wünschen übrigließ. Dabei trieb der Flohbändiger auch noch Handel mit den schönsten Mikroskopen, die man nur finden konnte und die man gern sehr teuer bezahlte. –
Es begab sich, daß ein junger Mensch, George Pepusch geheißen – der geneigte Leser wird ihn bald näher kennenlernen – Verlangen trug, noch am späten Abend den Flohbändiger zu besuchen. Schon auf der Treppe vernahm er Gezänk, das immer heftiger und heftiger wurde und endlich überging in tolles Schreien und Toben. Sowie nun Pepusch eintreten wollte, sprang die Türe des Saales auf mit Ungestüm, und in wildem Gedränge stürzten die Menschen ihm entgegen, totenbleiches Entsetzen in den Gesichtern.
„Der verfluchte Hexenmeister, der Satanskerl! beim hohen Rat will ich ihn angeben! aus der Stadt soll er, der betrügerische Taschenspieler!" – So schrieen die Leute durcheinander und suchten von Furcht und Angst gehetzt, so schnell als möglich aus dem Hause zu kommen.
Ein Blick in den Saal verriet dem jungen Pepusch sogleich die Ursache

des fürchterlichen Entsetzens, das die Leute fortgetrieben. Alles lebte darin, ein ekelhaftes Gewirr der scheußlichsten Kreaturen erfüllte den ganzen Raum. Das Geschlecht der Pucerons, der Käfer, der Spinnen, der Schlammtiere bis zum Übermaß vergrößert, streckte seine Rüssel aus, schritt daher auf hohen haarichten Beinen, und die greulichen Ameisenräuber faßten, zerquetschten mit ihren zackichten Zangen die Schnacken, die sich wehrten und um sich schlugen mit den langen Flügeln, und dazwischen wanden sich Essigschlangen, Kleisteraale, hundertarmige Polypen durcheinander und aus allen Zwischenräumen kuckten Infusionstiere mit verzerrten menschlichen Gesichtern. Abscheulicheres hatte Pepusch nie geschaut. Er wollte eben ein tiefes Grauen verspüren, als ihm etwas Rauhes ins Gesicht flog und er sich eingehüllt sah in eine Wolke dicken Mehlstaubs. Darüber verging ihm aber das Grauen, denn er wußte sogleich, daß das rauhe Ding nichts anders sein konnte als die runde gepuderte Perücke des Flohbändigers, und das war es auch in der Tat.

Als Pepusch sich den Puder aus den Augen gewischt, war das tolle widrige Insektenvolk verschwunden. Der Flohbändiger saß ganz erschöpft im Lehnstuhl. „Leuwenhoek", so rief ihm Pepusch entgegen, „Leuwenhoek, seht Ihr nun wohl, was bei Euerm Treiben herauskommt? – Da habt Ihr wieder zu Euern Vasallen Zuflucht nehmen müssen, um Euch die Leute vom Leibe zu halten! – Ist's nicht so?"

„Seid Ihr's", sprach der Flohbändiger mit matter Stimme, „seid Ihr's, guter Pepusch? – Ach! mit mir ist es aus, rein aus, ich bin ein verlorner Mann! Pepusch, ich fange an zu glauben, daß Ihr es wirklich gut mit mir gemeint habt und daß ich nicht gut getan auf Eure Warnungen nichts zu geben." Als nun Pepusch ruhig fragte, was sich denn begeben, drehte sich der Flohbändiger mit seinem Lehnstuhl nach der Wand, hielt beide Hände vors Gesicht und rief weinerlich dem Pepusch zu, er möge nur eine Lupe zur Hand nehmen und die Marmortafel des Tisches anschauen. Schon mit unbewaffnetem Auge gewahrte Pepusch, daß die kleinen Kutschen, die Soldaten u.s.w. tot da standen und lagen, daß sich nichts mehr regte und bewegte. Die kunstfertigen Flöhe schienen auch eine ganz andere Gestalt angenommen zu haben. Mittelst der Lupe entdeckte nun aber Pepusch sehr bald, daß kein einziger Floh mehr vorhanden, sondern daß das, was er dafür gehalten, schwarze Pfefferkörner und Obstkerne waren, die in den Geschirren, in den Uniformen steckten.

„Ich weiß", begann nun der Flohbändiger ganz wehmütig und zerknirscht, „ich weiß gar nicht, welcher böse Geist mich mit Blindheit schlug, daß ich die Desertion meiner Mannschaft nicht eher bemerkte, als bis alle Leute an den Tisch getreten waren und sich gerüstet hatten zum Schauen. – Ihr könnt denken, Pepusch! wie die Leute, als sie sich getäuscht sahen, erst murrten und dann ausbrachen in lichterlohen Zorn. Sie beschuldigten mich des schnödesten Betruges, und wollten mir, da sie sich immer mehr erhitzten und keine Entschuldigung mehr hörten, zu Leibe, um selbst Rache zu nehmen. Was konnt ich, um einer Tracht Schläge zu entgehen, besseres tun, als sogleich das große Mikroskop in Bewegung setzen und die Leute ganz einhüllen in Kreaturen, vor denen sie sich entsetzten, wie das dem Pöbel eigen."

„Aber", fragte Pepusch, „aber sagt mir nur Leuwenhoek, wie es geschehen konnte, daß Euch Eure wohlexerzierte Mannschaft, die so viel Treue bewiesen, plötzlich auf und davon gehen konnte, ohne daß Ihr es sogleich gewahr wurdet?"

„Oh", jammerte der Flohbändiger, „o Pepusch! *er* hat mich verlassen, *er*, durch den allein ich Herrscher war und *er* ist es, dessen bösem Verrat ich meine Blindheit, all mein Unglück zuschreibe!"

„Hab ich", erwiderte Pepusch, „hab ich Euch nicht schon längst gewarnt, Eure Sache nicht auf Künsteleien zu stellen, die Ihr, ich weiß es, ohne den Besitz des Meisters nicht vollbringen könnet, und wie dieser Besitz aller Mühe unerachtet doch auf dem Spiele steht, habt Ihr eben jetzt erfahren." – Pepusch gab nun ferner dem Flohbändiger zu erkennen, wie er ganz und gar nicht begreife, daß, müsse er jene Künsteleien aufgeben, dies sein Leben so verstören könne, da die Erfindung des Nachtmikroskops sowie überhaupt seine Geschicklichkeit im Verfertigen mikroskopischer Gläser ihn längstens festgestellt. Der Flohbändiger versicherte aber dagegen, daß ganz andere Dinge in jenen Künsteleien lägen, und daß er sie nicht aufgeben könne, ohne sich selbst, seine ganze Existenz aufzugeben.

„Wo ist aber Dörtje Elwerdink?" – So fragte Pepusch den Flohbändiger unterbrechend. „Wo sie ist", kreischte der Flohbändiger, indem er die Hände rang, „wo Dörtje Elwerdink ist? – Fort ist sie, fort in alle Welt – verschwunden. – Schlagt mich nur gleich tot, Pepusch, denn ich sehe schon, wie Euch immer mehr der Zorn kommt und die Wut. – Macht es kurz mit mir!"

„Da seht", sprach Pepusch mit finsterm Blick, „da seht Ihr nun, was aus Eurer Torheit, aus Euerm albernen Treiben herauskommt. – Wer gab Euch das Recht die arme Dörtje einzusperren wie eine Sklavin und dann wieder, um nur Leute anzulocken, sie im Prunk auszustellen, wie ein naturhistorisches Wunder? – Warum tatet Ihr Gewalt an ihrer Neigung und ließet es nicht zu, daß sie mir die Hand gab, da Ihr doch bemerken mußtet, wie innig wir uns liebten? – Entflohen ist sie? – Nun gut, so ist sie wenigstens nicht mehr in Eurer Gewalt, und weiß ich auch in diesem Augenblick nicht, wo ich sie suchen soll, so bin ich doch überzeugt, daß ich sie finden werde. Da, Leuwenhoek, setzt die Perücke auf und ergebt Euch in Euer Geschick; das ist das Beste und Geratenste, was Ihr jetzt tun könnet."

Der Flohbändiger stutzte mit der linken Hand die Perücke auf das kahle Haupt, während er mit der rechten Pepusch beim Arm ergriff. „Pepusch", sprach er, „Pepusch, Ihr seid mein wahrer Freund, denn Ihr seid der einzige Mensch in der ganzen Stadt Frankfurt, welcher weiß, daß ich begraben liege in der alten Kirche zu Delft, seit dem Jahre Eintausendsiebenhundertundfünfundzwanzig und habt es doch noch niemanden verraten, selbst wenn Ihr auf mich zürntet wegen der Dörtje Elwerdink. – Will es mir auch zuweilen nicht recht in den Kopf, daß ich wirklich jener Anton van Leuwenhoek bin, den man in Delft begraben, so muß ich [es] denn doch, betrachte ich meine Arbeiten und bedenke ich mein Leben, wiederum glauben und es ist mir deshalb sehr angenehm, daß man davon überhaupt gar nicht spricht. – Ich sehe jetzt ein, liebster Pepusch, daß ich, was die Dörtje Elwerdink betrifft, nicht recht gehandelt habe, wiewohl auf ganz andere Weise als Ihr wohl meinen möget. Recht tat ich nämlich daran, daß ich Eure Bewerbungen für ein törichtes zweckloses Streben erklärte, unrecht aber, daß ich nicht ganz offenherzig gegen Euch war, daß ich Euch nicht sagte, was es mit der Dörtje Elwerdink eigentlich für eine Bewandtnis hat. Eingesehen hättet Ihr dann, wie löblich es war, Euch Wünsche aus dem Sinn zu reden, deren Erfüllung nicht anders als verderblich sein konnte. – Pepusch! setzt Euch zu mir und vernehmt eine wunderbare Historie!"

„Das kann ich wohl tun", erwiderte Pepusch mit giftigem Blick, indem er Platz nahm auf einem gepolsterten Lehnstuhl, dem Flohbändiger gegenüber. „Da", begann der Flohbändiger, „da Ihr, mein lieber Freund Pepusch, in der Geschichte wohl bewandert seid, so wißt Ihr ohne Zweifel, daß der König Sekakis viele Jahre hindurch mit der Blumenkönigin im vertraulichen Verhältnis lebte und daß die schöne anmutige Prinzessin Gamaheh die Frucht dieser Liebe war.

Weniger bekannt dürft es sein, und auch ich kann es Euch nicht sagen, auf welche Weise Prinzessin Gamaheh nach Famagusta kam. Manche behaupten und nicht ohne Grund, daß die Prinzessin in Famagusta sich verbergen sollte, vor dem widerlichen Egelprinzen, dem geschwornen Feinde der Blumenkönigin.
Genug! – in Famagusta begab es sich, daß die Prinzessin einst in der erfrischenden Kühle des Abends lustwandelte und in ein dunkles anmutiges Zypressenwäldchen geriet. Verlockt von dem lieblichen Säuseln des Abendwindes, dem Murmeln des Bachs, dem melodischen Gezwitscher der Vögel, streckte die Prinzessin sich hin in das weiche duftige Moos und fiel bald in tiefen Schlaf. Gerade *der* Feind, dem sie hatte entgehen wollen, der häßliche Egelprinz streckte aber sein Haupt empor aus dem Schlammwasser, erblickte die Prinzessin, und verliebte sich in die schöne Schläferin dermaßen, daß er dem Verlangen sie zu küssen, nicht widerstehen konnte. Leise kroch er heran, und küßte sie hinter das linke Ohr. Nun wißt Ihr aber wohl Freund Pepusch, daß die Dame, die der Egelprinz zu küssen sich unterfängt, verloren, denn er ist der ärgste Blutsauger von der Welt. So geschah es denn auch, daß der Egelprinz die arme Prinzessin so lange küßte, bis alles Leben aus ihr geflohen war. Da fiel er ganz übersättigt und trunken ins Moos und mußte von seinen Dienern, die sich schnell aus dem Schlamm hinanwälzten, nach Hause gebracht werden. – Vergebens arbeitete sich die Wurzel Mandragora aus der Erde hervor, legte sich auf die Wunde, die der heimtückische Egelprinz der Prinzessin geküßt, vergebens erhoben sich auf das Wehgeschrei der Wurzel alle Blumen und stimmten ein in die trostlose Klage! Da geschah es, daß der Genius Thetel gerade des Weges kam; auch er wurde tief gerührt von Gamahehs Schönheit und ihrem unglücklichen Tode. Er nahm die Prinzessin in die Arme, drückte sie an seine Brust, mühte sich, ihr Leben einzuhauchen mit seinem Atem, aber sie erwachte nicht aus dem Todesschlaf. Da erblickte der Genius Thetel den abscheulichen Egelprinzen den (so schwerfällig und trunken war er) die Diener nicht hatten hinunterschaffen können in den Palast, entbrannte in Zorn und warf eine ganze Faust voll Kristallsalz dem häßlichen Feinde auf den Leib, so daß er sogleich allen purpurnen Ichor, den er der Prinzessin Gamaheh ausgesogen, ausströmte und dann seinen Geist aufgab unter vielen Zuckungen und Grimassen, auf elendigliche Weise. Alle Blumen, die ringsum standen, tauchten aber ihre Kleider in diesen Ichor und färbten sie zum ewigen

Angedenken der ermordeten Prinzessin in ein solches herrliches Rot, wie es kein Maler auf Erden herauszubringen vermag. – Ihr wißt, Pepusch! daß die schönsten dunkelroten Nelken, Amaryllen und Cheiranthen eben aus jenem Zypressenwäldchen, wo der Egelprinz die schöne Gamaheh totküßte, herstammen. Der Genius Thetel wollte forteilen, da er noch vor Einbruch der Nacht in Samarkand viel zu tun hatte, noch einen Blick warf er aber auf die Prinzessin, blieb fest gezaubert stehen und betrachtete sie mit der innigsten Wehmut. Da kam ihm plötzlich ein Gedanke. Statt weiterzugehen, nahm er die Prinzessin in die Arme und schwang sich mit ihr hoch auf in die Lüfte. – Zu derselben Zeit beobachteten zwei weise Männer, von denen einer, nicht verschwiegen sei es, ich selbst war, auf der Galerie eines hohen Turmes, den Lauf der Gestirne. Diese gewahrten hoch über sich den Genius Thetel mit der Prinzessin Gamaheh und in demselben Augenblick fiel auch dem einen – doch! das gehört für jetzt nicht zur Sache! – Beide Magier hatten zwar den Genius Thetel erkannt, nicht aber die Prinzessin, und erschöpften sich in allerlei Vermutungen, was die Erscheinung wohl zu bedeuten, ohne irgend etwas Gewisses oder auch nur Wahrscheinliches ergrübeln zu können. Bald darauf wurde aber das unglückliche Schicksal der Prinzessin Gamaheh in Famagusta allgemein bekannt und nun wußten auch die Magier sich die Erscheinung des Genius Thetel mit dem Mädchen im Arm zu erklären.

Beide vermuteten, daß der Genius Thetel gewiß noch ein Mittel gefunden haben müsse, die Prinzessin ins Leben zurückzurufen und beschlossen in Samarkand Nachfrage zu halten, wohin er ihrer Beobachtung nach, offenbar seinen Flug gerichtet hatte. In Samarkand war aber von der Prinzessin alles stille, niemand wußte ein Wort.

Viele Jahre waren vergangen, die beiden Magier hatten sich entzweit, wie es wohl unter gelehrten Männern desto öfter zu geschehen pflegt, je gelehrter sie sind, und nur noch die wichtigsten Entdeckungen teilten sie sich aus alter eiserner Gewohnheit einander mit. – Ihr habt nicht vergessen, Pepusch, daß ich selbst einer dieser Magier bin. – Also, nicht wenig erstaunte ich über eine Mitteilung meines Kollegen, die über die Prinzessin Gamaheh das Wunderbarste und zugleich Glückseligste enthielt, was man nur hätte ahnen können. Die Sache verhielt sich folgendergestalt: Mein Kollege hatte durch einen wissenschaftlichen Freund aus Samarkand die schönsten und seltensten Tulpen und so vollkommen frisch erhalten, als seien sie eben vom

Stengel geschnitten. Es war ihm vorzüglich um die mikroskopische Untersuchung der innern Teile und zwar des Blumenstaubes zu tun. Er zergliederte deshalb eine schöne lila und gelb gefärbte Tulpe, und entdeckte mitten in dem Kelch ein kleines fremdartiges Körnlein, welches ihm auffiel in ganz besonderer Weise. Wie groß war aber seine Verwunderung, als er mittelst Anwendung des Suchglases, deutlich gewahrte, daß das kleine Körnlein nichts anders als die Prinzessin Gamaheh, die in den Blumenstaub des Tulpenkelchs gebettet, ruhig und süß zu schlummern schien.
Solch eine weite Strecke mich auch von meinem Kollegen trennen mochte, dennoch setzte ich mich augenblicklich auf und eilte zu ihm hin. Er hatte indessen alle Operationen beiseite gestellt, um mir das Vergnügen des ersten Anblicks zu gönnen, wohl auch aus Furcht, ganz nach eignem Kopf handelnd, etwas zu verderben. Ich überzeugte mich bald von der vollkommenen Richtigkeit der Beobachtung meines Kollegen und war auch ebenso wie er des festen Glaubens, daß es möglich sein müsse, die Prinzessin dem Schlummer zu entreißen und ihr die vorige Gestalt wiederzugeben. Der uns inwohnende sublime Geist ließ uns bald die richtigen Mittel finden. – Da Ihr, Freund Pepusch, sehr wenig, eigentlich gar nichts von unserer Kunst verstehet, so würde es höchst überflüssig sein, Euch die verschiedenen Operationen zu beschreiben, die wir nun vornahmen, um zu unserm Zweck zu gelangen. Es genügt, wenn ich Euch sage, daß es uns mittelst des geschickten Gebrauchs verschiedener Gläser, die ich meistenteils selbst präparierte, glückte, nicht allein die Prinzessin unversehrt aus dem Blumenstaub hervorzuziehen, sondern auch ihr Wachstum in der Art zu befördern, daß sie bald zu ihrer natürlichen Größe gelangt war. – Nun fehlte freilich noch das Leben und ob ihr dieses zu verschaffen möglich, das hing von der letzten und schwierigsten Operation ab. – Wir reflektierten ihr Bild mittelst eines herrlichen Kuffischen Sonnenmikroskops, und lösten dieses Bild geschickt los von der weißen Wand, welches ohne allen Schaden vonstatten ging. Sowie das Bild frei schwebte, fuhr es wie ein Blitz in das Glas hinein, welches in tausend Stücke zersplitterte. Die Prinzessin stand frisch und lebendig vor uns. Wir jauchzten auf vor Freude, aber auch um so größer war unser Entsetzen, als wir bemerkten, daß der Umlauf des Blutes gerade da stockte, wo der Egelprinz sich angeküßt hatte. Schon wollte sie ohnmächtig hinsinken, als wir eben an der Stelle hinter dem linken Ohr einen kleinen schwarzen Punkt erschei-

nen und ebenso schnell wieder verschwinden sahen. Die Stockung des Bluts hörte sogleich auf, die Prinzessin erholte sich wieder, und unser Werk war gelungen.

Jeder von uns, ich und mein Herr Kollege, wußte recht gut, welch unschätzbaren Wert der Besitz der Prinzessin für ihn haben mußte, und jeder strebte darnach, indem er größeres Recht zu haben glaubte, als der andere. Mein Kollege führte an, daß die Tulpe, in deren Kelch er die Prinzessin gefunden, sein Eigentum gewesen, und daß er die erste Entdeckung gemacht, die er mir mitgeteilt, so, daß ich nur als Hülfeleistender zu betrachten, der das Werk selbst bei dem er geholfen, nicht als Lohn der Arbeit verlangen könne. Ich dagegen berief mich darauf, daß ich die letzte schwierigste Operation, wodurch die Prinzessin zum Leben gelangt, erfunden und bei der Ausführung mein Kollege nur geholfen, weshalb, habe er auch Eigentumsansprüche auf den Embryo im Blumenstaub gehabt, mir doch die lebendige Person gehöre. Wir zankten uns mehrere Stunden bis endlich, als wir uns die Kehlen heiser geschrien hatten, ein Vergleich zustande kam. Der Kollege überließ mir die Prinzessin, wogegen ich ihm ein sehr wichtiges geheimnisvolles Glas einhändigte. Eben dieses Glas ist aber die Ursache unserer jetzigen gänzlichen Verfeindung. Mein Kollege behauptet nämlich, ich habe das Glas betrügerischerweise unterschlagen; dies ist aber eine grobe unverschämte Lüge, und wenn ich auch wirklich weiß, daß ihm das Glas bei der Aushändigung abhanden gekommen ist, so kann ich doch auf Ehre und Gewissen beteuern, daß ich nicht schuld daran bin, auch durchaus nicht begreife, wie das hat geschehen können. Das Glas ist nämlich gar nicht so klein, da ein Pulverkorn nur höchstens achtmal größer sein mag. – Seht, Freund Pepusch, nun habe ich Euch mein ganzes Vertrauen geschenkt, nun wißt Ihr, daß Dörtje Elwerdink keine andere ist, als eben die ins Leben zurückgerufene Prinzessin Gamaheh, nun seht Ihr ein, daß ein schlichter junger Mann wie Ihr wohl auf solch eine hohe mystische Verbindung keinen –"

„Halt", unterbrach George Pepusch den Flohbändiger, indem er ihn etwas satanisch anlächelte, „halt, ein Vertrauen ist des andern wert, und so will ich Euch meinerseits denn vertrauen, daß ich das alles, was Ihr mir da erzählt habt, schon viel früher und besser wußte als Ihr. Nicht genug kann ich mich über Eure Beschränktheit, über Eure alberne Anmaßung verwundern. – Vernehmt, was Ihr längst erkennen müßtet, wäre es, außer dem, was die Glasschleiferei betrifft, mit

Eurer Wissenschaft nicht so schlecht bestellt, vernehmt, daß ich selbst die Distel Zeherit bin, welche dort stand, wo die Prinzessin Gamaheh ihr Haupt niedergelegt hatte, und von der Ihr gänzlich zu schweigen für gut gefunden habt."

„Pepusch", rief der Flohbändiger, „seid Ihr bei Sinnen? Die Distel Zeherit blüht im fernen Indien und zwar in dem schönen von hohen Bergen umschlossenen Tale, wo sich zuweilen die weisesten Magier der Erde zu versammeln pflegen. Der Archivarius Lindhorst kann Euch darüber am besten belehren. Und Ihr, den ich hier im Polröckchen zum Schulmeister laufen gesehen, den ich als vor lauter Studieren und Hungern vermagerten, vergelbten Jenenser gekannt, Ihr wollt die Distel Zeherit sein? – Das macht einem andern weis, aber mich laßt damit in Ruhe."

„Was Ihr", sprach Pepusch lachend, „was Ihr doch für ein weiser Mann seid, Leuwenhoek. Nun! haltet von meiner Person was Ihr wollt, aber seid nicht albern genug zu leugnen, daß die Distel Zeherit in dem Augenblick, da sie Gamahehs süßer Atem traf, in glühender Liebe und Sehnsucht erblühte und daß, als sie die Schläfe der holden Prinzessin berührte, diese auch süß träumend in Liebe kam. Zu spät gewahrte die Distel den Egelprinzen, den sie sonst mit ihren Stacheln augenblicklich getötet hätte. Doch wär es ihr mit Hilfe der Wurzel Mandragora gelungen, die Prinzessin wieder in das Leben zurückzubringen, kam nicht der tölpische Genius Thetel dazwischen mit seinen ungeschickten Rettungsversuchen. – Wahr ist es, daß Thetel im Zorn in die Salzmeste griff, die er auf Reisen gewöhnlich am Gürtel zu tragen pflegt, wie Pantagruel seine Gewürzbarke, und eine tüchtige Handvoll Salz nach dem Egelprinzen warf, ganz falsch aber, daß er ihn dadurch getötet haben sollte. Alles Salz fiel in den Schlamm, nicht ein einziges Körnlein traf den Egelprinzen, den die Distel Zeherit mit ihren Stacheln tötete, so den Tod der Prinzessin rächte und sich dann selbst dem Tode weihte. Bloß der Genius Thetel, der sich in Dinge mischte, die ihn nichts angingen, ist daran schuld, daß die Prinzessin so lange im Blumenschlaf liegen mußte; die Distel Zeherit erwachte viel früher. Denn beider Tod war nur die Betäubung des Blumenschlafs, aus der sie ins Leben zurückkehren durften, wiewohl in anderer Gestalt. Das Maß Eures gröblichen Irrtums würdet Ihr nämlich voll machen, wenn Ihr glauben solltet, daß die Prinzessin Gamaheh völlig so gestaltet war, als es jetzt Dörtje Elwerdink ist, und daß Ihr es waret, der ihr das Leben wiedergab. Es ging Euch so, mein guter

Leuwenhoek wie dem ungeschickten Diener in der wahrhaft merkwürdigen Geschichte von den drei Pomeranzen, der zwei Jungfrauen aus den Pomeranzen befreite, ohne sich vorher des Mittels versichert zu haben, sie am Leben zu erhalten und die dann vor seinen Augen elendiglich umkamen. – Nicht Ihr, nein jener, der Euch entlaufen, dessen Verlust Ihr so hart fühlt und bejammert, der war es, der das Werk vollendete, welches Ihr ungeschickt genug begonnen."

„Ha", schrie der Flohbändiger ganz außer sich, „ha meine Ahnung! – Aber Ihr, Pepusch, Ihr, dem ich so viel Gutes erzeigt, Ihr seid mein ärgster, schlimmster Feind, das sehe ich nun wohl ein. Statt mir zu raten, statt mir beizustehen in meinem Unglück, tischt Ihr mir allerlei unziemliche Narrenspossen auf." – „Die Narrenspossen auf Euern Kopf", schrie Pepusch ganz erbost, „zu spät werdet Ihr Eure Torheit bereuen, einbildischer Scharlatan! – Ich gehe Dörtje Elwerdink aufzusuchen. – Doch damit Ihr nicht mehr ehrliche Leute vexiert –"

Pepusch faßte nach der Schraube, die das ganze mikroskopische Maschinenwerk in Bewegung setzte. „Bringt mich nur gleich ums Leben!" kreischte der Flohbändiger; doch in dem Augenblick krachte auch alles zusammen und ohnmächtig stürzte der Flohbändiger zu Boden. –

„Wie mag es", sprach George Pepusch zu sich selbst, als er auf der Straße war, „wie mag es geschehen, daß einer, der über ein hübsches warmes Zimmer, über ein wohlaufgeklopftes Bett gebietet, sich zur Nachtzeit in dem ärgsten Sturm und Regen auf den Straßen herumtreibt?" – „Wenn er den Hausschlüssel vergessen, und wenn überdem Liebe, törichtes Verlangen ihn jagt." So mußte er sich selbst antworten. – Töricht kam ihm nämlich jetzt sein ganzes Beginnen vor. – Er erinnerte sich des Augenblicks, als er Dörtje Elwerdink zum erstenmal gesehen. – Vor mehreren Jahren zeigte nämlich der Flohbändiger seine Kunststückchen in Berlin und hatte nicht geringen Zuspruch, solange die Sache neu blieb. Bald hatte man sich aber an den kultivierten und exerzierten Flöhen satt gesehen, man hielt nun nicht einmal die Schneider-, Riemer-, Sattler-, Waffenarbeit zum Gebrauch der kleinen Personen für so gar bewundrungswürdig, unerachtet man erst von Unbegreiflichkeit, zauberischem Wesen gesprochen, und der Flohbändiger schien ganz in Vergessenheit zu geraten. Bald hieß es aber, daß eine Nichte des Flohbändigers, die sonst noch gar nicht zum Vorschein gekommen, jetzt den Vorstellungen beiwohne. Diese Nichte sei aber solch ein schönes, anmutiges Mädchen und dabei so

allerliebst geputzt, daß es gar nicht zu sagen. Die bewegliche Welt der jungen modernen Herren, welche als tüchtige Konzertmeister in der Sozietät Ton und Takt anzugeben pflegen, strömte hin, und weil in dieser Welt nur die Extreme gelten, so weckte des Flohbändigers Nichte ein niegesehenes Wunder. – Bald war es Ton, den Flohbändiger zu besuchen, wer seine Nicht nicht gesehen, durfte nicht mitsprechen, und so war dem Manne geholfen. Kein Mensch konnte sich übrigens in den Vornamen „Dörtje“ finden und da gerade zu der Zeit die herrliche Bethmann in der Rolle der Königin von Golkonda, alle hohe Liebenswürdigkeit, alle hinreißende Anmut, alle weibliche Zartheit entwickelte, die dem Geschlecht nur eigen und ein Ideal des unnennbaren Zaubers schien, mit dem ein weibliches Wesen alles zu entzücken vermag, so nannte man die Holländerin „Aline“.
Zu der Zeit kam George Pepusch nach Berlin, Leuwenhoeks schöne Nichte war das Gespräch des Tages, und so wurde auch an der Wirtstafel des Hotels, in dem Pepusch sich einlogiert, beinahe von nichts anderm gesprochen als von dem kleinen reizenden Wunder das alle Männer, jung und alt, ja selbst die Weiber entzückte. Man drang in Pepusch, sich nur gleich auf die höchste Spitze alles jetzigen Treibens in Berlin zu stellen und die schöne Holländerin zu sehen. – Pepusch hatte ein reizbares melancholisches Temperament; in jedem Genuß spürte er zu sehr den bittern Beigeschmack, der freilich aus dem schwarzen stygischen Bächlein kommt, das durch unser ganzes Leben rinnt, und das machte ihn finster, in sich gekehrt, ja oft ungerecht gegen alles, was ihn umgab. Man kann denken, daß auf diese Weise Pepusch wenig aufgelegt war, hübschen Mädchen nachzulaufen, er ging aber dennoch zu dem Flohbändiger, mehr um seine vorgefaßte Meinung, daß auch hier, wie so oft im Leben, nur ein seltsamer Wahn spuke, bewährt zu sehen, als des gefährlichen Wunders halber. Er fand die Holländerin gar hübsch, anmutig, angenehm, indem er sie aber betrachtete, mußte er selbstgefällig seine Sagazität belächeln, vermöge der er schon erraten, daß die Köpfe, welche die Kleine vollends verdreht hatte, schon von Haus aus ziemlich wackelicht gewesen sein mußten.
Die Schöne hatte den leichten ungezwungenen Ton, der von der feinsten sozialen Bildung zeugt, ganz in ihrer Gewalt; mit jener liebenswürdigen Koketterie, die dem, dem sie vertraulich die Fingerspitze hinreicht, zugleich den Mut benimmt, sie zu erfassen, wußte das kleine holde Ding, die sie von allen Seiten Bestürmenden ebenso

anzuziehen, als in den Grenzen des zartesten Anstandes zu erhalten.

Niemand kümmerte sich um den fremden Pepusch, der Muße genug fand, die Schöne in ihrem ganzen Tun und Wesen zu beobachten. Indem er aber länger und länger ihr in das holde Gesichtchen kuckte, regte sich in dem tiefsten Hintergrunde des inneren Sinnes eine dumpfe Erinnerung, als habe er die Holländerin irgendwo einmal gesehen, wiewohl in ganz andern Umgebungen und anders gekleidet, so wie es ihm war, als sei auch er damals ganz anders gestaltet gewesen. Vergebens quälte er sich ab, diese Erinnerungen zu irgendeiner Deutlichkeit zu bringen; wiewohl der Gedanke, daß er die Kleine wirklich schon gesehen, immer mehr an Festigkeit gewann. Das Blut stieg ihm ins Gesicht, als ihn endlich jemand leise anstieß und ihm ins Ohr lispelte: „Nichtwahr, Herr Philosoph, auch Sie hat der Blitzstrahl getroffen?“ Es war sein Nachbar von der Wirtstafel her dem er geäußert hatte, daß er die Ekstase, in die alles versetzt sei, für einen seltsamen Wahnsinn halte, der ebenso schnell dahinschwinde als er entstehe. – Pepusch bemerkte, daß, während er die Kleine unverwandten Auges angestarrt, der Saal leer geworden, so daß eben die letzten Personen davonschritten. Erst jetzt schien die Holländerin ihn zu gewahren; sie grüßte ihn mit anmutiger Freundlichkeit. –

Pepusch wurde die Holländerin nicht los; er marterte sich ab in der schlaflosen Nacht, um nur auf die Spur jener Erinnerung zu kommen, indessen vergebens. Der Anblick des Schönen konnte allein ihn auf jene Spur bringen, so dachte er ganz richtig und unterließ nicht, gleich andern Tages und dann alle folgende Tage zum Flohbändiger zu wandern, und zwei – drei Stunden die hübsche Dörtje Elwerdink anzustarren. –

Kann der Mann den Gedanken an ein liebenswürdiges Frauenzimmer, das seine Aufmerksamkeit erregte auf diese, jene Weise, nicht loswerden, so ist das für ihn der erste Schritt zur Liebe, und so kam es denn auch, daß Pepusch in dem Augenblick, als er bloß jener dunklen Erinnerung nachzugrübeln glaubte, in die schöne Holländerin schon ganz verliebt war.

Wer wollte sich jetzt noch um die Flöhe kümmern, über die die Holländerin alles an sich ziehend den glänzendsten Sieg davon getragen hatte. Der Flohbändiger fühlte selbst, daß er mit seinen Flöhen eine etwas alberne Rolle spiele, er sperrte daher seine Mannschaft bis auf andere Zeiten ein, und gab mit vielem Geschick seinem

Schauspiel eine andere Gestalt, der schönen Nichte aber die Hauptrolle.
Der Flohbändiger hatte nämlich den glücklichen Gedanken gefaßt, Abendunterhaltungen anzuordnen, auf die man sich mit einer ziemlich hohen Summe abonnierte und in denen, nachdem er einige artige optische Kunststücke gezeigt, die fernere Unterhaltung der Gesellschaft seiner Nichte oblag. – In vollem Maß ließ die Schöne ihr soziales Talent glänzen, dann nützte sie aber die kleinste Stockung, um durch Gesang, den sie selbst auf der Gitarre begleitete, der Gesellschaft einen neuen Schwung zu geben. Ihre Stimme war nicht stark, ihre Methode nicht grandios, oft wider die Regel, aber der süße Ton, die Klarheit, Nettigkeit ihres Gesanges entsprach ganz ihrem holden Wesen und vollends, wenn sie unter den schwarzen seidnen Wimpern den schmachtenden Blick wie feuchten Mondesstrahl hineinleuchten ließ unter die Zuhörer, da wurde jedem die Brust enge, und selbst der Tadel des eigensinnigsten Pedanten mußte verstummen. –
Pepusch setzte in diesen Abendunterhaltungen sein Studium eifrig fort, das heißt, er starrte zwei Stunden lang die Holländerin an, und verließ dann mit den übrigen den Saal.
Einmal stand er der Holländerin näher als gewöhnlich und hörte deutlich, wie sie zu einem jungen Manne sprach: „Sagen Sie mir, wer ist dieses leblose Gespenst, das mich jeden Abend stundenlang anstarrt und dann lautlos verschwindet?“
Pepusch fühlte sich tief verletzt, tobte und lärmte auf seinem Zimmer, stellte sich so ungebärdig, daß kein Freund ihn in diesem tollen Wesen wiedererkannt haben würde. Er schwur hoch und teuer, die boshafte Holländerin niemals wiederzusehen, unterließ aber nicht, gleich am andern Abend sich zur gewöhnlichen Stunde bei Leuwenhoek einzufinden und womöglich die schöne Dörtje mit noch erstarrterem Blick anzugaffen. Schon auf der Treppe war er freilich darüber sehr erschrocken, daß er eben die Treppe hinaufstieg und hatte in aller Schnelligkeit den weisen Vorsatz gefaßt, sich wenigstens von dem verführerischen Wesen ganz entfernt zu halten. Diesen Vorsatz führte er auch wirklich aus, indem er sich in einen Winkel des Saals verkroch; der Versuch die Augen niederzuschlagen, mißglückte aber durchaus, und wie gesagt, noch starrer als sonst schaute er der Holländerin in die Augen.
Selbst wußte er nicht wie es geschah, daß Dörtje Elwerdink plötzlich in seinem Winkel dicht neben ihm stand.

Mit einem Stimmlein, das süßlispelnde Melodie war, sprach die Holde: „Ich erinnere mich nicht, mein Herr, Sie schon anderwärts gesehen zu haben als hier in Berlin, und doch finde ich in den Zügen Ihres Antlitzes, in Ihrem ganzen Wesen so viel Bekanntes. Ja es ist mir als wären wir vor gar langer Zeit einander ganz befreundet gewesen, jedoch in einem sehr fernen Lande und unter ganz andern seltsamen Umständen. Ich bitte Sie, mein Herr, reißen Sie mich aus der Ungewißheit, und täuscht mich nicht vielleicht eine Ähnlichkeit, so lassen Sie uns das freundschaftliche Verhältnis erneuern, das in dunkler Erinnerung ruht, wie ein schöner Traum."

Dem Herrn George Pepusch wurde bei diesen anmutigen Worten der schönen Holländerin gar sonderbar zumute. Die Brust war enge, und indem ihm die Stirn brannte, fröstelte es ihm durch alle Glieder, als läg er im stärksten Fieber. Wollte das nun auch nichts anders bedeuten, als daß Herr Pepusch in die Holländerin bis über den Kopf verliebt war, so gab es doch noch eine andere Ursache des durchaus verwirrten Zustandes, der ihm alle Sprache, ja beinahe alle Besinnung raubte. Sowie nämlich Dörtje Elwerdink davon sprach, daß sie glaube, vor langer Zeit ihn schon gekannt zu haben, war es ihm, als würde in seinem Innern wie in einer Laterna magica plötzlich ein anderes Bild vorgeschoben und er erblickte ein weit entferntes Sonst, das lange zurückliege hinter der Zeit als er zum erstenmal Muttermilch gekostet, und in dem er selbst doch ebensogut als Dörtje Elwerdink sich rege und bewege. Genug! – der Gedanke, der sich eben durch vieles Denken erst recht klar und fest gestaltete, blitzte in diesem Augenblick auf und dieser Gedanke war nichts Geringeres als daß Dörtje Elwerdink die Prinzessin Gamaheh, Tochter des Königs Sekakis sei, die er schon in der grünen Zeit geliebt, da er noch die Distel Zeherit gewesen. Gut war es, daß er diesen Gedanken andern Leuten nicht sonderlich mitteilte; man hätte ihn sonst vielleicht für wahnsinnig gehalten und eingesperrt, wiewohl die fixe Idee eines Partiell-Wahnsinnigen oft nichts anders sein mag, als die Ironie eines Seins, welches dem jetzigen vorausging.

„Aber mein Himmel, Sie scheinen ja stumm, mein Herr!" So sprach die Kleine indem sie mit den niedlichsten Fingerchen Georgs Brust berührte. Doch aus den Spitzen dieser Finger fuhr ein elektrischer Strahl dem Georg bis ins Herz hinein, und er erwachte aus seiner Betäubung. In voller Ekstase ergriff er die Hand der Kleinen, bedeckte sie mit glühenden Küssen und rief: „Himmlisches, göttliches

Wesen“ – u.s.w. Der geneigte Leser wird wohl sich denken können, was Herr Georg Pepusch in diesem Augenblick noch alles gerufen. –
Es genügt zu sagen, daß die Kleine Georgs Liebesbeteurungen so aufnahm, wie er es nur wünschen konnte, und daß die verhängnisvolle Minute im Winkel des Leuwenhoekschen Saals ein Liebesverhältnis gebar, das den guten Herrn Georg Pepusch erst in den Himmel, dann aber der Abwechslung wegen in die Hölle versetzte. War nämlich Pepusch melancholischen Temperaments und dabei mürrisch und argwöhnisch, so konnt es nicht fehlen, daß Dörtjes Betragen ihm Anlaß gab zu mancher Eifersüchtelei. Gerade diese Eifersüchtelei reizte aber Dörtjes etwas schalkischen Humor und es war ihre Lust, den armen Herrn Georg Pepusch auf die sinnreichste Weise zu quälen. Da nun aber jedes Ding nur bis zu einer gewissen Spitze getrieben werden kann, so kam es denn auch zuletzt bei Pepusch zum Ausbruch des lang verhaltenen Ingrimms. Er sprach nämlich einmal gerade von jener wunderbaren Zeit, da er als Distel Zeherit die schöne Holländerin, die damals die Tochter des Königs Sekakis gewesen, so innig geliebt und gedachte mit aller Begeisterung der innigsten Liebe, daß eben jenes Verhältnis, der Kampf mit dem Egelkönig ihm schon das unbestrittenste Recht auf Dörtjes Hand gegeben. Dörtje Elwerdink versicherte, wie sie sich jener Zeit, jenes Verhältnisses gar wohl erinnere, und die Ahnung davon zuerst wieder in ihre Seele gekommen, als Pepusch sie mit dem Distelblick angeschaut. Die Kleine wußte so anmutig von diesen wunderbaren Dingen zu reden, sie tat so begeistert von der Liebe zu der Distel Zeherit, die dazu bestimmt gewesen in Jena zu studieren und dann in Berlin die Prinzessin Gamaheh wiederzufinden, daß Herr Georg Pepusch im Eldorado alles Entzückens zu sein glaubte. – Das Liebespaar stand am Fenster und die Kleine litt es, daß der verliebte George den Arm um sie schlug. In dieser vertraulichen Stellung kosten sie miteinander, denn zum Gekose wurde das träumerische Reden von den Wundern in Famagusta. Da begab es sich, daß ein sehr hübscher Offizier von den Garde-Husaren, in funkelnagelneuer Uniform vorüberging und die Kleine, die er aus den Abendgesellschaften kannte, sehr freundlich grüßte. Dörtje hatte die Augen halb geschlossen und das Köpfchen abgewendet von der Straße; man hätte denken sollen, daß es ihr unmöglich sein müßte, den Offizier zu gewahren, aber mächtig ist der Zauber einer neuen glänzenden Uniform! Die Kleine, vielleicht schon

erregt durch das bedeutungsvolle Klappern des Säbels auf dem Steinpflaster, öffnete die Äuglein hell und klar, wand sich aus Georgs Arm, riß das Fenster auf, warf dem Offizier ein Kußhändchen zu, und schaute ihm nach bis er um die Ecke verschwunden.

„Gamaheh", schrie die Distel Zeherit ganz außer sich, „Gamaheh, was ist das? – spottest du meiner? Ist das die Treue, die du deiner Distel angelobt?" – Die Kleine drehte sich auf dem Absatz herum, schlug ein helles Gelächter auf und rief: „Geht, geht, George! Bin ich die Tochter des würdigen alten Königs Sekakis, seid Ihr die Distel Zeherit, so ist jener allerliebste Offizier der Genius Thetel der mir eigentlich viel besser gefällt, wie die traurige stachlichte Distel." – Damit sprang die Holländerin fort durch die Türe, Georg Pepusch geriet aber wie man denken kann, sofort in Wut und Verzweiflung und rannte wild die Treppe hinab, zum Hause hinaus, als hetzten ihn tausend Teufel. Das Geschick wollt es, daß Georg einem Freunde begegnete der in einer Postkalesche saß und fort wollte. „Halt, ich reise mit Euch!" So rief die Distel Zeherit, flog schnell nach Hause, zog einen Überrock an, steckte Geld ein, gab den Stubenschlüssel der Wirtin, setzte sich in die Kalesche hinein und fuhr mit dem Freunde von dannen.

Unerachtet dieser feindseligen Trennung war aber die Liebe zur schönen Holländerin in Georgs Brust ganz und gar nicht erloschen, und ebensowenig konnte er sich entschließen, die gerechten Ansprüche aufzugeben, die er als Distel Zeherit auf Gamahehs Hand und Herz zu haben glaubte. Er erneuerte daher diese Ansprüche als er nach etlichen Jahren wiederum im Haag mit Leuwenhoek zusammentraf und wie eifrig er sie auch in Frankfurt verfolgte, hat der geneigte Leser bereits erfahren. – –

Ganz trostlos rannte Herr George Pepusch in der Nacht durch die Gassen, als der flackernde ungewöhnlich helle Schein eines Lichts, der durch die Spalte eines Fensterladens im untern Stock eines ansehnlichen Hauses auf die Straße fiel, seine Aufmerksamkeit erregte. Er glaubte, es müsse in der Stube brennen und schwang sich daher am Gitterwerk hinauf, um in die Stube zu schauen. Grenzenlos war aber sein Erstaunen, über das, was er erblickte.

Ein helles lustiges Feuer loderte in dem Kamin, der dem Fenster geradeüber gelegen; vor diesem Kamin saß oder lag vielmehr in einem breiten altväterischen Lehnstuhl die kleine Holländerin, geputzt wie ein Engel. Sie schien zu schlummern, während ein sehr alter ausgetrockneter Mann vor dem Feuer kniete und Brill auf der Nase in einen Topf kuckte, in dem wahrscheinlich irgendein Getränk kochte. Pepusch wollte sich noch höher hinaufschwingen, um besser die Gruppe ins Auge zu fassen, fühlte sich indessen bei den Beinen gepackt und mit Gewalt heruntergezogen. Eine barsche Stimme rief: „Seht mal den Spitzbuben, das wäre mir recht. – Fort Patron ins Hundeloch!" – Es war der Nachtwächter, der Georgen bemerkt hatte, wie er an das Fenster hinanklimmte und nichts anders vermuten konnte, als daß er einbrechen wolle ins Haus. Aller Protestationen unerachtet wurde Herr George Pepusch von dem Wächter, dem die herbeieilende Patrouille zu Hülfe geeilt war, fortgeschleppt, und auf diese Weise endete seine nächtliche Wanderung fröhlich in der Wachtstube. –

Drittes Abenteuer

Erscheinung eines kleinen Ungeheuers. Fernere Erläuterung über die Schicksale der Prinzessin Gamaheh. Merkwürdiges Freundschaftsbündnis, welches Herr Peregrinus Tyß eingeht und Aufschluß, wer der alte Herr ist, der in seinem Hause zur Miete wohnt. Sehr wunderbare Wirkung eines ziemlich kleinen mikroskopischen Glases. Unvermutete Verhaftung des Helden der Geschichte.

Wer solche Dinge an einem Abende erfahren hat, wie Herr Peregrinus Tyß, ja, wer sich in solcher Stimmung befindet als er, kann ganz unmöglich gut schlafen. Unruhig wälzte Herr Peregrinus sich auf seinem Lager, und wenn er in das Delirieren geriet, das dem Schlaf vorherzugehen pflegt, so hatte er wieder das kleine holde Wesen in den Armen und fühlte heiße glühende Küsse auf seinen Lippen. – Dann fuhr er auf und glaubte noch wachend Alinens liebliche Stimme zu hören. In brünstiger Sehnsucht wünschte er, sie möge nicht entflohen sein und doch fürchtete er wieder, sie werde gleich hereintreten und ihn verstricken in ein unauflösliches Netz. Dieser Kampf widersprechender Gefühle beklemmte seine Brust und erfüllte sie zugleich mit süßer nie gekannter Angst.

„Schlaft nicht, Peregrinus, schlaft nicht, edler Mann, ich muß augenblicklich mit Euch reden!" So lispelte es dicht vor Peregrinus und immerfort, „schlaft nicht! schlaft nicht!" bis er endlich die Augen

aufschlug die er geschlossen, nur um die holde Aline deutlicher zu sehen.
In dem Schimmer der Nachtlampe gewahrte er ein kleines, kaum spannlanges Ungeheuer, das auf seiner weißen Bettdecke saß und vor dem er sich im ersten Augenblick entsetzte, dann griff er aber mutig mit der Hand darnach, um sich zu überzeugen, ob seine Fantasie ihn nicht täusche. Doch sogleich war das kleine Ungeheuer spurlos verschwunden.
Konnte die genaue Porträtierung der schönen Aline, Dörtje Elwerdink oder Prinzessin Gamaheh – denn daß eine und dieselbe Person sich nur scheinbar in drei Personen zerspaltet, weiß der geneigte Leser schon längst – füglich unterbleiben, so ist dagegen es durchaus nötig, ganz genau das kleine Ungeheuer zu beschreiben, das auf der Bettdecke saß und dem Herrn Peregrinus einiges Entsetzen verursachte.
Wie schon erwähnt, war die Kreatur kaum eine Spanne lang; in dem Vogelkopf staken ein Paar runde glänzende Augen und aus dem Sperlingsschnabel starrte noch ein langes spitzes Ding, wie ein dünnes Rapier hervor, dicht über dem Schnabel streckten sich zwei Hörner aus der Stirne. Der Hals begann dicht unter dem Kopf auch vogelartig, wurde aber immer dicker, so daß er ohne Unterbrechung der Form zum unförmlichen Leibe wuchs, der beinahe die Gestalt einer Haselnuß hatte, und mit dunkelbraunen Schuppen bedeckt schien, wie der Armadillo. Das Wunderlichste und Seltsamste war aber wohl die Gestaltung der Arme und Beine. Die ersteren hatten zwei Gelenke und wurzelten in den beiden Backen der Kreatur dicht bei dem Schnabel. Gleich unter diesen Armen befand sich ein Paar Füße und dann weiterhin noch ein Paar, beide zweigelenkig, wie die Arme. Diese letzten Füße schienen aber diejenigen zu sein, auf deren Tüchtigkeit die Kreatur sich eigentlich verließ, denn außerdem daß diese Füße merklich länger und stärker waren als die andern, so trug die Kreatur auch an denselben sehr schöne goldne Stiefel mit diamantnen Sporen.
War nun, wie gesagt, das kleine Ungeheuer spurlos verschwunden, sowie Peregrinus darnach faßte, so hätte er gewiß alles für Täuschung seiner aufgeregten Sinne gehalten, wäre nicht gleich unten in der Ecke des Bettes eine leise Stimme hörbar geworden, die sich also vernehmen ließ: „Mein Himmel, Peregrinus Tyß, sollte ich mich in Euch geirrt haben? Ihr handeltet gestern an mir so edel, und jetzt, da ich

Euch meine Dankbarkeit beweisen will, greift Ihr nach mir mit mörderischer Hand? – Doch vielleicht mißfiel Euch meine Gestalt, und ich tat Verkehrtes, mich Euch mikroskopisch zu zeigen, damit Ihr mich nur gewiß bemerken solltet, welches nicht so leicht ist, als Ihr wohl denken möchtet. Ebenso wie vorher sitze ich jetzt auf Eurer weißen Bettdecke, und Ihr seht mich doch ganz und gar nicht. Nehmt's nicht übel, Peregrinus, aber Eure Sehnerven sind wahrlich ein wenig zu grob für meine schlanke Taille. Doch versprecht mir nur, daß ich bei Euch sicher bin und daß Ihr nichts Feindseliges gegen mich unternehmen wollt, so werde ich Euch näher kommen und manches erzählen, was zu erfahren Euch eben nicht unrecht sein wird."

„Sagt mir", erwiderte Peregrinus Tyß der Stimme, „sagt mir nur erst wer Ihr seid, guter unbekannter Freund, das übrige wird sich denn wohl finden. Versichern kann ich Euch indessen zum voraus, daß irgend Feindseliges gar nicht in meiner Natur ist und daß ich fortfahren werde gegen Euch edel zu handeln, wiewohl ich zur Zeit gar nicht begreifen kann, auf welche Weise ich schon jetzt Euch meinen Edelmut bewiesen haben sollte. Bewahrt aber doch nur immer Euer Inkognito, denn Euer Anblick ist eben nicht anmutig."

„Ihr seid", sprach die Stimme weiter, nachdem sie sich ein wenig ausgeräuspert, „Ihr seid, ich wiederhole es mit Vergnügen, ein edler Mann, Herr Peregrinus, aber nicht sonderlich tief eingedrungen in die Wissenschaft und überhaupt ein wenig unerfahren, sonst hättet Ihr mich erkannt auf den ersten Blick. – Ich könnte ein wenig prahlerisch reden, ich könnte sagen, daß ich einer der mächtigsten Könige sei und über viele, viele Millionen herrsche. Aus angeborner Bescheidenheit und weil auch am Ende der Ausdruck: König! nicht recht paßlich, will ich es aber unterlassen. – In dem Volk, an dessen Spitze zu stehen ich die Ehre haben, herrscht nämlich eine republikanische Verfassung. Ein Senat, der höchstens aus fünfundvierzigtausendneunhundertundneunundneunzig Mitgliedern bestehen darf, der leichteren Übersicht beim Votieren halber, vertritt die Stelle des Regenten, wer aber an der Spitze dieses Senats steht, führt, weil er in allen Dingen des Lebens zur Meisterschaft gelangt sein muß, wirklich den Namen: Meister! – Ohne weitere Umschweife will ich es Euch denn nun entdecken, daß ich, der ich hier mit Euch spreche, ohne daß Ihr mich gewahrt, kein anderer bin, als der Meister Floh. – Daß Ihr mein Volk kennet, daran will ich nicht im mindesten zweifeln, denn gewiß habt Ihr, würdiger Herr! schon so manchen von meinem Volk mit Euerm eignen Blut erfrischt und gestärkt. Bekannt muß es darum Euch wenigstens wohl sein, daß mein Volk von einem beinahe unzähmbaren Freiheitssinn beseelt ist und recht eigentlich aus lauter leichtsinnigen Springinsfelden besteht, die geneigt sind, sich jeder soliden Gestaltung zu entziehen durch fortwärendes Hüpfen. Was für ein Talent dazu gehört, von einem solchen Volk Meister zu sein, werdet Ihr einsehen, Herr Peregrinus, und schon deshalb die gehörige Ehrfurcht vor mir haben. Versichert mir das, Herr Peregrinus, ehe ich weiterrede."

Einige Augenblicke hindurch war es dem Herrn Peregrinus Tyß, als drehe sich in seinem Kopf ein großes Mühlrad von brausenden Wellen getrieben. Dann wurde er aber ruhiger und es wollte ihn bedünken, daß die Erscheinung der fremden Dame bei dem Buchbinder Lämmerhirt ebenso wunderbar, als das was sich jetzt begebe, und dies vielleicht eben nur die richtige Fortsetzung der seltsamsten Geschichte sei, in die er verflochten.

Herr Peregrinus erklärte dem Meister Floh, daß er ihn schon jetzt seiner seltenen Gaben halber ganz ungemein verehre, und daß er um so begieriger sei, mehr von ihm zu erfahren, als seine Stimme sehr wohlklinge und eine gewisse Zartheit in der Rede seinen feinen zierlichen Körperbau verrate.

„Sehr", fuhr Meister Floh fort, „sehr danke ich Euch, bester Herr Tyß, für Eure gute Gesinnung und hoffe Euch bald zu überzeugen, daß Ihr Euch in mir nicht geirrt habt. – Damit Ihr erfahrt, bester Mann! welchen Dienst Ihr mir erwiesen habt, ist es indessen nötig, Euch meine vollständige Biographie mitzuteilen. – Vernehmt also! – Mein Vater war der berühmte – doch! eben fällt mir ein, daß Lesern und Hörern die schöne Gabe der Geduld merklich ausgegangen ist, und daß ausführliche Lebensbeschreibungen, sonst am mehrsten geliebt, jetzt verabscheut werden. Ich will daher statt gründlich zu sein nur flüchtig und episodisch dasjenige berühren, was auf meinen Aufenthalt bei Euch sich zunächst bezieht. Schon weil ich wirklich Meister Floh bin, müßt Ihr, teurer Herr Peregrinus, in mir einen Mann von der umfangreichsten Erudition, von der tiefsten Erfahrung in allen Zweigen des Wissens erkennen. Doch! – nicht messen könnt Ihr den Grad meiner Wissenschaft nach Euerm Maßstabe, da Euch die wunderbare Welt unbekannt ist in der ich mit meinem Volk lebe. In welches Erstaunen würdet Ihr geraten, wenn Euer Sinn erschlossen werden sollte für diese Welt, die Euch das seltsamste unbegreiflichste

Zauberreich dünken würde. Eben daher möget Ihr es auch gar nicht befremdlich finden, wenn alles, was aus jener Welt herstammt, Euch vorkommen wird, wie ein verwirrtes Märchen, das ein müßiges Gehirn ausgebrütet. Laßt Euch aber dadurch nicht irremachen, sondern traut meinen Worten. – Seht, mein Volk ist euch Menschen in manchen Dingen weit überlegen z.B. was Durchschauen der Geheimnisse der Natur, Stärke, Gewandtheit, geistige und körperliche Gewandtheit betrifft. Doch auch wir haben Leidenschaften und diese sind so wie bei euch, gar oft die Quelle vieles Ungemachs, ja gänzlichen Verderbens. So war auch ich von meinem Volk geliebt, ja angebetet, mein Meistertum hätte mich auf die höchste Stufe des Glücks bringen können, verblendete mich nicht eine unglückliche Leidenschaft zu einer Person, die mich ganz und gar beherrschte ohne jemals meine Gattin werden zu können. Man wirft überhaupt unserm Geschlecht eine ganz besondere, die Schranken des Anstandes überschreitende Vorliebe für das schöne Geschlecht vor. Mag dieser Vorwurf auch gegründet sein, so weiß auf der andern Seite jeder – Doch! – ohne weitere Umschweife! – Ich sah des Königs Sekakis Tochter, die schöne Gamaheh und wurde augenblicklich so entsetzlich verliebt in sie, daß ich mein Volk, mich selbst vergaß und nur in der Wonne lebte, auf dem schönsten Halse, auf dem schönsten Busen umherzuhüpfen und die Holde mit süßen Küssen zu kitzeln. Oft haschte sie mit den Rosenfingern nach mir, ohne mich jemals fangen zu können. Dies dünkte mir anmutiges Kosen, liebliche Tändelei beglückter Liebe! – Wie töricht ist der Sinn eines Verliebten, ist dieser auch selbst der Meister Floh. – Es genügt zu sagen, daß die arme Gamaheh von dem häßlichen Egelprinzen überfallen wurde, der sie zu Tode küßte; mir wär es aber gelungen die Geliebte zu retten, hätte sich nicht ein einfältiger Prahlhans und ein ungeschickter Tölpel ohne Beruf in die Sache gemischt und alles verdorben. Der Prahlhans war aber die Distel Zeherit und der Tölpel der Genius Thetel. – Als sich der Genius Thetel mit der entschlummerten Prinzessin in die Lüfte erhob, klammerte ich mich fest an die Brüßler Kanten, die sie gerade um den Hals trug, und war so Gamahehs treuer Reisegefährte ohne von dem Genius bemerkt zu werden. Es geschah, daß wir über zwei Magier wegflogen, die auf einem hohen Turm gerade den Lauf der Gestirne beobachteten. Da richtete der eine dieser Magier sein Glas so scharf auf mich, daß ich schier von dem Schein des magischen Instruments geblendet wurde. Mich überfiel ein starker Schwindel,

vergebens suchte ich mich festzuhalten, ich stürzte rettungslos hinab aus der entsetzlichen Höhe, fiel dem beobachtenden Magier gerade auf die Nase, nur meine Leichtigkeit, meine außerordentliche Gewandtheit erhielt mich am Leben.
Noch war ich zu betäubt um von des Magiers Nase herabzuhüpfen und mich ganz in Sicherheit zu setzen, als der Unhold, der verräterische Leuwenhoek (der war der Magier) mich geschickt mit den Fingern erhaschte und sogleich in ein Rußwurmsches Universal-Mikroskop setzte. Unerachtet es Nacht war und er daher die Lampe anzünden mußte, war er doch ein viel zu geübter Beobachter und viel zu tief eingedrungen in die Wissenschaft, um nicht sogleich mich als den Meister Floh zu erkennen. Hoch erfreut, daß ein glücklicher Zufall ihm diesen vornehmen Gefangenen in die Hände gespielt, entschlossen, allen Vorteil daraus zu ziehen, der nur möglich, schlug er mich Ärmsten in Ketten und so begann eine qualvolle Gefangenschaft, aus der ich durch Euch, Herr Peregrinus Tyß, erst gestern vormittags befreit wurde. – Mein Besitz gab dem fatalen Leuwenhoek volle Macht über meine Vasallen, die er bald scharenweise um sich her versammelte und mit barbarischer Härte eine sogenannte Kultur einführte, die uns bald um alle Freiheit, um allen Genuß des Lebens brachte. Was die Schulstudien und überhaupt die Wissenschaften und Künste betrifft, so fand Leuwenhoek gar bald zu seinem Erstaunen und Ärger, daß wir beinahe gelehrter waren, als er selbst; die höhere Kultur die er uns aufzwang, bestand aber vorzüglich darin, daß wir durchaus was werden, wenigstens was vorstellen mußten. Eben dieses Was-werden, dieses Was-vorstellen, führte eine Menge Bedürfnisse herbei, die wir sonst gar nicht gekannt hatten und die wir nun im Schweiß unseres Angesichts erringen mußten. Zu Staatsmännern, Kriegsleuten, Professoren und was weiß ich alles, schuf uns der grausame Leuwenhoek um. Diese mußten einhertreten in der Tracht des verschiedenen Standes, mußten Waffen tragen u. s. w. So entstanden aber unter uns Schneider, Schuster, Friseurs, Sticker, Knopfmacher, Waffenschmiede, Gürtler, Schwertfeger, Stellmacher und eine Menge anderer Professionisten, die nur arbeiteten um einen unnötigen, verderblichen Luxus zu befördern. Am allerschlimmsten war es, daß Leuwenhoek nichts im Auge hatte, als seinen eigenen Vorteil, daß er uns kultivierte Leute den Menschen zeigte und sich Geld dafür bezahlen ließ. Überdies aber kam unsere Kultur ganz auf seine Rechnung und er erhielt die Lobsprüche, die uns allein gebührten. Recht

gut wußte Leuwenhoek, daß mit meinem Verlust auch seine Herrschaft über mein Volk ein Ende hatte, um so fester verschlang er daher den Zauber, der mich an ihn bannte und um so quälender war meine unglückliche Gefangenschaft. – Mit heißer Sehnsucht dachte ich an die holde Gamaheh und sann auf Mittel, Nachricht von ihrem Schicksal zu erhalten. – Was aber der schärfste Verstand nicht zu ersinnen vermochte, das führte die Gunst des Zufalls von selbst herbei. – Meines Magiers Freund und Bundesgenosse, der alte Swammerdamm hatte die Prinzessin Gamaheh in dem Blumenstaube einer Tulpe entdeckt und diese Entdeckung dem Freunde mitgeteilt. Durch Mittel, die ich Euch, guter Herr Peregrinus Tyß weiter zu entwickeln unterlasse, da Ihr nicht sonderlich viel davon verstehen würdet, gelang es dem Herrn, der Prinzessin natürliche Gestalt wiederherzustellen und sie ins Leben zurückzurufen. Am Ende waren aber doch beide hochweise Herren ebenso ungeschickte Tölpel als der Genius Thetel und die Distel Zeherit. Sie hatten nämlich im Eifer die Hauptsache vergessen und so kam es, daß die Prinzessin in demselben Augenblick, als sie zum Leben erwacht, wiederum tot niedersinken wollte. Ich allein wußte woran es lag, die Liebe zur schönen Gamaheh, die in meiner Brust emporgelodert stärker als jemals, gab mir Riesenkraft; ich zerriß meine Ketten, ich sprang mit einem mächtigen Satz der Holden auf die Schulter – nur ein einziger kleiner Stich genügte das stockende Blut in Wallung zu setzen. Sie lebte! – Nun muß ich Euch aber sagen, Herr Peregrinus Tyß, daß dieser Stich wiederholt werden muß, wenn die Prinzessin in Schönheit und Jugend fortblühen soll; sie würde entgegengesetztenfalls in wenigen Monaten zusammenschrumpfen zum alten abgelebten Mütterlein. Deshalb bin ich ihr, das werdet Ihr einsehen, ganz unentbehrlich und nur aus der Furcht, mich zu verlieren, läßt sich der schwarze Undank erklären, mit dem Gamaheh meine Liebe lohnte. Sie lieferte mich nämlich ohne weiteres dem abscheulichen Quälgeist, dem Leuwenhoek aus, der mich in stärkere Fesseln schlug, als ich sie je getragen, jedoch zu seinem eignen Verderben. – Trotz aller Vorsicht des alten Leuwenhoek und der schönen Gamaheh gelang es mir endlich dennoch, in einer unbewachten Stunde aus meinem Kerker zu entspringen. Hinderten mich auch die schweren Reiterstiefel, die ich nicht Zeit hatte von den Füßen abzustreifen, sehr an der Flucht, so kam ich doch glücklich bis in die Bude des Spielsachenkrämers bei dem Ihr Waren einkauftet. Nicht lange dauerte es, so trat, zu meinem nicht geringen Schreck, auch Gamaheh in den Laden. Ich hielt mich für verloren, Ihr allein konntet mich retten, edler Herr Peregrinus; ich klagte Euch leise meine Not und Ihr wart gütig genug, mir eine Schachtel zu öffnen, in die ich schnell hineinhüpfte und die Ihr dann ebenso schnell mit Euch nahmet; Gamaheh suchte mich vergebens und erfuhr erst viel später, wie und wohin ich geflüchtet. Sowie ich in Freiheit war, hatte Leuwenhoek auch die Macht über mein Völklein verloren. Alle befreiten sich, entschlüpften und ließen dem Tyrannen zum Hohn Pfefferkörner, Obstkerne u. d. m. in den Kleidern stecken. Nochmals meinen herzlichen Dank, guter edler Herr Peregrinus, für die große Wohltat, die Ihr mir erzeigt habt und die ich zu schätzen weiß wie keiner. Erlaubt, daß ich mich als ein freier Mann wenige Zeit bei Euch aufhalte; ich kann Euch in manchen recht wichtigen Angelegenheiten Eures Lebens so nützlich sein, als Ihr es kaum denken möget. Zwar könnte es für gefährlich zu achten sein, daß Ihr in heftiger Liebe entbrannt seid zu dem holden Wesen –"

„Was sagt Ihr", unterbrach Peregrinus den kleinen Unsichtbaren, „was sagt Ihr, Meister, *ich* – *ich* entbrannt in Liebe?"

„Es ist nicht anders", fuhr Meister Floh fort, „denkt Euch mein Entsetzen, meine Angst, als Ihr gestern eintratet mit der Prinzessin in den Armen, ganz erhitzt von wilder Leidenschaft; als sie alle Verführungskünste anwandte, die ihr leider nur zu sehr zu Gebote stehen, um Euch zu meiner Auslieferung zu bewegen! – Doch! erst da erkannte ich Eure Großmut im ganzen Umfange, als Ihr standhaft bliebt, als Ihr geschickt so tatet, als wüßtet Ihr gar nichts von meinem Aufenthalt bei Euch, als verständet Ihr gar nicht, was die Prinzessin eigentlich von Euch verlange."

„Das", unterbrach Peregrinus den Meister Floh aufs neue, „das war ja aber auch in der Tat der Fall. Ihr rechnet mir, lieber Meister Floh, Dinge als Verdienst an, die ich gar nicht geahnt habe. Weder Euch, noch das hübsche Frauenzimmer das mich aufsuchte bei dem Buchbinder Lämmerhirt und das Ihr seltsamerweise Prinzessin Gamaheh zu nennen beliebt, habe ich in der Bude gewahrt, wo ich Spielsachen einkaufte. Ganz unbekannt war es mir, daß unter den Schachteln die ich mitnahm und in welchen ich bleierne Soldaten und ebensolche Jagden vermutete, sich eine leere befand, in der Ihr saßet, und wie in aller Welt hätte ich es erraten können, daß *Ihr* der Gefangene wart, den das anmutige Kind so stürmisch verlangte. Seid nicht wunderlich, Meister Floh, und laßt Euch Dinge träumen, von denen keine Ahnung in meiner Seele liegt."

„Ihr wollt", erwiderte Meister Floh, „meinen Danksagungen ausweichen auf geschickte Weise, guter Herr Peregrinus! und dies gibt mir zu großem Trost aufs neue den lebhaften Beweis Eurer uneigennützigen Denkungsart. – Wißt, edler Mann! daß Leuwenhoeks, Gamahehs Bemühungen, mich wieder zu erhaschen ganz vergeblich bleiben, solange Ihr mir Euern Schutz gewährt. Freiwillig müßt Ihr mich meinen Peinigern übergeben, alle anderen Mittel sind fruchtlos. Herr Peregrinus Tyß! Ihr seid verliebt. –"

„O sprecht", fiel Peregrinus dem Meister ins Wort, „o sprecht doch nur nicht so! – Nennt Liebe nicht eine augenblickliche törichte Aufwallung, die schon jetzt vorüber ist! –"

Herr Peregrinus fühlte, daß Glutröte ihm ins Antlitz stieg und ihn Lügen strafte. Er kroch unters Deckbette.

„Es ist", fuhr Meister Floh fort, „es ist gar nicht zu verwundern, daß auch Ihr dem wunderbaren Liebreiz der Prinzessin Gamaheh nicht widerstehen konntet, zumal sie manche gefährliche Kunst anwandte Euch zu fangen. Der Sturm ist noch nicht vorüber. Manches Zaubermittel, wie es auch wohl andern anmutigen Weibern, die nicht gerade die Prinzessin Gamaheh sind, zu Gebote steht, wird die kleine Boshafte noch aufbieten, um Euch in ihr Liebesnetz zu verstricken. Sie wird sich Eurer so ganz zu bemächtigen suchen, daß Ihr nur für sie, für ihre Wünsche leben sollt, und dann – weh mir! – Es wird darauf ankommen, ob Euer Edelmut stark genug ist, Eure Leidenschaft zu besiegen, ob Ihr es vorziehen werdet, Gamahehs Wünschen nachzugeben und nicht allein Euern Schützling, sondern [auch] das arme Völklein, welches Ihr niedriger Knechtschaft entrissen, aufs neue ins Elend zu stürzen, oder der bösen falschen Verlockung eines verführerischen Wesens zu widerstehen und so mein und meines Volkes Glück zu begründen. – O daß Ihr mir das letztere versprechen wolltet – könntet! –"

„Meister", antwortete Herr Peregrinus, indem er die Bettdecke vom Gesichte wegzog, „lieber Meister, Ihr habt recht, nichts ist gefährlicher als die Verlockung der Weiber; sie sind alle falsch, boshaft, sie spielen mit uns wie die Katzen mit der Maus und für unsere zärtlichsten Bemühungen ernten wir nichts ein als Spott und Hohn. Deshalb stand mir auch sonst der kalte Todesschweiß auf der Stirne, sowie sich nur ein weibliches Wesen nahte und ich glaube selbst, daß mit der schönen Aline oder wie Ihr wollt, mit der Prinzessin Gamaheh es eine besondere Bewandtnis haben muß, unerachtet ich alles was Ihr

mir erzählt habt, mit meinem schlichten gesunden Menschenverstande gar nicht begreifen kann und es mir vielmehr zumute ist, als läge ich in wirren Träumen oder läse in Tausendundeiner Nacht. – Doch, mag dem sein wie ihm wolle, Ihr habt Euch einmal in meinen Schutz begeben, lieber Meister, und nichts soll mich vermögen, Euch Euern Feinden auszuliefern, die verführerische Dirne will ich gar nicht wiedersehen. Ich verspreche das feierlich und würde Euch die Hand darauf reichen, hättet Ihr eine dergleichen, die meine zu erfassen und meinen ehrlichen Druck zu erwidern." – Damit streckte Herr Peregrinus seinen Arm weit aus über die Bettdecke.
„Nun", sprach der kleine Unsichtbare, „nun bin ich ganz getröstet, ganz beruhigt. Habe ich auch keine Hand Euch darzureichen, so erlaubt wenigstens, daß ich Euch in den rechten Daumen steche, teils um Euch meine innige Freude zu bezeugen, teils um unser Freundschaftsbündnis noch fester zu besiegeln."
Herr Peregrinus fühlte auch in dem Augenblick an dem Daumen der rechten Hand einen Stich, der so empfindlich schmerzte, daß er nur von dem ersten Meister alle Flöhe herrühren konnte.
„Ihr stecht", rief Peregrinus, „Ihr stecht ja wie ein kleiner Teufel." – „Nehmt das", erwiderte Meister Floh, „für ein lebhaftes Zeichen meiner biedern guten Gesinnung. Doch billig ist es, daß ich als Pfand meiner Dankbarkeit Euch eine Gabe zukommen lasse, die zu dem Außerordentlichsten gehört, was die Kunst jemals hervorgebracht hat. Es ist nichts anders als ein Mikroskop, welches ein sehr geschickter, kunstvoller Optiker aus meinem Volk verfertigte, als er noch in Leuwenhoeks Dienste war. Euch wird das Instrument etwas subtil vorkommen, denn in der Tat ist es wohl an einhundertzwanzigmal kleiner als ein Sandkorn, aber der Gebrauch läßt keine sonderliche Größe zu. Ich setze das Glas nämlich in die Pupille Eures linken Auges und dieses Auge wird dann mikroskopisch. – Die Wirkung soll Euch überraschen, ich will daher für jetzt darüber schweigen und Euch nur bitten, daß Ihr mir erlaubt, die Operation vorzunehmen, dann, wenn ich überzeugt bin, daß Euch das mikroskopische Auge große Dienste leisten muß. Und nun schlaft wohl, Herr Peregrinus, Euch ist noch einige Ruhe vonnöten."
Peregrinus schlief nun wirklich ein und erwachte erst am hellen Morgen.
Er vernahm das wohlbekannte Kratzen des Besens der alten Aline, die das Nebenzimmer auskehrte. Ein kleines Kind, das sich irgendei-

ner Unart bewußt, kann sich nicht so vor der Rute der Mutter fürchten, als Herr Peregrinus sich fürchtete vor den Vorwürfen des alten Weibes. Leise trat die Alte endlich hinein mit dem Kaffee. Herr Peregrinus schielte durch die Bettgardinen, die er zugezogen, und war nicht wenig über den hellen Sonnenschein verwundert, der auf dem Gesicht der Alten ausgebreitet lag.

„Schlafen Sie noch, lieber Herr Tyß?" so fragte die Alte mit dem süßesten Ton, der in ihrer Kehle liegen mochte.

Peregrinus erwiderte ganz ermutigt ebenso liebreich: „Nein, liebe Aline; setzen Sie nur das Frühstück auf den Tisch, ich steige gleich aus dem Bette."

Als Peregrinus nun aber wirklich aufstand, war es ihm als wehe der süße Atem des lieblichen Geschöpfs, das in seinen Armen lag, durch das Zimmer; es wurde ihm so heimisch und dabei so ängstlich zumute; er hätte um alles in der Welt wissen mögen, was aus dem Geheimnis seiner Liebe geworden; denn wie dies Geheimnis selbst, war ja das allerliebste Wesen erschienen und verschwunden.

Während Herr Peregrinus vergeblich versuchte Kaffee zu trinken und Weißbrot zu genießen, da ihm jeder Bissen im Munde quoll, trat die Alte hinein und machte sich dies und das zu schaffen, während sie vor sich hin murmelte: „Wundersam! – Unglaublich! – Was man nicht alles erlebt! – Wer hätte das gedacht!" –

Peregrinus, der es vor Herzklopfen nicht länger aushalten konnte, fragte: „Was ist denn wundersam, liebe Aline?"

„Allerlei, allerlei!" erwiderte die Alte schalkisch lächelnd, indem sie in ihrem Geschäft, das Zimmer aufzuräumen, fortfuhr. – Die Brust wollte dem armen Peregrinus zerspringen und unwillkürlich rief er mit dem Tone der schmerzlichsten Sehnsucht: „Ach Aline!"

„Ja Herr Tyß, hier bin ich, was befehlen Sie?" – So sprach die Alte und stellte sich breit hin vor Peregirnus, als erwarte sie seine Befehle.

Peregrinus starrte in das kupfrige abscheulich verzerrte Gesicht der Alten, und alle Scheu brach sich an dem tiefen Unwillen, der ihn plötzlich erfüllte.

„Was ist", so fragte er mit ziemlich barschem Tone, „was ist aus der fremden Dame geworden, die sich gestern abend hier befand? – Hat Sie ihr die Haustüre aufgeschlossen, hat Sie, wie ich befohlen, für einen Wagen gesorgt? ist die Dame nach ihrer Wohnung gebracht worden?" – „Türe aufgeschlossen?" sprach die Alte mit einem fatalen Grinsen, welches aussehen sollte wie schlaues Lächeln, „Wagen geholt? – Nach Hause gebracht? – War alles nicht vonnöten! Die schöne Dame, das allerliebste Ding, ist im Hause geblieben, befindet sich noch hier und wird das Haus auch wohl nicht vor der Hand verlassen."

Peregrinus fuhr auf im freudigen Schreck; die Alte erzählte ihm nun, wie, als die Dame die Treppe auf eine Art hinabgesprungen, daß ihr Hören und Sehen vergangen, unten der alte Herr Swammer in der Türe seines Zimmers gestanden mit einem mächtigen Armleuchter in der Hand. Der alte Herr habe unter vielen Verbeugungen, wie es sonst gar nicht seine Art sei, die Dame in sein Zimmer eingeladen, diese sei auch gleich ohne Anstand hineingeschlüpft und Herr Swammer habe dann die Türe fest verschlossen und verriegelt.

Viel zu sonderbar sei ihr doch des menschenscheuen Herrn Swammers Beginnen vorgekommen, um nicht ein wenig an der Türe zu lauschen und durch das Schlüsselloch zu kucken. Da habe denn Herr Swammer mitten im Zimmer gestanden und so beweglich und kläglich zu der Dame gesprochen, daß ihr, der Alten, die Tränen in die Augen gekommen, unerachtet sie kein einziges Wort verstehen können, da Herrn Swammers Sprache ausländisch gewesen. Nichts anders habe sie glauben können, als daß Herr Swammer sich gemüht, die Dame auf den Weg der Tugend und Gottesfurcht zurückzubringen, denn er sei immer mehr in Eifer geraten, bis die Dame auf die Kniee gesunken und gar demütig seine Hand geküßt, auch dabei etwas geweint. Sehr freundlich habe aber nun Herr Swammer die Dame aufgehoben, sie auf die Stirn geküßt, wobei er sich sehr bücken müssen und sie dann zu einem Lehnstuhl geführt. Sehr geschäftig habe Herr Swammer ein Feuer im Kamin gemacht, ein Gewürz herbeigetragen und soviel sie wahrnehmen können einen Glühwein zu kochen begonnen. Unglücklicherweise habe sie, die Alte, jetzt etwas Tabak genommen und stark geniest. Da sei es ihr denn durch alle Glieder gefahren und sie wie vernichtet gewesen, als der Herr Swammer den Arm ausgestreckt nach der Türe und mit einer furchtbaren Stimme, die Mark und Bein durchdrungen, gerufen: „Hebe dich hinweg, horchender Satan!" – Sie wisse gar nicht, wie sie herauf und ins Bett gekommen. Am Morgen als sie die Augen aufgeschlossen, habe sie geglaubt ein Gespenst zu sehen. Denn Herrn Swammer habe sie erblickt vor ihrem Bette in einem schönen Zobelpelz mit goldnen Schnüren und Troddeln, Hut auf dem Kopfe, Stock in der Hand.

„Gute Frau Aline", habe Herr Swammer zu ihr gesprochen, „ich muß in wichtigen Geschäften ausgehen und werde vielleicht erst nach mehreren Stunden wiederkehren. Sorgen Sie dafür, daß auf dem Flur des Hauses vor meinem Zimmer kein Geräusch entstehe oder gar jemand es wage in mein Gemach eindringen zu wollen. – Eine vornehme Dame und daß Sie es nur wissen, eine fremde, reiche, wunderbar schöne Prinzessin hat sich zu mir geflüchtet. Ich war in früherer Zeit, am Hofe ihres königlichen Vaters, ihr Informator, deshalb hat sie Zutrauen zu mir und ich werde und muß sie schützen wider alle böse Angriffe. Ich sage Ihnen das Frau Aline, damit Sie der Dame die Ehrfurcht beweisen, die ihrem Range gebührt. Sie wird, erlaubt es Herr Tyß, Ihre Bedienung in Anspruch nehmen und Sie sollen, gute Frau Aline, dafür königlich belohnt werden, insofern Sie nämlich schweigen können und niemanden den Aufenthalt der Prinzessin verraten."Damit sei Herr Swammer dann schnell fortgegangen.

Herr Peregrinus Tyß fragte die Alte, ob es ihr denn nicht gar seltsam vorkomme, daß die Dame, die er, wie er nochmals beteuern könne, bei dem Buchbinder Lämmerhirt in der Kalbächer Straße getroffen, eine Prinzessin sein und zu dem alten Herrn Swammer geflüchtet sein solle. Die Alte meinte indessen, sie traue Herrn Swammers Worten mehr noch, als ihren eignen Augen und glaube daher, daß alles, was sich bei dem Buchbinder Lämmerhirt und hier im Zimmer zugetragen, entweder nur zauberisches Blendwerk gewesen oder daß die Angst, die Verwirrung auf der Flucht, die Prinzessin zu solchem abenteuerlichen Beginnen vermocht. Übrigens werde sie ja wohl bald alles von der Prinzessin selbst erfahren.

„Aber", sprach Herr Peregrinus weiter, eigentlich nur um das Gespräch über die Dame fortzusetzen, „aber wo ist Ihr Verdacht, die böse Meinung geblieben, die Sie gestern von der fremden Dame hegte?"

„Ach", erwiderte die Alte schmunzelnd, „ach das ist alles vorbei. Man darf ja nur die liebe Dame recht ansehen, um zu wissen, daß es eine vornehme Prinzessin ist und dabei so engelsschön, wie nur eine Prinzessin gefunden werden kann. Ich mußte, als Herr Swammer fortgegangen war, ein wenig nachsehen, was die gute Dame macht und kuckte durch das Schlüsselloch. Da lag die Dame ausgestreckt auf dem Sofa und hatte das Engelsköpfchen auf die Hand gestützt, so daß die schwarzen Locken durch die lilienweißen Fingerchen quollen, welches ganz hübsch aussah. Und gekleidet war die Dame in lauter Silberzindel, der den niedlichen Busen, die rundlichen Ärmchen durchschimmern ließ. An den Füßchen trug sie goldne Pantoffel. Einer war herabgefallen so daß man gewahrte wie sie keine Strümpfe angezogen; das bloße Füßchen kuckte unter dem Kleide hervor und sie spielte mit den Zehen, welches artig anzusehen war. – Doch gewiß liegt die Dame unten noch ebenso wie vorher auf dem Sofa und wenn es Ihnen gefällig ist, lieber Herr Tyß, sich an das Schlüsselloch zu bemühen, so –"

„Was sprichst du", unterbrach Peregrinus die Alte mit Heftigkeit, „was sprichst du! – soll ich mich hingeben dem verführerischen Anblick, der mich vielleicht hinreißen könnte zu allerlei Torheiten?"

„Mut, Peregrinus, widerstehe der Verlockung!" so lispelte es dicht bei Peregrinus, der die Stimme des Meister Floh erkannte.

Die Alte lächelte geheimnisvoll und sprach, nachdem sie einige Augenblicke geschwiegen: „Ich will Ihnen nur alles sagen, lieber Herr Tyß, wie mir die ganze Sache vorkommt. – Mag nun die fremde Dame eine Prinzessin sein oder nicht, so viel bleibt gewiß, daß sie sehr vornehm ist und reich und daß Herr Swammer sich ihrer lebhaft annimmt, mithin lange mit ihr bekannt sein muß. Und warum ist die Dame Ihnen nachgelaufen, lieber Herr Tyß? Ich sage, weil sie sich sterblich verliebt hat in Sie, und die Liebe macht ja wohl einen ganz blind und toll, und verführt auch wohl Prinzessinnen zu den seltsamsten, unüberlegtesten Streichen. – Eine Zigeunerin hat Ihrer seligen Frau Mutter prophezeit, daß Sie einmal glücklich werden sollten durch eine Heirat, gerade wann Sie am wenigsten daran dächten. Das soll nun wahr werden! –"

Und damit begann die Alte aufs neue zu schildern, wie allerliebst die Dame aussähe.

Man kann denken, wie sich Peregrinus bestürmt fühlte. „Schweige", brach er endlich los, „schweige Sie doch nur, Frau Aline, von solchen Dingen. Verliebt in mich sollte die Dame sein! – wie albern, wie abgeschmackt!"

„Hm", sprach die Alte, „wäre das nicht der Fall, so würde die Dame nicht so gar jämmerlich geseufzt, so würde sie nicht so gar kläglich gerufen haben: ‚Nein, mein lieber Peregrinus, mein süßer Freund, du wirst, du kannst nicht grausam gegen mich sein! – Ich werde dich wiedersehen und alles Glück des Himmels genießen!' – Und unsern alten Herrn Swammer, den hat die fremde Dame ganz umgekehrt. Habe ich sonst außer dem Kronentaler zu Weihnachten auch nur einen einzigen Kreuzer von ihm erhalten? Und diesen schönen blanken Karolin, den gab er mir heute morgen mit solcher freundlicher Miene, wie er sie sonst gar nicht im Antlitz hat, als Douceur im voraus für die Dienste die ich der Dame leisten werde. Da steckt was dahinter. Was gilt's, Herr Swammer spielt am Ende den Freiwerber bei Ihnen, Herr Tyß! – " Wiederum sprach die Alte von der Liebenswürdigkeit und Anmut der Dame mit begeisterten Worten, die in dem Munde eines abgelebten Weibes seltsam genug klangen, bis Peregrinus, ganz Feuer und Flamme, aufsprang und wie rasend ausrief: „Mag es gehen wie es will – hinab, hinab, ans Schlüsselloch!" – Vergebens warnte Meister Floh, der in das Halstuch des verliebten Peregrinus gesprungen war und sich dort in den Schlupfwinkel einer Falte versteckt hatte. Peregrinus vernahm nicht seine Stimme und Meister Floh erfuhr, was er längst hätte wissen sollen, nämlich daß mit dem störrigsten Menschen etwas anzufangen ist, nur nicht mit einem Verliebten.

Die Dame lag in der Tat noch ebenso auf dem Sofa, wie die Alte es beschrieben hatte, und Peregrinus fand, daß keine menschliche Sprache hinreiche, den himmlischen Zauber in Worten auszudrücken, der über der ganzen holden Gestalt ausgebreitet lag. Ihr Anzug, wirklich Silberzindel mit seltsamer bunter Stickerei, war ganz fantastisch und konnte sehr füglich für das Negligé der Prinzessin Gamaheh gelten, das sie in Famagusta vielleicht in dem Augenblick getragen, als der boshafte Egelprinz sie totküßte. Wenigstens war der Anzug so reizend und dabei so über alle Maßen seltsam, daß die Idee dazu weder in dem Kopfe des genialsten Theaterschneiders entsprossen noch in dem Geiste der sublimsten Putzhändlerin empfangen zu sein schien. „Ja sie ist es, es ist Prinzessin Gamaheh!" So murmelte Peregrinus, indem er bebte vor süßer Wonne und dürstendem Verlangen. Als nun aber die Holde aufseufzte: „Peregrinus, mein Peregrinus!" da erfaßte den Herrn Peregrinus der volle Wahnsinn der Leidenschaft und nur eine unnennbare Angst, die ihm alle Kraft des Entschlusses raubte, hielt ihn zurück, nicht die Türe mit Gewalt einzustoßen und sich dem Engelsbilde zu Füßen zu werfen.

Der geneigte Leser weiß bereits, was es mit den zauberischen Reizen, mit der überirdischen Schönheit der kleinen Dörtje Elwerdink für eine Bewandtnis hat. Der Herausgeber kann versichern, daß, nachdem er ebenfalls durch das Schlüsselloch gekuckt und die Kleine in ihrem fantastischen Kleidchen von Silberzindel erblickt hatte, er weiter nichts sagen konnte, als daß Dörtje Elwerdink ein ganz liebenswürdiges, anmutiges Püppchen sei.

Da aber kein junger Mensch sich zum erstenmal in ein anderes Wesen verliebt hat, als in ein überirdisches, in einen Engel dem nichts gleichkommt auf Erden, so sei es dem Herrn Peregrinus auch erlaubt, Dörtje Elwerdink für ein dergleichen zauberisches überirdisches Wesen zu halten. –

„Nehmt Euch zusammen, denkt an Euer Versprechen, werter Herr Peregrinus Tyß. – Niemals wolltet Ihr die verführerische Gamaheh wiedersehen, und nun! – Ich könnte Euch das Mikroskop ins Auge werfen, aber Ihr müßt ja auch ohne dasselbe gewahren, daß die boshafte Kleine Euch längst bemerkt hat, und daß alles was sie beginnt, trügerische Kunst ist, Euch zu verlocken. Glaubt mir doch nur, ich meine es gut mit Euch!" – So lispelte Meister Floh in der Falte des Halstuchs; solch bange Zweifel aber auch in Peregrinus' Innerm aufstiegen, doch konnte er sich nicht losreißen von dem bezaubernden Anblick der Kleinen, die den Vorteil, sich unbemerkt glauben zu dürfen, gut zu benutzen und mit verführerischen Stellungen wechselnd den armen Peregrinus ganz außer sich selbst zu setzen verstand.

Herr Peregrinus Tyß stände vielleicht noch an der Türe des verhängnisvollen Gemachs, hätte es nicht stark geläutet und hätte die Alte ihm nicht zugerufen, daß der alte Herr Swammer zurückkehre. Peregrinus flog die Treppe hinauf, in sein Zimmer. – Hier überließ er sich ganz seinen Liebesgedanken, mit eben diesen Gedanken kamen aber jene Zweifel zurück, die Meister Flohs Mahnungen in ihm erregt hatten. Es hatte sich recht eigentlich ein Floh in sein Ohr gesetzt und er geriet in allerlei beunruhigende Betrachtungen.

„Muß ich", dachte er, „muß ich nicht wirklich daran glauben, daß das holde Wesen die Prinzessin Gamaheh, die Tochter eines mächtigen Königs ist? Bleibt dies aber der Fall, so muß ich es für Torheit, für Wahnsinn halten, nach dem Besitz einer so erhabenen Person zu streben. Dann aber hat sie ja auch selbst die Auslieferung eines Gefangenen verlangt, von dem ihr Leben abhinge und stimmt dies genau mit dem überein, was mir Meister Floh gesagt, so kann ich auch beinahe nicht daran zweifeln, daß alles was ich auf Liebe zu mir deuten dürfte, vielleicht nur ein Mittel ist, mich ihrem Willen ganz zu unterwerfen. Und doch! – sie verlassen – sie verlieren, das ist Hölle, das ist Tod!" –

Herr Peregrinus Tyß wurde in diesen schmerzlichen Betrachtungen durch ein leises bescheidenes Klopfen an der Türe gestört.

Wer hereintrat, war niemand anders, als der Mietsmann des Herrn Peregrinus. – Der alte Herr Swammer, sonst ein zusammengeschrumpfter menschenscheuer mürrischer Mann, schien plötzlich um zwanzig Jahre jünger geworden zu sein. Die Stirne war glatt, das Auge belebt, der Mund freundlich; er trug statt der häßlichen schwarzen Perücke natürliches weißes Haar und statt des dunkelgrauen Oberrocks einen schönen Zobelpelz, wie ihn Frau Aline beschrieben.

Mit einer heitern, ja freudigen Miene, die ihm sonst ganz und gar nicht eigen, trat Herr Swammer dem Peregrinus entgegen. Er wünsche nicht, sprach Herr Swammer, seinen lieben Herrn Wirt in irgendeinem Geschäft zu stören; seine Pflicht als Mieter erfordere es aber, gleich am Morgen dem Hauswirt anzuzeigen, daß er in der Nacht genötigt worden, ein hülfloses Frauenzimmer bei sich aufzunehmen, das sich der Tyrannei eines bösen Oheims entziehen wolle und daher wohl einige Zeit in dem Hause zubringen werde, wozu es indessen der Erlaubnis des gütigen Wirts bedürfe, um die er hiemit ansuche. Unwillkürlich fragte Peregrinus, wer denn das hülflose Frauenzimmer sei, ohne daran zu denken, daß dies in der Tat die zweckmäßigste Frage war, die er tun konnte um die Spur des seltsamen Geheimnisses zu verfolgen.

„Es ist“, erwiderte Herr Swammer, „es ist recht und billig, daß der Hauswirt wisse, wen er in seinem Hause beherbergt. Erfahren Sie also, verehrter Herr Tyß! daß das Mädchen das sich zu mir geflüchtet, niemand anders ist, als die hübsche Holländerin Dörtje Elwerdink, Nichte des berühmten Leuwenhoek, der, wie Sie wissen, hier die wunderbaren mikroskopischen Kunststücke zeigt. Leuwenhoek ist sonst mein Intimus, aber ich muß bekennen, daß er ein harter Mann ist und die arme Dörtje, die noch dazu mein Patchen, mißhandelt auf arge Weise. Ein stürmischer Auftritt, der sich gestern abend ereignete, zwang das Mädchen zur Flucht, und daß sie bei mir Trost und Hülfe suchte, scheint natürlich.“

„Dörtje Elwerdink“, sprach Peregrinus halb träumend, „Leuwenhoeck! – vielleicht ein Abkämmling des Naturforschers Anton von Leuwenhoek, der die berühmten Mikroskope verfertigte?“

„Daß unser Leuwenhoeck“, erwiderte Herr Swammer lächelnd, „ein Abkömmling jenes berühmten Mannes sei, kann man so eigentlich nicht sagen, da er der berühmte Mann selbst und es nur eine Fabel ist, daß er vor beinahe hundert Jahren in Delft begraben worden. Glauben sie das, bester Herr Tyß, sonst könnten Sie wohl noch gar daran zweifeln, daß ich, unerachtet ich mich der Kürze halber und um nicht über Gegenstände meiner Wissenschaft jedem neugierigen Toren Rede stehen zu müssen, jetzt Swammer nenne, der berühmte Swammerdamm bin. Alle Leute behaupten, ich sei im Jahre 1680 gestorben, aber Sie bemerken, würdiger Herr Tyß, daß ich lebendig und gesund vor Ihnen stehe, und daß *ich* wirklich *ich* bin, kann ich jedem, auch dem Einfältigsten aus meiner *Biblia naturae* demonstrieren. Sie glauben mir doch, werter Herr Tyß?"

„Mir ist", sprach Peregrinus mit einem Ton, der von seiner innern Verwirrung zeugte, „mir ist seit ganz kurzer Zeit so viel Wunderbares geschehen, daß ich, wäre nicht alles deutliche Sinneswahrnehmung, ewig daran zweifeln würde. Aber nun glaube ich an alles, sei es auch noch so toll und ungereimt! – Es kann sein, daß Sie der verstorbene Herr Johann Swammerdamm sind, und daher als Revenant mehr wissen als andere gewöhnliche Menschen; was aber die Flucht der Dörtje Elwerdink oder der Prinzessin Gamaheh, oder wie die Dame sonst heißen mag, betrifft, so sind Sie im gewaltigen Irrtum. – Erfahren Sie, wie es damit herging."

Peregrinus erzählte nun ganz ruhig das Abenteuer das er mit der Dame bestanden, von ihrem Eintritt in Lämmerhirts Stube an, bis zu ihrer Aufnahme in Herrn Swammers Zimmer.

„Mir scheint", sprach Herr Swammer, als Peregrinus geendigt, „mir scheint, als wenn das alles was Sie mir zu erzählen beliebt haben, nichts sei als ein merkwürdiger jedoch ganz angenehmer Traum. Ich will das aber dahingestellt sein lassen und Sie um Ihre Freundschaft bitten, deren ich vielleicht gar sehr bedürfen werde. Vergessen Sie mein mürrisches Betragen und lassen Sie uns einander nähertreten. Ihr Vater war ein einsichtsvoller Mann und mein herzlichster Freund, aber was Wissenschaft, tiefen Verstand, reife Urteilskraft, geübten richtigen Lebensblick betrifft, so tut es der Sohn dem Vater zuvor. Sie glauben gar nicht wie ich Sie hochschätze, mein bester würdigster Herr Tyß." –

„Jetzt ist es Zeit", lispelte Meister Floh, und in dem Augenblick fühlte Peregrinus in der Pupille des linken Auges einen geringen schnell vorübergehenden Schmerz. Er wußte, daß Meister Floh ihm das mikroskopische Glas ins Auge gesetzt, doch fürwahr, diese Wirkung des Glases hatte er nicht ahnen können. Hinter der Hornhaut von Swammers Augen gewahrte er seltsame Nerven und Äste, deren wunderlich verkreuzten Gang er bis tief ins Gehirn zu verfolgen und zu

erkennen vermochte, daß es Swammers Gedanken waren. Die lauteten aber ungefähr: Hätte ich doch nicht geglaubt daß ich hier so wohlfeilen Kaufs davonkomme, daß ich nicht besser ausgefragt werden würde. War aber der Herr Papa ein beschränkter Mensch, auf den ich niemals etwas gab, so ist der Sohn noch verwirrteren Sinnes, dem ein großer Besitz kindischer Albernheit zugegeben. Erzählt mir der Einfaltspinsel die ganze Begebenheit mit der Prinzessin und setzt nicht voraus, daß sie mir schon selbst alles erzählt hat, da mein Beginnen mit ihr ein früheres vertrauliches Verhältnis notwendig voraussetzte. – Aber was hilft's, ich muß schön mit ihm tun, weil ich seiner Hülfe bedarf. Er ist unbefangen genug mir alles zu glauben, ja wohl in einfältiger Gutmütigkeit meinem Interesse manches Opfer zu bringen, wofür er keinen andern Dank ernten wird, als daß ich ihn, wenn alles gut abgelaufen und Gamaheh wieder mein ist, hinterm Rücken derb auslache. –
„War es", sprach Herr Swammer, indem er dicht herantrat an Herrn Peregrinus, „war es mir doch, als säße ein Floh auf Ihrer Halsbinde, werter Herr Tyß!" – Die Gedanken lauteten: Alle Wetter, das war doch wirklich Meister Floh! – das wäre ja ein verfluchter Querstreich, wenn Gamaheh sich nicht geirrt hätte.
Schnell trat Peregrinus zurück, indem er versicherte, daß er den Flöhen gar nicht gram sei.
„So", sprach Herr Swammer, sich tief verbeugend weiter, „so empfehle ich mich dann fürs erste ganz ergebenst, mein lieber wertester Herr Tyß."
Die Gedanken lauteten: Ich wollte daß dich der schwarzgefiederte Satan verschlinge, du verdammter Kerl! –
Meister Floh nahm dem ganz in Erstaunen versunkenen Peregrinus das mikroskopische Glas aus der Pupille und sprach dann: „Ihr habt nun, lieber Herr Peregrinus, die wunderbare Wirkung des Instruments, das wohl in der ganzen Welt seinesgleichen nicht findet, erkannt, und werdet einsehen, welche Übermacht es Euch über die Menschen gibt, wenn Euch ihre innersten Gedanken offen vor Augen liegen. Trüget Ihr aber beständig dies Glas im Auge, so würde Euch die stete Erkenntnis der Gedanken zuletzt zu Boden drücken, denn nur zu oft wiederholte sich die bittre Kränkung, die Ihr soeben erfahren habt. Stets werde ich, wenn Ihr Euer Haus verlasset, bei Euch sein, entweder in der Halsbinde, im Jabot, oder sonst an einem schicklichen bequemen Orte sitzen. Wollt Ihr nun die Gedanken

dessen wissen, der mit Euch spricht, so dürft Ihr nur mit dem Daumen schnippen und augenblicklich habt Ihr das Glas im Auge."

Herr Peregrinus Tyß, den unübersehbaren Nutzen dieser Gabe begreifend, wollte sich eben in die heißesten Danksagungen ergießen, als zwei Abgeordnete des hohen Rats eintraten und ihm ankündigten, daß er eines schweren Vergehens angeklagt sei, und daß diese Anklage vorläufige Haft und Beschlagnahme seiner Papiere zur Folge haben müsse.

Herr Peregrinus schwur hoch und teuer, daß er sich auch nicht des geringsten Verbrechens bewußt sei. Einer der Abgeordneten meinte aber lächelnd, daß vielleicht in wenigen Stunden seine völlige Unschuld aufgeklärt sein werde, bis dahin müsse er sich aber den Befehlen der Obrigkeit fügen.

Was blieb dem Herrn Peregrinus Tyß übrig, als in den Wagen zu steigen und sich nach dem Gefängnis transportieren zu lassen.

Man kann denken, mit welchen Empfindungen er an Herrn Swammers Zimmer vorüberging.

Meister Floh saß in der Halsbinde des Gefangenen.

Viertes Abenteuer

Unerwartetes Zusammentreffen zweier Freunde. [Der Rat Knarrpanti und seine peinlichen Grundsätze.] Liebesverzweiflung der Distel Zeherit. Optischer Zweikampf zweier Magier. Somnambuler Zustand der Prinzessin Gamaheh. Die Gedanken des Traums. Wie Dörtje Elverdink beinahe die Wahrheit spricht und die Distel Zeherit mit der Prinzessin Gamaheh von dannen rennt.

Sehr bald war der Fehlgriff des Wächters ausgemittelt, der den Herrn Pepusch als einen nächtlichen Dieb, welcher einzubrechen versucht, zur Haft gebracht hatte. Man wollte indessen einige Unrichtigkeiten in seinen Pässen bemerkt haben und dies war die Ursache, warum man ihn ersuchte, irgendeinen angesessenen Bürger in Frankfurt als Gewährsmann aufzustellen, bis dahin sich aber den Aufenthalt auf dem Bürgermeisteramt gefallen zu lassen.

Da saß nun Herr George Pepusch in einem ganz artigen Zimmer und sann hin und her, wen er wohl in Frankfurt als seinen Gewährsmann aufstellen könne. So lange war er abwesend gewesen, daß er befürchten mußte, selbst von denen vergessen worden zu sein, die ihn vormals recht gut gekannt hatten, und an sonstigen Adressen fehlte es ihm gänzlich.

Ganz mißmutig sah er zum Fenster hinaus und begann laut sein Schicksal zu verwünschen. Da wurde dicht neben ihm ein anderes Fenster geöffnet und eine Stimme rief: „Wie? sehe ich recht? Bist du es, George?“ – Herr Pepusch war nicht wenig erstaunt, als er den Freund erblickte, mit dem er während seines Aufenthaltes in Madras den vertrautesten Umgang gepflogen.

„Wetter“, sprach Herr Pepusch, „Wetter, wie man so vergeßlich, ja so ganz vor den Kopf geschlagen sein kann! Ich wußt es ja, daß du glücklich in den heimatlichen Stapel eingelaufen bist. Wunderdinge habe ich in Hamburg von deiner seltsamen Lebensweise gehört, und nun ich hier angekommen, denke ich nicht daran, dich aufzusuchen. Doch wer solche Dinge im Kopfe hat, als ich – Nun es ist gut, daß der Zufall mir dich zugeführt. Du siehst, ich bin verhaftet, du kannst mich aber augenblicklich in Freiheit setzen, wenn du Gewähr leistet, daß ich wirklich der George Pepusch bin, den du seit langen Jahren kennest und kein Spitzbube, kein Räuber!“ – „Ich bin“, rief Herr Peregrinus Tyß, „in der Tat jetzt ein herrlicher tadelsfreier Gewährsmann, da ich selbst verhaftet [eines schweren Verbrechens halber, das ich nicht kenne, ja von dem ich auch nicht die leiseste Ahnung habe.“ –

Doch, es möchte geraten sein, das Gespräch der beiden Freunde, die sich auf eine Weise wiederfanden, wie sie es wohl nicht vermutet, zu unterbrechen und dem geneigten Leser zu sagen, was es mit der Verhaftung des Herrn Peregrinus Tyß für eine Bewandtnis hatte. Es ist schwer,ja wohl unmöglich darzutun, wie Gerüchte entstehen; sie gleichen dem Winde, von dem man nicht weiß, woher er kommt und wohin er fährt. So hatte sich auch in der Stadt das Gerücht verbreitet, daß am Weihnachtsabende aus einer großen Gesellschaft, die bei einem reichen Bankier versammelt gewesen, eine sehr vornehme Dame auf unbegreifliche Weise entführt worden. Jeder sprach davon, nannte den Namen des Bankiers und klagte laut, daß die Polizei wenig wachsam sein müsse, wenn eine solche gewaltsame Tat ohne Scheu verübt werden dürfe. Der Rat konnte nicht umhin, Nachforschungen an[zu]stellen; alle Gäste, die am Weihnachtsabende bei dem Bankier gewesen, wurden vernommen; jeder sagte: allerdings sei wie er gehört habe, eine vornehme Dame aus der Gesellschaft entführt worden und der Bankier bedauerte gar sehr, daß in seinem

Hause solch ein Streich geschehen. Keiner wußte indessen den Namen der entführten Dame anzugeben und als der Bankier die Liste seiner Gäste einreichte, fand es sich, daß keine einzige von den Damen die zugegen gewesen, vermißt wurde. War dies nun auch der Fall mit sämtlichen einheimischen und fremden Frauen und Mädchen in der ganzen Stadt, von denen keiner am Weihnachtsabende Leids geschehen, so sah der Rat, wie es nicht anders geschehen konnte, das entstandene Gerücht für völlig grundlos und die ganze Sache für erledigt an.

Da erschien aber vor dem Rat ein seltsamer Mensch, sowohl seiner Kleidung als seinem ganzen Wesen nach, welcher sagte er sei Geheimer Hofrat und nenne sich Knarrpanti. Darauf zog er ein Papier mit einem großen Siegel aus der Tasche und überreichte es mit einer höflichen Verbeugung und einer Miene die deutlich aussprach, wie sehr der Rat durch die hohe Würde, die er, der Geheime Hofrat Knarrpanti bekleide und durch den wichtigen Auftrag, den er erhalten, überrascht sein, und welcher Respekt ihm nun erwiesen werden würde. Knarrpanti war ein sehr wichtiger Mann, ein sogenanntes Faktotum an dem Hofe eines kleinen Fürsten auf dessen Namen sich der Herausgeber nicht besinnen kann und von dem nur zu sagen ist, daß es ihm beständig an Geld fehlte und daß von allen Staatseinrichtungen, die er aus der Geschichte kannte, ihm keine besser gefiel, als die Geheime Staats-Inquisition wie sie ehmals in Venedig stattfand. Diesem Fürsten war wirklich vor einiger Zeit eine von seinen Prinzessinnen abhanden gekommen, man wußte nicht recht, wie? Als nun dem Knarrpanti, der sich gerade in Frankfurt befand um wo möglich einiges Geld für seinen Herrn aufzuborgen, das Gerücht von der entführten vornehmen Dame zu Ohren kam, schrieb er sogleich an den Fürsten, daß es seinen Bemühungen gelungen, der verlornen Prinzessin auf die Spur zu kommen. Darauf erhielt er sofort den Auftrag den Räuber zu verfolgen und alles anzuwenden die Prinzessin aufzufinden und sich ihrer zu bemächtigen, koste es was es wolle. Diesem Auftrage war ein höfliches Schreiben an den Rat beigelegt, worin derselbe ersucht wurde, dem Geheimen Hofrat Knarrpanti in seinen Nachforschungen möglichst beizustehen und auf seinen Antrag den Räuber zu verhaften und ihm den Prozeß zu machen. Dies Schreiben war aber jenes Papier welches Knarrpanti dem Rat in der Audienz überreichte und von dem er sich solch große Wirkung versprach.

Der Rat erwiderte: das Gerücht von einer vornehmen Dame die entführt sein solle, sei als grundlos widerlegt, dagegen vollkommen ermittelt daß überhaupt niemand entführt worden, es könne daher von Ausmittlung eines Entführers nicht die Rede sein und werde der Herr Geheime Hofrat Knarrpanti, aller weiteren Nachforschungen entübrigt wohl keines Beistandes bedürfen.
Knarrpanti hörte dies alles mit einem selbstzufriedenen Lächeln an und versicherte daß es seiner ungemeinen Sagazität bereits gelungen den Täter zu erforschen. – Auf die Erinnerung, daß doch eine Tat begangen sein müsse, wenn es einen Täter geben solle, meinte Knarrpanti, daß, sei erst der Verbrecher ausgemittelt, sich das begangene Verbrechen von selbst finde. Nur ein oberflächlicher leichtsinniger Richter sei, wenn auch selbst die Hauptanklage wegen Verstocktheit des Angeklagten nicht festzustellen, nicht imstande dies und das hineinzuinquirieren, welches dem Angeklagten doch irgendeinen kleinen Makel anhänge und die Haft rechtfertige. Er müsse schon jetzt dringend auf die schleunige Verhaftung des Entführers seiner Prinzessin antragen, und dieser Entführer sei niemand anders, als Herr Peregrinus Tyß, der ihm schon längst als höchst verdächtig bekannt und dessen Papiere er sofort in Beschlag zu nehmen bitte.
Der Rat erstaunte über die kecke Anklage eines stillen unbescholtenen Bürgers und wies Knarrpantis Antrag mit vielem Geräusch zurück.
Knarrpanti kam nicht im mindesten aus der Fassung, sondern versicherte mit einer gewissen widerlichen Anmaßung, die ihm überhaupt eigen, daß, verlange man von ihm zuvor den Nachweis seiner Anklage, er diesen sehr leicht führen könne. Durch zwei Zeugen wolle er nämlich dartun, daß Herr Peregrinus Tyß in der Weihnachtsnacht mit Gewalt ein schön geputztes Mädchen in sein Haus geschleppt habe.
Mehr um die Absurdität dieser Behauptung völlig darzutun, als um auf die Sache wirklich einzugehen, beschloß der Rat, die beiden vorgeschlagenen Zeugen vernehmen zu lassen. Beide, ein Nachbar des Herrn Peregrinus Tyß, der in jener verhängnisvollen Weihnachtsnacht zufällig eben in sein Haus treten wollen, so wie der Wächter hatten aber aus der Ferne den ganzen Auftritt, als Peregrinus die geheimnisvolle Schöne herbeitrug, beobachtet und bekundeten einstimmig, daß Herr Tyß allerdings eine geputzte Dame in sein Haus gebracht. Beide wollten denn auch bemerkt haben, daß die Dame sich sehr gesträubt

und jämmerlich lamentiert. Auf die Frage, warum sie denn dem bedrängten Frauenzimmer nicht zu Hülfe geeilt, erwiderten sie, solches sei ihnen nicht eingefallen.
Die Aussage dieser Zeugen setzte den Rat in nicht geringe Verlegenheit, da Herr Peregrinus sich wirklich des Vergehens schuldig gemacht zu haben schien, dessen man ihn anklagte. Knarrpanti sprach wie ein Cicero und bewies, wie der Umstand, daß man jetzt keine Dame vermisse, gar nichts entscheide, da die Dame sich ja wieder aus Peregrinus' Hause gerettet haben und aus purer Scham den ganzen Vorfall verschweigen könne. Wer die Dame sei, so wie was Herr Tyß noch sonst in gefährlichen Liebesumtrieben begonnen, das würde sich gewiß aus des Verbrechers Papieren ergeben, und er nehme die Gerechtigkeitsliebe des Rats in Anspruch, nach der gewiß keine fluchwürdige Tat ungeahndet bleiben dürfe. Der Rat beschloß fürs erste, dem Gesuch des würdigen Geheimen Hofrats nachzugeben, und so geschah es, daß des armen Herrn Peregrinus Tyß schnelle Verhaftung, so wie die Beschlagnahme seiner Papiere erfolgte.
Wir kehren zu den beiden Freunden, die nebeneinander die Köpfe aus den Fenstern ihrer Gefängnisse gesteckt haben zurück. –]
Peregrinus hatte dem Freunde ausführlich erzählt, wie er bei seiner Rückkehr nach Frankfurt sich verwaist gefunden und seitdem in völliger Abgeschiedenheit nur in der Erinnerung an die früheren Tage mitten in der geräuschvollen Stadt ein einsames freudenleeres Leben führe.
„O ja", erwiderte Pepusch mürrisch, „ich habe davon gehört, mir sind die Narrenspossen erzählt worden, die du treibst um das Leben zu verbringen in kindischer Träumerei. Du willst ein Held der Gemütlichkeit, der Kindlichkeit sein nur darum verhöhnst du die gerechten Ansprüche, die das Leben, die menschliche Gesellschaft an dich macht. Du gibst eingebildete Familienschmäuse und spendest die köstlichen Speisen, die teuern Weine, die du für Tote auftischen ließest, den Armen. Du bescherst dir selbst den Heiligen Christ ein und tust als seist du noch ein Kind, dann schenkst du aber die Gaben, welche von der Art sind, wie sie wohl verwöhnten Kindern in reicher Eltern Hause gespendet zu werden pflegen, armen Kindern. Aber du bedenkst nicht, daß es den Armen eine schlechte Wohltat ist, wenn du einmal ihren Gaumen kitzelst und sie nachher ihr Elend doppelt fühlen, wenn sie aus nagendem Hunger kaum genießbare Speise, die mancher leckere Schoßhund verwirft, kauen müssen – Ha wie mich

diese Armenabfütterungen anekeln, wenn ich bedenke, daß das, was an einem Tage verspendet wird hinreichen würde, sie Monate hindurch zu ernähren auf mäßige Weise! – Du überhäufst die Kinder armer Leute mit glänzenden Spielsachen und bedenkst nicht, daß ein hölzerner buntgemalter Säbel, ein Lumpenpüppchen, ein Kukuck, ein geringes Naschwerk von Vater und Mutter einbeschert sie ebenso, ja vielleicht noch mehr erfreut. Aber sie fressen sich überdem an deinem verdammten Marzipan matt und krank und mit der Kenntnis glänzenderer Gaben, die ihnen in der Folge versagt bleiben, ist der Keim der Unzufriedenheit, des Mißmuts in ihre Seele gepflanzt. Du bist reich, du bist lebenskräftig und doch entziehst du dich jeder Mitteilung und vereitelst so jedes freundliche Annähern dir wohlwollender Gemüter. Ich will es glauben, daß der Tod deiner Eltern dich erschüttert hat, aber wenn jeder, der einen empfindlichen Verlust erlitten hat, in sein Schneckenhaus kriechen sollte, so würde, beim Teufel die Welt einem Leichenhause gleichen und ich wollte nicht darin leben. Aber, Patron! weißt du wohl daß dich die störrigste Selbstsucht regiert die sich hinter einer albernen Menschenscheue versteckt? – Geh geh – Peregrinus, ich kann dich nicht mehr achten, nicht mehr dein Freund sein wenn du dein Leben nicht änderst, die fatale Wirtschaft in deinem Hause nicht aufgibst."

Peregrinus schnippte mit dem Daumen und sogleich warf ihm Meister Floh das mikroskopische Glas ins Auge.

Die Gedanken des zürnenden Pepusch lauteten: Ist es nicht ein Jammer, daß ein solcher gemütlicher verständiger Mensch auf solche bedrohliche Abwege geraten konnte, die ihn zuletzt zu völliger Abgespanntheit aller bessern Kräfte bringen können? Aber es ist gewiß, daß sein weiches zum Trübsinn geneigtes Gemüt den Stoß nicht ertragen konnte, den ihm der Tod der Eltern versetzte und daß er Trost in einem Treiben suchte, das an Wahnsinn grenzt. Er ist verloren, wenn ich ihn nicht rette. Ich will ihm desto härter zusetzen, mit desto grelleren Farben ihm das Bild seiner Torheit aufstellen, je mehr ich ihn hochschätze, sein wahrer Freund bin und bleibe.

Peregrinus erkannte an diesen Gedanken, daß er in dem mürrischen Pepusch seinen alten wahrhaften Freund unverändert wiedergefunden.

„George", sprach Herr Peregrinus, nachdem ihm Meister Floh wieder das mikroskopische Glas aus der Pupille genommen, „George, ich mag mit dir gar nicht darüber rechten, was du über das Tadelnswerte meiner Lebensweise sagst, denn ich weiß, daß du es sehr gut mit mir meinst. Doch muß ich dir sagen, daß es meine Brust hoch erhebt, wenn ich den Armen einen Freudentag bereiten kann und ist dies, unerachtet ich dabei an niemanden weniger denke als an mich selbst, gehässige Selbstsucht, so fehle ich wenigstens unbewußt. Das sind die Blumen in meinem Leben, das mir sonst vorkommt, wie ein trauriges unwirtbares Feld voll Disteln."

„Was", fuhr George Pepusch heftig auf, „was sprichst du von Disteln? warum verachtest du Disteln und setzest sie den Blumen entgegen? – Bist du so wenig erfahren in der Naturkunde um nicht zu wissen, daß die wunderherrlichste Blume, die es nur geben mag, nichts anderes ist als die Blüte einer Distel? Ich meine den *Cactus grandiflorus.* Und ist die Distel Zeherit nicht eben wieder der schönste *Cactus* unter der Sonne? Peregrinus, ich habe dir es so lange verschwiegen, oder vielmehr verschweigen müssen, weil ich selbst die klare Erkenntnis davon nicht hatte, aber jetzt erfahre es, daß ich selbst die Distel Zeherit bin und meine Ansprüche auf die Hand der Tochter des würdigen Königs Sekakis, der holden, himmlischen Prinzessin Gamaheh durchaus nicht aufgeben will und werde. – Ich habe sie gefunden, aber in demselben Augenblick erfaßten mich dämonische Wächter und Bürgerwachen und schleppten mich ins Gefängnis."

„Wie", rief Peregrinus halb erstarrt vor Erstaunen, „auch du, George bist verflochten in die seltsamste aller Geschichten?"

„Was für eine Geschichte?" fragte Pepusch.

Peregrinus nahm gar keinen Anstand auch seinem Freunde wie Herrn Swammer alles zu erzählen, was sich bei dem Buchbinder Lämmerhirt und darauf in seinem Hause begeben. Er verschwieg auch nicht die Erscheinung des Meisters Floh, wiewohl, man mag es wohl denken, den Besitz des geheimnisvollen Glases.

Georgs Augen brannten, er biß sich in die Lippen, er schlug sich vor die Stirn, er rief als Peregrinus geendet in voller Wut: „Die Verruchte! die Treulose! die Verräterin!" – Um in der Selbstqual verzweifelnder Liebe jeden Tropfen aus dem Giftbecher, den ihm Peregrinus ohne es zu ahnen gereicht, gierig auszukosten, ließ er sich jeden kleinen Zug von Dörtjens Beginnen wiederholen. Dazwischen murmelte er: „In den Armen – an der Brust – glühende Küsse –" Dann sprang er vom Fenster zurück lief in der Stube umher und gebärdete sich, wie ein Rasender.

Vergebens rief Peregrinus ihm zu, er möge ihn doch nur weiter hören, er habe ihm noch viel Tröstliches zu sagen; Pepusch ließ nicht nach mit Toben.

Das Zimmer wurde aufgeschlossen und ein Abgeordneter des Rats kündigte dem Herrn Peregrinus Tyß an, daß kein gar gesetzlicher Grund zu seiner längeren Haft gefunden worden und er zurückkehren könne in seine Wohnung.

Der erste Gebrauch den Peregrinus von seiner wiedererlangten Freiheit machte, war, daß er sich als Gewährsmann für den verhafteten George Pepusch gestellte, dem er bezeugte, daß er wirklich der Georg Pepusch sei, mit dem er in innigster Freundschaft verbunden zu Madras gelebt und der ihm als ein vermögender ganz unbescholtener Mann bekannt sei. [Von der Distel Zeherit, der schönsten aller Fakkeldisteln schwieg Peregrinus wohlweislich, da er einsah, daß unter den vorwaltenden Umständen dies dem Freunde hätte mehr schädlich als nützlich werden können. –]

Meister Floh ergoß sich in sehr philosophischen lehrreichen Betrachtungen, die darauf hinausliefen, daß die Distel Zeherit trotz der rauhen störrigen Außenseite, sehr human und verständig sei, jedoch sich stets ein wenig zu anmaßend zeige. Im Grunde genommen habe die Distel mit vollem Recht die Lebensweise des Herrn Peregrinus getadelt, sei auch dies in etwas zu harten Ausdrücken geschehen. Er seinerseits wolle wirklich dem Herrn Peregrinus raten sich von nun an in die Welt zu begeben.

„Glaubt mir", so sprach Meister Floh, „glaubt mir Herr Peregrinus, es wird Euch gar manchen Nutzen bringen, wenn Ihr Eure Einsamkeit verlaßt. Fürs erste dürft Ihr nicht mehr fürchten scheu und verlegen zu erscheinen, da Ihr, das geheimnisvolle Glas im Auge, die Gedanken der Menschen beherrscht, es daher ganz unmöglich ist, daß Ihr nicht überall den richtigen Takt behaupten solltet. Wie fest, wie ruhig könnet Ihr vor den höchsten Häuptern auftreten, da ihr Innerstes klar vor Euern Augen liegt. Bewegt Ihr Euch frei in der Welt, so wird Euer Blut leichter fließen, jedes trübsinnige Brüten aufhören und was das beste ist, bunte Ideen und Gedanken werden aufgehen in Euerm Gehirn, das Bild der schönen Gamaheh wird von seinem Glanz verlieren und bald seid Ihr dann besser imstande, mir Wort zu halten."

Herr Peregrinus fühlte, daß beide, George Pepusch und Meister Floh es sehr gut mit ihm meinten und er nahm sich vor ihren weisen Rat zu befolgen. Doch sowie er die süße Stimme der holden Geliebten vernahm, welche öfters sang und spielte so glaubte er nicht, wie es möglich sein werde, das Haus zu verlassen, das ihm zum Paradiese geworden.

Endlich gewann er es doch über sich, einen öffentlichen Spaziergang zu besuchen. Meister Floh hatte ihm das Glas ins Auge gesetzt und Platz genommen im Jabot, wo er sich sanft hin und her zu schaukeln wußte.

„Habe ich endlich das seltene Vergnügen, meinen guten lieben Herrn Tyß wiederzusehen? Sie machen sich rar, bester Freund, und alles schmachtet doch nach Ihnen. Lassen Sie uns irgendwo eintreten, eine Flasche Wein leeren auf Ihr Wohl, mein Herzensfreund. – Wie ich mich freue Sie zu sehen!" So rief ihm ein junger Mann entgegen, den er kaum zwei-, dreimal gesehen. Die Gedanken lauteten: Kommt der alberne Misanthrop auch einmal zum Vorschein? – Aber ich muß ihm schmeicheln, weil ich nächstens Geld von ihm borgen will. Er wird doch nicht des Teufels sein und meine Einladung annehmen? Ich habe keinen Groschen Geld und kein Wirt borgt mir mehr.

Zwei sehr zierlich gekleidete junge Mädchen traten dem Peregrinus geradezu in den Weg. Es waren Schwestern, weitläufig mit ihm verwandt.

„Ei", rief die eine lachend, „ei, Vetterchen, trifft man Sie einmal? Es ist gar nicht hübsch von Ihnen, daß Sie sich so einsperren, daß Sie sich nicht sehen lassen. Sie glauben nicht, wie Mutterchen Ihnen gut ist, weil Sie solch ein verständiger Mensch sind. Versprechen Sir mir bald zu kommen. Da! Küssen Sie mir die Hand." – Die Gedanken lauteten: Wie, was ist das? Was ist mit dem Vetter vorgegangen? Ich wollte ihn recht in Furcht und Angst setzen. Sonst lief er vor mir, vor jedem Frauenzimmer und jetzt bleibt er stehen und kuckt mir so ganz sonderbar ins Auge und küßt mir die Hand ohne alle Scheu! Sollte er in mich verliebt sein? Das fehlte noch! – Die Mutter sagt, er sei etwas dämisch. Was tut's, ich nehme ihn; ein dämischer Mann ist, wenn er reich ist, wie der Vetter, eben der beste. Die Schwester hatte mit niedergeschlagenen Augen und hochroten Wangen bloß gelispelt: „Ja besuchen Sie uns recht bald lieber Vetter!" – Die Gedanken lauteten: Der Vetter ist ein recht hübscher Mensch und ich begreife nicht, warum ihn die Mutter albern und abgeschmackt nennt und ihn nicht leiden mag. Wenn er in unser Haus kommt, verliebt er sich in mich, denn ich bin das schönste Mädchen in ganz Frankfurt. Ich nehme ihn, weil ich einen reichen Menschen heiraten will, damit ich bis eilf Uhr schlafen darf und teurere Shawls tragen kann, als die Frau von Carsner. – Ein vorüberfahrender Arzt ließ als er den Peregrinus erblickte, den Wagen halten und schrie zum Schlage heraus: „Guten Morgen, bester Tyß! – Sie sehen aus wie das Leben! der Himmel erhalte Sie bei guter Gesundheit! Aber wenn Ihnen was zustoßen sollte, so denken Sie an mich, an den alten Freund Ihres seligen Herrn Vaters. – Solchen kräftigen Naturen helfe ich auf die Beine in weniger Zeit! Adieu!“ Die Gedanken lauteten: Ich glaube, der Mensch ist aus purem Geiz beständig gesund? Aber er sieht mir so blaß, so verstört aus, er scheint endlich was am Halse zu haben. Nun! kommt er mir unter die Hände, so soll er nicht wieder so bald vom Lager aufstehen; er soll tüchtig büßen für seine hartnäckige Gesundheit.

„Sein Sie schönstens gegrüßt, Wohledler!“ rief ihm gleich darauf ein alter Kaufmann entgegen, „sehen Sie, wie ich laufe und renne, wie ich mich plagen muß der Geschäfte halber. Wie weise ist es, daß Sie sich den Geschäften entzogen, unerachtet es bei Ihren Einsichten Ihnen gar nicht fehlen könnte den Reichtum Ihres braven Herrn Vaters zu verdoppeln.“

Die Gedanken lauteten: Wenn der Mensch nur Geschäfte machen wollte, der verwirrte Einfaltspinsel würde in kurzer Zeit seinen ganzen Reichtum verspekulieren und das wäre dann ein Gaudium. Der alte Herr Papa der seine Freude daran hatte andere ehrliche Leute, die sich durch ein klein Bankerottchen aufhelfen wollten, schonungslos zu ruinieren, würde sich im Grabe umdrehen. –

Noch viel mehr solche schneidende Widersprüche zwischen Worten und Gedanken liefen dem Peregrinus in den Weg. Stets richtete er seine Antworten mehr nach dem ein was die Leute gedacht, als nach dem was sie gesprochen und so konnt es nicht fehlen, daß, da Peregrinus in der Leute Gedanken eingedrungen, sie selbst gar nicht wußten was sie von dem Peregrinus denken sollten. Zuletzt fühlte sich Herr Peregrinus ermüdet und betäubt. Er schnippte mit dem Daumen und sogleich verschwand das Glas aus der Pupille des linken Auges.

Als Peregrinus in sein Haus trat, wurde er durch ein seltsames Schauspiel überrascht. Ein Mann stand in der Mitte des Flurs und sah durch ein seltsam geformtes Glas unverwandten Blickes nach Herrn Swammers Stubentüre. Auf dieser Türe spielten aber sonnenhelle Kreise in Regenbogenfarben, fuhren zusammen in einen feurigglühenden Punkt der durch die Türe zu dringen schien. Sowie dies geschehen, vernahm man ein dumpfes Ächzen von Schmerzenslauten unterbrochen, das aus dem Zimmer zu kommen schien.

Zu seinem Entsetzen glaubte Herr Peregrinus Gamahehs Stimme zu erkennen.
„Was wollen Sie? was treiben Sie hier?“ So fuhr Peregrinus auf den Mann los, der wirklich Teufelskünste zu treiben schien, indem stets rascher, stets feuriger die Regenbogenkreise spielten, stets glühender der Punkt hineinfuhr, stets schmerzlicher die Jammerlaute aus dem Zimmer ertönten.
„Ah“ sprach der Mann, indem er seine Gläser zusammenschob und schnell einsteckte, „ah sieh da der Herr Wirt! Verzeihen Sie bester Herr Tyß, daß ich hier ohne Ihre gütige Erlaubnis operiere. Aber ich war bei Ihnen um mir diese Erlaubnis zu erbitten. Da sagte mir aber die gute freundliche Aline, daß Sie ausgegangen wären, und die Sache hier unten litt keinen Aufschub.“
„Welche Sache?“ fragte Peregrinus ziemlich barsch, „welche Sache hier unten ist's, die keinen Aufschub leidet?“
„Sollten Sie“, fuhr der Mann mit widrigem Lächeln fort, „sollten Sie, wertester Herr Tyß denn nicht wissen, daß mir meine ungeratene Nichte Dörtje Elwerdink entlaufen ist? Sie sind ja, wiewohl mit großem Unrecht als ihr Entführer verhaftet worden, weshalb ich denn auch, sollte es darauf ankommen mit vielem Vergnügen Ihre völlige Unschuld bezeugen werde. Nicht zu Ihnen, nein zu dem Herrn Swammerdamm, der sonst mein Freund war, sich aber jetzt in meinen Feind verkehrt hat, ist die treulose Dörtje geflüchtet. Sie sitzt hier im Zimmer, ich weiß es, und zwar allein da Herr Swammerdamm ausgegangen. Eindringen kann ich nicht, da die Türe fest verschlossen und verriegelt ist, ich aber viel zu gutmütig bin, um Gewalt anzuwenden. Deshalb nehme ich mir aber die Freiheit, die Kleine mit meinem optischen Marterinstrument etwas zu quälen, damit sie doch erkenne, daß ich, trotz ihres eingebildeten Prinzessintums, ihr Herr und Meister bin!“
„Der Teufel“, schrie Peregrinus im höchsten Grimme, „der Teufel sind Sie Herr! aber nicht Herr und Meister der holden himmlischen Gamaheh. Fort aus dem Hause, treiben Sie Ihre Satanskünste, wo Sie wollen, aber hier scheitern Sie damit, dafür werde ich sorgen!“ –
„Ereifern“, sprach Leuwenhoek, „ereifern Sie sich doch nur nicht, bester Herr Tyß, ich bin ein unschuldiger Mann der nichts will als alles Gute. Sie wissen nicht, wessen Sie sich annehmen. Es ist ein kleiner Unhold, ein kleiner Basilisk, der dort im Zimmer sitzt in der Gestalt des holdesten Weibleins. Möchte sie, wenn ihr der Aufenthalt

bei meiner Wenigkeit durchaus mißfiel, doch geflohen sein, aber durfte die treulose Verräterin mir mein schönstes Kleinod, den besten Freund meiner Seele, ohne den ich nicht leben, nicht bestehen kann, rauben? – Durfte sie mir den Meister Floh entführen? – Sie werden, Verehrtester, nicht verstehen was ich meine, aber –"

Hier konnte Meister Floh der von dem Jabot des Herrn Peregrinus hinaufgesprungen war und den sicherern und bequemeren Platz in der Halsbinde eingenommen hatte, sich nicht enthalten ein feines höhnisches Gelächter aufzuschlagen.

„Ha", rief Leuwenhoek wie vom jähen Schreck getroffen, „ha! was war das! – sollte es möglich sein? – ja hier an diesem Orte! – erlauben Sie doch verehrtester Herr Peregrinus!"

Damit streckte Leuwenhoek den Arm aus, trat dicht heran an Herrn Peregrinus und wollte nach seiner Halsbinde greifen.

Peregrinus wich ihm aber geschickt aus, faßte ihn mit starker Faust und schleppte ihn nach der Haustüre um ihn ohne weiteres hinauszuwerfen. Eben als Peregrinus sich mit Leuwenhoek, der sich in ohnmächtigen Protestationen erschöpfte, dicht an der Türe befand, wurde diese von außen geöffnet und hinein stürmte George Pepusch, hinter ihm aber Herr Swammerdamm.

Sowie Leuwenhoek seinen Feind Swammerdamm erblickte, riß er sich los mit der höchsten Anstrengung seiner letzten Kräfte, sprang zurück und stemmte sich mit dem Rücken gegen die Türe des verhängnisvollen Zimmers wo die Schöne gefangen saß.

Swammerdamm zog dies gewahrend ein kleines Fernglas aus der Tasche, schob es lang aus und ging dem Feinde zu Leibe indem er laut rief: „Zieh Verdammter, wenn du Courage hast!"

Schnell hatte Leuwenhoek ein ähnliches Instrument in der Hand, schob es ebenfalls auseinander und schrie: „Nur heran, ich stehe dir, bald sollst du meine Macht fühlen!" – Beide setzten nun die Ferngläser ans Auge und fielen grimmig gegeneinander aus, mit scharfen mörderischen [Streichen,] indem sie ihre Waffen durch Aus- und Einschieben bald verlängerten bald verkürzten. Da gab es Finten, Paraden, Volten, kurz alle nur mögliche Fechterkünste und immer mehr schienen sich die Gemüter zu erhitzen. Wurde einer getroffen, so schrie er laut auf, sprang in die Höhe, machte die wunderlichsten Kapriolen, die schönsten Entrechats, Pirouetten, wie der beste Solotänzer von der Pariser Bühne, bis der andere ihn mit dem verkürzten Fernglase fest fixierte. Geschah diesem nun gleiches so machte er es

ebenso. So wechselten sie mit den ausgelassensten Sprüngen, mit den tollsten Gebärden, mit dem wütendsten Geschrei; der Schweiß tropfte ihnen von der Stirne herab, die blutroten Augen traten ihnen zum Kopfe heraus und da man nur ihr wechselseitiges Anblicken durch die Ferngläser, sonst aber keine Ursache ihres Veitstanzes gewahrte so mußte man sie für Rasende halten, die dem Irrenhause entsprungen. – Die Sache war übrigens ganz artig anzusehen. –
Herrn Swammerdamm gelang es endlich, den bösen Leuwenhoek aus seiner Stellung an der Türe, die er mit hartnäckiger Tapferkeit behauptet, zu vertreiben und den Kampf in den Hintergrund des Flurs zu spielen.
George Pepusch nahm den Augenblick wahr, drückte die frei gewordene Türe, die weder verschlossen noch verriegelt war, auf und schlüpfte ins Zimmer hinein. Sogleich stürzte er aber auch wieder heraus, schrie: „Sie ist fort – fort!" und eilte mit Blitzesschnelle aus dem Hause von dannen. – Beide, Leuwenhoek und Swammerdamm hatten sich schwer getroffen, denn beide hüpften, tanzten auf ganz tolle Weise und machten dazu mit Heulen und Schreien eine Musik die dem Wehgeschrei der Verdammten in der Hölle zu gleichen schien.
Peregrinus wußte in der Tat nicht recht was er beginnen sollte, die Wütenden auseinanderzubringen und so einen Auftritt zu endigen der ebenso lächerlich als entsetzlich war. Endlich gewahrten beide, daß die Türe des Zimmers weit offen stand, vergaßen Kampf und Schmerz, steckten die verderblichen Waffen ein und stürzten sich ins Zimmer.
Schwer fiel es nun erst dem Herrn Peregrinus Tyß aufs Herz, daß die Schönste aus dem Hause entflohen, er verwünschte den abscheulichen Leuwenhoek in die Hölle. Da ließ sich auf der Treppe Alinens Stimme vernehmen. Sie lachte laut und rief wiederum dazwischen: „Was man nicht alles erlebt! Wundersam – unglaublich – wer hätte sich das träumen lassen!"
„Was ist", fragte Peregrinus kleinlaut, „was ist denn schon wieder Unglaubliches vorgefallen?"
„O lieber Herr Tyß", rief ihm die Alte entgegen, „kommen Sie doch nur schnell herauf, gehen Sie doch nur in Ihr Zimmer."
Die Alte öffnete ihm schalkisch kichernd die Türe seines Gemachs. Als er hineintrat, da, o Wunder! o Wonne! hüpfte ihm die holde Dörtje Elwerdink entgegen, gekleidet in das verführerische Gewand

von Silberzindel wie er sie bei dem Herrn Swammer erblickt. „Endlich, endlich sehe ich dich wieder, mein süßer Freund", lispelte die Kleine, und wußte sich dem Peregrinus so anzuschmiegen daß er nicht umhin konnte, sie aller guten Vorsätze unerachtet, auf das zärtlichste zu umarmen. Die Sinne wollten ihm vergehen vor Entzükken und Liebeslust. –

Wohl oft hat es sich aber begeben, daß jemand gerade im höchsten Rausch der überschwenglichsten Wonne sich recht derb die Nase stieß und plötzlich geweckt durch den irdischen Schmerz aus dem seligen Jenseits hinabfiel in das ordinäre Diesseits. Geradeso ging es Herrn Peregrinus. Als er sich nämlich hinabbückte um Dörtjes süßen Mund zu küssen stieß er sich ganz entsetzlich die nicht unansehnliche Nase an dem Diadem von funkelnden Brillanten, das die Kleine in den schwarzen Locken trug. Der empfindliche Schmerz des Stoßes an den eckicht geschliffenen Steinen brachte ihn hinlänglich zu sich selbst, um das Diadem zu gewahren. Das Diadem mahnte ihn aber an die Prinzessin Gamaheh und dabei mußte ihm wieder alles einfallen, was ihm Meister Floh von dem verführerischen Wesen gesagt hatte. Er bedachte, daß einer Prinzessin, der Tochter eines mächtigen Königs, unmöglich an seiner Liebe etwas gelegen sein könne und daß ihr ganzes Liebe atmendes Betragen wohl [nur] als gleisnerischer Trug gelten dürfe, durch den die Verräterin sich den zauberischen Floh wiederverschaffen wolle. – Dies betrachtend glitt ein Eisstrom durch sein Inneres, der die Liebesflammen, wenn auch nicht gänzlich auslöschte, so doch wenigstens dämpfte.

Peregrinus wand sich sanft aus den Armen der Kleinen, die ihn liebend umfaßt hatte und sprach leise mit niedergeschlagenen Augen: „Ach du lieber Himmel! Sie sind ja doch die Tochter des mächtigen Königs Sekakis, die schöne, hohe, herrliche Prinzessin Gamaheh! – Verzeihung Prinzessin, wenn mich ein Gefühl, dem ich nicht widerstehen konnte, hinriß zur Torheit, zum Wahnsinn. Aber Sie selbst, Durchlauchtige –"

„Was", unterbrach Dörtje Elwerdink den Peregrinus, „was sprichst du mein holder Freund? Ich eines mächtigen Königs Tochter? ich eine Prinzessin? Ich bin ja deine Aline die dich lieben wird bis zum Wahnsinn wenn du – doch, wie ist mir denn? Aline, die Königin von Golkonda? die ist ja schon bei dir; ich habe mit ihr gesprochen. Eine gute liebe Frau, doch alt ist sie geworden und lange nicht mehr so hübsch als zur Zeit ihrer Verheiratung mit einem französischen General! – Weh mir! ich bin wohl nicht die rechte, ich habe wohl nie in Golkonda geherrscht? – Weh mir!“

Die Kleine hatte die Augen geschlossen und begann zu wanken. Peregrinus brachte sie auf den Sofa.

„Gamaheh“, fuhr sie wie somnambul sprechend fort, Gamaheh sagst du? – Gamaheh, die Tochter des Königs Sekakis? Ja, ich erinnere mich, in Famagusta! – ich war eigentlich eine schöne Tulpe – doch nein, schon damals fühlte ich Sehnsucht und Liebe in der Brust. – Still, still davon!“

Die Kleine schwieg, sie schien ganz einschlummern zu wollen. Peregrinus übernahm das gefährliche Wagestück sie in eine bequemere Stellung zu bringen. Doch sowie er die Holde sanft umschlang, stach ihn eine versteckte Nadel recht derb in den Finger. Seiner Gewohnheit nach schnippte er mit dem Daumen. Meister Floh hielt das aber für das verabredete Zeichen und setzte ihm augenblicklich das mikroskopische Glas in die Pupille.

So wie immer erblickte Peregrinus hinter der Hornhaut der Augen das seltsame Geflecht der Nerven und Adern, die bis in das tiefe Gehirn hinein gingen. Aber durch dies Geflecht schlangen sich hell blinkende Silberfaden, wohl hundertmal dünner als die Faden des dünnesten Spinngewebes und eben diese Faden, die endlos zu sein schienen, da sie sich hinausrankten aus dem Gehirn in ein selbst dem mikroskopischen Auge unentdeckbares Etwas, verwirrten, vielleicht Gedanken sublimerer Art, die andern von leichter zu erfassender Gattung. Peregrinus gewahrte bunt durcheinander Blumen die sich zu Menschen gestalteten, dann wieder Menschen die in die Erde zerflossen und dann als Steine, Metalle, hervorblickten. Und dazwischen bewegten sich allerlei seltsame Tiere, die sich unzähligemal verwandelten und wunderbare Sprachen redeten. Keine Erscheinung paßte zu der andern und in der bangen Klage brustzerreißender Wehmut, die durch die Luft ertönte, schien sich die Dissonanz der Erscheinungen auszusprechen. Doch eben diese Dissonanz verherrlichte nur noch mehr die tiefe Grundharmonie die siegend hervorbrach und alles was entzweit geschienen vereinigte zu ewiger namenloser Lust.

„Verwirrt“, zischelte Meister Floh, „verwirrt Euch nicht, guter Herr Peregrinus, das sind Gedanken des Traums, die Ihr da schaut. Sollte auch vielleicht noch etwas mehr dahinter stecken, so ist es wohl jetzt nicht an der Zeit, das weiter zu untersuchen. Ruft nur die verführerische Kleine bei ihrem rechten Namen und fragt sie denn aus, wie Ihr Lust habt."

Da die Kleine verschiedene Namen führte, so hätte es, wie man denken sollte, dem Peregrinus schwer fallen müssen, den rechten zu treffen. Peregrinus rief aber, ohne sich im mindesten zu besinnen: „Dörtje Elwerdink! Holdes liebes Mädchen! wäre es kein Trug? wäre es möglich, daß du mich wirklich lieben könntest?" Sogleich erwachte die Kleine aus ihrem träumerischen Zustande, schlug die Äugelein auf und sprach mit leuchtendem Blick: „Welche Zweifel, mein Peregrinus? Kann ein Mädchen wohl das beginnen was ich begann, wenn nicht die glühendste Liebe ihre Brust erfüllt? Peregrinus, ich liebe dich wie keinen andern, und willst du mein sein, so bin ich dein mit ganzer Seele und bleibe bei dir weil ich nich von dir lassen kann und nicht etwa bloß um der Tyrannei des Onkels zu entfliehen."

Die Silberfaden waren verschwunden und die gehörig geordneten Gedanken lauteten: Wie ist das zugegangen? Erst heuchelte ich ihm Liebe, bloß um den Meister Floh mir und dem Leuwenhoek wiederzugewinnen und jetzt bin ich ihm in der Tat gut geworden. Ich habe mich in meinen eigenen Fallstricken gefangen. Ich denke kaum mehr an den Meister Floh; ich möchte ewig dem Mann angehören, der mir liebenswürdiger vorkommt als alle, die ich bis jetzt gesehen.

Man kann sich vorstellen wie diese Gedanken alles selige Entzücken in Peregrinus' Brust entflammten. Er fiel vor der Holden nieder, bedeckte ihre Händchen mit tausend glühenden Küssen, nannte sie seine Wonne, seinen Himmel, sein ganzes Glück. –

„Nun", lispelte die Kleine, indem sie ihn sanft an ihre Seite zog, „nun mein Teurer, wirst du gewiß einen Wunsch nicht zurückweisen, von dessen Erfüllung die Ruhe, ja das ganze Dasein deiner Geliebten abhängt." –

„Verlange", erwiderte Peregrinus, indem er die Kleine zärtlich umschlang, „verlange alles, mein süßes Leben, alles was du willst, dein leisester Wunsch ist mir Gebot. Nichts in der Welt ist mir so teuer, daß ich es nicht dir, nicht deiner Liebe mit Freuden opfern sollte."

„Weh mir", zischelte Meister Floh. „Wer hätte das gedacht, daß die Treulose siegen sollte. – Ich bin verloren!"

„So höre denn", fuhr die Kleine fort, nachdem sie die glühenden Küsse, die Peregrinus auf ihre Lippen gedrückt, feurig erwidert hatte, „so höre denn, ich weiß, auf welche Art der –"

Die Türe sprang auf und hinein trat Herr George Pepusch. „Zeherit!"

schrie wie in Verzweiflung die Kleine auf und sank leblos in den Sofa zurück.
Die Distel Zeherit flog aber auf die Prinzessin Gamaheh los, nahm sie in den Arm und rannte mit ihr blitzschnell von dannen.
Meister Floh war für diesmal gerettet. –

Fünftes Abenteuer

[Merkwürdiger Prozeß und ferneres weises verständiges Benehmen des Herrn Geheimen Hofrats Knarrpanti.] Gedanken junger dichterischer Enthusiasten und schriftstellerischer Damen. Peregrinus' Betrachtungen über sein Leben und Meister Flohs Gelehrsamkeit und Verstand. Seltene Tugend und Standhaftigkeit des Herrn Tyß. Unerwarteter Ausgang eines bedrohlichen tragischen Auftritts.

[Der geneigte Leser erinnert sich, daß die Papiere des Herrn Peregrinus Tyß in Beschlag genommen wurden, um einer Tat die nicht geschehen, näher auf die Spur zu kommen. Beide, der Abgeordnete des Rats und der Geheime Hofrat Knarrpanti hatten jede Schrift, jeden Brief, ja jedes Zettelchen das vorgefunden (Wasch- und Küchenzettel nicht ausgenommen) auf das genaueste durchgelesen, waren aber nun rücksichts des Resultats ihrer Erforschungen völlig verschiedener Meinung.
Der Abgeordnete versicherte nämlich, daß die Papiere auch nicht ein Wort enthielten, welches Bezug auf ein Verbrechen haben könne, wie es Peregrinus der Anklage nach begangen haben solle. Des Herrn Geheimen Hofrats Knarrpanti späherisches Falkenauge hatte dagegen gar vieles in den Schriften des Herrn Peregrinus Tyß entdeckt das ihn als einen höchst gefährlichen Menschen darstellte. Peregrinus hatte sonst in seinen früheren Jünglingsjahren ein Tagebuch gehalten; in diesem Tagebuch gab es nun aber eine Menge verfänglicher Stellen, die rücksichts der Entführung junger Frauenzimmer nicht allein auf seine Gesinnungen ein sehr nachteiliges Licht warfen sondern ganz klar nachwiesen, daß er dies Verbrechen schon öfters begangen. –
So hieß es: „Es ist doch was Hohes, Herrliches um diese Entführung!" – Ferner: „Doch habe ich von allen die Schönste entführt!" – Ferner: „Entführt habe ich ihm diese Mariane, diese Philine, diese Mignon!" – Ferner: „ich liebe diese Entführungen." Ferner: „Entführt

sollte, mußte Julia werden und es geschah wirklich, da ich sie auf einem einsamen Spaziergange im Walde von Vermummten überfallen und fortschleppen ließ."

Außer diesen ganz entscheidenden Stellen im Tagebuch fand sich auch noch der Brief eines Freundes vor, in dem es verfänglicherweise hieß: „so möcht ich dich bitten, entführe ihm Friederiken wo und wie du nur kannst."

Alle die erwähnten Worte nebst hundert andern Phrasen, waren nur die Wörter: Entführung, entführen, entführt, darin enthalten, hatte der weise Knarrpanti nicht allein mit Rotstift dick unterstrichen sondern noch auf einem besondern Blatte zusammengestellt, welches sich sehr hübsch ausnahm und mit welcher Arbeit er ganz besonders zufrieden schien.

„Sehen Sie wohl", sprach Knarrpanti zu dem Abgeordneten des Rats, „sehen Sie wohl wertester Herr Kollege, habe ich es nicht gesagt? Der Peregrinus Tyß ist ein verruchter abscheuliger Mensch, ein wahrer Don Juan. Wer weiß, wo die unglücklichen Schlachtopfer seiner Lüste hingekommen sind, die Mariane, die Philine und wie sie alle heißen mögen. Es war die höchste Zeit daß dem Unwesen gesteuert wurde, sonst hätte der gefährliche Mensch durch seine entführerischen Umtriebe die gute Stadt Frankfurt in tausend Leid versetzen können. Was hat der Mensch schon nach seinen eignen Geständnissen für Verbrechen begangen! – Sehen Sie diese Stelle, bester Herr Kollege und urteilen Sie selbst wie der Peregrinus das Entsetzliche im Schilde führt."

Die Stelle in dem Tagebuch, auf welche der weise Geheime Hofrat Knarrpanti den Abgeordneten des Rats aufmerksam machte lautete: „Heute war ich leider *mord*faul." – Die Silbe *mord* war dreimal unterstrichen und Knarrpanti meinte ob jemand wohl verbrecherischere Gesinnungen an den Tag legen könne als wenn er bedauere heute keinen Mord verübt zu haben!

Der Abgeordnete wiederholte seine Meinung, daß in den Papieren des Herrn Peregrinus Tyß auch nicht die leiseste Spur eines Verbrechens merkbar geworden. Knarrpanti schüttelte ungläubig den Kopf und der Abgeordnete bat ihn doch noch einmal jene Stellen die er selbst als verdächtig ausgezogen anzuhören, wiewohl im bessern Zusammenhange.

Der geneigte Leser wird sich sehr bald von Knarrpantis sublimer Schlauheit ganz überzeugen. –

Der Abgeordnete schlug das verfängliche Tagebuch auf und las: „Heute sah ich im Theater Mozarts Entführung aus dem Serail zum zwanzigstenmal mit demselben Entzücken. *Es ist doch was Hohes, Herrliches um diese Entführung.*“ Ferner: „Die Blumen sie konnten mir alle gefallen, *doch hab ich von allen die schönste entführt.*“ Ferner: „*Entführt habe ich ihm diese Mariane, diese Philine, diese Mignon*, denn zu sehr vertiefte er sich in diese Gestaltungen, fantasierte von dem alten Harfner und zankte mit Jarno. Wilhelm Meister ist kein Buch für solche, die eben aus schwerer Nervenkrankheit erstehen.“ Ferner: „Jüngers Entführung ist ein artiges Lustspiel. *Ich liebe diese Entführungen* weil sie der Intrige ein besonderes Leben einhauchen.“ Ferner: „Der zu wenig überdachte Plan brachte mich gewaltig in die Enge. *Entführt sollte, mußte Julia werden und es geschah wirklich, da ich sie auf einem einsamen Spaziergange im Walde von Vermummten überfallen und fortschleppen ließ.* Ich freute mich ungemein über diese neue Idee die ich breit genug ausführte. Überhaupt war dies Trauerspiel ein gar drolliges Machwerk des begeisterten Knaben und es tut mir leid daß ich es ins Feuer geworfen.“ – Der Brief lautete: „So oft siehst Du Friederiken in der Gesellschaft Du Glücklicher! Wahrscheinlich läßt Moritz niemanden heran und nimmt ihre ganze Aufmerksamkeit in Beschlag. Wärst Du nicht so blöde, so weiberscheu, so *möcht ich Dich bitten, entführe ihm Friederiken wo und wie Du nur kannst.*“

Knarrpanti blieb dabei, daß selbst der Zusammenhang die Sache nicht bessere, da es eben arglistige Schlauheit der Verbrecher sei solche Äußerungen so zu verhüllen daß sie auf den ersten Blick für ganz indifferent, für ganz unschuldig gelten könnten. Als besonderen Beweis solcher Schlauheit machte der tiefsinnige Knarrpanti den Abgeordneten auf einen Vers aufmerksam der in Peregrinus' Papieren vorkam und worin von einer *end*losen *Führung* des Schicksals die Rede war. Nicht wenig tat sich Knarrpanti auf die Sagazität zugute mit der er sogleich herausgefunden, daß das Wort Entführung in jenem Verse getrennt worden um es der Aufmerksamkeit und dem Verdacht zu entziehen. –

Der Rat wollte immer noch nicht auf ein weiteres Verfahren wider den Angeklagten Peregrinus Tyß eingehen und die Rechtsverständigen bedienten sich eines Ausdrucks, der schon deshalb hier stehen darf weil er sich in dem Märchen vom Meister Floh wunderlich ausnimmt, das Wunderliche aber, darf das *Wunderbare* der eigentliche Schmuck des Märchens genannt werden, doch als ein angenehmer Schnörkel nicht zu verwerfen ist. Sie sagten (nämlich die Rechtsverständigen) es fehle gänzlich an einem *Corpus delicti*, der weise Rat Knarrpanti blieb aber fest dabei stehen, daß ihn das *delictum* den Henker was kümmere wenn er nur ein *Corpus* in die Faust bekäme und das *Corpus* sei der gefährliche Entführer und Mörder, Herr Peregrinus Tyß. – Der Herausgeber bittet den geneigten nicht rechtsverständigen Leser, vorzüglich aber jede schöne Leserin sich diese Stelle von irgendeinem jungen Rechtsgelehrten erklären zu lassen. Besagter Rechtsgelehrter wird sich augenblicklich in die Brust werfen und beginnen: „In der Rechtssprache heißt" u.s.w.

Bloß den Vorfall in der Nacht von dem die Zeugen gesprochen hielt der Abgeordnete für einen Gegenstand worüber Herr Peregrinus Tyß wohl vernommen werden müsse.

Peregrinus geriet in nicht geringe Verlegenheit, als er von dem Abgeordneten über den Hergang der Sache befragt wurde. Er fühlte, daß die ganze Erzählung, weiche er in keinem Umstande von der Wahrheit ab, eben deshalb den Stempel der Lüge, wenigstens der höchsten Unwahrscheinlichkeit tragen müsse. Für ratsam fand er es daher ganz zu schweigen und sich damit zu schützen, daß sobald kein wirkliches bestimmtes Verbrechen feststehe dessen man ihn beschuldige, er nicht nötig zu haben glaube über einzelne Begebenheiten in seinem Leben, Rede zu stehen. Knarrpanti frohlockte über diese Erklärung des Angeklagten durch die er seinen ganzen Verdacht bestätigt fand.

Er äußerte dem Abgeordneten ziemlich unverhohlen, daß er das Ding nicht recht anzugreifen wisse und der Abgeordnete war hell und verständig genug einzusehen, daß eine Vernehmung die Knarrpanti selbst besorgen wollte, dem Peregrinus keinen Nachteil bringen sondern vielmehr der Sache den Ausschlag zu seinem Vorteil geben konnte.

Der scharfsinnige Knarrpanti hatte über hundert Fragen in Bereitschaft mit denen er dem Peregrinus zu Leibe ging und die in der Tat oft nicht leicht waren zu beantworten. Vorzüglich waren sie dahin gerichtet zu erforschen was Peregrinus sowohl im allgemeinen sein ganzes Leben hindurch als auch bei diesem, jenem besondern Anlaß, was z.B. bei dem Aufschreiben der verdächtigen Worte in seinen Papieren, *gedacht* habe.

Das Denken, meinte Knarrpanti, sei an und vor sich selbst schon eine gefährliche Operation und würde bei gefährlichen Menschen eben desto gefährlicher. – Ferner gab es solche verfängliche Fragen wie z.B. wer der ältliche Mann im blauen Überrock und kurz verschnittenen Haaren gewesen sei, mit dem er [sich] am vierundzwanzigsten März des vergangenen Jahres mittags an der Wirtstafel über die beste Art den Rheinlachs zu bereiten, verständigt habe? Ferner: ob er nicht selbst einsehe, daß all die geheimnisvollen Stellen in seinen Papieren mit Recht den Verdacht erweckten, daß das was er niederzuschreiben unterlassen, noch viel Verdächtigeres, ja ein vollkommenes Zugeständnis der Tat hätte enthalten können?

Diese Art der Untersuchung, ja der Geheime Hofrat Knarrpanti selbst kam dem Peregrinus so seltsam vor, daß er begierig war die Gedanken des spitzfindigen Schlaukopfs zu erkennen.

Er schnippte mit dem Daumen und schnell setzte ihm der gehorsame Meister Floh das mikroskopische Glas in die Pupille.

Knarrpantis Gedanken lauteten ungefähr: Ich glaube selbst gar nicht daß der junge Mann unsre Prinzessin die schon vor mehreren Jahren mit einem landstreicherischen Komödianten durchgegangen ist, entführt hat, ja entführt haben kann. Aber ich durfte die Gelegenheit nicht versäumen zu meinem eignen Besten einen großen Rumor zu machen. Mein kleiner Herr fing an gleichgültig gegen mich zu werden und am Hofe nannte man mich einen langweiligen Träumer, ja man fand mich öfters albern und fade da doch keiner mir an Geist und Geschmack überlegen war, keiner von allen den kleinen Dienst, durch den man sich eben einschmeichelt bei dem Herrn, [so gut verstand] als ich. Half ich nicht selbst dem Kammerdiener des Fürsten beim Stiefelputzen? Da kam ja die Entführungsgeschichte wie eine Wohltat des Himmels. Mit der Nachricht, daß ich der entflohenen Prinzessin auf die Spur gekommen erhob ich mich plötzlich wieder zu dem Ansehen das ich beinahe ganz verloren. Man findet mich wieder verständig, weise, gewandt, und vorzüglich dem Herrn so treu ergeben, daß ich eine Stütze des Staats zu nennen auf der alles Wohl beruht.

Es wird, es kann aus der Sache gar nichts herauskommen, da die wirklich geschehene Entführung dem Menschen nicht nachzuweisen ist, aber das tut gar nichts zur Sache. Eben deshalb will ich den jungen Mann recht arg quälen mit Kreuz- und Querfragen, soviel ich es nur vermag. Denn je mehr ich dies tue, je höher wird mein Interesse für die Sache, mein reger Eifer für das Wohl meines Herrn gepriesen. Ich muß es nur dahin bringen, daß ich den jungen Mann ungeduldig

mache und einige schnippische Antworten erpresse. Die streiche ich den[n] an mit einem tüchtigen Rotstift, begleite sie auch wohl mit einigen Bemerkungen und ehe man sich's versieht, steht der Mann da in einem zweideutigen Licht, und aus dem Ganzen erhebt sich ein gehässiger Geist, der ihm Nachteil bringt und sogar solche unbefangene ruhige Leute, wie der Herr Abgeordnete da, wider ihn einnimmt. Gepriesen sei die Kunst der gleichgültigsten Sache einen Anstrich von gehässiger Bedeutsamkeit zu geben. Es ist eine Gabe die mir die Natur verlieh und vermöge der ich mir meine Feinde vom Halse schaffe und selbst im besten Wohlsein bleibe. Ich muß lachen, daß der Rat wunder glaubt wie viel mir an der wirklichen Ermittlung der Wahrheit gelegen ist, da ich doch nur mich selbst im Auge habe und die ganze Sache als ein Mittel betrachte, mich bei dem Herrn wichtig zu machen und so viel Beifall und Geld zu erobern als nur möglich. Kommt auch nichts heraus, so sagt doch keiner, daß meine Bemühungen unnütz gewesen sind, es heißt vielmehr, daß ich wohl recht hatte und durch die getroffenen Maßregeln wenigstens verhinderte, daß der schelmische Peregrinus Tyß die bereits entführte Prinzessin, hinterher doch noch wirklich entführte. –
Da Peregrinus auf diese Art die Gedanken des sublimen Hofrats durchschaute, so war es natürlich, daß er sich in gehöriger Fassung erhielt und statt, wie Knarrpanti wollte, unruhig zu werden, durch gar geschickte Antworten Knarrpantis Scharfsinn zuschanden machte. Der Abgeordnete des Rats schien seine Freude daran zu haben. Diesem erzählte aber Peregrinus nachdem Knarrpanti sein endloses Verhör hauptsächlich aus Mangel an Atem geschlossen, unaufgefordert mit wenigen Worten, daß die junge Dame die er in jener Christnacht auf ihr ausdrückliches Verlangen in sein Haus getragen, niemand anders sei, als die Nichte des optischen Künstlers Leuwenhoek, namens Dörtje Elwerdink und daß diese sich jetzt bei ihrem Paten dem Herrn Swammer aufhalte der bei ihm im Hause zur Miete wohne.
Man fand diese Angabe richtig und der merkwürdige Entführungsprozeß war beendigt.
Knarrpanti drang zwar noch auf fernere Vernehmungen und las im Rat sein scharfsinniges Verhörsprotokoll vor, dies Meisterstück erregte aber ein allgemeines schallendes Gelächter. Man fand es denn auch sehr ratsam, daß der Herr Geheime Hofrat Knarrpanti Frankfurt verließe und als Resultat seiner Bemühungen, als Beweis seiner Saga-

zität, seines regen Diensteifers das bewundrungswürdige Aktenstück seinem Herrn selbst überbringe. Der seltsame Entführungsprozeß wurde zum Stadtgespräch und der würdige Knarrpanti mußte zu seinem nicht geringen Verdruß bemerken, daß die Leute sich mit allen Zeichen des Ekels und Abscheus die Nasen zuhielten wenn er vorüberging und ihre Plätze verließen, wenn er sich an die Wirtstafel setzen wollte. Bald machte er sich fort aus der Stadt. So mußte aber Knarrpanti das Feld mit Schimpf und Schande räumen auf dem er Lorbeern zu sammeln gehofft hatte.

Das, was hier hintereinander fort erzählt worden hatte aber den Zeitraum von mehreren Tagen ausgefüllt, denn man mag nicht denken, daß Knarrpanti in geringer Zeit einen ziemlichen Folioband zusammenzuschreiben vermochte. Einem solchen Bande glich aber das merkwürdige Verhörsprotokoll. Knarrpantis tägliche Quälerei, sein albernes anmaßendes Betragen erregte in Peregrinus tiefen Unmut, der aber noch merklich durch die Ungewißheit vermehrt wurde in der er über das Schicksal der Schönsten schwebte.]

Mit Blitzesschnelle hatte, wie es der geneigte Leser am Schlusse des vierten Abenteuers erfahren hat, Georg Pepusch die Kleine aus des verliebten Peregrinus Armen entführt und diesen zurückgelassen starr vor Erstaunen und Schreck.

Als Peregrinus, endlich zur Besinnung gekommen aufsprang und dem räuberischen Freunde nachsetzte, war alles öde und still im Hause. Auf wiederholtes starkes Rufen pantoffelte die alte Aline aus dem entferntesten Zimmer heran und versicherte von dem ganzen Vorfall auch nicht das mindeste bemerkt zu haben.

Peregrinus wollte über Dörtjes Verlust beinahe außer sich geraten. Meister Floh ließ sich aber vernehmen mit tröstenden Worten: „Ihr wißt“, sprach er mit einem Ton der dem Hoffnungslosesten Zutrauen einflößen mußte, „Ihr wißt ja noch gar nicht, teurer Herr Peregrinus Tyß ob die schöne Dörtje Elwerdink Euer Haus wirklich verlassen hat. Soviel wie ich mich auf solche Dinge verstehe, ist sie gar nicht weit; mir ist's als wittere ich ihre Nähe. Doch, wollt Ihr meinem freundschaftlichen Rat vertrauen und ihn befolgen so überlaßt die schöne Dörtje ihrem Schicksal. Glaubt mir, die Kleine ist ein wetterwendisches Ding; mag es sein, daß sie, wie Ihr mir gesagt habt, Euch jetzt wirklich gut geworden ist, wie lange wird es dauern und sie versetzt Euch in solch Trübsal und Leid daß Ihr Gefahr lauft darüber den Verstand zu verlieren wie die Distel Zeherit. Noch einmal sage ich es Euch, gebt Euer einsames Leben auf. Ihr werdet Euch besser dabei befinden. Was für Mädchen habt Ihr denn schon kennengelernt, daß Ihr die Dörtje für die schönste achtet; welchem Weibe habt Ihr Euch denn schon genähert mit freundlichen Liebesworten, daß Ihr glaubt, nur Dörtje könne Euch lieben. Geht geht, Peregrinus, die Erfahrung wird Euch eines Bessern überzeugen. Ihr seid ein ganz hübscher stattlicher Mann und ich müßte nicht so verständig und scharfsichtig sein, als es der Meister Floh wirklich ist, wenn ich nicht voraussehen sollte, daß Euch das Glück der Liebe noch lachen wird auf ganz andere Weise als Ihr es wohl jetzt vermutet." –

Peregrinus hatte dadurch daß er an öffentliche Örter ging, bereits die Bahn gebrochen und es wurde ihm nun weniger schwer Gesellschaften zu besuchen, denen er sich sonst entzogen. Meister Floh tat ihm dabei mit dem mikroskopischen Glase vortreffliche Dienste und Peregrinus soll während der Zeit ein Tagebuch gehalten und die wunderlichsten ergötzlichsten Kontraste zwischen Worten und Gedanken wie sie ihm täglich aufstießen, aufgezeichnet haben. Vielleicht findet der Herausgeber des seltsamen Märchens Meister Floh geheißen künftig Gelegenheit, manches weiterer Mitteilung Würdige aus diesem Tagebuch ans Licht zu fördern; hier würde es nur die Geschichte aufhalten und darum dem geneigten Leser eben nicht willkommen sein. So viel kann gesagt werden, daß manche Redensarten mit den dazu gehörenden Gedanken stereotypisch wurden, wie z. B. „Ich erbitte mir Ihren gütigen Rat", lautet in Gedanken: Er ist albern genug zu glauben, daß ich wirklich in einer Sache die längst beschlossen, seinen Rat verlange, und das kitzelt ihn! – „Ich vertraue Ihnen ganz!" – Ich weiß ja längst, daß er ein Spitzbube ist u. s. w. Endlich darf auch noch bemerkt werden, daß manche Leute doch den Peregrinus mit seinen mikroskopischen Beobachtungen in große Verlegenheit setzten. Das waren nämlich die jungen Männer, die über alles in den höchsten Enthusiasmus geraten und sich in einen brausenden Strom der prächtigsten Redensarten ergießen konnte. Unter diesen schienen am tiefsten und herrlichsten junge Dichter zu sprechen die von lauter Fantasie und Genialität strotzten und vorzüglich von Damen viel Anbetung erleiden mußten. Ihnen reihten sich schriftstellerische Frauen an, die alle Tiefen des Seins hienieden so wie alle echt philosophische das Innerste durchdringende Ansichten der Verhältnisse des sozialen Lebens, wie man zu sagen pflegt, recht am Schnürchen hatten und mit prächtigen Worten herzusagen wußten wie eine Festtagspredit. – Kam es dem Peregrinus wunderbar vor, daß die Silberfaden aus Gamahehs Gehirn herausrankten in ein unentdeckbares Etwas, so erstaunte er nicht weniger darüber was er im Gehirn der erwähnten Leute wahrnahm. Er sah zwar das seltsame Geflecht von Adern und Nerven, bemerkte aber zugleich, daß diese, gerade wenn die Leute über Kunst und Wissenschaft, über die Tendenzen des höheren Lebens überhaupt ganz ausnehmend herrlich sprachen, gar nicht eindrangen in die Tiefe des Gehirns sondern wieder zurückwuchsen, so daß von deutlicher Erkennung der Gedanken gar nicht die Rede sein konnte. Er teilte seine Bemerkung dem Meister Floh mit, der wie gewöhnlich in einer Falte des Halstuchs saß. Meister Floh meinte, daß das, was Peregrinus für Gedanken halte gar keine wären sondern nur Worte die sich vergeblich mühten Gedanken zu werden.

Erlustigte sich nun Herr Peregrinus Tyß in der Gesellschaft auf mannigfache Weise, so ließ auch sein treuer Begleiter, Meister Floh, viel von seinem Ernste nach und bewies sich als ein kleiner schalkischer Lüstling, als ein *aimable roué*. Keinen schönen Hals, keinen weißen Nacken eines Frauenzimmers konnte er nämlich sehen ohne bei der ersten besten Gelegenheit aus seinem Schlupfwinkel hervor und auf den einladenden Sitz zu schwingen wo er jeder Nachstellung gespitzter Finger geschickt zu entgehen wußte. Dies Manöver umfaßte ein doppeltes Interesse. Einmal fand er selbst seine Lust daran, dann wollte er aber auch Peregrinus' Blicke auf Schönheiten ziehen die Dörtjes Bild verdunkeln sollten. Dies schien aber ganz vergebliche Mühe zu sein, denn keine einzige der Damen denen sich Peregrinus ohne alle Scheu mit voller Unbefangenheit näherte kam ihm so gar hübsch und anmutig vor, als seine kleine Prinzessin. Weshalb aber auch nun vollends seine Liebe zur Kleinen festhielt war, daß bei keiner er Worte und Gedanken so zu seinen Gunsten übereinstimmend fand als bei ihr. Er glaubte sie nimmermehr lassen zu können und erklärte dies unverhohlen. Meister Floh ängstigte sich nicht wenig.

Peregrinus bemerkte eines Tages, daß die alte Aline schalkisch vor sich hinlächelte, öfter als sonst Tabak schnupfte, sich räusperte, undeutliches Zeug murmelte, kurz in ihrem ganzen Wesen tat wie jemand der etwas auf dem Herzen hat und es gern los sein möchte. Dabei erwiderte sie auf alles: „Ja! – man kann das nicht wissen, man muß das abwarten!" – mochten nun diese Redensarten passen oder

nicht. „Sage“, rief Peregrinus endlich voll Ungeduld, „sage Sie es nur lieber gleich heraus, Aline, was es wieder gibt ohne so um mich herumzuschleichen mit geheimnisvollen Mienen.“
„Ach“, rief die Alte indem sie die dürren Fäuste zusammenschlug, „ach das herzige allerliebste Zuckerpüppchen, das zarte liebe Ding!“
„Wen meint Sie denn?“ unterbrach Peregrinus die Alte verdrießlich.
„Ei“, sprach diese schmunzelnd weiter, „ei wen soll ich denn anders meinen als unsere liebe Prinzeß hier unten bei Herrn Swammer, Ihre liebe Braut, Herr Tyß.“
„Weib“, fuhr Peregrinus auf, „unglückliches Weib, sie ist hier, hier im Hause und das sagst du mir erst jetzt?“
„Wo sollte“, erwiderte die Alte ohne im mindesten aus ihrer behaglichen Ruhe zu kommen, „wo sollte die Prinzeß auch wohl anders sein als hier wo sie ihre Mutter gefunden hat.“
„Wie“, rief Peregrinus, „was sagt Sie, Aline?“
„Ja“, sprach die Alte indem sie den Kopf erhob, „ja Aline, das ist mein rechter Name und wer weiß was in kurzer Zeit, vor Ihrer Hochzeit noch alles an das Tageslicht kommen wird.“
Ohne sich an Peregrinus’ Ungeduld, der sie bei allen Engeln und Teufeln beschwor doch nur zu reden, zu erzählen, auch nur im mindesten zu kehren nahm die Alte gemächlich Platz in einem Lehnstuhl, zog die Dose hervor, nahm eine große Prise und bewies dann dem Peregrinus sehr umständlich mit vielen Worten, daß es keinen größern schädlichern Fehler gäbe, als die Ungeduld.
„Ruhe“, so sprach sie, „Ruhe mein Söhnchen, ist dir vor allen Dingen nötig, denn sonst läufst du Gefahr alles zu verlieren in dem Augenblick als du es gewonnen zu haben glaubst. Ehe du ein Wörtchen von mir hörst, mußt du dich dort still hinsetzen wie ein artiges Kind und mich beileibe nicht in meiner Erzählung unterbrechen.“
Was blieb dem Peregrinus übrig, als der Alten zu gehorchen, die, sowie Peregrinus Platz genommen, Dinge vorbrachte, die wunderlich und seltsam genug anzuhören waren.
So wie die Alte erzählte, hatten die beiden Herren, nämlich Swammerdamm und Leuwenhoek, sich in dem Zimmer noch recht tüchtig herumgebalgt und dabei entsetzlich gelärmt und getobt. Dann war es zwar stille geworden, ein dumpfes Ächzen hatte indessen die Alte befürchten lassen, daß einer von beiden auf den Tod verwundet. Als nun aber die Alte neugierig durch das Schlüsselloch kuckte, gewahrte

sie ganz etwas anderes, als sie geglaubt. Swammerdamm und Leuwenhoek hatten den Georg Pepusch erfaßt und strichen und drückten ihn mit ihren Fäusten so, daß er immer dünner und dünner wurde, worüber er denn so ächzte, wie es die Alte vernommen. Zuletzt, als Pepusch so dünn geworden wie ein Distelstengel, versuchten sie ihn durch das Schlüsselloch zu drücken. Der arme Pepusch hing schon mit dem halben Leibe heraus auf den Flur, als die Alte entsetzt von dannen floh. Bald darauf vernahm die Alte ein lautes schallendes Gelächter und gewahrte, wie Pepusch in seiner natürlichen Gestalt, von den beiden Magiern ganz friedlich zum Hause hinausgeführt wurde. In der Türe des Zimmers stand die schöne Dörtje und winkte die Alte hinein. Sie wollte sich putzen und hatte dabei die Hülfe der Alten nötig.

Die Alte konnte gar nicht genug von der großen Menge Kleider reden, die die Kleine aus allerlei alten Schränken herbeigeholt und ihr gezeigt und von denen eins immer reicher und prächtiger gewesen als das andere. Dann versicherte die Alte auch, daß wohl nur eine indische Prinzessin solch Geschmeide besitzen könne, als die Kleine, die Augen täten ihr noch weh von dem blendenden Gefunkel.

Die Alte erzählte weiter, wie sie mit dem lieben Zuckerkinde, während des Ankleidens dies und jenes gesprochen, wie sie an den seligen Herrn Tyß, an das schöne Leben, das sonst im Hause geführt worden, gedacht und wie sie zuletzt auf ihre verstorbenen Verwandten gekommen.

„Sie wissen", so sprach die Alte, „Sie wissen, lieber Herr Tyß, daß mir nichts über meine selige Frau Muhme, die Kattundruckerfrau geht. Sie war in Mainz und ich glaube gar, auch in Indien gewesen und konnte französisch beten und singen. Habe ich dieser Frau Muhme den unchristlichen Namen Aline zu verdanken, so will ich ihr das gern im Grabe verzeihen, da ich, was die feine Lebensart, die Manierlichkeit, den Verstand die Worte hübsch zu setzen, allein von ihr profitiert habe. Als ich nun recht viel von der Frau Muhme erzählte, fragte die kleine Prinzessin nach meinen Eltern, Großeltern und immer so weiter und weiter in die Familie hinein. Ich schüttete mein Herz aus, ich sprach ganz ohne Rückhalt davon, daß meine Mutter beinahe ebenso schön gewesen sei, als ich, wiewohl ich sie, in Ansehung der Nase übertreffe die vom Vater abstamme und überhaupt nach der Form in der Familie gebräuchlich sei, schon seit Menschengedenken. Da kam ich denn auch auf die Kirchweihe zu reden, als ich den Deutschen tanzte mit dem Sergeanten Häberpiep und die himmerblauen Strümpfe angezogen hatte mit den roten Zwickeln. – Nun! lieber Gott, wir sind alle schwache, sündige Menschen. – Doch Herr Tyß, Sie sollten nun selbst gesehen haben, wie die kleine Prinzeß, die erst gekichert und gelacht hatte, daß es eine Lust war, immer stiller und stiller wurde und mich anstarrte mit solchen seltsamen Blicken, daß mir in der Tat ganz graulich zumute wurde. – Und, denken Sie sich, Herr Tyß, plötzlich, ehe ich mir's versehen, liegt die kleine Prinzeß vor mir auf den Knien und will mir durchaus die Hand küssen, und ruft: ‚Ja, du bist es, nun erst erkenne ich dich, ja du bist es selbst!' – Und als ich nun ganz erstaunt frage, was das heißen soll –"

Die Alte stockte, und als Peregrinus in sie drang, doch nur weiter zu reden, nahm sie ganz ernst und bedächtig eine große Prise und sprach: „Wirst es zeitig genug erfahren, mein Söhnchen, was sich nun weiter begab. Jedes Ding hat seine Zeit und seine Stunde!"

Peregrinus wollte eben noch schärfer in die Alte dringen, ihm mehr zu sagen, als diese in ein gellendes Gelächter ausbrach. Peregrinus mahnte sie mit finstrem Gesicht daran, daß sein Zimmer eben nicht der Ort sei, wo sie mit ihm Narrenspossen treiben dürfe. Doch die Alte schien, beide Fäuste in die Seiten stemmend, ersticken zu wollen. Die brennend rote Farbe des Antlitzes ging über in ein angenehmes Kirschbraun, und Peregrinus stand im Begriff der Alten ein volles Glas Wasser ins Gesicht zu gießen, als sie zu Atem kam und die Sprache wiedergewann. „Soll", sprach sie, „soll man nicht lachen über das kleine närrische Ding. – Nein, solche Liebe gibt es gar nicht mehr auf Erden! – Denken Sie sich, Herr Tyß –" die Alte lachte aufs neue, dem Peregrinus wollte die Geduld ausgehen. Endlich brachte er dann mit Mühe heraus, daß die kleine Prinzeß in dem Wahne stehe, daß er, Herr Peregrinus Tyß, durchaus die Alte heiraten wolle, und daß sie, die Alte, ihr aufs feierlichste versprechen müssen, seine Hand auszuschlagen. –

Dem Peregrinus war es, als sei er in ein böses Hexenwesen verflochten und es wurde ihm so unheimlich zumute, daß ihm selbst die alte ehrliche Aline ein gespenstiges Wesen bedünken wollte, dem er nicht schnell genug entfliehen könne.

Die Alte ließ ihn nicht fort, weil sie ihm noch ganz geschwind etwas vertrauen müsse, was die kleine Prinzeß angehe.

„Es ist", sprach die Alte vertraulich, „es ist nun gewiß, daß Ihnen, lieber Herr Peregrinus, der schöne leuchtende Glücksstern aufgegangen, aber es bleibt nun Ihre Sache, sich den Stern günstig zu erhalten. Als ich der Kleinen beteuerte, daß Sie ganz erstaunlich in sie verliebt und weit entfernt wären, mich heiraten zu wollen, meinte sie, daß sie sich nicht eher davon überzeugen und Ihnen ihre schöne Hand reichen könne, bis Sie ihr einen Wunsch gewährt, den sie schon lange im tiefsten Herzen trage. Die Kleine behauptet, Sie hätten einen kleinen allerliebsten Negerknaben bei sich aufgenommen, der aus ihrem Dienste entlaufen; ich habe dem zwar widersprochen, sie behauptet aber der Bube sei so winzig klein, daß er in einer Nußschale wohnen könne. Diesen Knaben nun –"

„Daraus wird nichts", fuhr Peregrinus, der längst wußte, wo die Alte hinauswollte, heftig auf und verließ stürmisch Zimmer und Haus.

Es ist eine alte hergebrachte Sitte, daß der Held der Geschichte, ist er von heftiger Gemütsbewegung ergriffen, hinausläuft in den Wald oder wenigstens in das einsam gelegene Gebüsch. Die Sitte ist darum gut, weil sie im Leben wirklich herrscht. Hiernach konnt es sich aber mit Herrn Peregrinus Tyß nicht anders begeben, als daß er von seinem Hause auf dem Roßmarkt aus so lange in einem Strich fortrannte, bis er die Stadt hinter sich und ein nahegelegenes Gebüsch erreicht hatte. Da es ferner in einer romanhaften Historie keinem Gebüsch an rauschenden Blättern, seufzenden, lispelnden Abendlüften, murmelnden Quellen, geschwätzigen Bächen u. s. w. fehlen darf, so ist zu denken, daß Peregrinus das alles an seinem Zufluchtsorte fand. Auf einen bemoosten Stein, der zur Hälfte im spiegelhellen Bache lag, dessen Wellen kräuselnd um ihn her plätscherten, ließ sich Peregrinus nieder, mit dem festen Vorsatz, die seltsamen Abenteuer des Augenblicks überdenkend, den Ariadnefaden zu suchen und zu finden, der ihm den Rückweg aus dem Labyrinth der wunderlichsten Rätsel zeigen sollte.

Es mag wohl sein, daß das in abgemessenen Pausen wiederkehrende Geflüster der Büsche, das eintönige Rauschen der Gewässer, das gleichmäßige Klappern einer entfernten Mühle bald sich als Grundton gestaltet, nach dem sich die Gedanken zügeln und formen, so, daß sie nicht mehr ohne Rhythmus und Takt durcheinanderbrausen, sondern zu deutlicher Melodie werden. So kam denn auch Peregrinus, nachdem er einige Zeit sich an dem anmutigen Orte befunden, zu ruhiger Betrachtung.

„In der Tat", sprach Peregrinus zu sich selbst, „ein fantastischer Märchenschreiber könnte nicht tollere, verwirrtere Begebenheiten ersin-

nen, als ich sie in dem geringen Zeitraum von wenigen Tagen wirklich erlebt habe. – Die Anmut, das Entzücken, die Liebe selbst kommt dem einsiedlerischen Misogyn entgegen und ein Blick, ein Wort reicht hin, Flammen in seiner Brust anzufachen, deren Marter er scheute, ohne sie zu kennen! Aber Ort, Zeit, die ganze Erscheinung des fremden verführerischen Wesens ist so geheimnisvoll, daß ein seltsamer Zauber sichtbarlich einzugreifen scheint und nicht lange dauert es, so zeigt ein kleines, winziges, sonst verachtetes Tier Wissenschaft, Verstand, ja eine wunderbare magische Kraft. Und dieses Tier spricht von Dingen, die allen gewöhnlichen Begriffen unerfaßlich sind, auf eine Weise, als sei das alles nur das tausendmal wiederholte Gestern und Heute des gemeinen Lebens hinter der Bratenschüssel und der Weinflasche.
Bin ich dem Schwungrad zu nahe gekommen, das finstre unbekannte Mächte treiben, und hat es mich erfaßt in seinen Schwingungen? Sollte man nicht glauben, man müsse über derlei Dinge, wenn sie das Leben durchschneiden, den Verstand verlieren? – Und doch befinde ich mich ganz wohl dabei; ja es fällt mir gar nicht sonderlich mehr auf, daß ein Flohkönig sich in meinen Schutz begeben und dafür ein Geheimnis anvertraut hat, das mir das Geheimnis der inneren Gedanken erschließt und so mich über allen Trug des Lebens erhebt. – Wohin wird, kann aber das alles führen? Wie, wenn hinter dieser wunderlichen Maske eines Flohs ein böser Dämon stäke, der mich verlocken wollte ins Verderben, der darauf ausginge, mir alles Liebesglück, das in Dörtjes Besitz mir erblühen könnte, zu rauben auf schnöde Weise? – Wär es nicht besser sich des kleinen Ungetüms gleich zu entledigen?"
„Das war", unterbrach Meister Floh das Selbstgespräch des Peregrinus, „das war ein sehr unfeiner Gedanke, Herr Peregrinus Tyß! Glaubt Ihr, daß das Geheimnis, welches ich Euch anvertraute, ein geringes ist? Kann Euch dies Geschenk nicht als das entscheidendste Kennzeichen meiner aufrichtigen Freundschaft gelten? Schämt Euch, daß Ihr so mißtrauisch seid! Ihr verwundert Euch über den Verstand, über die Geisteskraft eines winzigen sonst verachteten Tierchens, und das zeugt, nehmt es mir nicht übel, wenigstens von der Beschränktheit Eurer wissenschaftlichen Bildung. Ich wollte, Ihr hättet, was die denkende, sich willkürlich bestimmende Seele der Tiere betrifft, den griechischen Philo oder wenigstens des Hieronymi Rorarii Abhandlung: *quod animalia bruta ratione utantur melius homine*, oder

dessen *oratio pro muribus* gelesen. Oder Ihr wüßtet, was Lipsius und der große Leibniz über das geistige Vermögen der Tiere gedacht haben, oder Euch wäre bekannt, was der gelehrte tiefsinnige Rabbi Maimonides über die Seele der Tiere gesagt hat. Schwerlich würdet Ihr dann mich meines Verstandes halber für einen bösen Dämon halten, oder gar die geistige Vernunftmasse nach der körperlichen Extension abmessen wollen. Ich glaube, am Ende habt Ihr Euch zur scharfsinnigen Meinung des spanischen Arztes Gomez Pereira hingeneigt, der in den Tieren nichts weiter findet, als künstliche Maschinen ohne Denkkraft, ohne Willensfreiheit, die sich willkürlos, automatisch bewegen. Doch nein, für so abgeschmackt will ich Euch nicht halten, guter Herr Peregrinus Tyß und fest daran glauben, daß Ihr längst durch meine geringe Person eines Bessern belehrt seid. – Ich weiß ferner nicht recht was Ihr Wunder nennt, schätzbarster Herr Peregrinus, oder auf welche Weise Ihr es vermöget, die Erscheinungen unseres Seins, die wir eigentlich wieder nur selbst sind, da sie uns und wir sie wechselseitig bedingen, in wunderbare und nicht wunderbare zu teilen. Verwundert Ihr Euch über etwas deshalb, weil es Euch noch nicht geschehen ist, oder weil Ihr den Zusammenhang von Ursache und Wirkung nicht einzusehen wähnt, so zeugt das nur von der natürlichen oder angekränkelten Stumpfheit Eures Blicks, der Eurem Erkenntnisvermögen schadet. Doch – nehmt es nicht übel, Herr Tyß – das Drolligste bei der Sache ist, daß Ihr Euch selbst spalten wollt in zwei Teile, von denen einer die sogenannten Wunder erkennt und willig glaubt, der andere dagegen, sich über diese Erkenntnis, über diesen Glauben gar höchlich verwundert. Ist es Euch wohl jemals aufgefallen, daß Ihr an die Bilder des Traums glaubt?"

„Ich", unterbrach Peregrinus den kleinen Redner, „ich bitt Euch, bester Mann! wie möget Ihr doch vom Traume reden, der nur als Resultat [von] irgendeiner Unordnung in unserm körperlichen oder geistigen Organismus herrührt."

Meister Floh schlug bei diesen Worten des Herrn Peregrinus Tyß ein ebenso feines als höhnisches Gelächter auf.

„Armer", sprach er hierauf zu dem etwas bestürzten Peregrinus, „armer Herr Tyß, so wenig erleuchtet ist Euer Verstand, daß Ihr nicht das Alberne solcher Meinungen einsehet? Seit der Zeit, daß das Chaos zum bildsamen Stoff zusammengeflossen – es mag etwas lange her sein – formt der Weltgeist alle Gestaltungen aus diesem verhandenen Stoff und aus diesem geht auch der Traum mit seinen

Gebilden hervor. Skizzen von dem was war oder vielleicht noch sein wird, sind diese Gebilde, die der Geist schnell hinwirft zu seiner Lust, wenn ihn der Tyrann, Körper genannt, seines Sklavendienstes entlassen. Doch ist es hier weder Ort noch Zeit, Euch zu widerlegen und eines Bessern überzeugen zu wollen; es würde vielleicht auch von gar keinem Nutzen sein. Nur eine einzige Sache möcht ich Euch noch entdecken."

„Sprecht", rief Peregrinus, „sprecht oder schweigt, lieber Meister, tut das was Euch am geratensten dünkt; denn ich sehe genugsam ein, daß Ihr, seid Ihr auch noch so klein, doch unendlich mehr Verstand und tiefe Kenntnis habt. Ihr zwingt mich zum unbedingten Vertrauen, unerachtet ich Eure verblümten Redensarten nicht ganz verstehe."

„So vernehmt", nahm Meister Floh wieder das Wort, „so vernehmt denn, daß Ihr in die Geschichte der Prinzessin Gamaheh verflochten seid, auf ganz besondere Weise. Swammerdamm und Leuwenhoek, die Distel Zeherit und der Egelprinz, überdem aber noch der Genius Thetel, alle streben nach dem Besitz der schönen Prinzessin und ich selbst muß gestehen, daß leider meine alte Liebe erwacht und ich Tor genug sein konnte, meine Herrschaft mit der holden Treulosen zu teilen. Doch Ihr, Ihr, Herr Peregrinus, seid die Hauptperson, ohne Eure Einwilligung kann die schöne Gamaheh niemanden angehören. Wollt Ihr den eigentlichen tiefern Zusammenhang der Sache, den ich selbst nicht weiß, erfahren, so müßt Ihr mit Leuwenhoek darüber sprechen, der alles herausgebracht hat und gewiß manches Wort fallen lassen wird, wenn Ihr Euch die Mühe nehmen wollt und es versteht, ihn gehörig auszuforschen."

Meister Floh wollte in seiner Rede fortfahren, als ein Mensch in voller Furie aus dem Gebüsch hervor und auf den Peregrinus losstürzte.

„Ha!" schrie George Pepusch – das war der Mensch – mit wilden Gebärden; „ha, treuloser verräterischer Freund! – Treffe ich dich? – treffe ich dich in der verhängnisvollen Stunde? – Auf denn, durchbohre diese Brust, oder falle von meiner Hand!"

Damit riß Pepusch ein paar Pistolen aus der Tasche, gab ein Pistol dem Peregrinus in die Hand, und stellte sich mit dem andern in Positur, indem er rief: „Schieße, feige Memme!"

Peregrinus stellte sich, versicherte aber, daß nichts ihn zu dem heillosen Wahnsinn bringen würde, sich mit seinem einzigen Freunde in einen Zweikampf einzulassen ohne die Ursache auch nur zu ahnen.

Wenigstens würde er in keinem Fall den Freund zuerst mörderisch angreifen.

Da schlug aber Pepusch ein wildes Gelächter auf und in dem Augenblick schlug auch die Kugel aus dem Pistol, das Pepusch abgedrückt, durch den Hut des Peregrinus. Dieser starrte, ohne den Hut, der zur Erde gefallen, aufzuheben, den Freund an in tiefem Schweigen. Pepusch näherte sich dem Peregrinus bis auf wenige Schritte und murmelte dann dumpf: „Schieße!"

Da drückte Peregrinus das Pistol schnell ab in die Luft.

Laut aufheulend wie ein Rasender, stürzte George Pepusch nun an die Brust des Freundes und schrie mit herzzerschneidendem Ton: „Sie stirbt – sie stirbt aus Liebe zu dir, Unglücklicher – Eile – rette sie – du kannst es! – rette sie für dich, und mich laß untergehen in wilder Verzweiflung!" –

Pepusch rannte so schnell von dannen, daß Peregrinus ihn sogleich aus dem Gesicht verloren hatte.

Schwer fiel es aber nun dem Peregrinus aufs Herz, daß des Freundes rasendes Beginnen durch irgend etwas Entsetzliches veranlaßt sein müsse, das sich mit der holden Kleinen begeben. Schnell eilte er nach der Stadt zurück.

Als er in sein Haus trat, kam ihm die Alte entgegen und jammerte laut, daß die arme schöne Prinzeß plötzlich auf das Heftigste erkrankt sei und wohl sterben werde; der alte Herr Swammer sei eben selbst nach dem berühmtesten Arzt gegangen, den es in Frankfurt gebe.

Den Tod im Herzen, schlich Peregrinus in Herrn Swammers Zimmer, das ihm die Alte geöffnet. Da lag die Kleine, blaß, erstarrt wie eine Leiche auf dem Sofa, und Peregrinus spürte erst dann ihren leisen Atem, als er niedergekniet sich über sie hinbeugte. Sowie Peregrinus die eiskalte Hand der Armen faßte, spielte ein schmerzliches Lächeln um ihre bleichen Lippen und sie lispelte: „Bist du es, mein süßer Freund? – Kommst du her, noch einmal die zu seheh, die dich so unaussprechlich liebt? – Ach! die eben deshalb stirbt, weil sie ohne dich nicht zu atmen vermag!"

Peregrinus, ganz aufgelöst im herbsten Weh, ergoß sich in Beteurungen seiner zärtlichsten Liebe und wiederholte, daß nichts in der Welt ihm so teuer sei, um es nicht der Holden zu opfern. Aus den Worten wurden Küsse, aber in diesen Küssen wurden wiederum wie Liebeshauch Worte vernehmbar.

„Du weißt", so mochten diese Worte lauten, „du weißt, mein Peregrinus, wie sehr ich dich liebe. Ich kann dein sein, du mein, ich kann gesunden auf der Stelle, erblüht wirst du mich sehen in frischem jugendlichem Glanz wie eine Blume, die der Morgentau erquickt und die nun freudig das gesenkte Haupt emporhebt – aber – gib mir den Gefangenen heraus, mein teurer, geliebter Peregrinus, sonst siehst du mich vor deinen Augen vergehen in namenloser Todesqual! – Peregrinus – ich kann nicht mehr – es ist aus –"

Damit sank die Kleine, die sich halb aufgerichtet hatte, in die Kissen zurück, ihr Busen wallte wie im Todeskampf stürmisch auf und nieder, blauer wurden die Lippen, die Augen schienen zu brechen. – In wilder Angst griff Peregrinus nach der Halsbinde, doch von selbst sprang Meister Floh auf den weißen Hals der Kleinen, indem er mit dem Ton des tiefsten Schmerzes rief: „Ich bin verloren!"

Peregrinus streckte die Hand aus, den Meister zu fassen; plötzlich war es aber, als hielte eine unsichtbare Macht seinen Arm zurück und ganz andere Gedanken als die, welche ihn bis jetzt erfüllt, gingen ihm durch den Kopf.

„Wie", dachte er, „weil du ein schwacher Mensch bist, der sich hingibt in toller Leidenschaft, der im Wahnsinn aufgeregter Begier das für Wahrheit nimmt, was doch nur lügnerischer Trug sein kann, darum willst du den treulos verraten, dem du deinen Schutz zugesagt? Darum willst du ein freies harmloses Völklein in Fesseln ewiger Sklaverei schmieden, darum den Freund, den du als den einzigen befunden, dessen Worte mit den Gedanken stimmen, rettungslos verderben? – Nein – nein, ermanne dich, Peregrinus! – lieber den Tod leiden als treulos sein!"

„Gib – den – Gefangenen – ich sterbe!" – So stammelte die Kleine mit verlöschender Stimme.

„Nein", rief Peregrinus, indem er in heller Verzweiflung die Kleine in die Arme faßte, „nein – nimmermehr, aber laß mich mit dir sterben!"

In dem Augenblick ließ sich ein durchdringender harmonischer Laut hören, als würden kleine Silberglöckchen angeschlagen; Dörtje, plötzlich frischen Rosenschimmer auf Lipp und Wangen, sprang auf vom Sofa und hüpfte, in ein konvulsivisches Gelächter ausbrechend, im Zimmer umher. Sie schien vom Tarantelstich getroffen.

Entsetzt betrachtete Peregrinus das unheimliche Schauspiel und ein Gleiches tat der Arzt, der ganz versteinert in der Türe stehenblieb und dem Herrn Swammer, der ihm folgen wollte, den Eingang versperrte.

Sechstes Abenteuer.

Seltsames Beginnen reisender Gaukler in einem Weinhause nebst hinlänglichen Prügeln. Tragische Geschichte eines Schneiderleins zu Sachsenhausen. Wie George Pepusch ehrsame Leute in Staunen setzt. Das Horoskop. Vergnüglicher Kampf bekannter Leute im Zimmer Leuwenhoeks.

Alle Vorübergehenden blieben stehen, reckten die Hälse lang aus und kuckten durch die Fenster in die Weinstube hinein. Immer dichter wälzte sich der Haufe heran, immer ärger stieß und drängte sich alles durcheinander, immer toller wurde das Gewirre, das Gelächter, das Toben, das Jauchzen. Diesen Rumor verursachten zwei Fremde, die sich in der Weinstube eingefunden, und die, außerdem, daß ihre Gestalt, ihr Anzug, ihr ganzes Wesen etwas ganz Fremdartiges in sich trug, das widerwärtig war und lächerlich zu gleicher Zeit, solche wunderliche Künste trieben, wie man sie noch niemals gesehen hatte. Der eine, ein alter Mensch von abscheulichem schmutzigem Ansehen, war in einen langen sehr engen Überrock von fahlschwarzem glänzendem Zeuge gekleidet. Er wußte sich bald lang und dünn zu machen, bald schrumpfte er zu einem kurzen dicken Kerl zusammen und es war seltsam, daß er sich dabei ringelte wie ein glatter Wurm. Der andere hochfrisiert, im bunten seidnen Rock, ebensolchen Unterkleidern, großen silbernen Schnallen, einem Petit Maître aus der letzten Hälfte des vorigen Jahrhunderts gleichend, flog dagegen ein Mal über das andere hoch hinauf an die Stubendecke und ließ sich sanft wieder herab, indem er mit heiterer Stimme mißtönende Lieder in gänzlich unbekannter Sprache trällerte.
Nach der Aussage des Wirts waren beide, einer kurz auf den andern als ganz vernünftige bescheidene Leute in die Stube hineingetreten und hatten Wein gefordert. Dann blickten sie sich schärfer und schärfer ins Antlitz und fingen an zu diskutieren. Unerachtet ihre Sprache allen Gästen unverständlich war, so zeigte doch Ton und Gebärde, daß sie in einem Zank begriffen, der immer heftiger wurde.
Plötzlich standen sie in ihre jetzige Gestalt verwandelt da und begannen das tolle Wesen zu treiben, das immer mehr Zuschauer herbeilockte.
„Der Mensch“, rief einer von den Zuschauern, „der Mensch, der so schön auf und nieder fliegt, das ist ja wohl der Uhrmacher Degen aus Wien, der die Flugmaschine erfunden hat und damit ein Mal übers andere aus der Luft hinabpurzelt auf die Nase?“ – „Ach nein“, erwi-

derte ein anderer, „das ist nicht der Vogel Degen. Eher würd ich glauben, es wäre das Schneiderlein aus Sachsenhausen, wüßt ich nicht, daß das arme Ding verbrannt ist.“ –
Ich weiß nicht, ob der geneigte Leser dic merkwürdige Geschichte von dem Schneiderlein aus Sachsenhausen kennt? – Hier ist sie:

Geschichte des Schneiderleins aus Sachsenhausen.

Es begab sich, daß ein zartes frommes Schneiderlein zu Sachsenhausen, an einem Sonntage gar schön geputzt mit seiner Frau Liebsten aus der Kirche kam. Die Luft war rauh, das Schneiderlein hatte zu Nacht nichts genossen, als ein halbes weichgesottenes Ei und eine Pfeffergurke, morgens aber ein kleines Schälchen Kaffee. Wollte ihm daher flau und erbärmlich zumute werden, weil er überdem in der Kirche gar heftig gesungen, und ihm nach einem Magenschnäpschen gelüsten. War die Woche über fleißig gewesen und auch artig gegen die Frau Liebste, der er von den Stücken Zeug die beim Zuschneiden unter die Bank gefallen, einen propren Unterrock gefertigt. Frau Liebste bewilligte also freundlich, daß das Schneiderlein in die Apotheke treten und ein erwärmendes Schnäpschen genießen möge. Trat auch wirklich in die Apotheke und forderte dergleichen. Der ungeschickte Lehrbursche, der allein in der Apotheke zurückgeblieben, da der Rezeptarius, das Subjekt, kurz alle übrigen klügeren Leute fortgegangen, vergriff sich und holte eine verschlossene Flasche vom Repositorio herab, in der kein Magenelixier befindlich, wohl aber brennbare Luft, womit die Luftbälle gefüllt werden. Davon schenkte der Lehrbursche ein Gläschen voll; das setzte das Schneiderlein stracks an den Mund und schlürfte die Luft begierig hinunter, als ein angenehmes Labsal. Wurde ihm aber alsbald gar possierlich zumute, war ihm als hätte er ein Paar Flügel an den Achseln oder als spiele jemand mit ihm Fangball. Denn ellenhoch und immer höher mußte er in der Apotheke aufsteigen und niedersinken. „Ei Jemine, Jemine“ rief er, „wie bin ich doch solch ein flinker Tänzer geworden!“ – Aber dem Lehrburschen stand das Maul offen vor lauter Verwunderung. Geschah nun, daß jemand die Türe rasch aufriß, so daß das Fenster gegenüber aufsprang. Strömte alsbald ein starker Luftzug durch die Apotheke, erfaßte das Schneiderlein und schnell wie der Wind war es fort durch das offene Fenster in alle Lüfte; niemand hat es wiedergesehen. Begab sich nach mehrerer Zeit, daß die Sachsenhäuser zur Abendzeit hoch in den Lüften eine Feuerkugel erblickten, die mit blendendem Glanz die ganze Gegend erleuchtete und dann verlöschend zur Erde hinabfiel. Wollten alle wissen, was zur Erde gefallen, liefen hin an den Ort, fanden aber nichts als ein kleines Klümpchen Asche; dabei aber den Dorn einer Schuhschnalle, ein Stückchen eiergelben Atlas mit bunten Blumen und ein schwarzes Ding, das beinahe anzusehen war, wie ein Stockknopf von schwarzem Horn. Haben alle darüber nachgedacht, wie solche Sachen in einer Feuerkugel aus dem Himmel fallen mögen. Da ist aber die Frau Liebste des entfahrnen Schneiderleins dazugekommen und als diese die gefundenen Sachen erblickt, hat sie die Hände gerungen, gar erbärmlich getan und geschrien: „Ach Jammer, das ist meines Liebsten Schnallendorn, ach Jammer, das ist meines Liebsten Sonntagsweste, ach Jammer, das ist meines Liebsten Stockknopf!" Hat aber ein großer Gelehrter erklärt, der Stockknopf sei kein Stockknopf, sondern ein Meteorstein oder ein mißratener Weltkörper. Ist nun aber auf diese Weise den Sachsenhäusern und aller Welt kund worden, daß das arme Schneiderlein, dem der Apothekerbursche brennbare Luft gegeben statt Magenschnaps, in den hohen Lüften verbrannt und heruntergesunken ist zur Erde als Meteorstein oder mißratener Weltkörper.

Ende der Geschichte vom Schneiderlein aus Sachsenhausen.

Der Kellner wurde endlich ungeduldig, daß der wunderliche Fremde nicht aufhörte sich groß und klein zu machen, ohne auf ihn zu achten und hielt ihm die Flasche Burgunder, die er bestellt hatte, dicht unter die Nase. Sogleich sog sich der Fremde an der Flasche fest und ließ nicht nach, bis der letzte Tropfen eingeschlürft war. Dann fiel er wie ohnmächtig in den Lehnsessel und konnte sich nur ganz schwach regen.

Die Gäste hatten mit Erstaunen gesehen, wie er während des Trinkens immer mehr aufgeschwollen und nun ganz dick und unförmlich erschien. Des andern Flugwerk schien nun auch zu stocken, er wollte sich keuchend und ganz außer Atem niederlassen; als er aber gewahrte, daß sein Gegner halb tot dalag, sprang er schnell auf ihn zu und begann ihn mit geballter Faust derb abzubleuen.

Da riß ihn aber der Hauswirt zurück und erklärte, daß er ihn gleich zum Hause hinauswerfen werde, wenn er nicht Ruhe halte. Wollten sie beide ihre Taschenspielerkünste zeigen, so möchten sie das tun, jedoch ohne sich zu zanken und zu prügeln, wie gemeines Volk. –

Den Flugbegabten schien es etwas zu verschnupfen, daß der Wirt ihn für einen Taschenspieler hielt. Er versicherte, daß er nichts weniger sei, als ein schnöder Gaukler, der lose Künste treibe. Sonst habe er die Ballettmeisterstelle bei dem Theater eines berühmten Königs bekleidet, jetzt privatisiere er als schöner Geist und heiße wie es sein Metier erfordere, nämlich Legénie. Habe er im gerechten Zorn über den fatalen Menschen dort etwas höher gesprungen, als gebührlich, so sei das seine Sache und gehe niemanden etwas an.

Der Wirt meinte, daß das alles noch keine Prügelei rechtfertige; der schöne Geist erwiderte indessen, daß der Wirt den boshaften hinterlistigen Menschen nur nicht kenne, da er ihm sonst einen zerbleuten Rücken recht herzlich gönnen würde. Der Mensch sei nämlich ehemals französischer Douanier gewesen, nähre sich jetzt vom Aderlassen, Schröpfen und Barbieren und heiße Monsieur Egel. Ungeschickt, tölpisch, gefräßig, sei er jedem zur Last. Nicht genug daß der Taugenichts überall wo er mit ihm zusammentreffe, so wie es eben jetzt geschehen, ihm den Wein vor dem Maule wegsaufe, so führe er auch, der Verruchte, jetzt nichts Geringeres im Schilde als ihm die schöne Braut wegzukapern, die er aus Frankfurt heimzuführen gedenke.

Der Douanier hatte alles gehört, was der schöne Geist vorgebracht; er blitzte ihn an mit den kleinen, giftiges Feuer sprühenden Augen und sprach dann zum Wirt: „Glaubt doch, Herr Wirt, nichts von dem allem, was der Galgenschwengel, der unnütze Haselant dort hergeplappert.

Fürwahr ein schöner Ballettmeister, der mit seinen Elefantenfüßen den zarten Tänzerinnen die Beine zerquetscht und bei der Pirouette dem Maître des Spektakels an der Kulisse einen Backzahn aus dem Kinnbacken, und den Opernkucker vom Auge wegschlägt! – Und seine Verse, die haben ebensolche plumpe Füße wie er selbst und taumeln hin und her wie Betrunkene und treten die Gedanken zu Brei. Und da denkt der einbildische Faselhans, weil er zuweilen schwerfällig durch die Lüfte flattert, wie ein verdrossener Gänserricht, müßte die Schönste seine Braut sein."

Der schöne Geist schrie: „Du tückischer Satanswurm, sollst den Schnabel des Gänserichts fühlen!" und wollte von neuem in voller Furie auf den Douanier los; der Wirt erfaßte ihn aber von hinten mit starken Armen und warf ihn unter dem unaussprechlichsten Jubel des versammelten Haufens, zum Fenster hinaus.

Sowie nun der schöne Geist von hinnen war, hatte Monsieur Egel sogleich wieder die solide schlichte Gestalt angenommen, in der er hereingetreten war. Die Leute draußen hielten ihn für einen ganz andern, als den, der sich so auseinanderzuschrauben gewußt hatte und zerstreuten sich. Der Douanier dankte dem Wirt in den verbindlichsten Ausdrücken für die Hülfe, die er ihm gegen den schönen Geist geleistet, und erbot sich, um diese dankbare Gesinnung recht an den Tag zu legen, den Wirt, ohne irgendeine Gratifikation, auf eine solche leichte angenehme Weise zu rasieren, wie er es in seinem Leben noch nicht empfunden. Der Wirt faßte sich an den Bart und da es in dem Augenblick ihm vorkam, als wüchsen ihm die Haare lang und stachelicht heraus, so ließ er sich Monsieur Egels Vorschlag gefallen. Der Douanier begann auch das Geschäft mit geschickter leichter Hand zu besorgen, doch plötzlich schnitt er dem Wirt so derb in die Nase, daß die hellen Blutstropfen hervorquollen. Der Wirt, dies für tückische Bosheit haltend, sprang wütend auf, packte den Douanier und er flog ebenso schnell und behende zur Türe hinaus, als der schöne Geist durchs Fenster. Bald darauf entstand auf dem Hausflur ein unziemlicher Lärm, der Wirt nahm sich kaum Zeit, die wunde Nase sattsam mit Feuerschwamm zu mappieren und rannte hinaus, um nachzusehen, welch ein Satan den neuen Rumor errege.

Da erblickte er zu seiner nicht geringen Verwunderung einen jungen Menschen, der mit einer Faust den schönen Geist, mit der andern aber den Douanier bei der Brust gepackt hatte, und indem seine glühenden Augen wild rollten, wütend schrie: „Ha, satanische Brut, du sollst mir nicht in den Weg treten, du sollst mir meine Gamaheh nicht rauben!" Dazwischen kreischten der schöne Geist und der Douanier: „Ein wahnsinniger Mensch – rettet – rettet uns, Herr Wirt! – Er will uns ermorden – er mißkennt uns!" – „Ei", rief der Wirt, „ei lieber Herr Pepusch, was fangen Sie denn an? Sind Sie von diesen wunderlichen Leuten beleidigt worden? Irren Sie sich vielleicht in den Personen? Dies ist der Ballettmeister Herr Legénie und dieser der Douanier, Monsieur Egel." – „Ballettmeister Legénie? – Douanier Egel?" wiederholte Pepusch mit dumpfer Stimme. Er schien aus einem Traum erwachend, sich auf sich selbst besinnen zu müssen. Indessen waren auch zwei ehrsame Bürgersleute aus der Stube getreten, die den Herrn George Pepusch ebenfalls kannten und die ihm auch zuredeten, ruhig zu bleiben und die schnakischen fremden Leute gehen zu lassen.

Noch einmal wiederholte Pepusch: „Ballettmeister Legénie? – Douanier Egel?“ und ließ die Arme kraftlos herabsinken. Mit Windesschnelle waren die Freigelassenen fort und manchem auf der Straße wollt es auffallen, daß der schöne Geist über das Dach des gegenüberstehenden Hauses hinwegflog, der Bartscherer sich aber in dem Schlammwasser verlor, das gerade vor der Türe zwischen den Steinen sich gesammelt hatte.

Die Bürgersleute nötigten den ganz verstörten Pepusch in die Stube zu treten und mit ihnen eine Flasche echten Nierensteiner zu trinken. Pepusch ließ sich das gefallen und schien auch den edlen Wein mit Lust und Appetit hinunterzuschlürfen, wiewohl er ganz stumm und starr dasaß und auf alles Zureden kein Wörtchen erwiderte. Endlich erheiterten sich seine Züge und er sprach ganz leutselig: „Ihr tatet gut, ihr lieben Leute und freundlichen Kumpane, daß ihr mich abhieltet, diese Elenden, die sich in meiner Gewalt befanden, auf der Stelle zu töten. Aber ihr wißt nicht, was für bedrohliche Geschöpfe sich hinter diesen wunderlichen Masken versteckt hatten.“ –

Pepusch hielt inne und man kann denken, mit welcher gespannten Neugier die Bürgersleute aufhorchten, was nun Pepusch entdecken würde. Auch der Wirt hatte sich genähert und alle drei, die Bürgersleute und der Wirt steckten nun, indem sie sich mit übereinandergeschlagenen Armen über den Tisch lehnten, die Köpfe dicht zusammen, und hielten den Atem an, daß ja kein Laut aus Pepuschens Munde verloren gehen möge.

„Seht“, sprach Herr George Pepusch weiter, ganz leise und feierlich, „seht, ihr guten Männer, *der*, den ihr den Ballettmeister Legénie nennt, ist kein anderer, als der böse, ungeschickte Genius Thetel, *der*, den ihr für den Douanier Egel haltet, ist aber der abscheuliche Blutsauger, der häßliche Egelprinz. Beide sind in die Prinzessin Gamaheh, die, wie es auch bekannt sein wird, die schöne herrliche Tochter des mächtigen Königs Sekakis ist, verliebt und sind hier, um sie der Distel Zeherit abspenstig zu machen. Das ist nun die albernste Torheit, die nur in einem dummen Gehirn hausen kann, denn außer der Distel Zeherit, gibt es in der ganzen Welt nur noch ein einziges Wesen, dem die schöne Gamaheh angehören darf, und dieses Wesen wird vielleicht auch ganz vergeblich in den Kampf treten mit der Distel Zeherit. Denn bald blühet die Distel um Mitternacht auf in voller Pracht und Kraft und in dem Liebestod dämmert die Morgenröte des höhern Lebens. – Ich selbst bin aber die Distel Zeherit und ebendaher könnet ihr mir’s nicht verdenken, ihr guten Leute, wenn ich ergrimmt bin auf jene Verräter und mir überhaupt die ganze Geschichte gar sehr zu Herzen nehme."

Die Leute rissen die Augen weit auf und glotzten den Pepusch sprachlos an mit offnem Munde. Sie waren, wie man zu sagen pflegt, aus den Wolken gefallen und der Kopf dröhnte ihnen, vom jähen Sturz.

Pepusch stürzte einen großen Römer Wein hinunter, und sprach dann, sich zum Wirt wendend: „Ja ja, Herr Wirt, bald werdet Ihr's erleben, bald blühe ich als *Cactus grandiflorus* und in der ganzen Gegend wird es unmenschlich nach der schönsten Vanille riechen; Ihr könnet mir das glauben."

Der Wirt konnte nichts herausbringen, als ein dummes: „Ei das wäre der Tausend!" Die andern beiden Männer warfen sich aber bedenkliche Blicke zu, und einer sprach, indem er Georgs Hand faßte, mit zweideutigem Lächeln: „Sie scheinen etwas in Unruhe geraten zu sein, lieber Herr Pepusch, wie wär es wenn Sie ein Gläschen Wasser –"

„Keinen Tropfen", unterbrach Pepusch den gutgemeinten Rat, „keinen Tropfen; hat man jemals Wasser in siedendes Öl gegossen, ohne die Wut der Flammen zu reizen? – In Unruhe sei ich, meint Ihr, geraten? In der Tat, das mag der Fall sein und der Teufel ruhig bleiben, wenn er sich, so wie ich es eben getan, mit dem Herzensfreunde herumgeschossen und dann sich selbst eine Kugel durchs Gehirn gejagt! – Hier! – in Eure Hände liefere ich die Mordwaffen, da nun alles vorbei ist."

Pepusch riß ein paar Pistolen aus der Tasche, der Wirt prallte zurück, die beiden Bürgersleute griffen darnach und brachen, sowie sie die Mordwaffen in Händen hatten, aus in ein unmäßiges Gelächter. – Die Pistolen waren von Holz, ein Kinderspielzeug vom Christmarkt her.

Pepusch schien gar nicht zu bemerken was um ihn her vorging; er saß da in tiefen Gedanken und rief dann ein Mal übers andere: „Wenn ich ihn nur finden könnte, wenn ich ihn nur finden könnte!" –

Der Wirt faßte Herz und fragte bescheiden: „Wen meinen Sie eigentlich, bester Herr Pepusch, wen können Sie nicht finden?"

„Kennt Ihr", sprach Pepusch feierlich, indem er den Wirt scharf ins Auge faßte, „kennt Ihr einen, der dem Königе Sekakis zu vergleichen an Macht und wunderbarer Kraft, so nennt seinen Namen und ich küsse Euch die Füße! – Doch wollt ich übrigens Euch fragen, ob Ihr jemanden wißt, der den Herrn Peregrinus Tyß kennt, und mir sagen kann, wo ich ihn in diesem Augenblick treffen werde?"

„Da“, erwiderte freundlich schmunzelnd der Wirt, „da kann ich dienen, verehrtester Herr Pepusch, und Ihnen berichten, daß der gute Herr Tyß sich erst vor einer Stunde hier befand und ein Schöppchen Würzburger zu sich nahm. Er war sehr in Gedanken, und rief plötzlich, als ich bloß erwähnte, was die Börsenhalle Neues gebracht: ‚Ja süße Gamaheh! – ich habe dir entsagt! – Sei glücklich in meines Georgs Armen!‘ – Dann sprach eine feine kuriose Stimme: ‚Laßt uns jetzt zum Leuwenhoek gehen und ins Horoskop kucken!‘ – Sogleich leerte Herr Tyß eiligst das Glas und machte sich samt der Stimme ohne Körper von dannen; wahrscheinlich sind beide, die Stimme und Herr Tyß, zum Leuwenhoek gegangen, der sich im Lamento befindet, weil ihm sämtliche abgerichtete Flöhe krepiert sind.“

Da sprang George in voller Furie auf, packte den Wirt bei der Kehle, und schrie: „Halunkischer Egelsbote, was sprichst du? – Entsagt? – ihr entsagt – Gamaheh – Peregrinus – Sekakis?“ – –

– Des Wirts Erzählung war ganz der Wahrheit gemäß; den Meister Floh hatte er vernommen, der den Herrn Peregrinus Tyß mit seiner Silberstimme aufforderte, zum Mikroskopisten Leuwenhoek zu gehen, der geneigte Leser weiß bereits, zu welchem Zweck. Peregrinus begab sich auch wirklich auf den Weg dahin.

Leuwenhoek empfing den Peregrinus mit süßlich widerwärtiger Freundlichkeit und mit jenem demütigen Komplimentenwesen, in dem sich das lästige erzwungene Anerkenntnis der Superiorität ausspricht. Da aber Peregrinus das mikroskopische Glas in der Pupille hatte, so half dem Herrn Anton von Leuwenhoek alle Freundlichkeit, alle Demut ganz und gar nichts, vielmehr erkannte Peregrinus alsbald den Mißmut, ja den Haß, der des Mikroskopisten Seele erfüllte.

Während er versicherte, wie sehr ihn des Herrn Tyß Besuch ehre und erfreue, lauteten die Gedanken: Ich wollte, daß dich der schwarzgefiederte Satan zehntausend Klafter tief in den Abgrund schleuderte, aber ich muß freundlich und unterwürfig gegen dich tun, da die verfluchte Konstellation mich unter deine Herrschaft gestellt hat und mein ganzes Sein in gewisser Art von dir abhängig ist. – Doch werde ich dich vielleicht überlisten können, denn trotz deiner vornehmen Abkunft, bist du doch ein einfältiger Tropf. – Du glaubst, daß die schöne Dörtje Elwerdink dich liebt und willst sie vielleicht gar heiraten? – Wende dich nur deshalb an mich, dann fällst du doch trotz der Macht, die dir inwohnt, ohne daß du es weißt, in meine Hand und ich werde alles anwenden, dich zu verderben und der Dörtje so wie des Meisters Floh habhaft zu werden.

Natürlicherweise richtete Peregrinus sein Betragen nach diesen Gedanken ein und hütete sich wohl der schönen Dörtje Elwerdink auch nur mit einem Worte zu erwähnen, vielmehr gab er vor, gekommen zu sein, Herrn von Leuwenhoeks gesammelte naturhistorische Merkwürdigkeiten in Augenschein zu nehmen.

Während nun Leuwenhoek die großen Schränke öffnete, sagte Meister Floh dem Peregrinus ganz leise ins Ohr, daß auf dem Tische am Fenster sein (des Peregrinus) Horoskop liege. Peregrinus näherte sich behutsam und blickte scharf hin. Da sah er nun zwar allerlei Linien, die sich mystisch durchkreuzten und andere wunderbare Zeichen; da es ihm indessen an astrologischer Kenntnis gänzlich mangelte, so konnte er so scharf hinblicken, als er nur wollte, alles blieb ihm doch undeutlich und verworren. Seltsam schien es ihm nur, daß er den roten glänzenden Punkt in der Mitte der Tafel, auf der das Horoskop entworfen, ganz deutlich für sein Selbst anerkennen mußte. Je länger er den Punkt anschaute, desto mehr gewann er die Gestalt eines Herzens, desto brennender rötete er sich; doch funkelte er nur wie durch Gespinst, womit er umzogen.

Peregrinus merkte wohl, wie Leuwenhoek sich mühte, ihn von dem Horoskop abzuziehen, und beschloß ganz vernünftig, seinen freundlichen Feind, ohne alle weitere Umschweife geradezu um die Bedeutung der geheimnisvollen Tafel zu befragen, da er nicht Gefahr laufe, belogen zu werden.

Leuwenhoek versicherte, hämisch lächelnd, daß ihm nichts größere Freude verursachen könne, als seinem hochverehrtesten Freunde die Zeichen auf der Tafel, die er selbst nach seiner geringen Kenntnis von solchen Sachen entworfen, zu erklären.

Die Gedanken lauteten: Hoho! willst du da hinaus, mein kluger Patron? Fürwahr, Meister Floh hat dir gar nicht übel geraten! Ich selbst soll die geheimnisvolle Tafel erklärend, dir vielleicht auf die Sprünge helfen, rücksichts der magischen Macht deiner werten Person? – Ich könnte dir was vorlügen, doch was könnte das nützen, da du, wenn ich dir auch die Wahrheit sage, doch kein Jota von allem verstehst, sondern dumm bleibst, wie vorher. Aus purer Bequemlichkeit und um mich nicht mit neuer Erfindung in Unkosten zu setzen, will ich daher von den Zeichen der Tafel so viel sagen, als mir gerade gut dünkt.

Peregrinus wußte nun, daß er zwar nicht alles erfahren, jedoch wenigstens nicht belogen werden würde.

Leuwenhoek brachte die Tafel auf das einer Staffelei ähnliche Gestell, welches er aus einem Winkel in die Mitte des Zimmers hervorgerückt hatte. Beide, Leuwenhoek und Peregrinus setzten sich vor die Tafel hin und betrachteten sie stillschweigend.

„Ihr ahnet“, begann endlich Leuwenhoek mit einiger Feierlichkeit, „Ihr ahnet vielleicht nicht, Peregrinus Tyß, daß jene Züge, jene Zeichen auf der Tafel, die Ihr so aufmerksam betrachtet, Euer eignes Horoskop sind, das ich mit geheimnisvoller astrologischer Kunst, unter günstigem Einfluß der Gestirne, entworfen. – ‚Wie kommt Ihr zu solcher Anmaßung, wie mögt Ihr eindringen in die Verschlingungen meines Lebens, wie mein Geschick enthüllen wollen?‘ So könntet Ihr mich fragen, Peregrinus und hättet vollkommenes Recht dazu, wenn ich Euch nicht sogleich meinen innern Beruf dazu nachzuweisen imstande wäre. Ich weiß nicht ob Ihr vielleicht den berühmten Rabbi, Isaac Ben Harravad gekannt, oder wenigstens von ihm gehört habt. Unter andern tiefen Kenntnissen, besaß Rabbi Harravad die seltene Gabe, den Menschen es am Gesicht anzusehen, ob ihre Seele schon früher einen andern Körper bewohnt oder ob solche für gänzlich frisch und neu zu achten. Ich war noch sehr jung, als der alte Rabbi starb an einer Unverdaulichkeit, die er sich durch ein schmackhaftes Knoblauchgericht zugezogen. Die Juden liefen mit der Leiche so schnell von dannen, daß der Selige nicht Zeit hatte, alle seine Kenntnisse und Gaben, die die Krankheit auseinandergestreut, zusammenzuraffen und mitzunehmen. Lachende Erben teilten sich darin, ich aber hatte jene wunderbare Sehergabe in dem Augenblick weggefischt, als sie auf der Spitze des Schwerts schwebte, das der Todesengel auf die Brust des alten Rabbi setzte. So ist aber jene wunderbare Gabe auf mich übergegangen, und auch ich erschaue, wie Rabbi Isaac Ben Harravad aus dem Gesicht des Menschen, ob seine Seele schon einen andern Körper bewohnt hat oder nicht. Euer Antlitz, Peregrinus Tyß, erregte mir, als ich es zum ersten Male sah, die seltsamsten Bedenken und Zweifel. *Gewiß* wurde mir die lange Vorexistenz Eurer Seele und doch blieb jede, Euerm jetzigen Leben vorausgegangene Gestaltung völlig dunkel. Ich mußte meine Zuflucht zu den Gestirnen nehmen, und Euer Horoskop stellen, um das Geheimnis zu lösen.“

„Und“, unterbrach Peregrinus den Flohbändiger, „und habt Ihr etwas herausgebracht, Herr Leuwenhoek?“

„Allerdings“, erwiderte Leuwenhoek, indem er noch einen feierlichern Ton annahm, „allerdings! Ich habe erkannt, daß das psychische Prinzip, welches jetzt den angenehmen Körper meines werten Freundes, des Herrn Peregrinus Tyß belebt, schon lange vorher existierte, wiewohl nur als Gedanke ohne Bewußtsein der Gestaltung. Schaut hin, Herr Peregrinus, betrachtet aufmerksam den roten Punkt in der Mitte der Tafel. Das seid Ihr nicht allein selbst, sondern der Punkt ist auch die Gestalt, deren sich Euer psychisches Prinzip einst nicht bewußt werden konnte. Als strahlender Karfunkel lagt Ihr damals im tiefen Schacht der Erde, aber über Euch hingestreckt, auf die grüne Fläche des Bodens, schlummerte die holde Gamaheh und nur in jener Bewußtlosigkeit zerrann auch ihre Gestaltung. Seltsame Linien, fremde Konstellationen durchschneiden nun Euer Leben von dem Zeitpunkt an, als der Gedanke sich gestaltete und zum Herrn Peregrinus Tyß wurde. Ihr seid im Besitz eines Talismans, ohne es zu wissen. Dieser Talisman ist eben der rote Karfunkel; es kann sein, daß der König Sekakis ihn als Edelstein in der Krone trug oder daß er gewissermaßen selbst der Karfunkel war; genug – Ihr besitzt ihn jetzt, aber ein gewisses Ereignis muß hinzutreten, wenn seine schlummernde Kraft erweckt werden soll und mit diesem Erwachen der Kraft Eures Talismans entscheidet sich das Schicksal einer Unglücklichen, die bis jetzt zwischen Furcht und schwankender Hoffnung, ein mühseliges Scheinleben geführt hat. – Ach! nur ein Scheinleben konnte die süße Gamaheh durch die tiefste magische Kunst gewinnen, da der wirkende Talisman uns geraubt war! Ihr allein habt sie geötet, Ihr allein könnet ihr Leben einhauchen, wenn der Karfunkel aufgeglüht ist in Eurer Brust!"

„Und", unterbrach Peregrinus den Flohbändiger aufs neue, „und jenes Ereignis, wodurch die Kraft des Talismans geweckt werden soll, wißt Ihr mir das zu deuten, Herr Leuwenhoek?"

Der Flohbändiger glotzte den Peregrinus an mit weit aufgerissenen Augen, und sah gerade so aus, wie einer, den plötzlich große Verlegenheit überrascht und der nicht weiß, was er sagen soll. Die Gedanken lauteten: Wetter, wie ist es gekommen, daß ich viel mehr gesagt habe, als ich eigentlich sagen wollte? Hätte ich wenigstens nicht von dem Talisman das Maul halten sollen, den der glückselige Schlingel im Leibe trägt, und der ihm so viel Macht geben kann über uns, daß wir alle nach seiner Pfeife tanzen müssen? – Und nun soll ich ihm das Ereignis sagen, von dem das Erwachen der Kraft seines Talismans abhängt! – Darf ich ihm denn gestehen, daß ich es selbst nicht weiß, daß alle meine Kunst daran scheitert, den Knoten zu lösen, in den sich alle Linien verschlingen, ja, daß wenn ich dieses siderische Hauptzeichen des Horoskops betrachte, es mir ganz jämmerlich zumute wird, und mein ehrwürdiges Haupt mir selbst vorkommt, wie ein bunt bemalter Haubenstock, aus schnöder Pappe gefertigt? – Fern sei von mir solch ein Geständnis, das mich ja herabwürdigen und ihm Waffen gegen mich in die Hände geben würde. Ich will dem Pinsel, der sich so klug dünkt, etwas aufheften, das ihm durch alle Glieder fahren und ihm alle Lust benehmen soll, weiter in mich zu dringen. –

„Allerliebster", sprach nun der Flohbändiger, indem er ein sehr bedenkliches Gesicht zog, „allerliebster Herr Tyß, verlangt nicht, daß ich von diesem Ereignis sprechen soll. Ihr wißt, daß das Horoskop uns zwar über das Eintreten gewisser Umstände klar und vollständig belehrt, daß aber, so will es die Weisheit der ewigen Macht, der Ausgang bedrohlicher Gefahr stets dunkel bleibt und hierüber nur zweifelhafte Deutungen möglich und zulässig sind. Viel zu lieb hab ich Euch als einen guten vortrefflichen Herzensmann, bester Herr Tyß, um Euch vor der Zeit in Unruhe und Angst zu setzen; sonst würde ich Euch wenigstens so viel sagen, daß das Ereignis, welches Euch das Bewußtsein Eurer Macht gegen dürfte, auch in demselben Augenblick die jetzige Gestaltung Eures Seins unter den entsetzlichsten Qualen der Hölle zerstören könnte. – Doch nein! – Auch *das* will ich Euch verschweigen und nun kein Wort weiter von dem Horoskop. – Ängstigt Euch nur ja nicht, bester Herr Tyß, unerachtet die Sache sehr schlimm steht und ich, nach aller meiner Wissenschaft, kaum einen guten Ausgang des Abenteuers herausdeuten kann. Vielleicht rettet Euch doch eine ganz unvermutete Konstellation, die noch jetzt außer dem Bereich der Beobachtung liegt, aus der bösen Gefahr." –

Peregrinus erstaunte über Leuwenhoeks tückische Falschheit, indessen kam ihm die ganze Lage der Sache, die Stellung, in der Leuwenhoek, ohne es zu wissen, zu ahnen, ihm gegenüber stand, so ungemein ergötzlich vor, daß er sich nicht enthalten konnte in ein schallendes Gelächter auszubrechen.

„Worüber", fragte der Flohbändiger etwas betreten, „worüber lacht Ihr so sehr, mein wertester Herr Tyß?"

„Ihr tut", erwiderte Peregrinus noch immer lachend, „Ihr tut sehr klug, Herr Leuwenhoek, daß Ihr mir das bedrohliche Ereignis aus purer Schonung verschweigt. Denn außerdem, daß Ihr viel zu sehr mein Freund seid, um mich in Angst und Schrecken zu setzen, so habt Ihr noch einen andern triftigen Grund dazu, der in nichts anderm besteht, als daß Ihr selbst nicht das mindeste von jenem Ereignisse wißt. Vergebens blieb ja all Euer Mühen, jenen verschlungenen Knoten zu lösen; mit Eurer ganzen Astrologie ist es ja nicht weit her; und wäre Euch Meister Floh nicht ohnmächtig auf die Nase gefallen, so stünde es mit all Euren Künsten herzlich schlecht."

Wut entflammte Leuwenhoeks Antlitz, er ballte die Fäuste, er knirschte mit den Zähnen, er zitterte und schwankte so sehr, daß er vom Stuhle gefallen, hätte ihn nicht Peregrinus beim Arm so fest gepackt, als George Pepusch den unglücklichen Weinwirt bei der Kehle. Diesem Wirt gelang es, sich durch einen geschickten Seitensprung zu retten. Alsbald flog Pepusch zur Türe hinaus und trat in Leuwenhoeks Zimmer, gerade in dem Augenblick, als Peregrinus ihn auf dem Stuhle festhielt und er grimmig zwischen den Zähnen murmelte: „Verruchter Swammerdamm, hättest *du* mir das getan!"

Sowie Peregrinus seinen Freund Pepusch erblickte, ließ er den Flohbändiger los, trat dem Freunde entgegen und fragte ängstlich, ob denn die entsetzliche Stimmung vorüber, die ihn mit solcher verderblichen Gewalt ergriffen.

Pepusch schien beinahe bis zu Tränen erweicht, er versicherte, daß er Zeit seines Lebens nicht so viel abgeschmackte Torheiten begangen, als eben heute, wozu er vorzüglich rechne, daß er, nachdem er sich im Walde eine Kugel durch den Kopf geschossen, in einem Weinhause, selbst wisse er nicht mehr, wo es gewesen, ob bei Protzler, im Schwan, im Weidenhof oder sonst irgendwo, zu gutmütigen Leuten von überschwenglichen Dingen gesprochen und den Wirt meuchelmörderischerweise erwürgen wollen, bloß weil er aus seinen abgebrochenen Reden zu entnehmen geglaubt, daß das Glückseligste geschehen, was ihm (dem Pepusch) nur widerfahren könne. Alle seine Unfälle würden nun bald die höchste Spitze erreichen, denn nur zu gewiß hätten die Leute seine Reden, sein ganzes Beginnen, für den stärksten Ausbruch des Wahnsinnes gehalten und er müßte fürchten, statt die Früchte des frohsten Ereignisses zu genießen, in das Irrenhaus gesperrt zu werden. – Pepusch deutete hierauf an, was der Weinwirt über Peregrinus' Betragen und Äußerungen fallen lassen, und fragte hocherrötend mit niedergeschlagenen Augen, ob ein solches Opfer, eine solche Entsagung zu Gunsten eines unglücklichen Freundes, wie er es ahnen wolle, in der jetzigen Zeit, in der der Heroismus von der Erde verschwunden, wohl noch möglich, wohl noch denkbar sein könne.

Peregrinus lebte im Innern ganz auf bei den Äußerungen seines Freundes; er versicherte feurig, daß er seinerseits weit entfernt sei, den bewährten Freund nur im mindesten zu kränken, daß er allen Ansprüchen auf Herz und Hand der schönen Dörtje Elwerdink feierlichst entsage und gern auf ein Paradies verzichte, das ihm freilich in glänzendem verführerischem Schimmer entgegen gelacht.

„Und dich", rief Pepusch, indem er an die Brust des Freundes stürzte, „und dich wollte ich ermorden, und weil ich nicht an dich glaubte, darum erschoß ich mich selbst! – O der Raserei, o des wüsten Treibens eines verstörten Gemüts!"

„Ich", unterbrach Peregrinus den Freund, „ich bitte dich, George, komme zur Besinnung. Du sprichst von Totschießen und stehest frisch und gesund vor mir! – Wie reimt sich das zusammen."

„Du hast recht", erwiderte Pepusch, „es scheint als ob ich nicht mit dir so vernünftig reden könnte, wie es wirklich geschieht, wenn ich mir in der Tat eine Kugel durchs Gehirn gejagt hätte. Die Leute behaupteten auch, meine Pistolen wären keine sonderlich ernste Mordwaffen, auch gar nicht von Eisen sondern von Holz, mithin nur Kinderspielzeug und so könnte vielleicht der Zweikampf, so wie der Selbstmord nichts gewesen sein, als eine vergnügliche Ironie. Hätten wir denn nicht unsere Rollen getauscht und ich begänne mit der Selbstmystifikation und hantierte mit dummen Kindereien in dem Augenblick, da du aus deiner kindischen Fabelwelt heraustrittst in das wirkliche rege Leben? – Doch dem sei wie ihm wolle, es ist nötig, daß ich deines Edelmuts und meines Glücks gewiß werde, dann zerstreuen sich wohl bald alle Nebel, die meinen Blick trüben oder die mich vielleicht täuschen mit morganischen Truggebilden. Komm mein Peregrinus, begleite mich hin zu der holden Dörtje Elwerdink, aus deiner Hand empfange ich die süße Braut."

Pepusch faßte den Freund unter den Arm und wollte mit ihm schnell davoneilen, doch der Gang, den sie zu tun gedachten, sollte ihnen erspart werden. Die Türe öffnete sich nämlich, und herein trat Dörtje Elwerdink, schön und anmutig wie ein Engelskind, hinter ihr her aber der alte Herr Swammer. Leuwenhoek, der so lange stumm und starr dagestanden und nur, bald dem Pepusch, bald dem Peregrinus zornfunkelnde Blicke zugeworfen hatte, schien, als er den alten Swammerdamm erblickte, wie von einem elektrischen Schlage getroffen. Er streckte ihm die geballten Fäuste entgegen und schrie mit vor Wut gellender Stimme: „Ha! kommst du mich zu verhöhnen, alter betrügerischer Unhold? – Aber es soll dir nicht gelingen. Verteidige dich, deine letzte Stunde hat geschlagen."

Swammerdamm prallte einige Schritte zurück und zog, da Leuwenhoek mit dem Fernglas bereits gegen ihn ausfiel, die gleiche Waffe zu seiner Verteidigung. Der Zweikampf, der im Hause des Herrn Peregrinus Tyß sich entzündet, schien aufs neue zu beginnen zu wollen.

George Pepusch warf sich zwischen die Kämpfenden und indem er einen mörderischen Blick Leuwenhoeks, der den Gegner zu Boden gestreckt haben würde, geschickt mit der linken Faust wegschlug, drückte er mit der rechten die Waffe, womit der Swammerdamm sich eben blickfertig ausgelegt hatte, hinab, so daß sie den Leuwenhoek nicht verwunden konnte.

Pepusch erklärte dann laut, daß er irgendeinen Streit, irgendeinen gefährlichen Kampf zwischen Leuwenhoek und Swammerdamm nicht eher zulassen werde, bis er die Ursache ihres Zwists von Grund aus erfahren. Peregrinus fand das Beginnen seines Freundes so vernünftig, daß er gar keinen Anstand nahm, ebenfalls zwischen die Kämpfer zu treten und sich ebenso zu erklären wie Pepusch.

Beide, Leuwenhoek und Swammerdamm, waren genötigt, den Freunden nachzugeben. Swammerdamm versicherte überdem, daß er durchaus nicht in feindlicher Absicht, sondern nur deshalb gekommen sei, um rücksichts der Dörte Elwerdink mit Leuwenhoek in gütlichen Vergleich zu treten und so eine Fehde zu enden, die zwei für einander geschaffene Prinzipe, deren gemeinschaftliches Forschen nur den tiefsten Born der Wissenschaft erschöpfen könne, feindlich entzweit und nur zu lange gedauert habe. Er blickte dabei den Herrn Peregrinus Tyß lächelnd an und meinte, Peregrinus werde, wie er zu hoffen sich unterstehe, da Dörtje doch eigentlich in seine Arme geflohen, den Vermittler machen.

Leuwenhoek versicherte dagegen, daß Dörtjes Besitz freilich der Zankapfel sei, indessen habe er soeben eine neue Tücke seines unwürdigen Kollegen entdeckt. Nicht allein, daß er den Besitz eines gewissen Mikroskops leugne, das er bei einer gewissen Gelegenheit als Abfindung erhalten, um seine unrechtmäßigen Ansprüche auf Dörtjes Besitz zu erneuern, so habe er noch überdem jenes Mikroskop einem andern überlassen, um ihn, den Leuwenhoek, noch mehr zu quälen und zu ängstigen. Swammerdamm schwur dagegen hoch und teuer, daß er das Mikroskop niemals empfangen und große Ursache habe zu glauben, daß es von Leuwenhoek boshafterweise unterschlagen worden.

„Die Narren", lispelte Meister Floh dem Peregrinus leise zu, „die Narren, sie sprechen von dem Mikroskop, das Euch im Auge sitzt. Ihr wißt, daß ich bei dem Friedenstraktat, den Swammerdamm und Leuwenhoek über den Besitz der Prinzessin Gamaheh abschlossen, zugegen war. Als nun Swammerdamm das mikroskopische Glas, das er in der Tat von Leuwenhoek erhalten, in die Pupille des linken Auges werfen wollte, schnappte ich es weg, weil es nicht Leuwenhoeks sondern *mein* rechtsmäßiges Eigentum war. Sagt nur geradeheraus, Herr Peregrinus, daß Ihr das Kleinod habt."

Peregrinus nahm auch gar keinen Anstand, sogleich zu verkündigen, daß *er* das mikroskopische Glas besitze, welches Swammerdamm von Leuwenhoek erhalten sollen aber nicht erhalten; mithin sei jener Vergleich noch gar nicht ausgeführt worden und keiner, weder Leuwenhoek noch Swammerdamm habe zur Zeit das unbedingte Recht, die Dörtje Elwerdink für seine Pflegetochter anzusehen.

Nach vielem Hin- und Herreden kamen die beiden Streitenden dahin überein, daß Herr Peregrinus Tyß die Dörtje Elwerdink, welche ihn auf das Zärtlichste liebe, zu seiner Frau Gemahlin erkiesen und dann nach sieben Monaten selbst entscheiden solle, wer von beiden Mikroskopisten als wünschenswerter Pflege- und Schwiegervater anzusehen.

So anmutig und allerliebst auch Dörtje Elwerdink in dem zierlichen Anzuge, den Amoretten geschneidert zu haben schienen, aussehen, solche süße, schmachende Liebesblicke sie auch dem Herrn Peregrinus Tyß zuwerfen mochte, doch gedachte Peregrinus seines Schützlings so wie seines Freundes und blieb dem gegebenen Worte getreu, und erklärte von neuem, daß er auf Dörtjes Hand verzichte.

Die Mikroskopisten waren nicht wenig betreten, als Peregrinus den George Pepusch für denjenigen erklärte, der die mehrsten und gerechtesten Ansprüche auf Dörtjes Hand habe und meinten, daß er wenigstens zur Zeit gar keine Macht habe, ihren Willen zu bestimmen.

Dörtje Elwerdink wankte, indem ein Tränenstrom ihr aus den Augen stürzte, auf Peregrinus zu, der sie in seinen Armen auffing, als sie eben halb ohnmächtig zu Boden sinken wollte. „Undankbarer", seufzte sie,

„du brichst mir das Herz, indem du mich von dir stößest! – Doch du willst es! – nimm noch diesen Abschiedskuß und laß mich sterben."

Peregrinus bückte sich hinab, als aber sein Mund den Mund der Kleinen berührte, biß sie ihn so heftig in die Lippen, daß das Blut hervorsprang. „Unart", rief sie dabei ganz lustig, „so muß man dich züchtigen! – Komm zu Verstande, sei artig und nimm mich, mag auch der andere schreien wie er will." – Die beiden Mikroskopisten waren indessen wieder, der Himmel weiß, worüber, in heftigen Zank geraten. George Pepusch warf sich aber ganz trostlos der schönen Dörtje zu Füßen, und rief mit einer Stimme, die jämmerlich genug klang, um aus der heiseren Kehle des unglücklichsten Liebhabers zu kommen: „Gamaheh! so ist denn die Flamme in deinem Innern ganz erloschen, so gedenkst du nicht mehr der herrlichen Vorzeit in Famagusta, nicht mehr der schönen Tage in Berlin, nicht mehr –"

„Du bist", fiel die Kleine dem Unglücklichen lachend ins Wort, „du bist ein Hasenfuß, George, mit deiner Gamaheh, mit deiner Distel Zeherit und all dem andern tollen Zeuge, das dir einmal geträumt hat. Ich war dir gut, mein Freund und bin es noch und nehme dich, unerachtet mir der Große dort besser gefällt, wenn du mir heilig versprichst, ja feierlich schwörst, daß du alle deine Kräfte anwenden willst –"

Die Kleine lispelte dem Pepusch etwas ganz leise ins Ohr; Peregrinus glaubte aber zu vernehmen, daß von Meister Floh die Rede.

Immer heftiger war indessen der Zank zwischen den beiden Mikroskopisten geworden, sie hatten aufs neue zu den Waffen gegriffen und Peregrinus mühte sich eben, die erhitzten Gemüter zu besänftigen, als die Gesellschaft sich wiederum vermehrte.

Unter widerwärtigem Kreischen und häßlichem Geschrei wurde die Türe aufgestoßen und herein stürzten der schöne Geist, Monsieur Legénie, und der Bartscherer Egel. Mit wilder entsetzlicher Gebärde sprangen sie los auf die Kleine und der Bartscherer hatte sie schon bei der Schulter gepackt, als Pepusch den häßlichen Feind mit unwiderstehlicher Gewalt wegdrängte, ihn gleichsam mit dem ganzen biegsamen Körper umwand und dermaßen zusammendrückte, daß er ganz lang und spitz in die Höhe schoß, indem er vor Schmerz laut brüllte.

Während dies dem Bartscherer geschah, hatten die beiden Mikroskopisten bei der Erscheinung der Feinde sich augenblicklich miteinander versöhnt, und den schönen Geist gemeinschaftlich bekämpft mit vielem Glück. Nichts half es nämlich dem schönen Geist, daß er sich, als er unten gehörig abgebleut worden, sich zur Stubendecke erhob. Denn beide, Leuwenhoek und Swammerdamm, hatten kurze dicke Knittel ergriffen und trieben den schönen Geist, sowie er herabschweben wollte, durch demjenigen Teil des Körpers, der es am besten vertragen kann, geschickt applizierte Schläge immer wieder in die Höhe. Es war ein zierliches Ballonspiel, bei dem freilich der schöne Geist notgedrungen, die ermüdendste und zugleich die undankbarste Rolle übernommen, nämlich die des Ballons.

Der Krieg mit den dämonischen Fremden schien der Kleinen großes Entsetzen einzujagen; sie schmiegte sich fest an Peregrinus und flehte ihn an, sie fortzuschaffen aus diesem bedrohlichen Getümmel. Peregrinus konnte das um so weniger ablehnen, als er überzeugt sein mußte, daß es auf dem Kampfplatz seiner Hülfe nicht bedurfte; er brachte daher die Kleine in ihre Wohnung, das heißt, in die Zimmer seines Mietsmanns.

Es genügt zu sagen, daß die Kleine, als sie sich mit Herrn Peregrinus allein befand, aufs neue alle Künste der feinsten Koketterie anwandte, um ihn in ihr Netz zu verlocken. Mocht er es auch noch so fest im Sinn behalten, daß das alles Falschheit sei und nur dahin ziele, seinen Schützling in Sklaverei zu bringen, so ergriff ihn doch eine solche Verwirrung, daß er sogar nicht an das mikroskopische Glas dachte, welches ihm zum wirksamen Gegengift gedient haben würde.

Meister Floh geriet aufs neue in Gefahr, er wurde jedoch auch diesmal durch Herrn Swammer gerettet, der mit George Pepusch eintrat.

Herr Swammer schien ausnehmend vergnügt, Pepusch hatte dagegen Wut und Eifersucht im glühenden Blick. Peregrinus verließ das Zimmer.

Den tiefsten bittersten Unmut im wunden Herzen, durchstrich er düster und in sich gekehrt, die Straßen von Frankfurt, er ging zum Tore hinaus und weiter, bis er endlich zu dem anmutigen Plätzchen kam, wo das seltsame Abenteuer mit seinem Freunde Pepusch sich zugetragen.

Er bedachte aufs neue sein wunderbares Verhängnis, anmutiger, holder, im höheren Liebreiz als jemals ging ihm das Bild der Kleinen auf, sein Blut wallte stärker in den Adern, heftiger schlugen die Pulse, die Brust wollte ihm zerspringen vor brünstiger Sehnsucht. Nur zu

schmerzlich fühlte er die Größe des Opfers, das er gebracht und mit dem er alles Glück des Lebens verloren zu haben glaubte.
Die Nacht war eingebrochen, als er zurückkehrte nach der Stadt. Ohne es zu gewahren, vielleicht aus unbewußter Scheu in sein Haus zurückzukehren, war er in mancherlei Nebenstraßen und zuletzt in die Kalbächer Gasse geraten. Ein Mensch, der ein Felleisen auf dem Rücken trug, fragte ihn, ob hier nicht der Buchbinder Lämmerhirt wohne. Peregrinus schaute auf und gewahrte daß er wirklich vor dem schmalen hohen Hause stand, in welchem der Buchbinder Lämmerhirt wohnte; er erblickte in luftiger Höhe die hellerleuchteten Fenster des fleißigen Mannes, der die Nacht hindurch arbeitete. Dem Menschen mit dem Felleisen wurde die Türe geöffnet und er ging ins Haus.
Schwer fiel es dem Peregrinus aufs Herz, daß er in der Verwirrung der letzten Zeit vergessen hatte, dem Buchbinder Lämmerhirt verschiedene Arbeiten zu bezahlen die er für ihn gefertigt hatte; er beschloß gleich am folgenden Morgen hinzugehen und seine Schuld zu tilgen.

Siebentes Abenteuer.

Feindliche Nachstellungen der verbündeten Mikroskopisten nebst ihrer fortwährenden Dummheit. Neue Prüfungen des Herrn Peregrinus Tyß und neue Gefahren des Meisters Floh. Röschen Lämmerhirt. Der entscheidende Traum und Schluß des Märchens.

Fehlt es auch über den eigentlichen Ausgang des Kampfs in Leuwenhoeks Zimmer gänzlich an bestimmten Nachrichten, so steht doch nichts anders zu vermuten, als daß die beiden Mikroskopisten mit Hülfe des jungen Herrn George Pepusch, einen vollständigen Sieg über die bösen feindlichen Gesellen erfochten haben mußten. Unmöglich hätte sonst der alte Swammer bei seiner Rückkehr so freundlich, so vergnügt sein können, als er es wirklich war. – Mit derselben frohen freudigen Miene, trat Swammer oder vielmehr Herr Johannes Swammerdamm, am andern Morgen hinein zu Herrn Peregrinus, der noch im Bette lag und mit seinem Schützling, dem Meister Floh, in tiefem Gespräch begriffen war.
Peregrinus unterließ nicht, sogleich, als er den Herrn Swammerdamm

erblickte, sich das mikroskopische Glas in die Pupille werfen zu lassen.

Nach vielen langen und ebenso langweiligen Entschuldigungen seines zu frühzeitigen Besuchs, nahm endlich Swammerdamm Platz dicht an Peregrinus' Bett. Durchaus wollte der Alte nicht zugeben, daß Peregrinus aufstehe und den Schlafrock umwerfe.

In den wunderlichsten Redensarten dankte der Alte dem Peregrinus für die großen Gefälligkeiten, die er ihm erwiesen und die darin bestehen sollten, daß er ihn nicht allein als Mietsmann in sein Haus aufgenommen, sondern auch erlaubt, daß der Hausstand durch ein junges bisweilen etwas zu lebhaftes und zu lautes Frauenzimmer vermehrt worden. Ferner aber müsse er die größte Gefälligkeit darin finden, daß Peregrinus nicht ohne selbst Opfer zu bringen, seine (des Alten) Versöhnung mit dem alten Freunde und Kunstkollegen Anton von Leuwenhoek bewirkt habe. So wie Swammerdamm erzählte, hatten sich beider Herzen in dem Augenblick zueinander hingeneigt, als sie von dem schönen Geist und dem Bartscherer überfallen wurden und die schöne Dörtje Elwerdink retten mußten vor den bösen Unholden. Die förmliche ernstliche Versöhnung der Entzweiten, war dann bald darauf erfolgt.

Leuwenhoek hatte den günstigen Einfluß, den Peregrinus auf beide gehabt, ebensogut erkannt, als Swammerdamm und den ersten Gebrauch, den sie von dem wiederhergestellten Freundschaftsbunde machten, bestand darin, daß sie gemeinschaftlich das seltsam und wunderbar verschlungene Horoskop des Herrn Peregrinus Tyß betrachteten und soviel als möglich zu deuten suchten.

„Was", so sprach Herr Johannes Swammerdamm, „was meinem Freunde Anton von Leuwenhoek allein nicht gelang, das brachten unsere gemeinschaftlichen Kräfte zustande und so war dieses Experiment das zweite, welches wir trotz aller Hindernisse, die sich uns entgegenstemmten, mit dem glänzendsten Erfolg unternahmen."

„Der alberne kurzsichtige Tor", lispelte Meister Floh, der dicht neben Peregrinus' Ohr auf dem Kopfkissen saß, „noch immer glaubt er, daß durch ihn Prinzessin Gamaheh belebt worden ist. Fürwahr ein schönes Leben ist das, zu dem die Ungeschicklichkeit der blöden Mikroskopisten die Ärmste gezwungen!" –

„Mein bester", fuhr Swammerdamm fort, der den Meister Floh um so weniger vernommen, als er gerade stark zu niesen genötigt, „mein bester vortrefflichster Herr Peregrinus Tyß, Sie sind ein von dem

Weltgeist ganz besonders Erkorner, ein Schoßkind der Natur; denn Sie besitzen den wunderbarsten, mächtigsten Talisman oder um richtiger und wissenschaftlicher zu sprechen, das herrlichste Tsilmenaja oder Tilsemoht, das jemals getränkt von dem Tau des Himmels, aus dem Schoß der Erde hervorgegangen. Es macht meiner Kunst Ehre, daß ich, und nicht Leuwenhoek es herausgebracht, daß dieses glückliche Tsilmenaja von dem Könige Nacrao abstammt, der lange vor der Sündflut in Ägypten herrschte. – Doch die Kraft des Talismans ruht zur Zeit bis eine gewisse Konstellation eintritt, die ihren Mittelpunkt in Ihrer werten Person findet. Mit Ihnen selbst, bester Herr Tyß, muß und wird sich etwas ereignen, das Ihnen in demselben Augenblick, als die Kraft des Talismans erwacht ist, auch dieses Erwachen erkennen läßt. Mag Ihnen Leuwenhoek über diesen schwierigsten Punkt des Horoskops gesagt haben, was er will, alles ist erlogen, denn er wußte über jenen Punkt so lange nicht das mindeste, bis ich ihm die Augen geöffnet. – Vielleicht hat Ihnen, bester Herr Tyß, mein lieber Herzensfreund sogar bange machen wollen, vorirgend einer bedrohlichen Katastrophe, denn ich weiß, er liebt es, Leuten unnützerweise Schrecken einzujagen; doch – trauen Sie Ihrem, Sie verehrenden Mietsmann, der, Hand aufs Herz, Ihnen schwört, daß Sie durchaus nichts zu befürchten haben. – Gern möchte ich aber denn doch wissen, ob Sie zur Zeit den Besitz des Talismans gar nicht verspüren und was Sie über die ganze Sache überhaupt zu denken belieben?“

Swammerdamm sah bei den letzten Worten mit giftigem Lächeln dem Herrn Peregrinus so scharf ins Auge, als wolle er seine tiefsten Gedanken durchschauen; das konnte ihm aber freilich nicht so gelingen, als dem Peregrinus mit seinem mikroskopischen Glase. Mittelst dieses Glases erfuhr Peregrinus, daß nicht sowohl die gemeinschaftliche Bekämpfung des schönen Geistes und des Bartscherers, als eben jenes geheimnisvolle Horoskop, die Versöhnung der beiden Mikroskopisten herbeigeführt. Der Besitz des mächtigen Talismans, das war es nun, wornach beide strebten. Swammerdamm war, was den gewissen geheimnisvoll verschlungenen Knoten im Horoskop des Herrn Peregrinus betrifft, ebenso in verdrießlicher Dummheit verblieben, als Leuwenhoek, doch meinte er, daß in Peregrinus' Innerm durchaus die Spur liegen müsse, die zur Entdeckung jenes Geheimnisses führe. Diese Spur wollte er nun geschickt aus dem Unwissenden herauslokken und ihn dann mit Leuwenhoeks Hülfe, um den Besitz des unschätzbaren Kleinods bringen, noch ehe er dessen Wert erkannt. Swammerdamm war überzeugt, daß der Talisman des Herrn Peregrinus Tyß ganz dem Ringe des weisen Salomo gleich zu achten, da er, wie dieser, dem, der ihn besitze, die vollkommene Herrschaft über das Geisterreich verleihe.

Peregrinus vergalt Gleiches mit Gleichem, indem er den alten Herrn Swammerdamm, der ihn zu mystifizieren sich mühte, selbst mystifizierte. Geschickt wußte er in solchen verblümten Redensarten zu antworten, daß Swammerdamm befürchten mußte, die Weihe habe bereits begonnen, und ihm werde sich bald das Geheimnis erschließen, das zu enthüllen keiner von beiden, weder er noch Leuwenhoek vermocht. –

Swammerdamm schlug die Augen nieder, räusperte sich, und stotterte unverständliche Worte heraus; der Mann befand sich wirklich in gar übler Lage, seine Gedanken schnurrten beständig durcheinander: Teufel – was ist denn das, ist das der Peregrinus, der zu mir spricht? – Bin ich der gelehrte weise Swammerdamm oder ein Esel! –

Ganz verzweifelt raffte er sich endlich zusammen und begann: „Doch von etwas anderm, verehrtester Herr Tyß, von etwas anderm und wie es mir vorkommen will, von etwas Schönem und Erfreulichem!" –

So wie Swammerdamm nun weiter sprach, hatte er, sowohl als Leuwenhoek mit großer Freude die innige Zuneigung der schönen Dörtje Elwerdink zu dem Herrn Peregrinus Tyß entdeckt. War nun auch sonst jeder anderer Meinung gewesen, indem jeder geglaubt, Dörtje müsse bei *ihm* bleiben und an Liebe und Heirat sei gar nicht zu denken, so hatten sie sich doch jetzt eines Bessern überzeugt. In Peregrinus' Horoskop meinten sie nämlich zu lesen, daß er durchaus die schöne anmutige Dörtje Elwerdink zu seiner Gemahlin erkiesen müsse, um das für alle Konjunkturen seines ganzen Lebens Ersprießlichste zu tun. Beide zweifelten nicht einen Augenblick, daß Peregrinus nicht in gleicher glühender Liebe zur holden Kleinen befangen sein solle und hielten daher die Angelegenheit für völlig abgeschlossen. Swammerdamm meinte noch, daß Herr Peregrinus Tyß überdem der einzige sei, der seine Nebenbuhler ohne alle Mühe aus dem Felde schlagen könne und daß selbst die bedrohlichsten Gegner, wie z. B. der schöne Geist und der Bartscherer, gar nichts gegen ihn ausrichten würden.

Peregrinus erkannte aus Swammerdamms Gedanken, daß die Mikroskopisten wirklich in seinem Horoskop die unabänderliche Notwendigkeit seiner Vermählung mit der kleinen Dörtje Elwerdink gefunden zu haben glaubten. Nur dieser Notwendigkeit wollten sie nachgeben, und selbst aus Dörtjes scheinbarem Verlust den größten Gewinn ziehen, nämlich den Herrn Peregrinus Tyß selbst einfangen mitsamt seinem Talisman.

Man kann denken wie wenig Vertrauen Peregrinus zu der Weisheit und Wissenschaft der beiden Mikroskopisten haben mußte, da beide den Hauptpunkt des Horoskops nicht zu enträtseln vermochten. Gar nichts gab er daher auf jene angebliche Konjunktur, die die Notwendigkeit seiner Vermählung mit der schönen Dörtje bedingen sollte, und es wurde ihm nicht im mindesten schwer, ganz bestimmt und fest zu erklären, daß er auf Dörtjes Hand verzichtet, um seinen besten innigsten Freund, den jungen George Pepusch, der ältere und bessere Ansprüche auf den Besitz des holden Wesens habe, nicht zu kränken und daß er unter keiner Bedingung der Welt, sein gegebenes Wort brechen werde.

Herr Swammerdamm schlug die graugrünen Katzenaugen, die er so lange zu Boden gesenkt, auf, glotzte den Peregrinus mächtig an und lächelte wie die Fuchsschlauheit selbst.

Sei, meinte er dann, der Freundschaftsbund mit George Pepusch der einzige Skrupel, der den Peregrinus abhalte, seinen Gefühlen freien Raum zu gönnen, so sei derselbe in diesem Augenblick gehoben; denn eingesehen habe Pepusch, unerachtet er an einigem Wahnsinn leide, daß seiner Vermählung mit Dörtje Elwerdink die Konstellation der Gestirne entgegen sei und daß daraus nichts entstehen könne, als nur Unglück und Verderben; deshalb habe Pepusch allen Ansprüchen auf Dörtjes Hand entsagt und nur erklärt, daß er mit seinem Leben die Schönste die niemandem angehören könne, als seinem Herzensfreunde Tyß, verdeitigen wolle, gegen den ungeschickten Tölpel von schönem Geist und gegen den blutgierigen Bartkratzer.

Den Peregrinus durchfuhren eiskalte Schauer, als er aus Swammerdamms Gedanken erkannte, daß alles wahr, was er gesprochen. Übermannt von den seltsamsten widersprechendsten Gefühlen, sank er zurück in die Kissen und schloß die Augen.

Herr Swammerdamm lud den Peregrinus dringendst ein, sich herabzubegeben und selbst aus Dörtjes, aus Georges Munde die jetzige Lage der Dinge zu vernehmen. Dann empfahl sich derselbe auf ebenso weitläufige und zeremoniöse Weise, wie er gekommen.

Meister Floh, der die ganze Zeit über ruhig auf dem Kopfkissen gesessen, sprang plötzlich hinauf bis zum Zipfel der Nachtmütze des Herrn Peregrinus. Da erhob er sich hoch auf den langen Hinterbeinen, rang die Hände, streckte sie flehend zum Himmel empor und rief, mit von bittern Tränen halberstickter Stimme: „Weh mir Ärmsten! Schon glaubte ich geborgen zu sein und erst jetzt kommt die gefährlichste Prüfung! – Was hilft aller Mut, alle Standhaftigkeit meines edlen Beschützers, wenn sich alles, alles gegen mich auflehnt! – Ich gebe mich! – es ist alles aus."

„Was", sprach Herr Peregrinus mit matter Stimme, „was lamentiert Ihr so auf meiner Nachtmütze, lieber Meister? Glaubt Ihr denn, daß Ihr allein zu klagen habt, daß ich mich selbst nicht auch in dem miserabelsten Zustande von der Welt befinde, da aich in meinem ganzen Wesen ganz zerrüttet und verstört bin und nicht weiß, was ich anfangen, ja wohin ich meine Gedanken wenden soll. Glaubt aber nicht, lieber Meister Floh, daß ich töricht genug sein werde, mich in die Nähe der Klippe zu wagen, an der ich mit all meinen schönen Vorsätzen und Entschlüssen scheitern kann. Ich werde mich hüten Swammerdamms Einladung zu folgen und die verführerische Dörtje Elwerdink wiederzusehen."

„In der Tat", erwiderte Meister Floh, nachdem er wieder den alten Platz auf dem Kopfkissen neben dem Ohr des Herrn Peregrinus Tyß eingenommen, „in der Tat, ich weiß nicht, ob ich, sosehr es mir verderblich scheint, Euch doch nicht gerade raten sollte, sogleich zu Swammerdamm hinunterzugehen. Es ist mir, als wenn die Linien Eures Horoskops jetzt immer schneller und schneller zusammenliefen und Ihr selbst im Begriff stündet in den roten Punkt zu treten. – Mag nun das dunkle Verhängnis beschlossen haben was es will, ich sehe ein, daß selbst ein Meister Floh solchem Beschluß nicht zu entgehen vermag und daß es ebenso albern als unnütz sein würde, von Euch meine Rettung zu verlangen. – Geht hin, seht sie, nehmt ihre Hand, überliefert mich der Sklaverei und damit alles geschehe, wie es die Sterne wollen, ohne daß Fremdes sich einmische, so macht auch keinen Gebrauch von dem mikroskopischen Glase."

„Scheint", sprach Peregrinus, „scheint doch sonst, Meister Floh, Euer Herz stark, Euer Geist fest und doch seid Ihr jetzt so kleinmütig, so verzagt! Aber möget Ihr sonst auch so weise sein wie Ihr wollt, ja mag Clemens des Siebenten hochberühmter Nuntius Rorar, Euern Verstand weit über den unsrigen setzen, so habt Ihr doch keinen sonderlichen Begriff von dem festen Willen des Menschen und schlagt ihn wenigstens viel zu geringe an. Noch einmal! – ich breche nicht mein Euch gegebenes Wort, und damit Ihr sehet, wie es mein fester Entschluß ist, die Kleine nicht wiederzusehen, werde ich jetzt aufstehen, und mich, wie ich es mir schon gestern vorgenommen, zum Buchbinder Lämmerhirt begeben."

„O Peregrinus", rief Meister Floh, „des Menschen Wille ist ein gebrechliches Ding, oft knickt ihn ein daherziehendes Lüftchen. Welch eine Kluft liegt zwischen dem was man will und dem das geschieht! – Manches Leben ist nur ein stetes Wollen und mancher weiß vor lauter Wollen am Ende selbst nicht was er will. – Ihr wollt Dörtje Elwerdink nicht wiedersehen, und wer steht Euch dafür, daß es geschieht in dem nächsten Augenblick, da Ihr diesen Entschluß ausgesprochen?"

Seltsam genug war es wohl, daß wirklich sich begab, was Meister Floh mit prophetischem Geiste vorausgesagt.

Peregrinus stand nämlich auf, kleidete sich an und wollte, seinem Vorsatz getreu, zum Buchbinder Lämmerhirt gehen; als er indessen bei Swammerdamms Zimmer vorbeikam, wurde die Türe weit geöffnet und Peregrinus wußte selbst gar nicht, wie es geschah, daß er plötzlich an Swammerdamms Arm mitten im Zimmer dicht vor Dörtje Elwerdink stand, die ganz fröhlich und unbefangen ihm hundert Küsse zuwarf und mit ihrem silbernen Glockenstimmlein freudig rief: „Guten Morgen, mein herzlieber Peregrinus!"

Wer sich aber noch in dem Zimmer befand, das war Herr George Pepusch, der zum offnen Fenster hinauskuckte und ein Liedchen pfiff. Jetzt warf er das Fenster heftig zu und drehte sich um. „Ach sieh da", rief er, als gewahre er jetzt erst den Freund Peregrinus, „ach sieh da! – Du besuchst deine Braut, das ist in der Ordnung und jeder dritte dabei nur lästig. Ich werde mich darum auch gleich fortpacken, doch zuvor laß es dir sagen, mein guter Freund Peregrinus, daß George Pepusch jede Gabe verschmäht, die der barmherzige Freund ihm gleich dem armen Sünder hinwirft, wie ein Almosen! – Verwünscht sei deine Aufopferung, ich will dir nichts zu verdanken haben. Nimm sie hin, die schöne Gamaheh, die dich so innig liebt, aber hüte dich, daß die Distel Zeherit nicht Wurzel faßt und die Mauern deines Hauses zersprengt."

Georges Ton und ganzes Betragen grenzte an renommistische Brutalität, und Peregrinus wurde von dem tiefsten Unmut erfüllt, als er gewahrte, wie sehr ihn Pepusch in seinem ganzen Beginnen mißverstanden. „Nie", sprach er, ohne jenen Unmut zu bergen, „nie ist es mir in den Sinn gekommen, dir in den Weg zu treten; der Wahnsinn eifersüchtiger Verliebtheit spricht aus dir, sonst würdest du bedenken wie schuldlos ich an allem bin, was du in deiner eignen Seele ausgebrütet. Verlange nicht, daß ich die Schlange töten soll, die du zu deiner Selbstqual nährst in deiner Brust! Und daß du es nur weißt, *dir* warf ich keine Gabe hin, *dir* brachte ich kein Opfer, als ich der Schönsten, vielleicht dem höchsten Glück meines Lebens entsagte. Andere höhere Pflichten, ein unwiderrufliches Wort zwangen mich dazu!" –

Pepusch ballte in wildem Zorn die Faust und erhob sie gegen den Freund. Da sprang aber die Kleine zwischen die Freunde und faßte die Hand des Peregrinus, indem sie lachend rief: „Laß doch nur die geckische Distel laufen, sie hat nichts als wirres Zeug im Kopfe und ist, wie es Distelart ist, starr und störrisch ohne zu wissen was sie eigentlich will; du bist mein und bleibst es auch, mein süßer herzlieber Peregrinus!" –

Damit zog die Kleine den Peregrinus auf das Kanapee und setzte sich ohne weitere Umstände auf seinen Schoß. Pepusch rannte, nachdem er sich die Nägel sattsam zerkaut, wild zur Türe hinaus.

Die Kleine, wiederum in das fabelhafte verführerische Gewand von Silberzindel gekleidet, war ebenso anmutig, ebenso ganz Liebreiz als sonst; Peregrinus fühlte sich durchströmt von der elektrischen Wärme ihres Leibes und doch wehten ihn dazwischen eiskalte unheimliche Schauer an, wie Todeshauch. Zum erstenmal glaubte er tief in den Augen der Kleinen etwas seltsam Lebloses, Starres zu gewahren und der Ton ihrer Stimme, ja selbst das Rauschen des wunderlichen Silberzindels, schien ein fremdartiges Wesen zu verraten, dem nimmermehr zu trauen. Es fiel ihm schwer aufs Herz, daß damals, als Dörtje gerade so gesprochen, wie sie gedacht [sie] auch in Zindel gekleidet gewesen; warum er gerade den Zindel bedrohlich fand, wußte er selbst nicht, aber die Gedanken von Zindel und unheimlicher Wirtschaft verbanden sich von selbst miteinander, so wie ein Traum das Heterogenste vereint, und man alles für aberwitzig erklärt, dessen tiefern Zusammenhang man nicht einzusehen vermag.

Peregrinus, weit entfernt, das kleine süße Ding zu kränken mit etwa falschem Verdacht, unterdrückte mit Gewalt seine Gefühle und wartete nur auf einen günstigen Moment, sich loszuwickeln und der Schlange des Paradieses zu entfliehen.

„Aber", sprach Dörtje endlich, „aber wie kommst du mir heute vor, mein süßer Freund, so frostig, so unempfindlich! Was liegt dir im Sinn, mein Leben!"

„Kopfschmerz", erwiderte Peregrinus so gleichmütig als er es nur vermochte, „Kopfschmerz – Grillen – einfältige Gedanken – nichts anders ist es, das mich etwas verstört, mein holdes Kind. Laß mich ins Freie, und alles ist vorüber in wenigen Minuten; mich ruft ohnedies noch ein Geschäft."

„Es ist", rief die Kleine, indem sie rasch aufsprang, „es ist alles gelogen, aber du bist ein böser Affe, der erst gezähmt werden muß!" – Peregrinus war froh, als er sich auf der Straße befand, doch ganz ausgelassen freudig gebärdete sich Meister Floh, der in Peregrinus' Halsbinde unaufhörlich kicherte und lachte und die Vorderhände zusammenschlug, daß es hell klatschte.

Dem Peregrinus war diese Fröhlichkeit seines kleinen Schützlings etwas lästig, da sie ihn in seinen Gedanken störte. Er bat den Meister Floh ruhig zu sein, denn schon hätten ihn ernsthafte Leute mit Blikken voll Vorwurfs betrachtet, glaubend, *er* sei es, der so kickere und lache und närrische Streiche treibe auf öffentlicher Straße.

„O ich Tor", rief aber Meister Floh, in den Ausbrüchen seiner unmäßigen Freude beharrend, „o ich blödsinniger Tor, daß ich da an dem Siege zweifeln konnte, wo gar kein Kampf mehr vonnöten. Ja, Peregrinus, es ist nicht anders, gesiegt hattet Ihr in dem Augenblick, als selbst der Tod der Geliebten Euern Entschluß nicht zu erschüttern vermochte. Laßt mich jauchzen, laßt mich jubeln, denn alles müßte mich trügen, wenn nicht bald das helle Sonnenlicht aufgehen sollte, das alle Geheimnisse aufklärt."

Als Peregrinus an Lämmerhirts Türe pochte, rief eine sanfte weibliche Stimme: „Herein!" Er öffnete die Türe, ein Mädchen, die sich allein in der Stube befand, trat ihm entgegen und fragte ihn freundlich, was ihm zu Diensten stehe?

– Mag es dem geneigten Leser genügen, wenn gesagt wird, daß das Mädchen ungefähr achtzehn Jahre alt sein mochte, daß sie mehr groß als klein und schlank im reinsten Ebenmaß der Glieder gewachsen war, daß sie hellbraunes Haar und dunkelblaue Augen und eine Haut hatte, die das zarte Flockengewebe schien von Lilien und Rosen. Mehr als alles dies wollte aber gelten, daß des Mädchens Antlitz jenes zarte Geheimnis jungfräulicher Reinheit, hohen himmlischen Liebreizes aussprach, wie es mancher alte deutsche Maler in seinen Gebilden erfaßt. –

Sowie Peregirnus der holden Jungfrau ins Auge blickte, war es ihm, als habe er in schwerlastenden Banden gelegen, die eine wohltätige Macht gelöst und der Engel des Lichts stehe vor ihm, an dessen Hand er eingehen werde in das Reich namenloser Liebeswonne und Sehnsucht. – Das Mädchen wiederholte, indem sie vor Peregrinus' starrem Blick errötend, sittsam die Augen niederschlug, die Frage, was dem Herrn beliebe? Mühsam stotterte Peregrinus heraus: ob der Buchbinder Lämmerhirt hier wohne? Als nun das Mädchen erwiderte, daß Lämmerhirt allerdings hier wohne, daß er aber in Geschäften ausgegangen, da sprach Peregrinus wirr durcheinander von Einbänden die er bestellt, von Büchern die Lämmerhirt ihm verschaffen sollen; zuletzt kam er etwas ins Geleise und gedachte der Prachtausgabe des Ariost, die Lämmerhirt in roten Maroquin binden sollen, mit reicher goldner Verzierung. Da war es aber, als durchführe die holde Jungfrau ein elektrischer Funke: sie schlug die Hände zusammen und rief, Tränen in den Augen: „Ach Gott! – Sie sind Herr Tyß!" – Sie machte eine Bewegung, als wolle sie Peregrinus' Hand ergreifen, trat aber schnell zurück und ein tiefer Seufzer schien die volle Brust zu entlasten. Dann überstrahlte ein anmutiges Lächeln der Jungfrau Antlitz wie liebliches Morgenrot und sie ergoß sich nun in Dank und Segenswünsche dafür, daß Peregrinus des Vaters, der Mutter Wohltäter sei, daß nicht dies allein – nein! – seine Milde, seine Freundlichkeit, die Art wie er noch zu vorigen Weihnachten die Kinder beschenkt und Freude und Fröhlichkeit verbreitet, ihnen den Frieden, die Heiterkeit des Himmels gebracht. Sie räumte schnell des Vaters Lehnstuhl ab, der mit Büchern, Skripturen, Heften, ungebundenen Drucken bepackt war, rückte ihn heran und lud mit anmutiger Gastlichkeit den Peregrinus ein, sich niederzulassen. Dann holte sie den sauber gebundenen Ariost hervor, fuhr mit einem leinenen Tuch leise über die Maroquinbände und überreichte das Meisterwerk der Buchbinderkunst dem Peregrinus mit leuchtenden Blicken, wohl wissend, daß Peregrinus der schönen Arbeit des Vaters seinen Beifall nicht versagen werde. –

Peregrinus nahm einige Goldstücke aus der Tasche, die Holde dies gewahrend, versicherte schnell, daß sie den Preis der Arbeit nicht wisse und daher keine Bezahlung annehmen könne, Herr Peregrinus möge es sich aber gefallen lassen, einige Augenblicke zu verweilen, da der Vater gleich zurückkommen müsse. Dem Peregrinus war es, als schmölze das nichtswürdige Metall in seiner Hand in einen Klumpen zusammen, er steckte die Goldstücke schneller wieder ein, als er sie hervorgeholt. Das Mädchen griff jetzt, als Peregrinus sich mechanisch in Lämmerhirts breiten Lehnsessel niedergelassen, nach ihrem Stuhl, aus instinktmäßiger Höflichkeit sprang Herr Peregrinus auf und wollte den Stuhl heranrücken, da geschah es aber, daß er statt der Stuhllehne des Mädchens Hand erfaßte und er glaubte, als er das Kleinod leise zu drücken wagte, einen kaum merkbaren Gegendruck zu fühlen. –

„Kätzchen, Kätzchen, was machst du!“ Mit diesen Worten wandte sich das Mädchen und hob ein Zwirnknäuel von dem Fußboden auf, das die Katze zwischen den Vorderpfoten hielt, ein mystisches Gewebe beginnend. Dann faßte sie mit kindlicher Unbefangenheit den Arm des in Himmelsentzücken versunkenen Peregrinus, führte ihn zum Lehnsessel und bat ihn nochmals, sich niederzulassen, indem sie selbst sich ihm gegenübersetzte und irgendeine weibliche Arbeit zur Hand nahm.

Peregrinus schwankte im Sturm auf einem wogenden Meer. „O Prinzessin!“ Das Wort entschlüpfte ihm, selbst wußte er nicht, wie es geschah. Das Mädchen schaute ihn ganz erschrocken an, da war es ihm, als habe er gegen die Holde gefrevelt und er rief mit dem weichsten, wehmütigsten Ton: „Meine liebste teuerste Mademoiselle!“

Das Mädchen errötete und sprach mit holder jungfräulicher Verschämtheit: „Die Eltern nennen mich Röschen, nennen Sie mich auch so, lieber Herr Tyß, denn ich gehöre ja auch zu den Kindern, denen Sie so viel Gutes erzeigt, und von denen Sie so hoch verehrt werden.“

„Röschen!“ rief Peregrinus ganz außer sich; er hätte der holden Jungfrau zu Füßen stürzen mögen, kaum hielt er sich zurück.

Röschen erzählte nun, indem sie ruhig fortarbeitete, wie seit der Zeit, als die Eltern durch den Krieg in die bitterste Dürftigkeit geraten, sie von einer Base in einem benachbarten kleinen Städtchen aufgenommen, wie diese Base vor wenigen Wochen gestorben und wie sie dann zu den Eltern zurückgekehrt.

Peregrinus hörte nur Röschens süße Stimme ohne viel von den Worten zu verstehen, und er überzeugte sich erst, daß er nicht selig träume, als Lämmerhirt ins Zimmer trat und ihn mit dem herzlichsten Willkommen begrüßte. Nicht lange dauerte es, so folgte auch die Frau mit den Kindern, und wie denn in des Menschen unergründlichem Gemüt Gedanken, Regungen, Gefühle, in seltsamen bunten Gewirr durcheinanderlaufen, so geschah es, daß Peregrinus selbst in der Ekstase, die ihn einen niegeahnten Himmel schauen ließ, plötzlich daran dachte, wie der murrköpfische Pepusch sein Beschenken der Lämmerhirtschen Kinder getadelt. Es war ihm sehr lieb, auf Befragen zu vernehmen, daß keins von den Kindern sich den Magen am Naschwerk verdorben und die freundlich feierliche Art ja der gewisse Stolz, womit sie nach dem hohen Glasschrank, der das glänzende Spielzeug enthielt, heraufblickten, zeigte, daß sie die letzte Bescherung für etwas Außerordentliches hielten, das wohl niemals wiederkehren dürfte. –

Die übel gelaunte Distel hatte also ganz unrecht.

„O Pepusch“, sprach Peregrinus zu sich selbst, „dein verstörtes zerrissenes Gemüt durchdringt kein reiner Lichtstrahl der wahrhaften Liebe!“ – Damit meinte Peregrinus nun wieder wohl mehr, als ein beschertes Naschwerk und Spielzeug. – Lämmerhirt, ein sanfter, stiller, frommer Mann, sah mit sichtlicher Freude auf Röschen, die geschäftig aus- und eingegangen, Butter und Brot herbeigebracht und nun an einem kleinen Tischchen in der entfernten Ecke des Zimmers dem Geschwister stattliche Butterstollen bereitete. Die muntern Jungen drängten sich dicht an die liebe Schwester und wenn sie in verzeihlicher kindischer Begier das Maul etwas weiter aufsperrten, als gerade nötig, so tat das der häuslichen Idylle doch keinen sonderlichen Eintrag.

Den Peregrinus entzückte des holden Mädchens Beginnen, ohne daß ihm dabei Werthers Lotte und ihre Butterbrote in den Sinn kamen.

Lämmerhirt näherte sich dem Peregrinus und begann halb leise von Röschen zu reden, was sie für ein frommes gutes liebes Kind sei, der der Himmel auch die Gabe äußerer Schönheit verliehen, und wie er nur Freude an dem holden Kinde zu erleben hoffe. Was, setzte er hinzu, indem sein Gesicht sich in Wonne verklärte, was ihm aber so recht im innersten Herzen wohltue, sei, daß Röschen sich auch zur edlen Buchbinderkunst hinneige und seit den wenigen Wochen, während sie sich bei ihm befinde, in feiner zierlicher Arbeit ungemein viel profitiert habe, so, daß sie bereits viel geschickter sei, als mancher Lümmel von Lehrbursche, der Jahre hindurch Maroquin und Gold vergeude und die Buchstaben schief und krumm stelle, daß sie aussähen wie betrunkene Bauern, die aus der Schenke torkeln.

Ganz zutraulich flüsterte der entzückte Vater dem Peregrinus ins

Ohr: „Es muß heraus, Herr Tyß, es drückt mir sonst das Herz ab, ich kann mir nicht helfen. – Wissen Sie wohl, daß *mein Röschen* den Schnitt des Ariosto vergoldet hat?"

Sowie Peregrinus dies vernahm, griff er hastig nach den saubern Maroquinbänden, als müsse er sich des Heiligtums bemächtigen, ehe ein feindlicher Zufall es ihm raube. Lämmerhirt hielt das für ein Zeichen, daß Peregrinus fort wolle und bat ihn, es sich noch einige Augenblicke in der Familie gefallen zu lassen. Eben dies erinnerte aber den Peregrinus, daß er doch endlich sich losreißen müsse. Er zahlte schnell die Rechnung und Lämmerhirt reichte ihm wie gewöhnlich die Hand zum Abschiede, die Frau tat dasselbe und auch Röschen! – Die Jungen standen in der offnen Türe und damit der Liebestorheit ihr Recht geschehe, riß Peregrinus im Hinausschreiten dem Jüngsten das Restchen Butterstolle aus der Hand, an dem er eben kaute und rannte wie gehetzt die Treppe hinab.

„Nun nun", sprach der Kleine ganz verdutzt, „was ist denn das? Hätt es mir ja sagen können, der Herr Tyß, wenn er hungrig war, hätt ihm ja gern meine ganze Stolle gegeben!" –

Schritt vor Schritt ging Herr Peregrinus Tyß nach Hause, die schweren Quartanten mühsam unter dem Arm fortschleppend und mit verklärtem Blick einen Bissen des Butterstollenrestes nach dem andern auf die Lippe nehmend, als genösse er himmlisches Manna.

„Der ist nunmehro auch übergeschnappt!" sagte ein vorübergehender Bürger. Es war dem Mann nicht zu verdenken, daß er dergleichen von Peregrinus dachte. –

Als Herr Peregrinus Tyß ins Haus trat, kam ihm die alte Aline entgegen und winkte mit Gebärden, die Angst und Besorgnis ausdrückten, nach dem Zimmer des Herrn Swammerdamm. Die Türe stand offen und Peregrinus gewahrte Dörtje Elwerdink, die erstarrt auf einem Lehnstuhl saß und deren zusammengeschrumpftes Gesicht einer Leiche zu gehören schien, die bereits im Grabe gelegen. Ebenso erstarrt, ebenso leichenähnlich saßen vor ihr auf Lehnstühlen, Pepusch, Swammerdamm und Leuwenhoek. „Ist das", sprach die Alte, „ist das eine tolle gespenstische Wirtschaft hier unten! So sitzen die drei unseligen Menschen schon den ganzen lieben Tag über, und essen nichts und trinken nichts und reden nichts und holen kaum Atem!" –

Den Peregrinus wollte zwar, ob des in der Tat etwas schauerlichen Anblicks halber, einiges Entsetzen anwandeln, indessen wurde, indem er die Treppe hinaufstieg, das gespenstische Bild von dem wogenden Meer der Himmelsträume verschlungen, in dem der entzückte Peregrinus schwamm, seit dem Augenblick, als er Röschen gesehen. – Wünsche, Träume, selige Hoffnungen strömen gern über in das befreundete Gemüt; aber gab es für den armen Peregrinus jetzt ein anderes, als das ehrliche des guten Meisters Floh? – Dem wollte er nun sein ganzes Herz ausschütten, dem wollte er von Röschen alles erzählen, was sich eigentlich gar nicht so recht erzählen ließ. Doch er mochte so viel rufen, so viel locken, als er wollte, kein Meister Floh ließ sich sehen, er war auf und davon. In der Falte der Halsbinde, wo sonst Meister Floh bei Ausgängen sich beherbergt, fand Peregrinus bei sorgfältigerem Nachsuchen ein kleines Schächtelchen, worauf die Worte standen:

„Hierin befindet sich das mikroskopische Gedankenglas. Seht Ihr mit dem linken Auge scharf in die Schachtel hinein, so sitzt Euch das Glas augenblicklich in der Pupille; wollt Ihr es wieder heraus haben, so dürft Ihr nur das Auge in die Schachtel hineinhaltend, die Pupille sanft drücken und das Glas fällt auf den Boden der Schachtel. – Ich arbeite in Euern Geschäften, und wage viel dabei, doch für meinen lieben Schutzherrn tue ich alles, als

Euer dienstwilligster
Meister Floh."

– Hier gäb es nun für einen tüchtigen handfesten Romanschreiber, der mit starker, kielbewaffneter Hand alles menschliche Tun und Treiben zusammenarbeitet nach Herzenslust, die erwünschteste Gelegenheit, den heillosen Unterschied zwischen Verliebtsein und Lieben, nachdem solcher theoretisch genugsam abgehandelt, praktisch darzutun durch Peregrinus' Beispiel. Viel ließe sich da sagen vom sinnlichen Triebe, von dem Fluch der Erbsünde und von dem himmlischen Prometheusfunken, der in der Liebe die wahrhafte Geistergemeinschaft des diversen Geschlechts entzündet, die den eigentlichen notwendigen Dualismus der Natur bildet. Sollte nun auch besagter Prometheusfunken nebenher die Fackel des Ehegottes anstecken, wie ein tüchtiges hellbrennendes Wirtschaftslicht, bei dem es sich gut lesen, schreiben, stricken, nähen läßt, sollte auch eine fröhliche Nachkommenschaft sich ebensogut die Mäulchen gelegentlich mit Kirschmus beschmieren, als jede andere, so ist das hienieden nun einmal nicht anders. Überdem nimmt sich eine solche himmlische Liebe als erhabene Poesie sehr gut aus, und als das Beste darf in der Tat gerühmt werden, daß diese Liebe kein leeres Hirngespinnst, sondern daß wirklich etwas daran ist, wie viele Leute bezeugen können, denen es mit dieser Liebe bald gut, bald schlimm ergangen. –

Der geneigte Leser hat es aber längst erraten, daß Herr Peregrinus Tyß in die kleine Dörtje sich bloß beträchtlich verliebt hatte, daß aber erst in dem Augenblick, da er Lämmerhirts Röschen, das holde liebe Engelskind erblickte, die wahre himmlische Liebe hell aufloderte in seiner Brust.

Wenigen Dank würde aber gegenwärtiger Referent des tollsten, wunderlichsten aller Märchen einernten, wenn er, sich steif und fest an den Paradeschritt der daherstolzierenden Romanisten haltend, nicht unterlassen könnte, hier die jedem regelrechten Roman höchst nötige Langeweile sattsam zu erregen. Nämlich dadurch, daß er bei jedem Stadium, das das Liebespaar, nach gewöhnlicher Weise, zu überstehen hat, sich gemächliche Ruh und Rast gönnte. Nein! laß uns geliebter Leser, wie wackre, rüstige Reiter auf mutigen Rennern daherbrausend, und alles was links und rechts liegt nicht achtend, dem Ziel entgegeneilen. – Wir sind da! – Seufzer, Liebesklagen, Schmerz, Entzücken, Seligkeit, alles einigt sich in dem Brennpunkt des Augenblicks, da das holde Röschen, das reizende Inkarnat holder Jungfräulichkeit auf den Wangen, dem überglücklichen Peregrinus Tyß gesteht, daß sie ihn liebe, ja, daß sie es gar nicht sagen könne, wie so sehr, wie so über alle Maßen sie ihn liebe, wie sie nur in ihm lebe, wie er allein ihr einziger Gedanke, ihr einziges Glück sei.

Der finstere arglistige Dämon pflegt in die hellsten Sonnenblicke des Lebens hineinzugreifen mit seinen schwarzen Krallen; ja! durch den finstern Schatten seines unheilbringenden Wesens jenen Sonnenschein zu verdunkeln ganz und gar. So geschah es, daß in Peregrinus böse Zweifel aufstiegen, ja, daß ein gar böser Argwohn sich regte in seiner Brust.

„Wie?" schien eine Stimme ihm zuzuflüstern, „wie? auch jene Dörtje Elwerdink gestand dir ihre Liebe und doch war es schnöder Eigennutz, von dem beseelt, sie dich verlocken wollte, die Treue zu brechen und Verräter zu werden an dem besten Freunde, an dem armen Meister Floh?

Ich bin reich, man sagt, daß ein gewisses, gutmütiges Betragen, eine gewisse Offenheit, von manchem Einfalt genannt, mir die zweideutige Gunst der Menschen und auch wohl gar der Weiber verschaffen könne; und diese, die dir nun ihre Liebe gesteht –"

Schnell griff er nach dem verhängnisvollen Geschenk des Meister Floh, er brachte das Schächtelchen hervor und war im Begriff, es zu öffnen, um sich das mikroskopische Glas in die Pupille des rechten Auges zu setzen, und so Röschens Gedanken zu durchschauen.

Er blickte auf, und das reine Himmelsazur der schönsten Augen leuchtete in seine Seele hinein. Röschen, seine innere Bewegung wohl bemerkend, sah ihn ganz verwundert und beinahe besorglich an.

Da war es ihm, als durchzucke ihn ein jäher Blitz, und das vernichtende Gefühl der Verderbtheit seines Sinnes zermalmte sein ganzes Wesen.

„Wie?" sprach er zu sich selbst, „in das himmelreine Heiligtum dieses Engels willst du eindringen, in sündhaftem Frevel? Gedanken willst du erspähen, die nichts gemein haben können mit dem verworfenen Treiben gemeiner im Irdischen befangener Seelen? Verhöhnen willst du den Geist der Liebe selbst, ihn mit den verruchten Künsten bedrohlicher unheimlicher Mächte versuchend?"

Er hatte mit Hast das Schächtelchen in seine Tasche verborgen, es war ihm, als habe er eine Sünde begangen, die er nie, nie werde abbüßen können.

Ganz aufgelöst in Wehmut und Schmerz, stürzte er dem erschrockenen Röschen zu Füßen, rief: er sei ein Frevler, ein sündiger Mensch, der der Liebe eines engelreinen Wesens, wie Röschen, nicht wert sei, badete sich in Tränen.

Röschen, die nicht begreifen konnte, welcher finstere Geist über Peregrinus gekommen, sank zu ihm nieder, umfaßte ihn, indem sie weinend lispelte: „Um Gott, mein geliebter Peregrinus, was ist dir? was ist dir geschehen? welcher schlimme Feind stellt sich zwischen uns? o komm, o komm, setze dich ruhig zu mir nieder!"

Peregrinus ließ sich schweigend, keiner willkürlichen Bewegung fähig, von Röschen saft in die Höhe ziehen.

Es war gut, daß das alte etwas zerbrechliche Kanapee wie gewöhnlich, mit broschierten Büchern, fertigen Einbänden und einem nicht geringen Vorrat von allerlei Buchbinderutensilien bepackt war; so daß Röschen manches wegräumen mußte, um Platz für sich und den zerknirschten Herrn Peregrinus Tyß zu gewinnen. Er bekam dadurch Zeit, sich zu erholen und sein großer Schmerz, seine herzzerreißende Wehmut löste sich auf in das mildere Gefühl verübter, jedoch wohl zu sühnender Unbill.

War er zuvor, was seine Gesichtszüge betrifft, dem trostlosen Sünder zu vergleichen, über den das Verdammungsurteil unwiderruflich ausgesprochen, so sah er jetzt nur noch ein wenig einfältig aus. Solches Aussehen ist aber bei derlei Umständen jedesmal ein gutes Prognostikon.

Als nun beide, Röschen und Herr Pregrinus Tyß, zusammen, auf besagtem gebrechlichem Kanapee des ehrsamen Buchbindermeisters Lämmerhirt saßen, begann Röschen mit niedergeschlagenen Augen und halb verschämtem Lächeln: „Ich mag wohl erraten, mein Geliebter, was dein Gemüt so plötzlich bestürmt. Gestehen will ich es dir, man hat mir allerlei Wunderliches von den seltsamen Bewohnern deines Hauses erzählt. Die Nachbarinnen – nun du weißt, wie Nachbarinnen sind, die schwatzen und schwatzen gar gern, und wissen oft selbst nicht einmal was; – ja diese bösen Nachbarinnen haben mir erzählt, in deinem Hause sei ein gar wunderbares Frauenzimmer, die manche gar für eine Prinzessin hielten, und die du selbst, in der Christnacht, in dein Haus getragen. Der alte Herr Swammer habe sie freilich als seine entflohene Nicht bei sich aufgenommen, aber die Person stelle dir nach mit seltsamen Verlockungen. Doch das ist beileibe noch nicht das Schlimmste, denke dir mein geliebter Peregrinus, die alte Muhme geradeüber – du kennst sie wohl, die alte Frau mit der spitzen Nase, die so freundlich herüber grüßt, wenn sie dich sieht, und von der du einmal sagtest, als du sie sonntags in ihrem bunten stoffenen Ehrenkleide nach der Kirche ziehen sahst – ich muß noch lachen, wenn ich daran denke – es wolle dich gemahnen, als wandle ein Feuerlilienstrauch über die Straße, diese mißtrauische Muhme hat mir allerlei Böses in den Kopf setzen wollen.

So freundlich sie dich auch grüßt, so hat sie mich doch stets vor dir gewarnt und nichts Geringeres behauptet, als daß in deinem Hause Satanskünste getrieben würden, und daß die kleine Dörtje gar nichts anders sei, als ein kleines verkapptes Teufelchen, welches, um dich zu verlocken, in Menschengestalt umherwandle, und zwar in gar anmutiger und verführerischer.

Peregrinus! mein holder, geliebter Peregrinus, sieh mir ins Auge, du wirst keine Spur des leisesten Argwohn finden, ich habe dein reines Gemüt erkannt, niemals hat dein Wort, dein Blick, nur einen verfinsternden Hauch auf den hellen klaren Spiegel meiner Seele geworfen.

Ich vertraue dir, ich vertraue dem Gedanken der Seligkeit, die über uns kommen wird, wann ein festes Band uns verknüpft und die mir süße Träume voll Liebe und Sehnsucht verkündet! Peregrinus! mögen auch finstre Geister über dich beschlossen haben, was sie wollen, ihre Macht scheitert gebrochen an deinem frommen Wesen, das fest und stark ist in Liebe und unwandelbarer Treue.

Was soll, was kann eine Liebe verstören wie die unsrige; verbanne jeden Zweifel, unsre Liebe ist der Talisman, vor dem die nächtigen Gestalten fliehen." –

Dem Peregrinus kam Röschen in diesem Augenblick vor, wie ein höheres Wesen, jedes ihrer Worte wie Trost des Himmels. Ein unbeschreiblich Gefühl der reinsten Wonne durchströmte sein Innres, wie milder süßer Frühlingshauch. Er war nicht mehr der Sünder, der vermeßne Frevler, für den er sich gehalten, er glaubte mit Entzücken zu erkennen, daß er wert sei der Liebe der holdesten, engelreinsten Jungfrau.

Der Buchbindermeister Lämmerhirt kehrte mit seiner Familie von einem Spaziergange zurück.

Dem Peregrinus, so wie dem süßen Röschen, strömte das Herz über, und Herr Peregrinus verließ beim Einbruch der Nacht die enge Wohnung des himmelhoch erfreuten Buchbinders und seiner guten Alten, die vor lauter Wonne und Freude ein wenig mehr schluchzten als gerade nötig, als glücklicher, seliger Bräutigam.

Alle glaubwürdige und sehr authentische Notizen, aus denen diese wundersame Geschichte entnommen, stimmen darin überein, und der hundertjährige Kalender bestätigt es, daß gerade in der Nacht, da Herr Peregrinus Tyß als glücklicher Bräutigam nach Hause kam, der Vollmond sehr hell und freundlich schien, so daß der ganze Roßmarkt sich in seinem Silberglanz gar anmutig geputzt hatte. Natürlich scheint es, daß Herr Peregrinus Tyß, statt die Ruhe zu suchen, sich ins offene Fenster legte, um, wie es Liebenden ziemlich ist und wohl ansteht, in den Mond kuckend, noch ein wenig den Gedanken an seine holde Geliebte nachzuhängen.

Mag es nun aber auch bei dem geneigten Leser, vorzüglich aber bei den geneigten Leserinnen, dem Herrn Peregrinus Tyß zum offenbaren Nachteil gereichen, der Wahrheit muß ihr Recht geschehen, und es darf nicht verschwiegen bleiben, daß Herr Peregrinus, trotz seiner Seligkeit, zweimal so übermäßig und so laut gähnte, daß ein etwas angetrunkener Markthelfer, der gerade über die Straße taumelte, ihm laut zurief: „Na! Er da oben mit der weißen Nachtmütze, freß Er mich nur nicht auf!" Dies war nun die genügende Ursache, warum

Herr Peregrinus Tyß ganz unwillig das Fenster zuwarf, so daß die Scheiben klirrten. Man will sogar behaupten, daß er während dieses Akts laut genug gerufen: „Grober Schlingel!" Doch kann dies durchaus nicht verbürgt werden, da solches mit seiner sanften Gemütsart und Seelenstimmung ganz unverträglich scheint. Genug! Herr Peregrinus Tyß warf das Fenster zu und begab sich zur Ruhe. Das Bedürfnis des Schlafes schien indessen durch jenes unmäßige Gähnen beseitigt zu sein. Gedanken und Gedanken durchkreuzten sein Gehirn und vorzüglich lebhaft trat ihm die überstandene Gefahr vor Augen, da eine finstere Macht ihn zu einem verruchten Gebrauch des mikroskopischen Glases verlocken wollen, doch nun erst ging es ihm auch deutlich auf, daß Meister Flohs verhängnisvolles Geschenk, habe er es selbst auch gut damit gemeint, doch in jedem Betracht ein Geschenk sei, das der Hölle angehöre.

„Wie?" sprach er zu sich selbst, „ein Mensch, der die geheimsten Gedanken seiner Brüder erforscht, bringt über den diese verhängnisvolle Gabe nicht jenes entsetzliche Verhängnis, welches den ewigen Juden traf, der durch das bunteste Gewühl der Welt ohne Freude, ohne Hoffnung, ohne Schmerz, in dumpfer Gleichgültigkeit, die das Caput mortuum der Verzweiflung ist, wie durch eine unwirtbare trostlose Einöde wandelte?

Immer aufs neue hoffend, immer aufs neue vertrauend und immer wieder bitter getäuscht, wie kann es anders möglich sein, als daß Mißtrauen, böser Argwohn, Haß, Rachsucht in der Seele sich festnisten und jede Spur des wahrhaft menschlichen Prinzips, das sich ausspricht in mildem Vertrauen, in frommer Gutmütigkeit, wegzehren muß? Nein! dein freundliches Gesicht, deine glatten Worte sollen mich nicht täuschen, du, in dessen tiefem Innern vielleicht unverdienter Haß gegen mich verborgen; ich will dich für meinen Freund halten, ich will dir Gutes erzeigen, wie ich nur kann, ich will dir meine Seele erschließen, weil es mir wohltut, und das bittre Gefühl des Augenblicks, wenn du mich enttäuschest, ist gering zu achten gegen die Freuden eines schönen vergangenen Traumes. Und selbst die wahrhaften Freunde, die es wirklich gut meinen – wie wandelbar ist des Menschen Gemüt! – Kann nicht selbst ein böses Zusammentreffen widerwärtiger Umstände, eine Mißstimmung von der Unbill des launischen Zufalls erzeugt, in der Seele dieser Freunde einen vorübergehenden feindseligen Gedanken hervorbringen?

Und diesen Gedanken – erfaßt das unglückselige Glas, finsteres Mißtrauen erfüllt das Gemüt, und im ungerechtesten Zorn, in wahnsinniger Betörtheit, stoß ich auch den wahren Freund von der Brust und immer tiefer und tiefer bis in die Wurzel des Lebens frißt das tötende Gift des bösen Grolls, der mich mit allem Sein hienieden entzweit, mich mir selbst entfremdet.

Nein! Frevel, ruchloser Frevel ist es, sich wie jener gefallene Engel des Lichts, der die Sünde über die Welt brachte, gleichstellen zu wollen der ewigen Macht, die das Innere des Menschen durchschaut, weil sie es beherrscht.

Fort, fort, mit der unseligen Gabe!"

Herr Peregrinus Tyß hatte das kleine Schächtelchen, worin das mikroskopische Glas befindlich, ergriffen, und war im Begriff, es mit aller Gewalt gegen die Stubendecke zu schleudern.

Plötzlich saß Meister Floh in seiner mikroskopischen Gestalt, gar hübsch und anmutig anzuschauen, mit gleißendem Schuppenpanzer und den schönsten polierten goldenen Stiefeln, dicht vor dem Herrn Peregrinus Tyß auf der Bettdecke. „Halt!" rief er, „halt, Verehrtester! beginnt kein unnützes Zeug! Eher würdet Ihr ein Sonnenstäubchen vernichten, als dieses kleine unvertilgbare Glas auch nur einen Fuß breit fortschaffen, solange ich in der Nähe bin. Übrigens hatte ich mich, ohne daß Ihr es merktet, schon beim ehrlichen Buchbindermeister Lämmerhirt, wie gewöhnlich, in die Falte Eurer Halsbinde versteckt, und war daher Zeuge alles dessen, was sich begeben. Ebenso habe ich Euer jetziges erbauliches Selbstgespräch mit angehört und manche Lehre daraus gezogen.

Zuvörderst habt Ihr jetzt erst Euer, von der wahrhaften Liebe rein beseeltes Gemüt in der glänzendsten Glorie, wie einen mächtigen Strahl aus Euerm Innern hervorblitzen lassen, so daß, wie ich glaube, der höchste entscheidende Moment sich naht.

Dann habe ich auch eingesehen, daß, in Rücksicht des mikroskopischen Glases, ich in großem Irrtum befangen war. Glaubt es mir, verehrtester, geprüftester Freund, ohnerachtet ich nicht das Vergnügen habe, ein Mensch zu sein wie Ihr, sondern nur ein Floh, wiewohl kein simpler, sondern ein graduierter, meiner glorreichen Meisterschaft halber, so verstehe ich mich dennoch sehr gut auf das menschliche Gemüt und auf das Tun und Treiben der Menschen, unter denen ich ja beständig hausiere. Manches Mal kommt mir dies Treiben sehr possierlich, beinahe albern vor; nehmt das nicht übel, Verehrtester, ich sage das nur als Meister Floh. Ihr habt recht, mein

Freund, es wäre ein garstiges Ding, und könnte unmöglich zu Gutem führen, wenn ein Mensch dem andern so mir nichts dir nichts durch das Gehirn schaute; dem unbefangenen heitern Floh ist indessen diese Gabe des mikroskopischen Glases durchaus nicht im mindesten bedrohlich.

Ihr wißt es, verehrtester, und bald, will es das Geschick, glückseligster Herr Peregrinus, meine Nation ist leichten, ja leichtfertigen, mutigen Sinnes und man könnte sagen, sie bestehe aus lauter jugendlich kecken Springinsfelden. Dabei kann ich meinesteils mich aber einer gar besondern Lebensklugheit berühmen, die euch weisen Menschenkindern gemeinhin abzugehen pflegt. Das heißt, ich habe nie etwas getan im unschicklichen Moment. Stechen ist nun einmal das Hauptbedingnis meines Seins; aber stets habe ich zu rechter Zeit und an rechter Stelle gestochen. Laßt Euch das zu Herzen gehen, ehrlicher treuer Freund!

Ich empfange nun das Euch zugedachte Geschenk, welches weder das Präparat von Menschen, Swammerdamm genannt, noch der sich selbst in kleinlicher Mißgunst verzehrende Leuwenhoek, besitzen konnte, aus Euren Händen zurück, und werde es getreu bewahren. Jetzt mein verehrtester Herr Tyß, überlaßt Euch dem Schlummer. Bald werdet Ihr in ein träumerisches Delirium verfallen, in welchem der große Moment sich kundtut. Zu rechter Zeit bin ich wieder bei Euch."

Meister Floh verschwand, und der Glanz den er verbreitet, verlöschte in der tiefen finstren Nacht des Zimmers, dessen Vorhänge fest zugezogen.

Es geschah, wie Meister Floh gesagt hatte.

Herr Peregrinus Tyß wähnte bald, er liege an dem Ufer eines rauschenden Waldbachs und vernehme das Säuseln des Windes, das Flüstern der Gebüsche, das Sumsen von tausend Insekten, die ihn umschwirrten. Dann war es, als würden seltsame Stimmen vernehmbar, und deutlicher und immer deutlicher, so daß Peregrinus zuletzt Worte zu verstehen glaubte.

Doch nur ein verwirrtes sinnebetörendes Geschwätz drang in sein Ohr.

Endlich begann eine dumpfe feierliche Stimme, die jedoch immer heller und heller erklang, folgende Worte:

„Unglücklicher König Sekakis, der du das Verständnis der Natur verschmähtest, der du, verblendet von dem bösen Zauber des argli-

stigen Dämons, den falschen Teraphim erschautest, statt des wahrhaften Geistes.
An jenem verhängnisvollen Orte, auf Famagusta, in tiefem Schacht der Erde verborgen, lag der Talisman, doch da du dich selbst vernichtet, gab es kein Prinzip, seine erstarrte Kraft zu entzünden. Vergebns opfertest du deine Tochter, die schöne Gamaheh, vergebens war die Liebesverzweiflung der Distel Zeherit; doch auch ohnmächtig und wirkungslos blieb der Blutdurst des Egelprinzen. Gezwungen wurde selbst der tölpische Genius Thetel, die süße Beute fahren zu lassen, denn so mächtig war noch, o König Sekakis, dein halberloschener Gedanke, daß du die Verlorne wiedergeben konntest dem Urelement, dem sie entsprossen.
Wahnsinnige Detailhändler der Natur, daß euch die Arme in die Hände fallen mußte, daß ihr sie, in dem Blumenstaub jener verhängnisvollen Harlemer Tulpe entdecktet! Daß ihr sie quälen mußtet mit euren abscheulichen Versuchen, in kindischem Übermut wähnend, ihr vermöchtet durch eure schnöden Künste das zu bewirken, was nur durch die Kraft jenes schlummernden Talismans geschehen kann!
Und auch dir, Meister Floh, mocht es nicht vergönnt sein, das Geheimnis zu durchschauen, da deinem klaren Blick doch nicht die Kraft innewohnte, einzudringen in die Tiefe der Erde und den erstarrten Karfunkel zu erspähen.
Die Gestirne zogen daher, durchkreuzten sich auf ihrer Bahn in wunderbaren Schwingungen und furchtbare Konstellationen erzeugten das Staunenswerte, das dem blöden Auge des Menschen Unerforschliche. Doch kein siderischer Konflikt weckte den Karfunkel; denn nicht geboren wurde das menschliche Gemüt, das den Karfunkel hegen und pflegen müßte, damit er in der Erkenntnis des Höchsten in der menschlichen Natur erwache zu freudigem Leben – doch endlich! –
Das Wunder ist erfüllt, der Augenblick ist gekommen." –
Ein heller flackernder Schein fuhr bei Peregrinus' Augen vorüber. Er erwachte halb aus der Betäubung und – gewahrte zu seinem nicht geringen Erstaunen den Meister Floh, der in seiner mikroskopischen Gestalt, jedoch in den schönsten faltenreichen Talar gehüllt, eine hochauflodernde Fackel in den Vorderpfötchen haltend, emsig und geschäftig in dem Zimmer auf und nieder hüpfte und dabei feine gellende Töne ausstieß.
Herr Peregrinus wollte sich ganz aus dem Schlafe ermuntern, doch

plötzlich zuckten tausend feurige Blitze durch das Gemach, das bald von einem einzigen glühenden Feuerballe erfüllt schien.
Da durchzog aber ein milder aromatischer Duft das wilde Feuer, das bald wegloderte und zum sanften Mondesschimmer wurde.
Peregrinus fand sich wieder auf einem prächtigen Throne stehend, in den reichen Gewändern eines indischen Königs, das funkelnde Diadem auf dem Haupte, die bedeutungsvolle Lotosblume statt des Szepters in der Hand. Der Thron stand in einem unabsehbaren Saal errichtet, dessen tausend Säulen schlanke, himmelhohe Zedern waren.
Dazwischen erhoben aus dunklem Gesträuch die schönsten Rosen, sowie wundervolle süßduftende Blumen jeder Art, ihre Häupter empor, wie in dürstender Sehnsucht nach dem reinen Azur, das durch die verschlungenen Zweige der Zedern glänzend, wie mit liebenden Augen hinabblickte.
Peregrinus erkannte sich selbst, er fühlte, daß der zum Leben entzündete Karfunkel glühe in seiner eigenen Brust.
Im fernsten Hintergrund bemühete sich der Genius Thetel in die Lüfte zu steigen, doch erreichte er nicht die halbe Höhe der Zedernstämme, sondern plumpte schmachvoll zur Erde nieder.
Hier kroch aber der garstige Egelprinz in widerwärtigen Krümmungen hin und her, und suchte sich auf ekelhafte Weise bald dick aufzublasen, bald sich lang zu ziehen, und dabei stöhnte er: „Gamaheh – doch mein!"
In der Mitte des Saals saßen auf kolossalen Mikroskopen Leuwenhoek und Swammerdamm und schnitten gar klägliche, jämmerliche Gesichter, indem sie sich vorwurfsvoll wechselweise zuriefen: „Seht Ihr, das war der Punkt im Horoskop, dessen Bedeutung Ihr nicht herausbringen konntet. Auf ewig ist uns der Talisman verloren!"
Dicht an den Stufen des Thrones schienen aber Dörtje Elwerdink und George Pepusch nicht sowohl zu schlummern, als in tiefe Ohnmacht versunken.
Peregrinus oder – wir können ihn jetzt allenfalls so nennen – König Sekakis, schlug den Königsmantel, dessen Falten seine Brust bedeckten, zurück, und aus seinem Innern schoß der Karfunkel, wie Himmelsfeuer, blendende Strahlen durch den weiten Saal.
Mit einem dumpfen Geächze zerstäubte der Genius Thetel, indem er sich eben aufs neue in die Höhe schwingen wollte, in unzählige farblose Flocken, die, wie vom Sturme gejagt, sich im Gebüsche verloren.

Mit dem entsetzlichen Tone herzzerschneidendsten Jammers krümmte sich der Egelprinz zusammen, verschwand in der Erde und man vernahm ein unwilliges Brausen, als nehme sie den häßlichen unwillkommenen Flüchtling nur ungern auf in ihren Schoß. Leuwenhoek und Swammerdamm waren von den Mikroskopen herab in sich selbst zusammengesunken und man vernahm aus ihrem angstvollen Stöhnen und Ächzen, aus ihren bangen Todesseufzern, daß eine harte Qual sie erfaßt.

Aber Dörtje Elwerdink und George Pepusch oder wie sie hier besser zu benennen, die Prinzessin Gamaheh und die Distel Zeherit, waren aus ihrer Ohnmacht erwacht und hingekniet vor dem Könige, zu dem sie in sehnsüchtigen Seufzern zu flehen schienen. Doch senkten sie den Blick zur Erde, als vermöchten sie nicht den Glanz des strahlenden Karfunkels zu ertragen.

Sehr feierlich sprach nun Peregrinus:

„Aus schnödem Ton und den Federflocken, die ein einfältiger, schwerfälliger Strauß verloren, hatte dich der böse Dämon zusammengeknetet, dich, der du die Menschen täuschen solltest als Genius Thetel, deshalb vernichtete dich der Strahl der Liebe, dich leeres, wirres Phantom, und du mußtest zerstäuben in das gehaltlose Nichts.

Und auch du, blutdürstiges Ungetüm der Nacht, verhaßter Egelprinz, mußtest vor dem Strahl des glühenden Karfunkels entfliehen in den Schoß der Erde.

Aber ihr arme Betörten, unglücklicher Swammerdamm, beklagenswerter Leuwenhoek, euer ganzes Leben war ein unaufhörlicher ununterbrochener Irrtum. Ihr trachtet die Natur zu erforschen, ohne die Bedeutung ihres innersten Wesens zu ahnen.

Ihr wagtet es, einzudringen in ihre Werkstatt und ihre geheimnisvolle Arbeit belauschen zu wollen, wähnend, daß es euch gelingen werde, ungestraft die furchtbaren Geheimnisse jener Untiefen, die dem menschlichen Auge unerforschlich, zu erschauen. Euer Herz blieb tot und starr, niemals hat die wahrhafte Liebe euer Wesen entzündet, niemals haben die Blumen, die bunten leichtgeflügelten Insekten zu euch gesprochen mit süßen Worten. Ihr glaubtet die hohen heiligen Wunder der Natur in frommer Bewunderung und Andacht anzuschauen, aber indem ihr in freveligem Beginnen die Bedingnisse jener Wunder bis in den innersten Keim zu erforschen euch abmühtet, vernichtetet ihr selbst jene Andacht, und die Erkenntnis, nach der ihr strebtet, war nur ein Phantom, von dem ihr getäuscht wurdet, wie neugierige, vorwitzige Kinder.

Toren, euch gibt der Strahl des Karfunkels keinen Trost, keine Hoffnung mehr.“ –

„Ha, ha! noch ist wohl Trost, noch ist wohl Hoffnung, die Alte begibt sich zu den Alten, das ist ’ne Liebe, das ist ’ne Treue, das ist ne Zärtlichkeit. Und die Alte ist nun wirklich eine Königin und führt ihr Swammerdämmchen, ihr Leuwenhoekchen in ihr Reich und da sind sie schöne Prinzen und zupfen Silberfäden und Goldfäden und Seidenflickchen aus, und verrichten andere gescheute und sehr nützliche Dinge.“

So sprach die alte Aline, die plötzlich in wunderlichen Kleidern angetan, welche beinahe dem Anzuge der Königin von Golkonda in der Oper glichen, zwischen beiden Mikroskopisten stand. Diese waren aber auf solche Weise zusammengeschrumpft, daß sie kaum noch eine Spanne hoch zu sein schienen. Die Königin von Golkonda nahm die Kleinen, welche merklich ächzten und stöhnten, an ihre Brust, und liebkoste und hätschelte sie wie kleine Bübchen, indem sie ihnen mit tändelnden Worten freundlich zusprach. Darauf legte die Königin von Golkonda ihre niedlichen Püppchen in zwei kleine sehr zierlich aus dem schönsten Elfenbein geschnitzte Wiegen, und wiegte sie, indem sie dabei sang:

„Schlaf mein Kindchen schlaf,
Im Garten gehn zwei Schaf,
Ein schwarzes und ein weißes“ u. s. w.

Während dies geschah, knieten die Prinzessin Gamaheh und die Distel Zeherit noch immer auf den Stufen des Throns.

Da sprach Peregrinus: „Nein! Verstoben ist der Irrtum, der dein Leben verstörte, du geliebtes Paar. Kommt an meine Brust, Geliebte! Der Strahl des Karfunkels wird euer Herz durchdringen, und ihr werdet die Seligkeit des Himmels genießen.“ Mit einem Laut freudiger Hoffnung erhoben sich beide, die Prinzessin Gamaheh und die Distel Zeherit, und Peregrinus drückte sie fest an sein flammendes Herz.

Sowie er sie ließ, fielen sie sich in hohem Entzücken in die Arme; – verschwunden war die Leichenblässe von ihrem Antlitz und frisches

jugendliches Leben blühte auf ihren Wangen, leuchtete aus ihren Augen.
Meister Floh, der solange wie ein zierlicher Trabant an der Seite des Thrones gestanden, nahm plötzlich seine natürliche Gestalt an, und sprang, indem er laut gellend rief: „Alte Liebe rostet nicht!" mit einem tüchtigen Satz hinein in Dörtjens Nacken.
Doch o Wunder, in demselben Augenblick lag auch Röschen in hoher unbeschreiblicher Anmut holder Jungfräulichkeit prangend, überstrahlt von dem Glanz der reinsten Liebe, wie ein Cherub des Himmels, an Peregrinus' Busen.
Da rauschten die Zweige der Zedern, und höher und freudiger erhoben die Blumen ihre Häupter und gleißende Paradiesvögel schwangen sich durch den Saal, und süße Melodien strömten aus den dunklen Büschen, und wie aus weiter Ferne hallte jauchzender Jubel, und ein tausendstimmiger Hymnus der überschwenglichsten Lust erfüllte die Lüfte, und in der heiligen Weihe der Liebe regten sich die höchsten Wonnen des Lebens und sprühten und loderten empor, reines Ätherfeuer des Himmels! –

Herr Peregrinus Tyß hatte in der Nähe der Stadt ein gar schönes Landhaus gekauft, und hier sollte an *einem* Tage seine, so wie die Hochzeit seines Freundes George Pepusch mit der kleinen Dörtje Elwerdink, gefeiert werden.
Der geneigte Leser erläßt es mir wohl, den Hochzeitschmaus zu beschreiben, so wie genau zu sagen, wie sich übrigens alles an dem festlichen Tage begeben.
Gern überlasse ich es auch den schönen Leserinnen, den Anzug der beiden Bräute so zu ordnen, wie das Bild davon ihrer Fantasie gerade vorschwebt. Zu bemerken ist nur, daß Peregrinus und sein holdes Röschen die heitre kindliche Unbefangenheit selbst, George und Dörtje dagegen tief in sich gekehrt waren und Blick in Blick gesenkt, nur sich zu schauen, zu fühlen, zu denken schienen.

Es war Mitternacht, als plötzlich der balsamische Geruch der großblumigen Fackeldistel den ganzen weiten Garten, das ganze Landhaus durchdrang.
Peregrinus erwachte aus dem Schlaf, er glaubte tief klagende Melodien einer hoffnungslosen Sehnsucht zu vernehmen und ein seltsames ahnendes Gefühl bemeisterte sich seiner.

Es war ihm, als reiße sich ein Freund gewaltsam von seinem Busen.
Am andern Morgen wurde das zweite Brautpaar, nämlich George Pepusch und Dörtje Elwerdink vermißt, und man erstaunte nicht wenig, als man wahrnahm, daß sie das Brautgemach gar nicht betreten.
Der Gärtner kam in diesem Augenblick ganz außer sich herbei und rief: er wisse gar nicht, was er davon denken solle, aber ein seltsames Wunder sei im Garten aufgegangen.
Die ganze Nacht habe er vom blühenden *Cactus grandiflorus* geträumt und nun erst die Ursache davon erfahren. Man solle nur kommen und schauen.
Peregrinus und Röschen gingen herab in den Garten. In der Mitte eines schönen Bosketts war eine hohe Fackeldistel emporgeschossen, die ihre, im Morgenstrahl verwelkte Blüte hinabsenkte, und um diese Blüte schlang sich liebend eine lila- und gelbgestreifte Tulpe, die auch den Pflanzentod gestorben. –
„O meine Ahnung", rief Peregrinus, indem ihm die Stimme vor tiefer Wehmut bebte, „o meine Ahnung, sie hat mich nicht getäuscht! Der Strahl des Karfunkels, der mich zum höchsten Leben entzündete, gab dir den Tod, du durch seltsame Verschlingungen eines geheimnisvollen Zwiespalts dunkler Mächte verbundenes Paar.
Das Mysterium ist erschlossen, der höchste Augenblick alles erfüllten Sehnens war auch der Augenblick deines Todes."
Auch Röschen schien die Bedeutung des Wunders zu ahnen, sie bückte sich zu der armen gestorbenen Tulpe herab, und vergoß häufige Tränen.
„Ihr habt ganz recht", sprach Meister Floh, (der plötzlich in seiner anmutigen mikroskopischen Gestalt auf der Fackeldistel saß) „ja, Ihr habt ganz recht, wertester Herr Peregrinus; es verhält sich alles so, wie Ihr da eben gesprochen habt, und ich verlor nun meine Geliebte auf immer."
Röschen hatte sich beinahe über das kleine Ungetüm entsetzt, da Meister Floh sie aber mit solchen klugen freundlichen Augen anblickte, und Herr Peregrinus so vertraulich mit ihm tat, so faßte sie ein Herz, schaute ihm dreist ins kleine niedliche Antlitz, und gewann um so mehr Zutrauen zu der kleinen sonderbaren Kreatur, als Peregrinus ihr zuflüsterte: „Das ist mein guter lieber Meister Floh."
„Mein bester Peregrinus", sprach nun Meister Floh sehr zärtlich, „meine holde liebe Frau, ich muß euch jetzt verlassen und zurückkeh-

ren zu meinem Volk, doch werde ich euch treu und freundlich gewogen bleiben immerdar und ihr sollt meine Gegenwart auf euch ergötzliche Weise verspüren. Lebt wohl, lebt beide herzlich wohl! Alles Glück mit euch!"

Meister Floh hatte während dieser Zeit seine natürliche Gestalt angenommen und war spurlos verschwunden. –

Wirklich soll sich auch Meister Floh in der Familie des Herrn Peregrinus Tyß stets als ein guter Hausgeist bewiesen haben, und vorzüglich tätig gewesen sein, als nach Jahresfrist ein kleiner Peregrinus das holde Paar erfreute. Da hat Meister Floh am Bette der holden Frau gesessen und der Wärterin in die Nase gestochen, wenn sie eingeschlafen, ist in die mißratene Krankensuppe hinein- und wieder herausgesprungen u. s. w.

Gar hübsch war es aber von dem Meister Floh, daß er der Tyßischen Nachkommenschaft am Christtage es nie an den zierlichsten, von den geschicktesten Künstlern seines Volkes ausgearbeiteten Spielsächelchen fehlen ließ, so aber den Herrn Peregrinus Tyß auf gar angenehme Weise an jene verhängnisvolle Weihnachtsbescherung erinnerte, die gleichsam das Nest der wunderbarsten, tollsten Ereignisse zu nennen.

Hier brachen plötzlich alle weitere Notizen ab, und die wundersame Geschichte von dem Meister Floh nimmt ein fröhliches und erwünschtes

Ende.

Erscheinungen!

Gedachte man der letzten Belagerung von Dresden, so wurde Anselmus noch blässer als er schon sonst war. Er faltete die Hände auf dem Schoß, er starrte vor sich hin ganz verloren in trübe Gedanken, er grollte und murmelte sich selbst an: „Herr des Himmels! fuhr ich zur rechten Zeit in die neuen Klappstiefel hinein mit beiden Beinen, rannte ich, brennendes Stroh und berstende Granaten nicht achtend, schnell hinaus über die Brücke nach der Neustadt, so bog sich gewiß dieser, jener große Mann aus dem Kutschenschlage, und rief, mir freundlich zuwinkend: ‚Steigen Sie nur getrost ein, mein Guter!' Aber so wurd ich eingesperrt in den verfluchten Hamsterbau von Wällen, Parapets, Sternschanzen, verdeckten Gängen und mußte Not und Elend ertragen wie einer. – Kam es denn nicht so weit, daß der müßige Magen, stieß er, zum Zeitvertreib in Roux' Diktionaire blätternd, auf das Wort: Essen, ganz verwundert ausrief: ‚Essen? was ist denn das?' – Leute, die sonst wohlbeleibt gewesen, knöpften ihr eignes Fell über als breiten Brustlatz und natürlichen Spenzer. – O Gott, wär nicht noch der Archivarius Lindhorst gewesen! – Popowicz wollte mich zwar totschlagen, aber der Delphin spritzte wunderbaren Lebensbalsam aus den silberblauen Nüstern. – Und Agafia!" – Bei diesem Namen pflegte Anselmus vom Stuhl aufzufahren, ein ganz klein wenig – zwei – dreimal zu springen und sich dann wieder zu setzen. Es blieb ganz vergebens, den Anselmus zu fragen: was er eigentlich mit diesen verwunderlichen Redensarten und Grimassen meinte, er sagte bloß: „Kann ich's denn erzählen, wie alles sich begab mit Popowicz und Agafia, ohne für närrisch gehalten zu werden?" Alle lächelten zweideutig, als wollten sie sagen: „Ei Lieber, das geschieht ja schon ohnedem." – An einem trüben nebligen Oktoberabend trat Anselmus, den man fern glaubte, ganz unvermutet bei seinem Freunde zur Stubentür hinein. Er schien im tiefsten Gemüt aufgeregt, er war freundlicher, weicher als sonst, beinahe wehmütig, sein zuzeiten vielleicht gar zu wild herumfahrender Humor beugte sich gezähmt und gezügelt dem mächtigen Geist, der sein Innerstes erfaßt. – Es war ganz finster worden, der Freund wollte Lichter herbeischaffen, da sprach Anselmus, indem er den Freund bei beiden Armen ergriff: „Willst du mir einmal ganz zu Willen sein, so steck keine Lichter an, laß es bewenden bei dem matten Schein deiner Astrallampe, der dort aus jenem Kabinett zu uns herüberschimmert. Du kannst machen was du willst – Tee trinken, Tabak rauchen, aber zerschmeiße keine Tasse und wirf mir keinen brennenden Fidibus auf die neue Weste. Beides könnte mich nicht allein kränken, sondern auch unnützerweise hineinlärmen in den Zaubergarten, wo ich nun heute einmal hineingeraten bin und mich sattsam erlustiere. – Ich setze mich hier ins Sofa!" – Er tat das. Nach einer ziemlich langen Pause fing er an: „Morgen früh um acht Uhr sind es gerade zwei Jahre her, als der Graf von der Lobau mit zwölftausend Mann und vierundzwanzig Kanonen aus Dresden auszog, um sich nach den Meißner Bergen hin durchzuschlagen –" – „Nun, das muß ich gestehen", rief der Freund laut lachend, „mit wahrer Andacht hab ich gewartet auf irgend eine himmlische Erscheinung, die deinem Zaubergarten entschweben würde und nun! – Was geht mich der Graf von der Lobau und sein Ausfall an? – und daß du es behalten hast, daß es gerade zwölftausend Mann und vierundzwanzig Kanonen waren! Seit wann kleben denn kriegerische Ereignisse fest in deinem Kopfe?" – „Ist dir denn", sprach Anselmus, „ist dir denn die so kurz vergangene verhängnisvolle Zeit schon so fremd geworden, daß du es nicht mehr weißt, wie das geharnischte Ungetüm uns alle erreichte und erfaßte? – Das: *Noli turbare* rettete uns nicht mehr vor eigner Gewaltanstrengung und wir *wollten* nicht gerettet sein, denn in *jedes* Brust schnitt der Dämon tiefe Wunden, und aufgereizt von wildem Schmerz ergriff jedes Faust die ungewohnte Waffe, nicht nur zum Schutz, nein, zum Trutz, damit die heillose Schmach gebüßt und gerächt werde im Tode. – Lebendig gestaltet in Fleisch und Blut tritt mich eben heute die Macht an, welche in jenen dunklen Tagen waltete und mich fort, trieb von Kunst und Wissenschaft in das blutige Getümmel. – War es mir denn möglich am Schreibtisch sitzen zu bleiben? – Ich trieb mich auf den Gassen umher, ich lief den ausziehenden Truppen nach, so weit ich durfte, nur um selbst zu schauen und aus dem was ich geschaut Hoffnung zu schöpfen, erbärmliche prahlhafte Anschlagszettel und Nachrichten nicht achtend. Als nun vollends jene Schlacht aller Schlachten geschlagen war, als ringsumher alles hoch aufjauchzte im entzückenden Gefühl wiedergewonnener Freiheit, und wir noch gefesselt in Sklavenketten lagen, da wollte mir die Brust zerspringen.

Es war mir, als müsse ich durch irgend eine entsetzliche Tat, mir und allen, die mir gleich an die Stange gekettet, Luft und Freiheit verschaffen. – Es mag dir jetzt und so wie du mich überhaupt zu kennen glaubst, abenteuerlich, spaßhaft vorkommen, aber ich kann es dir sagen, daß ich mich mit dem wahnsinnigen Gedanken trug: irgend ein Fort, das der Feind, wie ich wußte, mit starken Pulvervorräten versehen, anzuzünden, und in die Luft zu sprengen." – Der Freund mußte unwillkürlich ein wenig lächeln über den wilden Heroismus des friedfertigen Anselmus, *der* konnte das aber nicht bemerken, da es finster war, und fuhr nachdem er einige Augenblicke geschwiegen, in folgender Art fort: „Ihr habt es ja alle oft gesagt, daß ein eigner Stern, der über mir waltet, mir in wichtigen Momenten fabelhaftes Zeug dazwischenschiebt, woran niemand glaubt und das mir selbst oft wie aus meinem eignen innern Wesen hervorgegangen erscheint, unerachtet es sich dann auch wieder außer mir als mystisches Symbol des Wunderbaren, das uns im Leben überall entgegentritt, gestaltet. – So ging es mir heute vor zwei Jahren in Dresden – Der ganze Tag verstrich in dumpfer ahnungsvoller Stille, vor den Toren blieb alles ruhig, kein Schuß fiel. Spät abends, es mochte beinahe zehn Uhr sein, schlich ich nach einem Kaffeehause auf dem Altmarkt, wo in einem entlegenen Hinterstübchen, das keiner der verhaßten Fremden betreten durfte, gleichgesinnte Freunde sich einander in Trost und Hoffnung ermutigten. Dort war es, wo, allen Lügen zum Trotz, die wahren Berichte der Schlachten an der Katzbach, bei Kulm etc. mitgeteilt wurden, wo unser R. schon zwei Tage nachher den Triumph bei Leipzig verkündete, den er, Gott weiß auf welche geheimnisvolle Art erfahren. Mein Weg führte mich bei dem Brühlschen Palast, in welchem der Marschall wohnte, vorüber, und es fiel mir die ganz besonders helle Beleuchtung der Säle, so wie das rege Getümmel im Flur des Hauses auf. Eben sagte ich dies den Freunden mit der Bemerkung: daß gewiß etwas bei dem Feinde im Werke sein müsse, als R. ganz erhitzt und außer Atem schnell eintrat. ‚Hört das Neueste', fing er sogleich an: ‚soeben hielt man bei dem Marschall großen Kriegsrat. Der General Mouton (Graf von der Lobau) will sich mit zwölftausend Mann und vierundzanzig Kanonen nach Meißen hin durchschlagen. Morgen früh geschieht der Ausfall.' Vieles wurde nun hin und her geredet und man pflichtete endlich R.s Meinung bei, daß dieser Anschlag, der bei der regen Wachsamkeit unserer Freunde draußen, sehr leicht dem Feinde verderblich werden könnte, vielleicht früher den Marschall zur Kapitulation zwingen und unser Elend enden würde. ‚Wie kann R. in demselben Augenblick des Beschlusses erfahren haben, was beschlossen worden', dachte ich, als ich um Mitternacht zurückkehren wollte in mein Haus, aber bald vernahm ich, wie es durch die Grabesstille der Nacht dumpf zu rasseln begann. Geschütz und Pulverwagen, reichlich mit Fourage bepackt, zogen langsam bei mir vorüber nach der Elbbrücke zu. ‚R. hat doch recht', so mußt ich mir selbst sagen. Ich folgte dem Zuge und kam bis auf die Mitte der Brücke an den damals gesprengten Bogen, der durch hölzerne Gerüste ersetzt war. Von beiden Seiten des Gerüsts, hüben und drüben, befand sich auf der Brücke eine Verschanzung von hohen Palisaden und Erdwällen. Hier vor der Verschanzung drückte ich mich dicht an das Geländer der Brücke, um nicht bemerkt zu werden. Da war es mir, als finge eine der hohen Palisaden an sich hin und her zu bewegen und sich herabzubeugen zu mir, dumpfe unverständliche Worte murmelnd. Die dicke Finsternis der neblichten Nacht ließ mich nichts deutlich erkennen, aber als nun das Geschütz vorüber und es totenstill auf der Brücke worden, als ich tiefe schwere Atemzüge, ein leises ahnungsvolles Gewimmer dicht neben mir vernahm, als sich der dunkle Holzblock höher und höher aufrichtete, da überlief mich eiskaltes Grauen und wie vom schweren Traum geängstet vermochte ich, in Bleiangeln festgefußt, mich nicht zu regen. Der Nachtwind erhob sich und trieb den Nebel über die Berge, der Mond warf bleiche Strahlen durch die zerrissenen Wolken. Da gewahrte ich, unfern von mir, die Gestalt eines hohen Greises mit silberweißem Haupthaar und langem Bart. Er hatte den knapp über die Hüften reichenden Mantel in vielen dicken Falten um Brust und Schultern geworfen, einen weißen langen Stab hielt er, den nackten Arm weit vorgestreckt, über den Strom hinaus. Er war es, der so wimmerte und murmelte. In dem Augenblick sah ich von der Stadt her Gewehre blinken und hörte Tritte. Ein französisches Bataillon marschierte in tiefem Schweigen über die Brücke. Da kauerte der Alte nieder und fing an mit kläglicher Stimme zu jammern, indem er den Vorüberziehenden eine Mütze hinhielt wie um Almosen bettelnd. Ein Offizier rief lachend: ‚*Voilà St. Pierre, qui veut pêcher!*' der ihm folgte, blieb stehen und sprach sehr ernst, indem er dem Alten Geld in die Mütze warf: ‚*Eh bien moi pêcheur, je lui aiderai à pêcher.*' – Mehrere Offiziere und Soldaten, aus den Gliedern heraustretend, warfen nun still und nur manchmal leise aufseufzend, wie in banger Todeserwartung, dem

Alten Geld hin, der dann jedesmal mit dem Kopf seltsam hin und her nickte und dabei ein dumpfes Geheul ausstieß. Endlich sprengte ein Offizier (ich erkannte den General Mouton) so dicht heran an den Alten, daß mir bangte, das schäumende Roß werde ihn zertreten und fragte, indem er mit schneller Wendung nach dem Adjutanten hin, sich den schwankenden Hut auf dem Kopfe festschlug, stark und wild: *‚Qui est cet homme?‘* – Die Reiter, die ihm folgten, blieben alle still, aber ein alter bärtiger Sappeur, der außer Glied und Reihe mit der Axt auf der Schulter so nebenher schlenderte, sprach ruhig und ernst: *‚C'est un pauvre maniaque bien connu ici. On l'appelle St. Pierre pêcheur.‘* Damit wogte der Zug nicht wie sonst wohl in faselndem Scherz und frechem Jubel, nein, in trüber Unlust die Brücke entlang vorüber. Sowie der letzte Ton verhallte, sowie der letzte Schein der Waffen in fernem Dunkel verblinkte, hob sich der Alte langsam in die Höhe und stand das Haupt aufgerichtet, den Stab emporgestreckt in grauenvoller Majestät da, als wolle er, ein wundertätiger Heiliger, den stürmenden Wellen gebieten. Mächtiger und mächtiger rauschten wie aus tiefstem Grunde bewegt die Wogen des Stroms. Es war mir als vernähm ich mitten im Rauschen eine dumpfe Stimme. ‚Michael Popowicz – Michael Popowicz – siehst du noch nicht den Feuermann?‘ – So tönte es von unten herauf in russischer Sprache. – Der Alte murmelte in sich hinein, er schien zu beten. Doch pltözlich schrie er laut auf: ‚Agafia!‘ und in demselben Augenblick erglänzte sein Antlitz wie in blutrotem Feuer, das aus der Elbe herauf ihn anstrahlte. Auf den Meißner Bergen loderten mächtige flackernde Flammen hoch in die Lüfte, ihr Widerschein strahlte in der Elbe, in dem Antlitz des Greises. Nun fing es an ganz nahe bei mir am Gerüst der Brücke zu plätschern und zu plätschern, immer stärker und stärker und ich gewahrte wie eine dunkle Gestalt mühsam heraufkletterte und sich mit wunderbarer Gewandtheit über das Geländer hinüberschwang. – ‚Agafia!‘ schrie der Alte noch einmal. – ‚Mädchen, um des Himmels willen! – Dorothee wie –‘ so fing ich an, aber in dem Augenblick fühlte ich mich umfaßt, und mit Gewalt fortgezogen. ‚O um Jesus! – Sei doch nur stille lieber Anselmus, du bist ja sonst des Todes!‘ lispelte die Kleine, die nun vor mir stand, zitternd und bebend vor Frost. Die langen schwarzen Haare hingen triefend herab, die ganz durchnäßten Kleider schlossen eng an den schlanken Leib. Sie sank nieder vor Mattigkeit und klagte leise: ‚Ach, es ist drunten so kalt – sprich nur nichts mehr, lieber Anselmus, sonst müssen wir ja sterben!' – Der Feuerschein glühte in ihrem Gesicht, ja es war Dorothee, das hübsche Bauernmädchen, die sich, da ihr Dorf geplündert, ihr Vater erschlagen, zu meinem Hauswirt geflüchtet, der sie in seine Dienste genommen. ‚Das Unglück hat sie ganz stupid gemacht, sonst wäre sie ein gutes Ding', pflegte mein Hauswirt zu sagen, und er hatte recht, denn außerdem, daß sie beinahe gar nicht und nur konfuses Zeug sprach, entstellte auch ein nichtssagendes unheimliches Lächeln das sonst wunderschöne Antlitz. Sie brachte mir jeden Morgen den Kaffee aufs Zimmer und da bemerkte ich denn freilich, daß ihr Wuchs, ihre Farbe, ihre Haut durchaus sich nicht zur Bäuerin reimen wollten. ‚Ei', pflegte mein Wirt dann weiter zu sagen, ‚ei Herr Anselmus', sie ist ja auch eines Pächters Tochter und noch dazu aus Sachsen." – Als nun die Kleine triefend, bebend, halbentseelt vor mir mehr lag als kniete, da riß ich schnell meinen Mantel herab und hüllte sie ein, indem ich leise lispelte: ‚Erwärme dich doch nur, ach, erwärme dich doch nur, liebe Dorothee! Du mußt ja sonst umkommen. – Aber was machst du auch im kalten Strom!' – ‚Still doch nur', erwiderte die Kleine, indem sie den Kragen des Mantels, der ihr übers Gesicht gefallen, wegschlug und mit den Fingerchen die triefenden Haare zurückkämmte, ‚still doch nur! – Komm auf jene steinerne Bank! – Vater spricht jetzt mit dem heiligen Andreas und hört uns nicht.' – Wir schlichen leise hin. Ganz erfaßt von den wunderbarsten Gefühlen, ganz übermannt von Graus und Entzücken, schloß ich die Kleine in meine Arme, sie setzte sich ohne Umstände auf meinen Schoß, sie schlang ihren Arm um meinen Hals, ich fühlte wie das Wasser eiskalt aus ihren Haaren über meinen Nacken hinabrann, aber wie Tropfen in flammendes Feuer hineingespritzt die Glut nur vermehren, siedete stärker in mir Liebe und Verlangen. ‚Anselmus', lispelte die Kleine, ‚Anselmus, du bist doch wohl ein guter Mensch, du singst, daß es mir recht zu Herzen geht, und bist auch sonst manierlich. Du wirst mich nicht verraten. Wer sollte dir denn auch wohl Kaffee kochen? – Und höre! wenn ihr bald alle hungern werdet, wenn kein Mensch dich speisen wird, dann komm ich zu dir nachts ganz allein, daß es niemand weiß, und backe dir im Ofen recht schöne Piroggen – ich habe Mehl, feines Mehl versteckt in meinem Kämmerlein; – dann wollen wir Hochzeitskuchen essen, so weiß und schön!' – Die Kleine lachte, aber dann fing sie an zu schluchzen: ‚Ach, wie in Moskau! – O mein Alexei, mein Alexei, du schöner Delphin – schwimme – schwimme auf den Fluten, harrt denn deiner nicht die treue Braut?' – Sie neigte das Köpfchen und leiser und leiser schluchzend, und auf und nieder atmend wie in sehnsuchtsvollen Seufzern schien sie einzuschlummern. Ich blickte nach dem Alten, der stand mit weit ausgespreizten Armen und sprach in tiefem hohlen Ton: ‚Er winkt euch! – Er winkt euch, seht wie mächtig er seines Flammenbarts feurige Locken schüttelt, wie er ungeduldig die Feuersäulen, auf denen er das Land durchwandelt, in den Boden stampft – hört ihr nicht seine stöhnenden Tritte, fühlt ihr nicht den belebenden Atem, der wie ein funkensprühender Heerrauch euch voraufzieht? – heran! – heran – ihr tüchtigen Brüder!' – Des Alten Worte waren anzuhören wie das dumpfe Brausen der heranziehenden Windsbraut, und indem er sprach, flackerte immer lebendiger und höher das Feuer auf den Meißner Bergen. ‚Hilf, heiliger Andreas, hilf!' stöhnte die Kleine im Schlaf, dann fuhr sie auf, wie plötzlich schreckhaft berührt, und indem sie mich fester mit dem linken Arm umschlang, raunte sie mir ins Ohr: ‚Anselmus, ich will dich doch lieber ermorden!' Ich sah in ihrer Rechten ein Messer blinken. – Entsetzt stieß ich sie zurück, indem ich laut aufschrie: ‚Rasende, was beginnst du?' – Da kreischte sie auf: ‚Ach ich kann es ja doch nicht tun – aber jetzt bist du verloren'. – In demselben Augenblick schrie der Alte: ‚Agafia! mit wem sprichst du?' und ehe ich mich besinnen konnte, stand er dicht vor mir und führte mich hochgeschwungenem Stabe einen entsetzlichen Schlag, der mein Haupt zerschmettert haben würde, hätte mich Agafia nicht von hinten erfaßt und schnell forgerissen. Der Stab zersplitterte auf dem Steinpflaster in tausend Stücke, der Alte sank in die Knie! – *‚Allons! – Allons!'* erscholl es von allen Seiten; ich mußte mich aufraffen und schnell auf die Seite springen, um nicht von aufs neue heranziehenden Kanonen und Pulverwagen gerädert zu werden. Andern Morgens trieben die Russen den übermütigen Heerführer mit Schmach herab von den Bergen und hinein in die Schanzen. – ‚Es ist eigen', sagte man, ‚daß die Freunde draußen von dem Vorhaben des Feindes wußten, denn das Signalfeuer auf den Meißner Bergen zog die Truppen zusammen, um mit voller Kraft da widerstehen und siegen zu können, wo der Feind den unerwarteten Hauptstreich auszuführen gedachte.' – Dorothee brachte mir mehrere Tage hintereinander nicht den Kaffee. Ganz erblaßt vor Schrecken erzählte mir der Hauswirt, daß er Dorotheen und den wahnsinnigen Bettler von der Elbbrücke mit starker Wache aus dem Hause des Marschalls nach der Neustadt führen gesehen." – „O Herr des Himmels! – sie wurden erkannt und hingerichtet!" rief hier der Freund aus; aber Anselmus lächelte seltsam und sprach: „Agafia wurde gerettet, aus ihren Händen empfing ich, als die Kapitulation geschlossen, ein schönes weißes Hochzeitsbrot, das sie selbst gebacken." –

Mehr war aus dem störrischen Anselmus von dieser wunderlichen Begebenheit nicht herauszubringen.

Die Vision auf dem Schlachtfelde bei Dresden.

Auf den dampfenden Ruinen des Feldschlößchens stand ich und sah hinab in die mit blutigen Leichen, mit Sterbenden bedeckte Ebene. Das dumpfe Röcheln des Todeskampfes, das Gewinsel des Schmerzes, das entsetzliche Geheul wütender Verzweiflung durchschnitt die Lüfte, und wie ein ferner Orkan brauste der Kanonendonner, die noch nicht gesättigte Rache furchtbar verkündend.

Da war es mir, als zöge ein dünner Nebel über die Flur, und in ihm schwamm eine Rauchsäule, die sich allmählich verdickte zu einer finstern Gestalt. Näher und näher schwebend stand sie hoch über meinem Haupte, da regte und bewegte sich alles auf dem Schlachtfelde; zerrissene Menschen standen auf und streckten ihre blutigen Schädel empor, und wilder wurde das Geheul, entsetzlicher der Jammer!

Ein wunderbarer roter Schein blitzte, wie aus der Tiefe der Erde fahrend, durch die Luft, und aus Osten und Westen kamen lange – lange Züge leuchtender Gerippe heran, in den knöchernen Fäusten Schwerter tragend, und sie erhebend gegen die Gestalt – und immer wilder wurde das Geheul – entsetzlicher der Jammer!

Aufs neue blitzte der rote Schein aus tiefer Erde, und aus Mittag und Mitternacht zogen zahllos die Gerippe heran mit glühenden Schwertern der Gestalt drohend. Und immer wilder und wilder wurde das Geheul, entsetzlicher der Jammer: „Rache – Rache – unsere Qual über dich, blutiger Mörder!"

Aus den blutigen Augen der Leichname, aus den knöchernen Augenhöhlen der Gerippe schoßen Strahlen hinauf, die wie in emporflakkernden Flammen die Gestalt erleuchteten. – Es war der Tyrann! – Er streckte seine Rechte aus über die Ebene und sprach: „Was wollt ihr, Törichte, bin ich nicht selbst die Rache, bin ich nicht selbst das Verhängnis, dem ihr dienend gehorchen müßt?"

Da schrien die Stimmen von der Ebene herauf: „Verworfener! höhne nicht die Macht, die hoch über dir schwebt – schaue über dich, Verblendeter!"
Aber der Tyrann senkte sein Haupt noch tiefer herab und sprach: „Erkennt ihr mich? – ich bin der Tod!"
Da heulten noch wütender die Stimmen: „Verworfener! höhne nicht die Macht, die den Tod sendet. Schaue über dich!"
Doch nicht aufwärts richtete der Tyrann seinen Blick, sondern zur Erde starrend sprach er: „Wahnsinnige! was sucht ihr über meinem Haupt? – über mir [ist] nichts! – öde ist der finstere Raum da droben, denn ich selbst bin die Macht der Rache und des Todes, und wenn ich meine Arme ausstrecke über euch, verstummt euer Jammer, und ihr sinkt vernichtet in den Staub!"
Und als er dies gesprochen, streckte er seine Arme, wie im roten Feuer glühende Sicheln weit über die Ebene, und es war als öffne die Erde den schwarzen bodenlosen Abgrund, die Leichname und Gerippe versanken und ihr Geheul, ihr schneidender Jammer verhallte in der Tiefe.
Da fuhr es herauf im tosenden Ungestüm wie eine Windsbraut, die Erde bebte, und in dem Sturme heulte und winselte die tiefe Klage von tausend Menschenstimmen. Nun quollen Blutstropfen aus der Tiefe, die das Wiesengrün färbten, und bald gleich rauschenden Bächen im schäumenden Strom zusammensprudelten, der über die Ebene brauste. Immer stärker, immer höher stürmten seine Wellen, und aus dem zischenden gärenden Blut hob bald ein fürchterlicher riesiger Drache sein entsetzliches Haupt empor. Bald tauchte der glühende schuppige Schlangenleib aus den Blutwellen, und mit den schwarzen Fittichen gewaltig rauschend, daß wie vor dem mächtigen Orkan die Wälder sich beugten, flog der Drache auf in die Lüfte, und er faßte den Tyrannen mit den spitzigen Krallen, die er tief in seine Brust eingrub. – Da schrie der Tyrann von dem gräßlichen Schmerz gepackt auf im Krampf der Verzweiflung, daß seine Stimme im heulenden Mißton durch des Sturmes Brausen gellte, aber es erscholl wie Posaunen von oben herab:
„Erdenwurm! der du dich erhoben aus dem Staube – wähntest du nicht vermessen, die Macht zu sein, die den Schmerz, die den Tod sendet? – Erdenwurm, die Stunde der Erkenntnis, der Vergeltung ist da! – Aus denen, die du opfertest im frevelnden Hohn, wurde die Qual geboren, die dich zerfleischt im ewigen Jammer!"

Nun umschlang, fester und fester sein Gewinde schnürend, der Drache den Tyrannen, und überall gingen aus seinem Leibe spitze glühende Krallen hervor, die er wie Dolche in das Fleisch des Tyrannen schlug. Da wand der Tyrann, wie durch namenlose Folter verrenkt, das Haupt empor, und sah über sich die in blendendem Funkeln strahlende Sonne, den Fokus des ewigen Verhängnisses, und entsetzlicher, schneidender wurde der heulende Jammer: „Erlösung – Erlösung von dieser Qual – Tod – Ruhe in der tiefsten Tiefe der Erde!"
Da erscholl aus dem Fokus aufs neue die Stimme im Posaunenton: „Entarteter! Verworfener! – die Erde ist nicht deine Heimat, die dir Ruhe gibt, denn nur dem Menschen, den du frech verhöhntest, ist es vergönnt, in ihrem Schoße zu ruhen, bis er durchstrahlt vom ewigen Lichte emporkeimt zum höhern Sein, aber im öden Raum ist *dein* Sein ewige Qual."
„Ach, nur Linderung, nur Trost in meinem Jammer", heulte der Tyrann.
„Schau herab", sprach die Stimme: „ob du in eines Menschen Brust Trost für dich finden magst, und deine Qual soll gelindert sein!"
Da trug das Ungeheuer den Tyrannen tiefer herab zur Erde, und es rauschten im nächtlichen Dunkel finstere gräßliche Gestalten – Nero – Dschingiskhan – Tilly – Alba waren unter ihnen, sie schauten mit tiefem Entsetzen die Marter des Tyrannen und dumpf murmelten ihre Stimmen: „Was ist unsere Qual gegen seine Marter, denn uns ward noch Trost von der Erde, der wir angehörten."
Der Tyrann schaute um sich im wahnsinnigen Verlangen, aber öde blieb es auf der Ebene. „Ist denn in keines Menschen Brust Trost für meine Qual!" schrie er in gräßlicher Verzweiflung, aber seine Stimme verhallte in den weiten Gründen, und kein menschlicher Ton des Trostes auf der ganzen weiten Erde unterbrach das dumpfe Schweigen der furchtbaren Öde.
Da faßte ihn gewaltiger der Drache, und bohrte tiefer die glühenden Krallen in seine Brust, daß schrecklicher das Geheul seines namenlosen Jammers der wütendsten Verzweiflung durch die Lüfte raste, aber aus dem Fokus strahlte die Posaunenstimme: „Für dich kein Trost auf der Erde, der du im frevelnden Hohn entsagtest. Ewig ist die Vergeltung und deine Qual!"
Als ich, wie aus schwerem Traum erwachte, die Ruinen verließ, hatte sich schon tiefe Dämmerung über die Flur gelegt; der Raub schlich gierig spähend dem Morde nach – winselnde Sterbende wurden

geplündert. Es hielt schwer durch den Schlag zu kommen, denn der Tumult herein- und herausziehender Soldaten drückte die Menschen zusammen. – Noch hallte die Stimme der ewigen Macht, die das Urteil über den Verdammten gesprochen, in meiner Brust, als ich schon in friedlicher Wohnung von den Schrecknissen des Tages ausrastete. –

Ruhiger wurde es endlich in meiner Seele, und bald war es mir, als sei das glänzende Sternbild der Dioskuren segensreich über der Erde aufgegangen, die erquickt den mütterlichen Schoß öffnete, um die Früchte des Friedens in nie versiegendem Reichtum zu spenden. Ich erkannte die strahlenden Helden, die Söhne der Götter: – Alexander und Friedrich Wilhelm!

[Dresdner Kriegserlebnisse im August 1813]
[Beginn von:] Drei verhängnisvolle Monate!

(Auszug aus meinem Tagebuch für die Freunde)

Dresden Den 15 August 1813.

Schon seit der Feier des Napoleons-Festes am 10. waren täglich Truppen und Geschütz herausgegangen. Heute verließ der Kaiser mit den Garden die Stadt und zog fort auf der Straße nach Schlesien, man spricht von einer nahen entscheidenden Schlacht.

16, 17, 18, 19.

Gänzliche Totenstille. – Man spricht ganz heimlich, daß Österreich den Verbündeten beigetreten.

20.

Es sollen sich Preußen und Russen der Stadt nähern.

21.

Augenscheinliche Retirade der Franzosen von der schlesischen Seite her; eine zahllose Menge Verwundeter auf Wagen – Kavalleristen ohne Pferde – Infanterist[en] ohne Gewehr etc. etc.

22.

Früh morgens ein ungewöhnliches Hin- und Hertreiben in der Stadt – das Militär ist in voller Bewegung – nur mit Mühe gelang es die schwürige Hauptprobe der *Iphigenia in Tauris* die den Abend gegeben werden sollte zu beendigen, denn während derselben kam die Nachricht daß Tore und Schläge gesperrt sind weil die Russen und Preußen ganz in der Nähe stehen. Polnische Offiziere die des Morgens in einem Kaffeehause dicht vor dem Freiberger Schlag Billiard spielten wurden von Kosaken überfallen und gefangen abgeführt. Gegen Abend wurde es ruhiger und *Iphigenia* wurde wirklich gegeben. – Übrigens zog ich in aller Eil vom Sande hinein auf die Moritzstraße.

23.

Größere Unruhe als gestern. Man hört ganz in der Nähe Kanonendonner und vor dem Seetor ganz deutlich das Tirailleurfeuer. Auf den Straßen sieht man Verwundete noch unverbunden blutig zurückkommen. Zum Teil werden sie auf Schubkarren hineingebracht; in dieser Art begegnete ich auf der Seegasse einem Offizier, dem beide Augen ausgeschossen waren.

24.

Die Unruhe steigt; Kanonen, Pulverwagen werden im Galopp zu den Toren hinausgeführt – immerwährendes Schießen; das Schwarze Tor war offen und ich eilte nach dem Linkschen Bade, wo man die franz[ösischen] und feindlichen Batterien von Pirna ganz deutlich arbeiten sehen konnte. – Abends wurde in der Stadt vom Walle bei dem Theater Viktoria geschossen des Sieges bei Löwenberg wegen, den auch ein öffentlicher Anschlag verkündete. Es hieß darin: die Kavallerie habe sehr schöne Angriffe gemacht.

25.

V[or] M[ittags] alles ganz still und ruhig. N[ach] M[ittags] hörte man sehr nahe tiraillieren; ich ging mit dem Schauspieler Keller zum Pirnaer Schlage heraus, der geöffnet war, und so weit, daß die Linie der franz[ösischen] Tirailleurs nur 50 Schritt vor uns stand. 300 Schritt weiter ritten einzelne Kosaken ganz ruhig hin und her und nahmen gar keine Notiz von dem Plänkern der Fr[anzosen]. Ich sah wie einer abstieg und den Gurt des Pferdes fester schnallte. Plötzlich brachen russische Tiraill[eurs] aus einem Gebüsch hervor und nun wurde das Plänkern hitziger und hitziger – viele Franz[osen] fielen tot und andere kamen blutig und schreiend zurück. Franz[ösische] Bataillone formierten sich und es wurde eine Batterie von vier Kanonen aufgestellt; noch ehe diese anfing zu spielen, kamen aber schon feindliche Kugeln von einer Batterie, die ich nicht bemerkt hatte, und nun sah ich auch wie eine schwarze Linie sich von den Bergen herab bewegte. Da die Kugeln bis dicht vor den Schlag niederfielen, hielten wir es für ratsam mit vieler Schnelligkeit durch das Wilsdruffer Tor zu Hause zu eilen. – Die Nacht hat dem Gefecht (dem ersten das ich so in der Nähe angesehen) ein Ende gemacht. Die Franz[osen] meinen: es sei nur ein Streifkorps das sich Dresden genähert, das ist aber nicht wahr, denn von dem Boden des hohen Nebenhauses, auf den ich stieg, sieht man rings umher eine unzähliche Menge Wachtfeuer, auf jeden Fall ist es also eine starke Armee die Dresden umschließt.

26.

Früh morgens 7 Uhr wurde ich durch den Donner der Kanonen geweckt; ich eilte sogleich auf den Boden des Nebenhauses und sah wie die Fr[anzosen] in geringer Entfernung vor den Schanzen mehrere Batterien aufgestellt hatten die mit feindlichen Batterien, welche am Fuße der Berge standen, auf das heftigste engagiert waren. Mit Hülfe eines sehr guten Glases konnte ich deutlich bemerken daß sehr starke russische und österreichische Kolonnen (an der weißen Uniform sehr kenntlich) sich von den Bergen herab bewegten. Eine Batterie nach der andern rückte näher, die Franzosen retirierten bis in die Schanzen und nun wurde sogar von den Stadtwällen aus grobem Geschütz gefeuert; der Kanonendonner wurde so heftig daß die Erde bebte und die Fenster zitterten – Die Russen hatten den großen Garten erstürmt so wie die Preußen die Schanzen vor der Friedrichsstadt – ersteres konnte ich sehen. Die Nachricht kam, daß der Kaiser eintreffen würde, ich eilte daher auf die Terrasse des Brühlschen Gartens an der großen Brücke. Um 11 Uhr kam der Kaiser auf einem kleinen falben Pferde über die Brücke schnell geritten – es war eine dumpfe Stille im Volk – er warf den Kopf heftig hin und her und hatte ein gewisses Wesen was ich noch nie an ihm bemerkte – er ritt bis vors Schloß, stieg aber nur wenige Sekunden ab und ritt wieder an die Elbbrücke wo er umgeben von mehreren Marschällen still hielt – Die Adjutanten sprengten ab und zu und holten Ordres die er allemal in kurzen Worten aber sehr laut erteilte – er nahm sehr häufig Tabak und schaute noch häufiger durch ein kleines Taschenperspektiv die Elbe herab. Die Garden kamen im Doppelschritt über die Brücke und eilten, nachdem sie sehr kurze Zeit auf dem Platz vor dem Kaiser gehalten, zu den Toren heraus. Ich mußte fort weil der Brühlsche Garten besetzt wurde und ging wieder auf mein Observatorium. Zwischen 4 und 5 Uhr donnerten die Kanonen am heftigsten – Schlag auf Schlag – man konnte die Kugeln sausen hören, ich bemerkte es zuerst, man wollte mir es aber nicht glauben, gleich darauf stürzte aber in einer Entfernung von höchstens 25 Schritt eine Feuermauer von einer Kugel getroffen ein, und nun war es wohl klar, daß Geschütz auf die Stadt gerichtet worden. – Wir gingen herab da unser

Aufenthalt oben jetzt lebensgefährlich wurde. Eben wollte ich in meine Haustüre treten, als zischend und prasselnd über meine[n] Kopf eine Granate wegfuhr und nur 15 Schritte weiter vor der Wohnung des Gen[erals] Gouvion St. Cyr *zwischen vier gefüllten Pulverwagen* die eben zur Abfahrt bereit standen, niederfiel und sprang, so daß die Pferde sich bäumend Reißaus nahmen. – Wenigstens dreißig Personen standen daneben auf der Gasse, und *außerdem daß die Pulverwagen verschont blieben*, deren Explosion das ganze Stadtviertel vernichtet hätte, *wurde kein Mensch, kein Pferd beschädigt*, es ist unbegreiflich wo die Stücke der Granate geblieben sind, da in unserm Hause nur ein ganz unbeträchtliches gefunden wurde, welches die Fensterladen des untern Stocks zerschlagen [hatte] und in ein unbewohntes Zimmer gefallen war. Wenige Minuten darauf kam eine zweite Granate und riß ein Stück vom Dache des gegenüberstehenden Cagiorgischen Hauses weg und drückte drei Fenster der Mezzane zusammen, daß das Holzwerk und die Ziegelsteine prasselnd auf die Gasse stürzten – bald darauf fiel eine dritte in der Nebengasse in ein Haus, und es war mir klar daß eine Batterie gerade auf unser Stadtviertel spielte – Alle Bewohner des Hauses – Frauen – Männer – Kinder versammelten sich auf der gewölbten steinernen Treppe des ersten Stocks die aus der Richtung der Fenster lag! – Da gab es bei jeder Explosion der jetzt häufige[r] doch in größerer Entfernung hineinfallenden Granaten ein Jammern und Wehklagen! – Nicht einmal ein Tropfen Wein oder Rum zur Herzstärkung – ein verdammter ängstlicher Aufenthalt – ich schlich leise zur Hintertüre heraus und durch Hintergäßchen zum Schauspieler Keller der auf dem Neumarkt wohnt – wir sahen ganz gemütlich mit einem Glase Wein in der Hand zum Fenster heraus, als eine Granate mitten auf dem Markte niederfiel und platzte – in demselben Augenblick fiel ein Westfälischer Soldat, der eben Wasser pumpen wollte, mit zerschmettertem Kopfe tot nieder – und ziemlich weit davon ein anständig gekleideter Bürger – Dieser schien sich aufraffen zu wollen – aber der Leib war ihm aufgerissen, die Gedärme hingen heraus, er fiel tot nieder (Zu bemerken: fünf Minuten später ritt der Kaiser über den Neumarkt, gerade wo der Bürger getroffen, nach dem Pirnaer Tor) – noch drei Menschen wurden an der Frauenkirche von derselben Granate hart verwundet – Der Schauspieler K[eller] ließ sein Glas fallen – ich trank das meinige aus und rief: „Was ist das Leben! nicht das bißchen glühend Eisen ertragen zu können, schwach ist die menschliche

Natur!" – Gott erhalte mir die Ruhe und den Mut in Lebensgefahr, so übersteht sich alles besser! – Es gelang mir den Kaufmann Schmidt aus seinem verschlossenen Gemach hervor zu treiben, der belud mich mit Wein und Rum für mich und meine Hausgenossen. Ich trat wieder ein wie eine Erscheinung des Trostes und der Beruhigung – Eine der Frauen (Mad. Stein), die gerade im obersten Stock wohnte, hatte den Mut gehabt allerlei nützliche Lebensmittel herabzubringen – Das war alles *bonum comm[une]* und uns Allen, die wir keinen Mittag gegessen, schmeckte es im Biwak auf der Treppe herrlich, das Kelchglas ging fleißig herum und unter dem Donner der Kanonen, unter dem Prasseln der Granaten ging uns allen ein fröhlicher guter Humor auf, der immer der Nachklang einer durch Gefahr exaltierten Stimmung ist. Erst als es ganz finster war ließ das Schießen nach. Die Garden hatten, wie man nun erfuhr, die genommenen Schanzen wieder erstürmt und die verbündete Armee sich auf die Höhen zurückgezogen. – Das Kammermädchen der Gräfin Breza trat vor die Haustüre, vor welcher der Wagen stand der die Gräfin in Sicherheit in ein anderes Stadtviertel bringen sollte, in eben demselben Augenblicke wurde sie aber von einer Granate im strengsten Sinn des Worts *zerrissen.* Einer Hebamme auf der Pirnaer Vorstadt wurde, als sie zum Fenster hinausschaute, der Kopf weggerissen; eben so verlor ein Handlungskommis der im Comptoir saß den Arm. Noch mehrere Bürger sind teils verwundet teils getötet.

Den 27.

Die Nacht verging ruhig. Erst um 8 Uhr morgens ging eine lebhafte Kanonade an daß die Fenster bebten – es fiel unaufhörlich Regen, man konnte daher nicht viel bemerken. Nachmittags entfernte sich das Schießen und man erfuhr daß die russi[sche] und österr[eichische] Armee 5 St[unden] weit zurückgedrängt worden. Abends kamen ungefähr 2 bis 300 russische und pr[eußische] und wohl an 10000 österr[eichische] Gefangene wie auch 4 österr[eichische] Fahnen und 6 Kanonen

D. 28.

Die Russen und Österr[eicher] stehen auf den Höhen von Kesselsdorf, man hört sehr deutlich Kanonen und Pelotonfeuer. Üb[er] die Elbbrücke bemerkte ich eine augenscheinliche Retirade der Franzosen, und die Nachricht, daß bei Berlin die Fr[anzosen] geschlagen sind, ist daher wahr. –

D. 29.

Heute ging ich vor den Moszynskischen Garten und sah zum erstenmal in meinem Leben *ein Schlachtfeld* – Erst heute hatte man angefangen aufzuräumen und zwar wurden, wie ich bemerkte, zuerst die gebliebenen Franzosen nackt ausgezogen und in große Gruben zu 20, 30, verscharrt – Hier hatten die russischen Jäger unter dem wütenden Feuer der franz[ösischen] Kanonen gestürmt, das Feld war daher überdeckt mit Russen, zum Teil auf die schrecklichste Weise verstümmelt und zerrissen – So z.B. sah ich einen, dem gerade die Hälfte des Kopfs weggerissen – ein scheußlicher Anblick – Pferde – Menschen – daneben Gewehre – Säbel – gesprengte Pulverwagen – Tschakos – Patrontaschen – alles in wilder Unordnung durcheinander geworfen – Auf manchem unverstümmelten Gesicht sah man noch die Wut – den Grimm des Kampfs – einer hatte gerade in die Patrontasche gegriffen um frisch zu laden und so hatte ihn der Tod getroffen – Ein russ[ischer] Offizier, ein herrlicher schöner Jüngling (höchstens 23 Jahre) hielt noch den Säbel über dem Kopfe geschwungen in der rechten Hand und war so zum Tode erstarrt – Eine Kano[nen]kugel hatte ihn gerade auf der Brust am linken Arm getroffen, diesen weggerissen und die Brust zerschmettert – sein Tod war leicht! – Mir schien es als bewege sich etwas im Grase in geringer Entfernung, ich teilte es meinem Begleiter dem Advokaten Conradi mit, wir gingen darauf zu, und siehe da ein Russe, dem beide Füße auf das jämmerlichste zerschossen waren so daß alles von geronnenem Blute klebte, saß ganz gemütlich aufrecht und zehrte von einem Stück Kommißbrot. *So lag der Mensch seit dem 26 Aug[ust]* N[ach] M[ittags] und war der starken Verwundung unerachtet frisch und munter. Er zeigte uns seine leere Feldflasche und Conradi eilte sie mit Wasser zu füllen – ...

Actum Berlin, am 23sten Februar 1822

in der Wohnung des Herrn Kammergerichtsrat Hoffmann.

So wie ich schon gestern bei meiner Vernehmung erklärte, haben die an mich gerichteten Fragen mich darüber vollkommen ins Klare gesetzt, daß in dem von mir verfaßten Märchen ‚Meister Floh' genannt, lediglich der darin vorkommende Prozeß der dem Helden der Geschichte wegen Entführung eines Frauenzimmers gemacht wird, den Argwohn irgendeiner versteckten Nebenabsicht erregt hat.
Um diesen Argwohn zu widerlegen sei es mir vergönnt, schriftstellerisch darzutun, wie das ganze sogenannte Abenteuer, welches jenen Prozeß enthält, sich aus dem ganzen Kanevas der Geschichte und aus der Charakteristik der darin auftretenden Personen als ein integrierender Teil des Ganzen von selbst erzeugt, und daß kein einziges Wort darin enthalten ist, was nicht dazu beitrüge, jene Charakteristik des Ganzen in ein helleres Licht zu stellen.
Schon dieses spricht dafür, daß der Verfasser keine andere Absicht haben konnte, als durch dieses Abenteuer das Märchen selbst und die darin vorkommenden Charaktere dem Leser klarer und lebendiger vor Augen zu führen.
Der Held des Stücks Peregrinus Tyß genannt, ist ein beinahe kindischer welt- und vorzüglich weiberscheuer Mensch, und der Zufall will es, daß gerade er den Verdacht einer Entführung auf sich ladet. Der Kontrast einer inneren Gemütsstimmung mit den Situationen des Lebens ist eine Grundbasis des Komischen, welches in dem Märchen vorherrschen sollte, und so glaubte ich die Erfindung nach bewährten Theorien für glücklich halten zu dürfen (siehe Flögels ‚Geschichte des Komischen').
Das Gerücht entsteht, Tyß habe aus einer Gesellschaft ein Mädchen entführt und jeder, der in der Gesellschaft war, bestätigt das, keiner weiß aber bei näherer Nachfrage, wer denn entführt worden ist. Dies ist wie ich glaube die treue Charakteristik jedes Gerüchts. Da nun aber wirklich kein Mädchen entführt war, so wäre der Prozeß ohne irgendein Interesse und ohne dazu beizutragen, den Tyß in verwikkelte Situationen zu bringen, in sich selbst zerfallen. Es war daher nötig, dem Tyß noch einen Quälgeist entgegenzustellen, der sich

abmüht, ihn in allerlei Schlingen zu fangen. Um Interesse zu erregen, um dem komischen Geist des Ganzen treu zu bleiben, mußte dieser Mensch beschränkten Verstandes, von den seltsamsten Vorurteilen befangen, auf lächerliche Weise egoistisch dargestellt, und ihm noch ein Anflug einer durchaus phantastischen Denkungsart und Handlungsweise gegeben werden.

So entstand das Zerrbild, welches ich mit dem Namen Knarrpanti bezeichnet habe, welches nur den sich gegen den Dichter erlaubten Exzeß eines ganz ins Gebiet des ausgelassensten Humors streifenden Märchen verziehen werden darf, und zu dem man das Original wohl vergebens auf dieser Erde suchen würde. Der phantastischen Tendenz dieses Charakters war es ganz angemessen, ihn als Faktotum eines kleinen winzigen regierenden Herrn darzustellen, dessen Gnade er verloren hat, die wiederzuerhalten er auf den Unsinn gerät, wie er im Märchen geschildert ist. Solche Faktotums von erbärmlicher Gestalt haben sich in den letzten Jahren des verflossenen Jahrhunderts noch im südlichen Deutschland mannigfach umhergetrieben, und Kotzebue hatte einen solchen in seinen ‚Unglücklichen' im Herrn von Volkenau dargestellt. Dieser Charakter war hiernach geeignet mit dem verständigen und ruhigen Abgeordneten des Rats zu Frankfurt einen guten Kontrast zu bilden. Aber noch mehr, auch mit dem treuherzigen Tyß mußte Knarrpanti zu seinem Nachteil in Konflikt geraten. Dies konnte nicht besser geschehen, als durch die natürliche Anwendung des im ganzen Märchen vorherrschenden Gedankens, nämlich dadurch, daß Tyß vermöge des Zauberglases mit dem er ihn ansah, seine innern Gedanken erriet, demgemäß seine tollen Fragen beantwortete und ihn dadurch in die größte Verlegenheit setzte. Unbemerkt kann ich nicht lassen, daß ich diese Gelegenheit benutzte, um, wie es sich auch von selbst ergab, zwei der größten kriminalistischen Mißgriffe ins Licht zu stellen: einmal, wenn der Inquirent, ohne den Tatbestand des wirklich begangenen Verbrechens festzustellen, auf gut Glück hineininquiriert, zweimal, wenn sich in seiner Seele eine vorgefaßte Meinung festsetzt, von der er nicht ablassen will und die ihm allein zur Richtschnur seines Verfahrens dient. Man könnte fragen, wie ich wohl dazu gekommen bin, diese juristische Rügen in ein Märchen zu bringen? und ich kann nur darauf antworten, daß jeder Schriftsteller von seinem Metier nicht abläßt, sondern sich an Schilderungen daraus ergötzt.

Dem alten Rabener merkt man den Juristen auf jeder Seite an, der humoristische Hippel (Stadtpräsident und Kriminaldirektor in Königsberg) ergießt sich gar zu gern in juristische Erörterungen, und auch der neue berühmte Walter Scott, einer der ersten Rechtsbeamten in Edinburgh hat es beinahe in jedem seiner Romane mit Prozessen zu tun.

Ich selbst habe schon in mehreren meiner Werke, wie zum Beispiel in den ‚Elixieren des Teufels' und in den ‚Nachtstücken' Prozesse auf das Tapet gebracht und durchgeführt, um so weniger kann dies in diesem Märchen auffallen.

Nach dieser ganzen Ausführung ist es meines Erachtens wohl sehr klar, daß ich mit der ganzen in Rede stehenden Stelle nichts beabsichtigen konnte, als die ganze Tendenz des Märchens lebendiger ins Licht zu stellen und zugleich den lachlustigen Leser zu ergötzen. Hierzu kommt aber noch, daß man in dem ganzen Abenteuer vergeblich auch nur eine einzige Silbe, auch nur den leisesten Fingerzeig finden wird, der etwa den Leser darauf bringen könnte, irgendeine andere Beziehung zu suchen. Ich gebe zu, daß Deutungen, woran ich nicht dachte, möglich sind, ja, daß eine vorgefaßte Meinung solche Deutungen sogar plausibel finden mag; welch ein Vorwurf kann aber den Dichter treffen, der nur von seiner Welt ausgehend, alles derselben anschließend und aus derselben entnehmen, der sein Gewissen rein von jeder bösen Absicht fühlt, dennoch wider seinen Willen einen Verdacht erregt, *gegen* den viel stärker Gründe als *für* denselben bei näherer Beleuchtung sprechen müssen?

Dem humoristischen Dichter muß es freistehen, sich in dem Gebiet seiner phantastischen Welt frei und frisch zu bewegen. Soll er sich in tausend Rücksichten, in mißtrauische Zweifel darüber, wie seine Gedanken gemißdeutet werden könnten, wie in das Bett des Prokrustes einengen? Wie würde es ihm möglich sein, geistreich, anmutig zu schreiben und Gemüt und Herz seiner Leser zu ergreifen? Wie so oft sind aber freilich rein empfundene Werke des Dichters auf die seltsamste Weise gemißdeutet worden. Es sei mir erlaubt schließlich ein Beispiel einer solchen Mißdeutung anzuführen:

Der berühmte Hölty beschäftigte sich bekanntlich in seinen frühen jüngeren Jahren mit der Anfertig[ung] von Gelegenheitsgedichten. Ein Freund bestellte bei ihm ein Hochzeitsgedicht, ohne ihm die Namen des Brautpaares zu nennen. Es war gerade um die Zeit, als nach vergangenem Winter die ersten Frühlingstage eintraten, und Hölty nutzte dies, um in dem Gedicht allerlei Allegorien vom scheidenden Winter und kommenden Frühling anzubringen. Nicht wenig erstaunte Hölty, als er nach einiger Zeit einen Brief von dem Bräutigam erhielt, der sich von ihm beschimpft glaubte und ihm mit einem Injurienprozeß drohete. Es fand sich nämlich, daß der Bräutigam Winter und die Braut Frühling hieß (siehe „Höltys Leben").

2. Was den mir zur Rekognition vorgelegten Brief an meinen Verleger Wilmans vom 19ten Januar des Jahres betrifft, so scheint man in dem von mir ausgesprochenen Wunsch ein paar Stellen im Manuskript streichen zu lassen, irgendein Bewußtsein eines nicht vorwurffreien Verfahrens gefunden zu haben. Fürs erste muß ich bemerken, daß dieser Wunsch des Streichens mit der verfügten Beschlagnahme meines Werks durchaus auch nicht in die mindeste Verbindung zu setzen ist. Am 19ten Januar schrieb ich jenen Brief, und erst am 28sten Januar erfuhr ich durch den Brief meines Verlegers vom 22sten Januar die Beschlagnahme meines Werks. Hätte ich diese Beschlagnahme nur vorher ahnen können, so würde ich gewiß nicht mit jenem Briefe vom 19ten Januar den Rest meines Manuskripts mitgesendet haben.

Ich muß aber allerdings sagen, wie ich dazu gekommen bin, das Streichen der in Rede stehenden Stellen zu wünschen.

Die Sache verhält sich wie folgt:

Irre ich nicht, so war es erst am 18ten Januar in der Mittagsstunde, als mir Unter den Linden in der Gegend des Dümmlerschen Ladens ein junger Mann begegnete, der an öffentlichen Örtern mit mir spricht, ohne daß ich seinen Namen weiß, wie das sehr häufig geschieht. Dieser rief mir zu: „Nun wir bekommen ja bald von Ihnen ein neues Märchen mit einem Prozeß, worin hübsche Porträts vorkommen sollen."

Dieses fiel mir schwer aufs Herz, und zwar aus folgenden Gründen: Jedem humoristischen Schriftsteller, wie z.B. Rabener, Hamann, Lichtenberg, Kästner so wie dem neuen Jean Paul Friedrich Richter, ist es wohl so gegangen, daß die Leute sich abmüheten, den Gebilden, die das Erzeugnis ihres Geistes waren, lebende Originale unterzuschieben, die jene nicht einmal kannten. Auch mir ist es häufig so gegangen, und ich habe wie jene Männer den Verdruß erlebt, daß Menschen sich mir plötzlich feindlich zeigten, denen geschäftige Zwischenträger weisgemacht hatten, daß ich sie in meinen humoristischen Werken aufgestellt; ich könnte hierüber die merkwürdigsten Beispiele anführen, wenn das hier nicht viel zu weit führen würde.

Darum war es mir im höchsten Grade fatal, daß man schon jetzt im voraus von einem Werke schwatzte, von dem man auf mir ganz unbegreifliche Weise Notiz erhalten haben mußte. Die schwere Krankheit, die mich später heimgesucht hat, lag mir schon damals in den Gliedern, und dies vermehrte meinen Mißmut und meine Zweifel.

In der schlaflosen Nacht brachte ich mir den ganzen Prozeß ins Gedächtnis zurück und grübelte nach, ob irgendeine Persönlichkeit herausgefunden werden könne.

Da kam es mir vor, als habe ich bei Schilderung des Hofrats mich des Ausdrucks *Zusammenstellung* bedient, und zu gleicher Zeit fiel mir ein, daß ein gemeinsamer älterer Kollege von mir, diesen Ausdruck vorzüglich liebte, ja sich desselben zu oft bediente, weshalb ich mit einem jüngern Kollegen ihn scherzweise den Zusammensteller nannte. Nun dachte ich daran, daß ein mir feindlich gesinnter Zwischenträger, deren es leider nur zu viele gibt, sehr leicht jenem erwähnten Kollegen es plausibel machen konnte, daß ich ihn gemeint, und mir dadurch ihn zum Feinde machen konnte.

Jetzt sehe ich ein, daß dieser Zweifel nur in einem krankhaften Gemüt entstehen konnte, denn las jener Kollege mein Werk, so konnte er ebensowenig wie irgendein vernünftiger Mann in dem aufgestellten Zerrbilde sich wiedererkennen, und jeder Verdacht gegen mich mußte schwinden.

Diese Zweifel waren aber ebenso ein Phantom des erkrankten Geistes wie die ganze Sache, denn die Stelle, die ich geschrieben zu haben glaubte, fand sich gar nicht im Manuskript, wie dies aus dem Briefe des Wilmans vom 25ten Januar hervorgeht.

Mit der zweiten Stelle (die Leute hielten sich die Nasen zu u. s. w.) hat es eine ganz andere Bewandtnis. Diese Stelle kam mir nämlich unsauber und überflüssig vor; ich hatte sie auch, wie der Augenschein es ausweisen wird, erst später an den Rand des Manuskripts hinzugefügt. Überdem hätten mich die Rezensenten auch eines Plagiats beschuldigen können, denn etwas ganz Ähnliches oder vielmehr Gleiches kommt im Peregrine Pickle vor, wo Pipes sich aus Ekel und Abscheu gegen den Maler Pallet die Nase zuhält (‚Peregrine Pickle', III. B., S. 59). Dies sind die Gründe, warum ich auch diese Stelle gestrichen wünschte. Und wenn ich sage, daß beide Stellen mir Verdruß zuziehen könnten, so wird dies wohl um so weniger auffallen, als mir wirklich daran lag, die Stellen aus dem Manuskript zu entfernen, die Verleger sich aber sehr schwer dazu verstehen, in schon zum Druck beförderten Manuskripten Stellen zu streichen oder gar sogenannte *Kartons* drucken zu lassen. Daß ich aber die Stellen schon gedruckt glaubte, welches diese *Kartons* nötig gemacht haben würde, geht aus meinem Briefe an Wilmans hervor. Die beiden Wilmanschen Briefe, auf welche ich mich bezog, habe ich im Original dem Herrn Fürsten Staatskanzler überreicht, und sie werden wahrscheinlich schon zu den Akten gekommen sein.

Nochmals beteuere ich, daß ich mir bei der Erfindung und Ausarbeitung jenes durchaus skurrilen, ja gänzlich bizarren Abenteuers durchaus nicht im mindesten böser Nebenabsichten bewußt bin, und mich reines Gewissens fühle; ich folgte frei dem Fluge meiner Phantasie, wie sie sich aus den Bedingnissen des Märchens und den darin vorkommenden Situationen und Charakteren entzündet, ohne an andere Dinge, die außerhalb des phantastischen Gebiets, in dem sich das Märchen bewegt zu denken.

Den Gesichtspunkt nicht aus dem Auge zu lassen, daß hier nicht von einem satirischen Werke, dessen Vorwurf Welthändel und Ereignisse der Zeit sind, sondern von der phantastischen Geburt eines humoristischen Schriftstellers, der die Gebilde des wirklichen Lebens nur in der Abstraktion des Humors wie in einem Spiegel auffassend reflektiert, die Rede ist. Dieser Gesichtspunkt läßt mein Werk in dem klarsten Lichte erscheinen, und man erkennt, was es sein soll, und was es wirklich ist. So werde ich aber von jedem Argwohn, der mich nur zu tief und schmerzlich getroffen, völlig gereinigt erscheinen.

Diese Hoffnung, die ich mit dem größten Recht hegen zu können glaube, gibt mir Trost und Kraft, die qualvollsten Tage meines Lebens diesmal noch zu überstehen.

Mehr glaube ich nicht zu meiner völligen Rechtfertigung anzuführen zu haben.

Erläuterungen

Erläuterungen „Zu dieser Ausgabe“

S. 5/Z. 34: *nur eine ist bisher anders verfahren* – nämlich die Ausgabe der „Dichtungen und Schriften“ in 15 Bänden, Hrsg. Walter Harich, Weimar 1924. Harich folgt dabei einem Vorschlag des Hoffmann-Forschers Hans von Müller; seine Gliederung der Werke ist gelegentlich durchaus anregend, vielfach aber auch allzu zeitverhaftet.

S. 6/Z. 11–12: *auf einer . . . weit verbreiteten, häufig zitierten Gesamtausgabe* – nämlich auf „E.T.A. Hoffmanns sämtliche Werke in fünfzehn Bänden“, Hrsg. Eduard Grisebach, Leipzig (Max Hesse) 1900, 2. vermehrte Aufl. 1907, verbesserter Neudruck 1922.

S. 6/Z. 12–13: *an den neueren wissenschaftlichen Ausgaben überprüft* – heranzuziehen sind vor allem: „Sämtliche Werke in Einzelausgaben“, 5 Bände, mit Nachworten von Walter Müller-Seidel und Friedrich Schnapp, Anmerkungen von Wolfgang Kron, Friedrich Schnapp und Wulf Segebrecht, München (Winkler) 1960–1965; sowie „Gesammelte Werke in Einzelausgaben“, 8 Bände, Textrevision und Anmerkungen von Hans-Joachim Kruse, Berlin und Weimar (Aufbau-Verlag) 1976–1983; ferner die überaus gründliche, aber unvollständige historisch-kritische Hoffmann-Ausgabe von Carl Georg von Maassen, Bde 1–4, 6–9 und 10, München 1908–1928.

Erläuterungen zu „Der goldne Topf“

entstanden 1813/14, erstmals erschienen als Bd 3 der „Fantasiestücke in Callots Manier“ bei Carl Friedrich Kunz in Bamberg, Ende 1814, dann als zweites Werk in Bd 2 der „Fantasiestücke“, 2. durchgesehene Aufl. in 2 Teilen, Bamberg (C.F. Kunz) 1819.

S. 9/Z. 3: *Vigilie* – von latein. vigilia = Wache, insbes. Nachtwache, häufig in religiös-kultischem Sinn, z.B. vor christlichen Feiertagen wie Weihnachten, Ostern (=Osternacht), Johannisnacht, dabei oft heidnische Glaubensreste und Volksaberglauben einbeziehend, so vor allem im Zusammenhang mit der Walpurgisnacht (21./22. April); in Verbindung mit astrologischen Vorstellungen auch übertragen auf die Äquinoktialnacht, d.h. die Zeit der Tag- und Nachtgleiche um den 21. März und um den 23. September – so mehrfach bei H. und speziell in diesem Märchen. Zugleich verweist der Begriff „Vigilie“ aber auch auf die Niederschrift „in den Nachtwachen“ (S. 27/Z. 27), also während der „Nachtzeit“ (vgl. S. 80/Z. 8), bezieht also ins Werk seine Entstehung ebenso mit ein wie den Leser. Vgl. auch H.s und überhaupt die romantische Vorliebe für das Thema Nacht, für die „Ansichten von der Nachtseite der Naturwissenschaft“ (so der Titel des von H. oft verwendeten populärwissenschaftlichen Werkes von Gotthilf Heinrich Schubert aus dem Jahr 1808) und entsprechende Dichtungen: die „Hymnen an die Nacht“ des Novalis, die „Nachtwachen des Bonaventura“, die man fälschlich H. zugeschrieben hat, seine eigene Novellensammlung „Nachtstücke“.

S. 9/Z. 7: *in Dresden durchs Schwarze Tor* – viele Ortsangaben des Märchens sind historisch nachweisbar, das Schwarze Tor im Nordwesten der Dresdener Neustadt (1812 abgerissen).

S. 9/Z. 23: *Anselmus* – der Name weist eine Verbindung zu der jungen, von H. heißgeliebten Bamberger Konsulstochter Julia Marc auf, deren Geburtstag auf den Tag dieses Kalenderheiligen am 18. März fällt. Auch den Vertrag mit dem Bamberger Verleger C.F. Kunz über die Publikation der „Fantasiestücke" schloß er 1813 am Anselmustag ab.

S. 10/Z. 10–11: *nach dem Linkischen Bade* – seinerzeit beliebter Ausflugsort mit Promenaden und Sommertheater außerhalb Dresdens, unmittelbar vor dem Schwarzen Tor gelegen; häufig von H. besucht, der zeitweise vom Schwarzen Tor in der Allee zum Linkischen Bad wohnte.

S. 10/Z. 33: *Sanitätsknaster* – Gesundheitstabak.

S. 11/Z. 5: *Bohnenkönig* – aus Frankreich kommender Volksbrauch: beim Bohnenfest am Vorabend des Dreikönigstages (also ebenfalls einer „Vigilie") wird Bohnenkönig, wer die in den sogen. Königskuchen eingebackene Bohne findet (vgl. auch „Die Königsbraut", S. 208/Z. 35), und zwar König für einen Tag in Umkehr der Herrschaftsverhältnisse, vergleichbar den römischen Saturnalien und späteren Faschingsbräuchen, beide ebenfalls um die Zeit des christlichen Dreikönigstages (Epiphanias) Anfang Januar.

S. 11/Z. 5: *Paar oder Unpaar* – Glücksspiel zu zweit, bei dem zu raten ist, ob der Gegner eine gerade oder ungerade Anzahl kleiner Gegenstände (z.B. Münzen) oder auch Münzen mit gerader oder ungerader Jahreszahl in der verschlossenen Hand hält.

S. 11/Z. 9: *Kümmeltürke* – Scherz- und Spottname für einen Studenten, der am Studienort oder in unmittelbarer Nähe beheimatet ist (nicht weiter als 2 Meilen entfernt), vom Elternhaus also stark abhängig bleibt.

S. 11/Z. 18: *Laminge* – statt: Lemminge (dänisch) = hamsterähnliche arktische Wühl- und Wandermäuse, die große Strecken zurücklegen, ohne Hindernisse zu beachten.

S. 11/Z. 37: *Relation* – aktenmäßig abgefaßter Bericht.

S. 12/Z. 6: *Marqueur* – Aufwärter, hier: Getränkekellner.

S. 12/Z. 16: *die Ouvertüre aus dem Donauweibchen* – bezieht sich auf „Das Donauweibchen. Ein romantisches komisches Volksmärchen mit Gesang nach einer Sage der Vorzeit" von dem Wiener Komponisten Ferdinand Kauer (1751–1831), Libretto von Carl Friedrich Hensler (1759–1825), 1798 in Wien uraufgeführt, nach der Berliner Erstaufführung von 1801 (unter dem Titel „Die Nymphe von der Donau") bis zur Jahrhundertmitte überall in Deutschland sehr beliebt und häufig aufgeführt, u.a. am 23. Oktober 1812 in Bamberg – eine Vorstellung, die H. besuchte; hier möglicherweise vorbereitend auf das baldige erste Auftauchen Serpentinas in Schlängleingestalt, also gleichsam als eine Art ‚Elbweibchen'.

S. 15/Z. 25: *Kandidat* – hier bezogen auf das vorausgehende „Mann Gottes" und zu verstehen als: Kandidat der Theologie, Anwärter auf ein (evangelisches) Pfarramt; vgl. wenig später, S. 16/Z. 2

S. 16/Z. 3–4: *die Pappelallee bei dem Koselschen Garten* – Parkanlage an der Elbe mit Gartenlokal und Konzertveranstaltungen, in der Dresdener Neustadt gelegen.

S. 16/Z. 15: *Pirnaer Vorstadt* – südöstlich von Dresden am linken Oberlauf der Elbe in Richtung der Stadt Pirna gelegen.

S. 16/Z. 19–20: *bei dem Antonschen Garten* – Parkanlage und Gartenlokal an der Elbe gegenüber dem Koselschen Garten.

S. 18/Z. 34: *salva venia* – latein.: mit Verlaub („sei willkommen, Erlaubnis"), entschuldigende Floskel vor der folgenden Derbheit.

S. 18/Z. 34–35: *wie ein berühmter bereits verstorbener Gelehrter bewiesen* – bezieht sich – ebenso wie das Wort „Fantasmata" – auf Friedrich Christoph Nicolai (1733–1811) und dessen Abhandlung „Beispiel einer Erscheinung mehrerer Phantasmen" von 1799, wieder abgedruckt in seinen „Philosophischen Abhandlungen" Bd 1 (Berlin 1808); bereits von Goethe in der Walpurgisnacht-Szene des Faust I (1808) derb verspottet als „Proktophantasmist" (nach griech.: proktos = der Hintere), d.h. als Steißgespensterseher, ebenso schon zuvor von Tieck in „Das Jüngste Gericht" (1800).

S. 19/Z. 2: *frugal* – sparsam, einfach, bescheiden, genügsam; kennzeichnend für das entsprechende bürgerlich/kleinbürgerliche Prinzip.

S. 19/Z. 14–15: *eine Bravour-Arie vom Kapellmeister Graun* – Carl Heinrich Graun (1703 od. 04 – 1759), seit 1735 Musiker bei Friedrich II (dem Großen) von Preußen, zunächst in Rheinsberg, seit 1740 Königlich Preußischer Kapellmeister in Berlin, wo er u.a. die Oper organisiert (eröffnet 1742) und neben Kammer- und Kirchenmusik auch Opern im neapolitanischen Bravourstil komponiert, deren empfindsame Arien gerade beim bürgerlichen Publikum Anklang fanden.

S. 20/Z. 2: *Speziestaler* – im Unterschied zu kleineren Münzen oder Talern mit geringerem Silbergehalt wertvolle, d.h. spezielle Silbermünze (Zweiguldenstück) nach dem Vorbild des alten Reichstalers, seit 1753 in Umlauf.

S. 21/Z. 3: *auf der Schloßgasse in Conradis Laden* – laut Adreßbüchern der Zeit gab es in der zentral gelegenen Dresdener Schloßgasse Nr. 252 eine Konditorei von Wilhelm Conradi.

S. 21/Z. 11: *an der Kreuzkirche* – wichtigste Stadt- und Bürgerkirche im Stadtkern Dresdens (außer der Frauen- und der Hofkirche, die jedoch beide außerhalb der Bürgerstadt lagen und der Fürstenresidenz zugeordnet waren).

S. 21/Z. 13–14: *Ach! es war ja das Äpfelweib* – Vorbild ist der bronzene Türknopf an einem Bürgerhaus aus der Renaissancezeit in der Bamberger Eisgrube, das Original heute in der Staatsbibliothek Bamberg.

S. 23/Z. 32: *orientalischer Schwulst* – als gängiger parodistischer Begriff übernommen aus dem ersten Akt von Ludwig Tiecks romantisch-satirischem Lustspiel „Prinz Zerbino oder: Die Reise nach dem guten Geschmack“ von 1799.

S. 24/Z. 31–32: *Nekromant* – Magier, der die Geister Verstorbener beschwört.

S. 25/Z. 14: *Portechaise* – französ.: Tragestuhl, Sänfte.

S. 25/Z. 35: *ein gewisses bekanntes Kaffeehaus* – vermutlich das von H. oft besuchte Kaffeehaus am Dresdener Alten Markt, Ecke Seegasse, dessen Inhaber namens Eichelkraut er im Tagebuch mehrfach nennt.

S. 28/Z. 1–2: *wo die ernste Göttin ihren Schleier lüftet* – bezieht sich auf den Ausgang des Märchens von „Hyazinth und Rosenblüt“ in der fragmentarisch gebliebenen Roman-Allegorie „Die Lehrlinge zu Sais“ von Novalis (1772–1801), wo der Jüngling Hyazinth am Ende seiner Wanderschaft die in der Heimat zurückgelassene Geliebte Rosenblüt unterm Schleier der Göttin Isis im Wahrheitstempel zu Sais auffindet; erster Hinweis auf H.s Verpflichtung gegenüber den Märchen des Novalis, später ausgeweitet durch die Bezüge auf das poetische Wunder- und Märchenland Atlantis.

S. 31/Z. 6: *Fokus* – Brennpunkt (von latein.: focus)

S. 33/Z. 14: *Das Aequinoctium* – latein.: Nachtgleiche, d.h. Zeit der Tag- und Nachtgleiche um den 21. März und – wie hier – um den 23. September; vgl. S. 41/Z. 1 & 7, und S. 48ff., ferner „Die Brautwahl“, S. 447/Z. 7.

S. 33/Z. 17: *applizieren* – von latein.: applicare = anlegen, heranbringen; se applicare = sich anschließen, sich verlegen auf, daher „sich applizieren“ veraltet für: sich eine Sache, eine Aufgabe angelegen sein lassen.

S. 33/Z. 30: *Konnexionen* – Verbindungen, Beziehungen (von latein.: connectio).

S. 34/Z. 11: *Schloßgasse, Neumarkt, Moritzstraße* – alle Angaben im Stadtkern des alten Dresden nachweisbar.

S. 34/Z. 32: *Cicero de officiis* – ethisch-philosophische Schrift „Über die Pflichten“ und zugleich letztes Werk des altrömischen Staatsmanns, Redners und Denkers Marcus Tullius Cicero (106–43 v. Chr.), aufgrund seines Gedankenreichtums wie seines kunstvoll lebendigen Stils und vor allem seit seiner christlichen Auslegung durch den Kirchenvater Ambrosius (im 4. Jahrhdt n. Chr.) bis ins 19. Jahrhdt als Hauptwerk Ciceros angesehen und geschätzt, oft aber auch – wie hier – zur Schul- und Pflicht-Lektüre reduziert.

S. 35/Z. 34: *wie ein Alräunchen* – von Alraune = Wurzel des giftigen Nachtschattengewächses Mandragora, deren oft menschenähnliche koboldhafte Gestalt im Volksaberglauben als Heil- und Zaubermittel eine große Rolle spielt und bei H. häufig erscheint.

S. 37/Z. 28: *vor dem Seetor* – das 1821 abgerissene Seetor lag am Ende der Dresdener Seegasse und führte in die Seevorstadt.

S. 39/Z. 23: *Auripigment* – auch: Rauschgelb, giftiges arsenhaltiges Mineral, künstlich hergestellt (wie vermutlich hier) durch Erhitzen von weißem Arsenik mit Schwefel; als ätzende Tinktur zur Behandlung von Hauterkrankungen verwendet, aber auch als Malfarbe.

S. 43/Z. 9–10: *in der gläsernen Perücke und den postpapiernen Stülpstiefeln* – Perücken aus gesponnenem Glas entsprachen einer um die Handlungszeit des Märchens bereits etwas veralteten Mode; zusammen mit der gelben Postpapier-Farbe der Stülpstiefel möglicherweise versteckte Anspielung auf die Werthertracht (blauer Frack, gelbe Weste und Hose sowie braungelbe Stiefel, gelegentlich Perücke, meist aber lockeres ungepudertes Haar) nach Goethes anhaltend erfolgreichem Briefroman von 1774, 2. Fassung 1787.

S. 44/Z. 5–6: *ein einfacher goldner Topf* – in einem frühen Entwurf des Märchens und seines Titels (brieflich am 19. August 1813 gegenüber dem Verleger Kunz geäußert) sieht H. ursprünglich „einen goldenen Nachttopf mit Juwelen besetzt" vor. Dieser derb ironische Zug ist abgeschwächt; vgl. einen ähnlichen, auch in den Druckfassungen noch deutlich erkennbaren Hintersinn im Blick auf das silberne Henkelgefäß „dicht neben der Toilette" (S. 312/Z. 29–30, und S. 315/Z. 36–37), in dessen flüssigem Inhalt Klein Zaches umkommt, ferner den Nachtstuhl in „Prinzessin Brambilla" (S. 431/Z. 15).

S. 50/Z. 18–19: *im Goldnen Engel oder im Helm oder in der Stadt Naumburg* – drei Dresdener Gasthäuser in der Wilsdruffer Straße; als H. von Bamberg nach Dresden übersiedelte, wohnte er anfangs zwei Wochen lang (April/Mai 1813) in der „Stadt Naumburg".

S. 51/Z. 11–12: *dieses Rembrandtschen oder Höllenbreughelschen Gemäldes* – der Beiname Höllenbreughel für den niederländisch-belgischen Maler Pieter Bruegel d.J. (um 1564–1638), Sohn des bekannteren Bauernbruegel Pieter B.d.Ä. (um 1520–1569), bezieht sich auf dessen Steigerung der väterlichen Malweise ins Spukhaft-Dämonische; die dabei bevorzugte Hell-Dunkel-Technik ergibt den Bezug zu Rembrandt (1606–1669), der diese Kunst zu höchster Reife führte.

S. 54/Z. 30–31: *Bhogovotgitas Meister* – bezieht sich insgesamt auf altindische Helden, Dichter, Denker und Lehrmeister. Das religiöse Lehrgedicht „Bhagavad-Gita" gehört als Teilwerk zum indischen Volksepos „Mahabharata". H. verwendet die Schreibung Friedrich Schlegels in seiner damals maßgebenden Schrift „Über die Sprache und Weisheit der Inder" von 1808.

S. 57/Z. 36–37: *in dem Wunderlande Atlantis* – nach antiker Vorstellung sagenhafte, erdteilartige, angeblich im Meer versunkene Insel vor den Westküsten Europas und Afrikas (im „Atlantik"), in Platons Dialogen „Timaios" und „Kritias" zum philosophisch utopischen Mythos ausgestaltet; später häufig aufgegriffen: so in der Wissenschaftsutopie „Nova Atlantis" (um 1624) von Francis Bacon und vor allem im Atlantis-Märchen innerhalb des Fragment gebliebenen Romans „Heinrich von Ofterdingen" von Novalis (erschienen 1802), Vorbild für das romantische Kunstmärchen überhaupt sowie speziell für H. und den „Goldnen Topf", insbes. für dessen Vorstellung von Atlantis als Symbol für die Vereinigung von Poesie und Naturerkenntnis.

S. 59/Z. 31: *erfunden* – hier: aufgefunden.

S. 62/Z. 32: *das Pirnaer Tor* – im Südosten Dresdens gelegen, Abschluß des Pirnaischen Platzes, 1821/22 abgetragen; während der von H. miterlebten und geschilderten Schlacht bei Dresden, einem letzten größeren Erfolg Napoleons, Ort einer entscheidenden Wende.

S. 62/Z. 34: *Amice* – latein.: Freund (Anredeform).

S. 64/Z. 26–27: *foliiert und rubriziert* – gebunden und mit roten Markierungen versehen; von latein.: folium = Blatt, italien.: foglio/folio = Blatt/Bogen, volume in foglio = Folioband, Foliant, und von latein.: ruber = rot, rubricatus = mit roter Tinte geschrieben.

S. 64/Z. 31: *seines Matins* – von französ.: matin = der Morgen, der Vormittag; leichter, weit geschnittener Überrock mit Ärmeln für den Ausgang am Vormittag.

S. 64/Z. 31: *in drei Reprisen* – in drei Wiederholungen.

S. 65/Z. 25: *wie glühender Schwamm* – Naturschwamm als Zunder zum Feuerschlagen.

S. 66/Z. 3: *Cousin germain* – französ.: leiblicher Vetter.

S. 66/Z. 19–10: *Vivat Salamander – pereat die Alte* – latein.: es lebe der Salamander – es verderbe die Alte.

S. 66/Z. 21–22: *Eheu – Eheu – Evoe* – altgriech. Ausruf des Jubels (oder Schmerzes).

S. 67/Z. 16: *welcher glaubte, er sei von Glas* – Anspielung auf die Erzählung „El licenciado Vidriera" und ihre Titelfigur, den gläsernen Lizentiaten Vidriera, aus den „Novelas ejemplares" von Cervantes, in dritter deutscher Übersetzung von D.W. Soltau unt. d. Titel „Lehrreiche Erzählungen" 1801 in Königsberg erschienen.

S. 67/Z. 17–18: *aus Furcht von den Hühnern gefressen zu werden, weil er sich einbildete ein Gerstenkorn zu sein* – entnommen aus dem medizinischen Werk von Johann Christian Reil „Über die Erkenntnis und Kur der Fieber" Bd 4, Halle 1802, S. 267.

S. 68/Z. 3: *retirieren* – zurückziehen (von französ.: retirer).

S. 68/Z. 22: *blinkende Basilisken* – nach altorientalischer Vorstellung Fabelwesen – teils Schlange, teils Kröte, teils Hahn, also drachenartig, mit tödlichem Blick (von griech: basiliskos = kleiner König).

S. 68/Z. 38: *auf einem Repositorium* – auf einer Ablage (von latein.: reponere = wieder hinlegen), auf einem Abstellbrett, einem Regal o.ä.

S. 70/Z. 10–11: *drei Kreuzschüler* – Zöglinge der an die Dresdener Kreuzkirche angegliederten Bürgerschule, um 1220 gegründet, bekannt durch ihre gute musikalische Ausbildung); später Kreuzgymnasium.

S. 70/Z. 11: *Praktikanten* – in der Berufsvorbereitung stehende Referendare.

S. 70/Z. 23: *wir dürfen jetzt* – wir müssen jetzt.

S. 70/Z. 23: *italienische Chöre* – bezieht sich auf die geistlichen Konzerte des seinerzeit bereits berühmten Dresdener Kreuzchors, der zu Kreuzkirche und Kreuzschule gehörte.

S. 70/Z. 27: *gaudeamus igitur* – latein.: „Laßt uns also fröhlich sein", Studentenlied, seit 1781 gebräuchlich.

S. 70/Z. 30: *auf den Weinberg* – außerhalb von Dresden an der Bautzener Landstraße gelegen.

S. 74/Z. 2: *ein kleines Douceur* – ein kleines (Geld)geschenk als Anerkennung und Belohnung (von französ.: douceur = Süßigkeit, Sanftheit, Freundlichkeit, freundliches Trinkgeld).

S. 74/Z. 12: *Anmut und Würde* – Anspielung auf Schillers kunsttheoretische Schrift „Über Anmut und Würde" von 1793 oder doch auf die seit der Antike mit diesem Begriffspaar verbundene Denktradition über das Wesen des Schönen (latein.: venustus et gravitas, engl.: grace and dignity).

S. 75/Z. 11: *mente captus* – latein.: im Geist besetzt, geistig besessen; des Verstandes beraubt, verrückt, wahnsinnig.

S. 75/Z. 38: *Apage Satanas* – griech. u. latein.: weiche, hebe dich hinweg, Satan!, Beschwörungsformel religiöser Exorzisten und Teufelsaustreiber.

S. 76/Z. 14–15: *Sonntagskind – Schwestern von Prag* – „Das Sonntagskind", eigentlich „Das Neusonntagskind" (1793) und „Die (zwei) Schwestern von Prag" (1794) sind beliebte unterhaltsame Singspiele in 2 Akten nach Komödien Hafners („Der Furchtsame" und „Die reisenden Komödianten"), auf Libretti des Wiener Schauspielers Joachim Perinet (1765–1816) komponiert von dem Prager, später Wiener Tonsetzer und Opernleiter Wenzel Müller (1767–1835); ihn und vor allem die beiden genannten Singspiele hat H. als „echt deutsche Opere buffe" durchaus geschätzt – so im Kunstgespräch „Der Dichter und der Komponist" von 1813 (später in die „Serapionsbrüder" aufgenommen), „Die Schwestern von Prag" auch selbst in Leipzig dirigiert.

S. 76/Z. 26: *an dem Namenstage* – H. orientiert sich oft an den Namen und Namenstagen des Heiligenkalenders, so am Anselmustag (vgl. Erläuterung zu S. 9/Z. 23), aber auch z.B. bei der Namensgebung für die Serapionsbrüder.

S. 76/Z. 34: *cum nomine et sigillo principis* – latein.: mit Namen und Siegel des Fürsten.

S. 79/Z. 12: *Deszendenz* – Nachkommenschaft (nach latein.: descendere = herabsteigen, abstammen von).

S. 79/Z. 13: *das Malum* – latein.: das Übel, das Leiden, das Gebrechen.

S. 80/Z. 32: *Gabalis und Swedenborg* – bezieht sich auf die bereits seit dem 17. Jahrhundert entwickelte, teils spiritistische, teils okkultistische, teils naturphilosophisch-theosophische Geheimlehre und Pseudowissenschaft von den Elementargeistern des Feuers, der Erde, der Luft und des Wassers in ihrem Verhältnis zu den Menschen, und zwar: 1. auf die Schrift des Abbé Villars de Montfaucon (1635–1673) „Le comte de Gabalis ou Entretiens des sciences secrèts", Paris 1670, deutsch unt. d. Titel „Graf von Gabalis oder Gespräche über die verborgenen Wissenschaften", Berlin 1782 (dort schreibt der Gesprächspartner des Grafen Gabalis den Elementargeistern die hier erwähnte Unzuverlässigkeit zu), sowie 2. auf den schwedischen Theosophen und Mystiker Emanuel von Swedenborg (1688–1772), von H. bereits in der Erzählung „Der Magnetiseur" erwähnt, die in den „Fantasiestücken" dem Märchen „Der goldne Topf" unmittelbar vorausgeht.

S. 81/Z. 10: *p.t.* – Abkürzung für latein.: pro tempore = für die Zeit, für jetzt, vorläufig.

S. 82/Z. 1–2: *Ihres Freundes des Kapellmeisters Johannes Kreisler* – diese Figurs H.s, zugleich sein alter ego, erscheint insbes. in dem Roman „Kater Murr" sowie in den „Kreisleriana" der „Fantasiestücke".

S. 83/Z. 7–8: *Akanthusblätter* – nach griech. u. latein.: acanthus = Bärenklau-Pflanze; ihre gefiederten Blätter und Rispen waren seit dem zweiten Drittel des 5. Jahrhdts v. Chr. Vorbild für das besonders reiche Schmuckwerk der korinthischen Säulenkapitelle.

Erläuterungen zu „Nußknacker und Mausekönig"

entstanden im Herbst 1816, mit 6 eigenhändigen Zeichnungen am 16. Nov. 1816 an den Berliner Verleger Georg Reimer geschickt; mit Titel- und Schlußvignette von H. erstmals erschienen in den „Kinder-Mährchen. Von E. W. Contessa, Friedrich de la Motte Fouqué und E.T.A.H. Erstes Bändchen. Berlin, Realschulbuchhandlung [= Reimer] 1816", S. 115–271, zusammen mit Contessas „Das Gastmahl" und Fouqués „Die kleinen Leute"; im Februar 1819 als Schlußstück in den ersten Band der „Serapionsbrüder" eingefügt, der ebenfalls bei Reimer in Berlin erschien.

S. 85/Z. 6–7: *Fritz und Marie* – H. wählt hier die Namen der beiden mittleren, zur Entstehungszeit des Märchens noch lebenden Kinder seines Freundes Julius Eduard Hitzig (1780–1849) und dessen Frau Eugenie (1781–1814), nämlich Marie (1809–1822) und Friedrich (1811–1881, später Architekt und Präsident der Berliner Akademie der Künste), allerdings in umgekehrter Reihenfolge, immerhin jedoch zutreffend in der Altersangabe für das Mädchen; um das so konzipierte märchenspezifische Kinderpaar von älterem Bruder und jüngerer Schwester konsequent beizubehalten, läßt H. von den übrigen, teils früh verstorbenen Hitzigkindern nur die älteste Tochter Eugenie (1807–1843) im Märchen selbst einige wenige Male als „ältere Schwester Luise" auftreten (S. 86/Z. 36–37), sie wird aber anschließend daran in den Rahmengesprächen der „Serapionsbrüder" vom Erzähler Lothar neben Fritz namentlich genannt; unerwähnt bleibt die jüngste Tochter Clara (1812–1873), doch trägt Maries neue Puppe ihren Namen (vgl. S. 94/Z. 2), so daß indirekt doch alle vier Kinder des Ehepaars Hitzig angesprochen erscheinen.

S. 85/Z. 15: *Pate Droßelmeier* – die Figur trägt Züge von H. selbst, der ebenfalls „kein hübscher Mann, nur klein und mager" war (Z. 18–19) und den Hitzigkindern häufig Märchen erzählte, auch eigenhändig gefertigtes Spielzeug mitgebracht hat.

S. 85/Z. 19: *weiße Perücke . . . von Glas* – Perücken aus versponnenem Glas waren um die Entstehungszeit des Märchens noch gebräuchlich, aber bereits etwas altmodisch.

S. 87/Z. 21: *Fritz – Theodor – Ernst* – neben den Namen der Märchenfigur (und zugleich außertextlichen Bezugsperson) stellt H. hier einen seiner eigenen Vornamen, wie er ihn überhaupt oft in seinen Werken verwendet (insbes. als Namen eines Serapionsbruders), zuletzt seinen Rufnamen, den er sonst keiner seiner fiktionalen Figuren zugewiesen hat.

S. 90/Z. 4: *aus Thorn* – poln. Toruń, Stadt am rechten Weichselufer im sogn. Kulmerland (heute zweitgrößte Stadt der poln. Woiwodschaft Bromberg/Bydgoszcz), lange weitgehend selbständig, seit der zweiten Teilung Polens von 1793–1807 und wieder von 1815–1919 zur preußischen Provinz Posen gehörig, die H. durch seine Tätigkeit am Posener Obergericht (1800–1804) gut vertraut war; bei den Männern und Frauen aus Thorn handelt es sich um figürliches Pfefferkuchengebäck.

S. 90/Z. 30: *einen sehr schlechten Matin* – ein sehr einfacher Überzieher für den Ausgang am Vormittag (von französ.: matin = der Morgen, der Vormittag).

S. 91/Z. 27: *aufsperren durfte* – aufsperren mußte.

S. 93/Z. 26–27: *meine aufmerksame Zuhörerin Marie* – H. verläßt hier die Märchenfiktion und wendet sich direkt an die Tochter Marie seines Freundes Hitzig, ebenso später noch mehrmals auch an den zuhörenden Sohn Fritz.

S. 94/Z. 2: *Mamsell Clärchen* – möglicherweise zu beziehen auf die sonst nicht erwähnte jüngste Tochter Clara der Familie Hitzig (vgl. Erläuterung zu S. 85/Z. 6–7).

S. 97/Z. 29: *drei Skaramuzze, ein Pantalon* – stereotype Maskenfiguren im volkstümlichen Stegreiflustspiel der italien. Commedia dell'arte, auf die H. sich später vor allem in der „Prinzessin Brambilla" bezieht; Scaramuccio (von italien.: scaramuccia = Gefecht, Scharmützel) vertritt den großmäuligen Fechter und Aufschneider, meist in spanisch schwarzer Tracht (Nachfahre des angeberischen miles gloriosus der antiken Komödie), Pantalone (vermutlich von italien.: pianta leone = Löwengewächs, d.h. aus der Stadt des Markuslöwen Venedig; vgl. italien.: pantalone = bequeme Hose mit langen Beinen) den komischen, oft zänkischen, oft auch hoffnungslos verliebten, immer mißtrauischen und doch hereingelegten Alten von langbeinig hagerer Gestalt, mit schütterem langem Kinnbart, Schlafmütze und meist in bequemer Hauskleidung, nach Habitus und Sprache Venezianer.

S. 98/Z. 13: *Die Devisen-Figuren* – uniformierte oder kostümierte Trachtenfiguren (von italien.: divisa = Uniform, Tracht, Dienstkleidung, Sportkleidung) als Puppen oder Spielzeugsoldaten, aber auch in Form von Back- oder Zuckerwerk mit Densprüchen (Devisen) auf eingebackenen kleinen Zetteln (vgl. später, S. 101/Z. 22).

S. 101/Z. 4: *herausdebouchiert* – heraus- und hervorgebrochen, militärisches Fachwort (von französ.: déboucher = aus einem Engpaß o.ä. hervorbrechen, entkorken, münden).

S. 101/Z. 10: *en quarré plain* – veraltet für französ.: en carré plain = Truppenanordnung im offenen Viereck.

S. 101/Z. 12: *Tungusen* – mongolische, wahrscheinlich aus Nordchina stammende Bevölkerungsgruppe in Ostsibirien.

S. 101/Z. 34: *Chasseurs* – französ.: Jäger (Plural), im Scharfschießen speziell ausgebildete Sondertruppe der leichten Infanterie.

S. 102/Z. 2–3: *„Ein Pferd – ein Pferd – ein Königreich für ein Pferd!"* – bekanntes Zitat aus dem Schlußakt von Shakespeares Drama „König Richard der Dritte" in der deutschen Übersetzung von August Wilhelm Schlegel, Berlin 1810.

S. 102/Z. 4: *Tirailleurs* – französ.: Plänkler (Plural), in geöffneter Schlachtordnung kämpfender Schütze, als Schützenkette erstmals in den französischen Revolutionskriegen erprobt.

S. 103/Z. 35–36: *die vorzügliche Geschichte vom Prinzen Fakardin* – bezieht sich auf das unvollendete Märchen „Les quatre Facardin / Die vier Fakardin" des aus Schottland gebürtigen, nach Paris emigrierten und französisch schreibenden Grafen Anthony (Antoine) von Hamilton (1646–1720) aus dessen dreibändiger Sammlung „Contes de féerie" (1715, deutsch um 1795 unt. d. Titel „Feengeschichten"); von H. wegen seines hochartistischen und zugleich ironischen Umgangs mit den französischen Feenmärchen sehr geschätzt, auch im Fantasiestück „Der Magnetiseur" erwähnt, ebenso schon in einem Jugendbrief an den Freund Theodor Gottlieb von Hippel vom 24. Januar 1796.

S. 105/Z. 9: *sotane Häßlichkeit* – eine so beschaffene, derartige Häßlichkeit.

S. 108/Z. 26: *gebrannte Federposen* – durch Anbrennen geschärfte und gehärtete Federkiele zum Schreiben (von den äußersten Flügel- oder Schwanzfedern der Gänse); hier ironische Andeutung, daß es sich bei der Erzählung und beim Unwohlsein des Königs um literarische Fiktion handelt.

S. 109/Z. 3–4: *dem ... Arkanisten* – dem ... Geheimwissenschaftler (von latein.: arcanuas = verschwiegen, geheim).

S. 114/Z. 4: *Peterwardein* – serbokrat.: Petrovaradin (heute Stadtteil von Novis Sad/Neusatz, Jugoslawien), kleine südosteuropäische Ortschaft (in ironischem Kontrast zu den zuvor genannten nordwesteuropäischen Großstädten London und Paris), auf einer Donau-Halbinsel nördlich von Belgrad gelegen und befestigt; zur Zeit der Niederschrift des Märchens aktuell wegen des hundertjährigen Gedenkens an den dort erkämpften ersten und entscheidenden Erfolg des Prinzen Eugen über die Türken, der die Vorherrschaft von Österreich-Ungarn auf dem Balkan sicherte und es als europäische Großmacht bestätigte.

S. 115/Z. 7: *für einen blanken Zwanziger vom Jahr 1720* – Münze mit 20 Karat Goldgehalt, wertvoller als der meist nur 18-karätige Gulden.

S. 115/Z. 14–15: *mit chinesischen Charakteren* – mit chinesischen Schriftzeichen.

S. 120/Z. 31: *solche Poltrons* – solche Feiglinge (von französ.: poltron)

S. 120/Z. 32: *Bassa Manelka* – bisher nicht nachgewiesener islamischer Heerführer oder Würdenträger (mit der italien./span. Form „Bassa" für den Titel „Pascha").

S. 120/Z. 36: *in einem schönen blanken Reich* – bezieht sich auf das Reich der Poesie, von dem H. in diesem Kindermärchen (im Unterschied zum Kunstmärchen für Erwachsene wie „Der goldne Topf") nur in zurückhaltenden Andeutungen für kundige Leser spricht.

S. 121/Z. 5: *Kongestionen* – Blutandrang (von latein.: congestus = zusammengetragen, gehäuft).

S. 122/Z. 12: *Dragantpuppen* – kandiertes oder mit Zuckerguß überzogenes Back- und Naschwerk in Puppengestalt, geformt mit Hilfe einer aus der Tragant(h)-Pflanze gewonnen, gummi- oder gallertartigen Masse als Bindemittel, heute nur noch als Zusatz zu Appreturen und Klebstoffen verwendet (von griech.: tragakantha = Bocksdorn).

S. 122/Z. 25–26: *der Pachter Feldkümmel mit der Jungfrau von Orleans* – literatursatirischer Bezug auf zwei nicht miteinander vereinbare Theaterstücke der Zeit: August von Kotzebues Fastnachts-Posse „Pachter Feldkümmel von Tippelskirchen" (1811) und Schillers „Die Jungfrau von Orleans. Eine romantische Tragödie in fünf Aufzügen" (1801).

S. 123/Z. 31: *Dore* – Name der zuvor erwähnten Köchin.

S. 127/Z. 8 – 135/Z. 7: *auf der Kandiswiese . . . in die Weite hinein verrauschte* – die Schilderung des Puppenreichs bezieht sich auf die Weihnachtsauslagen Berliner Konditoreien (insbes. Fuchs, Weide und Schoch) mit Nachbildungen von Landschaften, Städten, Umzügen, Zeitereignissen, Literatur-, Bühnen- und Märchenszenen in Back- und Zuckerwerk, von H. aufgegriffen in den „Irrungen" (S. 518/Z. 26–27) und schon in dem Fantasiestück „Die Abenteuer der Silvesternacht", wo die drei Konditoreien namentlich angegeben sind.

S. 127/Z. 19: *Janitscharenmusik* – alt-türkische Militärmusik mit viel metallenem Schlagwerk (Bekken, Triangel, Schellenbaum), seit dem 18. Jahrhdt in Europa oft imitiert; ursprünglich Musik der Janitscharen (türk.: neues Heer), einer 1329 eingerichteten Fußtruppe aus christlichen, zum Islam übergetretenen Kriegsgefangenen, später Kern- und Elitetruppe des türkischen Heeres, 1826 aufgelöst; vgl. auch S. 474/Z. 21–22.

S. 127/Z. 22: *Morschellen* – bisher nicht nachgewiesene Wortprägung, möglicherweise mit „Morchel" (= Trüffel, auch als Schokolade) und „Mörtel" in Verbindung zu bringen.

S. 127/Z. 30: *Zephire* – leichte, milde Südwinde.

S. 128/Z. 3: *ein weißes Kissen aus Reglisse* – Weichbonbon in Kissenform aus Weißzucker mit Süßholzaroma (von französ.: réglisse = Süßwurzel, Süßholz, Lakritze).

S. 128/Z. 9: *Drahtballett* – Tanzpuppen an Drähten, also damals beliebte Musik- und Tanzautomaten, die H. auch sonst beschäftigen, insbes. in „Die Automate" und „Der Sandmann", ähnlich und vor allem kritisch ferner in seinem zweiten Kindermärchen „Das fremde Kind" (vgl. S. 148–150).

S. 128/Z. 31: *Lampertsnüsse* – statt: Lambertsnüsse oder: Langbartnüsse; große längliche Haselnußart aus den Mittelmeerländern, insbes. aus der italien. Region Lombardia (mittelhochdt.: Lambardie), genannt nach dem germanischen Erobervolk der Langobarden.

S. 132/Z. 2: *Orsade* – statt: Orgeade, Kurzform für: Orangeade, aus Orangensaft, Wasser und Zucker gemischt.

S. 132/Z. 12–13: *der Großmogul auf einem Palankin* – Großmogul ist Herrschername der mohammedanischen Fürstendynastie, die Indien bis 1858 regierte, Palankin eine indische Sänfte mit Vorhängen und Sonnendach, von 4–6 Trägern an langen Stangen getragen (von sanskrit: paljanka = Bett).

S. 132/Z. 18–19: *aus dem unterbrochenen Opferfeste* – bezieht sich auf Umzug und Opferhymnus im ersten Finale der seinerzeit (zwischen Mozarts „Zauberflöte" und Webers „Freischütz") beliebtesten und erfolgreichsten deutschen Oper im heroisch-komischen Stil „Das unterbrochene Opferfest" (Wien 1796) des Mannheimer, später Münchener Komponisten Peter von Winter (1754–1825); von H. in einer Rezension für das „Dramaturgische Wochenblatt, in nächster Beziehung auf die Königlichen Schauspiele zu Berlin" Nr. 12 vom 23. Sept. 1815 als „Winters Meisterwerk" gewürdigt.

S. 132/Z. 23: *einem Brahmin* – einem Brahmanen, d. h. einem Angehörigen der obersten Hindukaste Indiens, privilegiert als Staatsmänner, Priester, Gelehrte und Dichter.

Erläuterungen zu „Das fremde Kind"

entstanden im Herbst 1817 und wie „Nußknacker und Mausekönig" ebenfalls dem Umgang mit den Kindern des Freundes Hitzig zu verdanken; „den ersten Bogen" hat H. am 27. Sept. 1817 an den Berliner Verleger Georg Reimer geschickt und dabei 6 eigenhändige Illustrationen sowie

Vignetten-Entwürfe hinzugefügt; mit einigen dieser Zeichnungen und Vignetten erstmals erschienen im Dezember 1817 unter den „Kinder-Mährchen. Von E. W. Contessa, Friedrich de la Motte Fouqué und E.T.A.H. Zweites Bändchen (Realschulbuchhandlung [= Reimer]) 1817", S. 1–10, also an erster Stelle, während H.s Name im Titel (alphabetisch geordnet) zuletzt erscheint, die Verfassernamen aber später nicht mehr genannt werden, um Leser und Rezensenten spielerisch in die Irre zu führen. Dieses vor allem von H. betriebene Verwirrspiel setzt sich in den Märchentexten fort, denn „Das fremde Kind" läßt sich u. a. als Parodie auf Contessas „Das Gastmahl" aus dem ersten Bändchen der „Kinder-Mährchen" von 1816 verstehen, während Contessa selbst in „Das Schwerdt und die Schlangen" Fouqués beliebte Rittergeschichten, Fouqué seinerseits in „Die Kuckusten" H.s „Nußknacker und Mausekönig" aufgegriffen und parodistisch aufs Korn genommen haben könnte. Außerdem erinnert „Das fremde Kind" in seiner Titelgestalt an Ludwig Tiecks Kunstmärchen „Die Elfen" aus Band 1 seiner Sammlung „Phantasus" (1812). Im Februar 1819 erschien „Das fremde Kind" als Schlußstück des zweiten Bands der „Serapionsbrüder" (ebenfalls bei Reimer) in einer stilistisch überarbeiteten Fassung.

S. 140/Z. 2: *Christlieb* – hier ein Mädchenname, so daß, wie im „Nußknacker und Mausekönig", das märchenspezifische Kinderpaar älterer Bruder und jüngere Schwester gleich anfangs in den Blick kommt.

S. 163/Z. 13: *mächtige Geister* – wie in vielen seiner Kunstmärchen bezieht sich H. hier auf die Geheimlehre von den Elementargeistern (vgl. S. 80/Z. 32, S. 191–195 samt Erläuterungen).

S. 164/Z. 9: *der . . . Gnomenkönig Pepser*: die Gnome (zwerghafte Kobolde und Ungeziefer) sind Erdgeister und gelten als Widersacher der zuvor genannten Feuer-, Luft- und Wassergeister.

Erläuterungen zu „Die Königsbraut"

entstanden Ende 1820/Anfang 1821, ursprünglich vorgesehen als Schlußstück für den bereits im Oktober 1820 publizierten dritten Band der „Serapionsbrüder", der dann jedoch ganz ohne einen Märchentext erschien; Erstdruck am Ende des vierten Bandes der „Serapionsbrüder", erschienen zu Ostern 1821 bei Reimer in Berlin.

S. 179/Z. 9: *in die Schoten* – in den Schotenklee, Horn- oder Honigklee, eine hochwachsende Kleesorte.

S. 180/Z. 6: *von Santa Cruz* – auch: Saint Croix, eine der Jungferninseln (Virgin Islands), den Kleinen Antillen in der Karibik zugehörig, also in exotischer Ferne gelegen und daher ironisch kontrastierend mit dem Provinzdörfchen Dapsulheim.

S. 180/Z. 24: *das Schloß des Herrn Baron von Tondertonktonk in Westfalen* – erinnert an den von H. geschätzten satirisch-philosophischen Roman „Candide, ou l'optimisme" (1759) von Voltaire mit seinem Beginn auf dem verträumt provinziellen Schloß des westfälischen Barons Thunder-ten-tronckh (deutsch „Donnertrunkshausen" in der Übersetzung „Candide oder der Optimismus", 1778, von Wilhelm Christhelf Siegmund Mylius).

S. 180/Z. 25: *mit neuseeländischer Kunst* – erneut Anspielung auf exotisch Fernliegendes in ironischem Kontrast zur provinziellen Enge von Dapsulheim; zugleich vorbereitend auf den Bericht über Dapsuls magische Lehr- und Wanderjahre im fernen Osten (S. 181/Z. 34).

S. 180/Z. 37–38: *in der Bayonne bereitet* – roher Schinken ist noch immer einer der Spezialitäten aus der Umgebung von Bayonne, Hauptstadt des Navarra genannten französischen Baskenlandes zwischen den nördlichen Pyrenäen und der Biskaya.

S. 181/Z. 16–17: *Plümage . . . Prinzenkopf* – teils wohl erfundene, teils eigenwillig abgewandelte Namen für Gartenkräuter, Gemüse und Salate verschiedener Größe (Kleiner Grünkopf, großer Mogul – nach den mohammedanischen Herrschern Indiens –, Prinzenkopf), verschiedener Farbe (bunt, grün, gelb) und verschiedener Gestalt (Plümgage, von französ.: plumage = Gefieder, Federkohl; Rapuntika, wie Rapunzel von mittellatein.: rapuncium = Rübenwurzel, also Wurzel- oder Blattsalat; Turnep, von engl.: turnip = weiße Rübe, Kohlrübe).

S. 186/Z. 6: *das gnomische Prinzip* – das Erdgeistprinzip (nach mittellatein.: Gnom = Kobold, zwerghafter Erdgeist) im Unterschied zum anschließend genannten Salamander als Feuergeist, beides gemäß den pseudowissenschaftlichen, in Volks- und Aberglaube eindringenden Geheimlehren von den Elementargeistern für Erde, Feuer, Luft (= Sylphiden) und Wasser (= Undinen); vorbereitend auf die späteren Angaben Dapsuls über die Elementargeister (S. 191–195) sowie erinnernd an den Gegensatz von erdhafter Runkelrübe und Salamanderfürst im „Goldnen Topf", von H. in Anlehnung an die „Gabalis"-Schrift gestaltet (vgl. S. 80/Z. 32 samt Erläuterung).

S. 186/Z. 7: *Pastinak* – Küchenkraut mit weißer, möhrenartiger Wurzel (sogn. Hirschmöhre) und das daraus bereitete Gemüse; botan. Name: Pastinaca sativa, von latein.: pastinare = umgraben).

S. 186/Z. 18: *ein Gerundium* – grammatisches Fachwort (nach dem Latein.) für den Gebrauch von Verbformen als Nomen (z. B. das Schreiben, die Kunst des Schreibens = ars scribendi); im Passiv zum Ausdruck einer Notwendigkeit, eines Wunsches, Sollens oder Müssens – wie hier gemeint – und meist bezeichnet als Gerundivum (z. B. Karthago sollte zerstört werden = Carthago delenda est, du bist zu loben = laudandus es).

S. 186/Z. 22: *im Gesechstschein* – auch: Sextilschein, altes atrologisches Fachwort für die Opposition, den Stand zweier Gestirne bei 60° Längenunterschied.

S. 188/Z. 2–3: *gelber Steinkopf* – Kopfsalat.

S. 188/Z. 3–4: *die Krupbohnen* – auch: Busch- oder Staudenbohnen, eine buschig wachsende Bohnensorte.

S. 188/Z. 34: *Alraunwurzel* – Wurzel des giftigen Nachtschattengewächses Mandragora, oft von menschenähnlich koboldhafter Gestalt, auch „Galgenmännlein" genannt, im Volks- und Aberglauben bedeutsam als vermeintliches Heil- und Zaubermittel und bei H. häufig anzutreffen (vgl. S. 35/Z. 34, S. 230/Z. 26–27, samt Erläuterungen).

S. 189/Z. 24: *Im Grünen Gewölbe zu Dresden* – Schatzkammer des Dresdener Residenzschlosses (1945 zerstört), H. von seiner dortigen Zeit her bekannt, aber im Dresden-Märchen „Der goldne Topf" nicht erwähnt.

S. 190/Z. 30: *von grauem Kalmank* – von feinem, wie Atlas geglättetem Kammgarnstoff.

S. 192/Z. 3: *Wissenschaft der heiligen Kabbala* – die jüdische Mystik des Hochmittelalters (von hebr.: Überlieferung), gegen den nüchternen, aufklärungsähnlichen Talmudismus gerichtet; in Südfrankreich entstanden, seit dem 13. Jahrhdt in Spanien und Italien aufgegriffen, später auch in Deutschland verbreitet; zunächst religionsphilosophisch, seit dem 16./17. Jahrhdt zu volkstümlichem Wunderglauben vereinfacht (u. a. Voraussetzung für den jüdischen Chassidismus), um 1800 allgemeiner Begriff für mystische Geheimlehren. Die folgenden, bereits S. 186 vorbereiteten Angaben dazu ebenfalls nach der von H. häufig zugrunde gelegten „Gabalis"-Schrift.

S. 192/Z. 27: *der Fürst von Mirandola* – entnommen aus der „Gabalis"-Schrift und bezogen auf den italien. Humanisten und Philosophen Giovanni Pico della Mirandola (1463–1494), der aristotelisches und platonisches Denken, arabische Wissenschaft, christliche und jüdische Theologie miteinander in Verbindung brachte und dabei auch auf die jüdische Mystik der Kabbala einging.

S. 192/Z. 30: *der große Zoroaster* – griech. Name für den legendären altiranischen Propheten und Religionsgründer Zarathustra (zwischen 1000 und 500 v. Chr.) – hier nach „Gabalis"; ähnlich auch in „Klein Zaches" (S. 290/Z. 14–15).

S. 192/Z. 31–33: *der große Apollonius ... Bensyra* – ebenfalls nach „Gabalis", u. a. bezogen auf den Neupythagoräer, Geheimlehrer und zeitweilig mit Christus verglichenen Wundertäter Apollonius von Tyana (1. Jahrhdt n. Chr.) sowie auf den sagenhaften Propheten und Zauberer Merlin, der im 12. Jahrhdt von Geoffrey of Monmoth zum Sagenkreis der keltisch-bretonischen Artusüberlieferungen hinzuerfunden wurde.

S. 192/Z. 33–35: *die schöne Melusine ... Sylphide* – ebenfalls nach „Gabalis"; bezieht sich auf die seit dem Spätmittelalter bekannte, u. a. als Volksbuch gestaltete, auch von Tieck und Goethe aufgegriffene Sage von der Meerjungfrau (und Stammutter des französischen Geschlechts der Grafen von Lusignan), deren Unterkörper zeitweilig Fischgestalt annimmt; der ursprünglich undinenhafte Wassergeist hier ironisch verfälscht zum Luftgeist einer Sylphide, und zwar unter ebenso ironischer Berufung auf die scheinbare Autorität des Naturphilosophen und Medizinreformers Paracelsus (1493–1541), der aber auch als legendärer Wunderheiler und Geheimlehrer angesehen wurde.

S. 193/Z. 4: *ihr schneeweißes schön geformtes Bein* – nach einer Anekdote des „Gabalis".

S. 193/Z. 24: *Jagdknaster ...: Es blühe Sachsen* – zwei einfache Tabaksorten der Zeit.

S. 194/Z. 17–23: *Cassiodorus Remus ... Nazareth bei Köln* – Cassiodorus de Reyna oder Renius (gest. 1594), hier latinisiert wie in Frankreich üblich, Theologe und Bibelübersetzer aus Sevilla, zuletzt Vorsteher der niederländisch reformierten Gemeinde in Frankfurt am Main; die auf ihn angeblich zurückgehende Anekdote nach „Gabalis".

S. 196/Z. 19: *Er schien absteigen zu wollen* – das folgende nach einer Episode aus dem satirischen Roman „Gargantua und Pantagruel" von François Rabelais (1449–1553), von H. entlehnt aus der Bearbeitung eines Dr. Eckstein (Hamburg 1786), der sowohl auf Rabelais als auch auf seinen ersten deutschen Bearbeiter und Umgestalter Johann Fischart (1546–1590) zurückgreift; vgl. auch die Ankunft von Klein Zaches zu Pferde, S. 248.

S. 196/Z. 24–25: *Trochäen, Pyrrhichien, Daktylen* – Namen griechischer Versmaße oder Versfüße (gemäß der mit Musik und Tanz verbundenen antiken Versdichtung), wenig später aufgegriffen und erweitert (S. 197/Z. 27–28).

S. 196/Z. 31: *Unzialbuchstaben* – frühmittelalterliche Buch- und Kunstschrift mit gefällig abgerundeten Großbuchstaben im Unterschied zur altrömischen Kapitalschrift oder Majuskelschrift mit steileren Buchstaben.

S. 196/Z. 35: *Porphyrio von Ockerodastes* – vermutlich erfundene Namen, die sich auf die in dem Märchen vorherrschenden Farbwerte beziehen: Porphyr = rostrot wie das Gestein gleichen Namens (nach griech.: porphyros = purpurfarbig) und Ocker = erdig gelb.

S. 197/Z. 16: *aus dem Laktanz oder aus dem Thomas Aquinas* – abermals nach „Gabalis"; bezogen auf den aus Afrika stammenden, zum Christentum bekehrten römischen Schriftsteller Lucius Caecilius Firmianus Lactantius (um 330 n. Chr.), der sich in seinem Hauptwerk „Divinae institutiones / Göttliche Unterweisungen" und in seinen theologischen Verteidigungsschriften mit dem Wunderglauben an Geister und Dämonen auseinandersetzt, ebenso wie der führende Theologe und Philosoph der hochmittelalterlichen Scholastik Thomas von Aquin (1225–1274).

S. 197/Z. 19–20: *einen andern elementarischen Knigge* – Scherzhaft ironisierende Anspielung auf das schon damals als Anstandsbuch mit Benimmregeln mißverstandene pragmatisch psychologische Werk „Über den Umgang mit Menschen" (1788, 8. Aufl. 1804) des Freiherrn Adolf von Knigge (1752–1796).

S. 198/Z. 5–6: *dem Apollo von Belvedere ... dem sterbenden Fechter* – antike Statuen aus dem 4. und dem 1. Jahrhdt v. Chr. bzw. deren hellenistisch-römische Marmorkopien; sie galten um 1800, insbes. seit den Schriften von Johann Joachim Winckelmann (1717–1768) als klassische Muster für den bildkünstlerischen Ausdruck von Hoheit und Schmerz.

S. 197/Z. 27–28: *Trochäen ... Daktylen* – in ironisch direktem Wortverständnis werden hier mit den Namen griechischer Versfüße lange und kurze Tanzschritte unterschieden, und zwar im einzelnen: Trochäen = lang-kurz, Spondäen = lang-lang, Jamben = kurz-lang, Pyrrhichien = kurz-kurz, Anapäste = kurz-kurz-lang, Tribrachen = kurz-kurz-kurz, Bachien = kurz-lang-lang, Antibachien = lang-lang-kurz, Choriamben = lang-kurz-kurz-lang, Daktylen = lang-kurz-kurz.

S. 200/Z. 32: *ein Stückchen Kreuzwurzel* – Enzianwurzel oder Wurzel einer sonstigen Kreuzkrautart, im Volksaberglauben als Mittel zum Gegenzauber geltend.

S. 201/Z. 6–8: *Pan Kapustowizc ... Signor di Broccoli ... Monsieur de Roccambolle* – nach poln., italien. und französ. Gemüsenamen: Herr Kohlsohn ... Herr von Kohlgemüse (Rosenkohl) ... Herr von Schalotte (Perlzwiebel).

S. 202/Z. 20–22: *der edle Gnome Tsilmenech ... Grützkopf* – Name vermutlich von H. erfunden; buchstabengleich mit dem Wort „Teilmensch", daher möglicherweise zu beziehen auf Dapsuls groteske Theorie von der „Menschheit ... ohne Leib ..." (S. 203/Z. 23), schon hier aber ironisiert durch die Scheinübersetzung ins Deutsche mit ihrem Doppelbezug auf Grütze als Art der Gemüsezubereitung sowie auf Grützbeutel als Talggeschwulst unterm Kopfhaar.

S. 202/Z. 30: *den Beinamen Saffian* – vermutlich in Anlehnung an das feingegerbte gelbliche Ziegenleder gleichen Namens; hier „weniger würdig", da mit Hilfe der Sumachpflanze hergestellt, also sekundären Ranges und abgetötet ledern statt pflanzlich lebendig.

S. 203/Z. 33–34: *die Sylphide Nehahilah* – Name in Anlehnung an „Gabalis", ebenfalls gleich mit scherzhaft ironischer Scheinübersetzung.

S. 206/Z. 1–2: *den Chesterfield oder den Knigge ... die Frau von Genlis* – bezieht sich auf die damals weit verbreiteten Werke über wohlerzogene Weltläufigkeit, Anstand und den Umgang mit Menschen von dem englischen Staatsmann und Schriftsteller Philip Dormer Stanhope, Earl of Chesterfield (1694–1773) mit seinen „Letters to his Son" (1774) sowie von Knigge (vgl. S. 197/Z. 20, samt Erläuterung), ferner auf das Lexikon der Hofetikette, die Jugendbücher und die zahlreichen pädagogischen Schriften, weniger wohl auf die sentimentalen Gesellschaftsromane der französ. Gouvernante und Schriftstellerin Stéphanie-Félicité Ducrest de Saint Aubin, Comtesse de Genlis (1746–1830), Prinzen-Erzieherin beim Herzog von Chartres und dadurch des späteren Bürgerkönigs Louis-Philippe.

S. 208/Z. 5: *der Oberhofmarschall Turneps* – nach engl.: turnip = weiße Rübe, Kohlrübe (vgl. S. 181/Z. 16).

S. 208/Z. 17: *die Bollenartillerie* – die Zwiebelartillerie.

S. 208/Z. 18–19: *Salat – Salat und grüne Petersilie* – im Rhythmus ironisch an gängige Marsch- und Volkslieder anklingend.

S. 208/Z. 32: *Dacus Carota* – botanisches Fachwort für die Mohrrübe oder Möhre (nach Linné).

S. 208/Z. 35: *der Bohnenkönig* – auf diesen aus Frankreich stammenden Volksbrauch bezieht sich H. schon zu Beginn seines Märchens „Der goldne Topf"; vgl. S. 11/Z. 5 samt Erläuterung.

S. 211/Z. 1–2: *aus meines herrlichen Meisters Schatzkästlein* – möglicherweise zu beziehen auf die Gestalt des Meister Abraham aus den gleichzeitig entstandenen und erschienenen „Lebensansichten des Katers Murr", ebenso vermutlich die folgenden „Kernsprüche".

S. 211/Z. 21: *der Ichor der Götter* – farbloser Lebenssaft statt Blut in den Adern der unsterblichen olympischen Götter Homers (griech.: Blutwasser).

S. 211/Z. 25: *mit tyrtäischen Schlachtliedern* – bezogen auf den altgriech. Dichter Tyrtaios (7. Jahrhdt v. Chr.) und seine Kriegslieder für die Spartaner.

S. 212/Z. 30: *Friedrich Richter* – H. verwendet hier den bürgerlichen Ruf- und Nachnamen des Romanciers Jean Paul (1763–1825).

S. 214/Z. 4: *diable de la jeunesse* – französ.: Teufel der Jugend; die allzu rasch vergängliche Jugendschönheit galt als ein Teufelsgeschenk.

S. 218/Z. 23: *Plümagedamen* – Federkohldamen (nach französ.: plumage = Gefieder); vgl. oben, S. 181/Z. 16 samt Erläuterung, und S. 207/208.

S. 220/Z. 2–3: *„Gerade wenn die Not am höchsten, ist die Hülfe oft am nächsten"* – anklingend an das verbreitete Kirchenlied „Wenn wir in höchsten Nöten sein" aus der Reformationszeit.

S. 220/Z. 14: *durch jenen Tubus* – Rohrstück, an dem die Linsen eines Fernrohrs oder eines Mikroskops angebracht sind (von latein.: tubus = Röhre).

S. 224/Z. 2: *ob das Tusch sein solle* – in der Studentensprache Ausdruck für Herausforderung (von französ.: toucher = berühren, angreifen, treffen); vgl. auch „Klein Zaches" S. 249/Z. 20.

S. 224/Z. 20–21: *an den großen Tasso* – bezogen auf den italien. Dichter Torquato Tasso (1544–1595) und seine angeblich unglückliche Liebe zur Schwester Eleonore seines Förderers, des Herzogs Alfonso II von Ferrara aus dem Fürstenhaus Este; H. und seinen Zeitgenossen geläufig durch Goethes Weimarer Drama, erstmals 1790 in Leipzig erschienen.

S. 227/Z. 30: *das Sensorium commune* – mittellatein.: das allgemeine Bewußtsein, der gesunde Menschenverstand.

Erläuterungen zu „Klein Zaches genannt Zinnober"

entstanden im Lauf des Jahres 1818, erstmals erschienen bei Ferdinand Dümmler, Berlin 1819 (möglicherweise bereits im Dezember 1818 ausgeliefert), und zwar mit zwei eigenhändigen Deckelzeichnungen von H.: wie die Fee Rosabelverde Klein Zaches auf dem Schoß hat und kämmt sowie Prosper Alpanus in der Luft schwebend; das erste Kapitel gleichzeitig als werbender Vorabdruck in der Monatsschrift „Flora", Hrsg. Georg Lotz, Jahrgang 2, Heft 1, Januar 1819, S. 51–75.

S. 229/230: Zu St. Laurenztag – am 10. August, dem Kalenderfest des 258 n. Chr. auf einem Feuerrost hingerichteten Märtyrers Laurentius.

S. 230/Z. 8: *der kleine Däumling* – die bekannte Märchengestalt erscheint erstmals literarisch als „Le petit poucet" in den „Histoires ou contes du temps passé", bekannter als „Contes de ma mère l'oye" (1697) von Charles Perrault (1628–1703), deutsch als „Ammen-Mährchen" von F.J. Bertuch (1790); frei bearbeitet und dramatisiert auch von Ludwig Tieck am Ende von Band 2 seines „Phantasus" (1812), den H. kannte und schätzte.

S. 230/Z. 26–27: *ein klein Alräunchen* – Wurzelkobold, von H. häufig in die Märchen eingeführt (vgl. S. 35/Z. 34 und S. 188/Z. 34 samt Erläuterungen), hier in enger Beziehung zur Titelfigur.

S. 235/Z. 17: *Prätextus von Mondschein* – satirisch zugespitzter Adelsname (von latein.: prätextus = verbrämt, beschönigt, vorgeschützt, zweideutig), wie mehrere Namen des Märchens entlehnt aus der Erbauungsschrift „Über die Einsamkeit" (Leipzig 1784/85) von Johann Georg Zimmermann (1728–1795), die H. auch sonst oft benutzt hat.

S. 235/Z. 21: *Rixners Turnierbuch* – ironisch bezogen auf die „Kurtze Beschreibung von Anfang, Ursachen, Ursprung und Herkommen der Thurnier im heyligen Römischen Reich Teutscher Nation ... sonderlich auch der Adelischen Wappen ... von allen Adelspersonen der hochberühmptesten Teutschen Nation hohes und niederen Stands ..." von Georg Rüxner, erstmals 1530 in Frankfurt am Main erschienen, danach weit verbreitet und bis zum Beginn des 18. Jahrhunderts (letztmals Ulm 1720) oft bearbeitet; zur Zeit H.s bereits veraltet und weitgehend abgelöst durch den Gothaischen Hofkalender (seit 1764), später erweitert zu den Gothaischen Genealogischen Taschenbüchern (bis 1934).

S. 236/Z. 8: *Weichselzöpfe* – auch: Wechselzopf, eine flechtenartig verfilzende, oft entzündliche Haut- und Haarkrankheit aufgrund langjähriger Unreinlichkeit, die man volksbräuchlich, insbes. in der poln. Weichselgegend, dem bösen Einfluß von Naturkobolden zuschrieb (von poln. wieszczyca = Nachtgespenst, mundartl. wickzelzupp), entweder als Kopf- und Haarflechte, d.h. Weichsel-/Wechselzopf, oder als Hautbeule (auch Kropf), d.h. Wechselbalg; von daher auf jede Art vermeintlich angehexten Mißwachses oder unterschobener Mißgeburt übertragen, wie H. es auch hier bereits mehrfach für Klein Zaches nahegelegt hat.

S. 236/Z. 33: *Rosabelverde* – aus den italien. Wörtern für: Rose – schön – grün – in ironisch übertreibender Häufung zu einem Feennamen zusammengesetzt.

S. 237/Z. 7: *Fürst Demetrius* – ein im antiken Makedonien und Syrien sowie im neuzeitlichen Rußland häufiger Herrschername.

S. 237/Z. 21: *dschinnistanisch* – feenhaft; von arab. Dschinnistan = Geisterwelt, hier: Feenreich.

S. 237/Z. 23–24: *der junge Paphnutius* – der Name ebenfalls entlehnt aus J.G. Zimmermanns „Über die Einsamkeit", dort in Verbindung mit einem Menschen, dessen Helfer ihm mehr schaden als nützen.

S. 237/Z. 37: *die Aufklärung* – bezogen auf die bis zum Beginn des 19. Jahrhdts vorherrschende, von den Romantikern kritisierte rationalistische, ganz auf Vernunft gegründete Denkrichtung des 18. Jahrhdts; politisch wirksam als sogn. aufgeklärter Absolutismus und in der Französischen Revolution, auch in zahlreichen Bildungsreformen, ökonomisch vor allem in Landwirtschaftsreformen, Ausbau von Verkehrswegen und beginnender Industrialisierung (vgl. dazu im folgenden das Programm des Ministers Andres). Der Ausruf: „Sire! – führen Sie die Aufklärung ein!" erinnert ironisch an die bekannte Forderung des Marquis Posa gegenüber dem spanischen König Philipp II: „Sire, geben Sie Gedankenfreiheit!" aus dem zentralen dritten Akt von Schillers „Don Carlos, Infant von Spanien" (1787).

S. 238/Z. 12: *auf einem kleinen Taburett* – auf einem niedrigen gepolsterten Hocker.

S. 238/Z. 23: *Tausendundeine Nacht* – reichhaltigste und bekannteste arabische Märchensammlung, auf arabischen, persischen, indischen und ägyptischen Vorlagen beruhend; in Europa zunächst nur bruchstückhaft bekannt, dann insgesamt durch die Übersetzung in 12 Bänden (1704–1717) des französischen Orientalisten Antoine Galland (1646–1715).

S. 239/Z. 8: *ja sogar geflügelten Pferden* – bringt das antike Sinnbild der Dichtkunst, das geflügelte Pferd Pegasus, in Verbindung mit den ähnlichen, zuvor genannten Märchenmotiven, betont also den von H. und der Romantik propagierten Zusammenhang zwischen Märchendichtung und wahrer Poesie.

S. 239/Z. 9: *Akzisetarif* – Einkommensteuertarif.

S. 239/Z. 20: *eine Journaliere* – ein täglich verkehrender Postreisedienst.

S. 241/Z. 13–14: *Ptolomäus Philadelphus* – Name und Beiname ägyptischer und alexandrinisch-hellenistischer Herrscher, die mit einer Schwester vermählt waren (von griech. philadelphos = geschwisterliebend), ebenfalls entlehnt von J.G. Zimmermann (Register), aber kaum mit dem dort gemeinten König (285–246 v. Chr.) in Verbindung zu bringen, unter dem Alexandria zu einem Gelehrtenzentrum wurde; eher zu beziehen auf den alexandrinischen Gelehrtennamen Ptolomäus und das – teils pietistisch geprägte – Aufklärungsprinzip der Bruderliebe unter den Menschen (vgl. auch die philadelphischen Sozietäten des 18. Jahrhunderts und die entsprechende Namensgebung der Stadt Philadelphia in Nordamerika seitens der Quäker); möglicherweise auch anspielend auf den Zauberkünstler und Hochstapler Jacob Philadelphia (1734–?), den H. in den „Serapionsbrüdern" und in der „Brautwahl" erwähnt (vgl. S. 505/Z. 19).

S. 241/Z. 14: *Rufin* – gleichfalls nach J.G. Zimmermann; dort in Verbindung mit einem ägyptischen Eremiten des Frühchristentums, der nach einer übertrieben vernunftgemäßen, also aufklärungsähnlichen Mönchsregel lebt; die von den Lebensdaten her unvereinbare Freundschaft mit dem zuvor genannten Ägypterkönig oder alexandrinischen Gelehrten hat H. zum Scherz hinzuerfunden.

S. 241/Z. 25–26: *unversehens auf die Chaussee geraten* – Chauseen sind ursprünglich ungeglättete, lediglich geschotterte Landstraßen, daher unbequem.

S. 242/Z. 11: *mit Hülfe des Chaussee-Einnehmers* – des Kassierers von Chaussee- oder Wegegeldern, die für Fahrzeuge auf Landstraßen zu entrichten waren.

S. 242/Z. 16–17: *Leute von solch wundersamen Wesen und solch seltsamer Kleidung* – H. beschreibt im folgenden ironisch Kleidung und Gebaren von Studenten seiner Zeit, insbes. der Angehörigen von altdeutsch-tümelnden Burschenschaften, deren Gebräuche und Tracht zeitweise für aufrührerisch und staatsgefährdend gehalten und entsprechend verfolgt wurden, vor allem seit dem Wartburgfest vom 18. Oktober 1817.

S. 243/Z. 11: *Philister – Philister!* – in der Studentensprache seit Ende des 17. Jahrhunderts (angeblich von Jena ausgehend) Ausdruck für einen ins bürgerliche Berufsleben eingetretenen ehemaligen Studenten, dann überhaupt für Nichtakademiker und allgemein für einen spießigen, ungeistigen, allein auf materiellen Nutzen bedachten Menschen; abgeleitet vom altpalästinensischen Volk der Philister, schon im 1. Buch Mose als gefährliche Gegner Abrahams und Isaaks, später der Israeliten genannt, erst unter den Königen Saul und insbes. David (um 1000 v. Chr.) entscheidend geschwächt.

S. 243/Z. 14–15: *vor vielen tausend Jahren mittelst eines Eselkinnbackens erschlagen* – bezieht sich auf den biblischen Helden Simson, der im Kampf gegen die Philister „mit eines Esels Kinnbakken . . . tausend Mann" erschlagen haben soll (Buch der Richter 15).

S. 244/Z. 20: *die Kollegia* – die Lehrveranstaltungen, die Vorlesungen.

S. 245/Z. 17: *der Student Balthasar* – in dieser Gestalt scheint der von H. geschätzte Naturforscher und Dichter Adelbert von Chamisso (1718–1838) sich wiedererkannt zu haben (so Chamisso selbst in einem Brief an Louis de la Foye vom Februar 1819); Chamissos märchenähnliche Figur des Peter Schlemihl, der seinen Schatten verloren hat und Siebenmeilenstiefel sowie eine unerschöpfliche Geldbörse besitzt, hat H. mehrfach in seine eigenen Werke einbezogen, so in das Fantasiestück „Die Abenteuer der Silvesternacht", aber auch in die Märchen (vgl. S. 429/Z. 31 und S. 498/Z. 6–7 samt Erläuterungen).

S. 246/Z. 3–4: *wie jener Hofschranz den würdigen Prinzen Hamlet* – bezieht sich auf die Figur des Güldenstern in Shakespeares Drama „Hamlet", insbes. Akt III, Szene 2.

S. 246/Z. 7–8: *mit Rapier und Hieber* – Waffen für studentisches Mensurfechten; das als Stoßwaffe überaus gefährliche Rapier war um 1800 weithin verboten und ersetzt durch eine Hiebwaffe ohne Spitze, Haurapier oder Hieber genannt.

S. 248/Z. 23–24: *von beiden Seiten ein paar Reitstiefel* – bei der Ankunft von Klein Zaches zu Pferd wäre, statt vermuteter Vorbilder unter H.s Zeitgenossen, eher an die des Boten in der „Königsbraut" zu denken (vgl. S. 196).

S. 249/Z. 10: *Gratias* – Danke; von latein.: gratias agere = Dank sagen.

S. 249/Z. 17: *Mosje* – ironisch umgangssprachlich für französ.: Monsieur = Mein Herr.

S. 249/Z. 20–21: *So ist es Tusch . . . wie ein Hasenfuß* – Ausdrücke der Studentensprache für Herausforderung (von französ.: toucher = berühren, angreifen, beleidigen, treffen – insbes. beim Fechten; vgl. auch „Die Königsbraut" S. 224/Z. 2) sowie für Feigling, Dummkopf, Narr.

S. 249/Z. 24: *Komment* – überlieferte und kodifizierte Gebräuche und Regeln studentischer Verbindungen; von französ.: comment = wie, d. h. wie die Mitglieder sich diesen Gebräuchen und Regeln entsprechend zu verhalten haben.

S. 249/Z. 38–39: *eine knapp anschließende Kurtka* – im 18. und 19. Jahrhundert kurzer Waffenrock mit Schößen der russischen und polnischen Armee, später auch in deutschen Heeren.

S. 251/Z. 14: *mon cher Balthasar* – französ.: mein lieber Balthasar.

S. 251/Z. 31–32: *bon soir ... au revoir* – französ. und sogleich übersetzt wiederholt durch „Guten Abend" und „Aufwiedersehen".

S. 252/Z. 17: *nach dem geflügelten Roß* – Wirtshausname in Anspielung auf das früher bereits einbezogene Poesiesymbol der antiken Mythologie (vgl. S. 239/Z. 8).

S. 255/Z. 6–7: *Goethes Wilhelm Meister, Schillers Gedichte und Fouqués Zauberring* – willkürliche und daher ironische Zusammenstellung von bereits akzeptierten, als bloßem Bildungsgut oft allzu gängigen Literaturwerken (wie Goethes Roman „Wilhelm Meisters Lehrjahre" von 1795/96 und Schillers erfolgreicher Balladen- und Gedankenlyrik) mit dem auch von H. geschätzten dreibändigen Moderoman der literarischen Ritterromantik „Der Zauberring" von Friedrich de la Motte Fouqué (Nürnberg 1812/13).

S. 255/Z. 9: *die neuesten Françoisen und Gavotten* – zur Entstehungszeit des Märchens bereits veraltende, eher höfische als bürgerliche Gesellschaftstänze (insbes. die Gavotte).

S. 255/Z. 17: *ein somnambüles Entzücken* – ein schlafwandlerisch träumerisches Entzücken; ironisch bezogen auf das Interesse und die Vorliebe der Romantik (und auch H.s) für das Phänomen des Somnambulismus in Verbindung mit Hypnose und animalischem Magnetismus.

S. 255/Z. 19: *zur Zeit erblinde als höchste Stufe* – möglicherweise ironische Anspielung auf die Gestalt der hochsensiblen Liane aus Jean Pauls Roman „Titan" (1800–1803), die in Augenblikken innerer Erschütterung zeitweise erblindet.

S. 255/Z. 30–31: *Hieronymus, der den Jungfrauen verbietet ...* – bezieht sich auf die Ordensregeln des Bibelübersetzers und Kirchenvaters Hieronymus (um 400 n. Chr.), von H. nahezu wörtlich übernommen aus dem Buch von J. G. Zimmermann „Über die Einsamkeit".

S. 256/Z. 15–16: *Erzählung von der Liebe der Nachtigall zur Purpurrose* – vermutlich nach Gotthilf Heinrich Schuberts Bericht über die „schöne Sympathie der Nachtigall und der Rose ... von den Persern in unzähligen Liedern besungen" in dessen von H. oft benutzten „Ansichten von der Nachtseite der Naturwissenschaft" (Dresden 1808, S. 237); etwa gleichzeitig und wohl ohne Bezug zu H. findet sich dieselbe Vorstellung in dem Spruch „Ist's möglich, daß ich Liebchen dich kose, / Vernehme der göttlichen Stimme Schall! / Unmöglich scheint immer die Rose, / Unbegreiflich die Nachtigall" aus dem „Buch Suleika" von Goethes lyrischem Spätwerk „Westöstlicher Divan" (Stuttgart 1819).

S. 256/. 22: *Brüßler Kanten* – Brüsseler Spitzen, meistens an Säumen oder Kanten der Kleidung angebracht.

S. 256/Z. 25: *Hut von feinstem Kastor* – hoher, um 1790 aufgekommener Filzhut aus kurz geschorenem Biberhaar (nach latein.: castor = Biber).

S. 257/Z. 8: *Lukas Kranach* – die beiden altdeutschen Maler dieses Namens, Vater und Sohn (d. Ä. 1472–1553, d. J. 1515–1586) sind zur Zeit von H. neben Raffael und Dürer die Hauptvorbilder für die Malergruppe der Nazarener; hier ironisch bezogen auf die altdeutsche Künstlertracht Chamisso-Balthasars.

S. 258/Z. 4: *auf der Manège* – französ.: auf der Reitbahn / Reitschule.

S. 260/Z. 12: *schöne Seele* – Leitbegriff der Gefühlskultur, aber auch der Ästhetik im ausgehenden 18. Jahrhundert, in Deutschland insbes. bei Wieland, Goethe und vor allem Schiller (in seiner Schrift „Über die Anmut und Würde" von 1793).

S. 262/Z. 7: *ein Cartesianisches Teufelchen* – eine inwendig hohle Glaspuppe, die sich im Wasser – wie ein Stehaufmännchen außerhalb – in stets aufrechter Haltung hin und her bewegt; benannt nach dem latein. Namen Renatus Cartesius des französ. Denkers René Descartes (1596–1650)

S. 263/Z. 28–29: *Ammenmärchen* – unter dieser Bezeichnung waren zur Zeit von H. die französischen Feenmärchen geläufig, insbes. die von Perrault seit der Übersetzung von Bertuch (1790), weniger die bereits in Buchform vorliegenden Kinder- und Hausmärchen der Brüder Grimm (Berlin 1812 und 1815).

S. 264/Z. 24: *das schwierigste Konzert von Viotti* – Giovanni Battista Viotti (1755–1824) und möglicherweise dessen bekanntes a-Moll-Konzert (Nr. 22); italienischer Violinvirtuose und Komponist für sein Instrument, europaweit bekannt durch seine Konzertreisen, wegen seiner immer mehr verfeinerten Tonsatz- und Spielweise geschätzt als wesentlicher Förderer des modernen Violinspiels, insbes. in der Abfolge seiner 29 Violinkonzerte. Viottis „Violinsachen" hat H. brieflich bereits 1809 erwähnt, während der Besuch eines Viotti-Konzerts erst für den 2. November 1819 bezeugt ist.

S. 264/Z. 27–30: *anima ... spirito alato ... furore* – latein. und italien.: Seele ... mit beflügeltem Geist ... Wut, Raserei, Begeisterung; insbes. auch verwendet als musikalische Vortragsanweisungen.

S. 265/Z. 3: *Applikatur* – Fingersatz beim Spielen von Musikinstrumenten; hier auf das Ergreifen mit der ganzen Hand übertragen.

S. 265/Z. 11: *rabbia* – italien.: Wut, Tollwut, Wahnsinn, Tobsucht.

S. 265/Z. 37–38: *Referendarius Pulcher* – von latein.: pulcher = schön; bereits im antiken Rom ein Bei- und Familienname.

S. 267/Z. 37: *Contrebande* – französ.: Schleichhandel, Schmuggel.

S. 267/Z. 38: *den Mautoffizianten* – den Zollbeamten.

S. 269/Z. 17–18: *ob es Öl ist, Gouache oder Aquarell-Manier* – verschiedene Malweisen: mit Ölfarben, mit deckenden sowie mit lasierenden, d.h. durchscheinenden Wasserfarben.

S. 268/Z. 19: *die schmucke Kurrentschrift* – fortlaufende Schreibschrift, Kursivschrift (von latein.: currens = laufend, geläufig).

S. 269/Z. 2: *die tiefsten Glocken einer Glasharmonika* – bezieht sich auf ein im 18. Jahrhundert entwickeltes, von Benjamin Franklin 1762 mechanisiertes Musikinstrument aus verschieden großen Glasschalen, die mittels einer Walze gedreht, an den Rändern befeuchtet und durch Fingerdruck zum Schwingen gebracht wurden, so daß schwebend oder ätherisch wirkende Tonfolgen und Klangbilder entstehen; gelegentlich verwendet von Mozart, Beethoven, Reichardt, J. G. Naumann, ferner von dem Wiener Arzt und Magnetiseur Anton Mesmer bei seinen Heilkuren und seitdem umstritten; zur Zeit von Empfindsamkeit und Romantik hauptsächlich von Frauen wie der Engländerin Marianne Davis und der blinden deutschen Virtuosin Mariane Kirchgeßner gespielt, europaweit geschätzt – auch von Dichtern wie Schubart, Goethe, Schiller, Jean Paul; was die kompositorischen Möglichkeiten angeht, von H. eher kritisch beurteilt als „in musikalischer Hinsicht eines der allerärmsten und unvollkommensten Instrumente ..., die es gibt" – so in seinem „Brief des Kapellmeisters Johannes Kreisler" für die Zeitschrift „Der Freimüthige" vom 29./30. April 1819.

S. 270/Z. 8: *Expedient* – Ausfertiger; niederer Beamtenposten, durch den Zusatz „Geheim" ironisch aufgewertet.

S. 270/Z. 16: *Fürst Barsanuph* – ebenfalls entlehnt von J. G. Zimmermann, dort ein ägyptischer Einsiedler, von dem es auch nach 50 Jahren noch Lebenszeichen gibt, obwohl inzwischen niemand ihn zu Gesicht bekommen hat.

S. 270/Z.19: *aufs Geld-Negoz* – eigentl.: aufs Geldgeschäft (von latein.: negotium = Geschäft), hier möglicherweise ein Spiel um Geld.

S. 271/Z. 12: *Kasimirhose* – Hose aus feinem haltbarem Tuch unter Verwendung von Kaschmirziegenhaar oder weichem Wollkammgarn.

S. 272/Z. 38: *der Doktor Prosper Alpanus* – wiederum fast wörtlich entlehnt aus J. G. Zimmermanns Einsamkeits-Buch, dort im Zusammenhang mit den von Melancholie befallenen Eremiten Oberägyptens ein italienischer Arzt mit Namen Prosper Alpinus.

S. 273/Z. 1: *Cagliostro* – der bekannteste Abenteurer, Hochstapler, Geisterbeschwörer und Scharlatan des 18. Jahrhunderts, eigentl. Giuseppe Balsamo (1743–1795) und bäuerlicher Abkunft, alias Alessandro Graf C.; berüchtigt durch die Halsbandaffäre um die Königin Marie-Antoinette im Vorfeld der Französischen Revolution, literarisch aufgegriffen von Goethe in dem Lustspiel „Der Groß-Cophta" von 1791.

S. 273/Z. 9: *Kabriolett* – leichtes zweirädriges Gefährt, häufig offen, meist Einspänner.

S. 273/Z. 13: *Jockey* – das zur Zeit von H. gerade entstandene englische Wort für den berufsmäßigen Rennreiter meint hier den Wagenlenker, der das Gefährt vom hinteren Stehbrett aus kutschiert.

S. 275/Z. 7: *aufgehängte Äolsharfen* – auch: Windharfe (nach dem altgriech. Windgott Aiolos) oder Geisterharfe; ein schon in der Antike bekanntes, im 17. Jahrhundert nachgeschaffenes Musikinstrument mit mehreren über einen Resonanzkörper gespannten Saiten gleicher Stimmung aber unterschiedlicher Stärke, die nicht durch einen Spieler, sondern durch den Wind (oder durch einen künstlich erzeugten Luftstrom) zum Schwingen gebracht werden, so daß nur die Obertöne in Akkorden erklingen; um und nach 1800 sehr beliebt und häufig in Prosa- wie Versdichtung vorkommend (von Jean Paul bis zu Mörikes „An eine Äolsharfe").

S. 276/Z. 31–32: *eine Menge sauber illuminierter Kupfertafeln* – von Hand kolorierte Kupferstiche, mit Lasurfarben ausgemalt.

S. 276/Z. 38: *Pirouetten und Entrechats* – Fachbegriffe der Ballettsprache: P. = Drehbewegung auf einem Bein um die eigene Körperachse, E. = rasches mehrfaches Aneinanderschlagen der Füße bei einem Sprung; beide Figuren erst gegen Ende des 18. Jahrhunderts erfunden.

S. 278/Z. 15: *wie ein Brahmin* – wie ein Brahmane, d. h. ein Angehöriger der privilegierten obersten Hindukaste Indiens (vgl. S. 132/Z. 23).

S. 279/Z. 28: *Wieglebs Magie* – bezieht sich auf das Buch von Johann Nikolaus Martius „Unterricht in der natürlichen Magie oder zu allerhand belustigenden und nützlichen Kunststücken", in 2. Auflage (Berlin und Stettin 1782) bearbeitet von dem Chemiker Johann Christian Wiegleb (1732–1800); von H. auch sonst erwähnt und zitiert, z. B. in dem Märchen „Die Brautwahl" (vgl. S. 505/Z. 15–16).

S. 281/Z. 30: *bossu* – französ.: bucklig, verwachsen.

S. 283/Z. 39: *einige magnetische Striche* – bezieht sich auf das zur Zeit von H. ebenso verbreitete wie umstrittene Heilverfahren des Magnetismus.

S. 285/Z. 20: *heraufschrob* – veraltet für: heraufschraubte, von H. oft verwendet; in einigen Ausgaben auch: heraufschob.

S. 285/Z. 37–38: *ein Naturforscher, der eben vom Nordpol kommend durchreiste* – bezieht sich andeutend auf Adelbert von Chamisso und dessen im Oktober 1818 gerade beendete, seinerzeit viel beachtete, später von ihm selbst auch in Buchform dokumentierte „Reise um die Welt mit der Romanzoffischen Entdeckungs-Expedition in den Jahren 1815–1818 auf der Brigg Rurik" (1836).

S. 286/Z. 3–4: *acht Tage vorher nicht zu denken* – möglicherweise scherzhafte Anspielung auf einen Vorgesetzten von H., den Präsidenten des Berliner Kammergerichts Johann Daniel Woldermann (1753–1839), der ihm laut Brief an Fouqué vom 15. Juli 1819 für eine Erholungsfahrt geraten hatte, „an gar nichts zu denken, das heitere ungemein auf, er wisse das aus eigner Erfahrung."

S. 289/Z. 34: *Kaffee von Mokka* – hier noch im ursprünglichen Sinn nach dem am Roten Meer gelegenen Ausfuhrhafen für arabischen Kaffee aus dem Jemen.

S. 290/Z. 12: *in Dschinnistan* – arab.: im Geister- und Feenreich.

S. 290/Z. 14–15: *bei dem Professor Zoroaster* – ironisch bezogen auf den keineswegs ägyptischen, sondern altiranischen Propheten und Religionsgründer Zarathustra (griech.: Zoroaster, um 1000–500 v. Chr.); vgl. auch „Die Königsbraut" S. 192/Z. 30.

S. 292/Z. 27: *Emolumente* – Nebeneinkünfte, Vorteilsannahme im Amt; nach französ.: émolument = Nutzen, Vorteil, Gehalt.

S. 293/Z. 7: *einen halben Oxhoft alten Rheinwein* – altes Flüssigkeitsmaß (200 oder 300 Liter), insbes. für Wein und Spirituosen; nach dem engl.: hogshead = Schweinekopf, in niederdeutscher Umformung.

S. 293/Z. 9–10: *ein Faß Alikante* – alkoholreicher roter Süßwein aus der Gegend von Alicante an der spanischen Costa blanca.

S. 293/Z. 37–39: *Mycetes Belzebub – Simia Belzebub Linnei – niger, barbatus, podiis caudaque apice brunneis* – die beiden zuerst genannten wissenschaftlichen Bezeichnungen (nach Linné) für den schwarzen Brüllaffen sind gewählt wegen des Bezugs zum Namen des Philistergotts und biblischen Oberteufels Beelzebub (nach hebr. Baal-Sebub = Fliegenherr; vgl. 2. Buch der Könige 1,2 ff. und Matthäus-Evangelium 12,24); H. hat sie laut Brief vom 6. November 1818 vom gerade zurückgekehrten Weltreisenden und Naturforscher Chamisso genauer erfragt (vgl. dazu die Erläuterung zu S. 285/Z. 37–38), ebenso die anschließende latein. Beschreibung, in der er jedoch das Wort für Füße (pedibus) durch das drastischere für Hintern (podiis) ersetzt, also: schwarz, bärtig, Hintern- und Schwanzspitze rotbraun.

S. 294/Z. 12: *mit Lampertsnüssen* – statt: Lamberts- oder Langbartnüssen (vgl. Erläuterung zu S. 128/Z. 31), große längliche Haselnüsse aus den Mittelmeerländern, vor allem aus der Lombardei.

S. 296/Z. 23: *in drei feuerfarbglänzenden Haaren* – möglicherweise anspielend auf das Volksmärchen vom Teufel mit den drei goldnen Haaren.

S. 297/Z. 38: *mit pragmatischer Breite* – mit sachkundiger und handlungsreicher Breite; von griech: pragma = Tat, Handlung, später auch: Tatsache.

S. 298/Z. 21: *Chartah Bhade* – bezieht sich – vermutlich ironisch – auf eine altindische Lehrdichtung, die H. wohl nur in Bruchstücken bekannt war, und zwar aus den „Ansichten von der Nachtseite der Naturwissenschaft" (Dresden 1808) von Gotthilf Heinrich Schubert.

S. 298/Z. 23: *Minister Yuchi* – ebenfalls entlehnt aus Schuberts „Ansichten . . .", dort Name eines altindischen Gelehrten und Staatsmanns, der als erster „den Polarstern bestimmt und die Sphäre erfunden" habe (S. 55).

S. 300/Z. 23: *der gibt sich wohl* – der ergibt sich wohl.

S. 300/Z. 28: *Kurtken* – Mehrzahl von Kurtka, dem bereits früher genannten kurzen Waffenrock (vgl. S. 249/Z. 38-39 samt Erläuterung).

S. 300/Z. 29–30: *einen Kleiderkram anlegen* – ein Bekleidungsgeschäft eröffnen.

S. 301/Z. 1: *Spenzer mit . . . Pierrots-Ärmeln* – kurzer Überrock mit kleinem Schoß (angeblich nach dem englischen Lord Spencer, 1758–1831), hier unpassend versehen mit überlang und weit zugeschnittenen Ärmeln wie beim Kostüm für die Figur des Pierrot (Peterchen) in der französischen Pantomime des 18. und 19. Jahrhunderts.

S. 301/Z. 24: *Infallibilität* – Unfehlbarkeit (nach dem Latein.).

S. 307/Z. 16–17: *Simia Belzebub cauda prehensili* – wissenschaftliche Bezeichnung für den amerikanischen und pazifischen Brüll- oder Satansaffen mit Greifschwanz (von latein.: cauda = Schwanz, und prehendere = fassen, ergreifen) im Unterschied zu den Affen der Alten Welt (insbes. Afrikas); von H. bei der Bitte um nähere Auskunft an Chamisso (vgl. Erläuterung zu S. 293/Z. 37–39) „Wickelschwanz" genannt.

S. 309/Z. 6–7: *alterieren* – (sich) verändern, erregen, aufregen.

S. 309/Z. 12: *zu einer Partie Tric-Trac* – auch: Tricktrack oder Puff, Würfel- und Geschicklichkeitsspiel auf einem eigens dafür konstruierten Brett für zwei Spieler mit je 15 weißen und schwarzen Spielmarken und zwei Würfeln; genannt nach dem lautmalerischen französ. Wort für den Aufprall der Würfel auf das Puffbrett.

S. 309/Z. 31–32: *es gibt mehr Dinge im Himmel und auf Erden, als unsere Weisheit sich träumt* – ungefähre, ironisierte Wiedergabe des bekannten Zitats aus Shakespeares „Hamlet" (I,5) in deutscher Übersetzung.

S. 309/Z. 34: *vor einem ganz in grauen Pappendeckel gekleideten Mann* – bezieht sich auf den Geist von Hamlets Vater und dessen oft unbeholfenes Theaterkostüm.

S. 310/Z. 3: *uns wieder die Zöpfe wachsen* – bezieht sich auf die in Preußen seit 1713 (zunächst aus hygienischen Gründen) für Soldaten, später auch für Bediente vorgeschriebenen Haarzöpfe, die im Zug der Heeresreformen während der napoleonischen Kriege gerade erst abgeschafft worden waren und als Symbol eines veralteten, teils auch verhaßten Regimes galten.

S. 312/Z. 29–30: *aus einem schönen silbernen Henkelgefäß . . . dicht neben der Toilette* – kaum verhüllte Anspielung auf einen Nachttopf, ähnlich wie in den Märchen „Der goldne Topf" und später in „Prinzessin Brambilla" (vgl. die Erläuterungen zu S. 44/Z. 5–6 und S. 431/Z. 15).

S. 315/Z. 11–12: *so ist er aus Furcht zu sterben gar gestorben* – Zitat einer seinerzeit oft verlachten Stelle aus dem zweiten Akt von Friedrich Schlegels Trauerspiel „Alarcos" (1802), was selbst Goethe bei einer Aufführung kaum verhindern konnte und deren Wortlaut Schlegel deshalb für die „Sämtlichen Werke" (1823) abänderte.

S. 315/Z.36–37: *durch den Humor . . . einen humoristischen Tod gestorben* – Wortspiel, in mehrfachem Sinn zu verstehen: 1. wörtlich (nach latein.: humor = Feuchtigkeit, Flüssigkeit) für die Flüssigkeit, d.h. den Inhalt des Silbergefäßes, also vermutlich des Nachttopfs, in dem H. seinen Klein Zaches ums Leben kommen läßt; 2. nach der auf Hippokrates (um 400v. Chr.) zurückgehenden, um 1800 noch geläufigen Lehre von den menschlichen „humores", d.h. den vier Körpersäften (Blut, Schleim, schwarze und gelbe Galle) im Verhältnis zu den vier Elementen; 3.

übertragen als das Prinzip des Humors, das den Störenfried beseitigt und aller Verstörungen Herr wird – hier (wie auch sonst im Spätwerk) bestimmend für H.s Märchen- und Erzählkunst, daher vorbereitend auf die Ansprache an den Leser zu Beginn des folgenden letzten Kapitels.

S. 316/Z. 8: *mit so vieler Anmut, mit so vieler Würde* – ironische Anspielung auf Schillers kunsttheoretische Schrift „Über Anmut und Würde" von 1793 wie mehrfach bei H. (vgl. S. 74/Z. 12 und S. 260/Z. 12)

S. 316/317: *wenn ich eine Silbe davon verstehe* – ähnlich soll es auch dem Leser bei dieser Parodie einer ärztlichen Diagnose ergehen, weshalb sich dafür jede Erläuterung erübrigt.

S. 317/Z. 18: *Inkommoditäten* – Unbequemlichkeiten, Unpäßlichkeiten, Belästigungen; hier ironisch, denn der Fürst hat sich noch nie vom Geist belästigt gesehen, ist und bleibt durchweg geistlos.

S. 318/Z. 11: *die fürstlichen Dejeuners* – die fürstlichen Mittagsmahlzeiten; nach französ.: déjeuner = Frühstück, hier 2. Frühstück, also Mittagessen.

S. 319/Z. 21–22: *des spukhaften Geistes, Phantasus geheißen* – nach dem antiken Gott des Schlafes und der Träume, hier allgemein bezogen auf das Fantasieprinzip der Romantik und der H.schen Erzählprosa seit den „Fantasiestücken", aber auch speziell auf Ludwig Tiecks Sammelwerk „Phantasus" (1812–1816) und dessen Leitbegriff.

S. 319/Z. 36: *Nil admirari* – latein.: Über nichts sich verwundern! – wie im folgenden erläutert; laut Plutarch (ca. 46–120 n. Chr.) als Maxime zurückgehend auf den altgriechischen Mathematiker und Philosophen Pythagoras von Samos (um 580–496 v. Chr.).

S. 322/Z. 11: *Mongolfiere* – statt französ.: Montgolfière = mit Heißluft betriebener, erstmals 1783 aufgelassener Freiballon, benannt nach den Erfindern und Erprobern, den Brüdern Jacques-Etienne (1745–1799) und Joseph-Michel (1740–1810) Montgolfier; auch sonst mehrfach in der Literatur der Zeit behandelt, insbes. von Jean Paul, später von Adalbert Stifter.

Erläuterungen zu „Prinzessin Brambilla"

entstanden 1820, vermutlich angeregt durch eine Mappe mit Nachbildungen der um 1622 geschaffenen, auf einen neapolitanischen Tanz bezogenen „Balli di Sfessina", 24 Radierungen mit Figuren und Szenen des italienischen Stegreiflustspiels (Commedia dell' arte) von dem aus Lothringen stammenden Jacques Callot (1592–1635), auf den H. sich bereits in den Fantasiestücken" berufen hatte. Aus der Mappe, einem Geschenk seines Freundes und Serapionsbruders („Vinzenz"), des Arztes und Schriftstellers Johann (David) Ferdinand Koreff (1783–1851) zu H.s 44. Geburtstag am 24. Januar 1820, verwendete H. acht Radierungen als Textvorlagen, und zwar die Nummern 12, 3, 8, 23, 17, 24, 9 und 21, die in dieser Reihenfolge (wenn auch seitenverkehrt reproduziert) die Erstausgabe begleiten; erschienen im Herbst 1820 (mit der Jahreszahl 1821) im Verlag von Josef Max in Breslau

S. 325/Z. 5: *eine Rezension* – anonym in „Heidelbergische Jahrbücher der Litteratur" 1819 (Nr. 57), S. 904–908.

S. 325/Z. 20: *von einem Capriccio* – launiges, einfallsreiches Musikstück in sehr freier Form und mit häufigen überraschenden Wendungen; von italien.: capriccio = Laune, Eigensinn.

S. 325/Z. 21–22: *Ausspruch Carlo Gozzis – in der Vorrede zum Ré de' geni* – bezieht sich (nicht ganz wortgetreu) auf „Il re de' geni ossia la serva fidele / Der Geisterkönig oder: die treue Dienerin", eine der Zauberkomödien des venezianischen Grafen Carlo Gozzi (1720–1806), der im Gegenzug zur bürgerlichen Aufklärungskomödie bewußt die Commedia dell' arte-Tradition der italien. Stegreifkomödie aufgreift; durch Übersetzungen seiner Werke (1777–1779 und 1795) sowie durch Bearbeitungen (z.B. 1802 der „Turandot" durch Schiller) auch in Deutschland bekannt.

S. 327/Z. 6: *als Dottore* – Maskenfigur des italien. Stegreifspiels, meist mit übergroßer Brille, unförmigem Hut und Spitzenkragen; der geschwätzige, scheingelehrt besserwisserische Jurist oder Arzt aus der alten Universitätsstadt Bologna.

S. 327/Z. 21: *vor dem Palast Ruspoli* – orientiert an dem Abschnitt „Schöne Welt am Palast

Ruspoli“ aus Goethes autobiographischer Schrift „Das römische Karneval“ (erschienen 1817; 1829 an die „Italienische Reise“ angefügt); daraus entnimmt H. auch weitere Anregungen, ebenso aus den Italienbüchern von Carl Philipp Moritz („Reisen eines Deutschen in Italien . . .“, Berlin 1792) und von Carl Ludwig Fernow („Sitten- und Culturgemälde von Rom“, Gotha 1802).

S. 327/Z. 23: *Pulcinella* – italien.: Kleines Hähnchen; beliebte Maskenfigur des italien. Stegreifspiels und später des neapolitanischen Volks- (und Marionetten-)Theaters; sehr beweglich, mit krähender Stimme, gelegentlich der unbeholfene, geschwätzige, ebenso ausdauernd wie erfolglos verliebte Alte, häufiger aber witzig listiger Diener und allgemein Spaßmacher, dann mit Pluderhosen, spitzer Mütze und geschwärzter, vogelartig langnasiger Halbmaske.

S. 327/Z. 29–30: *in den Fortunatussäckel* – bezieht sich auf den Volksbuchhelden Fortunatus, der von der Glücksgöttin Fortuna einen Wunschhut und vor allem einen stets gefüllten Geldsäckel erhält; als Volksbuch erstmals 1509 in Augsburg erschienen, später oft bearbeitet, z. B. von Hans Sachs (1553), im 18. Jahrhundert als Puppenspiel, im Umkreis von H. aufgegriffen von Chamisso (1806) und Uhland (1814), auch vom Wiener Zaubertheater (Matthäus von Collin, 1814), als romantisches Lustspiel insbes. von Ludwig Tieck im 3. Band des „Phantasus“ (1817).

S. 327/Z. 33: *zwei Paoli* – zwei vatikanische Silbergroschen.

S. 329/Z. 27: *die Mediceerin* – antike Marmorstatue der Göttin Venus in den Sammlungen der florentinischen Herrscherfamilie Medici, also nicht in Rom.

S. 329/Z. 28: *Giulio Romano* – eigentl. Giulio Pippi (1499–1546), als Maler und Baumeister ein Lieblingsschüler, dann Mitarbeiter Raffaels in Rom, später in Mantua selbständig tätig.

S. 330/Z. 30: *auf dem Theater Argentina* – fünftes öffentliches Theater Roms in der Nähe des gleichnamigen Stadttors (Porta Argentina), 1732 eröffnet, vor allem für „ernsthafte Opern mit eingeschobenen Balletten“ – so Goethe in „Das römische Karneval“; heute mehr für Sprechtheater, Revuen und Konzerte.

S. 331/Z. 17: *von der Rolle des Prinzen Taer* – Hauptgestalt von Gozzis Zauberkomödie „Il mostro turchino / Das blaue Ungeheuer“, von H. etwa ein Jahr vorher schon im „Kater Murr“ erwähnt, ferner hier S. 340/Z. 31.

S. 331/Z. 35: *Truffaldinos Flinte* – Maskenfigur des italien. Stegreifspiels, wie der Harlekin aus Bergamo stammend und ihm ähnlich, oft auch betrügerischer Diener, bei Gozzi meist Jäger oder einfacher Soldat mit Flinte.

S. 332/Z. 5: *der sengende Schirokko* – drückend warmer Südostwind in Mittelmeerländern.

S. 333/Z. 21: *sie hat ihre Smorfia* – sie schmollt, hat schlechte Laune; von italien.: smorfia = Grimasse, Fratze, schmollend verzogenes Gesicht.

S. 333/Z. 29: *Amante . . . Addio* – italien.: Liebhaber . . . Lebewohl.

S. 333/Z. 31: *„Vien quà, Dorina bella, non far la smorfiosella!“* – Komm her, schöne Dorina, laß das kokette Schmollen!

S. 334/Z. 16: *bei der Kirche S. Carlo* – die Kuppelkirche San Carlo al Corso aus dem 17. Jahrhundert, nicht weit vom Ruspoli-Palast.

S. 334/Z. 16–17: *Straße Condotti* – die Via de Condotti, eine seit je beliebte, heute sehr elegante Ladenstraße; halbiert den Korso und verbindet die Kirche S. Carlo al Corso mit dem Spanischen Platz.

S. 334/Z. 18–19: *Ciarlatano* – redegewandter Marktschreier, Quacksalber, Schwindler, Scharlatan; von italien.: ciarlare = schwatzen.

S. 334/Z. 21–22: *Alraunwurzel* – in H.s Märchen häufiger Naturzauber; vgl. S. 35/Z. 34, S. 188/Z. 34 und S. 230/Z. 26–27.

S. 334/Z. 22: *manches Arkanum* – manches geheime Wundermittel; von latein.: arcanus = verschwiegen, geheim.

S. 334/Z. 23: *Podagra* – gichtartiges Altersleiden, vor allem in den unteren Gliedmaßen; von griech.: Fußschlinge.

S. 334/Z. 26: *Porta del popolo* – italien.: Tor des Volkes, am Nordende des Korso mit der vorgelagerten weitläufigen „Piazza del Popolo“; ehemals nördliche Stadtgrenze.

S. 335/Z. 20: *Filet* – feine Stickerei.

S. 335/Z. 26–27: *der Harmonika ähnlich* – bezogen auf die Glasharmonika, möglicherweise auch auf die Windharfe, beides Instrumente, die H. in „Klein Zaches" ebenfalls mit der Feenwelt in Verbindung bringt; vgl. S. 269/Z. 2 und S. 275/Z. 7).

S. 336/Z. 4: *der Platz Navona* – die langgestreckte Piazza Navona, mehrere Straßenzüge westlich des Korso, in der altrömischen Kaiserzeit ein Rennplatz, seit dem Mittelalter beliebter Stadtplatz mit 2, heute 3 Brunnen.

S. 336/Z. 4–5: *Palast des Prinzen Bastianello de Pistoja* – von H. erfundener Palastname, möglicherweise in Anlehnung an die geistreich witzigen, oft burlesken Dichtungen des Italieners Antonio Pistoja (1436–1502) oder an die gleichnamige toskanische Provinzhauptstadt; der bedeutendste Palast an der Piazza Navona ist der Palazzo Pamphili aus dem 17. Jahrhundert, außer ihm früher an der Südseite der Palazzo Braschi aus der Zeit um 1800.

S. 336/Z. 16: *Sbirren* – gewöhnliche Gerichts- und Stadtpolizisten, insbes. des Kirchenstaats; von italien.: sbirro = Häscher, Scherge.

S. 336/Z. 23–24: *des . . . Adepten* – des Eingeweihten, des Meisters; Begriff aus der Sprache von Alchimie und Geheimwissenschaften; von latein.: adeptus = einer, der erlangt hat.

S. 336/Z. 31–S. 337/Z. 36: *„Bürger Roms . . . die Paoli nicht achtet"* – Celionatis lange Rede ist vermutlich beeinflußt von der des Magiers Cigoletti aus Carlo Gozzis Märchendrama „Il re cervo / König Hirsch" von 1762.

S. 336/Z. 34–35: *Prinzessin Brambilla* – der nach langem Verzögern endlich genannte Name der Titelgestalt stammt vermutlich von dem italien. Komponisten Paolo Brambilla (1786–1838), hat jedoch keinen weiteren Bezug zu dessen Ballettmusiken und komischen Opern oder zu der gleichnamigen Familie von Musikern, Sängern und Sängerinnen.

S. 337/Z. 7–8: *die Königin der Tarocke, Tartagliona mit Namen* – in Gozzis Zauberstück „L'augellino verde / Das grüne Vöglein" ist diese Königin zugleich Gebieterin über das Volk der Tarocchi und Königin im Tarockspiel, einem italien. Kartenspiel arabischen Ursprungs für drei Beteiligte.

S. 339/Z. 14: *Indigestion* – Verdauungsbeschwerden.

S. 340/Z. 3: *primo amoroso* – italien.: erster Liebhaber – dieser wie jeder Theatergruppe, sei es als jugendlicher oder tragischer Held.

S. 340/Z. 23: *Brighella* – Maskenfigur des italien. Stegreifspiels, meist verschmitzt überlegener Diener, zuweilen auch Betrüger oder Verbrecher, als Bergamaske in weiße Hosen und grünes Wams gekleidet und stets Musikant, manchmal auch ehemaliger Söldner und ruhmrediger Maulheld.

S. 340/Z. 25–26: *das zierlichste Piedestal* – ironisch für Giglios Füße und Unterschenkel, auf deren Wuchs er besonders stolz ist; nach französ.: piedestal = Fußgestell, Sockel.

S. 340/Z. 31: *im Gozzischen Stück das blaue Ungeheuer* – die Titelgestalt dieser Märchenkomödie (vgl. S. 331/Z. 17 samt Erläuterung) ist von fantastischer Häßlichkeit und frißt so lange täglich die schönste Jungfrau, bis jemand es zum Lachen bringt.

S. 341/Z. 15: *Pantalone* – Maskenfigur des italien. Stegreifspiels: der dummschlaue hagere Greis aus Venedig in langer bequemer Hose (vermutlich von italien.: pianta leone = Löwengewächs, d.h. gebürtig aus der Stadt des Markuslöwen Venedig; vgl. italien.: pantaloni) wie von H. beschrieben; vgl. auch „Nußknacker und Mausekönig", S. 97/Z. 29 samt Erläuterung.

S. 341/Z. 29: *Frascati* – Weinbaugebiet und Erholungsort der Römer, im Südosten der Stadt am Abhang der Albaner Berge gelegen.

S. 341/Z. 30: *Vettuirn* – Kutscher; von italien.: vettura = Wagen, Kutsche, vetturino = Wagenlenker, Fuhrmann.

S. 343/Z. 26: *Weltumsegler Adelbert von Chamisso* – auf ihn beruft H. sich mehrfach in „Klein Zaches" (vgl. S. 285/Z. 37–38 und S. 293/Z. 37–39 samt Erläuterungen) sowie in der Erzählung „Heimatochare", auf dessen Märchen-Novelle „Peter Schlemihls wundersame Geschichte" (erschienen 1814) schon in dem Fantasiestück „Die Abenteuer der Silvesternacht"; vgl. auch später, S. 429/Z. 31.

S. 345/Z. 20: *Fritteroli* – italien.: Zubereiter und Verkäufer von frittierten, d.h. in siedendem Öl oder Schmalz ausgebackenen Speisen.

S. 345/Z. 18: *Bajock* – kleine Kupfermünze, Heller; von italien.: baiocco = Heller.

S. 346/Z. 27: *Lamentationen* – Wehklagen, Wehgeschrei; von latein./italien.: lamentare = klagen, jammern.

S. 347/Z. 22: *Furore* – italien.: Wut, Leidenschaft, Raserei.
S. 347/Z. 23: *Arlecchino* – beliebteste komische Maskenfigur des italien. Stegreifspiels, nach dem Vorbild des französ. Mimen und Possenreißers Arlequin konzipiert, meist in buntscheckiger Kleidung, mit Pritsche und geschwärzter Halbmaske (wie Pulcinella), gefräßig, daher dicklich, aber gewandt und redefreudig, in Deutschland – als Harlekin – dem Hanswurst verwandt und oft gegen ihn ausgetauscht.
S. 347/Z. 24: *Colombine* – wichtigste weibliche Maskenfigur des italien. Stegreifspiels (von italien.: colombina = Täubchen), lieblich, gewitzt, gewandt, kokett, oft überlegene Dienerin und Mit- oder Gegenspielerin, auch ungetreue Geliebte des Arlecchino.
S. 348/Z. 37–38: *mit den Händen die Luft durchsägend* – Anspielung auf eine bekannte Stelle zu Beginn von Hamlets Rede an die Schauspieler aus Shakespeares Stück (III, 2): „Nor do not saw the air too much with your hand".
S. 350/Z. 37–S. 351/Z. 37: *„Die Pantomime ... glänzendes Reich!"* – Die folgende Pantomime vereinigt alle bisher einzeln eingeführten Figuren des italien. Stegreifspiels, wobei als einziger Brighella, möglicherweise aber auch der erst später auftretende großsprecherische Capitano nicht mit Maskenname erscheint, sondern als anonymer Ritter.
S. 351/Z. 31: *auf einem Palankin* – auf einer (in Indien gebräuchlichen) Sänfte mit Vorhängen und Baldachin, von 4–6 Trägern an langen Stangen transportiert; von sanskrit: paljanka = Bett (vgl. auch S. 132/Z. 13)
S. 352/Z. 19: *auf der Argentina* – auf der Bühne des Theaters gleichen Namens; vgl. S. 330/Z. 30 samt Erläuterung.
S. 354/Z. 27–28: *ein simpler Tabarro* – ein einfacher Mantel oder Umhang (italien.).
S. 355/Z. 38: *Paroxysmus* – krampfartiger, krisenhafter Krankheitsanfall; von griech.: Zuspitzung, Verschärfung.
S. 356/Z. 9: *rosigen Ichor* – rosig durchscheinender Lebenssaft (statt Blut) in den Adern der unsterblichen antiken Götter Homers.
S. 359/Z. 26: *Pantalon Capitano* – Verbindung zweier nicht miteinander vereinbarer Maskenfiguren des italien. Stegreifspiels entsprechend der eigenwilligen Kostümierung Giglios; der hier erstmals genannte Capitano, neapolitanischer Herkunft, mit dichtem schwarzem Schnurrbart, schepperndem Stoßdegen und riesigen Sporen an den Stiefeln, ist der Typus des ebenso prahlerischen wie feigen Soldaten (Nachfahre des antiken miles gloriosus).
S. 359/Z. 38–39: *Rinaldos Armida* – Helden- und Liebespaar aus dem Kreuzzugsepos „La Gerusalemme liberata / Das befreite Jerusalem" (1581) von Torquato Tasso (1544–1595), H. vor allem vertraut durch die Oper „Armida" (1777) von Gluck, auf die er sich mehrfach bezieht: in dem Fantasiestück „Ritter Gluck", in dem Fragment „Die Irrungen" und in der Besprechung einer Berliner „Armida"-Aufführung für die Vossische Zeitung vom 16. September 1820.
S. 360/Z. 34: *Tramontana* – heftiger Fallwind aus dem Norden; vgl. auch die italien. Redewendung: „perdere la tramontana = den Kopf, die Beherrschung, die Fassung verlieren".
S. 361/Z. 3–4: *unsern wackern Pulcinell manchmal langweilig, abgeschmackt zu finden* – bezieht sich auf die Verbannung des Hanswurst (als deutschem Harlekin oder Pulcinella) aus der Komödie in Dramentheorie und Theaterpraxis der Früh-Aufklärung, insbes. durch Gottsched und die Theatertruppe von Johann und mehr noch Friederike Karoline Neuber (seit 1727).
S. 361/Z. 6: *in dem Caffè greco* – römisches Künstlerlokal am Spanischen Platz in der via de Condotti (also in der Nähe von Celionatis Standplatz); seit dem 18. Jahrhundert Treffpunkt ausländischer, insbes. deutscher Reisender und Künstler, von Goethe mehrfach besucht und erwähnt, auch heute noch vorhanden.
S. 361/Z. 7–8: *unter den teutschen Künstlern* – H.s Schreibweise „teutsch" statt „deutsch" ironisiert möglicherweise die Deutschtümelei mancher Zeitgenossen.
S. 362/Z. 12–13: *an jenem Tag des Karnevals, an dem jeder ein Licht trägt* – angelehnt an Goethes Schilderung dieses Brauchs im Abschnitt „Moccoli" von „Das römische Karneval".
S. 362/Z. 16: *Ammazzato sia, chi non porta moccolo* – Abgesehen von der Umkehrung der beiden Anfangswörter und unter Hinzufügung des Kommas wörtlich zitiert nach Goethes „Das römische Karneval"; dort auch die Übersetzung: „Ermordet werde, der kein Lichtstümpfchen trägt!"
S. 362/Z. 24–25: *Tartaglia* – eine bisher noch nicht erwähnte, jüngere, von Gozzi bevorzugte

Maskenfigur des italien. Stegreifspiels, jugendlich-tölpisch, mit grünem Wams, kurzem Überwurf, Kniebundhosen, weißen Strümpfen und sehr großer Brille, gelegentlich auch boshaft, dazu mit komisch wirkenden Sprachfehlern oder Sprechhemmungen (nach italien.: tartagliare = stottern).

S. 363/Z. 12–13: *Quelle Urdar* – entlehnt aus G.H. Schuberts „Ansichten von der Nachtseite der Naturwissenschaft" (1808), dort laut nordischer Mythologie an der Weltesche gelegen und genannt nach der ältesten Schicksalsgöttin Urdar oder Urd, für die Schubert den latein. Begriff „Necessitas" (= Notwendigkeit, Schicksal) vorschlägt.

S. 363/Z. 26 & 29: *am Ganges . . . zu Memphis* – verweist (wie in der „Königsbraut" und „Klein Zaches") auf die orientalische Herkunft der vermeintlichen Elementargeister, hier der Luftgeister (Sylphiden) aus Indien und Ägypten.

S. 363/Z. 27: *Pariser Rappé* – Pariser Schnupftabak aus zerriebenen Tabaksblättern (von französ.: râper = reiben, schaben); hier den Geisterglauben ironisierend.

S. 363/Z. 31: *auf der Argentina* – auf der Bühne des schon mehrfach erwähnten Theaters.

S. 363/Z. 32–33: *Ruffiamonte* – erfundener Name, möglicherweise parodistisch in Anlehnung an italien.: ruffiano = Kuppler, Kriecher.

S. 364/Z. 9: *die Feuer von Island durchwandelnd* – bezieht sich auf die zum Teil noch heute tätigen Vulkane Islands; wegen des Kontrastes von Feuer und Eis sowie wegen des nordischen Einschlags gewählt.

S. 364/Z. 21: *von dem Könige Ophioch und der Königin Liris* – erfundene Namen, teils in Anlehnung an G.H. Schubert, der ein griechisches Sternbild Ophioch erwähnt, teils an Gozzis Märchen- und Zaubertheater; auch das folgende Märchen orientiert sich an Gedanken und Einzelheiten von Schubert und Gozzi.

S. 364/Z. 25: *der deutsche Büsching* – bezieht sich auf die vielbändige „Neue Erdbeschreibung" (Hamburg 1754–1792) von Anton Friedrich Büsching (1724–1793), Oberkonistorialrat und Direktor am Berliner Gymnasium im Grauen Kloster sowie Verfasser vieler theologischer, philosophischer, pädagogischer, historischer, biologischer und geographischer Schriften.

S. 366/Z. 15–16: *im Lande Hirdargarten* – in Anlehnung an „Urdargarten" frei erfundener Name.

S. 366/Z. 30–31: *das Hochzeitskarmen* – das Hochzeitslied; von latein.: carmen = Lied, Gesang, Gedicht.

S. 367/Z. 31: *der alte Magus Hermod* – Name entlehnt von G.H. Schubert (dort Hermódr oder Hermod der Schnelle, als Sendbote der nordischen Götter), ebenso die Vorstellung daß „die alten Könige des Landes" als „geweihte Mittler", Seher und Prister auf Sternwarten hausen, später auch die mystischen Zahlenangaben von den „dreizehnmal dreizehn Monden" sowie der Lehrsatz „Der Gedanke zerstört die Anschauung".

S. 368/Z. 3: *nach Atlantis* – bereits zentral im „Goldnen Topf" und hier aufgegriffen; vgl. S. 57/ Z. 36–37 samt Erläuterung, ferner S. 79–84.

S. 369/Z. 33–34: *umgeben von Elementargeistern* – auch hier greift H. auf Vorstellungen aus seinen früheren Märchen zurück, besonders ausführlich und bereits stark ironisiert in „Die Königsbraut", vgl. S. 191–195 samt Erläuterung.

S. 373/Z. 5–6: *nach der Edda, nach der Voluspa, nach dem Somskritt* – verbindet nordische, dichterisch gefaßte Mythenüberlieferungen mit arisch-altindischen in Anlehnung an G.H. Schubert und an Friedrich Schlegels Schrift „Die Sprache und Weisheit der Inder" (1808), dort auch die Bezeichnung Sonskritto für die altindische Schrift- und Literatursprache Sanskrit (= künstlich gebildet) aus dem 4. oder 5. Jahrhundert v. Chr.; die altisländische Lieder-Edda, handschriftlich gesammelt und fixiert im 13. Jahrhundert n. Chr., aber erheblich älter, beginnt mit der Völuspá (= der Seherin Völva Gesicht und Weissagung), einer Welt- und Göttergeschichte von der Schöpfung bis zum Untergang nach spätgermanischer Überlieferung.

S. 375/Z. 35: *ihres innern Perus Edelsteine* – bezieht sich auf den Reichtum des südamerikanischen Andenstaats an Edelsteinen und Edelmetallen, hier übertragen auf inneren Reichtum und Adel.

S. 376/Z. 2–3: *Sancho meinte, Gott solle den ehren, der den Schlaf erfunden* – so im Streitgespräch zwischen Don Quijote und seinem Knappen Sancho Pansa über den Schlaf zu Beginn des Kapitels 68 von Teil II des Romans „Don Quijote" von Cervantes.

S. 376/Z. 35–36: *Mauchardts Repertorium der empirischen Psychologie* – Immanuel David Mauchardt (1764–1826) war Herausgeber des mehrbändigen Werkes „Allgemeines Repertorium für empirische Psychologie und verwandte Wissenschaften" (Nürnberg 1792); dort in Band 1 der von H. aufgegriffene und parodierte Fall von „Verlust der Persönlichkeit in der Trunkenheit" samt Kommentar, den H. ebenfalls ironisch zitiert und abwandelt.

S. 378/Z. 1–2: *sich des Kothurns entledigt* – eigentl. Bühnenschuhe mit hoch übereinander geschichteten Korksohlen für die Schauspieler antiker Tragödien, um sie größer, auch erhabener erscheinen zu lassen; hier im übertragenen Sinn für tragisches Kostüm und Gehabe sowie für den steif erhabenen Tragödienstil.

S. 378/Z. 3–4: *ein Vorfahr des berühmten Chiari* ... – bezieht sich auf Pietro Chiari (1711–1785), der sich als zweiten Reformator des italien. Theaters neben Goldoni (1707–1793) verstand, ihn nachahmte, auch angriff, bis zur Aussöhnung 1761, nach der beide sich gegen Gozzi und dessen Zauberstücke wandten, Chiari sich aber bald wegen der bissigen Gegenangriffe Gozzis ganz vom Theater abwandte und nur noch Erzählprosa schrieb.

S. 378/Z. 16–17: *die rauchenden Wellen des Acheron* – in antiker Mythologie Hauptfluß (auch Grenzfluß) des Hades, also der Unterwelt, d.h. Totenfluß im Unterschied zum folgenden „Dichterfluß".

S. 378/Z. 17–18: *martellianischen Verse* – von Pier Jacopo Martello (1665–1727) ins italien. Theater eingeführter vierzehnsilbiger, ebenso schwieriger wie schwerfälliger Dramenvers, dem französischen Alexandriner verwandt aber länger und daher getragener und feierlicher wirkend, von Chiari und Goldoni bevorzugt, von Gozzi um so mehr verspottet.

S. 378/Z. 23–27: *Irgendein geistreicher französischer Dichter sagt,* ... – nach dem bekannten, hier nur ironisch verschwiegenen Dichter und maßgebenden Theoretiker des französischen Klassizismus Nicolas Boileau-Despréaux (1636–1711), Verfasser einer einflußreichen „Art poétique / Die Dichtkunst", ist der einfache Gallimathias nur dem Leser oder Zuschauer, der doppelte auch dem Autor unverständlich; Galimathias oder Gallimathias nach französ.: galimatias (in Anlehnung ans Griechische gebildet) = verworrenes Gerede, schwülstiger Unsinn.

S. 379/Z. 18–19: *Trissinos Sophonisbe, Speronis Canace* – bezieht sich auf das erste, bewußt als aristotelische Tragödie gestaltete Drama der italienischen Literatur, die „Sofonisba" (1515) des Humanisten Giangiorgio Trissino (1478–1550), sowie das ihr nachgebildete Werk „Canace" (1546) von Spereone Speroni (1500–1588).

S. 379/Z. 26: *il trotto d'asino dura poco* – italien. Sprichwort: der Trab des Esels dauert kurz, d.h.: der Esel trabt nicht lang.

S. 379/Z. 36: *Il moro bianco* – mit dem widersinnigen Stücktitel „Der weiße Mohr" betont H. die Absurdität der Tragödien des Abbate, ebenso mit der Kürze der angeblich dankbaren Rolle des Sklaven.

S. 380/Z. 13–15: *Ah! giorno di dolori!... subito partire!* – italien.: Ah! Tag der Schmerzen! grausamer Trug! / Ah unglücklicher Herr, dein Tod / Macht mich weinen und sogleich abgehen!.

S. 380/Z. 23: *Straße del Babuino* – ungefähre Parallelstraße zum römischen Korso vom Spanischen Platz zur Porta del popolo; vgl. auch italien.: babbuino = Pavian, Dummkopf.

S. 382/Z. 18: *Lo spettro fraterno vendicato* – italien.: „Das gerächte Brudergespenst", ironische Anspielung auf modische Gespenster- und Schauerdramen in verflachter Nachahmung von Shakespeares „Hamlet", vielleicht auch auf die deutsche Sonderform dieses Genres im Schicksalsdrama von Adolf Müllner und dem sonst von H. sehr geschätzten Zacharias Werner.

S. 382/Z. 28: *ein doppelt wirkender Janus* – im antiken Rom ein doppelgesichtiger Lokalgott, der Anfänge, Übergänge, Augenblicke der Wende symbolisiert; daher Gott des Jahreswechsels (vgl. den Monatsnamen Januar), der öffentlichen Tore, der Schlachtenwende, des Übergangs vom Krieg zum Frieden im Friedensschluß.

S. 384/Z. 10: *Fantasmata* – vgl. dazu „Der goldne Topf", S. 18/Z.34–35, samt Erläuterung.

S. 386/Z. 3: *Inkarant* – natürlich fleischfarbenes Rot (von italien. carne = Fleisch), meist auf Gemälden oder bemalten Plastiken zu finden.

S. 386/Z. 25–26: *beau jour* – französ.: schöner Tag, schöne Erscheinung.

S. 390/Z. 13: *die sehnsüchtige Echo* – nach antiker Sage eine Nymphe, die aus unerwiderter Liebe (zu dem selbstverliebten Narzissus) zur körperlosen Stimme verschmachtet und keine eigenen, sondern nur noch fremde Worte sehnsüchtig nachsagen kann.

S. 390/Z. 16: *Circe* – nach antiker Sage Inselzauberin, die Menschen anlockt und in Tiere verwandelt, auch Zugang zur Unterwelt hat und sich auf Totenbeschwörung versteht; hier absichtsvoll ironisch verniedlicht, auch um das angelernte Bildungsgerede zu entlarven.

S. 392/Z. 23: *dicht bei Bergamo* – mehrere Maskenfiguren des italien. Stegreifspiels werden dem ländlich lieblichen Städtchen Bergamo am Südabhang der Alpen zugeordnet, so Truffaldino und Brighella, oft auch Arlecchino und Colombina.

S. 393/Z. 21: *testieren* – Zeugnis ablegen, eine Zeugenaussage machen; juristisches Fachwort von latein.: testari = bezeugen.

S. 394/Z. 27: *eine Art Fortunatssäckel* – vgl. S. 327/Z. 29–30 samt Erläuterung.

S. 400/Z. 1: *Deszendenz* – Nachkommenschaft.

S. 405/Z. 8: *der böse Dämon, Typhon* – in der griechischen Mythologie feuerspeiender hundertköpfiger Gigant in Schlangengestalt, Sohn der Erdgöttin Gäa und u.a. Vater des Hadeswächters Zerberus; später Name der Griechen für den altägyptischen Reichsgott Seth, von ihnen als Verkörperung alles Bösen verstanden – so hier.

S. 405/406: *Wer ist der Ich, der aus dem Ich gebären / Das Nicht-Ich kann* – bezieht sich ironisch parodistisch auf die Kernthese aus der „Grundlage der gesamten Wissenschaftslehre" (1794/95) des idealistischen Philosophen Johann Gottlieb Fichte (1762–1814), gemäß der vom Ich „schlechthin das Ich sowohl als das Nicht-Ich teilbar gesetzt" werde; zur Zeit von H. häufig auf- und angegriffen, literarisch insbes. mit den Doppelgängergestalten Leibgeber und Schoppe in den Romanen „Siebenkäs" und „Titan" sowie der dazu gehörigen satirisch komischen Polemik „Clavis Fichtiana seu Leibgeberiana" von Jean Paul, auf den H. sich gegen Ende der „Prinzessin Brambilla" ausdrücklich beruft (S. 430).

S. 407/Z. 15: *Osterien* – Speisehäuser, von italien.: osteria = Schenke.

S. 410/Z. 7–8: *unsere Touren, unsere Pas* – unsere Drehungen, unsere Schritte; französ. Fachwörter der Tanzsprache.

S. 410/Z. 16: *als Äquilibrierstange* – beim Tanz, insbes. Seiltanz, Hilfsmittel zum Halten des Gleichgewichts (latein. = aequilibrium); vgl. Z. 22 & 25.

S. 413/Z. 12: *Inkommodität* – Unbequemlichkeit, Belästigung.

S. 414/Z. 4–5: *mit einer Furienfackel* – die altrömischen Erd- und Rachegöttinnen stellte man sich mit Schlangenhaaren, Peitschen und brennenden Fackeln vor.

S. 416/Z. 16: *Liquor anodynos* – schmerzlindernder Saft; medizinisch pharmazeutisches Fachwort; von latein.: liquor = Flüssigkeit, und griech.: anodynes = schmerzlos, schmerzstillend.

S. 417/Z. 7: *Courtoisie* – französ.: Ritterlichkeit, höfisch ritterliches Benehmen, Höflichkeit.

S. 417/Z. 9: *in König Arthurs Manier* – modisch affektiertes Ballkostüm nach Art des frühmittelalterlich keltischen Sagenkönigs Artus samt seiner ritterlichen Tafelrunde sowie nach Art der entsprechenden Artusdichtungen im Sinn romantischer Mittelalterverklärung; entsprechend später der Seitenhieb auf die „Ritterbücher" (und seien sie von Fouqué).

S. 422/Z. 3: *Ring des Gyges* – nach griechischer Sage verhilft ein unsichtbar machender Ring dem jungen Gyges (um 685–652 v. Chr.) zur Herrschaft über das vorderasiatische Königreich Lydien, indem er seinen Vorgänger Kandaules unerkannt ermordet und dessen Gemahlin zur Frau gewinnt.

S. 429/Z. 28: *Arkana* – Wundermittel geheimnisvoller Herkunft und Wirkung (von latein.: arcanus = verschwiegen, geheim).

S. 429/Z. 31: *Peter Schlemihl* – bezieht sich (nach der vorbereitenden Andeutung von S. 343/Z. 25–31) auf Adelbert von Chamissos gleichnamige Erzählung von 1814 und das darin abgewandelte Märchenmotiv der Siebenmeilenstiefel.

S. 430/Z. 34 samt Fußnote von H.: *Lichtenberg* – bezieht sich auf den von H. hochgeschätzten Gelehrten und Schriftsteller Georg Christoph Lichtenberg (1742–1799) und dessen späte Satire „Daß du auf dem Blocksberg wärst. Ein Traum wie viele Träume", erschienen im Herbst 1798 in dem von L. herausgegebenen „Göttinger Taschenkalender für das Jahr 1799".

S. 430/Z. 36 samt Fußnote von H.: *Jean Paul* – bezieht sich auf ein Wortspiel aus Jean Pauls Schrift „Komischer Anhang zum Titan. Erstes Bändchen. Pestitzer Realblatt, 20ster Jenner. Fabian-Sebastians-Blatt. Erzählungsspiel", erschienen zu Ostern 1800. Der zuvor erwähnte Lichtenberg hat in seinem letzten „Göttinger Taschenkalender" (1798/99) Jean Paul entdeckt und empfohlen, Jean Paul seinerseits schrieb 1813 die empfehlende Vorrede zu H.s erster Buchpublikation, den „Fantasiestücken in Callots Manier", an die das Capriccio „Prinzessin Brambilla" ausdrücklich angeknüpft. Diesen literarischen Querverbindungen tragen die beiden Fußnoten Rechnung. Mit ihnen versucht H. zugleich, sich von der Romantik im engeren Sinn zu distanzieren und in eine eigene Tradition deutscher Humoristen einzureihen.

S. 431/Z. 11: *à quatre mains* – französ.: zu vier Händen, die zur Zeit H.s beliebte Form des vierhändigen Spiels von Tasteninstrumenten.

S. 431/Z. 15: *zu einem gewissen Stühlchen* – vgl. dazu die teils versteckten, teils offenen Nachttopf-Anspielungen in den Märchen „Der goldne Topf" (S. 44/Z. 5–6) und „Klein Zaches" (S. 312/Z. 29–30).

S. 431/Z. 34: *materia peccans* – latein.: die sündige Materie; ein Begriff der mittelalterlichen Theologie und Ethik, dann auch der Medizin für Krankheitserreger.

S. 441/Z. 31: *da erkannten sie sich* – im doppelten Sinn des körperlich-erotischen und des seelisch-geistigen einander Erkennens, biblisch und philosophisch zu verstehen.

S. 443/Z. 1–2: *Smeraldinen* – weitere weibliche Maskenfigur des italien. Stegreifspiels (von italien.: smeraldino = smaragden, smaragdfarben), meist in berkamskisch ländliches Grün und in schimmernde Stoffe gekleidet, verschmitzt, kokett, kapriziös, häufig die Geliebte des Arlecchino.

Erläuterungen zu „Die Brautwahl"

entstanden im Herbst 1818, erstmals erschienen in: Berlinischer Taschenkalender auf das Schaltjahr 1819. Hrsg. von der Königlich Preußischen Kalender-Deputation" Berlin [1819], S. 1–128, mit zwei Illustrationen von Ludwig Friederich Wolf (1772–1832) sowie dort mit dem Untertitel „eine berlinische Geschichte . . .", der – ebenso wie einige weitere berlinische Lokalangaben – wegfällt in der Fassung für Bd 3 der „Serapionsbrüder" im Verlag Reimer, Berlin, Oktober 1820. Unser Text folgt der letzten Fassung, behält aber den ursprünglichen Untertitel bei und verweist in den Erläuterungen auf einige der getilgten Angaben über Berliner Lokalverhältnisse und -ereignisse.

S. 447/Z. 7: *Nacht des Herbst-Äquinoktiums* – von latein.: Nachtgleiche, d.h. Zeit der Tag- und Nachtgleiche um den 23. September; so bereits in dem Märchen „Der goldne Topf" (vgl. S. 33/Z. 14 & 48 ff. u.ö.).

S. 447/Z. 7–8: *der Geheime Kanzleisekretär Tusmann* – Vorbild für die Gestalt war möglicherweise der Berliner Schriftsteller, Publizist und Akademieprofessor Friedrich Wilhelm Gubitz (1786–1870).

S. 447/Z. 24: *Reverberen* – Straßenlaternen; von französ.: réverbère = Reflektor an einer Lampe, Straßenlampe mit solchem Reflektor.

S. 447/Z. 25–26: *Ladentüre des Kaufmanns Warnatz* – der Verkaufsladen eines Eisenwarenhändlers Warnatz befand sich im Uhrturm des alten Berliner Rathauses, Spandauer- /Ecke Königsstraße.

S. 449/Z. 21: *Frühlings-Äquinoktium* – Tag- und Nachtgleiche um den 21. März.

S. 449/Z. 28–29: *in das neue Weinstübchen auf dem Alexanderplatz begeben* – die Erstfassung bringt dazu den spöttischen Nachsatz: „das irre ich mich nicht, das sechs- oder siebenundneunzigste ist, welches in unserer guten Stadt seit kurzer Zeit aufgegangen".

S. 450/Z. 12–13: *ums Jahr eintausendsiebenhundertundzwanzig bis -dreißig* – im Zusammenhang mit dem altfränkisch gekleideten Juden Anspielung auf den jüdischen Finanzier Veit aus der Zeit um 1720, wegen dessen angeblichen Unterschlagungen Friedrich Wilhelm I 1721 einen Bann über alle Juden in Preußen verhängte; vorbereitend auf die Ereignisse um den Münzjuden Lippold und auf die Vorstellung vom Ewigen Juden.

S. 451/Z. 2: *der im Keller vorhanden* – die Erstfassung bringt dazu den speziell auf Gubitz weisenden Zusatz: Dem Geheimen Kanzleisekretär Tusmann wurde bei der Bestellung des Fremden angst und bange. Er fand sich überzeugt, daß wenn zwei Personen sich an eine Flasche Wein machen, nach der richtigsten Berechnung jeder von ihnen die Hälfte davon trinken müsse, in seinem ganzen Leben hatte er aber doch nicht eine halbe Flasche Wein auf einmal, am wenigsten von solch starker Sorte getrunken.

S. 451/Z. 4: *deprezierend* – flehentlich; von latein.: deprecari = etwas durch Bitten abzuwenden suchen, um Gnade flehen.

S. 451/Z. 34–35: *Wovon das Herz voll ist, davon geht der Mund über* – sprichwörtlich nach dem Matthäus-Evangelium (12,34). „Wes das Herz voll ist, des geht der Mund über."

S. 452/Z. 12: *am Tage des heiligen Dionysius* – bezieht sich auf das Kalenderfest des ersten Bischofs von Paris, Dionysis oder St. Denis, 273 enthauptet und früh heiliggesprochen.

S. 453/Z. 5–6: *des Herrn Thomasii* – bezieht sich auf den sächsichen, zeitweise in Berlin tätigen Aufklärer, Rechtslehrer und Philosophen Christian Thomasius (1655–1728), aus dessen ursprünglich lateinischer Schrift „Primae lineae jureconsultorum prudentia consultatoria..." auch weiterhin ausführlich zitiert wird; als pedantisches Kompendium bürgerlicher Lebensregeln war diese Spätschrift des Thomasius zwischen 1707 und 1750 weit verbreitet.

S. 454/Z. 14: *regardieren* – acht geben; von französ.: regarder = anblicken, betrachten, berücksichtigen, achten auf.

S. 455/Z. 20: *Zu Okuli in der Fasten* – Name des dritten Fastensonntags nach dem Beginn des entsprechenden Liturgietexts. Die Ereignisse anläßlich der Taufe Christians I. von Sachsen (1560–1591, Kurfürst seit 1586) schildert H. nach der mehrfach handschriftlich überlieferten Märkischen Chronik des Berliner Schulrektors Peter Hafftiz (um 1525 – nach 1601), die in den „Serapionsbrüdern" ausdrücklich als Hauptquelle für „Die Brautwahl" angegeben ist, und zwar unter dem Titel „Microchronicon berolinense", in der „Brautwahl" selber später auch „Hafftitii... Microchronicon Marchium" genannt (S. 476); von H. in einer neueren Abschrift der sogn. „Magdeburger Fassung" (um 1600) mit der Folio-Nr. 23 aus den *Manuscripta borrusica* der Berliner Königlichen Bibliothek eingesehen und auch für die in den „Serapionsbrüdern" der „Brautwahl" vorausgehende Erzählung vom Teufel in Berlin benutzt. Gedruckt lag die märkische Chronik von Hafftiz nur auszugsweise vor, und zwar in der Schrift „Diplomatische und curieuse Nachlese der Historie von Ober-Sachsen, und angrentzenden Ländern" von Christian Schöttgen und George Christoph Kreysig, dritter Teil, Dresden und Leipzig 1731, aus der Heinrich von Kleist den Kohlhaas-Stoff entnahm, um ihn, wie H. die Serapionsbrüder kurz vor Beginn der „Brautwahl" bemerken läßt, zu „seiner vortrefflichen klassisch gediegenen Erzählung von dem Roßhändler" auszugestalten, während „die Nachrichten von jenem furchtbaren Menschen, so wie sie im Hafftiz stehen, ganz mager und ungenügend" seien, was auch im Blick auf die eigenen Gestaltungen nach dieser Quelle zu verstehen sein könnte.

S. 456/Z. 2–3: *unser Hofsänger Bernhard Pasquino Grosso aus Mantua* – der Name stammt aus H.s zweiter, nicht eigens genannter Hauptquelle zur „Brautwahl", dem „Versuch einer Schilderung der Hauptveränderungen der Religion, Sitten, Gewohnheiten, Künste, Wissenschaften... der Residenzstadt Berlin seit den ältesten Zeiten bis zum Jahre 1786" (Berlin 1792–1799) von Anton Balthasar König (1755–1814); allenfalls anklingend zu beziehen auf den bekannteren römischen Musiktheoretiker, Kirchenmusiker, Cembalo- und Orgelkomponisten Bernardo Pasquini (1637–1710).

S. 456/Z. 8–9: *Zindel* – dünner Seidentaft, meist Futterstoff.

S. 457/Z. 10: *die Geschichte vom Münzjuden Lippold* – nach Hafftiz; bezieht sich auf den Münz- und Schatzmeister Lippold des verschwenderischen brandenburgischen Kurfürsten Joachim II. Hektor (1505–1571), ein Jahr nach dessen Tod auf Betreiben des Nachfolgers Johann Georg (1523–1598) angeklagt und hingerichtet.

S. 457/Z. 19–21: *wie man damals sich auszudrücken pflegte* – die folgenden Ausdrücke nach Hafftiz; „mit der silbernen Büchse geschossen" = bestochen.

S. 460/Z. 6: *der junge Maler Edmund Lehsen* – der Nachname „Lehsen" ist buchstabengleich mit „Hensel", d.h. Anagramm für den Berliner Schriftsteller und Maler Wilhelm Hensel (1794–1861), verheiratet mit Felix Mendelsohn Bartholdys ebenfalls komponierender Schwester Fanny, beliebt als Illustrator romantischer Autoren, insbes. der Dichtungen Tiecks und der Märchen Ernst Moritz Arndts, auch als Theatermaler und feinfühliger Porträtist, u.a. mit einem Bleistiftbildnis H.s vom Sommer 1821.

S. 461/Z. 17: *Bei Männern, welche Liebe fühlen* – Duett Pamina-Papageno aus Mozarts „Zauberflöte" kurz vorm Finale des ersten Akts, Szene 14 (nach anderer Zählung 11), Musik-Nr. 7.

S. 462/Z. 12: *Ahasverus, der ewige Jude* – im 13. Jahrhundert entstandene Legende vom Jerusalemer Juden Ahasver, der wegen seiner Weigerung, Christus auf dem Weg zur Kreuzigung eine Rast zu gönnen, bis zum Jüngsten Gericht selber rastlos umherziehen muß; Prophezeihungen und Motive aus dem Neuen Testament aufgreifend und ausgestaltend, insbes. das Chistuswort: „Ich werde gehen, aber du wirst auf mich warten, bis ich zurückkomme", ferner die Angaben über Malchus, dem Petrus ein Ohr abschlägt, sowie über den heiligen Johannes, der bis zur Rückkehr Christi nicht stirbt; seit Anfang des 17. Jahrhunderts als Volksbuch weit verbreitet, zur Zeit H.s aufgegriffen von Goethe, Schubart, Brentano, Arnim, A.W. Schlegel, 1818 von F. Horn in der Novelle „Der ewige Jude", auch im Schauerroman, auf den H. seinen Goldschmied anschließend anspielen läßt.

S. 462/Z. 13: *der Rattenfänger von Hameln* – die Volkslegende war H. durch Zacharias Werners Umgestaltung zu einem Opernlibretto (1808) besonders gut vertraut.

S. 462/Z. 13–14: *der Alte Überall und Nirgends, oder das Petermännchen* – zwei seinerzeit beliebte Schauerromane von Christian Heinrich Spieß (1755–1799), beide als „Geistergeschichte" gekennzeichnet und in jeweils zwei Teilen erschienen, „Der Alte Überall und Nirgends" 1792/93 mit einem Ritter Georg von Hohenstaufen als Hauptfigur, der nach seinem Tod in wechselnden Gestalten umherwandelt, bis er fünf gute Taten vollbracht hat, „Das Petermännchen" 1791/92 über einen teuflischen Hausgeist dieses Namens aus dem 13. Jahrhundert; das erste Werk auch bearbeitet und verbreitet als Schauspiel mit Gesang, Text von Carl Friedrich Henseler (1739–1825), komponiert von dem Prager, später Wiener Tonsetzer und Opernleiter Wenzel Müller (1767–1835), eine historische Zauberoper, in der 1804 ein Neffe H.s die Figur Kaiser Karls des Großen darstellte und die er selbst von Aufführungen in Leipzig kannte.

S. 462/Z. 32: *geradezu ins Gesicht? Sie –"* – in der Erstfassung folgt hier eine längere Passage mit Bezügen zum Vorbild Wilhelm Hensel, so etwa zu einem allegorischen Gemälde von ihm, das 1816 auf einer Berliner Kunstausstellung einen Skandal provozierte, am Rande auch zum Turnvater Jahn, und vor allem mit einer Fortführung der ästhetischen Theorie H.s über „das wahrhaft Poetische" (S. 460/Z. 35) in Malerei und Dichtkunst; die Passage lautet:
„Sie scheuen sich nicht, mir eine Sottise ins Gesicht zu sagen? Sie –" – „Still", fiel ihm der Goldschmied ins Wort, „still, das ist keine Sottise, das ist die alte deutsche ehrliche Biederkeit, die aus mir spricht und die Sie vertragen müssen, da Sie mit einem altdeutschen Rock angetan sind und sich die Haare nicht verschneiden. Das Wort Sottise sollten Sie gar nicht kennen, viel weniger brauchen. Sie laufen Gefahr, von irgendeinem Professor der Turnkunst stracks zu Boden geturnt zu werden, vernimmt er solches aus Ihrem Munde. – Doch den Beweis meines Ausspruchs! – Sie haben recht, jeder Maler, sei er Landschafter oder Historikus, muß zugleich ein Dichter sein, denn Gemälde sind Gedichte mit dem Pinsel ausgeführt; aber nennen Sie das Dichten, wenn Bäume mit ihrem Laube, Stamm und ihren Wurzeln zugleich aussehen sollen, wie Menschen, Tiergestalten, ja wenn selbst Figuren zusammengestellt sind, nicht nur eine bestimmte Handlung, sondern nur eine außerhalb des Bildes liegende phantastische Idee auszudrücken? Da kommen wir in die Allegorie hinein, den ärmlichsten unkünstlerischsten Teil der Malerei. Hüten Sie sich vor dem Nebeln und Schwebeln! – Sie verfertigen bisweilen miserable Sonette, und gefallen sich darin, seltsame Arabesken und Grotesken zusammenzustoppeln, und schwatzen von Ahnung und Sehnsucht, und Lebenstiefe, die in den abgeschmackten Zerrbildern liegen soll." – „In der Tat", brach Edmund im höchsten Unwillen los, „in der Tat, mein Herr! Ihr Horoskop bewährt sich in diesem Augenblick, denn ich bin wirklich ein großer ausgemachter Narr, daß ich hier stehe und mir von einem Mann dem es an allem poetischen Sinn gebricht, Grobheiten ins Gesicht sagen lasse. Gott befohlen." – Und damit rannte der Jüngling spornstreichs durch das Gebüsche von dannen. / Edmund Lehsen hielt den Genius, der nach seiner Meinung ihm innewohnte, so hoch in Ehren, daß er selbst gar nicht begriff, wie er mit diesem überirdischen Insassen so ruhig auf Erden unter seinesgleichen wandeln könne und nicht vielmehr in den hohen Lüften schwebe. Schon darum mochte der Goldschmied recht haben mit seinem schlimmen Horoskop. Edmund arbeitete an einem großen Bilde, das der Triumph der Kunst sein sollte. Als es endlich vollendet, war es jedoch dermaßen mißraten, daß

es auf der Ausstellung bei den Kennern Lachen, bei den meisten aber Unwillen erregte. Dieser böse Umstand erzeugte in dem Innern des Jünglings einen harten Kampf, in dem aber das bessere Prinzip siegte. Es sah es nämlich ein, daß er sich wohl auf falschem Wege befunden und gedachte des alten Goldschmieds und seiner Warnung. Sowie er recht lebhaft wünschte ihn wiederzusehen, fand er sich wirklich ein in der Werkstatt. / Merkwürdig war es, daß der Goldschmied von des Jünglings Sinnesänderung ganz unterrichtet zu sein schien. Er wünschte ihm Glück zu dem mißratenen Bilde und meinte, es habe ganz mit Recht den großen Rumor herbeigeführt, da es was Abgeschmacktheit der Idee, Unrichtigkeit der Zeichnung, Unwahrheit des Kolorits anlange, kaum zu übertreffen. / Edmund hörte mit niedergeschlagenen Augen, hohe Röte auf den Wangen, des alten Goldschmieds herben Tadel an; er schämte sich in der Tat seines törichten Beginnens, das er nun in seinem ganzen Umfange fühlte. / Als der Goldschmied dies gewahr wurde, änderte er indessen sogleich seinen Ton und richtete den niedergeschlagenen ja zerknirschten Jüngling wieder auf mit trostreichen Worten.

S. 463/Z. 13: *in der Manier der alten deutschen hohen Meister* – Spott über die Malergruppe der Nazarener, die H. in ihren besseren Leistungen, etwa von Peter Cornelius, durchaus schätzte.

S. 463/Z. 14: *dem Bauernjungen zu vergleichen* – Anekdote aus „Der junge Antihypochondriakus ..." (Lindenstadt 1798), einem sogn. „Humoristikum".

S. 463/Z. 36: *Leonhard Turnhäuser zum Thurm* – bezieht sich auf den angeblich „durchtriebenen, verschmitzten und unverschämten" Betrüger Leonhard Thurneysser zum Thurm aus der Schweiz (1530–1595), zeitweilig Leibarzt des brandenburgischen Kurfürsten Johann Georg (1571–1598), den H. nach der märkischen Chronik von Hafftiz schildert, aber günstiger beurteilt.

S. 464/Z. 20: *Prognostica* – Vorausberechnungen, Vorhersagen, Prognosen.

S. 464/465: *bei dem Hofjäger im Tiergarten* – beliebtes Kaffeehaus mit Garten im Berliner Tiergarten in der Nähe von Wohn- und Amtssitz des Königlichen Hofjägers, von H. oft besucht und mehrfach erwähnt, vor allem in „Die Irrungen" und „Die Geheimnisse".

S. 465/Z. 21: *die Puristen* – bezieht sich ironisch auf die meist übertreibenden Fremdwortgegner und Sprachreiniger (von latein.: purus = rein) und auf entsprechende Sprachgesellschaften wie die Berliner „Gesellschaft für deutsche Sprache", der u.a. Wilhelm Hensel und der Turnvater Friedrich Ludwig Jahn angehörten; auf ihn verweist die getilgte Passage der Erstfassung im Zusammenhang mit dem Fremdwort „Sottise" (vgl. Erläuterung zu S. 462/Z. 32), doch hat H. sich später durchaus und mit Auswirkungen auf seinen „Meister Floh" für Jahn eingesetzt, als er wegen demagogischer Umtriebe verfolgt wurde.

S. 466/Z. 3: *in der vorjährigen Kunstausstellung* – von ihr war in der Erstfassung schon vorher die Rede; vgl. Erläuterung zu S. 462/Z. 32.

S. 467/Z. 5–6: *Sinn des fantastischen Gebildes* – bezieht sich auf das nicht auf Anhieb verständliche allegorische Gemälde von Hensel über „den Kampf eines Ritters gegen eine Zauberin", das den Unmut der Betrachter hervorrief.

S. 467/Z. 29: *in dem Stobwasserschen Laden unter den Linden* – Im Haus Unter den Linden 23, Ecke Charlottenstraße, hatte die Blechwaren- und Lackierfabrik H.C. Stobwasser und Co. einen Verkaufsladen.

S. 467/Z. 30–31: *bei Sala Torone* – im angegebenen Haus Unter den Linden 23, Ecke Charlottenstraße, befand sich auch die beliebte Wein- und Südwarenhandlung von J. Sala Tarone, die H. bereits in der Berlin-Erzählung „Die Fermate" (1815/16) erwähnt.

S. 468/Z. 4: *in der Zelterschen Akademie* – bezieht sich auf die Berliner Musik- und Singakademie, 1790 von Carl Friedrich Christian Fasch (1736–1800) gegründet, nach dessen Tod übernommen und entscheidend geprägt von Karl Friedrich Zelter (1758–1832), ursprünglich Maurermeister, dann Musiker, Komponist (insbes. von Liedern und Männerchören), Musikerzieher, Gründer der Berliner Liedertafel (1809), Freund Goethes, einflußreich als Lehrer Mendelsohns, Loewes, Nicolais, Meyerbeers.

S. 468/Z. 5: *von Herrn Lauska Unterricht auf dem Fortepiano* – der Berliner Virtuose und Klavierlehrer Franz Seraphinus Lauska (1764–1824), u.a. Lehrer Meyerbeers, trug viel zur Entwicklung des Spiels auf dem Hammerklavier bei.

S. 468/Z. 6: *der Ersten Tänzerin* – den Namen der Primaballerina der Berliner Oper, „Mademoiselle Lemière" nennt H. in der Erstfassung.

S. 468/Z. 14: *Maroquindeckel* – mit marokkanischem Leder überzogener Deckel.

S. 468/Z. 25: *aus Fouqués Gedichten* – zitiert werden die erste und die dritte Strophe des Gedichts „Waldessprache" von Friedrich de la Motte Fouqué (1777–1843) aus dem ersten Band seiner „Gedichte aus dem Jünglingsalter" (1816).

S. 469/Z. 14–15: *daß man im Tiergarten wandelnd rauche* – das Rauchverbot wurde erst 1848 aufgehoben.

S. 469/Z. 29: *in Shakespeares: Wie es Euch gefällt* – bezieht sich auf Akt III, Szene 2 des genannten Stücks „As you like it", wo die als Mann verkleidete Rosalind im Wald von Arden ihrem Liebhaber Orlando unerkannt die von H. zitierte scherzhafte Liebhabertypologie vorträgt; vgl. auch das Zitat aus derselben Szene im fünften Kapitel, S. 493/Z. 17–18.

S. 470/Z. 4: *der seltsam somnambule Blick* – der seltsam schlafwandlerische Blick.

S. 470/Z. 24–25: *der junge Sternbald* – bezieht sich auf die Titelgestalt des 1798 erschienen Künstlerromans „Franz Sternbalds Wanderungen" von Ludwig Tieck (1773–1853), eines Lieblingsbuchs nicht nur der Gestalt Edmund, sondern auch von H. selbst, schon in einem Brief an den Freund Hippel vom 26. September 1805 als das „wahre Künstlerbuch" gepriesen.

S. 471/Z. 14: *Gilet* – Weste.

S. 471/Z. 31–33: *Cicero, als großer Windbeutel und Rabulist . . .* – bezieht sich auf eine Satire des Rhetorikprofessors Johann Ernst Philippi (1701–nach 1750), 1735 in Halle erschienen, von H. aber vermutlich nicht eingesehen, da er den Titel ungenau und das Erscheinungsjahr unrichtig angibt, sondern vermutlich zitiert nach ihrer Verspottung in der Schrift „Die Vortrefflichkeit und Notwendigkeit der elenden Scribenten" (1736) des Satirikers Christian Ludwig Liscow (1701–1760).

S. 472/Z. 3: *Polyhistor* – umfassend gebildeter Gelehrter; negativ: Vielwisser.

S. 472/Z. 17: *Schule im grauen Kloster* – älteste und bekannteste Bürgerschule Berlins.

S. 472/Z. 21: *der berühmteste Kunstgärtner in Berlin* – in der Erstfassung heißt er „Herr Bouché" nach dem Gartenbaubetrieb und Blumengeschäft der drei Brüder Boucher in der Stralauer Vorstadt.

S. 473/Z. 38: *Nudows Theorie des Schlafes* – bezieht sich auf den von H. bereits für die Fantasie- und Nachtstücke benutzten „Versuch einer Theorie des Schlafs" von Heinrich Nudow, Königsberg 1791.

S. 474/Z. 1–2: *Schlafen, vielleicht auch träumen* – Kernvers („To sleep: perchance to dream: ay, there's the rub") im zentralen Monolog „To be, or not to be / Sein oder Nichtsein" aus der ersten Szene des dritten Akts von Shakespeares „Hamlet".

S. 474/Z. 3–4: *das Somnium Scipionis* – latein.: „Der Traum des Scipio"; oft gesondert behandelter und am besten erhaltener Schlußteil der unvollständig überlieferten staatsphilosophischen Schrift „De re publica / Vom Gemeinwesen" des altrömischen Staatsmanns und Philosphen Marcus Tullius Cicero (106–43 v. Chr.).

S. 474/Z. 4: *Artemidori berühmtes Werk von Träumen* – bezieht sich auf die Schrift „Oneirokritika / Traumdeutungen" des vermutlich stoischen Wahrsagers und Traumdeuters Artemidoros aus Ephesos (nach seinem lydischen Geburtsort Daldis auch „Daldianer" genannt) aus der zweiten Hälfte des 2. Jahrhunderts n. Chr., eine Hauptquelle spätantiken und neueren Traum- und Aberglaubens, erstmals übersetzt und kritisch kommentiert von Philipp Melanchthon, Straßburg 1624.

S. 474/Z. 5: *das Frankfurter Traumbüchlein* – der für H. naheliegendste Hinweis auf ein „Frankfurter Traumbüchlein" findet sich zu Beginn der von ihm oft benutzten Schrift über „Die Symbolik des Traumes" (Bamberg 1814) von Gotthilf Heinrich Schubert (1780–1860); vermutlich zu beziehen auf das anonyme, ohne Jahresangabe in Frankfurt und Leipzig erschienene Werk „Verbessertes und vermehrtes Traumbuch, darin man allerlei Träume mit ihrer Bedeutung nach alphabetischer Ordnung finden kann."

S. 474/Z. 21–22: *Janitscharen-, oder richtiger gesprochen Jenjitscherik-Trommel* – alt-türkische Militärmusik mit viel Schlagwerk, schon in „Nußknacker und Mausekönig" erwähnt (vgl. dort S. 127/Z. 19 samt Erläuterung).

S. 476/Z. 7–8: *auf dem Pferde vor dem Großen Kurfürsten* – bezieht sich auf das Reiterdenkmal des sogn. Großen Kurfürsten Friedrich Wilhelm von Brandenburg (1640–1688) auf der Langen

Brücke in Berlin, jetzt vorm Charlottenburger Schloß, 1696–1709 geschaffen von dem Architekten und Bildhauer Andreas Schlüter (1660–1714).

S. 476/Z. 23–24: ... *noch ganz andere Dinge begeben haben* – in der Erstfassung folgt hier der Nachsatz: „ja daß einmal, und zwar im Jahre eintausendfünfhunderteinundfünfzig, der Teufel an vielen Örtern bei der Nacht sichtlich auf den Gassen in Berlin umherging, an die Türen klopfte, oft weiße Totenhemden anhatte, mit zum Begräbnis ging, sich traurig gebärdete, oft auch andere Gebärden hatte die Leute damit zu erschrecken", den H. für die Berliner Teufelsanekdote vorm Nachdruck der „Brautwahl" in den „Serapionsbrüdern" verwendete.

S. 476/Z. 39: *mein alter Manasse* – im Alten Testament israelischer Stammes- und Königsname (nach einem Sohn Josephs), im 17. Jahrhundert, also dem historischen Umfeld der beiden Figuren H.s nahestehend, Name eines bekannten Rabbiners, Gelehrten und theologisch mystischen Schriftstellers iberisch marranischer Abkunft (1604–1657), der ausdrücklich auch für Nichtjuden schrieb, erheblichen Einfluß in Schweden und England gewann und von Rembrandt proträtiert wurde.

S. 477/Z. 22: *ein zweiter Leander, ein zweiter Troilus* – bezieht sich auf berühmte unglückliche Liebespaare der Antike: Hero und Leander, insbes. bei Ovid und Musaios, u.a. aufgegriffen in Schillers Ballade von 1801, sowie der Spät- und Nachantike: Troilus und Cressida, nach einer Nebenfigur bei Homer erst im Trojaroman des Hochmittelalters, dann insbes. bei Shakespeare.

S. 478/Z. 26: *nicht längst* – unlängst, vor kurzem.

S. 479/Z. 11: *Benschchen* – verkürzte und verkleinernde Nebenform zu Benjamin, dem Vornamen des Barons Dümmerl, später meist Baron Bensch.

S. 479/. 16: *Herr Neveu* – Herr Neffe; von französ.: neveu = Neffe.

S. 480/Z. 25–26: *Friedrichdoren ... Kurant ... neue Talerstücke* – Münzen verschiedenen Werts: der Friedrichsdor (nach dem Preußenkönig Friedrich II) als wertvollste preußische Goldmünze (ca. 5 Silbertaler) seit 1740 (dem Regierungsantritt Friedrichs des Großen); Kurant als Münzgeld, das seinen Wert vollständig in seinem Edelmetallgehalt hat (im Unterschied zu minderwertigeren Scheidemünzen und zu Papiergeld) und deshalb überall ohne Umstände in Zahlung genommen wird; der Reichstaler als gängigste deutsche Silbermünze seit 1566, um 1750 im Silbergehalt verringert und daher „neuer Taler" (im Unterschied zum wertvolleren Speziestaler), erst 1908 durch das Dreimarkstück ersetzt.

S. 482/Z. 13: *Aviso* – finanztechnisches Fachwort für Geldanweisung, Überweisung, Wechsel mit Angaben über den Grund des Geldgeschäfts; von italien.: avviso = Nachricht, Mitteilung, und französ.: avis = Meinung, Meldung.

S. 482/Z. 23: *avertieren* – ankündigen; zu „Aviso" gehörig (vgl. S. 482/Z. 13), von französ.: avertir = benachrichtigen.

S. 483/Z. 2: *in der Humanitäts-Gesellschaft* – bezieht sich auf die 1796 in Berlin gegründete „Gesellschaft der Freunde der Humanität" mit satzungsgemäß nicht mehr als 70 Mitgliedern, die einander in gelehrt-geselliger Form in der Freimaurerloge „Royal York", Dorotheen-Straße 24, wöchentlich Vorträge über Moral und Kunst hielten; von H. eher als eine höhere Art „ästhetischer Tee" gesehen und verspottet.

S. 483/Z. 39: *mit der politischen Klugheit* – bezieht sich leitmotivisch auf die zuvor und später mehrfach genannte Lehrschrift von Thomasius.

S. 484/Z. 20: *Katalepsie* – griech.: Starrsucht; krampfartige Muskelanspannung, insbes. in Verbindung mit Schizophrenie.

S. 485/Z. 26: *wie ein der Charité Entsprungener* – bezieht sich auf das Berliner Krankenhaus Charité mit Abteilung für Geisteskranke (nach Pariser Vorbild); von französ.: charité, latein.: caritas = Barmherzigkeit.

S. 486/Z. 22: *was du dich alterierst* – was du dich aufregst; von italien.: alterare = verändern, entstellen, erregen.

S. 487/Z. 5: *Inklination* – Neigung; von latein.: inclinare = neigen.

S. 489/Z. 14: *verflucht sollst du sein ...* – für Wortlaut und Bildersprache des folgenden jüdischen Fluchs verwendet H. abermals G.H. Schuberts Schrift „Die Symbolik des Traumes"; vgl. S. 474/ Z. 5.

S. 489/Z.18: *der Dales* – oft auch: Dalles = Geldmangel, Armut, Sorge; aus dem Hebräischen (dalluth), seit dem 16. Jahrhundert umgangssprachlich geläufig; H. bringt Näheres zu der damit verbundenen jüdischen Legende im folgenden Kapitel.

S. 490/Z. 12: *(so erzählt ein Talmudist)* – der Talmud (hebr.: das Lernen) ist die wichtigste Sammlung nicht- und nachbiblischer Lehren, Vorschriften und Überlieferungen des Judentums (im 6. Jahrhundert v. Chr. begonnen, im 5. Jahrhundert n. Chr. abgeschlossen), ein Talmudist daher ein Kenner und Ausleger dieser Überlieferungen, oft – wie auch hier – mit eigenen Zutaten, Gleichnissen, Erzählungen. Vermutlich hat H. die näheren Angaben von einem seiner jüdischen Bekannten, am ehesten wohl von dem befreundeten Kollegen, Verleger und nachmaligem Nachlaßverwalter Julius Eduard Hitzig (1780–1849), dessen Familie schon für das in Berlin spielende Märchen „Nußknacker und Mausekönig" Modelle abgab.

S. 491/Z. 24 & 27: *wo der Pfeffer wächst* – H. bezieht die gängige Redensart im folgenden ausdrücklich und doppelsinnig auf Cayenne als Ursprungsgebiet des Cayenne-Pfeffers und als Hauptort des berüchtigten französischen Verbannungsterritoriums Guayana nördlich von Brasilien mit den vorgelagerten Teufelsinseln, auf die unter Napoleon und dann von 1852 bis 1938/45 Schwerverbrecher, gelegentlich auch politisch Mißliebige deportiert wurden.

S. 493/S. 17–18: *Celia in Wie es Euch gefällt* – so in Shakespeares Komödie „As you like it" (Akt III, Szene 2) die Gestalt der witzig überlegenen Celia im Gespräch mit ihrer als Mann verkleideten Partnerin Rosalind über deren Liebhaber Orlando: „I found him under a tree, like a dropped acorn"; eine spätere Passage aus derselben Szene bereits im zweiten Kapitel der „Brautwahl", S. 469/Z. 29 ff.

S. 493/Z. 23–25: *Sagt denn nicht Thomasius, ...* – im folgenden abermals Zitate aus der zugrunde gelegten Schrift von Thomasius, Kapitel 7.

S. 493/Z. 26: *intendieren* – beabsichtigen; von latein.: intendere = anspannen, sich zuwenden, anstreben.

S. 493/Z. 30–31: *Lehre des Cleobolus* – griech.: Kleoboulos, nach altgriechischer Überlieferung einer der Sieben Weisen, im 6. Jahrhundert v. Chr. Herrscher und Gesetzgeber in Lindos; ebenfalls erwähnt in Kapitel 7 der von H. und Tusmann zitierten Schrift von Thomasius.

S. 493/Z. 37: *einen wilden Salvator Rosa* – der neapolitanisch-römische Barockmaler und Satirendichter Salvator Rosa (1615–1673), von H. auch als Musiker beschrieben und wegen solcher Dreifachbegabung als verwandt empfunden und geschätzt, erscheint mehrfach in den „Serapionsbrüdern", vor allem in der Novelle „Signor Formica", aber auch in dem Nachtstück „Die Jesuiterkirche in G."; als wild galt er wegen seiner heftig bewegten, oft düster stürmischen Schlachten- und Landschaftsgemälde.

S. 494/Z. 1: *Herrn Streccius* – nachgewiesen ist die Farbenmanufaktur, d. h. der chemische Betrieb eines J. Streccius in der Berliner Kommandanten-Straße 9 oder 10.

S. 494/Z. 9: *in Desperation* – in Verzweiflung; von latein.: desperatio = Hoffnungslosigkeit, Verzweiflung.

S. 495/Z. 10: *Hufelands Kunst das Leben zu verlängern* – bezieht sich auf die Schrift „Makrobiotik oder: Die Kunst das menschliche Leben zu verlängern" (Jena 1796) des bekannten und volkstümlichen sächsisch-thüringischen, zuletzt Berliner Arztes Christoph Wilhelm Hufeland (1762–1836).

S. 496/Z. 12: *nach den Zelten* – bezieht sich auf die leicht gebauten Vergnügungsstätten im Berliner Tiergarten.

S. 496/Z. 17: *des Weberschen Zeltes* – eine der zuvor erwähnten, zeltartig leicht gebauten Vergnügungsstätten im Berliner Tiergarten im Besitz von Klaus und Weber.

S. 498/Z. 6–7: *Schlemihls berühmte Siebenmeilenstiefel* – auf Peter Schlemihl, Titelfigur von Chamissos bekannter Märchen-Novelle (1814), und auf seine Siebenmeilenstiefel bezieht H. sich mehrfach in seinen eigenen Märchen und Erzählungen, so etwa in „Prinzessin Brambilla" (S. 429/Z. 21), auch in dem Fantasiestück „Die Abenteuer der Silvesternacht".

S. 498/Z. 28: *ein Falliment* – von italien.: fallimento = Scheitern, Zusammenbruch, Pleite, Konkurs, Bankrott; dazu wenig später die Verbform „falliert" (S. 499/Z. 16).

S. 499/Z. 20: *Tresorscheine* – Schuldverschreibungen auf einen zugrunde gelegten Besitz oder Schatz; von französ.: trésor, nach griech./latein./italien.: thesaurus/tesoro = Schatz.

S. 499/Z. 21–22: *Bilderhändler beim Bankgebäude in der Jägerstraße* – ein Kunsthändler A. Phiipson ist in Nr. 42, das Gebäude der Königlichen Bank in Nr. 34 der Berliner Jägerstraße nachgewiesen.

S. 500/Z. 1: *illuminiert sie ... con amore* – koloriert sie ... mit Liebe; von latein./italien.: illuminare = erleuchten, mit Farben aufhellen, also kolorieren, und von italien.: con amore = mit Liebe.

S. 500/Z. 38–39: *auf irgendeinem Kaffeehause* – in der Erstfassung heißt es ausführlicher: „bei Holzapfel, Zimmermann oder sonst irgendeinem Kaffeehause".

S. 501/Z. 10: *Expedienten* – Ausfertiger, Austräger (von französ.: expédient); untergeordneter Verwaltungsangestellter.

S. 502/Z. 5: *Kaufmann von Venedig* – bezieht sich auf Shakespeares Komödie „The Merchant of Venice", die von nun an als literarischer Bezugsfaktor an die Stelle des bereits zweimal zitierten Shakespeare-Stücks „Wie es Euch gefällt" tritt, wenig später auch in den Angaben über „Fräulein Porzia", die „Drei Kästen", „die Prinzen von Marokko und Aragon".

S. 502/Z. 7: *Herr Devrient* – Ludwig Devrient (1784–1832), seinerzeit berühmtester Berliner Charakter-Schauspieler, dort seit 1815 tätig, eng mit H. befreundet und von ihm ausführlich in „Seltsame Leiden eines Theaterdirektors" einbezogen.

S. 502/Z. 8: *Negotianten-Fleisch* – Kaufmannsfleisch (von französ.: négociant = Kaufmann, Großhändler), mit Bezug auf das genannte Shakespeare-Stück, wo der Jude Shylock als Pfand ein Stück lebendes Menschenfleisch von einem ihm verschuldeten Kaufmann verlangt, aber parodistisch übertragen in den Geschäftsjargon der Zeit H.s.

S. 503/Z. 14: *indolent* – unempfindlich, gefühllos; von latein.: indolens = frei von Schmerzgefühl.

S. 505/Z. 4: ... *wie sie nur können* – in der Erstfassung folgt hier eine Passage über einen bisher nicht ausfindig gemachten „Ästhetiker im schwarzen Rock", verbunden mit Anspielungen auf das romantisch-komische Volksmärchen mit Gesang: Das Donauweibchen" (hier unter dem Titel „Donaunymphe") von Ferdinand Kauer (vgl. S. 12/Z. 16), auf Schillers „Geisterseher"-Fragment, auf den Berliner Schauspieler Franz Mattausch in der Rolle von Hamlets Vater als Geist u. a. m.; die Passage lautet: Erst neuerdings hat mich ein tüchtiger ganz auf- und abgeklärter Ästhetiker im schwarzen Rock für ein Gespenst, ja für eine ganz gespenstische Gattung gehalten und das furchtbare, donnernde Anathema über mich ausgesprochen: Weg mit der Gattung! Dieser Mann hält es mit dem schlauen Fuchs in der Donaunymphe, welcher singt: „Was ich nicht seh, das glaub ich nicht, ich glaub an keine Geister!" und würd es lustig sein, wenn es ihm einmal so gehen könnte wie besagtem Fuchs, der jenes Bekenntnis absingend, eben mit beiden Füßen in einem ganzen Garten voll seltsamer Zauberbilder steht. Du hast, mein liebes Kind, vielleicht mit ganzem innigem Gemüt Schillers Geisterseher und andere Werke von Goethe, Tieck usw. gelesen, in denen ein höheres, geistiges Reich bald Schauer, Entsetzen, bald innigste Lust erregend, aufgeht in unserm armen, beengten Leben und uns mit seltsam süßem Weh ferner Ahnungen umfängt. Ich bedauere dich, mein Kind! – Alle diese Werke hat jener grausame schwarze Ästhetiker für nicht geschrieben erklärt, so wie jener Kaiser im Märchen zu Ungebühr gelöste Kanonen durch einen Machtspruch für nicht gelöst erklärte. Er will übrigens den Shakespeare auf der Bühne nur deshalb dulden, weil, fällt einmal Gespenstisches vor, jeder sogleich auf das Theater treten und sich überzeugen kann, daß aller Spuk ganz natürlich zugeht. Wem ist es verwehrt, im Hamlet sowie der Geist erscheint, sogleich hinaufzusteigen oder in die Versenkung zu kriechen, um dessen sich zu vergewissern, daß der Geist kein Geist ist sondern Herr Mattausch, und ebenso kann ja jeder mit leiblichen Augen sehen, daß die Hexen im Macbeth keineswegs durch die Lüfte fahren, sondern an Stricken hinaufgezogen werden. Weg auch mit der Phantasie! heißt es denn, wir halten es mit dem Handgreiflichen und genießen lieber tüchtiges hausbackenes Brot als Austern und Champagner.

S. 505/Z. 7: *Deus ex machina* – latein.: Gott aus der Maschine; ursprünglich im antiken und barocken Theater das überraschende Erscheinen von Göttern mittels einer Theater- oder Wolkenmaschine gegen Ende eines Stücks zu dessen endgültiger Lösung, dann allgemein für die unerwartete Aufklärung eines undurchsichtigen oder komplizierten Sachverhalts – auch außerhalb der Literatur.

S. 505/Z. 15–16: *in Wieglebs natürlicher Magie* – bezieht sich auf das Buch von Johann Nikolaus Martius zum „Unterricht in der natürlichen Magie oder zu allerhand belustigenden und nützlichen Kunststücken", in 2. Auflage (Berlin und Stettin 1782) bearbeitet von dem Chemiker Johann Christian Wiegleb (1732–1800), von H. gern zitiert, u.a. auch in „Klein Zaches" (vgl. S. 279/Z. 28).

S. 505/Z. 18–19: *kein Philidor, kein Philadelphia, kein Cagliostro* – bekannte Zauberkünstler, Taschenspieler, Scharlatane und betrügerische Hochstapler des 18. Jahrhunderts; den bei Lichtenberg bezeugten Jacob Philadelphia (1735–?) erwahnt H. in den „Serapionsbrüdern" schon vor der „Brautwahl", den Cagliostro, eigentlich Giuseppe Balsamo (1743–1795) auch in „Klein Zaches" (S. 273/Z. 1); ein Philidor hatte Anfang 1789 in Berlin sogn. „magische Experimente" vorgeführt und für lang anhaltendes Aufsehen gesorgt.

S. 506/Z. 13–18: *jene Antwort Shylocks* – zitiert aus Shakespeares Stück, erster Akt, 3. Szene.

S. 507/Z. 32–33: *Ignorantiam . . . Sapientiam* – Dummheit . . . Weisheit (latein. Akkusative).

S. 508/Z. 17: *Conduite* – anständiges Betragen; nach französ.: conduite = Führung, Leitung, Betragen.

S. 508/Z. 29–33: *Johannes Beers musikalischen Krieg . . . verglichen worden* – bezieht sich auf den (kaum durch Opern bekannten) herzoglichen Konzertmeister zu Weißenfels Johann Beer oder Bähr (1652–1700) und dessen musikallegorische Schrift „Bellum Musicum oder: Musikalischer Krieg . . ." von 1701, deren barocken Titel H. ironisierend übertreibt; vorgelegen hat sie ihm vermutlich im Anhang zu Beers nachgelassenem Sammelwerk „Musikalische Discoursen, durch die Principia der Philosophie deducirt . . ." (Nürnberg 1719).

S. 511/Z. 14: *dem Bassanio gleich* – bezieht sich auf Shakespeares Gestalt Bassanio, der im dritten Akt des „Merchant of Venice" aufgrund der Kästchenwahl die Hand der Portia gewinnt und den die ebenfalls „letzten Worte" der Begleitverse zu ihrem Bildnis auffordern: „Turn you where your lady is / And claim her with a loving kiss".

S. 512/Z. 37–38: *man muß abwarten was geschieht* – unter Hinweis auf die beiden „Küpferchen" des Berliner Graphikers Ulrich Ludwig Friederich Wolf (1772–1832), der ein Jahr später auch H.s „Irrungen" ilustriert hat, folgt in der Erstfassung ein erweiterter Schluß, der noch näher an die eigene Zeit H.s und seiner Leser heranführt; er lautet: Der alte rätselhafte Goldschmied soll noch in Berlin umherwandeln. Herr Wolff hat ihn in den Küpferchen, die dieser Geschichte einverleibt sind, so überaus gut getroffen, daß du geliebter Leser, den seltsamen Mann, solltest du ihm irgendwo begegnen, auf der Stelle erkennen wirst. Bestätigen kann er, o mein Leser, dann von Mund zu Mund dir alles, was in der Geschichte von der „Brautwahl" dir hin und wieder ganz unwahrscheinlich, ganz unglaublich vorgekommen sein sollte, und so würde der Erzähler von dem Vorwurf frei werden, den man ihm schon öfters gemacht, nämlich daß ihm manchmal allerlei närrisches phantastisches Zeug wie ein spukhafter Traum in den Sinn käme, was er denn so aufzutischen wisse, als habe es sich in der Tat begeben.

Erläuterungen zu „Die Irrungen"

entstanden im Sommer 1820, erstmals erschienen in: Berlinischer Taschen-Kalender auf das Gemeinjahr 1821. Hrsg. von der Königlich Preußischen Kalender-Deputation, Berlin [1820], S. 191–262.

S. 513/Z. 4–5: *der Haude- und Spenerschen Zeitung* – die um 1800 wichtigste Berliner Zeitung, 1740 von dem Buchhändler Ambrosius Haude begründet, nach seinem Tod (1748) von Johann Karl Spener weitergeführt und nach beiden benannt.

S. 4–513/Z. 13: *Madame Obermann* – verwitwete Inhaberin des genannten Hotels, bekannter als „Hôtel de Russie", Unter den Linden 21.

S. 513/Z. 18: *in Patras auf Morea* – griechische Hafenstadt im Westen des Golfs von Korinth auf der Halbinsel Peloponnes, die seit dem 13. Jahrhundert Morea (= Maulbeergarten) genannt wurde und seit 1460 unter türkischer Oberhoheit stand.

S. 514/Z. 10: *des Theaterfriseurs Warnicke* – der Friseur Warnicke, Kronenstraße 22, war als „Haarkünstler" bekannt.

S. 515/Z. 1–2: *der Kleiderkünstler Freitag* – J. S. Freitag, Schneidermeister der Berliner Oberschicht, mit Atelier Unter den Linden 27.

S. 515/Z. 5: *der Rhadamanthus* – eigentl. Rhadamanthys, laut antiker Mythologie Sohn des Zeus und der Europa, König von Kreta, wegen seines unermüdlichen Eintretens für Wahrheit und Gerechtigkeit nach seinem Tod Richter in der Unterwelt; sein Richteramt hier von H. ironisiert.

S. 516/Z. 8: *fremdartige Charaktere* – fremdartige Schriftzeichen.

S. 516/Z. 14: *Diplomatiker* – Urkundenkenner.

S. 516/Z. 27: *in der Jagorschen Restauration* – beliebtes, auch von H. geschätztes Feinschmeckerlokal des Königlichen Hoftraiteurs Johann Jagor, Unter den Linden 23, mit deutscher und französischer Küche.

S. 516/Z. 27–28: *mit dem Herrn Geheimen Rat Wolff* – bezieht sich auf Friedrich August Wolf (1759–1834), Altphilologe und Begründer der klassischen Altertumskunde als wissenschaftlicher Disziplin, zunächst in Halle, seit 1807 in Berlin, 1810 Mitbegründer der Berliner Universität, seinerzeit am besten vertraut mit Griechenland und dem Griechischen.

S. 517/Z. 8: *Die Stadt* ... – Berlin aus distanzierter Fremdperspektive.

S. 517/Z. 26: *das schöne Tor* – das damals noch neue Brandenburger Tor, 1788–1791 von C.G. Langhans erbaut, 1794 mit dem Viergespann der Siegesgöttin von G. Schadow bekrönt, das 1807 von Napoleon entfernt und 1814 zurückerstattet wurde.

S. 516/Z. 16: *Elektrophor* – Gerät zur Erzeugung von Elektrizität durch Reibung einer Harzscheibe zwischen zwei Metallplatten, deren eine sich elektrisch auflädt.

S. 518/Z. 26–27: *an die Zuckerbäcker ... zu ihren sogenannten Ausstellungen* – bezieht sich auf die vorweihnachtlichen Dezember-Auslagen führender Berliner Konditoreien (insbes. Fuchs, Unter den Linden 8, Weide in der Charlottenstraße und Schoch) mit Nachbildungen von Blumen, Landschaften, Literatur-, Opern- und Märchenszenen sowie Zeitereignissen; vgl. „Nußknacker und Mausekönig" S. 127–135), ferner das berlinsche Fantasiestück „Die Abenteuer der Silvesternacht", wo die drei Konditoreien erwähnt werden.

S. 519/Z. 3: *des mir verhaßten Volkes* – bezieht sich auf die Türken und ihre Oberherrschaft über Griechenland bis 1821.

S. 519/Z. 10–11: *nach Benvenuto Cellinis Ausdruck* – gemäß Goethes 1803 erschienener Übersetzung der Autobiographie dieses italienischen Goldschmieds und Bildhauers (1500–1571), Buch 4, Kapitel 5, wo die Statue des Herkules in der Gruppe „Hercules und Cacus" des angefeindeten Konkurrenten Baccio Bandinelli (1493–1560) mit „einem Melonensacke" verglichen wird.

S. 520/Z. 35–36: *In der Vornacht des heiligen Johannistages* – die in der Nacht vom 23. auf den 24. Juni seit dem 4. Jahrhundert n. Chr. in Griechenland verbreiteten Liebesbräuche schildert H. nach Sonnini, den er später als Quelle ausdrücklich angibt (S. 523/Z. 31 u.ö.), d.h. nach dem Werk von Charles Nicols Sigisbert Sonnini de Manoncourt (1751–1812) „Voyage en Grèce et en Turquie" (Paris 1801), deutsch von Weyland als Bd 24 im „Magazin von merkwürdigen Reisebeschreibungen" (Berlin 1801).

S. 521/Z. 26: *den Romeca* – griech. Gesellschaftstanz mit Gesang, eigentl. Romaika, hier in der Schreibweise von Sonnini, der ihn S. 154 ausführlich schildert.

S. 521/Z. 33–34: *eine Theorbe* – eine im 17. und frühen 18. Jahrhundert gebräuchliche, um 1800 bereits veraltete Baßlaute mit fremdartig wirkendem zweitem Wirbelkasten für die beim Spiel nicht gegriffenen und angerissenen, sondern bloß akkordisch mitschwingenden Bordunsaiten.

S. 523/Z. 2: *vom Hofjäger* – viel besuchtes Kaffeehaus mit Gartenrestaurant im Berliner Tiergarten auf dem Weg zum Potsdamer Tor, nahe beim Wohn- und Amtshaus des Königlich Preußischen Hofjägers gelegen (später Friedrich Wilhelm-Straße).

S. 523/Z. 3–4: *Akkorde eines unbekannten Instruments* – gemeint sind die mitschwingenden Saiten der Theorbe (vgl. S. 521/Z. 33–34 samt Erläuterung).

S. 523/Z. 18–21: *aus dem Goethe* – die Begebenheit mit den Zwillingskomoden findet sich in Goethes „Unterhaltungen deutscher Ausgewanderten" von 1795, kurz bevor das abschließende „Märchen" erzählt wird.

S. 523/Z. 31: *den Sonnini, den Bartholdy* – zu dieser Quellenangabe vgl. S. 520/Z. 35–36 samt Erläuterung sowie Jakob Salomon Bartholdy (1779–1825), Reiseschriftsteller und preußischer Diplomat, seit 1805 mit H. bekannt, Onkel des Komponisten Mendelssohn Bartholdy und Vetter des mit H. eng befreundeten Julius Eduard Hitzig, mit seinem Buch „Bruchstücke zur näheren Kenntnis des heutigen Griechenlands, gesammelt auf einer Reise ... im Jahre 1803–1804", Berlin 1805.

S. 524/Z. 11: *Wielands sämtliche Werke* – als ein viel bestauntes literarisches und verlegerisches Unternehmen waren Christoph Martin Wielands „Sämtliche Werke" von 1794–1802 in 30 Bänden und 6 Supplementbänden erschienen.
S. 524/Z. 12: *Musarion* – nach der Titelgestalt von Wielands Verserzählung „Musarion oder Die Philosophie der Grazien" (1768).
S. 525/Z. 2: *anglomanischer Grafen und Barone* – auf alles Englische versessene Grafen und Barone.
S. 526/Z. 33: *Narr in Folio* – vierfacher Narr, nach der Bezeichnung „Folio" für einen einmal gefalzten Papierbogen, der zwei Blätter bzw. vier Seiten ergibt.
S. 528/Z. 25: *aus dem Sonnini* – dort S. 216.
S. 528/Z. 26: *Archipelagus* – Sammelname für die Inseln zwischen dem griechischen Festland und Kleinasien.
S. 528/Z. 29: *eine Wiesel* – die Angaben zur Wieselverehrung in Griechenland sowie einige der folgenden Dialogpartien wörtlich nach Sonnini, S. 242.
S. 529/Z. 21: *Orbis pictus* – latein.: gemalte Welt; beliebter Titel für didaktische Werke, die nicht mit Worten und Text, sondern mit Hilfe von Bildern über die Welt belehrten – nach dem Muster des Unterrichtswerks „Orbis sensualium pictus ..." (1658) des böhmischen Theologen und Pädagogen Jan Amos Komenský = Johann Amos Comenius (1592–1670).
S. 529/Z. 26–27: *die Insel ..., wo der gute Nieswurz wächst* – bezieht sich auf die Gegend um die Hafenstadt Anticyra (heute Asprasitia) auf dem Peloponnes, Herkunftsgebiet der Schwarzen Nieswurz, die als Heilmittel gegen Epilepsie und Wahnsinn galt; von H. am Ende der „Geheimnisse" aufgegriffen (vgl. S. 601/Z. 36).
S. 530/Z. 9: *bei Gaspare Weiß* – für: Gaspary Weiß, Berliner Kunsthändler, Unter den Linden 34.
S. 534/Z. 8: *Candia* – italien. Name aus dem Mittelalter für Kreta, auch für die Stadt Heraklion auf Kreta.
S. 534/Z. 20–21: *Paphos' Fluren* – die in der Antike mykenische Hafenstadt Paphos auf Zypern galt als Lieblingsort der hier dem Meer entstiegenen schaumgeborenen Schönheits- und Liebesgöttin Aphrodite; vgl. auch das in Berlin befindliche Gemälde Fragonards mit der Überfahrt der Aphrodite nach Zypern.
S. 534/Z. 21: *mit Julias Worten* – aus der Balkon-Szene (Akt II, Szene 2) von Shakespeares Tragödie „Romeo und Julia".
S. 535/Z. 16: *Der Blumenthron aus Armida* – bezieht sich auf Glucks Pariser Oper „Armide" (1777), in Berlin seit 1805 häufig aufgeführt, von H. hochgeschätzt und mehrfach erwähnt, insbes. in dem frühen Fantasiestück „Ritter Gluck" von 1809 und um die Zeit der „Irrungen" in einer Besprechung für die Vossische Zeitung, 112. Stück, vom 16. September 1820; im Übergang vom zweiten zum dritten Akt der Oper versetzt die Zauberin Armida den von ihr geliebten Kreuzritter Rinaldo auf einem Blumenthron mit schwirrenden Geisterflügeln in ihren Palast auf einer unwirklichen Meeresinsel.
S. 535/Z. 21–22: *Luftfahrt mit Herrn oder Madame Reichardt* – der Berliner Mechaniker Johann Karl Reichardt (1786–1844) und seine Frau Wilhelmine unternahmen zwischen 1810 und 1820 mehrfach spektakuläre Versuchsfahrten in selbstgebauten Heißluftballons.
S. 538/Z. 2: *sein Bandelier* – sein Wehrgehänge; seit dem 16. Jahrhundert ein über der linken Schulter getragener Lederriemen mit Patronentasche.
S. 538/Z. 35: *Freienwalde* – seit 1683 Gesundbrunnen im Bezirk Potsdam mit stark eisenhaltigen Mineral- und Moorbädern.
S. 540/Z. 25: *Glimmstengel avec du feu* – Zigarren mit Feuer (französ.).
S. 540/Z. 29–34: *Herr Wolff ... überflüssig* – von Ulrich Ludwig Friederich Wolf (1772–1822), Zeichner, Kupferstecher, auch einer der ersten Lithographen, mit Vorliebe für allegorische und historische Themen, Mitglied der Berliner Akademie, stammen bereits die beiden Illustrationen zur Taschenbuch-Erstfassung der „Brautwahl" (vgl. Erläuterung zu S. 512/Z. 37–38), ebenso die beiden zu den „Irrungen", die aber erst im Folgejahr im Anschluß an „Die Geheimnisse" als Fortsetzung der „Irrungen" abgedruckt wurden (vgl. Erläuterung zu S. 554/Z. 1).
S. 541/Z. 12: *Sukkurs* – Hilfe, Verstärkung; von latein.: succursus.
S. 541/Z. 17–18: *Eleven der Pflanzschule für Spandau* – ironisch statt: Anwärter für die Gefängnisse in Spandau.

S. 541/Z. 19: *Konditorladen bei Fuchs* – Unter den Linden 8; vlg. auch S. 518/Z. 26–27.

S. 541/Z. 37–38: *Turandotsblick* – bezogen auf „Turandot" (1764) ein „chinesisches Theatermärchen" des von H. sehr geschätzten venezianischen Grafen Carlo Gozzi (1720–1806), in Deutschland durch Schillers Bearbeitung von 1802 bekannt, speziell auf den Blick der Prinzessin Turandot, mit dem sie den Prinzen Kalaf in ihren Bann schlägt.

S. 542/Z. 2: *der seltsame Isis-Schnitt der Augen und der Stirn* – schmale, schräg geschnittene Augen unter niederer Stirn gemäß Darstellungen der altägyptischen Göttin Isis.

S. 542/Z. 6: *in Rapport zu setzen* – in Verbindung zu setzen.

S. 542/Z. 9: *das schöne Kistingsche Instrument* – Hammerklavier oder Flügel des Königlichen Hofinstrumentenmachers Heinrich Kisting (1779–1853).

S. 542/Z. 17: *Fripon* – französ.: Schelm, Spitzbube, Schalk.

S. 543/Z. 10: *bei der Madame Pauli* – Inhaberin eines Kaffeehauses mit Restaurant in Charlottenburg.

S. 544/Z. 1: *Kaufmann Prosocarchi von Smyrna* – entlehnt aus dem Reisebericht von Bartholdy (vgl. Erläuterung zu S. 523/Z. 31), dort S. 304; Smyrna (heute Izmir) in Kleinasien, seit 1425 türkisch.

S. 544/Z. 3: *Justizaktuarien* – (Plural) Protokollführer bei Gericht.

S. 544/Z. 9: *Pastilles du serail* – eigentl.: „Pastiches . . .", nach Bartholdy, S. 391, parfümierte Tücher, imprägniert mit „Moschus, Aloeholz und einigen anderen Ingredienzien".

S. 544/Z. 14: *Primat* – bei Bartholdy Bezeichnung für den obersten Beamten griechischer Orte unter türkischer Verwaltung.

S. 544/Z. 34–36: *zu dem Eremitenkleid auch einen falschen Bart . . . vorm Kinn* – nach einer entsprechenden Verkleidung und überraschenden Enthüllung im 2. Akt (8. Szene) von Goethes Singspiel „Erwin und Elmire" (1775, 2. Fassung 1788).

S. 545/Z. 22: *ein Funfzigtaler-Tresorschein* – eine Schatzanweisung, d.h. kurz- bis mittelfristige Schuldverschreibung über 50 Taler.

S. 546/Z. 7–8: *in Friedrich Richters Werken* – in den Romanen des von H. durchaus geschätzten Jean Paul (mit seinen bürgerlichen Namen), möglicherweise zu beziehen auf die in Träumen sich verlierende Gestalt der Liane im „Titan" (1800–1803).

S. 546/Z. 34 & S. 548/Z. 4: *„Lagos pipèrin . . ." / „O diavolos . . ."* – beide Sprichwörter samt Übersetzung in den Fußnoten wörtlich nach dem Reisebericht von Bartholdy, S. 408 und 446.

S. 548/Z. 34: *in officio* – latein.: im Amt, im Dienst.

S. 548/Z. 3–4: *nach der Ottomanischen Pforte* – nach der bei Istambul gelegenen, beiderseits befestigten Meerenge der Dardanellen zwischen Ägäis und Marmarameer, d.h. zwischen der europäischen und der kleinasiatischen Türkei, genannt nach dem türkischen Großreich der Osmanen oder Ottomanen seit Sultan Osman I (1288–1326); das Zuwerfen der Pforte möglicherweise zu beziehen auf den Verfall des Osmanischen Reiches und auf die russischen Versuche zur Eroberung der Dardanellen in den Türkenkriegen von 1768–1774, 1787–1792 und 1806–1812, zeitweise begleitet von einem preußisch-türkischen Bündnis und von anhaltenden Sonderbeziehungen Berlins zur Türkei.

S. 549/Z. 22–23: *das Oberlandesgericht auf Paphos* – ironische Verknüpfung von preußischer Gerichtsbarkeit mit dem antiken Aphroditekult in Alt-Paphos auf Zypern zur Bezeichnung der obersten Entscheidungsinstanz in Liebesangelegenheiten.

S. 549/Z. 27: *reüssieren* – Erfolg haben, zum Ziel gelangen; nach französ.: réussir.

S. 549/Z. 28: *Teodoros Capitanaki* – der Nachname entlehnt aus Bartholdys Reisebericht, S. 342.

S. 549/Z. 36: *„Alla ta . . . kotés"* – samt Übersetzung in der Fußnote wörtlich zitiert nach Bartholdys Reisebericht, S. 447.

S. 550/Z. 7–8: *im Departement der auswärtigen Affären* – im Amt für auswärtige Angelegenheiten der preußischen Staatsregierung; es folgt abermals eine Anspielung auf die preußisch-türkischen Sonderbeziehungen seit den österreichischen und russischen Türkenkriegen des 18. Jahrhunderts.

S. 551/Z. 22: *den Pascha* – im Osmanischen Reich Titel von führenden Beamten und Generälen; möglicherweise zu beziehen auf den ägyptischen Feldherrn, später Vizekönig Ibrahim Pascha (1789–1848), der 1816–1819 arabische Aufstände gegen die Türken niedergeworfen hatte und danach auch gegen die aufständischen Griechen in Morea kämpfte, intensiv allerdings erst 1824–1827.

S. 551/Z. 28–29: *man streut dir Pulver in die Ohren und zündet es an* – entlehnt aus Bartholdys Reisebericht, S. 500.

S. 552/Z. 4–5: *dem die böse Enzuse ... das Blut aussog* – die Angabe samt Fußnote nach Bartholdys Reisebericht, S. 354; vgl. auch das Vampir-Motiv in der Schauerliteratur und Rückgriffe darauf bei H., insbes. im Schlußband der „Serapionsbrüder".

S. 552/Z. 12: *„Alla paschy ... evryskusi"* – samt Übersetzung in der Fußnote entnommen aus Bartholdys Reisebericht, S. 355.

S. 552/Z. 20: *Geheimerat Diez* – von dem Orientalisten Heinrich Friedrich von Diez (1751–1817), seit 1784 preußischer Geschäftsträger beim Osmanischen Sultanat in Istambul und hauptverantwortlich für die preußischen Sonderbeziehungen zur Türkei, stammt das „Buch des Kabus" (1811) über den Koran, ferner die zweibändigen „Denkwürdigkeiten aus Asien" (1811–1815), die u.a. Goethe für seinen „West-östlichen Divan" einsah.

Erläuterungen zu „Die Geheimnisse"

entstanden im Frühsommer 1821 (gemäß den Angaben im Text selbst), erstmals erschienen in: Berlinischer Taschen-Kalender auf das Gemeinjahr 1822. Hrsg. von der Königlich Preußischen Kalender-Deputation, Berlin [1821], S. 1–90, gefolgt von den Illustrationen Ulrich Friederich Wolfs zu den „Irrungen" vom Vorjahr neben den Seiten 96 und 102.

S. 554/Z. 29: *das Pupillen-Kollegium* – das Vormundschaftsgericht; nach latein.: pupilla = Waise, Mündel.

S. 555/Z. 22–23: *einen Warschauer Schlafrock und ein rotes Käppchen* – bezieht sich auf mehrere Selbstbildnisse H.s mit Schlafrock (aus Warschau wegen seiner dortigen Amtszeit 1804–1806), gesticktem Käppchen und türkischer Pfeife, u.a. auf das Aquarell „Der Kapellmeister Johannes Kreisler in Haustracht" von 1815, und wird später, S. 563ff., aufgegriffen.

S. 556/Z. 2: *vom Allgemeinen Landrecht* – bezieht sich auf „Allgemeines Landrecht für die Preußischen Staaten" seit 1794 veröffentlicht von Karl Gottlieb Svarez (1746–1708) Bd 4 (Berlin 1796), S. 1205f., wo der 5. Abschnitt des 20. Titels von Teil 2 „Verletzungen der Ehrfurcht gegen den Staat" behandelt und dabei in den §§ 210 und 211 „mit körperlicher Züchtigung, Strafarbeit, Gefängnis ... oder Geldstrafe belegt", wer „die von der Obrigkeit angeschlagenen Patente, Verordnungen, und öffentlichen Anzeigen" sowie „öffentliche Denkmäler, Statüen, Stadttore, Meilenzeiger ..." u.a. „verunstaltet oder beschädigt".

S. 556/Z. 12: *eines Spenzers von rotem Kasimir* – eine um 1800 modische, angeblich nach dem englischen Lord Spencer genannte kurze Jacke mit Ärmeln und kleinem Schoßansatz, für Frauen wie Männer, hier aus weichem kaschmirartigem Wollgewebe aus Kamm- oder Streichgarn.

S. 556/Z. 29: *Siderismus* – wie der tierische Magnetismus eine Pseudowissenschaft der Zeit um 1800, hier astrologisch als Theorie vom Einfluß der Gestirne auf den Charakter der ihnen zugeordneten Menschen; von latein.: sidus = Stern, Gestirn.

S. 557/Z. 5: *einen unheimlichen Kabbalisten* – einen Anhänger der von H. in seinen Märchen mehrfach angeführten jüdisch-mystischen Geheimlehre der Kabbala (= hebr.: Überlieferung), besonders ausführlich in der „Königsbraut" (vgl. S. 192/Z. 3 samt Erläuterung).

S. 557/Z. 16: *Zoroaster* – griech. Name für den altiranischen Propheten und Religionsgründer (um 1000–500 v. Chr.), von H. ebenfalls wiederholt in den Märchen als Magier genannt.

S. 558/Z. 21: *Federposen* – Gänsefedern zum Schreiben.

S. 558/Z. 29: *Zirkumflex* – liegendes S (also ~) als Schriftzeichen in manchen Sprachen (z.B. Spanisch).

S. 559/Z. 10: *Adieu pour jamais!* – französ.: Adieu für immer!

S. 559/Z. 28: *bei Kempfer* – eigentl. W. Kemper; Kaffeehaus und Gartenlokal im Berliner Tiergarten (Nr. 45/46), von H. schon im Frühjahr 1815 im Tagebuch erwähnt.

S. 559/Z. 31: *in der sogenannten spanischen Gesellschaft* – bezieht sich auf die „Gesetzlose Gesellschaft", als sonnabendliche Tafelrunde in der von H. angegebenen Form seit 1809 bestehend, mit H. als Mitglied seit 1820, neben ihm u.a. Schleiermacher, Arnim, Schinkel, Hegel, Gneisenau.

S. 560/Z. 11: *der Professor B.* – Philipp Karl Buttmann (1764–1829), ein meist mittelloser, aber stets humorvoller, witziger und schlagfertiger Altphilologe, zeitweilig mit Schleiermacher (als Platon-Übersetzer) und dem Altertumswissenschaftler F.A. Wolf in Verbindung, Verfasser von Sprachstudien zu Homer und Hesiod sowie einer griechischen Grammatik, Begründer der von H. „sogenannten spanischen", d.h. der „Gesetzlosen Gesellschaft".

S. 561/Z. 2: *den Crayon* – französ.: den Schreib- oder Zeichenstift.

S. 561/Z. 3–4: *Hochlöbliche Kalender-Deputation* – die Königlich Preußische Kalender-Deputation in der Berliner Jägerstraße 49, um 1820 geleitet vom Geheimen Oberfinanzrat Friedrich Wilhelm von Beguelin und Dr. Ludwig Leder, einem Astronomen und Mitglied der Preußischen Akademie der Wissenschaften, betreute im Auftrag der Akademie den „Historisch-genealogischen Kalender" mit gelehrten Beiträgen und daneben den unterhaltenden „Berliner Damen-Kalender", seit 1819 als „Berlinischer Taschen-Kalender" fortgeführt. Damit diese Kalender jeweils rechtzeitig zum Herbst vor dem Geltungsjahr erscheinen konnten, mußten die Beiträge bis Ende Mai, spätestens Anfang Juni des Vorjahres eingereicht sein.

S. 561/Z. 32: *suppeditieren* – Unterlagen zukommen lassen; von latein.: sub pedes dare = etwas unter die Füße geben.

S. 562/Z. 6: *mein Mentor* – mein Betreuer; nach dem gleichnamigen Freund des Odysseus, zugleich Berater, Lehrer und Betreuer von dessen Sohn Telemachos bei Homer und insbes. in dem daran anknüpfenden Erziehungsroman „Télémaque" von Fénélon (1651–1715).

S. 564/Z. 17: *Doktor H.M.* – der Arzt Dr. Heinrich Meyer (1767–1828), seit 1798 in Berlin tätig, ebenfalls Mitglied der „Gesetzlosen Gesellschaft", war mit H. eng befreundet und wohnte im angegebenen Haus, Friedrichsstraße 97.

S. 564/Z. 32: *Whistpartie* – Kartenspiel für vier Personen mit französischen Karten, aber englischer Herkunft; Vorläufer des Bridge.

S. 564/Z. 39: *Stoizismus* – Ergebenheit in das Schicksal und zugleich innere Standhaftigkeit ihm gegenüber gemäß der antiken Philosophie der Stoiker (nach der „Stoa poikile" genannten bemalten Säulenhalle in Athen, wo der Denker Zenon diese Lehre um 300 v. Chr. begründete).

S. 567/Z. 13: *Komplexion* – hier: Beschaffenheit, Zustand.

S. 567/Z. 13: *Seladonsnatur* – Wesen und Verhalten des schmachtenden Liebhabers nach Art der Gestalt des Seladon, eigentl. Céladon, in dem höfisch-artistischen Schäferroman „Astrée" von Honoré d'Urfé (1567–1625).

S. 571/Z. 6–7: *als würfe er keinen Schatten mehr* – Anspielung auf den verlorenen Schatten von Chamissos Gestalt Peter Schlemihl wie mehrfach in den Märchen von H.

S. 571/Z. 29: *aus Kork geschnitzter Teraphim* – kleines Götzenbild in Menschengestalt für Orakel- und Beschwörungsriten, im Alten Testament (in den Büchern Richter 17,18; 1. Samuel 19, und 2. Könige 23) beschrieben und verworfen, vergleichbar mit dem jüdisch spätmittelalterlichen Golem, auch mit Alraunen, wie H. sie mehrfach in seinen Märchen zur Geltung bringt.

S. 573/Z. 3–4: *Wie es Euch gefällt* – Rosalinds Angaben über die Kennzeichen eines Verliebten an der genannten Stelle von Shakespeares Komödie „As you like it" zitiert H. bereits wörtlich in der „Brautwahl" (vgl. S. 469/Z. 29–34).

S. 574/Z. 1–2: *von den letzten Avisen* – von den letzten Geldanweisungen.

S. 574/Z. 22–23: *Hugo Grotius ... et pacis* – bedeutende frühbürgerliche Schrift über das Völkerrecht auf der Grundlage des Naturrechts von dem holländischen Staatsmann und Gelehrten Hugo Grotius (1583–1645), erstmals erschienen 1625.

S. 575/Z. 1: *Dschingiskhan* – bezieht sich auf den Begründer des mongolischen Großreichs (1155–1227) und seine grausamen Eroberungskriege.

S. 578/Z. 4: *Kurbetten* – beim Galopp- und Kunstreiten schwierige Drehungen mit erhobenen und angezogenen Vorderbeinen des Pferdes.

S. 579/Z. 32–33: *Bartholomäusnacht* – die Nacht vor dem Festtag des Indienapostels und Märtyrers Bartholomäus, als Schreckensnacht im Gedächtnis, nachdem vom 23. auf den 24. August 1572 in Paris zweitausend protestantische Hugenotten von ihren altgläubigen Gegnern ermordet wurden; in Berlin auch wegen der dortigen Hugenotten-Ansiedlung gut bekannt.

S. 582/Z. 10–11: *die Sybillen des Altertums* – nach antiker Überlieferung weissagende Frauen, seit der Renaissance häufig bildkünstlerisch dargestellt, oft zusammen mit biblischen Propheten (insbes. bei und seit Michelangelo).

S. 582/Z. 18: *ich figierte* – veraltet für: ich fixierte, d. h. konzentrierte mich auf.

S. 583/Z. 34: *der Prophet Sifur* – gebildet nach einem Ortsnamen im Reisebericht von Sonnini, den H. schon für die „Irrungen" benutzte; vgl. Erläuterung zu S. 520/Z. 35–36.

S. 586/Z. 34: *Knoblauch in deine Augen!* – eine Verwünschung, ebenfalls entnommen aus dem Reisebericht von Sonnini (S. 215).

S. 588/Z. 37–38: *ein stilles, nüchternes abgeschiedenes Leben führen* – die hier zusammengestellten Vorschriften entsprechen denen der Kabbalisten und anderer Geheimlehren der Zeit, von H. – ähnlich wie in der „Königsbraut" – weithin dem „Gabalis" entlehnt (vgl. S. 191–195, speziell S. 192/Z. 3 samt Erläuterung).

S. 589/Z. 9–10: *nebst einem Glase Jostischen Biers* – volkstümliche, nicht sehr alkoholreiche Berliner Biersorte.

S. 589/Z. 20–21: *Lafontainische Romane, Ifflandsche Komödien, Verse dichtender Frauen* – von H. verspottete seichte Unterhaltungsliteratur der Zeit: die sentimentalen Familienromane des Vielschreibers August Heinrich Julius Lafontaine (1758–1831), die Rührstücke des erfolg- und einflußreichen Schauspielers und Bühnenautors August Wilhelm Iffland (1759–1814), seit 1796 Theaterleiter in Berlin, seit 1811 Generaldirektor der Königlichen Schauspiele; allgemeiner die „schriftstellernden Frauen", wie H. sie z. B. auch in den „Serapionsbrüdern" verspottet.

S. 589/Z. 38: *Mauschel* – Lehnwort (aus dem Jiddischen) für Schacherjude und überhaupt für undurchsichtige Geschäfte; seit dem 17. Jahrhundert geläufig.

S. 590/Z. 28: *Mania occulta* – griech./latein.: verborgener Wahnsinn.

S. 591/Z. 5: *Beau Jour* – französ.: Schöner Tag, schöne Erscheinung.

S. 593/Z. 16: *Astariot* – in Anlehnung an das hebräische „Aschthoret" gebildet, möglicherweise verwandt mit dem vorderasiatischen Göttinnen-Namen „Astarte"; einen dienstbaren Geist bezeichnend.

S. 595/Z. 7–8: *in der Jagorschen Restauration* – das Feinschmeckerlokal wird bereits zu Beginn der „Irrungen" erwähnt (vgl. S. 516/Z. 27).

S. 595/Z. 30: *bei der Madame Pauli* – ebenfalls bereits in den „Irrungen" (vgl. S. 543/Z. 10).

S. 596/Z. 7: *des Hofjägers Besitzung* – erneut ein Rückbezug auf die „Irrungen" (vgl. S. 523/Z. 2).

S. 596/Z. 8 ff.: *Da erblickte der Baron ...* – die folgende Episode im Garten des Bankiers folgt weithin einem Vorfall, bei dem der mit H. befreundete Schauspieler Ludwig Devrient (1784–1832) sich ähnlich wie H.s Figur des Barons von S. verhielt, später von Ludwig Rellstab in einem Beitrag vom 12. November 1833 zur „Zeitung für die elegante Welt" beschrieben (vgl. auch Rellstabs Gesammelte Schriften, Teil 2, Leipzig 1836, S. 389 ff.), ferner festgehalten in einer Illustration, die dem Taschen-Kalender auf das Gemeinjahr 1822 beigegeben war.

S. 597/Z. 30: *Comptoir* – veraltet (französ.) für: Kontor, Geschäftsräume.

S. 598/Z. 21: *Äquinoktialnacht* – Zeit der Tag- und Nachtgleiche (um den 21. März und den 23. September), von H. seit dem „Goldnen Topf" mehrfach als Wunder- und Zaubernacht in seine Märchen einbezogen (vgl. S. 48 ff. u. ö.).

S. 600/Z. 1–2: *ein rotes mit Strahlen umgebenes Kreuz* – bezieht sich auf das gleicharmige griechische Kreuz.

S. 600/Z. 2–3: *ein aus der Asche steigender Phönix* – in altägyptischer Mythologie verkörpert der goldglänzend gefiederte heilige Vogel Phönix den Sonnengott und seine verjüngte Wiederauferstehung alle 500 Jahre, nachdem er sich selbst zuvor zu Asche verbrannt hat – hier bezogen auf die Befreiung der Griechen von fast fünfhundertjähriger türkischer Fremdherrschaft.

S. 601/Z. 14–16: *mit einer Enzuse vermählt* – von H. bereits erläutert in den „Irrungen", S. 552/ Z. 4–5 samt Fußnote.

S. 601/Z. 33: *Morea* – seit dem Mittelalter italien. Name für Peloponnes; vgl. „Die Irrungen", S. 513/Z. 18.

S. 601/Z. 36: *Anticyra* – Handels- und Hafenstadt am Golf von Korinth (heute Asprasitia), Herkunftsort der Schwarzen Nieswurz, vermeintlich ein Heilmittel gegen Epilepsie und Wahnsinn; ebenfalls durch die „Irrungen" vorbereitet (vgl. S. 529/Z. 26–27).

S. 603/Z. 8–9: *die Madame Bublina ..., die Napoli di Romania belagert hat* – die zweimalige Kapitänswitwe, derb, erfahren in der Seefahrt und kriegerisch, beteiligte sich 1821 mit einer Korvette an der Belagerung von Nauplia (heute: Nafplion) im Westen des Peloponnes, dem ersten neugriechischen Regierungssitz vor der Befreiung Athens. Gleichzeitig mit H.s Erzählung erschien von dem Erfolgsautor (und Schwager Goethes) Christian August Vulpius (1762–1827) die romanhafte Darstellung „Bublina, die Heldin Griechenlands unserer Zeit, vom Verfasser des Rinaldo", Gotha 1822.

Erläuterungen zu „Meister Floh"

als „artiges Weihnachtsmärchen" seit Anfang 1820 geplant und da bereits bezogen auf die mit den Karlsbader Beschlüssen vom August 1819 verstärkt einsetzenden Demagogenverfolgungen, auf H.s Eintreten (seit Februar 1820) für den bereits im Juli 1819 zu Unrecht inhaftierten Friedrich Ludwig Jahn, auf seine Mitwirkung an der den vermeintlichen Demagogen eher wohlgesonnenen „Immediat-Untersuchungs-Kommission zur Ermittlung hochverräterischer und anderer gefährlicher Umtriebe" des Berliner Kammergerichts und auf seinen Konflikt mit dem ihm amtlich übergeordneten Direktor des preußischen Polizeiministeriums und späteren Justizministers Karl Albert von Kamptz (1769–1849), Leiter der mit der Immediat-Kommission konkurrierenden, äußerst demagogen-feindlichen Minister-Kommission der Regierung; begonnen im Sommer 1821, beendet im März 1822, erstmals erschienen im April 1822 beim Verlag der Gebrüder Wimanns in Frankfrut am Main, allerdings ohne die satirisch gegen von Kamptz gerichteten Knarrpanti-Episoden im Vierten und Fünften Abenteuer, deren Publikation der Betroffene polizeilich und gerichtlich hatte unterbinden lassen, ohne daß die Angelegenheit bis zu H.s Tod am 25. Juni 1822 bereinigt worden wäre. Die herausgenommenen Partien wurden erst Anfang des 20. Jahrhunderts zugänglich und nach den geheimen preußischen Polizeiakten veröffentlicht; sie erscheinen hier in eckigen Klammern [ ].

S. 604/Z. 11: *medias in res* – latein.: mitten in die Sache, d.h. ohne Umschweife zur Sache kommen; Ratschlag und Kunstprinzip des altrömischen Dichters Horaz in seinem poetologischen Briefgedicht „Ad Pisones" (13 v. Chr.), bekannter als „De arte poetica / Über die Dichtkunst", Vers 148.

S. 604/Z. 24: *Peregrinus Tyß* – Vorname (von latein.: Fremdling, Nichtbürger; im christlichen Mittelalter: Pilger) neben der Grundbedeutung möglicherweise auch angelehnt an den Schelmenroman „The Adventures of Peregrine Pickle / Die Abenteuer des Peregrinus Pickel" (1751; deutsch 1789 von Mylius) von Tobias George Smollet (1721–1771), auf den H. sich in seiner Rechtfertigungsschrift im Zusammenhang mit dem amtlichen Vorgehen gegen ihn und den „Meister Floh" bezieht. Zur Grundbedeutung vgl. auch das Motiv des Wanderns und Figuren wie Pilger, Wanderer, Nichtseßhafte, Nichtbürger in der Romantik, mit ihnen verwandt H.s Konzeption und Gestalt des „reisenden Enthusiasten" in den „Fantasiestücken".

S. 605/Z. 14: *aus den Gärten der Hesperiden* – nach antiker Mythologie bewachen die Hesperiden, Töchter des Titanensohns Atlas, in den nordwestafrikanischen Gärten der Götter zusammen mit dem Drachen Ladon goldene Äpfel, Geschenke der Erdgöttin Gaia zur Hochzeit des olympischen Zeus mit Hera.

S. 606/Z. 20: *ins Gelag hinein* – aufs Geratewohl, ins Blaue hinein.

S. 607/Z. 13–14: *Idiosynkrasie* – heftige Abneigung (griech.).

S. 607/Z. 32: *mit echtem Offenbacher* – seinerzeit beliebte Sorte Schnupftabak aus Offenbach bei Frankfurt.

S. 607/Z. 35–36: *Königin von Golkonda* – bezieht sich auf die H. gut vertraute Oper „Aline, reine de Golconde" (1803) von Henri-Montan Berton (1767–1815), von H. selbst 1808 in Bamberg dirigiert sowie zuvor und später in Berlin mehrfach besucht, insbes. 1807/08 und 1820.

S. 608/Z. 19–20: *auf dem freundlichen Roßmarkt* – Platz und beliebte Wohngegend außerhalb des älteren Stadtkerns von Frankfurt, heute im Zentrum gelegen.

S. 610/Z. 34: *Hofmeister* – Hauslehrer, zunächst an Adelshöfen (daher die Bezeichnung), später auch beim wohlhabenden Bürgertum.

S. 611/Z. 15: *Kalmank* – atlasähnlicher Wollstoff aus feinem Kammgarn.
S. 611/Z. 24–31: *ein schlimmes Omen* – möglicherweise gestaltet nach einer Satire Lichtenbergs über den zunehmend mangelnden Geldsinn von Kaufmannssöhnen unter dem Titel „Nachricht von einer neuen fürchterlichen Krankheit".
S. 611/Z. 26: *Strazzen* – auch: Kladden = Notizhefte; Geschäftsnebenbücher zu vorläufigen Vermerken.
S. 612/Z. 13: *Universität Jena* – 1547 gestiftet, 1558 gegründet, neben Göttingen führend während der Aufklärung, um 1800 aber Hauptort der deutschen Frühromantik.
S. 612/Z. 35: *der Melis* – maltesischer Zucker; nach mittellatein.: saccharum melitense.
S. 616/Z. 26: *in der Kalbächer Gasse* – dicht hinter dem Frankfurter Roßmarkt gelegen; ursprünglich Quartier für arme Zuwanderer aus der Gemeinde Kalbach nördlich von Frankfurt; heute vereinigt mit der Großen Bockenheimer Straße zur sogn. „Freßgaß".
S. 618/Z. 4: *das lila und gelb gegatterte Kleid* – das lila und gelb karierte Kleid, d.h. in den Farben der Tulpen aus Samarkand, von denen später (S. 632/Z. 3) die Rede ist.
S. 623/Z. 20: *Katzengold* – durch Auslaugen des Eisengehalts goldgelb glänzendes Glimmergestein.
S. 624/Z. 22: *englisches Fräulein* – engelhaftes Fräulein.
S. 625/Z. 22: *Evolutionen* – regelmäßige Drehbewegungen.
S. 625/Z. 24–25: *Entrechats ... Pirouetten* – Fachwörter der Ballettsprache für kunstvolle Luft- und Kreuzsprünge unter raschem Aneinanderschlagen der Beine und für Drehungen auf einem Bein um die eigene Körperachse; zur Zeit H.s noch nicht lange erfunden.
S. 625/Z. 26: *Aplomb* – französ.: aufrechte Haltung.
S. 625/Z. 33–35: *Fee Mab ... in Shakespeares Romeo und Julia* – bezieht sich auf die ausführliche Beschreibung in Akt I, Szene 4 im angegebenen Stück.
S. 626/Z. 9: *das Meisterstück des Schneiders* – Anspielung auf das bekannte Flohlied des Mephisto aus der Szene in „Auerbachs Keller in Leipzig" von Goethes Faust I.
S. 626/Z. 26: *George Pepusch* – Namensgebung vermutlich nach dem in Berlin geborenen, überwiegend in London tätigen Musiker, Musiktheoretiker und Komponisten Johann Christian Pepusch (1667–1752), bekannt durch seine 1728 entstandene Musik zu der Opern- und Gesellschafts-Satire „The Beggars Opera / Die Bettleroper" von John Gay (1685–1732), als einer „der größten englischen Theoretiker in der Musik" beurteilt in dem von H. oft benutzten Werk „Historisch-Biographisches Lexicon der Tonkünstler ..." (Leipzig 1790–92, neu aufgelegt 1813) von Ernst Ludwig Gerber.
S. 627/Z. 3: *Pucerons* – französ.: Blattläuse.
S. 627/Z. 8: *Essigschlangen, Kleisteraale* – winzige Fadenwürmer, sogn. Infusionstierchen, die sich bei der bakteriellen Gärung von Essig bzw. von Kleister bilden.
S. 627/Z. 19: *Leuwenhoek* – Antony van Leeuwenhoek (1632–1723), holländischer Naturforscher und Optiker, geboren und verstorben in Delft (vgl. dazu S. 629/Z. 15–16); bekannt durch die Verbesserung des Mikroskops sowie durch die damit ermöglichte Entdeckung der Blutkörperchen und der Infusionstierchen, woran H. anknüpft.
S. 629/Z. 37: *der König Sekakis* – von H. entlehnt aus dem Werk „De prodigiosis naturae et artis operibus, Talismanes et Amulets dictis / Über die wunderbaren Natur- und Kunst-Werke, Talismane und Amulette genannt" (1717) des Juristen und Sprachgelehrten Peter Friedrich Arpe (1682–1748), deutsch als „Geschichte der Talismannischen Kunst, von ihrem Ursprunge, Fortgange und Verbreitung. Ein Beitrag zu den geheimen und höheren Kenntnissen des Menschen" (1792); daraus im folgenden auch die ursprünglich persischen oder entsprechend nachgebildeten Namen: Gamaheh, Thetel, Zeherit und Nacrao.
S. 630/Z. 2: *Famagusta* – Hafenstadt an der Ostküste von Zypern; hier Märchenstadt in einem Wunderland, so auch in dem von H. 1804 vertonten Singspiel Brentanos „Die lustigen Musikanten" (1803), wo es sogar ein Herzogtum Famagusta gibt; auch das nach dem Volksbuch gestaltete, H. gut vertraute Märchenspiel „Fortunat" von Tieck spielt zum Teil in Famagusta (1816 in Band 3 des „Phantasus" erschienen).
S. 630/Z. 23: *die Wurzel Mandragora* – giftiges Nachtschattengewächs mit häufig menschenähnlich geformter sogen. Alraunswurzel; im Volks- und Aberglauben als Kobold oder Wundermittel

geltend, auch in Machiavellis gleichnamiger Komödie (um 1520) und in Carlo Gozzis chinesischem Märchenspiel „Turandot" (1764); von H. sehr häufig in die Märchen einbezogen (vgl. S. 35/Z. 34 u.ö.).

S. 630/Z. 39: *Ichor* – in antiker Vorstellung der farblose Blutsaft in den Adern der unsterblichen Götter.

S. 631/Z. 4: *Cheiranthen* – Plural von griech.: Cheiranthus = Goldlack.

S. 631/Z. 6: *in Samarkant* – sehr alte mittelasiatische Stadt in Westturkestan; erscheint als goldschimmernde Märchenstadt bereits in persischer und arabischer Literatur („Tausendundeine Nacht"), ebenso bei Gozzi (in dem Zauberspiel „Pitocchi fortunati") und Brentano.

S. 632/Z. 30–31: *eines ... Kuffischen Sonnenmikroskops* – Projektionsmikroskop mit der Sonne als Lichtquelle, um 1800 gebräuchlich, nach seinem Erfinder genannt.

S. 634/Z. 8: *Der Archivarius Lindhorst* – Rückbezug auf die Magiergestalt und zugleich Geisterfürst aus H.s erstem Märchen „Der goldne Topf".

S. 634/Z. 26: *wie Pantagruel seine Gewürzbarke* – bezieht sich auf den H. gut vertrauten satirischen Roman von François Rabelais (1495–1553) über die beiden Riesen Pantagruel und Gargantua; dort Kapitel 28, wo Pantagruel, Sohn des Gargantua, nach einem Kampf auf See sich einige mit Salz gefüllte Rettungsboote an den Gürtel hängt.

S. 635/Z. 2: *Geschichte von den drei Pommeranzen* – bezogen auf das gegen Goldoni gerichtete satirische Märchenspiel „L'amore delle tre melarance / Die Liebe zu den drei Pommeranzen" (1761) von Carlo Gozzi, von H. mehrfach erwähnt.

S. 636/Z. 2–3: *in der Sozietät* – in der besseren Gesellschaft; von H. ironisiert.

S. 636/Z. 9: *die herrliche Bethmann* – die zu ihrer Zeit gefeierte Schauspielerin und Sängerin Friederike Augustine Caroline Bethmann-Unzelmann (1760–1815), seit 1788 in Berlin, verkörperte in der Spielzeit 1807/08 die Königin von Golkonda in Bertons Oper, also während H.s zweitem Berliner Aufenthalt.

S. 636/Z. 22–23: *aus dem schwarzen stygischen Bächlein* – zum einen bezogen auf den Styx, in antiker Vorstellung Unterwelts- und Todesfluß, zum andern auf den gleichnamigen Bach in der Peloponnes-Landschaft Arkadien, dessen Wasser als tödlich giftig galt.

S. 636/Z. 31: *Sagazität* – von französ.: sagacité = Scharfsinn.

S. 642/Z. 23–24: *das Delirieren ..., das dem Schlaf vorherzugehen pflegt* – wörtliches Zitat aus dem Anfangssatz des ersten Kapitels von Gotthilf Heinrich Schuberts „Die Symbolik des Traumes" (1814), auf die H. sich in den Märchen und auch sonst häufig beruft.

S. 643/Z. 18–19: *ein dünnes Rapier* – eine Stoßwaffe zum studentischen Mensurfechten, hier (wegen seiner Dünne) florettähnlich.

S. 643/Z. 24: *wie der Armadillo* – bezieht sich auf ein mittel- und südamerikanisches Hartgürteltier mit schützendem Schuppenpanzer; nach span.: armadillo = gepanzert.

S. 645/Z. 34: *Erudition* – tiefgründige Gelehrsamkeit; von latein.: eruditio = Unterricht, gelehrte Bildung, und eruere = herausgraben.

S. 646/Z. 33: *Brüßler Kanten* – Brüsseler Spitzen, meist zur Zier von Säumen und Kanten der Kleidung.

S. 647/Z. 8–9: *ein Rußwurmsches Universal-Mikroskop* – nach dem Hersteller genannt.

S. 648/Z. 8–9: *der alte Swammerdamm* – Name, aber nicht Nachgestaltung oder Persiflage des holländischen Naturforschers, Zoologen, Mediziners und späteren Mystikers Jan Swammerdam (1637–1680), der schon vor Leeuwenhoek die Blutkörperchen mikroskopisch entdeckte, seine Funde wegen religiöser Bedenken aber nicht bekannt machte. Seine nachgelassenen Schriften wurden erst 1737/38 von dem holländischen Arzt Herman Boerhaave (1668–1738) veröffentlicht, und zwar unter dem Titel „Biblia naturae / Bibel oder auch: Bücher der Natur", auf den H. später verweist (vgl. S. 659/Z. 7), vermutlich ohne das Buch zu kennen.

S. 654/Z. 7: *ihr Informator* – ältere Bezeichnung für Hauslehrer.

S. 654/Z. 38–39: *in lauter Silberzindel* – in silbrig feinem Seidentaft (meist zum Füttern von Kleidung).

S. 655/Z. 38: *Kronentaler* – auch Kreuztaler oder Brabanter Taler; Silbermünze mit burgundischem (= brabantischem) Andreaskreuz und drei Kronen, seit 1755 in Umlauf.

S. 655/Z. 39: *Kreuzer* – alte Münze kleinen Werts mit einem Doppel- oder Radkreuz, zunächst (seit 1271) Silber, später Kupfer.

S. 656/Z. 1: *Karolin* – wertvolle süddeutsche Goldmünze, benannt nach dem Kurfürsten Karl Albert von Bayern; seit 1725 in Umlauf.

S. 656/Z. 2: *Douceur* – französ.: anerkennendes Geldgeschenk; Belohnung, Trinkgeld.

S. 659/Z. 6: *daß ich wirklich ich bin* – möglicherweise Anspielung auf Fichtes Philosophie vom Ich und Nicht-Ich wie mehrfach bei H. (besonders markant in „Prinzessin Brambilla", S. 405/406) und in diesem Fall kontrastierend zu Swammerdams teils rationalistischer, teils mystischer „Biblia naturae".

S. 659/Z. 14: *als Revenant* – als Wiedergänger, Gespenst eines Verstorbenen; von französ.: revenir = zurückkommen.

S. 662/Z. 8: *in Madras* – wichtiger Handelsplatz an der Westküste Ostindiens, seit dem 17. Jahrhundert unter englischer Wirtschafts- und Kolonialverwaltung.

S. 662/Z. 27–29: *sie gleichen dem Winde ... wohin er fährt* – angelehnt an das biblische Windgleichnis im Johannes-Evangelium (3,8).

S. 663/Z. 23: *die Geheime Staats-Inquisition* – oberste Staats- und Gerichtsbehörde der Republik Venedig (seit 1310), auch dem Dogen übergeordnet und berechtigt, den Besitz jedes in letzter Instanz verurteilten Staatsverbrechers einzuziehen.

S. 665/Z. 7: *wie ein Cicero* – wie der Staatsmann, Philosoph, Schriftsteller und bedeutendste Redner des antiken Rom, Marcus Tullius Cicero (106–43 v. Chr.).

S. 667/Z. 12: *Cactus grandiflorus* – botanischer Name für den großblühenden, intensiv nach Vanille duftenden, über Nacht verwelkenden mittelamerikanischen Säulen- oder Kletterkaktus, wegen seiner kurzen, aber intensiven Nachtblüte auch „Königin der Nacht" genannt, von H. mehrfach in Briefen und Erzählungen erwähnt; auf den charakteristischen Vanilleduft geht er erst später ein (S. 701/Z. 10).

S. 668/Z. 12–13: *Von der ... schönsten aller Fackeldisteln* – die veraltete Bezeichnung Fackeldistel für stark verholzende Säulenkakteen geht auf den Brauch in den Ursprungsländern zurück, sie als Fackeln zu verwenden.

S. 669/Z. 14: *Misanthrop* – Menschenfeind (griech.).

S. 671/Z. 38: *Basilisk* – nach orientalischer Vorstellung drachenartiges Fabelwesen, zusammengesetzt aus Kröte, Hahn und Schlange, mit tötendem Blick.

S. 672/Z. 37–38: *der beste Solotänzer der Pariser Bühne* – Paris war führend in der Ballettkunst, insbes. durch Tänzer, Ballettmeister und Reformatoren wie Jean-Georges Noverre (1727–1810), Pierre-Gabriel Gardel (1756–1841) sowie die Italiener Gaetano Vestris (1729–1808) und dessen Sohn Vestris-Allard (1760–1842; Erfinder der Pirouette), alle von H. mehrfach erwähnt.

S. 673/Z. 5: *Ursache ihres Veitstanzes* – krankhafte Krämpfe und unkontrollierte Körperzuckungen, gegen die seit dem 14. Jahrhundert der heilige Vitus = Veit angerufen wurde, einer der 14 Nothelfer.

S. 674/675: *Verheiratung mit einem französischen General* – bezieht sich auf die von H. zugrunde gelegte Oper „Aline, Königin von Golkonda" von Berton, in der die Titelgestalt in einem zu ihr entsandten französischen General ihren einstigen Bräutigam wiedererkennt und sich mit ihm verheiratet.

S. 677/Z. 15: *der Geheime Hofrat Knarrpanti* – der Name deutlich anklingend an den des Berliner Polizeidirektors und Vorgesetzten H.s, von Kamptz, die fremdsprachliche Umformung möglicherweise an den Namen seines Agenten Klindworth, den er in Frankfurt bei dem Verleger Wilmanns, bei den Stadtbehörden sowie bei der preußischen Gesandtschaft am deutschen Bundestag gegen H. ermitteln ließ. Kamptz selbst bestätigt diesen Zusammenhang, wenn er sich in Knarrpanti wiedererkennt – so in seiner Denkschrift vom 31. Januar 1822 an den preußischen Innen- und Polizeiminister Schuckmann: „Der von dem Kammergerichtsrat Hoffmann der Wilmansschen Buchhandlung zum Verlag gegebene Roman ‚Meister Floh' ist weniger die Darstellung einer zusammenhängenden abgeschlossenen Begebenheit als vielmehr ein Vehikel, die verschiedenartigsten Gegenstände vorzutragen und zu persiflieren. – Unter diesen Gegenständen hat auch die hiesige Untersuchung der demagogischen Umtriebe ihren Platz erhalten. – Der Verfasser nimmt dazu die Veranlassung aus dem Vierten Abenteuer, nämlich aus dem über die Entführung eines Mädchens entstandenen Gerüchte ... – Im Fünften Abenteuer ... tritt er diesem Thema näher und verbreitet sich dabei insonderheit über die Untersuchung wider den Doktor von Mühlenfels auf eine unverkennbare Art. Die Immediat-Untersuchungs-Kommission wird unter dem Abgeordneten des Rats und die Ministerial-Kommission – oder wenigstens der Dezernent in derselben – unter dem Geheimen Hofrat Knarrpanti, jener (Herr p. Hoffmann als Inquirent selbst) in einem äußerst vorteilhaften, diese oder dieser dagegen in einem desto schlimmeren Lichte dargestellt. Nachdem das beobachtete Verfahren persifliert, das Benehmen des p. Mühlenfels aber sehr vorteilhaft geschildert worden, läßt der Verfasser ... den Meister Floh, um welchen dieser Roman sich besonders dreht, mit seinem magischen Glase erscheinen und durch dasselbe in die Seele des p. Knarrpanti blicken und in derselben die ... schändlichen und infamen Motive des letztern entdecken. – So wie der ganze Zusammenhang deutlich beweist, daß der Kammergerichtsrat Hoffmann hierbei nur auf die obgedachte Untersuchung und die dabei interessierte Personen Rücksicht genommen habe, so ergibt sich dies auch daraus, daß die ... ausgehobenen Stellen insgesamt – anstatt Freiheit ist Entführung angesagt – teils dem Sinne nach, teils wörtlich aus den in Beschlag genommenen Papieren entlehnt worden; insonderheit ist die ... ausgehobene Stelle: *‚Heute war ich mordfaul!'* buchstäblich aus dem Tagebuch des Asverus genommen ...“

Aus allem wird gefolgert, H. habe „1) die Absicht gehabt ..., eine von des Königs Majestät angeordnete Maßregel, zu deren Mitwirkung er selbst durch das allerhöchste Vertraun mit berufen worden, öffentlich als lächerlich und als das Werk der niedrigsten persönlichen Motive darzustellen und zugleich die der Ministerial-Kommission übertragene Leitung dieser Sache aus eben diesem Gesichtspunkt erscheinen zu lassen und

2) dazu Stellen aus den ihm nur auf offizialen Wege bekannt gewordenen Akten und das Verfahren sowie die Vorschriften der Ministerial-Kommission selbst benutzt hat; sowie endlich

3) ein Mitglied der Ministerial-Kommission selbst [nämlich Kamptz] als einen pflichtwidrigen, kassationsfähigen Beamten dargestellt hat.

Es fallen daher dem p. Hoffmann zur Last:

1) Verletzung der Sr. Majestät und seinen Vorgesetzten schuldigen Treue und Ehrfurcht,

2) gebrochene Amtsverschwiegenheit und

3) öffentliche grobe Verleumdung eines Staatsbeamten wegen Ausübung seines Amts.“

Gefordert wird H.s „Bestrafung“, „Enthebung von seinem Amt als Kammergerichtsrat“ und Versetzung „in eine entfernte Provinz, z.B. nach Insterburg“, was nur mit Mühe zu verhindern war.

S. 678/Z. 28–29: *mordfaul ... dreimal unterstrichen* – das Wort „mordfaul“ stammt aus dem beschlagnahmten Tagebuch des Berliner Studenten Gustav Asverus, den die preußischen Polizeibehörden 1819 unterm Verdacht gefährlicher demagogischer Umtriebe verhaftet hatten, die dreimalige Unterstreichung vermutlich eigenhändig von H.s Gegenspieler Kamptz.

S. 679/Z. 8: *Wilhelm Meister* – wie alle Romantiker war H. eng vertraut mit Goethes Roman „Wilhelm Meisters Lehrjahre“ (1795/96), aus dem die zuvor genannten Gestalten Mariane, Philine, Mignon, der Harfner und Jarno stammen.

S. 679/Z. 10: *Jüngers Entführung* – das Lustspiel „Die Entführung“ (1792) gehörte zu den beliebten und weit verbreiteten Unterhaltungs-Stücken des Romanschriftstellers und Wiener Bühnenautors Johann Friedrich Jünger (1759–1797).

S. 680/Z. 2: *Corpus delicti* – juristischer Fachbegriff für bei Gericht vorgelegte Beweismitel, im folgenden parodistische Wortklauberei mit den latein. Grundwörtern: delictum = Verbrechen, Vergehen; corpus = Gegenstand, aber auch: Körper, Mensch, Person.

S. 683/Z. 4–5: *daß die Leute sich ... die Nasen zuhielten* – vor allem diese satirisch zugespitzte Erledigung des Gegners Kamptz-Knarrpanti hätte H. vor Erscheinen des Werks gern getilgt oder gemildert gesehen, so im Brief an den Verleger Wilmanns vom 19. Januar 1822, doch wurde gerade dieses Schreiben beschlagnahmt und als belastendes Beweisstück in dem Verfahren gegen ihn verwendet. In seiner Verteidigungsschrift vom 23. Februar 1822 entschärft und rechtfertigt er den Satz als literarisch, d.h. keinesfalls persönlich gemeinte und zu verstehende Anspielung auf den Schelmenroman „Peregrinus Pickel“ (1751, deutsch 1789) von Smollett, wo laut H. „Pipes sich aus Ekel und Abscheu gegen den Maler Pallet die Nase zuhält“.

S. 685/Z. 18: *aimable roué* – französ.: liebenswerter Wüstling.

S. 687/688: *als ich den Deutschen tanzte* – die Allemande (= Deutscher), ursprünglich elsäßischer

Volkstanz (daher vielleicht der folgende Name Häberpiep), später französischer Gesellschaftstanz und in vereinfachter Form beliebt als Tanz für Einzelpaare.

S. 689/Z. 27–28: *den Ariadnefaden ... den Rückweg aus dem Labyrinth* – der altgriechische Sagenheld Theseus, Athener und Überwinder des in einem Labyrinth auf Kreta hausenden Ungeheuers Minotaurus, erhält von Ariadne, der Tochter des Kreterkönigs Minos, ein Garnknäuel, mit Hilfe dessen er sich den Rückweg aus den Irrgängen sichert.

S. 690/Z. 3: *Misogyn* – griech.: Frauenfeind.

S. 690/Z. 38: *den griechischen Philo* – von dem jüdisch-hellenistischen Denker und Schriftsteller Philon (auch: Philo Judaeus) aus dem 1. Jahrhundert n. Chr., der alttestamentarische, platonische und stoische Vorstellungen zu vereinigen suchte, stammt die nur in armenischer Sprache überlieferte Schrift „Über die Vernunft der Tiere", Diese wie die folgenden Angaben entnahm H. vermutlich dem „Dictionnaire historique et critique" (1695/97) von Pierre Bayle (1647–1706), deutsch von Johann Christoph Gottsched als „Peter Bayles historisches und critisches Wörterbuch, nach der neuesten Auflage ins Deutsche übersetzt" (1741–1744).

S. 690/691: *des Hieronymi Rorarii Abhandlung: quod animalia bruta ...* – bei den beiden latein. Schriften des italien. Renaissance-Gelehrten Hieronymus Rorarius (1485–1556), erstmals 1547 erschienen, handelt es sich um eine Untersuchung der Frage „Warum unvernünftige Lebewesen den Verstand besser gebrauchen als der Mensch" und um eine „Rede für die Mäuse".

S. 691/Z. 1–2: *Lipsius und der große Leibnitz* – der niederländische Naturphilosoph, Altertums- und Sprachforscher Justus Lipsius (1547–1606) schreibt den Tieren ein ausgeprägtes eigenes Erkenntnisvermögen zu, während Leibniz (1646–1716) solche Vorstellungen zwar einschränkt und in seiner Monadenlehre die Auffassungen des Rorarius sogar zurückweist, immerhin aber ein verstandesähnliches Organ („analogon rationis") der Tiere annimmt.

S. 691/Z. 3–4: *Rabbi Maimonides* – in seinen meist arabisch überlieferten Schriften vertritt der führende jüdische Philosoph des Hochmittelalters Moses Maimonides, auch: Mose ben Maimon (1135–1204) die Lehre, Tiere seien vernunftlos, aber zu Willensäußerungen fähig, in denen sich die Gottheit ausdrücke.

S. 691/Z. 8: *Gomez Pereira* – bezieht sich, nach Bayle (vgl. Erläuterung zu S. 690/Z. 38), auf das Hauptwerk dieses spanischen Arztes und Philosophen über die Unsterblichkeit der Seele von 1554, das manche der streng rationalistischen Einsichten von Descartes vorwegnimmt.

S. 691/Z. 29–31: *vom Traume reden ... als Resultat ... Organismus* – vermutlich nach den Thesen im „Versuch einer Darstellung des animalischen Magnetismus als Heilmittel" von Kluge, der dort Träume in der Tat als assoziativ bewirktes Ergebnis einer Unordnung oder auch nur Anordnung im körperlichen oder geistigen Organismus versteht.

S. 694/Z. 35: *vom Tarantelstich getroffen* – nach lange verbreiteter Vorstellung führte ein Biß der Tarantel, einer südeuropäischen Raubspinne, zu Anfällen von Erregung, verstärktem Bewegungsdrang und zu sogenannter Tanzwut (daher der italien. Volkstanz Tarantella).

S. 695/Z. 21: *Petit Maître* – französ.: kleiner Meister; im 17. und 18. Jahrhundert Bezeichnung für allzu modisch gekleidete Kavaliere, Stutzer oder Gecken.

S. 695/Z. 37–39: *der Uhrmacher Degen aus Wien* – wie die meisten Flugversuche der Zeit verliefen auch die des Wiener Mechanikers und Uhrmachermeisters Johann Jacob Degen (1756–1815) durchweg erfolglos und sogar unglücklich – trotz seiner Konstruktion eines Windstärkenmessers und eines dem Hubschrauber ähnlichen Flugapparats mit Sicherungsvorkehrungen.

S. 696/Z. 21: *der Rezeptarius, das Subjekt* – Apothekergehilfe, der Medikamente nach ärztlichem Rezept verfertigte, und sein ihm untergebener Helfer (von latein.: subiectus = unterworfen, untergeben, unterstellt).

S. 696/Z. 22–23: *vom Repositorio* – von einem Regal mit Fächern zur Aufbewahrung oder Ablage verschiedener Gegenstände; von latein.: repositus = niedergelegt.

S. 698/Z. 6: *Legénie* – französ.: le génie = das Genie, der Genius.

S. 698/Z. 13: *französischer Douanier* – französischer Zollbeamter.

S. 698/Z. 23: *Haselant* – Spaßvogel, Narr.

S. 698/Z. 27: *Maître des Spektakels* – nach französ.: maître des spectacles = Meister der Schaustellungen, d. h. oberster Spielleiter bei Theateraufführungen.

S. 699/Z. 19: *mit Feuerschwamm zu mappieren* – mit blutstillendem Naturschwamm abtupfen; der feste pilzartige Baumschwamm wurde als Zunder beim Feuerschlagen sowie zur Wundbehandlung verwendet (daher auch Zunder- oder Feuerschwamm bzw. Wundschwamm genannt); mappieren von latein.: mappa = Tuch.

S. 700/Z. 8: *eine Flasche echten Nierensteiner* – ein in Frankfurt und Umgebung beliebter Rheinwein aus dem Gebiet um Nierstein bei Mainz.

S. 702/Z. 3–4: *ein Schöppchen Würzburger* – ein in Frankfurt ebenfalls beliebter Frankenwein.

S. 702/Z. 5: *die Börsenhalle* – eine Hamburger Zeitung mit Literaturbeilage, die in Frankfurt (ebenfalls Freie Reichsstadt, Handels- und Finanzplatz wie Hamburg) viel gelesen wurde.

S. 704/Z. 15: *Rabbi, Isaac Ben Harravad* – außer den in der Fußnote gemachten Angaben informierte sich H. über den angeblich mit übernatürlichen Fähigkeiten begabten Rabbi im Lexikon von Bayle/Gottsched (vgl. Erläuterung zu S. 690/Z. 38), doch hat er die Einzelheiten über Ableben und Bestattung frei erfunden, teils in Anlehnung an jüdische Begräbnisriten, teils an eine frühe, von ihm auch sonst benutzte Schrift über Vampyrismus von Michael Ranfft (1700–1744): „Tractat von dem Kauen und Schmatzen der Todten in Gräbern, worinnen die wahre Beschaffenheit der Hungarischen Vampyrs und Blutsauger gezeigt ..." (Leipzig 1734).

S. 707/Z. 26–27: *bei Protzler, im Schwan, im Weidenhof* – im 18. und 19. Jahrhundert bekannte Frankfurter Wein- und Gasthäuser, später Hotels.

S. 708/Z. 30: *mit morganischen Truggebilden* – mit Trugbildern nach Art der Fata morgana genannten Luftspiegelungen (arab./italien. Ursprungs).

S. 715/Z. 3–4: *Tsilmenaja oder Tilsemoht* – Bezeichnungen unbekannter, angeblich chaldäischer Herkunft für Talismane, entnommen aus der von P. F. Arpe verfaßten „Geschichte der talismanischen Kunst", S. 1; vgl. Erläuterung zu S. 629/Z. 37, vgl. aber auch den edlen Gnomen Tsilmenech (= Teilmensch) in der „Königsbraut" (S. 102/Z. 20–22); von Arpe stammt wenig später auch der Name Nacrao (S. 715/Z. 7).

S. 716/Z. 3: *dem Ringe des weisen Salomo gleich* – der biblische König Salomo galt wegen seiner sprichwörtlichen Weisheit und Gerechtigkeit nach mittelalterlicher Legende auch als Herrscher über das Geister- und Dämonenreich mittels eines von Gott gesegneten Zauberrings (sogn. Siegel Salomonis).

S. 716/Z. 29: *Konjunkturen* – Zusammentreffen verschiedener Bedingungen, insbes. in Astronomie und Astrologie; von latein.: coniunctio = Verbindung, Vereinigung.

S. 718/Z. 37: *Clemens des Siebenten ... Nuntius Rorar* – die Information, der Gelehrte Hieronymus Rorarius sei Nuntius unter dem Medici-Papst Clemens VII (1523–1534) gewesen, stammt aus dem Lexikon von Bayle/Gottsched (vgl. Erläuterung zu S. 690/Z. 38); die Abhandlungen des Rorarius über Tiervernunft erschienen erst nach dem Tod dieses Papstes.

S. 722/Z. 12–13: *Prachtausgabe des Ariost* – der italien. Renaissance-Dichter Lodovico Ariosto (1474–1533) und sein ebenso ereignis- wie einfallsreiches Helden- und Liebesepos „Orlando furioso / Der rasende Roland" waren, wie die Prachtausgabe zeigt, um 1800 überaus beliebt und oft auch Vorbild für Märchenhandlungen.

S. 722/Z. 13: *in roten Maroquin binden* – in rotes Leder aus Marokko binden.

S. 722/Z. 26: *Skripturen* – Schriftstücke; von latein.: scriptura = Schrift, Geschriebenes.

S. 724/Z. 26: *Werthers Lotte und ihre Butterbrote* – ironische Zurücknahme der bewußt nachgestalteten Szene aus dem Brief vom 16. Junius in Goethes Roman „Die Leiden des jungen Werthers" (1774, 2. Fassung 1787), auch bekannt durch zahlreiche Illustrationen, insbes. die von Chodowiecki.

S. 725/Z. 20: *Quartanten* – Bücher im Quartformat (22,5 mal 28,5 cm).

S. 725/Z. 22: *himmlisches Manna* – im Alten Testament (2. Mose 16,31) vom Himmel gefallenes Wunderbrot zur Speisung der Israeliten in der Wüste nach dem Auszug aus Ägypten unter der Führung des Moses.

S. 726/Z. 30: *des diversen Geschlechts* – der entgegengesetzten Geschlechter von Mann und Frau.

S. 726/Z. 32: *Prometheusfunken ... die Fackel des Ehegotts anstecken* – witzige Vermischung von zwei antiken Überlieferungen zum Zweck ihrer Überführung in die eigene Alltagswelt: 1. dem Mythos vom Titanensohn Prometheus, der den Göttern das Feuer vom Himmel stiehlt, um es den Menschen als kulturstiftendes, kraft- und lebenspendendes Element zukommen zu lassen (wofür er zur Strafe und den Kaukasus geschmiedet wird und ihm von einem Adler täglich die stets nachwachsende Leber zerfleischt wird), einem bevorzugten Thema der europäischen Romantik, und 2. den Heiratsbräuchen um den Ehegott Hymenaios mit dem Hochzeitsgesang gleichen Namens, begleitet von Fackelumzügen und der Beigabe einer Fackel beim Rückzug des Brautpaars ins Ehegemach.

S. 727/Z. 11: *Romanisten* – Romanschreiber.

S. 727/Z. 20: *Inkarnat* – Farbton lebendiger Haut, Fleischfarbe, insbes. auf Gemälden und bemalten Plastiken.

S. 729/Z. 3–4: *ein gutes Prognostikon* – ein gutes Vorzeichen (meist aufgrund astrologischer Spekulation und Vorhersage).

S. 731/Z. 17–18: *den ewigen Juden* – bezieht sich auf die spätmittelalterliche Legende vom jüdischen Schuhmacher Ahasver, der Jesus auf dem Weg zur Kreuzigung eine Rast verweigert und deshalb selber rastlos in der Welt umherirren muß bis zum Jüngsten Gericht; von H. auch sonst in den Märchen und anderen Erzählungen aufgegriffen, insbes. in der „Brautwahl" (vgl. S. 462/ Z. 12 samt Erläuterung).

S. 731/Z. 19–20: *das Caput mortuum* – von latein.: toter Kopf; in der mittelalterlichen Alchimie Fachwort für das rötliche Eisenoxyd, das beim Glühen von Eisensulfaten zurückbleibt, dann überhaupt: Restbestand, letztes Überbleibsel.

S. 732/Z. 6: *jener gefallene Engel des Lichts* – Luzifer, der Morgenstern (von latein.: lucifer = Lichtbringer), laut Altem Testament ein von Gott abgefallener Engel (Jesaias 14,12-15), nach dem Lukasevangelium (10,18) von den Kirchenvätern mit Satan gleichgesetzt.

S. 732/Z. 34: *ein graduierter* – mit akademischem Abschlußzeugnis und entsprechendem akademischem Grad.

S. 734/Z. 26: *Harlemer Tulpe* – die fantastische Tulpe aus der Wunderstadt Samarkant vom Anfang des Märchens wird hier zum irdischen Gewächs aus der realen holländischen Tulpenstadt Haarlem.

S. 734/Z. 26: *siderischer Konflikt* – Zusammentreffen von Gestirnen (nach latein.: sidus = Stern, Gestirn), insbes. von umlaufenden Planeten untereinander und mit Fixsternen.

S. 735/Z. 13: *Azur* – Himmelsblau.

S. 738/Z. 9–10: *ein Cherub des Himmels* – nach biblischer Vorstellung Lichtengel in unmittelbarer Nähe Gottes sowie zum Schutz des Paradieses, auch der israelitischen Bundeslade (von hebr.: Cherubim).

S. 738/Z. 12: *Paradiesvögel* – den Raben verwandte Wald- und Singvögel Australiens und Neuguineas mit leuchtend buntem Prachtgefieder der Männchen; hier vor allem wegen der Paradies-Anspielung eingeführt.

Erläuterungen zu „Erscheinungen"

möglicherweise schon Angang 1814 geplant als „Erinnerungen aus Dresden im Herbst 1813" (für einen weiteren, dann nicht zustande gekommenen Band der „Fantasiestücke"), entstanden im Sommer 1817, erstmals erschienen in: „Gaben der Milde". Zweites Bändchen … zum Vorteil hilfloser Krieger. Hrsg. Friedrich Wilhelm Gubitz, Berlin 1817, S. 115–133, versehen mit dem Hinweis: Von Hoffmann (Verfasser der Fantasiestücke in Callots Manier), dann aufgenommen in den Schlußband der „Serapionsbrüder", Berlin (Reimer) Ostern 1821.

S. 741/Z. 2: *Belagerung von Dresden* – die Belagerung des französisch besetzten Dresden durch die gegen Napoleon verbündeten Mächte Rußland, Preußen und Österreich begann am 29. Oktober 1813 und endete mit der französischen Kapitulation von Herzogswalde am 11. November; vgl. dazu auch folgende Passage aus H.s Brief an den Freund Julius Eduard Hitzig vom 1. Dezember 1813: „Hier habe ich nun alles erlebt, was man in der nächsten Nähe des Krieges erleben kann – ich habe Scharmützel – eine bedeutende Schlacht (am 26. Aug.) deutlich angesehen, habe das Schlachtfeld besucht, kurz, meine Erfahrungen sind in dieser Art nur zu sehr bereichert worden – Hungersnot und eine Art Pest (die zum Teil noch herrscht und nur noch vorige Woche 280 Personen bürgerl[ichen] St[andes] weggerafft hat) mußte ich auch ausstehen, aber unerachtet aller in der Tat entsetzlichen Ereignisse, von denen Sie wahrscheinlich schon durch die öffentlichen Blätter unterrichtet sein werden, habe ich nie den Mut verloren, ja als die Kanonen rings um Dresden donnerten, so daß die Erde bebte und die Fenster zitterten, ist mir ein besonderes vorahnendes Gefühl gekommen, daß der so lange ersehnte Augenblick der wiedererlangten Freiheit nicht mehr fern sein könne! – Schon am 11. Oktober hatte ich die Freude mit eigenen Augen ziemlich nahe (ich konnte es nicht lassen hinauszulaufen und mich auf einen Hügel zu stellen) zu sehen, wie die Franz[osen] aus ihrem verschanzten Lager dicht vor den äußern Schanzen von D[resden] herausgetrieben wurden, ihre Baracken anzündeten, und mit einer Schnelligkeit davonliefen, die ich der Nation immer zutraute. Ein gleiches Schauspiel erfreute mich am 13. Oktober–16. Oktober und später am 6. November, wo ich mittelst eines sehr guten Glases vom Turm der Kreuzkirche sah, wie der Hr. Graf von der Lobau, der sich mit 12 bis 15 000 Mann nach Thorgau durchschlagen wollte, von den Bocksdorfer Höhen herabgetrieben und bis unter die Kanonen von Dresden getrieben wurde. – Die Anstalten waren übrigens seit dem 4. November von der Art, daß man hätte glauben sollen, die Fr[anzosen] würden jede Straße verteidigen und sich bis auf den letzten Mann wehren. Denn nachdem sie die äußern Schanzen verlassen müssen, sperrten sie die Schläge und Tore und verschanzten die Hauptstraßen der Vorstädte hauptsächlich mittelst mit Sand gefüllter Kisten und Tonnen. – Um so drückender war uns Einwohnern das alles, weil wir trotz aller Vorsicht der fr[anzösischen] Behörden von den glorreichen herrlichen Siegen bei Leipzig und Erfurt sehr gut unterrichtet waren. Schon am 10. erfuhren wir den Abschluß der Kapitulat[ion] und mein Gefühl war wirklich unbeschreiblich, als ich die stolzen übermütigen Franzosen schmachvoll ohne Waffen abziehen sah! – Wie die Spitzbuben das herrliche Dresden auf wirklich sinnreiche Weise verwüstet und ruiniert haben, davon haben sie keine Idee – beinahe alle Lustörter (der große Garten, der Mosczynskische Garten, das Feldschlößchen usw.) sind bis auf den Grund verwüstet und zwar meistens ohne Not – die herrlichen Alleen meistens umgehauen usw. – Jetzt, teurer Freund, atmet man wieder frei, und ich denke, die bessere Zeit liegt uns ganz nahe!"

S. 741/Z. 12: *Parapets* – Brustwehren einer Festungsanlage.

S. 741/Z. 14: *in Roux' Diktionaire* – in dem verbreiteten, häufig neu aufgelegten Lexikon von Philibert Joseph le Roux „Dictionaire comique, satyrique, burlesque, libre et proverbial", Lyon 1735.

S. 741/Z. 17: *Spenzer* – angeblich nach dem englischen Lord Spencer genannte, um 1800 modische kurze frackartige Jacke mit langen Ärmeln und kurzem Schoß.

S. 741/Z. 20: *Agafia* – eigentl.: Agaphia, möglicherweise als freundschaftliche Huldigungsgeste entnommen aus Zacharias Werners Trauerspiel „Das Kreuz an der Ostsee" (1806), dort Name der Frau des Herzogs Conrad von der Masau.; über Popowicz und die Delphine informiert später der Text selbst.

S. 742/Z. 4: *Astrallampe* – lichtstarke Öllampe, 1809 in Paris von Bordier-Marcel erfunden; nach griech.: astron = Stern.

S. 742/Z. 12: *der Graf von der Lobau* – Napoleon ernannte den französischen Marschall Georges Mouton (1770–1838) während seiner Dienstzeit im verbündeten Rheinbundstaat Sachsen zum Grafen Lobau.

S. 742/Z. 24: *Noli turbare* – verkürztes Zitat des latein. Ausspruchs „Noli turbare circulos meos / Störe meine Kreise nicht", dem hellenistischen Mathematiker Archimedes aus Syrakus (um 287–212 v. Chr.) zugeschrieben, als er von einem der römischen Eroberer seiner Heimatstadt in seinen Berechnungen gestört wurde und dieser ihn daraufhin erschlug.

S. 742/Z. 36–37: *jene Schlacht aller Schlachten* – die sogn. Völkerschlacht bei Leipzig vom 16.–19. Oktober 1813 mit entscheidender Niederlage Napoleons.

S.742/Z. 38–39: *noch gefesselt in Sklavenketten* – Dresden als Regierungssitz des mit Napoleon verbündeten Rheinbundstaats und neu geschaffenen Königreichs Sachsen war noch von französischen Truppen besetzt.

S. 743/Z. 24: *Schlachten an der Katzbach, bei Kulm* – preußische Siege über Napoleon am 26. August 1813 unter Blücher und über die französischen Truppen am 29. August unter Kleist, während Napoleon selbst am 26. und 27. August bei Dresden die Oberhand behielt (vgl. dazu H.s „Vision auf dem Schlachtfelde bei Dresden").

S. 743/Z. 25: *unser R.* – vermutlich der Rechtskonsulent Traugott Cunradi, den H. seit Jahresanfang kannte und im Tagebuch sowie in den Aufzeichnungen „Drei verhängnisvolle Monate" erwähnt.

S. 743/Z. 27–28: *bei dem Brühlschen Palast, in welchem der Marschall wohnte* – der prächtige Palast des verschwenderischen, seinerzeit bereits franzosenfreundlichen und preußenfeindlichen kursächsischen Ministers Heinrich Graf Brühl (1700–1763) war während der Napoleonischen Herrschaft Amts- und Wohnsitz des französischen Marschalls und Stadtkommandanten von Dresden Laurent Gouvion, Marquis de Sant-Cyr (1764–1830).

S. 743/Z. 34: *Der General Mouton (Graf von der Lobau)* – vgl. Erläuterung zu S. 742/Z. 12.

S. 744/Z. 35: *‚Voilà St. Pierre, qui veut pêcher!'* – französ.: ‚Sieh da St. Peter, der will fischen!', bezogen auf den Fischerberuf des Apostels Petrus.

S. 744/Z. 37: *‚Eh bien moi pêcheur, je lui aiderai à pêcher.'* – französ.: ‚Nun gut, ich selbst bin Fischer, ich werde ihm helfen zu fischen.'

S. 745/Z. 7: *‚Qui est cet homme?'* – französ.: ‚Wer ist dieser Mensch?'

S. 745/Z. 8: *Sappeur* – französ. militärisches Fachwort: Pionier.

S. 745/Z. 10–11: *‚C'est un pauvre maniaque ... pêcheur.'* – französ.: ‚Das ist ein armer Wahnsinniger, hier gut bekannt. Man nennt ihn St. Peter den Fischer.'

S. 746/Z. 21: *mit dem heiligen Andreas* – Andreas, Bruder des heiligen Petrus, galt als Apostel von Konstantinopel und mithin der gesamten Ostkirche, insbes. Rußlands.

S. 746/Z. 34: *Piroggen* – russisches Pastetengebäck.

S. 747/Z. 25: *Allons!* – französ.: Gehen wir!

S. 748/Z. 3: *als die Kapitulation geschlossen* – zur Kapitulation des französischen Stadtkommandanten von Dresden vor dem österreichischen (nicht russischen) General Graf Klenau kam es nach fünf Verhandlungstagen am 11. November 1813 in Herzogswalde.

Erläuterungen zu „Die Vision auf dem Schlachtfelde bei Dresden"

entstanden im Dezember 1813, vorgesehen als abschließender Höhepunkt einer Broschüre mit 3 Briefen H.s über seine Dresdener Kriegserlebnisse, und zwar von der für Napoleon erfolgreichen Schlacht bei Dresden am 26. und 27. August (kurz nach dem Ende eines mehrmonatigen Waffenstillstandes), über die Besatzungs- und Belagerungszeit (während der Gefechte in den Meißener Bergen seit dem 29. Oktober) bis zur französischen Kapitulation von Herzogswalde am 11. November 1813; erstmals erschienen als selbständige Flugschrift mit dem Obertitel „Deutschland 1814" bei C.F. Kunz in Bamberg, versehen mit dem Hinweis „Vom Verfasser der Fantasiestücke in Callots Manier", dann erst wieder in der Stuttgarter Nachlaß-Ausgabe, veranstaltet vom Freund J.E. Hitzig und der Witwe Micheline H. geb. Rorer, aus dem Jahr 1839.

S. 749/Z. 3: *Ruinen des Feldschlößchens* – Lustort bei Dresden (später Feldschloßbrauerei in der südlichen Vorstadt), laut H.s Brief an Hitzig vom 1. Dezember 1813 neben einigen weiteren „bis auf den Grund verwüstet und zwar meistens ohne alle Not", allerdings nicht nur von den Franzosen, sondern auch von den Truppen der Verbündeten.

S. 749/Z. 28: *es war der Tyrann* – gemeint ist Napoleon.

S. 751/Z. 6: *Fokus* – latein.: focus = Brennpunkt, Feuerstätte; hier: Flammenzeichen.

S. 751/Z. 20–21: *Nero – Dschingiskhan – Tilly – Alba* – als weitere Beispiele von Eroberern und Gewaltherrschern vor Napoleon, und zwar: Nero (* 37 n. Chr.), römischer Kaiser (54–68 n. Chr.) und früh als Muster des Tyrannen beurteilt; der mongolische Reichsgründer und Eroberer Dschingiskhan (1155–1227); Graf Tilly (1559–1632), katholisch kaiserlicher Feldherr und Generalissimus im Dreißigjährigen Krieg, berüchtigt wegen seiner Zerstörung des sächsischen Magdeburg im Mai 1631; der spanische Feldherr und Herzog von Alba (1508–1582), Statthalter Philipps II in den Niederlanden und dort verantwortlich für zahlreiche Unterdrükkungs- und Gewaltmaßnahmen bis zum Abfall der Niederlande von Spanien (1581).

S. 752/Z. 8: *Sternbild der Dioskuren* – von griech.: Söhne des Zeus; nach antiker Sage die unzertrennlichen Zwillingsbrüder Kastor und Pollux, göttlichen Ursprungs, nach vielen irdischen

Heldentaten als Gestirnspaar ans Firmament versetzt, und zwar als Hauptsterne im dritten Tierkreiszeichen (Zwillinge) des nördlichen Himmels; hier bezogen auf das (am 28. Februar 1813 in Kalisch geschlossene) Bündnis zwischen dem russischen Zaren Alexander I und dem Preußenkönig Friedrich Wilhelm III gegen Napoleon.

Erläuterungen zu „Dresdener Kriegserlebnisse im August 1813“

als tagebuchartiger Bericht mit dem Titel „Drei verhängnisvolle Monate! (Auszug aus meinem Tagebuch für die Freunde)“ im Herbst 1813 entstanden, vermutlich als Vorbereitung auf die geplante Broschüre über H.s Dresdener Kriegserlebnisse von Mitte August bis Anfang November dieses Jahres, aber abgebrochen nach der für Napoleon erfolgreichen Schlacht bei Dresden am 26. und 27. August, auf die sich die „Vision auf dem Schlachtfelde bei Dresden“ bezieht (vgl. die Erläuterungen dazu); erstmals veröffentlicht in den von J. E. Hitzig besorgten beiden Bänden „Aus Hoffmanns Leben und Nachlaß. Hrsg. von dem Verfasser des Lebens-Abrisses Ludwig Zacharias Werners“, Berlin (Ferdinand Dümmler) 1823, Bd 2, S. 83–95.

S. 753/Z. 5: *Feier des Napoleons-Festes* – Feier zu Napoleons 44. Geburtstag, um 5 Tage vorverlegt, d.h. noch in die Zeit des auslaufenden Waffenstillstandes mit den gegen ihn Verbündeten.

S. 753/Z. 10–11: *Österreich den Verbündeten beigetreten* – durch Kriegserklärung an Frankreich und Napoleon am 12. August 1813.

S. 753/Z. 15: *Retirade* – französ.: Rückzug.

S. 753/Z. 21: *Hauptprobe der Iphigenia in Tauris* – H. leitete gerade die Aufführungen von Glucks Musikdrama in der Dresdener Hofoper.

S. 753/Z. 28–29: *vom Sande hinein auf die Moritzstraße* – H.s Wohnung vor dem Schwarzen Tor im Freien („auf dem Sande“) war wegen der Kriegsereignisse nicht mehr sicher; daher sein Umzug in die Dresdener Innenstadt.

S. 754/Z. 3: *Tirailleurfeuer* – Gewehrfeuer; von französ.: tirailleur = Gewehrschütze in offener Kampfreihe.

S. 754/Z. 14: *des Sieges bei Löwenberg wegen* – französischer Sieg von Plagwitz bei Löwenberg am 21. August 1813.

S. 756/Z. 4: *Gouvion St. Cyr* – bezieht sich auf den napoleonischen Marschall und französischen Stadtkommandanten von Dresden bis zur Kapitulation am 11. November 1812, Laurent Gouvion, Marquis de Saint-Cyr (1764–1830).

S. 756/Z. 14–15: *des gegenüberstehenden Cagiorgischen Hauses* – H. hat die Gastwirtschaft in diesem Haus mehrfach besucht.

S. 756/Z. 15–16: *drei Fenster der Mezzane* – des Zwischengeschosses; von italien.: mezzanino = Halbgeschoß, Zwischengeschoß.

S. 756/Z. 29–30: *ein westfälischer Soldat* – ein Soldat in französischen Diensten, nämlich denen des Königs Jérôme von Westfalen, Napoleons jüngstem Bruder.

S. 757/Z. 8: *bonum commune* – latein.: öffentliches Wohl, öffentliche Wohlfahrt.

S. 758/Z. 1: *bei Berlin die Franzosen geschlagen* – bezieht sich auf den ersten Sieg der Verbündeten bei Großbeeren am 23. August 1813.

S. 758/Z. 24: *dem Advokaten Conradi* – gemeint ist der mit H. seit Anfang 1813 bekannte Rechtskonsulent Traugott Cunradi.

Erläuterungen zu „Actum Berlin, am 23sten Februar 1822“

entstanden im Februar 1822 (während schwerer Krankheit) zur Abwehr der Vorwürfe und Maßnahmen, die sich gegen H. und seinen „Meister Floh“ richteten, vor allem betrieben von dem Polizeidirektor von Kamptz, der sich nicht ganz zu Unrecht in der Figur des Knarrpanti wiedererkannte (vgl. dazu die Angaben und Erläuterungen zu S. 677/Z. 15). H.s unmittelbarer Vorgesetzter, der Präsident des Berliner Kammergerichts Johann Daniel Woldermann (1753–1839), gab das Dokument mit einer sehr wohlwollenden Befürwortung weiter an den Justizminister, dieser alle Unterlagen am 24.2. an die Staatskanzlei und den König. Ehe es zu einer endgültigen Klärung kam, starb H. am 25. Juni 1822.

S. 759/Z. 4: *schon gestern bei meiner Vernehmung* – auf Betreiben von Kamptz und seines Vorgesetzten, des Innen- und Polizeiministers Schuckmann, war eine Vernehmung H.s schon Anfang Februar angeordnet worden, und zwar hochoffiziell von der Staatskanzlei durch eine sogn. „Kabinettsordre" im Namen des Königs, doch konnte diese Vernehmung wegen H.s Krankheit erst Ende Februar stattfinden; vorgenommen wurde sie von dem H. sehr wohlgesonnenen Kammergerichtspräsidenten Woldermann persönlich.

S. 759/Z. 12: *Kanevas der Geschichte* – Gewebe, Struktur der Erzählung; nach französ.: canevas = Gittergewebe zur Unterlage von Stickerei, auch Leinwand zum Malen.

S. 759/Z. 27–28: *Flögels Geschichte des Komischen* – bezieht sich auf das 1788 erstmals erschienene Standardwerk über die „Geschichte des Grotesk-Komischen" von dem Kultur- und Literarhistoriker Karl Friedrich Flögel (1729–1788).

S. 760/Z. 18: *Kotzebue . . . in seinen Unglücklichen* – bezieht sich auf das Lustspiel „Die Unglücklichen" (1798), eines der seinerzeit überaus beliebten Bühnenwerke von August von Kotzebue (1761–1819).

S. 760/Z. 30: *der Inquirent* – der verhörende Beamte.

S. 760/Z. 39: *Dem alten Rabener* – bezieht sich auf den freundlichen Satiriker der Früh-Aufklärung, Gottlieb Wilhelm Rabener (1714–1771).

S. 760/761: *der humoristische Hippel* – bezieht sich auf den Schriftsteller Theodor Gottlieb von Hippel (1741–1796), Stadtpräsident, auch Geheimer Kriegsrat in H.s Heimatstadt Königsberg und Onkel seines gleichnamigen Jugendfreundes.

S. 761/Z. 3: *Walter Scott* – bezieht sich auf den schottischen Advokaten und Schriftsteller Sir Walter Scott (1771–1832), Begründer des historischen Romans (seit 1814).

S. 761/Z. 28: *das Bett des Prokrustes* – ein vom Athenerkönig Theseus überwältigtes Sagenungeheuer der Antike, das seine Opfer durch Strecken oder Abhacken von Gliedmaßen verstümmelte, um sie ins immer gleiche Bett einzupassen; von daher eine schon im Altertum gängige Redensart.

S. 761/Z. 34: *Der berühmte Hölty* – bezieht sich auf den Lyriker, Mitbegründer und bedeutendsten Angehörigen des Dichterbundes „Göttinger Hain", Ludwig Christoph Heinrich Hölty (1748–1776); die hier verwendete Information über ihn stammt aus der Vorrede von Johann Heinrich Voß zu dem Band „Gedichte von Ludewig Heinrich Hölty", Hamburg 1804.

S. 762/Z. 30–31: *Rabener, Hamann, Lichtenberg, Kästner . . . Jean Paul Friedrich Richter* – H. nennt hier eine Reihe satirisch humoristischer Schriftsteller, als deren Nachfahre er sich versteht: neben dem bereits erwähnten Rabener zunächst den Königsberger Philosophen, Sprachdenker, Begründer des deutschen Irrationalismus sowie einer freien, nicht an Vorschriften gebundenen Dichtungsauffassung, Johann Georg Hamann (1730–1788), ferner den Göttinger Gelehrten und angriffslustigen Aphoristiker Abraham Gotthelf Kästner (1719–1800) sowie insbes. Lichtenberg und Jean Paul, auf die er sich schon gegen Ende der „Prinzessin Brambilla" beruft (vgl. S. 430/Z. 34–36 samt Erläuterung).

S. 763/Z. 35–36: *(Peregrine Pickle, II. B., S. 59)* – H. zitiert Tobias George Smolletts Schelmenroman „The Adventures of Peregrine Pickle" (1751) nach der deutschen Fassung „Die Abenteuer des Peregrinus Pickel" (1789) von Wilhelm Christhelf Siegmund Mylius.

S. 764/Z. 6–7: *dem Herrn Fürsten Staatskanzler* – dem Königlich Preußischen Staatskanzler Carl August (seit 1814: Fürst) von Hardenberg (1750–1822), seit 1810 in diesem Amt als Nachfolger des Freiherrn Karl vom Stein, der es 1808 im Zug seiner umfassenden Reformen neu eingerichtet hatte.

Literaturhinweise und Nachwort zu E.T.A. Hoffmanns Märchen im zweiten Band der Ausgabe.